Honigberger, John Martin

Früchte aus dem Morgenlande

Honigberger, John Martin

Früchte aus dem Morgenlande

Inktank publishing, 2018

www.inktank-publishing.com

ISBN/EAN: 9783747766934

Früchte aus dem Morgenlande

oder

Reise-Erlebnisse,

nebst

naturhistorisch-medizinischen Erfahrungen, einigen hundert erprobten Arzneimitteln und einer neuen Heilart dem

Medial-Systeme,

von

Johann Martin Honigberger,

gewesenem Leibarzte der königl. Majestäten: Rendschit-Sing, Karrek-Sing, der Rani Tschendkour Schir-Sing und Dhelib-Sing.

Mit vierzig lithographirten Tafeln:

Porträte, Pflanzenabbildungen, sonstige Natur- und Kunstprodukte, Fac simile, Landkarte und Ansicht der Citadelle von Lahor; endlich als Anhang ein medizinisches Wörterbuch in mehreren europäischen und orientalischen Sprachen.

Wien, 1851.

Druck von Carl Gerold und Sohn.

Inhalt.

* (Eine bei der Correctur übersehene Versetzung, die unter den Druckfehlern nicht angemerkt ist, muß hier berichtigt werden. Es ist nämlich der auf dieser Krankheitsliste unter Wassersucht befindliche 1, nicht in die Reihe des männlichen, sondern in die des weiblichen Geschlechtes gehörig.)

Vorwort.

Zweifelsohne wird es Manchem beim ersten Anblicke seltsam erscheinen, wenn er einer medizinisch-historischen Reisebeschreibung, worin zugleich eine neue Heilmethode bekannt gemacht wird, ein Wörterbuch angehängt findet. Man wird jedoch dieses Verfahren gewiß billigen, wenn man bedenkt, daß keine von den einzelnen Abtheilungen dieser Schrift etwas durchaus Vollständiges ist, dasselbe vielmehr nur Beiträge zur Ethnographie, zur Geschichte und zur Heilkunde enthalte; daß endlich meine Absicht, dasjenige, womit so mancher Andere mehrere Bände ausgefüllt hätte, kurz und bündig in Einen Band zusammen zu drängen, mir nicht erlaubte, in zu weitläufige Erörterungen mich einzulassen. Hiezu kommt noch der Umstand, daß ich nicht bloß für Eingeweihte in den Geheimnissen Hygiäa's, sondern auch für jeden Andern schreibe, der Interesse an der Wissenschaft überhaupt findet. Für Letztere wird nun dieses angehängte Wörterbuch gewiß von nicht unbedeutendem Nutzen sein. Vorzüglich aber hatte ich dabei die englischen Aerzte N. W. Indiens im Auge, für welche es insbesondere berechnet ist, weßhalb auch, wo es immer thunlich war, die arabischen, persischen, indischen u. s. w. Nomenclaturen beigefügt erscheinen. Immerhin aber wird man in diesem Werke eine Fülle neuer Erfahrungen niedergelegt finden. Es sind dieß die Früchte einer vieljährigen mühsamen Anstrengung, die, wie ich hoffe, der Heilkunde in vielem Betrachte von wesentlichem Nutzen sein dürften.

Ich habe Zeit und Gelegenheit benützt, sowohl auf meinen vielen Reisen, als auch während meines langen Aufenthaltes im Oriente mittelst einer Praxis von etlichen dreißig Jahren, theils die verschiedenen üblichen Heilmethoden nebst allen hie und da angepriesenen Mitteln, theils auch die besonderen Eigenschaften zahlreicher schon bekannter, wie noch unbekannter Arzeneimittel zu erforschen. Die Resultate solcher oft sehr mühsamen Forschungen sind es, die ich hier niederschreibe. Ich bringe sie offen und ohne allen Rückhalt zur allgemeinen Kenntniß, fern von engherzigem Eigennutze oder eitler Systemsucht, sondern einzig und allein in der Absicht, zum allgemeinen Besten der leidenden Menschheit und zur allfälligen Bereicherung der Wissenschaft nach bestem Wissen und Gewissen ebenfalls mein Schärflein beizutragen. Mein Leitstern hiebei war der alte Spruch: Nulla re homo propius accedit ad deum, quam salute hominibus danda; d. i. Durch nichts wird der Mensch Gott ähnlicher, als wenn er seinen Mitmenschen zu ihrem leiblichen Wohle verhilft.

Systeme, die seit Jahrhunderten Wurzel schlugen, auszurotten, um neue an deren Stelle zu setzen, ist allerdings kein leichtes Unternehmen, und unterliegt auch einer großen Verantwortlichkeit, weil es sich dabei um das Wohl oder Weh unzähliger lebender Wesen handelt. Indeß ist mein Medial-System, eigentlich genommen, gerade kein neues System zu nennen; es ist nur eine Art von Mittelstraße zwischen zwei bekannten Heilextremen, die ich versuchsweise eingeschlagen habe, und die mich zu so glücklichen Erfahrungen führte, daß ich gegenwärtig von der Vorzüglichkeit desselben fest überzeugt bin, und nicht im Geringsten daran zweifle, es werde Jedermann, der nach meinem Rathe vorgeht, sich durch eben dieselben Erfahrungen wie ich von dessen Probehältigkeit überzeugen.

Wiewohl ich aber keine Mühe schenete, kein Opfer als zu groß erachtete, und in den letzten zehn Jahren in Lahore Vieles erfahren zu haben glaube: so bin ich doch keineswegs von dem Eigendünkel befangen, Alles erschöpft, Alles gethan zu haben. Ich hege vielmehr die feste Ueberzeugung, daß noch gar manche Lücke in meinem Systeme übrig geblieben ist, die nur im Verlaufe der Zeit und mit Beihilfe Anderer ausgefüllt werden kann. Nur dann erst dürfte das, was ich begonnen habe, seiner Vervollkommnung näher gebracht werden.

Von der ägyptischen und altgriechischen Heilmethode der muhamedanischen Aerzte (Tababet junani der Hakims genannt), wie auch von der Heilkunde der Hindu's hab' ich eben nicht die vortheilhafteste Meinung; denn sie sind in ihren Erfahrungen noch weit zurück, schöpfen ihre Heilmittel aus alten, vergilbten Handschriften, welche die absonderlichsten, in ihren Wirkungen nicht selten entgegengesetztesten Gemische enthalten, und noch oben drein häufig auf den absurdesten Aberglauben gegründet sind. Bei den Aerzten der Hindu's spielt außerdem auch noch die Astrologie eine höchst wichtige Rolle, was sich noch aus dem grauesten Alterthume herschreibt. Leider ist weder in dem einen noch in dem andern der gedachten medizinischen Systeme und Grundsätze ein baldiger Fortschritt zu hoffen, indem ein solcher schon durch ihre Religionen vereitelt, wo nicht gar unmöglich gemacht wird; und wir können Menschen nur bedauern, die fast geboren zu sein scheinen, um in ewiger Geistesnacht fort zu vegetiren.

Nicht immer jedoch verdient nur das Neue allein hervorgehoben und das Alte in den Hintergrund gestellt oder der Verachtung Preis gegeben zu werden.

Auch unter dem größten Wuste von Albernheiten finden sich dennoch manche Goldkörnchen, welche ich aus ihren alten Schriften emsig zu sammeln bemüht war. So hab' ich denn manche einfache Arzeneimittel, die entweder am unrechten Orte oder im Uebermaße angewendet, nur verderblich wirken können, und deren heilsame Wirkungen in solchen Fällen natürlicherweise verkannt werden mußten, weßhalb sie auch außer Gebrauch gekommen sind, oftmals versucht, und mir dadurch von ihrer Anwendbarkeit und Nützlichkeit die vollkommenste Ueberzeugung verschafft.

Zum Behufe meiner Experimente hab' ich mich vorzüglich der persischen Bücher, namentlich der Tohfet Khanny (تحفة خاني und Tohfet el Mominin تحفة المومنين, (einer Art Materia medica) bedient, wie man es bei den verschiedenen Krankheiten in diesem Buche angedeutet finden wird.

Unter den angegebenen Mitteln finden sich aber auch mehrere, die ich zwar nicht selbst zu versuchen in der Lage war, die mir aber in mancherlei Beziehung eines Versuches würdig schienen.

In Europa herrschen gegenwärtig zwei, auf ganz verschiedene Systeme basirte Heilmethoden, die sich schon ein halbes Jahrhundert lang den Vorrang streitig machen. Wer meiner geehrten Leser erräth nicht sogleich, daß ich hier die Allopathie und die Homöopathie im Sinne habe?

Die erstere ist die uralte, von jeher allgemein übliche und fast überall mit Vorliebe angewendete Heilart, die auch in ganz Europa auf den Hochschulen gelehrt wird. Bloß in Madrid soll, wie ich erst neuerlich erfahren habe, an der dortigen Universität eine eigene Lehrkanzel für Homöopathie bestehen. Da, wie nicht in Abrede zu stellen ist, beide Heilmethoden eben so gut ihre Licht- als ihre Schattenseiten haben, so erlaube ich mir eine kurze Schilderung derselben meinem Medial-Systeme vorauszuschicken.

Die Allopathie umfaßt in ihrem weiten Bereiche eine Menge, auf den Organismus ungemein kräftig einwirkender Heilmittel. Wird nun die Gabe derselben der Receptionskraft des Körpers nicht angepaßt, sondern in einem dieselben übersteigenden Grade verabreicht, wie es leider nicht selten zu geschehen pflegt; so werden sie nicht nur keine heilbringenden, sondern sogar höchst schädliche Folgen für den Organismus haben, und man wird mi vollem Rechte behaupten können, dieser sei dem zweckwidrig angewendeten Heilmittel oder der zu gewaltigen Einwirkung desselben unterlegen. Natürlich wär' es unter so bewandten Umständen besser, lieber gar nichts zu thun, und die Kranken bloß der mütterlich fürsorgenden und heilenden Natur zu überlassen. Gewiß ist die Anzahl von Solchen nicht gering, welchen durch derlei Miß-

1*

griffe zu frühzeitig das Grab sich öffnet, oder die, wenn sie ja einem ähnlichen Schicksal entgehen, fürderhin als Krüppel oder Schattenwesen siech und kraftlos ihren Nebenmenschen und sich selbst zur Last umherschleichen, sehnsuchtsvoll dem Tode, ihrem Erlöser, entgegenharrend.

Sehr schön und wahr sagt daher Lemier

Lorsque la fièvre et ses brûlantes crises
Ont de notre machine attaqué les ressorts,
Le corps humain est un champs-clos alors,
Où la nature et le mal sont aux prises.
Il parvient un aveugle appellé médecin
Tout au travers il frappe à l'aventure.
S'il attrape le mal, il fait un homme sain,
Et du malade un mort, s'il frappe la nature.

Hiermit übereinstimmend ist eine sehr bezeichnende Stelle in den geschätzten Heidelberger klinischen Annalen (B. 5, Hft. 3): Es gehen in Wahrheit mehr Menschen durch ärztliche Eingriffe zu Grunde, als Menschen durch ärztliche Eingriffe gerettet werden. — Deßwegen gibt es auch so Viele, die ihr Vertrauen zur Arzeneikunde entweder ganz verloren haben, oder bei denen es beinahe zum Atome zusammen geschwunden ist; denn ihre Schattenseiten und Mängel konnten auch den Laien in dieser Wissenschaft nicht lange verborgen bleiben. Lord Bachon, von dieser Ansicht ausgehend, äußert sich darüber folgendermaßen: Es ist möglich, daß die Aerzte heutigen Tages die allgemeinen Heilanzeigen genügend erfüllen. Was jedoch die besondern Heilmittel anbelangt, die ihrer Haupteigenschaften halber für die Kur einzelner Krankheiten angeordnet werden, diese verstehen sie entweder nicht recht, oder berücksichtigen sie nicht hinlänglich. — Das Zugeben, Verringern und Wechseln der Arzeneien mit der unbeschränktesten Willkür, so daß man in der Regel eine Arzenei durch eine andere von gleicher Wirkung ersezt, ist an der Tagesordnung u. s. w.

Daß man die medizinische Polizei mehr auf das Oeffentliche beschränkt, gegen contagiöse Seuchen, Quacksalber und Afterärzte gerichtet, nicht aber bedacht hatte, daß im stillen Krankenzimmer Tausende nach und nach hingeopfert werden, ist ein großer Uebelstand. Ein Staat sollte sich einmal für alle Zeit dazu entschließen, entweder alle Aerzte und ihre Kunst gänzlich zu verbannen, oder eine Einrichtung zu treffen, wobei das Leben der Menschen sicherer wäre, als es jezt ist, bemerkte Peter Frank (System der med. Polizei, Thl. I.).

Der Apparatus medicaminum ist weiter nichts als eine Sammlung aller Selbsttäuschungen, denen sich die Aerzte von jeher hingegeben haben. Wohl sind, wie durchaus nicht geläugnet werden kann, auch gar manche wichtige

Erfahrungen darunter. Wer kann und mag aber seine Zeit darauf verwenden, das wenig Nützliche aus der ungeheuren Masse von Unnützem, ja oft sogar Schädlichem und somit Verwerflichem, was die Aerzte seit beinahe 2000 Jahren aufgestappelt haben, mühsam hervorzusuchen. — In der dichten ägyptischen Finsterniß, in welcher die Aerzte herumtappen, ist auch nicht der mindeste Strahl des Lichtes vorhanden, vermittelst dessen sie sich orientiren könnten. — Wenn zwei Aerzte an einem Krankenbette zusammen kommen, so geht es ihnen zuverläßig oft wie jenen Vogelflugdeutern (Haruspices), von denen uns Cicero erzählt, daß sie, wenn sie einander auf der Straße begegneten, nur mit Mühe das Lachen zurückhalten konnten. Girtanner's ausführl. Darst. des Brown. Syst. Bd. 2. p. 600.

Dergleichen Geständnisse der Aerzte über die Mängel und die Unsicherheit in der Heilkunde gibt es eine Unzahl. Wer mag sie alle aufzeichnen, und wozu sollte das auch dienen, da die Sache ohnedem kein Geheimniß ist.

Diese Gebrechen des gewöhnlichen Heilsystems waren es auch sonder Zweifel, die den um die Wissenschaft so unendlich hoch verdienten Hahnemann bewogen, einem andern Prinzipe, nämlich dem: Similia similibus curantur, zu huldigen und eifrigst für dessen Verbreitung und Verfechtung Sorge zu tragen. Ich hasse auf der Welt nichts mehr, als das unbedingte jurare in verba magistri, und bin daher auch kein blinder Nachbeter der Homöopathie und ihrer Jünger, und dieß zwar um so mehr, als mir, wie man im Verlaufe der Darstellung meiner Erlebnisse sehen wird, oft Fälle vorgekommen sind, wo die kleinsten Theilchen eines Heilmittels hinlänglich wirksam sich erwiesen, während sie in andern Fällen Verschlimmerung der Zustände hervorbrachten. Zugleich muß ich das offene Geständniß ablegen, daß die günstigen Fälle zu den seltenern gehörten. Größtentheils haben mich die angewandten Mittel im Stiche gelassen, und zwar gerade da, wo etwas stärkere Gaben zuverläßig von Wirksamkeit gewesen wären und das gewünschte Resultat erzielt hätten. Außerdem fand ich, daß das lange Abwarten der Wirkung eines Mittels, um zu erfahren, ob es das recht gewählte und passende sei und in wiefern es wirke, wie auch die gar zu strenge Diät, die gänzliche Enthaltung von Nahrungsmitteln und Getränken, welche einen erregenden Einfluß auf das Nerven- und Blutgefäßsystem üben, insbesondere vom Kaffee und vom Thee; ferner das Anerkennen der antipsorischen Theorie der chronischen Krankheiten, sowie das gänzliche Verbannen aller äußern Adjuvantia, wozu ich auch die Blutentziehungen, Vesicatorien u. s. w. rechne, eine Uebertreibung, oder besser gesagt, ein Irrthum ist; weßhalb ich mich auch nie habe entschließen können, diesen Weg während meiner Praxis zu betreten. Wohl ahnet es mir, daß über das hier Gesagte so Manche im ersten Augenblicke staunen, vielleicht auch ein voreiliges Verdammungsurtheil über mich auszusprechen im Begriffe sein werden. Allein Thatsachen sprechen, und solche werden sie gewiß dahin bringen, bei ruhigerer Ueberlegung mit mir übereinzustimmen.

Die Anhänger Hahnemanns meinen im vollen Ernste, daß der Kaffee und der Thee ganz eigenthümlich auf das Nervensystem einwirke, und erklären beide für gute und zuverläßige Heilmittel, die aber nur bei solchen, welche nicht daran gewöhnt sind, ihre Wirksamkeit äußern. Ich erlaube mir Nachstehendes dagegen einzuwenden. Wir besitzen unter unsern gewöhnlichen Nahrungsmitteln und sonstigen Genußsubstanzen mehrere, welche die Nerven vielleicht stärker angreifen, als der Kaffee und der Thee. Hahnemann sprach tagtäglich seinem Bierglase zu und rauchte ganz gemüthlich sein Pfeifchen. Deßwegen nahm er auch das erstere so wie das letztere in Schutz, erklärte sie für weniger schädlich als Kaffee und Thee, und räumte ihnen somit größere Rechte ein. Wer will es nun mir verargen, wenn ich andere und vielleicht den Hahnemann'schen gerade entgegengesetzte Lieblingsneigungen habe? Ich vermag kein starkes Bier zu vertragen und kann mich auch mit der Pfeife nicht befreunden; Kaffee und Thee hingegen munden mir vortrefflich, und noch niemals habe ich von ihrem Genusse üble Folgen verspürt, weil ich an beide gewöhnt bin. Ebenso ist es auch ganz gewiß bei Andern. Wer erinnert sich hier nicht unwillkürlich an jenen berühmten französischen Schriftsteller, der ein außerordentlicher Liebhaber des Kaffee's war, und auf die Warnung seiner Freunde, er möchte nicht so viel Kaffee trinken, indem er ein Gift für die Gesundheit sei, ganz trocken erwiderte: Dann muß dieses Gift auch nur sehr langsam wirken, weil ich es bereits 80 Jahre lang trinke, ohne die mindeste üble Folge davon zu verspüren. So genießen wir auch Tag für Tag eine tüchtige Portion gemeinen Kochsalzes mit den Speisen, so, daß man erschrecken würde, wenn man die Quantität desselben nach Verlauf eines Jahres beisamen sähe. Man könnte wirklich zu dem Glauben verleitet werden, unser Magen und vielleicht noch obendrein die Gedärme müßten zuletzt mit einer förmlichen Salzrinde umzogen sein, und dennoch äußert es in dieser Verbindung keine auffallende specielle Wirkung, während es als kräftiges Heilmittel sich bewährt, wenn es als solches zubereitet in gehörigen kleinen Gaben genommen wird.

Ich brauche wohl nicht erst darauf aufmerksam zu machen, daß die Allopathie und die Homöopathie gewissermaßen in eben demselben Verhältnisse zu einander stehen, wie zwei entgegengesetzte Pole. Während die erstere mit großen Gaben kräftig wirkender Arzeneimittel in Form von erbsengroßen Pillen oder von Flüssigkeiten in bald größeren, bald kleineren Flaschen gegen die Krankheit zu Felde zieht, kommt die andere mit winzig kleinen, oft von dem geringsten Luftzuge fortzuwehenden Streukügelchen oder mit Tröpfchen angerückt. Ja diese letztern sind häufig nicht aus einer Heilpflanze entwickelte Originaltropfen, sondern bis zu einer Decillionpotenz verdünnt. Manchmal soll sogar schon das Riechen an dergleichen geruchlosen Substanzen seine Wirkung nicht verfehlen.

Mein leitender Gedanke war stets — und wer wird mir in diesem Punkte Unrecht geben? — daß Alles, was wir von der Natur wissen, ein bloßes Resultat von Erfahrungen sei. Demzufolge ist auch die gesammte Heilkunde nichts weiter als eine Erfahrungswissenschaft; und der Grund, daß man es in ihr bisher noch nicht weiter gebracht hat, dürfte wohl nur in dem Umstande zu suchen sein, daß die Männer, welche sich derselben widmeten, so oft den Erfahrungsweg verließen, sich auf reine Verstandestheorien warfen, und von gewissen beschränkten einseitigen Ideen und Voraussetzungen nicht losmachen konnten.

Ich halte das unermeßliche Gebiet der Arzeneikunde für einen Freistaat in des Wortes weitestem Sinne, der da gegründet ist zum Wohl und Heile der Menschheit. Hier herrscht keine Autorität, kein Ansehen der Person. Wer immer in den nicht selten düstern Regionen ihres Gebietes mit bedächtigem Schritte und umsichtigem Auge einherschreitet und unermüdlich forscht, der wird gewiß stets neue Pfade entdecken, die ihn zu neuen Schätzen geleiten. Ich selbst habe mich diesen Ansichten gemäß eine lange Reihe von Jahren hindurch in diesem Gebiete bewegt, und bin so glücklich gewesen, ebenfalls auf einige solche Schätze zu stoßen, welche ich, nachdem ich sie als das, was sie waren, erkannte, zum Besten meiner Kranken verwendete. Dieser Weg der Erfahrung ist ein ebener sicherer, nicht einer, der über Klüfte und steile Abhänge dahin führt, dem die größere Menge von Aerzten folgt, welche, geblendet von ihrem Systeme, die ihnen vertrauenden Patienten nur zu oft in einen der vielen Abgründe stürzen. Dieser mein Weg ist zugleich ein Mittelweg, indem ich von jeder Kurart dasjenige beibehielt, was sich mir durch viele Jahre in Folge genauer Beobachtungen stets als gut und nützlich bewährte. Dieser mein Weg ist ferner viel leichter zu wandeln, er ist viel gefahrloser und angenehmer, und was ganz besonders hervorgehoben werden muß, mit sehr wenigen Unkosten verbunden, ein Umstand, der sich hauptsächlich bei den vielen glücklichen Kuren, die ich in den letzten 10 Jahren in Lahore machte, so deutlich herausstellte, daß ich, trotz aller Strenge, die ich gegen mich selbst anzuwenden pflege, dieses Medial-System mit voller Liebe umfaßte, und selbes nun aus innigster Ueberzeugung als die vorzüglichste aller bisher bekannten Heilmethoden empfehlen kann.

Efficacissima est veritas, semperque praevalebit,
Sehr groß ist die Kraft der Wahrheit, und stets wird sie die Oberhand behalten.

Außer den so eben erwähnten Vortheilen, welche dieses System bietet, sind auch die Heilmittel so angenehm zubereitet, daß man oft nicht weiß, daß das, was man einnimmt, wirklich eine Arzenei ist. Auch dieser Umstand ist sehr zu berücksichtigen. Denn nicht gering ist die Anzahl von Schwierigkeiten, die dem praktischen Arzte bei Ausübung seiner Kunst am Krankenbette in den Weg treten. Bald hat er daselbst mit der Muttermilch eingesogene Vorurtheile zu bekämpfen, an denen nicht selten seine Beredsamkeit scheitert; bald Idiosynkrasien zu berücksichtigen, um vorhandene Uebel nicht etwa zu vergrößern oder schlummernde zu wecken; bald muß er, wie bei Kindern, dem Eigensinne, der Verzärtelung, dem Unmuthe wegen schmerzhafter Empfindungen u. s. w. die Spitze bieten; bald befindet er sich in der Lage, zumal beim schönen Geschlechte, bei der Verordnung seiner Heilmittel die hier gewöhnlich eingebürgerte, oft affektirte, oft natürliche, größere Beweglichkeit der Nerven, die größere Empfindlichkeit, den höhern Grad von Reizbarkeit, das zarte Gefüge u. s. w. vor Augen zu haben; und war er endlich so glücklich, an keiner dieser Klippen zu scheitern, so kann er dennoch nicht „Triumph" ausrufen, wenn er nicht auch dem letzten Steine des Anstoßes auszuweichen weiß, wenn er nämlich die Kunst nicht versteht, in dem, was er vorordnet, das Unangenehme, Widerliche und Ekelerregende zu beseitigen; ferner, wenn er nicht, wie es beim schönen Geschlechte, dessen Geruchsorgan empfindlicher ist als jenes des Mannes, und diesemnach alles Unangenehme aus den Arzeneien um so leichter herausfindet, dessen Geschmacksinn überdieß geläuterter ist und mehr der Einfachheit huldigt, in hohem Grade nöthig ist, allen Arten von Heilmitteln einen so viel als möglich angenehmen Geschmack ertheilt. Wir müssen die Verfahrungsweise jener Mütter, welche ihre zarten Kinder, diese unschuldigen Geschöpfe, häufig zwingen, bittere, oft äußerst widerlich schmeckende Arzeneien einzunehmen, in der irrigen Ansicht, daß Bitteres mit Bitterem, Uebles mit Ueblem vertrieben werden müsse — wir müssen, sage ich, ein solches Verfahren schlechterdings als einen Akt der Grausamkeit bezeichnen. So rachsüchtig hat die Mutter Natur, welche die Heilpflanzen ihrem Schooß' entkeimen ließ, gewiß nicht gedacht, denjenigen noch mit Bitterkeit zu strafen, der, wenn er krank ist, zu jenen Pflanzen seine Zuflucht nimmt, um wieder zur Gesundheit zu gelangen.

Da man der Natur keine Gesetze vorschreiben kann, so wird auch kein Arzt zu behaupten wagen, daß seine Heilmittel in irgend einer vorkommenden Krankheit ganz an Ort und Stelle sind, daß sie nothwendig Gutes wirken und ein gelungenes Resultat erzielen müssen. Nur die Erfahrung ist hier Lehrerin und Schiedsrichterin; nur sie berechtigt zu Hoffnungen. Uebrigens täuscht die noch so sicher scheinende Hoffnung gar oft, und auch der beste Arzt ist nicht frei von Fehlern. Es bleibt daher jedenfalls eine Hauptregel, jegliche starke Gabe von Heilmitteln zu meiden, und nur solche zu geben, die, wenn sie am ungehörigen Orte sollten angewendet worden sein, zwar nichts helfen, aber auch nichts schaden; und dieß läßt sich wohl thun, wenn man die Wirkungen der Arzeneimittel in kleinen sowohl als in großen Gaben kennt, ja ich glaube, daß ohne diese Kenntniß kein Arzt mit ruhigem Gewissen ein Heilmittel einer Krankheit entgegen stellen kann. Diese Wirkungen zu erforschen — was nur durch viele genau angestellte Versuche bewerkstelliget werden kann — war die Aufgabe, welcher ich in meiner Praxis ein Hauptaugenmerk zuwendete; und erst dann, als ich die Wirkungen eines und des andern Mittels in ihrer Gesammtheit auffaßte, konnte ich selbe in ähnlichen Fällen nach dem Gesetze Similia similibus anwenden. Auch unsere älteren Aerzte wußten, daß mit den gewöhnlichen starken Gaben von Arzeneimitteln öfters Unheil gestiftet wird, ohne das erst in neuerer Zeit entdeckte Hahnemannische Naturgesetz zu kennen, oder selbes durch Erfahrungen und Versuche bestätigt gefunden zu haben, demzufolge kleinere Gaben einfacher Arzeneien nothwendig sind. Aus diesem Grunde empfahlen sie große Vorsicht; aus diesem Grunde schrieb man auch: Praestat remedia paucâ dosi et per intervalla exhibere, quam uno impetu ventriculum remediorum mole obruere, d. h. es ist besser, die Heilmittel in kleiner Gabe und in Zwischenräumen zu verabreichen, als den Magen auf Einmal mit einer Menge von Medikamenten zu überladen. — Wenn nun schon vor Jahrhunderten so gesprochen und verfahren wurde, wo größtentheils nur gelindere Mittel im Gebrauche waren, und es hieß: Salvia cum ruta faciunt tibi pocula tuta, d. h. Salbei mit Raute machen das Getränk dir heilsam; um wie viel mehr muß diese goldene Regel heut zu Tage berücksichtiget und beobachtet werden, wo uns die Fortschritte der Chemie mit dem Gebrauche der heroischesten Mittel vertraut gemacht haben, welche sogar in den kleinsten Gaben auf das heftigste einwirken.

In die sogenannten Nostrum's (Geheimmittel) setze ich zwar kein besonderes Vertrauen, doch habe ich aus Neugierde, und weil ich dem Paulinischen Grundsatze huldige: Prüfet Alles und behaltet das Beste, auch die heut zu Tage sehr im Rufe stehenden Morrison'schen und Holloway'schen Pillen, versucht und — das gefunden, was ich im Voraus von beiden erwartet hatte nämlich daß sie heftige Purganzien sind, die von vernünftigen Aerzten zweckmäßig wohl angewendet werden können, jedoch in keinem Falle den Namen einer Panacee oder eines Universalmittels verdienen, wie Holloway ausruft: Health for All!! — Ich wollte gewiß Niemanden anrathen, im Anfange eines hitzigen Fiebers die einen oder die andern Pillen zu nehmen, weil ich üble Folgen darnach eintreten sah. Beide gedachte Pillen, wie auch die angepriesenen Warburg'schen Fiebertropfen habe ich auch in kleinen Gaben angewendet. Meine verehrten Leser werden ihre Wirkungen und Bestandtheile, soviel ich deren ermitteln konnte, im Verlaufe dieser Schrift angegeben finden.

Es freuet mich zu sehen, daß in der Bengal Pharmacopoea (1844 p. 1847) bekannt gemacht worden ist, daß der Arsenik in sehr kleinen Gaben neuerdings als ein diuretisches Mittel anempfohlen wird, der mit dem Harne abgetrieben und darin wieder leicht entdeckt werden kann. Es heißt dort nämlich: Arsenic in very minute doses has been lately asserted to be a powerful diuretic etc. etc. Dergleichen Eigenschaften, glaube ich, könnte man mit Recht auch von andern scharfen Substanzen erwarten, wenn man nur ihre Reagentien so gut kennete, wie die des Arseniks, und wenn man wüßte, wo man sie zu suchen hat, in den Blutgefäßen oder in den Nerven, im lymphatischen Systeme oder im Zellgewebe, in der Gallen- oder Harnblase, in der Milz, in der Leber, in den Nieren, oder gar nur im Magen und im Darmkanale.

Im Bengal Dispensatory heißt es p. 162 bei Ranunculaceae: „They are extremely acrid corrosive, and so unmanageable as to be excluded from medical use by all modern Practitioners.“ — Es wäre in der That besser, solche scharfe Mittel gänzlich zu beseitigen, wenn man es nicht versteht, sie anders, als nach der alten Gewohnheit, oder besser gesagt, nach dem alten behaglichen Schlendrian, anzuwenden, nämlich: sie unverdünnt in starken Dosen durch den Magen in die verschiedenen Theile des Körpers zu jagen. Allein trotzdem würde es doch eine Schande sein, zu einer Zeit, wo jede Kunst, und die Heilkunde insbesondere, durch Erfahrungen aller Art bereichert, so mächtige Fortschritte gemacht hat, derlei einfache und wirksame Heilmittel in das Reich der Vergessenheit zu verbannen und sie von dem Standpunkte aus zu betrachten, als ob die ewige Fürsehung sie nur zur bloßen Augenweide dem Schooße der Erde hätte entsprießen lassen oder auch allenfalls um uns zu schaden, wenn wir Gebrauch davon machen wollen. — Dasselbe Loos trifft fast alle Kräuter, die vor Zeiten im Gebrauche waren. Wer benützt z. B. noch die Salbei? wer die Raute? wer den Augentrost? oder die Meisterwurz? Dagegen prangen Kalomel und Opium am ostindisch-medizinischen Horizonte, und spielen bei den Engländern Hauptrollen. — Wahr und schön gesagt finde ich den Ausspruch Schakespeare's in Romeo und Julie, der da lautet:

„O große Kräfte sind's, weiß man sie recht zu pflegen,
Die Pflanzen, Kräuter, Stein' in ihrem Innern hegen.
Doch ist auch nichts so gut, was seinem Zweck entwendet
Abtrünnig seiner Art, sich nicht durch Mißbrauch schändet.“

Weiß doch die emsige Biene auch aus der Giftpflanze den Nektar auszusaugen; warum sollte der mit Vernunft begabte Mensch nicht auch Nützliches aus dem Schädlichen zu ziehen wissen? In formica non modo sensus, sed etiam mens, ratio, memoria, d. h. bei der Ameise findet sich nicht nur sinnliche Empfindung, sondern auch Einsicht, Verstand, Gedächtniß, sagte ein alter römischer Schriftsteller. — Welche reiche Schätze böthen die Himalaya-Gebirge den Bewohnern Indiens, wenn sie selbe zu benutzen verständen, und in diesem Falle auch benutzen wollten!

Da die Wirksamkeit eines Arzeneimittels von der rechten Zubereitung desselben abhängt, so möchte ich hier den Aerzten Ostindiens rathen, dergleichen Vegetabilien, wie die Ranunkulaceen, die im Himalaya-Gebirge und im Thale von Kaschmir häufig wachsen, und deren wirksamer Bestandtheil ein flüchtiges Prinzip ist, frisch an Ort und Stelle mit einer bestimmten Menge Zuckers zerstoßen und als Conserve bereitet, in einem wohl verstopften Gefäße sich kommen zu lassen, an einem temperirten Orte, gesichert vor dem zersetzenden Eindringen der Lichtstrahlen, aufzubewahren, und jährlich in der rechten Jahreszeit frisch zuzubereiten. Dergleichen Vorsicht ist nöthig, wenn man mit wirksamen Mitteln arbeiten will. Getrocknete alte Kräuter aus den Apotheken oder ähnliche Gewürze von Spezereikrämern versagen gar oft ihre Dienste, obwohl daraus noch immer nicht folgt, daß gerade der flüchtige Theil allein der wirksame sei. So z. B. um mich hier zur Erläuterung eines allbekannten Faktums zu bedienen, halten die Bräuer, durch hundertjährige Erfahrungen geleitet, den alten Hopfen für kräftiger als den neuen.

Es kommt auch vieles auf den Grund oder Boden und auf das Klima der Gegend an, wo eine Pflanze wächst. Hiemit stimmt auch Corn. Celsus in praefat. liber. med. überein, wenn er sagt: Differunt quoque pro natura locorum genera medicinae, d. h. es unterscheiden sich die Gattungen der Arzeneimittel auch nach der jeweiligen Beschaffenheit der Gegenden. So wächst z. B. die Cannabis indica üppiger, höher und kräftiger in dem Thale Kaschmirs als in der Ebene Indiens, weßhalb sie auch ein Monopol der Regierung ist, die Tschers (Churrus) daraus bereiten läßt und ihn nach Indien verkauft, wo er mit Tabak (Tomaku) gemischt, als ein betäubendes Mittel größtentheils von Fakiren aus der Wasserpfeife (Hoka) geraucht wird. Außer dem Hanfkraute sind auch der Safran (Crocus sativus) und die Putchuk-root (Costus nig. Cashmir.) zwei wichtige Landesprodukte, in soferne sie ebenfalls Monopole der Regierung sind. Ueber Putchuk-root heißt es im Bengal Dispensatory pag. 652: Putchuk-root is brought from Lahore, where it is called koot, it is of unknown origin, it is chiefly exported to China, where it is used as Incense etc.

Vor 20 Jahren, als ich, noch unbekannt mit den inländischen Benennungen der Spezereien, nicht wußte, was man in Lahore im Bazar bekommen könne, verschrieb ich mir aus Kalkutta aus einer Apotheke unter andern auch die Faba St. Ignatii und den Succus sepiae. Anstatt ersterm schickte man mir die Nux vomica, weil sie wie jene zu dem Geschlechte der Strychnos gehört; anstatt dem Succus sepiae bekam ich Ossa sepiae, und das darum, weil beide von demselben Fische kamen, ungeachtet sie eine ganz entgegengesetzte Farbe und verschiedene Wirkungen haben. Alle diese Strychnos-Arten, nebst den Knochen des Dintenfisches sind in Menge im Bazar Lahore's zu bekommen. Da mein langer Aufenthalt im Pendschab mir die Gelegenheit verschaffte, dieses Land mit den Produkten, die es hervorbringt, die daselbst vorkommenden epidemischen und endemischen Krankheiten, die inländischen Benennungen der Arzeneikörper u. s. w. kennen zu lernen, und da dieser Theil des großen Hindustans als eine neue Eroberung der ostindischen Compagnie den englischen Aerzten weniger bekannt ist, als die untern Provinzen: so lebe ich der Ueberzeugung, daß ihnen dieses Werk aus gedachten Gründen nur um so willkommener sein müsse. Sie finden darin nebst der neuen Heillehre und dem dazu gehörigen Wörterbuche, welches auch die inländischen Benennungen der Krankheiten, der rohen Arzeneistoffe u. s. w. enthält, die Flora medica Cashmiriana, die, wie ich gerne zugestehe, zwar nicht vollständig ist, obgleich viele der vorzüglichsten Eigenschaften und Wirkungen solcher Pflanzen, welche ich selbst durch Versuche entdeckt habe, darin vorkommen. Die dazu gehörigen Abbildungen sind mit jener Genauigkeit ausgeführt, die erforderlich ist, um einen ziemlich deutlichen Begriff davon zu geben. Ganz getreu der Natur konnten sie jedoch nicht dargestellt werden, weil dadurch meine Absicht, einen möglichst wohlfeilen Preis dieses Werkes zu erzielen, nicht hätte erreicht werden können.

Jeder vernünftige Mensch sollte von Rechtswegen mehr oder minder auch einige Begriffe von den Krankheiten und ihrer Heilung haben. Die bekannte und berühmte delphische Inschrift: *Γνῶθι σεαυτὸν*, d. h. Kenne dich selbst, sagt es uns deutlich, daß schon das graueste Alterthum den hohen Werth dieses Studiums einsah. Wie oft kommen nicht im menschlichen Leben Fälle vor, daß derjenige, welcher auch nur halbwegs richtige Begriffe von den Symptomen hat, mit denen eine Krankheit gewöhnlich aufzutreten pflegt, und dabei seine Natur kennt, die bösartigsten Krankheiten entweder gleich in ihrem Entstehen unterdrücken oder wenigstens minder gefährlich machen kann.

Die im Pendschab befindlichen englischen Aerzte können aus der Flora medica Cashmiriana einen ganz besondern Nutzen ziehen, wenn sie sich, um nur auf den einen Umstand aufmerksam zu machen, durch den Sekretär des Medical-Club Lahore's jährlich die Kräuter Kaschmirs frisch kommen lassen, und meiner Angabe gemäß davon Gebrauch machen wollen. Sie würden sich dadurch zugleich Ansprüche auf Anerkennung von Seite der Regierung erwerben, indem sie der letztern die großen Kosten für die Herbeischaffung ausländischer Medikamente ersparen hälfen. Zu wünschen wär' es, daß jeder Arzt in dem Orte, wo er seine Kunst eine Zeit lang auszuüben gedenkt, sich mit den Produkten des Landes bekannt mache, die Eigenschaften der inländischen Heilmittel an Gesunden und Kranken erforsche, und den Krankheiten anzupassen suche, um dadurch so viel als möglich die stets theueren ausländischen, deren Herbeischaffung doch immer mehr oder minder mit Schwierigkeiten und Hindernissen verbunden ist, zu ersparen und zu ersetzen, zugleich aber auch, um selbe stets frisch zur Hand zu haben. Gewiß wird der auf solche Art verfahrende Arzt gar manche neue Entdeckungen zum Vortheile der Wissenschaft und zum Heile der Menschheit machen. Bei einem Spaziergang' in Lahore nahm ich mir eines Tages aus Soldiers-Garden (Soldatengarten) einige Blätter von einer Pflanze zum Versuche mit nach Hause, bereitete daraus ein Medikament in Pastillenform, wendete selbes den folgenden Tag bei Kranken und Gesunden an, und kam dadurch zur Kenntniß der in meiner Materia medica angegebenen Heilkräfte der Basella rubra. Dergleichen Versuche lassen sich leicht begreiflicher Weise bis ins Unendliche vervielfältigen. Als ich zum ersten- und auch zum zweiten Male nach Lahore kam, war das Krankenhaus der Stadt unter der Leitung der Gebrüder, der Fakire Azizeddin und Nureddin. Die Regierung bezahlte die Heilmittel, welche da täglich unter arme und reiche Leute ohne Unterschied unentgeldlich vertheilt wurden. Auch hier stellte ich Versuche an, und zwar auf eigene Kosten, da es nicht meine Schuldigkeit war im Dar e Schefa (d. i. in dem Krankenhause) der Fakire als praktischer Arzt zu wirken; denn ich hatte meine Bestallung nur für die Mitglieder des Derbar und für Hofpersonen, womit noch die Aufsicht über die Pulverfabrik und Büchsenschifterei verbunden war. Als aber die Engländer dahin kamen, sperrten sie die Pulverfabrik sammt allen Büchsenschiftereien, und gaben dem Derbar den Auftrag, außerhalb der Stadt ein öffentliches Krankenhaus zu errichten. Man übergab die Einrichtung und Leitung desselben mir, wodurch ich die lang ersehnte Gelegenheit fand, frei und im Großen die Experimente mit meiner neuen Heilmethode fortzusetzen. Dieß dauerte bis zur Vereinigung des Pendschab mit den Besitzungen der ostindischen Compagnie im Mai 1849 ohne Unterbrechung fort.

Natürlicherweise war mein Ordinationszimmer bald von einer Masse Kranker umlagert, da ich nicht nur die hübsch aussehenden und wohlschmeckenden Zuckerpastillen ohne alle Vergütung hingab, sondern auch noch artige Schächtelchen dazu schenkte. Auf der einen Seite des Lokales befand ich mich selbst, beinahe einem Zuckerbäcker ähnlich; auf der andern entgegengesetzten war mein Hakim, d. i. muhamedanischer Arzt, gleichfalls vom Derbar angestellt, welcher Hamire benefshe (Confectio violarum), Sherbet e zufa (Syrup hyssopi), Skenjebil (Oxysaccharum) etc. vertheilte, und dem es, so wie mir, frei stand, die Kranken nach seiner Art zu behandeln. Auf diese Weise konnten dieselben ganz nach Belieben europäischer oder inländischer Heilmittel sich bedienen. Welch' ein Unterschied, ja welch' eine gewaltige Kluft besteht nicht zwischen diesen beiden Methoden, meinem noch unbekannten Medial-Systeme und dem junanischen oder altgriechischen, welches mit vielen seiner Arzeneimittel längst aus der europäischen Praxis verbannt ist! — Im Innern des Lokales saßen die drei vom Derbar angestellten Dscherah's, d. i. Pflasterstreicher, mit ihren Salbenbüchsen. Späterhin wurden mir noch die Irrsinnigen zur Behandlung übergeben; und so war in meinem allgemeinen Krankenhause jeden Tag vom Morgen bis in die Nacht ein Mille (Jahrmarkt), wo die Leute aus der Stadt und den umliegenden Ortschaften und Dörfern in Menge herbeiströmten, um für sich und die Ihrigen Heilmittel zu holen, so, daß ich, obwohl mir außer den oben genannten noch einige andere Helfer zur Hand waren, große Mühe hatte, Alle nach Wunsch zu befriedigen. Ich erlaube mir hier folgende Begebenheit beizufügen. Eines Tages hatte ein Mann, wie er mir selbst gestand, im Vorbeigehen gehört, daß der Dakter Saheb (Herr Doktor) so gute Heilmittel verschenke, und dadurch Lust bekommen, einige für sich und seine Freunde mitzunehmen. Etliche Monate nachher kam derselbe Mann wieder, brachte zugleich das Schächtelchen zurück, in welchem ich ihm für einen Freund das Medikament auf die Dauer eines Monates gegeben hatte, und wünschte dasselbe repetirt zu haben, da es so vortrefflich gewirkt hätte. Im Schächtelchen lag noch das Papier, worauf die Symptome der Krankheit, der Name des Mittels (Lentes) und das Datum des Tages, an dem ich es ihm gegeben hatte, notirt waren. Als der Mann mich versicherte, daß er aus Ludiana 140 englische Meilen weit herkomme, bloß um diese Medizin wieder zu erhalten, und daß er dann sogleich zurückkehren wolle; konnte ich nicht umhin, ihn zu fragen, was er für die Bestellung seines Auftrages bekommen habe, worauf er lachend erwiederte: Eine Kuh. — Das ist wahrhaftig gut gezahlt, dacht' ich mir, für einige Linsen, die ich gerade an jenem Tage ärztlich zubereitet hatte.

Damit nicht so leicht eine Verwechslung der Heilmittel Statt finden könne, indem oft Ein Bothe für drei oder vier Kranke Arzeneien übernahm, so bediente ich mich verschiedenfarbiger, größerer und kleinerer Schächtelchen, in deren jedem das Papierchen mit meinen oben angedeuteten Bemerkungen, so wie die Dosis und wie vielmal des Tages er solche einzunehmen hätte, enthalten war.

Dem Gesagten zufolge wird man es begreiflich finden, daß ich bei vielen Krankheiten, wo ich die Kranken nicht einmal zu Gesichte bekam, sondern mich einzig und allein auf die meist sehr schwankenden Berichte der Bothen verlassen mußte, auch keine sichere Diagnosis habe stellen können, was um so mehr bei Ausschlägen und Augenkrankheiten der Fall war. So wurde mir z. B. ein Heilmittel gegen Blindheit abverlangt. In der Folge erhielt ich die Nachricht, daß der Erblindete wieder im Besitze seines Sehvermögens sei. Ich muß offen gestehen, daß ich noch heutiges Tages nicht weiß, was das für eine Art von Erblindung gewesen sein mochte. Vermuthlich ein noch nicht ausgebildeter grauer oder ein schwarzer Staar, weßhalb ich in dergleichen zweifelhaften Fällen in meiner Heilmittellehre ähnliche Mittel einstweilen zu weiteren Versuchen in einer und der andern Krankheit beibehalten habe.

Zu deutlicherm Beweise der Vorzüglichkeit meines Medial-Systemes sei es mir erlaubt, hier anzuführen, daß im letzten Jahre meiner Dienstleistung in Lahore, nämlich: von 1848 bis 1849 von 800 Gefangenen, welche im sogenannten Dschailhospitale in meiner Behandlung sich befanden, während einer Frist von 12 Monaten nur 21 Kranke gestorben sind, und dieß entweder an den Folgen von tödtlichen Wunden oder an Marasmus und Dyssenterie. — Erwägt man, daß das Gefängniß mit seinem Krankenhause am unreinsten Orte außerhalb der Stadt sich befindet, wo jeder Brunnen der Umgebung salzig-bitteres Wasser enthält, und daß ich troß meines Ansuchens und vieler Vorstellungen von der Regierung keine besondere Nahrung für meine Gefängniß-Kranken erhielt, folglich in die Nothwendigkeit versetzt war, eine bessere Nahrung, als die im Gefängniß gewöhnliche, den gefährlichen Kranken aus dem allgemeinen Krankenhause zu verabreichen, die aber dort durch Ersparung hereingebracht werden mußte: so wird man gestehen, daß ich bei allen diesen Mühseligkeiten und Schwierigkeiten einer besondern Gunst des Glückes mich zu erfreuen hatte, indem mir während eines Zeitraumes von zwei Jahren, seitdem das Dschailhospital gegründet wurde, kein Einziger an einer akuten Krankheit, als: Entzündung, Fieber, Cholera, Schlangenbissen u. s. w. darauf gegangen ist. Nicht so glücklich war mein Nachfolger, der in den ersten 6 Monaten der Annexation des Pendschab, vom Mai bis Oktober 1849, wo ich noch zugegen war, nicht weniger als etliche 60 von 1000 Gefangenen dem Reiche der Schatten überlieferte. Wenn ich von solchen spräche, die er als Unheilbar entließ, und die gerade diejenigen waren, an denen ich meine Versuche anstellte, und damit manch glückliches Resultat erzielte, so könnte man mir dieß als eine Art von Rancune gegen diesen meinen Nachfolger auslegen; weßhalb ich lieber davon schweige.

Die große Sterblichkeit, hieß es, habe den Wechsel des Dschailhospitals veranlaßt. Man hat nämlich ein größeres Krankenhaus auf der entgegengesetzten Seite des alten östlich am Gefängnisse errichtet, wie auch allen

Gefangenen eine bessere Nahrung gereicht, ihnen weniger anstrengende Arbeiten aufgebürdet und gestattet, frühere Gewohnheiten wieder zu befriedigen. Sie durften daher sich ganz ungehindert des Tabakes, des Opiums, der Mohnköpfe, des Hanfkrautes, des Tschers u. s. w. bedienen. Allein der Erfolg entsprach nicht den Erwartungen, und das einzige Resultat alles dessen war, daß die Regierung größere Kosten zu bestreiten hatte.

Es wäre wirklich zu wünschen, daß mein Freund C. H. meinen Rath befolgte, die ihm lächerlich scheinende Heilmethode versuchte, und sich von der Vorzüglichkeit derselben überzeugte. Er baue nicht all' seine Hoffnungen auf die Wirksamkeit jener Heilmittel, die er als Eigenthum des Derbar von mir übernahm, mögen es nun bereits fertige Pastillen oder rohe Arzeneistoffe sein, indem manche davon schon zu alt sein können und dadurch einen großen Theil ihrer Wirksamkeit verloren haben werden. Am sichersten geht der zu Werke, welcher, wie ich auch später in der Einleitung zu meinem Medial-Systeme erinnern werde, sich die Medikamente im frischen Zustande und eigenhändig bereitet, oder sie wenigstens in seiner Gegenwart und unter seiner genauen Aufsicht von damit vertrauten Personen bereiten läßt, damit er sich auf die Waffen verlassen könne, mit denen er die Uebel zu bekämpfen hat.

Zwischen meinen Papieren finde ich ein Schreiben, das ich von Seite eines, bei der Residentschaft in Lahore angestellten Beamten erhalten habe. Dieses Schreiben dürfte vielleicht Einigen, welche über meine frühern Aeußerungen ungläubig den Kopf schüttelten, als ein Beweis der Wirksamkeit meiner kleinen medizinischen Gaben dienen. Ich erlaube mir deßhalb, hier eine wörtliche Abschrift davon beizusetzen.

Residency, 2. December 1846.

Dear and respected Sir,

I may appear seemingly to have neglected Your prescriptions, but y assure You I have not. The reason of my not doing myself the pleasure to call on You, has been owing principally to heavy business consequent on Col. Lawrence's leaving this, and some little to the distance of Your present residence. The pastills, however, last supplied being over, I come before You again a beggar; but before You comply with my petition permit to mention the effect of Your medicine. The largest sore in my gums is nearly filled up with fresh flesh, while the discharge generally from the gums is greatly lessened; my general health is much improved. so much sothat I fear I am becoming almost as stout, again as I was at Simla; and when it is considered that I had but lately recovered from a violent attack of the liver it must be confessed, that my present improved health is to be ascribed to Your valuable medicines for the last month and half. While I thus express my most grateful Obligations, I trust You will continue Your kind favours for a little longer, and therefore beg a fresh supply, to be sent in an envelope: the box being at home, allow me to subscribe myself with high respect dear Sir

Your obliged humble Servant
Wm. Skinner.

Dergleichen Zeugnisse könnte ich mehrere aufweisen; halte es jedoch für unpassend, indem ich Niemandem mein System aufdringen will, ja sogar jeden Schein dessen sorgsam zu vermeiden mich bestrebe. Meine Sache ist und bleibt es bloß, auf das aufmerksam zu machen, was ich erfahren habe. Das Gewinnen einer Ueberzeugung von der Wahrheit meiner Ansichten bleibe der Untersuchung jedes Einzelnen überlassen. Nicht minder will ich jedes unbescheidene Eigenlob möglichst vermeiden. Entnehme sich daher jeder unparteiische Beurtheiler aus der Erzählung meiner naturhistorisch-medizinischen Reisebeschreibung selbst, ob es eben nur dem blinden Glücke zuzuschreiben sei, daß ich trotz aller Schwierigkeiten und Hindernisse bei den hartnäckigsten Krankheiten so glänzende Resultate erzielte, oder ob der Tüchtigkeit meines Systemes und der eigenthümlichen Art und Weise meines Heilverfahrens einige Anerkennung gezollt werden müsse.

Einen großen Kampf hat man mit eingewurzelten Gewohnheiten und Vorurtheilen zu kämpfen, und es gehört wahrlich nicht wenig Geduld, Standhaftigkeit und Ausdauer dazu, als Sieger den Platz zu verlassen. Gewohnheit ist für den Körper, was Tugend für die Seele. Sie übt über die geistige und physische Natur des Menschen eine mächtige Gewalt. Wenn es schon schwer ist, eine alte Gewohnheit abzulegen, d. h. dasjenige zu vergessen, was man gelernt hat; so ist es gewiß eine noch schwierigere Aufgabe, sich etwas dafür anzueignen, was bisher unmöglich schien; denn es gehört dazu eine besondere Geduld und Entschlossenheit.

Ein Arzt will oft, geblendet vom eignen Systeme, nichts von dem eines Andern wissen. Ist er ja doch ohne dieses auch in Ruf gekommen und hat genug Kranke zu behandeln. Er findet es deßhalb auch weit bequemer, beim alten Schlendrian zu bleiben, als Neues zu erlernen, weil ihm dieß nach seiner beschränkten Ansicht nur vergebliche Mühe machen würde, wobei noch der Umstand eintritt, daß es über den Horizont aller seiner Begriffe hinausgeht, wie man mit geringern Arzeneigaben sicherer heilen und eher zum gewünschten Ziele gelangen könne. Wenn er nun noch dazu diejenigen gegen solch ein System ein Geschrei erheben hört, denen Gewinn lieber ist als ein gutes und ruhiges Gewissen, so wird man es wahrlich nicht seltsam finden, wenn so Einer in seinen einseitigen Ideen bestärkt wird. Ich kann Solchen, die entweder aus niedrigem Eigennutz oder aus eingewurzelter übler Gewohnheit oder wohl gar aus Unwissenheit dieses mein Medial-System in Verruf dürften bringen wollen, nur jenes allbekannte Sprüchlein zurufen: Si tacuissetis, philosophi mansissetis. Denjenigen hingegen, die mich eines Bessern belehren können und auch ehrlich genug sind, es zu wollen, zolle ich im Voraus meinen herzlichsten Dank; denn eine unparteiische und gegründete Kritik meines Werkes wird mir jederzeit höchst willkommen sein.

Sollte diese Schrift Anerkennung finden; sollte die Beurtheilung derselben nicht ungünstig ausfallen, so werde ich mich glücklich schätzen, das erreicht zu haben, wornach ich mit so vielen Gefahren, Entbehrungen, Mühseligkeiten und Aufopferungen gestrebt habe. Ich wäre dadurch zugleich dem Schicksale so vieler anderer Männer entgangen, welche mit Freudigkeit die schönsten Jahre ihres Lebens, ihre Gesundheit, ja selbst ihr ganzes physisches Wohl zum Heile der Menschheit auf das Spiel setzten, und dafür statt Dank nur schwarzen Undank und Verfolgung ernteten. Leider mußten so viele Wohlthäter des Menschengeschlechtes dies an sich erfahren, und Jeder, der noch etwas Höheres als sein eigenes Ich im Auge hat, muß gewissermaßen darauf vorbereitet sein. Gehen wir die Geschichte der wichtigsten Entdeckungen und Erfindungen mit prüfenden Blicken durch, und wir werden sehen, daß man selbe Anfangs fast allgemein für Ausgeburten eines verbrannten Gehirnes betrachtete, und ihre Urheber dem Spotte und der Verachtung Preis gab. Sydenham, dessen Andenken ehrenvoll auf die späteste Nachwelt übergehen wird, wurde von so Manchem seiner Zeitgenossen mit dem Namen eines Charlatans und Mörders gebranntmarkt. Viele von Denen, die sich im 14. Jahrhunderte durch hervorragende Fähigkeiten und besondere Kenntniß der Natur und ihrer verschiedenen Erscheinungen auszeichneten, starben als Hexenmeister den Flammentod auf dem Scheiterhaufen. Galilei mußte noch als 70jähriger Greis in einen dumpfen Kerker wandern, weil er behauptet hatte, daß die Erde sich um die Sonne bewege. Solcherlei Erscheinungen gab es indeß von jeher und wird es wahrscheinlich auch immer geben, so lange Menschen — Menschen bleiben. Dieß wird aber gewiß den echten Freund der Wahrheit, welcher den Beruf und die Kraft in sich fühlt, die Kunst oder die Wissenschaft auf eine höhere Stufe zu heben, nicht von seinen Bestrebungen zurückschrecken.

Wir sehen, daß die Natur sich darin gefällt, scheinbare Zerstörungen anzurichten, um stets Neues hervorzubringen; und daß bei diesem beständigen Wechsel der Dinge Potenzen erzeugt werden, die zuweilen nachtheilige Einflüsse auf den animalischen Körper haben, und Krankheiten hervorrufen können und auch wirklich hervorrufen. Wir wissen ferner, daß die schützende und heilende Kraft der Natur in uns (Vis conservatrix & medicatrix naturae in nobis) für sich allein nicht immer hinreicht, sondern oft durch künstliche Hilfe wesentlich unterstützt wird, obgleich wir uns den eigentlichen Vorgang so wie die Bildung und die Bestandtheile der verschiedenartigen Krankheitsstoffe, wie z. B. der Epidemien und Contagien, nicht hinlänglich zu erklären vermögen. Indeß ist dieses ja auch bei andern Naturerscheinungen der Fall, wobei ich nur an den mineralischen und thierischen Magnetismus, an die Elektrizität u. dgl. erinnere. Wer weiß mit Bestimmtheit anzugeben, wie sich die Aerolithen in der höhern Atmosphäre bilden? Solcher Einzelheiten ließen sich noch eine Menge beibringen; allein es wäre überflüssig. — Das große Buch der Natur liegt offen vor uns aufgeschlagen, doch nur wenige Auserwählte sind im Stande, die Geheimnisse zu entziffern, die es enthält.

Die Eigenschaften der Arzeneimittel können bloß durch Versuche an Gesunden und Kranken erkannt, erprobt und festgestellt werden. Die Erfahrung lehrt, daß die Wirkungen derselben so mannichfaltig und verschieden sind, daß ein und eben dasselbe Mittel ganz entgegengesetzte Wirkungen haben kann, was theils von der Gabe und den Zwischenräumen, in denen man es eingibt, theils auch von der Körperbeschaffenheit, von Idiosynkrasien u. s. w. abhängt. So z. B. kann man mit kleineren Gaben solcher Mittel Ekel und Erbrechen heben, die in größeren Ekel und Erbrechen erregen. Gleichergestalt gibt es wieder andere Mittel, die in größeren Gaben abführend wirken, in kleineren hingegen den Durchfall stillen. Wenn also, wie es sich auch wirklich verhält, jedes Arzeneimittel selbst in kleinerer Gabe seine besondern Eigenschaften und Wirkungen hat, so ist es unsere Pflicht, uns mit der Methode, mit kleineren Gaben heilen zu können, bekannt zu machen, und die angeerbten oder uns eingeflößten einseitigen und unstichhältigen Ideen und Grundsätze unserer Altvordern sammt allen ihnen anklebenden Vorurtheilen fahren zu lassen. Nur die gehörig kleinen Gaben von Arzeneien können physische oder echt medizinische Wirkungen hervorbringen, und so, wenn man sie recht anwendet, von wohlthätigem Einflusse sein, während sie keinen Schaden stiften, falls sie mißbraucht werden. Die Ursache dessen ist darin zu suchen, weil sie bloß auf die Theile des Körpers wirken, worauf sie eigentlich wirken sollen, alles Uebrige hingegen gar nicht angreifen, vielweniger erschüttern oder schwächen. In dieser Beziehung könnte wohl füglich das italienische Sprichwort: Cosa per forza non vale scorza, angewendet werden. Die übermäßig großen Gaben von Arzeneien aber, die den Mund, den Hals, die Brust, den Magen, die Gedärme, die Leber, die Milz, die Nieren, die Nerven, die Muskeln u. s. w. afficiren, gehören im Grunde genommen zu den Nahrungsmitteln, die unsere täglichen Genüsse sind, oder unter gewissen Voraussetzungen zu den schädlichen Stoffen, die man Gifte nennt, gleich viel, ob sie aus der lateinischen, altgriechischen, neugriechischen, indischen oder europäischen Küche herstammen. Sie verdienen nicht den Namen Medizin, wenn sie auch helfen sollten, wie dieß oft auch bei gewöhnlichen Speisen der Fall ist. Die Erfahrung zeigt uns überdieß, daß Kranke bisweilen trotz der verkehrtesten Behandlung wieder genesen. So macht die Heilkraft der Natur gar oft wieder gut, was Medikaster verdarben.

Wie jedoch so kleine Gaben, die schon zu verschwinden scheinen, bevor sie noch in den Magen gelangen, sich wirksam beweisen, das können sich Viele

2*

deßhalb nicht erklären, weil sie von der irrigen Voraussetzung ausgehen, daß der Magen, welcher der erste Verarbeiter alles dessen ist, was wir als Ersatz der verschiedenen Abgänge zu uns nehmen, auch wirklich ein Medikament in ausgiebiger Masse in sich aufnehmen müsse, um die Wirkungen desselben in alle einzelnen Systeme und Organe wie aus dem Mittelpunkte zu verbreiten. Die Erfahrung spricht aber laut dafür, daß es ganz unnöthig sei, die Arzenei zu diesem Zwecke in solcher Ueberfülle in den Magen zu schütten. Die gehörig zubereiteten kleinen Theilchen von Heilstoffen lösen sich auf der Zunge vermittelst des Speichels auf, und werden so dem Magensafte mitgetheilt. Höchst wahrscheinlich gelangen sie nun, von den Magennerven eingesaugt, auf eine eigenthümliche Art durch die Reizbarkeit der Nerven, deren Triebfedern Elektrizität und Magnetismus sind, sofort bis in die entferntesten Theile des animalischen Körpers, wo ihre Wirksamkeit sich zu äußern vermag.

Wir sehen täglich, wie weit es der Mensch durch rastlos fortgesetzte Uebung in einer Sache bringen kann. Dennoch kostet es manchen Gelehrten unserer Zeit Mühe zu glauben, daß es in der Macht des Menschen stehe, sogar den Parzen zu gebieten, mit dem Spinnen des Lebenspfadens eine Zeitlang einzuhalten. Die Geschichte des Fakirs, der die Kunst verstand, sich in einem scheintodten Zustande auf längere Fristen vergraben zu lassen, ist der literarischen Welt bekannt, und soll im Verlaufe dieses Buches weitläufiger vorkommen.

Die in der Materia medica der gegenwärtigen Schrift aufgenommenen Arzeneien sind gewählte, von mir selbst erprobte Mittel, welche eigentlich nur einen Auszug aus der beigegebenen medizinischen Abtheilung meines Werkes bilden, und zwar zur Erleichterung derjenigen, welche in den Fall kommen könnten, davon Gebrauch zu machen. Zu diesem Behufe würde ich aber unmaßgeblichst rathen, bei den jeweiligen Krankheiten, von denen die Mittel entnommen sind, nachzusehen, und sich darüber ein alphabetisch geordnetes Verzeichniß zu entwerfen. Ein derlei Index in Taschenbuchform gebracht, dürfte Aerzten sowohl als Nichtärzten von wesentlichstem Nutzen sein. Die übrigen Arzeneimittel, welche in der Materia medica nicht speziell aufgeführt sind, obgleich sie in der medizinischen Abhandlung vorkommen, sind als weniger oder gar nicht erprobte nur für diejenigen Aerzte bestimmt, die Zeit, Gelegenheit und den guten Willen haben, selbst zu experimentiren, um meine angefangenen Versuche weiter fortzusetzen. Ich habe mehrere Krankheiten, welche unter Eine Kategorie gehören, in Gruppenform zusammengestellt; ferner angemerkt, welches Mittel eine bestimmte Krankheit hervorbrachte, und ob es gegen diese sich wirksam bewies oder nicht. Solche Mittel, welche die Krankheit zwar hervorbrachten, aber bei den Versuchen zu ihrer Heilung mehrere Male keine Resultate lieferten, wie auch eine Menge mir bloß im Allgemeinen angerathener Mittel habe ich, um nicht zu umfangreich zu werden, gänzlich übergangen. Nur einige wenigere, die bloß Einmal ohne Nutzen angewendet wurden, aber eines zweiten Versuches unter andern Verhältnissen würdig scheinen, indem sie die Krankheit, zu deren Bekämpfung sie angegeben sind, mehrmal erzeugt hatten, habe ich nicht ausscheiden zu sollen geglaubt. Nicht minder habe ich auch mehrere von mir bisher noch unversucht gebliebene Arzeneimittel beibehalten, sie jedoch mit der Anmerkung begleitet, aus welcher Quelle sie geschöpft sind, weil sie in meinem Manuale verzeichnet erscheinen, und sich unter der Zahl derselben doch manche befinden können, welche man durch Versuche als brauchbar erkennen dürfte. Ich war nämlich eifrigst bemüht, von den Eigenschaften der Mittel so viel als möglich zu sammeln, indem ich nicht wissen konnte, wie lange mir die Gelegenheit zum Experimentiren günstig sein würde. Dieser Umstand war Ursache, daß ich Vieles mehr flüchtig behandelte, und mich nicht lange mit den Versuchen eines und eben desselben Mittels beschäftigte, sondern schnell eine große Sammlung derselben zu machen trachtete, und daß ich größtentheils solche Substanzen, die entweder längst außer Gebrauch gekommen waren, oder aber ganz neue ungewöhnliche Mittel zusammen zu bringen mich bestrebte, von deren Eigenschaften und Wirkungen bis zur Stunde noch Niemand eine Ahnung hatte. Man gedenke hiebei, daß diese zahlreiche Sammlung größtentheils von eingebornen, unkultivirten, asiatischen Völkern herstammt, von Menschen, deren Aussagen man nicht unbedingt Glauben schenken kann, und daß bei aller möglichen Vorsicht, die ich dießfalls gebrauchen mußte, und wirklich gebrauchte, um keiner Täuschung anheim zu fallen, dennoch manche Unrichtigkeiten sich haben einschleichen können, die ich nicht auf meinem Gewissen behalten möchte. So z. B. bedienten sich Manche, trotz meiner deutlichen Anordnung, zu gleicher Zeit mehrerer Heilmittel und verschiedenartiger Pastillen, wenn sie nur einerlei Farbe hatten. Daher konnte ich gar oft nicht mit Bestimmtheit wissen, welcher Arzeneikörper in einem gegebenen Falle sich wirksam oder unwirksam bewiesen hatte. Wie oft sah ich, daß in Lahore im allgemeinen Krankenhause die Leute von mir und von meinem Hakim, d. i. dem eingebornen muhamedanischen Arzte, zu gleicher Zeit die Heilmittel für einen und eben denselben Kranken nahmen, und das deßhalb, weil sie solche sowohl bei mir als bei dem Hakim unentgeldlich erhielten. Nicht minder traf es sich auch oft, daß sie die innern Mittel von mir verlangten, während sie die äußere Behandlung ihrer Abscesse, Geschwüre, Flechten u. s. w. von meinen Dscherah's, d. i. den eingebornen Chirurgen, verrichten ließen, als ob das Innere mit dem Aeußern in gar keiner Verbindung stände.

Da ich beim flüchtigen Durchlesen der in Ostindien gebräuchlichen Bengal-Dispensatory und Pharmacopoea, wie auch der Materia medica indica Ainslie's einige, obwohl nicht sehr bedeutende Fehler und Mängel bemerkt habe; so erlaube ich mir in der englischen Ausgabe dieses Werkes meine dießfälligen Berichtigungen auf einem besonderen Blatte mitzutheilen, in der zuversichtlichen Erwartung, daß sie nicht unwillkommen sein und bei künftigen Editionen Berücksichtigung finden werden.

Schließlich danke ich dem Herrn Generalgouverneur Ostindiens, wie auch dem hohen Verwaltungsamte im Pendschab (Board of Administration) für die Pension, die sie mir für meine mehrjährigen Dienste, die ich dem Maharadscha Rendschit-Sing und seinen Nachfolgern geleistet habe, gütigst ertheilten. Diese, nebst demjenigen, was ich mir durch Eifer und Thätigkeit in meinem Beruf' erspart habe, macht es mir möglich, anständig leben und so den Ertrag meines Werkes den Lehranstalten meiner geliebten sächsischen Landsleute in Siebenbürgen und der Förderung anderer gemeinnütziger Zwecke meines Vaterlandes widmen zu können.

Wien im Oktober 1850.

Der Verfasser.

Reiseerlebnisse.

So angenehm es einerseits ist, wenn man nach einer langen Reihe von Jahren aus der Fremde zurückkehrt, und nach glücklich überstandenen Mühen und Gefahren mit mannigfachen Erfahrungen und Kenntnissen bereichert, wieder den heiligen Boden seines geliebten Vaterlandes betritt; so ergreifend sind die Augenblicke, wo sich alle jene Mühen und Gefahren wie Nebelbilder, die schnell wieder verschwinden, der Erinnerung vorstellen, und lebhaft an die Vergangenheit mahnen.

Es war ein besonderer innerer Drang, fast möcht' ich sagen, die Folge der Aufforderung einer innern Stimme, daß ich mich aufmachte, die Heimat verließ, und dem Oriente zueilte, wo die ersten Menschen, von denen uns die Geschichte Kunde gibt, ihre Wohnsitze hatten; wo zuerst Künste und Wissenschaften auftauchten und blüheten, und von wo aus die Religion, jene göttliche Leuchte, ihre ersten goldenen Strahlen über einen großen Theil der Erde verbreitete.

Im Frühjahre 1815 reiste ich aus Kronstadt in Siebenbürgen, meiner Heimat, durch die Bukowina, Moldau und Wallachei, wo ich über Ein Jahr verlebte, in die Türkei bis nach Varna am schwarzen Meere, von wo aus ich mich nach Konstantinopel einschiffte. Dieß war meine erste Seereise. Man sagte mir, daß die Fahrt von Varna bis Konstantinopel sehr kurz sei, weßhalb ich auch die Reise dahin für nicht bedeutend hielt, und um so weniger an irgend eine damit verbundene Gefahr dachte. Da ich bei meiner Ankunft in Varna hörte, daß mehrere türkische Schiffe zur Abreise nach der Hauptstadt des türkischen Reiches segelfertig seien, so schiffte ich mich auch sogleich auf einem derselben ein, in welchem zufälligerweise nebst 17 Arnauten oder albanisch-türkischen Soldaten, auch eine artige Französin als Reisende sich befand, die aus Jassi kam, und moldauisch sprach, so, daß wir uns in dieser Sprache mit einander verständigen konnten. Als der Abend heran kam, verließen wir mit gutem Winde, in Gesellschaft etlicher 20 kleiner Schiffe, wodurch unser Geschwader einer Flotille ähnlich wurde, den Hafen Varna's, und stachen in See.

Müde von der Tagesreise war ich, in süße Träumereien der Zukunft versunken, durch das sanfte Wiegen des Schiffes allmälich eingeschlafen, als mich auf einmal gegen Mitternacht der Lärm der Leute im Schiffe aus dem Schlafe weckte. Es kam nämlich aus Norden her ein furchtbares Ungewitter herangezogen, und zwar mit solcher Schnelle, daß uns gar keine Zeit übrig blieb die Segel einzuziehen, die in wenigen Minuten zerrissen waren und flatternd am Mastbaume sausten und pfiffen; auch der Mastbaum selbst erlag den fürchterlichen Windstößen. Krachend wurde er niedergeschmettert, und die schäumenden und aufgepeitschten Wogen warfen sich ins offene Schiff. Es war eine stockfinstere Nacht, die nur rasch nach einander zuckende Blitze erleuchteten, denen eben so starke Donnerschläge folgten; dabei hagelte und regnete es in Strömen, und Alles gestaltete sich so entsetzlich, als ob sich die Elemente zu unserm Untergange verschworen hätten. Zu spät sah ich ein, wie Unrecht ich gethan hatte, mich in einem kleinen, offenen und schwer beladenen Fahrzeug' eingeschifft zu haben. Jedoch waren alle Schiffe, die ich zu Gesichte bekommen hatte, von derselben Größe und nicht weniger stark beladen gewesen. Beim Leuchten der Blitze gewahrten wir anfänglich einige von den Fahrzeugen, in deren Gesellschaft wir aus dem Hafen gelaufen waren, wie sie sich, gleich uns, mit aller Kraftanstrengung durch die schäumenden Wellen durcharbeiteten, und bald hoch wie auf Bergen schwebten, bald wieder wie in einer tiefen Schlucht kaum mehr zu bemerken waren. Doch tröstete uns ihr Anblick einstweilen noch so lange, bis sie endlich sammt und sonders unsern Blicken entschwanden. Die Wellen, die sich aus dem Meere in unser Schiff warfen, wurden mühsam und ohne Unterbrechung ausgeschöpft, wobei die Leute bis an die Knie im eiskalten Hagelwasser standen und in der Todesangst den letzten Rest ihrer Kräfte aufboten. Schon im Anfange des Gewitters, als der Mastbaum durch die Gewalt des Sturmes brach, erachtete man es für rathsam, das überladene Schiff durch Entleerung leichter zu machen, d. h. die Ladung ins Meer zu werfen. Noch steht das Bild lebhaft vor meinen Augen, obwohl seitdem schon 34 Jahre verflossen sind, wie man mit der Küche auf dem Verdecke des Hintertheiles, die in einem großen irdenen Feuerofen bestand, den Anfang machte, indem man sie von der Höhe ins Meer hineinstieß. Ihr folgten mehrere Fässer mit Honig, Säcke mit Wallnüssen u. dgl., so daß zuletzt nur noch die schweren Burduffe oder Ochsenhäute mit Talg gefüllt übrig blieben, die man ihrer gewaltigen Wucht halber nicht ganz herausheben konnte, weßhalb man gezwungen war, sie mit Aexten und großen Messern zu zerhauen und stückweise herauszuwerfen eine höchst mühsame Arbeit, da der Talg in der Kälte steinhart geworden war. Unserm griechischen Kapitän (denn wir hatten nebst diesem auch noch einen türkischen Kaptan) zerbrach bei diesem Zerhauen sein Yatagan oder großes türkisches Messer im Talge, worauf er, als er dabei noch sah, wie immer mehr und mehr Wasser ins Schiff drang, muthlos in die Kajüte unter dem Verdecke des Hintertheils sich begab und dort vor seiner *Παναγία* (dem Muttergottesbilde) sich niederwarf, die Sorge für das Schiff ihr und dem andern Kapitäne überlassend. So weit war es bereits mit uns gekommen! Glücklicher Weise hielt das Ungewitter nicht lange an, und der Sturm, der wie mit einem Zauberschlage so plötzlich einhergebraust war, zog eben so geschwind vorüber. Unsere Hoffnung begann sich neu zu beleben, und als der Tag anbrach, erblickten wir mit frohem Gefühle in der Ferne die hohen Gebirge Griechenlands. Majestätisch stiegen die ersten Sonnenstrahlen, deren Anblick uns neues Leben und neuen Muth einflößte, am heitern Horizonte, gleichsam wie aus den Tiefen des Meeres empor, und die Wärme, die sie verbreiteten, wirkte wohlthuend auf unsere von Kälte und Nässe erstarrten Glieder. Mit Hilfe des kleinen Mastbaumes, der auf dem Verdecke am Hintertheile des Schiffes sich befand, und weil uns noch überdieß die Wellen begünstigten, kamen wir gegen Abend so nahe an das Land, daß wir ankern konnten. Am folgenden Morgen mit Tagesanbruch schifften wir uns aus, und dankten Gott für das neue Leben, das er uns geschenkt hatte.

Wir machten eine Fußreise von beinahe 2 deutschen Meilen, und kamen in die einst berühmte griechische Stadt Apollonia, die jetzt nur mehr ein Marktflecken ist und Sissopoli heißt. Dahin wurde auch unser Schiff zur Ausbesserung gebracht. Ich fand dort meine Reisegefährten, die Arnauten, im großen Kaffeehause einquartirt, wo sie sich an einem Kohlenfeuer die erfrornen Füße zu erwärmen suchten. Ich warnte sie, dieß nicht zu thun, worauf sie es auch, wiewohl zu spät, unterließen, indem mehrere von ihnen, wie ich nachher in Konstantinopel erfuhr, am Brande gestorben sein sollen. Im Kaffeehause war es so warm, daß ich nicht lange darin bleiben konnte; und obwohl ich mich dem heissen Ofen nicht näherte, um den schnellen Wechsel von Hitze und Kälte zu vermeiden, so holte ich mir doch daselbst rheumatische Fußschmerzen, die mich die vier Wintermonate hindurch weidlich plagten, und erst bei der Rückkehr des Frühlings gründlich geheilt werden konnten. Unter den vielen Mitteln, die ich dagegen versuchsweise gebrauchte, war die Lawsonia inermis von ausgezeichneter Wirksamkeit. Ich applicirte nämlich Abends beim Schlafengehen das pulverisirte Kraut derselben, welches ich mit Wasser zu einem weichen Brei verarbeitet hatte, an die schmerzenden Stellen der Füße, und wusch es in der Frühe nach abgenommenem Verbande wieder ab, wobei die Haut rothgefärbt erschien. Nebenbei gesagt färbt sich mit diesem Kraute, welches in allen Bazaren des Orients pulverisirt zu bekommen ist, das schöne Geschlecht in der Regel Hände und Füße, zuweilen auch sogar das Gesicht, während es die Männer als Grundlage zur Schwarzfärbung ihrer Bärte benützen, wie in der Folge ausführlicher gezeigt werden soll. Zur Stärkung der Füße und des ganzen Körpers gebrauchte ich noch zuletzt die Seebäder, welche mich endlich vollends herstellten.

Von Sissopoli kamen wir mit gutem Winde binnen zwei Tagen nach Konstantinopel. Das Panorama der türkischen Hauptstadt mit ihren Umgebungen, das sich uns bei unserer Einfahrt in den Bosporus in seiner ganzen Großartigkeit darstellte, war so imposant und überraschend, daß ich in diesem Augenblicke alle bisher ausgestandenen Gefahren und Mühseligkeiten vollkommen vergaß, und ganz im Anblicke desselben versunken blieb.

Im Winter um die Mitte Dezembers 1816 war hier die Natur noch im grünen Kleide; allein nicht lange durfte sie mehr in diesem Schmucke prangen. Denn Anfangs Januars fiel mit einem Male ein ellenhoher Schnee, und es trat eine solche Kälte ein, wie ich sie in Konstantinopel wahrlich nicht zu finden glaubte.

Noch vor Vollendung des Jahres bot sich mir eine günstige Gelegenheit dar, meine Reise weiter ostwärts fortzusetzen, und zwar in der Eigenschaft eines Leibarztes des Gouverneurs von Tokat. Da diese Stadt im Innern Kleinasiens liegt, so erfaßte mich der Gedanke, bei diesem Anlasse meinen lang gehegten Wunsch, Jerusalem zu sehen, zu befriedigen. So angenehm sich auch diese dreiwöchentliche Reise im Sommer gestaltet hätte, so mühsam war sie im Winter, indem wir uns erst Wege durch den tiefen Schnee der hohen Gebirge Kleinasiens bahnen mußten, um fortkommen zu können. Die Karawane des neuen Gouverneurs, mit dem ich reiste, bestand aus etlichen 60 Pferden und Maulthieren. Eines Tages hatten wir im dichten Schneegestöber in den Gebirgen Anatoliens den Weg verloren, und mußten eine sehr üble Nacht verbringen, bis wir uns endlich am andern Morgen aus dem tiefen Schnee herauszuarbeiten vermochten, und ein Dorf fanden.

Auf dieser Reise fing ich an, altgriechische Münzen und geschnittene antike Steine zu sammeln, die zu jener Zeit ziemlich wohlfeil und bei den dortigen Silberarbeitern häufig zu bekommen waren. Leider kannte ich damals den Werth derselben nicht so gut, als jetzt.

Von Konstantinopel gingen wir über Ismid und Angora nach Tokat. In Tokat selbst blieb ich ungefähr ein Jahr, und begab mich sodann über Kaisari, Tharsus, Adana, Alexandretta und Antiochia nach Aleppo oder Haleb, wo ich unter den vielen Europäern auch mehrere Deutsche fand, und deßhalb gerne daselbst eine zeitlang mich der ärztlichen Praxis gewidmet hätte. Es hatte mich jedoch das Unglück getroffen, daß ich unterweges krank wurde, indem ich zwischen Adana und Alexandretta durch ein ungesundes, niederes, von der Malaria und dem Sumpffieber heimgesuchtes Moorland gekommen war. Nach einer vorhergegangenen Milzentzündung bildete sich in Aleppo ein Wurmfieber aus, welches dann in ein hartnäckiges viertägiges Wechselfieber überschlug, von dem ich mich nicht eher gründlich befreien konnte, als bis ich Aleppo für immer verlassen hatte. Zudem konnte ich daselbst auf keine große Praxis hoffen, weil es allgemein hieß: Von einem Arzte, der selbst krank ist und sich nicht helfen kann, ist sich nicht viel Gutes zu versprechen.

Nach einer zweimonatlichen Reise längs der syrischen Küste hin, während welcher Zeit meine Gesundheit unangefochten blieb, versuchte ich die Rückreise nach Aleppo, bekam aber eine Station vor dieser Stadt mein Fieber wieder, gerade an demselben Orte, wo es mich verlassen hatte. Sonderbarer Weise fand ich bei meiner dießfälligen Nachrechnung, daß es an eben demselben Tage eingetreten war, an dem es mich hätte befallen sollen, wenn es nicht inzwischen ausgeblieben wäre. So lange ich in Aleppo mich aufhielt, war ich nicht im Stande mich gründlich davon los zu machen. Kaum hatte ich jedoch nach drei Wochen Aleppo den Rücken gekehrt, so war auch mein Fieber verschwunden, ohne daß ich weiter irgend ein Heilmittel dagegen in Anwendung gebracht hätte. Im Ganzen war ich durch 10 Monate fieberkrank. Die Erfahrung, die ich bei dieser Gelegenheit an mir selbst machte, bestätigt den Satz: Febris autumnalis est longa, non lethalis. Während dieser 10 Monate habe ich mich zwar einige Male, doch immer nur kurze Zeit davon befreit. Man wird hieraus ersehen, daß dergleichen hartnäckige Fieber, wie auch so manche andere Krankheiten, wo Medikamente wenig oder gar nichts helfen wollen, durch Verlassen der Gegend, wo man von der Krankheit befallen wurde, geheilt werden können.

Später hatte ich Gelegenheit, in Tripoli (Syriens), wo ebenfalls die Sumpffieber endemisch sind, dergleichen hartnäckige Wechselfieber, die dem schwefelsauren Chinin widerstanden, mit dem blausauren Arsenik zu heilen, welchen ich damals in folgender Form gab, die freilich der sonderbar komplicirten Mischung halber zu meinen jetzigen Ansichten nicht ganz paßt.

Rp. Arsen. alb. gr. j.
Sodae carbon. gr. v.
Nucl. persic. aut amygd. am. Scr. j.
Elect. anacard. arom. q. s. ut fiat massa, ex qua form. pill. Nr. xvj.
Consperg. pulv. cort. cinnam.

Sign. 4mal des Tages zu 1 Stück so lange einzunehmen, bis das Fieber ausgeblieben ist, worauf einige Zeit hindurch Morgens 1 Pille genommen wird, um Recidive zu verhüten.

Ich hatte Aleppo vor dem großen Erdbeben im Jahre 1819 verlassen, das so unsägliches Unheil anrichtete, und kam längs der syrischen Küste über Latakia, Tripoli, Beirut, Seida, Sur und Acri nach Nazareth, Jerusalem, Bethlehem u. s. w., wo ich die heiligen Orte besuchte, und, obgleich Protestant, in allen katholischen Klöstern der zuvorkommensten Aufnahme mich erfreute. Vom Gebirge herab begab ich mich nach Jaffa, woselbst ich mich nach Damiette einschiffte, und auf dem Nilflusse nach Kairo gelangte. Dort war zu der Zeit Giovanni Bozzari, ein Armenier aus Tokat, Protomedikus. Da ich von Tokat her dessen Bruder kannte, fand ich bei ihm die beste Aufnahme, und erhielt durch seinen Einfluß eine Anstellung in der Festung. Giovanni Bozzari hatte in Konstantinopel bei einem venezianischen Arzte gleichen Zunamens einige Studien in der Medizin gemacht, und behielt in der Folge den Namen seines Lehrers bei. Später leistete er in Aegypten dem Mehemed-Ali, als dieser nur noch ein Bimbaschi oder Obrist war, wesentliche Dienste. Dieß verschaffte ihm dessen Gunst in einem so hohen Grade, daß er ihn nach seiner Erhebung zum Pascha, zu seinem Leibarzte und geheimen Rath' ernannte.

Zu eben dieser Zeit (1820—1821) schickte Mehemed Ali unter dem Commando seines zweiten Sohnes Ismail Pascha eine Armee nach Oberägypten, indem der ältere Sohn Tossun Pascha, der die Regierung vom Vater übernommen hatte, kurz vorher an der Pest gestorben war. Ich befand mich als einer der ersten unter den Aerzten, die sich anwerben ließen, um den Feldzug mitzumachen. Bevor jedoch der Abmarsch erfolgte, brach die Pest aus. Dieser Umstand bewog mich, meine gegenwärtige Stellung an einen andern abzutreten und nach Syrien zurückzukehren. Späterhin erfuhr ich den höchst unglücklich ausgefallenen Erfolg dieser Expedition. Kein einziger von den 10 oder 12 Aerzten, die mit der Armee abgegangen waren, kam zurück, und selbst Ismail Pascha fiel unter Mörderhänden.

Schon in Kairo machte ich Kuren, deren günstige Resultate für mich höchst erfreulich waren. Unter andern befreite ich einen griechischen Kaufmann aus Konstantinopel, der bereits durch 40 Jahre an Steinbeschwerden litt, und schon entschlossen war, sich der schmerzhaften und gefährlichen Operation des Steinschnittes zu unterziehen, durch den 6 Wochen lang fortgesetzten Gebrauch der verdünnten Salzsäure von diesem Uebel. In der Folge versuchte ich dasselbe Mittel bei mehreren Steinkranken in Syrien; allein stets ohne Erfolg. Ich erklärte mir dieses daraus, weil die Bestandtheile der Steine bei jenen Kranken andere waren, als die bei dem Griechen in Kairo, und die Salzsäure nicht geeignet ist, die Zersetzung und Auflösung unter allen Umständen ohne Ausnahme zu bewirken. Da ich nun das allgemeine Steinauflösungsmittel nicht errathen und finden konnte, so blieb mir nichts Anderes übrig, als die Operation mit dem Messer. Weil es in

Syrien auch Araber gab, welche sich mit Steinoperationen beschäftigten, dabei aber nur die alte Celsus'sche Operationsart anwendeten, die darin besteht, daß man den Stein mit den im Mastdarme eingebrachten Fingern herabzieht, und ihn sodann aus der Blase durch das Mittelfleisch herausschneidet: so gab ich dem Apparatus altus, vermittelst welchem der Stein aus der Blase durch den Pyramidalmuskel des Bauches herausgeschnitten wird, den Vorzug, was nach dem Gelingen der ersten Operationen allgemeines Aufsehen erregte und mir bald den Namen eines großen Operateurs verschaffte. Die ersten Operationen der Art unternahm ich auf dem Berge Libanon, denen mehrere in Damaskus, in Bagdad, in Persien, Indien und sogar in Buchara folgten, wie man im weitern Verlaufe meiner Erzählung lesen wird.

Im Jahre 1822 hatte ich auch angefangen, die Kuhpockenimpfung in Syrien vorzunehmen. Die Lymphe dazu bekam ich aus Aleppo, und sie bewährte sich als vollkommen zweckmäßig. Zwei sonderbare Fälle, die mir in diesem Jahre auf Dörfern bei Tripoli vorkamen, mögen hier eine Stelle finden. Die Epidemie der Menschenblattern wüthete daselbst zu dieser Zeit in ihrer fürchterlichsten Gestalt, und raffte gleich einer Pest Jung und Alt dahin. Man kannte aber den Gebrauch der Kuhpocken in Syrien eben so wenig, als man ihn vor Jenner's Entdeckung in Europa gekannt hatte, wiewohl sie sich auch in diesem Landstriche erzeugen. Ich befand mich, während dem diese Seuche grassirte, und so eben ihre größte Kraft entwickelte, gerade im Mittelpunkte ihres unheilvollen Wirkens. Eine Witwe, die zwei Kinder, einen Sohn und eine Tochter hatte, letztere aber mehr liebte, als ersteren, bestand hartnäckig darauf, nur den Sohn versuchsweise impfen und erst dann ihr Herzenstöchterchen dieser Operation unterziehen zu lassen, wenn sie nach Ablauf einer Woche, bis zu welcher Zeit ich wieder zu kommen versprach, mit der Impfung zufrieden sein würde. Mir blieb demnach nichts Anderes übrig, als zuerst den Sohn zu impfen. Als ich am achten Tage wieder dahin kam, um meinen Impfling zu besuchen, fand ich die Frau im verzweifelten Zustande. Die Tochter war ihr während dieser Frist an den Pocken gestorben, und der Sohn befand sich recht wohl mit einigen dicken, perlenähnlichen Pusteln am Arme. Zu spät bedauerte sie, meinem Rathe nicht Gehör geschenkt zu haben, und sah dem zufolge den Tod ihrer geliebten Tochter als eine gerechte Strafe des Himmels an. — In einem andern Dorfe, unweit von diesem, hatte ich in einem Hause eine ganze, aus acht Personen bestehende Familie, zu gleicher Zeit geimpft. Bei meiner Rückkehr am achten Tage fand ich einen jungen Mann von 20 Jahren im Sterben, in Folge brandiger Pocken, die bei ihm am Abende desselben Tages, wo ich ihn impfte, ausgebrochen waren. Die Kuhpockenimpfung konnte ihn daher nicht schützen, weil er schon von Menschenblattern angesteckt war, indem er, wie man mir sagte, einen an den natürlichen Pocken Verstorbenen auf dem Rücken fortgetragen hatte. Bei den übrigen sieben in diesem Hause Geimpften fand ich die schönsten Kuhpocken auf den Armen, und sie blieben auch von der Epidemie verschont.

Man ist allgemein der Ansicht, daß die Impfung der Kuhpocken nur während eines Zeitraumes von zwanzig Jahren ihre schützende Kraft bewähre. Ich bin, wenn ich mich recht entsinne, mit Anfang des Jahres 1800 in meiner Heimat geimpft worden, und zwar mit einer so guten Lymphe, daß ich viele bedeutende Menschenblattern-Epidemien gesehen und behandelt habe, wie z. B. noch zuletzt in Lahore in den Jahren 1848 bis 1849, ohne daß ich eine zweite Impfung an mir vorgenommen hätte. Indessen kann ich hier die Bemerkung nicht unterdrücken, daß ich an beiden Armen gleichzeitig von Arm zu Arm geimpft worden bin, während man sonst in der Regel die Impfung nur an Einem Arme vornimmt, und in Ermanglung von Lymphe auch nur einer mit Wasser abgeriebenen Kruste sich bedient. Schaden können jedoch die zweiten und dritten Impfungen keineswegs. Auch in Lahore und dessen Umgebungen sind Tausende von mir geimpft worden. Während dieser Zeit bekam ich einmal von englischen Aerzten zwei sehr verschiedene Kuhpockenstoffe, einen von Ambala, den andern von Delhi. Der von Ambala war guter Art, der von Delhi aber taugte nichts, indem dabei der Pustelnverlauf zu geschwinde vor sich ging. Auch war die Areola, welche die Pusteln umgab, nicht roth und hart genug, und so mancher meiner Impflinge bekam mit dieser Materie dennoch die Pocken. Ich impfte deßwegen auch nicht mehr mit diesem Stoffe, als ich etwas später den aus Ambala bekam.

In Tripoli fand ich den neuen Gouverneur Berber, der, obgleich von minderem Herkommen, durch List, Muth und Entschlossenheit der Citadelle und bald darauf auch der Stadt sich bemächtigt hatte. Er war ein kurzhalsiger Mann, von kleinem gedrungenen Körperbau, vom sogenannten habitus apoplecticus, der in Folge seiner sitzenden Lebensweise an Goldaderknoten und hartnäckiger Verstopfung litt, wogegen er ein Mittel von mir verlangte. Als ich ihm dießfalls in Gegenwart mehrerer Personen ein Klystier anrieth, blickte er mich mit zornglühenden Augen an, als ob ihm dieses Mittel schimpflich erschiene, so, daß ich wirklich bedauerte, mich auf solche Art geäußert zu haben. Denn ich erinnerte mich im Augenblicke, daß die arabischen Aerzte zwar die guten Wirkungen der Klystiere aus Büchern kennen, jedoch nur in seltenen, höchst dringenden Fällen, wo andere Mittel sie im Stiche lassen, oder ihnen nichts Weiteres zum Versuche übrig bleibt, davon Gebrauch machen, weil es in einem Lande, wo die P.......e zu Hause ist, für eine Schande gehalten wird, von so etwas zu sprechen. Ich gab ihm daher auf sein Verlangen Pillen, und zwar folgende, die ihm sehr gut thaten:

Rp. Aloes dr. vj.
Masticis
Rosar. rubr. aa. dr. jj.
Syr. absynth. q. s. ut f. massa, ex qua form. pill. gr. jjj.
Consp. pulv. cort. cinnam.
Dos. 4—6 Stück vor dem Schlafengehen an denjenigen Tagen einzunehmen, wo kein Stuhl erfolgt ist.

Nebstbei empfahl ich dringend die bekannte diätetische Regel: Post coenam stabis, vel passus mille meabis, d. i. nach dem Essen sollst du stehn oder tausend Schritte gehn; oder noch deutlicher, wie es die Engländer ausdrücken:

After dinner sit a while,
After supper ride a mile.

Mehrere Jahre hindurch brachte ich die kalten Wintermonate in den Seestädten der syrischen Küste zu, vornehmlich in Tripoli oder Beirut, wo es im Winter bloß regnet; die heißen Sommermonate hingegen verlebte ich in verschiedenen angenehmen Gegenden des Libanon-Gebirges. In Araba unweit Saida lernte ich die Lady Esther Stanhope, dieses bizarre Original eines Frauenzimmers, welche sich Königin von Palmyra nannte, in ihrer Residenz kennen, und man erzählte mir verwundert, daß sie vor Kurzem eine ganze Ziegenheerde habe umbringen und vergraben lassen, bloß aus der Ursache, weil einige räudige Stücke darunter sich befanden; denn sie befürchtete, daß durch den Genuß des Fleisches solcher Thiere oder ihrer Milch eine Epidemie im Lande entstehen könnte.

Unweit Tripoli liegt am Fuße des Libanon in einem romantischen Thale Mesrat el tufá, d. i. Aepfeldistrikt, wohin man mich zu einigen Fieberkranken verlangte. Meine Freunde riethen mir jedoch in der Meinung, es herrsche daselbst eine ansteckende Seuche, nicht hinzugehen. Dessen ungeachtet nahm ich keinen Anstand, den Hilfesuchenden meinen Beistand angedeihen zu lassen. Ich ritt hin und sah, als ich in die Nähe des Dorfes anlangte, die Maroniten-Mädchen (Christinnen) mit Krügen auf den Köpfen, wie sie so eben vom Brunnen kamen. Jedes von ihnen hielt einen Zwiebelkopf in der Hand, woran es zuweilen roch. Die Epidemie hatte den Charakter eines Synochus, und es waren mehrere Personen plötzlich hinter einander gestorben, was allenthalben große Angst verbreitete. So eben hatten sie die Seidenernte beendigt, und ich fand die Kranken in elenden niederen Häuschen, die keinen Luftzug hatten. Ich erachtete es deßhalb für gerathen, sie aus ihren Wohnungen heraus und in ihre Fabriken bringen zu lassen, wo früher die Seidenwürmer gewesen waren; und wirklich stellte sich dadurch das glückliche Resultat heraus, daß unter meiner Behandlung auch nicht ein Einziger starb.

Von Mesrat el tufá ward ich etwas weiter hinauf auf den Libanon nach Eito zum französischen Exdollmetsch Isaak Torbei beschieden, der schon mehrere Tage lang an einer hartnäckigen Angina litt, kein Wort hervorbringen konnte, und dem Ersticken nahe war, indem er selbst bei der größten Anstrengung kaum zu athmen vermochte. Ich untersuchte seinen Rachen, entdeckte darin einen großen reifen Absceß, und öffnete denselben unverweilt, worauf der Kranke, wie man sich leicht denken kann, mit einem Male im Stande war, leichter zu athmen. Seine gänzliche Herstellung erfolgte bald darauf. Von Eito brachte man mich nach Kannobin, der Residenz des Maroniten-Patriarchen, wo der Bischof Mutran Seman sehr krank darnieder lag. Kannobin liegt an einer schräg auflaufenden Anhöhe in einem großen Thale, und es bietet sich von da aus eine ungemein romantische Aussicht auf die Gegend dar. Es ist jedoch dieses Kannobin keineswegs eine Stadt wie das Ditionnaire encyclopédique français 2 Edition irrig angibt. Der Landessitte gemäß ließ ich mir auch hier, wie allenthalben, das Honorar für die Visite im Voraus bezahlen, weil ich nicht wissen konnte, ob ich den Kranken noch lebend antreffen würde. In Kannobin angelangt, fand ich den Bischof im bewußtlosen Zustande am Nervenfieber darnieder liegend. Nach näherer Untersuchung bot sich mir wenig Hoffnung für sein Aufkommen dar. Seine zahlreichen Anverwandten schienen dieselbe Ansicht zu theilen; denn sie hatten sich sämmtlich an seinem Lager eingefunden. Ich kam mit den Brüdern des kranken Bischofs überein, wie viel mir für die Kur desselben zu entrichten käme, und ließ mir die Hälfte der Summe für die Arzeneien im Voraus bezahlen. Die andere Hälfte für meinen ärztlichen Beistand sollte mir der Kranke selbst nach erfolgter Genesung einhändigen. Da dieses Uebereinkommen mit den Brüdern schriftlich in Kontraktsform abgeschlossen worden war, so wurde die betreffende Urkunde dem Gesetze gemäß auch von mehreren Zeugen unterschrieben. Nachdem dieses geordnet war, entfernte ich die Menge der lästigen Zuschauer, welche das Krankenbett umgaben, und in jeder Beziehung störend einwirkten, bis auf vier Personen, denen ich die fernere Besorgung des Patienten anvertraute. Ich hatte nun die nöthige Muße, um bei einigem Nachdenken zu ersehen, daß der Kranke durch die ganz verkehrte Behandlungsweise seiner bisherigen Aerzte in den jetzigen Zustand gerathen war. Man hatte ihm nämlich ohne allen Grund eine Masse Blutes entzogen, und ihn, von einer gleich unrichtigen Ansicht geleitet, verschiedene Ptisanen und Purgiermittel nehmen lassen. Wie ich von den Umstehenden erfuhr, hatte er seit den vier Tagen, während welchen er im bewußtlosen Zustande dahin lag, keine Entleerung gehabt. Ich fand es daher räthlich, die

Kur mit einem erweichenden Klystiere zu beginnen, und die gute Wirkung blieb nicht aus. Ich lüftete hierauf das Zimmer, sprißte dem Kranken zu verschiedenen Malen mit Rosenwasser gemischten Essig ins Gesicht, und ließ ihm die kalten Füße künstlich erwärmen. Um 10 Uhr Abends legte ich ihm ein blasenziehendes Pflaster auf den Nacken, und gab ihm folgendes Pulver:

Rp. Op. pur. gr. v. Camph. gr. jj. Ipecac. gr. j. Tart. stib. gr. ß. Sacch. alb. Scr. ß. M. f. pulv.

Dieses Pulver schüttete ich ihm in den Mund, und spülte es durch etwas langsam nachgegossenes Wasser von der Zunge ab, worauf er bald in einen starken Schweiß gerieth und die Nacht ziemlich ruhig zubrachte. Es war dieß der günstige Erfolg, den ich von dieser Mischung in dergleichen Fällen so oft gesehen hatte, während geringere Opiumgaben von 1 bis zu 2 Gran die Krankheit nur verschlimmerten. Durch diese eingetretene und gut verlaufene Krisis war der Kranke gerettet. An demselben Tage, als ich die Besserung des Bischofs verkündigte, fand ich Gelegenheit, in eben dem Hause eine zweite Kur zu machen, die schon in einigen Stunden beendigt war, und deßhalb nicht geringes Aufsehen erregte. Es litt nämlich der Sakristan des Patriarchen an einem unregelmäßigen Tertianfieber; und da es gerade der fieberfreie Tag war, er über Schwindel, Appetitmangel und Mundbitterkeit klagte, ein schlechtes Aussehen und die weiße Augenhaut gelblich gefärbt hatte, so gab ich ihm ein Brechmittel aus Tartar. stibiat. bestehend in aufgelöstem Zustande und abgetheilten Dosen ein, worauf er sich übergab, und einen langen Bandwurm ausbrach, an dem ich so lange zog, bis ich ihn abriß. Als ich ihm hierauf eine weitere Dosis Brechweinstein nachgab, wirkte es nicht mehr aufwärts, sondern, wie es oft zu geschehen pflegt, abwärts, und somit wurde auch der Rest des Wurmes abgeführt. Ich ließ sowohl die durch das Erbrechen entleerten als auch die durch das Purgiren abgegangenen Stücke des Wurmes sammeln, und rein gewaschen an einer Elle abmessen. Die Länge aller zusammen betrug 52 Ellen. Ueberdieß zeigten sich noch drei Köpfe, woraus ich in der Voraussetzung, es würden dadurch drei Bandwürmer konstituirt, den Schluß zog, daß auch drei solche vorhanden gewesen seien, mithin kein Solitarius, wie man unrichtig den Bandwurm zu benennen pflegt. Es war die Taenia osculis superficialibus (the broad tape worm). Ich bewahrte diese Stücke in Spiritus, und führte sie mit mir herum, um selbe den Leuten zu zeigen. Allein es war für die Bewohner der dortigen Gegenden nichts Neues, indem der Bandwurm auf dem Libanon, wie ich hörte, eine bekannte Sache war. Während ich mich damit beschäftigte, den Bandwurm zu messen, kam der alte Patriarch Hanna zu mir, sah mir eine geraume Weile mit vielem Interesse bei dieser Beschäftigung zu, setzte sich dann, und fragte mich plötzlich ganz unvermuthet, ob ich den Napoleon gekannt hätte?

O ja, antwortete ich, wenn auch nicht persönlich, doch dem Namen und dem Rufe nach.

Wodurch fragte er weiter, hat er sich denn einen so großen Ruhm erworben, daß sein Name sogar bis zu uns gedrungen ist?

Durch sein außergewöhnliches Feldherrntalent, war meine Erwiderung, wodurch es ihm gelang, in kürzester Zeit die mächtigsten Heere zu schlagen, und sämmtlichen Herrschern Europa's Gesetze vorzuschreiben.

Wenn das so ist, fuhr er weiter fort, wie kommt es, daß er in die Gefangenschaft der Engländer gerieth?

In Folge seines unglücklichen Winter-Feldzuges in Rußland, bedeutete ich ihn, und seines zu großen Vertrauens auf den Edelsinn der Engländer, denen er sich überlieferte, als er der Uebermacht seiner Feinde erlegen war.

Er ist erlöst, fiel er mir in die Rede. Vor kurzem ist die Nachricht aus Tripoli angelangt, daß er gestorben sei.

Friede seiner Asche! rief ich bei dieser Kunde tief erschüttert aus, mit ihm ist ein Riesengeist, wie deren die Geschichte wenige kennt, dieser Welt entschwunden.

Bei diesem Ausrufe erhob sich der ehrwürdige Greis, sichtlich bewegt, von seinem Sitze, wankte schweigend auf mich zu, legte die eine seiner zitternden Hände auf mein Haupt, und ertheilte mir mit der andern thränenfeuchten Auges seinen Segen.

Die Bewohner des Libanon glauben, daß die häufige Erzeugung des Bandwurmes in ihrem Lande eine Folge des Genusses des rohen Fleisches sei, worauf sie unmäßig Branntwein trinken. Allerdings kann dieser Umstand viel dazu beitragen. Die Hauptursache der Entstehung desselben scheint mir jedoch in dem Umstande zu liegen, daß die ärmeren Leute, die auch am meisten diesem Uebel ausgesetzt sind, in den Zimmern, wo die Seidenwürmer aufgezogen werden, schlafen, und die schädlichen Stoffe der faulenden und sich zersetzenden Maulbeerbaumblätter, wovon sich die Seidenwürmer nähren, einathmen — eine Ansicht, der ich mit um so mehrerem Rechte huldigen zu können glaube, als die Cortex radicis mori nach homöopatischen Grundsätzen als ein Anthelminticum anempfohlen wird. Die Leute dort zu Lande haben eine eigenthümliche Methode, sich vom Bandwurme zu befreien, wenn er ihnen lästig wird, d. h. wenn er üble Zustände bei ihnen hervorbringt, was jedoch selten der Fall ist, indem er größtentheils von selbst stückweise abgeht. Sie nehmen nämlich am frühen Morgen nüchtern ein Stückchen gemeiner Seife (dr. ij.—dr. ijj.) in einer von den Samenkörnern gereinigten Feige; hierauf braten sie ein fettes Fleisch am Kohlenfeuer, um wie sie glauben, den Wurm in den Magen heraufzulocken, kauen dann den Braten, ohne weder den Speichel, noch den ausgesogenen Saft hinabzuschlucken. Wenn sie nun glauben, daß der Wurm bereits im Magen ist, was man fühlen soll, so trinken sie auf einen Zug bei zugestopften Nasenlöchern eine tüchtige Gabe starken Spiritus, der den Wurm (vielleicht auch den Kranken) angreifen und berauschen soll, und der ihn in den Unterleib hinabtreibt, von wo aus er vermittelst eines starken Purgirmittels herausgeschafft wird. Eine wahre Pferdekur!

Hat man den Wurm im Magen, so ist ja der nächste Weg der nach oben, vermittelst Brechweinstein (wie so eben erzählt wurde), daher man den starken Branntwein und das drastische Purgirmittel entbehren kann. Glaubt man jedoch, daß letzteres mit dem Wurm zugleich den Schleim, sein Nest, abführt und vom Organismus entfernt, so kann man selbes auch ohne Spiritus einige Tage nach erfolgtem Abgange des Wurmes in Anwendung bringen. Ohnweit Kannobin, unter den höchsten Gipfeln des Libanon, wo ein ewiger Schnee liegt, unter dem aber auch zugleich die weltberühmten Cedern wachsen, befinden sich die Dörfer Eden und Bescherri, wo ich ebenfalls im Sommer 1821 mehrere günstige Kuren machte, sogar die Häuptlinge der Maroniten und Drusen (den Sheik Beschir und den Emir Beschir) kennen lernte, indem sie wegen Rebellen mit ihren Truppen hingekommen waren. Ich ertheilte ihnen ebenfalls ärztlichen Rath, was zur Folge hatte, daß ich später auch nach ihren Residenzen, nämlich nach Tidin (oberhalb Delkamer) und nach Muktara gerufen wurde, wo ich ebenfalls bedeutende Kuren machte, so daß ich mehrere Jahre hindurch in dem heiligen Lande, in den schönsten romantischen Gegenden recht angenehm verlebte.

Ich versuchte auch in Bescherri zu impfen, doch ich fand, daß die Einwohner nicht geeignet dazu waren; der Stoff griff nicht an, und ich ließ mir sagen, daß Niemand unter ihnen die Pocken bekomme, und daß, weil ihre Kühe in manchen Jahren die Pocken haben, deren Ursache der Wechsel des Klima's sein soll. — Die Einwohner der hohen Regionen bringen nämlich mit ihrem Viehe den Winter in der Ebene, in Sgorta unweit Tripoli zu. Daraus schließe ich, daß die Bescherrier von ihren Kühe-Pocken inficirt, vielleicht schon in der Generation — geschützt vor den Menschenblattern sind.

Eine besondere Krankheit, die auf dem Libanon so häufig vorkommt, ist das sogenannte hábet el kei (Brenngeschwür), welches ganz verschieden ist von dem in Aleppo und in Bagdad endemischen Butone d'Aleppo, einem Geschwür, das so gerne auf den Backen der schönen jungen Frauen sich ausbildet, ein Jahr eitert, und eine garstige Narbe hinterläßt, aber nicht lebensgefährlich ist. Das hábet el kei hingegen kommt als ein akutes, oft lebensgefährliches Geschwürchen vor, und zwar in den innern sowohl als äußern Theilen, weßhalb seine Erkennung öfters eine schwierige Sache ist;

wenn man es jedoch erkannt hat, so kann man die Heilung desselben augenblicklich mit dem glühenden Eisen (woher es auch den Namen hábet el kei, Geschwür zum Brennen, hat) bewirken, gleichviel ob seine Erzeugung in inneren oder äußeren Organen sein mag. — Daher sieht man auch auf dem Libanon so viele Kinder, bei denen das Cauterium actuale als Praeventivo auf den Vorderkopf applizirt worden ist. Kommt dieses Geschwürchen äußerlich vor (z. B. im Gesichte), wo ein brennendes Knötchen entsteht, das eine bläuliche, zuletzt eine schwarze Farbe, wie ein Carbunculus bekommt, so ist es lebensgefährlich, wenn man ihm nicht bei Zeiten zuvorkommt, es sogleich örtlich mit dem glühenden Eisen brennt, und zerstört. Beim Brennen solcher Geschwüre soll man manchmal das Zerplatzen hören, was als ein gutes Zeichen angesehen wird.

In Agosta, der Provinz Kestroan, kam mir ein Fall vor, der mich, oder besser gesagt, unsere europäische Curart, die man lege artis heißt, beschämte. Ich wurde nämlich gleich im Anfange einer akuten Ophthalmie einer Frau aus einem der ersten Häuser der Scheik hoasni (Edelleute von alter Herkunft) um Hilfe gerufen, wo ich den antiphlogistischen Apparatus in seinem ganzen Umfange versuchte, nämlich zur Ader ließ, Blutegel ansetzte, blasenziehende Pflaster legte, Calomel, Brechweinstein in kleinen Gaben, Laxiertränkchen (aus Senna, Manna, Salz u. s. w.), Dover's Pulver, nebst verschiedenen Collyrien aus Sublimat, Plumbi acet., Laudanum, Campher, Rosenwasser u. s. w. ohne merkliche Besserung anwendete, bis ich eines Morgens unerwartet meine Kranke besser fand, was ich sogleich meiner Medizin zuschrieb. Nein! sagte die Kranke, meine Besserung verdanke ich Ihren Medizinen nicht, wohl aber dem Schuster Ibrahim; dieser kam gestern Abends zu uns, sah, daß ich an den Augen litt, und erkannte meine Krankheit sogleich für das hábet el kei. Er brannte mich hierauf, und seit dem Augenblicke befinde ich mich besser und habe auch ruhig geschlafen. Ich ersuchte sie, den Ustad (Meister) Ibrahim rufen zu lassen, was sie auch that. Er kam, und ich fragte ihn, wie er habe wissen können, daß die Ursache dieser Augenentzündung das hábet el kei gewesen sei. Seine Antwort war, daß man es jederzeit an folgenden Umständen erkennen könne:

1. Blutentziehungen mit den übrigen Mitteln versagen ihren Dienst.

2. Der Kranke hat einen üblen Mundgeruch, sein Speichel zieht sich in Fäden.

3. Es findet ein örtlicher Brennschmerz Statt, der den Kranken Tag und Nacht quält, was eigentlich (wie er meinte) das beste und zuverläßigste Kennzeichen fürs Kei (Brennen) sei.

Außer diesem verstand Ibrahim wenig oder gar nichts von anderen Krankheiten: demungeachtet konnte man ihm nicht sagen: Schuster bleib bei deinem Leisten. — Das Cauterium actuale war auch bei dieser Frau auf den Vorderkopf applicirt worden, nachdem zuvor die Haare dieser Stelle mit einem Scheerchen knapp abgeschnitten waren. — Es ist kein Zweifel, daß die Wirkung des glühenden Eisens heftiger und eindringender ist, als die eines blasenziehenden Pflasters, und durch letzteres nicht ersetzt werden kann, weßhalb es auch bei den Arabern noch heutigen Tags (bei Menschen und Thieren) so häufig angewendet wird. — Die europäischen Aerzte unserer Zeit hingegen machen wenig Gebrauch davon, vermuthlich, weil sie die damit verbundenen heftig eindringenden Schmerzen befürchten, was aber eigentlich gerade das ist, was eine heilsame Wirkung hervorbringt.

In Trivoli (Syriens) führte ich mir durch Unvorsichtigkeit ein höchst unangenehmes Ereigniß herbei, aus dem ich aber manch' Lehrreiches entnahm, weßhalb ich diese Begebenheit hier mittheile. Als ein passionirter Jäger schon seit meiner Jugend war ich in einem Sumpfe ein oder zwei Stunden lang den wilden Enten nachgegangen. Es geschah dieß zur Winterszeit, an einem öden einsamen Orte, eine deutsche Meile von der Stadt, und nicht weit vom Meere. Ich befand mich hier ganz allein, und war so in die Jagd vertieft, daß ich erst kurz vor dem Sonnenuntergange daran dachte, es sei schon die höchste Zeit, nach Hause zurückzukehren. Ich verließ nun den Sumpf, setzte mich am Rande desselben auf die Erde, um mich wieder anzukleiden; doch wer schildert meinen Schrecken! meine Füße waren unbeweglich, starr und gelähmt, so daß es mir unmöglich war, die Hosen und Stiefel anzuziehen. Doch mein Entsetzen stieg noch, als ich bedachte, daß ich hier, in der Wüste, von jeder menschlichen Hilfe entblößt sei! Was soll nun aus mir werden, soll ich durch den Frost der Nacht zu Grunde gehen, oder die Beute der Hyänen, Tieger und anderer Raubthiere werden, die hier ihre nächtlichen Streifzüge halten! Diese und ähnliche Gedanken stiegen in mir auf; kurz ich befand mich in einem Zustande der Verzweiflung. Doch, wenn die Noth am größten ist, ist auch die Hilfe am nächsten. Ich erinnerte mich in demselben Augenblicke, daß ich die Unvorsichtigkeit begangen hatte, ermüdet und erhitzt in den Sumpf zu gehen, weßhalb ich so lange nichts fühlte, als ich darin herumwatete, und das mir zugezogene Uebel in seiner ganzen Gestalt erst kennen lernte, als die kalte Luft mit dem Körper in Berührung kam. Eine Lähmung der Füße (eine Paraplegie) hatte sich plötzlich ausgebildet, und es gab nur ein einziges wirksames Hilfsmittel, nämlich wieder einen allgemeinen Schweiß hervorzubringen. Doch, wie dieß bewirken? Hier war guter Rath theuer! — Aber Noth und Verlegenheit machen erfinderisch. Ich ergriff meine dicke tuchene Hose, rollte sie zusammen, und rieb mit aller mir zu Gebote stehenden Kraft unermüdet die Füße damit, und zwar so lange, bis meine Hände ermüdeten, und zugleich mein ganzer

3*

Körper mit Schweiß benetzt wurde. Zu gleicher Zeit merkte ich mit Vergnügen, daß meine Füße anfingen, etwas gelenkig zu werden; ich setzte von neuem die Operation fort, und brachte es endlich so weit, daß ich, obwohl noch mit großer Mühe und Anstrengung, im Stande war, meine Stiefel und Hosen anzuziehen und mich nach Hause zu schleppen, wo ich in später Dunkelheit ankam. Sogleich ließ ich mir ein warmes Bad bereiten, setzte mich hinein, verweilte ungefähr eine halbe Stunde darin, verließ hierauf selbes, um schnell ins Bett zu steigen, wo ich noch warmen Punsch trank, der mich wieder in Schweiß brachte. Ich entschlief, und als ich des Morgens erwachte, waren meine Füße so wie früher zum Dienste geschickt.

Eben zu der Zeit kam mir im englischen Consulate in Tripoli (Syriens) ein seltener Fall vor, wo der sogenannte Kaiserschnitt bei einer Gebärenden wegen organischer Fehler vorgenommen werden sollte, und zu dessen Verrichtung ich bereit war, jedoch vom griechischen Bischof dazu deshalb keine Erlaubniß erhielt, weil erstlich die Operation etwas Ungewöhnliches war, sodann, weil ich für das Leben der Mutter nicht gutstehen konnte. Sogar nach dem Tode der unglücklichen jungen Frau (Georgius Jani's) wollte er es nicht zugeben, durch eine Operation das Kind zu retten; was ich mit meinen Freunden, den Gebrüdern Katziflis (Zwillinge, kaum zwanzig Jahre alt, von denen der eine österreichischer, der andere englischer Consul war), so oft bedauert habe. — In Bagdad kam mir folgender Fall vor: die im 8. Monate schwangere Frau eines armenischen Geistlichen war in Folge einer allgemeinen Verbrennung gestorben, und ein gewisses Zucken noch längere Zeit nach ihrem Tode zu beiden Seiten des Bauches gab Anlaß zur Vermuthung eines daselbst befindlichen Zwillings, den man retten wollte, mich deshalb aufsuchte, doch leider erst dann antraf, als es schon zu spät war. — Ich betrachte die Geschichte dieser unglücklichen Frau als eine lehrreiche und erzähle sie deshalb hier ebenfalls, damit sie denjenigen, die ihrem Gewerbe zufolge mit Weingeist oder anderen brennbaren Materialien umzugehen haben, als Warnung diene, wie vorsichtig man mit dergleichen Sachen umgehen müsse. Die Frau war nämlich spät in der Nacht mit dem Lichte in der Hand in ein oberes Zimmer gegangen, wo sie aus einer Damegàne (ein großes mit Stroh umwundenes Glas) Branntwein ausschüttete, wobei der Geist an der Kerze, die sie etwas zu nahe gestellt, Feuer fing. Anstatt nun mit der Hand die Mündung der Damegàne zu verstopfen, und so den Zutritt der Luft abzuhalten, wobei das Feuer sicher erloschen wäre, hatte sie in der Angst und Verlegenheit die Damegàne fallen lassen, welche zerbrach und durch das gleichzeitige Bespritzen ihre Kleider in Feuer setzte. Erst nach längerer Zeit fand man sie daselbst im dunklen Zimmer ohnmächtig in der Asche ihrer Kleider liegen.

Aus Tripoli holte man mich ins Gebirge, nach Akar, zum Prinzen Ali Esat Bek, der sammt seiner ganzen zahlreichen Familie (Frau, Bruder, Kinder und Sklavinnen) von der Lues inficirt war, die, obwohl unter verschiedenen Formen und Complicationen vorkommend, doch überall als Syphilis secundaria klassifizirt werden konnte; wogegen ich zu jener Zeit (1822) noch kein besseres Mittel kannte, als den Salmiak in Verbindung mit dem ätzenden Sublimate und das Decoctum spec. lignorum (Sarsaparill., Lign. sanct., u. s. w.) als Beihilfe.

Während dieser Cur in Akar hörten wir, daß der Abdula Pascha von Acri wegen eines Streites mit dem Pascha von Damascus Krieg zu führen angefangen und unter dem Commando des Emir Beschir Truppen, größtentheils Christen (Maroniten vom Libanon) und Drusen in die heilige Stadt Damascus, Bab el Kabé (der Eingang zum muhamedanischen Heiligthum in Mecca) geschickt habe, und die Damascener geschlagen worden seien; was die Pforte veranlaßte, sogleich 5 Paschas nach Acri zu schicken, die Köpfe des Abdula Pascha, des Emir Beschir und den des neuen Gouverneurs von Tripoli, meines Berber zu verlangen, und zwar deßhalb, weil er Antheil an dem Kriege genommen und Truppen mitgegeben hatte. — Ali Esat Bek benutzte die Gelegenheit, da er seine Anhänger in Tripoli hatte, kam aus Akar herab, blockirte und bombardirte Tripoli, und zwang es zu kapituliren. Berber sperrte sich einstweilen in der Festung der Stadt ein, aus welcher er nur mit einigen Bedingungen heraus kam. Sein späteres Schicksal ist mir nicht bekannt. Die 5 Paschas kamen herbei, und dies so plötzlich, daß Emir Beschir nur noch so viel Zeit gewann, um entfliehen zu können; er schiffte sich auf einem französischen Schiffe zwischen Seida und Beiruth nach Egypten ein, wo er durch den Mehemed Ali Pascha von der Pforte Pardon für sich, Berber und seinen Herrn, den Abdula Pascha, der sich in Acri eingeschlossen hatte, erwirkte, was aber, nebenbei gesagt, eine ungeheure Summe Geldes kostete. Wie ich so eben in London vom Missionär J. Wolff erfahren habe, sollen Abdula Pascha und der Emir Beschir gegenwärtig in Constantinopel sein. Bei der Belagerung Acris war ich zugegen, und fand da nur zu gute Gelegenheit, mich in chirurgischen Verrichtungen und Operationen zu üben, indem die Garnison von Acri nächtliche Ausfälle machte und viel Unglück anrichtete. — Ich hatte ein Dutzend von inländischen Chirurgen (oder Barbieren, Dscherah's) als Untergeordnete, denen ich theoretischen und praktischen Unterricht ertheilte.

Die Tieger sind zwar seltener auf dem Berge Libanon anzutreffen; jedoch wurde zu meiner Zeit der Befehl des Emir Beschir erlassen, daß von einem jeden Tieger, der da erlegt würde, der Schnauzbart eingeliefert werden müsse, damit keine Vergiftungen damit geschehen könnten. Dieser sonderbare Befehl veranlaßte mich später, in Lahore die Wirkungen desselben zu erforschen, die man unter dem Namen Tigrine angegeben finden wird.

Des Antikenhandels wegen hatte ich eine Reise aus Syrien nach Alexandrien zu machen, weßhalb ich von Beiruth aus vorläufig eine Lustreise machte, die für mich einen sehr günstigen Erfolg hatte. Ich war nämlich über Haspeie und Rascheie nach Damascus gereist, von wo ich mit Hadschi's (türkischen Pilgern) nach Homs und Hama kam, und daselbst eine ziemlich ansehnliche Sammlung von alten Münzstücken (in Gold, Silber und Kupfer), wie auch einige gravirte Steine an mich brachte. Meinen Rückweg schlug ich über Akar und Tripoli nach Beiruth ein, wo ich mich auch sogleich auf einem englischen Schiffe nach Alexandrien einschiffte. Auch diese kleine Reise hatte ihre sonderbaren Abenteuer. Sie fand zur Zeit statt, als nach der Revolution der Griechen viele Korsaren im mittelländischen Meere sich aufhielten. An demselben Tage, wo wir die mit ewigem Schnee bedeckten Gipfel des Libanon aus dem Gesichte verloren, bekamen wir in einer mondhellen Nacht 5 Kriegsschiffe zu Gesichte, die uns umringten, unsern Capitän schimpflich behandelten, und jedes einzeln ihn auf ihr Schiff verlangten, so daß er nicht wußte, wohin er gehen sollte, und daher auf seinem Schiffe blieb, bis man von 4 Seiten Truppen zur Untersuchung in unser Schiff schickte. Die Untersucher verstanden sehr wenig von Galanterie und schickten sich eben an, mit Silberthalern gefüllte Geldbeutel fortzutragen, worauf es zwischen ihnen zu Streitigkeiten kam, die sehr arg hätten endigen können, denn schon waren Pistolen, Säbel und Messer gezogen. Glücklicherweise entstand kein Unglück. Dies war eine Truppe Mehemed Ali's, die patrouillirte; sie nahmen unsern Capitän mit, untersuchten seine Papiere, führten ihn von einem Schiffe auf's andere, welcher Akt 4 Stunden Zeit kostete, weßhalb er, da dieser Vorgang unweit der Insel Cypern sich ereignete, daselbst seine Klage anbrachte, und die Satisfaction in Alexandrien erlangte, welche darin bestand, daß auf höhern Befehl diese Patrouille zurückberufen wurde.

In Cypern besuchte ich meinen Freund, den französischen Exkonsul von Tripolis (Syriens) Mes. Reynold, dem ich sehr willkommen war, da er gerade meines ärztlichen Rathes bedurfte. So hatte ich auch in Alexandrien, während meines kurzen Aufenthaltes daselbst, Gelegenheit, einen meiner Landsleute, einen Ungar, von üblen Fußgeschwüren zu befreien, von dem ich zum Andenken ein Schreiben aufbewahre, wo es unter anderm heißt: „Erkennen Sie an Gegenwärtigem den innigsten und aufrichtigsten Dank für die vollkommene Heilung meines gefährlich krank gewesenen Fußes, mit der Bitte, auch in weiter Entfernung Ihres wahren Freundes zu gedenken. Alexandrien, in Egypten, den 1. April 1823. Attanas Keytenak."

Zu derselben Zeit wüthete die Pest wieder furchtbar in Alexandrien, wo eben ein Israelite Dr. Marpurgo die Direktion des Spitals hatte. Zu den von der Pest Ergriffenen gehörte auch ein Italiener, Namens Bellmondo, ein Apotheker, der schon am andern Tage zu den Todten gehörte. Es hieß nämlich: Il povero Bellmondo, è nell' altro mondo! — Ich beobachtete auch hier den Gang der Pest, doch hielt ich mich nicht lange auf, und trat meine Rückkehr nach Syrien an. Ich hatte das Unglück, mich auf einem alten dänischen Schiffe einzuschiffen, das allenthalben Wasser einließ, so daß man Tag und Nacht an der Pumpe arbeiten mußte. Nach meiner Rückkehr von Alexandrien wählte ich zu meinem Aufenthalte die östliche Seite des Libanon, und fing meine Praxis im Städtchen Sahli an, das eine schöne Lage am Thale Balbek hat, wo die berühmten Ruinen des Sonnentempels (Heliopolis) dem zerstörenden Zahne der Zeit trotzend, nach Jahrtausenden noch fest wie Felsen dastehen, und von den Reisenden als eines der merkwürdigsten Alterhümer bewundert werden. Da ich in der Nähe derselben wohnte, so begleitete ich die damals dort durchreisenden preußischen Naturforscher, die Doktoren Hemprich und Ehrenberg, bis nach Balbek. Dr. Ehrenberg ist der rühmlichst bekannte Naturforscher, der gegenwärtig noch in Berlin lebt. — Von Sahli begab ich mich nach Damaskus, um auch daselbst, wo ich früher nur durchgereist war, einige Zeit zu praktiziren. Zu dieser Zeit war ein Kapuziner-Geistlicher Padre Tomaso in Damaskus im Convent (Kloster), der die Kuhpocken impfte, und außerdem kurirte. Aber wie kurirte er? Möge folgende ergötzliche Geschichte meinen verehrten Lesern eine Aufklärung darüber geben. Ein Goldschmied, in mittlern Lebensjahren, Katholik, kam zu mir, und verlangte ein Aphrodisiacum; er gestand, daß er durch früher ausgeübte Onanie seine Körperkräfte so geschwächt habe, daß er nun nicht im Stande sei, den Pflichten der Ehe zu genügen. Er befinde sich, fügte er hinzu, in einer um so peinigenderen Lage, als er Bräutigam sei, und schon nächsten Sonntag die Hochzeit stattfinden solle. — Ich wollte seinem Wunsche willfahren, doch wahrscheinlich schien ihm das zu viel, was ich für die Medizin verlangte, weßhalb er es für rathsam hielt, seine Zuflucht zum Padre Tomaso zu nehmen, um so mehr, da er vielleicht die Medizin von demselben ganz umsonst bekam. Montag, am Tage nach der Heirath kam Padre Tomaso mit Tagesanbruch ganz verlegen zu mir geeilt, und fragte mich, wie der Fehler wieder gut zu machen sei, indem der Goldschmied in Folge einer übergroßen Gabe von Canthariden an einer starken Colik mit Harn- und Stuhlverstopfung leide. — Obwohl ich von Mitleid ergriffen war, so konnte ich mich doch des Lachens nicht enthalten. Ich verlangte den Kranken zu sehen, worauf er mir sagte, daß er die Messe lesen, und dann mich hinführen wolle. Da meine Wohnung dem Convente gegenüber lag, kam er auch bald und führte mich ins Hochzeitshaus. Es war eines der größten Christenhäuser — eine der ersten Familien von Damaskus. Im großen Hofe und im Salon, wodurch wir passirten, sah ich im Vorbeigehen viele hübsche Frauen, die gar nicht scheu waren, sich mit Schmuck beladen sehen ließen, weil ich ebenfalls ein Christ und mit dem geistlichen Herrn kam, obwohl ich orientalisch gekleidet war, was in Damaskus nicht anders sein kann. Ich fand den unglücklichen Bräutigam in einem großen Zimmer im Winkel vor Schmerzen zusammengekauert sitzen; er hatte nur einen Diener bei sich. Er erzählte, daß er nur den dritten Theil von dem majun (Latwerge), den ihm Padre Tomaso gegeben, eingenommen habe, doch — statt der gehofften Freuden — solche Schmerzen empfinde, die nicht mehr zu ertragen wären. — Ich gab ihm sogleich einige Pillen, die ich mitgenommen hatte, die aus Opium, Campher und Ipecacuanha bestanden, und verordnete ihm den freien Gebrauch der Mandelmilch, welche beide Mittel ihm wohl thaten und worauf ich ihn von der Impotenz befreite.

Dem jährlichen Gebrauche zufolge kam von Constantinopel der Surra-Emini (Pilgerführer) mit einigen Tausend Muselmännern, die sich in Damaskus mit denjenigen, die aus Bagdad und Persien kamen, vereinigten, und mit dem Pascha von Damaskus nach dem Ramazan (Fastenzeit) nach Muzerib in die Wüste reisten, wo zwar nur eine armselige Festung ist, doch ein großer Jahrmarkt gehalten wird, viele damaszener Kauf- und Handelsleute hinreisen, und wo die Araberhäuptlinge verschiedener Stämme aus der Wüste zusammenkommen, ihre Waaren, wie z. B. die besten Pferde zum Verkaufe hinbringen, und vom Pascha und Surra-Emini die Gelder und Ehrenkleider empfangen, für die sie sich verpflichten, die nöthigen Kameele für die Pilger nach Mekka hin und zurück herbeizuschaffen, ohne welche Vorkehrungen es nicht möglich wäre, den Weg durch die große Wüste zu machen.

Ich begleitete den Pascha von Damaskus hin und zurück; bei meiner Rückkehr fand ich Hrn. Henri de Turk aus Brüssel, der von Paris gekommen war, wo er seine Studien in der Medizin und der arabischen Sprache gemacht hatte. Bald darauf erhielt ich aus Bagdad ein Schreiben, von einem gewissen Herrn Anton Swoboda, einem Ungar von Geburt, der unter der Firma: Ign. Zahn und Comp. von Pest und Aleppo, eine böhmische Glaswaarenhandlung in Bagdad hatte; wir kannten uns aus Aleppo. — Im Briefe berichtete mir Swoboda, daß Dohut Pascha einen europäischen Doktor und einen Chirurgen zu haben wünsche, und gab mir den Rath, nach Bagdad zu kommen. Ich theilte den Inhalt des Briefes dem Henri de Turk mit, und machte ihm den Vorschlag, die Reise mit mir hin zu machen, was er auch annahm. Zu eben dieser Zeit war gerade eine große Karawane und eine kleine Galat (von 10 Kameelen), die von Damaskus nach Bagdad reisen sollten, zum Aufbruche bereit. Da aber erstere des Wassers und der Ladungen halder einen Umweg von 6 Wochen zu machen hatte, während letztere unbeladen den graden Weg durch die Wüste nehmend Bagdad in 2 Wochen erreichen konnte, so schickten wir unser Gepäcke mit der Karawane, und reisten auf 2 Kameelen (im Ganzen 12) mit der Galat, wobei wir nur Provision für 10 bis 12 Tage, etwas Kleidung und einige Medikamente mitzunehmen brauchten. — Jedes Kameel war mit 2 Ziegenhäuten zum Behufe des Wassers versehen, indem wir nur den dritten oder vierten Tag zu Wasser kamen; so hatte auch jedes Kameel seinen Treiber, die hinter uns saßen und in ihren Pelzen von Ungezieser strotzten.

Kirkor, der armenische Handelsmann aus Bagdad, der diese Galat führte, widerrieth uns Waffen mitzunehmen, und meinte, daß diese Reise eine gefährliche sei und stets nur auf gut Glück unternommen werde, und daß, wenn wir zufälliger Weise in der Wüste Araber anträfen und sie uns bewaffnet sähen, wir ihnen um so eher verdächtig scheinen würden; hingegen wenn wir gleich armen Haji's (Pilgern) Selamen Alekim grüßend vorbeizögen, wir ve Alekim Selam zur Antwort erhaltend incognito passiren könnten. Wir machten forcirte Märsche Tags und Nachts. Zur Mittagszeit suchten wir niederes Land, wo man Feuer machen konnte, ohne gesehen zu werden, und wo wir unser Mal, welches aus Reiskoch und Hülsenfrüchten bestand, verzehren konnten. Abends konnte das Feueranmachen nicht gestattet werden, sogar das Pfeifen und Singen wurde uns in der stillen Wüste verboten. — Im Vorbeigehen sahen wir zu unserer Linken aus einer Entfernung von ungefähr 2 — 3 deutschen Meilen die berühmten Ruinen von Palmyra. Bis auf den 9. Tag hatten wir weder Menschen, noch Vögel, noch wilde Thiere gesehen, als wir mit einem Male in der dunkeln Nacht an einen Ort zwischen Hügel geriethen, und daselbst Araber unter Zelten bemerkten. Zum größten Glücke und zugleich zur größten Freude für uns waren es nur Weiber, deren Männer, wie sie uns sagten, auf die Jagd, von der sie lebten, gegangen waren. Diese zeigten sich uns von keiner feindseligen Seite, gaben uns vielmehr eine schöne Portion von irgend einem getrockneten schwarzen Fleische mit, das zwar sehr gut schmeckte, dessen Gattung ich aber nicht bestimmen kann, und welches ich, ohne daß ich es wußte, kochte, indem mein Kameeltreiber mir am folgenden Tage ein Stück in das Reiskoch (Pilaw genannt) legte, das ich zu kochen und zu bereiten hatte.

Wir sagten den Weibern aus Vorsicht, daß wir aus Bagdad kämen und nach Damaskus reisten, und kehrten, nachdem wir uns hinlänglich mit Wasser versehen hatten, denselben Weg zurück, den wir gekommen waren, doch nur zum Scheine; denn nachdem wir so eine ziemliche Strecke gemacht hatten, schlugen wir die entgegengesetzte Richtung ein und marschirten die ganze Nacht hindurch, aus Furcht von den Männern dieser Weiber eingeholt zu werden. Am 11. Tage kamen wir in das Dorf Quoise, wo wir einen Tag ausruhten, und die Escorte aus dem Marktflecken Hit abwarteten, die uns an die Ufer des Euphrat, brachte. Auf dieser Reise erzählte man mir, wie die Araber in der Wüste ihre Wunden heilen oder zubacken. Sie machen nämlich ein Loch in die Erde, wie ein Grab, das sie ausheitzen, den Verwundeten hineinlegen und bedecken, worin er so lange bleibt, bis er entweder geheilt oder gestorben ist; stirbt er, so haben sie nur die Erde über ihn zu schütten, kommt er auf, so kann er wieder auf das Kameel aufsitzen und dem Feinde entgegenreiten. — Ihre Wunden sind entweder Stich- oder Hiebwunden (von Lanzen und Säbeln), indem sie in der Wüste selten Schießgewehre haben.

Es ist nicht zu beschreiben, mit welcher Vorsicht unsere Kameeltreiber uns durch die Wüste führten. Am 3. oder 4. Tage, als wir an die Brunnen kamen, um unsere Kameele zu tränken und die Ziegenhautschläuche zu füllen, stellte sich einer, der das schärfste Auge hatte, auf einen Gipfel, um zu erspähen, ob nicht rund herum Menschen zu erblicken wären. Fanden sie irgendwo die Asche oder den Rest von einem Feuer, so wurde an dem Orte deshalb eine genaue Untersuchung angestellt; sogar den Kameelkoth, den sie zu sehen bekamen, untersuchten sie, ob er frisch oder alt sei, welchen Weg die Thiere gekommen, und welchen sie eingeschlagen hätten. Vom Ufer des Euphrat, wo wir unser Lager aufgeschlagen hatten, führte man uns nach Hit hinein, indem man uns sagte, daß es draußen unsicher sei. — Auch hatte der Gouverneur uns zu sich rufen lassen und den beiden Armeniern, unseren Reisegefährten, eine kleine Summe abgefordert, keineswegs aber von uns, noch von den Hadschi's, mit denen wir reisten, irgend etwas in Anspruch genommen, da wir ihm das Empfehlungsschreiben des Pascha von Damaskus an den Pascha von Bagdad zeigten, das uns zugleich als Paß diente, und welches der Aga von Hit so achtete, weil es an seinen Herrn adressirt war, daß er sich selbes an die Stirne hielt.

Um Mitternacht wurden wir durch einen großen Lärm und Auflauf in Hit geweckt. Als wir um die Ursache dieses Vorfalles fragten, sagte man uns: es sind die Araber aus der Wüste, die den Hadschi's nachgekommen sind. Dieser Bescheid erfüllte uns mit Angst und Furcht, denn wir alle, die wir hier in einem Hause beisammen waren, glaubten fest und sicher, es wären dies die Männer von den Weibern, die wir kürzlich gesehen hatten, und uns hier nachgekommen, um uns auszuplündern. Dem war aber nicht so; wir hörten bald darauf, daß es des Aga (Landesherrn) Feinde, die Ageli's gewesen, die, um sich zu rächen, in den Pallast gewaltsam eindrangen, und den Aga umbrachten. So sehr wir des Mannes Leben bedauerten, der uns des Abends vorher so freundlich und voller Schonung empfangen, so froh waren wir jedoch, daß es nicht uns getroffen hatte. Man erzählte uns hierauf, daß die Ageli's (eine Araber-Caste) seit etlichen 50 Jahren in Hit einheimisch gewesen, da geheirathet, und sich ansäßig gemacht, und nie mehr gezahlt hätten, als die Taxe der daselbst Einheimischen, und daß dieser neue Regent, als ein hungeriger Kurde (Wolf), sie zur Zahlung einer Summe habe zwingen wollen, die sie zu zahlen als Einheimische nicht schuldig waren, und deßhalb hartnäckig verweigerten. Der Gouverneur verlangte aber Truppen vom Pascha aus Bagdad, mit deren Hilfe er sie aus Hit hinaustrieb, und ihre Güter confiscirte, weßhalb sie ihm Rache schwuren, die sie nun heute blutig in Erfüllung brachten.

Mit Tagesanbruch kam ein Soldat zu uns, der uns zum Aga führte und zugleich berichtete, daß er selbst (der Aga) verwundet den Ageli's entgangen, jedoch seinen beiden unschuldigen Söhnen und seinem Schwager (Bruder der Frau) die Gurgeln im Schlafe zerschnitten worden wären. — Wir fanden den Aga außerhalb Hit, nicht weit vom Stadtthore auf einem Hügel, von etlichen 50 Reitern umgeben, mit denen er seinen Feinden in die Wüste nachgegangen war, weil sie ihm alles, was sie vorfanden, weggenommen und mit sich fortgeführt hatten. Sein Rachezug war jedoch vergebens, indem sie nicht mehr aufzufinden waren. Er hatte 2 Lanzenwunden im Schenkel eines Fußes erhalten, mit denen er sich von der hohen Terrasse des Pallastes in den Nachbarhof herabstürzend, sein Leben rettete. Er bat uns hier zu bleiben, und ihm die Wunden zu heilen. Er versprach, uns, sobald er geheilt sein werde, mit sicherem Geleite nach Bagdad zu schicken. Wir konnten seinem Antrage nicht widerstehen, theils weil wir seinem freundlichen Empfange Dank schuldeten, theils weil wir glaubten, daß wir mit dieser Heilung, die uns leicht schien, zugleich dem Pascha in Bagdad einen Dienst erweisen würden, der uns fruchtbringender sein könnte, als das Schreiben des Pascha aus Damaskus; weßhalb wir uns von unseren guten Reisegefährten trennten, die noch an demselben Tage in einem Kahne den Euphrat hinab ihre Reise nach Bagdad fortsetzten. Wir begingen eine nicht geringe Unvorsichtigkeit, die wir hart büßen mußten, und die uns in Todesangst versetzte, nämlich die, daß wir das Haus des Hadschi, wo wir so angenehm wohnten, verließen und uns bei unserm Patienten, dem Aga im Serail einquartirten. — Der Aga war durch den Raub, den man an ihm begangen hatte, so in Armuth gerathen, daß er nur mit Mühe seine Nahrungsauslagen bezahlen konnte, folglich es sehr gerne sah, wenn wir unser Essen aus dem Bazar holten. — Am dritten oder vierten Tage unseres Hierseins wurden wir wieder in einer Nacht vom nämlichen Lärm wie zuvor, und von einem sonderbaren Geschrei der Weiber auf den Terrassen, wo sie unterm freien Himmel schlafen, von lilililili .... aufgeweckt, und sahen den Hof voll von mit einander streitenden, bewaffneten Arabern, die wir für die Ageli's hielten. — Da unser Zimmer zu ebener Erde war, nur eine Thüre mit 2 Fenstern in den Hof hinaus hatte, so betrachteten wir uns schon als gefangene und verlorene Geschöpfe, und das so lange, bis ich durch einen Winkel des hölzernen Gitters des Fensters den langen Tshibuk (Pfeife) des Aga erblickte, was mir Muth verlieh, hinauszugehen, wo ich den Aga zwischen der Menge von Leuten, in einem Winkel ruhig seine Pfeife rauchend, sitzen sah; als ich mich ihm grüßend näherte, und um die Ursache dieses Lärms fragte, sagte er mir, die Mutter der unglücklichen Kinder, die umgebracht worden, habe die Nacht schlaflos zugebracht, und dabei einen Schuß außerhalb der Stadt gehört, was sie auf den Gedanken führte, daß die Ageli's zurückgekommen seien; dieser Schuß sei indeß nur von dem Hüther der Melonen-Gärten, um die wilden Thiere, die nach Melonen Lust haben, zu verscheuchen, gefallen; sie aber habe einen Lärm erhoben, in welchem die übrigen Weiber der Nachbarschaft ihr im sonderbaren Geschrei um Hilfe beistanden, was dann die männlichen Einwohner veranlaßte zu Hilfe zu eilen. — Obwohl wir dieses Mal so glücklich waren, nur Angst überstehen zu müssen, so wünschten wir doch so bald als möglich aus diesem traurigen Neste der Araber wegzukommen, zumal da Raubanfälle daselbst so an der Tagesordnung waren, daß man am hellen Mittage vor dem Stadtthore einem Eigner vor unseren Augen einen Esel wegnahm und in die Wüste trieb, dem man jedoch nacheilte und ihn glücklicher Weise wieder zurückbrachte. Man könnte mit vollem Rechte die Araber als ein räuberisches Volk im ausgebildetsten Grade bezeichnen. —

Im Verlauf einer Woche war der Aga vollkommen geheilt, worauf wir ihn ersuchten, uns seinem Versprechen zufolge nach Bagdad zu schicken. Er gab uns zur Antwort, er könne uns, da wir ihm Gutes gethan hätten, keiner Gefahr aussetzen oder preisgeben, indem seine Feinde die Ageli's am Flusse ihr Lager hätten, und wir eine Karawane da abwarten müßten, um uns an diese anzuschließen. Wir bestürmten ihn indeß immerwährend, so daß er uns am 9. oder 10. Tage unseres Hierseins in einem Kahne abschickte. Er gab uns nur einen Soldaten zur Begleitung mit; auch der Eigenthümer des Kahnes hatte einen Mann mit sich, so daß wir 5 Personen im Ganzen ausmachten. —

Am Abende unseres Einschiffens wurden wir von einem starken Regen durchnäßt, so daß wir theils der Nässe halber, theils aus Angst vor den Ageli's, die an den Ufern des Flusses lagern sollten, wenig schliefen. Die Nacht und den folgenden Tag (der angenehm war) fuhren wir zu Wasser durch eine öde und einsame Wüste, wo wir weder einen Menschen sahen, noch einen zu sehen verlangten. Am zweiten Abende jedoch, als es schon so dunkel geworden, daß man sich des Auges nicht mehr gut bedienen konnte, hörten wir von der rechten Seite des Ufers, auf welcher wir die Ageli's erwarteten, die gebietenden Worte: gedem! gedem! (kommt heran! kommt heran!). — Da sind sie, hieß es. Aus Furcht, sie möchten uns nachschießen, folgten wir ihrem Rufe, und näherten uns, obwohl wir keinen von ihnen sahen. bis wir nahe an das Land gekommen waren, wo uns 8 nackte Kerle mit Stöcken in den Händen in Empfang nahmen, deren erstes Thun war, unsern Kahn ans Land anzubinden, hierauf hineinzuspringen und uns rein auszuplündern. — Während das Raubgesindel im Vordertheile des Kahnes beschäftigt war, theils die Sachen hinauszutragen, theils die Taschen meines Compagnons auszuleeren, sagte mir der hinter mir am Ruder sitzende Mann, der ein Diener des Eigenthümers vom Kahne war, daß er von Quoise (dem Dorfe bei Hit) sei und nichts von den Ageli's befürchte, und daß ich ihm meinen Geldbeutel zum Halten geben sollte, was ich auch that. Da aber die vielen Schlüsselchen, die an demselben angeknüpft waren (zu unseren mit der Karawane nachkommenden Effekten gehörig) Ursache waren, dieses Reisestück in die Augen und Ohren fallend zu machen, so wurde auch dieser Mann sogleich ergriffen, um ihm den Beutel zu entreißen, und als er sich hartnäckig wehrte, zogen sie ihn in den Fluß herab, wo es den Räubern gelang, des Beutels habhaft zu werden. — Der Eigenthümer des Kahnes benützte jedoch die Gelegenheit uns zu retten, nachdem sie das Wenige, was wir besaßen, hinweggetragen hatten; er zerschnitt nämlich den Strick, an dem der Kahn befestigt war, ließ seinen Mann zurück, und ruderte mit aller Kraft in den Fluß hinein. Kaum waren wir in der Mitte des Flusses, so rief man uns zurück, und versprach uns alles Abgenommene zurückzugeben; sie schwuren sogar auf den Namen ihres Propheten Muhamed, daß sie einen Kranken hätten, den wir heilen sollten. — Wir konnten jedoch ihren Worten nicht Glauben beimessen, indem wir sie für Ageli's hielten und ruderten an das Ufer der andern Seite. Kaum angelangt, war schon einer von ihnen mit einer aufgeblasenen Ziegenhaut herübergeschwommen und uns nachgekommen, um uns zu seinem kranken Bruder hinüberzuführen, und wir waren wirklich so verlegen und in die Enge getrieben, daß wir ihn auf den morgigen Tag vertrösteten und seiner Bitte zu willfahren versprachen. Da er sogleich bei uns blieb, hatten wir wieder eine schlaflose Nacht. — Bei Anbruch des Tages bemerkten wir einige schwarze Zelte unweit dem Orte, wo wir uns befanden, was uns einigen Trost verlieh. Mein Compagnon ließ sich in Begleitung des Soldaten, den wir vom Aga aus Hit mit hatten, von dem Araber in eines dieser Zelte führen, um sich von der Wahrheit zu überzeugen. — Er kam bald zurück und sagte mir, daß sein Führer der Scheik Dendel, der Herr vom Lande, auf der andern Seite des Flusses sei, und daß man ihn versichert habe, dessen älterer Bruder liege seit langer Zeit krank und geschwollen darnieder, und daß er bereit sei, auf einem Pferde, das man ihm da geben wolle, sich hinüber führen zu lassen, um den Kranken zu sehen; was auch wirklich geschah, indem man ihn in einer kleinen Entfernung, wo der Fluß niedrig war, hinüberführte. — Ich blieb mit dem Kahne auf der linken Seite des Flusses, und während ich am hohen Ufer der stillen, jedoch angebauten Wüste in Gedanken brütend nachrechnete, und herausfand, daß dieser Tag der Sonntag in der zweiten Woche des November-Monats, vermuthlich der 11. November, der Martinstag, sei (wo in meiner Heimath starker Winter ist), sah ich zwei Soldaten am Flusse heraufkommen, die vom Kopfe bis zu den Füßen bewaffnet waren; sie passirten nahe hinter mir, ohne mir den Selam (Gruß) zu geben, was mich sehr wunderte, und gingen gradeswegs auf den Kahn, wo sie den Eigenthümer desselben fragten, wer ich sei und wo mein Reisegefährte wäre, worauf sie mich mit Schimpfworten überhäuften, und fragten, wer uns von Constantinopel herbeigeführt hätte, dem Aga in Hit die Wunden zu heilen, und daß sie mir gleich die Belohnung dafür geben würden, wenn nicht der Chater (Gunst) und die Rücksicht ihres Freundes des Scheik Dendel sie davon abhielte. Indeß sollten wir nicht glauben, daß wir ihren Brüdern entgehen würden, indem 150 Ageli's nach uns auf der Jagd wären, versetzten sie. Nach dieser Rede verließen sie den Kahn, und gingen an demselben Ort, wo man meinen Compagnon zu Pferde hinübergeführt hatte — als ob sie da zu Hause wären — durch den Fluß auf die andere Seite hinüber, indem sie sich nämlich die Kleider auszogen und mit ihren Waffen auf dem Kopfe hinüber trugen. — Als sie meinen Blicken entschwanden, kam der Eigenthümer des Schiffes zu mir und fragte mich, ob ich verstanden, was sie mir gesagt hätten. — Nur zu gut, sagte ich, denn ihre Entfernung von mir betrug nicht über 20 Schritte. Ich fragte ihn, was nun zu thun wäre, und er hielt es zuwörderst für das Beste, meinen neuen, reich ausgestatteten, auf dem Arme mit Gold gestickten arabischen schwarzen Mantel, Aba, mit dem seinigen, der gestreift, alt und abgetragen war, zu vertauschen. Meinen Mantel versteckte er, und führte mich in ein nahe liegendes Feld, bewachsen mit hohem türkischen Weizen (Kukurutz), hieß mich da niedersetzen und so lange bleiben, bis er mich abholen würde. — Ich that, was er mir sagte; erst nach einer Stunde kam er mit einer lächelnden, zufriedenen Miene zurück, und brachte mir die gute Nachricht, daß der Mann von Quoise, der am vorigen Abend mit meinem Beutel drüben geblieben war, gekommen sei und zugleich den guten Bericht erstattet habe, daß meinem Compagnon alles Geraubte zurückgegeben worden sei, und er dem Kranken Scheik Medizin gegeben habe; wir könnten nun ohne Besorgniß hinüber, den Compagnon abholen und sodann die Reise fortsetzen. — Er erzählte ferner, der alte Scheik solle zwar mit der Wassersucht behaftet, seinem Ende nahe sein; jedoch habe ihm mein Compagnon Trost eingeflößt, Hoffnung und zugleich einige seinen Zustand wenigstens lindernde Medicamente gegeben, und versprochen, durch den Mann, den er uns mitgegeben, neue noch besser wirkende Heilmittel aus Bagdad zu schicken.

Wir verließen den Ort ungefähr um 3 oder 4 Uhr Nachmittags, und wurden als hätte sich das Schicksal gegen uns verschworen, abermals durch einen Lärm am Lande aus dem ersten festen Schlafe geweckt: unser Kahn stand unberührt und wir fragten deßhalb sogleich, was dieß wieder zu bedeuten habe. Es ist eine Karawane, die nach Bagdad geht, hieß es. Nichts konnte wohl erwünschter für uns sein, als diese Nachricht. Vor Freuden fast außer uns, sprangen wir aus Land, und fanden, daß auf etlichen 40 Eseln Getreide in die Stadt geführt werde. Ohne große Schwierigkeit überließ man uns 2 von diesen Thieren zu unserer Bequemlichkeit, und wir schlossen uns sogleich der Reisegesellschaft an. Der Mann des Scheik's begleitete uns zu Fuße, die übrigen von Hit schickten wir mit einem Geschenke zurück. Wir schätzten uns glücklich schon alle Angst und Gefahr überstanden zu haben, allein wir triumphirten noch zu früh, denn wir bemerkten die ganze Nacht hindurch, wie unsere Eseltreiber ihre Köpfe fast bis auf die Erde neigend, links und rechts, vor und hinter sich sehend, ob nicht etwa Räubervolk komme, vorwärts eilten, und so dieses Manöver fortsetzten, bis kurz vor Tagesanbruch Halt! kommandirt, abgeladen wurde, und man sich auf die Erde schlafen legte, was auch wir, und zwar mit besonderer Lust thaten.

Bei Sonnenaufgang wurden wir zur Abreise geweckt, und bemerkten, daß wir uns nahe an einer alten Ruine, die auf einem Hügel steht, der Thurm Burdsch=Nimrod genannt, befanden. Aus der Entfernung sahen wir die im Sonnenscheine funkelnden, goldenen Kuppeln und Minarets (Thürme) Kerbela's, — die den Schias (Persern), geheiligten Grabmäler ihrer Märtyrer Imam Hassen und Hussein — am rechten Ufer des Tigris oberhalb Bagdad befindlich. — Zur Mittagszeit hielten wir mit der Eselskarawane unsern Einzug in die Stadt Bagdad, die einst berühmte Hauptstadt Babyloniens, wo uns im Hause Swoboda's eine freundliche Aufnahme erwartete. — Wir wurden sogleich durch den französischen Consul dem Pascha vorgestellt, und da uns ein guter Ruf vorausgegangen, mit ärztlichen Beschäftigungen überladen. Mein Compagnon, als Doktor geltend, besorgte nur die innern Curen, während ich mich mit Operationen und der Behandlung äußerer Krankheiten beschäftigte. — Dohut Pascha war ein Georgianer, der seinen Herrn, den frühern Pascha von Bagdad umgebracht und sich an seine Stelle gesetzt hatte. So lange er der Pforte die verlangten Gelder schickte, stand er in der Gunst des Sultans, als er aber anfing sich organisirte Truppen (mit französischem Commando unter Mr. Devaux ꝛc.) zu bilden, welche viel Geld kosteten, und obwohl er schlechtes Geld prägen ließ, dennoch nicht die verlangte Summe nach Stambul zu schicken vermochte, er noch überdieß einen Kapüdschi Baschi, der vermuthlich um seinen Kopf geschickt worden, hatte umbringen lassen, so begann die Pforte mit ihm einen Krieg, welcher damit endigte, daß er als Gefangener nach Constantinopel geführt wurde, jedoch Gnade vom Sultan erhielt, wo ich ihn in den Jahren 1836—37 gesehen habe.

Der erste Kranke, dessen Behandlung mir der Pascha von Bagdad selbst übertrug und anordnete, war ein Bauernjunge aus einer Seidenfabrik des Pascha, den die Bagdad'schen Aerzte bereits durch längere Zeit ohne Erfolg behandelten. Der Junge war 12 Jahre alt, und litt an Ohrinsekten, die ihm so starke Schmerzen verursachten, daß er weinte; zuweilen krochen ihm diese Insekten aus dem Ohre heraus.— Nachdem ich ihm einige Einspritzungen von wurm- und insektenwidrigen Substanzen gemacht, und einige todte Insekten herausbekommen hatte, welche mich von der Richtigkeit der Diagnosis, die ich anfänglich bezweifelte, überzeugten, legte ich an einem Mittage den Kranken in die Sonne, zog ihm das Ohrläppchen in die Höhe, dergestalt, daß die Sonnenstrahlen senkrecht in den Ohrgang tief hinein scheinen konnten, wobei ich darin etwas fremdartiges Schwarzes bemerkte, welches ich sofort mit einer Pinzette erfaßte und behutsam wie einen Korkstöpsel das ganze Nest der Insekten herauszog. Vor Freuden ganz außer sich, warf sich mir der Knabe zu Füßen, dankte und sagte, bevor er noch das Nest gesehen hatte, daß ich ihm das Ohr geöffnet habe. Das Nest war $\frac{2}{3}$ Zoll lang, und hatte $\frac{1}{2}$ Zoll im Durchmesser. Ich that es in ein weithalsiges Fläschchen in Weingeist, und ging mit demselben und mit dem Knaben zum Minister Masraf Effendi, der uns dem Pascha vorstellte. Er besah das Nest im Fläschchen von allen Seiten und fragte hierauf den Knaben, ob er wirklich geheilt sei? Ja, mein Pascha, war seine Antwort, worauf er zu mir Asserim (Bravo) sagte; Ustad (er ist ein Meister) versetzte der Minister, und ich erhielt nebst einem Tschocha (Mantel) noch 1000 Piaster.

Wie hatten sich diese Insekten im Ohre des Knaben erzeugt? dieß wird, sonder Zweifel, so mancher meiner verehrten Herren Leser wissen wollen. — Ich nahm mit dem Knaben eine genaue Krankengeschichte auf, wobei er mir erzählte, daß er im Stalle bei den Kühen geschlafen habe. Es waren daher Kuhläuse, die ihm in's Ohr gekrochen, und sich da eingenistet hatten.

Auf den Vorschlag des Ministers gab mir der Pascha einen Araber von seiner Cavallerie zur Behandlung, der in Folge eines Schusses, den er vor mehreren Jahren in die Hüfte erhalten hatte, lahm ging. Obwohl nun dieser Mann keine Schmerzen empfand, auch nichts Fremdartiges zu sehen oder zu fühlen war, so glaubte er doch fest und heilig, daß die Kugel noch immer inwendig irgendwo stecken müsse, obwohl die Wundärzte, die ihm die Wunde zugeheilt hatten, sich alle mögliche Mühe gaben, ihn glauben zu machen, daß die Wunde gar nicht hätte zugeheilt werden können, wenn die Kugel darin wäre! Es fragte sich nun, was ich thun sollte? Die vernarbte Wunde wieder öffnen und den fremden Körper aufsuchen? Ich hielt diese Operation für zweckwidrig, und dennoch mußte etwas gethan werden, da es der Pascha befohlen hatte. Ich kam auf die Idee, den Fuß des Kranken gewaltsam anzustrengen; ich verordnete ihm, viel zu gehen, viel und tüchtig auf die Erde zu stampfen, ließ den Fuß auf der Seite, wo ich die Kugel vermuthete, fleißig beklopfen, über diese Stelle öfters im Tage mit beiden Händen abwärts streichen, gab auch erweichende Salben zum Schmieren u. dgl., und war endlich, ohne daß ich es erwartete, so glücklich, in einer Zeit von 3 Wochen bei dem Kranken in der Kniekehle ein schmerzliches Gefühl hervorzubringen, als wenn irgend ein fremder Körper da wäre. Ich untersuchte den schmerzhaften Theil, und fühlte einen runden Körper, der sich leicht hin und her schieben ließ; es war die Kugel, die ich dann herausschnitt, was bald darauf den Kranken von seinem Lahmgehen befreite. Durch diese Kur wurde das Räthsel gelöst, und die dortigen Wundärzte zu Schanden gemacht.

Um eben diese Zeit führte Dohut Pascha Krieg mit den Arabern zwischen dem Tigris und dem Euphrat, und es wurde für nöthig befunden, den Minister hinauszuschicken, der mich in die Gegend von Hilla verlangt hatte, wo ich zugleich die Ruinen des alten Babylon besehen konnte. Auf dem Wege zwischen Bagdad und dem Lager sah ich ein schauderhaftes Bild, nämlich eine Pyramide von etlichen hundert Araberköpfen, — von Rebellen! — Ich machte nur einen kleinen Feldzug von Hilla bis Sugeschuk (Schuka-Shu) mit, indem mich der Pascha durch einen Tataren holen ließ, der mir zugleich ein Schreiben von meinem Compagnon überbrachte, aus dem ich entnahm, daß eine Prinzessin des Pascha mit einer Mißgeburt niedergekommen sei, wobei zwar nichts für die Kunst zu thun war, er jedoch die Gelegenheit benützt habe, unter dem Vorwande sich mit mir ärztlich über den Zustand zu berathen, mich zu rufen, aber in Wahrheit nur deßhalb, um mich aus meiner jetzigen Stellung herauszureißen. Ich hatte ihm nämlich berichtet, daß wir im Felde mehr Sand als Brod äßen, und dieses mochte auf sein Gemüth wohl einen großen Eindruck gemacht haben. Auf dieser Rückreise hatte ich nur einen Diener und den Tataren mit mir, wir machten auf Befehl forçirte Märsche, wechselten die Pferde, passirten den Tigris, und kamen eines Abends spät in das Städtchen Mumilla, das am linken Ufer des Tigris liegt, wo ich den Aufseher des daselbst befindlichen Kriegsmagazines an einer heftigen Augenentzündung leidend antraf, den ich sogleich in Behandlung nahm, ihm eine Aderlaß machte und ein Augenwasser (Collyrium aus Bleizucker, Laudan. liquid. Sydenh., Campher, Quittenäpfelkern-Schleim und Rosenwasser bereitet) gab, was ihm anfänglich ein heftiges Brennen in den Augen verursachte, das aber auch sogleich eine Besserung des Uebels zur Folge hatte, so daß man aus Freuden als Opfer (Kurban) ein Schaf schlachtete, Musikanten und Tänzer herbeiholte und mir ein Paket mit 50 Piastern in kleinen Para's schenkte. Da wir vor Müdigkeit uns mehr nach Ruhe als nach Unterhaltung sehnten, so verbaten wir uns die Musik und ließen die Leute, die sich bereits versammelt hatten, entfernen, ein Benehmen, das wir um so gerechtfertigter fanden, als wir unsere Reise fortsetzen mußten, und uns daher nur einige Stunden zum Schlafen übrig blieben. — Wir bekamen auf Verlangen einen Agu (Führer) zu Pferde, der uns durch die Wüste führen sollte. Um 2 Uhr Nachts wurden wir geweckt; wir standen auf, gaben dem Agu auf sein Pferd einen Quersack, in welchem unser Mundvorrath (Braten und Brot), so wie das Futter der Pferde (Gerste) war, und verließen den Ort, in der Hoffnung, um 9 oder 10 Uhr Morgens an einen Brunnen zu kommen, wo wir einige Araber in ihren schwarzen Zelten zu finden hofften, um dort frühstücken und den Pferden Futter und Ruhe gönnen zu können. Der Agu gerieth jedoch vom wahren Wege ab, und wir bemerkten erst am Nachmittage, daß er, des Weges unkundig, uns bald rechts bald links führe. Der Tatar darüber aufgebracht, drohte dem Führer fortwährend, und sagte endlich, er wolle ihm Nase und Ohren abschneiden; ich trachtete den Tatar zu beruhigen und zum Schweigen zu bringen, indem ich ihm vorstellte, daß er durch diese Drohungen den bereits geängstigten Führer nur noch mehr verwirren würde, da er doch ohne bösen Vorsatz vom Wege abgekommen sei. Doch mein Zureden half nichts, und was geschah? — Der Abend brach an, und in der Dunkelheit der Nacht verloren wir unsern Führer, der aus Angst, sich in der flachen Ebene, vor unsern 6 Augen, unbemerkt davon zu machen wußte. Man stelle sich nun unsere Lage vor, ohne Führer in einer Wüste, wo kein Weg, auch am hellen Tage kein Mensch zu sehen ist, verlassen, seit nach Mitternacht auf hungerigen, durstigen und ermüdeten Pferden sitzend, ohne Mundvorrath für uns, ohne Futter für die Pferde, und über alles dies noch die Hoffnungslosigkeit, aus diesem schrecklichen Labyrinthe herauszukommen, denn der Himmel war ganz von schwarzen Wolken umhüllt; es regnete etwas, und Kälte durchschauerte uns; denn es war gegen Weihnachten. Da kein Stern am Himmel zu sehen war, nach dem wir uns hätten orientiren können, so hatten wir in diesem Augenblicke das Schicksal der Blinden, die, an irgend einem Orte verlassen, nicht wissen, woher sie gekommen, welchen Weg sie ferner einzuschlagen haben; wir ließen daher unsern Pferden freie Zügel, — doch sie standen, als wüßten sie, so wenig als wir, einen Weg. In diesem hoffnungslosen, verzweiflungsvollen Augenblicke leuchtete mir wieder mein Glücksstern, unter dem ich geboren sein mag, und der mir schon in so mancher dunklen Nacht leuchtend aufging, und den sichern Weg zum Ziele zeigte. Wir bemerkten nämlich in weiter Entfernung ein kleines Feuer, auf das wir mit erneuertem Muthe zugingen, und das sich uns stets von neuem zeigte, wenn wir es schon durch Regen und Wind für kurze Zeit aus den Augen verloren hatten: auch hörten wir von weitem in der stillen Wüste jetzt etwas wie das Bellen von Hunden, und diesem folgten wir so lange, bis wir an ein dichtes Gebüsch kamen, wo wir absteigen und uns mühsam durcharbeiten mußten, um — an einen Fluß zu kommen. — Hier gewahrten wir nun, daß das Feuer und das Hundegebell auf der andern Seite des Flusses war, den wir zwar nicht passiren konnten, aber doch jetzt wußten, in welcher Richtung Bagdad lag. Wir folgten diesem Wegweiser, gingen am Ufer des Flusses aufwärts, und kamen auch bald zu einigen schwarzen Zelten, fanden jedoch, daß die Leute so arm waren, daß sie uns nicht aufnehmen konnten, indem sie weder uns Essen noch unsern Pferden Futter geben konnten; dafür gaben sie uns aber einen Führer, der uns eine Viertelmeile weiter in das Zelt ihres Scheiks leitete, wo wir gute Aufnahme fanden. — Der Scheik war eben in Bagdad, und in Abwesenheit des Mannes übte die Frau Gastfreundschaft. Sie ließ von der Dienerschaft selbst Feuer unter dem großen schwarzen Zelte anmachen, wo wir uns ganz gemächlich wärmten und trockneten, auch frisch gerösteter guter Kaffee und Reis-Pilaw wurde uns aufgetragen. Die Diener übernahmen die Sorge für unsere Pferde, und ich legte mich gleich nach dem Essen in einen Winkel des Zeltes schlafen; mein Quersack vertrat hier die Stelle eines Kopfkissens. Vor Tagesanbruch, als ich noch fest schlief, weckte mich der Tatar mit den Worten: Wir müssen wieder weiterreisen. Schlaftrunken stand ich auf; doch in eben dem Augenblicke zeigte mir mein Diener, daß man meinen Quersack auf der einen Seite aufgeschnitten und das Bündel mit meinen guten Kleidern herausgenommen habe. Ich erinnerte mich während des Schlafes außerhalb des Zeltes einige Ziegen meckern gehört zu haben. Vermuthlich hatte der Dieb dieselben hingetrieben, um sein Kunststück besser ausüben zu können. Der Tatar, der dieses ebenfalls bemerkte, erhob deshalb einen großen Lärm, drohete den Leuten, daß er den Scheik in Bagdad einsperren und den Werth der Kleider 10fach von ihm verlangen wolle, wenn sie selbe nicht sogleich herbeischafften. Es geschahen zwar strenge Nachforschungen, doch alle ohne Erfolg. — An demselben Tage und zwar schon gegen Abend langten wir in Bagdad an, wo ich vernahm, daß das neugeborne Mißgeschöpf, wegen dessen man mich so eilig hergeholt hatte, keines Arztes mehr bedürfe, und schon ruhig im Grabe liege.

Auch in Bagdad machte ich mehrere glückliche Steinoperationen. Mit dem Einimpfen von Kuhpocken wollte ich mich deshalb nicht beschäftigen, weil, wie ich mit nicht geringem Staunen erfuhr, sich mehrere Frauen (Christinnen) damit ihr tägliches Brod verdienten. Zu der Zeit waren die Lebensmittel in Bagdad so wohlfeil und das Geld so schlecht, daß ein Holländer Dukaten 60 Grush (Piaster) stand; Ein Ruppie Indiens, 1 Gulden Münze, was 2 Schilling oder $2\frac{1}{2}$ Franks ist, war 10 Grush; folglich war hier nicht viel zu gewinnen, und wir suchten doch besseren Gewinn, den wir in Lahore zu finden glaubten, und zwar um so sicherer, da wir von Persern hörten daß in Rendschit-Sing's Diensten 4 französische Instruktoren (Allard, Ventura, Court und Avitabile) die früher in Persien gedient hatten, und Bekannte meines Landsmannes Swoboda waren, sich befänden, auch eine organisirte Armee dort sich bilde, und kein europäischer Arzt und Wundarzt da sei. Wir glaubten daher unsere Hinreise beeilen zu müssen, und drangen auf Entlassung, die wir auch erhielten. — Von Bagdad kamen wir auf dem Tigris und Schat-ul-Arab nach Bassora, wo wir uns nach Bender Buschir (in Persien) einschifften. In Buschir fanden wir im englischen Consulate 6 Engländer, Offiziere nebst einem Doktor, die von Bombay hingekommen waren, und die Reise durch Persien nach England zu machen hatten. Wir verkauften ihnen unsere beiden arabischen Pferde recht billig, wurden dadurch gleichsam Freunde miteinander, und reisten mit ihnen nach Schiras, wo wir die Ruinen von Persepolis besahen, und uns dann von ihnen trennten.

Auf dieser Reise hatten wir Gelegenheit unseren Freunden einen wesentlichen Dienst zu leisten, nämlich ihre Effekten zu retten, wobei wir die Feigherzigkeit der Perser kennen lernten. Es hatte nämlich eine Festung im Gebirge zwischen Buschir und Schiras kapitulirt, deren Garnison, aus einigen Hunderten elend aussehenden Räubergesindels bestehend, uns in einem Walde begegnete, und die Karawane der Herren Engländer, die mit ihrer Dienerschaft vorausgeeilt waren, anfiel. Als ich bemerkte, daß die Räuber mit unseren Leuten im Handgemenge waren, glaubte ich durch eine in die Luft abgefeuerte Pistole theils den vorausgeeilten Engländern ein Zeichen geben zu müssen, zu unserer Hilfe herbei zu eilen, theils das Gesindel zu schrecken, was auch eine herrliche Wirkung hatte; die Räuber flüchteten sich rechts und links in den Wald, der Weg blieb uns frei, und wir ernteten dafür herzlichen Dank. — Da es Frühjahr war, folglich für die Reise nach Indien zu spät, so glaubten wir, es wäre gerathener, einige Monate in Schiras zu praktiziren, die gute Jahreszeit, den Winter nämlich, für die Reise nach Lahore da abzuwarten, und persisch zu lernen, was ein großer Vortheil ist, um eine Anstellung zu bekommen. Wir konnten jedoch nicht lange da aushalten, weil wir allenthalben bestohlen und mißhandelt wurden, glaubten daher, da es Sommer war, die Landreise über Hispahan, Heirat und Cabul nach Lahore machen zu können. Doch wir irrten sehr, indem die Perser, die von den Russen, mit denen sie damals in Krieg verwickelt waren, besiegt wurden, ihrem Hasse fröhnend, auf dem Wege von Schiras bis Hispahan uns schlechter noch als Hunde behandelten, uns betrogen, bestahlen und beschimpften, so daß de Turk einen Radaren (Weghüter), der gar zu keck war, mit der Pistole erschossen haben würde, wenn ich ihn nicht davon abgehalten hätte. In Hispahan angelangt, fanden wir jedoch einen rechtschaffenen Gouverneur, Hosruff Khan, der uns freundlich empfing und uns ärztliche Beschäftigung gab, indem er uns nämlich etliche 40 russische Gefangene, theils Verwundete, theils Fieberkranke zur Behandlung anwies. Wir hörten bei dieser Gelegenheit, daß die Russen in Tabris seien, Abbas Mirza sich nach Hamedan geflüchtet habe, und daß die Weiber des Abbas Mirza zum Molla (hohen Geistlichen) gegangen seien, ihm einen derben Verweis zu geben, weil er dem Schah zum Kriege gerathen und versprochen habe, daß die Perser durch sein Gebet im Stande sein würden, die feurigen Kugeln der Russen mit den Händen aufzufangen, was dem geistlichen Herrn so am Gewissen nagte und sein Innerstes so ergriff, daß er bald darauf erkrankte und starb. Vom Abbas Mirza hieß es, daß er gesagt habe: Pul bigirend, ve pes birovend! „Die Russen sollen Geld nehmen und zurück gehen!" was auch geschah. Als Folge der vielen Beschwerden und Unannehmlichkeiten, die wir sowohl in Schiras als auch auf dem Wege bis Hispahan ausstanden, bekam mein Compagnon in dieser Stadt ein hitziges Nervenfieber, das ihn dergestalt sowohl körperlich als geistig schwächte, daß er die Lust, nach Lahore zu reisen, verlor, und mich beredete, mit ihm nach Bagdad zurückzukehren, was wir auch thaten. — In Hispahan benützte ich die gute Gelegenheit, die Freundschaft des Hosruff Khan in Anspruch zu nehmen, und erbat mir von ihm etwas ächte persische Mumiai für meine Verwundeten, die Russen, was ich auch erhielt. — Ich hatte so oft in der Türkei und in Arabien Wunderkuren von diesem Mittel erzählen gehört, daß ich mich nun selbst von der Wahrheit der Sache überzeugen wollte. Die Fälle aber, die ich grade in diesem Augenblicke zur Behandlung übernommen hatte, waren mehr für's Messer, als für dieses Mittel geeignet, welches ich mir einstweilen aufbewahrte.

Unser Rückweg von Hispahan nach Bagdad war über Urugerd und Kermanscha. In Urugerd hielt uns der Schazade (der regierende Prinz) mehrere Tage zurück, indem er uns einige Kranke zur Behandlung übergab, und als wir selbe geheilt entließen, strichen wir ein schönes Sümmchen und artige Geschenke dafür ein. — Hier fanden wir zugleich Gelegenheit, wieder einen Blick in das Perserleben machen zu können. Es war gerade der Muharem (die Trauerzeit), und der Befehl Schazade's lautete, daß um 3 Uhr Nachmittags (jeden Tag der Trauer) sich die Kaufleute auf dem Meidan (freien Platze) vor dem Serail versammeln möchten, um die Märtyrer, die Brüder Hassan und Hussein zu beweinen. Eines Tages sahen wir, wie die Faratschen (Diener Schazade's) aus der Karawan-Sarai wo wir einquartirt waren, einen der ersten Kaufleute gewaltsam aus seinem Magazine herauszogen und mit Schlägen hintrieben. Es hieß da, wer nicht freiwillig weinen will, den bringt man durch Schläge zum Weinen. Am letzten Tage des Muharem sahen wir Gräuelthaten. Fakire und Derwische mit Tiegerfellen um den Leib, halbnackt und mit über das Gesicht und den Rücken herabhängenden schwarzen Haaren, mit Stöcken und spitzigen Eisenkolben sich blutig schlagend, liefen brüllend und Ja Aly! schreiend, gleich wilden Thieren durch die Gassen und die Bazare der Stadt, als wären sie vom Teufel besessene Geschöpfe. Einer unserer Freunde, ein Bagdadiner, sagte uns, daß wenn einer von den Sunniten (Osmanli's) wie auch er war, an dem Tage sich für einen Sunniten auszugeben unterstände, er gewiß von den Persern gesteinigt und umgebracht würde; so groß ist der Haß dieser beiden Secten, die doch beide Muhamedaner sind, und dies ist nicht nur in Persien der Fall, sondern überall, wo Schia's und Sunniten sind. Welchen Streit haben sie nicht in Indien am Tage, wo die Schias den sogenannten Tabut (Sarg) mit Prozession zu Grabe tragen! In Caschmir verbrannten sich die Muhamedaner dieserwegen ihre Häuser und Shawlfabriken. Von Kermanscha kamen wir mit einer Karawane, welche mehrere einbalsamirte Leichname der Perser nach Kerbela führte, nach Bagdad herab.

Persien ist eine Hochebene, worauf Reihen von Bergen und Wüsten sind, und es war im Monat August (denn eben um diese Zeit reisten wir), so kalt, daß ich seufzend an die Hundstage dachte, als mir vor Tagesanbruch die Zähne im Munde klapperten. In Bagdad angelangt, verließ mich de Türk, denn er führte einige arabische Pferde zu Land über Tocat, Constantinopel rc. nach Paris, welche Speculation sich keineswegs vortheilhaft erwies. Kurz nach seiner Abreise bekam ich durch einen Perser, früher in Diensten des Avitabile, wieder gute Nachrichten von Lahore, was mich veranlaßte zur guten Jahreszeit, im nächsten Winter (1829), die Reise dahin zu unternehmen, und das um so mehr, als die Pest schon in Mosul war, und man ihr in Bagdad jeden Tag mit Angst entgegensah, woselbst sie auch ihren Opferherd bald darauf errichtete. — Im Jahre 1828 war in Mosul und der Umgegend, in Folge mehrerer mißrathenen Jahresernten, eine solche Theurung, daß viele Familien den Tigris herab nach Bagdad kamen, und ihre Kinder, die sie nicht ernähren konnten, um ein Spottgeld verkauften. Ich sah ein schönes Mädchen (Christinn) um 20 Grusch (2 Gulden Münze) verkaufen. Kaum war ich von Bagdad weg so brach die Pest daselbst aus, zu diesem argen Gaste kam noch Ueberschwemmung, und es entstand auch ein Krieg, in welchem Dohud Pascha als Gefangener nach Constantinopel geführt wurde.

Als Reisegefährten hatte ich diesmal nur einen treuen Diener, Namens Antun, einen Christen, den ich aus Bagdad mitgenommen, und mit dem ich über Bassora und Moscat nach Bender Kárátschi in Sind gekommen war. Von Kárátschi gelangten wir mit einer Kameel-Karawane nach Heidrabad, wo ich mich einige Tage aufhielt, und die Bekanntschaft eines dortigen Persers (eines Emirs) machte, der mir ein Empfehlungsschreiben an eines der ersten Häuser Heirpurs, wo ich passiren sollte, mitgab. Ich hatte für den Weg von Heidrabad bis Multan 2 Kameele gemiethet; dieser war aber einige Meilen weit vom Flusse, wo wir manchmal stehendes und stinkendes Wasser trinken und wegen der großen Hitze, die schon mit dem Ende Februar anfing, während der Nacht reisen und des Tags ruhen mußten. In Folge dieser Einflüsse litt ich an einer Hartleibigkeit, fühlte dabei eine innere Hitze und überdieß ein solches Verlangen nach Saurem, daß ich, da ich mir auf künstlichem Wege durch Klystiere nicht Stuhl verschaffen konnte, indem ich dieses Instrument zu sorgfältig verpackt hatte, auf den unglückseligen Gedanken kam da man mir eben frische Milch gebracht hatte und ich auch frische Tamarinden besaß, mir Tamarinden-Molken (Serum Tamarindorum) zu bereiten und einzunehmen. Diese Molken wirkten wie ein Gift auf mein Inneres, ich bekam Erbrechen, und so viele Blutstuhlgänge, daß ich zuletzt ganz ohnmächtig niederfiel, in welchem Zustande man mich auch im Walde hinter einem Baume fand, nachdem man, mich längere Zeit vermissend, nach mir gesucht hatte. In diesem üblen Zustande brachte man mich in mein Lager, wo schon die Kameele gepackt und zur Abreise bereit standen, indem es kurz vor Sonnenuntergang war. Meine Zunge war so trocken wie Holz, und ich fühlte heftige Schmerzen in der rechten Seite, was mich eine vorhandene Leberentzündung vermuthen ließ, dabei war ich durch die blutigen Stühle so schwach geworden, daß ich kaum zu gehen vermochte. Ich verlangte vom Kameeltreiber Blutegel, aber er sagte mir, daß hier keine zu bekommen wären, wohl aber dürfte ich sie morgen früh in Heirpur erhalten. Da ich so schwach war, daß man mich aufs Kameel setzen mußte, so befahl ich meinem Diener, sich hinter mich zu setzen und mich zu halten, da ich herabzufallen fürchtete. Mein Antun war aber bald darauf eingeschlafen, und es hätte nicht viel gefehlt, so wären wir Beide herab gefallen; ich ließ ihn daher wieder sein Thier besteigen und brauchte die Vorsicht, mir die Füße fest an das Kameel binden zu lassen. Auch hatte ich etwas Wasser zum Mund anfeuchten bei mir, weil man sonst nicht verstehen konnte, was ich sagte. Ich brachte die Nacht schlaflos zu, und als wir mit Tagesanbruch in Heirpur anlangten, ließ ich mich sogleich in das Haus führen, wohin mein Empfehlungsschreiben lautete, und der erste Gebrauch, den ich von der Aufnahme daselbst machte, war der, mich an einem ruhigen

Orte niederzulegen, um meinem ermatteten Körper wenigstens einige Erholung zu verschaffen. Als die Leute sahen, wie mühsam ich mich fortschleppte, holten sie selbst sogleich einen Hakim (persischen Arzt), der im Hause war, und der mir sogleich seinen Dienst antrug. Ich dankte ihm höflichst und ersuchte ihn um Blutegel. Die haben wir nicht, entgegnete er mir. Es blieb mir daher nichts anderes übrig, als ein großes blasenziehendes Pflaster auf die schmerzende Stelle zu applieiren, worauf ich in eine solche Betäubung verfiel, daß ich erst am andern Tage gegen Abend daraus erwachte. Beim Erwachen fand ich meine Zunge eben so trocken wie vorher, so daß ich nicht einmal Wasser, um selbe anzufeuchten, begehren konnte, sondern es nur durch Zeichen andeuten mußte; auch meine Füße waren eiskalt, und ich fühlte nebst den inneren Schmerzen auch nun die äußeren vom Blasenpflaster verursachten, indem, obgleich die gezogene Blase nur klein war, doch die Stelle und die Umgegend rothlaufartig entzündet aussah. Ich fühlte mir nach dem Pulse, fand aber keinen, weßhalb ich glaubte, daß mein Ende herannahe. Mein Diener sagte mir, daß ich während des Betäubungsschlafes einige blutige Entleerungen gehabt hätte. Ich befahl ihm daher, den Mirza (Schreiber) aus dem Hause zu mir zu bringen, um mein Testament zu machen, der auch sogleich mit Papier und dem Kalemdan (Schreibzeuge) herbeikam, sich jedoch in einiger Entfernung von mir niedersetzte, weil der Hakim meine Krankheit für gefährlich und ansteckend erklärte hatte. Ich fühlte mich so schwach und entkräftet, daß ich kaum im Stande war, meinen Namen, zu unterschreiben. Ich sagte hierauf meinem Diener, daß ich wenig Hoffnung hätte, die Nacht zu überleben, und er möge, falls es Gottes Wille wäre, daß ich am Indus sterben sollte, mich begraben, mein Testament und die Sachen, die ich ihm einhändigte, nach Lahore bringen, und den Generalen Court und Avitabile (an die ein Empfehlungsschreiben von Swoboda aus Bagdad unter meinen Schriften lag) übergeben. Für seine ausgezeichneten Dienste belohnte ich ihn im Voraus so, daß er die Reise nach Lahore und nach Bagdad zurück machen konnte. Mein treuer Diener Antun weinte wie ein Kind, während ich ihm diesen meinen letzten Willen zur Vollführung auftrug, und versprach alles pünktlich zu erfüllen.

In diesem traurigen Zustande, oder vielmehr am Rande des Grabes, wo auch dem talentvollsten und erfahrensten Arzte die Heilkunst mit ihren Tausenden von Mitteln nur wie ein eitles leeres Gebände erscheint, fiel mir mit einem Male der Gedanke ein, daß ich bei allen Krankheiten, die mich befallen hatten, stets den Aderlaß vermieden und sogar bei der Milzentzündung, an der ich in Aleppo erkrankte, den ersten Aderlaß für die höchste Noth aufbewahrt habe, weil ich der Meinung Glauben schenkte, daß der erste Aderlaß dem Menschen das Leben retten kann. Sollte es vielleicht auch jetzt noch nicht zu spät sein, diese lebensrettende Operation zu unternehmen, da ich ohnedies so viel Blut durch die Stuhlgänge verloren habe? Wie kann da Blut gelassen werden, wo keins mehr ist, wo selbst kein Puls mehr zu fühlen ist, vernünftelte ich weiter! Doch meine Lage kann wahrhaftig nicht mehr verschlimmert werden, ich habe nichts zu verlieren, vielleicht nur zu gewinnen, und ich will auch dieses Mittel zu meiner Rettung nicht unversucht lassen, um Alles für meine Selbsterhaltung gethan zu haben. Ich raffte mich mit dem festesten Willen auf; und da Niemand außer meinem Antun mir in die Nähe kam, folglich ich Niemandem diese Operation übertragen konnte, so beschloß ich selbe selbst mit der mir noch zu Gebote stehenden Kraft zu verrichten. Ich ließ mir zuvörderst warmes Wasser geben, in welchem ich an den Füßen und Händen versuchte, Blut zu lassen. Weder ich noch mein Diener ließen es dabei an Lanzettenstichen fehlen; wir stachen darauf los, doch immer ohne einen Tropfen Blut hervordringen zu sehen; dennoch verließ mich nicht der Muth, denn ich dachte, wozu einen Körper schonen, der ohnedies schon morgen früh als eine leblose Maschine in die Erde gelegt werden wird. Und so ohne Schonung verfahrend, zerschnitt ich quer die Medianvene meines linken Armes, worauf das Blut tropfenweise bis beiläufig zur Menge von 3 oder 4 Loth hervorkam, dann aber von selbst zu fließen aufhörte. Ich ließ mir hierauf die 8 Wunden verbinden, legte mich nieder, zog meine Decke bisüber den Kopf, und indem ich meinen Geist Gott empfahl, schlief ich ein. Ich schlief ruhig fast durch die ganze Nacht, und als ich des Morgens unerwartet erwachte, waren meine Füße warm, die Pulsschläge waren fühlbar, wenn auch schwach, die Zunge trocken, die inneren Schmerzen schwächer, dafür fühlte ich heftige Schmerzen an der äußern Stelle, indem die rothlaufartige Entzündung sich so verbreitet hatte, daß sie meine ganze rechte Seite (vom Rücken bis zum Nabel, vom Arme bis zur Hüfte) einnahm, und, zumal bei der großen Schwäche, der Brand zu befürchten war; trotzdem schöpfte ich nun Hoffnung zu meinem Aufkommen, und glaubte dies sowohl der Wirkung des kleinen Aderlasses als auch des blasenziehenden Pflasters zuschreiben zu müssen. Um mich von der lästigen Zungentrockenheit zu befreien, ließ ich mir aus dem Bazar einige Quittenäpfelkerne bringen, die ich in einem Stückchen Leinwand eingebunden in Wasser hielt, und mit diesem nun mit Schleim überzogenen Bäuschchen öfters die Zunge befeuchtete, was seine Wirkung nicht verfehlte; auch fing ich im Verlaufe des Tages an, einige große Zibeben (Monaka genannt) zu kauen, was mir ebenfalls wohl that. — Um dem sich verbreitenden Rothlaufe einigermaßen Einhalt zu thun, schickte ich meinen Diener in den Bazar, mit dem Auftrage, zuerst um Blutegel zu fragen, und falls er selbe nicht bekommen sollte, einen Barbier oder wen immer mit Schröpfköpfen mitzubringen. Er vollzog meinen Auftrag, und kam auch bald mit einer Frau, die eine Menge Blutegel mitbrachte, woraus ich sah, daß der persische Arzt ein Schurke war, der vermuthlich deswegen gesagt hatte, daß keine Blutegel da wären, damit die Frau von meiner Krankheit nicht angesteckt würde. — Ich ließ mir 12 Blutegel auf die schmerzende Stelle rund herum, wo das Blasenpflaster applizirt war, setzen, und bat die Frau zur Abendzeit wieder zu kommen, wo ich mir abermals 12 Stück am After appliziren ließ, weil ich vor einigen Jahren an Hämorrhoidalzufällen gelitten hatte. — Am folgenden Morgen ließ ich mir abermals 6 Blutegel in die Seite und Abends darauf 6 an den After setzen, womit ich die Kur ohne noch ein anderes inneres Mittel zu Hilfe zu nehmen, beendigte. Während ich die kleinen Blasenstellen in Eiterung erhielt, die äußere, rothlaufartige Entzündung aber kalt behandelte, machte ich so merkliche Fortschritte in der Besserung, daß der gute Appetit, der sich bald einstellte, meinem Magen gestattete, kräftige Nahrungsmittel aufzunehmen und den Körper zu stärken, dergestalt, daß ich im Stande war, schon am 5. Tage meiner so gefährlichen Krankheit zum Erstaunen der Leute meine Reise nach Lahore fortzusetzen. Als ich das Haus verließ, standen die Leute mit offenem Munde und mit weiten Augen mich anstarrend, als wollten sie fragen, ob ich wirklich gesund oder gar nur im Delirium sei; indem ich erst vor 3 Tagen mein Testament gemacht, auf dem Sterbebette gelegen, und ihr Hakim selbst das Gerücht verbreitet hatte, daß ich nicht aufkommen würde. Ich machte anfänglich nur kleine Stationen. Ich bekam bald mehrere Blutgeschwüre, sowohl an der rechten Seite, als auch ein dickes am Mittelfleische, das von der Größe eines Hühnereies war und mir das Sitzen beschwerlich machte. — Es ist kaum zu glauben, daß diese Krankheit von wenigen Tagen, ungeachtet des guten Appetits, der sich sogleich in der Reconvalescenz einstellte, und der reinen, frischen Gebirgsluft, in die ich bald darauf kam, eine Schwäche von vollen 6 Monaten zurückließ. Was zur Ausbildung meiner Krankheit beigetragen haben mag, war wohl der Umstand, daß ich nicht wie mein Diener Antun die Seekrankheit überstanden hatte, daher letzterer ohne üble Einwirkung dasselbe stinkende Wasser, wie ich, trank, und dieselben Speisen, wie ich, aß. In der Zeit waren die Sindier noch unbekannt mit den Engländern, obschon sie ihre Nachbaren waren, und wir kamen in solche Dörfer, wo man uns für unser Geld nichts verkaufen wollte, wir folglich gezwungen waren, den Rath unseres Kameeltreibers zu befolgen, welcher dahin lautete, daß wir uns in die Moscheen (Gebethäuser) einquartiren und für Muhamedaner ausgeben sollten; wo wir denn auch von den gastfreundlichen Muselmännern die Kost gratis erhielten. Wir waren Beide arabisch (bagdadisch) gekleidet, sprachen arabisch, persisch und türkisch, auch trugen wir Bärte und einer nannte den andern Hadschi; wir hatten auch gleiche Teppiche, die unsere Betten waren, und die wir neben einander legten; wir aßen zusammen, und zwar nach morgenländischer Sitte mit den Fingern eingreifend ohne Gabel und Messer, kurz wir spielten unsere Rollen so gut, daß Niemand uns erkannte; der fatalste Umstand aber für uns war der, daß die Muselmänner, die fünf Mal in 24 Stunden bethen, eben so oft in die Moscheen kamen, und sich wunderten, daß wir, als Hadschi's und ihre Gäste, uns nicht auch in die Reihe zwischen sie hinstellten und mitbetheten, was wir zwar leicht hätten nachahmen können, die Verstellung jedoch nicht so weit treiben wollten, da wir die Art kannten, uns zu entschuldigen; wir brauchten nämlich nur Einem ins Ohr zu sagen, daß wir als Reisende unrein geworden (d. h. eine Gonorrhoe hätten), und dies genügte, um überall gut durchzukommen.

Von Multan nach Lahore reisten wir auf Pferden. Die Reise von Bagdad bis Lahore dauerte 4 Monate, 2 zu Wasser, 2 zu Lande. Der erste Kranke den ich in Lahore zur Behandlung bekam, ehe ich noch angestellt wurde, war Achilles, der angenommene Sohn Gen. Allard's. Dieser Knabe litt seit einigen Jahren an einer Fistel, die sich am Rückgrate befand, und die ihm von den dortigen Dscherahs mehrere Male oberflächlich zugeheilt wurde; dabei war dieser Knabe so abgezehrt, daß man von ihm mit vollem Rechte sagen konnte, er bestehe nur aus Haut und Bein: Ossa atque pellis totus est, oder wie die Engländer sagen: He is nothing but skin and bone, daher nicht das beste Prognosticum bei einer solchen Kur zu stellen war. — Da ich fest überzeugt zu sein glaubte, daß von dem Gelingen der ersten Behandlung mein ganzer Ruf, ja mein ferneres Fortbestehen daselbst, abhinge; so ließ ich mich lange bitten, bevor ich mich entschloß, einen Versuch mit diesem Knaben zu machen. Allard sprach sich dahin aus, daß der Knabe, seinem Schicksale überlassen, sicher zu Grunde gehe und er ihn nicht länger in diesem elenden Zustande sehen könne, daher er mich dringend bitte, den so Leidenden in die Behandlung zu nehmen. — Wahrlich Allard konnte zu der Zeit nicht denken, daß sein abgezehrter Achilles, der nur einem Gerippe ähnelte, dennoch ihn überleben würde; daß er selbst in Pischauer sterben, in Lahore begraben werden und Achilles als blühender Jüngling aus Frankreich nach Lahore zurückkehren sollte, um — da gleichfalls zu sterben, und nahe bei ihm (Allard) begraben zu werden. Wie tief verborgen ist dem Menschen sein Schicksal und seine Bestimmung! —

Auf vieles Zureden Allard's und Ventura's entschloß ich mich endlich es zu wagen, und schritt zur Behandlung des Knaben, operirte ihn, und zwar unter gewaltsamer Beihilfe, seines starren Widersetzens halber, indem ich ihn auf ein Kanape auf den Bauch niederlegte, Allard ihm die Arme, und Ventura die Füße hielten, und machte einen der Länge der Fistel entsprechenden Einschnitt, fast eine Spanne lang, durch das fistulöse Geschwür auf dem Rückgrat, da jede Fleischsubstanz fehlte, was eine 36stündige Betäubung und ein starkes Wundfieber zur Folge hatte. — Unter fernerer guter Pflege heilte die geöffnete Fistel radical, die Kräfte nahmen augenscheinlich zu, Muskelmasse setzte sich an, und der Junge sah schon nach einigen Monaten blühend aus, und ich selbst war, als ich ihn bei der Ankunft Allard's in Bordeaux wieder sah, über sein frisches, rosiges Aussehen höchst erfreut. Die Lebensgöttin scheint aber diesem jungen Menschen durchaus nicht geneigt gewesen zu sein. Denn als er einige Jahre darauf nach dem Tode Allard's mit Benjamin Allard, (der um die hinterlassenen Güter seines Bruders in Besitz zu nehmen nach Lahore gekommen war, und welchem er als Dollmetsch in der indischen Sprache diente) wieder in seine Heimat zurückkam, erkrankte er und starb an der Behandlung der dortigen Aerzte. Ich erschrak heftig bei der unerwarteten Nachricht von seinem Dahinscheiden, und konnte ihm nur noch den letzten traurigen Dienst erweisen, seine irdischen Ueberreste zu Grabe zu geleiten. Zur Auseiterung dieses fistulösen Geschwüres hatte ich als ein gelind reizendes Mittel Honig angewandt, worin spanische Fliegen infundirt waren und der ihm täglich 2mal auf die Wunde applicirt wurde, und das mit Charpie, wodurch die Fistel bald zuheilte.

Einige Tage nach der Fistel-Operation machte mir der jüngere Bruder des Ministers Radscha Sutschet-Sing den Vorschlag, mit ihm ins Gebirge zu reisen, um ihn daselbst zu behandeln, was mir sehr erwünscht kam, da ich selbst nach meiner kürzlich überstandenen schweren Krankheit so schwach geworden, daß ich eine Erholung nöthig hatte, überdies die Hitze in Lahore drückend war. Auch riethen mir meine Freunde (die französischen Generäle) diesen Antrag um so bereitwilliger anzunehmen, da der junge Radscha-Saheb eine der ersten Personen am Hofe sei, und mein Glück gemacht wäre, wenn ich ihn heilen könnte. Ich willigte also ein.

Obwohl ich zu dieser Zeit noch keine feste Anstellung hatte, folglich von keinem Vorgesetzten abhing noch einem zu gehorchen hatte, glaubte ich doch, daß der Radscha Sutschet-Sing mich mit der Erlaubniß Rendschit-Sing's mit sich ins Gebirge führte; allein es hatte einen ganz andern Beweggrund. Der junge Radscha hatte eine geheime Krankheit, weshalb er mich heimlicher Weise wegführte, so daß Rendschit-Sing mehrere Male den Avitabile, durch den ich vorgestellt wurde, fragte, wo ich wäre. Vermuthlich war dies Schuld daran, daß er mich 9 Monate da hielt, ohne mich weder zu verabschieden, noch mir eine Anstellung zu geben, so daß Allard mir eines Tages scherzweise sagte: Es ist schwer hier angestellt zu werden, aber noch schwerer, wenn man angestellt ist, wegzukommen, weil er selbst nach vieljähriger Abwesenheit eine Sehnsucht empfand, sein geliebtes Frankreich wieder einmal zu sehen, und deshalb um einen Urlaub anhielt, den ihm zwar der schlaue Rendschit-Sing fortwährend versprach, aber erst sehr spät ertheilte.

Am dritten Tage unserer Reise von Lahore nach dem Gebirge, die theils auf Pferde-, theils auf Elephanten-Rücken geschehen war, kamen wir in Sutschetgher an, (das am Fuße des Gebirges unweit Samba ist), wo der Radscha seine Stallungen und eine Kanonengießerei hatte, wo man auch mehrere

nen gegossene Kanonen und Mörser in Gegenwart des Radscha probirte, von deren erstern eine zerplatzte, und einen Gulendas (hindustanischen Kanonier) niederwarf. Der Radscha ersuchte mich sogleich diesen Mann, der über heftigen Durst, starke Schmerzen in der rechten Seite, und allgemeines Frösteln klagte, zu untersuchen; ich fand jedoch zur Verwunderung aller Anwesenden nicht das geringste Zeichen einer äußern Verletzung, weßhalb auch der Radscha es für unbedeutend ansah, meinen Rath ihm zur Ader zu lassen nicht billigte, sondern ihm etwas von seiner Mumiai schickte. Um 10 Uhr Abends, etwa 5 Stunden nach dem Vorfalle, kam ein Mann vom Radscha Saheb geschickt zu mir, und führte mich im Namen seines Herrn zum Gulendas, um ihm zur Ader zu lassen. Wir eilten hin, fanden aber, daß man ihn, nach dem Gebrauche der Hindus, von der Tscharpai (Bettstelle) schon auf die Erde gelegt hatte, er daher im Sterben war, und vor unseren Augen, noch nicht ganze 6 Stunden nach dem Vorfalle, verschied. — Ob die Leber ergriffen worden oder nicht, kann ich nicht bestimmen, denn die Section wurde als etwas Ungewöhnliches nicht vorgenommen; gewiß bleibt dieser akute Fall ein höchst sonderbares Ereigniß, das mir seit etlichen 30 Jahren nur Ein Mal vorkam. — Jedenfalls hat das Stück Metall, das ihm nahe an der rechten Seite vorbeiflog, durch Luftdruck ein wichtiges zum Lebensprozesse unentbehrliches Organ verletzt, denn der Schrecken allein konnte keine so heftige Schmerzen mit dem bald darauf folgenden Tode verursachen. Von Sutschetgher wurden wir in 2 Tagen über steile Gebirge in die Stadt Ramnegger hinauf getragen, wo der Radscha außer seinem Palaste auf einer kleinen Ebene eine starke Festung hatte, darin er seine Schätze aufbewahrte. Wir brachten den Bersat (die Regenzeit) oben zu, und kamen im Herbste zum Deseirefeste nach Amritsir herab, von wo wir mit Rendschit-Sing nach Radonn am Beas reisten, und wo der Maharadscha die beiden Töchter des berühmten Sensartschend, die Waisenkinder waren, heirathete, und mit sich nach Lahore brachte. Auf der Hinreise passirten wir Dschowala-Meki, einen den Hindus heiligen Ort, mit einem feuerspeienden Berge. Auf der Rückreise kam ich mit dem Radscha Sutschet-Sing über die Gebirge, und passirte Besouli, Dschesrota und Nurpur, wo der Radscha der Geldeinforderer gewesen war. Nach Lahore zurückgekehrt, sagte mir Allard, daß ein wüthender Schakal eine Anzahl von seinen Dragonern gebissen, und daß in einer Nacht, bis sie im Dunkel das wüthende Thier umzubringen im Stande gewesen, schon mehrere von ihnen, wüthend geworden, theils in Lahore, theils in ihren Häusern und auf dem Wege gestorben seien, und daß noch einige derselben aus Angst den Abschied begehrten, um nach Hause zu den Ihrigen zu gehen, und daselbst sterben zu können. — Er machte mir zugleich den Vorschlag, daß er mir diese Gebissenen zur Behandlung zuweisen wolle, falls ich willens wäre, mit ihnen einige Versuche vorzunehmen, was mir sehr erwünscht war. Ich übernahm daher 18 Mann in Behandlung, und war so glücklich, nicht Einen an der Wasserscheu erkranken zu sehen, worauf Allard dem Dr. A. Murray (der mit dem politischen Agenten von Ludiana, Col. C. M. Wade, uns einen Besuch machte) meine Behandlungs-Methode, die sich bei seinen Soldaten besonders bewährte, anpries und zuletzt mir es ans Herz legte, selbe durch Dr. Murray zum allgemeinen Besten der Leidenden bekannt geben zu wollen, was ich auch ganz deutlich ohne irgend einen Rückhalt that. Es wurde darüber in Kalkutta am 2. Juli 1831 in einer Sitzung ein öffentlicher Vortrag gehalten und sie dann bekannt gemacht. Ich erlaube mir einen Auszug davon im Englischen hier einzuschalten. „Dr. Honigberger's object in the treatment of Hydrophobia is to keep up a copious suppuration from the part bitten by the rabid animal, which he accomplishes at first by applying the actual cautery and afterwards by using stimulants to the wound. He also administers a compound of mercury and extract of tabacco, in pills, untill they produce a flow of urine, and at the same time he reccomends tincture of cantharides in bitter almond-emulsion, to be repeatedly given until a slight degree of Dysuria is excited. Various other remedies and local applications are also spoken of as useful in Hydrophobia. It does not appear that anyother person has yet made trial of some of the remedies proposed by Dr. Honigberger." So hieß es vor 20 Jahren, als ich noch ein sogenannter Allopath war. Wie viele interessante Versuche und Erfahrungen habe ich jedoch seit jener Zeit gemacht! —

Kurz nach dieser Publication bekam ich einen Fall, wo ich als Präventiv-Kur die endermatische Application des Mittels versuchte. Ich applicirte nämlich auf die etwas erweiterte gebissene Stelle Extractum nucis vomicæ, worauf der Kranke die Nacht unruhig zubrachte und fürchterliche Träume von Hunden hatte, die ihm abermals nachliefen. Ich hielt dieses für ein schlechtes Zeichen, für die Vorboten der ausbrechenden Wasserscheu, wollte der örtlichen Behandlung allein nicht trauen, und gab ihm eine Pille desselben Mittels — Extract. nuc. vomic. gr. j. — mit Soda carbonica gr. jjj., dem der Mann einzig und allein seine Herstellung zu verdanken glaubte. — Ich stellte unseren verehrten Gästen (Col. Wade und Dr. Murray) einen Akali oder Nabeng vor, dem Rendschit-Sing Nase, Ohren und Hände hatte abschneiden lassen, obwohl er den Galgen verdient hätte, und dem im Gebirge die Nase so gut wieder angemacht worden war, daß wir uns wunderten und gestehen mußten, man könne sie in Europa nicht besser machen. Es war nämlich in Kangra eine Familie, welche sich mit dieser rhinoplastischen Operation abgab, die sie jedoch ohne besondern Befehl von der Regierung nicht vornehmen durfte. Wie man aus der Geschichte weiß, ist diese Operation seit alten Zeiten her den Hindus bekannt, die sie immer, wie auch jetzt noch, aus der Stirnhaut machten und stets machen werden. In Europa, wo das Nasenabschneiden ungebräuchlich ist, wird diese Operation in den seltenen Fällen, wo entweder eine Exulceration oder sonstige Umstände sie nöthig machen, aus der Haut des Oberarms gemacht, und das mit Recht, weil nach unseren Sitten der Kopf größtentheils unbedeckt ist, folglich eine garstige Narbe auf der Stirne mit einer neu gemachten Nase sehr entstellend aussehen würde, während im Oriente die Eingebornen mit dem Turbane die Narbe auf der Stirne leicht verdecken können.

Auch während der ruhigen Zeiten zeigten sich die Nahengs sehr pflichtvergessen, und machten dem Rendschit-Sing viel zu schaffen, ja er war genöthigt, eines Tages in Lahore außerhalb des sogenannten Delhi Dervaze (Delhi Stadthore) bei Seidgentsch (wo das Nest des nahenglischen Räubergesindels ist) 2 Kanonen mit Kartätschen geladen hinzustellen, weil sie die Kühnheit hatten, den Weg zu sperren. Sie hatten sich in Mia-Mir, eine deutsche Meile von Lahore eingesperrt, traten hier als öffentliche Rebellen auf, wurden aber geschlagen und aus der Stadt, wie auch aus Mia-Mir nach Umritsir weggejagt. Der in Rede gewesene mit der neuen Nase hatte im Felde einer königlichen Wache mit dem Säbel den Arm abgeschlagen, weil sie ihn zurückgehalten, durch einen Weg von rückwärts ins Zelt zum König zu gelangen. Der Naheng hatte einen Diener mit sich, dem nichts geschah, weil er sich nicht offensiv benahm, ihm aber wurden auf Befehl sogleich mit demselben Säbel, mit dem er so gut den Arm abschlug, Nase, Ohren und Hände abgeschnitten und er dann losgelassen, worauf er wie ein Rasender einem Brunnen zulief, um sich hineinzuwerfen, jedoch von Leuten, die zufällig zugegen waren, zurückgehalten wurde. Als man dem Könige dieß gemeldet, wurde er mir überschickt, und zwar mit dem Befehle, ihn in genaue Pflege und Heilung zu übernehmen, ihn zu überwachen, damit er keinen Selbstmord begehen könne und ihn sodann, wenn er geheilt wäre, vorzustellen. Seiner Aussage nach, soll er von Beng (Hanfkraut) betäubt gewesen sein, als er das Verbrechen beging, und er betheuerte keine andere Absicht gehabt zu haben, als er zum König dringen wollte, als ein Geschenk (Gapa) zu verlangen. Dienen wollten diese Nahengs nicht, das freie Räuberleben gefiel ihnen besser.

Radscha Hire-Sing, des Ministers Dhyan-Sing Sohn, war ein Liebling Rendschit-Sing's, er hatte ihn immer auf dem Schooße. Dieser hatte die Harnruhr (Diabetes) bekommen, weßhalb wir mit den inländischen Aerzten in Gegenwart Rendschit-Sings im Garten Hazuribag, der in der Festung ist, ein Consilium hielten, wo der Milchzucker zur Sprache kam. Da weder der Maharadscha noch seine Aerzte je gehört hatten, daß aus der Kuhmilch Zucker gemacht werden könne, so waren sie sehr neugierig, ihn zu sehen, und ich erhielt den Befehl, ihn sogleich im Gulabhane (Rosenwasserhause) mit dem Fakir Nureddin zu machen, und man konnte kaum erwarten bis er fertig war.

Es waren schöne weiße Krystalle von Milchzucker, die ich dem Rendschit-Sing in einer Schachtel präsentirte, wovon er auch sogleich einigen Knaben, die er bei sich hatte, kleine Stückchen zu kosten gab, denen er nicht so süß schmeckte, wie der gewöhnliche Zucker, weßhalb Niemand mehr davon sprach und die Milchzuckerkomödie ein Ende hatte. Der Gulabhane, wo die Rosenwässer und Bedemusk (Aqua Flor. salicis babylon) — das in den heißen Tagen von den Wohlhabenden als ein kühlendes Mittel getrunken wird, und ein so wichtiger Artikel in der indischen Medizin ist — destillirt wurden, war der Ort, wo ich anfänglich meine Geschäfte hatte, die Fakirs Azizeddin und Nureddin (die Aufseher daselbst) in der Pharmacie und Chemie unterrichtete, und die starken rektificirten Weingeiste aus Cabulweintrauben (zum eigenen Gebrauche Rendschit-Sing's) destilliren ließ, indem Alles, was zum Essen und Trinken der Sihk's und Hindus gehört, auch von Sihk- oder Hindus-Händen gemacht werden muß. Kein Muselmann, kein Christ darf Hände anlegen, weil es dadurch verunreinigt würde. Es war dies der Ort, wo die königliche Material-Kammer unter Nureddin's Direktion angelegt war, und wo ich verschiedene Opiatpräparate, Metalloxyde (Kuschtegi genannt), zum Vergnügen der Fakire und Rendschit-Sing's verfertigte, wodurch er mich besonders lieb gewann. Unter Anderm bereitete ich ihm auch die Morphine, mit deren Ueberdosis er bald einen geübten Opiumesser umgebracht hätte, wenn ich nicht, zu Hilfe gerufen, die nöthigen Gegenmittel angewendet hätte. Sonderbar schien es mir, daß in Lahore Niemand den Kaffee kannte; sogar die gelehrten Fakire Azizeddin und Nureddin (Brüder), von arabischer Herkunft, kannten den Kaffee unter dem Namen Bun nur aus Büchern, und der, den ich ihnen (im Jahre 1832) im Derbar zeigte, war der erste, den sie je gesehen hatten; jetzt aber, da die Engländer da sind, die ihn so wie auch wir lieben, kennt ihn Jedermann. Auch von unseren spanischen Fliegen (Cantharides) hatten sie keine Kenntniß. Einheimisch ist bei ihnen jedoch die Meloe telini, eine Fliege, die stärker wirkt, weil sie mehr Cantharine enthält als die spanische Fliege; sie wird jedoch selten von den dortigen Aerzten als blasenziehendes Mittel angewendet; aber auch sie kennen ihre Wirkung gegen die Wasserschen.

Außer dem schon Gesagten bei meiner Krankheit in Heirpur, möge noch folgende Krankheitsgeschichte eines meiner Freunde einen Beweis geben, daß man durch blasenziehende Pflaster, wenn sie recht angewendet werden, selbst eine Lebensrettung in gewisser Beziehung bezwecken kann. — General C.... hatte sich in Umritsir, wo er mit dem Hofe war, im heißen Sommer durch Einreibungen einer Merkurialsalbe ins Mittelfleisch (täglich 1 Drachme) schon am 4. Tage eine solche Merkurialkrankheit zugezogen, daß ich, nachdem er schon längere Zeit darnieder lag, und die Aerzte daselbst alle Mittel vergeblich angewendet hatten, von Lahore zur Hilfe geholt wurde. Das Quecksilber hatte, so viel mich sogleich die Untersuchung lehrte, den Magen und Darmkanal angegriffen, weßhalb er an Verdauungsschwäche und an Kolik litt, und über Stuhlzwang und Brennen am After klagte. Ich begann die Kur mit einem Aderlaß und Setzung von Blutegeln, worauf ein Durchfall eintrat, der, als er unterdrückt wurde, Ursache zur Entstehung eines hitzigen Fiebers ward mit 3—4—5tägigen Zwischenräumen nebst herumziehender Hitze und Brennen. — Als ich sah, daß der Patient bei meiner Behandlung nicht besser wurde, gewann ich die Ueberzeugung, daß das heiße Klima seinen schädlichen Einfluß äußere und der Kranke daher nicht auf den Weg der Besserung gebracht werden könne, so lange wir an dem Orte blieben. Ich ersuchte daher den Maharadscha um die Erlaubniß, meinen Kranken, über dessen üble Lage ich S. M. die nothwendigen Aufschlüsse gab, in ein kälteres, gebirgiges Klima führen zu dürfen, worauf er uns nach Dineneger (Deenanuggur) schickte, indem der Maharadscha die Absicht hatte, selbst hinzukommen. Als die Krankheit schon 3 Monate gedauert hatte und der Kranke an allen Kräften herabgekommen war, besonders aber über das Gefühl eines brennenden Feuers in der Herzgegend klagte, versuchte ich daselbst einige Blutegel ansetzen zu lassen, die ich jedoch gleich wieder abnehmen mußte, weil sie eine Ohnmacht herbeiführten. — Es wurde mit meinem Kranken mit jedem Tage schlechter; eines Abends fing er an bei offenen Augen irre zu reden; seine Füße wurden eiskalt. Die Offiziere seiner Brigade, die er mit sich hatte, und die zufällig zugegen waren, weinten um ihren General, den sie schon für verloren hielten. Ich gestehe es offen, ich selbst hatte schon jede Hoffnung an seinem Aufkommen aufgegeben, und das um so mehr, da ich das tägliche progressive Sinken und Schwinden der Kräfte wahrnahm. — In diesem verzweifelten Zustande applizirte ich ihm 3 blasenziehende Pflaster, und zwar das eine im Nacken, die beiden andern auf die Waden der kalten Füße, gab ihm aber auch zu gleicher Zeit mein Lieblings-Opiat (Opium, Camphora, Ipecacuanha und Tartarus Emeticus) und — rettete den Kranken. Es kam nämlich noch in derselben Nacht ein kritischer Ausschlag hervor, der in Tausenden von Eiterpusteln und Blutschwären bestand, die größtentheils am Halse, im Nacken, unter den Achseln, in den Leisten und den Innenseiten der Schenkel ihren Sitz hatten, worauf die Krankheit zusehends abnahm, und die Besserung rasch vorwärts schritt, so, daß der General im Verlaufe von wenigen Wochen seine früheren Körperkräfte neuerdings erlangte, und nicht nur wieder Fleisch ansetzte, sondern sogar dick und fett wurde. Während der Rekonvalescenz meines Patienten kam Radscha Sutschet-Sing aus dem Gebirge ebenfalls nach Dineneger herab, weil er glaubte, daß der Hof auch hieher kommen werde. Eines Tages führte mich der gute Radscha Saheb in einem Kahne auf dem großen Sumpfe Dineneger's auf die Entenjagd, wo ich aus Artigkeit dem Radschah mein Parasol gab, da er keines bei sich hatte, und ich, mit dem Schießen beschäftiget, es minder verwenden konnte. Der außerordentlichen Hitze wegen hatte ich über meinem feinen Hemdchen gar kein anderes Kleidungsstück, nicht einmal eine Weste oder Jäckchen, am Leibe, daher ich ganz den glühenden Strahlen der Sonne ausgesetzt war und mir wirklich einen Sonnenstich zuzog, der meinen Freund C... sehr erschreckte und ängstigte, indem sein Tissot dieses Uebel als lebensgefährlich schilderte. Wie erstaunt war er daher, als er mich am dritten Tage schon wieder im gebesserten Zustande sah. Glücklicher Weise traf der Sonnenstich nicht meinen Kopf, sondern nur eine Schulter, wo ich mit Anwendung von Blutegeln, Bähungen, Umschlägen u. dgl. bald zum gewünschten Resultate gelangte.

Der König von England hatte um diese Zeit dem Rendschit-Sing fünf monströse Pferde geschickt, die Alex. Burnes den Indus heraufbrachte, von welchen eins auf dem Wege zu Grunde ging. Man bewunderte sie allenthalben als eine Seltenheit ihrer ungewöhnlichen Größe und Dicke wegen. Eins derselben wurde das Lieblingsreitpferd des Maharadscha; und da letzterer klein von Statur war, so nahm er sich sehr possirlich aus, wenn er auf diesem Pferde ritt, ungefähr wie wenn ein Affe auf einem Elephanten säße. Dieses Pferd erkrankte; und obwohl er es mir sogleich zur Behandlung übergab, und ich es weder an Fleiß noch an Mitteln fehlen ließ, so ging es doch während der Kur zu Grunde. Es hatte nämlich mehrere Geschwüre an den Füßen bekommen, die, als sie sowohl durch innere als äußere Mittel geheilt wurden, eine Art Krämpfe herbeiführten, und in einem solchen Anfalle verendete auch das Thier. — Später fand ich jedoch Gelegenheit, dergleichen Geschwüre, die im Pendschab so häufig vorkommen und Zeherbad (giftige Geschwulst) heißen, weil sie nach einer vorangehenden Geschwulst entstehen, und eine ätzende oder scharfe seröse Feuchtigkeit absondern, zur Behandlung zu erhalten, und war so glücklich, in letzterer Zeit mehrere vollkommen ohne üblen Nachfolgen zu heilen, und das mit einem Mittel meines jetzigen Medium-Systems, nämlich mit der Laminaria sacharina, vermuthlich weil sie Jodinehältig ist, und diese Krankheit zu den Skrophelkrankheiten gehört.

Auch die Rotzkrankheit der Pferde ist mir in Lahore mehrere Male, und sogar an meinem eigenen Pferde vorgekommen, wobei sich mir die Dulcamara abwechselnd mit dem Arsenik, Morgens und Abends in kleinen Gaben gegeben, als höchst nützlich und vortheilhaft bewährte. In Frankreich wenden die Thierärzte gegen dieses Uebel das acidum hydrochloricum an, das sie theils mit Wasser verdünnt dem Pferde einschütten, theils auch örtlich auf die abgeschorenen Stellen einreiben lassen, wie ich es auch von dem berühmten französischen Naturforscher Victor Jacquemont bei seiner Durchreise in Lahore hörte, der damals mein von der Rotzkrankheit befallenes Pferd für unheilbar erklärte. Hier in Wien werden, wie ich höre, derlei Pferde ohne weiters erschossen.

Während dem Congresse von Rupur behandelte ich in Vezirabad den dortigen Gouverneur General Avitabile, der sich einen Fuß verstaucht hatte, und den die inländischen Aerzte, Barbiere und Schmierer durch reizende Umschläge, Betupfungen und Einreibungen in einen solchen entzündlichen Zustand versetzt hatten, daß er dem Brande nahe war. Unter meiner schnell eingeleiteten zweckmäßigen antiphlogistischen Behandlung genas er bald, und konnte seinen Fuß so wie früher gebrauchen. Nur erkrankte er kurze Zeit darauf an einer Gesichtsmuskelverzerrung, welche bei seiner langen und krummen Nase sich um so auffallender herausstellte, und der ich ein Gehirnleiden als Folge des unmäßigen Champagner-Trinkens, welchem Laster er ergeben war, zu Grunde legte. Obwohl ich ihn von diesem Uebel befreite, so ging er doch, da er sich vermuthlich in seiner Heimath wieder dem Trunke in die Arme warf, durch einen Schlagfluß, der ihn in den besten Jahren, wo er die Früchte seiner langen mühsamen Arbeit, und den erworbenen ungeheuren Reichthum hätte genießen können, zu Grunde. Ruhe seiner Asche! obwohl er manchen armen Teufel, man könnte fast sagen: unschuldigerweise, hat hängen lassen, sowohl in Vezirabad als auch später in Pischauer, indem er in diesen Provinzen unabhängig herrschte. Daß er eine Freude hatte, die Unglücklichen dutzendweise aufgehängt zu sehen, war wohl nur seinem Gehirnleiden zuzuschreiben. Eines Tages erzählte mir Allard, daß der Maharadscha ihm einen Verweis gegeben (da Allard gleichsam Avitabile's Kaution war, als dieser in der Provinz Vezirabad regierte), weil er einige Muselmänner, die geglaubt hatten, unter dem Schutze eines Europäers das verbotene Ochsenfleisch essen zu können, hatte aufhängen lassen; derjenige aber der den Ochsen umgebracht hatte, war ihm entgangen. Rendschit-Sings Meinung war, daß er diese Uebelthäter eine Zeitlang hätte einsperren und dann weglaufen lassen sollen. Daß Avitabile ein thätiger Mensch war, der viele Verbesserungen im Lande eingeführt und den Engländern bei ihrem Durchzuge nach Kabul wesentliche Dienste geleistet hat, ist bekannt, auch kannte ich ihn wohl, da ich die ersten 3 Jahre in Lahore bei ihm im Hause wohnte, weßhalb ich mit den Worten schließe: De mortuis et absentibus nil nisi bene, oder deutsch gesagt: Man soll von den Todten und Abwesenden nichts als Gutes sprechen, und dieß zwar um so mehr, als ich die nachfolgende wichtige Entdeckung eigentlich nur ihm zu verdanken habe.

Während der Zeit, wo ich die so eben genannten Kuren in Vezirabad bewerkstelligte, ereignete es sich, daß ich eines Tages auf einer Jagdexkursion einen Hasen im Gesträuche verlor, den wir in einem Loche tief in der Erde zu finden glaubten; ich, der ich darauf bestand, den Hasen erlangen zu müssen, ließ mir aus einem in der Nähe befindlichen Dorfe einige Bel (Eisenbacken) holen, um mit Hilfe derselben die Oeffnung dieses Nestes zu erweitern. Wir gelangten wirklich zum Ziele, doch wie groß war unser Stan-

5*

nen, als wir anstatt eines Hasen ein Moschusthier herausholten, welches einen so starken Bisamgeruch verbreitete, daß ich Kopfweh davon bekam, welches drei Tage anhielt. Der Mann, der das Thier herausgezogen hatte, war ganz erschrocken, weil er anstatt des Hasen ein anderes ihm unbekanntes Thier in die Hände bekam, und warf es nieder, worauf es die um uns versammelten Jagdhunde so gewaltig bissen, daß es dem Verenden nahe war, als ich auf Anrathen Avitabile's den kostbaren Moschusbeutel abschnitt, den ich noch heute sorgfältig bewahre; den übrigen Körpertheil ließ ich als werthlos liegen, was ich noch jetzt bedauere, da ich der Meinung bin, daß dieser Moschus einer der besten Gattung ist, und zwar von einer neuen noch unbekannten Thierart stammend, und ich auch nie gehört habe, daß in den Ebenen Indiens ein Moschusthier gefunden worden sei. Mehrere Personen, denen ich diesen Moschusbeutel zeigte, machten die Einrede, daß dieses Thier vielleicht aus den Gebirgen des Himalaja seinen Weg nach Indien gefunden habe, was wohl möglich sein könnte; indessen kenne ich den Moschus, der aus den Gebirgen Kaschmir's und Thibet's kömmt, und finde dessen Geruch ganz anders, so wie er überhaupt an Qualität, gleich dem russischen, der eben genannten neuen Art bei Weitem nachsteht. Der Beutel meines Moschusthieres gleicht an Größe und äußerer Gestalt dem chinesischen; er hat kurze und weiche Haare; im Innern aber ist er ganz anders, nämlich gelbbraun, und enthält eine Masse, die so hart ist, wie ein alter Käse. Der chinesische Moschus hingegen ist eine röthlich braune, körnige, leicht zerreibliche Masse, vielleicht von einer eigenen Zubereitung so verändert. Da ich gar keine äußere Zubereitung gemacht habe, und den frischen Beutel in einem eisenblechernen Schächtelchen eingepreßt aufbewahrte, fand ich im Bersat (Regenzeit im Sommer), daß sich Insekten im Felle desselben gebildet und die Haare zerstört hatten, ohne jedoch die innere Masse zu beschädigen. Der Moschus hat, wie der chinesische einen starken und angenehmen Geruch, ist jedoch kein chinesischer, weil er in Indien gefunden wurde.

Ich glaubte, da wo eines der Thiere gefunden worden ist, da müßten auch mehrere zu bekommen sein, habe jedoch kein zweites finden können, und es ist mir ewig leid, so voreilig gehandelt zu haben, daß ich nämlich weder das Nest dieses seltenen Thieres untersuchte, ob nicht etwa ein Weibchen oder gar Junge vorhanden waren, und wie es drinnen aussah, noch sein Fell aufbewahrte. Indessen hoffe ich durch die Bekanntmachung dieser Geschichte, daß die englischen Sportsmen, deren es jetzt viele in dem Lande gibt, dasjenige, was der Zufall mir in die Hände gespielt hat, durch Nachsuchungen ebenfalls bekommen werden, obwohl sie in Indien selten sein mögen, da sie sogar den inländischen Aerzten und Droguisten unbekannt sind. Bei der Aufsuchung derselben bedenke man, daß diese edlen und scheuen Thiere, die so viele

Verfolger haben, die Einsamkeit lieben, tagesschen sind, und sich im Gebüsche aufhalten, wo sie ihre Nester tief in der Erde unter den Wurzeln der Gesträuche haben, weßwegen auch die Erhaltung ihres Geschlechtes keiner allzu großen Gefährde unterworfen ist. Uebrigens dürfte hier glaub' ich die Bemerkung nicht am unrechten Orte sein, daß einige Naturkundige daran zweifelten, ob das in Rede stehende Thier auch wirklich ein Moschusthier gewesen sei, oder aber eines zum Geschlechte der Frettchen (viverra) gehöriges, wie die Zibetkatze und dergleichen, wenn es anders ein solches geben sollte, das, wie auch einige Kräuter, den Bisamgeruch hat. In der Freude über diesen unverhofften Fund glaubte ich, durch den starken Bisamgeruch in meiner ersten Ansicht bestärkt, ein wirkliches Moschusthier gefunden zu haben, ohne mich durch nähere Untersuchung der bestimmenden Kennzeichen, nämlich der beiden hervorragenden Zähne, vollkommen davon zu überzeugen. Das einzige, was mir nach so vielen Jahren noch in Erinnerung blieb, ist der Umstand, daß das Thier die Größe einer ausgewachsenen Katze hatte, und von schlankem rehartigen Körperbaue war. Während ich mich in Vezirabad befand, kam eine junge Hindu-Frau (eine Katreti) zum Avitabile mit Geschenken, und dankte ihm, daß er sie gewaltsam vom Seti, d. h. vom lebendig Verbrennen mit dem Leichname ihres Mannes, hatte abhalten lassen, was uns ein Beweis schien, daß so Manche von denen, die ein Opfer des Budhist'schen Glaubens geworden, froh gewesen wären, wenn man sie vom Verbrennen abgehalten hätte. Diese Frau, die uns ein Beispiel gibt, bekannte öffentlich, daß sie es am Tage der Verbrennung ihres Mannes im ersten Schmerze gerne gethan hätte, weil es heißt, da sie mit ihm zugleich ins Paradies gelangen würde, nun jedoch froh sei, im Leben zurückgehalten worden zu sein.

Eines Tages erzählte mir Rendschit-Sing, daß der Hallen (Dr. Alen, ein Amerikaner) in der Festung Gudscherats, wo er zu jener Zeit Gouverneur war, im Geheimen die Kimiai (Alchymie) betreibe, weßhalb ich mich des Lachens nicht enthalten konnte, und zugleich erklärte, daß das, was er darunter verstand, nämlich unedle Metalle in Gold zu verwandeln, oder das Quecksilber zu Silber zu umstalten, nicht denkbar und nicht ausführbar sei. Später fand man meine Worte bestätigt, denn es ergab sich, daß er falsches Geld prägen ließ, und das war des Doktors geheime Alchymie. — Rendschit-Sing setzte in mich solch ein Vertrauen, daß er darauf drang, ich möchte entweder eine Abtheilung Militär (Artillerie, die er mir übertragen wollte) zur Oberleitung übernehmen, oder aber eine Provinz (wie Ventura, Avitabile und Hallen) verwalten, was ich jedoch deßhalb ablehnte, weil ich mich zu diesem großen Geschäfte nicht fähig genug fühlte; wohl aber übernahm ich die oberste Leitung der Pulverfabrik und der Büchsenschifterei.

Zu dieser Zeit überfiel mich, nach einer langen Abwesenheit vom Hause, das Heimweh, so zwar, daß der Gedanke: fortzukommen, der einzige war, der mich immerwährend beschäftigte und quälte; ja dieser Gedanke schlug so tiefe Wurzel in meinem Innern, daß, wenn man mir ein Land oder den Kohinur (den kostbarsten Edelstein, der jetzt in London ist) und auf 2 Millionen Pfund Sterlinge geschätzt wird, mit der Bedingung immer da zu bleiben, angeboten hätte, ich ihn ausgeschlagen haben würde. Ich dachte dabei oft an die Worte Allard's, daß es schwer sei eine Anstellung in Lahore zu erlangen, noch schwerer aber wegzukommen, wenn man bereits eine solche erlangt hat; denn nur mit vieler Mühe erhielt ich meine Entlassung, ich möchte sagen — meine Freiheit.

Rendschit-Sing war ein Mann, der sich seiner seltenen Talente und seiner Umsicht wegen Ruhm erwarb, dessen Andenken man ehrt, und dessen Name gewiß noch lange Zeit in der Geschichte ein ehrenvoller bleiben wird. Obwohl aus vornehmer Familie entsprossen, Sohn eines Serdaren, konnte er doch weder schreiben noch lesen; dazu hatte er in seiner Kindheit durch die Pocken ein Auge verloren. Auch hatte ihn die Mutter Natur mit ihren Gaben stiefmütterlich bedacht; denn er war von kleiner, unansehnlicher Gestalt und schwächlichem Körperbau; dafür beschenkte sie ihn aber mit einem ungewöhnlichen Talente; auch besaß er ein außerordentliches Gedächtniß, wie sich nicht sobald Jemand dessen rühmen kann. Zu den Eigenthümlichkeiten seines Charakters gehörte, daß er selten das that, was man verlangte, und oft das Entgegengesetzte von dem, was er sagte. So wußte auch Niemand, wenn er irgendwo hin gehen wollte, wann er gehen, und welchen Ort er zum Ziele seines Gehens wählen würde. Zu den Schattenseiten seines Charakters gehörte, daß er die Ausschweifungen und Excesse, so wie den starken Weingeist und das Opium zu sehr liebte, wodurch auch seinem Leben eine frühzeitigere Grenze gezogen wurde. Ich war Augenzeuge des Schauspiels, als er in Amritsir die Gulbegum (Rosendame) heirathete. Sie war seit einigen Jahren als eine Kendschini (Bajadere) in Diensten Rendschit-Sings gewesen, tanzte und sang überall, wo man sie in dieser Absicht lud; doch wußte sie sich so fest in die Gunst ihres Herrn einzunisten, daß er die Ceremonie öffentlich vollziehen ließ, sowie auch die Heirath selbst als solche erklärte. Ihn kümmerte nicht, daß so Viele diesen Schritt tadelten; er dachte, als König stehe ihm eben so gut die höchste Macht zu, als der unumschränkte Wille seiner Handlungen. Auch sie trat von der muhamedanischen Religion ab, und aß mit Rendschit-Sing Schweinefleisch. Uebrigens hielt sie sich sehr zurückgezogen. Sie regierte eine Zeitlang und ließ (was jedoch ein geheimes Uebereinkommen war) ihren eigenen Mann den Rendschit-Sing einsperren. Sie ergriff dieses Mittel bloß deßhalb, um Geld vom Minister herauszulocken, da letzterer seinen Herrn um jeden Preis loszukaufen oder vielmehr freizukaufen trachten mußte. Die ganze Sache war zwischen Rendschit-Sing und ihr im Voraus abgekartet. Es war nämlich eine königliche Prinzessin gestorben, welche dem Herkommen gemäß, Gulbegum als jetzige regierende Fürstin beerbte. Der Nachlaß, vornehmlich aus kostbaren Edelsteinen und Perlen bestehend, reichte indeß doch nicht hin, gewisse sehr fühlbare Lücken in der Schatulle des Maharadscha auszufüllen. Der Minister, an den er sich in Betreff dieser Angelegenheit gewendet hatte, wollte oder konnte mit den geforderten Summen nicht herausrücken. In dieser Klemme spielte Rendschit-Sing die Rolle eines Diebes, und stahl seiner Gemahlin — versteht sich mit deren Vorwissen — den geraubten Schmuck, worüber sie sich in einem solchen Grade erbittert stellte, daß sie ihren Gatten in Verhaft nehmen ließ, in der festen Ueberzeugung, der geldkarge Minister werde nun nicht länger zögern und Rath schaffen, um seinen Herrn von der Schmach einer schimpflichen Gefangenschaft zu befreien. Dergleichen orientatalische Kniffe verstand Rendschit-Sing recht wohl. Ihre Aufzählung wäre aber hier nicht am passendsten Orte.

Mein Rückweg von Lahore war über Multan nach Dheraghasi-Khan, wo zu jener Zeit Ventura Gouverneur war. Da ich Kuhpockenstoff bei mir hatte, forderte mich Ventura auf, sein Töchterchen zu impfen. Madame Ventura machte ihrem Manne die Gegenvorstellung, den Anfang der Impfung nicht mit ihrem Töchterchen Victorine machen zu lassen, weßhalb Ventura einige arme Kinder aus dem Bazar Dhera's bringen ließ, die ich zuerst impfte, und von denen jedes einen Rup. von Ventura zum Geschenke erhielt. Am 8. Tage wo diese Kinder mir wieder hätten vorgeführt werden sollen, um von ihnen Stoff zur Weiterimpfung zu entnehmen, war kein einziges erschienen, und als ich mich um die Ursache des Außenbleibens erkundigte, hieß es, daß ihre Aeltern sie aus Angst aus der Stadt weggeführt hätten. Man hatte ihnen nämlich gesagt, daß Ventura deßwegen jedem Kinde einen Rupie geschenkt hätte, damit es am 8. Tage wiederkomme, wo ihnen sodann der Ferenghi-Doktor die Mumiai aus dem Arme herausschneiden würde, was eine lebensgefährliche Operation wäre, so daß Manche daran sterben müßten. Nur durch die Drohungen Ventura's, den Kotoalen (Polizeimeister) einsperren zu wollen, war es uns gelungen, am folgenden Morgen einen von den Impflingen zu Gesichte zu bekommen, von dem ich so viel Stoff entnehmen konnte, um damit wieder mehrere Kinder so wie Mademoiselle Victorine im Harem des Generals zu impfen. — Die Leute überzeugten sich bald darauf von ihrer Thorheit und irrigen Meinung, und der Zudrang wurde nun so groß, daß ganze Dörfer, alt und jung beiderlei Geschlechts, herbeieilten, um sich impfen zu lassen, wobei ich auch Gelegenheit fand meine Versuche in der Medizin und Chirurgie fortsetzen zu können, indem ich in Dheraghasi-Khan volle 4 Monate auf die Karavane der Loani's — die in dieser Gegend den Indigo für Buchara einkauften — warten mußte, da ich mit ihnen nach Buchara zu reisen wünschte, um von dort ferner den Weg über Rußland nach Hause nehmen zu können.

Wie ich später erfuhr, fing Rendschit-Sing bald nach meiner Abreise von Dhera zu kränkeln an, und schickte mir Leute nach, um mich wieder zurückzubringen, die mich jedoch nicht mehr trafen. Von Dheraghasi-Khan reiste ich mit den Loani's nach Derabend, das oberhalb Dhera Ismail Khan am Fuße des Gebirges liegt, und wo die Weiber und Kinder derselben, so wie auch ihre Pferde, Schafe u. s, w. unter Zelten lagerten. — Da ich sehr gerne die Impfung der Kuhpoken auch auf der Reise (in Kabul, Buchara u. s. w.) fortgesetzt hätte, so trachtete ich auch bei meiner Ankunft in Derabend einige Kinder zu impfen; es war jedoch unmöglich, indem zu dieser Zeit die große Hitze anfing. Die Loanis versprachen sich dieser Operation unterziehen zu wollen, wenn sie die kältere Gegend im Gebirge erreicht haben würden; bis dahin hatte jedoch der Impfstoff (in der Hitze) seine Kraft verloren und wurde ganz unbrauchbar, was ich in Kabul zumal, sehr bedauerte, indem die Menschenblattern zur selben Zeit daselbst so fürchterlich grassirten, daß während 4 Monaten, wo ich im Hause des Nabab Dscheberkhan war, 2 seiner Töchter an dieser Krankheit im Harem starben. — Auf mein Verlangen ließ der Nabab in der Umgegend von Kabul bei den Kühen nachsehen, ob nicht etwa Kuhpocken daselbst zu bekommen wären, doch vergebens; auch hatte Niemand in Kabul davon je gehört. Damals fiel es mir nicht ein, einmal gelesen zu haben, daß man sich die Kuhpocken, wo Menschenblattern sind, leicht verschaffen kann, wenn man eine junge Kuh mit dem Virus von Menschenblattern am Eiter impft, wodurch das Gift zum Heilmittel umgestaltet werden kann.

Die kurze Beschreibung dieser Reise von Lahore über Dheraghasikhan und Gasni nach Kabul ist durch Sir C. M. Wade (im Jahre 1834) von der asiatischen Gesellschaft Calcutta's mit der nöthigen Landkarte veröffentlicht worden. Die Pflanzen, die ich auf dieser Reise gesammelt habe, übergab ich in Wien dem Prof. der Botanik, Baron Jaquin, der sie dem Doktor Endlicher und Prof. E. Fenzl zum ordnen und ausarbeiten anvertraute, und wovon bereits ein Theil unter dem Namen „Sertum Cabulicum" bekannt gemacht worden ist; während der noch übrige größere Theil seiner schließlichen Bearbeitung durch Herrn Professor Fenzl entgegen harrt. — Was die auf dieser Reise gesammelten Alterthümer anbelangt, so sind selbe nicht minder der archeologischen Welt bekannt, indem ich im Jahre 1835 durch die asiatische Gesellschaft in Paris den Erhalt der bei Kabul und Dschelalabad geöffneten Kuppeln, nebst einigen Münzen und Steinen, die ich auf der Reise durch Buchara käuflich an mich gebracht hatte, mittheilte, was mir zwar den Titel eines Mitgliedes der Gesellschaft verschaffte, wodurch aber meine Sammlung in London sehr an Werth verlor, so daß ich 2 meiner Goldmünzen (Mokadphisis) von London nach Paris zurückgeschickt und einem gewissen Rollin um 3000 Franks verkauft habe. Die übrigen Kuriositäten aber, worunter auch eine baktrische Papyrusrolle war, die ungeöffnet blieb, wie man sie in den von der asiatischen Gesellschaft in Paris (1835) herausgegebenen Lithographirungen abgezeichnet finden kann, und die meines Wissens nach noch das einzige baktrische Manuskript enthält, das bis jetzt gefunden worden ist, adressirte ich von London aus an das Geymüller'sche Haus in Wien, das aber inzwischen fallirte, weshalb das Kistchen auf der hiesigen Hauptmauth aufbewahrt wurde, und zwar so, daß ungeachtet des Anfragens Niemand etwas davon hatte erfahren können. Zu meinem Erstaunen und Schmerze vernahm ich bei meiner jetzigen Ankunft in Wien, daß nach Verlauf von vollen 15 Jahren erst 14 Tage vor meinem Anlangen allhier, nämlich am 5. Juli 1850 das in Rede stehende Kistchen mit der Geymüllerschen Konkoursmasse im Wege öffentlicher Versteigerung um ein Spottgeld hintangegeben worden sei, und zwar wegen vorgeblicher Nichtexistenz des Eigenthümers. In wessen Hände diese kostbaren Alterthümer dadurch gekommen seien, war nicht mehr zu erfahren. Somit ist denn auch der vielleicht unschätzbare Inhalt jener Papyrusrolle für die gelehrte Welt wahrscheinlich auf immer dahin! Außer den in früheren Jahren in Kairo und in Alexandrien Privat-Personen verkauften Antiquitäten haben die Münzsammlungen in St. Petersburg, in Wien, Paris und London so manche von meinen Münzen und Steinen aufzuweisen.

In Kabul und Dschelalabad hatte ich unter dem Schutze des Nabab Dscheberkhan viele Kuppeln (alte Grabmähler) geöffnet und mir dadurch den Verdacht Dost Mohameds zugezogen, daß ich ungeheure Schätze aus dem Lande wegführe, obwohl ich die Vorsicht brauchte, die ausgegrabenen Sachen durch den Dr. Gerard, der sich damals in Kabul auf der Rückreise von Buchara befand, dem General Allard nach Lahore zu überschicken, der mir selbe nach Bordeaux brachte; dennoch hatte Dost Mohamed dem Gouverneur von Bamian den Befehl gegeben, mich an der Grenze Afghanistans ausplündern zu lassen, weßhalb mir in der Festung Akrabad Alles, was ich vom Werthe bei mir hatte, weggenommen wurde, was ich aber wieder durch den Nabab Dscheberkhan und Avitabile (der dann Gouverneur von Pischauer geworden war) zurück erhielt, wie ich auch so besonders vom Glücke begünstigt wurde, daß ich unangetastet davon kam. Die Grausamkeiten Mir Muradbegs in Kundus befürchtend, hatte ich aus Vorsicht meine Effekten der Karawane übergeben, die zur Abreise von Kabul nach Balk bereit war, weil ich im Afghanen-Kostume mit einer Begleitung von 10 Mann (theils Dienerschaft, theils Nababs Leuten) incognito durch Holm voraus zu passiren gedachte. Zum Führer hatte ich den alten graubärtigen Cheiat, der auch den Al. Burnes mit Dr. Gerard nach Buchara führte.

Wir verließen Kabul im November in der größten Kälte, und verloren im Schneegestöber auf dem höchsten Gipfel des Kaukasus zwei von unsern

Leuten, die wir jedoch glücklicherweise in Bamian wieder fanden. Der schlechte Ruf, den ich mir durch die Ausgrabungen in Kabul erworben hatte, war mir vorausgeeilt; die Afghanen und Hozara's machten förmlich Jagd auf uns, als sie erfuhren, wer ich sei. In Bamian angelangt, bekamen wir durch das Empfehlungsschreiben, welches uns Dost Mohamed und der Nabab mitgaben, einen Platz in der Festung, wobei man uns aber vor Räubern bange machte, doch uns eine Escorte mitzugeben versprach, wo wir den folgenden Tag einige Stunden bis zu deren in Bereitschaftsetzung zurückgehalten wurden; während welcher Zeit man den Befehl in die Festung Akrabad gab, uns im Gebirge auszuplündern. — Ein Glück für uns war es, daß die Festungs-Mannschaft nicht beisammen war, die Anwesenden ihre Gewehre nicht in Ordnung hatten, und sich zu schwach glaubten, wie der Befehl lautete, als Räuber uns im Gebirge zu überfallen und auszuplündern; auch wäre dieß ihnen nicht so leicht gelungen, da wir gut bewaffnet waren, und uns zur Gegenwehr gestellt hätten, was beiderseits Menschenleben gekostet hätte. Dieß bedachten die Soldaten wohl und fanden es für rathsam und sicherer, auch weniger beschwerlich, uns mit Schlauheit in die Festung hinein zu locken und dann während der Nacht auszuplündern. Ich erprobte die Wahrheit des Satzes: Der Mensch verzage nicht im Unglücke, noch thue er zu groß und übermüthig im Glücke. Ich ließ mir in der Festung geduldig die Hände auf den Rücken binden, während ich ein geladenes doppelläufiges Percussions-Pistolchen in einem meiner hohen Kabulstiefel versteckt hielt. Bei einer schicklichen Gelegenheit versuchte mein Führer Kafile Baschi Cheiat mich zu befreien, und bekam dafür einen schwachen Säbelhieb über den dicken Pelz, ohne dadurch verwundet zu werden. Die Räuber glaubten, daß wir eine Menge Geldes versteckt haben müßten, und verlangten 1000 Rup. für meine Freiheit, die ein Hadschi von den Leuten des Nababs, dessen Obsorge ich anvertraut war, mit 2 Sir (4 Pfd.) Reiß, der ihm gehörte, und den man ihnen gewogen hingab, bewirkte. Zuletzt zeigte es sich, daß dieses Räubergesindel eben so hungerig als geldgierig war. Nachdem ich endlich auch dasjenige, was man verlangte, hingegeben hatte, söhnte sich ihr Aufseher mit uns aus. — Er zeigte uns nämlich auf einer Seite, während er seine Hand auf den Koran, den er unter dem Pelzchen hatte, legte, den Befehl zur Ausplünderung vom Gouverneur von Bamian, wo zugleich die Sachen, die er mir weggenommen hatte, angegeben und bezeichnet waren.

Auf der andern Seite des Gebirges angelangt, schickte ich einen Mann des Nabab mit einigen Briefen zurück, in welchen ich den Hergang der Begebenheit schilderte. Wie ich später hörte, soll der Nabab dieses Vorganges wegen seinem Bruder Dost einen derben Verweis gegeben haben, so wie der Gouverneur von Bamian abgesetzt worden sein, und die Sachen wurden mir, wie gesagt, durch Avitabile zurückgegeben. Hätte ich in der ersten Aufregung mich widersetzt, und einen oder zwei dieser Leute erschossen, so hätte man mich ganz gewiß umgebracht.

In Holm wurde ich geradewegs in den Hof zum Mauthner geführt, der, als er mich auf dem Pferde sitzend, für einen Europäer erkannte, mich sogleich ersuchte abzusteigen, und da mein Quartier zu nehmen. Sonder-zweifel haben mich meine Leute verrathen, zumal Cheiat, weil er befürchtete, daß die uns folgende Karawane ihn angeben und er, da er den Weg oft zu machen hatte, gestraft werden würde. — Der Mauthner schickte sogleich einen Mann mit der Anzeige meiner Ankunft nach Kundus zu seinem Herrn, Altmaram, der ein Hindu und Minister des Murad-Beg war. Als ich dieß erfuhr, schickte ich auch sogleich einen meiner Leute dahin mit dem Empfehlungs-Schreiben des Nabab Dscheberkhan an Altmaram, worin er ihm schrieb, für die Unversehrtheit meiner Person besondere Sorge zu tragen, indem, wenn mir etwas geschehen würde, er ihm ohne Rücksicht sein Haus in Pischauer zerstören werde. Dieser Brief machte auf diesen Mann solch einen Eindruck, daß der Mauthner den Befehl erhielt, mich sogleich über die Grenze des Landes zu schicken, und zwar in Geheim, weil er befürchtete, daß wenn Emir Murad-Beg mein Dasein erfahren würde, er mich nach Kundus verlangen und daselbst festhalten möchte.

So langte ich glücklich in Balk an, wo ich unsere Karawane und meine Sachen erwartete, zugleich mir daselbst des strengen Winters halber ein paar Kadschavehs machen ließ; nämlich Körbe, die man paarweise auf die Kameele legt, deren Inseite allenthalben mit wollenen Decken austapeziert ist und welche denjenigen, die an das sogenannte Zusammengekauert-Liegen, so wie an das Sitzen bei zugleich ausgestreckten Füßen, eine sehr bequeme Art zu reisen gewähren, so, daß ich während der Reise am linken Ufer des Amu (Oxusflusses) zwei volle Tage darin blieb, ohne auch nur einen Fuß heraus zu thun; indem ich mein Essen, das Kohlenfeuer u. s. w. darin haben, so wie alle übrigen Geschäfte darin verrichten konnte; übrigens war auch das Wetter zum Herausgehen nicht so einladend; nasse Kälte und Schneegestöber wechselten mit einander ab. Einige 60 solcher Kadschaveh's bildeten, in ein Viereck gestellt, einen großen Hof. Mehrere von diesen Kadschaveh's waren mit Sklaven (größtentheils Persern) gefüllt und überfüllt. So hatte ich in meiner Nähe solch eine Kadschaveh, worin vier kleine Mädchen waren. Alle wurden gut bewacht, Niemandem gezeigt, und nach Buchara zum Markte gebracht.

Der Nabab hatte mir ein paar kleine aber dicke Reitpferde (Pony's, Tschargusch persisch d. i. vierohrige, genannt, weil sie die Ohren gespalten haben) zum Geschenke gemacht, welche, weil sie so gut klettern, vorzüglich geeignet für Gebirgsreisen, so wie auch für Durchzüge durch Wüsten sind, indem sie unter dem Schnee die Graswurzeln riechen und sich selbe herausscharren, und die mir wirklich bis nach Rußland in der Wüste treffliche Dienste leisteten. — In Buchara angelangt, wohin ich ebenfalls gute Empfehlungsschreiben vom Nabab mitgebracht hatte, war des Ministers Hoschbegi erste Frage, ob ich den Jussuf Wolff und den Alexander Burnes kenne. Wolff meinte er, sei ein Mensch von gutem Herzen, Burnes hingegen hätte ihn hintergangen, indem er bis zum letzten Augenblicke vorgab, über Rußland nach England reisen zu wollen, während er über Chiwa nach Hindustan zurückkehrte, daher er ihn auch für einen Spion hielt, und sich gegen mich dahin aussprach, ob ich es nicht vielleicht auch so machen werde. — Man sagte mir, daß 600 russische Sklaven in Buchara wären, größtentheils Fischer vom caspischen Meere, oder Gefangene von der Grenze, die entweder nach Chiwa oder nach Buchara verkauft worden waren. Während meinem viermonatlichen Aufenthalte in Buchara war auch ein russischer Spion, Monsieur D....., da, den der Gouverneur von Orenburg mit Geschenken an die Regierung hinüber geschickt hatte, und der, wiewohl ein Franzose, den Muselmann so gut zu spielen wußte (weil er der arabischen und persischen Sprache mächtig war), daß man ihn nie als Franzosen erkannt hätte, wenn ihn nicht die Nogai's (tartarische Muselmänner unter russischer Protektion) angegeben und verrathen hätten, die auch darauf drangen, man müsse ihn umbringen, weil sie befürchteten, er werde sie angeben, da sie das Verbot des Ukases übertreten hatten, nach welchem es den russischen Unterthanen nicht erlaubt ist, nach Buchara zu gehen. Sie benützten die Gelegenheit, und klagten ihn bei der dortigen Regierung an, daß er als Ketzer theils die heiligen Oerter der Muselmänner besucht, theils auch ein Diplom von den Ulema's (Gelehrten) genommen habe, mit dem er die in Rußland sich befindlichen Muselmänner bekehren wolle. — Hoschbegi untersuchte in meiner Gegenwart dieses Diplom und fand, daß es nichts anders enthielt, als, daß D..... sich einer Prüfung in der hohen arabischen Sprache unterzogen habe, und wohl bestanden sei, weßhalb er also als schuldlos erklärt wurde, und man ihm nichts anhaben konnte.

Hoschbegi ersuchte mich, kurz vor meiner Abreise, beim Brod und Salz, das ich bei ihm gegessen hätte, ihm aus Rußland die Wahrheit zu schreiben, ob dieser Eldschi (Gesandte) ein Christ oder Muselmann sei; wobei ich mir dachte, daß er nicht so lange zu warten brauche, sondern dieß sogleich in Buchara wissen könne, wenn man ihn untersuchen wolle; auch war sein blondes Haar gegen seine Angabe, daß er ein Araber sei, indem ich noch nie einen blondharigen Araber gesehen habe. Doch so weit wollte es der Minister nicht treiben, weil er auch der Ueberbringer werthvoller Geschenke war. Gleich vom Anfange an wurde mir in Buchara das Schreiben untersagt, welchem

Befehl ich mich willig unterzog. Vermuthlich haben die beiden unglücklichen Engländer (Stoddart und Konolli), die kurz nach meiner Abreise nach Buchara gekommen sind, nicht so gehandelt, was zur Entdeckung ihrer Spionerie führte, und ihnen die Köpfe kostete. Wie ich vom Dr. Wolff, den ich aus Lahore kannte und bei Gelegenheit meiner Reise durch England in seiner Parochie (Isle Brewery near Taunton) besuchte, gehört habe, wurden diese beiden Engländer als Spione erwischt und überwiesen, und Abdul Semedkhan, ein Schuft von einem Perser (den ich in Lahore und Kabul kennen lernte) war es, der sie angab; derselbe soll auch später die Enthauptung Hoschbegis bewirkt haben, bis ihn zuletzt selbst der Lohn traf, und er ebenfalls geköpft wurde.

Der vielen Geschäfte halber, die mir Hoschbegi in Buchara übertrug, erhielt ich die Erlaubniß, zu Pferde in den Bazaren der heiligen Stadt herum zu reiten, weßhalb ich einen berittenen Mann vom Minister hinter mir hatte; trotzdem bemerkte ich, wie fanatische Studenten, die daselbst in Menge sind, Komplotte gegen mich schmiedeten, und mich mit boshaften Blicken ansahen, denen ich aber auch, obwohl nicht absichtlich, einen Streich spielte. Auch that es mir unendlich leid, daß ein operirter Student aus der hohen Schule in Folge der Operation starb. Doch konnten meine Feinde mir deßhalb nichts anhaben, weil ich nebenbei sehr viele glückliche Kuren machte, unter Andern auch den Emir durch ein einziges Brechzeltelchen von einem heftigen gastrischen oder Gallenfieber befreiete. Die unglückliche Operation war ein Steinschnitt, wobei es hieß: Non est in medico semper, relevetur ut æger; interdum doctâ plus valet arte malum. Es war, wie wenn es mir geahnet hätte, daß dießmal die Operation nicht gut ausfallen könne, weil der Kranke schon sehr abgezehrt, in den Leibeskräften stark herabgekommen war, und anhaltende starke Schmerzen hatte, weßhalb ich auch keine Lust in mir verspürte, ihn zu operiren, und selbes nur auf Zureden des Ministers that, indem der Kranke drohte, sich in der Verzweiflung das Leben nehmen zu müssen, wenn ich es abschlüge. Um mich gegen Vorwürfe im Falle des Mißrathens zu sichern, ließ ich mir sowohl vom Kranken als von seinem Bruder die schriftliche Erklärung ausstellen, daß ich für den Erfolg der Operation nicht verantwortlich sei, und selbe nur deßhalb unternähme, weil sie mich dazu nöthigten. Die öffentliche Beglaubigung erhielt diese Schrift dadurch, daß sowohl der Emir, als auch der Minister und der Kadi (Richter) ihre Siegel darauf druckten. Ich unternahm die Operation in Gegenwart mehrerer Augenzeugen, die ich absichtlich dazu geladen hatte, worunter auch einige Hakims (Doktoren) waren. Der Steinschnitt wurde in einer Lokalität der hohen Schulen vorgenommen. Ich operirte glücklicherweise mit dem Apparatus altus; sonst hätte ich den Stein gewiß nicht herausbekommen. Der Kranke verhielt sich während der ganzen Operation ruhig und sagte nichts als: Ja Allah! Ja Allah! (o Gott! o Gott!). Zu meinem größten Verdruße und Erstaunen aller Anwesenden fanden wir den Stein in der Blase eingewachsen, und zwar so, wie ich nie gehört und nie gesehen. Man stelle sich nur vor, ich brauchte bei Anwendung der Finger beider Hände 25 Minuten Zeit, um den Stein von der Blase loszumachen, der nicht weniger als etliche zwanzig Spitzen hatte, deren jede einem Apfelstiele glich, $\frac{1}{3}$ Zoll lang war, an der oberen Fläche breiter als an der unteren, und gleichsam wie mit Nägeln angeheftet. An Größe übertraf er jedoch kein Hühnerei und war so weiß wie krystallisirter Zucker. Seine Bestandtheile zeigten, daß er ein Tripelphosphat von Magnesia und Ammoniak sei.

Ich schickte sogleich den Stein dem Minister Hoschbegi in die Festung Registan mit der traurigen Prognose, daß die Zuheilung der Wunde eine unmögliche Sache sei. Zugleich benützte ich die Gelegenheit und verlangte vom Hoschbegi etwas ächte persische Mumiai, indem dieses Mittel in der arabischen Medizin bei erlittenen äußeren Gewaltthätigkeiten, bei Wunden und Knochenbrüchen als ein spezifisches Heilmittel gepriesen ist, und ich erhielt selbe auch, wovon ich dem Operirten täglich 1 Gran eingab. Da sich bei meinem Kranken schon eine Woche nach der Operation Eßlust einstellte und er auch wirklich Essen verlangte, was der Minister erfuhr, indem er aus besonderem Interesse für diese Kur sich zweimal des Tags Bericht erstatten ließ, sagte er mir, daß mein Zweifel über das Aufkommen des Kranken nun ganz gewiß ungegründet wäre. Gebe es Gott, sagte ich, daß ich mich dießmal irren möchte, und ich dessen Lebensrettung der Wirkung Ihrer guten Mumiai zuschreiben müßte; bisher haben noch alle diejenigen Fälle unglücklich geendet, wo der Stein auch nur in etwas an der innern Schleimhaut der Blase angewachsen war; ja in mehreren Fällen hat ein eingetretener Brand am vierten Tage die traurige Szene beendet. Er verließ mich mit den tröstenden Worten, ich möchte nur auf Gott vertrauen, was ich auch that, und am sechszehnten Tage nach der Operation vertraute ich auch dem lieben Gott meinen Kranken für die ganze Ewigkeit an. Er starb bei vollem Bewußtsein an Entkräftung und Erschöpfung, da die vielen Wunden der Blase nicht zuheilen konnten und die Blase wie ein Sieb durchlöchert war. — Als er den Tod herannahen fühlte, dankte er mir und seinem Bruder für den Beistand und die Pflege, die wir ihm geleistet hatten, und sprach sich öffentlich darüber aus, daß sein frühes Ende (im 20. Lebensjahre) nicht dem Mangel an Kunst, wohl aber dem unerforschlichen Willen des höchsten Lenkers aller Wesen zuzuschreiben sei.

Der Hoschbegi war nicht nur in einer und eben derselben Person der Vezir, Mauthner, Materialkrämer oder Droguist und Hakeem des Emir, da er, so wie alle Gelehrten im Oriente, nicht nur medizinische Kenntnisse besaß, sondern zu gleicher Zeit auch der Vertraute seiner fürstlichen Hoheit war, unter dessen Aufsicht das Essen für den Emir, der erst einige und zwanzig Jahre zählte, bereitet wurde; indem Alles, was auf die fürstliche Tafel kam, früher vom Hoschbegi gekostet und sodann in Schüsseln in einen Korb gelegt wurde, woran ein Schloß befindlich war, zu welchem sowohl der Emir als der Hoschbegi Duplikate von Schlüsseln hatten.

Eines Tages bekam der Emir ein Gallenfieber, wogegen ich, nachdem ich vom Hoschbegi vorgestellt worden war, ein Brechmittel verordnete, das seine gute Wirkung nicht verfehlte, worauf Hoschbegi das Rezept davon mir abverlangte. Es war folgende Zusammensetzung:

Rp. Antimon tartar. dr. j.
Sach. albi unc. jj.
Amydi unc. j.
f. l. art. c. s. q. mucil. Gum. Trag. massa,
ex qua form. Troch. pond. dr. j.
Wovon 1 Stück die Dosis für einen Erwachsenen.

Auch verlangte er von mir etwas Brechweinstein, Phosphor und Chininae sulphat.; letzteres Präparat hatte er vom Dr. Gerard kennen gelernt. Die Kenntniß sowie die Anwendung des Phosphors zu verschiedenen unterhaltenden Kunststücken verdankte er mir.

Von den vielen Kranken, die ich auf seinen Befehl zur Behandlung übernahm, führe ich hier nur einen Asthmatiker, einen Anverwandten von ihm, deßhalb an, weil dessen Herstellung einiges Aufsehen erregte. Dieser Mann litt bereits einige und zwanzig Jahre an Engbrüstigkeit und war körperlich sehr geschwächt und herabgekommen; dennoch gelang es mir, ihn vollkommen zu heilen. Die Behandlung dieses periodischen, krampfhaften Asthma's war folgende: Ich applizirte ihm zwei blasenziehende Pflaster auf die Arme und erhielt selbe während mehrerer Tage in Eiterung; dabei gab ich innerlich einige Pillen aus: Assa foetida, Calomel, Castoreum, succ. liquirit. und Tinctura Cantharidum (ein sonderbares Gemisch! höre ich Manchen ausrufen.)

Hoschbegi hatte seine Freude sich mit mir zu unterhalten, und sich belehren zu lassen. Auf solche Art haben wir manche Stunden zusammen heiter zugebracht. Kurz nach dem Tode des unglücklichen Studenten fragte er mich, durch welche Veranlassungsursachen sich der Stein im Menschen bilden könne, und ich erörterte ihm Alles deutlich und genau. Es gab mir auch zu dieser Zeit der Emirachur (Oberstallmeister) 2 Steine von einem Pferde, von denen jährlich einer durch den Stuhl abginge und die Größe eines Gänseeies erreichte, daher vermuthlich im Magen oder Darmkanale erzeugt worden ist. Ich erinnerte mich dabei folgender Geschichte, die ich ihm erzählte und die ihm so gefiel, daß ich es wage, sie auch hier beizufügen. Die Mutter eines auf dem Libanon operirten Knaben sagte mir, sie wisse wohl, was die Ursache der Erzeugung des Steins bei ihrem Sohne Georgi gewesen sein mochte, und als ich sie ersuchte, mir selbe auch mitzutheilen, sprach sie: „Mein Mann, ein Fleischhacker, der dem Saufen ergeben ist, reiste vor 12 Jahren, als ich den Knaben an der Brust hatte, auf den Jahrmarkt, um Ochsen einzukaufen, zu welchem Behufe er eine beträchtliche Summe Geldes im Gürtel mitnahm, und welches man ihm, während er im besoffenen Zustande bewußtlos dalag, stahl. Als ich dieses vernommen hatte, sagte sie, machte es auf mein Gemüth einen sehr kränkenden Eindruck. Dieses mußte wohl auch das Kind mitempfunden haben, denn schon an demselben Tage bemerkte ich, daß der Knabe nicht den Urin lassen konnte, obwohl er sich dazu anstrengte, und diese Bemühung so lange vergeblich fortsetzte, bis ihm seine Tante am Röhrchen saugte. Obwohl er nun seit dieser Zeit Monate lang gesund gewesen ist, so haben sich doch zeitweilig diese Harnbeschwerden wieder eingestellt, und zwar stets dann, wenn ihm das Steinchen vor die Harnröhrenöffnung kam, wo er sich das Glied mit der Hand rieb, und mit den Füßen auf die Erde stampfte und um Hilfe schrie, wobei er sich so anstrengte und drückte, daß ihm zuweilen der Mastdarm hervorkam.“ Nach Beendigung dieser Erzählung bat sie mich um Verzeihung der gegebenen Beschreibung und meinte, daß man dem Doktor doch Alles genau sagen müsse. Noch sagte sie, habe sie einen wichtigen Umstand anzugeben vergessen, und zwar den, daß der Knabe früher jede Nacht den Urin im Bette ließ, was er nach der Steinoperation nun nicht mehr thue.

Ob nun die veranlassende Ursache der Erzeugung der Steine eine heftige Gemüthsbewegung einer Säugenden sei, oder ob vielleicht hiezu andere Umstände mitwirken, ist bei dem gegenwärtigen Stande der Wissenschaft zu bestimmen, unmöglich. Man findet steinige Concretionen in verschiedenen Theilen des Körpers, nicht nur in der Harnröhre, Harnblase, den Nieren und den Gallorganen, sondern auch im Magen und im Darmkanale, z. B. der Pferde, Ochsen, Ziegen u. s. w. wie bereits oben erwähnt worden ist. Daß sie jedoch aus den Bestandtheilen des thierischen Körpers bestehen, darüber waltet kein Zweifel. Wir haben die verschiedensten mineralischen Bestandtheile in uns, und es gehört nur eine krankhafte Disposition dazu, um die Ansammlung derselben zu bewirken. — In einem Manne fand ich 5 ziemlich große Steine im Blasenhalse eingezwungen, so, daß es mir noch heute unerklärbar ist, wie dieser Mann auch nur einen Tropfen Urin habe lassen können. Mehrere Fälle sind mir vorgekommen, wo sich einige Jahre nach dem

Steinschnitte, wieder Steine gebildet und angesetzt haben, weil die Ursache der Krankheit fortdauerte, weßhalb ich den Operateuren anempfehle, mit der äußern auch eine strenge und umsichtige innere Behandlung zu verbinden, indem der Steinschnitt allein oder das Zermalmen des Steins in der Blase nur palliative Hilfsmittel sind. — In Buchara fand ich, daß daselbst eine garstige Krankheit, nämlich der Haarwurm (Dracunculus), häufig vorkommt. — In Kabul sah ich einen sonderbaren Fall dieser Art, wo ein Kaufmann das Jahr vorher in Bombay das Wasser, von dem er herkommen soll, getrunken hatte. Der Wurm war ihm in der Kniekehle hervorgekommen, durch unvorsichtiges Ziehen daran aber abgerissen worden, dabei war das Knie stark angeschwollen. Da ich die Fluctuation des angesammelten Eiters fühlte, machte ich einen Einschnitt, worauf sich dasselbe entleerte. Ich hielt hierauf die Wunde durch einige Tage offen, ließ während dieser Zeit das Wachsöl auf die Geschwulst einreiben, und in wenigen Tagen war er geheilt. — Bei einer starken Hodengeschwulst, die Folge einer von Außen einwirkenden Gewaltthätigkeit war, sah ich von demselben Mittel (Wachsöl-Einreibungen) baldige Zertheilung bewerkstelligen. Das Wachsöl (Cerelaeum) wird von den inländischen Aerzten innerlich und örtlich in allerlei Krankheiten angewendet, und zwar insbesondere: bei Lähmungen, Contracturen, kalten und heißen Geschwülsten, Wunden, Jucken, Impotenz, Erkältungen und Cholera morbus. Die Einreibungen werden gewöhnlich in der Sonnenhitze gemacht. In der Cholera morbus wird warme Brühe nachgetrunken, heiße Ziegel, in Tüchern oder Fetzen gewickelt, an die Fußsohlen applizirt, und der Kranke mit Betten bis über den Kopf zugedeckt, um einen Schweiß hervorzubringen. In diesen Fällen gebe ich ein turkomanisches schweißtreibendes Mittel, welches mir ein bucharischer Arzt mitgetheilt hat, mich dabei versicherud, daß er viele Cholera-Kranke damit geheilt habe. Das Mittel ist eben so einfach als billig und dürfte wohl, in dem Falle, wo kein besseres zur Hand ist, und man keine Zeit unbenützt verstreichen lassen will, angewendet werden. Eine beliebige Menge Weizenkleien wird siebenmal ausgesiebt und eben so viele Male gewaschen; zum achten Male werden die Weizenkleien stark gerieben, ausgewaschen und durchgeseiht, dieses letzte Wasser bis zur Hälfte eingekocht, mit etwas Knoblauch und Mandelöl versetzt und so lauwarm getrunken. Der Knoblauch dient, wie der gedachte Arzt meinte, dazu, die bösen Geister zu vertreiben. Viele Aerzte werden dadurch vielleicht lernen, welche Mittel sie anwenden sollen, wenn ihre Kranken von bösen Geistern geplagt werden, was in der Damenpraxis gar häufig vorkommt. Derselbe Arzt erzählte mir ferner, wie man die Cholera-Epidemie aus Buchara vertrieben hat.

Man hielt nämlich eine Prozession und vergrub während derselben in der Mitte der Stadt eine frische Pferdehaut, welche man sich hier leicht verschaffen konnte, indem in Buchara mehr Pferdefleisch als andere Fleischgattungen genossen werden, was auch vermuthlich auf diesen sonderbaren Einfall gebracht hat.

Die Afghanen haben ebenfalls eine besondere Methode bösartige Nervenfieber zu heilen. Sie wickeln nämlich den Kranken in die Haut eines frisch geschlachteten Thieres (Ziege oder Schaf) ein, in welcher er in einen Schweiß geräth und so die ganze Nacht darin gelassen wird. — Ein Waizenkleien-Dekokt ist ebenfalls ein gutes schweißtreibendes Mittel, das aber für etwas zu Geringes gehalten wird, um allenthalben benützt zu werden.

Zur Heilung des Fadenwurms bedienen sich die Orientalen folgender Mittel:

1. Im Anfange der Entzündungsgeschwulst, oder des Abscesses, woraus der Wurm kommen soll, bestreichen sie selbe entweder mit einer Auflösung von Neschkepur (eine Art indisches corrosives Sublimat), oder Aloe und Opium mit Essig angemacht, wobei sie innerlich die Assa foetida zu einer halben Unze täglich eingeben, was oft die Entstehung oder die weitere Ausbildung desselben verhindern soll.

2. Sem. croton tigl. mit Succus citri zu einem Teige angemacht, applizirt, wird ebenfalls im Anfange und im Verlaufe der Krankheit angerathen.

3. Semen. Nigelli tost. contus. Mit Essig zu einem Teige angemacht, applizirt, wird ebenfalls im Anfange und wenn der Wurm abgerissen ist, angerathen.

4. Ein lebendiger Scorpion mit dem Stachel an den Wurm gehalten, wird ihn tödten, so daß er sodann leicht herausgezogen werden kann. Dieses veranlaßte mich später das Virus vom Skorpionen innerlich beim Fadenwurm zu versuchen und ich habe dießfalls glückliche Erfahrungen gemacht.

5. Aloe mit Extract. cichorei in Pillenform eingegeben, soll die Disposition zum Fadenwurm tilgen, und das Uebel, wenn es bereits entstanden ist, gründlich heilen. Auch die unreifen Wallnüsse, wenn sie noch so klein, wie die Galläpfel sind, werden häufig angewendet. Es wird nämlich jedesmal jährlich 1 Stück, und zwar 7 Jahre hindurch, hinabgeschluckt. Die Wirkung wird ihrer Schärfe zugeschrieben. Auch werden sie in gepulvertem Zustande applizirt, und sollen so vermöge ihrer natürlichen Schärfe Blasen zu ziehen im Stande sein.

In Buchara kamen 2 unglückliche Armenier, aus Astrachan gebürtig, zu mir, mit dem Bedeuten, daß sie bereits vor 3 Jahren vom Kriegsgouverneur von Orenburg, Grafen v. Suchtelen, herüber geschickt worden seien, um ihre Ansprüche auf eine nicht unbedeutende Erbschaft geltend zu machen. Obgleich nämlich diese ihre Ansprüche vollkommen begründet waren, so hatte die Sache dennoch ihre Schwierigkeiten, weil die Regierung die Hinterlassenschaft unter allerlei Vorwänden mit Beschlag belegt hatte. Die beiden Erben, deren bisherige Bemühungen, zu ihren Rechten zu gelangen, nicht ganz erfolglos bleiben zu wollen schienen, obgleich man sie nur durch Versprechungen hinzuhalten suchte, glaubten sich nun auf den Punkt gebracht, alle Hebel in Bewegung setzen zu müssen, um endlich einmal ihr Ziel zu erreichen. Zu diesem Ende wendeten sie sich an mich, stellten mir ihre traurige Lage vor, daß sie trotz aller Bemühungen, den vor Kurzem angekommenen russischen Gesandten für ihre Sache zu gewinnen, nichts auszurichten vermochten, und ersuchten mich dringend, ich möchte mich ihrer, da ich Einfluß bei der Regierung hätte, und auch sonst in Ansehen stände, als ihr Glaubensgenosse annehmen. Natürlich mochte und konnte ich ein solches Ansinnen nicht von mir weisen, und dies um desto weniger, weil ich gehört hatte, daß die russische Regierung den Wunsch hege, ihre in Buchara in der Sklaverei befindlichen Unterthanen befreit zu sehen, und dießfalls selbst zu entsprechenden Belohnungen sich bereit zeige. Nicht aber blos deßhalb, sondern auch, weil die beiden Unglücklichen beinahe in einer noch üblern Lage als Sklaven sich befanden, indem sie nicht ein bloßer Zufall in jene Gegenden geschleudert hatte, sondern sie von der Regierung hingesandt worden waren, faßte ich den Entschluß, mich ihrer nach besten Kräften anzunehmen. Ich glaubte nämlich, dieses auch schon darum thun zu müssen, weil sie sonst Schulden halber gar nicht von da hätten loskommen können. Ich wandte mich demnach in dieser Angelegenheit unmittelbar an den Minister Hoschbegi, den ich ersuchte hier Mitleid walten zu lassen. Er nahm mich nicht ungütig auf, schien aber auf den jüngern der beiden Supplikanten nicht am besten zu sprechen zu sein, weil derselbe zu vorlaut für die volle Ansprachnahme der Gerechtigkeit sich erklärt hatte. Sie möchten, sagte er, demgemäß Beide ihre Sache nur vor den ordentlichen Gerichten ausfechten. Diese beschieden sie jedoch abweislich, indem 1. beim Ableben des Erblassers sie so wenig als irgend ein Anderer von seinen Angehörigen sich eingefunden habe, um auf den Nachlaß Anspruch zu machen; indem 2. diejenigen, welche als Erben aufgetreten seien, russische Unterthanen wären, und nicht unter die Zahl der Rechtgläubigen gehörten, sondern sich zur christlichen Sekte bekenneten, mithin als Ketzer keine Rücksicht verdienten; und endlich, indem 3. das gesammte hinterlassene Vermögen von dem durch den Propheten im Koran verbotenen Weinhandel herrühre. Auf diesen abschlägigen Bescheid, in Folge dessen das Vermögen als dem Staate heimgefallen konfiszirt wurde, ersuchte ich den Hoschbegi, mir unter dem Versprechen, die Schulden der Betreffenden zu berichtigen, die Erlaubniß ertheilen zu wollen, selbe mit mir in ihre Heimat nach Rußland fortnehmen zu dürfen. Diese nachgesuchte Erlaubniß ertheilte er mir auch ohne Schwierig-

6*

keit, demzufolge ich nicht länger zögerte, nachdem ich der eingegangenen Verpflichtung entsprochen hatte, mich einer nach Rußland abgehenden Karawane, von ihnen begleitet, in Gesellschaft des russischen Gesandten anzuschließen. Unter allen den Dingen, welche ich von Buchara mitnahm, war das werthvollste und bedeutendste ein wunderschönes Pferd von der besten Raçe, Argomak genannt. Dieses Pferd, dessen seltene Schönheit jeder Kenner bewunderte, war mit allem Zubehör ausgestattet, als z. B. mit einem silbernen Zaume, einem bucharischen Sattel, einer reichen Schabrake u. s. w. Die Bestimmung dieses edlen Thieres war, Seiner Majestät weiland Kaiser Franz zum Geschenke angeboten zu werden, indem dasselbe mir vollkommen würdig hiezu erschien, theils als Reitpferd, theils zur Fortpflanzung, und ich glaubte um so mehr dies wagen zu dürfen, als ich, ein geborner österreichischer Unterthan, nach einer 20jährigen Abwesenheit, meine Treue und Ergebenheit für meinen erhabenen Monarchen vor der Hand nicht besser zu bethätigen wußte. In diesem Umstande werden meine Freunde und alle Unbefangenen, die mich kennen, auch den Grund zu suchen haben, warum ich in den Jahren 1834, 1835, 1836 mich selbst in Europa in mehreren Hauptstädten fortwährend des bucharischen Costumes bediente.

Unsere Reise von Buchara nach Rußland, welche wir in 35 Stationen zurücklegten, gehörte übrigens zu den angenehmeren und selteneren meiner sonstigen vielen Reisen, indem weder hemmende Elementarereignisse noch andere widrige Zufälle sich dabei ereigneten. Wie aber auf dieser sublunarischen Welt nach Salomo's Ausspruche nichts Vollkommenes existirt, so trat auch bei uns ein kleiner Zwischenfall ein, welcher unsere Zufriedenheit beinahe getrübt hätte. Als wir nämlich den Sirstrom, der im Alterthume unter dem Namen Jaxartes bekannt war, passirt hatten, kamen wir zu einer Mauthstation, bei welcher man Forderungen an uns stellte, deren nicht augenblickliche Befriedigung, Anlaß zu einem ernstlichen Gezänke gab, welches fast in eine bedeutendere Schlägerei ausgeartet wäre, wenn nicht unsere Feuerwaffen den mit solchen nicht versehenen Gegnern Respekt eingeflößt hätten, was sie jedoch nicht abhielt, einen gewaltigen Lärm zu erregen, und sogar zu Feuersignalen in der Wüste Zuflucht zu nehmen; indessen verzog sich dieses Ungewitter bald ohne sich auf uns zu entladen, so daß wir am andern Tage friedlich und ungefährdet unsern Weg fortzusetzen vermochten. Bei diesem Anlasse muß schließlich in kaufmännischer Hinsicht bemerkt werden, daß unter den Waaren bucharischer Produktion, als Lammfellen, gefärbter Leinwand, Pferden u. s. w. auch Indigo nebst Kaschmirshawlen sich befanden. In Betreff des Artikels Indigo kann ich nicht umhin zu bemerken, daß dieser Färbestoff der unreinste war, den man sich nur denken kann, indem er vielleicht mehr als zur Hälfte erdige Bestandtheile enthielt, so wie ihn die Loani's in Theragbasikhan, Multan und Bavelpur an sich gebracht hatten. Ich gebe hier dem geneigten Leser selbst zu bedenken, wieviel an Mauthspesen und Transportkosten erspart werden könnte, wenn in ähnlichen Fällen vor der Versendung dieses Artikels die gehörige Reinigung desselben vorgenommen würde. Außerdem wären wir beinahe veranlaßt worden, auch eine sogenannte Sassaparilla aus der Wüste in größerer Quantität mit uns zu nehmen, wenn ich diese vorgebliche Sassaparilla nicht sogleich als ein bloßes Surrogat der ächten erkannt hätte, was mich und den Gesandten indessen doch nicht abhielt, wenigstens einige Exemplare als Probe mitzunehmen. Sie wurde indessen, wie ich voraussah, in Rußland reprobirt. Unter den Dingen jedoch, welche mich im Interesse der Wissenschaft in der Wüste überaus anzogen, war das Kumiß (in Gährung übergegangene säuerlich-süße Pferdemilch), welches ein ungemein beliebtes Getränke nicht nur der Steppen-Kirgisen, sondern auch der russischen Grenznachbarn ist. Daß der Genuß dieses Kumiß auch der Gesundheit sehr förderlich sei, und selbst als Nahrungsstoff so wie als Arzneimittel diene, davon ließen sich eine Menge Belege beibringen. Es möge einstweilen genügen, hier nur des damaligen Kriegsgouverneurs von Orenburg zu erwähnen, welcher soeben aus dem Uralgebirge zurückgekehrt war, woselbst er die Kumißkur mit dem besten Erfolge gebraucht hatte. Ja selbst in diätetischer Hinsicht ist es bemerkenswerth, daß ich hin und wieder, wie z. B. in Orenburg, das Kumiß auf herrschaftlichen Tafeln erscheinen und besonders von schwächlichen Personen und derlei Kindern gerne und mit Nutzen trinken sah. Daß das Kumiß auch berauschend wirken müsse, geht schon daraus hervor, weil es ein durch Gährung bereitetes geistiges Getränke ist. Die Bereitung selbst geschieht dadurch, daß man die frische Milch in aufgehängte Schläuche von Ziegenhäuten schüttet, in welchen gewöhnlich das Kumiß bereitet wird, und sie dann durch anhaltendes Schütteln dem Gährungsprocesse nähert. Der Aussage der Kirgisen zu Folge sind die Vorzüge des Kumiß um desto bedeutender, von je mehreren und verschiedenfarbigen Stuten die dazu verwendete Milch herstammt. Nicht minder dürfte es der Bemerkung werth sein, besonders für Leute, welche dieses Getränk nicht kennen, daß es um desto mehr für die Gesundheit tauge, je frischer es genossen wird. Ein kleines Kärtchen, auf welchem die 35 Stationen von Buchara bis Rußland ersichtlich gemacht sind, wird der geneigte Leser am Ende dieses Werkes zur Erzielung einer größeren Anschaulichkeit beigelegt finden.

In Orenburg angelangt, traf ich zu meiner größten Freude mehrere deutsche Generale in russischen Diensten, nebst einigen deutschen Aerzten. Wie angenehm mich dieses Zusammentreffen überraschte, kann nur derjenige ermessen, der so lange Jahre wie ich fast außer aller Berührung mit Landsleuten gewesen war. Jene Freude steigerte sich aber bis zu einem seltenen Grade als mir daselbst durch gedachte Aerzte die Kunde ward, von einer neu erfundenen Heilmethode, welche dem bisherigen ärztlichen Verfahren diametral entgegengesetzt sei. Wer kann es mir verargen, wenn ich in diesem Augenblicke in der unbezwinglichen Sehnsucht, die mich fort aus den Ländern des Orients zum Wiederbesuche meiner Heimat trieb, einen neuen Wink der gütigen Fürsehung zu erblicken glaubte, die schon so oft sichtlich in die labyrinthischen Gänge meines Lebens eingegriffen hatte? Sie wollte mir vielleicht Gelegenheit verschaffen, den Kreis meines Wissens zum Wohle meiner Mitmenschen zu erweitern, und eine innere Stimme forderte mich auf, der Gunst eines mächtigen Herrschers, den Aussichten auf Macht, Einfluß und glänzenden Wohlstand willig zu entsagen, um — vielleicht — der Schöpfer eines neuen, bisher nicht geahneten Heilsystemes zu werden.

Von Orenburg aus setzte ich meine Reise über Kasan nach Nischni Nowgorod ohne weitere besondere Vorfälle fort, und langte glücklich am letztgenannten Orte an. Daselbst war gerade jener alljährlich sich wiederholende große Jahrmarkt, zu welchem sich in der Regel aus nächster Nähe und weitester Ferne eine Unzahl von Verkäufern und Kauflustigen einzufinden pflegt. Da ich mit Geldmitteln so ziemlich versehen war, so schenkte ich einigen wohlwollenden Freunden williges Gehör, welche mir, auf Erfahrung und Kenntniß der örtlichen Verhältnisse sich stützend, den Rath ertheilten, nicht mit dem baaren Gelde von hier abzureisen, sondern Zobelfelle einzukaufen, wobei ich den Vortheil hätte, erstlich mein Gepäck nicht besonders zu beschweren, und zweitens die angekaufte Waare späterhin mit Gewinnst wieder absetzen zu können. Zu diesem Zwecke verfügte ich mich in eines der ersten Häuser, welches mit Zobelfellen handelte, und genoß dabei das Vergnügen, die persönliche Bekanntschaft des Herrn Kriegsgouverneurs zu machen, welchen ich daselbst zufällig traf. In Gegenwart desselben schloß ich mit dem Kaufmanne wegen Abnahme von Zobelfellen einen mündlichen Vertrag ab, mittelst welchem der Kaufmann sich anheischig machte, mit einem Gewinnste von 10 Prozent zufrieden zu sein. Dieß bewog mich für eine bedeutende Summe mit ihm das Geschäft abzumachen, worauf er gegen baaren Erlag der bedungenen Summe die Waare sofort ablieferte. Während dieser Verhandlung, welche, wie gesagt, in Gegenwart des Herrn Kriegsgouverneurs vor sich ging, erkundigte sich derselbe bei meinem Dollmetsch, wer ich sei? woher ich komme? was ich beabsichtige? u. dgl. Als er über Alles dieses die verlangten Auskünfte erhalten hatte, und bei dieser Gelegenheit zugleich in Erfahrung brachte, daß ich ein seltenes Pferd von edelster Race erwartete, so stellte er an mich das Ersuchen, ihm selbes, sobald es angelangt wäre, zur Beschauung vorzuführen. Als ich mich sammt der Waare vom Kaufmanne entfernte, sagte mir der Dollmetsch, es wäre der Wunsch des Kaufmannes, Niemandem etwas über diesen Einkauf mitzutheilen, er würde mir am andern Morgen einen Mann senden, welcher mit dem Packen umzugehen wüßte, um die Felle gut zu verwahren. Dieser Umstand machte mich aufmerksam, und weckte den Gedanken in mir, ob nicht vielleicht irgend ein Betrug im Spiele sei. Um darüber ins Reine zu kommen, verfügte ich mich des andern Morgens zu einem mir bekannten Kaufmanne, und legte ihm meinen Zweifel vor. Dieser erklärte mir, nachdem er die Felle untersucht hatte, man habe mich allerdings bedeutend übervortheilt, und er selbst würde mir die nämliche Waare um die Hälfte des Preises, den ich bezahlt hatte, geliefert haben. Sein Rath sei, ich möchte unverzüglich zu dem Kaufmanne mich verfügen, und ihm den Antrag machen, mir entweder noch Waare zuzulegen, oder aber die bedungenen 10 Prozente als Geschenk zu behalten, die Waare wieder zurückzunehmen, und mir den Rest der bezahlten Summe herauszugeben. Da er sich aber weder zu dem Einen noch zu dem Andern herbeiließ, so konnte ich nichts anderes thun, als dem Rathe meiner Freunde gemäß, die Anzeige von diesem Betruge bei der Polizei machen, um zu meinem Rechte und Gelde zu gelangen. Während ich zu diesem Behufe im Polizeiamte mich befand, wurde ich wider alles Vermuthen unbegreiflicherweise auf Befehl des Kriegsgouverneurs daselbst verhaftet, und demselben vorgeführt. Die erste Frage, die er an mich richtete, war um meinen Paß. Ich präsentirte denselben, und als er nach gepflogener Untersuchung als vollkommen richtig befunden wurde, legte man mir die Frage vor, warum ich bereits 7 Tage habe verstreichen lassen, ohne mich damit bei der respektiven Behörde zu legitimiren. Meine Erwiderung hierauf bestand in der einfachen Erklärung, daß ich in einem öffentlichen Gasthause wohne, und mir der Paß von Niemandem abgefordert worden sei, weßhalb ich auch die Ablieferung desselben für unnöthig gehalten hätte. Diese meine Erklärung schien jedoch den Herrn Kriegsgouverneur nicht im mindesten zu befriedigen. Er wendete vielmehr ein, ich müsse bei dem Umstande, daß ich 14 Sprachen spräche, ohne Kenntniß der russischen zu besitzen, und als ein christlicher Europäer beständig im orientalischen Kostüme einherginge, nothwendig in die verdächtige Kathegorie der Spione gezählt werden; und dieß um so mehr, als ich frech genug sei, eines der ersten und angesehendsten Handelshäuser, für das er (der Kriegsgouverneur) erforderlichen Falls selbst als Bürge einstehen könne, verdächtigen zu wollen. Ich wurde demnach als Arrestant auf das Polizeiamt zurückgeführt, woselbst ich, ohne daß man es nur der Mühe werth hielt, mir einen Stuhl zu bieten, von 9 Uhr Morgens an bis 3 Uhr Nachmittags der Dinge harren mußte, die da kommen sollten. Mittlerweile wurde ein Kommissär nach meinem Quartier im Gasthofe abgesendet, dasselbe eröffnet, und alles auf das Genaueste untersucht, ohne daß man auch nur das geringste Verdächtige gefunden hätte. Während die Untersuchung meiner Wohnstube noch im vollen Gange sich befand, war auch mein Pferd angekommen, und eingestallt worden. Auf die Kunde hievon drang der Polizeimeister, welcher des edlen Thieres ansichtig geworden war, in mich, es ihm käuflich zu überlassen, da aber, wie ich bereits erwähnt habe, dieses Pferd zu einem Geschenke für meinen angestammten Monarchen bestimmt war, so erklärte ich dasselbe um keinen Preis und unter keinerlei Bedingung ablassen zu können. Hierauf wurde ich um 3 Uhr Nachmittags dahin beschieden, daß mein russischer Paß, der mir von Orenburg bis nach Hause hätte dienen sollen, bei der Polizeibehörde zurück zu bleiben habe, und mir statt dessen bloß ein ämtliches Certifikat ausgestellt werden würde, unter dessen Firma ich binnen 24 Stunden meine Weiterreise nach Moskau anzutreten hätte. Aus dem Polizeiamt' entlassen verfügte ich mich zu einigen meiner dortigen deutschen Freunde, welche es mir dringend ans Herz legten, so schleunig als möglich von Nischni Nowgorod aufzubrechen, indem das Gerücht sich verbreitet habe, daß der Kaiser bereits in Moskau angelangt sei, und schon die Post bestellt wäre, welche ihn nach Nischni Nowgorod bringen sollte. Natürlich wäre dann für mich die größte Gefahr vorhanden, vom Kriegsgouverneur unter irgend einem Vorwande ins Kastell eingesperrt zu werden, um persönliche Klagen oder Mittheilungen von meiner Seite an den Monarchen zu verhindern. Eben diese Freunde begleiteten mich in mein Quartier im Gasthofe. Aber wie groß war unser Aller Erstaunen und Schreck, als wir die Thüre meines Gemaches geöffnet, und einen großen Theil meiner Effekten entwendet fanden. Jenes Erstaunen und jener Schreck aber erreichte den höchsten Gipfel, als wir beim Nachsehen im Stalle, wo wir den Pferdeknecht zu finden hofften, mein Pferd blutend antrafen, und bei näherer Untersuchung desselben die Entdeckung machten, daß ihm boshafterweise die Sehnen an beiden Hinterfüßen entzweigeschnitten waren. Natürlich konnte der Verdacht des Diebstahles und der Pferdeverstümmelung auf Niemand Andern, als auf den unsichtbar gewordenen Pferdeknecht fallen, und da dessen Habhaftwerdung für den Augenblick zu den Unmöglichkeiten zu gehören schien, so sah ich mich bemüssigt, mich an den Bürgen für denselben (einen bucharischen Kaufmann) zu halten, und statt des Entwichenen vorläufig ihn selbst fest nehmen zu lassen, und dieß durch den Polizeimeister, welchen einer meiner mich begleitenden Freunde nicht nur sogleich von dem Vorfalle in Kenntniß gesetzt, sondern auch veranlaßt hatte, sich durch Okularinspektion davon zu überzeugen. Hiebei trat der seltsame Umstand ein, daß, unmittelbar nach der Verhaftung des Bürgen, sich der entwichene Pferdeknecht von selbst wieder einstellte, und statt des Verhafteten, der nun frei gelassen wurde, eintrat. Da es unmöglich war, das verstümmelte Pferd mit mir fortzunehmen, so verkaufte ich es um einen ungemein niedrigen Preis an einen meiner Freunde, den Engländer E. Strubing, welcher es für eine Stuterei an sich brachte, und die Güte hatte, die Prokura in Betreff meiner geraubten Effekten wider meinen inhaftirten Diener zu übernehmen. Hiezu wurde im Amtslokale unter öffentlichen Auspizien die betreffende Urkunde auf dem vorschriftsmäßigen Stempel ausgefertiget. Bald nach meiner Ankunft in Moskau erhielt ich ein Schreiben vom Herrn Strubing aus Nischni Nowgorod, worin er mir berichtete, daß nach meiner Abreise mein eingesperrter Knecht ohne weiteres aus dem Gefängnisse entlassen worden sei. Da der Kaufmann Lomoff, mit welchem ich in Nischni Nowgorod der Zobelfelle wegen in Zerwürfniß gerathen war, zu den ansäßigen Bürgern in Moskau gehörte, so glaubte ich meine dießfällige Klage bei Se. Exzellenz dem Fürsten Gollitzin als Gouverneur von Moskau anbringen zu sollen. Wie sehr mußte ich aber betroffen werden, als ich bei meinem Erscheinen vor dem Fürsten auf eine sehr unfreundliche Weise empfangen, und mir angedeutet wurde, daß man eben nicht die beste Meinung von mir hege, indem bereits sehr unvortheilhafte Berichte über mich eingelaufen wären. Derselbe Fall war auch bei dem Grafen Benckendorf, dem ich meine Aufwartung machte, als er eben mit Sr. Majestät dem Kaiser in Moskau sich befand. Man kann sich daher leicht denken, mit welchen Schwierigkeiten ich zu kämpfen hatte, als es sich darum handelte, einen Paß zur Weiterreise nach St. Petersburg zu erhalten, dessen ich unumgänglich bedurfte, weil, wie meine geehrten Leser sich erinnern werden, mein früherer Paß ganz willkürlich von den Behörden in Nischni Nowgorod war zurückgehalten worden. Da es mir jedoch auch um die Wiederherstellung meiner gekränkten Ehre zu thun war, so trug ich auf die Zusammensetzung eines Handelsgerichtes an, welches zwischen mir und Lomoff entscheiden sollte. Indessen verflossen drei Monate, bis ich endlich nach vielen fruchtlosen, in dieser Sache gethanen Schritten mein Ziel zu erreichen im Stande war. Das Handelsgericht, bestehend aus zwei russischen, zwei deutschen und zwei griechischen Rauchwaarenhändlern, entschied gänzlich zu meinen Gunsten, und Lomoff hätte mir vollen Ersatz leisten müssen, wenn er nicht unglücklicherweise in der Zwischenzeit fallirt hätte und somit ersatzunfähig gewesen wäre.

Während der Dauer dieser Verhandlungen fand ich genug Zeit, einen kleinen Abstecher nach St. Petersburg zu machen, um die kaiserliche Residenz von welcher ich schon so Vieles und Großartiges gehört hatte, durch eigene Anschauung näher kennen zu lernen. Und wirklich wurden meine gehegten Erwartungen nicht nur vollkommen befriediget, sondern in vieler Beziehung sogar noch übertroffen. Ich will schweigen von der herrlichen Lage dieser Hauptstadt, von ihren prunkenden Pallästen, Kirchen und anderen öffentlichen Gebänden, von dem imposanten Anblicke der majestätisch dahin wogenden

Newa und von einer Menge anderer Aeußerlichkeiten, die bereits von vielen Andern und Stylgeübteren zur Genüge geschildert worden sind. Nur das will ich hauptsächlich hervorheben, was mir den leider nur kurzen Aufenthalt in dieser Metropole unvergeßlich macht. Es ist dieß die ungemein freundliche Aufnahme, deren ich mich in allen Kreisen der Bevölkerung, den niedern, höhern und höchsten, zu erfreuen hatte. Besonders in Bezug auf diese letztern glänzt mir in der Erinnerung noch jetzt nach so vielen Jahren ein Engelsbild in Strahlenglorie entgegen, welches mir in der Person Ihrer kaiserlichen Hoheit, der Großfürstin Helene, erschienen war. Diese erhabene Frau voll Geist, Kenntnisse, reger Wißbegierde und Herzensgüte ließ, als sie von meiner Anwesenheit Kunde erhielt, mich zu sich laden, und unterhielt sich mit mir, trotz ihrer bis zu einem gewissen Grade vorgerückten interessanten Umstände, durch zwei volle Glockenstunden, indem sie meinen Erzählungen über Indien und dessen politische, physische und moralische Verhältnisse mit gespannter Aufmerksamkeit lauschte, und durch häufige Zwischenfragen über allerlei Einzelheiten den warmen Antheil bethätigte, welchen sie offenbar an meinen bunten Erlebnissen in den Ländern, wo einst die Wiege des Menschengeschlechtes stand, genommen hatte. Selbst einem an sich unwichtigen, jedoch für mich damals sehr erfreulichen Ereignisse will ich hier ein Plätzchen gönnen, zur Erinnerung an jene edle Frau, obgleich damit nicht das geringste allgemeine Interesse verbunden ist. Als ich nämlich Tags darauf zur Münze fuhr, um sie zu besichtigen, wobei ich durch mein orientalisches Kostüm sehr kenntbar in die Augen fiel, begegnete mir der Wagen der Großfürstin, die, als sie mich kaum erblickt hatte, mit entzückender Freundlichkeit und Herablassung mir einen Gruß zuwinkte.

Da ich aus Kronstadt in Siebenbürgen gebürtig war, so glaubte ich bei der Nähe des russischen Kronstadt schon um der Namensähnlichkeit willen auch das letztere kennen lernen zu sollen — ein Wunsch, der auch außer dem durch die nautische Bedeutsamkeit dieses Ortes gerechtfertiget erschien. Wie aber im menschlichen Leben so oft unvermuthete Zufälle und Widerwärtigkeiten uns in die Quere kommen, so geschah mir solches auch dießmal. Wir sollten mit dem regelmäßig dahin abgehenden Dampfschiffe die Reise schon früh Morgens antreten. Allein ein dichter Nebel, der sich rings herum abgelagert hatte, machte unsere Abfahrt zur bestimmten Stunde unmöglich, indem man das Verziehen des Nebels abwarten wollte.

Als dies jedoch nicht geschah, und zu viele Zeit mit einem längeren Zuwarten verloren gegangen wäre, so setzte man sich endlich um 9 Uhr früh in Bewegung. Wir waren aber noch nicht weit gekommen, als unser Schiff auf eine Sandbank auffuhr, und darauf fest sitzen blieb. Glücklicherweise erschien aber in diesem kritischen Momente, gleichsam wie zu unserer Rettung gesendet, ein von Kronstadt aufwärts kommendes leeres Dampfschiff, welches uns aus unserer fatalen Lage erlöste, indem es uns aufnahm, und nach kurzem Zeitverluste an den Ort unserer Bestimmung beförderte. Auf dem Schiffe befand sich auch ein anständig gekleideter junger Mann, der deutsch sprach, und dessen Aeußeres im Ganzen genommen einen gewissen Grad von Bildung verrieth. Im Verlaufe des Gespräches, welches sich demzufolge bald zwischen uns anknüpfte, und aus welchem er entnahm, daß ich nur den Rest des Tages und die darauf folgende Nacht in Kronstadt zu bleiben gedächte, machte er mir auf sehr zuvorkommende Weise das freundliche Anerbieten, in seiner Wohnung mein Absteigquartier zu nehmen, — ein Antrag, welchen auszuschlagen ich keine Ursachen hatte. In Kronstadt angelangt, begab ich mich an der Seite dieses jungen Mannes in dessen Wohnung, aber schon der erste Anblick derselben erregte ein gewisses unheimliches Gefühl in mir, weil Alles, was sich meinen Augen darstellte, das Gepräge der Unordnung und Unreinlichkeit trug. Dieses unheimliche Gefühl steigerte sich aber noch weit mehr, als mein Gastfreund, der allmälig immer mehr Vertrauen zu mir zu fassen schien, mit der unerwarteten Erklärung hervorrückte, daß er in Petersburg innerhalb 3 Tagen sein gesammtes Vermögen im Kartenspiele verloren habe. Noch waren wir im gegenseitigen Gespräche begriffen, wobei wir an einem Fenster standen, welches in den Hof ging, als auf einmal zu meiner größten Ueberraschung das Hausthor sich öffnete, und eine ganze Schaar von — Rauchfangkehrern hereintrat, welche mir mein junger Freund gleich darauf als seine Gesellen vorstellte. Hieraus ergab sich der ganz folgerichtige Schluß, daß der junge Mann seines Zeichens ein Rauchfangkehrer-Meister war. Natürlich suchte ich nun sobald als möglich unter irgend einem Vorwande loszukommen, und mich irgendwo in einem Gasthause auf eigene Kosten einzuquartiren. Erst späterhin erfuhr ich, daß das Geschäft der Rauchfangkehrer oder Kaminfeger in Rußland ein höchst einträgliches sei, und daß diejenigen, die sich damit befassen, in der Regel sehr angesehen und wohlhabend sind.

Von meiner Rückkehr von Kronstadt nach Petersburg hab' ich weiter nichts zu bemerken, indem ich mich in letzterer Residenz nicht verweilte, sondern unverzüglich meine Rückreise nach Moskau antrat. Daselbst war inzwischen meine Prozeßsache bereits zu Ende geführt, und ich wurde nun durch nichts mehr abgehalten, den Gefilden meines geliebten Vaterlandes entgegen zu eilen; es war um Wintersanfang und die Erde bereits mit Schnee bedeckt. Hälfte Novembers verließ ich, als man in Moskau schon in Schlitten fuhr, mit meiner eigenen Equipage versehen, Rußlands alte ehrwürdige Hauptstadt, kam durch das Tulai'sche, Orel'sche, Kiew'sche und Volhinische Gouvernement und zuletzt durch die Bukowina, über Czernowitz, Dorna und Bistriz, endlich nach Kronstadt meiner geliebten Vaterstadt, am Christsonnabende des Jahres 1834, und zwar auf demselben Wege, auf dem ich vor 20 Jahren, von hohen Ideen begeistert, die Reise nach dem Orient angetreten hatte.

Die Jahreszeit, in der ich diese Reise machte, hatte für mich, so wie überhaupt für alle jene, die sich mit mir in gleicher Lage mochten befunden haben, sehr viel Unangenehmes, indem ich außerordentlich durch die strenge Kälte litt, und wenn auch weder Straßenräuber noch wilde Thiere mich gefährdeten, so hatte ich doch andererseits durch Habsüchtigkeit und Diebskniffe der polnischen Juden manche Verluste zu erleiden. Aber auch damals, als ich bereits die österreichische Grenze hinter mir hatte, und schon im Geiste die ersehnte Heimat vor mir sah, hing es nur von einem kleinen Umstand ab, daß ich endlich doch noch das Ziel meiner Reise unbeschädigt erreichte. Als ich nämlich in der Hälfte Dezembers den schnee- und eisbedeckten Gipfel einer Karpathenkette kurz vor Sonnenuntergang hinauffuhr, und wegen der Beschwerlichkeit des Weges so eben aus meiner Kalesche ausgestiegen war, stürzte dieselbe in Folge einer unglücklichen Wendung sammt der Bespannung von 3 Pferden und dem Kutscher in einen Abgrund, woselbst sie die Nacht hindurch blieben. Ich für meine Person nahm meine Zuflucht in eine in der Nähe befindliche Wachhütte der Grenzsoldaten, und brachte darin die Nacht zu. Am folgenden Morgen wurde mit Hilfe der braven Grenzer meine verunglückte Equipage vermittelst einer Anzahl aus einem benachbarten Dorfe herbeigebrachter Ochsen aus dem Abgrunde heraufgeschafft. Wer hätte denken sollen, daß nach einem solchen Sturze der Kutscher oder die Pferde noch am Leben wären? Und dennoch war der erstere nur zerschlagen und die letzteren stark strupirt. Bloß die Kalesche war zertrümmert, wurde jedoch auf der nächsten Station, so gut es anging, wieder reparirt.

Ich kann diesen ersten Abschnitt meiner Reiseerlebnisse unmöglich schließen, ohne meinen geehrten Lesern den tiefen Eindruck zu schildern, den es auf mich machte, als ich nach so langer Zeit und nach so vielen glücklich bestandenen Abenteuern zum ersten Male wieder den heimischen Boden betrat. Zu welchem Entzücken aber steigerten sich die Empfindungen meines Herzens, als ich in jenen Räumen, in welchen ich meine glückliche Jugendzeit verlebt hatte, fast keines von den Häuptern meiner Lieben vermißte. Meine Stimme stockte und Thränen der Rührung füllten meine Augen, als mir nach 20jähriger Abwesenheit in fernen Landen die eine meiner Großmütter, mein theurer Vater, meine zärtlich geliebte Mutter, meine mir so werthen beiden Brüder und Schwestern entgegentraten, und ich wider alles Erwarten des unverhofften Glückes genoß, sie wieder an meine pochende Brust zu drücken, und von ihnen den Gruß und Kuß der herzlichsten Gegenliebe zu empfangen. Da man von meiner Ankunft an diesem Tage bereits unterrichtet war, so hatte man, um die Feier derselben auf eine zugleich würdige und rührende Weise zu erhöhen, die Taufe der jüngsten Tochter meines ältern Bruders für diesen Moment aufgespart, damit ich ihr Taufpathe werden sollte. Zu diesem Ende zog man noch am nämlichen Nachmittage mit mir in unsere festlich geschmückte Kirche, woselbst bereits ein zahlreiches Publikum aus der Stadt sich eingefunden hatte, um Zeuge dieser heiligen Ceremonie zu sein; denn die Nachricht hiervon hatte sich, wie es in solchen Fällen fast immer zu geschehen pflegt, mit Blitzesschnelle allenthalben verbreitet, und man weiß wie sehr die Neugierde der großen Menge gewöhnlich durch solch' ein Ereigniß angeregt wird, zumal da meine sonderbare und seltsame Erscheinung in der imposanten orientalischen Tracht ebenfalls das ihrige dazu beitragen mochte, wiewohl ich vielleicht nicht ganz mit Unrecht glaube, daß man, außer der Begierde mich zu sehen, auch noch insbesondere zu hören wünschte, ob und mit welcher Fertigkeit ich während meiner langen Abwesenheit vom Vaterlande noch unserer Landessprachen (des Sächsischen, des Deutschen, des Ungarischen und Walachischen) mächtig wäre. Die Verwunderung, welche sämmtliche Anwesende erfaßte, als sie gewahrten, daß ich in allen diesen Idiomen mich noch geläufig auszudrücken wußte, steigerte bei Jedermann das Interesse an meiner Person in einem hohen Grade. Da mein Vater und alle meine Angehörigen und Landsleute an meiner Tracht Wohlgefallen fanden, und mich ermunterten sie beizubehalten, so entschloß ich mich auch hiezu, und besuchte später in derselben die vorzüglichsten Hauptstädte Europas.

In Kronstadt brachte ich den ganzen übrigen Theil des Winters auf eine höchst angenehme Weise zu, worauf ich mich, wiewohl nicht ohne schmerzlichen Gefühlen vor der Hand von den Meinigen trennte, und meine Reise durch Ungarn nach Wien fortsetzte. Nach einem kurzen Aufenthalte daselbst ging ich von da nach Triest und Venedig, besuchte hierauf Mailand und der Reihe nach Genua, Nizza und Marseille, von wo aus ich mich nach St. Tropez begab und bei der Familie Allard zusprach, durch welche ich in Erfahrung brachte, daß General Allard sammt Familie bereits von Kalkutta abgereist sei und in Bordeaux erwartet werde. Ich nahm deßhalb meinen Weg nach dieser Handelsstadt, und hatte die Freude, nach 3wöchentlichem Aufenthalte mit meinem Freunde Allard zusammenzutreffen, der mir das von Kabul an ihn abgesendete Kistchen mit Antiken und indischen Seltenheiten überbrachte, worauf ich mich nach Paris, und von da über Calais und Dover nach London verfügte. Mein Gefährte auf dieser Reise war mein älterer Bruder, eben derselbe, welchem ich in meiner Vaterstadt das Töchterlein aus der Taufe gehoben hatte. Die Veranlassung, ihn mit mir zu nehmen, gab ein in seiner Art seltsamer Zufall.

An eben dem Tage nämlich, als ich ihm von Orenburg aus schrieb hatte er durch eine verheerende Feuersbrunst fast seine ganze Habe verloren, und befand sich, da er außerdem noch einige Schulden hatte, sammt seiner Familie in der trostlosesten Lage, und beinahe am Rande der Verzweiflung. Um ihn nun zu zerstreuen und wieder für ein thätiges Leben zu gewinnen, machte ich ihm den Vorschlag, mich auf meinen Reisen in Europa zu begleiten, was er auch mit Dankbarkeit annahm, und sich, nachdem ich seine Ausstände berichtigt, und mein Möglichstes für seine zurückgelassene Familie gethan hatte, mit mir auf den Weg machte.

In Paris angelangt war einer meiner ersten Gänge zu dem berühmten Vater der Homöopathie, zu dem ehrwürdigen Doktor Hahnemann. Schon in Rußland hatte ich so manches Staunenswerthe von den wunderbaren Wirkungen dieses neuen Systems gehört, und war von der heftigsten Sehnsucht entbrannt, dasselbe an der Quelle genauer kennen zu lernen. Ich erreichte meine Absicht. Der edle Greis und seine liebenswürdige Gemahlin empfingen mich auf das Zuvorkommendste. Es bedarf wohl kaum einer Erwähnung, daß mir bei der gemüthlichen Offenheit des großen Homöopathen eine Menge der interessantesten Aufschlüsse zu Theil wurden. Besonders wichtig ward für mich der Umstand, daß er mir seinen Apotheker in Köthen, den Doktor Lehmann, von dem er so eben ein Kistchen mit homöopathischen Heilmitteln erhalten hatte, für die Zukunft anempfahl. Dies veranlaßte mich von London aus über Hamburg und Berlin nach Köthen zu Lehmann mich zu begeben. Die Reise von London nach Hamburg, welche ich mittelst des Post-Dampfschiffes machte, dauerte einen Tag länger als gewöhnlich, und war eine der fürchterlichsten und beschwerlichsten, die ich je gemacht hatte, denn es überfiel uns ein wüthender und anhaltender Sturm, der unser Fahrzeug in einem solchen Grade herumschleuderte, daß wir sammt und sonders von der Seekrankheit in einem Grade ergriffen wurden, von dem man sich kaum eine Vorstellung zu machen im Stande ist. Denn wenn ich sage, daß wir ein Gefühl hatten, als ob man uns die Eingeweide mit Messern zerschnitte, so gibt dies doch nur ein unvollkommenes Bild davon. In Berlin erlebte ich die ungemeine Freude, einen meiner ehemaligen Reisegefährten nach Balbek den bekannten Naturforscher Doktor Ehrenberg gesund und wohlbehalten anzutreffen, und mich mit ihm wieder an die Vergangenheit zu erinnern. Der zweite, welchen ich in Gesellschaft des ersten eben dahin begleitete, Doktor Hemprich, war schon längst ins bessere Jenseits übergegangen. In Köthen wendete ich mich, der Weisung Hahnemanns gemäß, sofort an Doktor Lehmann, von dem ich eine Anzahl homöopathischer Medikamente käuflich an mich brachte. Von Köthen führte mich mein Weg über Leipzig und Dresden nach Töplitz, wo gerade damals der berühmte Monarchen-Congreß, zu welchem sich der Kaiser von Oesterreich, der Kaiser von Rußland, der König von Preußen, die berühmtesten Diplomaten, und ein Theil der Elite Europa's eingefunden hatte, abgehalten wurde. Daß es bei einer so glänzenden Versammlung an den mannichfaltigsten Lustbarkeiten und Festivitäten nicht fehlte, kann man leicht selbst ermessen, und ebenso, daß ich bei der günstigen Aufnahme, die mir allenthalben zu Theil wurde, und die ich vielleicht auch hier, sowie in Paris und London meinem auffallenden orientalischen Kostume verdankte, reichliche Gelegenheit fand, an allen denselben Theil zu nehmen. Von Töplitz aus trat ich die Rückreise über Prag und Wien nach meiner Vaterstadt an, um dort neuerdings in dem freundlichen Kreise der Meinigen einen angenehmen Fasching hinzubringen. Im Frühjahr 1836 ging ich in besonderen Angelegenheiten wieder nach Wien, woselbst ich bis zum Herbste blieb. Im Sommer desselben Jahres trat in dieser Hauptstadt der lange gefürchtete asiatische Gast, die Cholera morbus mit vieler Intensität auf, und ich selbst fühlte bereits die Vorboten dieser Menschenwürgerin. Denn Brustkrämpfe und Durchfall fingen bereits an bei mir sich einzustellen, deßhalb zauderte ich keinen Augenblick und behandelte mich selbst mit halbstündigen homöopatischen Dosen von Ipecacuanha. Dieses Mittel schlug nach Wunsche an, und ich war so glücklich, daß bereits in 3 Stunden bedeutende Besserung und nach Verlauf von 6 Stunden die vollkommene Genesung eintrat. Da es viele Arten und Surrogate der Ipecacuanha gibt, so halte ich es nicht für überflüssig bei dieser Gelegenheit zu bemerken, daß jene Ipecacuanha, die meine Herstellung bewirkte, aus der Apotheke des Doktor Lehmann aus Köthen war, denn nur die echte ist in dieser Beziehung, wo ihr Gebrauch angezeigt erscheint, von unfehlbarer Wirkung. Der glückliche Erfolg dieser neuen Heilart, die ich nicht blos an mir allein, sondern auch an Andern versuchte, erregte in mir den Wunsch dieselbe auch in einem größern und unbeschränkteren Kreise praktisch auszuüben. Ich wählte hiezu als Schauplatz meiner künftigen Thätigkeit die Hauptstadt des osmanischen Reiches, welche ich außer andern Gründen schon darum am meisten für geeignet hielt, weil sie in keiner zu weiten Entfernung von meinem gegenwärtigen Aufenthaltsorte sich befand, und ich noch überdies mit den dort herrschenden Sprachen, Sitten und sonstiger Lebensweise vollkommen vertraut war. Zu dem kamen auch noch einige pekuniäre Rücksichten dabei ins Spiel, indem ich, wie meine verehrten Leser bereits aus den Vorfällen, die mich theils in den außerrussischen, theils in den russischen Provinzen selbst betroffen haben, ahnen werden, mit meinen Vermögensverhältnissen nicht unbedeutend zurückgekommen war. Zur Realisirung dieses Planes schritt ich im Herbste desselben Jahres bei der betreffenden Behörde um einen Paß nach Constantinopel ein, den ich auch ohne Anstand erhielt.

Ein Freund von mir, welcher davon hörte, schrieb mir aus diesem Anlasse folgende Zeilen:

In Schlachten sucht der Eine Glück zu finden;
Ein Zweiter strebt nach einem stillen Ort;
Der Dritte will der Weisen Stein ergründen;
Dich Vierten treibt die Sucht nach Reisen fort.

Was wird der Freund wohl jetzt sagen, wenn er hört, daß ich kaum, in Europa angelangt, wieder Willens bin, schon künftigen Herbst die Rückreise nach Kaschmir anzutreten?

Ich reiste nun von Wien ab, und begab mich über Kronstadt und Bukarest nach Gallaz, wo ich mich, nicht wie ehemals zu Warna, auf einem offenen türkischen Fahrzeuge, sondern auf einem sichern Dampfschiffe nach Constantinopel einschiffte. Unerwarteter Weise herrschte aber gerade damals daselbst die Pest, und alle Europäer hielten sich in ihren Häusern von der Berührung mit der Außenwelt möglichst abgesperrt. Unter diesen Umständen erübrigte mir natürlich nichts anders, als einstweilen zu warten. Um dieß mit mehr Bequemlichkeit thun zu können, miethete ich mir nahe am Bosphorus in einem Dorfe ein Häuschen in einer angenehmen Gegend, um der schönen Aussicht zu genießen. Am Abende desselben Tages, als ich meine neue Wohnung bezogen hatte, wurde ich zu einer griechischen Frau in der Nachbarschaft gerufen, um ihr ärztlichen Beistand angedeihen zu lassen. Man sagte mir, daß sie das Fieber habe. Als ich zu ihr kam, fand ich sie im Bette liegend, und sich über Eingenommenheit des Kopfes und Hartleibigkeit beklagend. Ich verordnete ihr vor allem andern ein erweichendes Klystier, welches ich, da mir dessen baldige Anwendung unumgänglich nöthig schien und Niemand zugegen war, der damit umzugehen wußte, ihr selbst beibringen mußte. Am folgenden Morgen aber vernahm ich zu meinem Schrecken, daß meine Patientin noch während der Nacht an der Pest gestorben sei, nachdem ihr Mann wenige Tage zuvor gleichfalls als ein Opfer dieser Seuche gefallen war; auch wurde die Wohnung der Verstorbenen sogleich abgesperrt. Zu jener Zeit befanden sich die Quarantainanstalten in Constantinopel noch im Stadium ihres ersten Entstehens, weshalb auch mein Häuschen unabgesperrt blieb, und glücklicherweise hielt sich die Seuche von demselben auch gänzlich entfernt, so daß weder ich noch irgend Jemand von meinen Leuten davon befallen wurde. Dieses Ereigniß belebte meinen Muth zu einem höheren Grade, ja es kam mir sogar der Gedanke, daß ich nicht für Pestansteckung empfänglich sei. Zugleich ward auch die Ansicht in mir rege, daß es mit der Lehre von der unbedingten Contagiösität der Pest nicht so ganz seine Richtigkeit haben dürfte. Um mir nun in diesem Falle die nöthigen Erfahrungen zu sammeln, und zugleich auch den Leidenden nach bestem Wissen und Gewissen beizuspringen, verfügte ich mich unverzüglich ins Pestspital zu Pera, wo die armen Kranken ohne allen ärztlichen Beistand und anderweitiger Hilfe ihrem traurigen Schicksale überlassen waren. Ich begann nun, ohne hiezu von irgend einer Behörde aufgefordert gewesen zu sein, ohne vorher erwirkte Erlaubniß ganz unentgeldlich, ja mitunter sogar mit eigenem Kostenaufwande zu großer Freude der Wärter meine auf homöopatische Prinzipien gegründete Behandlung der von der Pest Ergriffenen, und ließ es dabei nicht an der aufopferndsten Thätigkeit und Hingebung fehlen. Und siehe da! meine Bemühungen wurden, wenn auch nicht durchgängig, wie kaum zu erwarten war, so doch größtentheils mit dem glücklichsten Erfolge gekrönt. Alles dieses, verbunden mit der höchsten Einfachheit der Behandlungsweise, konnte nicht verfehlen, mir binnen Kurzem einen so ausgebreiteten Ruf zu verschaffen, daß ich nach Erlöschen der Pest und Aufhebung der Absperrung bald allenthalben in die angesehensten Privathäuser zu den verschiedenartigsten Kranken gerufen wurde. Ehe ich jedoch zu den Beweisen übergehe, wie wirksam die kleinen Gaben der homoöpatischen Heilmittel bei den verschiedenartigsten Krankheiten sich erwiesen, muß ich noch einige Worte über ein besonderes Mittel sprechen, welches sich sowohl in prophylaktischer als auch in kurativer Hinsicht in der Praxis nicht nur vielfach bewährt hat, sondern welches ich beinahe versucht wäre für ein Specifikum gegen die Pest zu halten. Ich hatte nämlich während meines Aufenthaltes in Konstantinopel öfters Gelegenheit, die Beobachtung zu machen, daß verschiedene Individuen, besonders aber Armenier, als Schutzmittel gegen die Pest die sogenannte Ignazbohne (Strychnos Faba St. Ignatii) an eine Schnur gefaßt am Leibe tragen. Da ich in dieser Beziehung von mehreren Seiten die Versicherung erhielt, daß sich dieses Mittel als Prophylaxis wirklich zu bewähren scheine, so gab ich dasselbe auch innerlich in kleinen Gaben ein, und zwar mit dem besten Erfolge. Das Genauere hierüber wird man im Verlaufe dieses Werkes an mehreren Stellen finden.

Unter den oberwähnten angesehenen Privathäusern, in denen man mir jenes Vertrauen schenkte, war eines der erstern das Schabert'sche, in welchem ich eigentlich meine Privatpraxis begann. Der alte Schabert, Vater einer zahlreichen Familie, bekleidete ehemals das Amt eines englischen Dollmetsches. So wie Aerzte in der Praxis oft viele Geduld mit alten Frauen haben müssen, so befinde ich mich gegenwärtig gleichfalls in der Lage, die Geduld meiner verehrten Leser für mich selbst in Anspruch zu nehmen, wenn ich hier näher in eine Episode eingehe, und das wieder erzähle, was mir Frau Schabert damals mittheilte. „Ein junger Grieche" — so ungefähr lautete eines Tages die Erzählung der genannten Frau — „versetzte Familienzwistigkeiten halber auf der großen Straße Pera's meinem Sohne mit einem Stilete einen Stich in die Seite; und als er um Hilfe schreiend den Mund öffnete, war dieser Grieche noch so boshaft, ihm durch einen zweiten Stich in den Mund ein großes Blutgefäß zu verletzen, wodurch eine heftige Blutung entstand, welche nur durch die Hilfe schnell herbeigerufener Aerzte gestillt werden konnte. Man trug ihn sogleich in das nahe gelegene Konsulathaus, wo er angestellt ist, und hemmte die Blutung durch Anwendung des glühenden Eisens. Doch einige Tage darnach begann das Blut von Neuem zu fließen, worauf sich der Kranke sehr abgeschwächt fühlte. Seine wenigen Kräfte aber schwanden endlich ganz, als die Blutung sich noch ein drittes Mal wiederholte. Die nun folgende Nacht brachte der Kranke sehr unruhig in immerwährenden, beängstigenden Träumen zu. Er sah immerfort seinen Feind mit dem Stilete in der Hand auf sich losgehen; die um ihn sich befindenden Aerzte, welche wohl wußten, daß derlei Schreckbilder der Fantasie stets Vorboten einer erneuerten Blutung seien, und demnach auch jetzt eine solche befürchteten, erklärten den Zustand des Kranken für höchst bedenklich; denn sie waren nicht ohne Grund der Ansicht, daß die nächste Blutung mit dem Verluste seines Lebens enden würde. In dieser kritischen Lage machte die Familie des Kranken den Aerzten den Vorschlag versuchsweise die Homöopathie in Anwendung bringen zu dürfen, und als die Aerzte gerne darein willigten, indem sie hier die schönste Gelegenheit zu finden glaubten, die Homöopathie lächerlich zu machen, und dem Publikum recht augenscheinlich die Nichtigkeit dieses Systems zu zeigen, so wurde gegen Ihre Berufung zur Anwendung derselben von ihnen nichts eingewendet.“ Nachdem mir Frau Schabert alles dieses mit gewohnter Weitläufigkeit auseinander gesetzt hatte, machte mir der alte Schabert den Vorschlag, gemeinschaftlich mit ihm seinen im Konsulate liegenden verwundeten Sohn zu besuchen, und in Behandlung zu nehmen. Ich fand dort den armen Verwundeten zwar zum Skelete abgemagert, jedoch noch immer bei ziemlich ruhiger Gemüthsstimmung. Sein Wundarzt, ein Franzose, der eben zugegen war, oder, richtiger zu sprechen, mich vorsätzlich hier erwartet hatte, sagte mir, daß er die Blutung des Gefäßes mehrere Male theils mit dem Glüheisen theils mit styptischen Mitteln gestillt, zugleich auch das Kreosot angewendet habe, daß jedoch die Blutung von Neuem zu befürchten sei, wenn die Kruste über der wunden Stelle abfallen würde.

Ich hörte dieses alles mit einer gewissen Gleichgültigkeit an, und gab in Gegenwart des Chirurgen, welcher mich im Namen der ihn behandelnden Aerzte aufforderte, daß ich ihn auf Verlangen der Familie homöopatisch behandeln möchte, drei der kleinsten Streukügelchen der Decillion-Verdünnung der Kreuzspinne (Aranea diadem. X°°°), worauf ich ihm, indem ich mich entfernte, baldige Besserung wünschte. Als ich ihn am folgenden Morgen wieder besuchte, erzählte er mir, daß er die Nacht hindurch ruhig geschlafen habe; daß sein früherer Arzt schon da gewesen sei, weil er es bereits erfahren hatte, sowie auch, daß keine Blutung weiter erfolgt sei. Hierauf hätte er ihm einige Pillen verschrieben, die er aber nicht einnehmen wolle, weil er hoffe, daß ich ihm wieder die gestrige Arznei, die ihm so wohl bekommen habe, geben würde. Demgemäß versprach ich auch seinen Wunsch zu erfüllen. Doch während ich mein homöopathisches Mittel hervorlangte, kam der in Rede stehende Arzt, ein gebürtiger Italiener, und wollte mit mir einen Streit beginnen. Der alte Schabert faßte ihn aber sogleich beim Arme, und führte ihn in einen anstoßenden Saal, von wo aus er meinen Augen für immer entschwand. Dasselbe Mittel wiederholte ich durch volle 8 Tage, und im Verlauf nach dieser Zeit war er vollkommen geheilt. Ich finde es für nothwendig, hiebei zu bemerken, daß die Aranea diadema ein Präparat des Doktor Lehmann aus Köthen war, indem, wie oben erwähnt ward, der alte Hahnemann selbst mir die Präparate desselben ihrer Genauigkeit und Vortrefflichkeit halber anempfohlen hatte.

Was that nun der Chirurg? Um zu zeigen, daß die Heilung der Wunde dem Kreosote, nicht aber meinem Heilmittel zuzuschreiben sei, ließ er einen Hund vom Bazar bringen, zerschnitt ihm in Gegenwart mehrerer Augenzeugen eine Schenkelarterie und applicirte hierauf Kreosot. Als er merkte, daß die Wunde nicht heilen wollte, ließ er das Thier laufen, und man hat es, wie man sagte, auf der Gasse verendet gefunden.

Während die allopathische Behandlung im vorstehenden Falle, so wie in hundert andern nicht nur unentsprechend, sondern oft sogar auch schädlich sich erwies, könnte ich aus meiner eigenen Praxis eine Menge von Fällen anführen, wo die Homöopathie nicht nur das Erwartete leistete, sondern sogar noch mehr als dasselbe. Eine einfache und kurze Krankheitsgeschichte eines weiblichen Mitgliedes obiger ehrenwerther Familie mag hier als einzelnes Beispiel für viele ihre Stelle finden.

Eine Schwester des jungen Schabert litt seit mehreren Jahren an einer periodischen Hemikranie (einem Familienübel), weßhalb ich ihr, da sie nebst jenem Uebel auch einem nervösen Gesichtsleiden unterworfen war, welches in Zwischenräumen von 3 — 4 Tagen in den Nachmittagsstunden gleich einem verlarvten Wechselfieber regelmäßig wiederkehrte, bei Gelegenheit eines solchen Anfalles eine Dose Pulsatilla eingab. Nach diesem Mittel trat aber eine solche Verschlimmerung ein, daß ihr Gatte, Signor Salzani, noch um 10 Uhr Nachts mit der Laterne zu mir eilte, mit dem Bedeuten, daß seine Frau auf mein Mittel wie närrisch geworden sei, und man sie nur mit größter Mühe von einem Sprunge aus dem Fenster zurückhalten könne. Das war aber auch ihr letzter Anfall. Wenigstens so lange ich noch anwesend war, wurde sie von keinem ähnlichen mehr befallen.

Die Gabe der Pulsatilla, welche diese Wirkung hervorbrachte, bestand

7 *

aus einem Tropfen der dritten Verdünnung auf einem Stückchen Zucker, wobei ich nicht umhin kann zu bemerken, daß ich die Pulsatillatinktur von Wien mitgebracht hatte.

Zu eben derselben Zeit war der jetzige Sultan Abdulmedschid als Kronprinz gefährlich erkrankt, und man sagte mir, daß der Sultan Mahmud, Abdulmedschid's Vater, die Aerzte, welche seinen Sohn ganz verkehrt behandelt hatten (Engländer, Franzosen, Griechen und Türken) fortgeschickt hätte, und daß mein Glück für immer gemacht wäre, wenn ich ihn wieder herstellen könne. Ich erwiderte, daß ich die ärztliche Regel: Noli accedere, nisi vocatus, wohl kenne, und stets beobachtet hätte, weßhalb ich mich erst müsse bitten lassen, und wenn es von Seite des Sultans selbst wäre, ihn in Behandlung zu übernehmen. Inzwischen war der Sultan so glücklich gewesen für seinen Sohn einen Arzt zu finden, wie er sich ihn nur immer wünschen konnte; denn schon in einigen Tagen war er wieder im vollkommenen Besitze seiner frühern Gesundheit. Nun ließ der Sultan die Aerzte, welche den Prinzen vom Anfange an behandelt hatten, wieder in das Serail bescheiden, und stellte ihnen den Wiedergenesenen mit der Frage vor, ob sie ihn auch wirklich als solchen anerkenneten. Die Aerzte konnten nicht umhin, ihre Verwunderung über die unerwartet schnelle Heilung auszudrücken, und damit den Wunsch zu verbinden, den Arzt zu sehen, der so Unglaubliches in so kurzer Zeit geleistet hatte. Da öffnete der Sultan die Thüre eines Seitengemaches aus welchem — eine türkisch gekleidete Armenierin hervortrat, welche der Sultan lächelnd den verblüfften Aerzten als den Wunderdoktor vorstellte, welchem sein Sohn die Rettung verdanke. Hiemit nicht zufrieden ließ der Beherrscher der Moslim, um die Frau zu ehren, in allen Christenkirchen Konstantinopels öffentlich bekannt machen, daß die Mariam khatun (die Dame Maria) den Kronprinzen vollkommen geheilt habe, und daß sie die Einzige sei, welche die Krankheit, Gelinjik genannt, zu heilen verstehe. Gelinjik ist nemlich ein türkisches Wort, abgeleitet von Gelin (die Braut), und heißt eigentlich so viel als „bräutliche Krankheit"; im griechischen nennt man sie Nymphizze (von Nymphe, die Braut). Es ist dieselbe eine Art Kachexie oder Hydrops alba. Sie war beim Kronprinzen in Folge der Masern entstanden, und ließ einen üblen Ausgang befürchten, indem der jüngere Bruder des Kronprinzen kurz vorher ebenfalls an den schlecht behandelten Masern, wobei man ihm zur Ader gelassen hatte, gestorben war. Was die Kur selbst betrifft, welche die Armenierin anwandte, so hat man sich darüber Folgendes erzählt, was ich so wiedergebe, wie ich es an Ort und Stelle gehört habe. Sie soll den Kronprinzen in einen geheizten Tandur (Backofen) gesteckt und zum heftigsten Schweiße gebracht haben; darauf habe sie ihn mit dem Dunste von gebratenem Wieselfleische (welches gleichfalls Nymphizze heißt) eingeräuchert und am ganzen Körper mit Oel eingerieben. Nebst dieser äußern Behandlung hat sie ihm — sagt man — auch innere Mittel eingegeben, wovon folgende drei Spezies die Hauptingredienzien gewesen sein sollen, nämlich: Ambra grisea, Coccinella und Lumbrici terrestres, woneben eine strenge Diät gehalten, kein Fleisch, nicht einmal eine Brühe, sondern nur leicht verdauliche Fischspeisen (vom Fische gelinjik balugi, der den Namen der Krankheit hat) vom Kronprinzen genossen werden durften. Da diese Krankheit in der türkischen Hauptstadt häufig vorkommt und das Wieselfleisch ein gesuchter Artikel ist, so verkaufen es die dortigen Droguisten in getrocknetem Zustande. Ueberdieß gibt es in Konstantinopel mehrere Christenweiber, sowohl Griechinnen als Armenierinnen, die sich mit dem Kuriren dieser Krankheit abgeben, deren Hauptmittel größtentheils das Album graecum sein soll. Ob nicht Phosphatum calcis, woraus es hauptsächlich besteht, dieselben Wirkungen hervorbringt, und dieses ekle Mittel ersetzt, ist noch die Frage. Als charakteristische Zeichen der in Rede stehenden Krankheit gibt man folgende an: Meistentheils entsteht sie nur allmählich, entweder auf schlecht behandelte hitzige Ausschläge, vorzüglich auf Masern, oder nach einem plötzlichen Schrecken, nach starken Ermüdungen u. s. w. Man erkennt sie an dem sichtbaren Pulsiren hinter den Ohren und an andern Theilen. Am Handgelenke ist der Puls höher als gewöhnlich zu fühlen. Die Augen und Füße sind ödematisch angelaufen. Die Lippen sind weiß und blaß. Im Gehen zeigt sich Kurzathmigkeit und Schwächegefühl in den Knien. Endlich gesellt sich ein schleichendes Fieber hinzu, das gewöhnlich die Abzehrung und den Tod herbeiführt.

In Konstantiopel verblieb ich nun 2 Jahre hindurch, nämlich 1837 und 1838. Während dieses Aufenthaltes daselbst bekam ich eine immer weiter ausgedehntere Praxis in der homöpatischen Behandlung der Kranken, die so lohnend war, daß ich auch nicht entfernt daran dachte, die Hauptstadt sobald zu verlassen, geschweige denn, daß es mir eingefallen wäre, wieder nach Lahore zurückzukehren, zumal da ich hier in dieser großen und ausgedehnten Stadt außer dem russischen Gesandtschaftsarzte in Bujukdere, der Einzige war, welcher bei seiner Heilmethode den neuen Grundsätzen Hahnemanns huldigte. Da mit einem Male erfuhr ich durch die k. k. Gesandtschaft, daß der Herr Internuntius Baron von Stürmer in der Quarantäne in Malta mit dem General Ventura, der mit Urlaub des Herrschers von Lahore nach Europa gekommen war, zusammengetroffen sei, und ihn von meinem dermaligen Aufenthalte in Konstantinopel in Kenntniß gesetzt habe, worauf er unverweilt die Einladung an mich ergehen ließ, künftigen Herbst mit ihm wieder nach Lahore zurückzukehren, indem der Maharadscha ihn beauftragt habe, alles aufzubieten, meinen Aufenthalt wo immer zu erforschen und mich hiezu zu bewegen. Dieß bestimmte meinen Entschluß; und ich trat wirklich in Gesellschaft

Ventura's die Rückreise über Alexandrien bis Bombay an, nachdem ich zuvor noch von Konstantinopel aus nach Jassi eine Lustreise unternommen, und durch die dortige k. k. Agentie mir den Paß nach Lahore von Wien aus verschafft hatte. Von Bombay aus eilte Ventura mit der Post nach Lahore, weil zu jener Zeit Rendschit-Sing schwer erkrankt darniederlag, und die Engländer den Schah Sudschah ul Mulk auf den Thron von Kabul zurückführten. Ventura hatte aus Paris einen Shawlhändler, Namens Le Boeuf wie auch einen Kapitän der Kavallerie Mouton geheißen, sammt dessen Gattin mitgebracht. Diese drei Personen sollte ich nun nach dem Wunsche meines Freundes sammt seinen Waaren und sonstigen Effekten, welche eine ziemlich starke Karawane bildeten, langsam zu Lande nachbringen, indem keines von diesen Individuen der Landessprachen kundig war, und ich ihnen somit gleichsam zur Aushilfe dienen sollte. Die Seltsamkeit dieser Namen veranlaßte, als ich mich diesem Auftrage unterzog, das Witzwort: Le Berger (Honigb e r g e r) führt die Karawane mit den Moutons und dem Boeuf (Le Boeuf).

Von Bombay aus schifften wir Anfangs Februar hinüber nach Gogo, von wo wir den Weg nach Lahore mit Kameelen und zu Wagen einschlugen. Unter unsern Reisegefährten befanden sich auch einige Shawlhändler aus Umritsir. Die gerade Straße nach Lahore führte über Palih (Palee), Adschmir, Hansi und Ludiana (Loodiana). Kaum hatten wir uns einige Tagereisen weit von Gogo entfernt, so ereilten uns 2 englische Kapitäne, die eigens beordert waren, unsere Pässe zu prüfen, weil wir für russische Spione angesehen wurden. In Palih wüthete zu der Zeit die Pest, und das schon im dritten Jahre. Bevor wir noch daselbst anlangten, verbrachten wir auf einer Station bei einem verheiratheten Kapitän einen recht angenehmen Abend. Bei diesem Kapitäne lernte ich einen englischen Arzt, den Doktor Keir, kennen, welcher mir sagte, daß die Aerzte Ostindiens bezüglich der Pest zu Palih sich nicht einigen könnten, indem sie die Einen für ein eigenthümliches pestilentialisches Fieber Indiens hielten, während die Andern sie für eben dieselbe orientalische Pest ansähen, die auch in Egypten und in der Türkei herrschend wäre. Er fügte hinzu, daß es ihn freuen würde, wenn ich im Vorbeireisen die palihsche Seuche beobachten, und ihm mein Urtheil darüber bekannt geben könnte, damit er es in weiteren Kreisen verbreite, was natürlich ihm von Wichtigkeit schiene, da ich in Konstantinopel reichliche Gelegenheit gehabt hätte, die echte orientalische Pest von Grund aus kennen zu lernen. Ungefähr zur Mittagszeit langten wir aus bisher gesunden Landstrecken bei dem inficirten Palih an, wo wir unsere Zelte hart an dem da befindlichen großen Sumpfe aufschlagen ließen, auf dessen entgegengesetzter Seite die Stadt lag. Das erste Schauspiel, welches sich hier unsern Augen darbot, war das Herausführen mehrerer Todten aus der Stadt. Nach dem Mittagsessen, beiläufig um 2 Uhr, verfügte ich mich zu dem Stadtgouverneur, einem Hindu, mit der Erklärung, daß ich ein durchreisender Arzt sei, der Willens wäre, einige Pestkranke zu besuchen, und ihnen die Arzneien zu schenken; er wolle geruhen, mir einen Mann mitzugeben, der mich zu derlei Kranken führe. Er nahm mich sehr freundlich auf, und entsprach auf das Zuvorkommenste meinem Ansinnen. Der mir beigegebene Mann brauchte mich indeß nicht weit zu führen, indem gleich in der nächsten Nachbarschaft mehrere Pestkranke sich befanden, von denen Einige bereits ihrem Ende nahe waren. Bei diesen Besuchen vernachläßigte ich in keinem Stücke die nöthige Vorsicht. Ich ging bei keinem Hause in das Innere desselben, sondern ließ mir die Kranken vor die Thüre bringen, wo ich sie ausfragte, sah, was zu sehen war, mir ihre Namen nebst dem, was sie mir sagten, aufschrieb, die Arzneimittel verabreichte, baldige Besserung wünschte, und weiter ging, ohne Jemanden angerührt zu haben. Der Anblick der Stadt selbst gewährte ein höchst trauriges Bild; nur hie und da sah man vereinzelte Menschengestalten; Bazare und Buden waren geschlossen; fast Alles, hieß es, ist entweder ausgestorben oder hat sich geflüchtet. So fand ich mehrere Häuser, die fast ganz verödet waren. Die von der Seuche Ergriffenen starben in der Regel am 3. oder 4. Tage. Von Zwanzigen, sagte man mir, komme kaum Einer auf. So verheerend war die Seuche! Ich beobachtete Beulen, Karbunkeln, Petechien, Nasenbluten, kurz Alles, was ich im Pestspitale zu Konstantinopel so oft- und vielmal zu bemerken Gelegenheit hatte. Es blieb mir deßhalb nicht der geringste Zweifel übrig, daß es eine wahrhafte Pest vom bösartigsten Charakter sei, freilich keine türkische oder arabische, wohl aber eine indische, weil Palih in Indien liegt. Um 4 Uhr Nachmittags, als ich glaubte, genug gesehen zu haben, kehrte ich in unser Zelt zurück, und begab mich zur gewöhnlichen Zeit frisch und gesund zur Ruhe. Am folgenden Morgen hätte ich vielleicht noch eine Zeit lang fortgeschlafen, wenn nicht Madame Monton mir zugerufen, mich geweckt und mir angekündigt hätte, daß die Kameele bereits beladen seien; Alles sei zur Abreise in Ordnung gebracht; ich sollte aufstehen. Im Augenblicke, als ich dieses that, fühlte ich einen Schmerz in der linken Leiste; das Bewußtsein, welches mich in diesem Moment erfaßte, daß ich von der Pest befallen sei, trieb mir das Blut so zu Herzen, daß es nicht anders war, als ob ich mir einen Dolch in selbes gestoßen hätte; die Leistenschmerzen, Fieber und Aengstlichkeit nahmen zusehends zu, so daß ich Mühe hatte, einige Schritte bei Seite zu treten, um die schmerzende Stelle zu untersuchen. Da fand ich denn, daß mehrere Knötchen sich gebildet hatten, wovon das größte nicht dicker war, als eine Erbse. Die Schmerzen, die ich empfand, waren brennend wie Feuer. Ich setzte mich in den Kadschaweh (Korb) auf mein

Kameel, und nun reisten wir weiter. Die Station, die wir diesmal zurücklegten, war sehr klein, denn sie betrug nicht viel über eine deutsche Meile. Die Ursache, daß wir nur eine so kurze Strecke zurücklegten, lag darin, daß wir uns bloß aus dem Rayon der angesteckten Stadt entfernen wollten, und wirklich halte ich es noch jetzt für ein großes Glück, weil bei längerm Verbleiben in dem mit dem Miasma geschwängerten Dunstkreise mir meine Rettung durch das angewandte Heilmittel wohl kaum so leicht dürfte gelungen sein. Sogleich nach dem Absteigen nahm ich einige Streukügelchen von der kürzlich erwähnten Strychnos Faba St. Ignatii ein. Wiewohl die Pest nur die Stadt Palih ergriffen hatte, außerhalb derselben aber meines Wissens gar keine Spur davon sich zeigte, so ließ man uns doch nicht in das Dorf, vor dem wir unsere Zelte aufgeschlagen hatten. Indessen kamen die Bewohner desselben zu uns heraus, brachten uns, was wir benöthigten, und nahmen auch das Geld dafür aus unsern Händen, ohne die geringste Vorsicht zu gebrauchen. Während meiner scientifischen Excursion nach Palih hatten meine beiden Reisegefährten im großen Sumpfe, der sich davor ausbreitete, einige Enten geschossen, die man nun zum Frühstücke zubereitete. Als man damit zu Stande gekommen war, rief man mich zum Essen, wozu ich aber nicht den mindesten Appetit verspürte, indem ich in Fieberhitze glühete, und von den heftigsten Schmerzen gefoltert wurde. Um jedoch meine Genossen nicht zu ängstigen, oder ihnen einigen Verdacht einzuflößen, setzte ich mich zu ihnen an den Tisch und barg die Bissen, die ich mit der einen Hand vermittelst der Gabel in den Mund steckte, mit der andern ganz unbemerkt in die Serviette, was mir so meisterhaft gelang, daß ich mein kleines Changirungsstückchen den Augen Aller entzog. Nach dem Essen nahm ich eine zweite Gabe desselben Mittels, legte mich nieder und bedeckte mich mit zwei Decken, die ich mir über den Kopf zog, was mir in Bälde den Schweiß aus allen Poren heraustrieb, und zwar so stark, daß die Matratze unter mir ganz durchnäßt wurde. In Folge dieses wohlthätigen Schweißes vergingen Fieber und Aengstlichkeit, und die beste Hoffnung zum Aufkommen bemächtigte sich meiner, wenn auch die Leistendrüsenentzündung und die damit verbundenen Schmerzen noch immer fortdauerten. Die letztern hielten noch 3 Wochen lang an, weil ich nichts Oertliches dagegen gebraucht hatte, weßwegen sie sich nur langsam zertheilten. Nachdem sie gänzlich vergangen waren, schrieb ich dem englischen Arzte, auf dessen Veranlassung ich die Pestkranken in Palih besucht hatte, das Ergebniß meiner Erfahrung und zeigte den Brief meinen Reisegefährten, die darüber nicht wenig erstaunten und mir deßhalb Vorwürfe machten. Meine Entgegnung war, daß ich als Arzt nur meine Schuldigkeit gethan hätte, und wem so etwas nicht gefallen wolle, der dürfe nicht mit Aerzten reisen.

Wie ich dazu gekommen bin, bei aller Vorsicht dennoch von der Seuche ergriffen zu werden, das weiß ich mir selbst nicht genügend zu erklären. Es war damals, als ich die angesteckte Stadt besuchte, ein heftiger Wind, welcher viel Staub emporwirbelte. Der verpestete Staub in der Luft hat sowohl äußerlich als innerlich wirken und das Gift dem Körper mittheilen können. Aeußerlich durch Einsaugung vermittelst der Schleimhäute, der Augen und Nasenlöcher, der Ohrgänge u. s. w. Innerlich durch das Einathmen der Luft in die Lungen. Durch unmittelbare Berührung ist die Ansteckung gewiß nicht geschehen, und es wäre dieß sicherlich auch in Konstantinopel der Fall gewesen, wenn Solches die Art der Aufnahme wäre, und jedwede Person die Empfänglichkeit dazu hätte. Gerade diesesmal besaß ich die Eignung zur Ansteckung, die, wie ich glaube, im Jucken des Körpers bestand, in einer gewissen sogenannten Dickblütigkeit, die von unregelmäßigem Leben, wie man es auf einer langen Reise führt, z. B. von Unordnungen im Essen, Schlafen u. s. w. herrührte, oder auch gar eine Ansteckung von den Kameelen, indem die Thiere gleichfalls am Jucken litten. So viel ist wenigstens gewiß, daß sich die Pest in einer einzigen Nacht bei mir ausgebildet hatte, und dieser Umstand liefert den Beweis, daß eine solche Ausbildung nicht jederzeit mehrere Tage brauche, sondern auch in wenigen Stunden vor sich gehen könne. Der Grund der Malaria bei Palih mag wohl von dem ungeheuren Sumpfe herrühren, der ganz nahe östlich an der Stadt liegt, worin Tausende von Wasser- und Sumpf-Vögeln aller Gattungen hausen, und welcher der Vereinigungsort aller Unreinigkeiten der ganzen Stadt ist. Wie leicht ausführbar wäre es, wenn die Regierung sich herbeiließe diese Moorstrecke austrocknen und in fruchtbares Erdreich umwandeln zu lassen!

In Lahore angelangt, fand ich meinen frühern Herrn, den Maharadscha Rendschit-Sing stumm und mit geschwollenen Füßen auf einem Stuhle sitzend, und nur durch Zeichen mit der Hand seiner Umgebung sich verständlich machend; denn sein Sprachorgan war in einem solchen Grade gelähmt, daß er keinen artikulirten Laut hervorzubringen vermochte, und überdieß andere Wege der Verständigung für ihn nicht vorhanden waren, da er unglücklicherweise das Schreiben niemals erlernt hatte. Daß er einäugig war, ist eine bekannte Sache; wie er aber um das Eine Auge gekommen ist, wissen nur Wenige. Er hatte es nämlich schon in seiner frühern Kindheit durch die Pocken verloren — es war ihm ausgeeitert. — Bei meiner Wiederankunft in Lahore erzählte ich von den Wunderkuren der neuen Heillehre, der Homöopathie, mit deren Hilfe ich mich in Wien von der Cholera, in Hindustan von der Pest befreit hatte. Obgleich man keinen Zweifel in die Wahrheit meiner Worte setzte, so konnte man sich doch schwer dazu entschließen, den Maharadscha mir in die Kur zu geben, indem noch die günstige Jahreszeit des

Frühlings waltete, und die eingebornen Aerzte allerlei Versuche mit ihm anzustellen vorhatten. Während dieser Zeit gelangen mir einige homöopatische Kuren ganz nach Wunsche. Was jedoch den größten Eindruck machte, war eine Heilung, welche ich auf Befehl des Ministers Radscha Dhyan-Sing übernahm. Dieser übergab mir einen Kaschmirer, Namens Abu Ibrahim, den Commandanten von seinen Dschesaeils (Kameelartillerie), zur ärztlichen Behandlung. Besagter Abu Ibrahim hatte seit einem Kriege mit den Afghanen bei Pischauer vor 10 Jahren eine Kugel im Kopfe, die ihm kein eingeborner Wundarzt hatte herausnehmen können, und welche ihm eine halbseitige Lähmung verursachte. Ich wandte bei ihm die Trepanation an, und bekam sie dadurch glücklich heraus, indem sie zwischen der Hirnschale und der harten Hirnhaut (Dura mater) steckte, wo die schützende Kraft der Natur (vis conservatrix naturæ) eine Callosität gebildet hatte, um das weitere verderbliche Eindringen der Kugel zu verhüten. Da mein Patient ein Säufer war, und seines geschwächten Magens halber an Verdauungsbeschwerden litt, so gab ich ihm, um die Heilung zu beschleunigen, auch innere Mittel ein, und brachte ihn so weit, daß ich ihn in der kurzen Frist von zwei Monaten vollkommen geheilt, und sogar von seiner Lähmung befreit dem Minister vorführen konnte, der ihn sodann dem Maharadscha vorstellte. Während der Zeit hatte bereits die Glühhitze des Sommers begonnen. Da kam unvermuthet eines Tages, wahrscheinlich, weil die eingebornen Aerzte mit ihren Mitteln beim Maharadscha nichts mehr zu erzielen hofften, des Königs ehemaliger Leibarzt, der Fakir Aziseddin, zu mir, und sagte, daß der Maharadscha noch niemals von einem europäischen Arzte eine Arznei genommen hätte, daß er alle die Heilmittel, die er von Seite der englischen Aerzte, der Doktoren Murray, Steel, Mac Gregor u. s. w. erhalten hätte, versuchsweise anderen Leuten eingegeben habe, um deren Wirkungen zu erproben, daß jedoch der Maharadscha jetzt zu dem Entschlusse gekommen sei, meine Arznei einzunehmen, die ich aber, meinem Versprechen gemäß, in seiner Gegenwart zubereiten müsse. Es war so eben um die Mittagszeit, wo der Derbar (die Versammlung) gerade auseinander gegangen war. Deshalb begab ich mich auf der Stelle mit dem Fakir zum Könige, bei welchem ich bloß den Minister Dhyan-Sing antraf. Ich hatte mir die Tinctura Dulcamara in einem kleinen Gläschen nebst 3 leeren, mit Stöpseln versehenen Fläschchen mitgenommen. Zuvörderst verlangte ich nun einen Gedoweieh (das sind die Hindu's, aus deren Händen der König trinkt), und hieß ihn den Spiritus bringen, dessen sich der Maharadscha bediente. Dieser wurde unter meiner Aufsicht aus Kabulweintrauben destillirt, und es war ein rektifizirter, weil ihn Rendschit-Sing stark haben wollte. Ich gab die 3 leeren Gläschen dem Gedoweieh in die Hände, und ließ sie vorerst mit etwas von demselben Spiritus ausspülen, dann jedes bis zur Hälfte mit eben diesem Spiritus anfüllen, ohngefähr 1 Drachme für jedes Fläschchen. Als dieß geschehen war, träufelte ich in eines derselben einen einzigen Tropfen von der Tinctura Dulcamara, während ich das Spiritus-Fläschchen den Gedoweich halten ließ. Nun befahl ich ihm, es zuzustopfen, selbes tüchtig zu schütteln, das Fläschchen mit Nr. 1 zu bezeichnen, davon einen Tropfen ins zweite Fläschchen zu thun, die nämliche Operation des Zustopfens und Schüttelns auch mit diesem vorzunehmen, und es mit Nr. 2 zu bezeichnen. Ganz auf dieselbe Art geschah auch die dritte Verdünnung, und das Fläschchen mit dieser erhielt die Bezeichnung Nr. 3, wovon ich sogleich 1 Tropfen auf einem Stückchen Zucker den Maharadscha auf die Zunge nehmen ließ, und zugleich anordnete, dieselbe Gabe Morgens und Abends zu wiederholen.

Während der Zubereitung des Mittels wurde von mehreren Seiten gelächelt, und der Fakir selbst meinte, daß eine derlei Arznei in keinem Falle schaden könne, wenn man auch annehme, daß sie ein Gift wäre. Allein was geschah? Am ersten Tage zeigte sich bei dem Patienten keine Wirkung. Am zweiten glaubte er sich etwas besser zu fühlen. Am dritten war er schon in einer so heitern Stimmung, daß er mir Nachmittags um 5 Uhr im Derbar durch den Minister Dhyan-Sing ein Paar goldene Armspangen im Werthe von 500 Rupien in seiner Gegenwart um die Arme schließen ließ; damit war auch das Geschenk zweier schöner Kaschmir-Shawls, von gleichem Werthe verbunden, desgleichen ich noch nie von ihm erhalten hatte, und die mir, während ich auf dem Boden saß, Dhyan-Sing um die Schultern legte, mit der Aeußerung des Maharadscha, daß er von meiner Arznei eine sehr wohlthätige Wirkung empfinde. Natürlich erfüllte mich dieß mit außerordentlicher Freude, indem es mir die frohe Hoffnung gewährte, daß er sich wieder erholen und aufkommen dürfte, wodurch ein fester Grund zu meinem künftigen Glücke gelegt wäre. Diese Szene ereignete sich im königlichen Garten Schablahore, ½ deutsche Meile von der Stadt, woselbst auch ich seit drei Tagen mich aufgehalten hatte. Mit der Erlaubniß des Ministers besuchte ich am vierten Tage in der Frühstunde so eben meine Patienten in der Stadt, als man mir sagte, daß man mehrere berittene Boten von Schablahore um mich ausgeschickt habe, und mich hinaus verlange. Ich ritt deshalb im Gallop zurück, und traf unterwegs mehrere Hakims, Hinduärzte und Astrologen, die denselben Weg ritten oder sich tragen ließen, was mich auf die Vermuthung brachte, daß dem Maharadscha irgend etwas Bedeutendes zugestoßen sei. Man begreift leicht, daß mich dieß in die größte Besorgniß versetzte. In Schablahore angelangt, ward mir bedeutet, daß er vom Fieber befallen worden sei. Bei näherer Untersuchung konnte ich jedoch kein eigentliches Fieber gewahr werden, sondern bemerkte nur eine gewöhnliche Alteration mit etwas Hitze, wobei er sich übrigens wohl befand. Der Gedoweieh, der ihm die Arznei gereicht hatte, meinte, diese Erhitzung rühre von der Ueberdosis her, die der Maharadscha Abends vorher verlangt hätte, nämlich: zwei Tropfen auf einmal. Das konnte jedoch, glaub' ich, die Sache nicht verschlimmern, indem ein Tropfen mehr oder weniger unmöglich einen solchen Einfluß zu äußern vermag. Die Aerzte der Stadt waren zu einem Consilium hinberufen worden. Natürlicherweise war ihnen dieß etwas sehr Erwünschtes. Es mußte sie äußerst unangenehm berührt haben, daß ich den Maharadscha auf den Weg der Besserung gebracht hatte, und daß mir dafür ansehnliche Geschenke und Ehrenkleider zu Theile geworden waren. Ich glaube sogar, daß es ihnen lieber gewesen wäre, den König sterben zu sehen, als mich — den Europäer — als seinen Retter anerkennen zu müssen. Deshalb nützte auch all mein Bemühen und all mein Remonstriren nichts. Der einsichtsvolle Minister meinte, daß er dießfalls nichts thun könne, daß der Fakir Aziseddin über den Maharadscha eine Art Zauberkraft übe, und daß ich mit ihm selbst sprechen solle. Ich that dieß, und erinnerte den Fakir an seine eigenen Worte, indem er in Gegenwart des Königs und des Ministers sich geäußert hätte, daß mein Mittel auf keinen Fall schaden könne, wenn es auch Gift wäre. Nebstdem erinnerte ich ihn auch, daß nicht jedes Fieber, besonders, wenn es so gelind aufträte als hier, nachtheilig wirke, daß die Natur dadurch oft Krankheiten heile und daß es nothwendig sei, unter diesen Umständen mit dem Mittel auszusetzen, die Wirkung abzuwarten, und gar nichts einzugeben. Er wendete aber dagegen ein, daß der Maharadscha zu schwach sei ein Fieber zu ertragen; indessen, fuhr er fort, wollen wir hören, was die übrigen Aerzte dazu sagen werden. All mein Einreden dagegen half nichts. Das Consilium aus eingebornen Aerzten, dem der Fakir präsidirte, bestand aus einem Dutzend Hakims aus Pischauer und Lahore, aus Hindu-Aerzten, Sterndeutern u. dgl., von denen ein Jeder sich einbildete, etwas von der Arzneikunde zu verstehen. Wenigstens brachten die Meisten ihre Bücher mit, wodurch sie den Mangel ihrer eigenen Kenntnisse hinlänglich ersetzt glaubten. Somit geschah es, daß sie sich bald über einen Madschun (Latwerge) vereinigten, worin die Dschoharad (Edelsteine) die Hauptingredienzien bildeten, welchen der Fakir selbst verfertigen und eingeben ließ. Allein ehe noch zwei Wochen verflossen waren, hatte der Maharadscha bereits das Zeitliche gesegnet. Er starb in der Festung Somunburdsch in meiner Gegenwart, worauf der Minister die Thore der Festung sperren ließ, ich jedoch mit Bewilligung des Ministers hinausgelassen wurde. Der Fakir, der am Hofe eine so wichtige Rolle gespielt hatte, und dessen Brüder, Nachkommen und zahlreiche Familie noch heutiges Tages von ihren Feinden in Lahore Nai (Barbiere) geheißen werden, indem Aziseddin den Anfang seiner Laufbahn in Lahore mit einigen Salbenbüchsen gemacht haben soll, folgte dem Rendschit-Sing bald nach. Sie stammten von den Ansari-Arabern aus der Wüste her. Aziseddin war gewissermaßen das Orakel Rendschit-Sings. Er, der Minister Dhyan-Sing und Diwan Dinanat, der Finanzminister, welchen letztern die Engländer in neuester Zeit zur Würde eines Radscha erhoben haben, bildeten das Trifolium, aus dem der geheime Rath Rendschit-Sings bestand. Obgleich Rendschit-Sing gar keine eigentliche Erziehung genossen hatte, ja sogar weder lesen noch schreiben konnte, dabei einäugig, gebrechlich, schwach, klein und unansehnlich war: so hatte ihn doch die Natur mit einem Geiste und einem Talente ausgestattet, welches man nicht genug zu bewundern vermochte. Er war schlau, witzig und mißtrauisch; die geringen Dosen von Opium (jeden Nachmittag 1 Pille von 3 Gran) wobei er auch zu verschiedenen Zeiten des Tages starken Spiritus trank, erhielten ihn in einer immerwährenden Aufregung, die jedoch gegen Abend nach dem Genusse des Opiums am stärksten war. Alle ohne Ausnahme liebten und fürchteten ihn. Er hatte eine Achtung gebietende Macht von hunderttausend Mann, zur Hälfte regulärer, zur Hälfte irregulärer Truppen, mittelst deren er dem großen Hindustan hätte Gesetze vorschreiben können. Er unterhielt jedoch stets das freundschaftlichste Einvernehmen mit seinen Nachbarn, den Engländern, und war auch den übrigen Europäern, besonders Franzosen und Italienern, die er zu Gouverneuren in den Provinzen machte, sehr geneigt. Seine Krankheit rührte, der Sage nach, von einer Erkühlung und von Uebermaß im Genusse des starken Weingeistes her. Besonders soll dieß von ihm im Winter vor Freude geschehen sein, als ihm der Generalgouverneur Ostindiens Lord Aukland in Lahore einen Besuch abstattete. Vielleicht hätte ihm im Beginne der Krankheit ein Brechmittel ersprießliche Dienste geleistet. Da aber die eingebornen Aerzte keine guten Brechmittel kennen, indem bei ihnen die Ipecacuanha und der Brechweinstein nicht im Gebrauche sind, sie ferner auch die mit dem Erbrechen verbundene, manchmal sehr heilsame Erschütterung fürchten, und anstatt das Erbrechen zu fördern, Abführmittel anwenden: so wird in vielen Fällen die Krankheit damit nur verschlimmert, wie es auch hier der Fall gewesen sein mag.

Es machte den schmerzlichsten Eindruck auf mich, daß mir die vielen Hindernisse, die sich meinen Wünschen entgegen stellten, nicht gestatteten, dem Maharadscha wieder zu seiner Gesundheit zu verhelfen, jenem Manne, von dessen Leben das Glück, der Friede und der Wohlstand des Landes abhing. Ein Jeder, dessen Blick etwas weiter, als gewöhnlich, in die Zukunft reichte, mußte bedauernd die gewaltige Krisis des Landes und das Zurücksinken einer Nation, die sich kaum gebildet und hervorgehoben hatte, mit Riesenschritten herannahen sehen.

Die erste und grauenvollste Trauerszene, der ich nach Rendschit-Sings

Tode als Augenzeuge beiwohnte, war das Seti oder die lebendige Verbrennung der eilf Frauen des Maharadscha mit dessen Leichnam. Es waren vier Rani's — eigentliche Frauen — und 7 Sklavinnen, die, vom Aberglauben geblendet und von der Hoffnung beseelt, mit ihrem Herrn und Gatten zugleich ins himmlische Paradies zu gelangen, Eine nach der Andern unerschrocken und todesmuthig den Scheiterhaufen bestiegen, sich rund um den Leichnam setzten, und mit schweren Rohrdecken, worauf Oel gegossen wurde, verhüllen ließen. Dieß geschehen, wurde auf einmal von mehreren Seiten her unterwärts Feuer angelegt, so daß die armen Geschöpfe in Rauch und flammender Lohe erstickten, ehe sie noch einen Laut von sich zu geben im Stande waren. Zur Beurtheilung der Sitten der Hindus, und um keiner falschen Ansicht Raum zu geben, muß ich bei dieser Veranlassung die Bemerkung anführen, daß keine Frau zum Verbrennen g e z w u n g e n wird. Jede thut es freiwillig; und charakteristisch ist es, daß vornehmlich nur diejenigen mit dem Leichname ihres Mannes sich verbrennen, denen das Glück versagt war, Mütter zu werden, vielleicht, um das, was ihnen hier auf Erden nicht zu Theil wurde, an der Seite ihres verklärten Mannes in der andern Welt zu erreichen. Aber es ist nicht Sitte, daß sich Männer mit dem Leichname einer Frau oder eines andern Mannes verbrennen. Ungeachtet dessen wollte sich der Minister Radscha Dhyan-Sing gemeinschaftlich mit den Frauen Rendschit-Sing's dieser schrecklichen Ceremonie unterziehen. Da aber das Glück des Landes im gegenwärtigen Augenblicke einzig und allein von ihm abhing, so hielt man ihn gewaltsamerweise von diesem entsetzlichen Entschlusse zurück. Rendschit-Sing hatte nämlich kurz vor seinem Ableben die Hand Dhyan-Sings in jene seines Sohnes, des Thronerben Karrek-Sing, gelegt, und letzteren den ersteren als Minister anempfohlen, indem er die Unfähigkeit seines Sohnes zur Regierung wohl kannte, und wußte, daß er blödsinnig war. Hätte Karrek-Sing den Rath und letzten Willen seines Vaters befolgt, und sich nicht durch seinen Vormund, den Serdar Tschet-Sing zu einem andern Entschlusse verleiten lassen; so wäre alles in bester Ordnung geblieben.

Bevor ich jedoch zur Erzählung der weitern folgenreichen Ereignisse in Lahore übergehe, will ich meinen geehrten Lesern, welche noch Näheres von der Verbrennungs-Ceremonie, die jetzt unter der englischen Regierung nur höchst selten hie und da, trotz des diesfälligen Verbotes, vorkommt, zu wissen wünschen, Nachstehendes mittheilen, was ich als Augenzeuge bei der oben nur kürzlich erwähnten Verbrennung der Frauen des Rendschit-Sing gesehen und beobachtet habe.

Am andern Morgen nach dem Hinscheiden des Maharadscha kam ich mit meinem Freunde dem Obristen Heinrich Steinbach, der gegenwärtig in Diensten des Maharadscha Gulab-Sing in Kaschmir sich befindet, vom Leichname Rendschit-Singo in der Festung vom sogenannten Tacht (dem Krönungsplatze) herab in den großen Hof, durch den wir gehen mußten, um bei Zeiten einen Platz nahe am Scheiterhaufen zu erhalten, welcher zwischen den Ringmauern der Festung, in einem kleinen Gärtchen aufgeschlichtet war, weil der Zulauf der Menschen und das Gedränge in der Festung jede Vorstellung überstieg. Im großen Hofe erblickten wir Eine von den vier Rani's (Königinnen), die so eben zum erstenmale in ihrem Leben allein, zu Fuß und unverschleiert aus dem Harem heraus kam, und langsamen Schrittes zum Leichname ihres Herrn hinging, umgeben von etwa hundert Personen, die in einer Entfernung von etlichen Schritten sie geleiteten. Unmittelbar neben sich hatte sie einen Mann, der ein Kästchen trug, worin der Rest ihres Schmuckes sich befand, von dem sie Stück für Stück rechts und links als Geschenk vertheilte. Zwei bis drei Schritte vor ihr bewegte sich, rückwärts schreitend, und mit dem Gesichte gegen sie gekehrt ein Mann, der ihr einen großen Spiegel vorhielt, was deswegen geschehen soll, damit sie sich selbst überzeugen könne, daß ihre Gesichtszüge unverändert dieselben seien, und keine Angst sich in ihr rege. Bei Vertheilung der Schmucksachen machten Obrist Steinbach und ich unter uns die wohl nicht ungegründete Bemerkung, daß vielleicht auch wir etwas würden bekommen haben, wenn wir die Hände hingehalten hätten; allein wir glaubten, so etwas den ärmeren Leuten überlassen zu müssen, da wir ohnehin uns guter Anstellungen erfreuten. Sonderbar, daß diese Rani eben dieselbe war, die Rendschit-Sing im ersten Jahre meiner Ankunft im Lande, seit welcher bereits 10 Jahre verflossen waren, in Radoun geheirathet hatte, und deren Hochzeitsfeier ich damals beiwohnte. Sie war, wie wir bereits oben gemeldet haben, eine Tochter Sensartschend's, und hatte noch eine jüngere Schwester, mit welcher sich der Maharadscha zu eben der Zeit verheirathet und sie dann Beide mit nach Lahore gebracht hatte. Die Letztere soll während meiner Abwesenheit an der Auszehrung gestorben sein. Was die Erstere betrifft, so hatte ich sie, obwohl ich bei ihrer Hochzeit zugegen war, doch nicht sehen können. Erst bei ihrem letzten, schweren Gange zur Verbrennung kam sie mir zu Gesichte. Der Leichenzug nahete sich nun, begleitet von einigen Tausenden. Alles war zu Fuß, weil man in der Festung nicht weit zu gehen brauchte; nur die vier Rani's wurden paarweise in zwei offenen Tragsesseln, eine neben der andern sitzend, hinter dem Leichname einher getragen; ihnen folgten die sieben Sklavinnen baarfuß, von denen einige kaum 14 bis 15 Jahre alt schienen. Auch die Rani's waren ohne Fußbekleidung, schmucklos, und in einfache seidene Kleider gekleidet. Sie schienen gleichgültig und getrost der Katastrophe sich zu nähern, welche sie erwartete. Vielleicht klopften *unsere* Herzen beim Anblicke dieses Trauerzuges mehr als die *ihrigen* bei dem Bewußtsein der sie erwartenden Verbrennung. Den

Leichnam Rendschit-Sings trug man in einer großen, leichten, zierlichen, schiffförmigen Bahre, worin der königliche Leichnam auf einem Brette lag, an welches er vermuthlich auf irgend eine Weise befestigt war. Die Segel des Schiffes bestanden aus reichen Goldseidenstoffen (in der Landessprach Kimkab genannt) und Kaschmirshawls. Die Menschenmasse trug das Schiff mit fast allen Extremitäten des Oberleibes aus dem Innern der Festung bis zum Scheiterhaufen, wo das Brett mit dem darauf befindlichen Leichnam herausgenommen, und auf die Erde gelegt wurde. An dieser Stelle, wo zuvor nur ein kleines Gärtchen war, befindet sich jetzt ein Semat, d. h. ein Denkmal, der königlichen Familie Rendschit-Sings, Karrek-Sings und Nonehal-Sings, Vaters, Sohnes und Enkels mit ihren Frauen und Sklavinen. Die kostbare Verzierung des reich geschmückten Schiffes wurde der Plünderung des Volkes dahin gegeben. Ueber den Leichnam und die mit ihm zu verbrennenden armen Geschöpfe beteten sowohl die Braminen aus ihrem Schaster, oder dem in der heiligen Sprache der Indier (dem Sanscrit) geschriebenen Buche, als auch die Guru's, oder Priester der Sikhs aus ihrem Religionsbuche Grandsaheb genannt. Ein stilles, nicht widerliches Wirbeln der Trommeln und das betende Gemurmel des Volkes gaben der seltsamen Szene ein eigenes, nur im Oriente denkbares, trauriges Gepräge. Der Scheiterhaufen selbst, der sich hier den Augen der Zuschauer darbot, war aus gut getrockneten Hölzern, worunter auch wohlriechende Aloestücke sich befanden, ungefähr in Manneshöhe, aber in weit bedeutenderer Breite, ein Viereck bildend, aufgeschlichtet. Nach vollendetem Gebete der Braminen und Gurus, welches beinahe eine Stunde währte, bestiegen der Minister nebst mehreren Serdaren auf einer kleinen Leiter die oberste Fläche des Scheiterhaufens, worauf als leicht entzündlicher Brennstoff ziemlich dicht Baumwollsaamen gestreut war, und übernahmen den ihnen von unten hinauf überreichten Leichnam ihres königlichen Herrn, welchen sie ehrfurchtsvoll in der Mitte, so wie er auf dem Brette befindlich war, zurecht legten. Hierauf bestiegen die Rani's sammt den Sklavinen dem Range nach eine nach der andern die verhängnißvolle Leiter, und der oben stehende Minister beeilte sich durch Handreichung jeder derselben beim Besteigen des Scheiterhaufens behilflich zu sein. Als sämmtliche Frauen mit Hilfe des Ministers und der übrigen Serdaren oben angelangt waren, nahmen sie ihre Plätze bei dem Leichname ein, die Rani's zu Häupten desselben, die Sklavinnen zu dessen Füßen. Hier kauerten sie sich an dem Leichname zusammen und verharrten in stiller Erwartung, bis eine starke, dicke Rohrdecke gebracht wurde, welche die oben befindlichen, über die armen, dem schrecklichsten Tode geweihten Geschöpfe ausbreitete, und mit Oel begossen, worauf sie vom Scheiterhaufen herabstiegen. Sobald das geschehen war, wurde, wie ich bereits früher bemerkt habe, der Scheiterhaufen an allen Ecken in Flammen gesetzt, und nur noch wenige Minuten, und die bedauernswerthen Opfer eines verabscheuungswürdigen religiösen Fanatismus hatten ausgelebt.

Unmittelbar nach der Leichenfeier Rendschit-Sings wurde der einzige rechtmäßige Sohn desselben, Karrek-Sing auf den Gedi (Thron) gesetzt, der, wie bereits erwähnt, von Geburt aus blödsinnig, dazu auch noch ein starker Opiophag war, der zweimal des Tages durch Opiumgenuß sich betäubte, und dann den ganzen Tag fast besinnungsberaubt dasaß. Natürlicherweise konnte es unter der Regierung eines solchen Individuums nicht lange gut gehen, zumal da sein Vormund und Factotum, der Serdar Tschet-Sing, der unabhängiger Minister sein wollte, ein Nebenbuhler Dhyan-Sings war, und deßhalb mit dem Gedanken umging, den Dhyan-Sing aus dem Wege zu räumen. Dieß sollte eines Morgens im Derbar geschehen. Zu diesem Ende hatte er bereits seine beiden neuerrichteten Bataillone, welche seine Leibgarde bildeten, in die Festung gezogen, wo er mit Karrek-Sing wohnte, und alle Anstalten getroffen, in der Frühe vor der Ermordung Dhyan-Sings die Wachen an den 3 Thoren der Festung, welche dem Dhyan-Sing ergeben waren, zu wechseln, und durch seine eigene Anhänger zu ersetzen. Dieser Plan blieb indessen dem Dhyan-Sing kein Geheimniß. Er beeilte sich deßhalb, diesem verrätherischen Anschlage zuvorzukommen, was ihm auch mit Hilfe des Kronprinzen Nonehal-Sing und einigen von den Serdaren nebst seinen beiden Brüdern und Anverwandten vollkommen gelang. Karrek-Sing und Tschet-Sing wurden noch vor Anbruch des Tages in der Festung überfallen, und Tschet-Sing sammt allen seinen Verwandten und Anhängern in- und außerhalb der Festung zusammengehauen. Dieß war der Anfang des blutigen Trauerspieles im Pendschab, welches nur durch die Dazwischenkunft der Engländer beendigt werden konnte.

Nach Tschet-Sings Ermordung übernahm der nunmehrige Kronprinz Nonehal-Sing die Regierung, und schickte seinen Vater in sein Haus in die Stadt, wo er sogleich zu kränkeln anfing, und mehrere Monate darnach seinem Vater Rendschit-Sing in's bessere Jenseits nachfolgte. Es ging allgemein die Sage, man habe ihn vergiftet: ja es wurde speziell die Art des hiezu verwendeten Giftes angegeben; allein ich glaub' es nicht. Nur so viel ist gewiß, daß von Seite des Kronprinzen eine große Vernachläßigung seiner stattgefunden hat, und daß diesem nicht im Mindesten daran lag, ob sein Vater dem Leben erhalten werde oder nicht. Deßhalb überließ er ihn auch den Händen unvernünftiger Aerzte, die ihn auf eine Weise behandelten, von der man sich schwerlich eine Vorstellung wird machen können. Mich selbst hat man während seiner 9monatlichen Krankheit kein einziges Mal zu ihm gerufen, da ich doch von der Regierung als der einzige europäische Arzt förmlich angestellt war. Es ist zwar möglich, daß er mich verlangt hat; allein vielleicht hat es der Kronprinz nicht zugelassen, daß ich ihn behandele. Zuverläßig würde dieser sich auf eine andere Weise benommen haben, wenn er hätte ahnen können, daß er am Todestage seines Vaters gleichfalls werde sterben müssen. An dem Tage, wo der König Karrek-Sing und sein einziger Sohn mit Tod abgingen, begab sich ein seltsames Ereigniß. Es ließ mich nämlich mit Tagesanbruch Mia Udum-Sing, der älteste Sohn des Maharadscha Gulab-Sing zu sich bescheiden, und gab mir den Befehlshaber seiner Gebirgsfußtruppen mit dem Versprechen in die Kur, mir, im Fall ich ihn bis Abends herstellen würde, ein Paar Shawls zu verehren. Mein neuer Patient konnte seit einigen Tagen keinen Urin lassen, und litt am Nierengries. Ich behandelte ihn nach bestem Wissen, und siehe da! er genas wirklich noch desselben Tages, während Udum-Sing aus dem Leben scheiden mußte. Die Sache verhielt sich folgendermaßen. Als ich auf die Einladung Udum-Sings zum Besuche des Kranken eilte, welcher in der Wohnung des erstern sich befand, traf ich ihn in einem kleinen Stübchen des Hauses, aber schon nach Hindu-Sitte gleich einem Verscheidenden am Boden hingelegt, indeß Udum-Sing auf dem Bette des Kranken saß, wo er auch mir einen Platz neben sich anwies. Wir besprachen so eben den Zustand des Kranken, als plötzlich ein Bote mit der Nachricht uns überraschte, daß der Maharadscha Karrek-Sing vor wenigen Minuten das Zeitliche gesegnet habe. Die Verbrennung des Leichnams fand noch den nämlichen Nachmittag statt. Mit demselben wurden auch drei seiner Frauen durch die Flammen verzehrt. Bei diesem gräßlichen Schauspiele, welches jedoch in seiner Art höchst merkwürdig ist, fand auch ich mich ein. Der Akt des Verbrennens geschah ganz auf dieselbe Art, wie ich oben jene Rendschit-Sings geschildert habe, und in der nächsten Nähe der Brandstätte des letztern. Als sich der Hof nach der Ceremonie des Verbrennens von seinen Sitzen erhob, um sich zu Fuße an das Ufer des nahe an der Festung vorbeiströmenden Gewässers, welches einen Arm des Rawiflusses bildet, begab, um nach dem Landesgebrauche die Sünden abzuwaschen, kehrte ich zu meinem erwähnten Patienten zurück. Kaum bei ihm angelangt, erfuhr ich, daß man mich bereits allenthalben suche, indem ich auf Verlangen des Ministers schleunigst in den Festungsgarten (Hazuribagh) berufen werden sollte. Natürlich säumte ich nicht einen Augenblick, mich dort einzufinden, und traf den Minister bereits meiner harrend, der, sobald er mich erblickte, mir entgegen kam, mich an der Hand faßte, und mir bedeutete, daß es mit Mia Udum-Sing vorüber sei. Man denke sich mein Erstaunen, welches aber noch wuchs, als er mir erzählte, daß ein Stück der Festungsmauer auf ihn und den Kronprinzen herabgestürzt sei, und beide unter seinem Schutte begraben habe. Udum-Sing sei leblos aus demselben hervorgezogen worden; den Kronprinzen habe man zwar noch lebend, aber stark beschädigt darunter gefunden. Mit diesen Worten führte er mich zu einem daselbst so eben aufgeschlagenen Zelte, wo, wie er mir sagte, ich den Prinzen sehen könne; schärfte mir aber dabei auf das Nachdrücklichste ein, mit Niemandem über den Vorfall ein Wort zu sprechen. Demzufolge ging ich mit ihm in das Gezelt; dort sah ich auf einem Bette den unglücklichen Prinzen mit zerschmettertem Haupte in einem Zustande liegen, dessen bloßer Anblick mich von der Vergeblichkeit jeder ärztlichen Hilfe überzeugte. Der Prinz war rettungslos dem Tode verfallen. Mit dieser Ueberzeugung trat ich sogleich, von dem Minister gefolgt, aus dem Gezelte, und sagte zu demselben, ohne daß es Jemand hören konnte: Hier ist für die Kunst nichts mehr zu thun, worauf er mir befahl, da stehen zu bleiben. Hierauf wandte er sich wieder gegen das Gezelt, betrat dasselbe, kam nach einigen Augenblicken wieder daraus hervor, trat an mich heran, und fragte mich mit lauter Stimme, so, daß es alle Anwesenden, die neugierig horchten, vernahmen, ob man dem Kour-Saheb (Kronprinzen) die Suppe geben dürfe, welche er verlangt habe, worauf ich mit Beziehung auf das englische Sprichwort: He is in need of parsley (er bedarf des Petersils, d. h. es ist aus mit ihm), ironisch erwiderte: Ja wohl! mit etwas Petersil. Man sieht, daß es dem Minister hauptsächlich darum zu thun war, den Tod des Kronprinzen für den Augenblick zu verheimlichen, um so schleunig als möglich alle nöthigen Anstalten zu treffen, damit die Ruhe des Landes auf keinerlei Weise unterbrochen werden könne; und dieses gelang ihm auch so vollkommen, daß 3 Tage lang kein Mensch den Tod des Prinzen auch nur von ferne ahnete. Diese Zwischenzeit benützte der Minister dazu, den Schir-Sing, Rendschit-Sings vorgeblichen Sohn, herbeizurufen, um ihn auf den Thron zu erheben. Zu gleicher Zeit aber hatten die Anhänger des verblichenen Kronprinzen, seine Mutter, die Rani Tschendkour, eingeladen, so schleunig als möglich herbeizueilen. Beide erschienen fast zu gleicher Zeit am dritten Tage, nur Schir-Sing um ein Geringes später als die Rani, welche bereits den Platz in der Festung eingenommen hatte. Aus diesem Grunde sah sich Schir-Sing genöthigt, sein Lager im Garten Hazuribagh aufzuschlagen. Nun erst, als Beide schon am Platze waren, wurde der Tod des Kronprinzen öffentlich bekannt gemacht und zur Verbrennungsfeier desselben geschritten, was neben dem Orte geschah, wo sein Vater und Großvater verbrannt worden waren. Mit seinem Leichnam wurden zwei hübsche junge Frauen ein Opfer der Flammen. Eine Sklavin, kaum noch zwölf Jahre alt, hielt Schir-Sing von dem gleichen Entschlusse zurück, weil sie für das Seti noch nicht reif sei.

Nun wäre es an der Zeit gewesen, eine sorgfältige Untersuchung anzustellen, ob der Herabsturz der Mauer, durch welchen Nonehal-Sing und Udum-Sing zerschmettert wurden, ein bloßes Werk des Zufalls oder die ab-

8 *

sichtliche That verruchter Bösewichte gewesen sei. Allein wider alles Vermuthen fand es Niemand der Mühe werth, auf eine derlei Untersuchung einzugehen, und man hielt das Ereigniß im Allgemeinen für eine Strafe Gottes, indem der Kronprinz seinen Vater beseitigt und seinen Tod, wenn auch nicht unmittelbar veranlaßt, doch wenigstens mittelbar herbeigeführt hatte. Das Unterbleiben dieser Untersuchung mag wohl den Hauptgrund abgeben, daß die Engländer noch heutiges Tages den Glauben hegen, der Tod Nonehal-Sings sei durch ein geheimes Verbrechen Dhyan-Sings erzielt worden, indem dieser, ihrer Ansicht nach, von außergewöhnlichem Ehrgeize und zügelloser Herrschsucht gestachelt, in dem Kronprinzen nur ein Hinderniß seiner weitaussehenden, finstern Pläne erblickt habe. Ich, der ich doch selbst mitten im Lande lebte, Augenzeuge von Allem war, und mit Dhyan-Sing längere Zeit in naher Berührung stand, daher oft Gelegenheit hatte, einen Forscherblick in sein Inneres zu werfen, kann mich schlechterdings nicht dieser Ansicht anschließen, und zwar aus folgenden Gründen. Erstens: Hätte er gewiß das Leben seines Neffen Udum-Sing, dem er besonders zugethan war, zu schonen gesucht, und dem Kronprinzen einen andern Führer beigegeben, gewiß aber sich selbst von dem Kronprinzen und seinem Begleiter etwas mehr in der Ferne gehalten; denn er konnte ja unmöglich den Moment des Herabsturzes der Mauer und den Platz, auf welchen sie fallen mußte, völlig genau berechnen, wovon schon das ein Beweis ist, daß er von einem der herabstürzenden Backsteine sehr hart auf den Arm getroffen wurde, und dadurch einen blauen Fleck erhielt, den ich selbst gesehen und behandelt habe. Zweitens: Hätte er ohne Zweifel dafür Sorge getragen, daß Schir-Sing, den er auf dem Throne haben wollte, auch schon in der Nähe gewesen wäre, wodurch er sich die Verlegenheit erspart haben würde, das Ableben des Kronprinzen drei Tage lang geheim zu halten; und welche Berathschlagungen fanden nicht täglich zweimal durch zwei Wochen in der Festung Statt, bis man sich endlich entschloß, der Rani Tschendkour, Nonehal-Sings Mutter, den Vorzug zu geben, und sie auf den Thron zu setzen, auf welchem sie sich indessen nicht lange zu behaupten vermochte! Weit natürlicher scheint es, daß es die Anhänger Karrek-Sings und Tschet-Sings gewesen sind, die dem Kronprinzen nach dem Leben strebten, weil er die Absicht kund gab, sie zu strenger Rechenschaft zu ziehen, indem sie seinen Vater während der Zeit seiner langwierigen Krankheit auf die unverschämteste Weise betrogen und bestohlen hatten. In dieser Beziehung war es auch gar kein Geheimniß, daß Konr Nonehal-Sing gleich nach der Verbrennungsfeier seines Vaters sieben Häuser in der Stadt aus diesem Grunde sperren lassen wollte.

Während der zweiwöchentlichen Berathschlagungen der Serdars in der Festung hatte die Rani Tschendkour einen Versuch auf das Leben Schir-Sings im Sinne. Dhyan-Sing erfuhr es jedoch bei Zeiten, und warnte seinen Schützling. Schir-Sing vergaß dieses nicht, und als er später die Zügel der Regierung in die Hand nahm, da traf es sich, daß während seiner Abwesenheit von Lahore die Sklavinnen Tschendkours ihrer Herrin während des Nachmittagsschlafes den Kopf mit einem Ziegelsteine einschlugen. Dhyan-Sing schritt in Abwesenheit Schir-Sings sogleich gegen die Mörderinnen ein, ließ ihnen auf öffentlichem Platze vor dem Kotoali (Polizeiamte) Nasen, Ohren und Hände abschneiden, und sie vors Stadtthor hinausschaffen. Da sie jedoch die Zungen noch unversehrt behalten hatten, so sagten sie aus, sie hätten nur nach dem Verlangen Schir-Sings gehandelt. der ihnen als Belohnung dafür ein Dschaghir (Landgut) versprochen hätte. In Folge dessen wurden sie auf die andere Seite des Nawiflusses transportirt. Was da ferner mit ihnen geschehen ist, habe ich niemals erfahren können.

Die Sikhtruppen waren gewohnt, öfters vor ihrem Monarchen oder dem Kronprinzen die Revue zu passiren, bei diesem Anlasse Belobungen zu erhalten und beschenkt zu werden. Das hatte unter Tschendkours Regierung aufgehört. Sie ließ sich nur vor wenigen Vertrauten sehen, und bloß ihre Minister und nächsten Rathgeber lenkten das Staatsschiff, welches aber überaus schlecht sich fortbewegte, indem Jeder von ihnen nicht das Wohl des Ganzen, sondern nur seinen eigenen Vortheil berücksichtigte. Dadurch entstand, wie leicht begreiflich, im Verlaufe der Zeit eine allgemeine Unzufriedenheit. Der Minister Dhyan-Sing, dieß gewahrend, stellte sich an, als ob er mit seinem jüngeren Bruder Sutschet-Sing auf einige Tage in seine heimatlichen Gebirge sich begeben und dort zur Erholung dem Jagdvergnügen sich überlassen wollte. Dieß war aber nur ein Vorwand, indem er seine Entfernung dazu benutzte, den Schir-Sing herbeizuholen, dem sogleich sämmtliche Truppen zufielen.

Bei dieser Gelegenheit erbaue man sich an orientalischer Politik! Dhyan-Sings ältester Sohn Hire-Sing und dessen ältester Bruder Gulab-Sing waren von der Partei der Rani. Sie schlossen sich mit ihr in die Festung ein, welche fünf Tage lang gesperrt blieb, und drei Tage und drei Nächte lang ununterbrochen aus Kanonen beschossen, und mit Bomben beworfen wurde. Erst dann, als man einen Sturm auf sie vorbereitete, und sie wahrscheinlich würde genommen worden sein, ergaben sich die Eingeschlossenen unter folgenden Bedingungen: Die Rani sollte fortan in der Festung wohnen; es sollte ihr ein angemessenes Dschaghir (Landgut) zu ihrem Unterhalte angewiesen werden, und der Garnison, die aus zwei Bataillonen Gebirgsleuten, Gulab-Sings Truppen bestand, sollte der freie Abmarsch gestattet sein. Ihr Abmarsch geschah in der dunklen Nacht, und sie konnten Alles, was ihnen beliebte, mit sich nehmen, indem Gulab-Sing die Festung, worin sich auch die Schatzkammer befand, durch volle fünf Tage in seiner Gewalt hatte. Die

Gebirgstruppen wurden einstweilen auf die andere Seite des Rawiflusses gewiesen, bis Schir-Sings Krönung Statt gefunden hätte, wobei durch Dhyan-Sings und Sutschet-Sings Vermittelung Gulab-Sing und Hire-Sing mit Schir-Sing wieder ins beste Einvernehmen gesetzt wurden, die nun wie ehe und vor die einflußreichsten Personen am Hofe vorstellten. Dieß das Ende dieses Bürgerzwistes, der auf eine ganz entgegengesetzte Weise, jedoch in eben dem Sinne, zu Gunsten der Radscha-Familie würde ausgetragen worden sein, wenn die Partei in der Festung die Oberhand behalten hätte. Nach dieser Ausgleichung zogen sich die betreffenden Personen unverweilt mit ihren schätzebeladenen Truppen ins Gebirge zurück. Schir-Sing hatte sich indessen der Unmäßigkeit im Trunke ergeben, und liebte es besonders, sich im Champagner zu berauschen. Die Eintracht zwischen ihm und Dhyan-Sing hatte in Bälde ihre Grenze erreicht, und sie begannen sich gegenseitig auf das Erbittertste zu hassen. Serdar Adschet-Sing und sein Oheim Lena-Sing, welche der Sendeval'schen Familie entstammten, mithin Anverwandte Rendschit-Sings waren, und als zur Partei der Rani gehörend, gegen Schir-Sing und Dhyan-Sing gefochten hatten, wußten sich auf eine so schlaue Weise zu benehmen, daß sie sich — nach dem Gesagten kaum begreiflich — in das volle Vertrauen beider einzuschleichen wußten, welches sie, ohne daß weder Schir-Sing noch Dhyan-Sing das Geringste davon ahnten, mit teuflischer Bosheit dazu benützten, den Einen mittelst des Andern zu verderben. Zu diesem Ende setzten sie sich mit Schir-Sing ins Einverständniß, den Dhyan-Sing zu ermorden; zu gleicher Zeit aber spannen sie mit Dhyan-Sing die nämliche Intrigue zum Untergange Schir-Sings an. Beiden, nämlich dem Schir-Sing und Dhyan-Sing war es nichts weniger als unbekannt, daß die Sendeval'schen sich insgeheim zum Kriege rüsteten, Pulvervorräthe herbeischaffen und Kugeln gießen ließen, u. dgl. m. Ja, Schir-Sing wurde sogar von einigen wohlmeinenden Freunden mehrmals gewarnt; allein er kehrte sich nicht daran, und ließ sie mit unbegreiflicher Sorglosigkeit gewähren. Der Eine dachte, daß es dem Andern gälte, und doch galt es am Ende Beiden, aber so, daß das alte Sprichwort: Wer dem Andern eine Grube gräbt, fällt selbst hinein, hier buchstäblich in Erfüllung ging; denn auch Adschit-Sing und Lena-Sing hatten sich durch dieß Benehmen ihr eigenes Verderben bereitet.

Schir-Sing pflegte täglich Musterung über seine Truppen zu halten. Bei einer solchen Gelegenheit, als er nämlich im königlichen Garten Schablahore die Sendeval'schen Truppen die Revue sollte passieren lassen, zu welchem Behufe er in einem Zimmerchen am Fenster saß, reichte ihm Adschit-Sing gleichsam als Nazerana (Geschenk) einen geladenen Karabiner hinauf, mittelst dem er ihn in eben dem Augenblicke, als er ihn anfassen wollte, durch den Kopf schoß. Adschit-Sings Leute, die zur Musterung vor dem Fenster aufgestellt waren, gaben zu gleicher Zeit eine Salve durch das Fenster auf die den Schir-Sing zunächst Umgebenden, eilten dann hinauf und schnitten ihm den Kopf ab. Zufälligerweise befand ich mich gerade in der allernächsten Nähe der grausen Szene, nicht weiter, als zehn Schritte vom Zimmerchen entfernt, worin er seinen gewaltsamen Tod fand, und kaum waren noch fünf Minuten verflossen, als er außerhalb desselben unter einem Baume gewesen war, wo ich ihn gesprochen hatte. Es war nämlich von mir auf Verlangen Dhyan-Sings in meiner neu errichteten Pulverfabrik ein Modell nach europäischer Art mit Fässern und großen Mühlsteinen, die eine Maschine mit vier Paar Büffelochsen in Bewegung setzte, angefertigt worden. Schir-Sing hatte dieselbe vier Tage vor seinem Ende an einem Sonntage besichtigt, und darüber sich so befriedigt gezeigt, daß er mir nebst zwei Paar Goldspangen, die er mir an Ort und Stelle eigenhändig anlegte, 500 Rupien (500 G. M.) als Zulage zu meinem ordentlichen Monats-Gehalte von 900 Rupien aussetzte. Da dieses Versprechen nur mündlich geschehen war, so ging ich, um dießfalls eine schriftliche Anweisung zu erhalten, tagtäglich in den Derbar, und befand mich demnach gerade an dem unglücklichen Donnerstage bei ihm, wo er gemeuchelt wurde. Während dieses hier vorging, ermordete Lena-Sing, Adschit-Sings Oheim, unfern davon in einem Garten den Kronprinzen Pertab-Sing, einen Knaben von 12 Jahren, und das in eben dem Momente, als das unschuldige Opfer der Parteiwuth mit Braminen, Ochsen, Gebeten, Almosenvertheilungen u. dgl. sich beschäftigte. Denn es war ein sogenannter Sankrat-Tag, der erste im Hindumonate, wo dergleichen religiöse Ceremonien in der Regel vorgenommen werden. Er wurde schonungslos mit dem Säbel zusammengehauen. Sein Vormund Bai Gurmek-Sing, wie auch Misser Beliram, der erste Schatzkämmerer, und noch mehrere Andere, die an diesen Greuelthaten Antheil genommen hatten, durften nicht lange auf ihren Lohn dafür warten. Von Schablahore eilten die Mörder der Festung zu. Unterwegs trafen sie den Dhyan-Sing, welcher im Begriffe war, sich nach Schablahore zu begeben, und benachrichtigten ihn, daß die That schon geschehen sei, worauf sie ihn mit sich in die Festung führten, vorgeblich, damit er den kleinen Dhelib-Sing, Rendschit-Sings jüngsten Sohn, auf den Thron setze. In der Festung angelangt, erschossen sie auch ihn, hieben seinen Leichnam in Stücke, schlossen sich mit ihren Leuten in die Festung ein, und ließen unter Trommelschlag in der Stadt den Dhelib-Sing als König und Adschit-Sing als seinen Vezir proklamiren. Radscha Hire-Sing, Dhyan-Sings Sohn, der sich im Freien befand, wußte sich die Gunst der regulären Truppen durch seine Wohlredenheit und glänzende Versprechungen zu erwerben, so zwar, daß sie sich bereit erklärten, ihm zu folgen. Als er sich auf diese Art der bewaffneten Macht versichert hatte, rückte er um Mitternacht in die Stadt, cernirte die Festung und begann nun sie förmlich zu belagern. Der Donner der Kanonen dauerte 12 Stunden lang bis Mittags des folgenden Tages, wo die schwache Garnison beinahe schon widerstandsunfähig war. Als Hire-Sing dieß bemerkte, gab er das Signal zum Sturm. Ein spanischer Obrist Namens Hurbon, der in Diensten der Sihks stand, war einer der ersten auf den Zinnen der halb zertrümmerten Festungsmauer. Denen, die ihre Waffen ablegten, wurde nichts Leides gethan; nur die Häuptlinge Adschit-Sing, Lena-Sing, Bai Gurmek-Sing, Misser Beliram u. s. w. verfielen der gerechten Strafe des Todes. Adschit-Sings Kopf wurde dem Hire-Sing als Trophäe überreicht, dessen Körper aber, so wie jener seines Oheims Lena-Sing, vor den Stadtthören zur Schau aufgehängt. Wer hätte damals denken können, daß es dem Hire-Sing in kürzester Frist auch nicht besser gehen werde!

Mit dem Leichname Dhyan-Sings verbraunten sich, als man ihn aus der Festung herausbekommen hatte, dreizehn Weiber, Frauen und Sklavinnen. Da Hire-Sing in der Umgebung Rendschit-Sings, ja gleichsam, um mich einer Hyperbel zu bedienen, in dessen Schooße aufgewachsen war, viel Witz und Geist besaß, eine sehr gute Erziehung gehabt hatte, vollkommen lesen und schreiben konnte, und mit den Truppen vortrefflich umzugehen verstand, was er seinem Vater abgelernt hatte; so befand sich an der Seite des 8jährigen Königs ein junger 25jähriger Minister, der weit längere Zeit sich in seiner erhabenen Stellung hätte behaupten können, wenn er nicht in einer so großen Abhängigkeit von seinem ehemaligen Vormunde, den er als einen Abgott betrachtete, gestanden wäre. Dieser Vormund war ein fanatischer Bramine aus dem Gebirge, Dschele-Pindet geheißen, der mit seinen astrologischen Träumen und Wahrsagereien den Hire-Sing häufig zu falschen Schritten verleitete, worunter natürlich die Verwaltung des Landes litt. Er that im Grunde genommen nur das, was ihm gefiel, und rieth nur zu dem, was seinen verschrobenen Ideen zusagte. Dadurch entstanden allmählig so viele Verwirrungen, und in Folge derselben solch eine allgemeine Unzufriedenheit, daß man am Ende es für nöthig erachtete, den Dschele-Pindet von seiner Seite zu entfernen. Die Truppen selbst, den Oheim des Königs an der Spitze, verlangten dringend dessen Auslieferung, wozu sich aber Hire-Sing schlechterdings nicht verstehen wollte. Dieß gab Veranlassung zur Flucht des letzteren mit seinem Vormunde auf schätzebeladenen Elephanten. Sie waren aber kaum einige Meilen von der Stadt entfernt, und im Begriffe ihre Flucht jenseits des Rawiflusses ins Gebirge fortzusetzen, als ihre Verfolger sie einholten und, während sie so eben in einem kleinen Dorfe abgestiegen waren, um daselbst etwas der Ruhe zu pflegen, mit Uebermacht überfielen. Trotz der muthigsten Gegenwehr von Seite Hire-Sings und seines Gefolges, wobei das Dörfchen ein Raub der Flammen wurde, mußte er endlich sammt allen den Seinigen dennoch unterliegen. Unter den bei diesem traurigen Ereignisse Umgekommenen befand sich auch ein Sohn des Maharadscha Gulab-Sing, dessen Kopf zugleich mit den Köpfen Hire-Sings und Dschele-Pindets als Siegeszeichen nach der Stadt zurückgebracht wurde.

Dem genauen Beobachter des Verlaufes der damaligen politischen Begebenheiten kann es, bei genauerer Betrachtung derselben, unmöglich entgangen sein, daß bei diesen Parteizwisten unendlich viel Menschenblut hätte erspart und unsägliches Unheil vom Lande abgewendet werden können, wenn die Sihks genug Scharfblick besessen hätten, statt die Partei Hire-Sings zu ergreifen, sich an Adschit-Sing anzuschließen und für dessen Sache einzustehen. Würde Hire-Sing in diesem Falle, wie es unter solcher Voraussetzung auch nicht anders kommen konnte, von ihnen fest genommen worden sein; so hätten sie dadurch nicht nur jedem ferneren Streite vorgebeugt, sondern sich auch in den Besitz der ungeheuern Schätze gesetzt, über welche Hire-Sing verfügen konnte. Allein, wenn irgend jemals, so bewährte sich hier das bekannte lateinische Sprichwort: Quem Deus vult perdere, prius dementat.

Da sich nun in meiner Erzählung der allgemein wichtigen Begebenheiten gerade ein Ruheplätzchen darbietet, so will ich für diejenigen meiner Leser, welche an meinen Schicksalen lebhaftern Antheil nehmen, noch meine Rettung aus den Umgebungen jenes Schauplatzes, wo die Gräuelszenen vorgingen, deren unwillkürlicher Zeuge ich war, in einem kleinen Bildchen entwerfen. Als das Gekrache der abgefeuerten Gewehre zuerst in meine Ohren drang, und ich gewahrte, daß Alles rings herum in Aufregung gerieth und zu den Waffen griff, da merkte ich wohl, daß es hier nicht mehr recht geheuer sei, und etwas Bedeutendes vorginge. Deßhalb sah' ich mich schnell nach der Stelle um, wo ich außerhalb des Gartens mein Pferd sammt meinen Dienern zurückgelassen hatte. Sie waren noch, meiner harrend, an derselben Stelle, was ich leicht sehen konnte, weil sie von mir nur durch eine niedrige Gartenmauer und einen schmalen Graben getrennt waren. Ich eilte also im schnellsten Laufe darauf zu, übersprang jene Mauer und den Graben, und gelangte so ungefährdet zu den Meinigen. Daß es ein großes Glück für mich war, gerade diesen Weg für mein Entkommen gewählt zu haben, sah' ich erst dann recht deutlich ein, als mir meine Leute mit Schrecken erzählten, daß beim großen Ausgangsthore die Kugeln rings herum geflogen wären, weßhalb sie mit ungeheurer Besorgniß mich in der Nähe des Thores erwartet hätten. Somit hatte ich in diesem kritischen Momente durch einen schnellen Entschluß mein Leben gerettet.

Dieß Wenige von meiner Person. Und nun weiter zur ferneren Erzählung! Zu Schir-Sings Zeiten waren wir etliche und zwanzig Europäer, größtentheils französische und auch einige englische Offiziere, in Diensten der

Lahore'schen Regierung. Und es hieß allgemein, daß wir nach und nach eine eigene Colonie allda bilden würden. Dschele-Pindet schickte jedoch, angeblich aus ökonomischen Gründen, in der That aber aus Religionsfanatismus, Einen nach dem Andern von uns weg, so, daß zuletzt nur noch ich und der Spanier Hurbon übrig blieben. Aber auch mich traf zuletzt mit allen früheren ein gleiches Schicksal. Dessen ungeachtet blieb ich noch immer in der Stadt zurück, obwohl ich vorsichtshalber mich zur alsbaldigen Abreise bereit hielt, und deshalb, um durch nichts daran gehindert zu sein, meine Effekten um einen Spottpreis hintan gegeben hatte. Ich that dieß, weil ich theils von Freunden darauf aufmerksam gemacht, theils von selbst es einsehend, daß eine solche Mißregierung unmöglich lange bestehen könne, dasjenige, was sich wahrscheinlich in der nächsten Zukunft begeben würde, im Voraus berechnete. Daß man in Lahore bald die Köpfe der jetzigen Machthaber im Triumphgepränge sehen würde, daran zweifelte ich keinen Augenblick. Und siehe da! meine Vermuthung hatte mich nicht getäuscht. Die Fanatiker, die Akali's (Unsterbliche), oder mit andern Worten: das Räubergesindel, die Nahengs, ließen bald darnach den Kopf Dschele's in Lahore und Umritsir ums Geld sehen. Das ist der Schurke, hieß es, der den jungen Hire-Sing dazu bewogen hat, seinen Oheim den braven Radscha Sutschet-Sing umzubringen, wozu er eine Armee von 20,000 Mann brauchte, obgleich dem Angegriffenen nur etliche 40 entschlossene Gebirgsleute beistanden. Dieses Ereigniß begab sich in einer kleinen Moschee, eine deutsche Meile weit von der Stadt Lahore. Er, dieser Abgott Hire-Sings, kabalirte als ein entschiedener Fanatiker gegen den hohen Priester der Sihks, den Guru Baba Bir-Sing. Unter dem Vorwande, daß der heilige Mann mit den Rebellen und Flüchtlingen, die er um sich habe, einverstanden sei, das Land den Engländern zu überliefern, spornte er den jungen Minister an, einen Theil seiner Armee an den Aufenthaltsort desselben zu entsenden, um die Rebellen und Flüchtlinge gefangen zu nehmen. Bei dieser Expedition wurden in dem dadurch herbeigeführten Getümmel der Guru nebst vielen Kühen und Ochsen (geheiligten Thieren der Hindus und Sihks) und einer Unzahl armer Leute, die durch die Mildthätigkeit des eben genannten ihren Lebensunterhalt erhielten, theils niedergeschossen, theils in den nahen Fluß Setludsch bei Hariki Patan getrieben, worin sie elendiglich ertranken. Unter den Gefallenen befand sich auch Kaschmire-Sing, ein Sohn Rendschit-Sings, welcher aus der Festung Sialkut, die ihm und seinem Bruder Pischauer-Sing ihr Vater als Apanage bestimmt hatte, durch Hire-Sing und Dschele Pindet widerrechtlich vertrieben worden war.

Dschele hatte dem Könige Dhelib-Sing mit seiner Mutter Rani Tschenda und seinem Oheime Dschowahar-Sing die Civilliste so sehr geschmälert, daß sie nicht mehr ihrem Stande gemäß leben konnten. Dieß veranlaßte den Bruder der Rani, Dschowahar-Sing, den Dhelib-Sing auf einem Elephanten aus der Stadt zu entführen, und ihn seine Zuflucht zu den Truppen des General Avitabile nehmen zu lassen. Allein der Entführer wurde statt eines freundlichen Empfanges vom kommandirenden General Misser Dschodaram (einem Braminen und Schwiegervater des Dschele) mit einer Maulschelle begrüßt, und zugleich mit dem Könige in Haft gebracht, wofür aber Dschowahar-Sing, als er im Verfolge der Zeit Vezir geworden war, den Dschodaram nur durch Abschneidung der Nase bestrafte. In der Stadt Lahore hieß es, Dschowahar-Sing habe den Dhelib-Sing nach Ferusipur hinüber zu den Engländern führen wollen. Mit der ersten Frühe ritt Hire-Sing hinaus, und brachte beide Flüchtlinge zurück. Dem Dhelib-Sing wurde, dem Herkommen gemäß, eine Begrüßungssalve von einigen hundert Kanonenschüssen entgegen gedonnert, und er wieder seiner Mutter in die Festung übergeben. Dschowahar-Sing wurde in den Kerker geworfen. Dschele-Pindet hatte sich mit einer Witwe Schir-Sings in ein zärtliches Verhältniß verwickelt. Er versprach ihr deshalb, den Dhelib-Sing zu ermorden, und ihrem Sohn als rechtmäßigen Thronerben zur Herrscherwürde zu verhelfen. Da die Sache indeß nicht so geheim betrieben werden konnte, daß sie nicht auch unbetheiligten Personen zu Ohren gekommen wäre, so wird man es ganz natürlich finden, daß auch die Rani Tschenda von diesem schlau abgekarteten Plane Wind bekam. Dieß war hinlänglich, ihn schon im Entstehen zu vereiteln. Denn Weiberlist geht über Alles, zumal wenn es sich um die Vertheidigung ihrer Interessen handelt. Sie trachtete zuvörderst, den Schatzkämmerer Lal-Sing für sich zu gewinnen, und — es gelang ihr. Wer hätte das von einem Manne glauben sollen, der seine ganze glänzende Stellung dem Radscha Dhyan-Sing zu verdanken, mit Hire-Sing immer zusammen gelebt, und mit ihm gleichsam einen Bruder-Bund geschlossen, ja mit welchem er stets die innigste Verbindung unterhalten hatte, mit dem sogar Dschele-Pindet einst die Turbane wechselte, und Brüderschaft schloß! Und doch spielte er dießmal den Verräther an seinen Freunden, und stand der Rani mit Rath und That nach besten Kräften bei. Zuerst veranlaßte er die Befreiung ihres Bruders Dschowahar-Sing; dann gab er ihm die nöthigen Geldmittel, mit denen er vor allem Andern die Nahengs an sich zog, die ihn aus der Stadt hinaus brachten. Unmittelbar darauf gelang es ihm, auch eine bedeutende Anzahl der regulären Truppen auf seine Seite zu bringen. An der Spitze dieser seiner Anhänger erschien er am folgenden Morgen auf dem Exercierplatze vor der Festung, und verlangte vom Hire-Sing die Auslieferung des Dschele-Pindet. Da nun Hire-Sing sich hiezu durchaus nicht verstehen wollte, und, bei der Unmöglichkeit, für den Augenblick den Empörern mit Kraft entgegen zu treten, mit einem Sohne Gulab-Sings, Namens Mia Son-Sing, und seinen Anhängern den Gebirgsleuten im Gefolge Dschele's die Flucht aus der Stadt über den Rawi ergriff: so wurde ihm die ganze Armee der Sihk's entfremdet, und zwar dergestalt, daß ihm diese, und sogar diejenigen; die zuvor seine besten und vertrautesten Freunde gewesen waren, nacheilten; und als sie ihn und sein Gefolge erreichten, Alles was ihnen aufstieß zusammen schossen und niedermetzelten. So kamen Lal-Sing und Dschowahar-Sing mit ihren Trophäen, aus 5 Köpfen bestehend, zur Mittagszeit siegreich in die Festung zurück, während das nachgeeilte Räubergesindel sich beutelustig in die Schätze theilte, welche die Fliehenden mit sich genommen hatten. Da nun Jedermann herbeieilte, sein Geschenk (Nazerana) darzubieten, und seine Glückwünsche auszudrücken, so that ich deßgleichen, und wurde vom Dschowahar-Sing, welcher statt Hire-Sing Minister geworden war, nicht nur mit freundlichem Lächeln empfangen, sondern bekam auch auf der Stelle wieder meine vorige Anstellung als Arzt und Aufseher der Pulverfabrik und Büchsenschifterei, mit demselben Gehalte, wie früher.

Auch Dschowahar-Sing genoß nicht lange seiner neuen Würde. Er mit der berühmten Sklavin Mangela bildete die eine Seite der Opposition, während Lal-Sing mit der Rani Tschenda auf der anderen Seite jenem ersten Paare gegenüber stand. Von Beiden hing die Leitung der Regierung ab, welche bei entgegengesetzten Ansichten unmöglich harmonisch sein konnte. Ein angeblicher Sohn Rendschit-Sings, Pischauer-Sing, ein Bruder des mit dem Guru (Hohenpriester) getödteten Kaschmire-Sing, hatte, in der Absicht, einen Aufstand gegen die bestehende Regierung zu erregen, die Festung Attok genommen, weßhalb ihn Dschowahar-Sing mit Versprechungen aller Art herauslockte, und heimlicherweise umbringen ließ. Die Truppen jedoch, worunter er viele Anhänger zählte, erfuhren es und erschossen aus Rache dafür den Dschowahar-Sing auf seinem Elephanten. — Dschowahar-Sing wußte wohl, was die Truppen mit ihm vorhatten. Er konnte sich deßhalb nur sehr schwer entschließen, die Festung zu verlassen, und sich in das Lager der Truppen zu begeben, wohin man ihn verlangt hatte.

In den letztern Zeiten der Regierung Dschowahar-Sings lebten wir in den mißlichsten Verhältnissen. Es herrschte damals weder Gerechtigkeit noch Ordnung und Sicherheit. Die Soldateska, jeglicher Disciplin baar, that was sie wollte. Wenn z. B. ein Soldat im Bazar eine alte Schuld zu fordern hatte, so nahm er sie gewaltsam mit zehnfachen Interessen. Im Lager von Mia Mir, welches eine deutsche Meile von Lahore entfernt ist, hatte man einen falschen Bericht erhalten, daß ich einige englische Spione bei mir im Hause verberge, die mit Dschowahar-Sing einverstanden wären, das Land den Engländern zu überliefern. Ich hatte jedoch nur den Obristen Mouton bei mir im Hause, der vor nicht Langem aus Frankreich zurückgekehrt war, um sich neuerdings um eine Anstellung zu bewerben. Zuweilen besuchte mich auch der Spanier Hurbon und Saint-Amand ein Maler, zwei Personen, welche damals nebst mir die einzigen Europäer in Lahore waren. Eines Tages vertrauten mir einige Soldaten, die ich ärztlich behandelte, und mir freundlich gesinnt waren, daß die Truppen beschlossen hätten, wenn Dschowahar-Sing diesen Nachmittag nicht aus der Festung ins Lager heraus käme, ihn in derselben zu überfallen und zu ermorden; zugleich läge es auch in ihrer Absicht mein Haus zu plündern, indem es hieße, ich hätte darin englische Spione verborgen, welche mit dem Dschowahar-Sing wegen Ueberlieferung des Landes an die Engländer übereingekommen wären. Sie gaben mir deßhalb den wohlmeinenden Rath, Alles, was ich von Werth besäße, bei Zeiten in Sicherheit zu bringen. Erst wie Dschowahar-Sing erfuhr, daß man die Trommeln zu rühren begonnen habe, und daß die Truppen in vollem Marsch gegen die Stadt und Festung zu begriffen seien, entschloß er sich, heraus zu kommen, was für mich und die ganze Stadt ein großes Glück war; denn im entgegengesetzten Falle wäre ganz Lahore zweifelsohne geplündert worden. Als er die Festung verließ, saß er auf einem Elephanten, den kleinen Dhelib-Sing vor sich auf dem Schooße haltend. In seinem Hoda (Sessel) befanden sich eine große Anzahl mit Gold und Silber gefüllter Säcke. Wahrscheinlich glaubte er damit sein Leben erkaufen zu können, allein er täuschte sich. Ihm folgten auf mehreren Elephanten die Rani und die Mangela, nebst einigen andern Sklavinnen. Als der Zug im Lager anlangte, nahm man ihm zuerst den kleinen Dhelib-Sing vom Schooße weg, und schickte ihn mit seiner Mutter in das für den Hof besonders aufgeschlagene königliche Zelt. Kaum war dieß geschehen, als man den Dschowahar-Sing auf seinem Elephanten ohne weitere Umstände zusammenschoß, ein Loos, welches auch seine beiden Vertrautesten, den Baba Roten-Sing und Tschata-Peie, traf, die vergeblich zu Pferde zu entkommen suchten. Diese Katastrophe machte auf die Rani und die Mangela einen so erschütternden Eindruck, daß sie einige Tage wie wahnsinnig mit fliegenden Haaren vor Jedermanns Augen sich sehen ließen. Sie gingen nämlich jeden Morgen früh aus der Festung zu Fuß über den Pret (Exercierplatz) in den Garten, wo Dschowahar-Sing sammt seinen beiden Gefährten verbrannt worden war, und ließen dort den Thränen freien Lauf, um dadurch ihren gepreßten Herzen Luft zu machen.

Zu Dschowahar-Sings Zeiten, im Frühjahre 1845, grassirte in Lahore die Cholera-Epidemie, die aus Turkistan über Kabul daselbst eingedrungen war, in hohem Grade. Zu eben der Epoche war auch Gulab-Sing aus Dschemu, einer Stadt am Gebirge, als Gefangener in Lahore, und er konnte von Glück sagen, den Nachstellungen Dschowahar-Sings entkommen zu sein.

Denn es fanden bekanntermaßen mehrere Attentate auf sein Leben statt, die schon damals dem Dschowahar-Sing schlecht bekommen wären. Gulab-Sing hatte nämlich einen Theil der Sihk-Truppen auf seine Seite gebracht, denen er sich auch anvertraute, als man ihn von Dschemu nach Lahore hatte bringen lassen, und das zwar in Folge seiner Widersetzlichkeit gegen Regierungs-Forderungen. Höchst merkwürdig hiebei ist der Umstand, daß Gulab-Sing trotz der Cernirung seiner Feste durch zahlreiche Truppenmassen es dennoch wagte, die Abgeordneten der Sihks, die er selbst zur Uebernahme der von ihm der Regierung zu überliefernden Gelder zu sich eingeladen hatte, bei ihrer Rückkehr mit den empfangenen Summen durch seine Leute niedermachen und ihnen dieselben wieder abnehmen ließ, gleichsam als hätte er Reue darüber empfunden, seinen Verpflichtungen nachgekommen zu sein.

Während dieser Kämpfe im Gebirge führte der den Engländern wohlbekannte Rendschoh-Sing den Oberbefehl über die Truppen, die sich im Gebirge bei Dschesrota gesammelt hatten. Einer der wohlhabenderen Braminen der Umgegend war von seinen Nachbarn ersucht worden, ihre besten Hausgeräthschaften zu sich zu nehmen, um sie zu überwachen; deßhalb verlangte er zu diesem Zwecke sowohl als auch um seiner eigenen Sicherheit willen bewaffneten Schutz von Rendschoh-Sing, den er ihm auch gewährte. Als jedoch Rendschoh-Sing in Erfahrung brachte, daß im Hause des Braminen große Schätze aufgehäuft seien, so spann er eine eigenthümliche Intrigue an, sich derselben zu bemächtigen. Er sandte nämlich eine Anzahl seiner Leute unter der Maske von Räubern hin, welche sie gewaltsam wegnahmen. Die Braminen, vollkommen überzeugt, daß diese Gewaltthat Rendschoh-Sings Werk sei, eilten in Masse nach Lahore, um darüber bei Dschowahar-Sing Klage zu führen. Da sie jedoch sahen, daß sie von seiner Seite vergeblich Gerechtigkeit erwarteten, entfernten sie sich sammt und sonders wieder bis auf den Einen, aus dessen Hause man die Sachen geraubt hatte. Dieser blieb in Lahore mit einigen seiner Anverwandten zurück, des festen Entschlusses, die Hauptstadt nicht eher zu verlassen, bis ihm sein Recht geworden wäre. Vergeblich aber harrte er längere Zeit hindurch. Des langen Zuwartens endlich überdrüßig, bestieg er eines Morgens in aller Frühe einen Pipel (heiligen Feigenbaum), der unter der Citadelle stand, und erklärte, den Baum nicht eher verlassen zu wollen, bis man seinem gerechten Begehren entsprochen hätte. Dieß erfuhr Dschowahar-Sing. Hierüber aufgebracht, schickte er einen Soldaten ab, mit dem Auftrage, ihn gewaltsam herabzureißen. Als der Soldat seinem Befehle nachkommen wollte und der Bramine einsah, daß er der Gewalt werde weichen müssen, stach er sich mit einem Messer in den Bauch, so, daß augenblicklich die Gedärme herausdrangen. Als man diesen Umstand dem Dschowahar-Sing meldete, befahl er sogleich dem Fakir Nureddin, ihm die Wunde durch die Dscherah's (inländische Wundärzte) heilen zu lassen. An eben dem Tage kam ich zufälligerweise um Mittagszeit aus dem Derbar, welcher im Innern der Festung abgehalten worden war, mit dem Fakir Nureddin zusammen, und wir begaben uns dann gemeinschaftlich in den sogenannten Gulabbaue im Hazuribagh, wo der Fakir des Tages hindurch seine Geschäfte hatte. Wir fanden dort einen von den Dscherah's, welcher die Nachricht brachte, daß die Heilung des Braminen unmöglich wäre, indem die herausgetretenen Gedärme nicht mehr zurückzudrängen seien. Auf mein Befragen, um was es sich handele, erzählte mir der Fakir den Vorfall mit kurzen Worten, und forderte mich auf, im Vorübergehen den Unglücklichen zu besuchen, um nachzusehen, ob noch einige Hoffnung für sein Aufkommen vorhanden wäre. Sollte dieß der Fall sein, so möchte ich ihm meine Hilfe angedeihen lassen. Wäre ich aber nicht der Meinung, so sollte ich ihn seinem Schicksale, woran Niemand als er selbst, schuld wäre, überlassen. Dem zu Folge ließ ich mich sogleich hinführen. Er lag außer dem Stadthore, Teuksali-Derwazeh genannt, bei einem Fakir in einem Gärtchen. Die übrigen Dscherah's hatten ihn als hoffnungslos bereits aufgegeben und sich entfernt. Nur mein Führer war noch da. Es lag ein Klumpe von dünnem Gedärme auf seinem Bauche, das zwar unverletzt war, aber bläulich aussah, indem es während der heftigen Sommerhitze durch 6 volle Stunden in dieser abnormen Lage sich befand. Uebrigens war der Patient, ein hagerer Mann von etlichen 50 Jahren, noch vollkommen bei Sinnen. Ich schickte eiligst nach Hause um meine Instrumente, erweiterte die engen Oeffnungen des Bauchmuskels und des Darmfelles, so, daß ich die Gedärme leicht in ihre normale Lage zurückbringen konnte, vereinigte die Wunden mit der Heftnaht, und verband sie, was Alles in einigen Minuten geschehen war. Während dieser kleinen Operation rief der Patient mit den bei ihm befindlichen Gebirgsleuten beständig: ten, ten, ten, d. i. heilig, heilig, heilig! Der beschämte Dscherah aber konnte nicht umhin, mich mit dem Ehrentitel Ustad, d. i. Meister, auszuzeichnen. Hierauf bekam der Operirte ein heftiges und sehr lästiges, krampfhaftes Schluchzen, das mehrere Tage hindurch anhielt. Nach Verlauf desselben genas er aber vollkommen, worauf ich ihn dem Fakir Nureddin und dem Minister Dschowahar-Sing vorstellte. Dieser letztere that nun sein Möglichstes, ihn zu begütigen, und ließ ihm einige Kühe, Küchengeschirre, Kleidungen und auch etwas baares Geld geben, womit er ganz zufriedengestellt sich zurück in's Gebirge verfügte. Aus dieser einfachen Begebenheit wird Jeder zur Genüge ersehen können, wie wenig die Dscherah's Lahore's von chirurgischen Operationen verstanden.

Nach dem Tode Dschowahar-Sings erhob die Rani ihren Liebhaber Lal-Sing zum ersten Minister. Sie war bereits einige Male von ihm geschwängert worden, hatte aber die Frucht jedesmal abgetrieben. Die Sache an und für sich war ein öffentliches Geheimniß. Natürlich hatte unter diesen Umständen weder das Civil noch das Militär irgend eine Achtung oder Furcht vor der Rani und ihrem Günstlinge. Besonders war dieses bei der Armee der Fall, deren Disciplin ohnedem im höchsten Grade gelockert war. Jedes Bataillon hatte seine 2 Mann, Pendsch genannt, welche zu gemeinschaftlichen Berathschlagungen zusammentraten, und dem Hofe Gesetze vorschrieben. Dieß dauerte so lange, daß endlich die Rani mit ihrem Lal-Sing zu einem Gegenstande allgemeiner Verachtung herabsank, so zwar, daß beide am Ende von den Truppen sich öffentliche Beschimpfungen und Bedrohungen mußten gefallen lassen. Es waltete kein Zweifel mehr, daß nun die Tage ihres Lebens gezählt waren; deßhalb nahmen sie zu dem verzweifelten Mittel ihre Zuflucht, die Engländer zum Kriege zu reizen, um die Armee auf die Schlachtbank zu führen, indem sie die Hoffnung hegten, einestheils dadurch von den ihnen gefährlichen Truppen befreit zu werden, und anderntheils unter dem Protectorate der Engländer sich mit mehr Sicherheit und Ruhe bewegen zu können. Es handelte sich nur noch darum, wie dieser Zweck zu erreichen wäre. Aber auch dafür fand sich Rath. Es wurde nämlich Tetscha-Sing, zu der Zeit Gouverneur von Pischauer und der einzige Mann, der seit Rendschit-Sings Zeiten bedeutenden Einfluß auf die Truppen hatte, herbeigerufen, um seine Meinung über diesen Gegenstand zu vernehmen. Auf seinen Vorschlag wurden falsche Schriftstücke abgefaßt, die dann im Derbar vorgelesen wurden, des Inhaltes, daß die Engländer die Einkünfte der Länder jenseits des Setludsch, die den Sihks gehörten, in Beschlag genommen hätten, eine Menge feindseliger Schritte sich erlaubten, und sich unverkennbar zum Kriege gegen die Sihks rüsteten, weßhalb es die Staatsklugheit gebiete, ihnen dießfalls zuvorzukommen. Eine andere Ursache, welche die Rani bewogen haben mochte, sich das Leben unter englischem Schutze zu sichern, dürfte wohl auch die gewesen sein, daß sie befürchtete, es würde ihr, wenn ihr Sohn erführe, auf welche Art und aus welchen Gründen sein Vater seine Mutter, so wie sein Großvater die Seinige umgebracht hatten (vergleiche Major G. C. Smyth Hystory of the reigning Family of Lahore), auch nicht anders ergehen. Sie befand sich mithin gewissermaßen zwischen zwei Feuern, und es blieb ihr nichts anderes übrig, als englischen Schutz zu suchen.

Lal-Sing wurde öffentlich zum Vezir, Tetscha-Sing zum Oberbefehlshaber der Truppen ausgerufen. Die Sihk's bekamen ihr Preschat (geweihtes Brod) auf dem Semat (Denkmale der königl. Familie), wo sie sich Eintracht, Treue und Gehorsam schwuren, und den Engländern den Krieg erklärten. Unmittelbar nach dieser Feierlichkeit begaben sie sich ohne weitläufige diplomatische Erklärungen auf den Marsch. Die Engländer, obgleich sie alle die Wirren, welche im Nachbarlande stattgefunden hatten, genau wußten, dachten doch nicht auf das Entfernteste daran, von ihren Nachbarn angefallen zu werden. Sie waren daher zu nichts weniger, als zu einem Kriege mit ihnen, vorbereitet. Dieser begann. Jenseits des Sedludsch wurden die 4 Schlachten von Mudki, Feruzschaher, Alliwal und Sobraon geschlagen. Auf diese Weise wurden die Engländer, welche in der letzten Schlacht einen entscheidenden Sieg davon getragen hatten, Herren des Landes. Tetscha-Sing selbst legte mir in Lahore, während ich ihn in ärztlicher Behandlung hatte, das offene Geständniß ab, daß ihm unter den obwaltenden Umständen nichts Anderes übrig geblieben wäre, als das Land den Engländern preis zu geben. Es ist allgemein bekannt, daß er am Morgen des 22. Dezember 1845 von Feruzpur mit einer Reserve-Armee von 25- bis 30,000 Mann regulärer Truppen auf dem Schlachtfelde von Feruzschaher anlangte, wo die Engländer während eines Tages und einer Nacht gekämpft und ihren gesammten Pulvervorrath verbraucht hatten, in Folge dessen sie den Rückzug antraten. Aber auch die Sihks, mit denen sie den Kampf bestanden hatten, wähnten sich geschlagen, und gingen ebenfalls zurück, worauf die Engländer, die davon Kunde erhielten, wieder umkehrten und sich in den Besitz ihres Lagers setzten. Gerade in diesem kritischen Momente traf die oberwähnte Reserve-Armee unter Tetscha-Sing ein. Dieser, mit den Engländern im Einverständnisse, that sein Möglichstes, um die Streitlust seiner Truppen zu dämpfen und ihnen durch allerlei Vorspiegelungen Angst einzuflößen. Auch war er der Erste, welcher den Engländern den Rücken kehrte, um sie zu schonen, weil er genau von ihrer Lage unterrichtet war. Das Armeecorps, welches er befehligte, folgte, wie leicht zu errathen, dem Beispiele seines Führers und ging ebenfalls zurück.

Dieß war jene merkwürdige Schlacht, während welcher die Verwirrung unter den Engländern einen so hohen Grad erreichte, daß sie selbst auf einander schossen, bei welcher Gelegenheit auch der einzige katholische Priester, der sich damals bei der Armee befand, seines langen Bartes und Turbans wegen, als bedauernswerthes Opfer eines Mißverständnisses fiel. Eben so bekannt ist, daß in den Reihen der Kämpfenden sich auch der später verstorbene Prinz Waldemar von Preußen als Volontär durch Muth und Kaltblütigkeit auszeichnete, jedoch damals auch den Schmerz erlebte, daß sein treuer Freund und Reisegefährte Doktor Hofmeister dem gut gezielten Schusse eines Sihks an seiner Seite erlag.

Am 10. Februar 1846 fand die Schlacht von Sobraon statt, welche den Ausschlag gab. Tetscha-Sing, der Verräther seiner Landsleute, floh während der Schlacht über den Setludsch, und ließ die Brücke hinter sich abbrechen, den größten Theil seiner Truppen hilflos am Ufer zurücklassend, wo die Verrathenen mit gefaltenen Händen und Gras im Munde jammernd riefen, er möchte doch Erbarmen mit ihnen haben, sie seien ja Kühe geworden. Mancher unter ihnen soll sogar in den Ruf ausgebrochen sein: Wir büßen nur die Schuld unserer Sünden; wir haben kein besseres Loos verdient! da drüben ist ja die Stelle, wo wir unseren Guru mit seinen Kühen umgebracht haben! (Vergleiche History of the reigning Family of Lahore, by Major G. C. Smyth. p. 119, wo es heißt):

„One of the first victims was the holy Bai (Bii) one of whose legs was nearly knocked off by a canon ball. Uttersing and Cuschmërasing with some other Sirdars, fell in the hand to hand conflict, which ensued. Numbers of their People were drowned in the riwer in the attempt to escape. The Seiks lost all their reverence for their gooroo, the sight of the rich Plunder which his camp afforded being a temptation too strong for their piety. Their only object, now, was to secure every man for himself as much of the booty as he could; but for this they had to fight hard.

When the Struggle was over the Baba was found breathing his last in exclamations against those of his own caste and creed. He now produced many of the letters which he had received — the forgeries before mentioned — to prowe, as he supposed, the treachery and villainy of the Seik chiefs and officers, who, as he believed, to the last, had written these letters, instigating him to take the part of Uttersing. „When," said he to the Seiks, around him, „You and Your chiefs and officers wrote these letters to me with the most solemn promises both to myself and Uttersing, I relied on Your good faith and agreed to Your proposals, in the hope of obtaining for Uttersing and

Eines der ersten Schlachtopfer war der heilige Baba (der Hohepriester der Sihks), welchem durch eine Kanonenkugel eines seiner Beine zerschmettert wurde. Ater-Sing und Kaschmire-Sing sammt einigen andern Serdars fielen in dem sich entspinnenden Handgemenge. Eine Anzahl ihrer Leute ertrank im Flusse bei dem Versuche zu entkommen. Die Sihks verloren alle Achtung für ihren Guru; der Anblick der reichen Beute, welche sein Lager gewährte, war eine zu schwere Versuchung für ihre Frömmigkeit. Ihr einziges Trachten ging nur noch dahin, daß ein Jeder sich für seine Person, so viel von der Beute sicherte, als er vermochte; allein dafür hatten sie einen harten Kampf zu bestehen.

Als der Kampf zu Ende war, fand man den Baba schon dem Tode nahe, in Ausrufungen gegen seine eigene Kaste und Glaubensgenossen. Er wies in diesem Augenblicke manche von den Briefen vor, welche er bekommen hatte, in denen die oberwähnten trügerischen Angaben zu Tage lagen, um, wie er voraussetzte, die Verrätherei und Niederträchtigkeit der Sihks-Häuptlinge und Anführer zu beweisen, welche, wie er bis zuletzt glaubte, diese Briefe geschrieben hatten, um ihn anzureizen, die Partei Ater-Sings zu ergreifen. Als ihr, sagte er, zu den ihn umgebenden Sihks, und eure Häuptlinge und Anführer mir selbst und dem Ater-Sing diese Briefe schriebet, so vertraute ich auf eure Rechtlichkeit, und ließ mir eure Vorschläge gefallen, in der Hoffnung, für Ater-Sing und seine Familie die Mittel eines gesicherten Lebensunterhaltes zu er-

his family the means of a quiet livelihood; but You, calling Yourselves Seiks, are worse than Mahomedans, You have proved Yourselves a vile treacherous, and unfaithful race, without piety or religion. Still my dying prayer to heaven is, may even Your Wickedness be requited by good. He then gave directions that his Body should be thrown into the river, that his bones might not be left on such a land of Iniquity" etc. etc.

langen. Aber ihr, die ihr euch selbst Sihks nennt, seid schlechter als Muhamedaner; ihr habt euch selbst als ein niederträchtiges, verrätherisches und ungläubiges Volk ohne Frömmigkeit und Gottesfurcht der Welt gezeigt. Noch richtet sich mein, des Sterbenden, Gebet zum Himmel, möge euch eure Gottlosigkeit mit Gutem vergolten werden. Hierauf verordnete er, daß man ihn sogleich in den Fluß werfen sollte, damit seine Gebeine nicht in einem solchen Lande der Ungerechtigkeit gelassen werden möchten u. s. w.

Ater-Sing war ein Oheim des Adschit-Sing und Bruder des Lena-Sing, die den Schir-Sing, Dhyan-Sing, Pertab-Sing u. s. w. ermordet hatten. Sie waren sämmtlich Mitglieder der Sendewalischen Familie und Anverwandte Rendschit-Sings, weshalb auch Ater-Sing bei Ausbruch der bürgerlichen Wirren für die Rani Tschendkour Partei nahm. Als aber hernach die Festung Lahore's dem Schir-Sing übergeben wurde, ergriff er die Flucht und suchte Schutz bei den Engländern. Natürlich war es nun dem Hire-Sing und seinem Rathgeber Dschele-Pindet darum zu thun, sich seiner um jeden Preis zu bemächtigen. Man lockte ihn deshalb unter glänzenden Versprechungen herüber zum Baba Bir-Sing, um auch den heiligen Mann mit in die Sache zu verwickeln, indem er den beiden unglücklichen Prinzen Kaschmire-Sing und Pischaner-Sing eine Zufluchtsstätte bei sich gegeben hatte, nachdem sie von Hire-Sing aus der Festung Sialkuts, dem ihnen zugewiesenen Eigenthume, vertrieben worden waren. Ater-Sing ließ sich durch die ihm gemachten Anerbietungen bethören, und stellte sich auch wirklich am bestimmten Orte ein, wo bereits alle Anstalten getroffen waren, ihn lebendig zu fangen. Allein der Plan mißlang. Ater-Sing erlag zwar der ihn angreifenden Uebermacht, erschoß aber zuvor einen General, der Hand an ihn legen wollte, was die erste Veranlassung zur darauf folgenden Schlacht gab.

Als die Sihk-Armee den Setludsch passirt hatte, wurde es den Soldaten bald klar, daß ihre Anführer die Rolle von Verräthern spielten, und nichts von dem thaten, was sie hätten thun sollen, weßwegen es auch mit Recht im oberwähnten Smyth'schen Buche pag. 180 heißt:

„They gave vent to their alarm and Indignation in fierce reproaches on the treachery of theirs leaders; but that was all they could do „we knew" they said to their leaders, that You have leagued

Sie machten ihrem Unwillen durch furchtbares Geschrei und wüthende Vorwürfe über die Verrätherei ihrer Anführer Luft; allein das war auch Alles, was sie thun konnten. Wir wissen, sagten sie zu ihren Führern, daß ihr euch mit dem Hofe ver-

9 *

with the court to send us against the British and to pen us up here like sheep for them to come and slaugter us at their Convenience; but, remember, that in thus acting, You play the part not only of traitors to Your Country, but of ruthless butchers and murderers. You destroy a whole Army, which, whatever its faults and Crimes may have been, has allways been ready to obey the Orders of the state, and its officers. We might even now punish You as You deserve, but we will leave You to answer to Your gooroo and Your God, while we, deserted and betrayed, as we are, will do what we can to preserve the independance of our Country" etc. etc.

bunden habt, uns gegen die Engländer zu schicken, und uns hier wie Schafe für sie einzupferchen, damit sie kommen und uns nach ihrer Bequemlichkeit schlachten können. Allein bedenkt, daß ihr, indem ihr so handelt, nicht nur die Rolle von Verräthern eures Landes spielt, sondern auch die von grausamen Schlächtern und Mördern. Ihr vernichtet eine ganze Armee, welche, was auch immer ihre Fehler und Verbrechen mögen gewesen sein, doch jederzeit bereit war, den Befehlen des Staates und ihren Vorgesetzten zu gehorchen. Wir möchten euch in diesem Augenblicke bestrafen, wie ihr es verdient; allein wir wollen es euch eurem Heiligen und eurem Gott selbst verantworten lassen, während wir leitungslos und an den Rand des Abgrundes geführt, wie wir sind, alles thun wollen, was wir können, um die Unabhängigkeit unseres Landes zu erhalten u. s. w.

Während dieses Krieges der Sihks mit den Engländern war der damalige Radscha Gulab-Sing in Dschemu im Gebirge neutral geblieben. Wohl hatte er den Sihks Beistand versprochen, weil es ihm nicht möglich war, einem solchen Versprechen auszuweichen; allein er zögerte mit der Erfüllung desselben so lange, als sich ihm nur irgend eine Möglichkeit hiezu zeigte. Kurz vor der Schlacht bei Sobraon war es einigen Hunderten von Sihk-Gesandten, Pendsch genannt, gelungen, den Bären von Dschemu, wie man ihn allgemein nannte, aus seinem Neste herauszulocken. Unter dem Vorwande, den Befehl, mit ihnen ins Feld zu ziehen, vom Derbar und von der Rani selbst zu empfangen, war er mit ihnen nach Lahore gekommen. Allein es geschah nur, um Zeit zu gewinnen. Nachdem er in Lahore angelangt war, besuchte ich ihn als alten Bekannten, und wurde von ihm um Rath gefragt, wie er sich in seiner gegenwärtigen kritischen Lage benehmen sollte. Er klagte über die Verlegenheit, in der er sich befände, indem die Sihks, welche ihm Brüder und Söhne umgebracht und zu Dschowahar-Sings Zeiten auch ihm selbst nach dem Leben getrachtet hätten, ihn nun ins Lager schleppen wollten, um gegen die Engländer zu kämpfen. Ich rieth ihm, sich ja in Nichts von derlei einzulassen. Dieß stimmte auch vollkommen mit seiner eigenen Ansicht überein, indem die Sihks schon drei Schlachten verloren hatten, und es mehr als wahrscheinlich war, daß sie auch die vierte entscheidende bei der allenthalben Statt findenden Verrätherei, die ihm nicht unbekannt war, würden verlieren müssen. Ich machte ihn darauf aufmerksam, daß es vortheilhaft wäre, wenn er die 18 gefangenen Engländer von Rendschoh-Sing aus Filur

(Philoor) verlangte, und sie mir ins Haus gäbe, was er auch that. Nun ließ er sich zum Vezir ernennen. Während dem langte die Nachricht von der verlornen Schlacht bei Sobraon an, worauf die Engländer ohne Zeitverlust bei Ferozpur den Setludsch passirten, und den Vezir Gulab-Sing nach Kessur verlangten. Er schickte die gefangenen Engländer, unter denen sich Doktor Benet befand, nachdem sie vorher im Derbar beschenkt worden waren, auf Elephanten ins englische Lager voraus, und trat den dritten Tag nachher denselben Weg an. Mich wählte er in der Eigenschaft eines Geheimrathes zu seinem Begleiter. Auf der ersten Station, beiläufig drei deutsche Meilen von Lahore, in Kanekatsch, erhielten wir aus der Hauptstadt eine Nachricht, die wenigstens mich überaus beängstigte. Es verlautete nämlich, daß die geschlagenen Sihks, die unter Tetscha-Sings Oberbefehl am rechten Ufer des Setludsch sich gesammelt hatten, Willens seien den Verräther Tetscha-Sing zu ermorden, dann theils nach Lahore zu rücken, dort zu plündern, die Rani, um sich an ihr zu rächen, sammt dem Lal-Sing umzubringen, und hierauf nach Hause zu gehen, theils den Gulab-Sing mit seinem ganzen Gefolge niederzuhauen, weil er ihnen Beistand versprochen habe, und statt dessen jetzt nach Kessur sich verfüge, um das Land den Engländern zu übergeben. Aus Furcht, in der Nacht überfallen zu werden, konnte sich Niemand von uns ruhig dem Schlafe überlassen. Gulab-Sing stellte vorsichtsweise vier Kanonen, die er mit sich geführt hatte, unter Kapitän Gardner in einiger Entfernung von unserem Lager auf, und machte wohl bewaffnet in eigener Person die ganze Nacht hindurch die Runde. Glücklicherweise brachten die Sihks weder das Eine noch das Andere von dem, was sie sich, wie man sagte, vorgenommen hatten, zur Ausführung, und wir gelangten folgenden Tages unangefochten bei Kessur in die Nähe des englischen Lagers, von wo aus wir uns sodann in dasselbe verfügten, um uns unserer Aufträge zu entledigen. Indeß hatte sich Gulab-Sing mit seinem Gefolge eben nicht der freundlichsten Aufnahme zu erfreuen. Erst dann, als Alles ausgeglichen war, und man den Engländern versprochen hatte, was sie verlangten, änderte sich die Szene. Nun brachte man den kleinen Dhelib-Sing aus der Hauptstadt, damit durch ihn Alles seine Bestätigung erhielte, worauf die Engländer, ihn und den Hof in ihrer Mitte, nach Lahore aufbrachen, und in Mia Mir, eine deutsche Meile weit von der Stadt, sich lagerten. Ihrem Plane gemäß wurde das Land, um es zu schwächen, in drei Theile getheilt. Ein Theil blieb den Sihks; den zweiten zogen die Engländer zu ihren Besitzungen, und den dritten, Kaschmir mit einem Theile des Gebirges umfassend, gab man dem Gulab-Sing sowohl für seine geleisteten Dienste, als auch gegen Erlag einer höchst bedeutenden Summe in Baarem, und ernannte ihn, unabhängig von Lahore, zum Maharadscha von Kaschmir unter englischem Schutze. Dhelib-Sing blieb nach Ersatz sämmtlicher Kriegskosten, Beherrscher von Lahore, und Lal-Sing ward ihm als Vezir beigegeben. Außerdem erhielt das Land in der Person des Sir H. Lawrence einen sehr einsichtsvollen englischen Residenten, in dessen Händen von nun an eigentlich, die Zügel der Regierung lagen. Eine der ersten Maßregeln, die von ihm getroffen wurden, war eine namhafte Reduction der Truppen und Sistirung mehrerer Anstalten zum Bedarf der Heeresausrüstung und Herbeischaffung des Kriegs-Materials. Zu letzterer Kategorie gehörte auch meine Pulverfabrik und Büchsenschifterei. Auch ihnen beiden wurde sonach Stillstand geboten. Statt dieser Institute sollte ein öffentliches Krankenhaus für Arme in der Nähe der Stadt errichtet werden, wozu der Derbar den bestimmten Auftrag erhielt, in Folge dessen man mich mit der Organisirung desselben betraute. Außer diesem Krankenhause sollte auch noch eine Anstalt für Irrsinnige errichtet werden, welche ich, wie vorher erwähnt, später in jenes allgemeine Krankenhaus verlegte. Auch eine dritte Anstalt, an deren Bestand sich meine geneigten Leser vielleicht von früher her noch erinnern werden, trat auf höhere Anordnung durch mich ins Leben — ein Krankenhaus für Gefangene.

Obwohl, wie ich oben angedeutet habe, Lal-Sing nach dieser Katastrophe dem Dhelib-Sing einstweilen als Vezir belassen wurde, so konnte es doch unmöglich lange dabei sein Bewenden haben. Denn Lal-Sing, ein verschmitzter Bramine, der zahlreiche und einflußvolle Anhänger, nebst großen Reichthümern besaß, welche sich noch aus jenen Zeiten herschrieben, als er Rendschit-Sings Schatzkämmerer war, ohne jemals über sein Gebahren mit den ihm anvertrauten Geldern Rechnung zu legen, mußte den Engländern nothwendig als gefährlich erscheinen, und seine Entfernung wurde solchergestalt schon durch die Klugheit geboten. Dem gemäß wurde er ganz unvermuthet als politischer Intrigant arretirt, und mit einer Pension als Gefangener nach Agra geschickt. An Lal-Sings Stelle trat nun Tetscha-Sing, den man gleichzeitig als Lohn für sein verrätherisches Benehmen am Setludsch zum Radscha von Sialkut ernannte. Bei der Einweihungs-Ceremonie hatte die Rani ihrem Sohne Dhelib-Sing verboten, ihm das Tike (Safranzeichen) auf die Stirne zu zeichnen, weil sie in der Ueberzeugung lebte, daß er der Mann sei, der ihren geliebten Lal-Sing unschuldigerweise beseitigt habe, um seine Stelle einzunehmen und Radscha zu werden. Dieses leidenschaftliche Betragen der Rani, die so viel Einfluß auf ihren Sohn hatte, veranlaßte den Residenten, sie für die Zukunft in dieser Beziehung unschädlich zu machen. Er verwies sie deshalb in die Festung Scheg-Opur. Da sie aber auch hier sich in allerlei gefährliche Verbindungen einließ, und sogar an der Empörung Multans nicht ohne Antheil blieb, so ließ sie Sir Federic Currie, der in jener Periode die Stelle des Residenten vertrat, etwas weiter in eine Festung am Ganges bringen, nachdem zuvor ihr Bevollmächtigter Gengaram nebst dem General Kan-Sing, ihre Mitschuldigen, gehängt worden waren. Als eine kluge Frau wußte sie sich aber binnen kurzer Frist Mittel und Wege zu verschaffen, aus ihrer neuen Haft zu entkommen, und sie soll sich gegenwärtig in der Hauptstadt Nepauls in Katamandou aufhalten, eben nicht zum größten Mißvergnügen der Engländer, die sich dadurch den Aufwand bedeutender Summen ersparen.

Sir H. Lawrence, der mit der Politik und den Kniffen der Orientalen vollkommen vertraut war, und mit den Leuten umzugehen verstand, gelangte binnen Kurzem dahin, sich die allgemeine Hochschätzung und Liebe zu erwerben. Dessen ungeachtet fand bald nach dem Erscheinen der Engländer, wie noch der Sitz der Residentschaft in der Stadt war, ein Auflauf im Bazar Statt, so, daß man sich in die Nothwendigkeit versetzt sah, die Thore zu sperren. In diesem kritischen Augenblicke eilte der muthvolle und entschlossene Resident, von Major Edwards und einigen Sowars (Reitern) begleitet, auf den Platz, wo der Aufstand des Volkes so eben am heftigsten wüthete, um Ruhe und Ordnung zu schaffen. Sie wurden jedoch von der rasenden Menge mit einem Hagel von Steinwürfen empfangen, wodurch Major Edwards eine leichte Stirnwunde und Einer der Sowaren noch überdieß einen Säbelhieb auf den Rücken davon trug. Auf Verlangen des Residenten ließ jedoch Lal-Sing die Rädelsführer einfangen, und einen Braminen ohne viele Umstände vor einem Stadtthore aufknüpfen.

Die nächste Veranlassung dieses nicht unbedeutenden Krawalles war, wie es hieß, daß ein Artillerist von der englischen Garnison einen Ochsen mit einem Säbel verwundet hatte. Späterhin wurden jedoch die Ochsen nicht nur in Lahore, sondern auch in ihrer heiligen Stadt Amritsir ohne weiters geschlachtet, und das Fleisch öffentlich in den Bazars verkauft, wobei die Sihks und die Hindus, welchen die Ochsen und Kühe als heilige Thiere gelten, deren Verletzung in ihren Augen zu den größten Sünden gehört, nichts anders thun konnten, als ihren Thränen freien Lauf lassen.

Eines Tages hatte der Resident im königlichen Schallemar-Garten eine Unterhaltung veranstaltet, wozu verschiedene Herren und Damen mit ihren Kindern geladen waren. Auch ich befand mich damals unter der Zahl der Geladenen, und es hätte nicht viel gefehlt, so wären wir an diesem Tage Alle sammt und sonders ein Opfer der Rachsucht der Sihks geworden, deren einflußreichste Häuptlinge sich zu unserm Verderben verschworen hatten. Glücklicherweise wurde der Resident noch bei Zeiten von dieser Verschwörung unterrichtet, und hatte sogleich alle Anstalten zu unserer Sicherheit getroffen; sonst wär' es um uns geschehen gewesen, indem der Garten über eine deutsche Meile weit vom Cantonirungsquartier Anarkhali entfernt war.

Unpäßlichkeit halber begleitete unser Resident den Generalgouverneur Lord Hardinge nach England. Sir Federic Currie, welcher an seine Stelle kam, ersetzte ihn zwar im Allgemeinen; da er jedoch in Berücksichtigung der Sihks eines zu gutmüthigen Charakters und in der orientalischen Politik bei Weitem nicht so bewandert war, wie Sir H. Lawrence; so fingen die Leute bald an, sich zu übernehmen. Zu dem kam noch, daß man zwei englische Offiziere, Namens van Agnew und Anderson, welche, unvertraut mit den Sitten des Landes, die dortigen Menschen nicht zu behandeln wußten, in Begleitung eines eingebornen Serdaren, Kan-Sing, nach Multan entsendete, um die Rechnungen und die Regierung vom Mulradsch zu übernehmen. Sie fanden daselbst ihren Tod, und die nächste Folge desselben war, daß sich Alles wie auf ein gegebenes Zeichen zum Kriege rüstete. Die Truppen der Provinzen Bann Tank, Hozara und Pischauer empörten sich; in Lahore entdeckte man eine Verschwörung, worin erwähntermaßen die Rani verwickelt war, die zum Zwecke hatte, den Dhelib-Sing aus Lahore zu den Insurgenten zu entführen, und es entstand nun ein ernster und blutiger Krieg. Sogar Dost-Mohamed Khan aus Kabul, den die Engländer erst vor einigen Jahren aus den Gefängnissen Indiens entlassen hatten, schlug sich auf die Seite der Sihks, was zur Folge hatte, daß die Engländer bei der Uebermacht ihrer Gegner zwei Niederlagen erlitten, bei Ramnegger und Tschilienvala. Als jedoch Sir H. Lawrence wieder zurückgekehrt war, gewannen sie die entscheidenden Schlachten bei Multan und Gudscherat am Tschinabflusse, worauf am 1. Mai 1849 die Einverleibung des Landes in die englischen Besitzungen vorgenommen wurde. Der Sihks-Derbar ward aufgehoben, und meine Dienste, die nur von ihm abhingen, hatten somit ihr Ende erreicht. Ich bewarb mich deßhalb um eine entsprechende Pension, und sie ward mir gewährt. Dem Dhelib-Sing wurde als künftiger Aufenthaltsort Fatigher am Ganges angewiesen, wo er noch gegenwärtig unter der Aufsicht der Engländer von einer ihm ausgeworfenen Pension lebt. Die hiezu von den Landeseinkünften bestimmte Summe, wovon auch der Unterhalt seiner gewesenen Umgebung bestritten wird, bildet den Fonds, woraus ich ebenfalls meinen Ruhegenuß beziehe. Nur findet dabei die gewiß seltene Eigenthümlichkeit Statt, daß ich mein Geld wo immer verzehren kann; die Erhebung desselben muß jedoch in Lahore, unter Beibringung eines Lebenscertifikates von Seite einer englischen Behörde geschehen.

Im Jahre 1839 kehrte ich nach meinem Besuche des europäischen Festlandes überhaupt und meines Vaterlandes insbesondere, wieder nach Lahore zurück. Ich genoß das Vergnügen, auf dieser Rückreise der Reisegefährte des Generals Ventura zu sein, welcher gleichfalls den Gefilden seiner neuen Heimath zueilte. Unterweges unterhielten wir uns natürlich bald von diesem bald von jenem, und kamen dabei auch auf die Begebenheiten zu sprechen, welche sich während meiner Abwesenheit von Lahore zugetragen hatten. Bei dieser Gelegenheit erzählte mir der General ein Ereigniß, welches ich Anfangs für eine lustige Erfindung von seiner Seite hielt, um sich den Spaß zu machen, mich ein wenig zu mystifiziren. Allein es dauerte nicht lange, so überzeugte ich mich, daß es ihm mit dieser Erzählung voller Ernst war. Ich theile sie hier meinen geneigten Lesern ohne vielen Wortaufwand ganz einfach mit, und bemerke bloß, daß ich später, in Lahore angelangt, die Sache von den glaubwürdigsten Personen bestätigen hörte. Man urtheile selbst!

Rendschit-Sing — so lautete der Bericht — hatte von einem Saat oder Fakir gehört, welcher sich im Gebirge aufhielt, und von dem die Sage ging, daß er sich im scheintodten Zustande förmlich könne begraben lassen, ohne daß er deßhalb dem wirklichen Tode verfiele, indem er die Kunst verstand, nach Verlauf von mehreren Monaten wider zum Leben gebracht zu werden, wenn man ihn ausgrübe. Dem Maharadscha schien die Sache eine reine Unmöglichkeit. Um sich nun darüber auf die eine oder die andere Art volle Ueberzeugung zu verschaffen, ließ er den Fakir nach Hofe berufen, und veranlaßte ihn unter Androhung, daß man es an keinerlei Art von Vorsichtsmaßregeln gegen einen allfälligen Betrug werde ermangeln lassen, sich dem seltsamen Experimente zu unterziehen. In Folge dessen führte der Fakir seinen Scheintod herbei.

Als offenbar jeder Lebensfunke aus ihm entwichen schien, wurde er in Gegenwart des Maharadscha und sämmtlicher ihn umgebenden Großen in die Leinwand, worauf er gesessen hatte, eingewickelt, das Siegel Rendschit-Sings darauf gedrückt und der scheinbar Todte in eine Kiste gethan, an welche Rendschit-Sing eigenhändig ein starkes Vorlegschloß gehängt hatte. Hierauf wurde die Kiste außerhalb der Stadt in einem Garten des Ministers vergraben, über den Ort Gerste gesäet, rings herum eine Mauer aufgeführt, und Wachen hingestellt. Am 40sten Tage, der zur Ausgrabung bestimmten Zeit, fanden sich nebst dem Derbar, wozu auch der General Ventura gehörte, noch einige Engländer aus der Nachbarschaft ein; unter andern auch ein Doktor der Arzeneikunde. Als man die Kiste mit dem Fakir ausgrub und dieselbe öffnete, fand man ihn in demselben Zustande, in dem man ihn gelassen hatte, kalt und starr. Ein Freund sagte mir, wenn ich nur selbst hätte sehen können, mit welcher Mühe man ihn durch Anwendung der Hitze auf den Kopf, durch Lufteinblasen in die Ohren und den Mund, durch Reibungen des Körpers u. s. w., zum Leben zurückbrachte; so würde ich gewiß nicht den geringsten Zweifel an der Möglichkeit der Sache hegen. Der Minister, Radscha Dhyan-Sing versicherte mich, daß er diesen Fakir, der sich Haridas nenne, in Dschemu im Gebirge 4 Monate hindurch unter der Erde gehabt habe. Am Tage des Vergrabens habe er ihm den Bart abscheeren lassen, und bei der Ausgrabung sei ihm das Kinn eben so glatt gewesen, wie am Tage des Vergrabens, ein Beweis seines Mittelzustandes zwischen Leben und Tod. Auch in Dschesrota im Gebirge, wie auch in Amritsir, hatte er sich vergraben lassen, so auch bei den Engländern in Hindustan, und es heißt im Kalkutta-Journal der Medizin von 1835, wo die ausführliche Beschreibung davon zu finden ist, daß der Fakir das Aufhängen der Kiste in die Luft der Vergrabung derselben vorgezogen habe, weil er in der Erde die Ants oder weißen Ameisen scheuete. Da er aber ein eigensinniger Mensch war, der vermuthlich aus Mißtrauen in das wiederholte Begehren der Engländer nicht hatte ferner eingehen wollen, so zweifeln Manche an der Wirklichkeit der hier erzählten Thatsachen. Wäre diese Vergrabung etwas Leichtes, oder wohl gar nur ein Betrug gewesen, so würden die Leute, die er mit sich hatte, und die ihn durch Behandlung nach seiner Anweisung in's Leben zurückriefen, ihn jetzt nachahmen können. Das ist nun aber nicht der Fall. Es scheint somit, daß er zu jener Zeit der Einzige gewesen ist, der diese Kunst verstanden hat, die wahrscheinlich mit ihm erloschen sein dürfte. Denn ich habe mir gewiß alle mögliche Mühe gegeben, sowohl in der Ebene Indiens im Pendschab als auch an den Ufern des Ganges, im Gebirge und im Thale von Kaschmir einen solchen Künstler zu finden, um ihn, wenn auch nicht nach Europa, doch wenigstens bis nach Kalkutta zu führen, mög' es kosten was es wolle, habe aber weder einen solchen gefunden, noch überhaupt von einem jetzt lebenden gehört. Mehrere von den Hindu's, bei denen ich nachfragte, meinten, daß derlei Fakire keinen Werth auf das Geld legten. Desto mehr Werth legen sie aber auf andere irdische Genüsse, war meine Antwort. Sie hörten es aber nicht gerne, wenn ich sagte, daß der Saat (Fakir), der in Lahore sein Semat (Begräbniß) zum Besten gegeben habe, ein ausschweifender Mensch gewesen sei, und daß mehrere Klagen gegen ihn eingebracht worden wären, aus welchem Grunde Rendschit-Sing bereits sich vorgenommen hätte, ihn des Landes zu verweisen. Dem sei er aber dadurch zuvorgekommen, daß er mit einer Katrani (Frau von einer Hindukaste) in's Gebirge entwich, wo er bald darauf in allem Ernste starb, und nach Landessitte verbrannt wurde. Dieser Umstand von seiner Flucht mit einer jungen Frau möge denen, die daran zweifeln, daß er einen Bart gehabt habe, als Beweis dienen, daß er weder ein Hämmling noch ein Zwitter war.

Daß es nicht jedem Menschen gegeben ist, dieses Kunststück nachzuahmen, und daß es nur durch eine anhaltende vieljährige Uebung erlernt werden kann, daran ist kein Zweifel. Wie ich mir habe sagen lassen, so haben solche Leute das Bändchen unter der Zunge zerschnitten und ganz abgelöst, wobei sie vermittelst Einreibung mit Butter, welche mit Bertramwurzel vermischt ist, und mit Ziehen an der Zunge dieselbe solange hervorragend bekommen, daß sie bei ihren Experimenten des Scheintodes sie sehr weit zurücklegen können, um damit die Oeffnung der Nasenhöhlen im Rachen zu bedecken, und die Luft im Kopfe eingesperrt zu halten. Man vergleiche im Dictionnaire Encyclopédique usuel den Artikel Engastrimythe; wo der Mechanismus der Bauchrednerei beschrieben ist, und wo es heißt: Après avoir introduit une grande quantité d'air dans la poitrine par voie d'inspiration, il faut contracter fortement le voile du palais, afin de l'élever, de manière à boucher entièrement l'orifice postérieur des fosses nasales. On contracte encore la base de la langue, le pharynx, le larynx, les piliers, les amygdales et toutes les parties qui forment le gosier etc. etc.

Bei den Experimenten der Erstickung für den Scheintod, sagt man, halten sich die Anfänger die Augen, wie auch die Nasen- und Ohrenlöcher mit den Fingern beider Hände fest zugedrückt, weil die natürliche Hitze die im Kopfe eingesperrte Luft so gewaltsam herauszutreiben sucht, daß die Theile, welche an den Druck der Expansion noch nicht gewöhnt sind, öfters zerplatzen, am meisten die Augen und das Trommelfell. Zur Uebung in dieser Kunst soll gehören: 1. Ein langes Ansichhalten des Athems; 2. das Hinabschlingen eines schmalen Leinwandstreifens, womit der Magen ausgeputzt wird, und 3. das Aufziehen einer beliebigen Menge Wassers durch den After, womit die Gedärme gereinigt werden. Dieses Aufziehen geschieht vermittelst eines unten angebrachten Röhrchens, während man sich bis unter die Arme in's Wasser setzt, die aufgezogene Flüssigkeit aber gleich wieder herauslaufen läßt.

Man erzählt, daß der Fakir, von dem die Rede ist, einige Tage vor der Vergrabungs-Szene ein Purgiermittel eingenommen und darauf mehrere Tage hindurch eine spärliche Milchdiät gebraucht habe. Am Tage der Vergrabung selbst soll er statt dem Essen einen drei Finger breiten und über 30 Ellen langen Streifen Leinwand allmählig hinunter geschlungen, ihn aber auch alsogleich wieder herausgezogen haben, um den Magen zu reinigen, worauf er sich auch die Gedärme auf die oben beschriebene Art mit Wasser ausspülte. So wunderbar und vielleicht auch lächerlich so Manchem, wie mir selbst, diese Operationen scheinen, so müssen doch solche Leute, wenn es sich wirklich also damit verhält, wie man erzählt, vollkommen Herrn über die verschiedenen Organe ihres Körpers sein, und vorzüglich die Muskelkräfte, so wie auch die Contractionen derselben, in ihrer Gewalt haben. Wir gewöhnliche Menschen könnten wohl kaum ein längeres Stück Makaroni hinunterwürgen, wenn es nicht genugsam gekocht und mit Butter, Käse, Salz, Senf u. s. w. schlingbar zubereitet ist. Vermuthlich haben derartige Künstler bei ihrer langen Zunge das Organ des Geschmackes verloren und die Halsmuskelkräfte dergestalt gelähmt, daß der lange Leinwandstreifen gar keinen Widerstand im Halse findet, weil dann Alles nach Willkür geht. Sind die gedachten Zubereitungen geschehen, so verstopft er sich alle Körperöffnungen, die oberen und die unteren, die vorderen und die hinteren, mit aromatischen Wachsstöpseln, legt sich die Zunge nach oben umgeschlagen tief in den Rachen zurück, kreuzt die Hände über die Brust, und erstickt sich in Gegenwart eines großen Zuschauerkreises durch Athemanhalten. Bei der Wiederbelebung ist es eine der ersten Operationen, ihm die Zunge aus dem Hintertheile des Rachens vermittelst eines Fingers hervorzuziehen, worauf ein warmer, gewürzhafter Teig aus Hilsenfrüchtenmehl auf seinen Kopf gelegt, und ihm in die Lungen und in die von den Wachsstöpseln befreiten Ohrgänge Luft eingeblasen wird, worauf die Stöpsel aus der Nase mit Geräusch herausgetrieben werden. Dieß soll das erste Zeichen der Rückkehr zum Leben sein. Hierauf fängt er allmählig zu athmen an, öffnet die Augen und kommt zum Bewußtsein; was jedoch Alles nur nach und nach durch unausgesetztes Reiben geschehen soll. In wie ferne eine solche Behandlungsart bei anderen asphyktischen Zuständen, z. B. bei Erstickten, Ertrunkenen, Erhängten, Erfrorenen u. s. w. nützlich sein kann, steht zu versuchen. Man erzählt, daß in Amritsir zur Zeit des Guru Ardschen-Sing, beiläufig vor 250 Jahren, ein Dschoghi-Fakir sitzend unter der Erde vergraben gefunden worden sei, nebst einer Anweisung, wie man ihn wieder in's Leben bringen könne. Dieser Fakir soll gegen ein Jahrhundert unter der Erde zugebracht und, als er dem Leben wieder geschenkt war, Vieles aus der alten Zeit erzählt haben. Ob dieses Letztere wahr sei, will ich nicht verbürgen, glaube jedoch, daß derjenige, der vier Monate unter der Erde zu bleiben vermag, ohne eine Beute der Verwesung zu werden, auch wohl ein Jahr in dieser Lage aushalten könne, und — dieß zugegeben — selbst über diese Zeit, ja vielleicht sogar Jahrhunderte.

So paradox, um nicht zu sagen halbwahnwitzig, alles dieses auch klingen mag, und so sehr ich auch überzeugt bin, daß Viele, die sich sehr weise dünken mögen, das Vorhergehende mitleidig belächeln werden, so kann ich doch nicht umhin, hier offen das Geständniß abzulegen, daß ich sämmtliche von mir erzählte Thatsachen, die als solche durch fast unzweifelhafte Beweise constatirt erscheinen, nicht unbedingt verwerfen kann; denn abgesehen von dem, was Haller eben so schön als wahr sagt:

> In's Inn're der Natur dringt kein erschaff'ner Geist.
> Zu glücklich, wem sie nur die äuß're Schale weist!

finden wir den festgewurzelten Glauben an derlei abnorme Erscheinungen schon in so manchen Sagen des grauesten Alterthumes. Wer erinnert sich hier nicht unwillkürlich an den kretischen Epimenides, der nach 40jährigem Schlafe aus einer Höhle in eine ganz veränderte Welt wieder eintrat? Wem fallen hier nicht die allbekannten heiligen sieben Schläfer ein, welche nach einer vatikanischen Handschrift zur Zeit des Kaisers Decius sich in eine Grotte bei Ephesus verborgen haben sollen, um der Christenverfolgung zu entgehen, und die erst 155 Jahre hernach unter der Regierung des Kaisers Theodosius des II. wieder erwachten? Liefert uns nicht auch das Thierreich ähnliche Beispiele? Wurden nicht bekanntermaßen in Felsgestein Thiere gefunden, unter andern: Kröten, die nach einer mäßigen Berechnung vielleicht drei bis vier Jahrhunderte oder noch länger in diesem Grabe mochten geschlummert haben, und dennoch bei ihrer Befreiung aus demselben wieder zum Leben erwachten? Ich glaube kaum, daß es für Kenner der Naturgeschichte nöthig sein dürfte, an jene Thiergattungen zu erinnern, welche die strenge Winterszeit in einem todesähnlichen Schlafe zubringen, ohne doch dem wirklichen Tode zu verfallen.

Es sei mir zum Schlusse noch gegönnt, auf einige neuere Erscheinungen dieser Art aufmerksam zu machen, worüber sich höchst achtbare englische Berichte aussprechen.

In den Philosophical transactions for 1694 kommt die Geschichte eines Mannes vor, die in genauer Beziehung zu dem bisherigen steht. Es heißt daselbst: Ein Mann von 25 Jahren, der in der Gegend von Bath wohnte, schlief auf einmal ein, und verharrte fast einen ganzen Monat hindurch in diesem Zustande. Nach zwei Jahren widerfuhr ihm das Nämliche. Anfangs aß er, trank er, und entleerte sich seines Harns und Kothes; zuletzt aber schlossen sich seine Kinnbacken, er aß nichts mehr, blieb in beständiger Betäubung, und erwachte nicht eher aus derselben, als nach Verlauf von 17 Wochen. Es hatte sich, als er einschlief, gerade so getroffen, daß man eben die Gerste säete; und als er wieder erwachte, war sie schon reif geworden. Im August schlief er neuerdings ein. Man ließ ihm zur Ader; man wendete Reizmittel an; man behandelte ihn nach allen Regeln der Kunst; allein vergebens. Er erwachte nicht eher als bis im November. In Plott's natural history of Staffordshire ist der Fall einer Frau angeführt, die 40 Tage lang geschlafen hat. In den vermischten Werken von R. Willan, herausgegeben von A. Schmith Mt. p. 339 heißt es: Ich habe es gesehen, meistentheils bei Juden und andern Fremden, von einer dunkeln und schwärzlichen Hautfarbe, daß derlei Individuen manchmal 6 bis 8 Wochen in einem starren, gefühllosen Zustande lagen.

Nach dieser, vielen meiner Leser vielleicht nicht unwillkommenen Abschweifung kehre ich wieder auf das Gebiet meiner eigenen Erlebnisse zurück, und glaube vor allem Andern einen Fall anführen zu sollen, durch welchen sich die herrliche Wirkung der im Oriente so hochgeschätzten und von mir bereits öfters erwähnten Mumiai auf das Glänzendste bestätigt.

Zur Zeit des Maharadscha Schir-Sing war ein Elephant bei aller

Sorge und Vorsicht des Treibers und des Thieres, wie es manchmal geschieht, in der dunkeln Nacht zwischen den Ruinen der alten Stadt Lahore mit einem Fuße in das Grab eines Muselmannes getreten, wodurch Mrs. van C........ einige Schritte weit aus dem Hoda (Sitzsessel) herausgeworfen wurde. Sie brach sich bei diesem Falle zwei Rippen, und dieß im neunten Monate ihrer Schwangerschaft. Ich begann die Kur mit einem tüchtigen Aderlaß, worauf sie drei Mumiaipillen, jede zu 1 Gran, täglich 1 Stück einnehmen mußte. Dabei wies ich sie an, sich mit der Binde ruhig im Bette in der Rückenlage zu verhalten. Am vierten Tage, als ich sie besuchte, bemühete sie sich in meiner Gegenwart vergeblich, durch Hin- und Herbewegen das früher hörbare Knarren der Knochen zu vernehmen. Die Vereinigung des Bruches, der Callus, hatte sich in der kurzen Frist von drei Tagen gebildet. Einige Tage hernach gebahr sie mit großer Leichtigkeit einen gesunden Knaben.

Ebenfalls zu Schir-Sings Zeiten hatte mir eines Tages im Vorbeireiten im Bazar Lahore's ein Fakir einen Stein nachgeworfen, der mich im Nacken traf. Man sagte mir, daß es im Kopfe dieses Fakiren nicht richtig sei, und daß er schon mehreren Serdaren eben so, wie mir, Steine nachgeworfen habe. Ich ließ ihn deshalb fest nehmen, ihm eine Kette an die Füße legen, ihn in meine Pulverfabrik, wo eben gebaut wurde, einsperren und arbeiten. Ich gab ihm gute Nahrung und zweckmäßige Arzeneien, und verbot ihm das Churrusrauchen und Opiumessen, woran er gewohnt war. Kaum hatte er sich einige Tage in der Fabrik aufgehalten, so berichtete man mir, daß er von einer giftigen Schlange gebissen worden sei, worauf ich ihm die Mittel gegen einen solchen Biß schickte. Desselben Nachmittags besuchte ich ihn persönlich, und fand ihn so munter wie ehedem. Ich hielt das Anfangs für die Wirkung meiner ihm übersendeten Arzeneimittel. Allein mit Befremden erfuhr ich von ihm, daß er meine Arzenei gar nicht gebraucht habe. Er meinte, daß das Schlangengift auf ihn ohne schädlichen Einfluß sei; schon vielmal wäre er sonder Nachtheil von giftigen Schlangen gebissen worden. Die Schlange, die ihn jetzt gebissen hatte, hielt er gefangen. Es war eine Viper. Er trug mir an, wenn ich es wünsche, sich sogleich von derselben in die Zunge beißen zu lassen. Natürlich fragte ich ihn, ob er das im Ernste oder im Scherze sage. Er betheuerte das Erstere. Zu eben der Zeit besaßen wir einen interessanten Gast in Lahore, den Dr. W. Jameson, den gegenwärtigen Oberaufseher des botanischen Gartens in Saharenpur (Suharenpore), dem der Maharadscha Schir-Sing viele Gefälligkeiten erzeugte. Dieß veranlaßte mich, dem Maharadscha bekannt zu geben, daß ich einen Fakir bei mir hätte, der vorgäbe, daß Schlangengift auf ihn keine Wirkung äußere. Dieser sei so eben von einer Viper gebissen worden, und befinde sich dessen ungeachtet wohl. Wenn er dem Doktor Jameson, seinem Gaste, diesen Mann vorstellen wollte, so würde jener gewiß ein großes Vergnügen darüber empfinden. Mir selbst erscheine die Sache zweifelhaft, so wie ich fest davon überzeugt sei, daß ihr kein europäischer Arzt Glauben schenken würde. Dem zufolge erhielt ich den Befehl, den Fakir dem Doktor Jameson, der in Anarkhali bequartirt war, vorzuführen.

Zum Behufe des anzustellenden Experimentes hatte ich mir einen Hahn mitgenommen. Der Doktor lächelte, als ich ihn von Allem in Kenntniß setzte, ungläubig, und schüttelte verneinend den Kopf. Nun begann der Fakir seine Probe abzulegen. Zuerst hielt er selbst den Rücken seiner Hand der Viper hin, die er in einem Topfe aufbewahrt hatte, und wurde sogleich von ihr gebissen. Darauf hielt er ihr auch den Hahn hin, den sie gleichfalls biß. Noch immer spiegelte sich in den Mienen des Doktors der Zweifel ab. Ich brachte den Hahn nach Hause, steckte ihn unter einen Korb, und fand ihn in der Frühe todt und starr, während dem Fakir, obwohl er sich zuerst hatte beißen lassen, nicht das mindeste geschehen war. Ich nahm ihn nun nebst dem verendeten Hahne mit mir, und stellte mich dem Maharadscha vor, um ihm ausführlichen Bericht zu erstatten, darauf hinweisend, daß ich den Fakir sammt dem Hahne in der Nähe hätte, falls er beide zu sehen wünsche. Da der Maharadscha mir seinen dießfälligen Wunsch zu erkennen gab, so holte ich den Fakir mit dem Hahne herbei, welcher vor dem Garten Hazuribagh, wo der Derbar gehalten wurde, indeß wartete. Mit ihm kam ein Mezur (Taglöhner), der so eben auch eine Viper gefangen hatte, die im Lande häufig vorkommen. Auch diese zweite Viper hatte der Fakir zu der ersten in den Topf gethan, welchen er zugebunden der hohen Versammlung präsentirte, Maharadscha Schir-Sing fragte ihn mit Nachdruck, ob er denn auch wirklich im Stande sei, sich jederzeit nach Belieben von giftigen Schlangen beißen zu lassen, ohne Schaden zu nehmen. Der Fakir bejahte es, erboth sich, auf der Stelle eine Probe davon abzulegen, und machte sich sogleich an den Topf, um ihn aufzubinden. Der Maharadscha erklärte aber, er wolle ihn den Versuch nicht mit den Schlangen machen lassen, die er mitgebracht habe, sondern mit solchen, für deren Herbeischaffung er selbst sorgen werde. Dabei gab er dem Fakir die 7 Rupien, die er von den Nazerana's (Präsenten) armer Leute gerade in den Händen hatte, zum Geschenke. Der Fakir nahm sie ohne Umstände, gab sie aber auch sogleich wieder dem Mezuren, der mit ihm gekommen war, mit den Worten: Das ist ein Geschenk des Wäschersohnes, worauf er sich auf der Stelle fortmachte. Schir-Sing stellte sich, als ob er es nicht gehört hätte, obwohl es so laut gesprochen worden war, daß es Niemandem entgehen konnte. Mir selbst that es ungemein leid, wenn auch unschuldig, die veranlassende Ursache einer solchen Unverschämtheit gewesen zu sein. Ich gab deßhalb dem Fakir einen derben Verweis, und ließ ihn als einen Wahnwitzigen wiederum in Ketten schlagen. Er hatte die erwartete Probe noch nicht abgelegt, und solchergestalt nicht einmal die 7 Rupien verdient. Allein die Folgen seiner losen Zunge trafen ihn bald. Ich konnte mir denken, daß die Schlangen, deren Herbeischaffung Schir-Sing angeordnet hatte, bald eintreffen würden. Aus diesem Grunde hatte ich den Soldaten, welche den Fakir begleiteten, den Befehl ertheilt, ihn aus der Pulverfabrik, die nahe außerhalb der Stadt war, früh Morgens zu mir ins Haus zu bringen, um ihn bei der Hand zu haben, falls uns der Maharadscha rufen ließe, woran ich nicht zweifelte. Am folgenden Morgen traf der Fakir im Bazar auf einen seiner Bekannten, der ihn fragte, wohin man ihn führe, und warum er gleich einem Gefangenen in Ketten geschlagen sei. Er antwortete, er habe dem Schir-Sing sein Kunststück zu zeigen, band zugleich den Topf auf, und ließ sich von Einer der beiden Vipern beißen, vermuthlich war es die zuletzt gefangene, wie auch der Fakir meinte, der kaum den Topf zugebunden hatte als er an derselben Stelle umfiel. Er nahm sich jedoch zusammen, stand wieder auf, und machte einige Schritte vorwärts. Doch es dauerte nicht lange so fiel er wieder um, und zwar diesmal so, daß er nicht mehr aufzustehen vermochte und man genöthigt war, im Bazar eine Tscharpai (Bettstätte) auszuborgen, um ihn in mein Haus zu bringen. Wie leicht begreiflich, begleitete ihn eine große Schaar Neugieriger aus dem Bazar. Ich ließ ihn neben meiner Behausung in einen Stall des Fakir Tschirakeddin schaffen. Als dieser es erfuhr, eilte er unverweilt herbei, und besah sich den Kranken. Da dieser Blut auswarf, so äußerte sich Tschirakeddin dahin, daß er nicht aufkommen würde. Damit ich nun in keine Händel mit den Braminen geriethe, wenn er stürbe, indem er ein Bramine sei: so sollte ich ihn in ein Termsale (indisches Bethaus) schicken. Ich theilte diesen Vorschlag meinem Patienten mit. Er sagte, daß er lieber zu seinem Freunde in den Thurm der Bastei Schaburdsch gebracht werden möchte, wo er auch früher gewohnt hätte. Ich ließ ihn demgemäß dorthin transportiren, und gab die nöthigen Medikamente mit. Kaum hatte man ihn aber aus dem Stalle fortgeschafft, als schon die Peieh's (bewaffnete Dienerschaft des Derbar) erschienen, und mich aufforderten mit dem Fakir mich in den Derbar zu verfügen. Meine Entschuldigung, daß der Fakir bereits seinen Theil bekommen habe, und nun zum Sterben krank sei, half nichts. Schir-Sing, der das Wort „Wäschersohn" durchaus nicht verdauen konnte, befahl ihn auf der Bettstelle hinzubringen. Natürlich blieb mir nun nichts Anders übrig, als mich dem Befehle zu fügen. Jedoch kam ich mit meinem Fakir zu spät. Die Versammlung war bereits auseinander gegangen, und Schir-Sing selbst hatte sich aus dem Hazuribagh ins Innere der Festung zur Ruhe begeben. An demselben Tage bekam der Fakir eine

Kniegeschwulst und einen Durchfall; er genas jedoch wieder, und diente mir in der Folge zu meinen zahlreichen Experimenten mit den Schlangen, die mir ein so besonderes Vergnügen verursachten, daß ich in einer Zeitfrist von 6 Monaten wenigstens 200 Hühner derlei Versuchen opferte. Sie waren aber auch zur Zeit, wo noch keine Engländer da waren, so ungemein wohlfeil, daß man für 1 Rupie deren 4 Paare bekommen konnte. Uebrigens hatte der Fakir bezüglich auf das obige Kunststück sein Geheimniß, welches ich ihm mit der Zeit zu entlocken wußte, und dem er, vielleicht nicht mit Unrecht, die Nichteinwirkung des Schlangengiftes auf seinen Organismus zuschrieb.

Er war nämlich ein Arsenikesser, und kann schon deshalb Recht haben, weil der Arsenik in Indien ein Hauptingredienz der verschiedenen Kompositionen ist, die gegen Schlangenbisse anempfohlen werden. Er erklärte, daß er das Gift, eine Nahrung, woran er gewohnt war, seit der Zeit, wo er bei mir unter Aufsicht und in Haft sich befand, nicht hätte bekommen können, weshalb das Vipergift ihn angegriffen und krank gemacht habe, was, meiner unmaßgeblichen Meinung nach, allerdings nicht unmöglich sein kann. Auf meiner Reise von Kabul nach Buchara lernte ich einen afghanischen Arzt, oder Hakim kennen, der als Pferdehändler aus Buchara kam, von dem man sich erzählte, daß er jeden Tag sein Quentchen Arsenik verzehre, dabei guten Appetites sei, und wenn er das Mittel nicht einnehme, jeglicher Eßlust entbehre, auch sollte er sich seit seinen frühern Jahren daran gewöhnt haben. Er war ein untersetzter muskulöser Mann von gesundem Verstande und heiterem Temperamente, mit einer weißen Hautfarbe und langen schwarzen Haaren; bei ihm hieß es wohl mit Recht:

Quod cibus est aliis, aliis est acre venenum.

Was Speis' ist für die Einen, ist tödtliches Gift für die Andern.

Oder: One man's meat may be anothers poison, wie die Engländer sagen.

In meiner zahlreichen Sammlung von Schlangen hatte ich nur drei Arten von giftigen, nämlich: 1. Sengtschur (Ringschlange?); 2. Afeie (Cobra di Capello) eine weißgraue und schwarze Art; 3. Krundi's (Vipern) von verschiedener Farbe und Größe. Die erste Art wird für die giftigste gehalten. Ihr Gift greift sogleich den Hals an, woher sie auch den indischen Namen Sengtschur (Halszuschnürer) bekommen hat. Man sagt, daß ihr Biß den stärksten Menschen innerhalb einer Stunde durch Erwürgen tödte, und daß kein Mittel dagegen bekannt sei. Diese Schlange ist $1\frac{1}{2}$ Ellen lang und $1\frac{1}{2}$ Zoll im Durchmesser dick. Der Rücken derselben ist dunkelgrau, der Bauch weißlich, der Kopf nicht dicker als der Körper, der Schweif lang und spitzig auslaufend. Eine Spanne unterm Kopfe beginnen dünne Querstreifen von weißer Farbe, Ringen ähnlich, in einer Zoll weiten

Entfernung von einander bis hinab an das äußerste Ende des spitzen Schweifes. Sie sollen ein Alter von beiläufig 500 Jahren erreichen. Auch lassen sie sich nicht leicht böse machen, und sind deshalb schwer zum Beißen zu bringen. Da ich im hiesigen k. k. Naturalienkabinete unter den mannigfaltigen Ringschlangen kein derartiges Exemplar vorfand, so werde ich einstweilen diese Schlangenart aus meiner Erinnerung zeichnen, und meinen verehrten Lesern in einer lithographirten Abbildung anschaulich machen, bis ich im Verfolge der Zeit Gelegenheit finde, diesen Mangel der hiesigen reichen Sammlung auszufüllen. Der Mann, welcher mir eine solche Ringschlange brachte, faßte sie mit einem Leinwandfleck am Nacken, öffnete ihr mit Hilfe eines Stäbchens gewaltsam das Maul, steckte darein den Hals eines großen Hahnes, und ließ dann Beide los. Die Schlange hielt den Hahn einige Sekunden lang fest, und ließ ihn dann wieder frei. Das arme Thier schien wie betäubt; es äußerte zwar keinen Schmerz, konnte aber auch keinen Schritt thun, sondern schloß die Augen, und setzte sich nieder. Nun hob ich ihn auf, und untersuchte die gebissene Stelle am Halse. Sie war kaum zu erkennen, und sah ungefähr so aus, als ob man blos einen Nadelstich angebracht hätte. Auf die örtliche und innere Behandlung, die ich ihm nun angedeihen ließ, schien einige Besserung einzutreten. Das Thier öffnete die Augen, stellte sich auf die Beine, und hatte 2 weiche dunkelgrüne Entlerungen. Eine Viertelstunde nach dem Bisse setzte es sich abermals nieder, und verendete 24 Minuten nach dem Bisse. — Sollte wohl nicht die endermatische Applicirung eben dieses Virus das wahre Heilmittel der ausgebrochenen Wasserschen sein, weil es, wie diese vorzüglich den Hals angreift? Extremis morbis extrema remedia! Es verdient gewiß, wenn auch nicht bei Menschen so doch anfänglich bei Thieren, versucht zu werden. Woher können wir aber diese Art von Schlangen bekommen? wird es heißen. Wenn sich einmal die heilsame Wirkung dieses Stoffes auf überzeugende Weise wird bewährt haben, so kann durch hiezu geeignete Personen bei der langen Lebensdauer dieses Reptils schon dafür gesorgt werden, stets hinlängliche Vorräthe davon zu besitzen, um in Nothfällen, die zwar nur selten vorkommen, den erforderlichen Gebrauch davon zu machen. Da ich in den von dieser Art Schlangen abgeworfenen Häuten so mannigfaltige und große Heilkräfte gefunden habe, wenn sie nach Angabe meines Systems zubereitet eingegeben werden; so ist es allerdings möglich, daß sie auch endermatisch (in Abreibung? oder Auflösung?) wirksam sind, vielleicht sogar das Virus ersetzen. Ist doch derselbe Fall auch mit den Kuhpocken, wo beim Abgange der Lymphe, die im Wasser aufgelöste frische Kruste ganz dieselben Dienste leistet. Mit Häuten von andern Schlangenarten hab' ich keine Versuche angestellt, um zu erfahren, ob und in wie fern sie eben dieselben Wirkungen hervorbringen, wie diese. Indessen glaube ich Grund zu haben, daran zu zweifeln, und bin der Ansicht, daß wohl eine jede die ihres Geschlechtes haben wird.

Weniger giftig als die Ringschlange ist die Cobra di Capello, deren Gift jedoch heftiger wirkt, als das der Vipern. Die Dschogi-Fakirs im Hindustan verdienen sich damit ihr Brod. Sie führen die Afeie's in Körben oder Schachteln eingeschlossen zur Schau herum. Werden diese geöffnet, so richtet sich die Schlange bei dem Getön' einer Sackpfeife darin empor, bläst sich am Halse auf, und neigt sich taktmäßig bald auf diese, bald auf jene Seite, als ob sie tanze, was den Zuschauern Unterhaltung gewährt, und denen, die nicht wissen, daß ihr die beiden Giftzähne ausgebrochen sind, zugleich grauenvoll erscheint.

Die Bisse der Cobra können, so wie jene der Vipern, geheilt werden, zu welchem Zwecke der Salmiakgeist, oder Hirschhorngeist, oder das sogenannte Eau de Luce treffliche Mittel sind. Da man sie aber in Fällen, wo man ihrer dringend benöthigt, nur höchst selten bei der Hand hat, so rathe ich bei jeder Bißwunde von Thieren, insonderheit von giftigen, sogleich stark und anhaltend an der Wunde zu saugen, ohne daß man davon üble Folgen im Munde oder im Magen zu befürchten hätte. Auch ist die baldige Unterbindung bei solchen Wunden, bis das Gift ausgesaugt werden kann, gar sehr zu empfehlen. Selbst wenn das animalische Gift in beträchtlicher Menge verschluckt werden sollte, so wird es vom Magensafte zersetzt, und bringt nicht den geringsten Schaden. Die Hühner, die ich mit meinen Schlangenexperimenten tödtete, hätte mein Koch, der ein Muhamedaner war, gewiß nur mit Widerwillen zubereitet, weil sie nicht kalál (im Namen Gottes geschlachtet), sondern mit dem Blute in sich verendet waren, weßhalb ich sie meinem Auskehrer, dem Bengi von der Pariaskaste, Tschure genannt, überließ, der damit dick und fett wurde.

Das nicht alle großen Schlangen nachtheilbringend, sondern oft sogar nützlich sind, beweiset folgender Fall. Eines Tages hatten meine Leute im Serdekhane, oder Teikhane (Keller) eine große Schlange gefangen, sie todt geschlagen und auf die Gasse hinausgeworfen. Da sie einen sehr dicken Bauch hatte, so wünschte ich zu wissen, was darin wäre. Ich ließ sie deßhalb öffnen, und siehe da! wir fanden in ihr eine Ratte, welche sie mit Haut und Haar hinabgewürgt hatte, worauf meine Leute bedauerten, diesen braven Rattenfänger umgebracht zu haben.

Da ich eben von den Schlangen spreche, so finde ich mich veranlaßt, hier einer besondern Krankheit zu erwähnen, die man in Lahore Mar Aschegh (Schlangenliebe) heißt, und man sagt, daß diese Krankheit einzig und allein im Pendschab vorkomme. Ich habe auch nirgends anderswo davon gehört, und will nun dasjenige mittheilen, was ich davon zu erfahren Gelegenheit hatte,

10*

in der Hoffnung, daß die jetzt im Lande sich befindlichen englischen Aerzte der Untersuchung sich unterziehen werden, ob diese besondere Art von Krankheit nur auf das Pendschab sich beschränke, oder auch abwärts des Indus über Sind sich erstrecke, und was die Ursache sein mag, daß sie nur in der Ebene zwischen dem Indus und Setludsch aber weder im Westen des ersteren, noch im Osten des letzteren aufzutreten pflegt. Die Forschungen über diese Krankheit, wenn sie zum erwünschten Ziele führten, und der Fang eines Moschusthierchens im Pendschab, würden meine diesfälligen Veröffentlichungen krönen, und der Wissenschaft wesentlichen Nutzen gewähren.

Der in Lahore noch lebende Fakir Nureddin, der auch noch jetzt bei den Engländern seiner ausgebreiteten Kenntnisse und hervorragenden Verdienste halber in großem Ansehen steht, war der erste, der meine Aufmerksamkeit kurz vor meiner ersten Abreise von Lahore im Jahre 1832 auf diese Krankheit lenkte, und mir auch sofort einen damit Behafteten aus seiner Nachbarschaft vorstellte. Es war ein Wäscher in einem Alter von einigen 60 Jahren, obgleich er seinem Aeußeren nach ein Achtziger zu sein schien. Er ließ sich allmonatlich von Schlangen beißen. Er war klein von Statur, und hatte ein kachektisches Aussehen. Seine Ausdünstung, die ich auf einige Schritte weit bemerkte, war von eigener Art und roch nach Schlangen. Er erzählte mir, daß er seit mehr als dreißig Jahren an diesem Uebel leide; daß er anfänglich einmal im Jahre, später zweimal, jetzt aber jeden Monat gebissen werde, und daß ihm die Schlangen sogar in's Wasser nachfolgten. Erst seit 4 Tagen sei er von einer solchen auf dem Handrüken gebissen worden, auf welchem ich auch wirklich den Biß mit einer kleinen Geschwulst bemerkte. Auch zeigte er mir eine Unzahl von Narben an Händen und Füßen, so daß mir in der That kein Zweifel blieb. Nicht minder sagte er mir, daß er im Stande wäre, anderen von Schlangen Gebissenen das Gift aus der Wunde zu saugen; daß er es schon Vielen gethan hätte; daß jedoch Niemand das Seinige aussaugen könne, außer den Schlangen selbst. Ob aber dieses ein Aussaugen des gährenden Giftstoffes sei, daran zweifle ich. Es scheint mir vielmehr eine durch die Einlassung des neuen Giftes bewirkte theilweise Neutralisation des frühern Virus zu sein.

Der obgenannte gelehrte Fakir nebst seinen 4 erwachsenen Söhnen, können nebst andern eingebornen rationellen Hakims den daselbst befindlichen englischen Aerzten über alles Bisherige die sichersten Aufschlüsse geben; und ihnen sofort mehrere dergleichen Patienten verschaffen, die sich in der Stadt und ihrer Umgegend befinden. Ich selbst für meine Person habe deren gewiß ein Dutzend kennen gelernt, und es sollen, wie es heißt, wenigstens gegen Hundert solcher Leidender im Pendschab zu finden sein. Das Wesen der Krankheit besteht darin, daß die Patienten innerhalb gewisser Perioden von Schlangen gebissen werden müssen, was für sie eine wahre Wohlthat ist, indem sie einige Tage vorher mancherlei Ueblichkeiten bekommen, und an Schwindel, Eckel, Mangel an Eßlust, Verdrossenheit zur Arbeit, Schwere in den Gliedern u. s. w. leiden.

Dieses sind die Symptome der bereits vorgeschrittenen Krankheit, woraus sie ermessen, daß nun die Zeit da sei, wo sie von den Schlangen sich müssen beißen lassen. Sie sehen sogar dieselben unter diesen Umständen für ihre Wohlthäter an, und halten ihnen, wenn sie sich heranringeln, willig den Fuß oder die Hand hin, worauf die Schlangen, wenn sie gebissen haben, sich wieder entfernen, und der Patient eine Zeit lang sich wohl befindet. Die Meisten solcher Leidenden werden jährlich einmal, und das im Saon oder Baderonmonate (Juli oder August) von den Schlangen heimgesucht, und diese finden sie, wo sie auch immer sein mögen. Wenigere habe ich gesehen, die jährlich zweimal, und zwar jedesmal nach Verlauf eines halben Jahres, gebissen werden. Zu den seltenern Fällen gehören diejenigen, bei denen dieß allmonatlich geschieht. Was ich hier mitgetheilt habe, ist gewiß eine höchst sonderbare und insbesondere für Naturforscher ungemein interessante Thatsache. Wie ist aber diese seltsame Krankheit in den Pendschab gekommen? und wie geschah es, daß sie nur da sich einheimisch gemacht hat und nicht weiter fortgeschritten ist? Die Eingebornen sagen, daß der Biß der Amphisbäna, die man unrichtig Dumuhá (zweimaulige Schlange) heißt, der übrigens nicht giftig ist, wenn sie, nach der Ansicht der Hindu's im trächtigen Zustande sich befindet, diese Krankheit veranlasse, indem nämlich das unschädliche Gift zu gewissen Zeiten im menschlichen Körper zu gähren beginnt. Da diese Art Schlangen eigentlich in Amerika zu Hause sind, so ergibt sich von selbst die Frage, ob diese Krankheitsform nicht auch daselbst vorkomme, worüber ich vor der Hand nichts Näheres zu sagen weiß. Ein derartiger Patient theilte mir einstmals mit, man hätte ihm gerathen, er solle die Schlange, wenn sie auf ihn loskäme, um ihn zu beißen, schnell anfassen und ihr den zwischen Leinwand eingewickelten Kopf abbeißen. Durch die Vernachläßigung dieser Vorsichtsmaßregel, nämlich des Einwickelns desselben, würde er, seiner Aussage nach, das Ausfallen der Vorderzähne zu beklagen haben. Einige Hakims in Lahore rühmen als Heilmittel dagegen die Frucht der Crataeva tapia, Bárna genannt, die sie mit Oel angemacht einreiben lassen. Da dieses Mittel von mir unversucht geblieben ist, so kann ich weder zum Vortheile noch zum Nachtheile desselben etwas sagen.

Nach dieser für Viele meiner verehrten Leser gewiß nicht uninteressanten Abschweifung über Schlangen und von Schlangen Gebissene, wozu die Begebenheit mit dem wahnsinnigen Fakir mich veranlaßt hat, wird es gewiß auch nicht überflüssig sein, über die auffallende Aeußerung desselben im Derbar, daß der Maharadscha, d. h. der regierende Fürst des Landes, ein gemeiner Wäschersohn sei, nähere Aufschlüsse zu geben.

Eine der Gemahlinen Rendschit-Sings hatte in der Stadt Betalah ein Mädchen geboren. Bekanntlich gehört die Geburt eines solchen in jenen Ländern gerade nicht zu den erfreulichsten Ereignissen. Zufälligerweise hatte auch in der Nähe eine Wäschersfrau ein gesundes Knäblein zur Welt gebracht. Die Rani, welche dieses erfuhr, und um jeglichen Preis einen männlichen Sprossen zu haben wünschte, veranlaßte, versteht sich zum großen Vortheile der Wäschersfrau, einen Austausch der Neugebornen. Allein es wird nichts so fein gesponnen, es kommt doch, nach dem derben, alt deutschen Sprichwort, an die Sonnen. Rendschit-Sing erfuhr es, ließ sich aber die Sache eben nicht sehr verdrießen, und nahm den Eingetauschten als seinen Sohn an. In Folge dessen erhielt er auch eine ausgezeichnete Erziehung, welche die wirklich nicht gemeinen Talente des untergeschobenen Prinzen auf eine glänzende Weise entwickelte. Aus diesem Grunde faßte auch der Maharadscha besondere Liebe gegen ihn, und ließ ihm dieselben Ehrenbezeugungen beweisen, deren sich der Kronprinz Karrek-Sing erfreute. So ließ er z. B. jederzeit allen beiden Stühle reichen, während die Minister und die Serdar's auf dem Boden saßen. Auch wurde er später nicht gleich einer Puppe auf den Thron gesetzt, sondern er mußte, freilich mit dem Beistande des Ministers Dhyan-Sing und mit Hilfe der ihm ergebenen Truppen, drei Tage lang hart für die Erringung seiner Würde kämpfen. Er war so wie Rendschit-Sing ein Freund aller Europäer, vorzüglich aber seiner Nachbarn, der Engländer, denen er auch nach ihrer Katastrophe in Kabul den so nöthigen Beistand leistete. Der erschlagene Kronprinz Nonehal-Sing hätte gewiß nicht so edel gehandelt, und die Engländer können es nur ihrem Glücke zuschreiben, daß Nonehal-Sing seinem Vater sobald in das Jenseits nachfolgte.

Da in der Erzählung meiner bisherigen Erlebnisse insbesondere, so wie in der summarischen Darstellung der politischen Begebenheiten jener Länder, in denen ich einen so beträchtlichen Theil meines Lebens nach Kräften wirksam zugebracht habe, eine Art von Ruhepunkt eingetreten ist; so glaube ich es meinen verehrten Lesern schuldig zu sein, dasjenige, was ich in der Vorrede dieses Werkes nur flüchtig skizzirt angedeutet habe, nämlich: die Bildung eines sogenannten Medial-Systems, und was mich hiezu hauptsächlich veranlaßte, eines Nähern zu erörtern, was, wie ich der Ueberzeugung lebe, besonders dem ärztlichen Theile meiner Leser von vielem Interesse sein dürfte.

Wie man aus dem Bisherigen zur Genüge entnommen haben wird, brachte ich nach einer vieljährigen Anwendung der rein allopathischen Heilmethode auch einige Zeit hindurch die neue homöopathische in Anwendung, nachdem ich mich in genaue Kenntniß derselben gesetzt hatte. Sowohl aus meinen eigenen dießfälligen Erfahrungen, als auch aus jenen Anderer mußte ich nothwendig zu dem Schlusse kommen, daß der rationelle Arzt durch beide oftmals die erwünschten Erfolge erzielen könne. Indeß fand ich bald, daß einestheils die zu starken Gaben der einen, und anderntheils die zu winzigen der andern, nicht immer jene Resultate boten, die man davon zu erwarten sich berechtigt glaubte. Dieß veranlaßte mich zu weiterem Nachdenken über diesen Gegenstand. Dadurch wurde ich, gestützt auf meine ausgedehnte Praxis, am Ende dahin geführt, zwischen beiden Systemen durch ein neues in der Mitte liegendes zu vermitteln. Wohl weiß ich, daß das sogenannte Juste milieu in der politischen Welt nicht im besten Rufe steht, zumal, da Ludwig Philipp von Frankreich darüber für sich und seine Dynastie den Thron verlor. Allein nicht Alles, was in der politischen Welt sich als unstichhältig beweist, ist es auch im Gebiete der Wissenschaft; und die vielen oft überraschend glücklichen Kuren, welche mir nach diesem Systeme gelangen, bestätigten mich immer mehr in meiner Ansicht. Ich könnte das, was ich in dieser Beziehung denke, nicht besser und ersichtlicher anschaulich machen, als durch jene bekannten zwei Worte des griechischen Weisen: *Μηδὲν ἄγαν* (ne quid nimis)!

Es war bald nach dem Hintritte Rendschit-Sings im Jahre 1840, als ich meine Versuche mit meinem Medial-Systeme begann. Fünf Jahre darnach brach die verheerende Cholera-Epidemie in Lahore aus. Sie war aus Mittelasien oder Turkistan über Kabul und Pischauer langsam herangekommen, was wir einige Wochen früher durch die Delhi-Gazette erfahren hatten, welche uns berichtete, daß sie ihre Richtung nach Ostindien nähme. Solchergestalt hatte ich hinlänglich Zeit gefunden, mich zu ihrem Empfange vorzubereiten. Es war schrecklich anzusehen, mit welcher Wuth sie bei ihrem Auftreten die Menschen dahinraffte. Anfangs trugen die Hindu's und Sikh's ihre Todten zum sogenannten Teuksali-Derwazeh aus der Stadt hinaus, weil dieses Thor dem Rawiflusse am nächsten ist, woselbst sie ihre Todten entweder verbrannten, oder auch nur ohne viele Umstände in den Fluß warfen. Bei zunehmenden Sterbefällen aber war das Gedränge im Bazar mit den Todten vom Morgen bis zum Abend so ungeheuer, daß die Passage in den Gassen vollständig gehemmt wurde, und die Regierung sich genöthigt sah, den Befehl zu erlassen, die jeweiligen Todten zum nächsten Thore hinauszutragen. Und so geschah es, daß man auch die der Seuche erlegenen Sikh's und Hindu's gleich den Moslims zu allen 12 Thoren aus der Stadt schaffte. Als die Epidemie den höchsten Gipfel ihrer Stärke erreicht hatte, starben einige Tage hindurch von einer Bevölkerung, welche beiläufig Einhunderttausend Seelen beträgt, tagtäglich über 800 Menschen. Während dieser verhängnißvollen Zeit hatte ich die reichlichste Gelegenheit zu Anstellung von mannigfaltigen Versuchen, und benützte sie auch nach besten Kräften, so zwar, daß mir die sechs Wochen, während denen die Seuche grassirte (die verehrten Leser mögen mir diese Aeußerung nicht etwa im unrechten Sinne auslegen!) beinahe zu geschwind vorübergingen. Denn ich hätte, gewiß nur im Interesse der Menschheit, gewünscht, meine Beobachtungen noch einige Wochen länger fortsetzen zu können, um zu einem für das Gesammtwohl vollkommen ersprießlichen Resultate zu gelangen. So z. B. habe ich erst beim Abnehmen der Krankheit während der drei letztern Wochen angefangen, als Präservativmittel galvanisch-elektrische Ringe zu versuchen. Ich ließ einige hundert von solchen verfertigen, theils aus Kupfer und Zink, theils aus Silber und Zink, die ich verschenkte, und davon das Ergebniß erhielt, daß Einige von denen, welche die Kupferzink-Ringe trugen, der Seuche erlegen sind, obgleich dieß bei keinem Einzigen, die mit Silberzink-Ringen versehen waren, der Fall gewesen ist. Allerdings sind wohl auch Mehrere von Letzteren von der Cholera befallen worden; allein die Krankheitsanfälle waren so unbedeutend, daß die Patienten, wie ich überzeugt zu sein glaube, sammt und sonders auch ohne ärztliche Hilfe aufgekommen wären. Freilich darf ich hier im Interesse der Wahrheit die Bemerkung nicht unterdrücken, daß dieses bereits in der Periode des Abnehmens der Epidemie geschah, und daß ich seit jener Zeit keine Gelegenheit mehr fand, sie in jenem Lande noch weiter zu beobachten. Ich vermag deßhalb auch nicht unbedingt für die Untrüglichkeit meines Präservativmittels einzustehen. Um mir aber über diesen Punkt die möglichste Gewißheit zu verschaffen, ließ ich während meines jetzigen Aufenthaltes in Wien, wo bekanntlich der asiatische Gast für eine längere Zeit seinen Thron aufgeschlagen hatte, mehrere hunderte solcher Ringe verfertigen, und vertheilte sie an verschiedene Personen, in der Hoffnung, dadurch in meiner Ueberzeugung befestigt zu werden. Die Folge wird lehren, in wie ferne ich mich in meinen Voraussetzungen getäuscht habe oder nicht. Mehrere solcher Ringträger in Lahore zur Zeit der Epidemie waren der Meinung, daß die Metallcomposition, woraus sie bestehen, Wärmestoff entwickele, indem sie ihnen am Finger, woran sie den Ring trugen, einen feinkörnigen röthlichen Ausschlag verursachten, wodurch sie sich genöthigt sahen, den Ring entweder auf einige Tage abzulegen, oder ihn an einen Finger der andern Hand zu stecken. Ein Ring ist für eine Person vollkommen hinreichend, wiewohl auch das Tragen mehrerer begreiflicherweise mit keinem Nachtheil verbunden sein würde. Daß Spangen, Armbänder, Ketten u. dgl. eine noch stärkere Wirkung äußern müssen, versteht sich von selbst. Außerdem hege ich den Glauben, daß Ringe dieser Art nicht nur allein bei der Cholera ihren Nutzen haben, sondern auch überhaupt der Gesundheit förderlich sind. Wenigstens befinde ich mich schon sechs Jahre hindurch, seitdem ich einen solchen Ring trage, fortwährend gesund, oder hatte doch mindestens keine große Krankheit zu überstehen.

Ich kann jedoch nicht umhin, alle solche Ringträger darauf aufmerksam zu machen, daß sie bei einem allfälligen Uebelbefinden, oder bei Vorahnung des Eintrittes irgend einer bedeutenderen Krankheit nicht sogleich ängstlich werden und zu stark wirkenden Heilmitteln ihre Zuflucht nehmen, damit sie nicht, Falls dadurch ihr Zustand sich verschlimmert, die Ursache dessen der Unwirksamkeit der Ringe zuschreiben. Was aber die Art ihrer Wirksamkeit betrifft, so glaube ich, damit man nicht etwa meine, ich wolle sie als magische Talismane oder Zauberamulete anpreisen, meinen verehrten Lesern einen kleinen Aufschluß hierüber schuldig zu sein. Wir wissen Alle aus Erfahrung, welche wichtige Rolle das elektrische und magnetische Fluidum in der gesammten Körperwelt spielt, und daß durch die Zurückführung darauf oft die wunderbarsten Erscheinungen, welche den größten Weisen des Alterthumes rein unerklärlich waren, bei den neueren Naturforschern wenigstens einen Schlüssel finden, der, wenn er auch das geheimnißvolle Schloß noch nicht völlig öffnet, doch die Möglichkeit der einstigen Oeffnung zeigt. Es durchströmt nämlich, wie nicht zu bezweifeln ist, ein elektro-magnetisches Fluidum unsere feinsten Nervenkanäle. Die Batterie liegt im Kopfe. Deßwegen scheint auch der weise Schöpfer sämmtliche Organe der äußern Sinne im Kopfe vereinigt zu haben. Durch den immer fortdauernden gelinden Nervenreiz, welchen diese Ringe in Folge ihres Rapportes mit dem elektrischen Fluidum im thierischen Körper hervorbringen, wirken sie ganz analog mit einem Blitzableiter, wodurch sie die Nerventhätigkeit in ihrer Normalität erhalten. Schließlich verweise ich hier auf meine beigelegten Abbildungen, worauf die oft erwähnten Ringe in doppelter Form zur Anschauung gebracht werden, nämlich so, wie ich sie ursprünglich in Lahore und dann, aus Rücksichten auf äußere Eleganz, hier in Wien habe anfertigen lassen.

Im Jahre 1849, dem letzten Jahre meines Dienstes in Lahore, erschien in den englischen medizinischen Zeitschriften die Beschreibung eines galvanisch-elektrischen Apparates, welcher aus einer Zink- und Silberplatte besteht, die vermittelst eines Silberdrathes vereinigt sind, und die Schilderung der Heilwirkungen desselben, besonders bei bösartigen Geschwüren und ähnlichen Fällen. Dies veranlaßte mich sofort auch in Lahore Versuche damit anzustellen, und wirklich hatte ich dabei das Glück, unter andern im Spitale der Gefangenen, dem sogenannten Dschailhospitale, zweien Brüdern zwei krebsartige Geschwüre an den Füßen in der Zeit von 4 — 6 Wochen vollständig zu heilen; weßhalb ich mir von diesem einfachen Mittel bei der Heilung verschiedenartiger Geschwüre viel verspreche.

Zu eben dieser Zeit traf es sich auch, daß mir einige sporadische Cholerafälle zur Behandlung vorkamen. Da ich die heilsamen Wirkungen des eben erwähnten Apparates durch die Erfahrung bestätigt gefunden hatte, und auch von der Nützlichkeit meiner Ringe bei der Cholera überzeugt zu sein glaubte, die ebenfalls nur aus denselben Metallen bestanden, wie jene Platten, so beschloß ich diesfalls bei meinen Kranken damit Versuche anzustellen. Die Application derselben hatte zur Folge, daß in überraschender Schnelle die gewünschte Besserung eintrat. Natürlich mußte mich dieß auf den Gedanken bringen, die so lange ungelöste Räthselfrage wegen sicherer Heilung der Cholera, wenn auch nicht ganz, doch zum größten Theile gelöst zu haben. Dies bewog mich bei meiner jetzigen Anwesenheit in Wien, wo bekanntlich während des ganzen Frühjahres und Sommers die Cholera zahlreiche Opfer forderte, bei einem hohen Ministerium des Innern um die Bewilligung einzuschreiten, einige in einem hiesigen Spitale mir zuzuweisende Cholerakranke nach meiner Art behandeln zu dürfen, was ich auch erlangte. Jedoch war zwischen der Zeit meines Einschreitens, welches in der Periode geschah, als die Cholera am heftigsten wüthete, und jener der Bewilligung eine bedeutende Frist verstrichen, so zwar, daß die Seuche bereits sich ihrem Erlöschen näherte, und nicht mehr ihren Urtypus an sich trug. Es wurde mir demnach behufes meiner Behandlungsmethode das allgemeine Krankenhaus auf der Wieden als Wirkungskreis angewiesen. Ich erhielt daselbst bei meinem ersten Erscheinen mehrere Erkrankte, von denen ein Theil bereits dem Tode unrettbar anheim gefallen, der andere aber angeblich auf dem Wege der Besserung begriffen war. Daß ich unter diesen Umständen meine Heilmethode nicht in Anwendung bringen konnte, liegt am Tage. Späterhin wurden drei neue Patienten, von denen der Eine bereits sterbend überbracht wurde, meiner Obsorge übergeben. Wie es geschah, daß der Eine von den letzten Zweien den Tag nach seinem Eintreffen im Spitale starb, der Andere hingegen, eine böhmische Handlangerin, die von einem echten Choleratyphus ergriffen war, eilf Tage hindurch dem Leben erhalten wurde, darüber habe ich den betreffenden Behörden bereits ausführlichen und, wie ich hoffe, genügenden Bericht erstattet. Da ich für kein ausschließend ärztliches Publikum, sondern für Leser aller Klassen schreibe, so wird man es ganz in der Ordnung finden, wenn ich hier darauf verzichte, in alle Einzelheiten einzugehen.

Gleichermaßen versuchte ich in Lahore auch unter Einwirkung des Chloroform zu operiren, und that dieß an Einem Tage mit zwei Knaben, die am Stein litten. Beide operirte ich mit dem Apparatus altus in Gegenwart des Doktors Hathaway, des Wundarztes der Residenz. Leider hatte aber die Operation des Einen durchaus nicht den erwarteten Erfolg. Es dürfte dies dem fatalen Umstande zuzuschreiben sein, daß das Steinchen an die innere Schleimhaut der Blase etwas angewachsen war — einer von jenen Fällen, die fast alle einen ungünstigen Ausgang zu nehmen pflegen — wozu wohl auch beigetragen haben mag, daß der Operirte gleich nach der Operation von seiner Mutter heimlicherweise Butter mit Zucker bekommen hatte, in der irrigen Absicht, ihn zu stärken. Der Kleine bekam sofort ein hartnäckiges Erbrechen, wozu sich Aengstlichkeit und Auffahren aus dem Schlafe gesellte. Am vierten Tage hatte er bereits ausgelitten, indeß der andere, von dem man es am wenigsten hätte hoffen können, seiner Genesung sichtlich entgegen schritt. Ein Jahr vorher hatte ich, unterstützt vom Doktor Andr. Hening, einen Knaben gleichermaßen mit einer Steinaffektion mit demselben Bauch- und Blasenschnitte vermittelst Aethereinathmung operirt, wodurch er drei Tage hindurch schlafbetäubt blieb, was eine Nachwirkung des Aethers war. Dessen ungeachtet erfolgte die Heilung in Bälde, obwohl zwei große Steine im Blasenhalse eingezwängt sich befanden, die wir nur mit vieler Mühe herausbekommen konnten. Bemerkenswerth ist hiebei, daß mein überaus geschickter Kollega im Verlaufe der Operation bereits Zweifel zu hegen anfing, ob überhaupt ein Stein vorhanden wäre. Dessen ungeachtet fanden sich am Ende statt eines deren zwei von ungewöhnlicher Größe in Berücksichtigung des zarten Alters des Knaben im Blasenhalse zusammengedrängt, ein neuer Beweis, wie sehr man bei solchen Gelegenheiten dem Irrthume ausgesetzt ist. Was — mich anbelangt, so bin ich mehr für die Aethereinathmung als für die gewaltsame Betäubung mit Chloroform, wiewohl ich nicht läugnen mag, daß auch Vieles von einem guten Präparate abhängt. Doktor Hathaway verrichtete mit demselben in meiner Gegenwart mehrere sehr glückliche Operationen. Unser Chloroform war aus der Apotheke von Kaupur. Die ersten Aethereinathmungs-Versuche machte ich mit Doktor Hathaway im Dschailhospitale (Gefängniß-Spital), wo wir zwei Amputationen an Einem Tage vornahmen, ohne daß die Betheiligten dabei irgend einigen Schmerz zu erkennen gaben. Uebrigens bin ich selbst, gleich einigen Andern, der Meinung, daß ein kleiner Theil des Chloroform, etwa ein Zehntel, dem Aether beigemischt, allerdings eine vortheilhafte Komposition abgeben mag.

In Lahore lernte ich einen eingebornen muhamedanischen Steinoperateur kennen, welcher, so wie alle übrigen Eingebornen im Oriente, die Steine auf die alte Celsus'sche Art im Mittelfleische herausschnitt. Es werden nämlich ein oder zwei Finger der linken Hand wohl eingeölt und soweit als möglich in den Mastdarm hinaufgebracht, während man mit der rechten Hand über den Nabel nach unten zu drückt, auf diese Art den Stein mit den im Mastdarme befindlichen Fingern zu fühlen beginnt, ihn sodann herabzieht, und im Mittelfleische herausschneidet. Sind sie jedoch nicht im Stande, ihn herabzubringen, was bei Erwachsenen oft der Fall ist, so lassen sie ihn darin, indem sie weder das Sondiren, noch das Katheterisiren, noch die Lateraloperation verstehen. Ihre Wunden heilen sie per primam intentionem leicht zu, nicht selten bleiben jedoch Harnfisteln zurück. Todesfälle ergeben sich in der Regel wenige.

Auch eingeborne Augenoperateure gibt es in Lahore, sowie überhaupt im Morgenlande, die gleichfalls zum größten Theile Bekenner des Islam sind. Sie sitzen meistens in den Straßen und operiren mit plumpen Instrumenten. Es ist daher leicht erklärlich, daß sie trotz aller theoretischen Kenntnisse, die ihnen nicht abzusprechen sind, doch weit mehr Patienten völlig blind als sehend machen. Den grauen Starr können sie nur niederdrücken, zu welchem Behufe sie zweier Instrumente sich bedienen, nämlich einer Lanzettenspitze und eines Pfriemens.

Die 3 Dscherah's (eingeborne Wundärzte), Muhamedaner gleich den übrigen, die mir der Derbar als Gehilfen für meine Krankenhäuser, das Gefängnißspital und das allgemeine Krankenhaus, beigegeben hatte, wußten auch nicht viel, und besaßen außer einigen Salbenbüchsen nur noch Barbiermesser, Lanzetten nach ihrer Art, Zahnreißzängelchen und Schröpfköpfe, Kuzeh genannt. Von größeren Operationen verstanden sie nicht das Mindeste. Nicht einmal eine Arterie wußten sie zu unterbinden, und eine Amputation hatten sie ihr Leben lang nicht gesehen. Meine Steinschnitte, besonders jene mit dem Apparatus altus, schienen ihnen anfänglich an das Wunderbare zu gränzen. Bald aber lernten sie das Einimpfen der Kuhpocken, das Wasserabzapfen bei Wassersüchtigen u. s. w.

Im Pendschab betreibt man von Seite der Eingebornen eine Art von thierischen Magnetismus, den man Dscharn oder Manter heißt. Er wird gebraucht gegen entzündliche rheumatische und nervöse Schmerzen, vorzüglich am Kopfe, als: an den Augen, den Ohren, den Zähnen u. s. w. Der Operirende, Mann oder Frau, setzt sich dem Patienten gegenüber, einen grünen Ast oder ein Stäbchen in der Hand haltend. Mit diesem treibt er ihm, seiner Versicherung nach, die bösen Geister aus dem leidenden Theile, indem er denselben mittelst seines Instrumentes fortwährend abwärts streicht. Dabei macht er, wie man sich leicht denken kann, allerlei Hokus Pokus, murmelt sonderbar klingende Wörter zwischen den Zähnen, und bläßt von Zeit zu Zeit den leidenden Theil an.

Auf den Puls hält man im Morgenlande sehr viel, und der Glaube, daß man aus demselben jedes geheime Leiden zu ergründen vermöge, ist allgemein verbreitet. Nicht minder ist auch die Uroskopie (Harnbeschauung) bei den Hakims in hoher Geltung. Oft habe ich mich bei ärztlichen Berathungen der Hakims des Lachens nicht enthalten können und mir im Stillen gedacht, daß man, wenn man zwischen Wölfen ist, mit ihnen heulen — wenn auch nicht heilen — müsse. Eines Tages berathschlagten wir uns in einem solchen Consilium über die Kur eines hartnäckigen Nachtrippers, wobei ein Hakim das örtliche Balneum Cucurbitae Citrulli vorschlug. Es sollte nämlich eine Wassermelone geöffnet, der Inhalt derselben tüchtig zusammen gerührt, und das Membrum virile unâ cum scroto hineingehalten werden. Ein Anderer, der sich auf seine Meisterschaft viel zu Gute zu thun schien, brachte ein nach seiner Ansicht noch besseres Mittel auf's Tapet, von dem er das Probatum est besonders hervorhob. Dieses hochgerühmte Mittel bestand darin, eine in Teig eingemachte Zuckermelone zu braten, und solange sie noch lauwarm sei, ein Loch darin anzubringen; per quod foramen penis erectus inserendus et Semen virile injiciendum esset. — Risum teneatis, amici! —

Wir hatten jedoch weder dieses noch jenes Mittel anzuwenden nöthig, indem nebst einigen Einspritzungen von Zink- und Kupfersulphatauflösungen, Pillen aus Kampher, Convolvulus argenteus, Opium Pyrethrum und Zedoaria, welche ein Pischauer-Hakim verordnet hatte, die gewünschte Wirkung hervorbrachten, und den Patienten binnen 4 Wochen vollkommen herstellten.

Dergleichen ärztliche Berathungen geschahen fast immer in Gegenwart des Patienten, damit er sich über das, was ihm am besten gefalle, selbst aussprechen könne. Wenn nur die Hakims beisammen waren, bediente man sich der persischen Sprache, wobei man die technischen arabischen Ausdrücke gebrauchte, die kein Patient verstehen konnte. Waren aber auch Hindu-Aerzte oder Pindets (Sterndeuter) dabei, was, im Vorbeigehen gesagt, bei Vornehmen fast immer der Fall ist, so bediente man sich des indischen Idioms, weil die Indier mit dem Persischen in der Regel nicht vertraut sind. Das Almosengeben ist zwar bei jeder Krankheit üblich, am meisten aber da, wo das Leben in Gefahr steht. Deswegen sieht man auch vor den Häusern solcher Patienten zumal, wenn sie der wohlhabendern Klasse angehören, meistens eine Menge Volkes, insbesondere Arme, Fakire und Braminen. Bei chronischen Krankheiten wird vor der Hand die Trifelkur (Myrobalanen-Zusammensetzung), und das darauf folgende Frühjar die Tschobtschinikur (Smilax-China-Decoct) angewendet. Dieß ist ihr letzter Hoffnungsanker, und sie stehen dießfalls so ziemlich in Einer Parallele mit den europäischen Aerzten, die in jenen Fällen, wo sie bei ihren Patienten mit der lateinischen Küche nichts mehr ausrichten, selbe in irgend ein Bad schicken.

Ich habe bereits früher einigemale des von mir errichtenden Irrenhauses in Lahore erwähnt. Ich fühle mich daher gedrungen, meine verehrten Leser mit der nähern Veranlassung hiezu bekannt zu machen, besonders da sich bei der bisherigen Besprechung ausschließlich ärztlicher Gegenstände die passendste Gelegenheit hiezu darbietet.

Der damalige Polizei-Director, Major Mac-Gregor, wurde eines Tages, als er so eben im Bazar vorüberritt, von einer beinahe ganz entblößten Frau angehalten, welche für närrisch galt. In Folge dieses unangenehmen Vorfalles ertheilte der englische Resident dem Derbar den Befehl, künftighin Irrsinnige durch Einsperrung unschädlich zu machen. Hiebei zog man mich zu Rathe, und das Ergebniß war, daß ich derlei Leute in mein Krankenhaus aufzunehmen hätte. Demgemäß wurden mir von nun an mehrere solcher Unglücklicher zugeführt. Gewöhnlich wurden sie von einem großen Zuge neugieriger Zuschauer begleitet. Ich gab mir alle mögliche Mühe in dieser Beziehung zu thun, was Menschlichkeit und Pflicht gebot; und wirklich gelang es mir, innerhalb der Zeit von 2 Monaten die ersten Fünf mir Uebergebenen gänzlich herzustellen, was ich pflichtschuldigst dem Radscha Tetscha-Sing anzeigte. Er ertheilte mir den Befehl, sie bei nächster Gelegenheit im Derbar in der Residenz in Anarkhali vorzustellen. Ich führte sie hin. Man hatte jedoch, obgleich ich es anzeigte, keine Lust sie zu sehen, und schien die ganze Sache mit größter Theilnahmslosigkeit aufzunehmen. Dadurch wurde es mir klar, daß meine Zeit hier vorüber sei, und ich nichts Besseres thun könne, als wieder nach Hause, d. i. nach Europa, zurückzugehen. Eben so wenig glaubte ich jene Gehilfen erwarten zu dürfen, die ich mir mit Erlaubniß der Regierung verschrieben hatte, nämlich einen Apotheker und einen Wundarzt. Beide hatten von mir 3,000 Gulden C. M. aus meinem Sacke für Reisekosten erhalten, und ich war Willens, sie vom eigenen Gehalte zu besolden, indem der vielen Geschäfte halber meine Gesundheit bereits zu leiden anfing, so, daß ich mich wirklich nach etwas Ruhe sehnte. Daß man meine geheilten Irrsinnigen in der Residenz nicht hatte sehen wollen, hielt mich nicht ab, sie in der Festung im Derbar vorzustellen, worauf ich angewiesen wurde, die Wiederhergestellten in ihre respectiven Ortschaften zurückzuschicken. Die Frau, die den Polizeidirector auf seinem Ritte durch den Bazar angehalten hatte, führte ich zu dem Major Mac-Gregor in's Kotscheri (Versammlung im Office). Man hatte sie mir in einem elenden Zustande, ohne Kleidung, gebunden wie ein wildes Thier, überbracht. Jetzt sah sie recht hübsch aus. Ich hatte sie ganz weiß kleiden lassen. Ohne daß ihr Jemand einen Platz zum Sitzen angewiesen hatte, setzte sie sich ganz bescheiden zwischen die Serischtedars, oder Schreiber nieder, und verhielt sich anständig und ruhig. Die Leute sahen sich zuerst unter einander, dann die Frau an, und sagten zuletzt: Es ist doch die nämliche Frau! Selbst Major Mac-Gregor schien darüber verwundert und fragte mich, was ich mit ihr gemacht hätte, daß sie sich nun so ruhig verhielte.

Durch Reinlichkeit, war meine Antwort, einige Arzenei, Sturzbäder, entsprechende Kleidung, gute Nahrung, Aufheiterungen, Zerstreuungen, Beschäftigungen, Geschenke, Versprechungen u. s. w.; verbunden mit einer fortwährenden freundlichen theilnehmenden Behandlung, gelingt es mir fast immer, solche unglückliche Geisteszerrüttete zur Vernunft zurückzuführen. Ich schlage sie nicht; ich mißhandele sie nicht; und bringe sie bloß in eine Lage, in welcher sie, so lange ihre Vernunft gestört ist, weder sich, noch Andern zu schaden vermögen. Diese Erklärung erfreuete sich des ungetheilten Beifalles des Majors. Die Frau, um die es sich handelte, war nahe an den Vierzigen, und, als man sie mir übergab, so wüthend, daß man sie allgemein fürchtete. Sie sprang herum, schlug um sich, und würde mit Steinen und andern Projektilen auf Jedermann geworfen haben, wenn sie nicht gehindert gewesen wäre. Allein es dauerte nicht lange, so wurde sie so geduldig wie ein Lamm. Auch das tolle Herumspringen hörte auf, und sie war kaum im Stande zu gehen. Bei näherer Untersuchung entdeckte ich, daß sie venerisch war. Auf meine Frage, seit wann sie an diesem Uebel leide, erwiederte sie, daß es ein altes sei. Vermuthlich hatte sie eine Lues occulta mitgebracht, die auch Ursache ihrer Geisteszerrüttung gewesen sein mochte. Nur erst durch deren wirklichen Ausbruch kam sie wieder zur Vernunft. In wie weit die Einimpfung der Syphilis in derlei Fällen nützlich sei, habe ich leider! unversucht gelassen. Diese Frau erzählte uns eine ganz eigene Geschichte, welche sie als die Veranlassung zu ihrem Irrsinne ansah. Sie sagte nämlich, sie hätte ihr Vermögen für eine Schwiegertochter, die Frau ihres einzigen Sohnes, ausgegeben, und als die Braut ins Haus gekommen wäre, so sei sie ein Hermaphrodit gewesen. Sie habe bei dem Kardar (Oberbefehlshaber) des Dorfes ihre dießfällige Klage angebracht, ohne ein Recht zu finden, weil derselbe sich zu der Partei gehalten habe, auf deren Seite sich das meiste Geld befand. Dieß habe sie bewogen, in die Stadt Lahore zu den Saheb Log (gnädigen Herrn, d. i. den Engländern) klagen zu gehen, wo sie den Verstand verloren hätte. Dessen ungeachtet habe sie die rechte Person, den Polizeidirektor, im Bazar angehalten, vermuthlich auf die Mittheilung von Jemandem, daß dieses der Gerichtsherr wäre, an den sie sich wenden müsse. In Lahore habe ich mehrere Hermaphroditen gesehen, die dort das Recht besitzen, bei Geburts- und Hochzeitsfeierlichkeiten zu gratuliren und Geschenke zu verlangen, wovon sie leben. Die Geburtsfeierlichkeiten beziehen sich jedoch immer auf einen Sprößling männlichen Geschlechtes, weil bei der Geburt eines Mädchens niemals eine Feier Statt findet. Ja man geht sogar so weit im Falle der Geburt eines Mädchens, die Sache geheim zu halten, und die Meisten von den Einwohnern Lahore's ohne Unterschied, ob Muselmann, Sikh oder Hindu, sind froh, wenn das neugeborne Mädchen bald wieder aus dem Leben scheidet. Es würde sogar für eine Beschimpfung angesehen werden, wenn man Jemanden zur Geburt eines Mädchens beglückwünschen wollte.

Es ist mir unendlich leid, daß ich eine Thatsache erzählen muß, welche dem schönen Geschlechte Europa's nicht sehr schmeichelhaft klingen wird, allein die erste Pflicht des Geschichtschreibers ist — Wahrheit. Und wollen unsere Schönen die Ursache einer so seltsamen Sitte genauer wissen, so dürften sie sich nur bei dem ersten besten Hindu anfragen, der sie auf eine sehr ungalante Weise dahin bescheiden würde, daß ein Sohn das Vermögen ins Haus bringt, während eine Tochter es aus demselben davon trägt.

Einer von den oberwähnten fünf geheilten Irrsinnigen war ein Schwager des Maharadscha Rendschit-Sing, nämlich: Mirza, ein Bruder der berühmten Gulbegum. Er liebte das Tschersrauchen, und zankte jedesmal mit seinen Geschwistern, dem Nobab und der Gulbegum, wegen der Güter sich herum, die ihnen Rendschit-Sing geschenkt hatte. Er war rückfällig geworden, weßhalb sie ihn abermals bei mir einsperren ließen, wo er auch so lange blieb, bis er ihnen feierlich und schriftlich versprochen hatte, nie wieder Tschers zu rauchen oder mit ihnen sich zu zanken. In Folge dessen nahm ihn die Gulbegum zu sich in die Festung, um ihn besser zu überwachen. Daselbst fand ich ihn zufällig nach mehreren Monaten im vollkommen gesunden Zustande.

Es scheint mir hier, da ich des Tschersrauchens erwähnt habe, der schicklichste Ort zu sein, über einige betäubende Genüsse der Eingebornen, zur Verständigung meiner geehrten Leser das Nöthige beizufügen. Ein angenehmes berauschendes Getränke bereiten die Eingebornen im Pendschab aus dem Hanfkraute. Es wird vorzüglich von den Nahengs, den Fakiren und Leuten der ärmeren Klasse überhaupt stark genossen, indem sie den kostbaren Spiritus nicht so leicht sich verschaffen können. Auch solche, welche den Genuß des Opiums und der Mohnköpfe meiden, halten sich an den Hanfkrauttrank; denn es ist bekannt, daß derjenige, der an Opium gewöhnt ist, täglich seine bestimmte Dosis haben muß, wenn er nicht Schmerz in den Gliedern empfinden will. Das ist nun aber nicht der Fall mit dem Hanfkrauttranke, welchen man trinken kann, wann man will, und dabei auch aussetzen, so lange man will; und es scheint mir, daß er einer der am wenigsten schädlichen betäubenden Genüsse ist. Die Beliebtheit dieses Trankes, besonders, wie ich bereits angedeutet habe, unter den ärmeren Schichten der Bevölkerung hat die vormalige Regierung von Lahore bewogen, zum Zwecke der Bereitung desselben täglich zwei Rupien zu widmen. Unfern des Delhi-Thores an der Hauptstraße, im Osten der Stadt, und ganz nahe an meinem Krankenhause, war der Ort, Seid Gendsch genannt, wo dieses Getränk unentgeldlich vertheilt wurde, was sich zumal die Nahengs, welche sich daselbst eingenistet hatten, trefflich zu Nutze machten. Ich selbst habe mehrere Male sowohl an mir, als auch an meinen Leuten und an Freunden Versuche damit angestellt und gefunden, daß der Rausch nach einer halben Stunde auf den Genuß anfängt, und drei Stunden lang währt, worauf ein Schlaf erfolgt. Tages darauf befindet man sich eben so wohl, wie gewöhnlich, ohne Kopfschmerz, ohne Schwindel, ohne Ueblichkeiten, u. dgl., wie es nach dem Wein- oder Spiritusrausche häufig der Fall ist. Während des Rausches selbst hat man guten Appetit, ist fröhlich, lacht, scherzt und schwazt eine Menge tolles Zeug zusammen. Wenn man auch etwas zu viel ißt, so hat man deßhalb nichts von Magenbeschwerden zu befürchten, indem die Verdauung ganz geregelt vor sich geht, und keine Hartleibigkeit zurückbleibt. Im Bengal Dispensatory pag. 584 heißt es in dieser Beziehung: dieses Getränk ist meistentheils bezaubernd in seinen Wirkungen, und erweckt eine entzückende Fröhlichkeit, die Einbildung eines hohen Ranges, ein Gefühl von Fliegen und Schweben in der Luft, eine besondere Eßlust, und heftige priapeische Wünsche. In demselben Dispensatorium liest man ferner pag. 594: In mehreren Fällen von akuten und chronischen Rheumatismen waren Halbgrangaben des resinösen Extraktes dieser Pflanze von fast ähnlichen Wirkungen begleitet, nämlich: von Schmerzlinderung, merklicher Vermehrung des Appetites, aphrodisischen Gelüsten und großem geistigen Frohsinn. Ebenda pag. 604 findet man Folgendes angedeutet: Geisteszerrüttungen, durch anhaltende Hanfkrautberauschungen verursacht, hat man mit blasenziehenden Pflastern auf dem Nacken, durch Setzung von Blutegeln auf die Schläfe und ekelerregende Gaben von Brechweinstein mit Salz-Purgativen geheilt. Die gewöhnliche Bereitungsart des Hanfkrauttrankes ist nachstehende: Man wäscht eine beliebige Menge des getrockneten Hanfkrautes in einem Gefäße mit kaltem Wasser recht gut aus, um es sowohl von den oben aufschwimmenden leichtern Blättern, Samenkörnern und Stengeln, als auch von der auf dem Boden sich sammelnden Erde zu reinigen, preßt es dann aus, trocknet es in der Sonne, und bewahrt es zum Gebrauche auf. Für Anfänger ist ein bis drei Scrupel genug; nur daran Gewöhnte können zwei bis vier Drachmen pro dosi vertragen, in seltenen Fällen wohl auch die doppelte Gabe, nämlich 1 Unze. Die Anfertigung desselben geschieht von der Mehrzahl, indem man das gereinigte Hanfkraut mit einigen Pfefferkörnern in einer großen irdenen Schale vermittelst eines langen hölzernen Reibers gut zerreibt, was man dadurch erzweckt, daß man nach und nach immer Wasser zugießt. Ist Alles zu einer feinen breiartigen Masse zerrieben, so kommt noch allmälig ein halbes Pfund Wasser dazu. Versetzt man gleich Anfangs das Hanfkraut auch noch mit Mandeln, Melonensamen, Kürbiskernen u. dgl., wie auch mit Zucker und Spiritus oder Milch anstatt mit Wasser; so erhält man ein noch köstlicheres Getränke. Die verriebene Masse wird sodann durch eine grobe Leinwand durchgeschlagen, so, daß der feine Theil des Krautes dabei bleibt, der, ehe er sich zu Boden setzen kann, sogleich getrunken wird, indem die Wirkung größtentheils durch den Satz hervorgebracht wird, oder, besser gesagt, durch die harzigen Theile des Krautes, die im Wasser nur in geringer Menge auflösbar sind, weßwegen man auch mit der Butter, in welcher sich dieser letztere vollkommen solvirt, den sogenannten Madschun verfertigt, was eine aromatische Confectio cannabis indicae ist, die in einem großen Theile Asiens, wie: in der Türkei, in Arabien, in Persien, in Indien, und eben so auch in Egypten, allbekannt ist, und unendlich oft mißbraucht wird. Einige thun zum Madschun auch Stechapfelsamen (Semina daturae stramonii), wodurch die Wirksamkeit desselben bedeutend erhöht wird. Gewöhnlich nimmt man gleiche Theile vom gereinigten Hanfkraute und Butter, die man mit einer beliebigen Menge Wassers in einem Kesselchen über gelindem Feuer so lange wallen läßt, bis das Wasser eingekocht ist. Hierauf preßt man die im Kraute befindliche noch heiße Butter gewaltsam durch eine locker gewebte Leinwand in ein untergesetztes Gefäß mit kaltem Wasser, und wäscht dann dieselbe, die nun eine grüne Farbe angenommen hat, auch noch mit gemeinem oder noch besser, mit Rosenwasser aus. Oder man kocht eine beliebige Menge von gereinigtem Hanfkraute in einer Flüssigkeit, die zur Hälfte aus Milch, zur Hälfte aus Wasser besteht, so lange ein, bis die Halbscheid davon verdunstet ist, und seihet den Rest durch, welcher sodann gesäuert wird. Nun schlägt man auf die gewöhnliche Art aus dem Coagulum die Butter, die den harzigen Theil des Krautes aufgelöst enthält. Ist die Butter konzentrirt, so sind 5 bis 10 Grane davon eine hinlängliche Dosis. Mit Gewürzen, als z. B. Pfeffer, Zimmt, Safran und Zucker, kann man sich vermittelst Fischleim oder Tragantschleim eine Masse verfertigen, woraus man Trochisken von einer Drachme macht, die ich in meinen frühern Jahren in Lahore stark verwendete. Freilich habe ich sie nur Muselmännern geben können, indem die Sihks und die Hindus keine angemachten Medizinen aus Europäerhänden einnehmen wollen, dazu ihre eigenen Gefäße und ihr Wasser haben, und obendrein die Medizinen in Pulverform verlangen. Doch auch diese Schwierigkeit wurde später gehoben, als das von mir gegründete allgemeine Krankenhaus, in welches Patienten jeder Nation Aufnahme fanden, für Leidende aller Art geöffnet wurde. Denn die Landesregierung fand sich der herrschenden Religionsbegriffe wegen bewogen, mir eine Anzahl Hindus zuzuweisen, durch welche die Arzeneien bereitet wurden, und mir sogar das hiezu nöthige Genga-Dschel, d. i. Gangeswasser, zu übermitteln.

Was die Zubereitung des sogenannten Tschers (Churrus) betrifft, dessen sich meine verehrten Leser noch aus der vorhergegangenen Erzählung erinnern werden, so kann ich ihnen darüber Folgendes berichten. Zu den gemeinsten Bereitungsarten wird gerechnet, wenn man das frische, gereifte

Kraut in einem Gefäße über gelindem Feuer erwärmt, dann stampft, und es dadurch in eine Masse verwandelt. Eine bessere Art ist die, daß mehrere Personen in Lederbeinkleidern durch die Hanffelder gehen, so zwar, daß sie beständig an den Hanfpflanzen sich anstreifen. Auf diese Weise setzen sich eine Menge harziger Theile, sowohl an das Leder der Beinbedeckung, als auch an die entblößten Partien des Körpers an, worauf sie abgestrichen, gesammelt und in eine Masse geformt werden. Die beste Bereitungsart hingegen ist unstreitig diejenige, wobei man die harzigen Pflanzentheile auf eine vorsichtige Art bloß mit den Händen abstreift. In den Bazaren Indiens verkauft man die verschiedenen Arten des Tschers auch unter verschiedenen Namen, wie z. B. unter der Firma eines Bucharischen, Jarkandischen, Kaschmir'schen u. s. w. Die allerbeste Gattung heißt indeß Tschers-Mumiai, d. i. wachsähnlicher Tschers.

Innerlich wird der Tschers nirgends gebraucht. Ich selbst hingegen habe dießfällige Versuche mehrere gemacht. Ueber die dadurch erzielten Wirkungen so wie über die Eigenschaften desselben verweise ich meine geehrten Leser auf die in diesem Werke vorkommende Materia medica.

Die Anwendung des Tschers besteht im Rauchen desselben. Er wird mit Tabak gemischt, aus dem Hoka (der Wasserpfeife) geraucht, und das am meisten von der ärmeren Klasse, von Hindus und Muselmännern, Fakiren und Parias, die sich um den stinkenden Hoka herumsetzen, ein Paar Züge aus derselben thun, und so das Rohr des in der Mitte befindlichen Instrumentes im Kreise herumgehen lassen. Die betäubende Kraft des Tschersrauchens äußert sich augenblicklich, vergeht aber auch eben so schnell. Nicht selten ist die Folge des Uebermaßes von diesem Genusse gänzliche Geisteszerrüttung.

Den Sihks ist der Tabak verboten, und folglich auch das Tschersrauchen, wobei nothwendig auch Tabak ins Spiel käme. Dafür sind ihnen aber der Mohnsaft und alle geistigen Getränke erlaubt, woher es kommt, daß Männer sowohl als Weiber aus ihrer Mitte von höheren und niederem Stande Opiophagen sind.

Man sagt, daß die Cannabis indica, die unserer Cannabis sativa ganz ähnlich sieht, doch in ihren Eigenschaften von jener sehr verschieden sei, wobei noch das merkwürdig ist, daß die Cannabis indica in Europa die Wirkungen nicht äußern soll, welche man in ihrem Vaterlande Indien beobachtet. Ja es soll sogar der resinöse Extrakt der Pflanze, der unmittelbar in Kalkutta bereitet worden ist, in London sich ganz wirkungslos gezeigt haben. Verhält sich dieses wirklich so, so würde ich den Grund davon entweder im Klima Indiens, oder aber auch im Wassertransporte suchen, indem ich selbst die Erfahrung gemacht habe, daß mir auf meiner letzten viermonatlichen Seereise viele Arzeneien durch die Seeluft verdorben sind. Uebrigens

11*

entsteht noch die Frage, ob unsere Cannabis sativa in Indien nicht vielleicht auch die Wirkung der Cannabis indica haben würde, da sie ihr so ausnehmend ähnlich sieht. Nur was den Samen anbelangt, finde ich, daß die Körner der indischen Cannabis viel kleiner sind, als die der europäischen.

Ein anderes Betäubungsmittel, und zwar ein viel ärgeres als das frühere, ist das Opium. Da dasselbe im Allgemeinen und im Besondern ohnehin zur Genüge bekannt ist, so kann ich mich füglich einer nähern Beschreibung der Wirkungen desselben entschlagen, zumal, da in meiner Materia medica das Nöthige darüber beigebracht werden wird. Ich will mich daher nur auf den Mißbrauch desselben beschränken, und darauf aufmerksam machen, daß die Eingebornen Ostindiens die Art und Weise genau kennen, sich mit dem Mohnsafte dergestalt zu vergiften, daß jede ärztliche Hilfe vergeblich ist. Um nur ein Beispiel hievon anzuführen, werde ich meinen geehrten Lesern von einer Frau erzählen, die sich kurz vor der Vereinigung des Pendschab mit den Besitzungen der ostindischen Kompagnie auf eine solche Art vergiftete. Hiezu nehmen sie Mohnsaft in Oel aufgelöst ein. Dieses that auch die gedachte Frau. Das Motiv hiezu war weibliche Eifersucht, indem ihr Mann außer ihr noch eine andere Frau hatte, von der sie glaubte, daß sie seine Liebe in höherm Grade besitze. Zu dieser Frau wurde ich von Polizei wegen hin verlangt. Ich fand sie, nachdem schon eine Stunde seit dem Genusse des Opiatöles verstrichen war, nicht nur bei vollem Bewußtsein, sondern auch im ungestörten Gebrauche ihrer Vernunft. Beides war der Fall bis zu ihrem letzten Athemzuge. Sie saß auf ihrem Bette, und erzählte ganz ruhig, was sie gethan hatte. Ich fing die Behandlung, um ja keinen Augenblick Zeit zu verlieren, sogleich an Ort und Stelle an, worauf ich sie in mein Krankenhaus bringen ließ, und selbe daselbst fortsetzte. Allein es war keine Rettung möglich; denn noch vor Ablauf von 24 Stunden fiel sie aus der sitzenden Stellung wie vom Schlag gerührt nach rückwärts, und war in diesem Momente todt. Sie hatte bloß über starke Schmerzen in den Gliedern geklagt, und wollte fortwährend von ihrem Sohne gedrückt und gekneipt sein.

Personen, die vom Opium oder vom kalten Aufguß über Mohnköpfe ablassen wollen, und sich den Mißbrauch des einen oder des andern abzugewöhnen wünschen, räth man, einen großen Quitenapfel zu nehmen, in dessen Mitte ein Loch anzubringen, ihn dann zu wägen und soviel Opium hinein zu thun, als der 10te Theil seines Gewichtes beträgt. Nun muß die Oeffnung wohl verstopft werden, worauf man ihn in einen Teig einmacht, und so lange in heißer Asche brät, bis der Teig verkohlt ist. Jetzt wird der Apfel herausgenommen, von dem verkohlten Teige gereinigt und der Rest des Opiums aus der Mitte des Apfels weggethan, indem der wirksame Theil desselben im Apfel eingesaugt sich befindet. Von diesem Apfel soll nun täglich soviel genossen werden, als man früher Opium zu sich zu nehmen pflegte. In Buchara sah ich einen Hakim aus Kaschgar, der sich durch die Kunst, Opiumesser von dessen Genusse zu entwöhnen, berühmt gemacht hatte, indem er damit in drei Tagen zum Ziele gelangte. Am ersten Tage gab er eine Drachme von einem Pulver (vermuthlich Smilax china) mit Wasser ein. Am zweiten ließ er vier Pülverchen in dreistündigen Intervallen einnehmen; jedes wog zehn Gran, und sie wirkten betäubend (vermuthlich Cortex radicis daturae stramonii mit Zucker abgerieben). Am dritten gab er ein drastisches Purgirmittel, dessen Hauptbestandtheil Semen crotonis tiglii war, und worauf nach Belieben ein Süßholz-Decoct nachgetrunken wurde. An diesem entscheidenden Tage bekam der Patient nichts zu essen; auch mußte er diese drei Tage hindurch sorgsam bewacht werden, damit er während der Dauer der Kur keinen Branntwein oder irgend ein anderes betäubendes Getränke zu sich nehmen konnte, weil dieses, seiner Aussage nach zu jener Zeit die schlimmsten Folgen haben würde. Am vierten Tage ließ man dem Patienten wieder seinen freien Willen, und wirklich verlangte er nun weder Branntwein noch andere Getränke der Art mehr, vor denen er einen unüberwindlichen Abscheu bekommen hatte. So entwöhnt man auch in Europa die Branntweinsäufer von ihrer Trunksucht, wenn man ihnen jede Speise und jedes Getränke so lange mit Branntwein vermischt, bis ihnen dieser zum Ekel wird. In einem persischen Buche fand ich folgendes Mittel, das gleichfalls zu obigem Zwecke anempfohlen wird, und was noch obendrein den Vortheil hat, daß die Kur an Einem Tage abgethan ist. Es wird nämlich von der kürzlich erwähnten Cortex radicis daturae stramonii, die man mit Wasser verreibt, soviel eingegeben, daß der Patient ganz berauscht und wie toll wird, worauf ihm einige Personen am ganzen Körper erwärmtes Oel einreiben müssen, was so lange fortgesetzt wird, bis er in Schlaf verfällt. In diesem verharrt er gewöhnlich 9 Stunden lang. Beim Erwachen wird der Patient vollkommen einer weinberauschten Person gleichen. Aber auch selbst dann, wenn der Schlaf von ihm gewichen ist, müssen die Oeleinreibungen noch 1 bis 2 Stunden fortgesetzt werden, was ihn zuletzt vollkommen herstellt. Man kann zum Oele auch die mehrfach genannte Stechapfelwurzel-Rinde nehmen, in welchem Falle man dann die innere Gabe derselben vermindert. Zum Getränke wird mit Wasser verdünnte Milch angerathen. — Unter den vielen Mitteln der orientalischen Arzeneikunde, die vom Opium entwöhnen sollen, dürfte folgende Mischung eine der bessern sein: Man nehme Krähenaugen, die in warmer Asche gebraten, geschält und gepulvert worden sind, zwei Quentchen; vom Wolfsmilchharz und weißen Pfeffer, beides gepulvert, von jedem zu Einem Quentchen; endlich geläuterten Honig so viel genug ist, um eine Masse zu bilden, von der anfänglich so viel eingenommen wird, als die Dosis des Opiums beträgt und dieß täglich um $1/8$ Gran weniger, so, daß in einer Zeit von 2 bis 4 Wochen gänzlich damit aufgehört werden kann. Das Decoctum smilacis chinae soll hinreichend sein, die Schmerzen in den Muskeln zu verhüthen, die nach eingetretener Enthaltsamkeit vom Opium entstehen, und vielleicht auch jene zu heilen, welche ihren Ursprung dem Uebermaß im Genusse desselben zu verdanken haben, wie es nun bei der oben angeführten Frau der Fall war. — So könnten auch die warmen Oeleinreibungen mit und ohne die Datura bei Opiatvergiftungen versucht werden. Daß das Narkotin (Opiumsalz), je nachdem es eingegeben wird, auch ganz verschiedene Wirkungen hervorbringe, beweist folgendes Experiment Magendie's: Ein Gran desselben, in Olivenöl aufgelöst, tödtete einen Hund in 24 Stunden; allein 24 Grane, in Essigsäure aufgelöst, wurden einem andern ohne Nachtheil eingegeben. Im natürlichen Zustande ist es noch unwirksamer, so zwar, daß 129 Grane als Dosis eingegeben, fast gar nicht schadeten.

Ich habe oben ein Recept eines kaschgarischen Arztes, und bald darnach ein anderes nach Angabe eines persischen Arzeneibuches angeführt. Solcher Recepte für die verschiedenartigsten Fälle könnte ich noch eine Menge beibringen, die fast alle das Eigenthümliche an sich haben, daß sie sehr barok sind. Ohne gerade läugnen zu wollen, daß Viele derselben ihrem Zwecke entsprechen mögen, sind doch andere wieder von der Art, daß man kaum begreifen kann, wie ähnliche Albernheiten in das Gehirn eines vernünftigen Menschen haben kommen können, was natürlich jeden rationellen Arzt in der Benützung solcher Angaben orientalischer und insbesondere persischer vieux bouquins sehr vorsichtig machen muß. Um meinen verehrten Lesern zur einstweiligen Gemüthsergötzung ein kleines Pröbchen solcher persischer Weisheit zu liefern, welche sich vielleicht auch unsere Webmütter einstweilen zur Notiz nehmen können, um erforderlichen Falles davon einen beliebigen Gebrauch zu machen, diene Folgendes. Es handelt sich nämlich um nichts Geringeres als einen zweimonatlichen Abortus neuerdings anzusetzen und zur Reife zu bringen. Zu diesem Ende, sagen sie alles Ernstes, wickele man den Embryo in rohe gelbe Seide und lasse ihn, mit Zucker und Semen sisymbrii iridis (pers. Chakschi) bestreut, von irgend einer Frau oder einem Mädchen verschlingen. Uebrigens, heißt es weiter, sei es gleich viel, ob das eben dieselbe Frau, die abortirt hat, oder irgend eine andere thue. Läßt man aber die Operation von einem Mädchen verrichten, so müsse es bereits mannbar sein. Der verschluckte Embryo wird sich nun, ihrer Versicherung nach, wieder ansetzen und gedeihen; und wenn dann endlich im 9. Monate der Schwangerschaft das Kindlein zum Vorschein kommt, so wird es die Seide, in die es als Embryo eingewickelt war, an den Füßchen mitbringen. Ich hoffe, die geehrten Leser werden sich an dieser neuen Offenbarung ärztlicher Forschungen sicherlich erbaut haben; allein es ist dabei nicht zu vergessen, daß dieses exorbitante Mittelchen in einem alten vergilbten Mannskripte sich befindet. Was soll man aber dazu sagen, wenn noch im Jahre des Heiles 1830 im hochkultivirten Europa, mitten in Deutschland, in dem intelligenten Weimar ein medizinisches Werk im Drucke erscheinen konnte, welches alle Absurditäten, die immer in derlei orientalischen Handschriften vorkommen mögen, auf das Großartigste übertrifft. Der Titel des in Rede stehenden Werkes, welches sein Entstehen ohne Zweifel nur der schmutzigsten Spekulation auf fremde Geldbeutel verdankt, lautet: Die Wunder der Sympathie und des Magnetismus u. s. w. Von Gerstenbergk. Man lese selbst und staune!

Im Hindustan, wo die Palme Cocos nucifera zu Hause ist, bedienen sich die Bäcker des Saftes derselben, Toddy genannt, zum Auftreiben des Teiges. In Lahore, wo der Toddy nicht zu haben ist, bringen sie statt seiner verschiedene Mischungen von Gewürzen in Anwendung, wodurch sie ihn zu ersetzen suchen. Vielleicht wird es manchen Herrn oder mancher Dame in Indien, denen diese Zeilen zu Gesichte kommen, lieb sein zu wissen, was für Spezereien sie im täglichen Brote und andern Backwerken genießen, weßhalb ich hier das dießfällige Recept meines hindustanischen Bäckers beigebe. Das sonderbare Gemenge besteht freilich nur aus unschädlichen Gewürzen, die in so geringen Quantitäten dazu genommen werden, daß sie nie der Gesundheit schaden können, wozu auch noch der Umstand kommt, daß sie beim Backen sich größtentheils verflüchtigen. Das Recept hiezu lautet: Moschus, Nux moschata, Caryophillus aromaticus, Macis, Cinnamomum, Crocus, Cardamomum minus, Zingiber, Semen foeniculi, Radix galangae, Convolvulus argenteus, Nerium antidysentericum, Ossa sepiae, Tabashir, Gummi tragacanthi, Mastix, Radix liquiritiae von jedem 1 Skrupel. Einige nehmen auch noch die Keime von Baumwollsamen, oder die Blüthen von der Euryale ferox dazu. Diese verschiedenen Spezies werden unter einander gemengt, zerstoßen, in einem Schächtelchen aufbewahrt, jedesmal Ein Griff, beiläufig 1 Skrupel, mit Sauermilch und Griesmehl oder auch nur mit Weizenmehl in der Quantität von drei Unzen angemacht und in einen Fetzen gewickelt zu künftigem Gebrauche zurückgelegt. Im Sommer ist der Sauerteig schon den folgenden Tag fertig, im Winter aber erst den dritten Tag. Hierauf nehmen sie drei Pfund Griesmehl mit etwas Wasser, worin Salz aufgelöst ist, machen einen harten Teig, welchen sie auf einem Brete eine halbe Stunde lang kneten, und thun gegen das Ende auch noch etwas Zucker hinzu. Statt dessen ließ ich für meinen Bedarf süße Erdäpfel (Convolvulus batatas) zu ihrer Jahreszeit dazu nehmen. Diese wurden gekocht, geschält, zerdrückt, und auf solche Art unter den Teig gemischt. Sie verleihen dem

Brote einen köstlichen Geschmack und erhalten es längere Zeit hindurch weich und zügig. Aus zwei Pfund Griesmehl werden gewöhnlich 6 Brote gemacht, die entweder in einer länglichen viereckigen, oder auch runden Form auf den trockenen Tschitscherablättern (Folia buteae frondosae) zum Aufgehen stehen gelassen und dann ausgebacken werden. — Welch eine sonderbare Mischung, um den edlen Toddy zu ersetzen, was bei uns ganz einfach die Bierhefen leisten!

In Ainsli's Materia Indica heißt es:

Toddy is a sweet, aperient, most delicious drink. Taken fresh from ihe tree early in the morning before the Sun is up, it is certainly a luscious and most pleasant drink, cooling, refreshing and nourishing; it is, besides, employed for making the best kind of Indian arrack, and yields a great deal of sugar. Europeans, especially delicate females, in India, who are apt to suffer much from constipation, find a cupfull of this Toddy, drank every morning at 5 o' clock, one of the simplest and best remedies, they can employ.	Der Toddy genannte Palmensaft ist ein süßes, eröffnendes, sehr liebliches Getränke. Frisch vom Baume frühmorgens genommen, bevor noch die Sonne aufgegangen ist, ist er unstreitig ein höchst angenehmes und überaus wohlschmeckendes Getränke, kühlend, erfrischend und nährend; er wird auch außerdem dazu verwendet, um die beste Art von indischem Arrak zu verfertigen, und enthält eine Menge Zuckerstoff. Europäer, insbesondere Personen des zarteren Geschlechtes, in Indien, die sehr an Hartleibigkeit zu leiden pflegen, finden in einer Tasse von diesem Toddy, wenn sie jeden Morgen um 5 Uhr ihn trinken, eines der einfachsten und besten Mittel, das sie gebrauchen können.

Es dürfte hier für viele meiner geneigten Leser nicht uninteressant sein, wenn ich aus einem wissenschaftlichen, wiewohl weniger im großen Publikum bekannten Werke, eine Stelle wörtlich anführe, welche als ein trefflicher Kommentar zum Vorhergegangenen dienen kann. Diese Stelle ist entnommen dem 3. Bande der Schmidt'schen Encyclopädie, wo es Seite 332 in der Anmerkung also heißt: Es gibt kein Lebensmittel, das nicht in irgend einer Form Arzenei werden könnte. Wasser, Brodkrummen, Eier, Gallerte und Osmazom sind offizinell. Eben so wenig findet man ein Lebensmittel, das nicht, im Uebermaße genossen oder am unpassenden Orte gereicht, zu Gift würde. Z. B. Mehl und Zucker für Diabetische, Brod und Kartoffeln für Skrophulöse, Fleischkost für Fiebernde u. s. w. Umgekehrt werden bei fortschreitender Civilisation immer mehr Arzeneistoffe und Gifte zu Diaeteticis, zu Gewürzen und anderen Sinnesreizen, zu Cosmeticis, ja zum Theile sogar zu unentbehrlichen, verdauungsfördernden Speisezuthaten oder Gewohnheitsreizen. Kaum Eine Klasse der Arzeneien (mit Ausnahme etwa der giftigen Metalle) gibt es, welche nicht Gewürze in die Küche lieferte, selbst Harze, scharfe Gifte und Narcotica nicht ausgenommen, (Asa foetida, Balsanum Peruvianum, Capsicum, Crocus, Laurocerasus etc.) Ein gewisser tiroler Bauer nahm Arsenik als Stomachicum, wie es in der Roßarzeneikunst seit Langem geschieht. Als tödtliche Getränke werden starke Narcotica genossen (Thee, Hopfen, Alkohol, Kohlensäure). Die russischen Soldaten tranken sogar Salpetersäure statt Schnapps. Brenzliche Stoffe, welche nach Reichenbach sehr starke Gifte, wie Kreosot, Picamar, Kapnomor, enthalten, verzehren wir in Gebratenem, Geräuchertem, in brenzlichen Getränken, wie Kaffee, Rum, Kornbranntwein u. s. w. Die englischen Porter- und Aletrinker verschluckten nach Parlamentsberichten (bei Accum) eine unglaubliche Menge Kokkelskörner, Brechnuß, Capsicum, Porscht u. s. w. Den Tabak, eines der stärksten Gifte, schnupfen und rauchen wir nicht nur, sondern der Seemann kaut ihn, und der Portugiese würzt seine Melonen damit. Der Orientale berauscht sich mit Opium und Hanf; Blei, Wismuth, ja Arsenik (im Rusma) und andere Metalle finden sich auf den Toiletten der Damen; Blausäure und Veratrum sind Schönheitsmittel; Mangan, Kupfer und andere giftige Metalle finden sich unter den normalen Bestandtheilen unserer Speisen, z. B. in den Getreidesaamen.

Der oben, bei Gelegenheit der Brotbereitungs-Schilderung erwähnte Baum Butea frondosa, der das Bengal-Kino liefert, welches Kamerkas heißt, und mit Eisenvitriol wie auch etwas Gummi eine gute, schwarze Tinte erzeugt, hat gelbrothe Blüthen, die von den inländischen Aerzten bei Harnbeschwerden in Halbbädern angewendet werden. Ferner dienen sie den ärmern Leuten während des Holi (Faschings) und Besantifestes (gelben Festtages), zum Gelbfärben ihrer Kleidungsstücke. Das leichte Pulver, Altah genannt das man während des Holi zum gegenseitigen Bewerfen benützt, verschiedenfärbig ist, und aus Reis- und Trapa bispinosa-Mehle verfertiget wird, macht man ebenfalls mit diesem Färbestoff an, wenn man es gelb gefärbt haben will. Desgleichen färbt man auch die Wässer damit, womit man sich zur Zeit des Holi scherzweise zu bespritzen pflegt, weil die Farbe nur eine flüchtige und keine festhaftende ist. Auch die getrockneten Blätter dieses Baumes dienen, außerdem, daß man sie beim Brotbacken anwendet, noch zu mancherlei Anderem, weßhalb man sie im Bazar zu Lahore bündelweise verkauft. So z. B. wickeln die Spezereihändler ihre Waaren statt des Papieres in dieselben. Ein Gleiches thun auch die Zuckerbäcker und die Sauermilchverkäufer. Man heftet, besonders für den letztern Gebrauch, ein Paar solcher Blätter mit einigen Holznägeln oder auch nur mit Stacheln zusammen, so zwar, daß sie dadurch die Form von Schalen erhalten. In solchen bekommt man im Bazar die Sauermilch; und die Gebirgsleute, die Hindus, die weder gläserne noch porzelänene Geschirre gebrauchen dürfen, bedienen sich derselben als Gefäße zum Auftragen ihrer verschiedenen Speisen. Was dann übrig bleibt läßt man liegen und es wird dann theils von den Parias davon getragen, theils von den Hunden ausgeleckt. Die Radschas Dhyan-Sing, Sutschet-Sing und Hire-Sing aßen sämmtlich auf diese Art, wobei sie auf einem großen aufgebreiteten Leintuche mit ihrem Gefolge und anderer zahlreichen Gesellschaft auf der Erde saßen. Vor jeden Gast wurden einige solcher mit Speisen gefüllter Schalen ebenfalls auf die Erde hingestellt, und man begann die Mahlzeit damit, daß die Theilnehmer an derselben, da der Gebrauch der Messer, Gabeln und Löffel nicht üblich ist, bloß mit den Fingern in ihre Schalen zugriffen. Obwohl der Maharadscha Gulab-Sing ein leiblicher Bruder Dhyan-Sings und Sutschet-Sings ist, so hat er doch seine besondere Art zu essen. Mit dem Pudscha (Gebet) bringt er jeden Morgen 1 bis 2 Stunden zu, und dann ißt er allein in der Küche, wo das Essen zubereitet wird. Den sich in Indien befindlichen Europäern ist es eben nichts Auffallendes, zu sehen, wie die Hindu's sich das Essen zubereiten. Es kocht nämlich ein Jeder für sich allein. Dabei macht er um den Ofen herum einen Kreis, worein Niemand treten darf. Geschicht es dennoch, wie z. B. wenn Jemand ihre Gebräuche nicht kennt, so hält er das Essen für verunreinigt, und wirft es ohne weiters weg, sollte die Bereitung ihm auch noch so viele Mühe und Kosten verursacht haben. Die Kasten der Hindu's sind so mannigfaltig und verschieden von einander, daß es auch solche gibt, wo leibliche Brüder einer aus des andern Händen nichts Gekochtes essen dürfen. Ja selbst wenn sie todtkrank wären, würden sie solchenfalls auf trockene Früchte sich beschränken. Am zahlreichsten sind aber jene Kasten, die gleich den Sihks — den reformirten Hindus — aus den Händen der Braminen Alles essen können. Ein Bramine, ein Ardeli von meiner Hausgarde, hatte aus den Händen eines seiner Dienstkameraden, einem Muselmanne, ein Zuckergebäck erhalten, welches im Bazar von Hindus verfertiget worden war, und es gegessen. Dieß hatte zur Folge, daß er von allen seinen Glaubensgenossen, die es erfuhren, für unrein gehalten wurde. Um sich wieder zu reinigen, mußte er als Buße ein plendides Mittagsmahl für Braminen veranstalten, welches ihn einen ganzen Monatsgehalt kostete. Dafür erhielt er eine reinigende Zuckerpaste, die vier Dinge von einer Kuh, als dem geheiligten Thiere der Hindu's, enthielt. Diese Paste war aus Milch, Butter, Harn und Koth der Kuh zusammengesetzt, und mit Zucker und Mehl angemacht. Er wußte das, und verzehrte sie auch mit vieler Andacht. Dieser Genuß machte ihn in der Meinung seiner Glaubensgenossen wieder rein.

In Lahore bediente ich mich während der heißen Jahreszeit als eines kühlenden und angenehmen Getränkes des sogenannten Ingwerbieres, welches ich damals als der Gesundheit sehr förderlich erprobt habe, weßhalb ich es Jedermann mit voller Ueberzeugung anzuempfehlen im Stande bin. Das Rezept hiezu ist folgendes: Rp. Weißen Zucker 20 Pfund; Citronensaft 1 Pfund 4 Loth; Honig 1 Pfund; zerstoßenen Ingwer 24 Loth; Wasser 18 Gallonen (1 Gallone zu 4 Quart, 1 Quart zu 2 Pinten oder Rößeln gerechnet). Man koche den Ingwer in 3 Gallonen Wasser eine halbe Stunde lang, thue dann den Zucker, den Citronensaft und den Honig mit dem Reste des Wassers hinzu, und seihe es durch ein Tuch. Wenn es erkaltet ist, schlage man das Weiße von einem Ei hinein, gebe noch 1 Loth Pomeranzen- oder Citronenessenz hinzu, und fülle es, nachdem es zwei oder drei Tage gestanden hat, in Bouteillen. Dieses Gemische liefert ein köstliches Getränk, insbesondere, wenn es mit Eis oder Salpeter abgekühlt wird. An einem kühlen Orte läßt es sich einige Monate lang aufbewahren.

Als ein ebenfalls sehr angenehmes Getränke ist auch, besonders in jenen Gegenden, der Milchpunsch bekannt. Er wird auf nachstehende Art bereitet: Rp. Man nehme das Gelbe der Schalen von zwei Dutzend Pomeranzen, lasse es 2 Tage lang in 2 Quart Rhum oder Branntwein eingeweicht, und thue dann neue 3 Quart Rhum ader Branntwein hinzu; nun lasse man 4 Pfund Zucker in 3 Quart heißem Wasser auflösen, mische diese Auflösung mit 2 Quart kochender Milch und 2 geraspelten Muskatnüssen, und seihe die Flüssigkeit nach 2 Stunden durch ein Leinwandtuch.

Nach dieser kleinen Digression auf verschiedene, theils kulturhistorische, theils ärztliche Gegenstände, will ich mich nun wieder zur Fortsetzung meiner Erlebnisse wenden, und den in dieser Beziehung abgebrochenen Faden neuerdings aufnehmen.

Der Maharadscha Schir-Sing war in seinen Privatverhältnissen ein äußerst affabler und humaner Mann. Hiezu gesellte sich eine seltene Wißbegierde, besonders, wenn es sich um europäische Kunstfertigkeiten, Industrie, und selbst um eigentlich Wissenschaftliches handelte. Natürlich konnte er darüber von den in seinen Diensten stehenden Europäern die besten Auskünfte erhalten. Aus diesem Grunde liebte er es, sich mit ihnen öfters in derlei Gespräche einzulassen, die fast immer ohne allen Etiquettszwang Statt fanden. Bei Gelegenheit einer solchen Unterredung, die ich einst mit ihm hatte, befragte er mich unter Andern auch über meine Familienangelegenheiten, ob ich in meiner Heimath noch Anverwandte und Brüder, und wie viele deren besäße. Als er aus meinen dießfälligen Aeußerungen vernahm, daß ich noch einen Bruder hätte, welcher in Kronstadt lebe, ehemals beim Militär gedient habe, seiner Profession nach ein Uhrmacher sei, und auf meinen Reisen in Europa mich begleitet hätte, so faßte er schnell einen Gedanken auf, und stellte die Frage an mich, ob er auch verdorbene Maschinerien repariren könne. Um den Anlaß zu dieser Frage zu begreifen, muß man wissen, daß Schir-Sing als ein Kunstfreund, in seinen Gemächern eine Anzahl englischer Uhren, musikalischer Spielwerke u. dgl. aufgestellt hatte, von denen mehrere schadhaft geworden und außer Gang gekommen waren. Als ich seine obige Frage bejahete, knüpfte er daran die neue, ob denn mein Bruder sich würde entschließen können, einem Rufe nach Lahore zu folgen, und in seine Dienste zu treten. Auch hierüber ertheilte ich ihm eine bejahende Versicherung, und machte mich anheischig, im Falle er kommen würde, für seine zurückgelassene Familie Sorge zu tragen. Auf dieses forderte mich der Maharadscha auf, alles Nöthige zu seinem Hieherkommen einzuleiten. Es verging nur eine kurze Zeit nach dieser Unterredung, als er mich schon wieder dieser Sache wegen anging, und sofort in kurzen Zwischenräumen immer zu wissen verlangte, ob er denn auch wirklich den Antrag angenommen habe, ob er schon auf der Reise begriffen sei, und ob er hoffen dürfe, ihn bald in Lahore zu sehen. In Folge dieser dringenden Einladungen schrieb ich meinem Bruder zu wiederholten Malen in dieser Angelegenheit, worauf er sich endlich auf die Reise begab, und mit drei Reisegefährten glücklich die Landenge von Suez erreichte. Dort hörte er mit großer Bestürzung die inzwischen erfolgte Ermordung des Maharadscha und das schreckliche Blutbad, welches in Lahore angerichtet worden war. Dieß machte auf einen seiner Begleiter einen so lebhaften Eindruck daß er die Weiterreise einstellte. Mein Bruder mit den beiden andern Begleitern setzte jedoch nach einer ruhigeren Ueberlegung seinen Weg fort, und langte Anfangs Februar 1844 an der Gränze des Pendschab, in Feruzpur an.

Gerade zu der Zeit war, wie sich die geehrten Leser noch aus dem Früheren zu erinnern wissen werden, Hire-Sing der mächtige Vezir des unmündigen Maharadscha Dhelib-Sing, und ich selbst lag damals schwer erkrankt darnieder. Ich hatte mir nämlich durch eine zu große Anstrengung der Augen oder durch ein mehrere Stunden lang anhaltendes Schauen durch die Sonnenstrahlen bei nüchternem Magen eine sonderbare heftige Krankheit zugezogen, die aber wohl schon seit Längerem im Körper schlummernd vorhanden gewesen sein mochte, und nun erst durch den Ueberreiz der Sonnenstrahlen hervortrat. Es war dieß eine höchst schmerzliche Augenentzündung, die schnell in eine Art von schwarzen Staar überging, wahrscheinlich darum, weil ich es anfänglich vernachläßigt hatte, mir Blut zu lassen. Damit war eine gänzliche Schlaflosigkeit und entschiedener Appetitmangel im Gefolge von herumziehenden Gelenkgeschwülsten verbunden. Zuletzt gesellte sich hiezu auch noch die Ruhr, was Alles zusammen so ungeheuer auf mich einwirkte, daß schon nach dem Verlaufe eines Monats der höchste Grad von Schwäche und Entkräftung sich einstellte. Unter diesen Umständen schienen meine Lebenstage fast gezählt.

Doch wie jedes Schlimme auch sein Gutes hat, so traf dieß auch jetzt ein. Nur dieser höchsten Gefahr, in der mein Leben schwebte, verdankte mein Bruder die Erlaubniß des Ministers, die Grenze überschreiten und mich besuchen zu dürfen, was ihm sonst schwerlich gestattet worden wäre.

Sei es nun die Freude ob dieses unverhofften Wiedersehens oder die wohlthätige Folge einer Kur, der ich mich versuchsweise mit dem Beginne eben dieses Tages unterzogen hatte, oder vielleicht auch Beides zugleich — genug ich fühlte mich auffallend besser, und die gefahrdrohende Krisis war vorüber. Diese Kur, worauf ich hier hindeute, war gewiß eine der einfachsten, die man sich denken kann. Sie bestand nämlich bloß darin, daß ich einige große Kabul-Zibeben, die man im Lande Monaka nennt, anfänglich nur aussaugte, was aber damit endete, daß ich sie zuletzt auch wirklich mit wieder erwachendem Appetite verschluckte. Auf diese Art kam ich, da von diesem Augenblick an meine Eßlust in steigender Progression sich mehrte, bald wieder zu meinen vorigen Kräften, und — ich war gerettet.

Die Ursache der Verlängerung dieser schweren Krankheit lag wohl nicht allein in der versäumten Blutentziehung, sondern sicherlich auch in der Blendung meiner Sehkraft, wodurch ich, bei dem Mangel europäischer Aerzte, als ein beinahe Erblindeter nur auf inländische Heilmittel beschränkt war.

Was meinen Bruder anbelangt, so hatten sich die Verhältnisse im Pendschab für Europäer so ungünstig gestaltet, daß dermalen an ein festes Unterkommen für ihn nicht zu denken war. Was blieb mir daher anders übrig, als ihn wieder die Rückreise nach Europa antreten zu lassen, zu welchem Zwecke ich ihn mit allen erforderlichen Geldmitteln hinlänglich ausrüstete. Er machte die Reise zurück in Gesellschaft des Obersten Steinbach, welcher gegenwärtig in Diensten des Maharascha van Kaschmir, Gulab-Sing sich befindet.

Als einen nicht unwichtigen Beitrag zur Karakteristik der Nahengs, von denen wir bereits mehreremalen gesprochen haben, will ich hier, da sich gerade kein schicklicherer Ort hiezu vorfindet, ein Abenteuer eines braven deutschen Malers einschalten, welcher durch den thörichten Religions-Fanatismus jenes Räubergesindels, trotz der Achtung, die er bei allen Großen genoß, fast ums Leben gekommen wäre. Dieser Künstler, welcher sich August Schöfft nennt, und gegenwärtig in St. Petersburg ist, war sammt seiner Frau nach Ostindien gereist, und hatte allenthalben, sowohl in den Besitzungen der Ostindischen Kompagnie, als auch in den ihr nicht unterworfenen Ländern seiner Geschicklichkeit im Porträtiren halber die lohnendste Anerkennung gefunden. Unter Schir-Sings Regierung war er auch nach Lahore gekommen, und die erste Probe seiner Kunst, die er daselbst in Gegenwart des Maharadscha ablegte, bestand darin, daß er den Bai Gurmek-Sing, einen der ersten Sikhpriester, bloß mit Bleistift skizzirte und zum Sprechen traf. Dieß hatte für ihn das glückliche Resultat, daß er nun den Maharadscha, und fast alle Großen des Reiches malen mußte, und auch sonst mit verschiedenen andern Aufträgen beehrt wurde; denn seine Oelgemälde zeichneten sich, was richtige Darstellung und künstliche Farbengebung anbelangt, vor vielen aus.

Es befindet sich in Amritsir inmitten der Stadt ein riesiges Wasserbassin, in dessen Mitte ein prächtiger Tempel sich erhebt, wo Tag und Nacht der Grand-Saheb oder das heilige Buch der Sikhs vorgelesen wird. Rings um das Bassin herum prangen die Häuser der Vornehmsten: des Maharadscha, der Minister, der Serdaren und wohlhabendsten Braminen. Der Ort selbst heißt Derbar-Saheb. Die Versammlungen an diesem Orte gehörten damals zu den glänzendsten, indem sich zu gewissen Zeiten dort Alles einfand, was zu den Notabilitäten des Reiches zählte, die man dann bei ihren religiösen Verrichtungen gleichsam in corpore übersehen konnte. Der gute Schöfft wurde nun vom Maharadscha, der von dessen Kunstfertigkeit die günstigste Meinung hegte, und ein größeres Werk seines Pinsels zu besitzen wünschte, beauftragt, diesen heiligen Ort in einem Gemälde darzustellen. Um dieß nach dem Wunsche des Maharadscha auszuführen, bestieg er die höchste Terrasse von Rendschit-Sings Palaste, von wo aus er den vollständigen Ueberblick über das Ganze hatte und schlug daselbst sein Atelier auf. Ich hatte gerade dazumal die Kronstädter Wochenblätter erhalten, aus denen er manches Neue aus Europa zu erfahren hoffte, weßhalb er mich bath, ihm Einiges daraus, während er arbeitete, vorzulesen. Es war beiläufig um 5 Uhr Nachmittags, als er mich meines Vorleseramtes enthob und mich ersuchte, nach Hause zu gehen und Kisten für seine Gemälde besorgen zu lassen. Schöfft war in Amritsir als starker Cigarrenraucher bekannt, denn er wurde selten ohne einer brennende Cigarre im Munde gesehen. Nun traf es sich, daß er oben auf der Terrasse, wo jedermann ihn sehen konnte, beim Wechseln der Pinsel häufig den einen in den Mund nahm und eine Weile darin behielt, während er nach dem Andern griff. Dieß schien den unten Stehenden, die ihn hier und dort neugierig beobachteten, als ob er eine Cigarre im Munde hätte, was bei den Sikhs und Nahengs an diesem Orte für eine große Sünde oder vielmehr für ein Verbrechen gilt. Natürlich verbreitete sich das Gerücht, daß der Ferenghi (Franke) sich hier zu rauchen unterstehe, mit Blitzesschnelle, und erregte allgemeinen Unwillen, der nach und nach in ein bedrohliches Getobe überging, so, daß von der erregten Volkswuth das Aeußerste zu befürchten war, zumal da auch die Abwesenheit des Maharadscha, der sich bereits nach Lahore zurück begeben hatte, ihre Wuth zu begünstigen schien. Schon fing man an, massenweise dem Palaste zuzueilen, den der verwegene Fremdling durch sein Rauchen zu verunreinigen wage; schon fing man an, den Palast zu stürmen, als der früher nichts ahnende Künstler erst aufmerksam wurde, und, ohne die Ursache der ausgebrochenen Volkserbitterung zu errathen, das Gefahrvolle seiner Lage augenblicklich erkannte. Er suchte deßhalb so schleunig als möglich zu entkommen, und wirklich gelang es ihm, da er ein kräftiger Mann war, durch die dicht gedrängte Menge, die auf den Treppen und in den Vorhäusern ihm den Ausweg versperren wollte, sich glücklich Bahn zu brechen, wobei es aber Püffe und Stöße auf ihn regnete, ungeachtet er dieselben auch nicht unerwiedert ließ. Dabei wurde aber seine goldene Uhr eine Beute des rasenden Pöbels und auch sein Rock ward ihm in wenigen Minuten vom Leibe gerissen. Als er endlich mit vieler Mühe auf der Gasse angelangt war, gestaltete sich die Sache für ihn noch ernster; denn schon sah er blinkende Waffen gegen sich gezückt. Er suchte nun durch schnelles Laufen sich zu retten. Man eilt ihm nach. Plötzlich sinken ihm seine Beinkleider hinab. Er stolpert und fällt in einen Morast. Schnell gefaßt rafft er sich wieder empor, und springt in einen in der Nähe befindlichen Stall mit einem Durchgange, den er kannte. Durch diesen, wo man ihn bereits gefangen glaubte, gelangt er in den Bazar, und erreicht das Haus des Bai Gurmek-Sing, seines Protectors. Alles bisherige geschah gegen 6 Uhr, als es schon zu dunkeln anfing. Man stürmte nach. In Folge dessen wurde sogleich das Haus geschlossen, um den weitern Andrang des Pöbels abzuhalten. Der gehetzte Schöfft fand übrigens, wie er es auch nicht anders erwartet hatte, im Hause die freundlichste Aufnahme. Man reinigte ihn; und nun erst zeigte es sich, daß er nicht nur einige Kopfwunden, die von den eisernen Knöpfen in den Schilden der Nahengs herrührten, sondern auch einen Säbelhieb über den Rücken hatte, wodurch sein Hosenträger entzweigehauen worden war. Jetzt erst konnte er sich das plötzliche Herabfallen seiner Beinkleider erklären. Da sich das Gesindel noch immer nicht zerstreuen wollte, so mußte endlich die Polizei einschreiten, welche die Menge auseinander trieb. Erst als es völlig dunkel geworden war, entsendete man von Seite der Polizei eine Schaar Berittener, die den armen Maler, mit einem weißen Turban und einem langen Mantel ausstaffirt, in ihre Mitte nahmen, um ihn in den Garten des Ronebal-Sing außerhalb der Stadt, wo wir einquartirt waren, in Sicherheit zu bringen. Indessen, während alles dieses vorging, wurde es immer später und später, und ich begann zu Hause, da mein Freund nicht eintraf, ängstlich um ihn zu werden; denn ich hatte schon viel früher einige meiner Leute mit einem Pferde ihm entgegengeschickt, um ihn abzuholen. Ungeduldig sah ich also ihrer Ankunft entgegen. Da kamen sie auf einmal, aber ohne Schöfft, herbeigeeilt, mit der traurigen Nachricht dessen, was vorgegangen war, und der weiteren Meldung, daß er bereits in der Gewalt des Pöbels sich befinde. In der Bestürzung, der ich nun verfiel, machte ich Alles sogleich dem mir befreundeten Festungskommandanten zu wissen, nebst der dringenden Bitte, um möglichst schnelle Rettung des Unglücklichen. Diese Botschaft hatte den Erfolg, daß der Kommandant ohne den mindesten Zeitverlust 1 Kompagnie reguläres Militär nach der Stadt beorderte, um ihn abzuholen. Allein das zu seiner Rettung bestimmte Kommando begegnete ihm bereits unterwegs und kehrte demnach wieder zurück. Kurze Zeit hierauf kam er mit seiner Begleitung bei mir an und meine angelegentlichste Sorge war nun, seine Wunden zu behandeln. Am folgenden Morgen reisten wir dann mit einander zurück nach Lahore.

Es war für mich ein Glück, daß die Rani während des Krieges mit den Engländern am Setludsch, in Folge mehrerer Fruchtabtreibungen an einem Augenübel litt und mich, obgleich ich vom Oberbefehlshaber der Armee ins Lager beschieden wurde, nicht von ihrer Seite ließ, um sie zu behandeln, wobei ich den doppelten Vortheil hatte, daß ich einestheils nicht wie die Obristen Mouton und Hurbon, die aus diesem Grunde auch ihre Entlassung erhielten, kompromimirt wurde, und anderntheils sie persönlich kennen lernte, weshalb ich auch im Stande war, ihr genaues Portrait diesem Werke beizugeben.

Da jedoch durch die eingetretenen Verhältnisse im Pendschab meine bisherigen ämtlichen Dienstleistungen so gut wie aufgehört hatten, so beschloß ich, vor meiner Abreise nach Europa, wozu jetzt ohnehin die Jahreszeit nicht günstig war, die mir solchergestalt zu Theil gewordene Muße dazu anzuwenden, das benachbarte, in geschichtlicher, physischer und industrieller Beziehung so überaus merkwürdige Gebirgsland Kaschmir zwischen Tibet und dem Pendschab zu besuchen, theils zur Erholung während der heißen Sommermonate, theils um die dortige Industrie näher kennen zu lernen, theils auch um bezüglich auf die seltene Pflanzenfülle dieses Landes eine wissenschaftliche Ausbente zu machen. Hiezu bedurfte ich nicht nur eine Bewilligung von Seite der englischen Regierung in Lahore, sondern auch die Erlaubniß des Maharadscha von Kaschmir, Gulab-Sing. Ich erhielt die eine wie die andere. Als ich nun in Kaschmir angelangt war, und mit dem Maharadscha in nähere Berührung kam, machte er mir sofort den Antrag, in seine Dienste zu treten. Ich erklärte jedoch, denselben aus mehreren Gründen nicht annehmen zu können, versprach aber, wenn er es mir erlauben wolle, ohne ämtliche Beziehungen als Oekonom einige Jahre dort zubringen zu wollen. Was mich zu diesem Anerbiethen bewog, war die Bemerkung, daß zwei Hauptartikel des Handels, nämlich Thee und Zucker, trotz des großen Bedarfes und der Möglichkeit, sowohl den einen als den andern in Kaschmir selbst zu erzeugen, dennoch aus dem Auslande bezogen werden. Denn Zuckerrohr wächst hier nicht, und der Zucker muß erst durch weglose Pfade über steile Gebirge während einer Frist von 3 Wochen aus Indien importirt werden. Eben so der Thee, welcher aus Tibet, und noch dazu viel schlechter, als ihn die Engländer liefern, in Kuchenform eingeführt wird. Ich setzte also dem Maharadscha zu seiner großen Verwunderung auseinander, daß man zur Zuckererzeugung eben nicht unbedingt des Zuckerrohres bedürfe, sondern, daß man denselben auch von gleicher Güte aus Runkelrüben, zu deren Anbau der Boden Kaschmir's vollkommen sich eigne, herstellen könne. Ich würde deßhalb um ein Privilegium für dessen Erzeugung einschreiten und eine Runkelrüben-Zuckerfabrik gründen, was um so leichter ausführbar sein dürfte, als Grund und Boden bei den sehr billigen Landestaxen ungemein wohlfeil zu bekommen wäre, und nie ein Mangel an Arbeitern eintreten könne, weil die Leute hier zu Lande fleißig seien und mit einem geringen Arbeitslohn sich zu begnügen pflegen. Diesem Plan ertheilte der Maharadscha unbedingt seine volle Genehmigung, und die Realisirung desselben wird die Aufgabe meiner künftigen industriellen Thätigkeit in Kaschmir sein.

Ich war zwar hauptsächlich darum nach Kaschmir gegangen, um mich nach so vielen, schon auf meine Gesundheit schädlich einwirkenden Anstrengungen durch Mußegenuß zu erholen; allein meine Rechnung war, wie es oft zu geschehen pflegt, dem Sprichworte nach ohne den Wirth gemacht. Der größte Theil meiner Diener stammte aus Kaschmir. Sie kannten meine frühere Thätigkeit und ermangelten nun nicht, ihren staunenden Landsleuten gar wundersame Dinge von meinen Heilungen Leidender und Preßhafter zu erzählen. Die natürliche Folge dessen war, daß ich nun durch einen ungeheuren Andrang von Patienten tagtäglich gleichsam belagert wurde. Zwei Monate hindurch erschienen an meinem Aufenthaltsorte noch vor Tagesanbruch in der Regel über hundert Menschen, welche bei mir für allerlei Gepreste Rath und Hilfe suchten, was ich ihnen auch — versteht sich unentgeldlich — mit größter Bereitwilligkeit gewährte. Ja, es kam sogar so weit, daß ich die Abendstunden zur Bereitung der Arzeneien verwenden mußte, welche ich am folgenden Tage unter sie vertheilte. Ich genoß aber dabei den Vortheil, eine Menge wichtiger Experimente anstellen und mich von der Wirksamkeit der Kaschmir'schen Medizinal-Pflanzen durch eigene Erfahrung überzeugen zu können. Auch fand ich zu wiederholtenmalen Gelegenheit, dort weniger bekannte chirurgische Operationen vorzunehmen, so z. B. zapfte ich einem wassersüchtigen Muselmann in Gegenwart des Maharadscha das Wasser ab, worüber dieser sammt allen Anwesenden in höchstes Erstaunen gerieth, und sich über die Menge des abfließenden Wassers nicht genug verwundern konnte.

Zur Zeit meines damaligen Aufenthaltes in Kaschmir erschienen einige Engländer im Lande als Besucher desselben, und wurden vom Augenblicke ihres Eintrittes in das Land vom Maharadscha als Gäste behandelt. Die Hervorragendsten unter ihnen waren: Lord Gifford, Schwager des jetzigen ostindischen Generalgouverneurs, und der unglückliche Obrist King, der auch hier in Wien bekannt ist, und sich später aus verletztem Ehrgefühle selbst entleibte. Wir speisten einigemale zusammen beim Maharadscha in seiner Residenz Schergher, bei welcher Gelegenheit ich aber für europäische Leser, welche in den Sitten der Orientalen nicht eingeweiht sind, auf einen Umstand aufmerksam machen muß, der ihnen sehr komisch erscheinen wird. Jedesmal nämlich, so oft wir die Ehre hatten, eine Einladung vom Maharadscha zur königlichen Tafel zu erhalten, mußte mein Freund, der in Kaschmir bedienstete Obrist Steinbach, dessen sich die geehrten Leser vielleicht noch aus dem Früheren erinnern werden, unsere sämmtlichen Köche in Requisition setzen, um das Mahl zu bereiten, womit der Maharadscha uns bewirthen wollte. Es versteht sich dabei von selbst, daß alle hiezu nöthigen Materialien aus der königlichen Küche geliefert wurden. Nur den Wein und den gesammten Eßapparat, als Teller, Messer, Gabeln, Löffel u. s. w. mußten wir selbst hinschaffen lassen. Während der Mahlzeit erschien jedesmal der Maharadscha selbst, nahm aber nicht daran Theil, sondern unterhielt sich mit uns im Gespräche. Aber damit noch nicht zufrieden, ließ er uns gewöhnlich, um uns seine besondere Aufmerksamkeit zu beweisen, noch eine Menge von Eingemachtem und Compoten, von Eis und Süßigkeiten aus seiner eigenen Küche auftischen. Außer dieser gastronomischen Bewirthung sorgte er auch noch für anderweitige Unterhaltungen. So ließ er z. B. uns zu Ehren Feuerwerke abbrennen, Illuminationen auf dem Flusse anstellen, landesübliche Musiken aufführen, Bajaderen sich produciren u. s. w.

Ein Seitenstück zu den ehemaligen Königen von Frankreich, welche durch bloßes Handauflegen Kröpfe heilten, und zu den Königen von England, welche durch dreimaliges Anblasen epileptische Anfälle verscheuchten, ist der Maharadscha von Kaschmir, welcher, wenn auch auf eine etwas materiellere Weise, in höchst eigener Person halbseitig oder an den Füßen Gelähmte zu kuriren pflegt. Das Mittel hiezu besteht in einem eigenen Madschun (Latwerge), dessen Bestandtheile er mir auf mein Ansuchen in folgender Weise angab: Cinnabaris, Anacardium orientale, Nuces vomicae, nebst 35 anderen Gewürzen. Die Bereitung dieser Bestandtheile ist folgende: Man röste den Zinnober in Butter und gebe dazu präparirte Krähenaugen, Anacardium or. und die angegebene Zahl von Gewürzen. Hierauf zerreibe man das Ganze mit einer hinreichenden Menge Honig 3 Tage lang, und verfertige daraus obige Latwerge. Die Gabe davon, welche zweimal des Tages genommen wird, beträgt 5 bis 10 Gran.

Ein ähnliches Gemisch ist das Electuarium nucis vomicae des Timur Schah, das bei den Hakims auch jetzt noch im großen Ansehen steht, und folgendermaßen bereitet wird: Man weiche eine beliebige Menge von Krähenaugen in erwärmte Milch, die man täglich einmal durch 7 Tage mit frischer erneut. Am 8. Tage hänge man sie in einem Säckchen verwahrt in einem kleinen Kessel auf, koche sie dann in frischer Milch gut aus, schäle und spalte sie, und sondere die im Innern derselben befindlichen Keime ab, die dann weggeworfen werden, weil man sie für giftig hält. Hierauf werden die Krähenaugen gewaschen, getrocknet und geraspelt, sodann in gereinigtem Honig abermals gekocht, abgewogen, und mit gleichen Theilen von folgenden Speciebus aromaticis gemischt:

Rp. Piper a., Piper n., Piper l., Cort. cinnam., Nuc. moschat., Nuc. Areca Catechu, Mastic., Cyper. l., Myrobal. embl., Nardost., Sem. cardamomi, Sem. cumini, Sem. foeniculi, Sem. nigellae, Croc., Zingib., Cariophil. arom., Lign. aloes, Lign. sanct., Lign. santal., Xylobals.

Alles dieses mache man mit zweimal soviel gereinigtem Honig, als das Ganze beträgt, an. Die Dosis davon ist dr. ß — dr. j. Es wird als schmerzlinderndes, schlafförderndes, zum Beischlafe reizendes, die Lähmung hebendes, gichtwidriges, Flüsse hemmendes, magenstärkendes u. s. w. Mittel gerühmt.

Wie man sich erinnern wird, war einer der Hauptzwecke meines Aufenthaltes in Kaschmir ein wissenschaftlicher. Demzufolge suchte ich soviel nur möglich die höchst interessante Pflanzenwelt dieses an botanischer Ausbeute so reichen Landes näher kennen zu lernen. Ich sammelte also mit wahrem Bienenfleiße Alles, was mir nur einigermaßen in dieser Beziehung merkwürdig schien, und brachte solchergestalt ein ziemlich reichhaltiges Herbarium vivum zusammen, bei dessen Bearbeitung mir späterhin die hiesigen Herren Professoren Dr. Fenzl und Dr. Unger im Interesse der Wissenschaft auf das Bereitwilligste und Freundschaftlichste an die Hand gingen. Die betreffenden Abbildungen von derlei für die Arzeneikunde wichtigen Pflanzen liegen diesem Werke in genauen Lithographien bei. Die Eigenschaften derselben, welche als vollkommen erprobt gelten können, wird man en detail in meiner Materia medica spezificirt finden. Außer der Materia medica Cashmiriana sind auch noch einige andere Pflanzen dargestellt, welche in den Ebenen des Pendschab vorkommen, weil ich auch diesen eine aufmerksamere Beachtung schenken zu müssen glaubte. Man wird darunter vielleicht so Manche finden, welche den europäischen Aerzten bereits bekannt sind, allein da ich nicht bloß für Europa, sondern auch für Ostindien schreibe, so habe ich sie schon deswegen aufgenommen, weil viele von den indischen Aerzten mit diesen Pflanzen und ihren Wirkungen nicht hinlänglich bekannt sind, wie ich nur zu gut aus eigener Erfahrung weiß. Es wäre mir ein Leichtes gewesen, die Anzahl derselben zu verdoppeln und selbst zu verdreifachen, wenn nicht der bestimmte Umfang meines Werkes mir Einhalt geboten hätte. Freilich wird man hier die Einwendung machen: Zugegeben, daß die heilsamen Wirkungen dieser Pflanzen sich allseitig bestätigen, und daß ihre Anwendung beim Heilverfahren die ersprießlichsten Folgen hätten; so ließe sich noch immer fragen, welch praktischer Nutzen daraus für europäische Aerzte hervorgehe. Denn woher soll man dieselben beziehen? Darauf antworte ich, daß ihr Bezug sehr leicht durch die Kaschmir'schen Shawlhändler, die im beständigen Verkehr mit Europa stehen, zu bewerkstelligen sei, wobei nur noch zu bemerken ist, daß ihr Transport nicht auf dem längern Wege um das Cap der guten Hoffnung, sondern auf dem kürzern längst der arabischen Küste auf dem rothen Meere (wenn es nicht ganz zu Lande geschehen kann), über die Meerenge von Suez, und dann weiter fort effectuirt werden müßte, indem durch die längere Verführung zu Wasser, wie bekannt, die Wirksamkeit vegetabilischer Stoffe bedeutend verringert wird, wenn solche nicht hermetisch verschlossen versendet werden. In soferne sich in dem Pflanzenverzeichnisse und in der Angabe der verschiedenartigen Sämereien und Spezereien Lücken vorfinden, so werde ich solche bei der nächsten Herausgabe meiner ferneren Ereignisse binnen einigen Jahren, in einem eignenen Nachtrage als Ergänzung liefern, wenn es mir das Schicksal gönnt, einst wieder aus dem fernen Oriente nach Europa zurückzukehren.

Da ich Alles, was ich bisher niedergeschrieben habe, bloß meinem Gedächtnisse entnahm, weil ich niemals ein eigentliches Tagebuch geführt habe, und mir einzig und allein das Medizinische notirte, so kann man sich leicht denken, daß mir nicht nur im Einzelnen hin und wieder Unrichtiges entwischt, sondern auch sogar manches Wichtige entgangen sein mag. Jedoch kann ich meine geehrten Leser versichern, daß ich wissentlich auch nicht im geringsten Punkte der Wahrheit das Mindeste vergeben habe. Die Aufsicht über die Lithographie der beigefügten Abbildungen habe ich selbst geführt, und kann somit für deren Genauigkeit einstehen. Nur für das Portrait des Fakiren Haridas, dessen freiwilliges Begrabenlassen ich umständlich schilderte, habe ich nicht aus eigener Anschauung beigefügt, indem ich es von einem Freunde, dem Kapitain Gardner, erhielt. Indessen sagten mir mehrere, die den Fakir persönlich kannten, daß er sehr gut getroffen sei. In Bezug auf den Text meines Werkes selbst muß ich bemerken, daß ich theils wegen der Beaufsichtigung der Lithographie, theils anderer Geschäfte halber die

Correktur nicht selbst besorgen konnte und nicht so glücklich war, für die ersten paar Bogen einen hinlänglich sachkundigen Correktor zu finden, weßhalb man mir mehrere, wenn auch gerade nicht wesentliche, Stylverstöße zu Gute halten wird. Nur der erste Bogen, wovon bereits tausend Exemplare die Presse verlassen hatten, mußte hauptsächlich solcher Verstöße wegen gänzlich kassirt und neu bearbeitet werden. Vom 4. Bogen an werden aber meine geehrten Leser weniger Ursache finden, sich, mit Ausnahme einiger Druckfehler, die ohnehin selbst bei der größten Aufmerksamkeit kaum zu vermeiden sind, über ähnliche Uebelstände zu beklagen.

Die Monate Juli und August verbrachte ich in Kaschmir. Mit Beginn des September verließ ich das paradisische Thal dieses Landes mit einer reichen Ladung von Shawls, um mich über Lahore und das englische Ostindien nach Europa zurückzubegeben. In Lahore verweilte ich bis gegen Ende October, wo ich mich von da wieder entfernte. Ich passirte den Setludsch und kam über Feruzpur, Ludiana, Amballa, Saharenpur und Radschpur, endlich ins Gebirge nach Mussuri, um meine beiden Töchter zu besuchen, welche ich dort in einer von französischen Nonnen geleiteten Erziehungsanstalt untergebracht hatte. Daselbst verweilte ich 3 Tage, und setzte dann nach Treffung der nöthigen Anstalten meine Reise über Meerut nach dem am Ganges gelegenen Einschiffungsorte Gurmuktisser fort. Hier bestieg ich ein eigen aufgenommenes Fahrzeug und kam mit demselben glücklich in Kalkutta an. Die Wasserfahrt dauerte 2 Monate lang, und war in vieler Beziehung äußerst angenehm. Als charakteristische Merkwürdigkeit bezugsweise auf indische Zustände muß ich anführen, daß ich während unserer Reise, je mehr wir uns Bengalen näherten, zu meiner Verwunderung, an beiden Ufern des Ganges allerlei Geräthe, z. B. Rohrmatten, Bettdecken, Polster, Trinkgeschirre u. s. w., ja selbst Kranke bemerkte. Auf mein Befragen, was es damit für ein Bewenden habe, erfuhr ich, daß der allgemein herrschenden Sitte gemäß die ärmeren Kranken der Umgegend, sobald man an ihrem Aufkommen zweifle, dahin gebracht würden, wo sie dann meistens an dem den Hindus heiligen Flusse ihren Tod fänden. Träfe es sich aber, was nicht selten der Fall ist, daß der Eine oder der Andere wieder genese, so wandere er flußabwärts bis in eine nicht weit von Kalkutta gelegene Stadt, wo er sich von nun an bleibend niederläßt. Höchst sonderbar ist es, daß die ganze Bevölkerung dieser Stadt aus lauter solchen Reconvalescenten besteht, die fortan jeden Verkehr mit ihren frühern Freunden und Verwandten abbrechen, und bloß untereinander Heirathen schließen. Man könnte diese Colonie — vielleicht die einzige ihrer Art — ganz füglich eine Reconvalescenten-Colonie nennen. Uebrigens füge ich nur noch zum Schlusse bei, daß es im Ganges von Krokodilen wimmelt, und daß bei demselben die wilden Gänse in Unzahl sich einfinden.

In Kalkutta selbst verweilte ich nur eine Woche lang, indem eines der schönsten Kauffahrteischiffe, der Prinz von Wales, dem Hause Green und Comp. angehörig, auf dem Punkte stand nach England abzusegeln, welche günstige Gelegenheit ich mir nicht entgehen lassen wollte. Dieser kurze Aufenthalt in der Hauptstadt Bengalens war Ursache, daß ich die Operationen des berühmten Esdaile, im Gebiete des thierischen Magnetismus, ungeachtet ich es sehnlichst wünschte, nicht selbst beobachten konnte. Nachdem ich an Bord des Prinzen von Wales mich begeben hatte, und das Schiff unter Segel ging, erfreuten wir uns des besten Wetters. Das einzige, was den Seefahrern einige Unannehmlichkeiten bereitet, traf auch zufällig uns. Wir hatten nämlich öfters eine ziemlich lang andauernde Windstille, wobei man, wie bekannt, mit Segelschiffen auf der See nicht weiter kommt. Wir brauchten deßhalb, bis wir das Vorgebirge der guten Hoffnung erreichten, gerade volle zwei Monate, obgleich der Kapitän und die Offiziere in Betreff ihrer Geschicklichkeit und Thätigkeit nichts zu wünschen übrig ließen. Anfangs April erreichten wir die Capstadt. Der Anblick derselben und ihres vortrefflichen Hafens ist ein außerordentlich freundlicher. Sie ist regelmäßig gebaut, und hat überaus nette Häuser, die aber durchgängig nur ein Stockwerk hoch sind. Uebrigens findet man daselbst alle möglichen europäischen Comforts, gute Gasthöfe, hübsche Kaffeehäuser, nette Conditoreien u. s. w. Auch fehlt es nicht an ansehnlichen öffentlichen Gebäuden. So findet man hier eine Börse, ein Theater, einen Circus olympicus u. dgl. Sogar die Gasbeleuchtung ist hier schon eingeführt, und die Art der Ausführung derselben dürfte selbst vor jener in manchen europäischen Hauptstädten nicht zurücktreten. Besonders auffallend war es mir im ganzen Umfange der Capstadt, von keinem einzigen Bettler belästigt zu werden, eine Erscheinung, welcher ich noch nirgend anderswo auf meinen vielen Reisen begegnet bin. Als wir am Cap anlangten, war gerade die Weinlese vorüber, und wir erquickten uns auf unseren Promenaden und Landpartien, die wir zu machen nicht versäumten, mit dem Genusse der köstlichen Trauben, woraus der allbekannte ausgezeichnete Capwein bereitet wird. Daß mit den ersten Tagen des Aprils bereits die Weinlese vorüber war, wird nur jenen meiner geehrten Leser ein Räthsel scheinen, welche sich etwa nicht augenblicklich erinnern dürften, daß die Capstadt jenseits des Aequators liegt, wo die Jahreszeiten gerade im umgekehrten Verhältnisse zu jenen Europa's auf einander folgen, und mithin der Jänner zu den heißesten, der Juli hingegen zu den kältesten Monaten gehört. Nach einem Aufenthalte von vier Tagen stachen wir neuerdings in See, nachdem wir uns mit Wasser und allen nöthigen Lebensmitteln, besonders aber mit Geflügel, als Hühnern, Gänsen, Enten u. s. w.

reichlich versehen hatten. Allein kaum waren wir eine kleine Strecke weit vom Lande entfernt, als in unser Geflügelwerk eine Epidemie einbrach, die es schnell dahin raffte, so, daß wir einen Abstecher nach St. Helena zu machen genöthigt waren, um neue Vorräthe davon an Bord zu nehmen. Auch einige Todesfälle von Menschen kamen während unserer Seereise vor. So starben z. B. mehrere kranke Invaliden, und ein als Trunkenbold berüchtigter Matrose. Ihre Leichen wurden nach seemännischem Herkommen in Leinwand eingenäht, mit Gewichten an den Füßen versehen, und unter feierlichen Gebeten in die Tiefe des Meeres versenkt.

Außer dem kamen auch noch mehrere Krankheitsfälle vor, bei denen ich als Arzt ebenfalls in Anspruch genommen wurde. Darunter sind vorzüglich zwei, welche das Interesse meiner arzeneikundigen Leser besonders anregen dürften, weil sie im gewöhnlichen Leben so häufig vorkommen, und die auch mir selbst nicht unwichtig sind, indem ich dabei Gelegenheit fand, dem Schiffsdoktor aus der Noth zu helfen. Der erste Fall dieser Art bezieht sich auf einen alten Obristen, der angeblich an rheumatischen Schmerzen litt, und zwar so stark, daß er bereits in Verzweiflung zu gerathen anfing. In dieser Bedrängniß wendete er sich an mich, mit der unverholenen Aeußerung, daß die Mittel, die er vom Schiffsdoktor erhielte, keinen Schuß Pulver werth wären, und daß er werde sterben müssen, wenn ich ihm nicht beistände. Meine erste Frage an ihn war, ob er je an einem venerischen Uebel gelitten habe. Als er dieß mit der Angabe, daß es bereits mehrere Jahre her sei, bejahete, machte ich den Doktor auf diesen Umstand aufmerksam, und rieth ihm, dem Patienten ein Sassaparilla-Dekokt zu geben. Da er aber gerade keine Sassaparilla besaß, kaufte er sich solche aus einer Apotheke in der Capstadt, und begann damit seine Kur. Der alte Obrist war aber äußerst ungeduldig und meinte, das Gesöffe würde nichts helfen. Auf mein Zureden trank er jedoch das Dekokt fort, und schon nach zwei Wochen trat eine bedeutende Besserung ein. In Zeit von einem Monate war die Heilung vollendet. Der zweite Fall war mit einem einjährigen Kinde, das wegen schwerem Zahnen mit Krämpfen und Fieberanfällen behaftet war, nichts mehr genießen konnte, und sichtlich abmagerte, so, daß Jedermann von dem bald zu erfolgenden Tode desselben überzeugt war. Blutegel, Scarifikationen des Zahnfleisches, warme Bäder, innere besänftigende, krampfstillende und abführende Mittel waren vergebens bei ihm versucht worden. Als ich den beinahe hoffnungslosen Zustand des Kindes vernahm, fragte ich meinen Kollegen, ob er auch Vesikatorien angewendet hätte. Da er solches verneinte, rieth ich ihm dazu. Er folgte diesem Rathe, und applizirte dem kranken Kinde sogleich zwei blasenziehende Pflästerchen hinter die Ohren; und von dem Augenblicke an ging es seiner Besserung entgegen; die Krämpfe hörten auf, und der Zahndurchbruch erfolgte.

Sogar an Gottesdienst fehlte es uns nicht, indem der Kapitän ihn jeden Sonntag Morgens und Abends gleich einem Geistlichen abhielt. Es befanden sich unser gegen 200 Personen im Schiffe. Dennoch trat nie ein Mangel an Speisen und Getränken ein. Es herrschte in dieser Beziehung selbst ein gewisser Luxus; denn außer den gewöhnlichen Speisen wurden tagtäglich noch Pasteten, Torten, und andere feine Bäckereien zum Nachtische aufgetragen, und verschiedene Weine, Biere und sonstige geistige Getränke servirt. Zweimal in der Woche machte unter uns sogar der französische Schaumwein die Runde. Eines Tages kamen uns auf hoher See 9 Schiffe zu Gesichte. Mit mehreren derselben setzten wir uns durch eigens angebrachte Zeichen ins Einverständniß, um zu erfahren, welches der Name des Schiffes sei, woher es komme, wohin es gehe, worin seine Ladung bestehe, wie lange es schon die See halte, welchen Schiffen es bereits begegnet sei u. s. w. Auf jedem Schiffe ist nämlich ein Buch vorhanden, in welchem jene Zeichen in Ziffern angegeben sind, und diese Ziffern werden mit den verschiedenen Farben der aufgezogenen Flaggen angedeutet. Während wir aber diese nicht unbedeutende Anzahl von Schiffen an Einem Tage sahen, vergingen andererseits wieder ganze drei Wochen, wo wir auch nicht ein einziges erblickten. Als es dann auf einmal hieß, es wäre von Weitem ein Schiff in Sicht, lief Alles freudevoll aufs Verdeck, um es zu sehen. Als es nahe kam, erkannte man, daß es ein amerikanischer Wallfischfänger sei, indem einige seiner Matrosen oben auf den Mastbäumen saßen, um einen umfangsreichen Gesichtskreis zu haben. An der Ostseite Afrika's nahe an der Linie sahen wir ein Schiff, das von Bombay nach Kalkutta segeln sollte, seiner Aussage nach aber in jene Region des atlantischen Meeres verschlagen worden war, und einer Provision benöthigte. Ohne den Seefahrer zu kennen, gab man ihm dennoch Alles, was man füglich entbehren konnte, als: Reis, Erdäpfel, Bier u. s. w. Zu verschiedenen Zeiten des Tages, wenn die Sonne auch nur etwas sichtbar war, machte unser Kapitän mit seinen Offizieren, vermittelst nautischer Instrumente, allerlei Beobachtungen, wo es stets hieß: Look out! (Schau' hinaus!), und so wußten sie nach vorgenommener Berechnung aufs Genaueste den Punkt auf der Karte anzugeben, wo wir uns auf der weiten Meereswüste befanden. Je mehr wir uns dem Süden näherten, verloren wir hinter uns die Sterne des nördlichen Himmels, so, daß wir, am Aequator angelangt, den Polarstern nicht mehr erblickten; und als wir einige Grade über den Aequator hinaus waren, sahen wir den sogenannten großen Bären nur mehr am Horizonte. Dafür entschädigte uns aber der Anblick anderer südlicher Sternbilder, unter denen das Kreuz von ausnehmender Schönheit ist, während die übrigen in dieser Beziehung unsern Sternen des nördlichen Himmels zurückstehen, die wir indessen abermals zu Gesichte bekamen, als wir nach Umseglung des Vorgebirges der guten Hoffnung wieder aufwärts fuhren und neuerdings die Linie zurücklegten. Alles zuletzt Erzählte, welches gleichsam eine Episode meiner Reise aus Ostindien zurück nach Europa bildet, dürfte so Manchem, der selbst ähnliche Reisen gemacht hat, unerheblich scheinen. Allein nicht Jeder war in der Lage, solche Erfahrungen in eigener Person zu machen, und Solche, die ich hier besonders im Auge habe, und unter die ich auch meine geliebten Landsleute rechne, dürften derlei Schilderungen gewiß nicht ohne alles Interesse lesen. Ueber meine glückliche Ankunft in Europa, und meine weiteren Reisen und Begebenheiten daselbst habe ich meinen geehrten Lesern bereits im Vorhergehenden das Nöthige mitgetheilt.

Einleitung

zum

Medial-Systeme,

nebst einigen

allgemeinen hygiänischen Regeln.

Bevor ich noch zu dem eigentlichen Gegenstande der folgenden Abhandlung übergehe, fühle ich mich, um allfälligen Mißverständnissen vorzubeugen, zu der Erklärung veranlaßt, mich weder mit der Diagnose noch Prognose der Krankheiten (was man in hundert andern Büchern findet) näher befassen zu wollen, sondern mich einzig und allein auf das Therapeutische zu beschränken, und bloß jene spezifischen Mittel anzugeben, deren Wirksamkeit ich selbst zu erproben Gelegenheit hatte.

Wiewohl ich ferner fest überzeugt bin, daß die Wirkung der verschiedenen Arzeneikörper durch eine physische, ihnen eigene spezifische Kraft, vermittelst welcher sie mit den Krankheiten in gegenseitigem Rapport stehen, erzielt, und daß nicht so sehr der quantitative als der qualitative Zustand derselben berücksichtigt werden muß: so hab' ich doch eine gewisse Ordnung beobachtet, nach der ich meine Arzeneien bei Gesunden und Kranken versuchte und anwendete. Ich theile nämlich alle Heilmittel ihren Kräften nach in folgende drei Klassen:

Die I. Klasse enthält mildere Vegetabilien, Erden, Kohlen, Salze, Metalle, schwache vegetabilische Säuren u. s. w. Das sind nämlich jene Mittel, die bei der gewöhnlichen Heilart scrupel-, drachmen- oder auch unzenweise pro dosi eingegeben werden. Hiezu gehören z. B. Bittere Mandeln, Mohnsamen, Quecksilber.

Die II. Klasse besteht aus den scharfen Vegetabilien, krystallisirten vegetabilischen Säuren, gelindern chemischen Präparaten; überhaupt aus jenen Mitteln, die in der gewöhnlichen Praxis meistentheils granweise pro dosi eingegeben werden. Hiezu gehören z. B. gelbes Blutlaugensalz, Opium, versüßtes Quecksilber.

Die III. Klasse begreift alle sogenannten Gifte: animalische, vegetabilische und mineralische; wie auch die schärfsten chemischen Präparate, die concentrirten mineralischen Säuren; überhaupt alle jene Mittel, die gewöhnlich unter Einem Gran oder Tropfen, zuweilen aber auch etwas darüber pro dosi eingegeben werden. Hiezu gehören z. B. Blausäure, Morphin, ätzendes Quecksilbersublimat.

Die Mittel aus der I. Klasse geb' ich von $\frac{1}{25}$ bis zu $\frac{1}{5}$ eines Granes pro dosi.

Die Mittel aus der II. Klasse von $\frac{1}{50}$ bis zu $\frac{1}{25}$ eines Granes pro dosi, und

Die Mittel aus der III. Klasse von $\frac{1}{100}$ bis zu $\frac{1}{50}$ eines Granes pro dosi.

Bei der Anwendung solcher erfuhr ich die im vorliegenden Werke angegebenen Wirkungen. Man könnte mir vielleicht nicht mit Unrecht die Einwendung machen, daß die animalischen Gifte, wie z. B. die von wüthenden Thieren, von Schlangen, Scorpionen u. s. w., nur dann nachtheilig wirken, wenn sie durch eine Wunde mit den Körpersäften in directe Berührung kommen, und daß diese Substanzen, innerlich eingenommen, selbst in großen Gaben keinen schädlichen Einfluß üben. Daran würde sich die Frage knüpfen, warum ich sie nicht in die erste Klasse zu den gelinderen Mitteln, sondern in die dritte, zu den Giften gesetzt habe. Hierauf diene zur Antwort, daß dieses einzig und allein aus der Ursache geschehen ist, weil sie auch zu einem fünfzigstel, ja sogar zu einem hundertsten Theile eines Tropfens oder Granes ihre eigenthümliche Wirksamkeit bewährt haben, während sie in größern Gaben sich auf eine ganz andere, vielleicht sogar auf die entgegengesetzteste Art und Weise wirksam gezeigt haben würden.

Außer den gewöhnlichen thierischen Arzeneistoffen habe ich auch noch eine reichhaltige Sammlung neuer animalischer Heilmittel aufgenommen, die der ärztlichen Praxis ein unabsehbares, bisher ganz unbekanntes Feld eröffnen. Man glaube ja nicht, daß der Grund dessen in einem Mangel an Heilstoffen liege, die das Pflanzen- und Mineralreich uns in Fülle darbietet. Es geschah bloß darum, weil ich mit jenen erstern eine Menge gelungener Versuche anstellte, die in der Regel die überraschendsten Resultate zur Folge hatten, wie man im Verlaufe unter den Benennungen: Anguineum, Cataracteum, Leporineum, Locusteum, Nycterineum, Piscineum, Scorpioneum, Tigrineum u. s. w. sehen wird. Ich mische nämlich den thierischen Stoff, z. B. das Blut von Hasen, die Galle von Fischen, das Gift von Skorpionen oder Schlangen u. s. w. mit Alkohol, wie es in meiner Materia medica angegeben wird, und bewahre die Essenz davon an einem temperirten Orte, welcher vor dem Eindringen der Lichtstrahlen gesichert ist, in einem wohlverstopften Glase auf. Davon gebe ich meinen betreffenden Patienten tropfenweise Gaben auf Zucker mit dem besten Erfolge ein. Ob man übrigens meine neuangegebenen animalischen Heilstoffe als bloße medizinische Curiosa ansehen, oder sie einer Aufnahme in der Praxis würdigen will, muß ich natürlich ganz dem freien Ermessen meiner sachkundigen Herren Collegen anheim stellen. Zum leichtern Eingeben der Heilmittel bediene ich mich dreierlei Arten.

Erste Art. Das unmittelbare Einnehmen der Essenz, Tinktur oder syrupartigen spirituösen Zucker- und Arzeneiverreibung, die tropfenweise auf Zucker genommen werden. Auf diese Art kann man nicht nur kleinen Kindern, sondern auch Irrsinnigen die Arzenei beibringen, ohne daß sie auch nur die geringste Ahnung haben, daß es ein Medikament ist.

Zweite Art. Das Eingeben der mit der gehörigen Quantität Zucker abgeriebenen Arzenei in Pulverform. Diese Methode ist vorzüglich in Indien gäng und gebe, wo die Hindus und die Sihks aus Europäer-Händen keinerlei Art von Flüssigkeit zu genießen pflegen.

Dritte Art. Diese ist die expeditive, wobei die Arzeneien in Pastillenform verabreicht werden. Auch diese gebe ich auf doppelte Weise zubereitet. Entweder ist die Arzenei dem Teige der Pastillen beigemischt, oder es werden die schon fertigen nur äußerlich mit der Essenz oder syrupartigen spirituösen Zucker- und Arzeneiverreibung angefeuchtet, und dann getrocknet. Beide Zubereitungsweisen sind gleich wirksam. Wenn man die Medizinal-Pastillen längere Zeit aufbewahren will, gebe ich jener Bereitungsweise den Vorzug, bei welcher das Heilmittel dem Teige beigemischt ist, während die leztere mit dem äußerlichen Ueberzuge eine leichtere und geschwindere Manipulation erlaubt. Bei jeder Verreibung pflege ich dem zu verreibenden Körper etwas rectificirten Spiritus zuzusetzen, theils um dem Verstäuben vorzubeugen, theils um diejenigen Theile, die sich durch Spiritus leichter auflösen lassen als durch Wasser, wozu besonders die resinösen Substanzen gehören, zu solviren, theils endlich, um das schnellere Trocknen der Medikamente zu fördern.

Obige einfache Pastillen verfertige ich aus weißem Rohrzucker mit einer hinlänglichen Quantität Kraftmehlbreies, woraus dann vermittelst einer Pillenmaschine, die nur zu diesem Zwecke bestimmt ist, Pastillen geformt werden, jede zu 1 Gran. Die Pastillen erhält man, wenn man z. B. für eine Pillenmaschine, worin 30 Stück Pillen auf Einmal gemacht werden können, eine halbe Drachme von der Masse nimmt, sie zu einem Cylinder zusammen rollt, und diesen Cylinder vermittelst der Maschine geradezu durch Niederdruck zerschneidet, ohne die abgeschnittenen Partikel zu rollen, wobei sie rund würden, wie die Pillen, während sie auf diese Art eine längliche Form, gleich aufgeschwollenen Reiskörnern bekommen, die man dann bedeckt in der freien Luft trocknen und zum Gebrauche aufbewahren kann. Ich gebe dieser länglichen Pastillenform den Vorzug, weil sie für die Patienten mehr Bequemlichkeit darbietet, indem solche Pastillen nicht so leicht als die gewöhnlichen runden Pillen unter den Händen wegrollen, wiewohl die letztern ihrer runden Form wegen zu dem Hinabschlingen geeigneter sind, während die länglichen nur wie Trochisken so lange auf der Zunge gehalten werden, bis sie zergehen.

Die Verreibung der Arzeneikörper anbelangend, glaube ich hier die gewiß nicht überflüssige Bemerkung beisetzen zu sollen, daß die Frist, binnen welcher solche effectuirt wird, sich mindestens auf $^1/_4$ Stunde bis längstens 1 volle Stunde zu beschränken braucht, je nachdem die Substanz, welche verrieben werden muß, weicher oder härter ist.

Das beste Vehikel zum Verreiben und Verdünnen der Arzeneien ist unstreitig der vegetabilische Zucker. Ich ziehe diesen ohne Bedenken dem animalischen vor, theils seiner vorherrschenden Süßigkeit halber, mittelst deren man auch Kindern die Medizin mit Leichtigkeit beibringt, theils auch wegen seinen besondern Eigenschaften; denn es ist allbekannt, daß durch ihn das baldige Verderben der Medizinen verhindert wird. Durch seine Süßigkeit schützt er die Mittel vor baldiger Zersetzung und man hat nicht im Geringsten die Wirkung fremdartiger Theilchen, wie z. B. der animalischen Kohle, die zu dessen Reinigung verwendet wird, zu befürchten.

Am leichtesten verderben die thierischen Stoffe. Diesen folgen die vegetabilischen. Am wenigsten jedoch sind die mineralischen dem Alles zerstörenden Zahne der Zeit unterworfen.

Um der Wirkungen der Heilmittel sicher zu sein, sollte freilich ein jeder Arzt sich dieselben entweder selbst bereiten, oder sie wenigstens in seiner Gegenwart anfertigen lassen, weil so unendlich viel auf die Genauigkeit bei der Zubereitung derselben ankommt. Um nur, außer den gewöhnlichen Fehlern, die so häufig, ohne daß man es will, in den Apotheken unterlaufen, eines einzigen Umstandes zu erwähnen, will ich bloß die vielen und mancherlei Surrogate in Erinnerung bringen, womit man in diesen Krankenküchen so freigebig zu sein pflegt. Wie oft hat man mir aus den Bazaren alte, verdorbene und wirkungslose Spezereien gebracht, die man, wenn man kein genauer Kenner davon ist, als gute anwendet und sich hinterher in der sichern Erwartung dessen, was sie leisten sollen, getäuscht findet. Die Spezereihändler aus Lahore beziehen ihre Spezereien aus Amritsir, einer noch blühendern Stadt als Lahore, wo der Handel en gros getrieben wird.

Zur Bereitung der Arzeneien meide man die Verwendung metallener Gefäße, indem die Wirkungen der Heilmittel bekanntlich durch fremdartige Gerüche und Farben alterirt werden. Zur Anfertigung der Zuckerpastillen bediente ich mich früher einer großen hölzernen Reibschale mit einem hölzernen Pistill. Zur Verreibung der Arzeneistoffe mit Zucker kann man sich steinerner, gläserner oder porzelläuener Reibschalen bedienen.

Als Beispiele mögen nachfolgende drei Formen der verschiedenen Bereitungsarten der Mittel ihren Platz finden.

I. Rp. Magnes. carb. Part. $^1/_{25}$ — Part j.
Sacchari albi Part. jjj.
Pult. amyli q. s.
ut f. l. a. massa, ex qua form. pastilli Gr. j.

II. Rp. Fab. St. Ign. Part. $^1/_{25}$ — Part. j.
Sacchari albi Part. xviij.
Pult. amyli q. s.
ut f. l. a. massa, ex qua form. pastilli Gr. j.

III. Rp. Gossyp. fulm. Gr. jj. — Gr. jv.
Sacchari albi Gr. Lxxjjj.
Pult. amyli q. s.
ut f. l. a. massa, ex qua form. pastilli C.

oder:

Man verreibe 1 — 2 Grane Schießbaumwolle, die man vermittelst eines Scherchens in einer Porzellántasse so fein als möglich zerschnitten hat, mit einigen Tropfen rectificirten Spiritus angefeuchtet, worunter 10 Gran zerstoßenen Zuckers gemischt sind, $^1/_4$ Stunde lang, löse das Zerriebene dann mit 1 Drachme Spiritus auf, und thue in die dadurch erzeugte spirituöse, syrupartige Flüssigkeit 50 von den getrockneten Zuckerpastillen, die man vermittelst des Herumrührens mit einem beinernen Löffelchen allmälig verdichtet, und in einem Schächtelchen zu künftigem Gebrauche aufbewahrt.

Bezüglich auf die zu verabreichende Dosis von jedem dieser Mittel ist 1 Stück auf einmal genug, der Patient mag nun ein erwachsener starker Mann oder auch nur ein schwacher Säugling sein; denn die Arzenei soll ja nicht mechanisch auf den Körper, sondern spezifisch auf die Krankheit wirken. Die Gaben lasse ich jedoch nach Beschaffenheit der Umstände entweder seltener oder öfter wiederholen, und wenn in dringenden Fällen nicht alsobald eine Besserung eintritt, so kann man, von der Ansicht ausgehend, daß man nicht auf das rechte Mittel gerathen sei, zu wechseln anfangen und damit so lange fortfahren, bis man auf das Wahre gekommen ist, in welchem Falle die Wirkung gewiß nicht lange auf sich wird warten lassen. Dabei hat man den

Vortheil, daß solche Dosen, wenn sie am ungehörigen Orte gegeben werden, wenigstens nicht schaden können. In acuten Krankheiten kann man ¼ stündige bis 1 stündige Gaben verabreichen. In weniger dringenden Fällen sind 4 Gaben täglich hinlänglich. In chronischen Krankheiten hingegen kann man eine solche Pastille des Tages Einmal, früh Morgens bei nüchternem Magen oder auch zweimal, früh und Abends vor dem Schlafengehen, auf die Zunge nehmen und darauf zergehen lassen. Säuglingen kann man sie in Pulverform beibringen. Die Medizin in Wasser oder Milch aufgelöst einzugeben, halte ich für minder passend; jedoch pflege ich in solchen Fällen, wo die Zunge trocken und Mangel an Speichelabsonderung vorhanden ist, etwas Wasser nachtrinken zu lassen.

Was die eigentliche Lebensweise, die Diät, anbelangt, so bin ich in dieser Beziehung durchaus nicht so ängstlich streng wie andere Aerzte, und mache nur in dem Falle eine Ausnahme von der Regel, wo der Magen offenbar selbst das leidende oder das in's Mitleid gezogene Organ ist. Ich lasse in chronischen Krankheiten alles dasjenige, woran man gewöhnt ist und was einem wohlbekommt, mäßig genießen. Gewiß kennt ein Jeder seinen Magen und seine Natur am besten. Man sei im gesunden oder im kranken Zustande, so muß man jederzeit dasjenige vermeiden, was man als nicht zuträglich befunden hat; am Meisten gilt jedoch diese Regel für Kranke. Bei acuten Krankheiten hingegen, wo gewöhnlich auch die Eßlust fehlt, müssen, wenn ja einiger Appetit sich einstellt, nur leicht verdauliche und flüssige Speisen genossen werden. Man zwinge aber durchaus Niemanden, und schon gar einen Kranken nicht, gegen seinen Appetit zu essen, in der irrigen Meinung, ihn zu stärken; denn man stärkt auf solche Art nicht den Kranken, sondern die Krankheit. Vor Hunger stirbt nicht leicht ein Mensch, wohl aber oft in Folge einer Ueberfüllung mit Nahrungsmitteln. Die beste diätische Regel ist unstreitig: Man esse, wenn man Hunger, und trinke, wenn man Durst empfindet; auch esse man nur das, was mundet. Sogar Thee und Kaffee kann bei mäßigem Genusse durchaus nicht nachtheilig werden, wenn man von jeher sich daran gewöhnt hat; consuetudo enim altera natura. Ein Gleiches gilt auch von dem jetzt allgemein üblichen Tabakrauchen. So ist ebenfalls ein gut ausgegornes gewöhnliches Bier für Gesunde sowohl als für Kranke nichts weniger als schädlich, was jedoch von anderen verkünstelten Biergattungen nicht behauptet werden kann. Dasselbe kann auch von den Weinen gesagt werden. Denn ein echter, unverfälschter, guter Wein ist, wenn man nicht damit Mißbrauch treibt, als ein herzstärkendes Getränk Jedermann anzuempfehlen, vorzüglich schwächlichen Personen. Was schließlich die starken spirituösen Getränke betrifft, so will ich hier unverhohlen das Geständniß ablegen, daß ich ihnen durchaus nicht hold bin, weil ich von deren Genuß so unendlich viel Nachtheiliges gesehen habe und noch täglich sehe, so daß ich wahrlich das Sprichwort für erprobt halte, es gebe mehr Leute, die in der Branntweinflasche, als im Meere ihren Tod finden. Wenn irgendwo solche starke geistige Getränke, wie der Rum, der Arrak, der Dschin u. s. w. Verheerungen anrichten, so ist dieses im heißen Hindustan vorzugsweise der Fall, wo leider die meisten englischen Soldaten und sogar auch manche ihrer gebildeteren Offiziere sich in dem Genusse solcher Spirituosen übernehmen und dadurch ein frühzeitiges Grab bereiten.

Um in den heißen Tagen auf eine angenehme Weise den Durst zu stillen, kann ich Mehreres anrathen, wessen ich mich in Lahore selbst bediente, und wobei ich mich stets wohlbefunden habe.

Erstens: Sodawasser, vorzüglich mit Eis oder Salpeter abgekühlt, mit etwas gutem Wein vermischt. Freilich nur ein Getränk für Wohlhabendere!

Zweitens: Entweder Limonade, oder Mandelmilch, oder Orgeade oder Syrup, der theils vom Safte der Frucht der Graevia asiatica, theils von Essig mit ein wenig Krausemünze zubereitet wird, wovon man dann etwas mit kaltem Wasser gemischt trinkt. Wohlhabendere versetzen solcherlei noch mit Bedemuschk (Aqua florum salicis aegyptiacae), ein in Indien sehr beliebtes kühlendes Mittel.

Drittens: Frische Buttermilch oder auch nur Milch und Wasser. Frische Sauermilch, mit etwas Salz versezt, und mit kaltem Wasser gemischt ist ebenfalls ein wohlschmeckendes, kühlendes und höchst gesundes Getränke, das die Einwohner Indiens im Sommer besonders lieben, und welches mir ebenfalls jederzeit gut bekam.

Viertens: Jugwerbier, Milchpunsch und der bei den Bewohnern Indiens fast zum Bedürfnisse gewordene Hanfkrauttrank mit schwarzem Pfeffer, Milch oder aber statt deren mit den kühlenden Sämereien von Gurken, Kürbissen, Melonen u. s. w. versetzt und durch Zuckerbeisatz für den Geschmack angenehmer gemacht. Jedoch möchte ich den öftern Gebrauch des Hanfkrauttrankes, wegen seiner narkotischen Wirkung, nicht zu sehr anempfehlen, um so mehr jedoch die aus den angeführten kühlenden Sämereien bereiteten Erfrischungen. Außerdem verdient auch der früher erwähnte Saft vom Cocusbaume, wo er zu haben ist, recht früh getrunken, als eines der angenehmsten und kühlendsten Mittel unbedingtes Lob. Den Rum liebe ich nur im Punsch, so wie den Arrak mit Wasser verdünnt als Groc.

Die Recepte des Jugwerbieres und des Milchpunsches werden meine geneigten Leser bereits in der Erzählung meiner Erlebnisse gefunden haben.

Nicht immer ist jedoch kaltes Getränke dasjenige, was den Durst löscht;

13 *

zuweilen erreicht man mit einer Tasse Thee oder Milchkaffee den nämlichen Zweck.

Welchen ungemeinen Nutzen ein kaltes Bad im Sommer in Indien hat, läßt sich kaum mit Worten schildern. Ich wenigstens habe während der Dauer der 5 heißen Sommermonate, die mit Anfang Aprils beginnen und bis Ende August währen, stets die größte Erquickung gefunden, wenn ich meine ermatteten Glieder durch Sturzbäder erfrischen konnte, deren ich 2 — 4 in 24 Stunden, zuweilen sogar auch in heißen, schlaflos zugebrachten Nächten gebrauchte. Man wird dieß begreiflich finden, wenn man nebst der alles versengenden Sonnenhitze zu dieser Zeit auch noch alle andern Ungemächlichkeiten eines indischen Sommers in Erwägung zieht. Hiezu rechne ich vorzüglich die höchst lästigen Staubstürme, die im Pendschab, wenn die zur Hälfte Juni fast regelmäßig eintretende Regenzeit zuweilen später kommt oder manchmal auch gar nicht erscheinen will, täglich mehrere Male und zwar oft ganz unversehends sich einfinden, wo es in einzelnen Fällen bei hellem Tage so finster wird, daß man weniger als bei dunkler Nachtszeit zu sehen im Stande ist. Eine zweite üble Bescherung ist im Sommer der 6 Wochen lang dauernde heiße Wind, Uros oder Samum genannt, während dessen Wehen die Bewohner Indiens hinter den Tatti's (aus den zarten, wohlriechenden Wurzeln des Andropogon muriaticum verfertigten Matten), welche Tag und Nacht hindurch mit Wasser begossen werden, im Kühlen zu sitzen oder auch nur unter großen Panka's (Windfächern) sich aufzuhalten pflegen.

Die Sturzbäder, von denen ich so häufig Gebrauch machte, bestanden darin, daß ich ein Maschk (Ziegenhautschlauch) mit frischem Brunnenwasser füllen und mir über den Kopf gießen ließ.

Außer der Reinigung und Abkühlung des Körpers überhaupt, welche die kalten Sturzbäder gewähren, haben sie den günstigsten Einfluß sogar auf die entferntesten Körpertheile, die mit dem Hautsysteme in Verbindung stehen, namentlich auf die Nerven. Selbst Lungen, Magen, Nieren u. s. w. werden dadurch in regere Thätigkeit gesetzt und darin erhalten. Man bedenke jedoch, daß Hitze und Kälte nur nach und nach gewechselt werden dürfen. Aus diesem Grunde muß man sich hüthen, kalt zu baden, wenn man sehr erhitzt oder gar in Schweiß ist — ein Fall, der in dem heißen Indien wahrlich nicht zu den seltenen gehört. Eben so soll man auch im Winter nicht plötzlich aus der heißen Badstube in die Kälte oder freie Luft heraustreten. Die Eingebornen, die Anhänger des Islam sowohl als auch jene des Brama, stecken so zu sagen immer im Wasser, Männer wie Weiber, und das im Winter nicht minder als im Sommer, im Rawi, im Ganges, an den Brünnen und zu Hause. Sie leben sehr einfach, und erfreuen sich dabei der besten Gesundheit. Ihr Lieblingsgetränk ist der Gurscherbet (mit rohem Zucker versüßtes Wasser). Vorzüglich förderlich für sie ist auch die tägliche gymnastische Uebung der Muskelkräfte, ferner das Tschapi und Mutimarna (sich klopfen- und kneipen lassen), was den Umlauf der Säfte befördert, und vornehmlich bei ermüdeten Gliedern wohl thut. Die Eingebornen Indiens haben ihre eigenen Arten, sich die Zähne zu reinigen. Die Sihks und die Hindus in Lahore heißen diese Operation, die sie täglich einmal in der Frühe bei ihrem Baden und Beten verrichten, Darter. Sie verwenden dazu Zweige von verschiedenen Bäumen, z. B. junge Weidenzweige, als Zahnbürsten. Die Moslim hingegen nennen sie Musfak, und gebrauchen dazu die jungen Zweige der Salvadora indica, mit denen sie sich wie mit einer Zahnbürste die Zähne und das Zahnfleisch abreiben. Meiner Ansicht nach verdienen diese Arten von Natur-Zahnbürsten vor jenen der Europäer mit ihren mancherlei gekünstelten Zahnpulvern den Vorzug; denn es sind einfache, größtentheils adstringirende Substanzen, die zu gleicher Zeit stärkend auf den Magen einwirken, indem gewöhnlich mit guten Zähnen auch ein guter Magen verbunden ist. Deßwegen wird man bei den Eingebornen nur höchst selten die Mundfäule finden. Freilich mögen auch ihre einfachen Speisen und das Klima Hindustans viel dazu beitragen.

Um in dieser hygiänischen Digression, die zwar auch einige ethnographische Bemerkungen enthält, nicht weiter zu gehen, verweise ich meine geehrten Leser, welche sich über die hier berührten Gegenstände eines Nähern belehren wollen, auf ein im Jahre 1847 in Quedlinburg und Leipzig bei Ernst schon in zweiter Auflage erschienenes vortreffliches Werkchen von Scholand, unter dem Titel: Naturgemäße Gesundheitslehre für Jedermann u. s. w. Da ich nicht voraussetzen kann, daß Jeder, der dieses liest, im Besitze der genannten Schrift sich befindet, so will ich hier als Schlußstein ein Gedicht daraus aufführen, in welchem die ärztlichen Vorschriften zu einem frohen und langen Leben in recht artigen Reimen, wenn auch gerade nicht mit poetischem Schwunge, vorgetragen sind. Der Verfasser desselben ist der am Ende des 17. Jahrhunderts geborne bekannte Doctor Triller, der Dichter des vor einer Reihe von Decennien hoch geschätzten epischen Gedichtes: Der sächsische Prinzenraub.

Wohl Mancher dürfte darnach fragen,
Ob ich auch etwas beigetragen,
Weil sich mein Alter so erhöht,
Daß es auf höchster Staffel steht?
Nun diesen will ich kurz berichten,
Wie ich dabei mich vorgeseh'n,
Und was nach Arzt- und Menschenpflichten
Bisher von mir, mit Nutz', gescheh'n.

Gott zwar verlängert unser Leben,
Allein der Mensch muß auch daneben
Von seiner Seite sich bemühn,
Den Lebenspfaden lang zu ziehn.
Er muß in die Natur nicht stürmen,
Als wäre sie von Stahl und Stein;
Vielmehr mit Sorgfalt sie beschirmen,
Und ihr getreuer Beistand sein.

Dieß hab' ich an mir selbst erfahren,
Dieß brachte mich zu vielen Jahren,
Nebst Gottes wunderbarer Gunst;
Als Arzt gebraucht' ich keiner Kunst,
Ein hohes Alter zu erlangen. —
Gemüthsruh' nur, so wie Diät,
Macht', daß die Uhr stets recht gegangen
Und noch bis dato richtig geht.

Man hüte sich, will man gedeihen,
Doch ja vor vielen Arzeneien;
Sie schwächen und zerstören nur
Gar oft die Ordnung der Natur.
Soll ich daher ein Mittel sagen,
Das sicher und doch wohlfeil sei? —
Hier ist es: Bei gesunden Tagen
Wird nichts zur besten Arzenei.

Durch Pillen, Pulver, Trank und Säfte
Schwächt ein Gesunder seine Kräfte,
Weil solche Mittel nur allein
Im Nothfall Kranken dienlich sein.

Wer nun mit vielen Arzeneien
Den Leib zur Apotheke macht,
Der muß hernach zu spät bereuen,
Daß er zu früh sich — umgebracht.

Die Frühlings- und Verwahrungskuren
Entkräften öfters die Naturen
Und bringen wenig Nutzen ein,
Zumal, wenn sie zu heftig sein.
Das Aderlassen und Purgiren
Ist aus Gewohnheit, wie man pflegt,
Nie bei Gesunden einzuführen,
Weil es die Kräfte niederschlägt.

Wer denkt, sein Alter hoch zu bringen,
Der halte Maß in allen Dingen.
„In Essen, Schlafen, Liebe, Wein
Und Arbeit muß man mäßig sein."
So hat Hippokrates geschrieben,
Und die Erfahrung macht es wahr;
Er selber sucht' es auszuüben
Und lebte hundert und neun Jahr.

Man muß nicht Nacht zu Tage machen,
Noch, wenn es Schlafenszeit ist, wachen,
Zumal wenn man dabei viel sitzt
Und sich durch stark Getränk erhitzt.
Gewiß, die späten Abendschmäuse,
Die überall fast allgemein,
Beschleunigen die letzte Reise,
Und bringen selten Nutzen ein.

Viel' pflegen sich, dem Tod zum Besten,
Fast wie ein Opferthier zu mästen,
Und unterbrechen vor der Zeit
Den Lebenslauf durch Ueppigkeit.
Ihr später Tisch steht oft voll Braten,
Pasteten, Kuchenwerk und Wein,
Damit sie früh ins Grab gerathen
Und bald der Würmer Speise sein.

Soll eine Lampe lange brennen,
Ist ihr nur mäßig Oel zu gönnen,
Weil sie durch dessen Ueberfluß
Sonst allzu früh erlöschen muß.
So ist es fast auf gleiche Weise
Mit unserm Leibe auch bewandt,
Reicht man ihm zu viel Trank und Speise,
Hat dessen Docht bald ausgebrannt.

Das Wasser, wenig Wein darunter (1. Tim. 5, 23.),
Macht das Gemüthe frisch und munter
Und das Geblüte dünn und leicht,
Daß frei es durch die Adern streicht.
Es stärkt und reizet auch den Magen,
Daß die Verdauung bald geschieht;
Von anderm Vortheil nichts zu sagen,
Den dieß Getränk oft nach sich zieht.

Will Jemand bald ins Grab versinken,
Der darf nur etwas Kaltes trinken,
Wenn er vorher sich stark erhitzt,
Daß er am ganzen Leibe schwitzt.
Alsdann wird er geschwind verscheiden,
Und wenn er nicht gleich niederfällt,
Führt ein verzehrend langes Leiden
Ihn dennoch aus der lieben Welt.

Vor Allem laßt uns nun erwägen,
Wie viel uns an der Luft gelegen,
Ja, wie sie unentbehrlich sei
Und Allen Lebenskraft verleih':
Was steht und geht, was schwimmt und schwebet,
Was in der Erde Gründen schleicht,
Dieß Alles wird durch sie belebet,
Daß es nicht vor der Zeit erbleicht.

Sie ist ein Balsam für das Leben,
Der ihm stets frische Kräfte geben,
Erhalten und vermehren kann,
Und stehet billig obenan.

Die also sich der Luft entziehen,
  Zumal bei schöner Frühlingszeit,
Die suchen selbst ihr Glück zu fliehen,
  Das ihnen Gott so reichlich beut.

Drum soll man die Bewegung lieben
Und in der freien Luft sich üben;
  Durch Fahren, Reiten oder Gehn
  Kann für den Leib viel Nutz entstehn,
Die Glieder werden mehr gestärket,
  Die Nerven besser ausgestreckt,
Die Lust zum Essen mehr bemerket,
  Und Neigung auch zum Schlaf erweckt.

Der Zugluft such' man auszuweichen,
Daß sie die Glieder nicht bestreichen,
  Noch auf den Nacken stoßen kann:
  Sie richtet oft viel Unheil an.
Die Nerven werden stark beschweret,
  Daß meist ein strenger Schmerz entsteht,
Der Jahr und Tag, ja länger, währet,
  Eh' er nach langer Kur vergeht.

Nichts wirkt auf die Gesundheit schlimmer,
Als ein zu stark geheiztes Zimmer;
  Voraus wenn man beim Ofen sitzt
  Und durch Getränk sich mehr erhitzt.
Weil Hauptschmerz, Ohnmacht, Angst und Keuchen
  Nur von der heißen Luft entstehn,
So säume man nicht, zu entweichen
  Und in die kühle Luft zu gehn.

Das Waschen ist nicht zu vergessen,
Des Morgens früh und nach dem Essen
  Wird solches bei Gesicht und Hand
  Mit großem Nutzen angewandt,
Indem es reinigt, stärkt und kühlet.
  Der Mund sei auch zu gleicher Zeit
Mit frischem Wasser ausgespület,
  Zum Dienst und Zweck der Reinlichkeit.

Auch Bäder soll man öfters brauchen,
Doch, daß sie nicht, zu hitzig, rauchen:
  Man glaubt nicht, wie ein passend Bad
  Oft mancher Krankheit Einhalt that.
Hier können Perser, Sarazenen
  Und andre Völker Zeuge sein:
Weil sie sich jung ans Bad gewöhnen,
  Sind sie meist frei von Gicht und Stein.

Man soll, voraus in Sommertagen,
Auch öfters frische Wäsche tragen;
  Hingegen wenn man sich erhitzt,
  So, daß man auch schon wirklich schwitzt,
Sie an den Körper kalt nicht bringen;
  Sonst bleibt die Regel allgemein:
Die Reinlichkeit in allen Dingen,
  Kann der Gesundheit dienlich sein.

Das Flußbad, nebst dem Gliederreiben,
Muß auch nicht gänzlich unterbleiben,
  Denn es erleichtert Haupt und Brust,
  Und macht zu sanftem Schlafe Lust.
Es kann die schwachen Glieder stärken,
  Erwärmet, lindert und zertheilt,
Und läßt sonst noch mehr Kräfte merken,
  Wodurch es manche Krankheit heilt.

Diät, Diät, vor allen Dingen
Kann hier sehr großen Nutzen bringen,
  Daß man, nächst Gott, gesund und leicht,
  Des Alters höchstes Ziel erreicht,
Gleich wie ich oben schon erwiesen;
  Doch dieser Sache höchster Werth,
Den man noch nie genug gepriesen,
  Verdient, daß man ihn oft erklärt.

Man richte noch auf andre Stücke,
Gemüth und Leib, stets seine Blicke,
  Weil sie des weisen Schöpfers Hand
  Zusammen allzu fest verband.

Den Leib muß man nur mäßig speisen,
  Damit er gleiche Kraft behält,
Und das Gemüth zur Ruh' verweisen,
  Auf daß es nicht zum Nachtheil fällt.

Die dieses nun zu Herzen fassen,
Die können spät die Welt verlassen,
  Gebrauchen auch die Aerzte nicht,
  Noch einen andern Unterricht.
Sie müssen diese beiden Sachen,
  Gemüthsruh nämlich und Diät,
Zur täglichen Gewohnheit machen,
  So wird ihr Lebensziel erhöht.

Medizinischer Theil.

Die

verschiedenen Krankheitsformen.

Medicus naturae minister.

Corn. Celsus.

Erklärung der Abkürzungen solcher Ausdrücke,

die im beigefügten Wörterbuche nicht vorkommen.

A. = Abends; d. h. jeden Abend beim Schlafengehen 1 Pastille in den Mund zu nehmen.

abw. = abwechselnd; nämlich: ein Mittel mit dem andern.

ang. = angerathen; aber noch unversucht geblieben.

g. = gut; d. h. das Mittel hat die Krankheit entweder gebessert oder geheilt.

h. = hervorbringend; d. h. das Mittel hat die Krankheit hervorgebracht oder erzeugt.

♀. = Lustseuche oder mit der Lustseuche complicirtes Leiden.

☿. = Mercurialkrankheit oder mit der Mercurialkrankheit complicirtes Leiden.

M. = Morgens; d. h. jeden Morgen früh nüchtern 1 Pastille in den Mund zu nehmen.

M. 7. = 7 Tage hindurch jeden Morgen früh 1 Pastille zu nehmen.

MA. 60. = des Morgens und des Abends 1 Pastille zu nehmen, 60 Stück für 30 Tage gerechnet.

MA. — 2 — 3tägig 30 = des Morgens und des Abends, später täglich nur einmal, und dann alle 2 oder 3 Tage 1 Pastille zu nehmen.

n. = nicht; d. h. das Mittel hat fehlgeschlagen.

s. = siehe.

T. = Tinctur oder Essenz.

Tohf. = Tohfet; d. h. Materia medica der muhamedanischen Aerzte.

¼ — ½ — 1stündig. = viertelstündige, halbstündige und einstündige Gaben.

4mal 28. = viermal des Tages 1 Pastille zu nehmen, 28 Stück für 7 Tage gerechnet.

12mal. = Zwölfmal des Tages, jede Stunde 1 Pastille zu nehmen.

Unz.	=	Unze.
Dr.		Drachme.
Scr.		Scrupel.
Gr.		Gran.

I sol. = Die Auflösung der dritten Verreibung nach dem Hahnemann'schen Systeme.

X°°°. = Drei Streukügelchen der Decillionpotenz nach dem Hahnemann'schen Systeme.

? = Ungewiß.

Abführen, s. Stuhlunregelmäßigkeiten.

Abmagerung, Abzehrung und Auszehrung, Schwindsuchten, Zehrfieber; wie auch zu fett werden.

Ajouain, Fieber, alte. **Tohf.**

Amygd. am., Lungenschwindsucht.

Amygd. d., fett machend. **Tohf.**

Anac. or., Fieber, inneres, mit Kopfschwere.

Ant. cr., Abmagerung. **ang.**

Argem. mex. sem., Atrophie mit Husten und Geschwülsten.

Ars. I., Zehrfieber. **g. n.**

Bdell., fett machend. **Tohf.**

Behen a. & r., fett machend. **Tohf.**

Berth., Zehrfieber mit Husten und Seitenschmerz. **MA.**

Bism. mag., Abzehrung mit Durchfall. **ang.**

Bombyx, getrocknet, gepulvert, täglich zu Dr. jjj. gekocht, eingegeben, macht fett und gut aussehend. **Tohf.**

Bov., s. Krankheiten der Kinder.

Calumb. r., Lungenschwindsucht. Zehrfieber.

Calotr. gig. fol., Zehrfieber mit Skropheln, auch mit Ruhr.

Canin., (?) Lungensucht.

Cann. ind. Cashm. rad. cort., Zehrfieber.

Cass. lign., Abzehrung. **MA.**

Cass. Tam. fol., fett machend. **ang.**

Cass. Tora, fett machend. **Tohf.**

Chin. cort., Zehrfieber.

Charrus, Lungenschwindsucht. Füßeabmager.

Cich. rad., Zehrfieber.

Concha fluv., Zehrfieber mit Husten und Geschwulst.

Conv. arg., Atrophie mit Asthma, Husten und Obstructionen. **MA.**

Cop. bals., Zehrfieber mit Katarrh.

Creos., Lungenschwindsucht. **ang.**

Cucum. acut., s. Schweiße.

Curc. longa, Abzehrung mit Ruhr. Zehrfieber mit Durst und Mundtrocke. Fett machend. **Tohf.**

Curc. zed., fett machend. **Tohf.**

Delph. Ghafes fl., Fieber, alte. **Tohf.**

Delph. pauc., fett machend. **Tohf.**

Ficus ind. fol., Zehrfieber.

Fum., Zehrfieber mit Geschwulst.

Gagorming, Zehrfieber. Eiterschwindsucht.

Ger. nod., s. Krankheiten der Kinder.

Granat. pun., fett machend. **Tohf.**

Gyps. Set seladschit, Zehrfieber mit Hartleibigk. u. roth harnen; Zehrfieber mit Brennen in Solen, Asthma und Husten.

Harm. Ruta, Auszehrung.

Heracl. div., Abzehrung.

Hirudo med., getrocknet, gepulvert eingegeben, so auch die zur Kohle verbrannten Blutegel, sagt man, sollen die Abzehrung herbeiführen.

Hyosc. n. fol., Lungenschwindsucht, anfangende. **ang.**

Indig., Abzehrung mit Durchfall.

Jod., Auszehrung und Abmagerung. **h.**

Kali ferrocyan., s. Krankheiten der Kinder.

Kali iod., Zehrfieber. **ang.**

Lacca in gr., Zehrfieber. Abmag., **h. Tohf.**

Lactucar., Lungenschwindsucht.

Leuc. ceph., Fieber, gelindes, inneres.

Lini sem., mit Honig in Verbindung. Auszehrung, anfangende, mit Brustleiden.

Liquir. rad., Abzehrung.

Lup. (Hum.), Atrophie, skrophulöse.

Lyc. lib., Abzehrung.

Mango nucl., Fieber, inneres. **h.**

Melo (Cuc.), fett und roth machend. **Tohf.**

Anmerk. I. Der Schlüssel zu der Erklärung der hier vorkommenden abgekürzten Benennungen der Medikamente, sowie auch die Beschreibung derselben, der Ort woher sie bezogen werden können, sammt der Angabe zu welcher von den drei Classen ich sie rechne u. s. w., ist in der Materia medica dieses Werkes mitgetheilt.

II. Die abgekürzten Wörter: **h.** (hervorbringend), **g.** (gut), **n.** (nicht), **ang.** (angerathen), ☿. (Mercurial), ♀. (Syphilitisch), **Tohf.** (Tohfet), die Gabe der Arzeneien u. s. w., beziehen sich, wenn mehrere Krankheiten oder Symptome angegeben sind, immer nur auf das oder die von dem letzten . (Punkte) an genannten Leiden.

Millef., Zehrfieber.
Myrob. Bell., Zehrfieber mit Husten.
Myrob. embl., Abendfieber mit Husten.
Myrob. n., Fieber, inneres.
Myrt. bacc., Zehrfieber mit Husten.
Ner. Oleand., Armabzehrung, Gefühllosigkeit desselben.
Nit. mur. ac., Leberschwindsucht. **ang.**
Ocim. sanct. rad., s. Krankheiten der Kinder.
Ol. anim. foet., bei Abzehrungen äußerlich. **ang.**
Op. sulph. sod, Zehrfieber mit Husten. **MA. 30.**
Orig. heracl. (aff. spec.), Abzehrung mit Schlaflosigkeit.
Phell. aqu., Lungenschwindsuchten. **ang.**
Phosph., Auszehrung. In der zweiten und dritten Periode. **ang.**
Pis. sat., Mit Nüssen und Honig eingegeben, macht fett. **Tohf.**
Plant. maj., Zehrfieber. Lungenschwindsuchten.
Plumbago Zeyl. rad., Fieber mit Husten, Brust- und Magenschmerz.
Plumb., Eiterschwindsuchten. **ang.**
Polyg. macr., Fieber, inneres, mit Brennen, nach Blutabgang.
Puls., Zehrfieber.
Purg., s. Krankheiten der Kinder.
Ran. lan. fol., Abzehrung.
Res. pin., fett sein. **Tohf.**
Rhus Tox., Zehrfieber.
Rub. Munj., s. Krankheiten der Kinder.
Salv. off., In der Auszehrung als schädlich angegeben, weil sie erhitzend und austrocknend sein sollen.
Samb. n. cort. int. **R.**, Zehrfieber. **ang.**
Sandar., Abmagerung verursachend, täglich zu dr. j. mit Oxymell. **Tohf.**
Sarcoc., Nachmittagshitze.
Sarsap., Magersein mit schrumpfiger Haut.
Scolop., Lungenschwindsuchten. **ang.**
Sec. corn. **R.**, Abzehrung mit Kriebeln, Wimmern und Klagen.
Sep. ossa, Fieber von 2 Monaten **M. 7.**
Sep. succ., Zehrfieber mit Husten. Lungenschwindsucht.
Serp. exuv., Fieber, inneres, mit Durchfall.
Schekakel, Abzehrung mit einer blutenden Warze auf dem Kopfe.
Smil. china, fett machend. **Tohf.**
Sol. n., Abzehrung mit ♀ Schmerzen.
Spin. tetr., Fieber mit Husten, Kopf- und Bauchhitze von 6 Monaten.
Stann., Zehrfieber mit Appetitmangel. Kehlkopfschwindsucht mit Schmerz, Husten und Eiterauswurf, Nachts am schlimmsten.
Stront. carb., Abmagerung.
Strychn. f. St. Ign., Zehrfieber.
Sulph. c. ☿., Auszehrung, in der ersten und zweiten Periode. **ang.**
Syc. Gagervel, Fieber und Husten. **♄.**
Tab., Lungenschwindsucht. Ein angefeuchtetes Tabaksblatt auf der Brust getragen. **ang.**
Talc. a., Zehrfieber. **g. n.**
Thym. serp., Fieber, inneres, mit Kopfschmerz, auch mit Durchfall.
Tigr., Atrophie. Zehrfieber.
Van. **R.**, Fieber, inneres.
Verbasci fol., Auszehrung.
Vitri fel, Zehrfieber mit Husten.
Warb. Fiebertropfen, Abmagerung.
Zinci iod. amygd. comp., Fieber, inneres, **MA. 14.**

Abortus, s. Krankheiten des weiblichen Geschlechtes.
Abscesse, s. Geschwülste.
Alpdrücken, s. Krämpfe.
Altersschwäche, s. Schwäche.
Ameisenlaufen, s. Kriebelkrankheit u. s. w.
Andrang des Geblütes nach dem Kopfe, s. Blutandrang nach dem Kopfe.
Anschoppung der Baucheingeweide, s. Verhärtung der Eingeweide.
Ansprung, s. Hautkrankheiten.
Appetitlosigkeit, s. Magenkrankheiten.
Arsenikfiechthum, s. Vergiftungen.
Aß, s. Geschwülste.
Asthma, oder Athem kurzer, s. Engbrüstigkeit.
Athem, übelriechender.

Ajouain.
Ambra gr.
Areca cat. nux.
Cardam. maj. & min.
Caryoph. arom.
Croc. sat.
Cyp. long.
Galanga
Lep. sat.
Mac. **Tohf.**
Nard. **Tohf.**
Nit. ac.
Petros.
Pist. **Tohf.**
Psyll. sem.
Xanthoxyl. pip. **Tohf.**

Aufblähungen, s. Blähungen.
Aufliegen, s. Gewaltthätigkeiten, äußere.
Aufgesprungenheit, s. Hautkrankheiten.
Aufstoßen, s. Magenkrankheiten.
Augenkrankheiten.

Abelm. mosch. sem., Nachtblindheit. **M.**
Acac. Farn. fol., Nachtblindheit. **M.**
Acac. Farn. Harnup Nepti, Augentriefen. Hornhautfleckchen. **h. g.**
Acac. Farn. sem., Hornhautfleck.
Acac. ver. cort., Staar, grauer, beginnender.
Acanth. Otengen, Nachtblindheit. **g. n.** Augentriefen. **h.**
Achyr. asp. sem., Lichtscheu mit Augenbrennen. Augenentzündung mit Hornhautweiße und Schläfeschmerz.
Acon. Nap., Staar, schwarzer, beginnender.
Ajuga Deals., Augenentzündung. **M.**
Ajuga dec., Augenfleck. **MA. 60.**
Alcana, Augenbutter beim Aufstehen, mit Nasenfluß.
All. sat., Augenentzündung. **M.**
Altern. sess., Augenentzündung. Nebliges Sehen.
Alth. fl., Augenentzündung mit Tripper. Umstülpung der Augenwimpern.
Alth. sem., Augenliedkrätze.
Alum. cr., Schielen. **ang.**
Amarant. Jountscha, nebliges Sehen. **g. n.**
Amman., Doppelsehen.
Ammon. gummi, Augenentzündung. **MA. 30.** Gesichtsschwäche.
Anac. or., Augenflimmern. Bei Tag- und Nachtblindheiten. Saftappl. **ang.**
Angel. sem., Hornhautflecken, Augentriefen.
Ant. sulph. n. ind., Grauer Staar, einseitiger, beginnender. **MA. 60.**
Ant. sulph. r. Isp., Staar, schwarzer, beginnender. Hornhautflecken. Vorfall der Regenbogenhaut durch die Hornhaut.
Araneum, Augenbutter. **M. 40.** Hornhautnagel beiderseits.
Areca cat. nux n., Augentriefen.
Argem. mex. succ., Augenentzündung, Hornhautflecken.
Arg. fulm., Staar, schwarzer, beginnender.
Arg. nitri fus., Hornhautfleck, mit Gesichtsschwäche. Staar, schwarzer, beginnender. Bei Hornhautgeschwüren ist die Cauterisation hiemit **ang.**
Armor., Augentriefen. Hornhautflecken.
Arn. **K.**, Gesichtsschwäche, Mittags. **h.**
Ars., Nebliges Sehen.
Ars. pot, Augentriefen.
Arum camp., Augenentzündungen. **h. g.** Doppelt sehen. Grauer Staar, einseitiger, beginnender. **MA.**
Asa f., Staar, schwarzer, beginnender. Mit abgeschäumtem Honig applic., wird es bei Augenverdunkelungen, Häuten, Flecken 2c. **ang.**
Asari rad., Augentriefen und Trübsichtigkeit.
Aselli jec. ol., bei Hornhautflecken wird die Application **ang.**
Aspar. Halinn sem., Staar, schwarzer.
Aspar. rac., Staar, grauer, beginnender. Hornhautfleckchen.
Aurant. cort. **K.** Augentriefen. **h.**
Aur. nitri mur., Augentriefen. **M.** Augapfelvorfall mit Eiterung desselben.
Barringt. acut., beim Gelbwerden des Weißen im Auge die Application. **ang.**
Bar. ac., subacute Ophthalmie. Sandgefühl in den Augen. **M.** Augentriefen. Staar, schwarzer, beginnender.
Bar. carb., Staar, schwarzer, beginnender.

Bar. nitr., nebliges Sehen mit Kopfweh, auch mit Kreuzschmerz. Gesichtsschwäche.

Basella r., Augentriefen und Nasenfluß. Gesichtsschwäche. h.

Bass. latif. fr., Augenstechen.

Bebeerine, nebliges Sehen. Augentrübe mit Schlafsucht. Katarrhalisches Augentriefen und Nasenfluß.

Behen r., Augentriefen. Brennen und Jucken in den Augen.

Belemn., Fliegensehen vor den Augen.

Bell. extr., Schielen. Aug- und Kopfschmerzen. Blutschwamm im Auge. Augenliedumstülpung.

Berb. lyc., nebliges Sehen und Gesichtsschwäche.

Berthel., Staar, schwarzer, wie auch Augentriefen, einseitiges. h.

Bign. ind. sem., Staar, schwarzer, beginnender. Augendeckelzufallen, wie Schläfrigkeit. h.

Bor., subacute Ophthalmie mit nebliger Sehe. Augenziehen bei Hämorrhoiden.

Bov., Augenlidkrätze, feuchte. h. g. Die Augen geschlossen mit Mundentzündung bei einem Säuglinge. Augenentzündungen. h. g. n. Bei Hornhautfleck die Application ang.

But. frond. fl., subacute Ophthalmie. h. g.

But. frond. gummi, Nachtblindheit. h. Staar, schwarzer, beginnender.

Cact. Tor. succ., Augentriefen und Augenstiche. h. g.

Calc. carb., Ophthalmie, scrophulöse. Blutschwamm im Auge.

Calc. chlor., bei Augenentzündung und Thränenfluß die Application ang.

Calebrook. oppositi fol., Hornhautnagel. Nebliges Sehen, von einem Schlangenbisse.

Calotr. gig. germ., Hornhautflecke.

Calotr. gig. sem., Nachtblindheit. Augentriefen. Hornhautfleck. Hornhaut, Trübe und Weiße derselben.

Calotr. gig. succ., Hornhautfleck. Hornhaut-Opacität. h., wenn es nämlich auf eine juckende oder wunde Stelle des Körpers, oder auch nur bei einem Fieber ins Kreuz eingerieben wird. Vorzüglich wäre daher dieses in Indien so leicht zu erlangende Mittel zu endermatischen Versuchen geeignet.

Calumb rad., Staar, grauer, beginnender. MA. 80. Augentriefen. 4mal 12. Doppeltsehen. M.

Camp. lign., Augenentzündung. Augenröthe.

Cann. ind. Cashm. fl., Augentriefen und Hornhautfleck.

Cann. ind. Cashm. rad. cort., Umstülpung des untern Augenlides nach außen. Weiße der Hornhaut. Augenhäute. Augenliedkrätze.

Cann. ind. Lah., Augentriefen, heißes. Schmerz, krampfhafter in den Augen.

Canth., Hornhautfleck. Die Application der gebrannten ang.

Capp. spin. rad., Hornhautfleck. Hornhauttrübe.

Carbo an. (C. C. u.), Hornhaut trübe.

Carniol. u., Augenentzündung. Gesichtsschwäche. Nebliges Sehen. h.

Carissa Car. fol., Lähmung des oberen Augenliedes. h.

Carpobals., Augenjucken. Augengeschwulst. Umstülpung der Augenwimpern. Nachtblindheit. h.

Caryoph. ar., Gesichtstärkend. Augenröthe. h. Nachtblindheit.

Casc., Augenjucken.

Cass. al., Augenmuskeln, zeitweiliges Zittern derselben. h.

Cass. Tam. fol., Augenentzündung. h. g.

Cass. Tora, Augenbutter.

Catarnct., Staar, grauer, beginnender. Nebliches Sehen mit Katarrh.

Cepa, Augentriefen.

Cetac., Augen- und Schläfeschmerz, katarrhalische. h.

Chaulmoogra ol., nebliges Sehen.

Chel. maj., Augentriefen. Ophthalmie ♀.

Cherayta, Gesichtsschwäche. Tag- oder Nachtblindheit.

Chin. sulph., gegen Fliegensehen wird nachstehendes Augenwasser ang

Rp. Sulph. chinin. gr. j. Aqu. destill. Unc. jjj. Sulph. ac. soviel, daß die Mischung klar bleibt.

Churrus, Staar, grauer, beginnender. Hornhautfleck. Augentriefen.

Cichor. fl., Augenentzündung. Staar, schwarzer, beginnender. Nebliges Sehen. Augenhäute. Umstülpung der Augenwimpern.

Cich. hb., Augenhäute. **MA. 60.**

Cimex, bei der Trichiasis wird die Application des Blutes derselben **ang.** Vielleicht kann man mit einer concentrirten Essenz derselben, die man an die Stellen der frisch ausgerissenen Wimpern applicirt, den nämlichen Zweck erreichen.

Cinnam. fl., Augenjucken. **h.**

Citri Galgal. sem., Augentriefen.

Cleom. pent. hb., Augenentzündung mit Augentriefen und Schläfeschmerz. Hornhautfleck. Nebliges Sehen. **MA. 60.**

Clerod. inf., Augenschmerz.

Colch. aut., Aug- und Schläfeschmerzen. Nebliges Sehen. **h. g. n.**

Coloc. rad., s. Zing. rec.

Columba, bei Augenfellen wird die Application des Blutes derselben **ang.**

Concha fluv., Hornhautfleck.

Con. mac., Doppelsichtigkeit.

Cop. bals., Augenentzündungen. **h. g. n.** Augentriefen. **g. n.** Augenjucken. Gesichtsschwäche.

Corall. r. n., Augentriefen.

Corch. frut., Augengeschwulst. **h.**

Cord. ang., Augenentzündung. **h.**

Coriandr. sat., Nachtblindheit.

Corvi jec., bei Augenflecken wird die Rabengalle applicirt **ang.**

Cotyl. lac., subacute Ophthalmie mit Augentriefen. Augenhäute. Gerstenkorn.

Crat. Marm., warzenähnliche Auswüchse auf der Hornhaut.

Creos., nebliges Sehen mit Kopfschmerz. Jucken und Beißen in den Augen. Umstülpung der Augenwimper. Augenliedgeschwulst, chron. Verschwärungen der Augen. Augenliedkrätze.

Croc. sat., Gesichtsschwäche.

Crot. tigl., s. Merc.

Crust. Dschinge. Augenhäute.

Cucum. acut. Kalanori, nebliges Sehen. **MA. 60.**

Cucum. acut. Pindituri, Hornhautfleck. Auggeschwulst. Staar, grauer, beginnender. **MA. 60.**

Cucum. Mad., Hornhautfleck.

Cucurb. lag., Augenbutter.

Cum. sem., Augenliedkrätze. Augenjucken. **h.**

Cup. ac., Augentriefen. Augenentzündung. **h.**

Cup. sulph. cryst., Hornhautfleck, Augenjucken. Vorfall der Regenbogenhaut durch die Hornhaut.

Curc. longa, Weiße der Hornhaut.

Cusc. mon., bei Tag- und Nachtblindheit die Application des frischen Saftes **ang.**

Cusc. mon. sem., Staar, schwarzer, beginnender. **M.**

Cyc. rev. sem., subacute Ophthalmie mit Augentriefen und Auggeschwulst. **4mal 28.**

Cycl. eur., bei Trübsichtigkeit **ang.**

Cyp. long., nebliges Sehen. Augenentzündung mit Augentriefen.

Cypr. nux, Augenentzündung, chron. mit Augentriefen und nebligem Sehen.

Dact. nucl., Nachtblindheit.

Datisc. cann. rad. cort., Blutschwamm im Auge. Augenliedkrätze, feuchte.

Datisc. cann. sem., Augentriefen. Umstülpung der Augenwimpern.

Dat. stram. fl., Nachtblindheit, **h. g. MA. 30.** Hornhautfleck.

Dat. stram. fol. rec., Lichtscheu. Augentriefen. **M.** Bei Augenentzündung, anfangender, Stechapfelblättersaft 1 bis 2 Tropfen ins Ohr applicirt. Ist die Entzündung auf der rechten Seite, so wird in das linke Ohr, und so umgekehrt, geträufelt, **ang.**

Deals. fist. rad., Augentriefen.

Delph. Ghafes fl., nebliges Sehen.

Delph. paucifl., Staar, schwarzer, beginnender. Augenjucken. **h.** Auf Gerstenkorn mit Wasser abgerieben applicirt. **ang.**

Dior., Augentriefen. Hornhautfleck.
Diosc. sat., Hornhautfleck. M.
Dolich. prur., Augenliedkrätze. MA.
Dschendalu, Augengeschwulst. h.
Dudia, Hornhautfleck.
Dulcam., Nachtblindheit.
Eleagn. ang., Umstülpung der Augenwimpern. Hornhautnagel.
Eleph. ungv., bei Hornhautflecken die Application ang.
Embel. Rib., Nachtblindheit.
Eug. Jambol. cort. succ. R., nebliges Sehen. g. MA. 60.
Eug. Jambol. fruct., Umstülpung der Augenwimpern (Trichiasis). Die reife Frucht, oder auch die in Essig eingemachte. MA. 60.
Euph. Cashm. Tschuk, Doppeltsehen. Thränenfluß. g.
Euph. epith., Umstülpung der Augen-Wimpern.
Euph. longif., nebliges Sehen. Nachtblindheit. h.
Euph. thymif., Augentriefen.
Euphras., Gesichtsschwäche. Gerstenkorn.
Evolv., Augenentzündung. g.
Fabar., Augenentzündung mit Augentriefen, Hornhautnagel. Umstülpung der Augenwimpern. Augenjucken.
Fagon. arab., Augentriefen. Nachtblindheit. Augengeschwulst. h.
Fasciol. Asfar e tib, Augentriefen und Doppeltsehen. M.
Ferri sulph. ind., Hornhautflecken.
Fici Car. sem., Augenentzündungen. Augenhäute. Nebliges Sehen.
Filix mas, nebliges Sehen. h.
Foenic. rad., Blindheit, beginnende. Gesichtsschwäche. Nebliges Sehen. h. g. ♀. Augenbrennen mit Augentriefen.
Foenic. sem., Nachtblindheit.
Frit. cirrh., Umstülpung der Augenwimpern.
Fung. ign., nebliges Sehen.
Galena, grauer Staar, beginnender. MA.
Gard. dum., Augengeschwulst.
Gent. rad., Staar, schwarzer, beginnender. MA. 60. Nebliges Sehen h. g. n.
Ger. nod., Umstülpung der Augenwimpern. Augentriefen. g. n.
Geum el., Augenentzündung. h. g. Augenbrennen mit Schläfe- und Gesichtsschmerz.
Glin. dict., nebliges Sehen. Hornhautfleck.
Gossyp. sem., Augentriefen. g. n.
Gourbuti, Augentriefen katarrh., mit Nasenfluß.
Gran. ac. rad. cort., Augenentzündung. ♀. Umstülpung der Augenwimpern mit nebligem Sehen, auch mit Hornhautfleck; drei Monate fortgegeben.
Grat., Augenentzündung. Kurzsichtigkeit.
Grew. asiat. R. Nachtblindheit. h.
Gund. Zulm sem., Augenentzündung, Augentriefen. g. n.
Gyps. Zernich goudenti, Hornhautnagel.
Gyps. Set seladschit, Hornhautnagel. Augentriefen. g.
Harm. Ruta, Nachtblindheit. h.
Helict. isora, Augenschmerz. Nebliges Sehen ♀.
Heliotr. eur., Augenentzündung.
Helleb. n., Nachtblindheit.
Heracl. diversif., Augenentzündung, chron. mit Hornhautweiße. Hornhauttrübe. Augentriefen. Umstülpung der Augenwimpern.
Holc. spic., Umstülpung der Augenwimpern.
Hollow. pill. sol., Hornhautflecken. Augenjucken.
Hossen Jussif, Staar, schwarzer, beginnender.
Hyosc. n. fol., Schielen mit beiden Augen.
Hyosc. n. sem., Nachtblindheit. h.
Hyper. perf., Augenentzündung.
Jalap. conv., Augentriefen.
Jalap. mir. rad., Augentriefen. Nebliges Sehen ♀.
Jalap. mir. sem., nebliges Sehen. h.
Ind. nitri ac., Hornhautfleck.
Inula Hel., neblige Sehe. g. n.
J d. Hornhauttrübe, ♀. Starrsehen. h.
Ipec., Auggeschwulst. y.

Ipom. cusp., Augentriefen.

Ipom. dasysp., Nachtblindheit. h. g.

Jugl. nuc. cort., Augenentzündung, skroph.

Just. nas. fl., Hornhautflecken, auch solche, die auf Pocken entstanden sind. Augentriefen. Nebliges Sehen. g. n.

Kaliakand, nebliges Sehen.

Kali bichrom., Hornhautweisse.

Kali iod., nebliges Sehen. h.

Kali min. sal, Augentriefen.

Kali sals. foem., Augenflecken. h. g.

Kali sulph., nebliges Sehen. Blutschwamm. Augenlidgeschwulst mit Fieber. MA

Kankolmirdsch, Gesichtsschwäche. Umstülpung der Augenwimpern. Hornhautverdunklung mit Augentriefen. h. g.

Kekoura, Hornhautverdunklung.

Kerendschue pahari, stachelige Hülse. Augentriefen. h. g. Augenjucken.

Lamin. sacch., Augenentzündung. Nebliges Sehen. Tag- und Nachtblindheit. Augenbutter. h. g.

Lamium a., Gesichtsschwäche.

Laws. inerm., bei der Augenentzündung ist das mit Wasser zu einem Brei angemachte Pulver aus derselben, am After applicirt, als ein inländisches Mittel ang.

Led. pal., Gesichtsschwäche. Nebliges Sehen.

Lent. sat., Staar, schwarzer, beginnender.

Leon. Royl., Augenentzündung.

Lepid. sat., hb. & sem., nebliges Sehen, jedoch nur ♀.

Lepor. sang., Hornhautflecken von Pocken. Umstülpung der Augenwimpern. Gesichtsschwäche von einem Schlangenbisse.

Lim. Laur., Hornhautflecke. h. g. Nachtblindheit. g. n.

Lini sem., mit Honig, subacute Ophthalmie.

Lithanth., Gesichtsschwäche.

Locust., Auge- Schläfeschmerz.

Lup. Hum., Augentriefen. h. Nachtblindheit. h.

Lycop. hb., Augentriefen. Nebliges Sehen. Gerstenkorn. Blutschwamm. ang.

Lycop. sem. K., Hornhautfleck. Nebliges Sehen. Gerstenkorn.

Mac., Augentriefen, chron., kaltes.

Magnes. carb., Augenentzündung. Nebliges Sehen, sogar bei beginnendem schwarzen Staare. Lichtscheue, chron. Hornhautflecken. Augentriefen, g.

Magnes. mur., nebliges Sehen.

Major., Augenentzündung. h.

Mamira Castm., Augentriefen. Augenbutter. Augenentzündung. h. g. n. Nachtblindheit. h.

Mamira Chataie, Gesichtsschwäche.

Mang. carb., Kurzsichtigkeit. Pupille erweiterte oder verengerte.

Manna cal., Augentriefen. Auggeschwulst. Thränenfistel. Nebliges Sehen. h. g. n.

Manna Hed. Alh., Augenentzündung. h. g. n.

Manna Tigal., Doppeltsichtigkeit.

Mant. ov. mass., Augenentzündung mit Lichtscheu. Hornhautnagel. Nebliges Sehen. g. n.

Mastix, Augenentzündung mit Schläfeschmerz, auch mit Stirnkopfweh und Hartleibigkeit.

Mecc. bals., Gesichtsschwäche.

Meconops. Nep., Augentriefen. Nebliges Sehen. g.

Mel. azed. fol., Tag- und Nachtblindheiten. h. g.

Menisp. glabr., Augentriefen. Gesichtsschwäche.

Menisp. glabr. foec., Augentriefen. h.

Merc., Vorfall der Regenbogenhaut durch die Hornhaut.

Merc. liqu., Einspritzungen bei Thränenfistel ang.

Merc. praec. r., nebliges Sehen.

Merc. subl. corr., abwechselnd mit Kali iod., nebliges Sehen. ♀

Merc. v. crot. tigl., in Verbindung, Vorfall der Regenbogenhaut durch die Hornhaut mit Augentriefen. Die Gabe zu 1/800.

Meth. glor., nebliges Sehen. Augenentzündungen g. n. Augenjucken. h.

Millef. K., nebliges Sehen. g. Gesichtsschwäche mit Gesichtsmuskelverzerrung.

Mim. pud. sem., nebliges Sehen.

Mor. Sohangn. gummi, Augentriefen.

Hornhautflecken. **MA. 60.** Tagsblindheit. **h.** Nachtblindheit.
Mor. Sohangn. rad., Nachtblindheit. **h.**
Mori a. fr. a., nebliges Sehen.
Mor. a. fr. n. **K.**, Augenentzündung. **h. g. 12mal — 24mal.** Augentriefen. Augenjucken.
Mosch. nux, Hornhautnagel.
Mulg. rap. (aff. spec.), die Augen nur durch Reiben zu öffnen. Auggeschwulst. **h.**
Mutella Antig., Augenröthe. Augenbutter.
Myrica sap., Augenjucken. **h.**
Myrob. Bellir., Staar, schwarzer, beginnender. Gesichtsschwäche. Augentriefen. **g. n.**
Myrob. embl., nebliges Sehen. **g.** Gesichtsschwäche. Hornhautverdunkelung. Augentriefen mit Thränenfistel.
Myrob. n., Augenschmerzen beim Oeffnen derselben, auf vorhergegangene Augenentzündung.
Myrt. bacc., Augentriefen. **h. g.** Nachtblindheit. **h.**
Narciss. bulb., Thränen-Nasenfistel.
Nard. Jat., nebliges Sehen. **h.**
Natr. mur. Lah., Gesichtsschwäche. Hornhautweiße. Hornhautflecken. **g. n.**
Nelumb. spec. fl., nebliges Sehen. ♀ Doppeltsichtigkeit. Thränen- und Nasenfistel.
Nep. salv. rad., Augentriefen.
Ner. od. rad. cort., Augenhäute. Nachtblindheit. **h. g. n.**
Nicc., Langsichtigkeit. **ang.**
Nigella sat., Augentriefen, Nachts.
Nitri ac., Augenentzündung mit Stirnkopfweh.
Numul. Schadenedsch, Augentriefen. Nebliges Sehen.
Nycter., Linsenkapsel, hinteren, Verdunkelung. Augentriefen. **g. n.**
Ocim. a., Augenentzündung. Augentriefen.
Ocim. Basil. Cashm., Gesichtsschwäche.
Ocim. pil., Augenliedkrätze.
Ocim. sanct. sem., Augenjucken. **h.**
Olib. ind., Augenbutter. Augenliedkrätze. Gesichtsschwäche oder nebliges Sehen, nach Augenentzündung. Augentriefen. **h.**
Onosm. macroc. rad., Augentriefen, Augenstechen. **h.**
Op. sulph. sod. comp., Augenentzündung.
Oxal. acid., Augentriefen.
Oxal. corn., Hornhautnagel. Hornhautverdunkelung. Augenhäute.
Panic. pill., Jucken und Brennen der Augen.
Pareira br., Nebel, Nachmittags.
Petrol. Pendschabin., Augenleiden, katarrh., skrophul., mit Fieber. Augenliedkrätze. Augentriefen. **g.**
Petros., Nachtblindheit. Tagblindheit. **h.**
Phall. esc., Staar, schwarzer, beginnender. Nebliges Sehen. **h.**
Phell. aqu., nebliges Sehen.
Phosph., Augenentzündung, chron. mit Hornhautfleck.
Phosph. ac., Augenentzündung. **h.**
Phys. Kagnedsch, Augentriefen mit Kopfbrennen.
Phys. somn. rad., Lähmung des obern Augenliedes.
Picrorrh. kurrooa, Augentriefen. Nebliges Sehen. **MA. 60.**
Pimb. gummi, Nachtblindheit.
Pip. a., Augenleiden, chron. Augenbutter.
Pis. sat. ind. mont., Staare, schwarze und graue, beginnende. **h. g.** Nebliges Sehen. Augentriefen. Augenbutter. Augenhäute.
Plant. maj., Augenentzündung.
Platina, Schielen und Augenverdrehung.
Polan. rad., Thränenfistel. **g.** Hornhautfleck. Augenentzündung. Staar, schwarzer, angehender, mit Schläfeschmerz.
Polyanth. tub., Augentriefen. Hornhautfleck. Augenentzündung. **h. g. n.** Nachtblindheit. **h.**
Polyp. Sekour, Blindheit, beginnende.
Portul. oler., nebliges Sehen. **h.**
Prunella v., Augenflimmern. Gesichtsschwäche. Ausschlag, fein körniger, an den Augenliedern. Staar, schwarzer, beginnender. Nebliges Sehen. **g. n.** Augentriefen. **g. n.**
Puls., Augenentzündung, katarrh. subacute.
Ran. lan. fl., Augenentzündung, period. Licht-

scheue. Hornhautverdunkelung. Staar, schwarzer, beginnender.

Ran. lan. fol., Augenentzündung.

Raph. sat. sem., Augenbrennen. Lichtscheue. Staar, grauer, beginnender. Rettig-Indigestion grauen Staar. h.

Raph. succ. mit Berb. lyc. Res, Hornhautnagel.

Res. pini, subacute Ophthalmie mit Augentriefen. MA. 30.

Rhat., Augentriefen. Nebliges Sehen. h. g. n.

Rheum austr., Augenentzündung, katarrh. mit Augentriefen und Hornhautverdunkelung. MA. 60. abw. mit Lini sem. und Honig comp. Hornhautflecken. Augenhäute.

Rheum Riwend tschini, subacute Ophthalmie mit Augentriefen. h. g.

Rhodod., Pupillen, die eine weit, die andere eng. ang.

Rhus Cor., Augenlidkrätze, feuchte, bei Augenhäuten wird es mit Tragantschleim und Rosenwasser als Augenwasser ang.

Rhus kakrasinghea, Staar, schwarzer, beginnender.

Rhus Tox., Augentriefen, Thränenfistel.

Ric. com. fol., nebliges Sehen. g. n.

Rotl. tinct., Augentriefen.

Rub. Munj., Augenbrennen.

Sabad., Augentriefen, Augenentzündung. h. g. n.

Sabina, Nachtblindheit. h.

Sagap., Augentriefen.

Sago, nebliges Sehen.

Sahansebed, nebliges Sehen. g. Augenröthe mit Schielen. MA. 60. Nachtblindheit. h.

Sapind. em., Augenentzündung. Tag- und Nachtblindheiten. h.

Sarcoc., Augenentzündung, katarrh.

Sarsap., Augentriefen ♀

Scorp., Schielen. h. Die Asche von verbrannten Scorpionen wird bei Augenflecken applicirt ang.

Die zur Kohle verbrannten bei Gesichtsschwäche, und das empyreumatische Oel derselben bei Augenflecken ang.

Sec. c., wird bei Pupillendilatation von Bell. zum Einschnupfen ang.

Seng e Basri, Augenfleck. g. n. Blutschwamm im Auge. h.

Senec. Mus., Aug- Schläfeschmerz, katarrh.

Senega, Augenliderschiefziehen. Mückensehen, nebliges Sehen. g. n.

Sep. Ossa. Augenentzündung h. g. n.

Serp. exm., nebliges Sehen. Hornhautfleck. Augenlidkrätze, feuchte. Umstülpung der Augenwimpern.

Schekakel, Augenjucken. Augentriefen.

Sid. rad., Hornhautfleckchen von Pocken. MA. Lichtscheue. Augentriefen. Pupille einseitig enge, anderseits weite.

Sil., Thränenfistel, h. g. Lichtscheue. Augenbutter. Hornhautnagel. Nachtblindheit. h.

Sin. n. plac. K. Augentriefen. h.

Sisymbr. Irio, Hornhautnagel.

Sisymbr. Soph., Gesichtsschwäche.

Smalt., Augenentzündung, katarrh. mit Nasengeschwür, Häuten und Augenjucken. MA. 60.

Sol. Jacqu., Augenbutter. h.

Sphaer. ind., Hornhautgeschwür.

Spig. anth., K. Augentriefen, gut mit Schläfeschmerz.

Spong. u., Gesichtsschwäche mit Drüsenleiden.

Stann., Gerstenkorn.

Sten. bell., Augenjucken, Augentriefen.

Stoech. ar., Gesichtsschwäche, Augenflimmern. Ausschlag, feinkörnigen an den Augenlidern. Staares, schwarzes, nebliges Sehen und Augentriefen. g.

Stront. nitr., Augenbrennen. Nachtblindheit. h. g. n.

Strych., Augentriefen.

Strych. f. St. Ign., nebliges Sehen. g. n.

Strych. n. vom., Nachtblindheit. h.

Strych. pot., Augenjucken. h. Bei Augentriefen die Application mit Honig ang.

Sulph., Tag- oder Nachtblindheit.

Sulph. ac., Augentriefen h. g. Augenjucken h.

Sulph., abw. Phosph., Gesichtsschwäche. Staar, schwarzer, beginnender.
Swert. pet., subacute Ophthalmie mit Hornhautverdunkelung. Nebliges Sehen. g. n.
Tab., Gesichtsschwäche.
Talc. a., Augentriefen, nebliges Sehen, Gesichtsschwäche. h. g. n.
Tamar., Augentriefen. h.
Tarax. rad., nebliges Sehen. h. g. MA.
Tauri fel., Nachtblindheit.
Thuja occ. N. Augentriefen. Nachtblindheit. g. n.
Thym. v., Augenentzündung.
Torki rad., Hornhautfleck.
Trianth. pent. n. rad., Augentriefen. g. n.
Tut., Gesichtsschwäche. Augenröthe mit Schläfeschmerz.
Ultram., Augenlidkrätze. Augenbutter. h. Nachtblindheit. g. n.
Urt. dioic. fl. & fol., Augenentzündung, feuchte.
Uva Ursi, Gesichtsschwäche. Doppeltsehen. g. n.
Val. sylv., Kurzsichtigkeit.
Verbasci Cashm. rad. cort., Augentriefen. Nachtblindheit.
Verbena off. Lah., Augengeschwulst. h.
Verben. off. Lah. sem., Nachtblindheit. g. n.
Veron. Becc., bei acuter Augenentzündung, wie auch bei Nasenbluten auf die Stirne gebunden. ang., als ein Kaschmir'sches Hausmittel.
Vill. nymph., Augenbrennen mit Augenstechen.
Viola od., Kurzsichtigkeit.
Vitex neg., mit Tabakblättern geraucht soll einen Blinden zum Gesichte verholfen haben.
Warb. Fiebertropfen, nebliges Sehen.
Xanthox. pip. cort., Augenfleck
Zed. Curc., Nachtblindheit.
Zinci carb., Gesichtsschwäche. ♀
Zinci iod. amygd., Nachtblindheit.
Zing. off., Staar, grauer, beginnender.
Zingib. rec., abw. mit Coloc. rad., nebliges Sehen.
Zyzyph. Juj., Augenentzündung mit Schläfeschmerz. Hornhautfleck.
Zyzyph. Juj. gummi, nebliches Sehen.
Rp. Argenti, Stanni. Zinci aa Scr. jv.; tum haec tria fundantur, contundantur et minutissime terantur, admisceanturque Mercurii vivi Scr. jv. et tandem opii puri Scr. jß. Fiat inde Pulvis ophthalmicus impalpabilis. Dieses Augenpulver gebrauchen mehrere persische und indische Aerzte bei verschiedenen chronischen Augenübeln. Eben so auch folgendes, das jedoch nur bei Augenentzündung mit Erfolg angewendet wird.
Rp. Berberis lycei succum inspissatum (indice: Res aut Resont), opii puri aa. gr. xv. Aluminis crudi gr. v. Diese drei Ingredienzien werden gepulvert in einem silbernen Löffel mit etwas Wasser zur Syrupdicke angemacht, über gelindem Feuer bis zum Aufwallen erhitzt, nach Erkaltung der Masse an den Augenumgebungen applicirt, am folgenden Morgen mit warmer Milch abgewaschen, und das Mittel drei bis viermal repetirt.

Ich selbst für meine Person habe während der Zeit meiner frühern Praxis bei einigen besondern Fällen von Augenkrankheiten mich nachstehender Mittel bedient.

Rp. Asa foet., Calami arom., Sem. foeniculi, Rad. Zingib. alb. aa. part. aequal. Die mit geläutertem Honig zur Latwerge gemacht wurden, wovon Morgens und Abends zu 1 Drachme eingenommen ward. Dieß bewirkte die Heilung einer chronischen, gichtischen Augenkrankheit, womit Augentriefen, Augenhäute und Magenleiden verbunden waren.
Das zweite Mittel bestand aus Anacard. orient., Sem. daturae stram., oder statt dessen Sem. hyosciami und Piper long., welche Ingredienzien mit einem Syrup angemacht, zu Pillen formirt wurden. Diese leisteten mir bei einem mehrjährigen Katarrh, wobei Kopfweh,

nebliges Sehen und Engbrüstigkeit im Spiele waren, wesentliche Dienste.

Ein Blinder soll durch ein warmes Sandbad wieder zu seinem Gesichte gekommen sein. Vermuthlich war es in diesem Falle ein durch zurückgetretenen Schweiß entstandener schwarzer Staar, der durch die trockene Wärme des Sandes vermittelst eines Ausschlages seine Heilung fand.

Aussatz, s. Hautkrankheiten.

Ausschläge, chronische, s. Hautkrankheiten.

Ausschläge, hitzige, s. Fieber mit Ausschlägen.

Auswüchse, s. Warzen u. s. w.

Back- und Gesichtsgeschwülste, s. Geschwülste.

Balggeschwülste.

Abr. prec. sem., mit Salz und Limoniesaft angemacht, applicirt. **ang.**

Alum. cr., auf die scarificirte Stelle applicirt. **ang.**

Calc. carb.

Creos., täglich mit Charpie in die entleerte Stelle applicirt. **ang.**

Graph.,

Herael. div., Balggeschwulst auf dem Handgelenk. **h.** Balggeschwulst zur Eiterung bringend.

Jod.,

Salic. cin., s. Drüsenleiden.

Strych. n. vom., mit Wasser oder Essig angemacht, applicirt. **ang.**

Bandwurm, s. Würmer.

Bauchgrimmen, s. Blähungen.

Bauchhärte, s. Verhärtungen der Eingeweide.

Beklemmungen, s. Herzleiden.

Berauschungen und Betäubungen, s. Gehirn- auch Nervenleiden, wie auch bei Vergiftungen.

Bisse und Stiche von Thieren.

Abr. prec. s. Mutella ant.

Achyr. asp. sem., auf einen Schlangenbiß entstandenes Augenleiden nebst Flechten, Jucken ꝛc.

Auf einen Schlangenbiß entstandener periodischer Blasenausschlag.

Auf einen Hundsbiß entstandenes Erbrechen und Abführen nebst juckendem Ausschlag.

Die blühende Aehre mit Zucker in Pillenform eingegeben, soll durch Erbrechen und Abführen Viperbisse heilen.

Die Wurzel derselben auf Skorpionenstiche applicirt. **ang.**

Agar. m., als Prophylaktikum bei sich zu tragen. **Tohf.**

Aloes succotr., s. Vergiftungen.

All. sat. succ., applicirt. **ang.**

Alth. off., mit Olivenöl. **ang.**

Ambra gris., Räucherungen vertreiben die Insekten. **Tohf.**

Ammon. gummi, Bisse und Stiche von Insekten. **Tohf.**

Ammon. caust., liqu., succ., sowohl innerlich als örtlich applicirt.

Anag. caer., Wasserscheu. **ang.**

Anguis, der Biß einer giftigen Schlange verursachte: Rausch, nebliges Sehen, Schläfrigkeit, Schwergefühl der Augendeckel, Speichelfluß, Magenentzündung, Durchfall, Schweiß und Tod, der in sechs Stunden erfolgte. Beklemmung und Blutbrechen zeigte sich in den meisten Fällen. Ein jahrelanger Bluthusten war gleichfalls eine Folge. Noch andere Symptome von Schlangenbissen sind: Schwindel, Mund- und Halsentzündung, jahrelanges Zahnfleischbluten, Engbrüstigkeit, Unverdaulichkeit, Blähungen, periodisches Erbrechen, Halszuschnürung und Magenbrennen; ferner: Kopfschmerz, Ohrenschmerz, Kreuzschmerz, Blasen am ganzen Körper, Hautaufsprünge, Gesichtsknötchen, Flechten, Flecken, die des Nachts verschwinden und des Tags erscheinen — eine Art von Aussatz (Lepra). Der Biß der schwarzen Schlange Aspis naja verursachte: Brennen der Narbe und des Magens mit allgemeinen Schmerzen.

Arisaema grac., Bisse und Stiche, giftige. ang.

Arist. longa, wirkt theriakalisch bei Thiergiften. Tohf.

Artem. v., mit schwarzem Pfeffer gegen Schlangenbisse. ang.

Asa f., Bisse und Stiche, giftige, und Wasserscheu. Tohf.

Asari rad., Geruch vertreibt die Schlangen Tohf.

Ascl. syr., soll Hunden und Menschen giftig sein; durchs Kochen der jungen Sprossen, verliert sich diese Eigenschaft, die dann zum Genusse tauglich werden

Asini test. Ein von einem Skorpionstich verletztes Glied an den Eselshoden gerieben, ward augenblicklich schmerzlos, während zu gleicher Zeit die Hoden des Thieres anschwollen, weil sie wie magnetisch das Gift an sich gezogen haben sollen. (?! —)

Bdell., thierische Gifte zerstörend. Tohf.

Berb. lyc. Res, Hundsbisse. Tohf.

Bez. an., Schlangenbisse. Tohf.

Bor., mit schwarzem Pfeffer gegen Schlangenbisse und Skorpionenstiche. ang.

But. frond. cort., mit Ingwer. Schlangenbisse. ang.

Calc., Austerschalen, gebrannt und gepulvert mit Olivenöl zu Pillen gemacht, wovon täglich zu 1 Stück eingenommen wurde, soll in einem Falle als Prophylaktikum der Wasserscheu dienlich gewesen sein.

Calotr. gig. succ., Application, Skorpionenstich ang.

Canth., gebrannte mit Olivenöl. Skorpionenstiche und Wasserscheu s. Meloe telini. Tohf.

Cass. fist. sem., nach vorhergegangener Schlangenliebe, eine Art Aussatz.

Cauterizatio, besonders mit heißem Oele, Elektrizität, Phosphor, durch ein Brennglas concentrirte Sonnenstrahlen u. dgl.

Cep. succ., Application ang.

Chenop. hb., auf einen Schlangenbiß, Aufblähung, Kollern, Bauchweh, Harnzwang u. s. w. 4mal 28.

Chenop. sem., Alexipharmacum. Tohf.

Coccul., soll ein Gift für alle Thiergattungen sein.

Corn. cerv. spir., s. Ammon. liqu.

Cost. n. Cashm., nach einem Schlangenbiß, Betäubung. 12mal.

Crot. tigl. ol., innerliche und örtliche Anwendung auf die wunde Bißstelle. s. Mut. Antig.

Cyan. Ber., mit Wasser abgerieben, gegen Insectenstiche. ang.

Cyt. scop. sem., s. Oliv., ol.

Daron., Skorpionenstiche. Tohf.

Dat. stram., wird in starken Gaben bei der Wasserscheu ang.

Delph. pauc., Schlangenbisse.

Electricitas, s. Galvanismu .

Embryopt. glut., ein Viertel der Frucht soll eine Wasserscheue geheilt haben.

Euph. gummi, Application. Tohf.

Exsuccio, der Aussaugung des Giftes aus Wunden ist bereits in der Erzählung meiner Reiseerlebnisse erwähnt worden hiezu ist nur noch beizufügen, daß solche Aussaugungen bei Lippen- oder Mundgeschwüren gefährlich werden können.

Fil. mas., Schlangenbisse. ang.

Foenic. sem., Tohf.

Galvanismus. Das animalische Gift kann, glaub' ich, durch die Anwendung des Galvanismus zerstört werden, wenn nämlich die eine oder die andere der Platten über die scarificirte Wunde, und die zweite auf einen ebenfalls leicht scarificirten entferntern Theil angebracht wird. Dieser Ansicht zu Folge könnte man vielleicht die ausgebrochene Wuth durch die sogenannten galvanischen Bäder heilen, s. Brechdurchfall, Galv.

Gent. rad., Bisse, giftige. Tohf.

Ger. nod., Auf einen von Schlangenbiß herrührenden Durchfall.

Guil. Bond., mit Honig, beseitigte, eine vom Schlangenbiß herrührende Mund- und Halsentzündung mit chron. Zahnfleischbluten.

Guil. Bond. rad., wird gegen Skorpionenstiche innerlich und örtlich ang.

Hell. n., Wasserscheu. ang.

Ipom. dasysp., Wasserscheu. ang.

Laws. inerm., Application bei Skorpionenstichen. ang.

Lepor. sang., von Schlangenbiß herrührendes nebliges Sehen mit Füßegeschwulst. Bisse, giftige. ang.

Mali fol., zerstoßen applicirt, werden bei giftigen Bissen und Stichen ang.

Malva, Bienen-, Wespen- und Skorpionenstiche. Tohf.

Mandrag., Wasserscheu. Tohf.

Mant. ov. mass., von Schlangenbiß herrührendem innerem Brennen, Harnzwang und Nachtblindheit. Vorzüglich werden die grünlichen bei Schlangenbißen. ang.

Meloes tel. 'R., auf eine schmerzende Wunde eines angeblich nicht tollen Hundes, die scarificirt wurde, applicirt, tilgte augenblicklich den Schmerz, und das weil sie mehr Kantharin enthalten, als die Kanthariden selbst.

Menisp. glabr. foec., von einem Hundsbiß herrührenden Schleimhusten, Jucken und Impotenz.

Mentha, Schlangenbisse. Tohf.

Mesua ferr., Schlangenbisse. Von einem Schlangenbisse im Fuß' herrührenden Schmerz in der linken Bauchseite.

Mut. Antig., mit Abr. prec. und Crot. tigl. als Auflösung applicirt, wird bei Viperubissen ang. Mit Nux vom. wird es innerlich und örtlich angewendet, bei der Wasserscheu. ang.

Ner. ant., von einem Schlangenbiß herrührende Unverdaulichkeits-Bauchschmerzen.

Nicot, s. Tabac.

Nig. sat., Räucherungen son die Insekten vertreiben. Mit Olivenöl eingegeben soll tolle Hundsbisse heilen. Tohf.

Nitro-mur. ac., Wasserscheu. ang.

Oliv., ol., wird allein, und in Verbindung mit Calc., Canth., Crot. t., Cytis., Euph. gummi, Nicot., Nigella, Opop., Scorp. etc. ang.

Ophioriza mung., soll das einzige Mittel gegen das Klapperschlangengift sein.

Opop., wirkt theriakalisch bei Insektenstichen. Tohf.

Pavon. pluma, aus einer Pfeife geraucht wird bei Skorpionenstichen ang.

Petrol., ang.

Petros., ang.

Pin. pin. fruct., Tohf.

Pip. n., mit Ars., Artem., Borax etc., Schlangenbisse und Skorpionenstiche ang.

Plant., Wasserscheu und giftige Bisse. ang.

Platan., Wasserscheu. Tohf.

Raph. sem., Bisse und Stiche, giftige. Tohf.

Ric. fol., Scorpionenstiche. Tohf.

Salep, von Schlangenbissen herrührende verschiedene Leiden. MA. 60.

Scorp., getrocknet, gepulvert, auf Schlangenbißwunden applicirt. ang.

Skorpionenstiche: Augentrübe, Hornhautnagel, Brennen der Hände- und Fußsohlen (so daß nur durch Kaltwaschen Erleichterung erzielt wird), wie auch Hartleibigkeit, Harnzwang und allgemeines Jucken. H.

Scut. lat., Wasserscheu. ang.

Sel., s. Halsleiden.

Senega, Wunden, giftige. ang.

Soda carb., Wasserscheu. Vgl. die Erzählung meiner Reiseerlebnisse.

Staph., Wasserscheu. ang.

Strychnine, versuchenswerth als endermaticum bei der ausgebrochenen Wasserscheu.

Strych. n. vom., mit Citronensäure bei Bewußtlosigkeit von Schlangenbissen. ang.

Mit Sod. carb., Vgl. die Erzählung meiner Reiseerlebnisse s. auch Mut. Ant.

Tab., das nicotin ist ein überaus wirksames Präparat, so daß ein Viertel Tropfen ein Kaninchen tödtete, und könnte in zweifelhaften Fällen, sowohl bei Schlangenbissen als auch bei der Wasserscheu, theils innerlich, theils endermatisch versucht werden.

Tax bacc., Wasserscheu. ang.

Tereb. ol., Application. Auf eine brandige Wunde von einem Hundsbiß.

Tigr., Wasserscheu (?). Innerlich und örtlich versuchenswerth.

Tracheotomia, wird bei der Wasserscheu angerathen, indem jeder derartige Patient durch Erstickung umkömmt.

Urt. dioica., wird von den Hozara's (Gebirgsleuten im Afghanistan) gegen Schlangenbisse gebraucht.

Vaporarium, zweimal täglich eine Zeit hindurch angewandt, soll eine anfangende Wasserscheu geheilt haben.

Vit. neg., von Schlangenbiß mit Lustseuche veranlaßte Augenentzündung, Flecken, Jucken u. s. w.

Zing., s. But. frond.

Blähungen, Koliken, Kollern in den Gedärmen, Trommelsucht u. s. w.

Abs., Bauchweh, früh.

Acac. cort. et sem., Aufblähung nach dem Essen.

Acac. Farnes. Harnup Nepti, Kollern. h.

Acanth. Orongen, Aufblähung. h.

Acon. het., Bauchweh.

Acupunctura, Trommelsucht mit Stuhlverhaltung. ang.

Ajouain, Blähungskolik.

Ajuga dec., Koliken. h. g.

Alenua, Kolik mit Harnverhaltung.

Aloes succotr., Bauchweh mit Fieber. Bauch- und Leistenschmerzen.

Alth. fl., Bauchweh. Pferdekoliken.

Ammon. mur., Kolik. Schmerz im Unterleibe und in den Leisten. MA.

Anac. or., Bauchweh, 4—5tägige Exacerbationen.

Anag. caer., Aufblähungen. h.

Angel. sem., Bauchweh. h. g.

Anguin., Kollern. h. g.

Ant. sulph. n., Koliken. **4mal 12.** Kolik mit Hartleibigkeit.

Apii sat. rad., Kollern in den Gedärmen. Blähungskolik.

Araneum, Aufblähung mit Unverdaulichkeit, Bauch-, Seite-, Kreuzschmerz und Harnzwang. MA.

Argem. mex. sem., Aufblähung. h.

Arg. fulm., Koliken. h. g. n.

Arg. nitri fus., Darmentzündung. Koliken. g. n.

Ars., Kolik mit Durchfall.

Arum camp., Blähungen. h. g. Kolik. h.

Arum coloc., Bauchweh. h. g.

Asa f., Blähungskolik. s. Cal. ar.

Aspar. Haliun sem., Kolik. Nabelgegendschmerz.

Aterni, Bauchweh.

Aurant. cort. R., Kollern in den Gedärmen.

Basella r., Kolik. Aufblähung.

Bebeerine, Kolik mit Wurmfieber.

Bedelbisch, Aufblähung mit Hartleibigkeit.

Bign. ind. sem., Blähungen. Bauchweh, schneidendes. h.

Bist., Kollern. h. g. MA.

Blum. auric., Auftreibung mit Kreuzschmerz.

Bol. arm., Aufblähung. g.

Bov., Kolik. h.

Bryon., Kolik mit Ruhr und Durchfall.

Cac. Klein., Bauchweh. h. g.

Cal. ar., Blähungen.

Ein Gemisch von Kalmus, Alant, Fenchelsamen und Ingwer in Pillenform; oder Kalmus, gebranntes Hirschhorn und Bilsenkrautsamen hab' ich in meiner frühern Praxis bei Blähungskoliken zuweilen mit Nutzen angewendet.

Calotr. gig., Kolik mit Blutharnen.

Camel. coagul., Kolik. g. n.

Camph., Trommelsucht, s. Cann. sem.

Cann. ind. Cashm. rad. cort., Kolik.

Cann. ind. hb., Pferdekolik. 10 Grane mit 2mal so viel Zucker verrieben, stündlich repetirt, eingegeben.

Cann. ind. sem., Aufblähung. Kolik nach dem Essen. Mit Kampfer in Emulsion: Blähungen.

Caps. sem., Koliken. h. g. Kolik mit Magenschmerz.

Carbo an., (C. C. u.) Kollern. Koliken. h. g.

Carbo veg., Kollern. Kolik. h. g.

Card. maj. min., Blähungen.

Carissa Car., Kollern. h.

Carniol. u., Kollern.
Carth. tinct. sem., Kollern des Nachts.
Caryoph. ar., Kolik, periodische.
Cass. al., Blähungen. h. g.
Cass. lign., Aufblähung.
Cass. Tamal. fol., Aufblähung. 4mal 12. Kollern. h.
Celastr., Aufblähung mit schmerzender Bauchobstruction. Kolik. h.
Cepa, Blähungskolik. h.
Chel. maj., Kolik, Blähungen und Durchfall. h.
Chen. a. sem., Blähungen. h. g. Koliken. g. n.
Cherayta, Kollern. h.
Chin. cort., Bauchweh. h. g.
Churrus, Kollern. h.
Coccul., Blähungen. h. g. Kolik mit und ohne Durchfall.
Cocos nucif. cort. fibr., Aufblähung. h.
Colch. ant., Aufblähung.
Coloc. pulpa, Kollern. M.
Coloc. rad., Blähungen. h.
Comp. Pokermul., Kolik. h. g.
Comp. Zerbabri, Koliken. h. g. Kollern.
Con. mac., Kollern mit einem Bruch. Bauchweh. h.
Conv. arg., Schmerz unter dem Nabel.
Cop. bals., Koliken. h. g. Blähungen mit Unverdaulichkeit.
Corch. frut., Kolik und Schmerz in den Gedärmen zum Schreien.
Cost. nig. Cashm., Kolik mit Hämorrhoiden.
Cotyl. lac., Bauch- und Kopfweh. Blähungen. h. g.
Croc. sat., Kollern. Blähungen mit Unverdaulichkeit.
Crust. Dsinge, Kolik g. n.
Crust. Mahi rubian, Aufblähung mit Harnverhaltung. Kolik. h.
Cucurb. citrulli, Aufblähungen und Kolik, Nachts. h.
Cucurb. citrulli. sem., Bauchweh. h.
Cucurb. lag., Blähungen. h.
Cupr. amm., Blähungen. h.
Cupr. carb., Kolik mit Hartleibigkeit und Krämpfen.
Curcul. orch., Schmerzen herumziehende in den Gedärmen.
Curc. longa, Kolik. h. g. Kollern.
Cusc. monogyna, Blähungen.
Cusc. mon. sem., Blähungen mit und ohne Durchfall.
Cyc. rev. sem., Kolik mit und ohne Kopfweh.
Dact. nucl., Kolik mit Durst. 4mal.
Daph. Sunerkat rad. cort., Blähungen.
Dar., Kollern. Blähungen.
Datisc. cann. sem., Kollern.
Dat. stram. fol., Kolik. h.
Dat. stram. rad., Kollern mit Durchfall.
Deals. fist. rad., Koliken. g.
Deals. Haruntutia, Auftreibung.
Delph. Ghafes fl., Aufblähung. h.
Delph. punc., Bauchweh. h. g.
Dig. purp., Aufblähung der linken Seite.
Dior., Aufblähung mit Hartleibigkeit.
Dulc. fol., Kolik.
Elat., Kolik und Hartleibigkeit. Aufblähung nach dem Essen.
Embryopt. glut. fol., Kolik. h. g.
Eugen. Jambol. cort. succ. R., Blähungen, Kollern. h.
Eug. Jambol. nucl., Kolik. h. g.
Euph. agrar., (aff. spec.) Kolik. h. g. n.
Euph. longif., Kollern mit Stuhlzwang.
Euph. ten., Kollern.
Euph. verr., Kollern.
Euphras., Kolik.
Ferri sulph. ind., Aufblähung. h. g. Kolik. h.
Fic. glom., Aufblähung mit Fieber.
Foenic. sem., s. Cal. ar., und Zingiber.
Fum., Kolik. h.
Galanga, Kollern mit Durchfall.
Galega purp., Trommelsucht.
Galla, Kolik.
Gendalu, Kolik.
Gent. rad., Kolik. h.
Ger. nod., Aufblähungen. h. g.
Geum elat., Kolik. g. n.
Gourbati, Kolik. Aufblähung mit Hartleibigkeit. h.
Graph., Kolik. h.
Gall. Bond., Kollern mit Unverdaulichkeit.

Gundel. Zulm. sem., Kolik.
Gyps. Set seladschit, Kolik. h. g. Kollern.
Harm. Ruta fl., Blähungskolik. Aufblähung mit Bauchweh.
Harm. Ruta hb., Koliken. h. g. Bauchzusammenschnürung.
Haruntutia, Kolik mit Unverdaulichkeit oder auch mit Fieber. MA.
Hel. isora, Aufblähung. h.
Heracl. div., Blähungen nach dem Essen.
Hermod. am., Koliken. h. g.
Hollow. pill. sol., Koliken. h. g. n.
Hyosc. n., s. Cal. ar.
Hyper., Aufblähung.
Jalap. mir. rad., Bauchweh Q.
Jatroph. curc., Koliken h. g. Aufblähung. h.
Ilex aquif., Kolik.
Inula Hel., Blähungen mit Hartleibigkeit.
Ipom. coer., Aufblähung mit und ohne Ruhr. Kolik. h.
Ipom. cusp., Kollern und Koliken. h. g. n.
Ipom. dasysp., Aufblähung, Nachts. h.
Jugl. reg. ligni vel nuc. cort., Bauchweh.
Just. nas. fl., Kolik. g. Aufblähung.
Kali ferrocyan., Blähungen mit Durchfall. Koliken. h. g. n.
Kali sals., Kolik mit Hartleibigkeit.
Kali sulph., Aufblähung. MA.
Kankolmirdsch, Blähungen mit Durchfall. Nabelgegendschmerz mit Hartleibigkeit.
Keikeila, Blähungen.
Lacca in gr., Aufblähung. h.
Lact. sat. sem., Kolik. h.
Lactuc. sat. succ., Aufblähung mit Appetitmangel.
Laws. inerm., Darmgicht. Tohf.
Lent. sat., Aufblähung. Darmgicht. h. Tohf.
Leon. Royl., Kolik.
Leuc. ceph., Kolik. Aufblähung, Nachts mit chron. Milzleiden. MA.
Lich. odorif., Koliken g. n.
Lini sem., Kolik. MA.
Lini sem., mit Honig. Kollern mit Hartleibigkeit.
Liquir. succ., Kollern.

Lithanth., Kolik mit Husten. Kollern. h.
Locust., Aufblähung. h.
Lupin. a., Kolik. h. g. n.
Magnes. carb., Kolik. Blähungen mit Durchfall. M.
Magnes. mur., Blähungen mit Durchfall.
Major., Koliken. h. g.
Malv. Karmekra, Kolik. h.
Manna Tigal, Kollern.
Mant. ov. mass., Aufblähung.
Marr. a. R., Aufblähung mit Stuhlzwang.
Marum Syr., Kolik mit Kopfweh.
Melandr. tr., Kolik.
Melia semp. fol., Kolik. h. g. 4mal.
Melil. sem., Blähungen. Koliken. h. g. n.
Menisp. hirs., Koliken. g. n.
Menth. pip. R., Blähungskolik.
Merc. d., Kolik mit Speichelfluß.
Mesua ferr., Blähungskolik mit Harnverhaltung 2c. 12mal. Schmerz in der linken Bauchseite nach einem Schlangenbiß.
Meth. glor., Aufblähung. h.
Mezer., Blähungen ☿.
Millef., Aufblähung.
Mimos. pud. siliq., Kollern und Blähungskolik.
Mom. char., Kolik mit Harn- und Stuhlverhaltung, stündliche Gaben. Pferdekolik.
Morphina s. Plumbi acet.
Morus a. fr. a., Kolik. h.
Mosch. nux, Kollern mit Unverdaulichkeit
Moschus, Aufblähung.
Murinenm (?) Kolik, indem der Mäusekoth bei Koliken ang.
Mutella Antig., wird in Indien von den Eingebornen gegen Koliken der Pferde gebraucht.
Myrica sapida-, Kolik. h.
Myrobal. Embl., Aufblähung. g.
Myrobal. nig., Kolik.
Myrrhae Gummi., Blähungskolik. h.
Narciss. buls,, Kolik. h.
Nelumb. specios., Blähungen. Kolik. h.
Nepetae salviaefol. herba. Aufblähung. Kolik mit Magenschmerz.
Ner. antidys., Aufblähung und Koliken h. g.

Nigell. sat. sem., Koliken. g. n.
Nyctorideum, Kolik h.
Ocim. alb., Aufblähung. h.
Ocim. Basil., Koliken. h. g.
Ocim. sanct. sem., Aufblähung. h.
Olib. ind., Koliken. h. g. (stündliche Gaben).
Onosma macroceph., Aufblähung mit Hämorrhoiden.
Opium pur. 'R. 1. Kollern mit Hartleibigkeit. M. Koliken g. n. s. Plumbi acet.
Opopon., Kollern, Kolik mit Fieber.
Oxal. acid., Kolik mit Stuhlzwang. MA.
Pavia, Kolik, anhaltende, Tag und Nacht.
Petrol., Kolik mit Hüftgelenkschmerz.
Petrosel., Kolik. h.
Phosph., Kollern.
Physal. flex. sem., Kollern. Kolik. h.
Physal. somnif. rad. Kolik mit Stuhlzwang. 12mal.
Picrorrhiza kurrooa, Kolik.
Piscineum, Kolik. h. g. Aufblähung. h.
Pistac. putam., Kollern und Kolik mit Fieber.
Pis. sat., Kollern. h.
Plectranth. arom., Aufblähung. h.
Plumbi acet., gr. jjj. mit Morphina ¼ Gr. 4stündige Gaben werden bei hartnäckigen Koliken und bei Darmgicht ang.
Plumbi carb., Darmgicht. Kolik mit Hartleibigkeit.
Podophylli Emodi fol., Aufblähung.
Podophylli Emodi fruct., Bauchweh.
Polygon. linifol., Kolik. g. n.
Polypod. Sekour, Koliken. h. g. Kollern.
Portul. olerac. sem., Kolik. h.
Prunella vulg. Cashm., Koliken. h. g.
Psyll. sem., Kollern. g. M.—4mal. Kolik.
Pulsat., Aufblähung. h.
Ranunc. lanug. fol., Kolik. Kollern. Bauchseitenstiche und Wundheitsgefühl in derselben.
Ranunc. lanug. rad., Kolik.
Rhatan., Aufblähung.
Rheum australe, Kolik.
Rhus Kakrasinghea, Kolik. h.
Rhus Toxicod., Kolik und Kreuzschmerz. h.
Ricini rad. cort., Kolik bei Menschen und Vieh.
Ricini sem., Darmgicht.
Rubia Munj., Kollern. h. g. n. Kolik. h. g. n.
Sabina, Kollern.
Sagapen., Blähungskolik.
Sago, Kollern mit Auftreibung, zuweilen Durchfall.
Salep, Kolik mit Appetitmangel.
Salv. off., Kolik, hämorrh. MA.
Santal. alb., Kollern. h.
Sapindi emarg. fruct., Aufblähung. M.
Sapindi emarg. ligni cort., Kolik.
Sapii indici sem., Kollern mit Durchfall.
Sarsaparilla, Kolik mit Ruhr. Kollern. g. n.
Saxifraga Peschant, Kolik. Schmerzen in der Seite und in den Gedärmen.
Scammon., Kolik oder Aufblähung mit Hartleibigkeit. 12mal.
Schakakel, Kollern und Kolik. g. n.
Scorpioneum, Kollern. Kolik mit Durchfall.
Secale corn., Kolik. h. g. mit Durchfall.
Selen. I. 'R. sol., Kolik mit Hartleibigkeit.
Senecio Musuca, Kolik.
Senn. fol., Auftreibung nach dem Essen.
Sep. succ., Kollern.
Serp. Virus 'R. sol., Kollern. h. g.
Sid. rad., Kolik.
Sinapi nig. plac. 'R. Auftreibung.
Sisymbr. Irio, Kolik.
Stann., Kolik mit Hartleibigkeit.
Staphisagr., Kolik.
Stenact. bellid., Kollern. h. g.
Strychn. nux vom., Kollern mit Hartleibigkeit. Kolik. h.
Sycias Gagervel, Aufblähung.
Tabac., Darmgicht. Kolik, krampfhafte. ang.
Talc. alb. & nigr., Aufblähung. h. g.
Tarant., Aufblähung. M.
Tarax. rad., Kolik. h. g. n.
Terebinth. Spir., Kolik mit Durchfall.
Thuja. 'R. Aufblähung.
Thym., Aufblähung.
Tigrin., Blähungen und Koliken mit Durchfall. h. g.

Torment., Kollern.
Valer. sylv., Koliken. h. g. n.
Vanill. K. Koliken h. g. n.
Veratr. alb., Kollern mit Kolik und Fieber.
Verbasci rad., Aufblähung. Kolik. h. g. n.
Verben. off. Lab. sem., Aufblähung.
Vitex neg., Kolik g. n.
Zinci carb., Kolik, period. zuweilen mit Fieber. M.
Zinci iod. amygd., Kolik. h.
Zingib. s. Calam. arom.
Zyz. Juj. gummi, Koliken. h. g.

Blase u. Harnleiden, s. Harnbeschwerden.
Blattern, s. Fieber mit Ausschlägen.
Bleichsucht, s. Kachexie und Krankheiten des weiblichen Geschlechtes.
Bleikolik, s. Kolik.
Blutaderknoten.

Abrus prec., Aderanlaufen an Füßen.
Aneth. Sowa, verbrannt applicirt. **Tohf.**
Caustic., **ang.**
Jod., Blutadergeschwülste.
Spong. mar. usta
Sulph.

Blutbrechen s. Bluthusten und Erbrechen.
Blutegel, aus dem Halse herauszubringen, die zufälligerweise beim Trinken hineingerathen sind.

Mecca balsam., **Tohf.**

Blutflecken Krankheit, s. Fieber mit Ausschlägen.
Blutharnen, s. Harnbeschwerden.
Bluthusten, Blutbrechen und Blutspeien.

Ajuga decumb., Bluthusten. h.
Ajuga Dealsingii, Bluthusten mit Brustseitenschmerz.
Alcana, Bluthusten h. g.
Antim. tart., Bluthusten. 12mal.
Argent. fulm., den Schleimhusten in Bluthusten verwandelnd.
Arsen. I., Bluthusten mit Zehrfieber. Vergiftung, Bluthusten. h.
Arum campanul., Bluthusten mit Seitenschmerz, 12mal.
Asari rad., Blutbrechen. h.
Asphal. Seladschit, Bluthusten von einem Schlage. MA.
Basella rubra, aus gewöhnlichem Husten Bluthusten. h.
Berber. lyc., Bluthusten. h. Aus gewöhnlichem Husten Bluthusten h.
Berber. lyc. succ. insp. Res, Bluthusten.
Bistort. Syrup., Blutspeien. **Tohf.**
Bolus armen., Bluthusten von einer Säbelwunde.
Bovista, Bluthusten, bei Engbrüstigkeit. h.
Cannab. sem., Bluthusten.
Cappari rad., aus gemeinem Husten Bluthusten. h.
Caps. sem., Bluthusten mit Engbrüstigkeit.
Carniol. ust., Bluthusten.
Carthami tinct. sem., Bluthusten.
Cascarilla, Blutspeien.
Catechu, Bluthusten.
Cleom. pentaph. sem., Bluthusten.
Clerodendr. infort., Bluthusten. h.
Cocos nux, Blutspeien. h.
Conium macul., Bluthusten. h.
Copaiv. balsam., Bluthusten. **M. 30.**
Croc. sat., Bluthusten, g.
Crot. tigl., Einreibungen, bei Lähmung Bluthusten. h.
Cubeb., Mundbluten. MA.
Cucurb. lagen. sem., Bluthusten. **Tohf.**
Cumini sem., blutstillend, bei Bluthusten.
Cuscut. monogyn. sem., Blutauswurf h.
Cynar. Dub, Bluthusten, chron. recidiv machend.
Cyperi long., Blutbrechen mit Geschwulst.
Datur. stram., Blutauswurf mit Fieber.
Dealsing's Fieberwurzel, Bluthusten. h.
Digit. purp., Bluthusten mit Seitenstechen.
Dudia, Bluthusten.
Eben., Bluthusten. h. g.
Euphorb. ten., Blutschleimhusten.
Euphorb. thymifol., Blutschleimhusten.
Evolv., Bluthusten.
Fici ind., Blutauswurf mit Halsweh.
Fici glom., Bluthusten. h.
Filix mas, Bluthusten.

Gagerming, Bluthusten. h. g.
Garden. dumet., Bluthusten. h.
Gent. rad., gewöhnlichen Schleimauswurf in blutigen verwandelnd.
Geum elat., Bluthusten, vorübergehenden. h.
Guajaci gummi, Bluthusten. h.
Hedera terrestr., Bluthusten. ang.
Hermodact. dulc., Blutspeien, chron., in Folge einer Säbelwunde.
Hibisc. Trion. fol., Bluthusten.
Jalap. mirab. rad., Bluthusten, Blutbrechen.
Ipecac., Bluthusten.
Justic. nasut. fl., Blutspeien.
Kali bichromat., Bluthusten.
Lacca in gran., Blutspeien. h.
Led. palustre, Blutspeien.
Lentes sat., Blutspeien. -
Leporin., Bluthusten? weil das Hasenblut. g.
Lini sem., Bluthusten und Blutspeien.
Lupini albi, Bluthusten.
Lycopod. herba, Blutauswurf.
Lycopod. sem., Bluthusten. h.
Macis, Bluthusten. Tohf.
Magnet. lap., Blutspeien.
Marant. facc., Bluthusten. h.
Meliae azed. fol., Blutspeien. Blutbrechen nach zurückgetretenem Ausschlag.
Mercur. subl. corros., s. Strychn. pot.
Mimos. pudic sem., aus gewöhnlichem Husten Bluthusten. h.
Moring. Sohangn. rad., Bluthusten. chron., recidiv. h.
Myrobal. nig., Blutspeien. Blutbrechen.
Ner. antidys., Bluthusten. h.
Numulit. Schadenodsch, Blutbrechen.
Nycterid., Bluthusten. h.
Ocim. Basilici sem., Blutauswurf.
Ocim. sanct. rad., beim gewöhnlichen Husten Blut. h.
Pavia, Blutspeien, Bluthusten.
Persic. nucl., beim Schleimhusten Blut. h.
Petrol. Pendschab., Bluthusten.
Phellandr. aquat. sem., Bluthusten. ang.
Plantago maj., Bluthusten, Blutspeien.
Plumbago Zeyl. rad., Bluthusten recidiv machend.
Polygon. molle, Blutauswurf. h.
Portul. olerac. sem., Bluthusten und Blutspeien. Tohf.
Ranunc. lanug. fl. & fol., Bluthusten.
Raphani sat. sem., Bluthusten.
Rhus Coriar. & Toxic., Blutspeien, Bluthusten.
Rotlera tinctor., Bluthusten. h.
Schekakel, Blutbrechen, schwarzes. Blutstillend bei Bluthusten.
Secale corn., Bluthusten. h. g.
Senecio Musuca, Blutspeien. Bluthusten.
Senega, Bluthusten. h.
Sep. succ., Blutspeien, Bluthusten. MA.
Serpent. exuv., Blutspeien, Bluthusten.
Sid. fol., Blutstillend bei Bluthusten.
Silic., Blutspeien, Bluthusten.
Sisymbr. Irio., Blutspeien, Bluthusten mit Fieber.
Spong. mar. usta, Blutspeien und Bluthusten. Tohf.
Stann. I. sol., Blutspeien. h.
Staphisagr., Bluthusten. h.
Stront. nitr., Bluthusten.
Strychn. potat., abwechselnd mit mercur. subl. corros., Bluthusten.
Succin., Bluthusten.
Talc. alb., Blutspeien.
Urtic. dioic. fl. & fol., Bluthusten.
Urtic. dioic. rad. cort., Bluthusten.
Villarsia nymphoid., Bluthusten. h.
Vinc. min. fl., Bluthusten. h.
Vitex. neg. R., Bluthusten. h.

Blutschwären, s. Geschwülste und Hautkrankheiten.
Blutungen, im Allgemeinen.

Abrus prec. fol., seröses Blut dunkler machend.
Antim. tart., Blutabgang vorn und hinten. Blut mit den Stuhl. h.
Aranea diad., Blutungen.
Araneum, Blutungen.
Astetat, Blut mit Harn und Stuhl.

Behen, Blutabgang durch die Harnröhre und den After.
Bistorta, Blutflüsse.
Buteae gummi, Blutstillend.
Cass. fist., Blutwallungen.
Chelidon. maj., Blutstillend.
Cinnam. fl., Bluttreibend und Blutstillend.
Corall. usta, Application stillt Blutungen. **Tohl.**
Croc. sat., Geblüt, schwarzes.
Cubebae, Bluteiterung.
Dat. stram. sem., Blutstillend.
Digit. purp., Blutstillend.
Ergotine, s. Secale corn.
Fumar., Blut durch den After. **H.**
Gyps., mit Wasser zum Teig angemacht applicirt hilft mechanisch bei Blutungen äußerer verletzter Gefäße. **ang.**
Hyosc. nig., Blutstühle.
Justic. nasutae cineres & fol., Blutungen von oben und unten. **Tohl.**
Leonur. Royl., Blutstillend.
Lithanthrax, Blutstillend. Blutabgang, freier, mit dem Stuhl.
Lupul. Humul., Blutabgang vor und nach dem Stuhl.
Nardost., Blutstillend.
Ner. odor. fol., Blutstillend. **Tohl.**
Nigell. sat. sem., Blutstillend.
Olib. ind., Blutstillend.
Phosph., Blutstillend.
Pyrethr., Blut, schwarzes, durch den Stuhl. **H.**
Querc. rob. glans, Blut durch Nase und Stuhl. **H.**
Rhus Coriar., Blutungen von oben und unten.
Rhus Toxic., Blut in Menge durch die Harnröhre. **H.**
Salv. off. **R.**, Bluttreibend und stillend.
Sandar., Blutstillend.
Secale corn., Blutflüsse; wogegen das Ergotine als Specificum **ang.**
Solani Jacqu. fruct., Bluttreibend und stillend.
Strychn. faba St. Ign., Blutstillend.
Terebinth. ol., Blutflüsse.
Thym. v., Blutstillend.
Torment., Nase- und Mundblutabgang.
Verbasc., Blutstillend.
Vitex neg., Bluttreibend und stillend.
Zinci sulph., Blutflüsse.

Borken, s. Hautkrankheiten.
Bräunen, s. Halsentzündungen.
Brand, heißer und kalter, und Karbunkeln.

Bellad., Brand, heisser und kalter. **ang.**
Calc. chlorat., die Application beim Brande **ang.**
Carota, Brei Application beim Brande. **ang.**
Creos., die Application beim Brande. **ang.**
Euphorb., Brand. **ang.**
Ranunculac. (?) Brand.
Rhus Toxic., Karbunkel.
Silic., Karbunkel.
Terebinth. ol., Application beim Brande **ang.**

Brandschäden und Frostbeulen.

Althaea mit Olivenöl Application bei Brandschäden. **ang.**
Aqua phagad., darüber Rhabarberpulver mit Linten applicirt, bei Eiterung vom Brande. **ang.**
Arg. nitri fus., Brandflecken und weiße Narben. **M. 40.** Betupfungen mit Höllenstein, oder die Auflösung von ½ bis zu 1 Drachme in 1 Unze destillirten Wassers ist bei Brandschäden. **ang.**
Arsen., Brandschäden.
Butyr. rec., oder Milchrahm Application auf frische Brandschäden, die man sogleich von einem Hunde ablecken läßt, die Operation einigemalen in kurzen Zwischenräumen wiederholt, war in Lahore ein Mittel meiner Pulverfabrikanten, welches mich an den Lazzarus erinnerte, dessen Fußgeschwüre durch das Lecken der Hunde geheilt sein sollen.
Calci chlorat. sol., Application mit Linten, bei Brandschäden. **ang.**
Carbones, Brandschäden.

Collod. Application bei Brandschäden. **ang.**

Creos. liniment., (5 bis 10 Tropfen zu 1 Unze Olivenöl), bei Brandschäden und Frostbeulen. **ang.**

Datur. stram. fol. Ungu., Brandschäden. **ang.**

Dolich. prur. (?)

Gossyp., rohe Baumwolle Application über Mehl, Gyps, Rhabarber u. s. w. Brandschäden. **ang.**

Lawson. inerm., mit Wasser angemacht applicirt, Frostbeulen.

Malva. Brandschäden. **Tobf.**

Terebinth.ol., Application. **ang.**

Brechdurchfall oder Brechruhr.

* Abrus prec. alb.

Aloes succotr.

Ammon. citrat. vel muriat.

Anacard. occident.

Andropogon Jwaranch., Oeleinreibungen. **ang.**

Angel. rad., & sem.

Anthrakokali.

Araneum., s. Erbrechen; endermatisch.

Argem. mexic. sem.

Aristoloch.

* Arum camp.

Barler. longifol. sem.

Calumba

Cannab., Wurzelfasern sollen Erbrechen erregen, deshalb versuchenswerth.

Carot. sem.

Caryoph. arom.

Carthami tinct. sem.

Cascarilla

Cass. alata

* Cass. Tamal. fol.

Castor.

* Cauterium actuale, Application auf die Magengegend.

Chelidon. maj.

Cinnabar., Zinnober 6 Drachmen, Wachs 4 Drachmen, daraus mit einem Dochte eine Kerze gemacht, soll, angezündet, unter dem Nabel bis zu einem Drittel verbraunt werden. Die diesfällige Wirkung könnte vielleicht noch besser erzielt werden, wenn die Verbrennung durch ein trichterförmiges Instrument Statt fände. Es soll Purgiren erregen. Es versteht sich dabei von selbst, daß der Patient während dieser Veränderung auf einem durchlöcherten Bette mit dem Rücken nach oben gekehrt liegen muß. Bei einem Mangel an Elektrizität vorzüglich versuchenswerth

Clerod. infort.

Coff. ar., frisch geröstet, soll durch seinen Qualm Krankheitsstoffe zersetzen.

* Copal.

Creos.

Cyp. long.

Cyt. scop.

Delph. panc. **Tobf.**

Dig. purp.

Dior., indem der Seng e Basri, dessen Bestandtheile eben dieselben sind, genützt hat.

Diosma cren.

Dol. prur. rad.

Dudia

Elat. **g. n.**

Electricitas, s. Galvanismus.

Fabar.

* Galvanismus. Davon hab' ich bereits in der Schilderung meiner Reiseerlebnisse das Nöthigste beigebracht; nur will ich hier noch beifügen, daß die sogenannten galvanischen Bäder in dieser Krankheit versuchenswerth seien. Die Anwendung derselben geschieht auf folgende Art. Man bringe den Patienten in ein warmes Bad, applicire den Conductor des Einen Poles im Wasser an den Patienten, und lasse zu gleicher Zeit den Conductor des andern Poles einen außerhalb des Wassers befindlichen Theil berühren.

Sollte aber die gehoffte günstige Wirkung nicht bald eintreten, so kann diese vielleicht durch das Wechseln der Pole erzielt werden. Jedoch bestehe man nicht hartnäckig darauf, die Cur bloß mit dem Magnerismus erzwingen zu wollen, weil, wie es mir scheint, besonders gegen das

Ende der Epidemie, eher ein Deficit als ein Superplus der elektrischen Reaction bei dergleichen Patienten vorwaltet.

* Gard. dum.
Ger. nod.
Glin. dict.
Grat.
Guaj. gummi
Gutt. gummi
Helianth. sem.
Hell. foet.
Ilex aquif.
Ipom. dasysp.
Jugl. nuc. cort. int.
Lep. sat. sem.
Leuc. ceph.
* Luff. am. sem.
Meconops. Nep.
Meidetschob.
Meliae semp. cort. & sem.
Meloes tel. R., innerlich und äußerlich.
Menisp. hirs.
Mercur. Ungu., Einreibung ins Mittelfleisch.
Mori n. rad. cort.
Narciss. bulb.
* Nymph. sem.
Opop.
* Pareira br.
Phall. esc. g. n.
Phas. acon.
Phoen. gummi
Phys. flex. sem.
Phys. somn. rad.
Piscin.
Pist. put.
Pix n., zum räuchern. ang.
Plant. maj.
Plumbago Zeyl. rad.
Puls.
Pyrethr.
Rhat.
Rum. acet.
Rum. Bidschbend.
Sabad.
Sabina.
Samb. cort. int.
Sapindi lig. cort.
Senega.
* Seng e Basri.
Sidae hb. & sem.
Sinapi ser.. mit Honig versüßt, warm getrunken.
Stincus mar.
Syc. Gagervel
Thym. serp. g. n.
* Thym. v.
Ultr. g. n.
Van. R. g. n.
Verbasc.
Verbena off.
Vin.et.
Viol. can. rad.
Vitri fel,

Die 12 mit * bezeichneten Heilmittel sind solche, die mir entweder in der großen Choleraepidemie 1835 in Lahore, oder später in einzelnen Fällen nützlich gewesen sind. Die übrigen hingegen, beinahe Einhundert, sind noch unversucht gebliebene, die ich mir in meinem Manuale für damit anzustellende Versuche angemerkt habe, und die ich als solche für ausübende Aerzte oder Liebhaber der Arzeneikunde beifüge. Die 12 angegebenen Mittel sind aus einer Anzahl von drittbalb hunderten, die ich versuchsweise anwendete, und die hier ebenfalls specifizirt erscheinen, herausgehoben. Die fehlgeschlagenen Mittel sind nämlich:

Acac. cort.
Acac. gummi.
Acac. sem.
Acet. vini
Achyr. asp. sem.
Acon. fer.
Acon. Nap.
All. sat.
Aloexyl.
Alth. off. fl.
Ambra gr.
Amygd. am.
Amyl.
Anac. or.
Ant. sulph. n.
Ant. sulph. r.
Ant. tart.
Apium grav.
Araneum.
Areca cat. nux
Arg. fulm.
Armor.
Arn. mont.
Ars.
Arum coloc.
Asari rad.
Asa f.
Aurant. cort.

Aur. n. salamm.
Auripigm.
Bar. carb.
Bar. nitr.
Behen a.
Bell.
Berb. lyc. Res.
Berb. v.
Bez. an.
Bez. min.
Bism. mag.
Bist.
Bombyc.
Bor.
Bor. ac.
Bryon.
Bat. frond. gummi.
Cac. Klein.
Cal. ar.
Calc. ac.
Calc. citr.
Calot. gig.
Camph.
Cann. ind. hb.
Cannab. ind. sem.
Canth.
Cap. ven.
Cappar. aph. fr.
Cappar. aph. lign.
Caps. sem.
Card. maj.
Card. min.
Cass. fist.
Cass. lign.
Celastr. pan.
Cera citr.
Cetac. ol.
Cham. v.
Chaulmoogra odor.
Cherayta
Chin. sulph.
Cich. fl.
Cinnam. cort.
Cleome pent.
Coag. caprae
Cobalt. mur.
Coccin.
Cocc. ind.
Coc. nux.
Coc. Sech.
Coff. ar.
Coloc.
Comp. Pokermul.
Con. arg.
Cop. bals.
Corall. r.
Coriandr. sat.
Cost. n. Cashm.
Croc. sat.
Crot. tigl. sem.
Crust. Mahi rubian.
Cub.
Cucum. Mad.
Cum. sem.
Cup. mur.
Cup. sulph.
Curc. longa
Cusc. mon.
Cyd. sem.
Dact. fr.
Dact. nucl.
Dar.
Datis. cannab. sem.
Dat. stram. fol.
Dracoc. Royl.
Dulc.
Elast. gummi.
Emb. Rib.
Eug. Jambol.
Fici Car. sem.
Fici ind. fol.
Foen. sem.
Fum.
Galanga.
Galla.
Gard. dum.
Goss. sem.
Gran. ac. cort.
Gran. ac. rad.
Gran. ac. sem.
Guil. Bond.
Gund. Zulm sem.
Gyps. Set selad-schit.
Harm. Ruta
Helicr. is.
Hermod. am.
Hermod. dulc.
Hord. dec.
Hyosc. n. sem.
Jal. conv.
Jal. mirab. rad.
Jatr. curc.
Ichtyoc.
Indig.
Jod.
Ipec.
Ipom. coer. sem.
Kali ferrocyan.
Kali oxym.
Lacca in gr.
Lacca in tab.
Lact. sat. sem.
Lav. aqua dest.
Laws. inerm.
Lepor.
Lich. odor.
Lini sem.
Liquir. succ.
Lithanth.
Locust.
Luff. am. extr.
Lup. Hum.
Lyc. hb.
Mac.
Magnes. carb.
Major.
Malv. Todri
Mal. arm. succ. insp.
Mamira Chatai.
Mang. carb.
Mango nucl.
Man. Hed. Alh.
Man. Pers.
Mast.
Mel. azed. fol.
Mel. azed. gummi.
Mel.
Menth. pip. R.
Mentha vir.
Mori a, fr, R.
Mosch. nux.
Moschus.
Mutél. Antig.
Myrob. Bellir.
Myrob. Cheb.
Myrob. citr.
Myrob. embl.
Myrob. n.
Myrt. fol.
Nardost.
Natr. mur.
Nel. spec. fl.
Ner. ant.
Ner. od. fol.
Nig. sat. sem.
Nitri ac.
Ocim. Basil. sem.
Op. pur.
Ovi albumen.
Ox. ac.
Ox. amm.
Pap. a. cap.
Pap. a. sem.
Pap. rh. sem.
Pavia.
Petros.
Phosph. ac.
Phys. Kagnedsch.
Picrorrh. kurrooa.
Pip. long.
Pip. n.
Pis. sat.
Plectr. ar.
Poligon. linifol.
Portul. oler. sem.
Psyll. sem.
Rap. sem.
Rheum tost.
Rhus Cor.
Rhus Kakrasinghea
Ric. comm. cort.
Ric. comm. rad.
Ric. comm. sem.
Ros. rubr. fol.
Rotl. tinctor.
Rub. Munj.
Sagap.
Sago.
Salep.
Salv. offl.

Salv. Moorcroft. sem.	Serp. exuv.	Sulph. ac.	Turp. conv.
Santal. a.	Sil.	Sulph. lac	Uva Ursi.
Santal. r.	Sinap.	Sympl. crat.	Val. sylv.
Sapind. emarg.	Sisymbr. Irio.	Tab. fol.	Ver. a.
Sarcoc.	Smil. china.	Tab. sem.	Vesp. nid.
Saxifr. Kolt.	Sol. Jacqu. fr.	Tabaschir.	Viola od.
Scamm.	Sol. n.	Tamar.	Vit. neg.
Scolop.	Sphaer. ind.	Tarant.	Zed. Zer.
Scorp.	Squilla mar.	Tart. ac.	Zinci carb.
Sebest.	Stoech. arab.	Tereb. ol.	Zinc sulph.
Sec. corn.	Stront. nitr.	Thea vir.	Zing. rec.
Senn. fol.	Strychn. St. Jgn.	Tragac. gummi.	
Sep. ossa	Strychn. pot.	Trib. terr.	

Brechen, s. Erbrechen.

Brennen, inneres.

Acac. succ., Brennen auf der Brust. **h.**
Acon. Nap. extr., Brennen
Agar. a., Magenbrennen.
Alcana, Brennen, inneres mit Schmerzen. **h.**
Ant. sulph. r., Brennen im Kopfe mit Augenleiden.
Areca cat. s. Camph.
Astrag. Drab, Brennen, **h.**
Calc. citrat. Brennen im Kopfe.
Carbo veg., Bren. mit Fieber u. Schmerzen.
Cera. citr., Brustbrennen. **h.** s. Hautkrankheiten.
Chel. maj., Brennen, inneres. **h. g.**
Chen. a, Brennen, inneres.
Dar., Brennen
Dudin, Brennen, inneres, s. Hautkrankheiten.
Fici Car. sem., Brennen im Körper. **h.**
Glin. dict., Brennen, inneres.
Grew. as., Brennen. **h. g.** s. Hautkrankheiten.
Jat. curc., Brennen im Munde und Halse. **h.**
Mango, der übermäßige Genuß, Brennen im Körper. **h.**
Mango nucl., Brennen am Tage mit Frösteln bei Nacht. **h.**
Nep. salv. rad., Brennen, inneres. **h.**
Ox. ac., Brennen der Stirne, s. Hautkrankheiten.
Serp. exuv., s. Hautkrankheiten.
Smil. china, Brennen.
Sol. Jacqu. fr., Brennen, inneres. **h.**
Spin. tetr., Brennen, inneres, mit Fieber.
Tab., Brennen.
Talci albi, Brennen.
Verbena off. Lahor., Brennen.

Brennen und Stechen in der Haut, s. Hautkrankheiten.

Brüche und Vorfälle.

Acac. Farnes. Harnup Nepti, Leistenbruch. **h.**
Acupunctura, Hodenwasserbruch. **ang.**
Ajonain, die Application mit Ei angemacht, beim Nabelbruch. **ang.**
Angel. sem., Leistenbruch.
Bell., Einspritzung, bei eingeklemmten Brüchen. **ang.**
Bov. s. Ichtyocolla
Cann. s. Krankheiten der Kinder.
Canth., Leistenbruch. **h. g. n.**
Carbo an. (C. C. u.) Leistenbruch, schmerzender.
Cass. fist. pulpa, Brüche.
Chloroform, Bruch, eingeklemmter. **ang.**
Churrus, Leistenbruch, schmerzender. **h.**
Cicuta. chron. Leistenbruch, schmerzender. Verreibungsauflösung 8tägige Gaben, 5mal. In 40 Tägen war die vollkommene Heilung geschehen.
Cocc. ind., Brüche, eingeklemmte.
Coloc. pulpa, Leistenbrüche, schmerzende.

8mal 24.

Comp. Zerbabri, Mastdarmvorfall. MA. 30.

Crust. Mahi rubian, Mastdarmvorfall.

Cucurbitulas imponere, Brüche, eingeklemmte. ang.

Dat. stram. fol., Leistenbruch.

Eug. Jambol. nucl., Leistenbruch, bei Tripper, nach Fallen frisch entstandener. Der Kern von der in Essig aufbewahrten reifen Frucht half bei einem andern schmerzenden Leistenbruch, der nicht von äußerer Gewaltthätigkeit entstanden war.

Evolv., Leistenbruch, schmerzender. MA.

Ferri sulph. ind., Mastdarmvorfall. ang. Die Application Gr. j., in Unc. j. Wassers aufgelöst.

Frigidorum applicatio, Brüche und Vorfälle.

Galv. electro-magnet., Brüche und Vorfälle. ang.

Guil. Bond., Leistenbruch. h.

Gyps. Setseladschit, Mastdarmvorfall. MA.

Heliotr. eur., Hodenbruch. MA. 60.

Ichtyoc. mit Bov., und Essig angemacht, applicirt bei Brüchen. ang.

Jod., Hodenbruch.

Just. nas., Nabelbruch.

Kerendschuc pahari, stachelige Hülse, Mastdarmvorfall. MA. 14.

Lacca in gr., Leistenbruch.

Lepor., Leistenbruch, schmerzender, bei Tripper. h.

Magnes. carb., Hodenbruch. s. Oliban.

Manna cal., Leistenbruch.

Merc. viv., Mastdarmvorfall.

Mim. pud. sem., Bruch. MA. 60.

Myrob. embl., Mastdarmvorfall. g.

Naus., Brüche, eingeklemmte. s. vomitivum

Nep. salv. bb., Hodenbruch.

Olib. ind., mit magnes. carb., Hodenherablassung. h.

Ox. amm. Mastdarmvorfall. h. g.

Plumbi ac., Bruch, eingeklemmter.

Raph. sat. sem., Leistenbruch, rechts. h.

Rotl. tinctor., Hodenbruch.

Sarsap., Leistenbruch.

Sabansebed, Hodenbruch, schmerzender, mit Fieber.

Saxifr. Peschant, die Schmerzen bei Bruch lindernd.

Sebest., die Application der in Oel gebrannten und zerriebenen Früchte bei Mastdarmvorfall. ang.

Senecill. Jacquemont., Leistenbruch.

Sid. rad., Mastdarmvorfall. MA. 60.

Stor. cal., Vorfälle.

Strychn. nux vom. Hodenbruch mit Ziehen, wie ein Strick, die rechte Seite hinab; es war damit zugleich ein chronischer gestopfter Tripper in Fluß gebracht worden.

Strychn. pot., Leistenbruch. h. g.

Sulph. ac., starkes Hervordrängen eines Leistenbruches. ang.

Tab. fol., Brüche, eingeklemmte. ang.

Vom. vel Naus., Brüche, eingeklemmte, entzündete.

Zyxyph. Juj., Leistenbruch.

Der Mastdarmfisteln Heilung durch Anlegung eines Fadens ist bekannt, und erfordert nur einen einfachen Handgriff.

Brust- und Brustseitenentzündungen, s. Lungen- und Brustentzündungen.

Brustwassersucht, s. Geschwülste (innere)

Brüste, weibliche. s. Krankheiten des weiblichen Geschlechtes.

Carbunkel, s. Brand. 2c.

Catarrh, s. Katarrh.

Cholera morbus, s. Brechdurchfall.

Contagien, s. unter ihren resp. Benennungen und bei Fieber.

Contrakturen, s. Krämpfe, auch bei Lähm.

Dämpfeerzeugung, und Aufsteigen derselben aus dem Magen, dem Herzen, Bauche u. s. w.

Ant. cr. h.

Bez. an.

Cleome pent.

Dracoc. Royl.

Magnes. carb.

Meliloti sem., ein Gefühl wie heiße Dämpfe im Bauche. h.

**

Darmentzündung.

Canth.
Chloroform.
Kali nitr.

Delirium tremens, s. Gehirn- und Nervenkrankheit, wie auch bei Vergiftungen.
Dick- und Fettwerden. s. Abmagerung etc.
Drüsenleiden: Beulen, Knoten, Kropf, Skropheln etc.

Abs. hb., Knoten. Halsknoten mit Fieber.
Acac. fol., Achseldrüsen, entzündete.
Acac. Farnes. Harnup Nepti, Halsdrüsenentzündung. **h. g.**
Ajonain, s. Dol. prur.
Ajuga Deals., Halsknoten.
Ajuga dec., Halsknoten.
Amm. mur. s. Serp. exuv.
August. cort., ein Knoten im Fuß.
Areca cat. nux, Knoten. Drüsengeschwülste.
Areca cat. nux comp. (s. Materia medica) Knoten in Muskeln ♀.
Argem. mex. sem., Achseldrüsenentzündung. **h.**
Armor., Halsdrüsenentzündung mit Schlingbeschwerden. &.
Ars., Scirrhus. Arsenik beiläufig 1 Loth, gepulvert in einem silbernen oder goldenen Büchschen als Amulet am Halse getragen, wird in der Skrophelkrankheit in Lahore von den Hakims **ang.**
Aselli jec. ol., Schilddrüsengeschwülste und Skropheln. **ang.**
Bov., Nackenscirrhus, schmerzhafter.
Brom., Schilddrüsengeschwulst und Skropheln. **ang.**
Calam. ar. Beule. **h.**, bei Tripperunterdrückung. 4mal 12.
Cann. ind. Cashm. rad., Skropheln. Halsdrüsengeschwülste.
Carbo an., Ohrdrüsengeschwülste. Geschwülste, scirrhöse. Ossa anguin. usta, Drüsengeschwülste am Halse und hinter den Ohren. **MA. 14.**
Carvi sem., Ohrdrüsengeschwülste; innerlich und örtlich. **Tohf.**
Cascar., Leistenbeulen. **h.**
Cass. al., Leistendrüsenentzündung. **MA.**
Caust., Schilddrüsengeschwulst bei einem Lastträger. Skropheln.
Cauter. act., hinter die Ohren applicirt, bei Skropheln, ist arabische Praxis.
Cetac. ol., Beule ♀ **4mal 28.**
Chaulmoogra odor., Knoten. Beule.
Chel. maj.
Chidra sem., Halsknoten.
Cic., Eiterskropheln.
Clem. recta, Schooßdrüsenverhärtung.
Coccul., Beule mit Tripper, und mit Fieber **4mal 12.** Halsdrüsengeschwulst, bei ♀ **h.**
Coloc. rad., Schilddrüsenschmerz. **h.**
Con. mac., Beulen. Scirrhus. Skropheln. **MA.**
Corch. frut., Schilddrüsenschmerz. **h.**
Cost. ar., Beule, bei ♀ **h.**
Cost. n. Cashm., Drüseneiterung. Eiterscropheln.
Crat. Marmel., Eiterbeulen.
Crot. tigl., s. Zing.
Cnst. Mahi rubian, Nackendrüsengeschwülste, scirrhöse, schmerzhafte.
Curc. longa, Halsknoten. **h. g.**
Cyn. Dub, Eiterskropheln.
Daph. Sunerkat, Halsknoten.
Datis. cann. sem., Halsknoten.
Dol. prur., **abw.** Ajonain. Skrophelkrankheit.
Dudia, Beulen, bei ♀ **h. g.**
Elat., Beuleaufbruch. **h.**
Euph. Tschuk, Beulen. ♀
Euph. verr., Eiterbeulen. Knoten. Skropheln.
Foen. rad., Beule. Achseldrüsenentzündungen. **h. g.**
Foenogr. fol., s. Ric. fol.
Fuc. helm., Scirrhus. **ang.**
Gagerming, Kropf. Leistenbeulen. ♀.
Geum el., Halsknoten. **g.**
Glin. dict., Knoten.
Gourbuti, Beule. 4mal 12.
Graph., Beule. 4mal 28.
Guil. Bond., s. Zing.
Harm. Ruta, Leistenbeule. Applic. des zerstoßenen Krautes. **ang.**

Helict. is., Beule. ♀
Hemid. ind., allgemeine Knoten. Hals- und Achseldrüsenentzündungen. ♄. Beulen bei ♀. ♄.
Heracl. div., Geschwülste, skrophulöse. Leistendrüsengeschwülste ♀.
Holl. pill. sol., Eiterskropheln.
Jal. s. Merc. d.
Jod., Beulen. Die Einreibung soll Hodenverwelken ♄., s. Kali iod. und Zinci iod.
Jpom. cusp., Achseldrüsenentzündung.
Kali carb., Ohrdrüsenentzündung.
Kali iod., Vorsteherdrüsenanschwellung, örtlich. ang., s. Mercur. dulc.
Kali sulph., Halsdrüsenentzündungen.
Lacca in gr., Eiterbeule. Eiterskropheln.
Led. pal., Knoten.
Lent. sat., Scropheln. Tohf.
Leon. Royl., Knoten.
Lepor., Skropheln. Halsdrüsen, eiternde Knötchen. ♄.
Leuc. ceph., Kropf. Eiterbeule. MA. 14.
Lich. od., Halsdrüsenentzündung.
Lini sem., mit Honig, Beule ♀.
Lupin. a., Halsknoten mit Halsweh. ♄. Ohrdrüsengeschwulst.
Lyc. s. Staph.
Malv. Todri, Beule, bei Tripper. ♄.
Mang. carb., Skropheln. Eiterbeulen.
Manna Hed. Alb., Beule, schmerzhafte, den Aufbruch. ♄.
Marrub. a., Skropheln. Scirrhus.
Melandr. triste, Halsknoten.
Merc. d. mit Jal., von jedem 1 bis 2 Grane mit einigen Granen Zucker gemischt, wöchentlich eine solche Gabe bei Skropheln ang., oder auch:
merc. d. 1 Gran, Kali iod. 1/6 Gran, Zucker 6 Grane gemischt, wöchentlich eine solche Gabe bei Skropheln und Halsknoten.
Merc. fulm. s. Ruku tinct.
Merc. v. s. Sulph. auch Serp. exuv.
Mezer. s. Sarsap.
Murin. (?), indem die zur Asche verbrannten Mäuse bei der Skrophelkrankheit ang.
Myrob. s. Zinc.

Natr. mur., mit Ziegenmilch zu einem Brei eingekocht, applicirt, jede 24 Stunden erneuert, soll in einigen Tagen Drüsengeschwülste und den Kropf zertheilen; auch das Salzöl aus den Salzgruben soll Kröpfe zertheilen. Afghanenmittel.
Nel. spec. fl., Halsknoten.
Nitro-mur. ac., Skropheln.
Nyct., Leistendrüsengeschwülste. Knoten hinter den Ohren. M. 30.
Ocim. a., Eiterbeule.
Op. pur., Halsdrüsengeschwulst mit Schlingbeschwerden. ♄.
Parcira br., Knoten in der Kniekehle.
Phall. esc., Ohrdrüsengeschwülste. Drüsenentzündung. ♄.
Pip. Betel fol., applicirt mit Butter, Eiterbeule. ang.
Pip. n., s. Zing.
Pis. sat., Leistendrüsenentzündung. ♄.
Pix. n., Skropheln. Tohf.
Plant. maj., Halsknoten. Geschwüre, skrophulöse. Ohrdrüsenentzündung. ♄.
Ran. lan. fol., Knoten.
Rhus Tox., Skropheln. Drüsenentzündung. ♄.
Ric. fol. junge, mit Foenograeci herba lauwarm applicirt, soll Drüsengeschwülste zertheilen.
Rotl. t., Nackenscirrhus, schmerzender. Halsdrüsengeschwulst zum Aufbruch beschleunigend.
Ruku t. abw. Merc. fulm., Beule ♀. MA.
Salix: Die Asche von der Weidenrinde mit Wasser applicirt, öfters mit Speichel angefeuchtet, und täglich erneuert, erregt ein leichtes Brennen und Kriebeln wie Ameisen. Diese Asche mit Gummi Ammoniak applicirt, soll auch die härtesten Knoten und Geschwülste erweichen und zertheilen, und ist gegen Skropheln und Balggeschwülste vorzüglich anempfohlen worden.
Salix aegypt. fol., Ohrdrüsen Entzündung. bei ♀. ♄.
Sarcoc., Halsknoten ♀. M. 40.
Sarsap. abw. Mezer. Knoten ♀. mit Gelenkschmerzen.

Senec. Mus., Eiterbeule. **MA. 14.**
Seng e Basri, Halsknoten.
Serp. exuv., mit Salmiak. Leistendrüsengeschwülste zertheilend.
Sid. sem., Halsknoten. Ohrdrüsenenzündung. **h.**
Spong. mar. u., Schilddrüsegeschwür. **MA. 60.**
Stann., Halsdrüsengeschwulst. **h.**
Staph., Eiterbeule.
abw. Lycop., Kropf.
Stinc. mar., bei ♀ einen Knoten in der Kniekehle. **h.**
Sulph. **abw.** Merc. v., Skropheln, im Anfange derselben. **ang.**
Talc. a. ind., Ohrdrüsenentzündung.
Talc. n. ind., Skropheln. Ohrdrüsengeschwülste mit Ohrfluß.
Tarax., Skropheln.
Thuja occ. R., Halsdrüsenentzündung.
Thym. v., Drüsenanschwellungen, acute und chronische.
Trianth. pent. a., Schilddrüsengeschwulst.
Ultr., Halsdrüsenentzündung. **h.**
Urt. dioic. fl., Achseldrüsenentzündung.
Vacc., Beulen zertheilend.
Val. sylv., Scirrhus. Hals- und Nackendrüsenentzündung.
Venaesectio, Knoten in Muskeln. **ang.**
Vit. neg., Beule. **h.**
Vitis vinif., Asche. Skropheln. **ang.**
Warb. Fiebertropfen. Halsknoten.
Zinci chlor., Lippenscirrhus. **ang.**
Zinci iod. amygd. d., Halsdrüsengeschwülste mit Schlingbeschwerden.
Zinc. **abw.** myrob. n., Leistendrüsengeschwülste. ♀.
Zing. off., Guil. Bond., Crot. t. & Pip. n. zu gleichen Theilen gemischt 1/24 **MA. 14.**, mit etwas Zucker gemengt eingegeben heilte eine geöffnete. fistul. Beule von 2 Monaten.
Zing. rec., Beule Aufbruchbeschleunigend.

Durchfall, s. Stuhlunregelmäßigkeiten.

Durst.

Abri prec. fol., Durst mit Schwindel, chron.
Alcana, Durst mit Fieber. **8mal 24.**
Aloes succotr., Durst. **h.**
Alth. fl., Durst. **g. h.**
Anac. occ. Durst mit Brennen, innerm. **h.**
Aneth. Sowa, Durst löschend. **Tohf.**
Ant. t., Durst mit Fieber, auch mit Brustbrennen.
Arg. fulm., s. Carbo veg.
Ars. sod., Durst mit Fieb., auch mit Milzleiden.
Asari rad., Durst in der Frühe.
Aspar. Haliun sem., Durst.
Bar. nitr., Durst mit Magenbrennen.
Behen, Durst gegen früh. **h.**
Berb. lyc. Res, Durst.
Berth., Durst mit Schmerz.
Bez. an., Durst und Hitze. **ang.**
Bign. ind. sem., Durst. **h.**
Bist., Durst. **h.**
Bryon., Durst.
Cann. ind. sem., Durst mit Brennen.
Carbo veg., **abw.** Arg. fulm., Durst.
Cass. al., Durst und Hitze. **4mal 12.** Durst und Brennen. **h.**
Cass. fist. pulpa, Durst.
Cass. Tom. fol., Durst. **h.**
Cepa, Durst.
Chen. a. hb., Durst mit innerem Brennen.
Chen. a. sem., Durst, starken. **h.**
Coccul., Durst. **h.**
Comm. und., Durst. **h.**
Comp. Zerbahri, Durst. **h.**
Conv. arg., Durst. **h. g.** mit Fieber. **MA.**
Cost. ar., Durst mit Fieber von 1 Jahr.
Creos., Durst. **h.**
Cucum. ut., Durst. **Tohf.**
Cucurb. Citr., Durst. **Tohf.**
Cucurb. lag., Durst. **Tohf.**
Cup. sulph., Durst mit Schweiß, auch mit Engbrüstigkeit.
Curc. Zed., Husten. **h. g. n.**
Cyc. rev. sem., Durst.
Cyn. Dub, Durst.
Dact. unct., Durst mit hitzigen Ausschlägen. **4mal 12.**
Daph. Sunerkat, Durst.
Datisc. cann. rad. cort., Durst, Nachts, mit Zungentrockenheit. **MA.** — **4mal.**
Dat. stram. fl., Durst mit Appetitmangel.
Deals. Sersamwurzel, Durst mit Halstrockenheit.

Deals., Torkiwurzel, Durst mit Zungentrockenheit.
Delph. Ghafes fl., Durst. h.
Elat., Durst. g. n.
Embryopt. glut. fol., Durst.
Euph. long., Durst. h.
Euph. ten., Durst. h. g.
Euphras., Durst.
Fagon. ar., Durst. **Tohf.**
Ferri sulph. ind., Durst mit Fieber.
Fic. ind. succ., Durst. h.
Fum., Durst. h. g. MA.
Fung. ign., Durst.
Ger. nod., Durst. h.
Granat. pun. succ., Durst. h. **Tohf.**
Gyps. Zernich goudenti. Durst. h.
Hemid. ind., Durst mit innerm Brennen.
Holarrh. pub., Durst. h.
Jal. conv., Durst. h.
Jod., Durst.
Ipom. caer., Durst. h.
Ipom. cusp., Durst. h.
Jun. bacc., Durst. h.
Kali ferrocyan., h. g. MA.
Kali iod., Durst.
Kaukolmirdsch, Durst mit Durchfall.
Lacca in gr., Durst mit innerm Brennen.
Lam. sacch., Durst.
Led. pal., Durst. h.
Loc., Durst. h. g.
Lap. Hum., Durst. 4mal.
Mamira Chatai, Durst mit Augenleiden.
Marant. foec., Durst.
Merc. d., Durst.
Merc. fulm., Durst.
Meth. glor., Durst mit Erbrechen. Durst und Halstrockenheit Nachts, h.
Mezer., Durst.
Mim. pud. sem., Durst. h.
Myrob. Bellir., Durst mit Speichelfluß.
Myrob. embl., Durst.
Myrob. n., Durst.
Myrrh. gummi, Durst. h.
Nard., Durst, Nachts. h.
Nel. spec. fl., Durst.
Ner. ant., Durst. h.
Op. mur. ac., Durst mit Fieber.
Picrorrh. kurroos, Durst mit Fieber.
Pisc., Durst. h. g.
Pist. put., Durst. **Tohf.**
Port. oler. sem., Durst und roth harnen, auch mit Harnzwang. 3mal 21.
Psyll. sem., Durst.
Rhus Tox., Durst. h.
Ros. rubr. sem., Durst.
Rubia Munj., Durst. h.
Sant. rubr., Durst.
Sap. ind. nucl. cort., Durst. h.
Scamm., Durst. **Tohf.**
Schekakol. Durst. h.
Scorp., Durst. h.
Sebest., Durst.
Sep. ossa, Durst mit Fieber.
Sep. succ., Durst. MA.
Serp. exuv., Durst. h. g.
Squilla mar., Durst. h.
Stalact., Durst. h.
Strychn. n. vom., Durst.
Sulph., Durst. h.
Tamar., Durst.
Tigr., Durst. h.
Trianth. pent. n., Durst. h.
Trib. terr., Durst.
Vesp. mell., Durst mit Hitze und Brennen.
Vit. neg., Durst.
Xanthox. fruct., Durst. h.
Zing. rec., Durst.

Eckel, s. Erbrechen.
Eicheleutzündung.

Major., h.
Strychn. n. vom., h.
Uva ursi, g.

Eiterungen, s. Geschwüre.
Engbrüstigkeiten, mit und ohne Husten Auswürfe, Schleimanhäufungen 2c.

Abr. prec., Schleimhusten. g. n.
Acac. succ., Auswurf. h.
Acanth. Otengen, Auswürfe, schleimige, eiterige, stinkende.
Achyr. asp. sem., Schleimanhäufungen auf der Brust mit Gelenkschmerzen.

Acon. Nap., Athembeschwerden mit üblem Mundgeruch und Fieber.
Ajuga Deals., Blut- und Schleimhusten.
Aleanu, Schleimhusten, katarrhalischen. h. g. n.
Alth. fl., Auswurf, eiteriger.
Aloes succotr., Schleimkrankheiten überhaupt. ang.
Anac. or., Schleimkrankheiten. h. g.
Angel. sem., Engbrüstigkeit, period. mit Husten.
Anis. stell., Schleim zähen erweichend.
Ant. tart., Auswurf befördernd.
Araneum. Auswurf, blutiger, eiteriger.
Argem. mex. hb., Kurzathmigkeit mit Husten. MA. 60.
Argem. mex. sem., Engbrüstigkeit, acute mit Husten und Fieber.
Arg. fulm., Schleimanhäufungen im Halse und auf der Brust mit Gerossel. Husten, blutiger Schleimhusten. g. n.
Arg. nitri fus., Schleimhusten. g. n.
Arn. R., Schleimanhäufung auf der Brust mit Gerossel. Schleimhusten. g. n.
Ars. s. Lactucar.
Ars. pot., Husten mit Auswurf.
Asa f., Auswurf, eiteriger, stinkender.
Asari rad., Schleimanhäufung, zähe, im Halse. ang. Schleimhusten. g. n.
Aspar. rac., Husten. h. g.
Aterni, Engbrüstigkeit.
Auripigm., Schleimhusten. g. n. gut mit Brustschmerzen, auch mit Gerossel.
Baryta acet., Auswurf, eiteriger.
Baryta carb., Engbrüstigkeit mit trocknem Husten.
Basella r., Engbrüstigkeiten und Husten, entzündliche, krampfhafte, feuchte und trockene. h. g. n.
Berb. lyc. Res, Husten. g. n.
Berth., Husten, catarrh. mit Fieber.
Blum. aur. sem., Schleimauswurf erleichternd.
Bol. arm., Schleimhusten.
But. frond. fl., Husten, trockener.
But. frond. gummi, Schleimauswurf. h.
Cacal. Klein., Schleimauswurf. h.
Calotr. gig., Auswurf, eiteriger.
Capill. Ven., Husten. h. g. n.
Caps. sem., Husten. h. g. n.
Casc., Schleimanhäufungen im Halse. h. g.
Caust., Engbrüstigkeit mit altem Husten.
Celastr. pan., Schleimhusten. g.
Cepa, Engbrüstigkeit.
Cetac. ol., Gerossel mit Husten und Fieber. Engbrüstigkeit mit trockenem Husten und Fieber.
Chel. maj., Schleimhusten.
Chen. a., Schleimhusten. g. n.
Chen. a. sem., Schleimhusten mit Gerossel. g.
Cherayta, Engbrüstigkeit mit Husten. h.
Chin. sulph., Husten trockener. h. g. n.
Churrus, Schleimhusten. h. g. Schleimanhäufungen auf der Brust.
Cic., Engbrüstigkeit.
Cinnab., Man räth ein Stück Zinnober in Leinsamenöl so lange zu kochen, bis ein davon abgebrochenes Stückchen, das man auf glimmende Kohlen thut, keinen Rauch mehr von sich gibt, worauf es zum Gebrauche fertig ist. Indische Aerzte geben ihn bei asthmatischen Beschwerden mit Butter ein.
Citri Galgal. sem., Kurzathmigkeit mit Schleimhusten und Gerossel.
Cleom. pent. sem., Schleimkrankheiten überhaupt.
Coccin., Engbrüstigkeit. Schleimhusten.
Coccul., Husten. h. g. n., gut mit Fieber. Grippe.
Colch. aut., Schleimhusten. g. n.
Coloc. pulpa, Husten, acuter, mit Brustschmerz. Grippe.
Coloc. rad., Schleimhusten. g. n.
Cop. bals., Schleimhusten. h. g. Bluthusten. Husten mit Heiserkeit. MA. Husten mit Engbrüstigkeit. g. n.
Crat. Marm., Schleimkrankheiten. ang.
Croc. sat., Schleimkrankheiten. ang.
Cucum. acut. Pinditari, Schleimauswurf.
Cum. sem., Engbrüstigkeit.
Cup. am. s. Pip. n.
Cup. carb., Gerossel.
Cup. sulph., Keuchhusten.

Dar., Schleimhusten. g. n.
Datisca cann. sem., Engbrüstigkeit. Schleimhusten.
Dat. stram. fl., Husten mit Fieber. Schleimhusten.
Dat. stram. fol., Engbrüstigkeit, period., krampfhafte. Eine Drachme von den Blättern wie Tabak geraucht soll im Anfalle augenblickliche Hilfe leisten. (Bengal Dispensatory.)
Dat. stram. mart., Engbrüstigkeit.
Dat. stram. sem., mit Essig gekocht, und mit Honig versetzt, durchgeseiht, hat mir in meiner frühern Praxis, bei Brustbeschwerden manchmal gute Dienste geleistet.
Deals. Fisteiwurzel, Schleimkatarrh.
Deals. Haruntuttaart, Husten. g.
Delph. Ghafes fl., Schleimhusten.
Diosc. sat., Schleimhusten.
Dulc., Schleimhusten.
Eleagn. ang., Engbrüstigkeit. h. g. n.
Erys. syrup., Engbrüstigkeit und Schleimkrankheiten überhaupt. ang.
Eug. Jambol. cort. succ. R. Husten. h.
Eug. Jambol. sem., Schleimkatarrh mit Gerossel.
Euph. agrar. (aff. spec.), Husten. h. g. n.
Euph. long., Engbrüstigkeit.
Euph. ten., Engbrüstigkeit und Husten. MA.
Euph. thym., Schleimhusten, blutiger, auch katarrhal. MA.
Euphr., Schleimkatarrh.
Evolv., Husten, aussetzender. 4mal 12.
Fabar., Schleimanhäufungen. Schleimhusten.
Ferri sub-carb., Keuchhusten; auf ein vorhergegebenes Brechmittel. ang.
Eisenfeile in einem Säckchen um den Hals gebunden, sind ein indisches Mittel gegen Gerossel und Schnarchen im Schlafe.
Fici Car. sem., Schleimhusten.
Gard. dum., Husten. h. g. n.
Ger. nod., Husten. g. n.
Glin. dict., Engbrüstigkeit. h.
Gr..t., Schleimanhäufungen, zähe im Halse. ang.
Grew. as. fr. R., Husten. h. g. Eiterauswurf, stinkender.
Guil. Bond., Gerossel. Schleimkatarrh und Husten. g. n.
Gund. Zulm sem., Schleimanhäufungen.
Herael. div., Asthma, Schleimkatarrh.
Hib. Trion., Auswurf, blutiger, eiteriger, schleimiger.
Hollow. pill. sol., Schleimkatarrhe.
Hydrocyan. ac., Keuchhusten. ang.
Hyosc. n. fol., Schleimanhäufungen im Halse mit Heiserkeit. ang.
Hyss., Schleimkatarrhe. g. n.
Jasm. flor., Schleimkrankheiten. Tohf.
Ind., Engbrüstigkeit, acute.
Ipec., s. Zinc.
Kali ferrocyan., Schleimkrankheiten. Husten, frischer. g. n.
Kali iod., Husten.
Kali sals., Husten mit Erbrechen. 4mal 12.
Kali sulph., Schleim- und Eiterhusten. g. n.
Kino gummi, Engbrüstigkeit.
Lactucar. mit Ars., Engbrüstigkeit.
Lact. vir. extr. s. Zinc.
Lam. sacch., Schleimhusten, alter.
Led. pal., Husten, blutiger, schleimiger.
Lep. sat. hb., Engbrüstigkeit und Husten. Schleimhusten. MA. h. g.
Lep. sat. sem., Husten, trockner, katarrh. h. g. n.
Lepor., Husten. g. n.
Die Mahomedanischen Aerzte geben das Hasenblut in asthmatischen Krankheiten, bewahren es zu diesem Behufe in Baumwolle getrocknet auf, die sie beim Gebrauche in Wasser einweichen, das dann mit dem aufgelösten Blute getrunken wird. In kleinen Gaben half dies Mittel nichts bei Engbrüstigkeit.
Leuc. ceph., Schleimhusten.
Lini sem., Schleimhusten g. n.
Lup. Hum., Husten mit Blut- und Schleimauswurf.
Hopfenblätter wie Tabak geraucht bei Engbrüstigkeit. ang.
Lup. Hum. sem., Husten. g. n.
Lyc. hb., Husten. h. g. Husten mit blu-

tigem, eiterigem und schleimigem Auswurfe.
Magnes. carb., Engbrüstigkeit. Husten. h. g. n.
Major., Schleimhusten. g. n.
Malv. Karmekra, Auswurf, früh Morgens.
Mamira Cashm., Schleimhusten.
Manna Tigal, Schleimhusten. g. n.
Marant. facc., Schleimhusten mit Gerossel. h.
Marr. a., Auswurf, schleimiger, eiteriger.
Mast., Schleimhusten. g. n.
Meidetschob, Schleimkatarrh.
Melandr. tr., Engbrüstigkeit.
Meliae azed. fol., Husten. g. n.
Meliae semp. sem., Schleimkatarrh.
Melong. sem., die Schleimhaut des Halses und der Gedärme angreifend, Heiserkeit und Durchfall. h.
Menisp. glabr. facc., Husten. h. g. n.
Merc. Roschkepur ind., Schleimanhäufung und Gerossel. h.
Meth. glor., den Auswurf erleichternd.
Millef., Engbrüstigkeit.
Mim. pud. sem., Engbrüstigkeit mit Magenhüpfen.
Moring. Soh. gummi, Schleimhusten.
Moring. Soh. sem., Schleimanhäufungen mit Gerossel.
Mosch. nux, Husten. h. g. n.
Mut. Ant., Engbrüstigkeit und Schleimhusten.
Myrob. Bell., Engbrüstigkeit mit Husten, trockenem, Schleimhusten. g. n.
Myrob. embl., den Auswurf befördernd. Husten, trockener, katarrhalischer mit Fieber.
Myrob. n., Schleimhusten. g. n.
Myrt. bacc., Engbrüstigkeit und Husten, alte, trockne und feuchte.
Nard., Husten mit und ohne Auswurf. g. n.
Nel. spec. fl., Schleimkatarrh.
Nep. salv. rad., Engbrüstigkeit.
Ner. ant., Husten. h. g. n., gut Schleimhusten. 4mal 28.
Ner. od. rad., Engbrüstigkeit mit und ohne Katarrh.
Nig. sat., Schleimkatarrh. g. n.
Num. Schadenetsch, Schleimhusten. h. Husten, trockner. MA.
Nyct., Schleimhusten. Engbrüstigkeit mit Husten. g. n.
Ocim. n., Schleimkatarrh. Schleimhusten, rosselnden. g. n.
Ocim. sanct. rad., Engbrüstigkeit mit Schleimhusten. Husten. h. g. n.
Olib. ind., Engbrüstigkeit, period. Schleimhusten. g. n.
Onosma macroc. fl., Schleimhusten mit Speichelfluß.
Op. pur., Engbrüstigkeit. Gerossel. Schleimhusten. h.
Op. sulph. ac., Husten. h. g. n.
Opop. Husten. g. n.
Oryza r., Gerossel. Husten. g. n.
Ox. ac., Schleimhusten.
Ox. amm., Husten, blutiger, schleimiger.
Pap. a. sem., Husten, katarrhal.
Pap rh., Schleimhusten.
Pavia, Schleimhusten.
Pers. nucl., Keuchhusten. Schleimanhäufungen auf der Brust.
Petr. d., Schleimanhäufungen, zähe, im Halse.
Phell. aquat. sem., Engbrüstigkeit.
Phosph., Gerossel. Husten, alter, trockner mit Heiserkeit.
Phosph. mel, Brustschleimanhäufung mit Heiserkeit.
Picrorrh. kurrooa, Husten, trockner. h. g. n.
Pip. long., Schleimhusten, katarrhalischer. h. g.
Pip. n. mit Cap. amm., Schleimauswurf.
Plat., Engbrüstigkeit.
Plectr. ar., Schleimhusten. Katarrh.
Polyg. linif., Husten mit Schleimanhäufungen auf der Brust.
Polyg. macroph., Auswürfe. h. g.
Polyp., Husten. h. Schleimhusten.
Polyp. Sekour, Engbrüstigkeit.
Port. oler. sem., Auswürfe, eiterige, schleimige.
Puls., Engbrüstigkeit.
Pyrethr., Schleimanhäufungen. Gerossel.
Ran. bulb., Husten mit Brustschmerz, ohne

den Schmerz g. n. Schleimanhäufungen, zähe.

Ran. lan. fol., Auswurf, gelbfarbiger.

Ran. lan. rad., Engbrüstigkeit, krampfhafte.

Ran. scell., Husten. g. n.

Rap. Brass. rad., Schleimkrankheiten.

Raph. sat. sem., Schleimhusten.

Rorism. K., Engbrüstigkeit.

Rotl. t., Husten. g. n.

Ruku t., Schleimhusten.

Sabina, Schleimhusten.

Sagap., Schleimhusten.

Sahansebed, Kurzathmigkeit mit Niesen, beim Herumgehen. MA. 60.

Salep Schleimanhäufungen, auf einen Schlangenbiß.

Sapind. em., Engbrüstigkeit. Husten. g. n.

Sapindi ligni cort., Engbrüstigkeit mit Schleimhusten.

Sarcoc., den Auswurf erleichternd.

Sarsap., Engbrüstigkeit, krampfhafte.

Schekakel, Schleimhusten. g. n.

Scorp., Schleimhusten. h. g. auch die K. von den zu Kohlen verbrannten Scorpionen.

Sen., Schleimhusten und Schleimanhäufungen im Halse und auf der Brust.

Sep. ossa, Engbrüstigkeit mit Bluthusten.

Serp. exuv., Schleimkatarrh. h. g. Husten. h. g. n.

Sid. rad., Husten. h. g.

Sil., Engbrüstigkeit. Husten. h. g. n.

Sin. n. plac. K., Engbrüstigkeit und Husten. Senf mit Milch gekocht, die Molken mit Honig versüßt, warm getrunken werden bei Husten, vorzüglich katarrh. wie auch bei Engbrüstigkeit, als ein Hausmittel oft mit Nutzen gebraucht.

Sisymbr. Soph., Schleimhusten.

Smil. chinae, Gerossel.

Sphaer. ind., Schleimhusten mit Brustschmerzen. MA. Keuchhusten. g. n.

Spig. anth. K., Schleimhusten. g. n.

Squilla mar., Engbrüstigkeit.

Stann., Rosseln. Husten. g. n.

Staph., Husten. g. n.

Stoech. ar., Schleimhusten. g. n.

Stoech. Cashm., den Auswurf befördernd.

Stor. cal., Schleimhusten. g. n.

Stront. nitr., Husten. h. g.

Strychn. n. vom., Husten. h. g. n.

Sulph. Anliasar, Schleimhusten. h.

Sulph. citr., Husten. g. n.

Tab., Engbrüstigkeit.

Talc. a., Schleimhusten. g. n.

Talc. n., Schleimhusten. MA.

Tamar., Engbrüstigkeit.

Thuja occ. K., Husten, acuter, trockener mit Seitenstechen.

Thym. v., Schleimhusten mit Brustschmerzen.

Trianth. pent. n., Husten. g. n.

Tuss. farf., Husten. ang.

Tut., den Auswurf erleichternd.

Urt. dioic. rad. Cashm., Husten mit blutigem, eiterigem und schleimigen Auswurfe.

Van. K., Husten. h. g. n.

Verbasci Cashm. rad., Husten mit stinkendem Auswurfe und Brustschmerzen.

Verbasci Lah. fol., Husten, trockner und feuchter. g. n.

Vit. neg., Schleimhusten, chron. mit Gerossel im Schlafe. Husten. h. g. n.

Vitri fel, den Auswurf erleichternd.

Xanthoxyli cort., Husten. h. g. n.

Zinc., Schleimanhäufung, zähe, im Halse.

Zinc. ox., mit Ipecacuanha und Lattichextrakt in Pillenform eingegeben, bei krampfhafter Engbrüstigkeit. ang.

Zinci sulph., Schleimhusten. MA.

Zing., Schleimkrankheiten. ang.

Zyz. Juj., Engbrüstigkeit, acute, mit Husten und Fieber. Auswurf erleichternd.

Zyz. Juj. gummi, Gerossel.

Entbindungen, s. Krankheiten des weiblichen Geschlechtes.

Entzündungen, allgemeine, s. Fieber 2c.

Entzündungen, einzelner Organe, z. B. des Gehirns, der Augen, der Ohren, der Nase, der Zähne, des Mundes, des Halses, der Brust, der Lungen, des Magens, der Leber, der Milz, der Nieren u. s. w., s. unter den verschiedenen davon befallenen Theilen; wie auch unter Geschwülsten.

Entzündungsgeschwülste, s. Geschwülste.

Epidemien, s. unter ihren resp. Benennungen und unter Fieber.

Erbrechen Eckel u. dgl.

Abs., Eckel mit Speichelfluß. Erbrechen. h.

Acac. cort., Erbrechen. h.

Acanth. Otengen, Erbrechen mit Fieber.

Agar. a., Erbrechen.

Ajuga dec., Gallerbrechen.

Ajouain, Eckel und Erbrechen.

All. sat., Eckel und Speichelfluß.

Aloes, s. Calumbo

Amaranth. Jonntscha, Erbrechen mit Magenschmerz.

Ammon. gummi, Eckel. h. g.

Angel. sem., Eckel. h.

Angvin., Eckel und Erbrechen. h.

Antimonial.

Apii grav. rad., Erbrechen mit Husten.

Araneum, Application auf eine Wunde, Erbrechen. h.

Argem. mex. fl., Erbrechen. h.

Arg. nit. fus., Erbrechen mit Bauchweh, auf Unverdaulichkeit von 20 Tagen. 3mal 9.

Ars. sod.

Arum camp., Erbrechen. h. g.

Aspar. Haliun sem., Erbrechen. h. g.

Aterni, Erbrechen.

Bebeerine, Erbrechen.

Berb. lyc., Erbrechen.

Berb. lyc. Res, Eckel und Erbrechen.

Bez. an., Erbrechen. **Tohf**.

Bign. ind. sem., Eckel. h.

Bol. arm., Erbrechen.

Bor., Erbrechen. h.

Calebr. opp., Erbrechen. h.

Calotr. gig., Erbrechen. h. g.

Calumb., **abw.** Aloes, Erbrechen, chron. mit Hartleibigkeit.

Caps., gegen die Seekrankheit pflegt man in Ostindien so viel gepulverten rothen Pfeffer in eine Tasse Suppe zu thun, als man nur vertragen kann, dabei nichts anderes zu gebrauchen.

Cardam. maj. & min., Eckel und Erbrechen. **Tohf**.

Carissa Car. fol., Gallerbrechen. h.

Caryoph. ar., Eckel und Erbrechen.

Carpobals., Eckel. h. g. bei Erbrechen.

Cass. al., Erbrechen, bei Harn- und Stuhlmangel.

Cass. fist. pulpa, Eckel, bei Hämorrhoiden.

Cass. Tam. fol., Erbrechen. h.

Celastr., Gallerbrechen mit Fieber. Bitteres Erbrechen mit Husten. **MA**.

Chaulmoogra od., Erbrechen.

Chel. maj., Erbrechen und Durchfall.

Cherayta, Erbrechen und Laxiren. h.

Chin. cort., Erbrechen mit Unverdaulichkeit und Säureerzeugung.

Chin. sulph., Erbrechen. h.

Chloroform, Erbrechen. h. g. bei chron.

Churrus, Erbrechen.

Cich. rad., Erbrechen.

Cic., Extract in Kalkwasser aufgelöst, soll bei einem chron. Erbrechen mit Abzehrung genützt haben.

Clem. recta, Erbrechen.

Cler. inf., Erbrechen und Laxiren. h.

Coccul., Eckel und Erbrechen. h.

Cocos Sech., Erbrechen. h. g.

Coff. ar., Erbrechen mit Husten. h.

Comp. Zerbabri, Erbrechen mit nachfolgendem Fleckausschlag. h.

Conv. arg., Erbrechen.

Cop. bals., Eckel und Erbrechen.

Corch. frut., Erbrechen. h.

Crat. Marm., Erbrechen und Fieber. h.

Creos., Erbrechen, chron. mit Kopfschmerz.

Croc. sat., Eckel und Erbrechen. Gegen die Seekrankheit räth man den Safran äußerlich auf die Magengegend zu appliciren.

Crot. tigl., Erbrechen. h.

Cucum. acut. Pinditari, Eckel und Speichelfluß. h.

Cucum. sat., die Essenz vom Safte gesalzener Gurken, Eckel. h.

Cum. sem., Erbrechen. h.

Cusc. mon., Erbrechen.

Cyp. long., Erbrechen. h. g.

Cyt. scop. sem., Erbrechen. h.

Daph. Suuerkat, Erbrechen.

Datisc. cann. sem., Eckel und Erbrechen.

Dat. stram., Erbrechen.

Delph. Ghafes succ., Eckel mit Hartleibigkeit.
Dol. pr., Erbrechen und Laxiren.
Dudia, Erbrechen. h.
Dulc., Eckel und Erbrechen. h. g.
Elat., Erbrechen bei Husten.
Eug. Jambol. fr., in Essig eingemachte, Erbrechen.
Evolv., Erbrechen. h.
Fabar., Gallerbrechen. h.
Fasciol. Asfar o tib, Erbrechen. h.
Fici glomm. R., Erbrechen.
Foenic. sem., Erbrechen.
Gagerming, Erbrechen.
Geum cl., Erbrechen mit Husten.
Glin. dict., Eckel und Erbrechen. h.
Goss. fulm., Eckel. h.
Gran. ac. rad. cort., Erbrechen. h.
Gran. pun. succ., Erbrechen. ang.
Grat. R., Erbrechen.
Herm. am., Erbrechen, h. g.
Hord., eine Unverdaulichkeit von neuer, gerösteter Gerste, Eckel mit Erbrechen und Ruhr. h.
Jatr. curc., Erbrechen. h.
Indig., Eckel und Erbrechen.
Ipec., Eckel und Erbrechen. h. g., die ächte.
Jugl. n. c. cort. int., – Brechpurgirmittel. ang.
Kali bichrom., Erbrechen. h.
Kali hydroc., Erbrechen. h. g.
Kali sals. foem., Erbrechen, nächtliches. h. g. bei chron. period.
Lauri bacc., Erbrechen. h.
Laws. in., Erbrechen. h.
Leon. Royl., Erbrechen h.
Lep. sat. rad., Erbrechen. h.
Leuc. ceph., Erbrechen. h. g.
Lich. od., Erbrechen. h. g.
Lim. Laur., Eckel. h.
Lini sem., Gallerbrechen. h.
Lupin. a., Erbrechen, h.
Lyc. sem., Erbrechen. h.
Mac., Eckel und Schwindel. h
Magnes. mur., Erbrechen. h.
Mamira Chatnie, Erbrechen mit Halsschmerz.
Manna cal., Erbrechen.
Mast., Erbrechen.
Meliae azed. fol., Eckel und Erbrechen. h
Meliae azed. sem., Erbrechen. h.
Menisp. gl. faec., Erbrechen. Recidiv. h.
Menth. pip. R., Erbrechen, h.
Meth. glor., Erbrechen. h. g.
Mim. abst., Eckel und Erbrechen.
Moschat. nux, mit gerösteter Gerste und großen Zibeben in Form erbsendicker Pillen, 4mal des Tages 1 Stück, tilgte in Zeit von 1 Woche ein chron. Erbrechen alles Genossenen.
Mat. Antig., Eckel, Erbrechen. h.
Myrob. Bellir., Erbrechen, chron.
Myrob. embl., Erbrechen.
Nard., Erbrechen. h. g. Schleimerbrechen.
Nel. spec. fl., Erbrechen. h.
Nel. spec. sem., Erbrechen. Das innere des Keimes soll Erbrechen. h.
Ner. ant., Erbrechen. h. g.
Nig. sat., Eckel.
Num. Schadenedsch, Erbrechen. Blutbrechen.
Ocim. a., Eckel, Erbrechen und Laxiren. h.
Ocim. sanct. sem., Erbrechen.
Ox. ac., Erbrechen. h.
Pap. cap., Mohnköpfe im Uebermaß genossen, Erbrechen. h.
Pap. rh., Erbrechen. h.
Par. brava, Erbrechen, Laxiren und Durst. h.
Phys. flex. sem., Erbrechen h. g. galliges.
Pip. long. stip., Erbrechen. h. g.
Piscin., Erbrechen. h. g.
Pis. sat., Erbrechen. h.
Plant. maj., Erbrechen.
Plumbi ac., mit Opium. Kotherbrechen. ang.
Polyg. linif., Erbrechen.
Polyg. macr., Erbrechen.
Prunella off. Cashm., Erbrechen mit Unverdaulichkeit. Erbrechen und Laxiren. h.
Pyrethr., Erbrechen, bei Schleimhusten. h.
Quass. R., Erbrechen mit Ruhr, rc. 12mal.
Ran. lan. fl., Erbrechen.
Raph. sat. sem., Erbrechen mit Durchfall.
Rhus. Kakr., Erbrechen mit Durst.

Rub. Munj., Erbrechen mit Fieber. Eckel. ħ.

Sabad., Erbrechen. ħ.

Salic. aegypt. fl., Erbrechen mit Durchfall.

Sapind. sap. fr., Erbrechen.

Scamm., Eckel mit Erbrechen. Tohf.

Scorp., Erbrechen. ħ.

Seng e Basri, Erbrechen mit Durchfall.

Sennae fol., Erbrechen. ħ.

Sep. ossa, Erbrechen. Tohf.

Serp. exuv., Eckel und Erbrechen. ħ.

Sil., Erbrechen, grünes.

Simar. cort., große Gaben Erbrechen. ħ.

Sin. n., Erbrechen. ħ.

Smil. china, Eckel.
Das wurmstichige feine Pulver Erbrechen. ħ.

Sol. n., Erbrechen mit Husten.

Sphaer. ind., Erbrechen mit Unverdaulichkeit. 3mal 9.

Spig. anth. R., Erbrechen. ħ.

Staph. sem., 15 Stück mit Honig eingegeben, Erbrechen. ħ. Tohf.

Stoech. ar., Erbrechen und Durchfall. ħ.

Strychnine, Erbrechen. ħ.

Strych. f. St. Ign., Erbrechen.

Succin., ½ Drachme mit Wasser einzugeben, bei Erbrechen. Tohf.

Syc. Gagervel, Erbrechen. ħ.

Tamar., Erbrechen. Tohf.

Tamar. serum, Erbrechen und Laxiren mit reinem Blutabgang zur Betäubung. ħ.

Thuja occ. R., Erbrechen zum Fieber. ħ.

Torm., Erbrechen, period., mit Kopfweh.

Tuber. cib., Eckel und Erbrechen.

Van. R., Erbrechen. ħ.

Verbena off. Lah., Erbrechen und Laxiren ħ.

Viol. rad., Erbrechen. ħ.

Vit. neg., Erbrechen.

Vitri. fel, Erbrechen mit Laxiren.

Zed. Zer., Erbrechen mit Geschwulst.

Zinc., Erbrechen.

Zinci iod., Erbrechen. ħ.

Zing. rec., Erbrechen.

Erdekressen, und davon herrührende Beschwerden, s. Kachexie.

Erkältungsbeschwerden.

Acac. sem., s. Lähmungen.

Ammon. Dämpfe bei Aphonie von Erkältung. ang.

Arg. fulm., rheum. Schmerzen von Erkältung.

Aur. nitri salamm., s. Schmerzen.

Bar., Neigung zur Verkältung und Halsentzündung.

Berb. lyc., rheum. Fieber von Erkältung. 12mal.

Bryon., Erkältungsbeschwerden.

Caps. sem., Gelenkschmerz von Erkältung MA.

Cham. v.

Churrus, Lähmung von Erkältung.

Cich. sem., Husten mit Fieber von Erkältung.

Con., Neigung zur Erkühlung. ang.

Dulc., Gelenkschmerz von Erkältung.

Goss. sem., Brennstichschmerz mit Eingeschlafenheit, auf eine Erkältung.

Grew. as. fr., Gelenkgicht von Erkältung.

Mac., Erkältungen.

Major., Füßeschmerzen von Erkältung. MA.

Menisp. gl. facc., Erkältungsbeschwerden.

Mut. Antig.

Myrob. citr., Kopfhitze mit Füßezerschlagenheitsschmerz, auf Erkältung. 4mal.

Op. mur. ac. comp., Fieber von Erkältung. 4mal 12.

Phys. Kagnedsch, Lähmung, unvollk., von Erkältung.

Rheum austr., Rheumatismus, acuter, von Erkältung.

Sid. sem., Fieber mit Hals- und Brustseitenschmerz von Erkältung.

Strych. n. vom., Erkältungsbeschwerden.

Thea vir., Erkältungsbeschwerden, von naßkaltem Wetter.

Turp. a. int., Hypochondrie, period., mit Kopfweh etc., von Erkältung. 12mal 36.

Urt. rad. cort. (?) ist erwärmend.

Ermüdungsbeschwerden.

Anac. or.
Bryon.
Casc.
Cherayta
Guil. Bond.
Mac.
Mosch. nux
Opop.
Stor. cal.

Fallen, üble Folgen davon, s. Gewaltthätigkeiten, äußere.
Fallsucht, s. Krämpfe 2c.
Fettsucht, oder Fett- und Dickwerden, s. Abmagerung.
Fieber, hitzige, mit und ohne die acuten Ausschläge, als: Blattern, Masern, Scharlach, Nesseln, Rothlauf, Pest, Typhus 2c.

Abs., Fieber. **h. g.**
Abs. rad., Fieber mit Fleckausschlag. **h.**
Acac. succ., Fieber mit Seitenschmerz. Rothlauf.
Achyr. asp. rad., Fleckausschlag, periód. **h.** Blasenausschlag, periód. erscheinender, nach einem Schlangenbisse entstandener.
Achyr. asp. sem., Fleckausschlag. **h. g.**
Acon. fer., Fieber, typhöses.
Acon. Nap., Masern.
Agar. a., Contagien. **Tohf.**
Ajouain, Nesselausschlag. Er wird in Indien hiemit beräuchert, worauf sogleich mit einer groben wollenen Decke der ganze Körper des Pat. gerieben wird, damit der Ausschlag besser hervorkomme.
Alcana, s. Krankheiten des weiblichen Geschlechtes.
All. sat., Fieber mit Kopfweh, Halsschmerz, Durst 2c. **4mal.**
Alum. serum, Typhus.
Amm. carb., Scharlachfieber.
Anag. caer., Fleckausschlag, nach dem Baden hervorkommender, s. Hautkr.
Angv., Fieber und roth harnen. **h.**
Ant. t., Fieber mit Kopfweh. **h. g.**
Arg. nitri fus., Rothlauf, die Application. **ang.**
Arn. **R.**, Fieber.
Ars., Faulfieber mit Petechien, s. Led. pal.
Ars. sod., Rothlauf.
Arum camp., Fieber. **h. g.**, auch mit Ausschlägen. **4mal — 12mal.** Fieber mit innerem Brennen. **n.**
Aspar. rac., Fieber. **h. g.**
Aspar. Haliun sem., Rothfleckausschlag mit Erbrechen. **MA.**
Bebeerine, Fieber. Wurmfieber.
Belemn., Ausschläge, unterdrückte, hervorbringend.
Bell., Nervenfieber. Zu gleicher Zeit war ein blasenziehendes Pflaster in den Nacken appl. worden.
Berb. lyc., Fieber, rheumatisches, mit allg. Schmerzen.
Berb. lyc. Res, Fieber. **h. g.** mit rothlaufartigem Ausschlag.
But. frond. sem., Fieber. **g.**
Cac. Klein., Fleckausschlag, period.
Calc. chlor. s. Chlor.
Calend., mit Pfeffer applicirt, Rothlauf. ein Kaschmir'sches Mittel.
Calotr. gig. sem. **R.**, Fieber mit Harnröthe. Fieber mit ♀, mit Skropheln, mit Durchfall. Fieber viermonatliches.
Calotr gig. succ. appl., Fieber. **h.**
Calumbo, s. Krankheiten des weibl. Geschlechtes.
Camph., Rothlauf. Innerlich und örtlich angewandt.
Camph. mit Mandeln, Hanffamen, Laudanum und Wasser als eine Mandelmilch bereitet, wovon stündlich 1 Löffel voll eingenommen wurde, tilgte ein rheumatisches Fieber mit Harnzwang.
Cann. ind. hb., Fieber, irregul., mit allg. Geschwulst.
Cann. ind. sem., s. Camph.
Canth., Fieber, gelbes. Viehseuche, pestartige, bei der Löserdürre versuchenswerth.
Capill. ven., Ausschlag, frieselartiger.
Capp. spin. rad. cort., Blattern, ähnlichen Ausschlag. **h.**

Cetacei ol., Fieber mit Husten. h. g., Fieber, rheumatisches.
Chamom., s. Sarsap.
Chel. maj., Fieber, irregul.
Chen. a. sem., Fieber von Schreck.
Cherayta, s. Menisp.
Chin. sulph., Rothlauf. **4mal 28.** Fieber, inneres, mit allg. Schmerzen. Nesselausschlag. **h. g.**
Chlor wird unter verschiedenen Formen als luftreinigendes, Miasmen und Contagien zerstörendes Mittel angewandt.
Chlorof. ist beim Typhus **ang.**
Churrus, Fieber mit Brennen, auch mit Brennstichschmerzen.
Cich. fl., Schleimfieber.
Cich. fol., Fleckausschlag. **h.**
Cler. inf., Fieber, rheumatische.
Cocc. men., Gallenfieber. Fieber, gastrische. Fieber mit Beulen. **4mal 12.**
Coff. ar., Fieber, irregul. Blasenausschlag. Masern. Pocken.
Colch. aut., Fieber. **g. n. g.** bei irregul. **4mal 12.** Fleckausschlag.
Coloc. pulpa, Fieber, rheum. **MA.**
Conv. arg., Fieber, katarrh. mit Halsentzündung. **4mal.**
Cop. bals., Fleckchen, röthliche. **h.** Nesselausschlag. **h.**
Corallia r., Rothlauf?, indem rothe Korallen am Hals getragen. **ang.**
Corch. frut., Rothlauf. Fieber mit hitzigen Ausschlägen, Brenn- und Stichschmerzen.
Cor. sat., Wasserblase.
Cost. ar., Fieber mit Brennen, auch mit Halsweh von 3 Monaten. 'K. sol.
Cost. n. Cashm., Fieber mit Frösteln. Nesselausschlag. **h.**
Cot. lac., Fieber. **h. g. n., g.** bei anhaltendem Fieber mit Frösteln und Schmerzen. **12mal.**
Creos., Rothlauf. Die Application **ang.**
Croc. sat., Masern. **ang.**
Cucum. acut. Pindituri, Schwitzfieber.
Cucum. sat., die Essenz vom Safte der gesalzenen Gurken. Fieber, inneres, mit Kreuz- und Knieschmerz. **MA.**
Cusc. sem., Fleckausschlag.
Dact. nucl., Rothlauf mit Fieber. Rothfleck-Ausschlag.
Dar., Hitze, innere mit Schwitzen, wo keine Bedeckung vertragen wird. Indische Aerzte glauben, diese Wurzel sei ein Prophylaktikum gegen Seuchen, als Pest und Cholera, wenn man sie auch nur bei sich trägt.
Dat. mart., Nervenfieber mit Delirien.
Delph. pauciil., Fieber, inneres.
Dulc., Fieber, rheumatische.
Eleagn. ang., Fieber. **h. g.**
Embryopt. glut. fr., period. brennend juckenden Fleckausschlag.
Eug. Jambol. cort. succ. **K.**, Fieber. **h. g. n.**
Euph. long., period. Fleckausschlag.
Euph. agrar. (aff. spec.), Fleckausschlag, Abends hervorkommender. Fleckausschlag mit Brennen. **MA.**
Fasc. Asfar e tib, Rothlauf. **MA.**
Foenic. rad., Fleckausschlag, juckenden. **h.**
Foenic. sem., Ausschläge, hitzige, als Masern, Blattern 2c. Ein leichter Aufguß als Getränk gegeben.
Fum., s. Menisp.
Galla, Fieber. **h. g. n.**
Goss. sem., Fieber. **h. g.**, auch mit Fleckausschlag. Pusteln. **h.** Er erhitzte, purgirte, trieb Harn und Schweiß. Bei Rothlauf legt man Baumwolle über die zuvor mit Mehl, Rhabarber, Kampfer 2c. eingestreuten Stellen.
Guil. Bond., Ausschläge, hitzige, kritische. **h. g.**
Gund. Zulm sem., Fleckausschlag.
Harm. Ruta, Nesselausschlag. **h.**
Hedys. Deiterdauc, Fieber, irregul.
Heracl. div., Entzündung, juckende, rothlaufartige.
Hollow. pill. sol., Fieber.
Hossen Jussif, Fieber. **h. g.**
Hoya vir., Fleckausschlag, juckender. **h.**
Hyosc. n., Typhus.
Hyss., Ausschläge, hitzige.
Jod., Fieber. irregul.
Ipec., Fieber, rheumat., 2stündige Gaben.

Jun. baccae, Fieber. h. g. n. In Asien ist bei hitzigen Ausschlägen das Waschen mit Wacholderbeerendecoct gebräuchlich.

Kali ferrocyan., Fieber. h. g.

Kali nitr., Entzündungen.

Kali sulph., Fieber mit Abscessen, Drüsengeschwülsten 2c.

Kris, Pustelausschlag, juckender. h.

Lamin. sacch., Fieber, gastr. mit Augenleiden, mit Schleimhusten, mit Magenleiden, mit Hartleibigkeit. MA.

Led. pal., abw. Ars., Frieseln.

Leon. Royl., Fieber.

Lich. odor., period. schwarzfleckigen Ausschlag.

Lini sem., mit Honig. Fieber mit Gesichtsgeschwulst, Halsentzündung, Engbrüstigkeit, Husten und Brennstichschmerzen. Fieber mit Blutabgang aus Nase und Ohr. h.

Liquir. succ., Fieber mit Obstructionen. M.

Lup. Hum., Fieber. h. g. n.

Lyc. hb., Fieber mit herumziehenden, rheum. Schmerzen.

Lyc. sem. R., Fieber. h. g.

Mac., Fieber, hitziges, mit Frost. 12mal.

Manna cal., Fieber. g. n.

Marr. a., Scharlach.

Mel. azed. cort., Fieber, rheum.

Mel. azed. fol., zurückgetretenen Ausschlag mit Fieber. h.

Melong. sol., Genuß soll den Pestkranken schädlich sein.

Menisp. gl., Nesselausschlag.

Menisp. gl. 2 Theile, Cherayta 3 Theile, Fumaria 1 Theil, verbrannt, ausgelaugt, das Salz zu einigen Granen eingegeben, wird von arabisch-indischen Aerzten (Hakims) bei alten Fiebern, die oft ausbleiben und wiederkehren, ang.

Menisp. gl. foec., Fieber. h. g.

Menisp. hirs., Fieber mit Knötchenausschlag.

Merc. d. Einen kritischen Ausschlag. h.

Moringa Soh. sem., Knötchenausschlag.

Mor. a. fr., Ausschlag. h.

Mosch. nux, Innere Hitze und Brennen. h. g.

Mur. ac., bei schwarzen Blattern ang.

Ner. ant., Fieber. h. g. n.

Nyct., Fieber. h. g.

Nymph. lot., Blattern. Masern. Tohf.

Ocim. pil., Fleckausschlag, verschwindenden, auf Erbrechen hervorgekommenen. h. g. Ausschlag, hirsekörnigen, juckenden. h.

Oxym. Wasser, beim Scharlachfieber ang.

Petros., Blattern. Tohf.

Phosph., Nervenfieber. Fieberhafte Ausschläge.

Phys. flex. rad., Nachtsfieber. Fieber rheum., gastr., mit Appetitmangel.

Pist. put., Fieber mit Harnbrennen. Fieber mit Bauch- und Kreuzschmerz.

Polyanth. tub., Knötchenausbruch, allg. kritischen. h.

Polyg. molle, Entzündung, rothlaufartige.

Polyp., Fieber. h. g. n.

Portul. oler., Rothlauf. In Asien werden die frischen Blätter davon zerstoßen applicirt.

Quass. R., Fieber. g. n.

Ran. lan. rad., Fieber.

Rheum aust., Fieber. g. n.

Rhus kak., Fieber mit Brennen, auch mit Durst und Erbrechen.

Rotl. tinct., Fieber. h. g. — 10tägige Exacerbationen.

Rub. Munj., Fieber. h. g. g. MA.

Ruku tinct., Fieber mit Ausschlägen, hitzigen.

Rum. ac., Typhus.

Rum. Bidschbend, Ausschlag, röthlichen, feinkörnigen. h.

Sabina, Fieber. h. g.

Salep. Fieber. g. n. g. Fieber, altes von 1 Jahr. MA. Nachtsfieber. Fieber auf einen Schlangenbiß.

Santal. r., Fieber, hitziges, nachlassendes.

Sapind. em., Schleimfieber. Nervenfieber.

Sarcoc., Nachmittagshitze.

Sarsap., auf Blattern; Flecken, Jucken 2c. abw. Chamom. Nesselausschlag.

Saxif. Peschant, Fieber mit Eiterpusteln.

Schekakel, Fieber, bei ♀. h. Fieber mit Beulen. Fieber, unregelmäßiges.

Scorp., Fieber, hitziges, anhaltendes. Fie-

ber, katarrh. rheum. mit örtlicher Entzündung. Nervenfieber. Wurmfieber.
Sep. succ., Fieber h. g. MA.
Serp. exuv., Fieber, katarrh. rheum. Innere Hitze mit Beklemmung. Rothlauf. Fieber und roth harnen. h.
Sil., Wurmfieber bei einem Skrophulösen. Nachtsfieber. Fieber, roth harnen und Ohrenentzündung. h.
Sisymbr. Soph., Fieber.
Spig. anth., Wurmfieber.
Spong. u., Fieber mit Halsentzündung. Fieber. h.
Strych. f. St. Ign., Pestspezifikum. Auch örtlich versuchenswerth, z. B. eine Strychnin-Salbe eingerieben, oder endermatisch bei Pestbeulen, Karbunkeln 2c.
Strych. n. vom., Fieber mit Geschwülsten, acuten und chronischen Frieseln. Fleckausschläge, auf's Baden hervorkommende.
Syc. Gagervel, Fieber h. g. In 10 Fällen 2mal fehlgeschlagen, in 8 gut. 4mal.
Tabaschir, Fieber, hitziges, durch Laxiren gehoben.
Talc. a., Abendsfieber. h. g. M. MA.
Thuja occ. R., Ausschläge, kritische oder zurückgetretene. h.
Thuja or. sem., Fieber. h.
Tigr., Fieber mit Beule.
Urt. dioica, Fieber.
Vacc., Blatternschärfe-Absetzung nach längst überstandenen Blattern, Krusten an Füßen. Die frische Kuhpocken-Impfung soll vor der Pest, vielleicht auch vor der Cholera-Epidemie schützen.
Verbena off., Fieber. h. g. n.
Vesp. mel, Fieber mit innerem Brennen. h. g.
Viol. od. conf., Nachtsfieber, katarrh.
Viol. tr. R., Fieber und Hitze. h. g.
Vit. neg., Fieber, gastr. nervöses, mit Beklemmung. MA. Fleckausschlag, vorübergehenden. h. Fieber. h. g. n.
Vit. neg. sem., inneres Brennen und Hitze.
Vitri sel, Nesselausschlag.
Zinc., Fieber, period. Nachtsfieber mit Fröstelu.
Zinci iod., Fieber. h. g. MA.
Zyz. Juj., Nervenfieber mit Irrereden und Bewußtlosigkeit.
Zyz. vulg., Fieber. g. n. Masern und Pocken. Tohf.

Fieber, kalte, s. Wechselfieber.
Fieber, zehrende, s. Abmagerung.
Filzläuse, s. Ungeziefer.
Finger- und Nägelentzündungen oder Geschwüre derselben, s. Geschwülste und Geschwüre.
Fippern, Hüpfen und Pulsiren in den Adern oder in den Muskeln: wie auch Rücke, Stöße und Zuckungen.

Ambra gr., fühlbares Pulsiren im Körper.
Anac. or., Fippern.
Ant. t., Pulsiren in allen Adern, am meisten bei Ruhe des Körpers.
Herzschläge, heftige.
Arg. fulm., Fippern am rechten Auge und an der Nase. h.
Arg. nitri fus., s. Gehirn- 2c. Leiden.
Bor. ven., Zuckungen.
Caust., Herzpulsationen, starke, s. Gehirn- 2c. Leiden.
Chin. sulph., Pulsschläge, schwach. h.
Cic., Zuckungen.
Dig. p., Pulsschläge, gelindere. h.
Dulc., Zuckungen.
Kali sulph., Hüpfen, allg.
Manna cal., Hüpfen.
Mezer., Fippern und Zucken in Muskeln.
Mosch. nux, Pulsiren der Schlagadern des Kopfes, mit täglichem Kopfweh.
Nard., Hüpfen, allg.
Natr. mur., öfteres Aussetzen der Pulsschläge. ang.
Nig. sat., harte, belästigende Pulsschläge, mit Schlaflosigkeit.
Op. pur., convulf. Zuckungen.
Petrol., Hüpfen in den Schläfen und im Magen. h.
Plumb., Pulsation, schmerzende, im Magen.
Pum. lap., Fippern auf dem Rücken. h.
Sant. a., Fippern der Muskeln mit Gelentschmerz. MA.

Santon. sem., Zippern der Augdeckelmuskeln. h.

Sap. ind. nuc. cort., Zuckungen und Stöße im ganzen Körper. h.

Serp. ex. mit Salmiak, Verreibungs K. MA. Zippern der Wadenmuskeln nebst innerem Brennen und Abmagerung.

Solan. n., Zuckungen, wie elektr. Stöße, mit höchster Schwäche, ein 2wöchentliches Leiden. Es wurde sowohl innerlich zu grauweißen Gaben, als auch äußerlich in Salbenform eingerieben, angewandt.

Spig. anth., Herzpulsiren, starkes, s. Gehirn- rc. Leiden.

Stoech. ar., Zippern u. Zucken der Muskeln.

Xanthox. pip. sem., Hüpfen in den Schläfen und auf der Brust.

Fisteln, s. Geschwüre rc.

Flechten und Flecken, s. Hautkrankheiten.

Frostbeulen, s. Brandschäden rc.

Frösteln, s. Kälte rc.

Fußgicht, s. Schmerzen rc.

Gähnen, übermäßiges.

Bryon.

Coriand., starkes Gähnen, mit Kiefergelenkschmerz.

Creos., viel Gähnen mit großer Schläfrigkeit.

Lepor., mit Hämorrhoiden.

Santon. sem.

Seng e Basri.

Viola od., Gähnen Morgens mit den Augen voll Wasser.

Zyz. Juj. gummi, viel Gähnen. h.

Gebärmutterleiden, s. Krankheiten des weiblichen Geschlechtes.

Gedächtnißschwäche, s. Vergeßlichkeit.

Gehen- und Laufenlernen, spätes der Kinder, s. Krankheiten der Kinder.

Gehirnentzündungen, s. Kopfschmerzen.

Gehirn-, Herz-, Gemüths-, Nervenleiden, als: Scheintod, Schlagfluß, Beklemmung, Berauschung, Betäubung, Ohnmachten, Säuferwahnsinn rc.

Abelm. mosch. sem., Herzstärkend. **Tohf.**

Acac. Cat. fol., Betäubung mit Fieber.

Agar. a., Herz- und Schenkelschmerz, mit Verschlimmerung beim Athemzug. h.

Ambr. gr., Ohnmachten, herzstärkend. Tohf.

Amm. mur. spir., Betäubungen; theils zum Riechen daran, theils eingegeben.

Amygd. am., Rausch und Betäubung. (Die Emulsion).

Anac. or., Betäubung. **g.** Mit Honig und Butter geröstete Anacardien; wovon die abgesonderte Butter bei Betäubungen in die Ohren zu applicieren. **ang.**

Areca cat. nux, Herzstärkend. **Tohf.**

Argem. mex. succ., betäubte.

Arg. nitri fus., Rausch mit sichtbarem Magenhüpfen. Säuferwahnsinn.

Ars., berauschte.

Arum camp., Betäubung, die durch Erbrechen gehoben wurde.

Asa f., berauschte. Nervenleiden. kalte, vorzüglich des Gehirns. **Tohf.**

Aspid. fol., berauschte.

Baln., die kalten Sturzbäder können bei Ohnmachten und Beschwerden von kohlensaurem Gas mit Nutzen angewandt werden.

Bar. ac., Beklemmung mit Engbrüstigkeit und Kreuzschmerz.

Bebeerine, Delirien. Es affizirte das Gehirn.

Bell. extr., Schlagfluß. h.

Bign. ind. sem., Rausch und Schläfrigkeit. h.

Bov., Beklemmung und Erstickung vom kohlensauren Gas.

Bryon., Stiche in der Herzgegend.

But. fr. gummi, berauschte.

Cact. Tor succ., Schlagfluß. h.

Calam. ar., Herzschwäche, als fehlten ihm die Worte beim Reden. **M. 15.**

Calor. appl., die Wärmeapplication beim Scheintod, s. in der Erzählung meiner Reiseerlebnisse.

Calotr. gig., Betäubung mit Durchfall.

Cann. ind. hb., Herzerfreuend.

Cap. ven., Beklemmung mit allg. Schmerzen, Hypochondrie rc.

Carniol. u., ist (so wie überhaupt die Edelsteine) Herzstärkend. **Tohf.**

Cass. Tamal. fol., Schmerz in der Herzgegend. Beklemmung mit Schweiß und fliegender Hitze. ♄.

Caust., Herzbrennen und starkes Pulsiren desselben.

Celastr., Schlagfluß.

Chel. maj., Frührausch. ♄.

Cherayta, Herzstärkend. **Tohf.**

Chlor. gas, mit atmosphärischer Luft. $\frac{1}{3}$—30 Kubikzoll gemischt, ist ein bekanntes Einathmungsmittel beim Scheintod.

Clorof., Nevralgien. **ang.**

Churrus, ist betäubend.

Cinnam., Beklemmung bei Schwindel und Schwäche. Herzerfreuend. **Tohf.**

Cocc., Schlagfluß.

Coff. ar., Nevralgien.

Comp. Pokermul, Betäubung.

Conv. arg., Gehirn und Nervenstärkend. **Tohf.**

Cop. bals., Herzbrennen. ♄.

Coriand., Herz, starkes Pulsiren. Coriander mit den Köpfen von 7 Fliegen verrieben eingegeben, ist bei Delirien als ein indisches Mittel **ang.**

Cornu c. a. u., Betäubung mit Fieber.

Cost. ar., Gehirn- und Nervenstärkend. **Tohf.**

Cost. n. Cashm., Betäubung von einem Insektengifte. **12mal.**

Croc. sat., Betäubung. Ohnmacht. Herzerfreuend. **Tohf.**

Cucurb. lag., Gehirnaffection, nervöse.

Cup. carb., Beklemmung mit Contracturen, bei Anstrengung.

Cusc., Betäubung mit Frostfieber. **4mal.**

Cycl. eur., Betäubung und Rausch mit Kopfweh.

Dar., Ohnmacht. ♄. Herzerfreuend. **Tohf.**

Dat. stram., Schlafsucht, comatöse, mit weiter Pupille, und natürlicher Respiration. ♄.

Delph. panc., Herzerfreuend. **Tohf.**

Dior., Beklemmung. ♄.

Dracoceph. Royl., Herzerfreuend. **Tohf.**

Dulc., betäubte.

Elat., Schlagfluß.

Eleagn. ang., Beklemmung.

Euph. long., Beklemmung. ♄. ♃.

Euphr., Kopfeingenommenheit, wie nach Rausch. ♄.

Fagon. ar., Rausch in der Frühe. ♄.

Fic. ind., Rausch Nachmittags, schwindeliger. **MA.**

Foenic. rad., Betäubung.

Galena. Beklemmung mit Hitze und Schwindel. **MA.**

Galvanismus, Nervenschwäche.

Gard. dum., Rausch in der Frühe mit Kopfweh. ♄.

Gmel. as., Ohnmachten, ver.

Guil. Bond., Nachtheil vom Saufen: Rausch 2c., Rausch mit Nebel, bei ♀.

Harm. Ruta, Rausch und Betäubung.

Herael. div., Beklemmung und Hypochondrie. ♄.

Holarrh. pub., berauschte und tilgte chron. ver. Betäubung mit Kopfschmerz.

Jasm. fl., Schlagfluß. **Tohf.**

Jatr. cure., Delirien mit Unempfindlichkeit. ♄.

Kali hydroc., Rausch. ♄. ♃.

Kankolmirdsch, Beklemmung.

Kino gummi, Betäubung.

Lepor. sanguis, Schlagfluß. **Tohf.**

Lich. od., Herzstärkend. **Tohf.**

Lim. Laur., Gehirn- und Nervenkrankheiten. **Tohf.**

Lup. fel, Schlaf, betäubenden. ♄., den nur der Essig hob. **Tohf.**

Lup. Hum., Ohnmachten.

Mac., Betäubung. ♄.

Malv. mont., Betäubung. ♄.

Mandr., ist betäubend.

Marant. faec., betäubte.

Mind. spir., (Unc. ½ — j. die Gabe), wird gegen Trunkenheit **ang.**

Morph. ac., Nervenleiden.

Mosch. nux. Beklemmung, Berauschung und Kopfschwergefühl. ♄.

Moschus, Herzstärkend. **Tohf.**

Myrob. embl., Herzstärkend. **Tohf.**

Nard., Gehirn- und Nervenstärkend. **Tohf.**

Nel. spec., Herzstärkend. **Tohf.**
Ner. od. rad. mont., betäubte.
Ocim. pil., Beklemmung.
Ocim. sanct. sem., Nerven-, Gehirn- und Herzstärkend, **Tohf.**
Op. pur., ist betäubend. Schlagfluß. **Tohf.** s. Geisteszerrüttungen.
Opop., krankhafte Nervenreizbarkeit.
Ox. ac., Betäubungen. Schlagfluß. Ohnmacht. **h.**
Phas. acon., Betäubung und Beklemmung, mit Fieber. **12mal.**, s. in der Erzählung meiner Reiseerlebnisse, die Application bei der Widerbelebung des Fakirs vom Scheintodexperimente.
Phys. kagnedsch, ist ein Betäubungsmittel.
Phys. somn., ist ein Betäubungsmittel.
Pisc., s. Krankheiten der Kinder.
Polyg. molle, Betäubung.
Puls., Betäubung.
Ran. lan. rad., berauschte.
Res. pini, Gehirn reinigend. **Tohf.**
Rhus Cor., Herzstärkend. **Tohf.**
Rosar. r. fl., Ohnmachten. **Tohf.**
Rosmar., Nervenleiden. Schlagfluß und Betäubung. **ang.**
Rub. Munj., berauschte. Beklemmung, bei Kopfweh. **h.**
Rum. ac., Herzbrennen.
Sahansebed, Beklemmung mit Fieberhitze.
Salep, Beklemmung zur Mittagszeit mit Magenbeben, auf einen chron. Schlangenbiß.
Salv. off., Nervenstärkend.
Santal. a., Herzstärkend. **Tohf.**
Sapind. em., berauschte.
Scl., Nachtheile von geistigen Getränken.
Sep. succ., Ohnmachten mit einer Quotidiana.
Serp. ex., mit Salmiak in Verbindung; Beklemmung in der Sonnenhitze mit Schwäche. Zweitägige Gaben.
Sil., Beklemmung mit Stichschmerzen.
Sinap., Schlagfluß. **Tohf.**
Sisymbr. Irio. berauschte.
Sol. Jacqu., Schlagfluß.
Spig. anth. hb., betäubte. Herzpulsationen, heftige, sichtbare. **R.**
Staph., Schlagfluß.
Stoech. ar., Nerven- und Gehirnleiden. **Tohf.**
Stront. n., Ohnmachten.
Strychnine, Schwindel mit Kopfweh, nach Saufen.
Strych. f. St. Ign., Beklemmungen, Ohnmachten und Gefühllosigkeit auf betäubende Gifte.
Strych. n. vom., Beklemmung mit Husten und Engbrüstigkeit. Nachtheile vom geistigen Getränke. Betäubung wie Rausch. **h.**
Strych. pot., Betäubung und Fieber. **h.**
Suber (Querc.), berauschte.
Succin., Herzstärkend. **Tohf.**
Tabac., Säuferwahnsinn. **h.** Stiche aus der Herzgegend in das Kreuz.
Tabaschir, Herzstärkend. **Tohf.**
Tarax. rad., Beklemmung.
Thym. v., Kopfweh mit Betäubung und Rausch, auf Saufen. Beklemmung. **h.**
Turp. **R.**, Beklemmung und Erbrechen. **h.**
Ultram., Beklemmung mit Hypochondrie und Unverdaulichkeit.
Umb. Butazeri, Nerven- und Gehirnleiden **ang.**, als Amulet getragen, ist es ein Kaschmir'sches Mittel.
Urt. dioic. **t.**, Irrereden. **h.**
Uva passa maj., Beklemmung mit Schwäche
Val. sylv., Nervenüberempfindlichkeit derselben.

Gehör- und Ohrleiden.

Abr. prec. a., Ohrentzündung. **h.**
Acon. fer., Schwergehör ♀.
Alth., Ohrentzündung.
Ammon. gummi, Ohrentzündung. **h. g.**, auch mit Ohrfluß.
Amygd. am. ol., bei Ohrentzündungen, ist die Applic. desselben im Oriente gebräuchlich.
Anac. or., Ohrentzündung mit Kopfweh.
Aranearum, Ohrfluß. **MA.**
Arist. longa, Ohrentzündungsschmerz von mechanischen Reizen verursacht.

Arist. rot., Ohrfluß.
Arn. M., Ohrfluß.
Asari rad., Ohrstiche und Verstopfungen derselben. h. Schwergehör. g. n.
Aspar. rac., Ohrschmerz mit Ausfluß aus demselben. **12mal 36.**
Aur., Ohrsausen.
Balausta, Schwergehör. h. g. n.
Basella r., Schwergehör und Ohrsausen. g. bei ♀. n. Ohrentzündung. h.
Bdell., Ohrentzündung.
Blum. aur. hb., Ohrfluß.
Borax, Ohrsausen mit Schwindel.
Calc., Polyp im Ohr. **ang.**
Calotr. gig., Saft-Application bei Taubheit. Zwei Wochen hindurch täglich wiederholt. **ang.**
Cann. ind. hb., Ohrfluß. h.
Canth., Ohrentzündung.
Carbo an. (Erinac. u.). Ohrfluß. **MA.**
Carbo v., Ohrsausen mit mangelndem Ohrschmalze.
Carissa Car. fol., Ohrentzündung. h. g.
Cass. Tamal. fol., Ohrentzündung. h.
Cast., Ohrfluß.
Chen. a. sem., Schwergehör. h.
Cic., Taubstummheit. Schwergehör. Ohrentzündung. h.
Cleome pent., Ohrentzündung.
Cleome visc., mit Oel gekocht, in die Ohren applicirt, soll in Syrien eine Taubheit geheilt haben.
Crot. t., Stiche in Ohren. h.
Cucurb. lag., die Application bei Ohrschmerzen ist in Indien gebräuchlich.
Cup. ac., Ohrschmerzen.
Cusc., Ohrschmerz. h.
Cyp. long., Taubheit.
Datisc. can. rad., Ohrentzündung, acute. Ohrjucken. h.
Dat. mart., Ohrsausen mit Schwindel.
Dat. stram. fl., Ohrentzündung. h.
Deals. Fistelwurzel. Schwergehör. Ohr- und Naseverstopfungen, katarrh. Schmerz und Eiterung eines Ohrläppchens, nach einer Ohrfeige.
Deals. Serfauwurzel. Ohrschmerz. Ohrsausen. Taubstummheit. Ohrstiche. h.
Dudia, Ohrsausen und Schwergehör.
Eug. Jamb., Ohrentzündung, katarrh.
Evolv., Ohrentzündung. Schwergehör. **MA.**
Gard. dum., Schwergehör mit erschwerter Sprache. Ohrentzündung. h.
Gent. rad., Schwergehör. h.
Grat., Schwergehör und Ohrsausen mit Kopfschmerz.
Gyps. Setseladschit, Ohrentzündung, nach einer Ohrfeige.
Harm. Ruta, Jucken in den Ohren, nach gehemmtem Ohrflusse.
Jal. conv., Stiche in den Ohren.
Jatr. curc. sem., Schwergehör.
Jod. amygd. d., Ohrentzündung. **4mal**, während der Nacht eingenommen, s. Zinci iod.
Jun. bacc., Schwergehör. Wacholderbeeren mit Oel geröstet, durchgeseiht, applicirt, hilft bei Schwergehör. **Tohf.**
Just. nas. fl., Ohrentzündung. h. g.
Kali hydriod., Ohrstiche.
Kali hydroc., Ohrschmerz mit Ausfluß.
Lact. sat. sem., Ohr- und Zahnschmerzen.
Lam. sacch., mit Zucker abgerieben in die Augen applicirt, verursachte Ohrsausen und Schwergehör. Versuchenswerth ist die örtliche, oder noch besser die endermatische Application dieses jodhältigen Mittels vorzüglich bei Gehörleiden s. Jod. und Zinci iod.
Lim. Laur., Schwergehör mit einseitigem schwarzen Staar. **MA. 60.**
Lini sem., Ohrentzündung. h.
Liqu. rad., Schwergehör. h.
Loc., Ohrsausen. h.
Magn. carb., Brennen und Bohren in den Ohren.
Moccan. bals., Ohrschmerzen. **Tohf.**
Meliae semp. sem., Ohrschmerz. Ohrsausen.
Melil. sem., Ohrschmerz.
Men. trif., Ohrschmerz mit Ausfluß.
Merc. subl. corr., Ohrschmerz mit Ausfluß.
Merc. viv., Ohrschmerz mit Ausfluß, wobei auch äußere Ohrgeschwürigkeit.
Merc. viv. **abw.** Ars., Schwergehör bei ♀. h.

Moring. Soh. rad., Ohrschmerz mit Schwergehör. MA. 60.
Morph., s. Op.
Nelumb. spec. fl., Ohrschmerzen.
Nycter., Ausschlag, juckender, hinter den Ohren, nach gehemmtem Ohrfluß.
Ocim. pil., Ohrjucken.
Ocim. anct. rad., Ohrschmerz. ħ. g. mit Ausfluß.
Onosm. macr. fl. vel rad., Sausen und Stiche in den Ohren, mit Schwergehör.
Op. pur., Stiche im Ohr, mit herumziehenden Schmerzen. Morph. Gr. j. mit Wasser Scr. j. lauwarm in das Ohr eingespritzt, brachte sogleich einen tiefen Schlaf herbei, wodurch die heftigsten Ohrschmerzen bei einem mit Gesichtsmuskelnverzerrung behafteten, dem Sausen ergebenen Manne, wie weggezaubert wurden.
Phosph., Ohrsausen und Schwergehör. ħ.
Phosph. ac., Ohrsausen und Schwergehör. 4mal 60.
Phys. Kagnedsch, Schwergehör. ħ.
Pip. n., Schwergehör.
Plant. maj., Schwergehör. ħ. g. n.
Plat., Ohrsausen.
Polyg. linif., Ohrentzündung, heftige.
Polyp. Sekour, Schwergehör, einseitige. ħ.
Puls., Ohrschmerz.
Punctura membranae, bei Taubheit ang.
Rhat., Ohrsausen. Ohrschmerz. ħ.
Rhus Cor., mit Tragantschleim und Rosenwasser, als Einspritzung bei Ohrschmerz mit Ausfluß. Tohf.
Rhus Kakr., Ohrfluß mit Ohrschmerz. MA. Schwergehör g. n.
Sahansebed, Stiche in Ohren. ħ.
Sec. c., Ohrsausen. ħ.
Sel., Ohrentzündung. Schwergehör.
Serp. ex., Blutausfluß aus den Ohren mit Schwergehör, nach einem Schlangenbiß.
Sil., Ohrschmerzen. Ohrsausen. Taubheit. ang.
Smil. china, das wurmstichige Pulver derselben. Ohrschmerzen. g.
Sol. Jacqu. fr., Ohrschmerz. ħ.
Stor. cal., Ohrschmerzen. ħ. g.
Stront. n., Ohrgeschwür.
Strych. n. vom., Ohrschmerzen. katarrh.
Styl. Nep., Ohrfluß mit Ohrschmerz.
Sulph., Ohrsausen.
Symploc. crat., Ohrschmerzen. Die Application desselb. Tohf.
Talc. a. & n., Ohrschmerzen mit Ausfluß. Schwergehör und Ohrsausen. ħ. g. MA. 60.
Thuja occ., Ohrsausen und Schwergehör. ħ.
Thuj. or. sem., Schwergehör. ħ. ♀. n.
Umb- Butazeri, Ohrschmerz. ħ.
Verbasci rad., Schwergehör. ħ. g.
Verben. off. hb. Lah., Ohr- und Halsseitestichschmerz. ħ.
Verben. off. sem., Schwergehör. ħ.
Vesp. mel, Ohrschmerzen. MA.
Xanthox. cort., Ohrfluß. ħ.
Zinc., Ohrschmerz. Taubheit. MA. 60.
Zinci iod., Taubheit.
Zinci sulph., Einspritzungen bei Ohrfluß, nebst zweckmäßigen inneren Mitteln.
Gegen Schwergehör oder Taubheit wird folgendes einfache Mittel von orientalischen Aerzten ang. Eine Schafsgalle, nebst 1 zerstoßenen Knoblauchkopf, werden mit 1 Löffel voll starken Essig und 2 Löffel voll Wasser gemischt, über gelindem Feuer bis zur Abdampfung der wässerigen Theile gehalten, dann durchgeseihet als Application gebraucht.

Geisteszerrüttungen, als: Manie, Selbstentleibungssucht, Wahnsinn ꝛc.

Ambr. gr. T. zu 1 Tropfen MA. auf einem Stückchen Zucker eingegeben, nebst den kalten Sturz-Bädern.
Anag. caer., Geisteszerrüttung bei einer Frau, durch den Ausbruch einer verborgenen (?) ♀ geheilt; dabei waren zu gleicher Zeit, wie bei jedem andern Wahnsinnigen die kalten Sturzbäder angewandt worden, s. Erzählung meiner Reiseerlebnisse.

Ant. t., Selbstentleibungssucht. **ang.** s. Op. p.
Arg. nitri fus., s. Churrus.
Ars., Selbstentleibungssucht.
Aur., Selbstentleibungssucht. **ang. g.** Verreibungs **K. MA.**, s. Nig. sat., s. Trübsinn.
Bol. arm., Manie, period.
Bryon., Somnambulismus. **ang.**
But. fr. fl., Geisteszerrüttung, period. monatliche. **MA.**
Calot. gig., s. Vergeßlichkeit 2c.
Camph., Geisteszerrüttung. **h.**
Chaulmoogra od., Narrheit. **h.**
Cherayta, Manie.
Churrus-Rauchen, Narrheit. **h.** Er lachte, schwatzte eine Menge albernes Zeug, zerriß sich die Kleider, und ging nackt herum. Es besserte Arg. nitri fus.
Cusc., Geisteszerrüttung mit ♀. Die Besserung erfolgte durch einen kritischen Ausschlag.
Dat. stram. fol. (Dr. j.), geraucht, stillt den Paroxismus des Wahnsinnes. **ang.**
Dat. stram. sem., Verreibungs sol. **4mal** hob eine Geisteszerrüttung, wo der Patient schimpfte, biß und um sich schlug.
Dig. purp., Manie.
Euph. long., Manie.
Hed. terr., Geisteszerrüttung. **ang.**
Hell. n., Manie.
Mezer., Sehnsucht nach dem Tode.
Ocim. a., Manie.
Op. pur., Säuferwahnsinn. **abw.** mit ant. t. Manie.
Ox. ac., Manie.
Sep. succ., Manie.
Strychnine, Geisteszerrüttung mit Schwindel und Kopfweh, auf Sausen.
Strych. f. St. Ign., Narrheit. **h.**
Thuja occ., s. Trübsinn.
Urt. dioica, s Trübsinn.

Gelbsucht, und das Weiße im Auge gelb geworden.

Agar. a.
Ajouain
Aur.
Berb. lyc. **Tohf.**
Bov., Augweis, gelbes. **h.**
Carbo an. (Erin. u.) zu Dr. ½ täglich, bei Gelbsucht. **Tohf.**
Fagon. ar., Augweis, gelbes. **h. g.**
Gard. dum., Augweis, gelbes. **h. g.**
Gent. rad., Augweis, gelbes. **h.**
Guil. Bond., Gelbsucht.
Harm. Ruta, Gelbsucht.
Mam. Cashm. & Chataie, Gelbsucht.
Manna Tigal, Gelbsucht. **h.**
Meth. glor., Augweis, gelbes.
Nig. sat., Gelbsucht.
Ox. ac.
Pier. kurrooa, Gelbsucht. **Tohf.**
Senec. Jacquem., Augweis, gelbes.
Tamar., Gelbsucht. **Tohf.**
Tarax., Augweis, gelbes. **h. g.**
Urina sua propinand., Gelbsucht. Im Oriente gebräuchlich.
Venaesectio hinter den Ohren, bei Gesichtsfarbe, gelblicher. **ang.**

Gerüche, üble, aus dem Munde, s. Athem, übelriechender.
Geruchs- und Geschmacksverluste.

Chel. maj., Geruchslosigkeit. **h.**
Cucum. Mad., Geruchsmangel.
Cycl. eur., Geruchsmangel.
Magn. mur., Geruchsverlust mit Schnupfen.
Mim. pud. sem., Geruchsmangel.
Natr. m., Geruchsverlust mit Schnupfen.
Rhus Tox.
Sisymbr. Soph., Geruchsmangel.

Geschmack, übler, s. Mundgeschmack.
Geschwülste, heiße und kalte; wie auch Abscesse und Wassersuchten.

Abs., Leisten- und Hodengeschwulst.
Acac. Farn. Harnup Nepti, Gesichtsgeschwülste. **g.** Entzündungsgeschwülste. Geschwulst, allg. Armabsceß, eröffnend.
Acac. succ., Entzündungsgeschwülste, rheum. Backgeschwulst. Panaritium.
Achyr. asp. sem., Absceß.

Acon. fer., Absceß ♀. eröffnend. 4mal 28.
Acupunctura, Hand- und Fußgeschwülste.
Agar. a., Afterabsceß. ḫ.
Ajouain, Entzündungsgeschwülste.
Ajuga Deals., Absceß. Aftergeschwulst.
Ajuga dec., Backgeschwulst ḫ. Geschwulst mit Jucken. Geschwulst, wässerige, mit Durchfall.
Amaranth. Jountscha, Gesichtsgeschwulst, bei ♀. ḫ.
Anac. oc., Geschwulst ♀
Anac. or., Hals- und Bauchgeschwulst. acute. Absceß eröffnend.
Angel. sem., Abscesse.
Angv., Absceß, schmerzenden. ḫ.
Ant. sulph. Calc., Auggeschwulst.
Araneum, Absceß. Händeanlaufen.
Areca cat. nux n., Afterentzündungsgeschwulst. ḫ.
Argem. mex. sem., Zahnabsceß, period. Backgeschwulst.
Arg. nitri fus., Gelenkgeschwülste. Das Liniment ang.
Arn. mont., Entzündungsgeschwulst.
Ars. pot., Geschwülste.
Ars. sod., Geschwülste. Penis-Entzündung. ḫ.
Ars., s. Led. p., Lyc., Serp. ex., Sil.
Arum camp., Entzündungen, örtliche.
Aterni, Absceß. ḫ., auch eröffnend. 12mal.
Aur., Hodenentzündung.
Bal. lan., Wassersucht. ang.
Bar. n., Entzündungsgeschwulst.
Basella r., Hodenentzündung. ḫ.
Bdell., Absceß. s. Gard. dum., Sapo
Bell. s. Kali sulph.
Berth., Anschwellung, wässerige.
Bign. ind. sem., Gesichtsgeschwulst. ḫ.
Blum. aur., Geschwulst mit Aussatz. ḫ.
Bomb. hept. gummi, Geschwulst ♀.
Bomb. hept. rad., Geschwülste.
Bombax, Absceß.
Bor. ac., Entzündungsgeschwulst am Backen und Ohr. 3mal 9.
Borax, Gesichtsgeschwulst einseitige, harte. s. Cinnab.
Bryon., Wassersucht.
Calc. carb., Kniegeschwulst.
Calc. s. Sapo
Calebr. opp., Penisgeschwulst. ḫ.
Calend., Entzündungsgeschwulst, rothlaufartige.
Calotr. gig. rad. cort., Hodengeschwulst. Knieentzündung.
Calotr. succ. rec., während dem Fieber in das Kreuz eingerieben. Hodengeschwulst. ḫ.
Cann. ind. Cashm. hb., Geschwülste, period. s. senn. fol.
Cann. ind. Cashm. rad. cort., Knöchelgeschwulst.
Caps., Gesichtsgeschwulst mit Zahnschmerz.
Carissa Car. fol., Auggeschwulst, einseitige. Hinterbackgeschwulst. ḫ.
Carniol. u., Entzündungsgeschwülste. Armabsceß. ḫ.
Carpobals., Geschwulst mit Brennstichschmerz.
Carvi sem., Gesichtsanlaufen und Erbrechen. ḫ.
Casc., Wassersucht. ang.
Cass. al., Geschwülste.
Cass. fist., Absceß. Hodengeschwülste ḫ. g. Innere und äußere Geschwülste zertheilend. Tohf.
Cass. lign., Backgeschwulst. Magengeschwulst. ḫ.
Cass. Tamal. fol., Geschwulst, wässerige. ḫ. g.
Celastr. pan., Abscesse in der Milz, in der Leber, in den Nieren.
Corelaenm. Hodenentzündung von Quetschung. Die Einreibung.
Cervi c. ras., Geschwulst. ḫ. g.
Cervi c. u. a., Absceß eröffnend.
Cham. v., Entzündungsgeschwulst, rothlaufartige im Gesichte, nach Zahnweh.
Chel. maj., Hodenentzündung.
Chen. sem., Wassersucht. Tohf.
Cherayta. Wassersucht.
Chin. cort., Geschwülste, wässerige. Bauchgeschwülste. Hodenentzündung. Knieentzündungsgeschwulst. ḫ.
Chin. sulph., Gesichtsgeschwulst. ḫ.
Cich. fl., Afterabsceß. ḫ.
Cich. rad., Gesichtsgeschwulst mit Fieber.

Cich. sem., Wassersucht. Geschwülste, wässerige. h.

Cie., Knieentzündungsgeschwulst.

Cinnab., Geschwulst bei Tripper. Zinnober 2 Theile, Borax 1 Theil mit Lemoniesaft angemacht, 40 Tage stehen gelassen, dann Pillen daraus formirt, ist ein indisches Mittel gegen Wassersucht ang.

Clerod. inf., Backgeschwulst mit Zahnschmerz. MA.

Cocc., Backgeschwulst. h.

Coloc. rad., Bauchwassersucht. MA. 120. s. Zing.

Comp. Zerbabri, Gesichtsanlaufen, nach Erbrechen.

Conv. arg., Geschwülste, wässerige. s. Smil. china.

Conyza anth., Geschwülste an Füßen. h.

Cop. bals., mit arabischem Gummischleim verrieben, Knieentzündungsgeschwulst. h.

Corch. frut., Geschwulst, allgem. Auggeschwulst von einem Schlage. 4mal 12. Augenliedgeschwulst. h.

Cor. sat., Geschwülste zertheilend. Tohf.

Cost. n. Cashm., Afterabsceß, schmerzender, Backgeschwulst. h.

Crat. Marm., Afterabsceß, period. M. 30. Geschwülste, hitzige. h. g.

Creos., Knöchelentzündungsgeschwulst.

Crot. t., s. Zingib.

Cucum. acut. Pinditnri, Auggeschwulst.

Cucurb. lag., Mundabsceß, eröffnend.

Cup. am., Backgeschwulst. h.

Cup. carb., Fußgeschwülste, wässerige, mit Contraktur.

Cyc. rev. cort. fruct. K., Geschwülste, wässerige. Wassersuchten. Hodengeschwülste. h. g.

Cyn. Dub, Abscesse.

Cyp. long., Entzündungsgeschwülste. ♀.

Datisc. cann. rad. cort., Entzündungsgeschwülste. h. g. Abscesse ♀. unter der Zunge und am Zahnfleische.

Deals. Sersamwurzel. Abscesse eröffnend.

Dig. purp., Geschwülste, wässerige. Knöchelgeschwulst.

Dschendalu, Auggeschwulst. h.

Dudin, Abceß eröffnend.

Elat., Absceß eröffnend.

Euph. agrar. (aff. spec.), Abscesse zertheilend.

Euph. epithym., Geschwulst, örtliche.

Euph. longifol., Afterentzündungsgeschwulst, und Absceß eröffnend.

Euph. ten., Geschwülste, wässerige. h.

Euph. thymifol., Geschwülste, wässerige. Knöchelgeschwulst ♀. Absceß zertheilend, nach Blutegel Application.

Euphr., Geschwülste mit Jucken, Brennstichschmerzen.

Evolv., Geschwulst, allg. 4mal 28.

Fabar., Anlaufen mit Jucken und Brennen, nach Kaltwaschen.

Ferr. carb., Bauchwassersucht, nach Blattern.

Frit. cirrh., Geschwülste.

Gagerming, Geschwülste.

Galanga, Absceße zertheilend.

Galena, Oberbauchgeschwulst. Gesichtsgeschwulst. h.

Gard. dum., Abscesse. Auggeschwulst. Geschwülste, wässerige. h. Die Schale der Frucht entweder allein mit Wasser abgerieben, oder mit Bdell. gummi gemischt applicirt, erweicht und eröffnet Abscesse. Bei Blutschwären. ang.

Gent. rad., Wassersuchten. ang.

Geran. prat., Lippengeschwulst ♀. Hodenentzündungen ♀. g. n.

Geum el., Back- und Halsentzündung. h.

Glin. dict., Entzündungsgeschwulst von äußerer Gewaltthätigkeit.

Gmel. as., Geschwülste mit Kreuz- und Knieschmerz.

Guil. Bond., Geschwülste ♀. h. g. Geschwülste, wässerige, mit Wechselfieber. Bei Hodenwassersucht pulverisirt mit Ol. ricini applicirt. ang. s. Zing.

Gyps., Geschwülste, wässerige. h.

Harm. Ruta fl., Füßegeschwülste, wässerige. h.

Hemidesm. ind., Back- und Halsgeschwulst.

Heracl. div., Geschwülste, gichtisch,-rheum., und scrophulöse. Abscesse eröffnend.

Herm. am., Entzündungsgeschwülste, gichtische.

Herm. d., Geschwülste zertheilend. Tohf.

Hib. trion., Geschwulst.
Hoya vir., Wassersucht.
Hyssop., Auggeschwulst. ♄.
Jal. conv., Geschwülste, wässerige.
Jal. mir. fol., mit Oel oder Butter bestrichen, erwärmt applicirt, werden von den indischen Aerzten als erweichend, schmerzlindernd, die Eiterung beförderndes Mittel bei Abscessen und Blutschwären **ang.**
Ilex aqu., Abscesse.
Indig., Geschwülste, wässerige mit Durchfall. **MA.** Entzündungsgeschwülste zertheilend, die Application des mit Wasser abgeriebenen Indigo's, nöthigenfalls einige Male repetirt, z. B. beim Panaritium.
Jod., zertheilte eine harte, faustdicke Geschwulst über dem Nabel mit Kurzathmigkeit, bei einem zu fetten Manne. **MA. 60.** Jod-Injectionen bei Hodenwassersucht **ang.** Jod ist ein die Hoden und die Brüste verwelken machendes Mittel, s. Merc. und Kali iod.
Just. nas., Entzündungsgeschwülste. ♀.
Kali carb., Ohrdrüsengeschwulst.
Kali iod., Gehirnwassersucht. **ang.**
Kali sulph., Knöchelgeschwulst acute, gichtisch-rheum. Entzündungsgeschwülste, vorzüglich in den Gelenken, mit und ohne Belladonna Backgeschwulst. ♄.
Kino gummi, Knöchelentzündungsgeschwulst mit Stichschmerz. Geschwülste ♀. mit Sohlenbrennen.
Lacca in gr., Geschwülste. ♄. g.
Laws. in., Gelenkgeschwülste, kalte; es wird mit Seifenwasser applicirt **ang.**
Led. pal. **abw.** Ars., Knieentzündungsgeschwülste ♀.
Lepid. sat. hb., Afterabsceß. ♄.
Lepid. Taramira sem., Geschwulst, gichtische.
Lepor., Fußgeschwulst, von einem Schlangenbiß.
Leuc. ceph., Knöchelgeschwulst. Gesichtsgeschwulst. ♄.
Lich. od., Gesichtsgeschwulst mit Zahnschmerz.
Lim. Laur., Hodenwassersucht. g.
Lini sem., Geschwülste, wässerige. ♄. g. Mundentzündungsgeschwulst. ♄. Mit Honig, Gesichtsentzündungsgeschwulst.
Lithanthr., Geschwulst bei Tripper. ♄.
Lupin. a., Auggeschwulst. Penisgeschwulst.
Lyc. hb., Entzündungsgeschwülste. Panaritium. ♄.
Lyc. sem., Abscesse.
Lyc. sem. **abw.** Ars. pot., Wassersucht.
Macis, Abscesse.
Major., Geschwülste, kalte, schmerzlose.
Malva, Entzündungsgeschwülste. **Tohf.**
Malva mont., Hodengeschwulst.
Mang. carb., Geschwülste mit Durchfall.
Manna cal., Auggeschwulst. Hodengeschwulst. Knöchelgeschwülste, period.
Manna Hed. Alh., Hodengeschwulst bei Tripper. ♄. Abscesse. ♄.
Marr. a., Hodengeschwulst.
Mar. syr., Eichelgeschwulst.
Meccan. bals., Eichelgeschwulst ♀.
Meliae azed. fol., Hodengeschwülste. Geschwülste, herumziehende.
Melil. sem., Abscesse.
Menisp. hirs., Aftergeschwulst. ♄.
Merc. Ungv. Einreibungen bei der acuten Gehirnwassersucht, in der 1sten und 2ten Periode **ang.** Dabei könnte innerlich: Merc. d. **abw.** Jod. versucht werden.
Merc. v. Hodengeschwülste, acute und chron. Abscesse eröffnend, siehe Krankheiten der Kinder.
Meth. gl., Geschwülste, leprose.
Mez., Hodengeschwülste ♀.
Moring. Soh. gummi, Backgeschwulst. ♄.
Moring. Soh. rad., Abscesse eröffnend.
Mulg. rap. cort., Backgeschwulst, hitzige.
Mulg. rap. fol., Absceß auf dem Hinterhaupte. ♄.
Mur. ac., Ohrentzündungsgeschwulst.
Myrob. embl., Wassersucht.
Narciss. bulb., Hodengeschwulst ♀.
Nard., Backgeschwulst mit Zahnschmerzen.
Nep. salv. hb., Hodengeschwulst.
Nep. salv. rad., Geschwülste.
Nigella, s. Sol. Jacqu.
Nitri ac., Hodenentzündungsgeschwulst. ♄. g.
Nitro-mur. ac., Wassersucht.
Ocim pil., Geschwülste.

Olib. ind., Hodenentzündungsgeschwülste.
Onosm. macr. fl., Entzündungsgeschwulst.
Op. pur., Hodenentzündungsgeschwulst, die Application mit Limoniesaft **ang.**
Orob. cr., Geschwülste.
Pavia, Geschwulst. allg. mit Durchfall.
Petros., Augengeschwulst.
Phosph., Geschwulst, schmerzende, mit Flechte am Arme. Wassersucht. Gehirnwassersucht. **ang.** Mit Honig Handgeschwulst ♀. schmerzende mit Eingeschlafenheit derselben. Mit Oel Geschwülste, wässerige.
Phys. flex. sem., Afterabsceß. **h.**
Phys. somn. rad., Gesichtsgeschwülste, wässerige. **h.**
Picr. kurrooa, bei ♀. Geschwülste. **h. g.** Hodenentzündung **K. M.** Augengeschwülste mit Knötchen.
Piscin., Geschwülste, heiße und kalte: sogar Gehirnwassersuchten.
Plant. maj., Abscesse.
Polan., Schulterabsceß zertheilend.
Polyg. linifol., Afterabsceß.
Polyg. molle, Gesichtsgeschwülste, rothlaufartige.
Polyp. Sekour, Entzündungsgeschwülste zur Eiterung **h.** After- und Halsentzündungen. **h.**
Portul. sem., Hodenentzündungsgeschwülste.
Prunella v., Knieentzündungsgeschwulst. **12mal.**
Psyll. sem., Auggeschwulst.
Puls. Hodenwassersucht. Abscesse, eröffnend.
Quass. **K.**, Penisgeschwulst ♀. **4mal 28.**
Ran. lan. fl., Geschwülste.
Ran. lan. fol., Geschwülste, ☿ ♀.
Ran. lan. rad., Fingergeschwülste.
Raph. sat. sem., Geschwülste, harte und weiche zertheilend; mit Molken applicirt. **Tohf.**
Rhat., Geschwulst, allg.
Rheum, Geschwülste, kalte. **ang.**
Rhus Tox., Geschwülste, heiße.
Ric. comm. fol., Knöchelgeschwulst.
Ric. comm. sem. excort., Hodenentzündungen und Verhärtungen; mit Milch applicirt. **ang.**

Ruku tinct., Geschwulst mit Aussatz.
Rum. ac., Abscesse. Ein Kaschmir'sches Hausmittel. Mit Wasser abgerieben applicirt. **ang.**
Sabad., Geschwülste, period. **M.** Gesichtsgeschwulst mit Fleckausschlag.
Salep (eine breite, wie eine Feige aussehende Art), Wassersucht.
Salv. off., Geschwülste, partielle. Entzündungs-Geschwulst. Backen-Geschwulst **4mal 12.** Afterabsceß.
Salv. Moorcroft., Absceß.
Samb. n. rad. succ., Wassersuchten. **ang.**
Sanspour, Armentzündungsgeschwulst.
Santal. r., Entzündungsgeschwülste, ♀. scroph. 2c. **MA.**
Sapo mit Kalk, oder mit gummi bdellii angemacht appl., Abscesse und Blutschwären **ang.**
Sarcoc., Geschwülste zertheilend. **Tohf.**
Sars., Gelenkgeschwülste ♀. s. Smil. china.
Schekakel, Hüftabsceß. **h.**
Scorp., Geschwülste ♀.
Sebest., Kniegeschwülste, vorübergehende. **h.** bei Abscessen das Decoct ders. appl. **ang.**
Sel., Knöchelgeschwulst. Abscesse erweichend. Eine harte Geschwulst auf dem Rücken. **h.**
Senec. Jacquem., Abscesse öffnend.
Sen. mus., Gesichtsaufgedunsenheit.
Seneg. rad., Wassersucht. Kniegeschwülste.
Sennae fol., s. Krankheiten der Kinder.
Sep. ossa, Geschwülste, wässerige.
Serp. ex., Abscesse, schmerzend-entzündliche. **h. g. ♀.** Fußgeschwulst, nach einem Hundsbiß.
Serp. ex. mit Ars., Hodenentzündung, bei ♀. **h.**
Sid. fol. & sem., Entzündungsgeschwülste.
Sid. rad., Geschwülste, wässerige. **h.**
Sil., Knieentzündungsgeschwulst von 3 Monaten. **I. K. M. 7.** Geschwülste beider Füße, chron. **K. MA. 14.**
Geschwulst und Eiterung auf der Hand.
Hodenwasserbruch mit Scropheln.
Abscesse, vor und nach dem Aufbruche derselben.

Sil. **abw.** Ars., Hodenentzündung, bei ♀. ♄.

Sinap. fol., Augen- und Halsgeschwülste.

Sinap. sem., Schienbeingeschwulst.

Sisymbr. Soph., Geschwülste mit Brennen und Jucken. Augentzündungsgeschwulst. ♄.

Smil. china, auf vorhergegebene Conv. arg. und Sarsap., Afterabsceß. ♄.

Sol. Jacqu. succ., mit Nigella. Wassersucht. **Tohf.**

Sol. n., Wassersucht. Geschwulst, wässerige, juckende. ♄.

Spig. anth., Kinngeschwulst.

Squilla mar., Nasengeschwulst.

Stann., Fußgeschwülste, wässerige, mit Fieber.

Staph., nach Silicea, eine einzige Gabe öffnete einen rachitischen Absceß.

Stor. cal., Absceß.

Strych. n. vom., Geschwülste an Händen und Füßen mit Fieber. Wassersucht. Entzündungsgeschwülste der Hoden mit Krampf und Herabhängen derselben.

Swert. pet., Abscesse. In Kaschmir die Application **ang.**

Syc. Gagervel, Gesichtsgeschwulst, bei Zahnschmerz. ♄.

Tab. sem., Panaritium. ♄.

Talc. a., Geschwülste, allg. Ohrabsceß, period. Anschwellungen mit hitzigen Ausschlägen, Jucken 2c.

Tereb. ol., Gesichtsanlaufen mit Ausschlag.

Tereb. spir., Geschwulst mit Fieber, durch Abführen geheilt.

Test. ov., Leisten- und Hodengeschwülste. **ang.**

Thuj. occ. **R.**, Knieentzündungsgeschwulst mit Tripper.

Thym. Serp., Abscesse mit Fieber.

Trib. terr., Kniegeschwulst.

Turp. conv., s. Krankheiten der Kinder.

Ultram., Hodengeschwulst.

Urt. dioic. fl., Geschwulst.

Vacc. sterc., Wassersüchtige werden in Indien mit frischem Kuhmiste am ganzen Leibe angestrichen, in die heiße Sonne gesetzt.

Vanill. **R.**, Geschwulst, allg. ♄.

Venaesectio, Geschwülste, period. der Augenlieder. **ang.**

Verbasc., Backenabsceß ♀. öffnend.

Verbena off. Lab., Auggeschwulst. ♄.

Vesp. fav., Gesichtsgeschwulst, bei ♀. ♄.

Viol. od., Entzündungsgeschwulst. Gesichtsgeschwulst, period. mit Kopfgicht.

Vit. neg. sem., Knöcheigeschwulst. Geschwulst mit Jucken. Gesichtsgeschwulst. ♄.

Vitri fel, Geschwulst, schmerzende, der Hand.

Vomit., Hodenentzündung, acute.

Xanthox. pip. cort., Gesichtsgeschwulst, entzündliche.

Zed. Zer., Gesichtsgeschwulst, wässerige, mit Erbrechen.

Zinc. carb., Nasenentzündungsgeschwulst. **M. 7.**

Zing. off., Fußgeschwülste. ♄. **g.** bei schmerzenden.

Zing. off. mit Crot. t. und Guil. Bond. in Composition, täglich zu 3 Gaben, am 5. Tage einen Afterabsceß ♄.

Zing. rec., Abscesse öffnend.

Zing. rec. mit Coloc. rad., in Composition. Hodengeschwulst. ♄.

Anmerkung. Bei Hoden- und bei Bauchwassersuchten hab' ich mich in den letztern Jahren öfters eines einfachen harzigen klebrigen Pflasters mit Nutzen bedient, das ich nach der Abzapfung des Wassers auf den erschlafften Theil legte, und mit Binden befestigte, während ich dabei auch die inneren Mittel gebrauchte.

Zwei Recepte aus meiner früheren Praxis mögen, da sie in meinem Manuale als in der Wassersucht nützlich angemerkt sind, hier ebenfalls einen Platz haben, wenn auch nur, um Denjenigen zu gefallen, die stets Freunde von Gemischen bleiben wollen.

Das 1. Recept besteht aus Calomel, Digit. p., Opium, extr. Squill. m., zu gleichen Theilen, woraus nach der Regel der Kunst 2 Gr. Pillen verfertigt werden, und die mit Süßholzpulver

*

conspergirt wurden. Die Gabe derselben war Morgens und Abends zu 1 — 2 Stücke.

Das 2. Recept besteht aus Essenzen von Jalapa, Senna, Turpethum, Scammonea, Ipom. coer. und Myrobal. nig. die gemischt über einem gelinden Feuer bis zur weichen Extractform abgedampft werden; hiezu mischte ich von 1 Theile Kalomel mit 2 Theilen Rhabarber so viel, als genug war, um daraus Pillen von 3 Gr. verfertigen zu können, die mit Magnesia conspergirt wurden. Morgens und Abends zu 1 Stück eingegeben, heilten in 8 Tagen durch vermehrten Harnabgang eine Wassersucht, die sich über den ganzen Körper erstreckte. Ich behandelte nämlich früher, wie der größte Theil der Aerzte auch noch heutigen Tages zu thun pflegt, nach dem Grundsatze: Vis unita fortior, indem ich glaubte, daß man die ganze Maschine in Bewegung setzen müsse, um durch allseitigen Angriff derlei Krankheiten herauszuschaffen.

Geschwüre; als Eiterungen, Jauche und Lympflüsse.

Abelm. mosc. sem., Mundwinkelgeschwür. h.

Abr. prec. sem., Eiterung.

Amm. mur., s. Serp. ex.

Anac. occ., Eiterungen verbessernd.

Anac. or., Fingergeschwür. h.

Anag. caer., die Eiterung beim Tripper unterdrückend.

August. cort., Nasengeschwürigkeit. h.

Ant. t., Lympflüsse, besonders in den Gelenken. ang.

Araneum, Eiterung, blutige.

Areca cat. nux a., Fußgeschwür. **4mal 12.**

Areca cat. nux n., fistulös. Geschwüre in der Hüfte.

Argem. mex. sem., Zahnfistel.

Arg. nitri f., Cauterisation bei Nasengeschwüren, inneren.

Arn. R., Nasengeschwür, fistulöses.

Ars., Kruste mit Geschwüren am Munde, nach einem Fieber. Gesichtskrebs. Magenkrebs. 2tägig — 3tägig 1 Gabe. Geschwüre, brennende. Nasengeschwür. **M. 15.**

Asa f., Eiter, dünner, jauchiger, stinkender.

Asplen. fol., Nasengeschwür, inneres. Nierenfistel.

Aterni, Zahnfistel. Eiterungen.

Auripigm. r., Flechtengeschwür.

Balausta, Mund- und Nasengeschwür.

Bar. ac., Eiterungen, schlechte verbessernd, gute hemmend.

Bdell., Ohrgeschwür. Die Eiterung beim Tripper verstärkend.

Bebeerine Sohlengeschwür, auf Quetschung.

Behen, Nasenflügel- u. Oberlippengeschwür bei ♀. h.

Berb. lyc., Geschwüre.

Berb. lyc. Res. Ausflüsse hemmend.

Bist., Lungengeschwür. Geschwüre, alte. **Tohf.**

Blum. aur. hb., Eiterung beim Tripper.

Bov., Mund- und Zahngeschwür.

But. fr. gummi, Trippereiterung.

Calotr. gig., Eiterungen. Krebsgeschwür, die Application der Blätter ang.

Calx v., Zehengeschwür von einer äußeren Gewaltthätigkeit. ang.

Cann. ind., Krebs, ang.

Cann. ind. sem., Mundwinkelgeschwür. h.

Canth., Geschwüre, brandige, faule. Bei Nägelleiden gebraunt einzugeben. **Tohf.**

Carbo v., Geschwüre, leicht blutende, stinkende, brennende, mit scharfer Jauche.

Carpob., Eiterung. **Tohf.**

Casc., s. Krankheiten der Kinder.

Cass. abs. sem., Halsgeschwür. ♀. h.

Cass. al., eiternde Ausschläge.

Cass. fist. pulpa, Geschwür, fistul. im Mittelfleische, nach dem Steinschnitte. Zahnfistel, äußere. **4mal 28.** Zehengeschwür. **MA.**

Cass. fist. sem., Sohlengeschwür, Aussätziger.

Caut. act., Geschwüre, bösartige. Vesico-vaginal-Fistel. repet. Applic.

Celastr. pan., Nasen- und Gaumengeschwür mit stinkenden Schweißen. MA.

Chel. maj., Fistel in der Lebergegend.

Cherayta, Krebsgeschwür am Fuß.

Cich. sem., Nasengeschwür.

Cic., Gesichtsgeschwür, scroph.

Cinnab. Dr. vj. mit Wachs Dr. jv. zu einer Kerze gemacht, die 3 Abende hindurch zu ⅓ unter dem Nabel verbrannt wird, soll purgiren, keinen Speichelfluß erregen und Geschwüre aller Art heilen.

Cleom. p. sem., Geschwüre, endemische, jahrelang dauernde.

Cocc. men., Brustfistel. Dabei war zugleich das weiter unten angegebene Stypt. angewandt worden.

Coloc. sem., s. Serp. ex.

Con., Geschwüre, krebsartige, schmerzende.

Cop. bals., Brustgeschwür, fistul.

Corch. frut., Geschwüre, fistul. in der Hüfte, auch am Schienbeine. 2tägig. Zehengeschwür beim Aussatz.

Corn. c. a. u., Stuhlgänge, schleimig-eiterige.

Corn. c. ras., Thränenfistel. M. Eiterungen.

Cost. n. Cashm., Penisgeschwür, fistul. mit einem Tripper. 4mal 28.

Cot. lac., Eiterung bei Chanker. Nägelgeschwür mit Gefühllosigkeit.

Crat. Marm., Geschwür, äußeres, auf der Nase. Mastdarmfistel ♀.

Creos., Geschwüre, atonische, leicht blutende, brandige. ♀. Lungengeschwür. Knochengeschwür.

Croc. sat., Eiterbläschen, das die Vögel bei Gelegenheit des alljährlichen Mausens am Steiß bekommen, welches, wenn es nicht von selbst sich öffnet oder behutsam aufgestochen wird, häufig ihrem Leben ein Ende macht. Diesem vorzubeugen, lege man einige Fäden Safran in ihr Trinkwasser. ang.

Crot. t., Geschwür, ♀.

Cup. ac., Nasengeschwür, stinkendes.

Cup. am., Sohlengeschwür.

Cup. carb., Geschwüre, alte. Brustseitenfistel.

Cusc., Nase- und Mundgeschwüre, bei Fiebern. ♄. Fußgeschwüre, alte, mit Brennen in Füßen.

Cyp. long., Krebs. Mundgeschwüre. Nasengeschwüre, stinkende. Fußgeschwür ♀. Eiterung, schlechte, verbessernd. Tohf.

Daph. Sunnerkat, Geschwür, phagad.

Dar., Geschwür auf dem Schienbein, von einem Schlag. M.

Datisc. cann. rad. cort., Knochengeschwüre.

Datisc. cann. sem., Hodenfistel, ♀.

Deals. Fieberwurzel. Sohlengeschwüre, period.

Deals. Fistelwurzel. Knochengeschwür. Eiterungen.

Delph. pauc., Zahnfistel, äußere. Fußgeschwür, fistul. ♀. Mastdarmfistel. ♄.

Delph. Ghafes succ., Nasengeschwür. ♄.

Dig. p., Eiterung, ♀.

Dol. pr., Geschwüre, nässende.

Dol. pr. faba, Geschwüre, schmerzende vorn und hinten.

Dulc., Geschwür in der Hüfte, bei Gefühllosigkeit.

Embryopt. gl. rad. cort., Mastdarmfistel.

Euph. epith., Knochengeschwür.

Euphr., Geschwüre.

Evolv., Mastdarmgeschwür.

Fabar., Geschwür, nach einem Fall.

Ferr., Krebsgeschwür.

Fic. Car. sem., Zahnfistel.

Fil. m., Lymphe, scharfe.

Foenic. rad., Hodengeschwür, auch ♀.

Gagerming, Geschwüre, endemische. Fußgeschwür ♀.

Galanga, Knochengeschwür.

Galvan., Geschwüre, bösartige. Application desselben.

Gard. dum., Nasengeschwür, ein Familienübel. K. sol. 2tägig 20. Blase- und Hodenfistel, ♀. Eiterungen. Lymphflüsse.

Ger. prat., Handgeschwür, ♀.

Glin. dict., Nasengeschwürchen.

Gmel. as., Mundgeschwüre. ♄.

Goss., Baumwolle, alte, angefeuchtet, auf ein Panaritium applicirt, bewirkte baldigst den Aufbruch desselben.

Goss. sem., Aftergeschwüre mit Mastdarmvorfall.

Grew. as. R., Brust- oder Lungengeschwür mit stinkendem Auswurfe.
Guaj. gummi, Geschwüre, faule.
Guil. Bond., Eiterungen verbessernd, auch hemmend.
Harm. Ruta, Fußgeschwüre.
Hemid. s. Smil. china.
Heracl. div., Knochengeschwür.
Hibisc. tr. fol., Knochengeschwür.
Hossen Jussif, Aftergeschwür.
Hoya vir., Nasen- und Mundgeschwüre.
Hyssop., Geschwüre des Mundes und der Peniswurzel, bei ♀. ♄.
Jal. mir., Zahnfistel, äußere.
Jatr. curc., Nasen- und Mundgeschwüre.
Indig., Panaritium. Als Auflösung applicirt.
Jod., s. Merc. und Rheum.
Ipom. cusp., Thränenfistel.
Jugl. nuc. fol. R., Geschwüre, alte. Application. ang.
Jun. bacc., Nasengeschwür, stinkendes; bei Krebs pulverisirt zu appl. Tohf.
Kaliakand, Nasengeschwür, stinkendes. Rachengeschwüre, schmerzende. MA.
Kali hydroc., Halsgeschwüre, ☿ ♀.
Kali oxym., Geschwüre, brennende, krebsartige.
Kali sulph., Panaritium. Eiterungen aller Art.
Kankolmirdsch, Aftergeschwüre ♀.
Keikeila, Nägelgeschwür.
Lacca in gr., Panaritium. ♄.
Lacca in tab., Nasengeschwür stinkendes.
Lact. succ., Geschwür, fistul. im Mittelfleische. ♄.
Lam. sacch., Geschwüre, jauchige, scroph.; sogar bei Pferden.
Laws. in., Zehengeschwüre mit Aussatz.
Lent. sat., Geschwüre mit Aussatz. Brustfistel. Knochengeschwüre. Krebs. ♄. Tohf.
Lepid. sat. sem., Hüftgelenkgeschwüre, fistul. MA. 60.
Lepor., Mastdarmfistel, Krebsgeschwür.
Leuc. ceph., Mastdarmgeschwüre. g. n.
Lithanthr., Mundgeschwüre. ♄.
Lupin. a., Flechtengeschwüre an Füßen. MA. 14.
Lup. Hum., Geschwüre, scroph. Schilddrüsengeschwüre.
Lyc. hb., Magenkrebs. Panaritium. ♄.
Lyc. sem., Knochengeschwür.
Magn. carb., s. Sulph.
Major., Hodenfistel. M. 40. Eiterung bei Tripper.
Malva, Nieren- und Blasengeschwüre. Tohf.
Manna Tigal, Fußgeschwüre. ♀.
Marr. a., Eiter- und Schleimauswurf.
Mecc. bals., Lungengeschwüre.
Melandr. tr., Geschwüre, Aussätziger.
Meliac azed. fol., Geschwür, brennendes, phagad., fistul. am Fuß. Die Application des Pulvers ist bei faulen, schmerzenden Geschwüren ang.
Meliac semp. sem., Geschwüre, scroph.
Melong. sem.. Eiterung der Beulen.
Menth. p. R., Gaumengeschwüre. ♄.
Mercurialia, Eiterungen, entzündeter, innerer und äußerer Theile, mit Neigung dazu.
Merc. d., Zehengeschwüre, blutende. M. 30.
Merc. iod., Blasengeschwüre. ♄.
Meth. gl., Sohlengeschwüre, Aussätziger.
Mez., Nasengeschwür, stinkendes ♀.
Millef., Thränenfistel.
Mim. pud. siliq., Nasengeschwür, stinkendes.
Moring. Soh. rad., Geschwüre, ♀.
Mur. ac., Mundgeschwüre. Geschwüre und Blattern auf der Zunge.
Myrrh. gummi, Geschwüre, faule. Knochengeschwür. MA. 60.
Myrob. embl., Fisteln. Thränenfisteln. Hodengeschwüre, ♀. MA. 60.
Myrob. n., Eiterung, ♀. am Hintern.
Myrt. bacc., Eiterung bei Tripper.
Narc. bulb., Thränen- und Nasenfistel.
Nard., Eiterungen. Lymphflüsse.
Natr. m., Neidnägel.
Nel. spec. fl., Thränen- und Nasenfistel.
Nep. salv. hb., Nasengeschwür, stinkendes.
Ner. ant., Geschwüre, ♀. MA.
Nig. sat. sem., Blasenfistel, nach dem Steinschnitte.

Nitri ac., Geschwüre, ♀. am Munde, an den Hoden.
Num. Schadenedsch, Hornhautgeschwür. Die Eiterung befördernd.
Onosm. macr. rad., Geschwüre.
Opop., Jauche, schlechte.
Ox. am., Eiterung bei Tripper.
Ox. corn., Nasengeschwür, stinkendes.
Pavia, Brustgeschwür, fistulöses.
Pers. nucl., Mastdarmgeschwür, fistul. ♀. Blasengeschwür **12mal.**
Phosph., Nasengeschwür, übelriechendes.
Phosph. mel, s. Krankheit des weiblichen Geschlechtes.
Phosph. sodae, Brustfistel.
Phys. flex. sem., Mastdarmfistel.
Phys. kagnedsch, Blasengeschwür, beim Aussatz. **h.**
Picr. kurrooa, Knochengeschwür. Gelenkgeschwür.
Pisc., Nase- und Halsgeschwüre. **h.**
Plant. maj., Geschwüre, scroph., auch ♀.
Polan. rad., Thränenfistel. **g. M. 40.**
Polyg. linif., Panaritium. **h.** Sohlengeschwür. **h.**
Polyg. macr., Geschwür, ♀.
Pum. lap., Geschwür, fistul. im Kreuz. **M. 15.**
Ran. lan. fl., Geschwüre.
Rheum, Sohlengeschwür, von einem Stich im Fuß.
Rheum **abw.** iod., Geschwür, krebsartiges.
Rhus Cor., Nierenfistel.
Rhus Kakr., Nasengeschwür, stinkendes.
Rhus Tox., Thränenfistel. Neidnägel.
Sahansebed, Nasengeschwüre. **h.**
Salv. off., Eiterungen.
Sapind. emarg., Eiterung bei Tripper.
Sarcoc., Halsgeschwür, fistul., nach Halsentzündung. **M. 30.** Knochengeschwür. **M. 30.** Mit Honig appl. bei Geschwüren. **Tohf.**
Sars. **abw.** Smil. china, Knochengeschwür mit allg. Schmerzen. **MA.**
Saxifr. Peschant, Knochengeschwüre. Die Application **ang.**
Schekakel, Nasengeschwür, stinkendes. Zahnfistel. Fußgeschwüre.
Scorp., Hornhautgeschwür. Nasengeschwür, stinkendes.
Scorp. carb. **K.**, Harnfistel.
Sel., Eiterungen. Geschwüre, fistul. phagad.
Senec. Jacquem., Mastdarmfistel.
Sep. succ., Panaritium.
Serp. ex., Zahnfistel. **h. g.** Geschwür, stinkendes, von einem Hundsbisse; es war zu gleicher Zeit ol. serp. ex. örtlich angewandt worden. Jauche, scharfe, corrod.

Mit Ammon. mur. in Verbindung, Knochengeschwür.

Abw. Ars., Knochengeschwüre brennende, fistulöse.

Abw. Coloc. sem., Nasengeschwür, stinkendes.

Abw. Thuja, Geschwür, cariöses mit Aussatz.

Sil., Thränenfisteln. **h. g.** Flechtengeschwür. Eiterungen aller Art. Geschwüre, per. Panaritium. Brustkrebs. Krustenflechte am Schienbein, ♀. **K. 3. M. 15.**

Nägelleiden; weiche, krumme, rissige Nägel. 30 Potenz. **ang.**

Smalt., Nasengeschwür, stinkendes.
Smil. china. **abw.** Hemid., Nasengeschwür stinkendes, s. Sars.
Sol. n., Eiterung.
Spong. u., Ohrgeschwüre, äußere.
Stann., Thränenfistel. Neidnägel.
Staph., Mastdarmfistel. Geschwür. fistul. auf dem Rücken. **h.** Eiterung der Blase und der Gedärme. **Tohf.**
Stoech. ar., Sohlengeschwür, nach einer Säbelwunde.
Strych. n. vom., Sohlengeschwür.
Styl. Nep. rad., Knochengeschwür.
Stypt., Alaun, blauer Vitriol und Zinksulphat zu gleichen Theilen werden zerstoßen und zerschmolzen zum Gebrauche aufbewahrt. Dieses, mit und ohne Zusatz von Kampher, Opium u. dgl., war eines meiner frühern Hauptmittel. In Rosenwasser aufgelöst, benutzte ich es als Augenwasser bei Augenentzündungen, zu Einspritzungen bei Ohrflüssen, Tripper, Weißfluß 2c. Bei subacuten oder chron. äußeren Augenleiden, wie auch bei Wunden, Geschwüren, Flechten u. s. w. gebrauchte ich es als Pulver applicirt.

Sulph. citr., Neidnägel. Mit Magnesia gemischt, in großen Gaben eingegeben, wird es bei Mastdarmfistel ang.

Syc. Gagervel, Nasengeschwür, stinkend.

Talc. a., Nasen- und Ohrgeschwüre, Flechtengeschwüre, juckende, an Füßen.

Tarax., Nase-, Mund- und Halsgeschwüre. ♄. Fußgeschwüre, ♀.

Thym. serp., Knochengeschwür. Blut- und Eiterabgang bei Brustfistel.

Ultram., Krebs- und andere Geschwüre, sogar der Knochen; sowohl innerlich als auch örtlich (mit Zucker abgerieben, appl.) angewandt.

Umb. Butazeri, Backengeschwür, cariöses.

Vacc., Geschwüre, ♀. Geschwür, pockenähnliches, im Gesichte.

Verbasc., Backenfistel.

Verbena off. Lab., Panaritium. Mastdarmfistel.

Vesp. fav., Nasengeschwür, krebsartiges, phagad. Bei endemischen jahrelang dauernden Geschwüren ist die Applic. der Kohle desselben ang.

Vit. neg., Nasengeschwür. ♄. g. Nasengeschwür, stinkendes.

Xanthox. pip. sem., Rachenfistel mit Gelenkgicht.

Zinc., Geschwür, ♀., gereiztes. Nasengeschwür. Aftergeschwür, ♀.

Zinci chlor. sol. appl., bei alten Geschwüren, Lippenscirrhus, noli me tangere etc. etc. ang. Mit Gyps applic. bei krebsartigen Geschwüren ang.

Zinci sulph., Lymph-, Eiter-, Blutflüsse.

Zyz. Juj., Mastdarmfistel. Gelenkgeschwüre.

Gesichtsgeschwulst, s. Geschwülste.

Gesichtsschmerzen, s. Schmerzen.

Gesichtsumnebelung, s. Schwindel zc.

Gewaltthätigkeiten, äußere, üble Folgen davon, als: Hühneraugen, Knochenbrüche, Schmerzen (von Schlägen, Stößen, Fallen zc.) Unterlaufungen, Verrenkungen zc.

Abs., mit Oel gekocht, applicirt, wird als Wunden heilend ang.

Acanth. Otengen, Wunde über der Nase, von einem Stoß. **MA.**

Ajonain, Blut, angehäuftes, unter der Haut zertheilend. **Tohf.**

Alth. fol., Knochenbrüche. **Tohf.**

Alth. rad., Contusionen und Zerreißungen. **Tohf.**

Amygd. d., Sprachlosigkeit vom Fallen. ang.

Amm. carb., Schmerzen von früher verstauchtem Handgelenke. ang.

Amm. mur., Kreuzschmerz vom Fallen, chron. **M. 30.** Salmiak in Wasser aufgelös't, mit etwas Essig versetzt, dient zu kalten Bähungen und Umschlägen bei frischen äußeren Beschädigungen. s. Foment. fr.

Aran. diad., Verwundungen innerer Blutgefäße, s. Erzählung meiner Reiseerlebnisse.

Araneum, die Application ist bei Schnittwunden ang.

Arg. nitri f., Cauterisation bei Callositäten, wie z. B. bei Hühneraugen.

Arn. **K.**, g. n.

Asa f., Schäden, innere, von äußeren Gewaltthätigkeiten. ang.

Asph. Lab., g. n.

Asph. pers. zu Gr. j. pro dosi, ist ein Specifikum bei Knochenbrüchen, vorzüglich nach einem Aderlaß eingegeben.

Bebeerine, Sohlengeschwür nach Quetschung.

Behen r., Kniegeschwulst, schmerzhaftes, nach einem Schlag.

Berb. lyc., Wunden trocknend. **Tohf.**

Bol. arm., Bluthusten nach äußerer Schnittwunde.

Calam. lap., auf's Zahnausreißen, Zahnfistel.

Calc. chlor. sol., bei schmerzhaften Wunden und Contusionen mit Charpie appl. ang.

Calx v., gepulvert applic. soll ein altes Geschwür an der Zehe, das von einem Stoße entstanden war, geheilt haben.

Canth., Wundheitsgefühl in leidenden Theilen. ang. Spanische Fliegen in Honig gekocht, oder auch nur die Tinktur derselben mit gereinigtem Honige gemischt, kann als ein gelinde reizendes Mittel bei schwer heilenden Wunden, Geschwüren, fistul. &c. angewandt werden.

Carniol. u., Applicat. wird als Stypticum ang.

Carp. rac., wird in Kaschmir als Wunden heilend ang.

Cass. fist. pulpa, Zehengeschwür, nach einer Säbelwunde. Mittelfleischfistel, zuweilen aufbrechende, mit Hodengeschwulst, nach einem Steinschnitte.

Cass. fist. sem., Reste von einer Lähmung mit Kreuz- und Knieschmerzen, nach Fallen entstandene.

Cerelaeum, Wunden, frische. Die Application ang.

Cherayta, Hüftweh, nach einem Falle. Kreuzschmerz nach einem Falle. n. Aeußere Schäden und Knochenbrüche. Tohf.

Chin. cort., Abzehrung, nach Fall und Schreck entstandene.

Chitr., Stoß- und Fallbeschwerden. Zerstoßen mit Essig gekocht applicirt. Tohf.

Chlorof., s. Gutta p.

Coccin., Armschmerz von einem Knochenbruch. M. 7. Bei Wunden und Knochenbrüchen mit Mehl zu applic. Tohf.

Collod., Applicat. bei frischen Schnittwunden ang.

Con., alte Schmerzen vom Fallen, s. Krankheiten des weibl. Geschlechtes.

Corch. frut., Auggeschwulst, nach einem Schlag auf das Auge.

Cost. ar., Wunden trocknend. Tohf.

Creos., Wunden. Zerschlagenheitsschmerzen.

Cubeb., zerbrochene Glieder stärkend. Tohf.

Cup. ac., Brustschmerz, von Schlägen. Grünspanpflaster mit Salmiak &c. wird gegen Hühneraugen applicirt ang.

Cup. sulph. sol. appl., Aufliegen. ang.

Curc. longa, Wunden trocknend. Tohf. Bei äußern Schäden applicirt ang.

Cyn. Dub, s. Mulged.

Dar.

Euphorbiac., Beschwerden von Gewaltthätigkeiten.

Euph. neriifol., frische Wunden. Tohf.

Euph. serr., Oberarmverrenkung. Armeingeschlafenheit und Starrheit vom Binden. (K. sol.).

Fabar., ein Geschwür im Mittelfleische vom Fallen. MA. 14.

Fist. rad. D., Ohrläppchen-Schmerz und Eiterung, nach einem Schlag.

Foment. frig., s. Amm. mur. sol.

Auch mit anhaltender Application kalten Wassers vermittelst Löschpapier, Tüchern, oder in einer Blase, kann man bei äußerer Gewaltthätigkeit, als: Stoß, Fall &c., den heftigen Entzündungen bevorkommen.

Frit. cirrh., üble Folgen äußerer Gewaltthätigkeit.

Glin. dict., Entzündungsgeschwülste, schmerzende, äußerer Gewaltthätigkeit.

Goss., Baumwolle, gekrempelte, ½ Zoll dick applicirt, auf Blasen, z. B. vom blasenziehenden Pflaster. ang.

Gutta percha, in Chloroform oder in Sulph. carb. aufgelöst appl., bei Wunden ang.

Gyps. carb., Knieschmerz von einem Schlag.

Hyss., Blutunterlaufungen.

Ichtyoc., Fallbeschwerden.

Kali sulph., Lendenverrenkung. Der Rückstand von der Salpetersäure in Wasser aufgelöst applicirt, heilte eine Sattelwunde bei einem Pferde.

Kino gummi, Schmerz nach Fallen.

Lepid. sat., örtliche Schäden ang.

Lithanthr., Wundenschmerz.

Lyc. hb., Schmerz vom Fallen.

Magnet. lap., Wunden. Tohf.

Manna cal., Fallbeschwerden.

Mel. azed. fol., Wunden heilend. Tohf.

Mel. semperv. Fallbeschwerden. ang.

Menisp. hirs., Knochenbrüche. Tohf.

Mulg. rap. mit Cyn. Dub lign. hält man in Kaschmir für Wunden heilend.

Mum. pers., s. Asph. pers.

Nitri ac., Verrenkungen.

Olib., Fallbeschwerden. ang.

Opop., Schmerzen nach Schlägen. g. n.

Ovi pell., über leichte Wunden appl. ang.

Petrol., leicht verrenkbares Kiefergelenk. ang.

Phosph. mell., Fallbeschwerden.

Plumbago Zeyl., Wunden heilend. **Tohf.**

Portul. oler. sem., Hodengeschwulst, nach Steinschnitt.

Pyrethr., ist ein Surrogat des Costus. **Tohf.**

Raph. sat. sem., Wunden heilend. **Tohf.**

Ricini v. sem., s. Sinap. sem.

Rotl. t., Wunden trocknend. Die Application des Pulvers **ang.**

Sarcoc., Knochenbrüche. **Tohf.** In den Wunden Fleisch **h. Tohf.**

Sec. c., Lähmung der Untertheile, nach einem Falle.

Sel., Gelenkschmerz und Stuhlzwang, in Folge einer Verhebung. **I. MA.**

Sep. succ., Wundsein am Hintern, an Geschlechtstheilen und hinter den Ohren, vom Kratzen.

Sinap. n. sem. und sem. ricini vulg., jedes für sich zerstoßen mit ol. susam. or. gemischt, als Cataplasma applic., bei üblen Folgen äußerer Gewaltthätigkeit, sogar mit abgezehrten Gliedern.

Sol. Jacqu. fr., **g. n.**

Spong. u., Decoct mit Honig versüßt, bei alten Wunden eingegeben. **Tohf.** Mit Essig oder Spiritus angemacht, auf frische Wunden zu appliciren. **Tohf.**

Stann., Wundheitsgefühl vom Halse bis in die Leiste.

Staph., bei leichtem Verrenken des Kiefergelenkes **ang.**

Stoech. ar., **g. n.**

Strych. f. St. Ign., Schnittwunde am Finger. Kreuzschmerz nach Fallen. Schnittwunden, Applicat. **Tohf.**

Sulph., Hornhautfleck u. Augentriefen, nach einem Stiche in die Hornhaut. 'K., siehe Krankheiten der Kinder.

Tereb. ol. appl., Wunde, brandige, von einem Hundsbiß.

Urtica dioica, Cataplasmen bei Fall-, Stoß-, u. Schlag- rc. Beschwerden **ang.**

Urt. dioic. tl., üble Folgen äußerer Gewaltthätigkeiten.

Vesica. Eine eingeölte Blase mit Luft gefüllt kann bei Wundheit vom Aufliegen als Unterlage benutzt werden.

Vit. neg., Fallbeschwerden. **ang.**

Gicht, s. Schmerzen.

Gifte, s. Vergiftungen.

Gliedschwamm.

Ant. cr., am Knie.

Chel maj., am Ellenbogen. **h.**

Clem. recta

Goldaderbeschwerden, s. Hämorrhoidalbeschwerden.

Grippe, s. Katarrh. Husten und Fieber.

Grülpsen, s. Magenkrankheiten.

Haarmittel, Haarschwärze, den Haarwuchs verstärkende, wie auch Haareausfallen machende Arzneien.

Abr. prec. a., mit Honig applicirt beim Glatzkopf **ang.**

Acon. fer., Augenwimpernausfallen beim Aussatz.

Alth., Haarausfallen beim Katarrh.

Ambra gr., Haarausfallen. Innerlich, auch örtlich mit Pomade **ang.** s. Cannab.

Anac. or., als Haar schwärzend. **ang.**

Arg. fulm., Barthaarausfallen mit Jucken am Kinne.

Asa f., Glatzkopf.

Aur. nitro-mur., Haareausfallen.

Bar., Kahlköpfigkeit. **ang.**

Bdell., Haarausfallen. **M. 30.**

Behen a. & r., als Haarmittel **ang.**

Bism., als Haare schwärzend **ang.**

Cactus, s. Susam. or.

Calotr. gig., s. Melia azed.

Cann. sem., als Haar stimulirend **ang.** Vielleicht gibt das Hanföl mit Ambra gr., Cantharides rc. versetzt, innerlich oder auch nur äußerlich angewandt, zweckmäßige Compositionen.

Canth., soll den Haarwuchs beschleunigen. Gebrannte spanische Fliegen mit Oel applic. machen die Haare wachsen. **Tohf.**

Rp. Medulae bovis Unc. jβ.
Cerae citr. Dr. jj.
Ol. rosar. Unc. β.
Extr. (aquos.) canthar. Gr. XXIV.
Ess. caryoph. ar. gtt. IV.
misce.

Diese Pomade wird als eine der besten die den Haarwuchs befördert **ang.**

Carbo an. (C. c. u.), Barthaareausfallen mit Kinnjucken.

Cass. fist. pulpa, Barthaareausfallen mit Hämorrhoiden.

Catechu, s. Jugl. nux

Cervi c. u., s. Carbo an.

Coc. nuc. ol. applic., als den Haarwuchs stimulirend **ang.**

Coff. ar., den Haarwuchs stimulirend.

Der rohe Kaffee wird zerstoßen entweder mit frischer Butter geröstet, durchgeseihet, mit etwas Wachs und wohlriechenden Substanzen, als: Ambra, Gewürznelkenöl rc., als Pomade gebraucht, oder auch nur mit Wasser ausgekocht, und mit dem Decocte die Haare jeden Morgen gewaschen.

Corvineum (?), indem nämlich die Rabengalle mit etwas Zucker gemischt, täglich zu Gr. j. eingeschnupft, das Grauwerden der Haare verhindern soll.

Creos., Haarausfallen.

Crot. t., als Haareschwärzend. **ang.**

Cucum. acut., Kopfhaarausfallen.

Cup. sulph. s. Jugl. nux.

Ferr., s. Papav. rh.

Fic. ind., **ang.**

Indigofera Anil., s. Laws. in.

Jod., als haareschwärzend **ang.**

Jugl. nux, Wallnußblüthen ½ Pfd., bitteres Oel (Senföl) Pfd. j. werden in einem eisernen Gefäße drei Wochen lang in Pferdemist vergraben gehalten, täglich einmal umgerührt, dann durchgeseihet, blauer Vitriol Scr. j., Catechu dr. j. dazu gemischt, als Haarschwärze **ang.** Auch aus dem Safte der äußern grünen Schalen von Wallnüssen präpariren die Orientalen verschiedene haarschwärzende Mittel.

Junip. bacc., mit Essig appl. beim Glatzkopf. **Tohf.**

Laws. in., und Indigofera Anil. beide in Pulverform, von jedem zu 2 Theilen; Myrthenblätter und Früchte von baumartigen Phyllanthus (Phyll. emblica, Lin.) pulverisirt, von jedem dieser beiden zu 1 Theile, werden gemischt mit Wasser zu einem weichen Brei angemacht, applicirt. Die Mischung dieser 4 Ingredienzien wird im Oriente als Haare hervorbringend, den Haarwuchs beschleunigend, die grauen Haare schwarz färbend, und das Aufspringen oder Zerspalten derselben verhütend **ang.**

Ich selbst habe mir in den frühern Jahren, sowohl in Persien, als auch in Indien, den Bart mit folgenden Mitteln, und zwar auf die Art gefärbt, die fast allgemein als die vorzüglichste anerkannt, und bei den Morgenländern, welche so viel auf schöne, lange und schwarze Haare halten, gebräuchlich ist.

Zuvörderst wird die pulv. Laws. in. mit Wasser zu einem weichen Brei angemacht, der künstlich dergestalt aufgetragen wird, daß sowohl die obern als auch die untern Haare gänzlich bis an die Wurzeln derselben in den Brei hinein zu liegen kommen, worauf sie mit großen Blättern, oder auch nur mit einer Wachsleinwand überdeckt, verbunden, ½—1 Stunde stehen gelassen, dann abgewaschen werden. Hieron bekommen die Haare eine hochrothe Farbe, die eigentlich der Grund zu der folgenden Schwärze ist. Sobald die Abwaschung des genannten Breies geschehen ist, wird ein anderer us dem pulv. Kraute der Indigopflanze mit Wasser angemacht, auf eben die Art als der vorhergegangene applicirt, der aber drei Stunden bleibt, dann ebenfalls abgewaschen wird; worauf eine schöne schwarze Farbe das Resultat ist. Durch etwas Oel oder Pomade auftragen, kann man den so gefärbten Haaren einen Glanz und Weichheit geben. Das einzige Unangenehme, das diese Haarschwärze, die so wohlfeil im Oriente ist, hat, ist nur die Mühe, die damit verbunden ist, indem nämlich diese Operationen der Breiaufbindungen wöchentlich einmal wiederholt werden müssen, so wie die wachsenden Haare an ihrer Basis die natürliche Farbe zeugen. Gewöhnlich geschehen diese Applicationen der färbenden Breie zur Mittagszeit, während man zu Hause entweder zur Ruhe oder zur Arbeit sich begibt. Trägt man auf einen mit solchen Ingredienzien gefärbten Bart eine Auflösung von salpetersaurem Silber, so bekommt man eine aschgraue Farbe, wie ich am Nabab Dscheberchan in Cabul erfahren hatte, und dieses war ein Ereigniß, das ihn zum allgemeinen Gelächter machte. Auch die in Europa gewöhnliche Haarschwärze aus Silber- oder Bleiglätte, Seife, Kalk, Stärke u. s. w. bestehend, ist den Orientalen nicht unbekannt, jedoch deshalb nicht gefällig, weil sie theils der Gesundheit nachtheilig wirkend, theils auch die Haare davon spröde werden, welches jedoch, wie ich glaube, durch fette Substanzen, als Oele, Pomaden u. dgl. verhindert werden könnte.

Leporinum (?), indem das Hasenblut bei verschiedenen Haarleiden, als: Umstülpung der Augenwimpern, Haareausfallen und Grauwerden derselben vor der Zeit **ang.**

Lini sem., der gepulverte Leinsamen wird mit Olivenöl gekocht, als einen langen Wuchs der Haare hervorbringend **ang.**

Lyc., Kahlköpfigkeit. **ang.**

Melia azed., Knospen mit alten, dunkelgrünen Blättern von der Calotr. gig. gepulvert, gemischt, sieben Tage hindurch eingegeben, soll auch die weißen Haare schwärzen. **ang.**

Merc. v., 1 Loth Quecksilber wird in die Mitte eines etwas ausgehöhlten sauren Granatapfels hineingethan, mit den herausgenommenen Körnern bedeckt in Teig eingemacht, 6 Wochen lang an einem warmen Orte aufgehängt. Einige solcher präparirten Körner mit Rosenöl angemacht, werden ebenfalls als Haare schwärzend **ang.**

Nard., Glatzkopf.

Papav. rhoead. fl., mit Eisenfeile und Susamöl in einem eisernen Gefäße angesetzt, an einem warmen Orte, während täglicher Umrührungen 3 Wochen lang stehen gelassen, dann filtrirt aufbewahrt. Vor einer jedesmaligen Application dieses schwärzenden Oeles werden die Haare mit dem Decocte von der oberwähnten Frucht des Phyll. embl., gewaschen.

Phosph., Haarausfallen.

Ran. lan. rad., Haarausfallen aus dem Barte.

Rhat., Kopfhaarausfallen.

Rosmar., Glatzkopf. **ang.**

Sennae fol., anhaltender Gebrauch, soll die Schwärze der Haare erhalten. **ang.**

Serp. ex., zur Asche verbrannt mit Essig und Butter beim Haarausfallen appl. **ang.**

Susam. or. sem., in den milchartigen Saft von der Cactus Tor eingeweicht, getrocknet, das Oel ausgepreßt, auf schwarze Haare applicirt, soll dieselben grau machen.

Dergleichen amusirende Geschichten aus orientalischen Manuscripten über diesen und ähnliche Gegenstände gibt es eine Unzahl, deren Aufzählung jedoch nicht hieher gehöret.

Talc. n., Haarausfallen beim Aussatz.

Uvae ursi fol., die Haare stärkend und schwärzend. **ang.**

Hämorrhoidal- und Afterbeschwerden.

Acac. sem., Hämorrhoiden, blinde.

Acon. Nap., das Hämorrhoidalblut treibend. Afterschmerz. **h.**

Ajouain in frische Coloquinten eingeweicht, getrocknet, aufbewahrt. Hämorrhoiden, blinde.

Amm. carb., Afteraderknoten.

Ant. cr., Afteraderknoten, kriebelnde, stechende. Ein Zäpfchen mit Antimonium bereitet, appl. soll den Hämorrhoidalfluß **h.**

Arg. nitri f., 5 — 10 Grane zu 1 Unze Fett, könnte als Beihilfe in solchen Fällen schmerzender Goldaderknoten angewandt werden, wo die gewöhnliche Galläpfelsalbe, die auch ich öfters mit Opium oder Safran versetzt, angewendet habe, nichts helfen will. Bei innern Knotenentzündungen ist die Einspritzung von 10—30 Granen zu 1 Unze Wasser **ang.**

Ars., Afterbrennen. Afterschmerz. h.

Arum col., Hämorrhoidal-Afterknoten. **MA. 60.**

Bdell., s. Tabaschir.

Berb. lyc. Res, mit und ohne Tabaschir in Rettigsaft aufgelöset und in Pillenform eingegeben ist bei Hämorrhoiden **ang.**, s. Tabaschir.

Berb. lyc. Res mit Reschkepur (☿ ppt.), ist ein indisches Mittel, das bei Hämorrhoidalbeschwerden in Pillenform innerlich u. mit Butter örtlich gebraucht wird.

Blum. aur., Hämorrhoiden, blutende. **g. n.**

But. frond. gummi, Hämorrhoiden mit Bauchschwergefühl.

Campech. lign., Hämorrhoidalafterknoten. Hämorrhoiden Recidiv h.

Cann. ind. fol., Hämorrhoiden, blinde. **MA. 30.**

Cann. ind. fl. Cashm., Hämorrhoiden, blutende.

Cann. ind. rad. cort, Cashm. Afterschmerzen.

Capr. fel, s. Cup. ac.

Cass. abs. sem., Hämorrhoiden, blutende. **g. n.**

Cass. fist. pulpa, Hämorrhoiden, blutende **M—MA.**

Cass. lign., **MA.**

Cass. Tam. fol.

Celastr. pan., Hämorrhoidalfluß. h.

Cich. sem., Hämorrhoiden, blinde.

Cleom. pent. sem., Hämorrhoiden, blutende. **g.**

Coccul., Hämorrhoidalfluß. h.

Colch. aut. (R. und Verreibung), Hämorrhoiden. h. g.

Coloc. pulpa, Hämorrhoiden, blinde.

Coloc. rad., Hämorrhoiden mit ♀.

Coloc. succ., s. Ajouain.

Commel. nud., Hämorrhoidalknoten, juckende.

Cost. ar., Blut- und Schleimhämorrhoiden. **h. g. M.**

Cotyl. lac., Hämorrhoiden, blutende.

Creos., Hämorrhoiden, blutende.

Cup. ac., mit Ziegengalle angemacht, appl. **ang.**

Cusc. sem., Hämorrhoiden, blutende. h. g. **MA. 60.**

Cyc. rev. sem., Afterbrennen beim Stuhlgang. h.

Datisc. cann. rad. cort., Kriebeln am After. h.

Deals. Fieberwurzel, Hämorrhoiden, blinde.

Dol. prur. faba, Afterschmerz beim Stuhlgang.

Elat., Afterjucken mit Würmern.

Eryng. sal, **ang.**

Euph. long., After. feinkörniger Ausschlag an demselben.

Evolv., Afterbrennen. h.

Galla, s. Arg.

Goss. sem., Schleim- und Bluthämorrhoiden. Hämorrhoidal-Afterknoten. **M. 30.**

Grisl. tom., Hämorrhoiden, blinde. Afterschmerzen, hämorrh.

Gund. Zalm sem., Hämorrhoiden, blinde.

Hern. rad. D., Hämorrhoiden mit ♀.

Hossen Jussif, Hämorrhoiden mit Aftergeschwüren. Schwären am After.

Kali hydroc., **Knötchen**, brennende, am After. h.

Kali sals., Hämorrhoiden, blutende.

Kankolmirdsch, Afterleiden ♀.

Laws. in., Afterschmerz. h.

Lep. sat. hb., Hämorrhoiden, blutende. Afterabsceß. h. Afterschmerz. h.

Lep. Taramira sem., Afterentzündung h.

Lepor. (?), indem das Hasenblut Afterjucken. h.

Locust., Hämorrhoiden, blutende. **MA. 60.** Hämorrhoiden, blinde, in Fluß bringend.

Lyc., Afteraderknoten.

Melandr. tr., Hämorrhoiden, blutende.

Melil. sem., After- und Mastdarmleiden. **ang.**

Melon. cuc. sem., Hämorrhoidalfluß, vorübergehenden. h.

Merc. prec. r., s. Nard.

Merc. sol. **abw.** Chel. maj. oder vit. n., Hämorrhoiden mit ♀.

Myrob. embl. fol., Hämorrhoiden, blutende.

Myrob. embl. fr., Hämorrhoiden mit entzündeten Afterknoten und Mastdarmvorfall.

Myrob. n., Hämorrhoiden mit ♀, oder mit Tripper. Afterbrennen. h.

Nard. abw. Mec. pr. r., Hämorrhoiden, blutende, mit ♀.
Ner. ant., Afterschmerz. h. g.
Ocim. a., Hämorrhoiden, blutende, mit Harnruhr. (starke Gaben.) M.
Anmerk. Ein Mittel aus meiner früheren Praxis.
Ox. amm., Hämorrhoidalfluß. h.
Phosph., Afterbrennen.
Pistac. put., Afterbrennen.
Plumb. Zeyl. rad., Hämorrhoiden, blinde. Afterschmerz, hämorrh. mit Hartleibigkeit
Plumb. ac., Hämorrhoiden, blutende. Einspritzungen ang.
Plumb. met., Afteraderknoten, Herausdringen derselben, innerlich und örtlich ang.
Polyg. linifol., Afterschmerz mit Brennen, Jucken und Kriebeln.
Raneum (?), in dem die Frösche bei Hämorrhoiden, blutenden und blinden von orient. Aerzten ang. Dazu verordnen sie eine veget. Diät, nebst Butter und Milchspeisen.
Raph. sem., Afterkriebeln. h.
Raph. succ., s. Berb. lyc.
Rheum austr., Hämorrhoidalfluß. h. g.
Rosm., Hämorrhoiden. ang.
Rotl. t., Hämorrhoidalfluß. h. Afterknotenentzündung.
Sabina, Hämorrhoiden, blutende.
Salv. off., Afterjucken mit Würmern.
Scorp., Afterkriebeln mit Madenwürmern.
Senega, Hämorrhoiden, blutende. MA. g. n.
Serp. ex. ol. R., Afterknötchen, juckendes.
Sisymbr. Irio, Hämorrhoiden, blutende. M. 40.
Spong. m. u., Afterkriebeln mit Würmerabgang.
Stann., Afterbrennen und Stechen.
Staph., Afterschwären. h.
Stront. n., Afterjucken und Nässen. M. 30.
Tabaschir mit Bdell. und Berb. lyc. Res gemischt in Pillenform. ang.
Tereb., Afterschmerz, hämorrhd. h.
Torm., Afterschmerz beim Stuhlgang. h.
Vit. neg., Afterjucken und Brennen.
Vitri fel, Afterknoten.
Warburg's Fiebertropfen. Hämorrhoiden, blutende.
Xanthox. pip. sem., Blutabgang, vorübergehenden. h.
Zinc., Afterjucken, Brennen, Stechen mit Wundheitsgefühl.
Zinci sulph., Hämorrhoid., blutende. Hämorrhoiden, blinde. h.

Händeflächen, Weiße oder Schwärze derselben, s. Hautkrankheiten.

Hände und Finger steif und krampfhaft einwärts gezogene, s. Lähmungen.

Hände und Füße, Schwergefühl, Mittags.

Sisymbr. Irio

Hals-, Lippen-, Mund-, Rachen-, Zäpfchen- und Zungenleiden, s. auch bei den Geschwüren dieser Theile.

Acac. cort., Halsweh.
Acac. Farn. Harnub Nepti. Halsentzündung. Halsweh. Heiserkeit.
Acanth. Orengen, Halsweh.
Achyr. asp. sem., Halsgeschwulst. ♀.
Acon. fer., Mund- und Halsgeschwür. h. g. n.
Acon. Nap., Halsweh. Bräune, häutige. Mundentzündung. h.
Ajuga Deals., Rachengeschwüre, Halsweh, entzündliches. Zungenbläschen mit Katarrh.
Ajuga dec., Mund- und Halsgeschwür. Zungenschmerz. h.
Alcana, Mund- und Nasengeschwür. Zungentrockenheit, Nachts. h.
All. sat., Bräune. Halsweh. Halstrockenheit. Zungentrockenheit, Nachts. Mund- und Halsgeschwüre mit Schlingbeschwerden. h.
Aloes, Mundtrockenheit. h.
Alth., Mundgeschwüre, Halsentzündung und Schlingbeschwerden. h.
Amar. cr. sem., Mund- und Halstrockenheit.
Ambra gr., Lippengeschwulst. Lippentrockenheit mit Halsgeschwüren.

Ammon. gummi, Mundentzündung. ♄. Stiche in der Zunge. ♄.

Anac. occ., Mundentzündung. ♄.

Anac. or., Mundgeschwüre. ♄. g. Halstrockenheit. Halsweh. ♄.

August., Zungentrockenheit, Nachts.

Ant. t., Mund- und Rachengeschwüre. ♄. g.

Araneum, Mundgeschwüre. Halsweh, einseitiges. Mundtrockenheit, Nachts. ♄.

Arg. fulm., Mund-, Zunge-, Gaumen- und Halsentzündungen. ♄. g. Halsbrennen, Heiserkeit, katarrh. MA.

Zunge, schwärzliche, trockene mit Fieber. s. Carbo veg.

Arg. nitri f., Mundentzündung. ♄. g.

Zunge-Entzündungsgeschwulst, hitzige. 4mal 12.

Armor., Heiserkeit und Rauheit der Stimme. Zungengeschwüre. ♄. Rachentrockenheit mit Schlingbeschwerden. ♄.

Arn. mont., Lippen, rissige, aufgesprungene.

Ars., Lippen, trockene, schwärzliche, rissige. Zungengeschwüre und Blattern auf der Zunge. Zungentrockenheit. Kehlkopfentzündung. Halsentzündung. ♄.

Ars. pot., Halsweh, bei ♀. ♄.

Ars. sod., Mundgeschwüre und Halsweh. ♄.

Arum camp., Mundtrockenheit und Halsentzündung. ♄.

Arum. coloc., Mundentzündung. ♄.

Asa f., Heiserkeit mit Kotzhusten. Stimme, veränderte. Halsweh. ♄.

Asari rad., Mundentzündung. Mundgeschwüre. ♄.

Aspar. Haliun sem., Mundgeschwüre. ♄. Zungentrockenheit. ♄.

Aspar. rac., Mundgeschwüre. ♄. g. Halsgeschwür. ♄.

Aur. nitro-mur., Mundgeschwüre ♀.

Balausta, Mund- und Nasengeschwüre. Zunge, aufgesprungene, schmerzende.

Bar., Halsweh. ♄.

Basella r., Rachengeschwüre. ♄. g. ♀. Halsgeschwür. Lippentrockenheit. ♄.

Bass. lat. fr., Mund- und Halsgeschwüre. Zungenaufspringen, schmerzendes.

Bebeerine, Zungenbläschen. ♄.

Behen r., Schlingbeschwerden. ♄.

Belemn., Mund-, Zungen- u. Halsgeschwüre.

Bell. extr., Halsweh, katarrh. mit Nasenleiden, Speichelfluß und Husten. Mundtrockenheit. ♄.

Berb. lyc., Zungentrockenheit. ♄.

Berthel., Mundentzündung. ♄.

Bist., Mundgeschwüre.

Blum. aur. sem., Mund- u. Nasengeschwüre. ♄.

Bol. arm., Halsweh. ♄. Mit Honig Mundgeschwüre. ♄. g. Zäpfchenentzündung.

Bor., Mundgeschwüre. ♄. g. Schwämmchen. Zungenaufspringen. ♄.

Bov., Halsabsceß, period. Halsgeschwüre. Mund- und Halstrockenheit. Mundgeschwüre. ♄. g. n. Halstrockenheit und Halsweh. ♄.

Bryon., Zunge, trockene.

But. fr. gummi, Halsweh. Halstrockenheit. Lippenaufspringen. ♄.

Cacal. Klein., Mundtrockenheit. ♄.

Cact. Tor succ., Halsgeschwüre mit Husten.

Calam. ar., Halsknoten.

Calebr. opp., Zunge-, Rachen- und Halsgeschwüre. bei ♀. ♄.

Calotr. gig. fol., Halsentzündungen. ♄. g. Unterlippe-Entzündungsgeschwulst. ♄.

Calotr. gig. succ., Zungenaufspringen. ♄. Zungenentzündungsgeschwulst. ♄.

Canel. coag., Munddürre mit Magenbrennen.

Campech. lign., Aufspringen der Zunge mit Speichelfluß.

Cannab. ind. Cashm. fl., Mundgeschwüre. ♀.

Cannab. ind. Cashm. rad. cort., Heiserkeit. Schlingbeschwerden.

Cannab. ind. elect., Zungengeschwüre ♄., die Gentiana tilgte.

Cannab. ind. Lah. hb., Halsgeschwüre und Halsdürre ♄.

Cannab. ind. Lah. sem., Halsweh. Mund-, Zungen- und Halsdürre.

Canth., Halsweh. ♄. g.

Caps., Lippenbrennen und Aufspringen derselben. Mundfäule. Mundbläschen, brennend-schmerzende.

Caps. sem., Zäpfchen-Herablassung. Mundgeschwüre und Halsentzündung. ♄.

Carbo v., Halsweh mit Speichelfluß, bei ☿ krankheit. Heiserkeit, nach Bräune. Zungendürre. Zungengeschwüre. ♄.
Mit Arg. fulm, **abw.** Zungendürre.
Cardam. maj., Mund- und Zungengeschwüre.
Cardam. min., Mund-, Mundwinkel- und Zungengeschwüre. ♄.
Cariss. Car. fol., Mund- und Halsgeschwüre. ♄. g.
Cariss. Car. fr., Mundgeschwüre mit Zungenbläschen.
Carniol. u., Zungengeschwüre. ♄.
Cascar., Mundgeschwüre. ♄.
Cass. abs. sem., Lippen- und Mundgeschwüre. ♄.
Cass. fist., bei Halsentzündungen als Gurgelwasser. **Tokf.**
Cass. lign., Mundgeschwüre. Halsgeschwulst.
Cass. Tam. fol., Aufspringen der Zunge. Lippengeschwulst, Mundgeschwüre, Zungenbläschen und Halsweh ♄.
Catechu, Heiserkeit mit Schleimanhäufung im Halse. Bei Herablassung des Zäpfchens. **ang.**
Celastr. pan., Lippen- und Mundgeschwüre mit Zungenbläschen. Zungengeschwüre. ♄.
Cepa, Halsgeschwüre.
Cervi c. a. u., Halswehe ♄. g. Mund- und Halsgeschwüre mit Fieber.
Cetac. ol., Zungendürre, Nachts. ♄.
Chel. maj., Halsbeschwerden. Mundgeschwüre. ♄.
Chen. a., Mundgeschwüre. Mund- und Halsdürre.
Chidra sem., Zungengeschwüre.
Chin. cort., Mund- und Halsgeschwüre. ♄. g. Halsentzündungen. ♄.
Churrus, Halsweh. ♀. Halstrockenheit. Halsentzündung. ♄.
Cich. hb., Zungengeschwüre. ♄.
Cich. rad., Halsschmerz, innerer. Zungen- und Halsgeschwüre.
Cic., Schlingbeschwerden.
Cinn. cort., Heiserkeit, bei Husten. ♄.
Cinn. fl., Halsweh. ♄.
Citr. Galgal. sem., Halsweh. ♄.

Cleom. pent. hb., Mund-, Rachen- und Halsgeschwüre, faule, scorbutische und ♀.
Cleom. pent. sem., Mundentzündung.
Clerod. inf., Halsschmerz, ver. MA. Munddürre, Halsschmerz und Heiserkeit. ♄.
Coccin., Heiserkeit, zum Husten. ♄.
Coccul., Heiserkeit. ♄. g. n.
Coc. nux cort. ext. fibr., Halsentzündung. ♄. g., Heiserkeit. ♄.
Colch. aut., Mundgeschwüre.
Coloc. pulpa, Mund- und Halstrockenheit. Mundentzündung. ♄.
Coloc. rad., Halsseite- und Brustschmerz. Kehlkopfschmerz. ♄.
Comp. Pokermul, Zungengeschwüre. ♄.
Concha fluv., Halsdürre. Halsgeschwulst. ♄.
Con., Heiserkeit.
Conv. arg., Lippen-, Mund-, Zungen- und Halsdürre, Entzündungen und Geschwüre. Heiserkeit. ♀. Lippendürre. ♄. g.
Cop. bals., Zungendürre. Halsentzündungen, chron. Mundentzündung. ♄.
Corch. frut., Halsdürre. Zunge, rauhe. ♄.
Coriand., Lippengeschwüre und Heiserkeit. ♄.
Cost. ar., Halsweh. Halsdürre.
Cost. n. Cashm., Rachenjucken und Halsdürre. ♄.
Cotyl. lac., Halsgeschwüre. ♄. g. Mundgeschwüre. ♄.
Creos., Mundgeschwüre, ♀., leicht blutende, übel riechende.
Zungendürre, Nachts.
Hals rauh, kratzend, brennend.
Croc. sat., Lippe aufgesprungene, schrundige. Zäpfchenverlängerung. MA.
Crot. t., Zungengeschwüre und Gefühllosigkeit derselben. ♄.
Halsgeschwüre und Heiserkeit. ♄.
Crust. Dschinge, Halstrockenheit.
Cucum. acut. Pindituri, Mundgeschwüre und Halsweh. ♄.
Cucum. Mad., Mundgeschwüre. Lippengeschwüre und Halsbrennen. ♄.
Cum. sem., Halsgeschwüre. ♄., s. Krankheiten der Kinder.
Cup. ac., Halszuschnürung. ♄.
Cup. am., Munddürre. Mund- und Hals-

entzündung. Mund-, Zungen- und Hals-geschwüre. h.

Cup. sulph., Mundgeschwüre, nach Fieber.

Curc. longa, Mund- und Halsentzündung, auch Heiserkeit. h. g.
Mund- und Halsdürre.

Cusc. Mundentzündung und Mundgeschwüre. h.

Cusc. sem., Halsschmerz. h. Halsentzündung. Tohf.

Cyc. rev. sem., Halsgeschwüre. h. g., Mundtrockenheit.

Cyp. long., Mundgeschwüre.

Dactyl. nucl., Halstrockenheit mit Fieber.

Datisc. cann. rad. cort., Zungendürre.
MA.—4mal.
Halsentzündung bei ♀. h. Lippen- Mund- und Zungengeschwüre. h.

Dati c. cann. sem., Munddürre mit Halsbitterkeit, frühe.

Dat. stram. fl., Halsweh mit Schlingbeschwerden. h.

Deals., Fieberwurzel, Lippen- und Mundgeschwüre. h.

Deals. Sersamwurzel, Halsweh. Halsdürre.

Deals. Torkiwurzel, Durst mit Zungendürre.

Delph. panc., Mundgeschwüre und Halsentzündung. h.

Diorit., Mundgeschwüre. h. g. Halsentzündungen. h. g.

Diosc. sat., Halsbrennen. h.

Dschendalu, Halsweh.

Dulc., Mundentzündung. Heiserkeit. Zungentrockenheit. Zäpfchenherablassung.

Eben., Halsbrennen. h.

Eleagn. ang., Aufspringen der Zunge.

Embel. Rib., Halsweh. h.

Embryopt. gl. fr., Mundgeschwüre. h. g.

Euph. agr. (aff. spec.), Lippengeschwulst. Lippe- Mund- und Halsgeschwüre. Heiserkeit. Halsbrennen. Zungendürre mit innerm Brennen.

Euph. epith., Aufspringen der Zunge, ♀. Rachenfistel mit Halsgeschwüren, ♀.

Euph. long., Mundgeschwüre und Heiserkeit. Mund- und Zungengeschwüre. h.

Euph. ten., Mundgeschwüre. h.

Euph. thym., Halstrockenheit.

Euphras., Mundtrockenheit.

Fabar., Mundgeschwüre. Halsweh.

Fici Car. sem., Zungengeschwüre, ♀.

Fic. ind. fol., Halsweh mit Blutauswurf. Halsentzündung. h.

Foenic. rad., Halsweh mit Schlingbeschwerden. Lippentrockenheit. h.

Frit. cirrh., Mundgeschwüre.

Fuligo, Mundgeschwüre. h.

Gagerming, Nasen- Mund- Zungen- und Halstrockenheit, Nachts.

Galena, Mundwinkelgeschwüre und Halsweh. h.

Galla, Mundentzündung.

Gard. dum., Lippen- und Mundgeschwüre. Halszusammenziehung.

Gent. rad., Zungengeschwüre, s. Cann. Heiserkeit zum Husten. h.

Geran. prat., Mundwinkelgeschwüre. h. g. Halsweh. Mundblasen. h.

Geum el., Mund- und Halsgeschwüre. Halstrockenheit katarrh. mit Husten. Halsweh. g.

Glin. dict., Halsweh.

Gmel. as., Heiserkeit, ♀. Mundgeschwüre h.

Goss. sem., Mundentzündung. h.

Gourbuti, Halsgeschwüre, ☿ ♀. Mundwinkelgeschwüre, bei ♀. h.

Graph., Mundgeschwüre. h. g.

Grat., Mund- und Zungenentzündungen u. Geschwüre derselben, Verschleimung im Halse. Stiche in der Zunge. h.

Guaj. gummi, Mundentzündung. h.

Guil. Bond., Rachengeschwüre, ♀. Lippen- Mund- Rachen- Zungen- und Halstrockenheit und Geschwüre. h.

Harm. Rut. fl., Heiserkeit und Halsweh. h.

Harm. Rut. hb., Halsentzündung bei Husten. h.

Haruntutia, Zungendürre, Nachts. h.

Helict. is., Rachengeschwüre. h.

Hemid. ind., Mundgeschwüre. h.

Hibisc. Tr. fol., Lippengeschwüre.

Hollow. pill. sol., Aufspringen der Zunge. Zungenbläschen. Halsweh.

Hoya vir., Nase- Lippen- Mund- und Rachengeschwüre. Halsgeschwüre. ♄.

Hyosc. n., Hals, schiefer. ang. Schlingbeschwerden.

Hyosc. sem., Zunge- und Weichgaumengeschwüre. ♄.

Hyssop., Mund- und Zungengeschwüre mit Speichelfluß.

Jal. mir. rad., Aufspringen der Zunge. ♄.

Jal. mir. sem., Rachengeschwüre, Halsentzündung und Heiserkeit. ♄.

Jasp. n., Mund- und Halsgeschwüre. ♄. g. ♀.

Ichtyoc., Halsweh. Nase- Mund- und Zungendürre. ♄.

Indig., Halsentzündungsgeschwulst. Halsweh und Halsgeschwulst mit Schlingbeschwerden. ♄.

Jod., Halsgeschwulst, äußere. Halsdickwerden. Mundentzündung, Zungendürre und Röthe derselben. ♄.

Ipec., Rachengeschwür. ♄.

Ipom. caerul., Halsgeschwüre. ♄.

Ipom. cusp., Mundentzündung, Mundbluten und Halsbrennen. ♄.

Ipom. dasysp., Halsweh mit Fieber.

Jugl. nuc. cort., Halsentzündung und Heiserkeit. ♄.

Jugl. nuc. put. succ. insp., Aufgesprungenheit und Hitze der Zunge.

Junip. bacc., Munddürre. Halsweh. ♄.

Just. nas. fl., Halsweh. ♄.

Kaliakand, Rachengeschwüre, schmerzende.

Kali hydroc., Halsgeschwüre ☿ ♀. 8mal. 24. Heiserkeit. ♄.

Kali sulph., Halsentzündung. Bräune, häutige. Heiserkeit. Kehlkopf, Kratzen in demselben.

Kankolmirdsch, Zungengeschwüre.

Lacca in gr., Lippengeschwüre, ♀. Zungenspitze-Geschwürchen. Munddürre. Mundentzündung und Stiche in der Zunge. ♄.

Lact. sem., Heiserkeit. ♄.

Lactucar., Halstrockenheit. ♄.

Lamin. sacch., Mundwinkelgeschwüre. ♄. g., mit Zahnfleischleiden.

Laur. nob. fr., Halsgeschwür. ♄.

Lent. sat., bei Halsentzündungen, das Gurgelwasser. Tohf.

Leon. Royl., Zungenschmerz.

Lepid. sat. hb., Mund- und Halsbrennen. ♄.

Lepid. sat. rad., Rachengeschwüre. ♄. g. Halsweh. ♄.

Lepid. sat. sem., Mundgeschwüre. ♄.

Lep. sangv., Halstrockenheit. ♄.

Leuc. ceph., Mundtrockenheit. Mundgeschwüre und Halsweh. ♄.

Lich. od., Halsgeschwüre. ♄. g.

Lim. Laur., Geschwüre an der Zungenspitze. ♄.

Lini sem., Mund- und Halsgeschwüre. Mit Honig, Halsentzündung.

Liquir. rad., Mundschwämmchen. Heiserkeit. Halsentzündung.

Lithanthr., Mund- Zungen- Gaumen- Rachen- 2c. Geschwüre. ♄. g. 4mal 12. Zungendürre und Rauhheit ders., Nachts. Bräune mit äußerer Halsgeschwulst. ♄. g. $\frac{1}{4}$—$\frac{1}{2}$—1stündige Gaben.

Lupin. a., Halsweh. ♄.

Lup. Hum., Zungengeschwüre.

Lyc. hb., Mundgeschwüre ♀. Halsweh. Heiserkeit. ♄.

Lyc. hb. R., Mundgeschwüre.

Mac., Aufspringen der Zunge.

Magn. carb., Mundausschlag. Munddürre. Halsentzündung. Mundentzündung. ♄.

Magn. mur., Mundgeschwüre. ♄.

Major., Heiserkeit, bei ♀. ♄.

Malva mont., Halsweh mit Husten.

Malvac. Todri, Halsdürre, Entzündung und Geschwüre derselb. Mundgeschwüre. ♄. g. n. Heiserkeit. ♄.

Mamira Cashm., Halsseitenschmerz. ♄.

Mang. carb., Halsentzündung. ♄.

Manna Tigal, Halsdürre mit Husten. Aufspringen und Röthe der Zunge. ♄.

Marr. a. R., Halsentzündung. ♄. g. Heiserkeit, katarrh. mit Husten. Mundgeschwüre. ♄.

Mast., Mundgeschwüre. ♄.

Mecc. bals., Halsweh. Halsdürre.

Melandr. tr., s. Lähmung des Sprachorganes.

Meliae azed. fol., Mundtrockenheit. ♄.
Meliae semp. sem.. Mundgeschwüre. ♀
Melil. sem., Zungengeschwüre. Halsbrennen. Heiserkeit. Mundgeschwüre. ♄.
Melong. sem., Rachengeschwüre. Halsentzündung. ♄.
Menisp. gl. Zungentrockenheit.
Menisp. gl. faec., Mund- und Halsgeschwüre. ♄.
Menth. pip. W., Mundtrockenheit. Lippen- und Mundentzündungen, wie auch Gaumengeschwüre und Halsdürre. ♄.
Merc. fulm., Mundtrockenheit.
Merc. v., Mund- Rachen- und Halsgeschwüre. ♄. g. Halsentzündungen mit Speichelfluß.
Methon. glor., Brennen und Zusammenziehen im Halse. Zungenbläschen, wie auch Halsdürre, Nachts. ♄.
Mim. abst., Mundgeschwüre. Zungendürre. Geschwüre an der Zungenspitze. ♄.
Mim. pud. sem., Mundgeschwüre. Halswehe und Heiserkeit. ♄. g. Mundtrockenheit.
Mor. Soh. gummi, Lippengeschwüre und Halsweh. ♄.
Mor. Soh. rad., Mund- und Halsgeschwüre mit Schlingbeschwerden. Halsgeschwüre.
Mor. Soh. sem., Halsweh, Heiserkeit.
Mori a. fr., Halsgeschwüre und Dürre des Halses mit Schlingbeschwerden, einem Gefühle, als ob sich das Leiden bis in den Magen hinab erstreckt. Halsgrübchen, Schmerz in demselben. ♄.
Mosch. nux. Aufspringen der Lippen. Halstrockenheit.
Moschus, Bräune, häutige. ang.
Mulg. rap. fol., Mund- u. Halsgeschwüre. ♄. g. n.
Mulg. rap. rad. cort., Blasen im Munde nebst Geschwüren auf der Zunge. ♄.
Mumiai, Mund- und Zungendürre, auch Geschwüre. ♄.
Myr. sap., Mundentzündung und Geschwüre derselben. ♄.
Myrob. Beller., Zungengeschwüre. ♄.
Myrob. n., Mundbluten. Mund- u. Mundwinkelgeschwüre. ♄.

Myrt. bacc., Halsentzündung. 12mal. Halstrockenheit. Hals- und Brustschmerzen mit Blutauswurf. ♄.
Nard., Lippengeschwüre. Mundtrockenheit. Mund- Zunge- und Halsentzündungen. Rachengeschwüre. ♄.
Natr. m., Aufspringen der Oberlippe.
Nel. spec. fl., Aufspringen der Lippen und der Zunge. Heiserkeit. ♀. Mund- und Halsdürre. Zungen- und Halsschmerz.
Nep. salv. hb., Sprache, leise, ♀.
Nep. salv. rad., Halstrockenheit. ♄.
Ner. ant., Mundgeschwüre und Brennen im Halse. ♄.
Ner. od. rad., Halstrockenheit, Nachts.
Nigell. sat. sem., Mundgeschwürchen. Halstrockenheit mit Zuschnürung desselben und Schlingbeschwerden.
Nitri ac.. Mundgeschwüre. ♀. Mundgestank. Halsweh. ♄.
Nummul. Schadenedsch, Lippen- und Halsgeschwüre. Mundtrockenheit. Mundwinkelgeschwür und Halsdürre. ♄.
Nycter., Bräune. ♄.
Nymph. a. fl., Mund- und Halstrockenheiten.
Nymph. a. sem., Mundgeschwüre, ♀. g.
Ocim. a., Halsentzündung. Heiserkeit. ♄.
Ocim. Basil. Cashm., Mundgeschwüre, bei ♀. ♄.
Ocim. sanct. rad., Mundwinkelausschlag. Halsbrennen. Zungentrockenheit mit Speichelfluß, Nachts, so wie auch Halsschmerz. ♄.
Olib. ind., Schlingbeschwerden mit Halsknoten, auch mit Pflockgefühl im Halse.
Onosm. macr. fl., Mundtrockenheit, s. Krankheiten der Kinder und die des weiblichen Geschlechtes.
Onosm. macr. rad., Halsgeschwüre.
Op. mur. ac., Lippen- und Mundgeschwüre. Zungentrockenheit. ♄.
Op. nitri ac. mit Magnesia. Halsweh.
Op. pur., Mundtrockenheit. Halsdrüsengeschwulst mit Schlingbeschwerden. ♄.
Op. sulph. sod. Zungenbläschen. ♄.

Opop., Brennen im Halse und Heiserkeit, bei Schleimhusten. ħ.

Orig. heracl. (aff. spec.), Halsweh. ħ.

Ox. ac., Mundtrockenheit und Geschwüre im Munde. Schwämmchen. Halsentzündung. Halsweh. ħ.

Oxal. corn., Mundwinkel- und Zungengeschwüre. Halsgeschwüre. ♀.

Persic. nucl., Geschwüre und Hitzegefühl in der Zunge. Getrocknete Pfirsiche sammt den Kernen zerstoßen, in Butter geröstet, applicirt, tilgt Halsbeschwerden wie Entzündungen 2c. ang. Afghanenmittel.

Phall. escul., Zungenaufspringen und Halsdürre. ħ.

Phas. acon., Halstrockenheit. ħ.

Phas. radiat., Halsgeschwüre. ħ.

Phell. aqu. sem., Luftröhrenentzündung. ang.

Phosph., Bräune, häutige, wie auch bei andern Arten von Halsentzündungen. ang. Mit Honig bei Heiserkeit mit Schleimanhäufung.

Phosph. sod., Halsentzündung. ħ.

Phys. flex. sem., Mundentzündung. ħ. g. Mund- u. Rachengeschwüre, nebst leiser Sprache. ħ.

Phys. Kagnedsch, Halstrockenheit. ħ.

Picrorrh. kurrooa, Halsweh. Halstrockenheit.

Pimberi gummi, Heiserkeit. ħ.

Pip. a., Halstrockenheit. ħ.

Pip. long. Tschivok, Mundgeschwüre ħ. g. Halstrockenheit mit Husten, Katarrh. Lippentrockenheit.

Pisc., Brennen, Trockenheit und Geschwüre im Halse.

Pis. sat., Mund- und Halsgeschwüre ♀. Halstrockenheit.

Plant. maj., Lippen- Mund- und Zungenhitze. Mundentzündung. ♀.

Plectr. ar., Mundgeschwüre ħ. g. Mundentzündung. MA. Hals, trockener ħ.

Plat., Zäpfchenherablassung.

Plumbg. Zeyl. rad., Halsentzündung mit Blutauswurf. Mundgeschwüre und Heiserkeit. ħ.

Plumb. met., Mundgeschwüre. Halsweh mit Schlingbeschwergen und Stimmeunterdrückung von 6 Monaten. MA. 30.

Polan., Halsgeschwulst.

Polyanth. tub., Schlingbeschwerden und Halsdürre. ħ.

Polyg. macr., Zungenbläschen. ħ.

Polyp. Sekour, Halsentzündung ħ. g.

Prunella v., Zunge, rissige. ħ.

Prun. sylv. R., Lippengeschwülste.

Psyll. sem., Rachenentzündung. ħ. g. Zäpfchenherablassung.

Pyrethr., Mundgeschwüre, Halsweh und Zäpfchenherablassung. ħ.

Quass. R., Mundgeschwüre. Halsentzündung. 12mal. Rachengeschwüre. ħ.

Ran. lan. fl., Mundgeschwüre. ♀.

Ran. lan. fol., Mundgeschwüre. Halstrockenheit.

Ran. lan. rad., Mundbläschen.

Raph. sat. sem., Mundentzündung. Unverdaulichkeit vom Rettig. Heiserkeit und Halsgeschwüre mit Schlingbeschwerden ħ.

Rhat., Mund- und Halsentzündung, wie auch Heiserkeit und Halsdürre. ħ.

Rheum. austr., Mundgeschwüre. ħ.

Rheum Riwend-tschini, Mundfäule.

Rhod., Rachen, Kratzen darinnen.

Rhus Tox., Hals- und Nackenstarrheit.

Ricini fol., Mund- u. Halsgeschwüre ħ. g. Halsweh.

Rotl. t., Hals- Geschwulst, Trockenheit und Geschwüre mit Schlingbeschwerden. ħ.

Rub. Munj., Munddürre und Geschwüre in demselben. ħ.

Ruku t., Zungenbläschen. Halsgeschwüre mit Husten.

Rumex ac., Halsbrennen. ħ.

Sabad. R., Halsweh mit Rauheit und Kratzen in dem Halse. Halstrockenheit, bei ♀. ħ.

Sacch., s. Krankheiten der Kinder.

Sahansebed, Rachengeschwüre. ħ.

Salic aegypt. fol., Rachenentzündung. ♀. Halstrockenheit, bei ♀. ħ.

Salv. off., Mundgeschwüre. ħ. g. Schwämmchen.

Samb. n., Halsentzündungen. ang.

Sandar., Halsgeschwüre. ħ.

Santal. a., Mundgeschwüre. ♄. g.
Santon. sem. R., Kehlkopfentzündung. ♄. g.
Sapind. em., Mundgeschwüre. ♄.
Sarsap., Zungenbläschen.
Sarsap. extr. Hulse's. Mundgeschwüre. ♄. g.
Saxifr. Peschant. Lippengeschwüre. ♄.
Scamm., Heiserkeit. ♄.
Schekakel. Unterlippengeschwulst. Halsentzündung mit Schlingbeschwerden. ♄.
Scorp., Halsweh, äußeres; der Muskeln. rheum.-katarrh. Mundwinkelgeschwüre. ♄.
Sebest. fr. immat., Halsschmerz. ♄.
Sel., Mund- u. Halsgeschwüre mit Schlingbeschwerden, sogar ♀. ♄. g. Aufspringen der Oberlippe. Halskrampf. Halsentzündung. Heiserkeit. ♄.
Senec. Jacquem., Lippengeschwulst.
Senega, Bläschen, brennende, im Mundwinkel. Mundentzündung. Halsweh. Hals, Ansammlung zähen Schleimes in demselben.
Sep. ossa, Mund- und Zungentrockenheit. Heiserkeit mit Bluthusten.
Sep. succ., Heiserkeit, ♀. Kehlkopfleiden, chron. Halsentzündung. Anlage dazu.
Serp. ex., Mund- und Rachengeschwüre. u. Trockenheit derselben mit Halsweh ♄. g. Hals, zähe Schleimanhäufung in dems. Gaumen-Absceß eröffnend. Zungen-Entzündung und Geschwüre derselben. ♄. Ol. R., Halsentzündung mit Halsgeschwulst und Schlingbeschwerden.
abw. Coloc., Halsbrennen. ♄.
abw. Sarsap., Heiserkeit nach Pocken.
Sid. sem., Halsschmerz mit Fieber. Halsentzündung. ♄.
Silic., Lippengeschwüre. ♄. g. Heiserkeit. s. Krankheiten der Kinder.
Sisymbr. Irio, Halstrockenheit. Lippengeschwüre. ♄.
Smalt, Halsgeschwüre. ♄.
Smil. china, Mundfäule, ♀. Mundgeschwüre und Halsentzündung ♄. Das wurmstichige Pulver derselben, Zungengeschwüre. ♄.
Sod. sal, Halsgeschwüre. ♄. g.
Sol. Jacqu. fr., Mundtrockenheit. Hals- und Stimmrauhheit. ♄.
Sol. Jacqu. rad., Halsgeschwüre. Halsbrennen.
Sphaeranth. ind., Mundentzündung, wie auch Mund- und Zungentrockenheit. ♄.
Spig. anth., Halsweh.
Spong. mar. u., Luftröhrenentzündung. Halsweh. Halstrockenheit mit Schlingbeschwerden und Fieber.
Stann., Kehle, Rauhheit derselben.
Staph., Halsentzündung und Heiserkeit ♄. g. Mundgeschwüre. Lippen- Rachen- und Halsgeschwüre ♄. Ueber 1 Drachme ist tödtend durch Halsentzündung. **Tohf.**
Stinc. mar., Zungen- und Rachentrockenheit mit Mundbitterkeit.
Stoech. ar., Schlingbeschwerden mit Lungenentzündungen. Halsseitenschmerz. ♄.
Stront. n., Mundgeschwüre.
Strychn., Mundschmerz. ♄.
Strych. f. St. Ign., Mundgeschwüre. ♀. Mundentzündung und Gaumenweh. ♄.
Strych. n. vom., Mundtrockenheit. Hals, Kratzen in demselben. Mundgeschwüre. ♄.
Strych. pot., Halsgeschwüre mit Husten.
Sulph. ac., Mundentzündung.
Swert. pet., Halstrockenheit. ♄.
Talc., Heiserkeit. ♄.
Tamar. ser., Zungendürre. ♄.
Tarant., Mundtrockenheit.
Tarax. hb., Mund- und Halsgeschwüre. ♄.
Tarax. rad., Halsbrennen in demselben. Halsweh, Zungenröthe und Aufspringen derselben. ♄.
Thuja occ. R., Mundbläschen u. Schwämmchen. Mund- und Halsdrüsen-Entzündungen. Heiserkeit, bei ♀. ♄.
Tigr., Munddürre und Heiserkeit. ♄.
Torment., Mund- und Zungengeschwüre. Mundtrockenheit. ♄.
Trapa bisp., Mundtrockenheit und Halsentzündung. ♄.
Trianth. pent. n. hb., Mundgeschwüre. Blase auf der Zunge. ♄.
Trianth. pent. n. rad., Halsgeschwüre. ♄.
Trib. terr., Mundgeschwüre. ♄. g. Halsentzündung.
Tuber cib., Halsbrennen.

Turp., Heiserkeit. h.
interc. a., Halsschmerz, ♀.
Ultram., Mundentzündung und Heiserkeit. h.
Umb. Butazeri, Halstrockenheit. h.
Urt. dioic. fl., Mundgeschwüre.
Urt. dioic. rad. cort., Lippen- und Mundgeschwüre.
Vanill. **R.**, Lippentrockenheit. Froschadergeschwulst. Munddürre. h.
Veratr. a., Hitze der Zunge mit Fieber, ohne Durst.
Verbasci Cashm. rad., Halsgeschwüre. h. g., Halsbrennen. Halsweh. h.
Verben. Lah. hb., von der Halsseite bis ins Ohr Stiche h.
Verben. Lah. sem., Mund- Zunge- und Hals-Aufspringen, Rauhheit, Dürre und Geschwüre. h., auch bei ♀.
Vesp. fav., Halsgeschwüre, bei ♀. h. g.
Vinc. min. fol., Mund- und Rachengeschwüre. h.
Viola od., Hals- und Brustrauhheit, katarrh.
Viola tr., Halstrockenheit. h.
Vit. neg. fol., Mundentzündung mit Speichelfluß. Halsseitenschmerz. Halsweh und Hals-Zuschnürung h.
Vit. neg. sem., Mundentzündung. h. g. Mundbläschen. Halsentzündung und Heiserkeit. h.
Xanthox. pip. cort., Mundgeschwüre. h.
Xanthox. pip. sem., Rachengeschwür, fistul. Heiserkeit. h.
Zed. Zer., Halsgeschwüre. h.
Zinc., Mundgeschwüre.
Zinci iod. amygd., Schlingbeschwerden mit Drüsengeschwulst.
Zinci sulph., Halsgeschwüre. h.
Zing. mit Fenchelsamen. Halsweh mit Husten, katarrh.
Zyz. Juj., Halstrockenheit. h.
Zyz. Juj. gummi, Lippengeschwüre. Mundgeschwüre. h.
Zyz. vulg., Rachen- und Halsgeschwüre. h. g. 4mal 12.

Harnbeschwerden, mit einigen Nieren- u. Blasenleiden, s. auch bei Steinkrankheit.

Abelm. mosc. sem., Harnzwang.
Acac. sem., Harnbrennen. h.
Acac. Farn. Harnuh Nepti, Eiterabgang mit dem Harn. h. Blutabgang mit Harn und Stuhl. h.
Acantn. Otengen, Harn- u. Stuhlzwang mit Aufblähung.
Achyr. asp. sem., viel und klarer Harn.
Agar. a., vieles Harnen, Nachts. **MA.**
Ajouain, Harnzwang. Harntreibend. **Tohf.**
Alcana, Applicirung auf eine wunde Stelle. Harnzwang. h.
All. sat., rother Harn.
Alth. fl., viel harnen und Unverdaulichkeit.
Amar. Soliara, Harnzwang, bei ♀. h.
Amm. gummi, Harnzwang. h. g., rother Harn mit Kreuzschmerz.
Amygd. am., Harnzwang. Harntreibend.
Amygd. dulc., Harnbrennen mit Zwang. (Die Mandelmilch).
Anac. or., Harnröthe. Harnabgang, unwillkürlicher. **MA.**
Aneth. sowa, Harntreibend. **Tohf.**
Ant. tart., Harnröthe mit Brennen desselb. und Fieber.
Apii rad., Harn mit Blutabgang.
Apis mellif., Harnverhaltung. Bienen 2—3 Stück, getrocknete, mit etwas Wein eingegeben. **ang.**
Araneum, Harn mit Blutabgang.
Argem. mex. sem., Harn, milchweißen. h.
Arg. nitri f., Harn brennender, eiteriger, wie ein Faden sich ziehender.
Armor., Blutharnen. h. g. 3stündige Gaben.
Ars., s. Smil. china, und Vesp. fav.
Ars. pot., Harn-Zwang mit Brennen dess. ♀.
Ars. sod., Harnen, öfters mit Ohnmachten, bei Greisen.
Arum. camp., Harn, brennender. h. g. 12mal.
Arum. coloc., Blutharnen. Harnzwang mit Harnröthe.
Aspar. Haliun sem., Harnunaufhaltsamkeit. Harnverhaltung mit Hartleibigkeit.
Asph. Seladschit, Harnabgang, unwillkürlicher. Harn, vieler in der Kälte mit Zwang in der Hitze.

Asterat, Blutabgang mit Harn u. Stuhl. Harnzwang mit Blutabgang. h.

Aterni, Harnzwang. Bei Beschwerden vom Fallen, Blutharn. h.

Aur. nitro-m., Harnverhaltung. Harnbrennen mit Tripper. Harnröthe. h.

Aur. nitri salaum., Schmerzen stechende beim Harnen, mit Nachtripper. Harnverhaltung vom Blasensteine. (Es war eine einzige Gabe, nach Laws. in. gegeben worden).

Ball. lan., harntreibend. ang.

Bar. ac. I. sol., viel Harnen bei Greisen.

Bar. carb., Harndrang beim Blasensteine.

Bell., Harnunaufhaltsamkeit. Harnverhaltung, krampfhafte. Es wird die örtliche Application, wie auch Einspritzungen dieses Mittels ang.

Berthel., Blutharnen, bei ♀. h.

Bez. an., Harnzwang. 8mal 24.

Bign. ind. sem., Blutabgang mit dem Harn. h. g.

Bist., Blutharnen. h.

Bomb. hept. gummi, viel Harnen mit Unaufhaltsamkeit des Harns.

But. fr. fl., Harnverhaltung beim Blasenstein. Harntreibend. Tohf.

But. fr. sem., Blut mit dem Harn. h.

Calc. carb., Harnröthe. h. g. Harnzwang.

Calumb. rad., Harn-Brennen und Röthe mit Zwang. h.

Caloph. inoph., harntreibend. ang.

Camph., Bettpissen. Harndrang. h. MA. Mit Mandeln, Hanfsamen, Opium und Zucker in Form von Mandelmilch eingegeben, tilgte eine Harnverhaltung mit katarrh. Fieber und rheum. Schmerzen. Diese Composition kann auch bei Leiden, die von einer zu großen Gabe von Kanthariden herrühren, benützt werden.

Cannab. ind. hb., Harn, milchweißer. Blutabgang mit Harn und Stuhl. Der Blase schädlich. Tohf.

Cannab. ind. sem., Harnzwang mit acutem Tripper. Blutharnen. h., sowohl kleine Gaben als auch größere in Form einer Emulsion.

Canth., Nieren- und Blasenentzündung. Bettpissen, Harn, eiteriger. Blutharnen. h. g.

Cap. Ven., Harntreibend. Tohf.

Caps. sem., Harnröthe.

Carbo v., Harnunaufhaltsamkeit.

Card. min., Harnzwang. Harnblutabgang. 4mal. 28.

Carota, harntreibend. Tohf.

Carpobals., harntreibend. Tohf.

Cass. fist. pulpa, Harnzwang h. g. Harnröthe mit Hitze.

Cass. lign. cort., Harnnachsickern. Harnbrennen. h. harntreibend. Tohf.

Cass. Tam. fol., Stiche beim Harnen. h.

Catechu, Harnröthe und Hitze. h.

Cepa, Blasenkatarrh. ang. Harntreibend. ang.

Chenop. a. sem., Harn- und Stuhlzwang. Harnzwang und Harnunaufhaltsamkeit. Tohf.

Cherayta, Harnverhaltung. Harnzwang. Harnunaufhaltsamkeit. Harntreibend. Tohf.

Chin. sulph., Harnbrennen mit Tripper. MA.

Churrus, Harnbrennen mit Zwang. h. g. Harn, vieler, mit Katarrh.

Cic., Harnunaufhaltsamkeit.

Citri succ., s. Natr. m.

Cleom. pent. sem., Harnröthe mit Fieber. 8mal 24.

Coccul., s. Krankheiten des weiblichen Geschlechtes.

Coff. ar., harntreibend. Tohf.

Colch. aut., Harn, milchweißer. Harn- und Stuhlzwang mit Steinbeschwerden.

Coloc. pulpa, Harnen, vieles, mit Hartleibigkeit.

Coloc. rad., den Harn treibend, Nachts.

Commel. nud. fr., Harn, Brennen und Zwang. h.

Comp. Pokermul, Harnbrennen. h. g.

Concha fluv., Harn roth, brennend mit Zwang.

Conv. arg., Harnabgang, öfterer, vieler, rother und unwillkürlicher. MA.

Cop. bals., Blasenentzündung, chron. Eiterharnen, durch Ausschlag tilgend. Harntreibend.

Corch. frut., Stiche beim Harnen. Harn- und Stuhlzwang. h.

Corn. c. u. a., vieles Harnen. h.

Cost. u. Cashm., mit dem Harn brennende Schmerzen.

Crat. Marm., Harnröthe mit Brennen und Zwang. ♀. MA.

Creos., Harnruhr.

Croc. sat., Harntreibend. **Tohf.**

Crust. Mahi rubian, Harnverhaltung mit Aufblähung.

Crust. Dschinge, Harn- u. Stuhlzwang mit Bauchweh und Fieber.

Cucum. ut. sem., Harntreibend. **Tohf.**

Cucurb. citr., Harntreibend. **Tohf.**

Cucurb. lag., Harnröthe. h. Harntreibend. **Tohf.**

Cucurb. lag. sem., Harnbrennen und Blasengeschwür. **Tohf.**

Cucurbitulas imponere, auf die Innenseite der Schenkel, Harnabgang. h.

Cupr. amm., Harnen, öfteres, weniges mit Hartleibigkeit.

Curc. longa, Harnzwang. h. g. Harn- und Stuhlzwang.

Cusc. mon., Blutharnen. MA.

Cusc. mon. sem., Harntröpfeln. MA. 30. Stechen beim Harnen. h. Harntreibend. **Tohf.**

Cyc. rev. sem., Harnbrennen.

Cyp. long., Harntröpfeln. Harnröthe mit Hitze.

Dact. nucl., Harnruhr.

Dar., Harnruhr.

Datisc. cann. rad. cort., vieles Harnen.

Datur. stram. fl., Harnröthe.

Deals. Fieberwurzel, mit dem Harn Blutabgang.

Deals. Sersamwurzel, Harnbrennen. h.

Dig. purp., Harn, rether, mit Bluthusten.

Diosma cren., bei Harnverhaltung als harntreibend. **ang.**, auch bei Blasenentzündung, chron. **ang.**

Dol. prur. faba, Harnzwang, mit und ohne Stein oder Gries. Harnabgang, unwillkürlicher. Blutharnen. MA. s. Krankheiten der Kinder.

Drac. sangv., Harnzwang. h. g.

Dudia, Harnzwang. h. g. ♀. Blutharnen.

Embryopt. glut. sem., Blutabgang beim Harnen, mit Kreuzschmerz. Harn, vielen h.

Eug. Jambol. cort. succ. **R.**, Harnzwang mit Samenfluß.

Euphorbiac., stockender, tropfenweiser, eiteriger Harn mit Drang und Zwang.

Euph. agrar. (aff. spec.). Harn- und Stuhlzwang. g. ♀. Harnzwang. h.

Evolv., Harnröthe. Harnbrennen. h.

Fabar., Harnzwang mit Ruhr. Harn- und Stuhlzwang, ½stündig 15.

Fasc. Asfar e tib, Harnunaufhaltsamkeit. Harn, scharfer, brennender. MA. Harnzwang und Harnbrennen. h.

Fagon. ar., Harntreibend. Harnverhaltung. **Tohf.**

Ferri hydroc., Harnbeschwerden. **ang.**

Ferri mur. **R.**, Harnruhr. **ang.** Mit und ohne Kampfer und Valer. **R.**, nebst kaltem Bad, Bettpissen vorzüglich hyster. Frauen. Blutharnen.

Foenic. rad., harntreibend. Harnröthe. h.

Foenic. sem., Harnzwang. **Tohf.**

Foenugr. sem., Harnverhaltung. h.

Fumar., harntreibend.

Galanga, Harnröthe. h. Harnzwang. **Tohf.**

Galla, harntreibend.

Gard. dum., harntreibend. Harnverhaltung.

Gent. am. rad., harntreibend.

Goss. sem., harntreibend. Oefteres, vieles und schmerzhaftes Harnen.

Granat. ac. rad. cort., harntreibend.

Graph., Blutabgang mit dem Harn. h.

Guil. Bond., Harn, vieler, brennender, rother und eiteriger.

Gund. Zulm sem., Harntröpfeln. Harntreibend und Blasenstärkend. **Tohf.**

Hedys. Deiterdana, Harnunaufhaltsamkeit, Nachts.

Helict. isora, Harntreibend. **Tohf.**

Hemidesm. ind., Blut mit dem Harn. h.

Heracl. div., Harn, gelbfarbiger. Harnzwang. h.

Hermod. am., Harn- und Stuhlverhaltung mit Kolik.

Hirudo med., bei Harnverhaltung, entzündlicher, krampfhafter, wird die Application von Blutegeln an das Mittelfleisch **ang.**

Hord., Harntreibend.

Hyosc. n., Harnzwang.

Hyosc. n. sem., Harnzwang mit Blut- und Fleischpfropfenabgang.

Hyss., Harntreibend.

Jal. conv., Harnnachtröpfeln.

Jasp., freien Harnabgang, bei Tripper. ♄.

Jatr. curc. sem., Harn, weißrinnenden ♄. Blut mit dem Harn. ♄.

Ichtyoc., Harnverhaltung, von Steinbeschwerden. ¼stündige Gaben.

Inula Hel., Harntreibend. Harnen, öfteres.

Iod., Harnabgang, freien, bei Steinbeschwerden. ♄.

Ipom. cusp., Harntreibend.

Ipom. dasysp., Harnröthe. Harntreibend.

Ind. lap., stechende Schmerzen beim Harnen.

Iugl. nuc. ligni cort., Harnverhaltung. ♄.

Iunip. bacc., Harntreibend.

Inst. nas., Harnzwang. ♄.

Kali sais. f., Harn, brennenden ♄. g. Harnzwang. Blutabgang mit dem Harn.

Kali sals. m., Harnunaufhaltsamkeit mit Hartleibigkeit.

Kali veg., Striktur der Harnröhre. **ang.**

Lact. sem., Harn- und Stuhlverhaltung bei Steinleiden. Harnzwang mit Brennen. Harntreibend.

Lamin. sacch., Harnbrennen. **MA. 14.**

Laur. nob. bacc., Harnbrennen.

Laws. in., s. Aur. nitri salamm.

Led. pal., Harnzwang.

Lent. sat., Harnverhaltung. ♄. **Tohf.**

Lepor. Blutabgang, freier, mit dem Harn. Harnschmerz. Harnzwang, Nachmittags. ♄. s. Krankheiten der Kinder.

Lich. od., Harnunaufhaltsamkeit. Harnen, öfteres. Harntreibend.

Lim. Laur., Harnzwang.

Lini sem., Harntreibend. Harnzwang.

Lippia nod., Harn- und Stuhlverhaltungen, auch nach Fallen.

Liquir. rad., Harnzwang.

Lithanthr., viel Harnen mit Zwang und Wundheitsgefühl.

Locust., Harnbrennen mit Zwang. **MA.** Harnzwang. **Tohf.**

Luffa am., Harn- und Stuhlverhaltung vom Churrus. Extr., Harnzwang.

Lupin. a., Blutabgang mit dem Harn.

Lyc. hb., Blutharnen. Blutrothen Harn. ♄.

Lyc. sem., Harn, gelbfarbiger mit Drang und Zwang.

Mac. mit Honig, rother Harn.

Magn. carb., Harn- und Stuhlverhaltungen. Blutharnen. Harnzwang. Harnbrennen mit gefühllosen Stellen, mit Muskatnuß, Harnruhr.

Major., Harntreibend. Oefteres, weniges Harnen.

Malic. ac., Unvermögen, den Urin zu halten, bei Greisen. Die getrockneten saueren Aepfel verschafften Linderung.

Malva, Harntreibend, Harnbrennen und Blasengeschwüre. **Tohf.**

M. mont., Harnbrennen.

Malvac. Todri, Harnbrennen. ♄. g. **4mal 12.**

Mamira Cashm., Blutharnen. ♄.

Mango nucl. sem., vieler Harn mit Unaufhaltsamkeit desselben.

Marr. a., Harntreibend. Katarrhe, chron. der Blase und der Harnröhre. **ang.**

Mecc. bals., Harn mit Zwang u. Brennen. Harntreibend. **Tohf.**

Meliac azed. fol., Harn, vieler, öfterer, blutiger und schmerzender.

Melong. sem., Harnzwang von Kanthariden. Harntreibend.

Melon. sem., viel Harnen; öfterer und unwillkürlicher Harnabgang.

Menisp. gl., Harnbrennen. ♄. g. Harnzwang und Harnröthe. ♄.

Menisp. hirs., Harnzwang. ♀. Brennen und Stechen beim Harnen.

Merc. v., Harnröthe. Harn, eiteriger.

Mes. ferr., Harn- und Stuhlverhaltungen, mit Kolik und Aufblähung. **12mal.**

Meth. gl., Blut- und gelblich-röthlicher Harn. Oefteres, brennendes Harnen mit Zwang.

**

Mim. pud. sem., Harn, molkiger.
Mor. Soh. gummi. Harndrang mit Zwang.
Mor. Soh. rad.. Harn, rother. Harnzwang. ♄.
Mosch. nux mit Magnesia, bei der Harnruhr. ang.
Mumiai, Blasenschwäche, und davon herrührendes, öfteres Harnen.
Mur. ac., roth harnen. ♄.
Muris., (?) indem der Mäusekoth bei Harnunaufhaltsamkeit, mit Honig angemacht, auf die Nabelgegend applicirt. ang.
Myrrh. gummi, Blasen-, Eiter- und Schleimflüsse. ang.
Myrob. citr., Harnsatz, weißen, in Menge ♄.
Myrob. citr. nucl. sem., Harnzwang bei Steinbeschwerden.
Myrob. n., Harntreibend.
Myrt. bacc., Harntreibend. Wunden der Blase. Tohf.
Myrt. fol.. Harn- und Stuhlverhaltungen. 4mal.
Narc. bulb.. Harnen, öfteres.
Nard. Harn, rother und Stechen beim Harnlassen.
Natr. m., trüber Harn, beim Tripper. Salz mit Limoniesaft und Zucker soll Blut und Schleim aus der Blase abtreiben, s. Vergiftung von Kanthariden.
Ner. od. rad. mont., Harnbrennen und Harnzwang.
Nigell. sem., Harntreibend.
Nitri ac., Harn, stinkender.
Nunul. Schadenedsch, Harnzwang mit Sternbeschwerden, auch mit Tripper. Harnnachtröpfeln mit Impotenz.
Nycter., Harnverhaltung.
Nymph. a. sem., Blasenschmerz. Tohf.
Ocim. a., Harn- und Stuhlzwang mit Brennen an der Eichel. MA. Harnzwang, bei Stuhlzwang. ♄. Blutharnen. ♄. Jeden Morgen zu 1 Drachme vom gepulverten Kraute derselben mit Syrup angemacht eingenommen, beseitigte in 2 Wochen eine Harnruhr mit Hämorrhoidalcomplication, worauf fieberische Blutwallungen erfolgten, die ein Aderlaß tilgte. (Aus meiner früheren Praxis).
Ocim. Bas. sem.. Harnzwang. Tohf.
Ocim. sanct. rad., Harnzwang. ♄.
Ocim. sanct. sem., Harnzwang. ♄.
Olib. ind., Harnzwang, bei Tripper.
Onosm. macr. fl.. vieles Harnen mit Gelenkschmerzen. Harn, öfterer, rother und brennender.
Op. pur., Harn- und Stuhlverhaltung. Harnruhr. Harnzwang mit juckender Flechte.
Op. sulph. sod., Harnzwang mit Harnbrennen.
Opop., vieles Harnen. Harnabgang unwillkürlicher.
Ovi membrana, Harnruhr. ang.
Par. brava, Blasenkatarrh. ang.
Pers. fol., Reize in der Blase und in den Harnwegen. ang.
Pers. nucl., Blasengeschwüre mit Schmerz in der Nabelgegend. 12mal. Blutharnen. ♄.
Petrol., Verengerung der Harnröhre. Harntreibend. Harnzwang, bei ♀. ♄. K.
Phas. radiat., Harntreibend.
Phosph., Harnruhr.
Phys. flex. sem., Harnverhaltung.
Phys. somn.. Harntreibend.
Picrorrh. kurrooa, Harnzwang.
Pini fr. nucl., Harntreibend. Feskf.
Pip. a., Harnbrennen. Harntreibend.
Pip. n., vieles Harnen.
Pist. fr. put., Harnbrennen mit Fieber.
Pis. sat.. Harnbrennen.
Pic. liqu. K., Harn, trüb und roth. MA.
Plant. maj., viel Harnen. Harnzwang. ♄.
Plant. maj. sem., Harntreibend.
Plumb., Harnruhr.
Podoph. Emodi fr., Blutharnen im Gehen.
Polyanth. tub., Harnbrennen. ♄. g.
Polyg. linifol., Harnbrennen. ♄. g., Harnen, öfteres.
Polyg. macr.. roth harnen. ♄.
Polyp., Harnzwang, bei ♀. ♄.
Portul. oler. sem., Harnzwang. Harntreibend. Roth harnen mit Hartleibigkeit. 3mal 21.

Prunella v., Harnzwang. h.
Psyll. sem., öfteres, weniges, eiteriges Harnen.
Puls. R., Harn rother, eiteriger, blutiger.
Pum. lap., Harn wie Oel, mit Brennen im Körper. MA.
Pyrethr., vieles Harnen. Harntreibend.
Ran. lan. fol., Blutharnen.
Ran. lan. rad., Harn- und Stuhlverhaltungen mit einem Blasenabsceß.
Rap. brass. dec., Harnzwang. ang.
Rap. br. rad., Harnbrennen.
Raph. sem., vieles Harnen mit Hodenkälte. Harntreibend.
Rheum Blasenschmerz. Harntreibend.
Rhus Cor., Blutharnen. Viel Harnen.
Rhus Tox., Harnbrennen, ♀. Harnverhaltung. Harnröthe mit Fieber. Blut in Menge durch die Harnröhre abtreibend.
Rotl. t., Harnzwang.
Rub. Munj., den Harn Nachts treibend.
Rum. ac., Harnverhaltung. Harnbrennen, auch blutrothen Harn. h.
Rum. Bidschbend, Harnzwang. h. g.
Rutha gr., Harntreibend. Harnzwang.
Sago, vieles Harnen.
Sahansebed, stechende Schmerzen beim Harnlassen und roth Harnen. h
Salep (feigenartige), Harnzwang u. Harnbrennen.
Salv. off., Harn- und Stuhlzwang. h.
Sandar., Harntreibend. [illegible]
Santon. sem., Harn trübe werden im Stehen. Bettpissen. ang.
Sapindi em. ligni cort., vieles Harnen. Blutharnen mit Fieber.
Sapindi em. nux, Harn- und Stuhlzwang oder Verhaltungen. Harnzwang, bei Tripper.
Sap. ind. nuc. cort., Harn, reiben, und Stiche im Mittelfleische. h
Sars., Harnzwang und Harnbrennen. h. g.
Scamm., Harnzwang. h. g. Harn- und Stuhlzwang.
Scorp., Harnzwang. h. g., öfteres, blutiges Harnen. Harn, rethen. h.
Sec. c., Blutharnen. Harnverhaltung. Harntreibend. ang. der Absud.
Sel., rothes Harnen.
Senec. Jacquem. rad., rothes Harnen.
Senec. Mus., rothes Harnen.
Senn. fol., rothes Harnen.
Sep. succ., rothes Harnen. Harnzwang. h.
Serp. ex., Harntreibend.
Ol. R., Harnzwang mit Hartleibigkeit. M.
Sialikand, Harnbrennen. Harndrang. Harnzwang mit Fieber.
Sid. fol., rothes Harnen und Hitze. h.
Sinap., Harntreibend.
Sinap. n. plac. R., Harnbrennen.
Smil. china, Blutharnen. h. g.
abw. Ars., Harnbrennen mit Eiterabgang. MA.
Sod. sal, rothes Harnen und Hitze. h.
Sol. Jacqu. fr., Blutharnen.
Sol. Jacqu. rad., Harnbrennen u. Harnzwang.
Sol. n., Harn molkig. Harnzwang.
Sphaer. ind., Harnabgang, unwillkürlichen. h.
Spig. anth. R., Harn- und Stuhlzwang.
Staph., Harnzwang. Harneiterabgang. h.
Stoech. ar., Harnzwang. h.
Stor. cal. & liqu., Harntreibend.
Stront., Harndrang.
Strych. f. St. Ign., Harnen, öfteres mit Zwang und Schwergefühl in der Blase.
Strych. n. vom., Harnen, gelblich, eiterig, so wie auch öfteres Harnen. h.!, f. Krankheiten der Kinder.
Strychn., f. Krankheiten der Kinder.
Sulph. Auliasar, Harnabgang, milchweißen. h.
Swert. pet., Blasenabsceß.
Talc. a., Harneiterabgang mit Hartleibigkeit.
Tamar., Harnzwang und Hitze. h.
Tereb. sp., Harnruhr.
Thuja occ., öfteres, eiteriges Harnen. Blutharnen und Harnzwang. h.
Trianth. pent. a., vieles Harnen. MA.
Trianth. pent. n., Harnblutabgang.
Trib. terr., Harnbrennen. Harntreibend.
Urt. dioica, Harntreibend.
Uva ursi, Blasenkatarrh. Harnruhr. Harnunaufhaltsamkeit.

Val. sylv., Harnbrennen. Harn, häufiger Abgang.

Vanilla. Harnverhaltung. **h.**

Verbasci Cashm. rad., Harnzwang mit Harnblutabgang.

Verben. off. sem., harntreibend.

Vesp. mel, Harnnachtröpfeln.

Vesp. fav. **abw.** Ars., Blutklümpchen mit dem Harn. **h.**

Vill. nymph., vieles und öfteres Harnen mit Brennen im Körper und gefühllosen Stellen.

Vinc. min. fl., Harnen, öfteres. **h.**

Vinc. min. fol., Harnen, vieles, mit Harnzwang. **h.**

Viola od., Harn, Blutabgang und Schmerzen, bei Steinbeschwerden.

Vit. neg., Harnunaufhaltsamkeit. Harnabgang, milchweißen. **h.**

Xanthox. pip. fr., Harnbrennen. ♀. Blutharnen. **h. g.**, rothes Harnen. **h.**

Zinc. I. sol., Harnröthe. **h.**

Zinci iod. amygd., Harnverhaltung, bei ♀. **h. 4mal 24.**

Zinci sulph., Harnröthe. **h.**

Zing. off., mit Fenchelsamen. Harn, molkigen. **h.**

Zyz. Juj., Blutharnen und rothes Harnen. **h.**

Zyz. vulg., Nieren- und Blasenschmerzen.

Harn- und Blasensteine, s. Steinkrankheiten.

Hartleibigkeit, s. Stuhlunregelmäßigkeiten.

Hautkrankheiten, chronische.

Abelm. sem., Gesichtsknötchen. Gesichtsgeschwürchen. Venusblüthen.

*) Tropische Flechte.

Abrus pr. sem., Hirsenflechte an der Vorhaut. **h.** Der weiße Samen mit Sesamöl angemacht, Abends appl., in der Frühe abgewaschen, wird bei der weißen Räude, **ang.** Warze, blutende, auf dem Kopf.

Absynth., Krätze. **h. g. MA.** Tropische Flechte.

Acac. cort., Flechte mit Jucken, Brennen und Stechen.

Acac. Cabul. fl. & fol., Brennen. **h.**

Acac. sem., Knötchen im Gesichte. **M. 7.** Brennen und Stechen. **g.**

) Tropische Krätze. **g. n.

---

*) Die tropische Flechte (Lichen tropicus), ist ein in Ostindien allgemein bekanntes Hautleiden, welchem im Sommer, mit wenigen Ausnahmen fast alle in jenem heißen Lande befindlichen Personen, Eingeborne und Fremdlinge, ohne Unterschied der Hautfarbe, mehr oder weniger ausgesetzt sind. Die Krankheit selbst ist keine gefährliche, kömmt nur örtlich vor und besteht in einem röthlichen, feinkörnigen, juckenden, brennenden, wie mit Nadeln stechenden Ausschlag, dessen Bläschen beim Aufkratzen nässen. Dieser Ausschlag pflegt am Tage zu wiederholten Malen zurückzutreten, kömmt aber bei der geringsten Veranlassung, als Schwitzen, Erhitzungen u. dgl. sogleich wieder zum Vorschein. Die Theile, die davon befallen werden, sind vornämlich: die Brust, der Nacken, die Schultern und die Innenseiten der Arme.

**) Die tropische Krätze (Psoriasis tropicus), ist eine weniger bekannte, ebenfalls in Ostindien einheimische, aber garstige, wenn auch nicht lebensgefährliche Krankheit, die in Lahore so häufig vorkömmt und von den Eingebornen für eine Art Aussatz gehalten wird, wie sie denn auch in so mancher Hinsicht, wenigstens ihrer Erscheinungen halber, eher unter diese Gattung von Leiden, als zu den Krätzarten gezählt zu werden verdient. Sie unterscheidet sich aber von jenem Erstern darinnen, daß sie weder ansteckend noch erblich ist, sich mehr nur auf das lymphatische Haut- und Harnsystem beschränkt, und nicht wie der Aussatz die Knochen angreift, noch das Gesicht entstellt, wie es beim Aussatz der Fall ist, wo ein damit Behafteter schon aus der Ferne an seinen eigenthümlichen Gesichtszügen als ein Solcher erkannt werden kann.

So weit als meine eigenen Erfahrungen in dieser Hinsicht reichen, sind mir in Lahore derartige Patienten, die an der tropischen Krätze litten, weit mehr unter dem männlichen als dem weiblichen Geschlechte vorgekommen und diese waren größtentheils entweder Soldaten, oder armes Bettelvolk, Fakiren, Dorfsleute u. dgl. Personen, welche den alles versengenden Sonnenstrahlen eines indischen Sommers, die zur Erzeugung, Erhaltung und Verschlimmerung dieses Leidens wesentlich beitragen, viel mehr ausgesetzt sind, als das weibliche Geschlecht, die Wohlhabenderen und die Bewohner der Städte.

Die Symptome dieser Krankheit, so viel ich deren erfahren habe, bestehen in Brennen, Jucken und Stechen in der Haut, ferner: Abschälung des Oberhäutchens, Röthe, Flecken und Flechten, juckende und schmerzende, die öfters verschwinden, und sogar beim Anwehen des Windes, wie auch nach dem Baden wieder herkommen; damit ist das Anlaufen des Körpers, Magenbeben, rother und brennender

Acanth. Otengen, Blutschwären. **h. g.**

Achyr. asp. rad., Ausschlag, feinkörniger.

Achyr. asp. sem., Sommerfleckausschlag. ver. Fleckausschläge. **h. g.** Räude, schwarze. Flechten und Jucken nach Schlangenbiß., ver. Blasenausschlag nach Schlangenbiß. Hauttrockenheit, Jucken und Schuppen. **h.**

Acon. fer., Schwären am Hintern, nässende. ♀.

Acon. Nap. extr., Brennen. ♀.

Agar. a., Sommerfleckenkrankheit. **M.** Stiche in der Brust mit Brennen im Magen. Blutschwären. **h.**

Ajouain, Flechte an der Lippe.

Ajuga Deals., Blutschwären. **h. g.**

Ajuga dec., Flechte an den Lippen. **h. g.** Brennen und Stechen. Krätze, tropische.

Alcanna, Krätze, tropische, vollkommen ausgebildete. Flechte am Munde.

Allium sat., auf ein Flechtengeschwür applicirt, verursachte einen weißen Fleck, wie weiße Räude. (Lepra mac. a.) s. Arg. nit. f., Ars., Cup., Ran. Stichschmerz. **h.** s. Laws. in. und Ruta.

Alth. fl., Kopfgrind.

Ambra gr., Oberhäutchen-Abschälung und Risse der Haut.

Amman., Blutschwären. **h. g.**

Ammon., s. Ars. amm.

Amygd. am., bei der Krätze. Das destillirte Wasser der bittern Mandeln zum Waschen. **Tohl.** Gesichtsflecken, die Application derselben **ang.**

Anac. or., Kopf- und Gesichtsknötchen, durch hervorgebrachtes Jucken bessernd. **MA. 30.** Kopfschwäre, juckende. Schwäre, nässende. ♀. Auswüchse auf der Haut. Warzen rc.

Anagallis caer., Krätze, mit ♀. Krätze, tropische.

Antimonialia. Frieseln.

Ant. sulph. a., Blutschwäre. **h. g.** Gesichtsflecken. Jucken an Händen und Füßen.

Ant. tart., Pusteln. **g. n.** Ausschlag, feinkörnigen mit Schwitzen, bei der Berührung des Kleides stechenden. **h.**

Areca cat. nux a., juckende, krätzartige Ausschläge.

Areca cat. nux a., Schwären, juckende. ♀.

Argem. mex. sem., Knötchenausbruch, allg. **h.**

Arg. fulm., Schwärze der Händeteller, wie auch der Nase in der Kälte. **Wsol.** 2tägig. Narben, weiße, vom Verbrennen. Knötchen und Eiterpusteln. **h.**

Arg. nit. f., Gesichtsfarbe, schwärzliche. Schwären, juckende. Brandflecken. Narben, weiße, vom Hahnenfuß, vermuthlich auch solche vom Arsenik, Knoblauch rc.

Arist. longa. Krätze.

Arn. **W.**, Risse der Haut. **h.**

Ars., flechtenartiges, um sich fressendes Geschwür am Munde. Kopfschwären. Auf wunde oder nässende Stellen applicirt, hinterließ der Arsenik, sowie auch der Knoblauch, Kupfer rc. weiße Flecken; ob ihre endermatische Anwendung in dergleichen Fällen nichts nütze? s. Kali hydriod. mit Ars., Rhus mit Ars., Sars. mit Ars., Serp. ex. mit Ars.

Ars. amm., Krätze. $^{1}/_{30}$ eines Granes pro dosi. **ang.**

Harn, nebst innerm Brenngefühle verbunden, so wie auch Dickwerden der Hautstellen, an denen man sich kratzt. Die Haut ist trocken, rissig, schrundig und aufgesprungen, vorzüglich an den Flächen der Hände und der Fersen. Die Sonnenstrahlen sind sogar im Winter den an diesem Uebel Leidenden so unerträglich, daß sie dabei von Beklemmungen befallen werden. Zu den selteneren Fällen gehören auch noch Blasen und Geschwüre, die sich hauptsächlich an den Nägeln und Sohlen erzeugen. Ein charakteristisches Symptom dieser Krankheit ist aber, wenn sie einmal ausgebildet ist, die Lähmung oder Gefühllosigkeit gewisser Hautstellen, die überall am Körper vorkommen können, jedoch meistentheils an den Armen und Füßen erscheinen. Höchst sonderbar kömmt es mir vor, daß bis jetzt keiner von den englischen Schriftstellern, die über tropische Krankheiten geschrieben haben, wenigstens meinem Wissen nach, dieses letztangeführten Hauptsymptomes erwähnt hat. Es wird wohl nicht auch diese Krankheit, so wie jene in der Erzählung meiner Reiseerlebnisse bereits erwähnte Schlangenliebe nur im Lande der Fünfströme vorkommen? was mich auch veranlaßte, eine ausführliche Beschreibung sowohl dieser als auch jener hier mitzutheilen.

Ars. pot., Ausschläge, verschiedenartige. Gesichtsknötchen. Schwären, ♀. Borkenflechte im Barte, ♀. Kopfgrind. g. n. s. Rhus Tox.

Ars. sod., Brennen und Stechen in der Haut mit Schmerzen rc.

Arum. camp., Blutschwären. h. g. Ausschlag, feinkörnigen, bei ♀. h.

Asa. f. Gesichtsfarbe, gelblich oder schwärzlich veränderte. Schwären. h. Krätze. Tohf.

Aspar. rac., Brennen in den Füßen.

Aspar. Halium sem., Körperröthe mit Erbrechen. MA.

Aspid. fol., Jucken. h.

Aterni. Ausschläge, feinkörnige, allg. h. Fleckchen, schwarze, juckende. h.

Aur. nit. mur., Flechten, ♀.

Auripigm., Pusteln. Flechtengeschwüre, um sich fressende.

Bar. carb., Brennen und Stechen, Jucken und Nässen. Ausschlag, pustulöser, von der Brust aufwärts. Haut, süchtige, schwer zuheilende. ang.

Bar. nitr., Krätze, tropische: Linderung verschaffend.

Bdell., Krätze. g. n. Ausschläge, feinkörnige, wie auch Jucken u. Fleckausschlag. h.

Behen. a. r., Gesichtsflecken. Jucken. h. g. Gesichtsausschlag. h.

Belemn., Ausschläge, unterdrückte. h.

Bell., Jucken und Körperröthe mit Verschlimmerung beim Baden und Windauwehen. s. Beschreibung der tropischen Krätze.

Berb. lyc., Jucken. h. Krätze, die Application. Tohf.

Bign. ind. sem., Jucken, allg. h.

Bist., Jucken, allg., h.

Blum. aur. sem., Hodenflechte, ♀. Krätze, tropische. MA.

Bol. arm., Schwären, schmerzende, ♀.

Bor. ven., Oberhäutchenabschälung. Pusteln. Kopfausschlag vermehrend, bei Durchfallhemmung. M. 7.

Bov., Haut, rissige. Gesichtsfarbe, stark wechselnde. ang.

But. frond. gummi, Jucken.

Cacal. Kl. fl., Aussatz.

Cacal. Kl. hb., Ausschläge, juckende, flechtenartige, krätzartige, ♀sche. MA. Fleckausschlag. period.

Cal. ar., Flecken, weiße. Tohf.

Calc. carb., Brennen, Stechen und Jucken am After und an den Hoden, wo eine Flechte war.

Calc chlor., Krätze.

Calebr. opp., Schwären. Flecken, juckende. Aussatz.

Calotr. gig. fol., Brennen und Stechen.

Calotr. gig. rad. cort., Hodenjucken mit Geschwulst. Penisjucken. Schwären am Hinterbacken. Flechte, ♀. Aussatz. MA. Fleckchen, weißliche. h. s. Laws. in.

Calotr. gig. succ., Application auf wunde Stellen tilgte zwar das Jucken, verursachte jedoch Blindheit durch das Trüben und Undurchsichtigwerden der Hornhaut. Die Einreibungen dieses Saftes, Stichschmerz. h. s. Laws. in.

Calumb. rad., Stichschmerz. h.

Camph. abw. Arec. cat. nuc. carbo, Brennen. ♀. MA.

Cannab. ind. Cashm. rad. cort., Fußgeschwüre beim Aussatz.

Canth., Brennen und Stechen. Pusteln, juckende. Gesichtsflecken. h. g. n. Jucken, trockenes, und Schuppen. h. Krätze. Tohf. Gebrannte, mit Oel applicirte Kanthariden tilgen Flecken und Narben von Pocken. Tohf. Gebrannt werden sie auf geöffnete Warzen und Auswüchse eingerieben, wo sie das Abtrocknen derselben bewirken. Tohf.

Capp. spin. rad., Pusteln, pockenähnliche. h. g. bei Pusteln, rothen, juckenden.

Carbo an. (Erin. n.), Jucken, allg. h.

Carbo veg., Flecken. ♀. Schwären. h.

Cardam. maj., Jucken.

Carpes. rac., Knötchen, period. mit allg. Jucken.

Carpobals., Gesichtsflecken. Tohf.

Cariss. Car. fl., Flechten, juckende, ♀.

Cariss. Car. fol., Oberhautabschälung. Flecken, erhabene. h.

Carth. t. sem., Jucken. h.

Cascar., Jucken, allg., auch an Augen.
Cass. abs. sem., Flecken, hervorkommende auf's Baden, s. Symptome der tropischen Krätze.
Cass. al., Schwären und Ausschläge, brennende, juckende, feinkörnige. **h. g. MA.**
Cass. fist. pulpa, Schwären.
Cass. fist. sem. **R.**, Aussatz aller Arten, sogar der sogenannte Elephantenfuß. (Elephantiasis); wozu natürlicherweise ein mehrere Monate lange anhaltender Gebrauch derselben, wenn auch nur 2 bis 3 tägige Gaben eingenommen werden müssen.
Cass. lign., Schuppen. **g.**
Cass. Tam. fol., Haut, rissige, aufgesprungene. Schwären am Kinn, auch unter der Nase. **h.**
Cass. Tora, Fleckausschläge, juckende. **g.**
Cast., die Application bei Flechten und Flecken **ang.**
Caust. lix., Application bei Warzen **ang.**
Celastr. pan., Gesichtsblüthen, röthliche, einseitig. **4mal 12.**
Cera citr., Schwären. Brennen in Händen und Füßen. **MA.** s. Brennen, inneres.
Cervi c. u. a. der Blutschwären Aufbruch befördernd.
Cham. v., s. Sars.
Chaulmoogra od., Knötchen, juckende, nässende am männlichen Gliede. **h. g.** Knötchen, juckende, an andern Theilen. Eiterpusteln. **h.**
Chel. maj., s. Brennen, inneres.
Chenop. a. hb., s. Brennen, inneres.
Chenop. a. sem., Krätze. Kopfgrind, schuppigen; auch borkigen, flechtenartigen. **h.** Flecken, schwarze. **Tohf.**
Chidra sem., Risse und Aufgesprungenheit der Haut, mit Aussatz und ♀.
Chin. cort., s. Krankheiten der Kinder.
Chin. sulph., Nesselausschlag. **h. g.** Kopfschwären und Rothlauf. **h.**
Chitraca, Jucken. **h.**
Churrus, Schwärze der Händeteller in der Kälte. Flechtenfleck. ♀.
Cich. fol., Hautkrankheiten. **ang.** Fleckenausbruch. **h.**

Cic., Ausschlag, flechtenartiger, hinter den Ohren.
Cinnab., Hirsenflechte an der Eichel. Hautschwärze. **h.** Räucherungen mit Zinnober werden beim Jucken am After **ang.** Eine Salbe aus Zinnober 1/2 Drachmen, Kampfer 1/2 Drachme und Schweinsschmalz 1 1/2 Unzen, wird bei Flechten **ang.**
Cinnam. fl., Jucken an den Augen.
Clem. r., Schwären.
Cleom. pent. sem., Flecken, weiße, nach einem Schlangenbiß.
Clero., inf., Jucken an der Nase. Jucken, ♀. Eiterpusteln. Krätze. **g. n.**
Coccul., Krätze. Jucken im Ohr. **h.** Hautkrankheiten. **ang.**
Coff. ar., Stiche am männlichen Gliede und After. **h.** Blasenausschlag. **Tohf.**
Colch. aut., Flecken. Feinkörnigen Ausschlag. **h.**
Coloc. fr., Ausschläge, feinkörnige am Körper. Flecken auf der Brust. **h.**
Coloc. rad., Krätze. **h.**
Commel. nod., Jucken am After mit Hämorrhoiden.
Comp. Zerbabri, Stichschmerzen. ♀.
Con., Ausschläge, juckende. Schwären. ♀.
Conyza anth., Räude, weiße.
Conv. arg., Schwären. **h.**
Cop. bals., Fleckchen, röthliche. **h.**
Corch. frut., Aussatz mit Stichschmerzen. Schwären. **h.**
Coriand., Jucken. **h. g.** Fleckausschlag auf's Waschen hervorkommenden. **g. n.** Blasenausschlag. **h.**
Cost. ar., Gesichtsflecken. **Tohf.**
Cost. n. Cashm., Flecken, weiße. Fleckausschlag, erhabener, mit Jucken.
Cotyl. lac., Krätze, tropische. Eiterbläschen. **h.**
Creos., Jucken. **h. g.** Schwären. Gesichtsflecken. Gelenkschmerzen. Brennen und Stechen. Creosot 1/2 Drachme mit 1 Unze Schweinsfett zur Salbe gemacht, wird gegen juckende, trockene oder nässende Flechten, besonders im Greisenalter vorkommende. **ang.**

Croc. sat., Ausschlag, wie Flöhbisse aussehender.

Crot. tigl., Ausschläge, feinkörnige. ♀. Hautrisse. s. Sinap.

Crust. Dschinge, Risse der Haut. Flecken, schwarze. Jucken, allg. mit Brenn- und Stichschmerzen. ♄.

Crust. Mahi rubian, Risse der Haut. **MA.**

Cucum. acut. Pinditnri, Krätze.

Cucum. sat. sal. succ., Jucken an den Hoden. ♄.

Cucum. ut., die Haut rein und glänzend machend. **Tohf.**

Cucurb. citrull., Krätze. **Tohf.**

Cucurb. citrull. sem., Krätze, tropische.

Cucurb. lag., Räude, weiße. **ang.**

Cup. amm., Hirsenflechte, nasse, auf dem Kopfe und im Barte.

Cup. met., Flecken mit allg. Jucken. **MA.** Jucken. Flecken im Gesichte. Ausschlag, frieselartiger. Die Application auf eine Wunde hinterließ eine weiße Narbe, so wie All. Ars. etc.

Cup. sulph., Knötchen, juckende, auf den Schultern. ♄., beim Jucken an den Geschlechtstheilen und am After wird eine schwache Auflösung desselben örtlich **ang.** s. Krankheiten der Kinder.

Curc. longa, Schwären. ♄. Haut, glänzende. ♄. **Tohf.**, bei der Krätze die Application. **Tohf.**

Cusc., Ausschlag, feinkörnigen. ♄.

Cusc. sem., Fleckausschlag.

Cycad. rev. sem., s. Lähmungen des Hautorgans.

Cyn. Dub, Flechte an den Hoden.

Cyp. long., Kopfgrind.

Dactyl. uncl., Krätze, tropische. Schwären. ♄.

Daph. Sunnerkat, Brennen und Stechen.

Datisc. cann. rad. cort., Brennen und Stechen. Gesichtsknötchen mit Halsknoten. Knötchenausschlag, allg. bei ♀. ♄.

Datisc. cann. sem., Aussatz. Krätze, tropische.

Dat. mart., Brennen und Stechen

Dat. stram. fl., Blasenausschlag. ♄.

Dat. stram. fol., Händeteller weiß, wie mit Mehl bestreut. Auswuchs, fleischiger.

Dat. stram. sem., Krätze. **ang.**

Deals. Fieberwurzel, Flechte, juckende. Krätze, tropische. Ausschlag, feinkörnigen. ♄.

Deals. Haruututiaart. Schwären.

Delph. panc., Jucken, allg. ♄.

Dig. purp., Kopfschwären. Jucken, allg.

Dioret., Jucken, trockenes. ♄. **g.**

Dol. prur., Ausschlag, feinkörniger. Jucken, allg. **MA.**

Dudia, Nesselausschlag, auf dem Rücken. Brennen und Stechen, herumziehendes. s. Brennen, inneres.

Dulc., Schuppen. Krätze. Hautstellen, gefühllose.

Eleagn. ang., Jucken. **g.**

Embryopt. glut. fr., s. Merc. subl. corr.

Euph. agr. (aff. spec.), Krätze, tropische. **MA.** Ausschlag, krätzartiger. Fleckenausschlag, Abends. Schuppenflechte, juckende. Gesichtsblüthen, rothe, period. Jucken. ♄. **g.**

Euph. Cashm. Tsenk, Jucken. Ausschlag. ♀.

Euph. epith., Schwären. Flechten. **g.**

Euph. long., Fleckausschlag, period. hervorkommenden. Ausschlag, allg., feinkörnigen und Schuppen. ♄. Auf geöffnete Warzen applicirt **ang.**

Euph. sorr., Augenjucken. ♄.

Euphr., Jucken, Brennen, Stechen.

Fabar., Krätze, tropische.

Fagon. ar., Hautorgans-Gefühllosigkeit. Haut, rissige, aufgesprungene. Jucken an den Hoden. Schwären, juckende, an den Geschlechtstheilen. **MA. 60.** s. Lähmungen.

Fasc. Asfar e tib, Fleckausschlag, juckender.

Fic. Car. sem., s. Brennen, inneres Hautorgan, Gefühllosigkeit desselben.

Fic. glom., Flechte an der Lippe. ♄.

Fic. ind., Pusteln und feinkörnigen, juckend brennenden Ausschlag. ♄.

Fil. mas, Blasenausschlag; scharfe, ätzende Feuchtigkeit enthaltender.

Foenic. rad., Fleckausschlag, juckenden. ħ.

Frit. cirrh., Jucken. Knötchen. Schwären.

Fumar., Flecken, Aussätziger.

Fung. ign., Ausschlag, feinkörnigen, in den Händeflächen. ħ.

Gagerming, Eiterbläschen auf dem Kopfe. Ausschlag, feinkörniger.

Galena, Jucken an Händen und Füßen. ħ. g. Schwären, sogar ♀. ħ. g. Flecken im Gesichte bei ♀. ħ. gut ohne ♀.

Galla, s. Myrobal.

Gard. dum., Räude, weiße. Die Application ang. Hautgefühllosigkeit. g. n.

Geran. prat., Aussatz. Jucken an den Hoden. ♀.

Geum cl., Brennen und Jucken. Knötchen, juckende. Schwären. g.

Gmel. as., Hodenjucken, Nachts. Hodenflechte. Jucken, Rückfall ħ.

Goss. fulm., Schwären. ħ.

Goss. sem., Fleckausschlag mit Fieber. MA. Eiterpusteln. Schwären. ħ. Gefüllosigkeitsstellen. g. n.

Gourbuti, Hirsenflechte an den Hoden und am Mittelfleische. Ausschlag, rothen, feinkörnigen. ħ.

Granat. ac. rad. cort., Jucken. ħ. g. Fleckausschlag, juckenden, nach Erbrechen. 4mal 12.

Graph., Flechten, juckende.

Grew. as. fr., Jucken und Stechen, bei ♀. ħ. g. Gesichtsausschlag. ♀. K., Krätze, tropische. s. Brennen, inneres.

Grisl. tom., Jucken. ♀.

Guil. Bond., Ausschlag, kritischen. ħ. g. Flechte, tropische, mit leerem Aufstoßen. Flecken. Brennen, Jucken und Stechen in der Haut. ħ. g. n.

Gund. Zulm sem., Fleckausschlag. Knötchen, juckende.

Gyps. Setseladschit, Knötchen, schmerzendes, im Backen. ħ.

Harm. Ruta, Ausschlag, krätzartigen. ħ. g. n. Ausschlag, feinkörnigen, an den Innenseiten der Schenkel. ħ. Fleckausschlag, erhabenen, vorübergehenden. ħ.

Haruntutia, Schwären an den Hoden. ħ.

Hedys. Deiterdaue, Jucken. ♀. MA. Flecken, erhabene, chron., ♀.

Helict. isora, Mundflechte. ♀.

Helleb. a., Aussatz. Krätze.

Hemid. ind., Ausschlag, juckenden, ♀. ħ. g. Hautgefühllosigkeit. MA. Mit dem Aussatz. n.

Heracl. div., Fleckausschlag, juckend. Räude, weiße. Ausschlag, juckenden. ħ.

Hibisc. Trion., Fleckausschlag. Jucken. g.

Hirudo med., Applicationen 3mal 3tägig zu 10 Stück, heilten eine nasse Flechte am Fuß.

Hollow. pill. sol., Hodenjucken. g.

Hossen Jussif, Schwären am After.

Hoya vir., Jucken, Brennen, Flecken. ħ.

Hyosc. n. fol., Brennen an den Sohlen ħ. g. Pusteln am Kinn. ang.

Jal. conv., Jucken an den Augen. ħ.

Jal. mir. rad., Brennen und Stechen in der Haut mit Gelenkschmerz. ħ. g. Krätze, psorische. Schwären u. feinkörnigen, juckenden Ausschlag. ħ.

Jal. mir. sem., Brennen und Jucken. Pulverisirt mit Wasser angemacht, auf Warzen applicirt, soll das baldige Abtrocknen derselben bewirken.

Jatropha curc., Krätze.

Indig., Schwären.

Indigof. Anil, Stechen. ♀.

Inula Hel., Krätze. Hodenflechte, juckende. ħ.

Iod., s. Merc.

Ipom. caer., Jucken und Brennen. ♀.

Ipom. cusp., Schwären. ħ.

Ipom. dasysp., Haut, Gefühllosigkeit derselben.

Jugl. nuc. ligni cort., Hodenflechte, juckende. ♀.

Junip. bacc., Ausschlag, krätzartiger. Jucken, allg. ħ.

Just. nas. fl., Aussatz. Krätze, tropische. Flechte, juckende.

Kali bichrom., Fußschwären. ħ.

Kali carb., Jucken. Krätze.

Kali hydriod. K., Flechte, tropische. Pusteln am Kinn. Brennen und Stechen in der Haut mit Gelenkschmerz.

Kali hydroc., rissige Lippen. Hodenflechte, bei ♀. **h.**

Kali sals. hb. foem., Flechte, bei ♀. **h.**

Kali sulph., Blasenausschlag. Ausschlag, feinkörniger, juckender, wie auch Schwären mit oder in Folge eines Fiebers. Haut, süchtige, schwer zu heilende. Krätze, tropische **g. n.** Schrunden an Händen und Füßen. **ang.**

Kris, Pusteln, juckende. **h.**

Lacca in gr., Stiche **h.**

Lactucar., Knötchenausschlag, allg. **h.**

Lamin. sacch., Flechte an der Lippe. Fleckausschlag, wie auch Schwären auf dem Kopfe und an der Stirne. **h.**

Lamium. a., Haut. Gefühllosigkeit derselben.

Laws. in., Aussatz. Krätze, tropische. Schwären. **h.** Hautkrankheiten, hartnäckige, die Application. **Tohf.** So z. B. bei Flecken applicirt man das mit Wasser angemachte pulv. Kraut derselben; nach 1 Stunde wird es abgewaschen, die Stellen mit Ricinusöl, oder auch nur mit Molken eingestrichen. Dabei gebrauchen indische Aerzte zu gleicher Zeit Pillen aus der Calotropis gig. mit schwarzem Pfeffer angemacht.

Led. pal., Jucken. **h. g.** Bartflechte. ♀. Flecken, rothe. Frieseln. Blüthen.

Leon. Royl., Brennen, Jucken und Stechen. ♀.

Lepid. sat. sem., Schwären. **h.** Gesichtsflecken. Die Application. **Tohf.**

Lepor. sangv.. Hautstellen, gefühllose. Hautrisse. Ausschlag, feinkörnigen, um die Augen herum. **h.** Gesichtsflecken. Die Application. **Tohf.**

Leuc. ceph., Aufspringen an den Hoden, bei ♀. **h.**

Lich. odor., Fleckausschlag. Fleckchen, schwarze, period. erscheinende. Gesichtsknötchen. **h.**

Lini sem.. mit Honig. Knötchen, juckende. **h.**

Lithanth., Stirnknötchen.

Lupin. a., Ausschlag, krätzartiger. mit Flecken, Knötchen, juckende, bei ♀. **h.**

Lup. Hum., Eiterbläschen. Schwären.

Lyc. hb., Flecken. Warzen. Pusteln. **g. n.** Flechte, tropische. **h.**

Magn. carb., Ausschläge, feinkörnige. Flechtenfleck, rother. Knötchen. Schwären. Augenjucken. Trockene Haut mit starkem Jucken, Brennen. Gefühllosigkeit, allg.

Magn. mur., Pusteln.

Major.. Augenjucken. Gesichtsflecken. Flechten, juckende. Schwären. Schwärze der Nasenspitze und Afterjucken. **h.**

Malvac. Todri, Augenjucken. Hodenflechte.

Mamira Cashm., Ausschläge, feinkörnige. Schwären. **h.**

Mang. carb., Haut, süchtige, schwer zu heilende.

Mango nucl.. Augenjucken. Brennen in Händen und Füßen. s. Brennen, inneres.

Manna Tigal. Schwären. **h. g.** Kopfgrind. Jucken und Flechten. **h.**

Mant. ov. mass., Krätze, tropische. **g.**

Marant. faec., Knötchen und Hautfarbe auf's Baden, wechselnde, wie bei der tropischen Krätze. **h.**

Mar. Syriac., Haut, trockene. Flecken.

Meconops. Nep., Krätze.

Meidetschob, Brennen in Händen und Füßen.

Melandr. tr., Aussatz. Kopfschwären.

Meliae azed. fol., Ausschlag, zurückgetretener mit Fieber. Brennen und Stechen in der Haut und an den Sohlen.

Meliae semp. sem., Kopfgrind. Knötchen. Krätze. Kopfschwären. **h.** Warzen. **Tohf.**

Menisp. gl., Schwären. Flecken mit Jucken und Brennen. Aussatz. **g.**

Menisp. hirs., Knötchen, allg. mit Fieber.

Menth. pip. **K.**, Flechte, ♀. am Mittelfleische.

Merc. d., Ausschlag, allg. kritischen. **h.**

Merc. d., **abw.** iod., Stichschmerzen. ♀. s. Rhus Tox., Sarsap., Thuja.

Merc. hydroc. linim., Jucken am After. **ang.**, s. Krankheiten des weiblichen Geschlechtes.

Merc. nitr. linim.

Merc. prec. r., Flechten. **h.**

Merc. subl. corr., **abw.** Embryopt. glut. fol., Jucken. ♀. **4mal 12.**

Methon. glor., Krätze, tropische. Haut, gefühllose, mit Aussatz. g. n.

Mezer., Flecken, schwarze, in den Händen. h.

Millefol., Flechten. ♀. g. n.

Mimos. pud. sem., Krätze, tropische. Schwären an den Füßen. h.

Moring. Soh. gummi, Jucken und Schwären. ♀. Haut, gefühllose, ♀.

Moring. Soh. rad., Schwären. Rauhheit und Risse der Haut. h.

Moring. Soh. sem., Knötchen, stets neue hervorkommende.

Mori a. fr. n., Ausschlag, verschiedenartigen. h. K. Augenjucken.

Moschat. nux, aufgesprungene Lippen. Gesichtsflecken. Tohf.

Mulged. rap. cort. & fol., Knötchenausbruch. h. g. Schwären.

Muris., Flechten und Warzen (?), indem die Appl. des Mäuseblutes ang.

Mutella Ant., Jucken. h.

Myrica sap., Gesichtsflecken. Tohf.

Myrob. Beller., Ausschlag, feinkörnigen, verschwindenden. h.

Myrob. citr., Augenjucken. Krätze, tropische. MA. Flechte, tropische. h.

Myrob. n., Flecken. Ausschlag, feinkörniger. Haut, gefühllose. h. g. n.
Mit Galläpfeln und Essig angemacht beim Aussatz appl. ang.

Myrt. bacc., Ausschlag, juckender, krätzartiger. MA. Flechte. ♀. MA.

Narciss. bulb., Krätze, tropische.

Nard., Jucken. Schwären.

Natr. m. Lah., Aufspringen der Lippen. Schwären am Auge.

Nelumb. spec. fl., Aufspringen an Lippen. Flechte. ♀.

Nelumb. spec. sem., Warzen an den Fingern, bei ♀.

Nep. salviaefol. hb., Ein schmerzender, ♀. Fleck am Nacken. Flechte, juckende, nässende. Stiche in der Haut.

Nep. salv. rad., Jucken. g., s. Brennen, inneres.

Ner. antid., Krustenflechte am Fuße. ♀.

Ner. odor. rad. mont., Hodenflechte.

Ner. Oleand., Haut, gefühllose. g. n.

Nigell. sat. sem., Krätze, tropische mit allg. Schmerzen. Fleckausbruch. Jucken. h. Haut, gefühllose. g. n.

Nitr., Application mit bitterem Oel gegen Jucken, wird in Indien ang.

Nitri ac., Ausschlag. Schrunden. Flechten, ♀. Stiche.

Numal. Schadenedsch, Flechte an der Lippe. h.

Nycter., Ohrflechte, s. Gehörleiden.

Nymph. a. sem., Flechte, juckende, ♀. an den Hoden. MA. Brennen in den Händen und Füßen.

Ocim. pil., Fleckchen, juckende. h.

Ocim. sanct. rad., Lippenflechte., s. Krankheiten der Kinder.

Olib. ind., Brennen und Stechen in der Haut. Schuppen. Ausschlag, trockenen, am meisten am Halse. h.

Onosm. macr. fl., Jucken. h. g., s. Krankheiten der Kinder und die des weiblichen Geschlechtes. Haut, Gefühllosigkeit ders. g. n.

Onosm. macr. rad., Krätze, tropische. h. g. Fußgeschwüre, blutende. h. Hautgefühllosigkeit. g. n.

Op. mur. ac., Flechte, juckende am Schenkel. Ausschlag, krätzartigen. h.

Op. pur., Hodenflechte. Krätze.
Mit Oel appl. gegen Jucken ang.

Ox. ac., Schwären. Brennen in den Händen und Füßen.

Ox. corn., Gesichtsflechte. Ohrflechte.

Panic. pil., Haut; Gefühllosigkeit ders. h.

Papav. a sem., Kopfschwären. h.

Papav. cap., der kalte Aufguß im Uebermaße getrunken, Brennen und Stechen in der Haut. h.

Par. brava, Hirsenflechte am männlichen Gliede, gutartige, nicht ♀. Fleckausbruch. h.

Pavia. Krätze, tropische MA. 80. Jucken an der Scham. Hirsenflechte, bei ♀. h. Haut. Gefühllosigkeit ders. g. n.

Pers. nucl., Ausschlag mit Jucken und Kratzen.

Petrol., Jucken, allg. h. g. Brennen, Jucken und Flecken. Krätze. Schrunden.

Ausschlag, röthlicher, feinkörniger, im Nacken und auf den Schultern.
Haut: Gefühllosigkeit derselben.
Haut, süchtige, schwer zu heilende.
Petros. hb. **R.**, Flecken, weißliche, auf der Schulter. **h.**
Petros. sem., Krätze, tropische.
Phall. esc., Sommerknötchen. Brennen u. Stechen in der Haut.
Phosph., Ausschlag, weißer.
Mit Honig, Hirsenflechte allg., nässende. **h.** Gefühllosigkeit, ♀. mit Oel. Flechte, trockne. **h.**
Phys. flex. sem., Aussatz.
Phys. Kagnedsch, Kopfschwären. **h. g.** Ausschlag, brennenden, juckenden, krätzartigen. **h.**
Picrorrh. kurroon, Flechte, tropische, **h. g.** Knötchen in den Augumgebungen mit Geschwulst. Ausschlag, ♀. Schwärchen am Augdeckel. **h.**
Pin. Deod. sem., Krätze, tropische.
Pip. a., Schwären. **h. g.** Haut, Gefühllosigkeit einiger Stellen.
Pip. long., Fleckausschlag. **h.** Haut, gefühllose Stellen.
Pip. n., Hirsenflechte am männlichen Gliede und Schwären. **h.**
Piscin., Flechten und Flecken. ♀. Brustflecken. **h. g.**
Pis. sat., Jucken an den Augen.
Plant. maj., Schwären.
Platan. Elephantenfuß. **Tohf.**
Plat., Krätze, tropische. Haut, gefühllose Stellen. **g. n.**
Plumb. Zeyl. rad., Jucken. **h.**
Polan. hb., Jucken, allg.
Polyanth. tub., Knötchenausbruch, allg., kritischen. **h.**
Polyg. macr., Pusteln. Eiterbläschen.
Polyp., Rauhheit und Risse der Haut.
Polyp. Sekour, Brennen und Stechen mit Jucken.
Portul. oler., frische Blätter werden in Kaschmir auf den Rothlauf appl. **ang.**
Portul. oler. sem., Krätze. **Tohf.**
Prunella v., Ausschlag, feinkörniger.
Psyll. sem., Hirsenflechte. **h. g.** Hodenjucken.
Pum. lap., Jucken mit Brenn- und Stichschmerz. Zahnfleischjucken.
Pyrethr., Flechte an der Lippe. Fleckausschlag. **h.**
Quass. **R.**, Schwären. ♀.
Ran ac., Blasenausschlag.
Ran. lanug. fol., Flecken.
Ran. lan. rad., Jucken.
Ran. scell., Brennen.
Rapa Brass., Applicat. bei Schwären. **ang.**
Raph. sat. sem., Jucken, Schuppen und Schwären. **h. g.** s. Zingib.
Rheum, Ausschlag, feinkörnigen. **h. g.** Krätze, tropische. **R. M.** Fleckausschlag, juckenden. **h.**
Rhus Cor. sem., Jucken. Mit Tragantschleim und Rosenwasser als Waschwasser bei der Krätze. **Tohf.**
Rhus Kakr., Flecken, weiße. **MA. 60.**
Rhus Tox., Pusteln. Flechte in der Lende.
abw. Ars., Flechte, ♀:
abw. Merc. d., Krustenflechte im Gesichte mit Tripper.
abw. Merc. v., Pusteln. Weißliche Flecken auf der Brust und auf dem Rücken, die in der Hitze jucken und nässen.
Ricini fol., Knötchen und Schwären.
Rotl. t., Haut, gefühllose. **g. n.**
Rubia Munj., Gesichtsflecken und Ausschlag, feinkörnigen auf der Stirne. **h.**
Ruku t., Ausschlag. ♀.
Rumex ac., Blüthenausschlag.
Rum. Bidschbend, Ausschlag, feinkörnigen, röthlichen. **h.**
Ruta gr., mit Knoblauch zerstoßen und mit Sauermilch angemacht, im warmen Bad eingerieben, nach den Umständen einige Male wiederholt, ist ein konstantinopolitanisches Hausmittel, das gegen verschiedene hartnäckige und krätzartige Ausschläge. **ang.**
Sabina, Hirsenflechte. **h.**
Sagap., Krätze. **g. n.** Hirsenflechte. **h.** Kopfgrind. **Tohf.**
Sago, Gesichtsflecken von Kanthariden und andere. **MA.**
Sahanscbed, Gesichtsschwärchen, s. Krankheiten der Kinder.

Salix aegypt. fl., Kopf- und Gesichtsknötchen. ♄.

Salv. off., Jucken, allg. Jucken an der Nase und am After, von Würmern. Eiterbläschen an Füßen. ♄.

Sanspour, Jucken, bei ♀. ♄.

Sapind. em., Gesichtsblüthen. ♄.

Sapii ind. sem., Fleckausschlag. ♀. Gesichtsflecken. ♄.

Sarsap., Hautschrumpfige mit Abmagerung, Jucken am Ohr. Flecken, Jucken, Narben u. s. w., nach Pocken. **Tohf.**

abw. Ars., Risse der Haut. ♀.

abw. Cham. v., Knötchen, juckend stechende, abwärts vom Kreuz. Nesselausschlag. Haut, süchtige, schwer zu heilende.

abw. Merc. d., Ausschlag, trockener. s. Serp. ex.

Sassafras, soll eine weiche, empfindliche Haut oft frieselartig roth färben.

Saxifr. Peschaut, Rauhheit und Risse der Haut. Hodenflechte. Eiterpusteln und fieberische Hitze. ♄.

Schekakel, Stiche. Gesichtsausschlag. ♄.

Scorp., Gesichtsblüthen, Gesichtsflecken und Schwären. ♄. Scorpionen große, schwarze, getrocknet, applicirt, werden bei der weißen Räude in Indien **ang.**

Sebest., Brennen und Stechen. ♄. g. Schwären. ♄.

Sec. c., Haut, spröde, trockne.

Sedum crass., s. Zingib.

Solen., Aufspringen der Lippen. Flechtengeschwüre an den Füßen. Schwären. ♄.

Senec. Jacquem., Kopf- und Gesichtsschwären, nässende.

Senega, Bläschen, brennende, am Mundwinkel und an der Oberlippe.

Sep. ossa, Gesichtsflecken. Flechtengeschwür. Bei Flechten die Applicat. **Tohf.**

Sep. succ., Ausschläge, chron., verschiedenartige. Kopfgrind. Krätze. Milchschorf. Flechte, röthliche. Hautfarbe, gelbliche. Hautstellen, gefühllose. Warzen 2c., s. Sulph.

Serp. ex., Borken. Brennen. Ausschlag, flechtenartigen, auch bei ♀. ♄. g. (Ob die Schlangenhäute in diesen Krankheiten, für sich allein, oder abwechselnd **MA.** mit Arg. n. f., Arsen., Sarsap., Smil. China u. dgl. eingegeben werden, scheint mir übrigens gleich viel zu sein). Krätze, tropische, mit und ohne ♀ Complication. Blasenausschlag. Fleckausschlag. Hirsenflechte 2c. ♄.

Serp. ex. ammon. m. comp., Krätze mit ♀. **MA.**

Serp. ex. **abw.** Ars. pot., Krustenflechte im Gesichte. Hautkrankheiten ♀. aller Arten, oder sogenannte Lues sec.

Serp. ex. **abw.** Sarsap., Jucken mit Sommerflecken.

Sid. rad., Krätze, tropische. Gesichtsflecken.

Sil., Krätze, tropische (**I M**sol. 2tägig). Flecken mit Brenn- und Stichschmerzen. ♄. g. Pusteln, period., die eine vergeht, die andere kommt hervor. Borken. Jucken, ♀. **abw.** Churrus. Flecken. ♄.

Sinap. n., Gesichtsflecken.

Sinap. n., cum Crot. t. mixt. appl., Räude, weiße. **ang.**

Sinap. n. plac. **M.**, Knötchen, brennende.

Sisymbr. Irio, Schwären. Flechte, tropische. ♄.

Sisymbr. Soph., Jucken und Brennen in der Haut.

Smalt., Jucken in den Augen. Jucken, allgemeines. **4mal 12.**

Smil. china, Krätze. **Tohf.** s. Brennen. Wurmstichiges Pulver. Schwären.

Sol. Jacqu. fr., Schwären mit Brenn- und Stichschmerz.

Sol. Jacqu. rad., s. Brennen, inneres.

Spig. anth. **M.**, Jucken. Warzen an den Zehen.

Spong. u., Nesselausschlag. Fleckausschlag. Jucken an der Eichel. Stiche. Flechtengeschwür am Ohr.

Squilla, Aufspringen der Haut, Knötchen und Fleckausschlag. ♄.

Stann. mur., bei Eruptionen **ang.**

Staph., Krätze, tropische. Kopfausschlag. Friesel, chron. Schwären am After. ♄. Aftergebilde oder Auswüchse an der Wange und am Zahnfleische. **ang.**

Stoech. ar., Schuppen auf dem Kopfe. Ausschlag, feinkörniger, chron. am Auge. **MA.**

Stront., Flechte am Hintern.

Strychn., Schwären. Flechten **g. n.**

Strych. f. St. Ign., Knötchen. {**M. 30.** Flecken mit Brennen und Stechen. **h. g.**

Strych. n. vom., Gesichtsflecken. **h. g.** Gesichtsflecken, die Appl. **Tohf.** Krätze, tropische. Frieseln. Schwären. **h.** Hautstellen, gefühllose **g. n.**

Sulph. ac., Flechte am Kinn.

Sulph. Auliasar, Krätze, tropische. **h. g.** Haut, trockene, fleckige.

Sulph. citr., Schuppenhaut, schwärzliche. Sommer- und Winterausschlag, juckender. Haut, trockene. Schrunden. Aufspringen der Haut. Krätze **g. n. abw.** Sep. succ., Ringflechte.

Syc. Gagervel, Gesichtsausschlag, kritischen, bei Fieber. **h.**

Swert. pet., Krätze, tropische.

Tabac. **R.**, Kopfgrind, die Applicat. **ang.**

Tabaschir, Hirsenflechte. **h.** Krätze **h. g. n.**

Talc. a., Eiterpusteln, ♀. s. Brennen.

Talc. n., Jucken. Flechte, tropische, und Aufspringen an den Fersen. **h.**

Tarax. hb., Jucken, allg. **h.**

Tarax. rad., Flechten. Jucken. Schwären. **g.**

Tereb., Friesel, chron.

Tereb. ol., Fleckausbruch zur Mittagszeit, oder nach Erbrechen.

Thuj. occ. **R.**, Schwären. **g.** Gefühllosigkeit der Zehe. Hautfarbe, röthliche. Ausschlag, kritischen oder zurückgetretenen. **h. abw.** Merc. d. 4. Bartflechte.

Thuj. or. sem., Gefühllosigkeit, allg. mit Zittern.

Thym., Ausschlag, acuter, juckender.

Tigrin.. Ausschlag, juckender. Schwären, juckende. Hirsenflechte, mit ♀. Krätze, tropische mit Schmerzen.

Trianth. pent. a., Ausschlag, feinkörniger, juckender.

Trianth. pent. u. hb., Ausschlag, juckend-brennend-nässenden **h. g.** Schuppen. **h. g. n.**

Trianth. pent. u. rad., Krätze, tropische. Schwären. Prickeln, beißendes. **h.**

Trich. palm., Jucken auf's Baden.

Tuber. cib., Jucken. **h. g.**

Turp. conv., Flechte, tropische. Schwären. **h.**

Ultram., Krätze, tropische.

Umb. Butazeri, Krätze, tropische.

Urina sua propinandum, früh nüchtern **3mal** in 3 Tagen, wird in der arabischen und indischen Medizin noch heutigen Tages bei der Anlage zu Schwären **ang.**

Urtic. dioic. fl., Krätze mit Flecken.

Uva ursi, Jucken, allg. Hodenjucken.

Vanill. **R.**, Blasenausschlag.

Verbasci Cashm. rad.. Jucken. Krätze. Blase an der Zehe mit örtlicher Entzündungsgeschwulst.

Verben. off. Lab., s. Brennen.

Vesp. fav.. Jucken, mit ♀. **h. g.**

Vill. nymph.. Flechte an den Füßen. Krätze, tropische.

Vinc. min. Lab. fl., Schuppen und Aufspringen an den Händen. **h.**

Viol. od. conf.. Jucken. **h. g.** Ausschlag, krätzartigen. **h.**

Viol. tric., Flechte, tropische. **h.**

Vit. neg. fol., Ausschlag, feinkörniger, juckend-nässender. Haut, trockene, sich abschälende. Schwären. Händeteller, weiße, wie mit Mehl bestreute. Jucken. **h. g. n.**

Vit. neg. sem.. Stirnknötchen. Flechte, ♀. Krätze, tropische.

Vitri fel, Nesselausschlag, juckender, mit Schwären. **MA.** Flecken, juckende, auf's Baden hervorkommende **g. n.**

Warburg's Fiebertropfen. Jucken und Brennen in der Haut. **h. g.**

Xanthox. pip. cort., Hodenjucken. ♀.

Xanthox. sem., Ausschlag, feinkörnigen, an den Händen und Füßen. **h.**

Zinc., Flechte, tropische. Ausschlag, rother, juckender.

Zinci sulph., Schwären an Füßen, ♀. Jucken. **h. g. n.**

Zingib. off., **abw.** Sedum crass.. Flecken, juckende, bei ♀. **h.**

Zingib. rec., Eiterpusteln auf dem Kopfe. **h.**

Zyz. Juj. fr., Jucken, allg.
Zyz. Juj. gummi, Jucken, Brennen und Stechen in der Haut. **h. g.**

Heiserkeit, s. Halsleiden.
Herzleiden, s. Gehirn- 2c. Leiden.
Hinken, freiwilliges, s. Schmerzen.
Hodenentzündung, s. Geschwülste und Drüsenleiden.
Hodenleiden, verschiedene.

Cannab. ind. Cashm. fl., Hodenheraufgezogenheit.
Iod., Hodenverwelken. **h.**
Leuc. ceph. spec., Hodenhärte. **h.**
Lini sem., ist den Hoden schädlich. **Tohf.**
Melil. sem., Hodenleiden.
Merc., Hoden- und Drüsenleiden.
Opop., greift die Hoden an, und ist ihnen schädlich, das Corrigens ist Nußconserve. **Tohf.**
Plat., Hodenbrennen und Fressen darinnen.
Raph. sem., Hodenkälte.
Ricini sem., geschält mit Milch verrieben applicirt, ist bei Hodenverhärtung **ang.**
Sabina, Hodenheraufgezogenheit. **h.**
Strych. n. vom., Hodenheraufgezogenheit.

Hüftweh, s. Schmerzen.
Hühneraugen, s. Gewaltthätigkeiten, äußerer, üble Folgen.
Hüpfen u. Fippern, s. Fippern u. Hüpfen.
Husten, s. Engbrüstigkeit 2c.
Hypochondrie, s. Trübsinn 2c.
Hysterie, s. Krankheiten des weiblichen Geschlechtes.
Impotenz, s. Schwäche.
Kacherie und Gelüste nach allerlei ungewöhnlichen Dingen.

Ajuga dec., Gelüste nach Kalk, Kohlen, Erde 2c.
Ars. sod.
Belemn., Gelüste nach Erde 2c.
Bism. mag.
Carniol. u.
Cascar.
Chel. maj.
Chin. cort., auf vorhergegebene Küchenschelle.
Cich. rad., Gelüste nach Erde.
Cubeb., Gelüste nach ungewöhnlichen Dingen, als Kreide.
Cyc. revol. sem.
Ferr. sulph., s. Kali carb. und Myrobal.
Gagerming.
Heracl. div.
Iod., Gelüste nach Erde.
Kali carb., mit Eisenvitriol und Gummiarabicum-Schleim in Pillenform wird von englischen Aerzten in der Kachexie gebraucht.
Kali sulph., Gelüste nach Thonerde. **M.**
Lim. Laur.
Melandr. tr.
Mimos. pud. sem.
Myrob. Beller., Myrob. Embl. aa Unc. j., Pip. longi, Pip. n. aa Unc.ß. Jedes gepulvert. Mart. alcoh. Unc. IV. werden in einem eisernen Gefäß mit Sauermilch Unc. XVIII. 3 Tage hindurch zerrieben, und 5 Gran Pillen daraus gemacht. Die Gabe davon ist jeden Morgen je 2 Stück, worauf Molken getrunken werden; dabei sollen die Oelspeisen vermieden werden. Dieses Heilmittels bediente sich der ehemalige Hofastrolog in Lahore, Pindet Radaklschen, der damit viele Kachektische beiderlei Geschlechtes, Groß und Klein binnen 6 Wochen geheilt zu haben behauptete.
Myrob., s. Vit. neg.
Polyp. Sekour.
Puls.
Rosmar.
Spig. anth.
Vit. neg., junge Sprossen werden zerstoßen, mit Wasser ausgekocht, durchgeseiht zur syrupähnlichen Beschaffenheit abgedampft, mit gleichen Theilen Honig versetzt noch einmal aufgekocht, und durchgeseiht mit so viel von den beiden oben erwähnten Myrobalanen (Myrob. Beller. & Embl.) versetzt, bis eine gehörige Latwerge daraus geworden ist. Diese war eine Zeit lang ein geheimes Mittel eines Fakiren in La-

hore, der viele Kachektische hiemit in der kürzesten Zeit geheilt haben soll. Er ließ nach der Beschaffenheit des Patienten von ½ bis zu 1 Drachme täglich zwei- auch dreimal davon einnehmen.
Vitri fol, Gelüste nach ungewöhnlichen Dingen, als Kohlen, Erde, Kalk 2c.
Xanth. fr., Gelüste nach Erde.

Kahlköpfigkeit, s. Haarmittel.
Kältegefühl, Frösteln und Schauer.

Abr. prec., Frösteln zum hitzigen Fieber. h.
Acac. succ., Kälte an den Füßen mit Brennen im Kopfe.
Anac. or., Frösteln, anhaltendes.
Anag. caer., Frösteln mit nachfolgender Hitze.
Angel. sem., Frost bei Fieber.
Arg., Frost und Schauder.
Arg. nitri fus., Gefühl der Kälte mit Durchfall. I. K.
Arn., Frösteln. h.
Asplen. radiat. fol., Frösteln. h.
Bar. carb., Frösteln. h.
Bov., Frösteln.
But. frond. gummi, Frösteln. h.
Cannab. ind., Frösteln mit Durst.
Cannab. ind. Cashm. rad., Kälte, in einzelnen Theilen, per. Leiden.
Chel. maj., Frösteln in der Frühe, mit innerer Hitze.
Chin. sulph., Frösteln.
Cich. sem., Frösteln.
Cleom. pent. hb., Frösteln.
Clerod. inf., Frösteln mit Magenhüpfen.
Cost. ar., Frösteln.
Creos., Frösteln mit Gähnen und Schläfrigkeit.
Cucum. acut. sem., Frösteln. h. g.
Curcul. orch., Frösteln bei geringer Kälte, Gefühl von Hitze bei geringer Wärme.
Cuscuta, Frost mit Fieber.
Daron., Gefühl von Kälte einer kleinen Stelle auf dem Backen.
Gard. dum., Frösteln in der Frühe mit Schwitzen bei leichter Bedeckung.
Gent. rad., Kälte der Hände und Füße mit Geschwulst.
Guil. Bond., Frost mit Fieber.
Ichtyoc., Frösteln mit Kopfschmerz 2c.
Indigof. Anil, Frösteln bei geringem Windanwehen.
Lacca in gr., Frösteln und Gefühl von Kälte bei viel Schwitzen.
Lithanthr., Frost mit Wechselfieber.
Lupin. a., Frösteln. h.
Macis, Frösteln.
Mango sem., Frösteln des Nachts, und Brennen des Tags. h.
Op. sulph. sodae, Frösteln.
Ox. ac., Frost und Kälte, bei apoplektischem Habitus.
Pip. Betel fol., Frösteln.
Santon. sem. K., Schauer mit Gähnen, bei Fieber.
Sarcoc., Frösteln und Durst. h.
Sep. succ., Frösteln mit Fieber.
Spig. anth., Frösteln.
Tabac., Kälte des Körpers mit Zähneklappern.
Thym. v., Frösteln bei Fieber. Die kalten Füße warm machend.
Umb. Butazeri, Frösteln.
Urt. dioic. rad. cort., erwärmte den Patienten.
Valer. sylv., Frösteln und Zittern bei innerer Hitze.
Vit. neg., Kälte in den Fingern u. Zehen, beim Baden und Windanwehen.
Zingib. off., Frösteln.

Katalepsie. s. Krämpfe 2c.
Katarakte, s. Augenkrankheiten.
Katarrh, Schnupfen, Grippe 2c.

Acac. Farn. Harnub Nepti, Schnupfen.
Alth. fl., Katarrh bei Opiumessern.
Alth. rad., Nasen- und Lungenkatarrhe.
Anac. or., s. Pip. long.
Ars., Schleimkatarrh. Grippe., s. Dulc.
Arum coloc., Katarrh, mit und ohne Fieber. Flüße aus Augen und Nase.
Aurant. dulc. flav., Schnupfen mit Unverdaulichkeit.

Avell. nux, eine löcherige, wurmstichige, Haselnuß wird vermittelst einer Nadel ihres Inhaltes entleert, etwas Quecksilber hinein gethan, das Loch versiegelt, in ein Stückchen Tuch eingenäht, an einer Schnur befestigt, als Amulet auf bloßem Leibe getragen, nach 6 Wochen entfernt, und der habituelle Katarrh wird nicht mehr erscheinen," sagt man in Konstantinopel.

Balausta, Schnupfen.

Baln., das kalte Bad wird gegen katarrh. Beschwerden ebenfalls **ang**.

Bar., Katarrhe, chron.

Bist., Schleimkatarrhe. Schnupfen.

Bomb. hept. gummi, Katarrh. **h**.

Camp. lign., Schnupfen.

Camph., Grippe.

Cass. Tora. Schnupfen mit Niesen und Kopfweh.

Cataract., Katarrh mit nebligem Sehen. **M. 80.**

Cetac. ol., Katarrh. **h. g.**, die aus diesem Oele mit Laugensalz bereitete Seife, bei Schnupfen und Lungenkatarrh, chron.

Chenop. a. sem., Schmerz der Schläfe u. Augen, katarrh.

Con. extr., Katarrh, chron. eines Opiumessers. **MA. 60.**

Cop. bals., Katarrh, chron.

Creos., Katarrh, chron. Schnupfen mit Niesen. Grippe.

Croc. sat., Schleimkatarrh.

Cubeba, Schnupfen, chron.

Curc. longa, Katarrh mit Wadenschmerzen.

Cupr. nux. Schnupfen mit Migraine.

Datisc. cannab. sem., Schnupfen.

Dat. stram., s. Pip. long.

Delph. pauc., Schnupfen, Katarrh. **h**.

Drac. sangu.

Dulc., Grippe.

abw. Ars., Rotzkrankheit der Pferde. **MA.**

Eug. Jambol., Katarrhe.

Eug. Jambol. cort. succ. **R.** Schleimkatarrh mit rheum. Schmerzen.

Euph. gummi, Katarrh mit Brustschmerzen.

Euph. thym., Schleimkatarrh.

Euphr., Schleimkatarrh.

Evolv., Schnupfen.

Fabar., Schleimkatarrh.

Gard. dum., Schnupfen.

Glin. dict., Katarrh. **h. g.**

Harm. Ruta, Schnupfen mit Augentriefen.

Heracl. div., Schleimkatarrhe.

Hollow. pill. sol., Schleimkatarrh.

Hyosc. n. extr., s. Plumb. ac.

Hyosc. n. fol., Katarrh mit Hämorrhoiden.

Jasm. fl., Schleimkatarrh.

Jatropha curc., Schnupfen mit Niesen.

Indig., Katarrh und Schnupfen.

Kino gummi, Augentriefen, katarrh. **h**.

Lam. sacch., Brustkatarrh. **h**.

Lent. sat., Brustkatarrh.

Lini sem., Katarrh mit Fieber und rheum. Schmerzen. Grippe. **ang**.

Magn. carb., Augenleiden und Zahnschmerz, katarrh.

Magnet. lap., Katarrh.

Malvac. Todri, Schnupfen mit Halstrockenheit.

Manna Hed. Alh., Schnupfen. **h**.

Marr. a. **R.**, Schnupfen mit Blasenkatarrh.

Mast., Katarrhe.

Meliae semp. sem., Schleimkatarrh.

Merc. subl. corr., s. Tabaschir.

Mimos. pud. sil., Schleimkatarrh.

Myrob. compositio, Trifel Zemani genannt, wird von den Hakims gegen habituelle Katarrhe **ang**.

Myrt. bacc., Husten, katarrh. Augen- und Nasenkatarrhe. **h**.

Natr. sulph., Schnupfen mit Niesen.

Nel. spec., Schleimkatarrh.

Ner. ant., Brustkatarrh.

Nigell. sat. sem., Brustkatarrh.

Nitri ac., Schnupfen.

Nycter., Schnupfen.

Ocim. a., Brustkatarrh. **4mal 28.**

Ocim. sanct. rad., Schnupfen. Katarrh mit Schleim- und Eiterauswurf.

Onosm. macr. fl. & rad., Katarrhe. **h. g. n.**

Op. pur., Katarrhe, chron.

Oryza r., Husten, katarrh. mit Nasenverstopfung.

Ox. ac.

Petrol., Katarrhe.

**

Phall. escul., Schnupfen. h.
Phas. radiat., Katarrh.
Phell. aqu. sem., Katarrhe, chron. ang.
Phosph., Grippe.
Phys. flex. sem., Katarrh. h.
Pip. a., Schleimkatarrh.
Pip. long., Schnupfen und Katarrhe h. g. Pillen aus Anacard. or., sem. dat. stram. und Piper long. vertrieben einen chron. Katarrh, womit Kopfweh, Nebelsehen und Engbrüstigkeit verbunden waren.
Piscin., Katarrh, chron. Schnupfen. h.
Pic. liqu. R., Kopfschwere, katarrhale.
Plumbi ac. mit extr. hyosc. n., hat mir in meiner früheren Praxis in einigen Fällen chron. Lungenkatarrhe gute Dienste geleistet.
Pyrethr., Schleimkatarrhe.
Ranunculac., Brustkatarrhe.
Rhus Cor., Katarrh. h.
Ricini fol., Niesen. Schnupfen u. Katarrh. h.
Rotl. t., Schnupfen und Kopfweh. h.
Rub. Munj., Katarrh u. Schnupfen. g. n.
Ruku t., Katarrh. h. g.
Sagap., Katarrh.
Sago, Schnupfen. h.
Salv. off., Grippe.
Santon. sem., Schnupfen mit Kopfweh.
Sapind. em. ligni cort., Schnupfen.
Sapind. em. nucl. u., beim Schnupfen, als Niesemittel. ang.
Sarcoc., Augenleiden, katarrhales.
Sarsap., Schnupfen, s. Tabaschir.
Saxifr. Peschant, Schleimkatarrh. Schnupfen. h. g.
Schekakel, Schnupfen und Katarrhe. h. g.
Sel., Schnupfen. h. g.
Senec. Mus., Schnupfen. h. g. bei Kopf- und Augenleiden, katarrhalischem.
Senega, Schleimkatarrhe.
Sep. succ., Schnupfen.
Serp. exuv., Katarrh. h. g.
Sil., Schnupfen.
Spig. anth. R., Katarrh. h. g. Schnupfen mit Kopfweh.
Spong. u., Brustkatarrh.
Squilla, Schnupfen.
Staph., Schnupfen.
Stoech. ar., Brustkatarrh.
Strychn., Grippe.
Strych. f. St. Ign., Schnupfen.
Strych. n. vom., Schnupfen. Grippe.
Sulph., Schnupfen mit Niesen.
Tabaschir, mit sem. hyosc. n., Merc. subl. corr. und Sarsap. in Pillenform eingegeben, vertrieb einen chron. Katarrh, der ein Familienübel, und womit Schmerzen in den Schläfen und Schwergehör verbunden waren.
Tarax., Kopfschmerzen, katarrhale, mit Nasenfluß. M. 30.
Thuja, Schnupfen mit Kopfweh.
Thym. v., Katarrhe, alte und neue.
Ultram., Schnupfen mit katarrh. Drüsenentzündungsgeschwülsten. h.
Urt. dioic. fl., Zahnschmerzen, katarrh.
Urt. dioic. rad. cort., Katarrh mit rheum. Schmerzen.
Uva ursi, Katarrh mit dem Opiumgenuß.
Vanill. R., Katarrhe.
Viol. od., Schnupfen. h. g.
Xanth cort., Schnupfen h. g. Schleimkatarrh und Migraine, katarrh.
Zed. Zer., Augenleiden, katarrh.
Zingib. off., Schleimkrankheiten. Rotz. h.
Zyz. Juj., Katarrh.

Knochenbrüche, s. Gewaltthätigkeiten, äußerer, üble Folgen.

Knochenleiden, überhaupt.

Agar. a., Reißen in den Oberkieferknochen.
Ajuga dec., Knochenschmerz mit Fieber.
Amman., Schienbeingeschwulst. h.
Ammon. gummi, Knochenschmerz. h.
Angust. cort., Knochenfraß, besonders der Röhrenknochen. ang.
Arist. rot.
Bov., Backenknochenschmerz.
Cinnam., Knochenschmerz. h.
Comp. Zerbabri, Schmerz in Knochen und Gelenken.
Cyc. rev. sem., Schienbeinschmerz.
Deals. Fistelwurzel. Knochenfraß.

Guil. Bond., Brustknochengeschwulst. Knochenschmerzen. Rückgratskrankheit.
Hermod. d., Knochenschmerz. **Tohf.**
Indig., Backenknochen, bohrendes, nagendes Reißen in denselben.
Led. pal., Knochenauswüchse, schmerzhafte, ♀.
Lithanthr., Knochenaufschwellung
Phosph., Rückgratskrankheit. Schienbeingeschwulst.
Puls., Rückgratskrankheit.
Querc. gl., Rückgratskrankheit.
Rum. ac., Schienbeingeschwulst.
Sagap., Knochenfraß.
Sep. succ., Knochenleiden.
Sil., Rückgratskrankheit.
Sisymbr. Irio, Knochenschmerzen.
Staph., Armknochenschmerz. Knochenverkrümmungen. Schienbeinschmerz. **g. n.**
Sulph., Rückgratskrankheit.
Talc., Rückgratskrankheit.
Tarax. rad., Schmerz der Fußknochen, nur im Gehen. **MA.**
Thym. Serp., Knochenschmerz mit innerem Fieber. Rückgratskrankheit.
Torment., Schienbeinschmerz, mit und ohne Geschwulst.
Trifol. fibr., Oberkieferknochen, Reißen und Stechen in denselben. **ang.**
Umb. Butazeri, Knochenfraß der Zähne. **g**

Knoten, s. Drüsenleiden rc.
Koliken s. Blähungen rc.
Kollern in den Gedärmen, s. Blähungen rc.
Kopfgrind, s. Hautkrankheiten.
Kopfschmerzen aller Arten, wie auch Kopfeingenommenheit und Gehirnentzündungen rc.

Abelm. mosch. sem., Kopfweh, halbseitiges, mit nebeligem Sehen.
Abr. prec., Kopfweh. **g. n.**
Acac. sem., Kopfweh. **g. n.**
Acac. succ., Kopfweh. **h. g. n.**
Acon. Nap. extr., Schläfe- und Gesichtsschmerzen. nerv.
Ajuga Deals., Kopfweh. Morgens, mit Husten. Kopfweh, katarrh. mit Nasenfluß. Schläfe- und Augenschmerzen. **h.**
All. sat., Kopfweh. **g. n.**
Altern. sess. rad., Kopfweh, chron. Kopfsausen. **h.**
Alum. cr., Kopfweh, chron. mit Brennen in den Augen und Hartleibigkeit.
Anag. coer., Kopfweh **g. n. g.** mit Fieber.
Angel. sem., Kopfweh, **h. g. n.**
August. cort., Kopfweh, auch Migraine. **g. n.**
Ant. met. **K.**, Stirnkopfweh. Kopfweh mit Fieber.
Arec. cat. nux, Migraine.
Argem. mex. rad., Kopfweh.
Arg. fulm., Kopfweh. **g. n.**
Arg. nitri f., Kopfweh. **g. n.**
Arn. **K.**, Schmerz in den Schläfen. Kopfweh. **g. n.**
Ars. pot., Migraine. Schmerz in den Schläfen und im Auge. **h.**
Arum camp., Kopfweh. **h. g. n.**
Aspar. Haliun sem., Kopfweh. **g. n.**
Aspl. radiat. fol., Kopfweh. **h. g. n.**
Aur. nitro-mur., Kopfweh, bei Katarrh. **h.**
Bar. carb., Kopfweh. **h.**
Bar. nitr., Kopfweh. Migraine. **n.**
Bass. latif. fr., Stirnkopfweh mit Schwindel.
Bdell., Kopfweh. **h. g. n.** Schmerzen in den Schläfen. **g. n.**
Bebeerine, Migraine, period. nerv., 3 Tage lang dauernde.
Behen, Kopfweh. **g. n.**
Bell. extr., Kopfweh. **g. n.**
Berb. lyc. Res, Kopfweh.
Berthel, Kopf- und Magenschmerzen. Kopfschwergefühl nach dem Essen.
Bign. ind. sem., Kopfweh. **h. g. n.**
Blum. aur. sem., Kopfweh, chron., und Kopfschwergefühl.
Bor., Kopfweh. **g. n.**
Bor. ac., Kopfweh. **g. n.**
Bov., Kopfweh. **h. g. n.**
Bryon., Kopfweh. **h. g. n.**
But. fr. fl., Kopfweh, auch Migraine. **h. g. n.**
Calc. citr., Brennen im Kopfe. **h.**
Calotr. gig. fol., Kopfweh. **g. n.**
Calotr. gig. sem., Kopfweh, halbseitiges, mit Augenleiden. **M. 30.**

Calotr. gig. succ., Kopfweh bei grauem Staar.

Campech. lign., Kopfweh. g. n.

Cannab. ind. Cashm. fl., Kopfweh.

Cannab. ind. Cashm. rad. cort., Kopfweh mit Augenleiden.

Canth., Schmerz in den Schläfen. Kopfweh. g. n.

Carbo v., Stirnkopfweh mit Schwindel.

Carissa Car., Kopfweh. g. n.

Cass. fist. sem., Kopfweh. Migraine.

Cass. Tora, Kopfweh. h. g. n.

Cedrel. Toon. sem., Kopfweh. g.

Cervi c. ras., Kopfweh.

Cetac. ol., Schmerzen in den Schläfen. Kopfweh. g. n.

Cham. v., Kopfweh zur Verdauungszeit.

Chel. maj. W., Kopfweh. h. g. n.

Chenop. a. sem., Migraine. Stirnkopfweh. h. g.

Chidra sem., Kopfweh. g. n.

Chin. cort., Kopfweh. h. g. Kopfweh, per. auch mit Augenleiden.

Churrus, Stirnkopfweh, katarrh.

Cich. fl., Schläfeschmerzen mit Augenleiden.

Cic., Kopfweh, beim grauen Staar. h.

Cinnam. fl., Kopfwehe. h. g. n.

Clemat. r., Schmerz, bohrender, in der Schläfe.

Cleom. pent. hb., Kopfwehe. h. g. n.

Cleom. pent. sem., Schläfeschmerzen mit Augenleiden. Kopfwehe. g. n.

Cocos nux, Kopfweh.

Coff. ar., Kopfweh, nerv. ang.

Commel. nud., Kopfweh. h.

Comp. Pokermul, Kopfweh mit Gesichtsvergehen.

Con., Kopfweh. g. n.

Corch. frut., Kopfweh. h. g. n.

Coriand., Kopfweh mit Schwindel. MA.

Cost. ar., Kopfwehe. h. g. n.

Croc. sat., Kopfwehe. h. g. Kopfschwergefühl. n.

Crust. Mahi rubian, Kopfwehe. h. g. n.

Crust. Dschinge. Kopfwehe. h. g. n.

Cucum. acutang., Kopfwehe. h. g. n.

Cucum. Mad., Stirnkopfweh. Migraine. Kopfweh des Vorder- und des Hintertheils. n.

Cupri ac., Kopf- u. Armschmerzen. Stichschmerz in den Schläfen mit Augenröthe.

Cupri amm., Schläfeschmerzen. Kopfweh. n.

Curcul. orch., Kopfweh, gichtisches, im Winter.

Cyc. revol. sem., Kopfwehe. g.

Cycl. eur., Kopfweh, betäubendes, mit Verdunkelung des Gsichtes.

Cyd. sem., Kopfweh, katarrh.

Cypr. nux, Migraine.

Datur. mart., Kopfwehe und Migrainen. h. g. Stirnkopfweh. Schläfeschmerzen.

Datur. stram. lign., zerstoßen mit Gelbwurzel gemischt, in einem Papierchen zusammengerollt, angezündet und damit beräuchert, wird von den indisch-muhamedanischen Aerzten gegen Migraine ang.

Datur. stram. rad., Kopfwehe.

Deals. Torkiwurzel. Kopfweh mit Augenleiden.

Delph. pauc., Kopfschwergefühl.

Dioret., Kopfweh. Schläfeschmerz mit Schwindel.

Drac. sangu., Kopfschwergefühl, katarrh.

Eben., Kopfwehe. g. n.

Elat., Kopfschwergefühl mit Stirnhitze.

Eleagn. ang., Kopfschmerz.

Euph. agrar. (aff. spec.). Kopfwehe. g. n.

Euphr., Schläfeschmerzen, katarrh.

Fici Car. sem., Schläfeschmerzen mit Augenleiden. MA.

Fic. glom. fr., Kopfweh, mit Fieber. 12mal

Foenic. sem., Kopf- und Kreuzschmerzen mit Bauchwürmern.

Frit. cirrh., Kopfweh.

Galena, Kopfschmerz. Schläfeschmerzen. g. n.

Galla, Kopfweh mit Unverdaulichkeit.

Gard. dum., Kopfweh. g. n.

Geran. prat., Kopfschwere. Kopfweh. g. n. Kopfsausen. h.

Geum el., Kopfweh. h. g. n.

Glin. dict., Kopfweh. g. n.

Gourbuti, Kopfweh. h. g. n.

Goss. sem., Kopfweh, chron.

Grat., Kopfweh mit Schwerhörigkeit.

Guil. Bond., Kopfweh. g. n. gut bei ver. Kopfweh mit Sausen im Kopf, und Verschlimmerung beim Windanwehen.
Gyps. Setseladschit, Kopf- u. Brustschmerzen.
Harm. Rut. fl., Kopfweh, auch Migraine. h.
Harm. Rut. hb., Kopfschwergefühl mit Durst. Kopfweh. g. n.
Heliot. is., Kopfweh und Schläfeschmerzen. Kopfschwergefühl. n.
Heracl. div., Kopfweh mit Augentriefen. Migraine. Kopfschwergefühl.
Holarrh. pub., Kopfweh. h. g. Kopfweh mit grauem Staar. n.
Hossen Jussif, Kopfweh. h.
Hyosc. n., Kopfweh. h. g. n.
Hyss., Kopfweh. h. g. Schläfeschmerzen mit Augenleiden. g.
Jal. conv., Kopfschmerzen. g. MA. Schläfeschmerzen. g.
Jal. mir. rad., Schläfeschmerz mit nebligem Sehen, bei ♀. MA. 60.
Jal. mir. sem., Kopfweh. h. g. n.
Jasm. fl., Kopfschmerz von Schleimanhäufung. Tohf.
Inula Hel., Kopfschmerzen. h. g. n.
Jod. amygd. ol., Kopf- und Kreuzschmerzen nach einem Fieber.
Ipec., Kopfschmerzen mit Schwindel, auch mit Erbrechen.
Ipom. coer., Kopfschmerzen. h.
Just. nas. fl., Kopfschmerzen.
Just. nas. hb., Kopfschmerz mit Fieber. 12mal.
Kaliakand, Schläfeschmerzen mit Augenleiden.
Kali sals., Kopfschmerzen. g. n. g., bei habituellem Kopfweh mit Erbrechen. Schläfeschmerzen. h.
Kali sulph., mit und ohne Bell., Schläfeschmerzen mit und ohne Fieber.
Lacca in gr., Kopfschmerzen. h. g. n.
Lactucar., Kopfschmerzen mit Kollern in den Gedärmen.
Lamin. sacch., Kopfwehe. MA.
Laur. bacc., Kopfschwergefühl. h.
Laws. in., Kopfschmerzen. h. g. n.
Led. pal., Kopfschmerz. Migraine.
Locust., Schläfeschmerzen mit Augenleiden.
Lupul. Hum., Kopfwehe. g. n.
Lyc. hb., Kopfweh mit Schwindel. g. Stirnkopfweh. h.
Lyc. sem. R., Schläfeschmerzen mit Fieber.
Magn. carb., Kopfweh. g.
Magnet. lap., Kopfschmerzen. h. g. n.
Major., s. Krankheiten des weiblichen Geschlechtes.
Malvac. Karmekra, Migraine. Kopfschmerzen. g. n.
Mamira Chataie, Kopfschmerzen mit Augenleiden, auch mit Erbrechen.
Mangan. carb., Kopfschmerz mit Fieber. MA.
Manna cal., Kopfschmerz.
Marrub. a. R., Kopfschmerz mit Schwindel. MA.
Mastix Kopfschmerzen. g. n. g. Schläfe- und Stirnkopfschmerzen mit Augenleiden.
Meccan. bals., Kopfschmerzen. g. n.
Meliae azed. fol., Migraine. h. g. n.
Melil. sem., Kopfweh mit Schwindel und Dunkelwerden vor den Augen.
Melissa, s. Krankheiten des weiblichen Geschlechtes.
Melong. sem., Kopfwehe. h. g.
Menisp. gl., Kopfschmerz u. Migraine. h.
Menisp. gl. faec., Kopfschmerz und Migraine. h.
Menth. p. R., Schläfeschmerz. h.
Merc. prec. r., Schläfeschmerz mit Augenleiden.
Merc. v., Migraine mit Fieber.
Methon. glor., Kopfschmerz. h. g. n.
Millefol., Migraine. h.
Mimos. pud. sil., Kopfschmerz mit Augentriefen. Migraine. g. n. Kopfschwergefühl, schmerzhaftes. h.
Moring. Soh. sem., Kopfweh u. Schläfeschmerzen. g. n.
Mosch. nux. Kopfweh, jeden Tag. Kopfweh, mit innerm Brenngefühl. Kopfweh, Nachmittags, mit Kopfschwergefühl und Eingenommenheit des Kopfes, wie Rausch. h.
Mosch. R., Kopfweh. h. g.
Myrica sap., Kopfweh. h.

Myrob. citr., Kopfhitze. **4mal.** Kopfschwergefühl. Kopfweh. h.

Myrob. n., Kopfschmerzen. **h. g.**

Myrt. bacc., Kopfweh. **h.**

Natr. m. Lah. (bitteres Salz in kleinen Krystallen.) Kopfweh mit Hitze.
Kopfweh mit Fieber. Schläfeschmerzen mit Augenleiden.

Nep. salv. hb., Kopfweh mit Erbrechen.

Nep. salv. rad., Kopfweh, das sich zuweilen in die Schläfe zog.

Ner. ant., Kopfweh. **g. n.**

Nigell. sat. sem., Kopfweh. **h. g. n.**

Nycter., Stirnkopfschmerzen, mit und ohne Augenleiden.

Nymph. a. sem., Kopfweh. **h. g.** chron.

Ocim. a., Kopfweh. **g. n.**

Ocim. sanct. sem., stechende Schmerzen im Kopfe mit Hartleibigkeit. Kopfweh. **h.**

Olib. ind., Kopfweh. **g. n.**

Op. mur. ac. & Op. sulph. ac. Kopfweh. **h.**

Op. pur., Kopfschwergefühl und Eingenommenheit desselben, wie nach Rausch. Hinterhauptschmerz.

Opop., Kopfweh. Oberhauptschmerz. h.

Orig. heracl. (aff. spec.), Kopfweh mit Augenleiden.

Ox. ac., Schläfeschmerz. h.

Par. bra a, Kopfweh mit Fieber. **12mal.**

Pavia, Kopfschmerz mit Leberleiden. Schläfeschmerz. **h.**

Petrol., Kopfweh.

Petros., Kopfweh. **g. n.**

Phas. radiat., Kopfweh.

Phoen. gummi, Kopf- und Gelenkschmerzen. ♀.

Phosph. sod., Kopfweh. **h.**

Phosph. tereb. ol., Kopfweh. **4mal 12.**

Phys. somn. rad., Kopfweh. **h. g. n.**

Pip. long., Kopfweh. **h. g. n.**

Piscin., Kopfschwergefühl, vornämlich bei Kindern. **h. g. 4mal 12.**

Pis. sat., Kopfweh. **h. g. n.**

Polan. **R.**, Kopfweh. **g. n.**

Polyg. linif., Kopfweh mit Fieber.

Polyg. molle, Kopfweh. **h. g. n.**

Portul. oler. sem., Kopfweh

Prunella vulg. Cashm., Kopfweh. **h.**

Prun. sylv. **R.**, Kopfweh mit nächtlichem Husten. Kopfweh mit Fieber. **g. n.**

Puls., Kopfweh. **g. n.**

Ran. bulb., Migraine. **h. g.**

Ran. lan. fol., Kopfweh, rheum.

Res. pini, Kopfweh. **h.**

Rheum. austr., Kopfweh.

Rhus Tox., Kopfweh mit Hals- und Nackenstarrheit.

Ricini rad., Hinterhauptschmerz. **h.**

Rosar. r. sem., Kopf- und Schläfeschmerz bei Augenleiden.

Rub. Munj., Kopfweh. **h. g. n.**

Ruku t., Kopfweh. **h. g. n.**

Ruta gr., Migraine. Kopfweh, katarrh.

Salep, Kopfschwergefühl. Kopfweh. **h.**

Sanspour, Kopfschwergefühl. **h.**

Santal. a., Kopfschwergefühl.

Santon. sem., Kopfweh mit Speichelfluß.

Sapind. em. fr., Kopfweh mit Fieber.

Sapind. em. ligni cort., Kopfschwergefühl. **h.**

Sapii ind. sem., Kopfweh. **h. g.** Hinterhauptschmerz. **12mal.**
Kopfschwergefühl. **4mal 12.**

Sarcoc., Kopfweh mit Augenleiden.

Sarsap., Schläfeschmerz mit Augentriefen. ♀.

Saxifr. Peschant. Kopfweh. **h. g. n.**

Schekakel, Kopfweh. **g. n.**

Sebest., Kopf- und Halsschmerz. **h.**

Sel., Kopfweh. I sol. Schläfeschmerz **h.**

Senec. Mus., Kopfweh und Kopfschwergefühl. **h. g. n.**

Seng e Basri, Kopfweh mit Schwindel. Hinterhauptschmerz.

Sep. ossa, Kopfschmerz mit Tertiana. **MA.** Kopfweh mit Skropheln.

Sep. succ., Kopfschmerzen. **g. n.**

Serp. ex., Kopfschwere und Sausen in demf. Kopfschmerzen. **h. g. n.**

Sid. sem., Schläfeschmerzen. **h.**

Sil., Kopfschmerzen. **g. n.**

Sisymbr. Irio, Kopfschmerzen. **g. n.**

Sisymbr. Soph., Migrainen mit Schwindel.

Smil. chin., wurmstichiges Pulver.
Kopfschmerzen. **h. g.** Migraine. **n.**

Spig. anth. **R.**, Kopfschwergefühl. **h. g.** Kopf- und Gelenkschmerzen.

Stalact., Schläfeschmerzen.

Staph., Kopfschmerzen. **h. g.** rheum. Kopfweh, per. **n.**

Strychn., Stirnkopfschmerz. Kopfschmerz mit Schwindel, nach Weinrausch.

Strych. n. pot., Kopfweh mit Augentriefen. Schläfeschmerzen mit Husten.

Strych. n. vom., Stirnkopfschmerz, katarrh. mit Schmerzen in Augen und Ohren. Kopfschmerzen. **h. g. n.**

Styloph. Nep., Kopfschmerz mit Hartleibigkeit.

Succin., Kopfweh mit Fieber. **I R.**

Sulph., mit Nitri ac. in Verbindung, Kopfschmerz. **h.**

Syc. Gagervel, Kopf- und Brustschmerzen.

Talc. a., Kopfschmerz. **h. g. n.**

Tarax. hb., Kopfweh, katarrh. **MA.**

Tarax. rad., Kopfschwergefühl. **4mal.**

Tereb. ol. coct., Schläfeschmerzen.

Thuj. occ. **R.**, Kopfschmerzen. **h. g. n.**

Thuj. or. sem., Kopfschwergefühl, Nachmittags. **h.**

Thym. Serp., Kopfschmerz, nerv., auch bei solchem, der von Unmäßigkeit im Trinken herrührt.

Torment., Kopfweh. **h. g.** bei period. Kopfschmerz mit Erbrechen.

Trapa bisp., Kopfschmerzen. **h. g. n.**

Trianth. pent. n., Kopfweh mit Schwindel und innerem Brennen.

Trianth. pent. n. rad., Kopfschmerz mit Jucken. **h. g.**

Trib. terr., Kopfschmerz. **h. g. n.**

Turp. conv. a. int., Kopfschmerzen. **h. g.** bei period. chron.

Uva ursi, Kopfschmerzen **h. g.** Schläfeschmerzen. **n.**

Verbasc. Cashm. rad., Kopfweh mit Schwindel. **4mal 60.** Kopf- und Schläfeschmerzen. **h.**

Verbasc. Lah. fol., Schläfeschmerzen mit Husten und Erbrechen, nach einem Fieber.

Verbena off. Lah., Schläfeschmerzen. **g. n.** Kopfschmerz mit Stichen in die Augen. **h.**

Vill. nymph., Kopfschmerzen, period. **g.**

Viol. od., Spannen in der Stirne und im Hinterhaupte. Kopfschmerzen. **h. g. n.**

Vit. neg., Kopfschmerzen, gichtisch-rheum. Schläfeschmerzen. Kopf, Kältegefühl in demselben.

Warenburg's Fiebertropfen. Kopfschmerzen. **g. n.**

Xanthox. cort., Kopfschmerz. Migraine, katarrh. Schläfeschmerzen. **n.**

Zinci iod. amygd., Kopfschmerzen. **h.**

Zing. off., Migraine. **h. g.** Jugwer mit dem vierten Theil Safran gemischt, und mit frischer Butter angemacht, in die Nasenlöcher applicirt, wird bei der Migraine **ang. Tohf.**

Zing. rec., Kopf- und allg. Schmerzen.

Kopfvergrößerung mit ungeschlossener Naht.

Piscin.

Silic., **ang.**

Krampfadern, s. Blutaderknoten.

Krämpfe, Contracturen. Schluchzen, Ziehen in den Gliedern, Fallsucht, Katalepsie (Starrsucht), Veitstanz 2c., s. auch bei den Gehirn- 2c. Leiden, Mondwechselbeschwerden 2c.

Abelm. mosch. sem., Krämpfe.

Abrus pr., s. Lähmungen.

Acac. Cabul. fl., Fallsucht.

Aether-Einathmungen, Krämpfe. **h.** Starrkrampf und Mundklemme **ang.**

Ambra gr., Krämpfe der Gesichtsmuskeln.

Ant. t., Bewegungen, krampfhafte. Starrkrampf in Folge einer Wunde. St. Veitstanz, s. Opium.

Araneum, Krämpfe.

Asa f., Starrsucht u. Starrkrampf. **Tohf.**

Asphalt., Nachtskrämpfe mit Fußschmerzen.

Aur., Lachkrämpfe.

Bell., Krämpfe von Lachen und Weinen. Krämpfe von mechanischen Reizen.

Bol. arm. mit Eiweiß applicirt, das Glied am Feuer erwärmt, hilft bei krummen Gliedern. **Tohf.**

Bor., Ziehen in den Waden. H.
Calam. ar., s. Hyosc. n. sem.
Calc., Hände und Füße steif, krampfhaft, einwärts gebogen. ang.
Calumb., Contractur.
Cannab. ind., Lachkrämpfe. Starrkrampf.
Carbo an., s. Hyosc. n. sem.
Carbo v., Krämpfe.
Cardam. maj. & min., Krämpfe, bei Fallsucht und Veitstanz. Zum Einschnupfen. **Tohf.**
Cariss. Car. fol., Krämpfe mit ♀. Schmerzen.
Cass. Tamal. fol., Mundklemme.
Castor., Krämpfe der Hände und Füße.
Cera citr., Contractur.
Cerelaeum, s. Lähmung.
Chenop. a., St. Veitstanz und andere Nervenkrankheiten. **Tohf.**
Chin. cort., bei Fallsucht erfolgte nur noch ein Anfall, den Sapind. em. beseitigte.
Chloroform, bei idiopathischem Starrkrampfe und Embrosthotonus, wie auch bei Schluchzen, die Application ang.
Cic., Lachkrämpfe. Schluchzen, heftiges, lautes.
Cimic., Fallsucht (?), indem die Wanzen zum Einschnupfen ang.
Cinnam., Fallsucht. **Tohf.**
Cleome pent., Krämpfe.
Cocc., Krämpfe. Starrkrampf. Veitstanz.
Commel. nud., Krämpfe.
Comp. Zerbabri, Contractur.
Compressio der Karotiden, bei Fallsucht ang.
Conv. arg., Krämpfe. Krummverzogenes männliches Glied nach Tripper.
Croc. sat., Lachkrämpfe.
Crot. t., Magenkrampf, s. Krankheiten des weibl. Geschlechtes. s. Lähmungen rc.
Cupri carb., Contractur mit wässeriger Geschwulst. s. Lähmungen mit Contracturen.
Cuscuta, Ziehen unter den Ohren.
Dat. stram., Krämpfe von Schreck, auch von Quecksilberdampf. Mundverzerrung mit Opisthotonus. Lachkrämpfe. Blätter vom Stechapfel (Dr. j.) bei den Vorboten des St. Veitstanz geraucht. ang.
Delph, Ghafes succ., Krämpfe in Händen und Füßen mit Unverdaulichkeit. **MA.**
Dulc., Krämpfe. H.
Euph. longif. Krämpfe mit Lähmung.
Fasciol. Asfar etib, Fallsucht. Auf **MA. 60** erfolgte nur noch ein Anfall, worauf **M. 60.** gegeben, die Cur in 3 Monaten beendet war, während früher monatlich 2 bis 3 Anfälle vorgekommen, die dann mehrere Male des Tages, sogar bei Nacht, sich eingestellt hatten.
Ferri mur. **R.**, s. Harnbeschwerden.
Ferri sub-carb., Backenkrampf. Starrkrampf. Opisthotonus.
Gard. dum., die Füße krampfhaft an Leib gezogen. Ziehen in den Waden. Mundklemme (**R**) u.
Harm. Ruta, Krämpfe.
Hemid. ind., Schluchzen.
Hyosc. n. fol., Krämpfe von Wurmreiz. Krämpfe im Hintertheile der Oberschenkel und in den Waden.
Hyosc. n. sem. mit Kalmus und gebranntem Hirschhorn hat sich bei Krämpfen in meiner frühern Praxis einige Male nützlich bewährt.
Indig., krampfhafte Krankheiten.
Junip. bacc., Wadenkrämpfe mit Gelenkschmerzen.
Laws. in., Ziehen in der Kniekehle. Krämpfe in den Füßen. H.
Lepor. sangu., s. Lähmungen.
Lichen od., Krämpfe in Füßen, mit Kreuz- und Füßeschmerz.
Lithanth., Krämpfe.
Malva mont., Händecontracturen.
Manna cal., Krämpfe in Füßen.
Manna Hed. Alh., Contracturen.
Mar. Syr., Contractur und Starrheit.
Meliae semp. sem., Ziehen im Nacken. Contractur.
Mercurialptyalismus, bei St. Veitstanz ang.
Merc. d., s. Opium.
Morph., s. Opium.
Mosch. nux, Krämpfe, zuweilen, in Füßen mit innerem Brennen.
Ocim. a., Katalepsie.

Op., Krämpfe. Starrkrampf. Opium ⅛ Gr., Brechweinstein ¼ Gr., und Kalomel 2 Gr. gemischt, in Pillenform beim Veitstanz, jede 3. Stunde 1 Stück eingegeben. **ang.**

Morphine, Starrkrampf. Die endermatische Application dieses heroischen Mittels zu versuchen.

Opop., Krämpfe. **Tohf.**

Pelecan., s. Lähmungen.

Persic. nucl., krampfhafte Krankheiten.

Phosph.

Pip. long. stip., Krämpfe und Ziehen mit Erbrechen.

Plumb., s. Krankheiten des weiblichen Geschlechtes.

Purgat., Krankheiten, krampfhafte. **ang.**

Pyrethr., Krämpfe, allg. Opisthotonus. **Tohf.**

Ranunc., Krämpfe im Gesichte.

Ran. lanug. rad., Contractur.

Rhus Cor., Krämpfe, innere, des Zwergfelles und der Luftröhre (Schluchzen).

Ruta gr., Krämpfe, s. Krankheiten d. Kinder.

Sahansebed, Schluchzen. **H.**

Salep, Contractur. **MA.**

Salv. off., Krämpfe.

Sapind. em., der Keim desselben mit Wasser abgerieben, dem Fallsüchtigen während des Anfalles in den Mund gebracht, hemmt sogleich den Speichelfluß. **ang.**

Scamm., Contractur der Bauchmuskeln.

Schekakel, Ziehen in den Kniekehlen, mit Wadenschmerzen. St. Veitstanz.

Sec. c., Krämpfe, period.

Sel., Halskrämpfe.

Serp. ex., als Armband bei Fallsucht **ang.**

Sil., Contractur.

Smil. china, Schluchzen.

Squilla m., Krämpfe.

Stann., Krämpfe von Wurmreiz. Kinnladenklamm.

muriat., Fallsucht.

Stoech. ar., Fallsucht. **Tohf.**

Strych. f. St. Ign., Lachkrämpfe. Contracturen.

Strych. n. vom., Starrkrampf. Schluchzen, öfteres.

Syc. Gagervel, Contractur. ♀.

Talc. a., Contractur.

Tarax., Lachkrämpfe.

Trepanatio der Hirnschale, bei Fallsucht **ang.**

Trich. palm. fr., Krämpfe in Füßen.

Umb. Butazeri, Krämpfe. Am Halse getragen, in Kaschmir **ang.**

Veratr. a., Lachkrämpfe.

Verbasc., Lachkrämpfe.

Vesp. fav., Krämpfe.

Vit. neg., Ziehen in den Muskeln mit Kopfschmerzen.

Zinci carb., oxyd. oder sulph. Fallsucht, Bei anhaltendem Gebrauche derselben, in gehörigen kleinen Gaben, wurden die Anfälle seltener, und blieben gewöhnlich binnen 2 — 3 Monaten gänzlich aus; sogar da, wo die Zinkblumen in großen Gaben entweder nichts genutzt, oder aber die Krankheit verschlimmert hatten. **M. MA.** St. Veitstanz. **ang.**

Zingib. a., s. Lähmungen.

Krankheiten der Kinder.

Anac. or., Schreien und Weinen der Säuglinge, bei Fieber.

Arg. fulm., gegen das Sterben, frühzeitige, der Kinder. (Eine Anlage dazu.)

Arg. nitri f., gegen das Sterben, frühzeitige, der Kinder.

Bellad., s. Nasenleiden.

Bor., Schwämmchen 2c.

Bov., gegen das Sterben, frühzeitige, der Kinder. Bei Abzehrung der Kinder, mit Durchfall. **H. g.** Es war der säugenden Mutter und dem kranken Säuglinge eingegeben worden.

Calc. carb., Hinken, freiwilliges, bei einem Kinde. s. Sulph.

Cannab. ind., s. Sennae fol.

Cascar., Mundgeschüre, brandige, der Kinder.

Castor., Nabelbruch mit Kolik und Schreien eines Säuglings.

Cham. v., bei Krämpfen der Kinder. **ang.**

Chin. cort., Schwämmchen.

Coff. cr., Schreien und Weinen der Säuglinge.

Cumini sem., Mundgeschwür eines Säuglings.

Cupr. sulph., Knötchen, allg. eines Säuglings.

Dolich. pr., gegen das frühzeitige Sterben der Kinder. Die Besserung trat auf dieses Mittel ein durch Erbrechen und Laxiren.

Dolich. pr. faba, Bettpissen der Kinder, bei Reiz vom Blasenstein.

Dulc., Augenentzündung Neugeborner. **ang.**

Geran. prat., Zehrfieber mit Dickbauch bei einem Säugling. **MA.** Die Säugende und der Säugling hatten das Mittel eingenommen, worauf dieser durch Erbrechen, Durchfall und Fieber-Verstärkung zur Genesung gelangte.

Kali hydroc., Atrophie eines Säuglings mit öfterem Erbrechen und Durchfall.

Lepor., Bettpissen.

Merc. v., Hodenentzündung eines Säuglings.

Ocim. sanct. rad., bei Abmagerung des Säuglings durch Ausbruch von Pusteln, Besserung **h.**, während die ihn säugende Mutter wegen Husten dies Mittel eingenommen hatte.

Onosm. macr. fl. Mundwinkelgeschwüre und Zungenbläschen eines Säuglings. **h.**

Picrorrh. kurrooa, Schreien und Weinen der Säuglinge mit Stuhlzwang.

Piscin., Wasserkopffieber der Kinder.

Purgat., Abzehrung der Kinder. **ang.**

Rub. Munj., Atrophie und Marasmus der Kinder.

Rutha gr., s. Krämpfe.

Sacch. imp., Mund- und Halsentzündung bei einem Säuglinge **h.**, die Sil. **I. R. M. 3.** tilgte.

Sahansebed, Kinderausschläge. **ang.**

Salvia off., Kinderkrankheiten. **ang.**

Sec. c., Schreien und Weinen der Säuglinge mit Abmagerung.

Sennae fol. pulverisirt mit frischen Hanfkrautblättern zerstoßen applicirt, bei Hodengeschwülsten der Kinder **ang.**

Strychn., Bettpissen.

Strych. n. vom., Bettpissen, bei Reiz vom Blasenstein.

Sulph. citr., Abmagerung der Kinder. **ang. R.**, Wundsein der Kinder an Genitalien und hinter den Ohren. **ang.**

abw. 2tägig. Calc., schweres Laufenlernen der Kinder.

Testud. ov., Hodenbrüche der Kinder. **ang.**

Turp. conv., Hodengeschwulst. ♀. eines Säuglings durch Aufbruch geheilt.

Krankheiten des Greisenalters.

Ars. sod., s. Harnbeschwerden.

Bar., s. Harnbeschwerden.

Creos., s. Hautkrankheit.

Malic ac., s. Harnbeschwerden.

Opium, **ang.**

Krankheiten des weiblichen Geschlechtes.

Abr. prec. a., Mutterblutflüsse. Mutterkuchen, fest sitzender. In Verbindung mit anderen Substanzen in den Uterus applicirt, gebrauchen ihn die Hebammen in Indien, um die Frucht abzutreiben.

Acac. succ., Geschwülste weiblicher Geschlechtstheile, innere und äußere.

Achyr. asp., Regel, zu starke.

Ajouain, die Milch in den Brüsten trocknend, Blut treibend. **Tohf.**

Alcanna, Kindbettfieber. **4mal.**

Aloes succotr., Gebärmutter-Schmerzen. **Tohf.**

Alth. fl. bewirkte den Abortus bei einer Frau im 5. Monate, auch bei einer Stutte, der es wegen Kolik eingegeben wurde. Gebärmutterschmerzen. **h.**

Alth. fol., bluttreibend.

Ammon. gummi, Fehlgeburt.

Anac. or., Blutabgang, starker, nach Fehlgebären.

Aneth grav., milchtreibend. **Tohf.**

Anis. v., milchtreibend. **Tohf.**

Ant. t. in Eckel erregenden Gaben, bei Regelbeschwerden mit starken Schmerzen, mit und ohne Blutegel oder Schröpfköpfe, die auf's Sacrum oder an die Innenseite der Schenkel applicirt werden, **ang.**

Auf ein Antimonial-Brechmittel erfolgte

nach 5jähriger Heirath zum ersten Male die Empfängniß. Im Nothfalle könnte das Mittel in monatlichen Zwischenräumen wiederholt versucht werden.

Apium grav., bluttreibend. **Tohf.**

Arg. fulm., Regel, zu starke, mit Kreuzschmerzen.

Arg. nitri f., Anlage zu Fehlgeburten. Frühzeitiges Sterben der Kinder. Wundheit der Brustwarzen Säugender. Die Application **ang.**

Arist. longa, den Mutterkuchen abtreibend.

Armorac., Regeleintritt, 10—15 tägiger. **M.**

Arn. **K.**, Brustknoten.

Ars., Regelexacerbationen, 10tägige. Mutterblutflüsse. **g.**

Ars. sod., Bleichsucht.

Asa f., den Embryo tödtend und abtreibend, auch die Milch in den Brüsten trocknend. **Tohf.**

Auri nit. salamm., Muttervorfall auf forcirte Entbindung. **M. 15.**

Behen a. r., den Muttermund zusammenziehend. **Tohf.**

Bellad., die Milch trocknend. **ang.**, beim Erbrechen der Schwangeren ist zum Waschen der Geschlechtstheile das Decoct **ang.**

Berb. lyc. Res, Regelunordnungen.

Berthel., von Regelunterdrückung: Blutspeien. Weißfluß **h.**

Bismuthi mag., Bleichsucht.

Bor., s. Rubia.

Bryon., Schwangerschaftsbeschwerden.

Cacal. Kl., Weißfluß, ♀. **MA.**

Calam. ar., Blut treibend. **Tohf.**

Calebr. opp., Nachgeburtsbeschwerden. **ang.**

Calumba, Eckel und Erbrechen Schwangerer. Kindbettfieber.

Camph. Räucherungen werden zum Trocknen der Milch in den Brüsten **ang.**

Capill. Ven., Blut treibend. **Tohf.**

Capp. spin. rad., Blut treibend. **Tohf.**

Carbon. ac., bei Uterinaffectionen **ang.**

Carbon. ac. gas, Regelbeschwerden.

Carbo veg., Krämpfe vor dem Eintritt der Regel.

Carota, Geschwülste an den Brüsten. Gelbe Rüben mit Essig zum Brei gekocht applicirt. **Tohf.**

Carpobals., die Regel treibend. **Tohf.**

Cartham. t., die Regel hervorbringend, und in der Ordnung erhaltend. **Tohf.**

Carvi sem., milchtreibend. **ang.**

Cascarilla, Bleichsucht.

Cass. fist. pulpa ist den Schwangeren zuträglich, während die äußere Schale derselben die Frucht und die Nachgeburt abtreibt. **Tohf.**

Cass. lign., die Frucht und die Nachgeburt abtreibend. **Tohf.**

Cass. Tamal. fol., die Milch und das Blut treibend, wie auch die Entbindung erleichternd, und die Nachgeburt abtreibend. **Tohf.**

Cepa, Blut treibend. **Tohf.**

Chelid. maj., Bleichsucht.

Cherayta, Gebärmutterschmerzen. **Tohf.**

Chin. cort., Hysterie.

Chin. sulph., Geburt, zu frühzeitige, wie auch Fehlgeburt. **h.**

Chlor. sod., Wundheit der Brustwarzen. Eine Auflösung hievon in Wasser mit oder ohne den Zusatz von etwas Geistigem, als kölnischem Wasser rc. wird örtlich applicirt.

Chloroform-Einathmungen sollen die Entbindung beschleunigen.

Cicuta, Gebärmutterleiden.

Cinnam., Gebärmutterschmerzen.

Cleome pent., Reinigung, zu starke.

Coccinella, Regel, unterdrückte, und mit Essig die Schwangerschaft verhindernd. **Tohf.**

Coccul., Weißfluß. Harndrang bei Schwangerschaft.

Coff. cr., Wochenbettfieber.

Coloc. rad., Geschwülste der Brüste. Sie wird mit Wasser abgerieben, appl. **Tohf.**

Con., Scirrhus der Brust von Quetschung.

Cop. bals., Weißfluß eines Mädchens mit Harnbrennen und Harn-Zwang. **MA.**

Cost. ar., Regel, zu starke und zu oft wiederkehrende. Gebärmutterschmerzen.

Cost. n. Casbm., Räucherungen damit sol-

*

len die Regel hervorbringen, und die Frucht abtreiben.

Creos., Regelunordnungen. Schwangerschaftsbeschwerden. Neigung zum Abortus. Mit Wasser verdünnt wird es als Waschwasser bei Wundheit der Brustwarzen. ang.

Croc., trieb die Frucht todt ab. s. Nerium ant.

Crot. t., tilgte durch den Eintritt der Regel einen Magenkrampf.

Cup. soll Hündinnen läufig machen.

Cup. ammon., den Abortus im fünften Monate h.

Cuscut. sem., Blut und Milch treibend. **Tohf.**

Cyc. rev. sem., Bleichsucht.

Cyn. Dub, Unfruchtbarkeit. ang.

Cyper. long., Blut treibend. Gebärmutterschwäche.

Daron., an einer Schnur am bloßen Leibe getragen, glaubt man, würde die Entbindung erleichtern. Ostindien.

Daph. Suuerkat, Weißfluß.

Datisc. cannab. sem., Mutterblutflüsse.

Datur. stram., Brustkrebs. Mutterleiden, hitzige, wie auch Delirium bei schwerer Entbindung. ang.

Delph. Ghafes fl., Blut und Milch treibend. **Tohf.**

Digit. p., Mutterblutflüsse.

Diosma cr., Weißfluß. ang.

Dulcam., Uterinobstruction. Regelunterdrückung auf Erkältung und Ermüdung.

Euph. gummi, Unfruchtbarkeit ang.

Fagon. ar., Blut treibend und Mutterblutungen hemmend. **Tohf.**

Fasciol. Asfar e tib, die Frucht und die Regel treibend, Fruchtbarkeit bewirkend. **Tohf.**

Ferr. comp., s. Kachexie.

Ferr. mur. **K.**, Regelbeschwerden u. Weißfluß. ang.

Fic. glom., Weißfluß.

Filix mas, Weißfluß.

Foenic. rad. & sem., Blut treibend. **Tohf.**

Galla, Weißfluß. s. Myrt. bacc.

Galv. electro-magn., Mutterblutflüsse. ang.

Gent. rad., die Regel und die Frucht treibend, **Tohf.**

Geum cl., Mutterblutflüsse.

Granat. ac. pun. cort., mit Oel ausgekocht, dasselbe lauwarm aufgestrichen macht die Brüste hart. **Tohf.**

Granat. rad. cort., Mutterblutflüsse. hyster. Kugel aufsteigen.

Gratiola, Hysterie und Nymphomanie.

Harm. Ruta, Mutterblutflüsse.

Heliet. is., Blut- und Milch treibend. **Tohf.**

Hirudo med., gebrannt eingenommen soll die Schwangerschaft verhüten, aber auch zur Abzehrung führen.

Ichtyoc., Weißfluß.

Inula Hel., die Regel und den Mutterblutfluß. h.

Jod., Bluttreibend. Blutspeien von Regelunterdrückung. Unfruchtbarkeit. h., sagt man.

Junip. bacc., mit Honig eingegeben, oder auch nur damit geräuchert, sollen das Blut treiben, und Dr. jjj. eingenommen die Frucht abgehen machen. **Tohf.**

Kali hydriod., s. Merc.

Kali hydroc., während dem Gebrauche desselben geschah eine Empfängniß.

Keikeila, Mutterblutfluß. h.

Lacca in gr., Weißfluß.

Lactuca vir., Nymphomanie. **Tohf.**

Lent. sat., die Regel unterdrückend. **Tohf.**

Lepid. sat., die Milch treibend. ang.

Leporin., Nachgeburtsleiden, als Gelenkschmerz nach Entbindung. Weißfluß.

Lepor. sangu., Regelunordnungen und Unfruchtbarkeit. **Tohf.**

Leuc. ceph., das Blut und die Nachgeburt abtreibend. **Tohf.**

Gebärmutterschmerzen. **Tohf.**

Lich. od., Blut treibend. **Tohf.**

Gebärmutterobstructionen. **Tohf.**

Lithanthr., Brustabsceß eröffnend.

Lup. Hum., Regel, anticipirende mit Nasenbluten.

Magn. mur., Aufsteigen der hysterischen Kugel.

Magnet. lap., die Geburt beförderud, auch

nur das Tragen desselb. am bloßen Leibe. **Tohf.**

Major., hyster.-nervöses Kopfweh.

Marrub. a., Gebärmutterleiden. Mutterblutflüsse. Regelverhaltung.

Mastix, Weißfluß.

Meccan. bals., Gebärmutterschmerzen. **Tohf.** Die Regel, die Frucht und die Nachgeburt treibend. **Tohf.** s. Schwäche.

Meliae azed. fol., Hysterie.

Melil. sem., Gebärmutterschmerzen.

Melissa, Kopfweh, hyster. mit Schwindel.

Menisp. gl., Schwangerschaftsbeschwerden.

Merc. d., 1 Gabe von einigen Granen, den zweiten oder dritten Tag nach der Entbindung, wird als heilsam **ang.**

Merc. d., Gr. j., Kali hydriod., ⅛ mit 5 Gran Zucker gemischt, wöchentlich eine solche Gabe, jedesmal nach dem Essen eingegeben, wird bei Regelverhaltung und Bleichsucht **ang.**

Merc. fulm., Neigung zum Abortus.

Merc. nitri linim., beim Jucken an der Schaam. **ang.**

Moring. Soh. rad., Hysterie.

Mosch. nux, Regelunterdrückung von Erkältung und Ermüdung.

Myrica sap., Milchtreibend. **Tohf.**

Myrrha, Regelmangel. Bleichsucht.

Myrt. bacc., mit Galläpfeln zu gleichen Theilen, zerstoßen, gemischt und mit Wasser angemacht, kurz vor dem Beischlafe in den Uterus appl., glaubt man, könne die Empfänglichkeit verhüten.

Nard., Mutterkrebs. Bluttreibend. **Tohf.**

Natr. m., Bluttreibend.

Ner. ant., Gebärmutterschmerzen. **Tohf.** Mit Safran und Honig angemacht, in den Uterus appl., soll die Empfängniß bewirken.

Ner. od. rad., Weißfluß mit Engbrüstigkeit.

Nigella sat., Uterinaffectionen; es ist auch blut- und milchtreibend. **Tohf.**

Nitri ac., Weißfluß, hyster. Ohnmachten und Krämpfe.

Ocim. sanct. sem., Lähmung, nach Entbindung.

Olib. ind., Uterinleiden. Mutterblutfluß.

Onosm. macr. fl., eine Blase am Finger einer Säugenden. **h.**

Opop., Regel, zu starke, oder zu oft wiederkehrende. **MA.** Nachgeburt, fest sitzende, halbstündige Gaben. Fehlgeburt. **Tohf.**

Ox. am., Mutterblutfluß.

Phas. radiat., bluttreibend. **Tohf.**

Phosph., Bleichsucht. Blut anstatt Milch in den Brüsten. **ang.**

Phosph. mel, Geschwür, fistulöses in der Brust mit Stichschmerz.

Phys. Kagnedseh, 7 Stück nach der Reinigung eingenommen, soll die Empfängniß verhindern.

Picrorrh. kurrooa, Blut treibend. Gebärmutterschmerzen. **Tohf.**

Pini fr. sem., appl. bewirkt den Abortus und treibt das Blut. **Tohf.**

Pis. sat., Weißfluß. **h.** Erbsen in Milch gekocht. mit Wurzelkraut versetzt und eingegeben, soll Unfruchtbarkeit beseitigen.

Plantago, Hysterie.

Plat., Krämpfe vorm Eintritt der Regel. Blutflüsse nach Abortus.

Plumb., Kugel, hyster.

Polyg. macr., Schmerzen, nach Entbindung.

Polyp. Sekour, Bleichsucht.

Puls., Bleichsucht. Den Beschluß der Kur machte die Fieberrinde.

Purgat., bei der Bleichsucht und bei der Hysterie **ang.**

Pyrethr., Gebärmutterschmerz. Blut- und milchtreibend. **Tohf.**

Querc. gl., Mutterblutabgang.

Raph. sat. sem., Blut treibend. **Tohf.**

Res. pini, die Regel und die Nachgeburt treibend. **Tohf.**

Rheum, Gebärmutterschmerzen. **Tohf.** Bluttreibend. **Tohf.**

Rhus. Cor., Injectionen bei Weißfluß. **Tohf.**

Rosmar., Nervenüberempfindlichkeit des weiblichen Geschlechtes. Bleichsucht. Weißfluß. Blut treibend.

Rubia Munj. **abw.** mit Borax, das monatliche Blut treibend.

Rubia t., das Blut, die Milch, die Frucht und die Nachgeburt treibend. **Tohf.**

Rum. ac., Mutterblutflüsse.
Rum. Bidschbend, s. bei Schmerzen. Weißfluß.
Rutha gr., bei Hysterie und Nymphomanie. **ang.**
Blut treibend. **Tohf.**
Gebärmutterschmerzen. **Tohf.**
Sagap., die Regel und die Nachgeburt treibend. **Tohf.**
Salv. off., Weißfluß. Hysterie.
Sandar., mit Honigwasser ist Blut treibend. **Tohf.**
Sapind. em. fr., die Entbindung befördernd.
Secale c., Muttervorfall. Mutterblutfluß.
Sel., Blut in den Brüsten. **h.**
Sep. ossa, Brustabsceß eröffnend.
Sep. succ., Schwangerschaftsbeschwerden. Regelunordnungen. Weißfluß. Hysterie.
Sesami or. cort. **K.**, Regelverhaltung.
Sil., Schmerzen, brennende, in den Brüsten. **I. K. 2tägig.**
Brustkrebs. Brustgeschwür, blutendes, einer Säugenden.
Sinapi sem., die Regel und die Nachgeburt treibend. **Tohf.** Mit Essig angemacht appl. heilt Brustgeschwülste. **Tohf.**
Smil. china, Gebärmutterschmerz. **ang.**
Stann., Krämpfe, hyster. mit Bauchschmerz.
Staph., die Nachgeburt abtreibend.
Stor. cal., bei Unfruchtbarkeit **ang.**
Strych. f. St. Ign., Regelunterdrückung.
Styloph. Nep. rad., Regelverhaltung.
Syc. Gagervel, die Frucht abtreibend.
Symploc. crat., Mutterblutfluß, starker.
Swert. pet., Regelmangel mit Unfruchtbarkeit. **ang.**
Thym. Serp., Hysterie.
Tribul. terr., Unfruchtbarkeit s. Pisum. Blut treibend. **Tohf.**
Ultram., Blut treibend.
Urt. dioica, Mutterblutfluß.
Uva ursi, Eiterung in der Gebärmutter, s. Schmerzen.
Vill. nymph., soll bei Kühen die Milch vermehren; vielleicht auch bei andern Thieren? Es ist deßhalb das Kühefutter in Kaschmir.
Viola od., hyster. Stimmung mit Weinen.
Vit. neg., war wegen Kreuzschmerz eingegeben; bald darauf erfolgte Empfängniß. Weißfluß.
Zinci chlor., Injectionen beim Weißfluß. s. Tripper.
Zinci oxyd. 1 Theil, arabischen Gummi in Pulver 2 Theile, gemischt und applicirt, bei Wundheit der Brustwarzen. **ang.**

Abhandlungen über die Unfruchtbarkeit findet man eine Unzahl in den arabischen und persischen Büchern, die aber größtentheils lächerliche Dinge enthalten; so z. B. soll man die Urine (vom Mann und von der Frau) in zwei reinen porzellänenen Geschirren aufbewahren, über jeden derselben etwas Kleie streuen; entstehen nun in dem Urin der einen Person Würmer, in dem der andern aber nicht, so ist erstere die Ursache der Unfruchtbarkeit.

Krebs, s. Geschwüre.
Kreuzschmerzen, s. Schmerzen.
Kriebeln, Kriebelkrankheit, Ameisenlaufen ꝛc.

Acon. Nap., Kriebeln.
Ajuga Deals., Schmerzen, kriebelnde.
Areca cat. nux n., Schmerzen, kriebelnde.
Arg. fulm., Ameisenkriebeln, ähnliches Gefühl. **h.**
Arum camp., Schmerzen, kriebelnde. **h.**
Asparag. rac., Kriebeln. **h.**
Bar. nitr., Kreuzschmerz, kriebelnder.
Blum. aur. sem., wie Ameisenkriebeln. **h.**
But. fr. gummi, kriebelnde Fußschmerzen mit Schlaflosigkeit.
Calc. carb., kriebelnde Schmerzen mit Fieber.
Calotr. gig., Kriebeln.
Capsic., Kriebeln.
Cascar., kriebelnde Schmerzen in den Waden.
Cass. fist. pulpa, Kriebeln.
Celastr. pan., Kriebeln in der Balggeschwulst **h.**
Chaulmoogra od., kriebelnde Schmerzen. **MA.**

Cichor. rad., kriebelnde Schmerzen. h.
Cinnam., kriebelnde Schmerzen. h.
Colch. aut., Kriebeln, wie Ameisen.
Corall. r. u., kriebelnde Schmerzen. h.
Cotyl. lac., kriebelnde Schmerzen mit Fieber.
Cup. amm., Kriebeln.
Curc. longa, Kriebeln. Schmerzen, kriebelnde, in den Füßen.
Cyc. rev., wie Ameisenkriebeln und Schlaflosigkeit. h.
Embryopt. glut. sem., wie Ameisenkriebeln h.
Eug. Jambol. cort. succ. R., kriebelnde Schmerzen. h.
Euph. longif., kriebelnde Schmerzen mit Schlaflosigkeit.
Fic. Car. sem., Kriebeln.
Granat. ac. rad. cort., wie Ameisenlaufen mit Schlaflosigkeit. h.
Guil. Bond., Schmerzen, kriebelnde.
Harm. Ruta, Kriebeln. h.
Jalapa, kriebelnde Schmerzen mit Brennen.
Ipom. coer. sem., kriebelnde Schmerzen, bei ♀. h.
Kris, Schmerzen, wie Ameisenkriebeln.
Lacca in gr., Kriebeln.
Lithanthr., Kriebeln.
Lup. Hum., Kriebeln. h.
Lych. od., kriebelnde Körper- und Schulterschmerzen. MA.
Major., Kriebeln. h.
Manna Tigal, Schmerzen, kriebelnde, in den Waden.
Mez., Kriebeln mit Magenschmerz.
Mimosa pud., Kriebeln. h.
Ner. Oleander, Kriebeln. h.
Ol. anim. Dip., Kriebeln.
Ox. ac., Kriebeln.
Pip. a., kriebelnde Schmerzen. h. g.
Piscin., Schmerzen, kriebelnde.
Prunella Cashm., kriebelnde Schmerzen. h.
Prun. sylv. R., Schmerzen, kriebelnde.
Raph. sat. sem., Schmerzen, kriebelnde.
Rubia Munj., Schmerzen, kriebelnde.
Salv. off., Kriebeln.
Santal. a., kriebelnde Schmerzen. h.
Sapind. ligni cort., Kriebeln auf der Brust. h.
Sec. c., Kriebelkrankheit.
Siliq. radisch, Gefühl wie Ameisenkriebeln, bei ♀. h.
Solan. n., Kriebelkrankheit. (Innerlich und äußerlich.)
Stoech. ar., Kriebeln. h.
Tabaschir, Kriebeln.
Ultram., Schmerzen, kriebelnde.
Verbasc. Lab., Schmerzen, kriebelnde. h.
Zinc., Schmerzen, kriebelnde. ♀.
Zyz. Juj., Schmerzen, kriebelnde. h.

Kropf, s. Drüsenleiden.
Kummer, s. Trübsinn.
Lachen, zu vieles und Lachkrämpfe, s. Krämpfe.
Lähmungen und Steifheit der Glieder.

Abr. prec. r., Sprachelähmung mit Stottern und Contractur. M. 40.
Acanth. Otengen, Gesichtsmuskelnverzerrung.
Ajuga dec., Armlähmung.
Allium sat., Kreuzsteifheit. h.
Amaranth. Jountscha, Armschwergefühl mit Impotenz.
Ambra gr.. Lähmungen mit Krämpfen und Zittern. Gesichtsmuskelnverzerrung. Hautgefühllosigkeit. g. n.
Arg. nit. f., Lähmungen.
Armor., Lähmung.
Arnica, Lähmung, schmerzhafte, von einem Fall.
Ars., Lähmung der Unterglieder. h.
Ars. pot., Lähmung mit Gelenkgicht und Contracturen. 4mal.
Ars. sod., s. bei Hautkrankheiten. Gefühllosigkeit einiger Hautstellen.
Asa f., Armlähmung.
Atorni, Lähmung der untern Theile des Körpers. Starrheit der Füße.
Bar. ac., Starrheit mit Gefühllosigkeit g. n.
Bell. extr., Lähmung. h. g. bei Lähmung der Sprache und der halben Seite.
Bign. ind. sem., Zufallen der Augdeckel. h.
Blum. aur., s. Hautgefühllosigkeit.
Bol. arm., s. Krämpfe 2c.
Bomb. hept. gummi, Lähmung des Blasenmuskels.

Calc., s. Krämpfe rc.
Calumba, s. Krämpfe rc.
Carbo an. (C. c. u.), Blasenmuskellähmung.
Cass. fist. sem., Lähmungsreste, nach Fallen.
Castor., Lähmungen.
Celastr. pan., Lähmungen der Sprache und der halben Seite. g. wo zugleich äußerlich das Oel davon eingerieben wurde.
Cerelaeum, Lähmungen und Contracturen innerlich und örtlich. ang.
Cera citr., s. Krämpfe rc.
Cetac. ol., Lähmung, halbseitige, schmerzhafte. MA. Vielleicht könnte man auch hier den innern Gebrauch desselben mit dem äußeren verbinden?
Chidra sem, Lähmung der Unterglieder.
Churrus, Lähmungen, unvollk. der Sprache und der halben Seite.
Cic., Unterschenkellähmung.
Coccul., s. Crot. t.
Cocos nucis ol., Einreibungen: Gefühllosigkeit einzelner Hautstellen. h.
Coloc. rad. R., Armlähmung. unvollk.
Comp. Zerbabri, s. Krämpfe rc.
Conv. arg., s. Krämpfe rc.
Creos., Armlähmung unvollk.
Crot. t., Gesichtsmuskelnverzerrungsreste. Contrakturen ♀. $\frac{1}{1000}$. MA.
Mit Fische tödtendem Mondsamen (Cocc. men.) und Oel oder Branntwein, gibt es ein gutes Mittel zum Einreiben bei Lähmungen.
Crust. Dschinge, so wie auch
Crust. Mahi rubian, Lähmungen, halbseitige. Starrheit der Füße. MA.
Cup., Lähmungen und Contracturen krampfhafte.
Cyc. rev. sem., Gefühllosigkeit der Haut.
Dar., Mundklemme. h.
Datisc. cannab. sem., Gesichtsmuskellähmung mit Stottern. Gesichtsmuskeln- und Mundverzerrungen mit Opisthotonus. Lähmung der Augenlieder. h.
Dulcam., Sprachelähmung. MA., s. Hautkrankheiten rc.
Electropunctura, bei Armlähmung. ang.
Embryopt. glut., Lähmung des männlichen Gliedes, d. h. Erectionen, mangelnde oder zu schwache in den dazu gehörigen Jahren.
Euph. longif., Lähmung, halbseitige. Gesichtsmuskelnverzerrungen. g. 4mal 28.
Fagon. ar., Lähmung, halbseitige. g. MA. 60.
Contractur beider kleinen Finger. h.
Fic. Car. sem., s. Hautkrankheiten rc.
Gagerming, Contractur.
Gard. dum., Ziehen in den Waden, s. Hautkrankheiten rc.
Goss. sem., s. Hautkrankheiten rc.
Grew. as., s. bei Hautkrankheiten: Gefühllosigkeitsstellen der trop. Krätze.
Harm. Ruta], Contractur. MA.
Heliotr. eur., Lähmungsgicht, ♀.
Hemid. ind., s. Hautkrankheiten rc.
Hyosc. n., Sprachelähmung.
Jalapa, Blasemuskellähmung.
Jasm. fl., Lähmungen. ang.
Jaspis n., Contractur mit Gelenkgicht ♀.
Indig. nit. ac., Stottern. h.
Inula Hel., Contractur mit Gelenkgicht.
Jod. strychn., Lähmungen der unteren Gliedmaßen. ang.
Ipom. dasysp., s. Hautkrankheiten rc.
Just. nas., Lähmungen.
Kali hydriod., s. bei Hautkrankheiten, trop. Krätze, Hautgefühllosigkeit.
Laws. in., Contractur.
Lent. sat., Einschlafen der Füße.
Leon. Royl., Contractur, schmerzende.
Lepid. Taramira-Oel mit rohem Zucker täglich in großen Gaben eingegeben, soll eine halbseitige Lähmung geheilt haben, worauf jedoch Gelenkschmerzen entstanden waren, die vermuthlich von der Ueberdose des Mittels herrührten.
Lepor. sangu., Contractur mit Gelenkgicht. 4mal 28.
Lähmungen, s. bei Hautkrankheiten, Hautgefühllosigkeit.
Lupin. a., Starrheit rc. h.
Lup. Hum., Schmerz der rechten Seite, vom Nacken bis in den Fuß hinab. h.
Lyc. hb., Steifheit des Halses.
Malva mont., Contracturen der Hände, s. Krämpfe rc.

Manna Hed. Alh., Contracturen. s. Krämpfe ꝛc.
Manna Tigal, Blasenmuskellähmung.
Maut. ov. nid., einseitige Schmerzen mit Gefühllosigkeit, s. Hautkrankheiten.
Mar. Syr., s. Krämpfe ꝛc.
Melandr. tr., Sprachorgan, gelähmtes.
Meliae semp. sem., s. Krämpfe.
Melissa, Lähmungen. **ang.**
Merc. subl. corr., Gesichtsmuskellähmung.
Methon. glor., s. Hautkrankheiten.
Millefol. **W.**, Gesichtsmuskelnverzerrung.
Moring. Sch. gummi, s. Hautkrankheiten.
Mori a. fr. n. **W.**, Starrheit der Schulter.
Myrob. n., s. Hautkrankheiten.
Narc. bulb., s. bei Hautkrankheiten: Haut, gefühllose, der trop. Krätze.
Nard., Lähmungsgicht, ♀.
Ner. Oleand., Lähmung der Unterglieder, s. Hautkrankheiten.
Nigella sat., s. Hautkrankheiten.
Ocim. a., Gefühllosigkeit eines Arms mit einem Nackenscirrhus.
Ocim. sanct. sem., Lähmung eines Armes und beider Füße, nach Entbindung.
Oleum anim., Lähmungen.
Onosm macr., s. Hautkrankheiten.
Op. pur., Gesichtsmuskelnverzerrung.
Panic. pil., s. Hautkrankheiten.
Pavia, Lähmung, halbseitige. Sprachelähmung, unvollk. **h.**
s. Hautkrankheiten.
Pelecan., das Fett dess. wird in Asien bei Lähmungen, Contracturen und Starrheit der Glieder, äußerlich. **ang.**
Petrol., Lähmung (innerlich und äußerlich **ang.**) Starrheit der Glieder. **h. g.**
s. Hautkrankheiten.
Petros. sem., s. bei den Hautkrankheiten, trop. Krätze mit Gefühllosigkeit.
Phosph. ac., Lähmung, s. Hautkrankheiten.
Phys. flex. sem., Sprache, verminderte, s. Hals- ꝛc. leiden.
Phys. Kagnedsch, Lähmung, halbseitige. **M. 60. MA. 60.**
Pip. a., Lähmung, halbseitige, unvollk. Lähmung der Erectionsmuskeln des männlichen Gliedes, s. Hautkrankheiten.
Pis. sat., Gesichtsmuskelverzerrung mit Schwergehör.
Plat., Mundverzerrung, s. Hautkrankheiten.
Plumb., Lähmung, nach Krämpfen.
Ranar. ol. coct., Einreibungen sollen eine Lähmung der Unterglieder geheilt haben.
Ran. lanug., s. Krämpfe ꝛc.
Raph. sat. sem., Blasenmuskelnlähmung.
Rheum austr., Lähmungen.
Rhodod., lähmungsartiges Erstarrungsgefühl. **ang.**
Rhus Tox., Lähmungen.
Rotl. t., Lähmung, halbseitige. **4mal 60.** Ziehen in den Muskeln. **M.**, s. Hautkrankheiten.
Rub. t., Lähmung. **Tohf.**
Salep, s. Krämpfe ꝛc.
Scamm., s. Krämpfe ꝛc.
Schekakel, Ziehen in der Kniekehle.
Sec. c., Lähmung der Unterglieder. Blasenmuskelnlähmung.
Senega, Augenlieder. Schiefziehen derselb. **ang.**
Sep. succ., Lähmung.
Sil., Lähmung der Unterglieder, mit ♀. s. Krämpfe ꝛc.
Sinap., Lähmung. **Tohf.**
Solan. Jacqu., Lähmungen.
Spong. u., Gefühllosigkeit der untern Körperhälfte. **ang.**
Stann., Lähmung der Unterglieder.
Staph., Lähmung.
Stoech. ar., Gesichtsmuskelnlähmung nach Fallen. Blasenmuskelnlähmung.
Strych. f. St. Ign., s. Krämpfe ꝛc.
Strych. n. vom., s. Hautkrankheiten.
Sulph. calx, Lähmungen. **ang.**
Syc. Gagervel, Krämpfe ꝛc.
Talc. a., s. Krämpfe ꝛc.
Thuja occ., Blasenmuskelnlähmung. Zehengefühllosigkeit, Lähmung der untern Gliedmaßen.
Urt. dioica, Lähmungen.
Vill. nymph., s. Hautkrankheiten ꝛc.
Vit. neg., Lähmung, schmerzhafte, der untern Gliedmaßen.
Zinc., Starrheit.

**

Zinci sulph., Lähmung, halbseitige.
Zingib., Lähmungen und Contracturen, s. Colocynth.

Läuse, s. Ungeziefer.

Lebendigkeits-Gefühl, im Magen oder im Bauche, als ob sich etwas Lebendiges drinnen regte.

Croc. sat.
Kali hydroc.

Leberkrankheiten, s. auch bei den Verhärtungen der Eingeweide.

Achyr. asp., Leber- und Schulterschmerz. Die Gabe in 12 Stunden war **8mal.**
Acon. Nap. extr., Leberschmerz. **g.** Aufsteigen von Dämpfen aus d. Leber. **h.**
Agar. n., Leber- und Magenschmerz, Leberkrankheiten. **ang.**
Aloes perfol. fol., Leberschmerz. **h.**
Ammon. mur., Leberleiden. **ang.**
Amygd. am., Leberobstruction.
Apium gr., Leberobstruction. **Tohf.**
Arg. fulm., Leberobstruction.
Aristol. longa, Leberschmerz. Der Leber schädlich. **Tohf.**
Arist. rot., ist das Antidot der vorhergehenden. **Tohf.**
Arum camp., Leberstechen. **h.**
Asa f., Leberkrankheiten. **ang.**
Aterni, Schmerz in der Lebergegend. **h.**
Aurant. cort. **R.**, Lebergegend und Magenschmerzen.
Bell., Leberschmerz. Leber- und Magenobstructionen.
Beboerine, Leberschmerz. **h.**
Benzoic. ac., Leberobstruction.
Berb. lyc. Res., Leberschmerz, nach einem Schlag.
Berb. vulg., Leberstärkend. **Tohf.**
Bez. anim. lap., Leber- und Gallenkrankheiten. **Tohf.**
Bomb. hept. gummi. Leberschmerz, nach äußerer Gewaltthätigkeit.
Borac. ac., Leberkrankheiten.
Bov., Leberschmerz. Leberobstruction. **g. n.**

Calam. ar., Leberobstruction. Leberschmerz. **Tohf.**
Canth., Lebergegend- u. Brustseitenschmerz.
Cardam. maj. & min., Leberkrankheiten.
Carissa Car., Leber- u. Kopfschmerz. **4mal.**
Carpobals., Leberobstruction. **Tohf.**
Cass. fist., Leberschmerz.
Cass. Tamal. fol., Leberschmerz.
Cass. Tora, Leberschmerz, per. mit Kopfweh.
Celastr. pan., Leberabsceß, enormen, chron., zum Aufbruch bringend.
Chelid. maj., Schmerz in der Lebergegend. **h. g.** Geschwür in der Lebergegend, fistul.
Chenop. a. sem., Leberleiden.
Cichor. sem., Leberobstruction. **Tohf.**
Cinnam., Leberobstruction. **Tohf.**
Clemat. r., Leber- und Kreuzschmerz. Leber- und Hodenschmerz.
Clerod. inf., Leberobstruction, schmerzhafte.
Coccul. men., Leberobstruction.
Concha fluv., Schmerz in der Lebergegend. **h.**
Cop. bals., Leber, hinterer Theil, Schmerz. **h.**
Cubeba, Leberobstruction. **Tohf.**
Cucum. ut., Leberkrankheiten. **Tohf.**
Cucurb. lag., Leberhitze. **Tohf.**
Cup. mur., Schmerz in der Lebergegend, bei der Brechruhr. **h.**
Curc. longa, Leberobstruction. **Tohf.**
Curc. Zed., Leberschmerzen. **h. g.**
Cuscut. sem., Leberobstruction.
Cyc. revol. cort., Leberobstruction mit Wassersucht.
Datur. stram. sem., Leberkrankheit, chron. **MA.**
Deals. Fieberwurzel. Schmerz in der Lebergegend.
Delph. Ghafes fl., Leberobstruction. **Tohf.**
Delph. paucifl., Leberschmerz. **h.**
Fasc. Asfar e tib, Leber- und Magenschmerz.
Fumar., Leberobstruction.
Galena, Leberobstruction.
Galvanism., Leberkrankheiten, chron. **ang.**
Granat. ac. rad. cort., Leberschmerz. **h.**

Guil. Bond., Leberschmerzen. **h. g.**
Harm. Ruta, Leberkrankheiten.
Indigof. Anil, Leberentzündung. Leberschmerz. **h.**
Jod., Leberkrankheit.
Ipom. coer. sem., in der Lebergegend Kollern und Schmerz. **h.** Leberobstruction. **Tohf.**
Junip. bacc., Leberobstruction.
Kali oxym., Leberobstruction.
Korendschuo pah., stachelige, Leberschmerz, period.
Kris, Lebergegend- und Leistenschmerz.
Laurocer., Leberkrankheiten. **ang.**
Laws. in., Schmerz in der Lebergegend, sowohl vorderer als hinterer. **h.**
Led. pal. **R.**, Leberobstruction mit Fieber.
Lepid. sat., Leberaufgetriebenheit.
Leuc. ceph., ist der Leber schädlich. **Tohf.**
Lich. od., ist Leber stärkend. **Tohf.**
Macis, Leberschmerz.
Manna cal., Leberobstruction. Galle abführend.
Marrub. a., Leberschmerz. **h.**
Mastix, Lebergeschwülste. **Tohf.**
Meliae azed. cort., Leberobstruction. **Tohf.**
Meliae semp. sem., Leberobstruction. **Tohf.**
Melil., Leberschmerz. **Tohf.**
Menisp. gl. faec., Leberleiden.
Merc. fulm., Leberleiden.
Mimosa abst., Leberschmerz. **h.**
Mosch. nux, Leber stärkend. **Tohf.**
Myrob. n., ist der Leber schädlich. **Tohf.**
Ner. odor. rad. mont., Schmerz in der Lebergegend. **h.**
Nigell. sem., Leberschmerz. **g. n.**
Nitro- mur. ac., Leberentzündung, chron.
Ocim. Basil. sem., Leber- und Magenschmerz. **h.**
Op. pur., Leber- und Milzschmerz, herumziehender.
Ox. ac., in der Lebergegend und Lunge: Stichschmerzen.
Papav. a. sem., Lebergegend, hinteren Theils: Schmerz. **h.**
Phys. flex. sem., Schmerz in der Lebergegend.
Phys. somn. rad., Leberobstruction. **h.**
Pini fr. sem., Leberobstruction. **Tohf.**
Pip. long., Leberobstruction. **Tohf.**
Piscin., Leberschmerzen. **g. n.**
Pistac., Leberobstruction. **Tohf.**
Pis. sat., Leberschmerz. **h.** Verhärtungen erweichend. **Tohf.**
Plant. maj., Lebergeschwür. Leberobstruction.
Polyg. linifol., Leberhärte. Leberobstruction, chron.
Portul. sem., Leberhitze. **Tohf.**
Ranunculac., Leberleiden, chron.
Rheum austr., Leberobstruction.
Rhus Kakr., Leberobstruction.
Rosar. r. sem., Leberobstructionen. **Tohf.**
Rotl. t., Leber- und Brustschmerz, herumziehender. Leberschmerz, chron., tägliche Nachts-Anfälle.
Rub. Munj., Leberobstructionen. **h.**
Santal. a., Leberobstructionen.
Schekakel, Leberschmerz. **g. n.**
Stoech., Lebergeschwülste, kalte. **Tohf.**
Storax liqu., Leberobstruction.
Strychn. f. St. Ign., Leberentzündung, acute. **MA.** Leber- und Leistenschmerz. **h. g.**
Strych. n. vom., Leber- und Gelenkschmerz. Leberschmerz. **h.**
Syc. Gagervel, Leberschmerz, chron. Leberabscesse im Sommer.
Talc. a., Leberschmerz. Leberhärte. **h.**
Tarax., Leberkrankheit, chron.
Trapa nat., Schmerz in der Lebergegend. **4mal 12.**
Trianth. pent. n., Leberschmerz.
Uva ursi, Schmerz in der Lebergegend, vorderer und hinterer. **g.**
Xanthox. cort., Schmerz in der Lebergegend.
Xanthox. fr., Leberleiden. **Tohf.**
Zingib. off., Leber stärkend. **Tohf.**

Leichdorn, s. Gewaltthätigkeiten, äußerer, üble Folgen.

Leisten- Mittelfleisch- Pubis- und Penisleiden.

Acac. Farn. Harnub Nepti, Leistenschmerz. **h. g. 4mal 12.**

Aloë succ., Leisten- und Bauchschmerzen.
Amaranth. cr. sem., Leistenschmerz und Harnzwang, bei Tripper. h.
Arg. fulm., Leistenschmerzen. h. g. n.
Arnica, Leistenschmerzen. h.
Beben, Leistenschmerzen. g. n.
Caps. sem., Leistenschmerzen.
Carbo an., Wundheit und Feuchten im Mittelfleische.
Carbo veg., Wundheit und Feuchten im Mittelfleische.
Cass. fist. pulpa, Leistenschmerzen. h. g.
Chelid. maj., Leistenschmerzen. g. n.
Chin. sulph., Leistenschmerzen.
Coloc. pulpa, Leistenschmerzen. h. g.
Cupr., Schmerz in den Leisten und Hüften mit Contractur. **MA.**
Cuscuta Lah., Leistenschmerzen. h. g. n.
Deals. Fieberwurzel. Leistenschmerz mit Blutabgang beim Harnen.
Euphr., Leistenschmerz. h.
Gmel. as., Leistenschmerz mit Harnzwang.
Granat. ac. rad. cort., Leistenschmerz und Harnverhaltung. h.
Gund. Zulm sem., Leistenschmerz.
Hyper. perf., Leistenschmerz.
Iod. ol. sol., Leisten- und Gelenkschmerzen in der Kälte. s. Zinc.
Kris, Schmerzen in den Leisten und der rechten Bauchseite. 8 Gaben in 12 Stunden.
Lepor. sangv., Leistenschmerzen. g. **MA. 14.**
Leuc. ceph., Leistenschmerzen. h.
Lupin. a., Pubisschmerz. Pubisjucken. h.
Lup. Hum., Leisten- und Hüftweh.
Major., Leistenschmerzen. h. g. n.
Melong. sem., Leistenschmerzen. h. g.
Ner. ant., Leistenschmerzen. h. g. n.
Olib. ind., Leistenschmerz mit Samenfluß.
Op. pur., Leistenschmerz.
Phys. flex. rad., Leisten- u. Gelenkschmerz.
Picrorrh. kurrooa, Leistenschmerz.
Pis. sat., Leistenanschwellung. h.
Polyg. linifol., Leistenschmerz mit Kolik, Harn- und Stuhlverstopfung.
Polyp. Sekour, Jucken und Stechen in der Leiste.
Raph. sat. sem., Leistenschmerz, der sich auf die Achsel erstreckte.
Salv. off., Leistenschmerz. h.
Santal. r., Leistenschmerz. h.
Sapind. emarg., Leistenschmerz. h.
Saxifr. Peschaut, Leistenschmerz.
Scorp., Stichschmerz aus der linken Leiste in die Nabel- und Milzgegend. **4mal.** Schmerz im Mittelfleische. h.
Smil. china, Leistenschmerz. h.
Spong. u., Leistenschmerz.
Storax cal., Leistenschmerz.
Strych. f. St. Ign., Leistenschmerz.
Sulph. ac., Leistenschmerz.
Tereb., Leistenschmerz, als wollte ein Bruch entstehen.
Umb. Butazeri, Leistenschmerz. **4mal 12.**
Zinc iod., Leisten- und Hüfteschmerz.

Lendenweh, s. Schmerzen.
Lippenleiden, s. Hals- rc. Leiden.
Lungen- Brust- und Brustseiten-Entzündungen; wie auch Stiche, Geschwüre, Verhärtungen, Verwachsungen rc. in den Lungen u. s. w.

Abr. prec. a., Brust- Arme- Achsel- und Schulterschmerzen. **MA.—4mal.**
Acac. Farnes. Harnub Nepti, Brustschmerz mit Schleimhusten. **MA.** Brustseitenschmerz. **12mal.**
Acac. succ., Seitenstechen, acutes.
Acanth. Otengen, Seitenstechen, linker Seite.
Achyr. asp. sem., Seitenstechen. h. g. ½stündig **8mal.**
Acon. Nap., Lungen- und Brustentzündungen. g. n.
Ajuga dec., Brustschmerz. h. g. n.
Allium sat., Brustschmerz.
Aloë succ., Seitenschmerz, rechts. h.
Altern. sess. rad., Brust- und Kopfschmerz.
Alth. fl. fol. & rad., Lungen- und Lungenfellentzündungen. Brustschmerz, acuter. **MA.**
Ambra gr., Lungengeschwüre. **MA. 14.**
Anac. or., Lungen- und Lungenfellentzündungen. h. g.

Anagall. caer., Brustwundheitsgefühl mit Fieber.
Antim. t., Lungenentzündungen. In starken Gaben. aug.
Araneum, Seitenschmerz, links.
Arg. nit. f., Brustschwergefühl, schmerzhaftes, mit Aufstoßen. 1 K. M. —3tägig.
Arist. rot., Seitenstechen, entzündliches.
Arum camp., Lungenentzündungen. MA. — 4mal. 12mal des Tages, nämlich stündliche Gaben. g. n.
Asa f., Lungen- und Lungenfellentzündungen. 12mal.
Asar., Brustseitenschmerz. h.
Aspar. rac., Brustschmerz, entzündlichrheum. Seitenschmerz, acuter.
Asphalt., Brustschmerz.
Asplen. fol., Brustschmerz, acuter. Lungenkatarrhe. h.
Auripigm. r., Brustseitenschmerz.
Balansta, Brustseitenschmerzen. h. g. Brustschmerz mit Husten.
Basella r., Seitenschmerz, period. Brustseitenschmerz. h.
Bdell., Seitenschmerz. h. g. Brustschmerz.
Behen a., Brustseitenschmerz. Brustschmerzen. g. n.
Belemn., Brustschmerz. h.
Benzoic. ac., Seitenschmerz, links. h.
Berthol., Brustseitenschmerz. g. n.
Bor., Brustschmerzen. g. n.
Bov., Brustschmerzen. h. g.
But. fr. fl., Seitenschmerz, links. h.
But. fr. gummi, Brustdrücken. h.
Cacalia Kl., Brust, rauhe, mit Husten.
Calam. ar., Seitenstechen, period. MA.
Calebr. opp., Seitenschmerz, linken. 4mal 12. 12mal.
Campech. lig., Seitenschmerz h. g. von äußerer Gewaltthätigkeit entstandener.
Cannab. ind. Cashm. fl., Brust- und Brustseitenschmerz.
Cannab. ind. Lah. fol., Lungencongestionen. h.
Cannab. ind. Lah. sem., Brustseitenschmerz mit Husten. MA.
Canth., Brustschmerzen. g. n.
Cap. Ven., Brustschmerz.
Carota. Indigestion. Seitenschmerz, rechts. h.
Cass. al., Seitenstechen.
Cass. lign., Lungenentzündung. Seitenstechen. Tohf.
Cass. Tamal. fol., Seitenstechen, links, acutes. 12mal.
Catechu, Seitenschmerz.
Cedrela Toona, Brustdrücken. h.
Cepa, Brustschmerz.
Cetac. ol., Seitenstechen. h. g. Lungenkatarrhe.
Chel. maj., Lungenentzündungen. g. n.
Chenop. a. sem., Seitenschmerz, chron.
Cherayta, Brustschmerz.
Chidra sem., Brustdrücken, katarrh. Brustgeschwürigkeitsschmerz. Brustbrennen.
Chin. cort., Stiche unter den Rippen bis in das Kreuz.
Churrus, Lungen- und Brustentzündungen.
Cichor. sem., Brust- und Brustseitenschmerzen.
Cinnam. cort., Brustschmerz.
Cleom. pent. hb., Brustschmerz.
Coccul. men., Seitenstechen. h. g. 8mal 24.
Colocynth. pulpa, Lungenentzündung. g. n.
Comp. Zerbabri, Brustschmerzen. h. g.
Conv. arg., Brustdrücken. Brustschmerz. h.
Cop. bals., Brustschmerz. g. n.
Cornu c. n. a., Seitenstechen, nach Erkältung.
Cost. ar., Brust- und Schulterschmerz.
Cost. n. Cashm., Brustschmerzen. g. n.
Creos., Brust: Brenn- und Stichschmerz. Brustschwergefühl.
Croc. sat., Brustkatarrh, chron. M. 40. Brustdrücken auf's Essen. Brustseitenschmerz. h.
Crust. Dschinge, Brustdrücken. h.
Cubeb., Seitenschmerz in der Frühe. h.
Cumini sem., Brustschmerz. h. g. 4mal 24.
Cup. amm., Brustschmerz, katarrh.
Curcul. orch., Seitenschmerz, period.
Cyc. rev. sem., Brustwundheitsgefühl. h.
Daron., Brustschmerz.
Datisc. cann. sem., Seitenstechen.
Datur. stram. sem., Seitenstechen, links, vorübergehendes. h.

Deals. Fistelwurzel. Schmerz in der rechten Brustseite und Lebergegend.
Deals. Sersamwurzel. Brustschmerz und Seitenstechen. h.
Deals. Torkiwurzel. Brustschmerz. g.
Digit. p., Blut- und Schleimauswurf aus den Lungen. Seitenstechen. Brustdrücken. h.
Dioret., Brustschmerzen. g.
Dolich. pr., Brustschmerz. h.
Drac. sangv., Seitenstechen, links.
Dschendalu, Brust- und Halsschmerzen.
Dulcam. fol., Brustschmerzen. g. n.
Dulc. stip., Brustschmerz nach Fallen.
Emb. Rib., Brustseitenschmerz. h.
Embryopt. glut., Seitenschmerz.
Euph. epith., Seitenstechen.
Euph. gummi, Brustschmerz, katarrh., auch ♀.
Euph. ten., Lungenentzündung. h.
Euph. thym., Lungenentzündung. MA.
Fabar., Brustschmerzen. h. g.
Ferri sulph. ind., Seitenstechen. h. g. n. Brustschmerz. h.
Fumar., Lungenentzündung. g. n.
Gard. dum., Lungenlähmung. Brustschmerz. g. n.
Geum cl., Seitenstechen. h. g. Brustschmerz mit Husten. Brustseitenschmerz. h. g. n.
Gourbuti, Brustschmerz. ♀.
Guil. Boud., Brustseitenschmerz. Brustschmerz. g. n.
Gultschin, Brustschmerz.
Gund. Zulm sem., Seitenstechen.
Harm. Rutae fl., Brustschmerz. h.
Haruntatia, Brustschmerz. h. g.
Hemid. ind., Brustdrücken, katarrh.
Hollow. pill. sol., Brustseiten- und Halsschmerz.
Hyosc. fol., Brust- und Lungenentzündungen.
Indigof. Anil, Seiten- und Kreuzschmerz, herumziehender.
Indig., Brustschmerz, acuter. Brustdrücken. h.
Iod., Lungenentzündung. Seitenschmerz, links.
Ipom. coer. sem., Brustschmerz. h.
Ipom. cusp. fol., Seitenschmerz, rechts. h. g.
Kali bichrom., Brustschmerz.
Kali carb., Brust- und Kreuzschmerz.
Kali hydroc., Brustseitenschmerz. 3 R. MA.
Kino gummi, Brustschmerz.
Kris, Seiten- und Armschmerz.
Lacca in gr., Seitenstechen. h. g.
Led. pal., Brustschmerz mit Blut- und Schleimauswurf. MA.
Lent. sat., Brustschwergefühl, nach Bluthusten.
Leon. Royl., Seitenstechen.
Lich. isl., Brustschmerz. h.
Lini sem., mit und ohne Honig. Seitenstechen.
Lithanthr., Brustschmerzen. g. n.
Lup. Hum., Lungenentzündung. g. n.
Lyc. hb., Brust- und Schulterschmerz, nach Fallen. Brustschmerz. h. Lungenentzündung. g. n.
Magn. carb., Seiten- und Knieschmerz.
Mang. carb., Brustrauhigkeit h.
Manna cal., Lungen- und Brustentzündungen. Brustschmerz, acuter.
Mastix, Brust, rauhe. h.
Moccan. bals., Lungengeschwüre.
Meidetschob, Seitenstechen. h.
Melandr. tr., Seitenstechen.
Meliae azed. fol., Seiten- und Schulterschmerz, herumziehender.
Meliae semp. fol., Brustschmerz, nach einem Fieber.
Melil. sem., Brustseiten- und Bauchschmerz.
Menth. p. R., Brustschmerz, linken. h.
Merc. subl. corr., Lungenentzündung. Brust- und Milzschmerz.
Mesua ferr., Brustseitenschmerz, linken, nach einem Schlangenbiß.
Methon. glor., Brustschmerz. h. g.
Millefol., Brustschmerz mit Blutspeien.
Mori a. fr. n. R., Seitenstechen, links. h. g.
Mosch., Seitenstechen.
Myrob. Embl., Brustseitenschmerz.
Myrob. n., Brust- und Armschmerz.
Myrrh., Seitenstechen mit Husten. MA.
Myrt. bacc., Brustschmerz, acuter. Brustschmerz, drückenden. h.

Narc. bulb., Brustschwergefühl, nach Fallen.
Nard., Brustschmerz. h. g.
Natr. m., (Lab.) Brustschmerz. h.
Nep. salv. hb., Seitenschmerz.
Ner. ant., Bruststiche mit Husten. 4mal 12.
Ocim. a., Brust- und Magenschmerzen. Brust- und Seitenschmerz. h.
Onosm. macr. rad., Brustschmerz, acuter.
Ox. ac., Lungen- und Brustentzündungen. h. g. n.
Panic. pil., Brust, erweichend. Tohf.
Papav. rh., Seitenstechen.
Pareira br., Seiten- und Armschmerz.
Petros. hb., Brustschmerz, auch mit Engbrüstigkeit. K. MA.
Phall. esc., Seitenstechen.
Phosph. ac., Lungenleiden, entzündliche. Brustschmerz. h.
Phosph. sod., Lungen- und Halsentzündung. h.
Plantago maj., Seitenstechen, acutes.
Plumbag. Zeyl. rad., Brustschmerz mit Fieber.
Polan. rad., Seitenstechen.
Polyg. macr., Seitenschmerz, links. Brustseitenschmerz, herumziehender.
Polypod., ist der Brust schädlich. Tohf.
Portul. sem., Lungenauswürfe. ang.
Pyrethr., Brustrauhigkeit. Brustdrücken mit Schleimanhäufung.
Quass. K., Brustschmerz mit Erbrechen.
Ran. bulb., Brustschmerz mit Husten. Lungen- und Brustentzündungen. g. n.
Ran. lan. fl. rec., Seitenstechen.
Ran. lan. rad. rec., Brustschmerz, rheum.
Ran. scel., Lungen- und Brustentzündungen. g. n.
Rheum austr., Brustwundheitsgefühl. h.
Rhus Kakr., Lungenentzündung, subacute.
Rosar. r. sem., Seitenschmerz, acuter.
Rotl. t., Brustschmerzen. h. g.
Rubia Munj., Brustschmerz. h. g. n.
Raku t., Lungenfellentzündung.
Santal. a., Brustseitenschmerz. h.
Sapind. em., Lungen- und Brustentzündungen. Brustschmerz. Seitenstechen.
Sarcoc., Brustschmerz, durch Schleimauswurf bessernd.

Scamm., Lungenentzündung.
Schekakol. Seitenschmerz. h. g. Seitenstechen. h.
Scorp., Lungenentzündungen und Seitenstechen. g. n.
Sebest., Seitenstechen, links. h.
Sel., Seitenstechen. h. g.
Senec. Mus., Brustseitenschmerz. h. g. n.
Senega, Stockungsgefühl in den Lungen.
Sep. succ., Seitenstechen. h. g.
Serp. cx., Brustseitenschmerz, ♀. Seitenstechen. h.
Sid. rad., Brustseitenschmerz. h.
Sid. sem., Brustseitenschmerz mit Fieber.
Sil., Brustseitenschmerz. h.
Smil. china, wurmstichiges Pulver. Brustschmerzen. h. g.
Sod. sal, Seitenstechen, links. h.
Solan. Jacqu. fr., Brustdrücken.
Sphaer. ind., Brustschmerz, chron. MA.
Spig. anth., Brustschmerz. h.
Srenact. bellid. rad., Seitenstechen.
Stoech. ar., Lungenentzündung. 12mal. Brusthüpfen beim Athemzug.
Strych. f. St. Ign., Seitenstechen, links. 12mal
Strych. n. vom., Brustschmerz. h.
Strych. pot., Seitenschmerz, rechts.
Talc. a., Seitenschmerz, links.
Tamar. sind der Brust schädlich. Tohf.
Thuja occ., Seitenstechen. h. g. K. 12mal. 4mal 12.
Turp. conv. a. int., Seitenstechen, acutes. 4mal.
Ultram., Seitenstechen. h.
Umb. Butazeri, Seiten- und Schulterschmerzen.
Urt. dioica, Lungenkrankheiten. ang.
Urt. dioic. fl., Seiten- und Schulterschmerzen.
Valer. sylv., Brustschmerzen. h. g. MA.
Verbasci Cashm. rad., Brust- und Schulterschmerzen. Brustschmerz mit stinkendem Auswurf.
Verbasci Lah. fol., Brustschmerzen und Seitenstechen. g. n.
Verben. off. Lah. hb., Brustschmerz, ♀. 4mal 28.

Verben. off. Lah. sem., Brustschmerzen. ♄. ♃.

Vinc. min. fol., Seitenstechen. ♄. ♃. acutes 4mal 12. subacutes MA. 14.

Viol. od., Seitenstechen. Rauhe Brust, katarrh.

Violae od. conf., Brust- und Nackenschmerz. acuter, rheum.

Vit. neg., Seitenstechen, links. ♃. Brustschmerzen. ♄. ♃. n.

Xanthox. cort., Stiche in der Brustseite. ♄.

Zingib. off., Brustschmerz.

Lustseuche, mit und ohne Quecksilberkrankheits-Complicatien, s. auch bei Halsleiden, Hautkrankheiten, Schmerzen, Tripper rc., unter welchen Formen und Verbindungen sie immer vorkommen möge.

Abrus prec. a., s. Guil. Bond.

Abrus prec. r., Mercurialsyphilis.

Acon. Nap. extr., Brennschmerzen, ♀.

Agav. amer., ang.

Alth. fl.', s. Sil.

Amaranth. Jountscha, Mercurialsyphilis.

Anagallis caer., Lustseuche, verborgene. MA. 60.

Lustseuche mit Krätze; auch mit Geisteszerrüttung rc.

Angel. rad., s. Petros.

Argem. mex. sem., Chankers, Bartflechte, ♀.

Arg. fulm., Mercurialsyphil. Gelenkschmerz mit innerm Brennen rc.

Arsen., s. Merc. sol., und Thuja.

Ars. pot., s. Merc. sol.

Artem. v. (aff. spec.) rad., Rheumatismus, ♀.

Asa f., Mercurialsyphil. Knochenschmerz.

Begon. balmis., ang.

Berthel., Chankers und Lustseuche, per. Exacerbat. MA.

Blum. auric. sem., Schmerzen, ♀., sogar in den Gelenken befindliche und mit ☿. Complication verbundene.

Bol. arm., Gelenkschmerzen, ♀. s. Terra Traiber.

Cacal. Kl., Lustseuche, angeerbte und verborgene, M. 40. MA. 80.

Cannab. ind. Cashm. fl., Mundgeschwüre mit Schmerzen, allg. ♀.

Carbo veg. (Calotr. gig.), Flechten, ♀.

Carissae Car. fl., Flechte, juckende, ♀.

Cariss. Car. fol., Schmerzen, ♀. ♃. Lustseuche mit Harnzwang. n.

Cariss. Car. fr., Mercurialsyphilis.

Chel. maj., Schmerzen, ♀. Geschwür am Hintern, ♀.

Chidra sem., Mercurialsyphilis mit Aussatz.

Churrus, s. Sil.

Cocos Sechell. min., die harte Schaale derselben bei Lustseuche, verborgener.

Colch. aut., MA. 60. 4mal. 28. ♃. n.

Comp. Zerbabri, Schmerzen, ♀. MA. 60.

Curcuma, s. Merc. d.

Cyc. rev. cort., Chanker. MA. 14.

Cyc. rev. sem., Chanker, 4mal 12. n.

Datisc. cann. rad. cort., Mercurialsyphil. Brennschmerzen.

Datisc. cann. sem., Chankers. Hodenfistel, ♀.

Deals. Fieberwurzel. Jucken. ♀.

Deals. Fistelwurzel. Lustseuche; sowohl primaria als secundaria.

Digit. purp., Chankers. M. 7.

Dolich. pr. faba, ♃. n.

Dschendalu, M. 40. 4mal 12. n.

Eben., s. Merc. d.

Embryopt. glut. fol., ♃. n.

Eug. Jambol., s. Galanga.

Ferr., s. Galanga.

Fumar., s. Merc. subl. corr.

Galanga, Lustseuche, chron. den Ausbruch. ♄. Hodengeschwüre, schmerzhafte, ♀. MA. Beulen, ♀. Flechten, ♀. Schmerzen, ♀. Jucken, ♀. MA. 14. n. (?)

Mit Ferr. Eug. Jambol. succ., in Verbindung. MA. 60.

Goss. sem., Mercurialsyphilis.

Gourbuti, Schmerzen. ☿ ♀.

Grew. as., Jucken, ♀.

Guil. Bond., Lähmungsgicht an den Füßen, ☿ ♀.

Lustseuche. ♃. n., s. Smil. china.

abw. Abr. prec. a., Chankers u. Beulen. MA.

Hedys. Alh., Absud der Blätter soll eine angeerbte Lustseuche geheilt haben.
Heliotr. eur., Lähmungsgicht. ♀.
Hemid. ind., Lustseuche, frische u. alte. g. n. Jucken, ♀. Ausschlag, flechtenartiger, feinkörniger, wie auch Flecken und Gelenkgicht, ♀. MA. 60. s. Smil. chinae.
Heracl. div., g.
Hyss., Lustseuche mit Beule. MA. 60. Lustseuche. 4mal 28. g. n.
Jalap. mir. rad., nebliges Sehen und Flechten, ♀.
Jasp. n. u., Schmerzen, ♀.
Indigof. Anil, Schmerzen, ♀.
Inula Hel., Gelenkgicht, ☿ ♀. MA.
Jod., s. Kali Merc., Pip., Zinc.
Jugl. nuc. cort., Schmerzen, ♀.
Kali hydroc., Halsgeschwüre, ☿ ♀.
Kali iod., ist ein gebräuchliches Mittel bei der secundären Form der Lustseuche, und wird gewöhnlich dreimal des Tages zu 8 Granen eingegeben. Bei der großen Auswahl meiner Mittel, denen ich den Vorzug gebe, möchte ich hier keinen Gebrauch davon machen.
Lacca in gr., Nasengeschwür, stinkendes, ♀. Penisanschwellung und Eiterbeule, ♀.
Lactuca sat., ist bei der Mercurialsyphilis ang.
Laws. in., Lustseuche, verborgene. MA. 60.
Leon. Royl., Lustseuche. Jucken, ♀.
Lepid. sat. rad., nebliges Sehen, Jucken und Schmerzen, ♀. h. g. Lustseuche, verborgene. MA. 60.
Lepid. sat. sem., Nebel, ♀.
Leuc. ceph., Hodenflechte, ♀. Eiterbeule. Chankers. MA. 14. n.
Lich. od., Jucken, ♀.
Lyc. sem., Mundgeschwüre, ♀.
Mast., Gelenkschmerz, ♀.
Menisp. hirs., nebliges Sehen u. Beulen, ♀.
Merc. d., abw. Curc. longa oder Eben., Lustseuche, chron. M. 40. MA. 60.
Merc. d., abw. Jod amygd. ol. sol., bei frischer und alter Lustseuche. MA.
Merc. Reschkopur ind., in Butter geröstet, mit Kümmel und Sassaparillenextrakt zu Pillen formirt, woneben dasselbe, Mercurialpräparat mit Catechu, Zinnober Wachs, und Oel zur Salbe gemacht, applicirt wurde, war das favorisirte antisyphilitische Secretmittel, das mein Hakim im allg. Krankenhause gebrauchte.
Merc. sol., abw. Ars. pot., Lustseuche mit Tripper.
Merc. subl. corr., mit Merc. v., recht gut verrieben und mit dem eingedickten Saft vom Erdrauch zu Pillen gemacht, sollen ohne Speichelfluß zu erregen, die Lustseuche heilen. ang.
Merc. v., g. n.
Mezer., Mercurialsyphilis. Gelenkschmerzen mit Knoten, ♀.
Moring. Soh. gummi, Jucken, ♀.
Mulged. rap. fol., Lustseuche, Hervorkommen, einer alten. MA. 60.
Nelumb. spec. fol., Lustseuche in allen Formen, alte und frisch entstandene.
Nel. spec. sem., Warzen an den Fingern, ♀.
Nep. salv., Sprachorgansleiden (als Stimme, heisere und leise) ♀.
N tric. ac., Mercurialsyphilis. Gelenkschmerzen, ♀. Mund- und Halsgeschwüre, ♀. Vorhaut, öfters kleine Bläschen und Schrunden. ang., s. Sulph.
Ox. corn., Lustseuche, verborgene, oder secundäre Form.
Halsgeschwüre, ♀.
Pareira br., Lustseuche, chron. per. Ausbruch, mit nebligem Sehen ꝛc. M. 40.
Petros. fol., mit Engelwurz in Pillenform ang.
Pip. long. stip., Lustseuche, verborgene.
Pip. n. R., Mercurialsyphilis, s. Verbena. Mit Jod in Verbindung. g. MA.
Prun. sylv. R., Lustseuche.
Pumic. lap., während des Gebrauches desselben, bei der Lustseuche, erfolgte Verengerung der Vorhaut um die Eichel.
Quass. R., Magenbrennen, Schwären und Eichelgeschwulst, nebst einem feinkörnigen Ausschlage (wie Hirsenflechte), ♀. 4mal 28.
Ran. lan. fol., Mundgeschwüre, ♀.
Ruku t., Ausschläge, ♀.

Sap. ind. nuc. cort., Flechte, ♀. MA. 60.
Sassafras, wird bei der secundären Form der Lustseuche ang.
Sed. crass., Schmerzen, ♀. MA.
Sel., Lustseuche, nach schlechter Behandlung. Schmerzen, ♀.
Senec. Mus., der eingedickte Saft wird in Kaschmir für antisyphilitisch gehalten.
Zu kleinen Gaben bestand er jedoch nicht die Probe.
Serp. ex., Chankers, schmerzende, juckende und stark eiternde.
Ol. R., Lustseuche, chron. per. Exacerbationen. MA.
Chankers und Entzündungsgeschwülste, ♀.
Sil., Mercurialsyphilitische Schmerzen, Flecken und Geschwüre, wie auch Lähmungsgicht.
abw. Alth. fl., Lustseuche mit Tripper. MA.
abw. Churrus, Lustseuche mit Tripper. Mundgeschwüre und Gelenkschmerzen, ♀.
Smil. china abw. Guil. Bond., Lustseuche, verborgene. Schmerzen, ♀. MA.
abw. Hemid. ind., Chankers. Nasengeschwür, stinkendes, mit brennenden Schmerzen. MA.
Spong. u., Chankers. 4mal 28.
Auch nur die Application der R. scheint zweckmäßiger zu sein, als die Cauterisation mit dem Höllenstein. Lustseuche, verborgene, mit Jucken an der Eichel.
Stinc. mar., Mercurialsyphil. Schmerzen. M. 40.
Strych. f. St. Ign., Schmerzen, ♀. M. 30.
Sulph. abw. Nitri ac., Lustseuche, frisch entstandene oder alte. MA. 80.
Terra Traiber, ang. s. Bol. arm.
Thuj. occ. R. abw. Arsen., Lustseuche.
Thuj. or. sem., Stich- und Gelenkschmerzen, ♀. MA. 60.
Thym. Serp., Lustseuche, chron. per. Exacerbationen. MA. 60.
Beulen, ♀.
Umb. Butazeri, Flechten und Flecken mit Stichschmerzen, ♀. MA.
Verbasc., Eiterbeule. ♀. MA. 14. Lustseuche, chron., verborgene. h.
Verben. off. Lab. hb. aut sem., allein, oder abw. Pip. n. R., Lustseuche, frisch entstandene oder veraltete. MA.
Vesp. mel, Lustseuche, chron. per. Ausbruch, Gut bei einem Manne (?) M. 40. Nicht bei seiner Frau, die es zur selben Zeit eingenommen hatte.
Vesp. fav., Lustseuche mit Tripper. M. 30.
Lustseuche ohne Tripper. g. n.
Vit. neg. sem., Flechte, ♀.
Xanthox. lign., Hodenjucken, ♀.
Zinci iod., mit Mandelöl angemacht. Chankers. Dasselbe war zu gleicher Zeit auch örtlich angewandt worden.
Geschwüre am Hintern eines Knaben, ♀.
Zinci sulph., Mercurialsyphilis. Die Besserung trat zuweilen erst in der dritten Woche ein.
Zinci sulph. abw. Jodmandelöl. Chankers. und chron. Lustseuche. MA. Die Zusammensetzung dieser beiden Mittel nützte nichts.
Zyz. Juj., Mundgeschwüre u. Schmerzen, ♀.

Magenkrankheiten.

Abr. prec., Magenschmerz. Magenhüpfen.
Acac. Farn. Harnub Nepti, Magenschmerzen. g. n.
Acac. succ., Magenschmerz mit Bluthusten. Unverdaulichkeit. g. n.
Acon. Nap. extr., Magenschmerz. Magenhüpfen mit Leberschmerz. Magenbrennen. h.
Agar. a., Magen- und Leberschmerz. Magenbrennen, zuweilen Säureerzeugung. M. Magenbeschwerden. h.
Ajonain, Appetitmangel.
Ajuga Deals., Magenschmerz mit Katarrh, auch mit Husten.
Ajuga dec., Magenhüpfen.
Magenobstruction. Appetitmangel. g. n.
Aloë succ., Appetitmangel und Magenbeschwerden, mit habitueller Hartleibigkeit; wogegen ich in meiner früheren

Praxis von den sogenannten Pillulae antecibum, s. pag. 31, zuweilen guten Erfolg sah.

Amaranth. Jountscha, Magenschmerz mit Erbrechen.

Ambra gr., Freßlust. Magenschmerz. Magenobstruction.

Ammon. gummi, Unverdaulichkeit mit Säureerzeugung. h. g. Appetitmangel mit Kreuzschmerz. M.. leeres Aufstoßen.

Anac. occ., Magen- und Nabelgegendschmerz mit Steinbeschwerden. Magenhärte. h.

Anac. or., Magenhüpfen. Magenleiden mit Hartleibigkeit.

Aneth. Sowa, Aufstoßen, leeres.

Angust. cort., Aufstoßen, leeres.

Arab. gummi, Magenschmerz.

Argem. mex. sem., Magenbrennen. h.

Argent. fulm. & nitri f., Magenhüpfen. Magenbrennen. g. n.

Arist. longa, Magenschmerz mit Hunger. Magenbrennen und Aufblähung desselben.

Armor., Verdauungsbeschwerden.

Ars., Magenkrebs.

Ars. pot., Unverdaulichkeit mit Lustseuche.

Ars. sodae, Magenschmerz,

Asa f., s. Foenic. sem.

Asar., Magenbrennen.

Asphalt. Lah., Magenschmerz von einem Schlag. Appetit benehmend.

Astrag. Drab, als Magen stärkend in Kaschmir ang.

Aurant. cort. K., Aufstoßen, leeres, chron. Magen- und Leberschmerz mit Aufblähung.

Aurant. dulc. cort. flaved., frische Vereibung. Unverdaulichkeit mit Schaupfen.

Aurum, Unverdaulichkeit mit Aufblähung und Gelbsucht.

Bar. ac., Magenbrennen. h.

Bar. nitr., Magenbrennen mit Durst.

Basella r., Magenbrennen mit Harnzwang.

Bass. latifol. fr., Unverdaulichkeit und Säure. h.

Bdell., Magenhüpfen.

Benzoic. acid., Magenbrennen. h.

Berber. v. fr., Appetitmangel. s. Pip. n.

Berthol., Magen- und Bauchschmerz mit Fieber. Ziehen im nüchternen Magen.

Bol. arm., Magenhüpfen. Aufstoßen, leeres. Magenbrennen. h.

Bor., Magenhüpfen mit Schmerz, der sich bis in die Milzgegend erstreckte. Appetitmangel mit Unverdaulichkeit. g. n.

Bov., Magen: Kältegefühl in demselben. Magenhärte, brennend-schmerzende. Unverdaulichkeits-Magenschmerz.

But. fr. fl., Magenhüpfen. g. n.

But. fr. gummi, Magenobstruction.

Cacal. Kl., Magen- Kopf- und allg. Schmerzen.

Calam. ar., s. Foenic. sem.

Calc. carb., Unverdaulichkeit mit Appetitmangel.

Calotr. gig. rad. cort., Magenhärte. K. Appetitmangel. g. n.

Campech. lign., Appetitmangel mit Kopf- und Kreuzschmerz. 12mal.

Cannab. ind. Cashm. fl., Appetitmangel,

Cannab. ind. Lah. fol., Magenbrennen. Magenobstruction. Period. erscheinender Magenkrampf, 3mal im Monate, mit Ohnmachten. MA 60.

Cannab. ind. sem., Magensäure mit Unverdaulichkeit. h. g.

Capill. Ven., Magenbrennen, ♀.

Caps. sem., Magenbrennen. Magen- und Bauchschmerz. MA. s. bei Erbrechen &c. Caps.

Carbo an. (Cornu c. u.), Unverdaulichkeit mit Magenschwäche. Appetitmangel mit Hartleibigkeit, habitueller, chron.

Cardam. maj., Magenkrampf. Magenbrennen. g. n.

Carniol. u., Magenbrennen.

Carissae Car. fol., Appetitmangel, Unverdaulichkeit und Magensäure. h. g. n.

Carpes. rac., Magenhüpfen mit Hypochondrie.

Carpobals., Magenschmerz und Magenbrennen.

Cartham. t. sem., Magensäure.

Carvi sem., Appetit. h.

Cascar., Magenbrennen. h.

Cass. fist. pulpa, Magenschmerz, nach einem Abführmittel. Säureaufstoßen.
Cass. lign., Magenhüpfen. g. n. Magenobstruction. h.
Cass. Tamal. fol., Magenschmerzen. g. n.
Cass. Tora, Magenschmerz.
Caust., Unverdaulichkeit. Magenbrennen.
Celastr. pan., Magendrücken und Brennen mit Appetitmangel und Schwäche.
Chelid. maj., Magenbrennen. h. g. Magenschmerz. Magenhüpfen. g. n.
Chenop. a., per. Magenhüpfen mit Schmerz aus dem Magen über den Bauch bei einer Frau. MA.
Chidra sem., Magenbrennen. Appetitmangel. g. n.
Chin. cort., Magensäure mit Unverdaulichkeit, Auftreibung und Erbrechen. Appetitmangel und Magendrücken nach dem Essen. Magenbrennen. h.
Churrus, Magenhüpfen und Magenbrennen. g. n. Magenhüpfen und Unverdaulichkeit h., das Rauchen desselben.
Cichor. sem., Magenschmerz mit Hartleibigkeit.
Cinnam. cort., Magenschmerz. g. n.
Cinnam. fl., Magenhüpfen mit Durchfall. Appetitmangel mit Magensäure.
Clemat. r., Unverdaulichkeit.
Cleome pent., Unverdaulichkeit und Aufblähung mit Kopfweh. Aufsteigen von Dämpfen aus dem Magen, Magenbrennen. h.
Clerod. inf., Magenhüpfen. Magenschmerz. h. g. n.
Coccul. men., Magenschmerz und Magenkriebeln, Abends. h. Beschwerden vom Fahren zu Wasser und zu Land. ang. Magenkrampf. n.
Coff. cr., Verdauungsschwäche mit unregelmäßigem Fieber.
Colocynth. rad., Magenbrennen.
Comp. Pokermul, Unverdaulichkeit mit Aufblähung und Milzschmerz.
Concha fluv., Appetitmangel.
Conv. arg., Magenhüpfen.
Cop. bals., Magenbrennen. h. Appetit. g. n.
Corch. frut., Unverdaulichkeit mit Hartleibigkeit. h. g. n. Den Appetit benehmend. Aufstoßen, versagendes, krampfhaftes.
Coriand., Appetit. h.
Cost. ar., Appetit. h. Magenhüpfen und Magenbrennen. h. g. n.
Cost. n. Cashm., Magenschmerz. Magenkrampf. n.
Creos. Appetitmangel.
Croc. sat., Unverdaulichkeit mit Appetitmangel. Magenhüpfen. Sodbrennen. Magenschmerz. M. — 4mal — 12mal. Nach dem Essen, Brustdrücken. Magenobstruction, schmerzhafter. n. s. bei Erbrechen. Croc.
Crot. t., Magenkrampf h. g. durch Regel h.
Cucum. ac. Pinditurі, Magenschmerz.
Cucum. Mad., Unverdaulichkeit mit Engbrüstigkeit. Magenhüpfen. Appetitmangel. g. n.
Cucum. ut., Magen und Leber stärkend. Tohf.
Cucurb. citrull. sem., Appetitmangel. Dem Magen schädlich. Tohf.
Cumini sem., magenstärkend. ang.
Cupr. nux, Unverdaulichkeit mit Bauchschmerz. Magenschmerzen. h. g. n.
Cup. amm., Appetitmangel. Magenhüpfen.
Cup. oxyd., Unverdaulichkeit.
Cup. sulph., Magen- und allg. Schmerzen. MA.
Curc. longa, Appetitmangel und Magenschmerz. g. n.
Cuscuta Lah., Appetitmangel. h.
Cuscut. mon. sem., Magenobstruction. Unverdaulichkeit. Magenschmerz. Magensäure. Magenbrennen. h.
Cyc. rev. fr. cort., Unverdaulichkeit und Durchfall. h.
Cyc. rev. fr. sem., Unverdaulichkeit mit Engbrüstigkeit. Magenbrennen und Magenschmerz.
Cynar. Dub, Magenbrennen.
Cyper. long., Magenkrebs.
Cyt. scop., Magendrücken mit Appetitmangel. Hartleibigkeit mit Wassersucht. MA

Daphne Sunnerkat, Appetitmangel. Magenschmerz, chron.

Datisc. cann. rad. cort., Magenbrennen.

Datura mart., Magenhüpfen.

Dat. stam. fl., Appetitmangel mit Durst.

Dat. stram. sem., Appetitmangel.

Deals. Tersamwurzel. Unverdaulichkeit mit Aufblähung. g. Magen- und Brustschmerz h. g. Appetitmangel mit Fieber.

Delph. Ghafes succ., Magenhüpfen. h. g. n. Magenschmerz. g. n.

Delph. pauc., Schmerz in der linken Magengegend erzeugend, der sich über die Brustseite auf die Schulter zog.

Digit. p., Magenbrennen. g. n. Aufstoßen, leeres. h.

Diosma cr., bei Unverdaulichkeit ang.

Drac. sangv., Appetitmangel. Magenhüpfen. Magenbrennen. M. MA.

Dudia, Unverdaulichkeit mit Erbrechen. Magenschmerz durch Abführen bessernd.

Dulcam., Magenbeschwerden mit Brennen, innerem. MA. Schmerz im Oberbauche. M.

Elat., nach dem Essen, Aufblähung. Magen- und Kopfschmerz.

Eleagn. ang., Unverdaulichkeit mit Hartleibigkeit.

Embryopt. gl. fr. & sem., Magenbrennen.

Euph. agrar. (aff. spec.), Magenbrennen. h. g. n.

Euph. epith., Unverdaulichkeit. Appetitmangel. h.

Euph. longifol., Appetitmangel. h.

Euph. gummi, Freßlust. Appetitmangel und Magendrücken. h.

Euph. serr., bei Unverdaulichkeit mit Durchfall, den Appetit h.

Fabar., Aufstoßen, leeres.

Foenic. rad., Magenschmerz, bei Steinkrankheit.

Foenic. sem., Magenhüpfen, in der Frühe, mit Würmern. Fenchelsamen mit stinkendem Asand, Kalmus und Ingwer hat mir in früheren Jahren bei einem gichtischen Magenübel, womit Kolik und Augenbeschwerden verbunden waren, wesentliche Dienste geleistet.

Fumar., Appetitmangel, h. g. Unverdaulichkeit. g. n.

Gagerming, Aufstoßen, leeres.

Galega purp., Unverdaulichkeit.

Galena, Magenbrennen.

Galla, Unverdaulichkeit mit Kopfschmerz. Magenweh und Schmerz in der Nabelgegend. h.

Gard. dum., Appetitmangel. Magenhüpfen. Aufschwulken, chron. des Essens mit Hartleibigkeit.

Gent. rad., Unverdaulichkeit mit Hartleibigkeit.

Geum el., Magenschmerz. Magenschwere. h.

Glac. Eis zu kleinen Stückchen verschluckt, ist magenstärkend und macht Eßlust; vornämlich bei großer Magenschwäche.

Glin. dict., Gastricismus. ang.

Gossyp. sem., Unverdaulichkeit mit Schleimhusten und Engbrüstigkeit. MA. Magenbrennen. Magenhüpfen und Magenschmerzen. g. n.

Gourbuti, Appetitmangel. h.

Granat. ae. rad. cort., Magenhüpfen.

Granat. pun., Unverdaulichkeit. s. Pip. n.

Graph., Magendrücken mit Flechte. I. K.

Grat., Unverdaulichkeit mit Erbrechen und Husten. Magendrücken nach dem Essen, mit versagendem Aufstoßen.

Guaj. gummi, Magenschmerz.

Guil. Bond., Magenobstruction mit Fieber.

Gultschin fol., Magenhüpfen. Magen- und Knieschmerz.

Gyps., Magenhäute, wo sich der Schmerz bis in die Lebergegend erstreckt. h.

Gyps. Sot seladschit, Magenhüpfen u. Magenbrennen. h.

Harm. Ruta, Unverdaulichkeit mit Magensäure. Magenbrennen. g. n. Appetitmangel. g. n.

Hemid. ind., Aufstoßen, leeres und Aufblähung h. g.

Heracl. div., Magensäure.

Hermod. um., Unverdaulichkeit mit Kollern und Hartleibigkeit. Appetitmangel mit Magenschmerz.

Hermod. d., Magenschmerz. h. g. Magenhärte und Magenbrennen bis in den Hals. Magenkrampf, periód. zur Ohnmacht. Magenhüpfen. g. n.

Herniar. rad. D., Magenbrennen, ♀.

Holl. pill., Magenhüpfen.
  sol. Magensäure.

Hoya vir., Magenbrennen. Magenschmerz. h.

Hyosc. n., Heißhunger mit Durst. Appetitmangel. g. n.

Jalap. mir. rad., Magenschmerz. h.

Jasp. n., Magenhüpfen. g. Appetitmangel. Unverdaulichkeit mit Durchfall.

Jatroph. curc. sem., Appetitmangel.

Ichtyoc., Brustbrennen nach dem Essen. Magensäure. Magenschmerzen. g. n. Magenhüpfen. h.

Indigof. Anil, Appetitmangel. Magenhüpfen. h.

Inula Hel., Magensäure.

Jod., Magenschmerz. Magenhüpfen.

Jod., in Mandelölauflösung. Unverdaulichkeit mit Aufstoßen und Ausfallen der Haare, s. Zinc.

Ipom. cusp., Appetitmangel. Magenbrennen. h.

Ipom. dasysp., Magendrücken nach dem Essen. Appetitmangel. Magenschmerz.

Junip. bacc., Unverdaulichkeit mit Rheumatismus und Gelenkgicht.

Kali carb., Magenhüpfen mit Kopfweh. M.

Kali hydroc., Unverdaulichkeit mit Erbrechen. Nach jedem Essen, Schmerz in der rechten Seite des Oberbauches, chron. Unverdaulichkeit. g. n.

Kali min. sal, Unverdaulichkeit mit Hartleibigkeit.

Kali sals. f., Unverdaulichkeit mit Kopfweh. M. Schluchzen mit Schulterschmerz.

Kankolmirdsch, förderte die Verdauung, erhöhete das Sehvermögen und vertrieb den Husten.

Keikeila, Unverdaulichkeit. h. g. Appetitmangel und Magenhüpfen.

Kino gummi, Aufstoßen, leeres. h.

Lacca in gr., Appetitmangel. Unverdaulichkeit mit Katarrh und Augentriefen. Magenbrennen. h.

Lactuc. sem., die Verdauung stärkend. **Tohf.**

Lactucar., Appetitmangel mit Kollern. Magenhüpfen.

Lamin. sacch., Unverdaulichkeit. Appetitmangel. Magendrücken. Magenhüpfen. Alle diese genannten Leiden mit u. ohne Fieber. MA.

Laws. in., Aufstoßen, leeres.

Led. pal., Magenhüpfen. h. g.

Lent. sat., mit Essig. Magenstärkend. **Tohf.**

Lepor. sangv., Magendrücken und Magenbrennen mit Blutabgang. Unverdaulichkeit und Magensäure. h.

Leuc. ceph., Unverdaulichkeit. Appetitmangel. MA.

Lim. Laur., Unverdaulichkeit mit Magenschmerz, zuweilen Durchfall oder Stuhlzwang.

Lini sem., Appetitmangel. Säureerzeugung mit Hartleibigkeit und Erbrechen. MA. Unverdaulichkeit. g. n.

Liquir. rad., Unverdaulichkeit und Aufstoßen. h.

Liquir. succ., Unverdaulichkeit und Aufstoßen. h.

Lithanthrax., Magenkrampf. h. g.

Luffa am. sem., Appetitmangel und Mundbitterkeit, nach Cholera.

Lup. Hum., Appetitmangel und Magenhüpfen. h. g. Magenbrennen. Magenschmerz, nach dem Essen. Unverdaulichkeit g. n.

Lyc. hb., Magenkrebs. Appetitmangel.

Lyc. sem., Magenhüpfen.

Macis, Unverdaulichkeit und Appetitmangel. h.
  Mit Honig, Magensäure. h.

Magn. carb., Appetitmangel. Magen- und Bauchschmerz.

Malva mit Butter zubereitet, genossen, beseitigte eine Unverdaulichkeit mit Magenhüpfen.

Malva, Magenschmerz. h.

Malvac. Karmekra, Magenhüpfen.

Malvac. Todri, Magenhüpfen mit Brennen im Kopf. Appetitmangel. ђ.

Mamira Cashm., Magenhüpfen. Magenschmerz. 4mal 12.

Mamira Chataie, Magensäure.

Mangan. carb., Unverdaulichkeit mit Durchfall und Geschwulst. MA. Magenschmerz. Magenhüpfen. ђ.

Mango sem., Magensäure.

Manna cal., Appetitmangel und Unverdaulichkeit mit Magenschmerz.

Manna Tigal, Appetitmangel und Unverdaulichkeit.

Mant. ov. mass., Magenschmerz. ђ.

Marant. facc., Magenhüpfen.

Marrub. a., Magenschmerz.

Mastix, Magenhüpfen.

Meccan. bals., Magenhüpfen. ђ.

Melandr. tr., Unverdaulichkeit und Magendrücken.

Meliae azed. fol., Magenbrennen. g. n. Appetitmangel. ђ.

Meliae azed. sem., Magenbrennen. ђ.

Melil. sem., Magenbrennen. ђ.

Melissa, Appetitmangel. Unverdaulichkeit mit Schwindel u. Kopfweh, vorzüglich hyster.

Melong. sem., Magenschmerz. Appetitmangel. ђ.

Menisp. gl. facc., Magenschmerz. ђ.

Menisp. hirs., Magenschmerzen. ђ. g. Magenkrampf. n.

Mentha p., Unverdaulichkeit.

Mentha vir., s. Pip. n.

Merc. fulm., Appetitmangel.

Merc. subl. corr., Magenbrennen.

Methon. glor., Unverdaulichkeit. Appetitmangel. Magenschmerz. ђ. g. n.

Mimos. pud. sem., Magenhüpfen. ђ. g. Unverdaulichkeit, Aufstoßen, Aufblähung und Säureerzeugung.

Moring. Soh. gummi, Unverdaulichkeit. Aufstoßen, leeres.

Moring. Soh. rad., Magenschmerz mit Katarrh. Säureerzeugung.

Moring. Soh. sem., Magen- und Bauchschmerz.

Mori a. fr., Magen- und Bauchschmerz. ђ. Unverdaulichkeit. g. n.

Mosch. aux, Magenhüpfen. Kollern bei Unverdaulichkeit.

Mutella Ant., Unverdaulichkeit, Aufblähung, nach Ruhr. Appetitmangel. g. n.

Myrob. Bellir., Magenhüpfen mit Engbrüstigkeit.

Myrob. citr., Magen- und Nackenschmerz mit Kopfschwergefühl. Aufstoßen, leeres. ђ.

Myrob. Embl., Magenschmerzen. ђ. g. Magenhüpfen. Magenbrennen.

Myrob. n., Appetitmangel. Magenschmerz mit Hartleibigkeit. Unverdaulichkeit mit Durchfall. Magenhüpfen. ђ. Magenkrampf. n.

Myrrha, Magenbrennen. Magenhüpfen. ђ.

Myrt. bacc., Gefühl von Magenhärte, schmerzhaftes, vom Halse herab. ђ.

Natr. m. Unverdaulichkeit. Magenschwergefühl. ђ. s. Pip. n.

Nelumb. spec. fl., Magenbrennen. Magensäure.

Nep. salviaefol. hb., Magen- und Bauchschmerz.

Nep. salv. rad., Magenschmerz. g.

Ner. ant., Appetitmangel. Magenbrennen. Unverdaulichkeit mit Magendrücken. Magensäure.

Ner. od. rad. mont., Aufstoßen.

Nigell. sat. sem., Appetitmangel. g. n. Magenschmerz und Magenhüpfen. ђ.

Nitric. ac., Magenschmerz, chron. Unverdaulichkeit mit Anlage zum Durchfall.

Num. Schadenedsch, Appetitmangel mit Hartleibigkeit.

Nycter. ol. K., Appetitmangel.

Ocim. a., Magenschmerz. Aufstoßen, eckelhaftes. ђ.

Ocim. Basil. sem., Magenschmerzen. ђ. g. 8mal.

Ocim. pil., Appetitmangel.

Ocim. sanct. rad., Appetitmangel. Aufstoßen, leeres.

Ocim. sanct. sem., Magenschmerz, nüchtern.

Olib. ind., Appetitmangel. g. n.

Onosm. macr. fl., Magenschmerz. Magenobstruction, schmerzhafte.

Onosm. macr. rad., Magenschmerz. Magensäure, Aufstoßen derselben.

Op. mur. ac., Magenbrennen.
Op. pur., Appetitmangel. g. n.
Morph., Magenschmerz, chron.
Op. sulph. sodae, Magenbrennen mit Harnzwang.
Opop., Appetitmangel. h. g.
Orig. heracl. (aff. spec.), Appetitmangel mit Hartleibigkeit.
Oxal. ac., Magenschmerz. Aufstoßen der Magensäure. Appetitmangel. h.
Pers. nucl. sem., Magenschmerz.
Petrol., Magenbrennen mit allg. Jucken.
Phall. esc., Magenbrennen und Unverdaulichkeit, nebst leerem Aufstoßen. h.
Phas. radiat., Appetitmangel. h. g.
Phoen. gummi, Appetitmangel.
Phosph., Appetitmangel. h.
Phosph. ac., die Verdauung fördernd.
Phosph. mell., Magenhüpfen, nach Fallen.
Phys. flex. rad., Appetitmangel mit rheum. Fieber.
Phys. flex. sem., Magenbrennen.
Phys. somn. rad., Aufstoßen, leeres. h.
Picrorrh. kurrooa, Appetitmangel mit Brennen, innerm. Magenhüpfen. Unverdaulichkeit mit Hypochondrie.
Pin. Zerneb fol., sind als magenstärkend. ang.
Pip. a., den Appetit erregend.
Pip. long., die Verdauung befördernd. Magenhüpfen. h.
Pip. n., im Fünfströmenlande ist unter der Benennung Tschuren, eine magenstärkende und Appetit erregende Zusammensetzung folgender Ingredienzien bekannt:

Rp. Menth. vir. Part. vjjj.
Rhus Coriar. Part. jv.
Natri mur. Part. jj.
Pip. n. Part. j.
M. f. pulv.

Die Gabe davon ist 2—3mal des Tags zu Scr. j. — Dr. ½. Anstatt der Rhus Coriaria, nehmen Einige entweder die getrockneten Kernchen von sauren Granatäpfeln, oder die Früchte von der Berberitze.
Piscin., Magendrücken, auch Magenbrennen. h.
Pis. sat., Magenhüpfen. h. g. Appetitmangel. g. n.
Pic. liqu. R., Magenschmerz mit Katarrh. MA.
Plumbago Zeyl. rad., Appetitmangel. h. g. Magen- und Brustschmerz, acuter.
Plumb., Magenkrampf mit Erbrechen und Hartleibigkeit. Magenschmerz mit Pulsationen im Magen.
Polyanth. tub. sem., Aufstoßen von Säure. h. g. Heißhunger. Magendrücken mit Hartleibigkeit.
Polyg. macr., Magenbrennen. h. g. Magenhüpfen mit Verdunkelung des Gesichtes. Magensäure.
Polyg. molle, Magenschmerz. h.
Portul. sem., Appetitmangel h. g. Hunger mit Magenhüpfen. Magensäure. h.
Prunella Cashm., Unverdaulichkeits-Erbrechen. Magensäure. h.
Psyllii sem., Kollern bei Unverdaulichkeit mit Durchfall.
Puls., Unverdaulichkeit, bei Gicht.
Quass. R., Magenhüpfen. Magenbrennen, ♀.
Querc. gl., Aufstoßen von Säure, mit Hartleibigkeit.
Ran. lan. fol., Magenschmerz. Magensäure. Magenobstruction.
Ran. lan. rad., Magenschmerz. Appetitmangel.
Raph. sem., Magenschmerz. Magenbrennen. Appetitmangel. g. n.
Resina p., Magenruhr bei Unverdaulichkeit.
Rhab., Aufstoßen, leeres.
Rheum austr., Durchfall von Unverdaulichkeit. Säureerzeugung und Aufstoßen derselben. Gastricismus h.
Rhus Cor., Unverdaulichkeit. Appetitmangel. s. Pip. n.
Rhus Kakr., Magenobstruction. Magenhüpfen. g. n.
Ricini fol., Magenbrennen. Magenhüpfen. g. n.
Rosar. r. fl., Unverdaulichkeit mit Hypochondrie. Bei Magenleiden gichtischer Personen werden sie anstatt Thee ang.

Rosar. r. sem., Magenschmerz.

Rosmarin., Unverdaulichkeit.

Rotl. t., Appetitmangel. **h. g.** Unverdaulichkeit. Magenschmerz. **h.**

Rubia M., Kollern von Unverdaulichkeit. **h. g.** Magenhüpfen. Bauchobstruction, periodisch schmerzende.

Rumex ac., Magenschmerz. Aufstoßen, leeres.

Sabad., Magenbrennen. **h. g.** Heißhunger, früh und Abends. Erbrechen von Unverdaulichkeit. **h.**

Sagap., Magensäure von Unverdaulichkeit.

Salep, Appetitmangel. **h. g. n.** Unverdaulichkeit. **g. n.**

Salix aegypt., Magenbrennen. **h.**

Salv. Moorcroft. sem., Appetitmangel mit gastrischen Unreinigkeiten. **4mal 12.**

Santal. a, Magenhüpfen u. Magenschmerz. **h.** Magenkrampf. **n.**

Santon. sem. **K.**, Magenschmerz.

Sarsap., Appetitmangel und Unverdaulichkeit. **g. n.**

Scamm., Aufstoßen, leeres, mit Hartleibigkeit. **12mal.** Magen- und Bauchweh. **g. n.**

Schekakel, Magenobstruction, schmerzhafte. Appetitmangel. **g. n.**

Sid. rad., Magenkneipen, nüchtern.

Sil., Magenhüpfen. Magenschmerz. Magenbrennen. Unverdaulichkeit. **h.** Magenkrampf. **n.**

Sisymbr. Irio, Magenschmerzen. **h. g.**

Sisymbr. Soph., Magenobstruction.

Solan. n., Magenhüpfen. Unverdaulichkeit mit Hartleibigkeit. Appetitmangel. Aufstoßen, versagendes.

Sphaer. ind., Magenhüpfen. **h.**

Spig. anth. hb., Appetitmangel. Magenkneipen, bei Würmern. Magenobstruction mit Erbrechen.

K., Magenbrennen. **h.**

Spong. u., Unverdaulichkeit mit Katarrh, auch mit ♀.

Stalact., Unverdaulichkeit mit Hartleibigkeit.

Stann., Appetitmangel. Unverdaulichkeit mit Hartleibigkeit.

Staph., Magenkrankheiten. **ang.**

Stront., Magendrücken während der Verdauung.

Strych. n. vom., Aufblähung von Unverdaulichkeit, vorzüglich bei Säufern.

Sulph. Auliasar mit Salpetersäure in Verbindung. Magenbrennen.

Sulph. citr., Magenbrennen. **h. g.** Appetitmangel. Unverdaulichkeit.

Tabac., Appetitmangel. Sodbrennen bis in den Hals.

Talc. a., Unverdaulichkeit mit Fieber, auch mit Stuhlzwang.

Talc. n., Unverdaulichkeit mit Schleimhusten. Magenhüpfen.

Tarax. rad., Magenobstruction.

Tigrin., Gastricism und Aufblähung. **h.**

Trianth. pent., Magenhüpfen. Magenschmerz. **h.**

Tribul. terr., Magenhüpfen mit Eckel und Kreuzschmerz.

Trichos. palm., Magenkrampf, periodisch. ½stündige Gaben, **20.**

Tuber cib., Aufstoßen.

Turpeth., Appetitmangel mit Engbrüstigkeit.

Ultram., Unverdaulichkeit mit Hypochondrie. Magenschmerz. **h.**

Urtic. dioic. rad. cort., Magenschmerz.

Uva ursi. Magenobstruction. **g.** Appetitmangel. Unverdaulichkeit. **g. n.**

Valer. sylv., Magengegend, schmerzende, beim Berühren.

Vanilla, Magenbrennen.

Veratr. a., Appetitmangel. **h.**

Verbasci rad., Unverdaulichkeit oder Magenhüpfen mit Hartleibigkeit. Magen- und Schulterschmerz, auch mit Stuhlzwang. Aufstoßen.

Villars. nymph., Magenhüpfen. Magensäure.

Viol. tr. **K.**, Unverdaulichkeit vom Abführen. Aufstoßen, leeres.

Vit. neg., Appetitmangel. Magenschmerz. Magenobstruction.

Warburg's Fiebertropfen. Appetitmangel. Magenhüpfen.

Xanthox. cort., Magenschmerz. Magensäure.

**

Xanth. sem., Magenbrennen. Säure im Magen. h.
Zinc. iod., Appetitmangel und Erbrechen. h.
Zinc. sulph., Sodbrennen mit Hartleibigkeit. Magenobstruction mit Hartleibigkeit. **4mal 28.**
Zingib., s. Foenic. sem.
Zyz. Juj., Appetitmangel. Unverdaulichkeit. g. n.

Magenruhr, s. Magenkrankheiten u. Stuhlunregelmäßigkeiten.
Magersein, s. Abmagerung.
Manie, s. Geisteszerrüttungen.
Masern, s. Fieber mit Ausschlägen.
Melancholie, s. Trübsinn.
Mercurialkrankheit, s. Quecksilbersiechthum.
Miasma, s. jedes unter seiner resp. Benennung, z. B. unter Brechruhr, Fieber, Katarrh rc.
Migraine, s. Kopfschmerzen.
Milchtreibende und milchtrocknende Mittel, s. Krankheiten des weiblichen Geschlechtes.
Milzkrankheiten, s. auch bei den Verhärtungen der Eingeweide.

Abr. prec., Milzobstructionen. g. n.
Acac. cort., Milz- und Nierenschmerz. h.
Acac. Farn. Harnub Nepti, Milz- und Nierenschmerz. h.
Aloë succ., s. Ferri sulph.
Altern. sess. rad., Milzobstruction.
Ambra gr., Milzschmerz.
Ammon. gummi, Milzobstruction, schmerzlose, mit rothem Harn.
Anac. occ., Milzobstructionen. g.
Anac. or., Milzschmerz mit Fieber.
Arg. fulm., Milzschmerz. Milzobstruction. **MA.** Kollern in der Milz. n.
Arg. n. f., Milzstechen im Gehen.
Ars., Milzobstructionen. g. n. gut mit Bauchobstruction, auch mit Fieber. **MA.**
Ars. sod. **R.**, Milzschmerz mit Durst und Wechselfieber. **MA.**
Aurant. cort. **R.**, Auftreibung der linken Seite.

Behen, Milzobstructionen. g. n.
Berber. lyc., Milzobstruction, schmerzhafte.
Bism. mag., Milzobstruction, unschmerzhafte.
Bryon., Milzobstructionen, schmerzhafte und unschmerzhafte. g. n.
Camel. coag., Milz- und Bauchobstruction. **MA. 60.** Auftreibung der linken Seite. h.
Cannab. sem., mit Milch gekocht, warm applicirt, zertheilt Milzgeschwülste. **Tohf.**
Canth., bei Milzobstructionen, gebrannt einzugeben. **Tohf.**
Carbo an. (Cornu c. n.), Brennen in der Milz. Milzstechen. h.
Cardam. min., Milzschmerzen. h. g.
Cariss. Car. fol., Milzschmerz.
Cass. al., Milz- und Nierenschmerz mit Harn- und Stuhlverstopfungen. h.
Cass. Tamal. fol., Milz- und Nierenschmerz. Milzschmerz, chron., period. Milzobstructionen. g. n.
Celastr. pan., Milzobstructionen. g. n.
Chelid. maj., Milzobstruction. g. n.
Clemat., Milzschmerz.
Clerod. inf., Milz, schmerzende, beim Drucke, chron. **MA. 60.**
Comp. Pokermul, Milzobstruction.
Conv. arg., Milzstechen beim Athemzuge, zur ♀. h.
Cost. n. Cashm., Milzschmerz, bei Steinbeschwerden und Hämorrhoidal-Leiden. Milzobstructionen. g. n.
Crot. t., Milz- und Bauchobstructionen. g. n.
Cuscut. mon. sem., Milzobstruction.
Delph. Ghafes succ., Milzschmerz, der sich in die Leiste erstreckte.
Digit. p., Aufblähung der linken Seite. h.
Diosc. sat., Milzobstruction. **MA. 60.**
Dolich. pr. siliq. hirs. Milzschmerz mit Steinbeschwerden. **MA. 60.**
Dudia, Milzschmerz. h.
Evolv., Milzstechen. h.
Ferr. sulph. ind. in Verbindung mit Aloes rc. wird in Indien gegen Milzverhärtungen ang.
Foenic. rad., Milz- und Nierenschmerz.

Fumar., Milz- u. Bauchobstruction. M. 30. Milzobstructionen. g. n. MA.
Fung. ign., Milzobstruction.
Gent. am. rad., Milzobstruction. g. n.
Gmel. as., Milzobstruction mit Unverdaulichkeit. MA. Milzobstruction, schmerzhafte.
Granat. ac. rad. cort., Milzschmerz. Milzobstructionen. g. n.
Guil. Bond., Milzleiden, chron. und Milzobstructionen. M. MA.
Hermod. am., Milz- und Nierenschmerz mit Harn- und Stuhlverstopfungen, auf vorhergegebenes.
Hermod. dulc., das einige Linderung verschafft hatte. Milzobstruction. Tohf.
Hyosc. n., Milzschmerz.
Jalapa, Milzobstruction.
Jod., Milzobstructionen g. n. s. Myrob. n.
Ipom. dasysp., Milzobstruction, schmerzhafte.
Lich. od., Milz- und Nierenschmerz.
Lupin. a., Milz- und Nierenschmerz.
Lyc. hb., Milzschmerz.
Menisp. gl., Milzschmerz. h.
Merc. subl. corr., Milz- und Brustschmerz, herumziehender, mit Speichelfluß.
Moring. Soh. sem., Milzschmerz h.
Mutella Ant., Milzschmerz nach dem Essen.
Myrica sap., Milzobstructionen. g. n.
Myrob. Beller., Milzschmerzen. g. n.
Myrob. n., Milzobstruction. h. g. n. gut, abw. Jod. MA. 60.
Nard., Milzobstruction. g. n.
Nelumb. spec. fl., Milzobstruction.
Ner. ant., Milzobstructionen. g. n.
Nigell. sat. sem., Milzkolik.
Phas. radiat., Milzobstruction.
Pip. Betel fol., Milzschmerz, frühe. h.
Plectr. ar., Milzobstruction. MA.
Polyg. macr., Milz- und Magenschmerz. h.
Raph. sat. sem., Milzobstruction.
Rheum, Milzobstruction. g. n.
Rhodod., Milzschmerz.
Rub. Munj., Milzschmerz. h.
Scorp., Milzstechen. h. g. n.
Senec. Mus., Milzschmerz.
Senega, Milz: Kolik und Kollern. 12mal.
Sep. succ., Milzobstructionen. g. n. Milzstechen. h.
Serp. ex., Milzschmerz. h.
Sisymbr. Soph., Milzobstruction.
Strych. f. St. Ign., Milzstechen, period., auch mit herumziehenden Schmerzen. MA. Milzobstructionen. g. n. Milz- und Leistenschmerz. h.
Strych. n. vom., Milzobstruction mit herumziehenden Schmerzen.
Sulph. ac., Milzobstructionen. g. n.
Talc. a., Milzstechen. g. n.
Tarax. fol., Milzobstruction. MA. 60.
Tarax. rad., Milzobstructionen. g. n.
Trib. terr., Milzschmerz. h. g.
Urt. d. rad. cort., Milzobstruction.
Uva ursi, Milzobstructionen. g. n.
Viol. conf., Milzobstruction. h.
Viol. tric., Milzschmerz. h.
Vit. neg., Milzschmerz.
Vitri fel, Milzobstruction mit nächtlichem Fieber.
Warburg's Fiebertropfen. Milzobstruction.
Zinc. sulph., Milzstechen mit Husten.

Mittelfleischleiden, s. Leiste 2c., Leiden.
Mondwechselbeschwerden, s. auch bei Krämpfen und bei den Krankheiten des weibl. Geschlechtes.

Alumina.
Ammonia.
Costus.
Melia semp. sem.
Sil.

Mundbeschwerden, s. Hals- 2c. leiden.
Mundgeschmack, verschiedener.

Acac. Farn. Harnub Nepti, Mundgeschmack, übler. Geschmack, bittern. h.
Allium sat., Mundgeschmack, bitterer.
Anac. or., Mundgeschmack, übler.
Arg. fulm., Mundgeschmack, bitterer.
Arum. coloc., Mundgeschmack, üblen. h.
Bebeerine, Geschmack, bittersüßen. h.
Berber. v., Mundbitterkeit.
Cariss. Car. fol., Geschmack, bitterer.

Cinnam. fl., Mundgeschmack, übler.
Concha fluv., Mundgeschmack, übler. h.
Datisc. can. sem., Mund- und Halsbitterkeit. Früh.
Deals. Sersamwurzel. Mundgeschmack, übler und bitterer.
Euph. long., Mundgeschmack, bitterer.
Ferr. sulph. ind., Mundgeschmack, übler.
Gagerming, Mundgeschmack, bittern. h.
Geran. prat., Mundgeschmack, bitterer.
Hermod. d., Mundgeschmack, bitterer.
Hoya vir., Mundgeschmack, übler.
Jod. s. Zinc.
Lacca in gr., Mundgeschmack, übler.
Lup. Hum., Mundgeschmack, bitterer.
Manna Hed. Alh., Mundgeschmack, bittern. h.
Menth. pip. R., Mundgeschmack, übler.
Nard., Mundgeschmack, süßen. h.
Onosm. macr. fl., Mundgeschmack, übler.
Ruku t., Mund- und Halsbitterkeit.
Sarsap., s. Smil. china.
Smil. china, abw. Sarsap., Mundgeschmack, bitterer.
Strych. n. vom., Mundbitterkeit.
Verbena off. Lah., Mundgeschmack, übler. h.
Zinc. iod., Mundbitterkeit. h.
Zyz. Juj., Mundgeschmack, übler.

Mundklemme, s. Krämpfe rc.
Mundtrockenheit, s. Hals- rc. leiden.
Muskelleiden.

Meccan. bals., Tohl.
Opop., stärkt die schwachen Muskeln, und schwächt die zu spröden. Tohl.

Mutterblutflüsse u. Mutterleiden überhaupt, s. Krankheiten des weiblichen Geschlechtes.
Muttermäler.

Compressio, bei hervorragenden. ang.
Ipec., auf vorhergegebene Serp. ex., die Erbrechen und Laxiren erregt hatte.
Kali hydrojod., s. Sulph.
Serp. ex., s. Ipecac.
Sulph. abw. Kali hydrojod., heilte in drei Monaten ein hervorragendes Muttermal auf der Nase, das einer kleinen Erdbeere ähnlich sah. M. 90.
Vaccinatio ist ang. Sie muß aber den ganzen Theil bedecken.

Nabel- und Nabelgegendleiden.

Acac. Farn. Harnub Nepti, Schmerz in der Nabelgegend mit Ruhr.
Ajuga dec., Schmerz unter dem Nabel mit Unverdaulichkeit, nach Erdefressen.
Alth. rad., Schmerz in der Nabelgegend.
Ars. pot. n., Schmerz in der Nabelgegend, period.
Arum camp., Schmerzen in der Nabelgegend. h. g.
Aspar. Haliun sem., Schmerzen in der Nabelgegend. MA. 14.
Bdell., Schmerzen in der Nabelgegend. g. n.
Bism. mag., Schmerzen in der Nabelgegend.
But. frond. gummi, Schmerz in der Nabelgegend. g. n.
Cubebae, Schmerz in der Nabelgegend.
Datisc. cann. rad. cort., Obstruction unter dem Nabel.
Gent. am. rad., Schmerz in der Nabelgegend.
Guil. Bond., Schmerz in der Nabelgegend mit Milzobstruction.
Gund. Zulm sem., Schmerz in der Nabelgegend mit Steinbeschwerden. MA.
Jod., Geschwulst, faustdicke, hervorragende, schmerzlose und harte über dem Nabel bei zu großer Fettigkeit.
Ipom. dasysp., Nabelgegendobstruction.
Kali sulph., Schmerzen in der Nabel- und Nierengegend mit Steinbeschwerden.
Kankolmirdsch, Schmerz in der Nabelgegend mit Stuhlunregelmäßigkeiten; gleichviel ob es mit Durchfall oder mit Hartleibigkeit ist.
Lacca in gr., Schmerz in der Nabelgegend. g. n.
Merc., Schmerz in der Nabelgegend, bei ♀. h.
Olib. ind., Schmerz in der Nabelgegend, herumziehend., bei Steinbeschwerden. MA.

Opop., Schmerz in der Nabelgegend. h. g.
Ox. ac., Schmerz in der Nabelgegend. MA.
Persic. nucl. sem., Schmerz in der Nabelgegend. 12mal.
Petrol., Schmerz in der Nabelgegend, bei ♀. MA.
Phosph. ol., Schmerz in der Nabelgegend. h.
Phys. flex. sem., Schmerz in der Nabelgegend.
Plat., Nabelgegend, Kneipen in derselben.
Plumb. Zeyl., Nabelleiden. Tohf.
Prunella Cashm., Nabelleiden, per.; sogenanntes Nabelverschieben mit Unverdaulichkeit und Erbrechen.
Senec. Mus., Leiden in der Nabelgegend.
Sol. Jacqu., Geschwulst über dem Nabel, hitzige, schmerzend ziehende. MA.
Stront. n., Schmerz in der Nabelgegend und in den Nieren. MA.
Veratr. a., Nabelgegend- und Bauchschmerz, mit und ohne Durchfall.
Verbasci rad., Schmerzen in der Nabelgegend. h. g.
Zinc., Schmerzen in der Nabelgegend, chron., period., zuweilen mit Fieber. M. 30.

Nacken: Starrheit- u. Steifheits-Schmerzen wie auch andere Leiden desselben.

Acac. Farn. Harnub Nepti, Nacken- und Kopfschmerz. MA.
Arnic. K., Nacken- und Schulterschmerz.
Asarum, Nackensteifheit mit Durst in der Frühe.
Bar., Nackensteifheit mit Stechen darinnen.
Basella r., Nackenschmerz. h.
Calebr. opp., Nackenschmerz.
Camph. s. Cannab.
Cannab. ind. Cashm. fl., Nacken- und Schulterschmerz.
Cann. ind. sem. mit Kampfer als Emulsion. Nackenschmerz, rheum.
Cass. fist. pulpa, Nacken- und Schulterschmerz.
Chidra sem., Nackenschmerz.
Conv. arg., Nacken- und Brustschmerz mit Fieber. h.
Cost. ar., Nackensteifheit mit Halstrockenheit und Blutbrechen.
Cycl. eur., Nackenmuskeln, wie gelähmt.
Dactyl. nucl. sem., Nackenleiden.
Daph. Sunnerkat, Nacken- und Schulterschmerz.
Eleagn. ang., Nacken- und Schulterschmerz.
Euphr., Nacken- und Schulterschmerz.
Fici glom. K., Nackenstarrheit.
Harm. Ruta, Nackenrheumatismus.
Hollow. pill. sol., Nackenschmerz, rheum.
Jalap. mir. rad., Nackenschmerz mit Bluthusten.
Lepid. sat. rad., Nackenschmerz. h.
Lupin. a., Nackenschmerz.
Meidetschob, Nacken- und Schulterschmerz.
Meliae semp. sem., Ziehen im Nacken.
Menisp. gl. faec., Nacken- und Schultersteifheit, rheum. von Erkältung.
Mimos. pud. sem., Nackenschmerz.
Mutella Ant., Nacken- und Schulterschmerz.
Myrob. Embl., Nacken- und Schulterschmerz.
Narc. bulb., Nackenschmerz. h.
Nep. salv. hb., Nackenschmerz und Fleck auf dem Nacken.
Ocim. Basil. Cashm., Nackenschmerz mit Kreuzsteifheit. Nackensteifheit mit Schmerzen, allg. chron.
Orig. heracl. (aff. spec.), Nackenstarrheit.
Phys. flex. rad., Nacken- und Schulterschmerz.
Polyg. macr., Nackenschmerz. h.
Rhus Tox., Nacken- und Halsstarrheit mit Kopfweh. 4mal 12.
Storax, Nacken- und Kopfschmerz.
Strych. n. pot., Nackenschmerz. h.
Veratr. a., Nackenschmerz.
Vinc. min. fol., Nacken- und Brustschmerz.
Viol. conf., Nacken- Brust- und Schulterschmerz, rheum.

Nägelgeschwüre und Nägelleiden.
s. Geschwüre.

Nasenbluten.

Acac. Farn. Harnub Nepti, h.
Alcanna, h.

Anag. caer., ḫ. g.
August. cort., ḫ.
Arn. K., Nasenbluten mit Würmerabgang aus dem Kopfe.
Aspar. rac., ḫ. g.
Aspar. Haliun sem., MA.
Basella r.
Behen a. r., g. n.
Bell. extr., ḫ. g. n.
Bov.
But. fr. gummi, g. n.
Calotr. gig. rad. cort.
Cann. ind. sem., ḫ.
Canth., ḫ. g. n.
Carth. t. sem., ḫ. g. n.
Cascar., ḫ.
Cervi c. ras., ḫ.
Cetac. ol., ḫ.
Chidra sem., Nasenbluten mit ♀.
Chin. cort., ḫ.
Cleom. pent.
Conv. arg., g. n.
Creos., ḫ.
Cr t. t., ḫ.
Crust. Dschinge, ḫ.
Cuscut. mon. sem., ḫ.
Cyn. Dub, ḫ.
Dat. stram. fol., Gefühl, als sollte die Nase bluten. M.
Digit. p., g. MA.
Dioret.
Drac. sangn., ḫ.
Euph. gummi, ḫ.
Euph. ten., ḫ.
Evolv.
Foenic. rad., ḫ. g.
Gagerming.
Galanga, ḫ.
Galla, ḫ.
Geum el., ḫ. g. mit Brennen.
Guil. Bond., ḫ.
Gultschin, ḫ.
Hemid. ind., ḫ.
Hoya vir., ḫ.
Hyosc. n. sem., ḫ.
Ipom. casp., g. n.
Ipom. dasysp., ḫ. g.
Kali hydrojod., s. Sarsap.

Kankolmirdsch, einseitiges. ḫ.
Keikeila, ḫ.
Kris, ḫ.
Lacca in gr., ḫ.
Lactucar., g.
Lactucae succ., ḫ.
Led. pal., ḫ. g. n.
Lepor. sangv., g. n.
Leuc. ceph.
Lich. od., ḫ.
Lini sem., ḫ. g.
Lippia nod., ḫ.
Lupul. Hum., ḫ. g. n.
Lyc. sem. K., ḫ.
Macis, Recidiv. ḫ.
Manna Hed. Alh., einseitiges Nasenbluten mit tropischer Krätze.
Meliae semp. sem., die Application. Tohf.
Menisp. gl., ḫ. g.
Methon. glor., g.
Myrob. Embl., ḫ.
Myrob. nig.
Natr. m., ḫ.
Onosm. macr. fl. & rad., g. n.
Orig. heracl. (aff. spec.), ḫ.
Ox. ac., Nasenbluten mit Verdunkelung des Gesichts; auch nach Schlägen entstandenem; bei chron. g. n.
Phas. aconitifol., ḫ.
Phosph. mell., ḫ.
Pis. sat., Nasenbluten mit Klümpchenabgang. 4mal 28.
Polan. rad., Nasenbluten mit Seitenstechen.
Polygon. linifol., g.
Polyg. molle, ḫ.
Prun. sylv. K.
Rub. Munj., g. n.
Sarsap. abw. Hydrojod. pot., ḫ.
Schekakel, ḫ.
Senec. Mus., Nasenbluten mit Fieber.
Sep. succ., g. n.
Serp. ex., ḫ. g. n.
Sid. rad., g.
Smil. china, ḫ.
Spin. tetr. hb., ḫ.
Stront. n., g. n.
Thym. Serp.
Torment.

Trianth. pent. hb. & rad., ḫ.
Urt. dioica.
Uva passa, Genuß ist denjenigen, die öfters Nasenbluten haben. **ang.**
Veron. Becc., beim Nasenbluten binden die Kaschmirer den Ehrenpreis auf die Stirne.
Viol. conf., Nasenbluten, einseitiges, kritisches. ḫ.
Warburg's Fiebertropfen. ḫ.

Nasenleiden, verschiedene; als: Geschwüre und Verstopfung in der Nase, Niesen übermäßiges. Nasenlochzäpfchen. Rotz bei Menschen sowohl als bei vierfüßig. Thieren ꝛc.

Acanth. Otengen, Geschwüre unter der Nase. ḫ.
Acon. Nap., Niesen, versagendes, mit Seitenstechen.
Agar. a., Nasenfluß. katarrh.
Nasengestank, mit Augentriefen.
Ajuga Deals., Niesen, übermäßiges. g.
Alcanna, Nasen- und Mundgeschwüre.
Nasen- und Ohrenfluß.
Ambra gr., Nasenverstopfung. Nasenfluß und Nasenschmerz. ḫ.
Nasentrockenheit. g. n.
Ammon. gummi, Nasengeschwulst.
Nasenfluß. Nasengeschwüre.
Anac. or., Nasenfluß. katarrh. mit Niesen.
August. cort., Nasengeschwüre. ḫ.
Antim. cr., Nasenlöcher, aufgesprungene, schorfige.
Argent. fulm., Nase- und Händeteller Schwärze.
Argent. n. f., Nasenverstopfung.
Armor., Nasentzündung mit Augenleiden.
Arn. K., Nasengeschwüre, innere u. äußere, Nasenfistel. Nasentröpfeln.
Ars., Nasenbrennen mit Schnupfen.
ſ. Dulcam.
Asar., Nasenverstopfung. ḫ. g.
Nasenfluß und Augentriefen. ḫ.
Aspar. rac., Nasenblutklümpfchen. ḫ.
Aur., Nasenkrebs. Nasenbeingeschwulst.
Auripigm. r., Nasenblutklümpfchen in einzelnen Fällen; bei einem solchen Familienübel wirkte es nur palliativ.

Bar. ac., Nasenentzündung, auch vieles Niesen. ḫ.
Bdell., Nasenverstopfung mit Nasenbluten.
Bebeerine, Nasentrockenheit und Jucken der Nase. ḫ.
Bell. extr., Nasenverstopfung mit Sprechen durch die Nase. Niesen, krampfhaftes mit Husten der Kinder.
Blum. aur. sem., Nasen und allg. Schmerzen. ḫ.
Calc., Nasenkrebs.
Calebr. opp., Niesen mit Nasenfluß.
Nasenfluß, stinkender, nach einem Schlangenbiß.
Campech. lign., Nasengeschwüre.
Caps. sem., Nasenverstopfung. ḫ.
Carbo an., Schmerzen in den Nasenknochen.
Cardam. min., Nasengeschwüre. ḫ.
Carpes. rac., Niesen, versagendes.
Cascar., Nasen- und Mundgeschwüre. ḫ.
Cass. abs. sem., Niesen, katarrh. ḫ.
Cass. fist. sem., Nasentrockne. Nasenblutklümpchen. ḫ. g.
Celastr. pan., Nasenverstopfung, katarrh., einseitige.
Nasen- und Gaumengeschwür. g. n.
Cetac. ol., Niesen, übermäßiges. g. n.
Chaulmoogra od., Nasenverstopfung mit Aussatz. g.
Chel. maj., Niesen, versagendes, mit Katarrh.
Chin. sulph., Nasenblutklümpchen, bei Rothlauf.
Clemat., Niesen mit Katarrh.
Concha fluv., viel Niesen und Nasenkatarrh. ḫ.
Conium, Nasenfluß mit Augentriefen.
Corch. frut., Nasenfluß und Husten, katarrh. ḫ.
Cost. n. Cashm., Nasenverstopfung. Nasengeschwüre. ḫ.
Crat. Marm., Nasenverstopfung. ḫ.
Creos., Niesen mit Stockschnupfen.
Rotzkrankheit der Pferde.
Cubebae, Geschwüre in der Nase. ḫ.
Curcul. orch., Nasenfluß, von der Seite der Nase, worauf der Pat. liegt, bei period. Kopfgicht.

Deals. Fistelwurzel. Nasen- und Ohrverstopfung, katarrh.

Delph. pauc., Nasenverstopfung.

Dioret., Nasenblutklümpchen. **h.**

Dulc. **abw.** Ars., Rotzkrankheit d. Pferde. **MA.**

Embryopt. glut. sem., Nasen- und Halsgeschwüre. **h.**

Euph. long., Nasengeschwür mit Knotenaussatz.

Fabar., Nasen- und Mundgeschwüre.

Fic. Car. sem., Niesen, katarrh. **h.**

Graph., Blutklümpchen.

Harm. Ruta, Niesen, vieles.

Helict. is., Niesen, versagendes. **h.**

Helleb. n., Nasenfluß. **h.**

Hemid. ind., Nasenverstopfung. Nasenblutklümpfchen. **g. n.** s. Smil. china.

Heracl. div., Nasentrockenheit.

Hoya vir., Nasenleiden, katarrh. Niesen. **h.**

Jalap. mir. rad., Nasenblutklümpfchen.

Jasp. n., Niesen, vieles. **h.**, s. Papav. a. sem.

Jatropha curc., Niesen, katarrh. mit Nasenfluß.

Ichtyoc., Nasen- Mund- und Zungentrockenheit. Nachts. **h.**

Jod., Niesen. **h.**

Ipom. cusp., Nasenverstopfung, katarrh.

Ipom. dasysp., Blutklümpfchen. **g. n.**

Iunip. bacc., Nasengeschwür, stinkendes.

Kali bichrom., Nasengeschwüre. **h.**

Kali carb., Nasenverstopfung. Nasenbeingeschwulst.

Kali hydrojod., Niesen, katarrh. m. Nasenfluß.

Kino gummi, Nasengeschwüre. **h.**

Lacca in gr., Niesen, vieles. **h.**

Laur. bacc., Nasenverstopfung. **h.**

Led. pal., Nasenbrennen mit Schmerz beim Berühren.

Lepid. sat. hb., Nasenfluß mit Augentriefen.

Lim. Laur., Niesen, vieles.

Lithanthr., Nasengeschwüre. **h.**

Lup. Hum. sem., Nasenblutklümpfchen mit nachfolgendem Nasenbluten.

Lyc. hb., Nasengeschwür.

Major., Nasenbein, einwärts gedrücktes.

Marrub. a., Niesen mit Nasenfluß.

Menth. pip. **K.**, Nasenverstopfung mit Schwindel und Sprechen durch die Nase.

Merc. v., Nasenkrebs.

Methon. glor., Nasenblutklümpfchen mit Aussatz.

Millefol., Nasenverstopfung.

Mimosae pud. sem., Nasengeschwür mit eingefallener Nase.

Moring. soh. sem., Nasengeschwüre. **h.**

Narciss. bulb., Sprechen durch die Nase, mit innerem Katarrh und Stichschmerz.

Natr. sulph., Niesen und Fließschnupfen.

Nitr. ac., Nasenverstopfung. **h.**

Num. Schadenedsch. Nasen- und Halstrockenheit, wie auch Nasen- und Mundwinkelgeschwüre. **h.**

Onosm. macr. fl., Niesen, katarrh. **g.**

Onosm. macr. rad., Nasengeschwür mit Nasenbluten und innerem Brennen.

Opium Lassen. Niesen, vieles. **h.**

Ox. ac., Nasen- und Mundtrockenheit mit Nasenbluten.

Ox. corn., Nasengeschwür, stinkendes.

Papav. a. sem., Niesen, vieles, vom Jaspis.

Phosph., Geruch, übler, aus der Nase.

Piscin., Niesen, vieles und Nasenfluß. **h.**

Pis. sat., Nasenblutklümpfchen.

Plectranth. ar., Nasenfluß mit Augentriefen, katarrh., mit und ohne Fieber. **MA.**

Plumbago, Nasenverstopfung.

Portul. oler., Nasenfluß. **h.**

Puls., Eiterabgang aus der Nase.

Pyrethr., Nasenblutklümpchen. **h.**

Raph. sem., Niesen, vieles.

Rosa r. Bad. Niesen, vieles. **h.**

Rubia Munj., Niesen, katarrh. **g.**

Sahansebed, Niesen, katarrh., auch mit Brustleiden. Niesen, chron. per. **n.** Nasengeschwüre. **h.**

Salvia off., Niesen. **h.**

Santon. sem., Fließschnupfen mit Nasenbrennen, öfterm Reiben und Bohren in der Nase.

Sapind. em. lig. cort., Nasenentzündung.

Sapind. em. fr., Niesen. **h.**

Saxifr. Peschant. Nasenverstopfung. **h.**

Schekakel, Nasenpfropfe und Blutklümpfchen. Polypen. n.

Sil., Nasenknochenschmerz beim Berühren. Schleimpfropfe, g. n., gut mit Nasenverstopfung. Niesen, übermäßiges oder versagendes (I. R. sol. 2tägig.)

Smil. china, Nasenfluß. h. wurmstichiges Pulver. Nasengeschwüre. abw. Hemid. ind., Nasengeschwür, stinkendes, ♀.

Solan. Jacqu. rad., Nasengeschwüre.

Spong. u., Fließschnupfen mit vielem Niesen.

Squilla, Nasengeschwulst. g. 4mal. 12.

Stenact. bellid. rad., Nasen- und Halsgeschwüre. h.

Stoech. ar., Hitze aus der Nase. h.

Stoech. Cashm., Nasengeschwüre. h.

Stront. n., Niesen, übermäßiges. Nasengeschwüre. h.

Styloph. Nep., Nasenverstopfung.

Sulph., Nasenkrebs. Nasenverstopfung.

Sulph. ac., Nasentröpfeln mit halbseitiger Verstopfung der Nase.

Talc. a., Nasengeschwüre.

Trianth. pent., Nasenbrennen. h.

Tuber cib., Nasentrockenheit und Nasenverstopfung. h.

Uva ursi, Nasen- und Mundtrockenheit. h.

Valer. sylv., Nasentrockenheit mit Durst und Magenruhr.

Veratr. a., Nasenbein, einwärts gedrücktes.

Verbena Lah., Nasenentzündung. h. g. rheum. mit Zahnschmerzen.

Vinc. min. fol., Nasengeschwüre. h.

Vit. neg., Nasengeschwür, stinkendes.

Zinc., Nasenentzündungsgeschwulst, äußere und innere mit Geruchsmangel. M. 7.

Zingib., Rotz. h.

Zyz. Juj. fr., Nasentrockenheit.

Zyz. Juj. gummi, Nasentrockenheit und Nasenverstopfung. h.

Neidnägel, s. Geschwüre.

Nervenleiden, s. Gehirn 2c. Krankheiten.

Nesselausschlag, s. Fieber und Hautkrankheiten.

Nierengries, s. Steinkrankheiten.

Obstructionen, s. Verhärtungen, wie auch unter den Organen, die daran leiden, z. B. die Lungen, der Magen, die Milz, die Leber 2c.

Ohnmachten, s. Gehirn- 2c. Krankheiten.

Ohrleiden, s. Gehörleiden.

Panarizien, s. Geschwülste u. Geschwüre.

Pest, s. Fieber 2c.

Petechien, s. Fieber 2c.

Podagra, s. Schmerzen.

Pocken, s. Fieber 2c.

Polypen, s. unter den Organen, wo sie ihren Sitz haben.

Pulsiren, s. Fippern 2c.

Pusteln, s. Hautkrankheiten.

Quecksilbersiechthum, s. bei Lustseuche die Mercurialkomplicationen.

Absynth.

Amaranth. Jountscha.

Ant. t., wird bei Mercurialsalivation, nebst vielem warmen Getränke. ang.

Arg. fulm., Mercurialptyalism.

Arg. nitri f., Mercurialptyalism.

Aur.

Carbo v., Ptyalism mit Halsweh. s. Staph.

Dat. stram., s. Krämpfe.

Dulcam.

Foenic.

Geran. prat., Mercurialspeichelfluß. Der Absud als Mundwasser. ang.

Heliotr. eur., Mercurialschmerzen.

Kali chlor., Mercurialptyalism.

Kali sulph.

Lyc. hb.

Marrub. a., Mercurialsalivation, chron.

Opium mit Ipecacuanha 2c., nebst dem blasenziehenden Pflaster. Vergleiche in der Erzählung meiner Reiseerlebnisse den Fall mit dem Generalen. p. 64.

Portul. sem.

Ran. lan. fol., Mercurialsiechthume: Geschwulst, Knoten, Schmerz 2c.

Raph. sem.

Sassafras.

Solan n.

Staph., abw. Carbo v., Mercurialvergiftung, acute.

Sulph.
Vesicat., s. Opium.

Quetschung, s. Gewaltthätigkeit, äußerer, üble Folgen.
Rauhheit und Risse der Haut, s. Hautkrankheiten.
Rheumatismus, s. Schmerzen.
Rothlauf oder Rose, s. Fieber 2c.
Rückgratskrankheit. s. Knochenkrankheiten.
Ruhr, s. Stuhlunregelmäßigkeiten.
Rülpsen, s. Magenkrankheiten.
Säuferwahnsinn, s. Gehirn- u. Nervenkrankheiten, wie auch bei Vergiftungen.
Schauer, s. Kälte 2c.
Scheintod, s. Gehirn- 2c. Krankheiten.
Schilddrüsengeschwulst, s. Drüsenleiden.

Schlaflosigkeit, Schlafsucht, Träumereien 2c.

Acac. Farn. fol., Schlaflosigkeit.
Ajuga D., Schläfrigkeit. h.
Ant. t., Schlaflosigkeit mit Gehirnleiden.
Arist. rot., Schlafsucht.
Arnica, Schlaflosigkeit mit Harndrang.
Arsen., Schlaflosigkeit mit brennenden Geschwüren. **MA.**
Asa f., Schlafsucht.
Baryt, große Schläfrigkeit. **g. n.**
Bdell., Schlaflosigkeit. **h. g.** mit Husten.
Berb. lyc. Res, Schlaflosigkeit mit Husten.
Bign. ind. sem., Schläfrigkeit und Zufallen der Augdeckel. **h.**
But. frond. fl., Schlaflosigkeit. **h. g.** mit Schmerz.
But. frond. gummi, Schlaflosigkeit. **g. n.**
Caloph. inoph. nuc. cort., Schlaflosigkeit. **h.**
Cannab. ind., pulv., mit Ziegenmilch angemacht an die Fußsohlen appl., soll einen angenehmen Schlaf **h.**
Carp. rac., Schlaf. **h.**
Catechu, Schlaflosigkeit mit Schleimanhäufung.
Celastr. pan., Schlaflosigkeit mit Husten und Fieber. **MA.** Schlaf gestörter, durch viele und üble Träume mit Hypochondrie.
Cepa, Schlaf unruhiger mit schwärmerischen Träumen.
Cham. v., Schlaflosigkeit mit Fieber und Engbrüstigkeit.
Chenop. a., Schlaflosigkeit. **h.**
Chin. sulph., Schlaflosigkeit mit Rothlauf.
Con., Schlaflosigkeit. **h. g.** mit Kopfschmerz. (2stündige Gaben).
Conv. arg., Schlaf. **h.**
Corch. fr., Schlaf. **h.**
Coriand., Schlaf. **h.**
Corn. c. u. a., Schlaflosigkeit mit Husten.
Creos., Schlaflosigkeit und Schläfrigkeit mit vielem Gähnen. Schlaf, unruhiger, traumvoller.
Croc. sat., Schlaflosigkeit mit Fieber. Tagesschläfrigkeit, große; besonders nach dem Essen.
Cucurb. citrull. sem., Schlaflosigkeit mit Jucken.
Cucurb. lag., bei Schlaflosigkeit von nerv. Gehirnhitze, wird das Oel vom Samen auf den Kopf eingerieben. **Tohf.**
Cup. sulph., Schlaflosigkeit mit Asthma und Husten.
Curc., s. Pip. n.
Cyc. rev. sem., Schlaflosigkeit. **h.**
Deals. Sersamwurzel, Schläfrigkeit. **h.**
Dschendalu, Schläfrigkeit mit Husten. **4mal 12.**
Gossyp. sem., einen guten Schlaf, durch Schweißausbruch. **h.**
Granat. ac. rad. cort., Schlaflosigkeit. **h. g.** mit Jucken.
Guil. Bond., Schlaf, bei ♀. Tripper. **h.**
Gyps. Setseladschit. Tagesschläfrigkeit.
Harm. Ruta, Schläfrigkeit. **h.** Schlaflosigkeit. **g. n.**
Haruntutin, Schlaflosigkeit mit Lähmungsgicht, ♀.
Hossen Jussif, Schläfrigkeit.
Jalap. mir. rad., Schlaf. **h.**
Jod., s. Zinc.
Lactuc. sem., Schlaf. **h.**
Lepid. sat. hb., Schlaflosigkeit. **g. n.**
Lini sem., Schlaflosigkeit.
Lup. Hum., Schlaflosigkeit. **g. n.**
Macis, Schläfrigkeit. **h.** Schlaflosigkeit. **n**

Magn. carb., Träume, schreckliche mit Schmerz.
Merc. fulm., Schlaf, vieler.
Moschus, Schlafsucht.
Myrob. Beller., Schlaflosigkeit mit Schleimhusten. g.
Myrob. n., Schlaflosigkeit mit Husten. Schlaf. h.
Natr. m., s. Pip. n.
Ner. ant., Schlaflosigkeit. h.
Nigell. sem., Schlaflosigkeit. g. n.
Nycter. ol. R., Schlaf und Appetit. h.
Nymph. lot. fl., Schlaf, vieler, mit Katarrh.
Ocim. alb., Schlaflosigkeit. g. n.
Ocim. Basil. Cashm. fol., Schlaflosigkeit mit allg. Schmerzen.
Orig. heracl. (aff. spec.), Schlaflosigkeit mit Abzehrung.
Papav. a. sem., s. Uva passa.
Phys. Kagnedsch, Schlaf. h.
Pip. n., mit Gelbwurz und Kochsalz zu gleichen Theilen, Schlaf. h. ang.
Polanis., Schlaflosigkeit und Brennen inneres. h.
Polygon. macr., Schlaflosigkeit mit Schleimhusten.
Polypod., Schlaflosigkeit mit Engbrüstigkeit und Husten. MA.
Pulsat., Schlafsucht. g. n.
Pumic. lap., Schlafsucht mit innerm Brennen.
Raph. sem., Schlaf. h.
Rubia Munj., Schlaflosigkeit mit chron. Stichschmerzen. M.
Sagap., einen solchen Schlaf hervorbringend, daß er kaum die Augen öffnen konnte.
Sanspour, Schlaflosigkeit.
Senec. Mus., Schlaflosigkeit mit Schmerzen. ♀.
Serp. ex., Schlaf. h.
Sialikand, Schlaflosigkeit mit Schleimhusten.
Strych. f. St. Ign., Schlaflosigkeit.
Tabac., die endermatische Appl. dess. bringt Schlaf hervor. Das Nicotin muß dieß in einem weit höhern Grade thun.
Tabaschir, Schlaflosigkeit mit Husten.
Thuj. R., Schlaflosigkeit. g. n.
Uva passa maj., mit weißem Mohnsaamen gemischt, täglich einmal genossen, beseitigte in einer Woche eine habituelle Schlaflosigkeit.
Vinc. min. fol., Schlaflosigkeit. h.
Xanthox. sem., Schlaflosigkeit mit Husten.
Zinc., Schlafsucht.
Zinc. iod. amygg. ol., Schlaflosigkeit und Fieber. h.

Einige morgenländische Schlaf herbeiführende Compositionen sind folgende: Opium und weißer Mohnsaamen; oder Opium, Bilsenkrautblätter und weißen Sesamsamen, von jedem zu gleichen Theilen. Sowohl diese drei letzteren, als auch die beiden ersteren werden mit dem Safte von der Weide zu einer Masse gemischt, woraus 1 Granpillen verfertigt werden. Die Dosis der einen oder der andern ist 1—2 Stück. ang.

Schlagfluß, s. Gehirn- 2c. Krankheiten.
Schläge, üble Folgen davon, s. Gewaltthätigkeiten, äußere 2c.
Schleimkrankheiten, s. Engbrüstigkeit 2c.
Schluchzen, s. Krämpfe.
Schmerzen überhaupt, als: nervöse gichtische, rheumatische und syphilitische. Hinken, freiwilliges 2c.

Abrus prec. sem., Arm- Schulter- und Brustschmerzen. M. — 4mal. Schmerzen, herumziehende, rheum. n.
Absynth., Schulterschmerz. g. Kreuzschmerz. Schmerz. ♀.
Acac. cort., Schulterschmerz rheum. mit Katarrh. Gelenkgicht mit Brenn- und Stichschmerzen. Brennen und Stechen in der Nierengegend. Nieren- und Milzschmerz. h.
Acac. Farn. Harnub Nepti, Schmerzen in der Nierengegend. h. g. Schmerzen, herumziehende, Fußgicht.
Acac. sem., Kopf- und Knieschmerz mit katarrh. Fieber.
Knieschmerz, chron. im Sitzen. MA.
Kreuz- und Knieschmerz. g. n.

Acanth. Otengen, Arm- und Fußschmerz. Fußschmerzen mit Katarrh.

Achyr. asp. sem., Schmerzen in den Achseln- Schultern- Seiten- und Lebergegend.

Acon. fer., Schmerzen, allg. mit einem übelriechenden Nasengeschwür.

Gesichtsschmerz und einseitiger Nasenfluß. ♄.

Acon. Nap. extr., Schläfe- und Gesichtsschmerz mit Augentriefen. Gelenkgicht. Hüftweh. Brennschmerzen, ♀.

Acupuncturation, wird bei chron. rheum. Schmerzen und bei Nevralgien ohne Entzündung. ang.

Agaric. a., Armschmerz, auch mit Unvermögen den Arm aufzuheben. Schmerz in der Nierengegend. Gliederreißen in der Ruhe. Schmerz in dem Schenkel und der Herzgegend. ♄.

Ajouain, Schmerz, allg. auch mit Geschwülsten.

Ajuga dec., Arm- Schulter- Kreuz und Fußschmerzen, rheum. Gelenkgicht. Kreuzschmerz. g. n.

Alcanna, Fußgelenkeschmerzen mit Schleimhusten 2c. Armschmerz, und allg. Schmerzen mit Brennen, innerem. ♄.

Allium sat., Kreuzsteifheit. ♄.

Aloë perf., Gelenkschmerzen. g. n. Fußschmerzen. ♄.

Alth. fol., Hände- Bauch- Fuß- Knie- u. Schienbeinschmerz mit Starrheit der Glieder. Schmerzen, herumziehende, s. Krankheiten des weibl. Geschlechtes.

Alth. sem., Knieschmerzen. ♄. g.

Amaranth. cr. sem., Gelenkschmerzen.

Amaranth. Jountscha, Armschweregefühl. Kreuzschmerz, sogar ♀. 12mal.

Ambra gr., Wadenschmerzen. ♄. g. Seitenschmerz, links, von oben bis hinab.

Amman., Lendenweh, wie auch Schienbeinentzündungsgeschwulst, schmerzende. ♄.

Ammon. gummi, Brust- Schulter- Bauch- Leiste- und Schenkelschmerzen mit Harn- und Stuhlverstopfung.

Ammon. carb., Handgelenkschmerz von Verstauchung ang.

Ammon. mur., Nevralgien. Schmerzen von äußerer Gewaltthätigkeit.

Anac. occ., Schmerz, rheum., fixer mit Katarrh.

Anac. or., Schmerzen im Schenkelkopf der sich in die Leiste erstreckt. ♄. g.

Gelenkschmerzen.

Schmerz in Händen und Füßen, wie auch ♀. g. n. Gesichtsschmerz. ♄.

Anagall. caer., Kreuz- und Hüftschmerzen. g. MA. 30.

Gelenkschmerzen. Schulterschmerz, herumziehenden. ♄.

August. cort., Knieschmerz. ♄. g.

Gelenkgicht. Rheumatism. Schenkelschmerz mit Knoten.

Ant. sulph. n., Kopf- Arm- und Magenschmerzen mit Schwindel. MA.

Ant. t., Schmerzen, rheum., gichtische in den Brustseiten, im Kreuz, in den Gliedern, mit und ohne Geschwülste. Kopf- Magen- und Bauchschmerzen mit Fieber. Achselschmerzen. g. n.

Apii rad., Gesichtsschmerz. ♄.

Aqua, die Gicht heilt man mit warmem Wasser, wenn man zwei Wochen hindurch alle ½ Stunden 1 Becher voll trinkt. Wer es aushalten kann, dem ist es ang.

Araneum, Hüftweh, chron.

Areca cat. nux a., Knieschmerz.

Argem. mex. sem., Schmerzen, rheum., herumziehende.

Argent. fulm., Kreuz- und Wadenschmerz, Schenkel- und Wadenschmerz. Schmerzen, fixe, rheum. und brennende. Kreuzschmerzen und Gelenkgicht. g. n.

Argent. nitri f., Lendenweh. Brenn- und Stichschmerzen im Mittelfleische bei Steinbeschwerden. Schmerzen im Körper bei Madenwürmern. Gelenkschmerzen. Wadenschmerz. Schenkelschmerzen g. n.

Als Liniment bei chron. Gicht. ang.

Arist. longa, in der Nierengegend Schmerz chron., mit Hüpfen. Gelenkschmerz. Kreuzschmerz mit und ohne Hüftweh.

Armor., Rheumatismus, chron. fixer. Kreuzschmerz und Gelenkgicht. g. n.

Arnica, Nacken- Schulter- u. Lendenschmerzen.

Fußgicht im Winter. R. MA. Schmerzen von Schlägen. Gelenkschmerzen. g. n. Hodenschmerzen, bei Tripper, auch bei Saamenfluß. h.

Arsen., Rheumatism., chron., Schulter- und Knieschmerz, s. Digit. u. Ledum p.

Ars. pot., Schmerzen, rheum., gichtische und ♀.

Ars. sod., Schmerzen, ♀. g. n. Schulter- und Nierenschmerz. h.

Artem. rad., Gicht und Rheumatismus, auch ♀.

Arum camp., Kopf- Kreuz- und Gelenkschmerzen. Fußschmerzen mit Eingeschlafenheit der Füße.

Arum coloc., Fußschmerzen und Gefühl von Schwäche in den Füßen. h.

Asa f., Armeingeschlafenheit. s. Zingib.

Asarum, Seiten- und Bauchschmerzen. Gelenkgicht, schmerzhafte, mit und ohne ♀. g. n. Kreuz- Knie- und Gelenkschmerzen. h.

Asel. joc., Rheumatismus. ang.

Asparag. Halian sem., Gelenkschmerz, h.

Aspar. rac., Schmerzen, herumziehende. Brust- Kreuz- und Knieschmerzen. Gelenkschmerzen. h. g. n. gut Gelenk- und Knieschmerzen. 4mal 28.

Asphalt. L., Arm- Kreuz- Knie- und Gelenkeschmerzen, durch Schleimauswurf bessernd. Fußschmerzen mit Krämpfen in den Füßen, Nachts. Knöchelentzündungsgeschwülste vom vielen Gehen. 4mal 28. Schmerzen, innere, von äußerer Gewaltthätigkeit. M.

Aspl. fol., Schmerzen, ♀. Achsel- und Hüftschmerzen. h.

Aterni, Kreuz- und Knieschmerzen. Gelenkschmerzen. g. n.

Aurum, Oberschenkelschmerz. Knotengicht.

Aur. n. mur., Fußsohlenschmerzen. h.

Aur. n. amm. mur., Schmerzen, rheum. der linken Seite, des Armes, Kreuzes und Fußes, auf Erkältung, von 3 Monaten. MA.

Auripigm., Achsel- Schulter- und Brustschmerzen. Rsol.

Balaust., Schmerz im Schenkelkopf. h. g. acuter. 12mal 36. Schenkelschmerz.

Balneum, das kalte Bad ist bei Gicht und Rheumatismen ang.

Balota lan., Rheumatism und Gicht. ang.

Baryta ac., Schmerz, rheum. h.

Bar. carb., Kopf- Achsel- und Fingerschmerz mit Brennen und Stechen. Kreuz- und Knieschmerz g. n.

Bar. nitr., Schulterschmerz.

Basella r., Gesichts- und Stirnkopfschmerz, nerv. Armschmerz, rheum. Kreuzschmerz. h. g. n.

Bassia lat. fr., Achselschmerzen. h. g.

Bdell., Gesichts- und Zahnschmerz. Schläfeschmerz. Knieschmerz.

Behen a., Rheumatism. Schenkelschmerz im Gehen. Brust- und Schulterschmerzen, wie auch herumziehende Schmerzen und Gelenkschmerzen. g. n.

Behen. r., Arm- und Brustschmerz.

Bellad. extr., Fußschmerzen.

Bellad. fol., Gelenkschmerzen mit Jucken, Röthe rc. s. Kali sulph.

Berber. lyc., Gesichtsschmerz. Schmerzen, allg. mit Fieber, auch mit Samenfluß.

Berb. lyc. Res, Kreuz- und Schenkelschmerz. ♀.

Berthol., Kopf- Magen- und Seitenschmerz. Arm- und Seitenschmerz mit Husten.

Bignon. ind. sem., Schmerzen, halbseitige.

Bistorta, Nieren- und Blasensteinschmerzen.

Blum. aur. sem., Gelenkschmerzen, ☿ ♀. Nasen- und allg. Schmerzen. h.

Bol. arm. abw. mit Sulph. chin. Muskel-Schmerzen. ♀. Gelenkschmerzen, ♀.

Bombac. hept. gummi, Arm- und Knieschmerz. Kreuzschmerzen. h. g. n.

Bor., Kreuzschmerz, der sich in die Füße erstreckt. Wadenschmerzen. h. g. n.

Bor., Kreuzschmerzen. g. n.

Cacal. Kl., Knieschmerz. Arm- Schulter- und Kreuzschmerz. g. n. Das Decoct ist bei Rheumatism ang.

Cact. Tor succ., Nierenschmerz, linker Seite. h.

Cajap. ol., Rheumatism. Zum Einreiben ang.

Calam. ar., Knieschmerz, ♀. **M. 30.**

Calc. carb., Kreuzschmerzen. **h. g.** Schulterschmerzen mit Fieber. Bei der Gicht empfiehlt man den Kalk äußerlich, und zwar in folgender Verbindung: Kalk, ungelöschten, ½ Pf., Salmiak 6 Loth mit hinlänglicher Menge Wassers zu einem Bade, worauf Kalk und Kampfer von jedem zu 6 Loth mit ½ Pf. süßen Oeles gemischt, zum Einreiben **ang.**

Calebr. opp., Nierenschmerz, linker Seite. Gesichtsschmerz nach Schlangenbiß.

Calotr. gig. fol., Brust- und Fußschmerzen. Bruststechen. Stiche in den Gliedern. Brenn- und Stichschmerzen, ♀. Knieentzündung. Rheumatism. Gicht, die Application **ang.**

Calotr. gig. rad. cort., Rheumatism.

Rp. Pulv. rad calotr. gig. gr. XXXVj. Extr. hyosc. n. gr. XVIII. m. f. l. a. pill. Sig. **MA.** zu 2 Stück, bei Gicht **ang.**

Calotr. gig. sem., Kreuzschmerzen. **h. g. n.**

Calumb. rad., Rheumatism.

Camph., bei Rheumatism, als Dampfbad **ang.** Mit Hanfsamen, als Emulsion, bei Rheumatism mit Fieber. Fußschmerz, period.

Cannab. ind. Cashm. fl., Gesichtsschmerz. Schmerzen, herumziehende, rheumatische, auch ♀.

Cannab. ind. Cashm. rad. cort., Schulterschmerz. Gelenkgicht mit allg. Schmerzen.

Canth., Schulter- u. Nierenschmerz, rheum. Hinken, freiwilliges. Schmerzen, brennende und stechende.

Capill. Ven., Schmerzen, allg. mit Hypochondrie. Hüftweh. **MA.**

Capp. spin. rad., Schmerzen, ♀. Hinken, freiwilliges.

Caps. sem., Nierenschmerz mit Steinleiden. Gelenkschmerz. ♀. **g. n.** Hüftweh. **h.**

Carbo an. (C. c. u.), Gicht. Achsel- und Händeschmerzen mit Milzbrennen.

R., Hüftweh, ♀. **MA.**

Rp. Cornu c. u. Dr. j. Zingib. off., Sacch. a. āā Dr.β. f. c. s. q. mucil. gummi tragac. troch. Sig. Täglich ein solches in den Mund zu nehmen. Dabei war jeden Abend ein Gemisch von Bleizucker, Opium und Essig applicirt worden, womit eine Fußgicht binnen 4 Wochen geheilt war (?) Aus meiner früheren Praxis. Zu der Zeit gebrauchte ich zuweilen bei Gicht u. Rheumatism, das schwarzgebrannte Hirschhorn mit Kalmus und Bilsenkrautsamen in Verbindung, wie es schien, mit gutem Erfolg.

Carbo veg., Schmerzen mit Fieber und Brennen. Gelenk- und Körperschmerzen.

Cardam. min., Gelenkschmerz. **h. g. n.**

Cariss. Car. fol., Schmerzen. ☿ ♀.

Cariss. Car. fr., Kreuzschmerzen. **h. g.** Knieschmerz.

Carpes. rac., Lendenweh.

Carth. t., Schmerzen, allg.

Caryoph. ar., Kreuzschmerzen. **g.**

Cascar., Gelenkschmerzen. **g.** Armschmerz. Gesichtsschmerz. **h.**

Cass. abs. sem., Kreuzschmerz mit Hämorrhoiden.

Cass. al., Schmerzen, allg. Nierenschmerzen. **h. g. n.**

Cass. fist. pulpa, Nacken- und Schulterschmerz mit Samenfluß. Fußschmerzen mit Hämorrhoiden. Gelenkgicht, lindernd.

Cass. fist. sem., Kreuz- Knie- und Knöchelschmerzen. **h. g.** Gelenkschmerzen.

Cass. lign., Rheumatism. Gelenkschmerzen.

Cass. Tamal. fol., Seitenstechen. Nieren- und Milzschmerz. Fußschmerzen, wie Zerschlagenheit.

Cass. Tora, Gelenkschmerzen. Schmerzen, nach Fallen.

Caust., Gicht, acute und chron., die ätzende Lauge. **ang.**

Copa, Schulter- und Bauchschmerz. **h.**

Cera citr., Fußschmerzen.

Cerelaeum, bei Gicht **ang.**

Cetac. ol. Gelenkschmerz. Gelenkgicht. Schulterschmerz. Fußschmerz. Schmerz von äußerer Gewaltthätigkeit. Kreuzstarrheit. Kreuzschmerz. **g. n.**

Cham., s. Sarsap.

Chelid. maj. **R.**, Schmerzen, ♀. In den Muskeln sowohl, als in den Gelenken.

Chenop. a., Hüftweh. Hinken, freiwilliges.

Cherayta, Hüftweh, nach einem Fall. Nierenleiden. **Tohf.** Bei Gebärmutterleiden ist die damit bereitete Dampf-Application **ang.**

Chinae cort., Rheumatism, acuter.

Chin. sulph., Rheumatism, fixer, acuter und chron. Achselschmerz, chron. Schulterschmerz. Schulter- und Brustschmerz, **g. n.**, wie auch Hüftweh und Kreuzschmerz. Nierenschmerz mit Hüftweh. **h.** Schmerzen, allg. **h. g. n.**

Cich. fol., Gicht und Rheutatism. **Tohf.**

Cich. rad., Wadenschmerz. **h.**

Cich. sem., Gelenkschmerzen. **g. n.**

Cic., Knieschmerzen, mit und ohne Geschwulst.

Cinnam. cort., Schulter- und Seitenschmerz, rheum., mit Katarrh. **12mal.** Nierenschmerz. Knieschmerzen. **h. g.** Füßemuskelschmerz.

Cinnam. fl., Schmerzen, allg. Kreuzschmerz **g.**

Clemat. cr., Schmerzen, rheum. mit Katarrh. Lenden- u. Schenkelschmerz. Kreuzschmerz. 2tägige Gaben. **15.** Hodenschmerz **M.** Nierenschmerz, acuter. **Rsol. 3mal, 9.**

Cleom. pent. hb., Schulterschmerz. Brust- und Brustseitenschmerz. Fußschmerzen mit Speichelfluß.

Cleom. pent. sem., Knieschmerzen. **h.**

Clerod. inf., Schmerzen, rheum. mit Fieber und Verschlimmerung in der Kälte. **MA.** Schulter- und Hüftweh.

Coc. nux, Schmerzen, herumziehende. Achseln- Arme- und Schulterschmerzen. Armschmerz, bei Hartleibigkeit. **h.**
Fasern der äußern Schale. Nierenschmerz. Füße- und Knöchelschmerzen. Schmerzen, allg. **g. n.** Kreuzschmerzen. **h. g. n.**

Coff. cr., Schmerzen, rheum., herumziehende in den Muskeln, auch in den Gelenken, die am meisten in der Kälte sind. Gelenkgicht. **MA.** Gewöhnlicher, starker Kaffee einige Tage hindurch frühe nüchtern ohne Zucker getrunken, wird beim Gesichts-Nervenschmerz **ang.**

Colch. aut., Schmerzen, rheum., acute und herumziehende. Gelenkgicht. Schmerzen, allg. **h.**

Coloc. pulpa, Wadenschmerz. Hinken, freiwilliges. s. Zingib.

Commel. nudifl., Hüfte- Kreuz- und Knieschmerzen.

Comp. Pokermul, Gelenkschmerz. Zerschlagenheitsschmerz mit Frostfieber.

Comp. Zerbabri, Schmerzen, fixe, auch ♀., mit Stichen. Gelenkschmerzen. **g. n.** gut mit Knochenschmerzen und Contract.

Concha fluv., Gesichts- und Augenschmerz.

Con., Rheumatism. Nevralgien. Armgelenkschmerz.

Conv. arg., Kriebeln in den Waden. **Rsol.** Gelenkschmerzen, auch ♀. **g. n.**

Cop. bals., Gelenkschmerzen, herumziehende. **h. g.**, fixe. **g. n.**, gut mit Husten. **MA.**

Corall. r. am bloßen Leib getragen, dienen bei der Hand- und Fußgicht als Palliativmittel. **Tohf.**

Corchor. frut., Kreuz- und Knieschmerzen, herumziehende. Schmerz mit Tripper oder mit Harnbeschwerden, period. Kreuz- u. Gelenkschmerzen **g. n.**
Schmerzen in Schenkeln. **h.**

Coriand., Gelenkschmerz **h. g.** mit Ruhr. **12mal.**

Cornu. c. ras., Knieschmerz. **h.**

Cost. ar., Gelenkschmerzen. Schmerzen in der Innenseite der Schenkel. **h.**

Cost. n. Cashm., Kreuzschmerz, rheum. Nieren- und Leistenschmerzen.
Schmerzen allg. **h.**

Cotyl. lac., Kreuz- und Schenkelschmerz. Hinken, freiwilliges. Armschmerz mit Eingeschlafenheit des Arms. **h.**

Creos., Nevralgien. Gicht. Lendenweh. Arm, Unvermögen ihn aufzuheben. Fußsohlenschmerz. Gelenkschmerz, stechend brennend.

Croc. sat., Knieschmerz.

Crot. t., Knieschmerz. Fußschmerzen von oben bis hinab. **4mal 28.**
Kreuzschmerzen. **g. n.** Gicht. **Tohf.**
s. Mercur.

Crust. Dschinge, Schmerzen, allg. Knieschmerz. Kreuzschmerz. g. n.
Cubebae, Fußsohlenschmerz, bei Tripper. Gelenkschmerz. g. n.
Cucum. Madr., Knieschmerzen. g. n.
Cucum. sat. sal. succ. **R.**, Schulterschmerz. g. Knie- Waden- und Gelenkschmerzen. Arm- und Füße- Muskelnschmerzen, vorübergehende. h. Fußschmerz. h. g. n.
Cucurb. citrull., im Uebermaß genossen, Gelenkschmerz. h.
Cucurb. citr. sem., Gelenkschmerzen. Gelenkgicht. Leber- und Nierenschmerzen. h. Kreuzschmerzen. h. g. n. (Die Samen mit den Schalen präparirt.) **MA. 60.**
Cucurb. lag., Knieschmerz.
Cup. ac., Armschmerz. Schulterschmerz, nach Schlägen. Kreuzschmerz. h. g. n.
Cup. am., Schienbeinschmerzen. h. g. Hüftweh, das sich in die Leiste erstreckte.
Cup. carb., Hüften- und Leistenschmerz mit Contractur. **MA.**
Cup. sulph., Schmerzen, allg. mit Augenleiden. Füßeschmerzen. Kreuzschmerz. h.
Curcul. orch., Gesichtsschmerz, gichtischer, herumziehender. Backenschmerz, beiderseits. **4mal 28.**
Curc. longa, Wadenschmerz.
Cyc. rev. sem., Schienbeinschmerz.
Cyd. sem., Kreuzschmerz. ♀.
Cyn. Dub, Schmerz, ♀. ☿♀. n. Schmerzen, rheum. mit katarrh. Fieber. h.
Cyp. long., Zerschlagenheitsschmerz in den Füßen. Schmerzen in den Gelenken der Finger einer Hand. h.
Cyt. scop., Füßeschmerzen mit Geschwulst, wässeriger.
Dact. nucl., Nacken- und Schulterschmerz, rheum. Gelenkschmerz. g. n.
Datisc. cann. rad. cort., Kopf- Zahn- Achsel- Arm- und Fußschmerzen, rheum. Schmerzen, allg. Magenschmerz. Gelenkschmerz. Knieschmerz. g. Schmerzen. ♀., wie auch Schulterschmerz und Kreuzschmerz. g. n. Gesichtsschmerz. h.
Datisc. cann. sem., Kreuz- und Hüftweh, herumziehendes.
Datur. mart., Achselschmerzen, beiderseitige, aussetzende. Knieschmerz.
Dat. stram. fl., Gesichtsschmerzen. g. n.
Dat. stram. fol. extr., Gesichtsschmerz, nerv. in tüchtigen Gaben. **ang.**
Dat. stram. sem., Rheumatism., chron.
Dat. stram. ungu., aus den frischen Blättern, die mit Butter über gelindem Feuer geröstet werden, bereitet, wird bei rheum. Schmerzen äußerlich **ang.**
Deals. Fieberwurzel. Schmerzen, allg. Schulterschmerz.
Deals. Fistelwurzel. Schulter- und Kreuzschmerz. Ohrschmerz, nach einem Schlag. Hüftweh; acutes. **4mal 12.** Schmerzen, rheum. mit Schleimkatarrh. Nieren- und Füßeschmerzen.
Deals. Sersamwurzel. Gesichtsschmerz und Zerschlagenheitsgefühl. h.
Deals. Torkiwurzel. Schulter- und Brustschmerz. Schmerzen, wie rheum. h.
Delph. Ghafes fl., Schulterschmerz. Gelenkschmerz. Schmerzen. ♀.
Delph. pauc., Schmerzen, allg. auch in den Gelenken, herumziehende.
Digit. p., Hüftweh, chron.
Digit. p. **abw.** Ars., Kreuzschmerz. Hinken, freiwilliges. h.
Dioret., Knieschmerzen. h. g. Brustschmerz. Gelenkschmerzen. g. n.
Diosc. sat., Gelenkgicht. **4mal 28.** Kreuzschmerzen. g. n.
Drac. sangu., Schmerzen, rheum. mit katarrh. Fieber.
Dudia, Gesichts- und Augenschmerz. Einseitige Gesichts- und Halsseitenschmerz. h.
Dulcam., Gelenkschmerz, nach Erkältung. Schmerz, nach Fallen. Kreuzschmerzen. g. n. Knieschmerz. h.
Eleagn. ang., Schmerzen, allg. Nacken- u. Schulterschmerz.
Embryopt. glut. fr., Kreuzschmerzen. h. g.
Eug. Jambol. cort. succ. **R.**, Schmerzen, rheum., herumziehende mit Katarrh. Kreuzschmerz. Kreuz- und Wadenschmerz.
Eug. Jambol. fr., Kreuzschmerz und Knieweh. h.

Euph. agrar. (aff. spec). Kreuzschmerzen. g.
Euph. epith.. Kreuz- und Hüftweh.
Kreuzschmerz allein. g. n.
Euph. gummi, Schmerzen, rheum. mit Katarrh. Schmerzen, allg. Hüftweh, chron. Gelenkschmerzen. ♀. g. n.
Euph. long., Fußschmerzen. ♄. g.
Knieschmerz. Kreuzschmerzen. g. n.
Nierenschmerz, linker Seite. ♄.
Euph. neriifol., Gicht- und Gelenkschmerzen. **Tolf.**
Euph. serr., Schmerz und Eingeschlafenheit der Hände und Füße.
Euph. ten., Kreuzschmerzen. ♄. g. nach einem Schlag entstandene. Knieschmerz. Schmerzen, allg. mit Katarrh.
Euphr., Nackenschmerz. Knieschmerz.
Evolv., Gelenkschmerz. ♄.
Fabar., Schmerzen, herumziehende.
Schulterschmerz. Schmerz, lindernd, bei Tripper.
Fagon. ar., Lendenweh.
Fasciol. Asfar e tib, Schmerzen, allg. ♄.
Ferr. carb. (Das aus dem Eisenvitriol vermittelst Laugensalz niedergeschlagen wird), Nevralgien.
Ferr. met., Gelenkschmerzen. ♄.
Fic. Car. fr., Brust- Schulter- und Armschmerz. ♄.
Fic. Car. sem., Gesichts- und Schläfeschmerz.
Fic. glom. **R.**, Schmerzen, allg. Knieschmerz. Hüftweh. ♄.
Fic. ind., Kopf- Kreuz- und Fußschmerzen. ♄.
Foenic. rad., Gelenkgicht. Knieschmerz. **4mal 12.**
Gelenkschmerz ♄. g. n. Armschmerz. ♄.
Foenic. sem., s. Zingib.
Foenograeci sem., Armschmerzen. ♄. g.
Arm- und Fußschmerz, einseitig. Rheumatism und Gicht, innerlich und äußerlich **ang.**
Fritill. cirrh., Kreuzschmerz, vorübergehenden. ♄. g.
Fumar., Brust- und Schulterschmerz, mit Husten. Kreuzschmerzen. g. n.
Fung. ign., Gelenkschmerzen. ♄.

Gagerming, Schulterschmerzen. ♄. g.
Achselschmerz. Armschmerzen. g. Knieschmerz. g. Wadenschmerz. Gelenkgicht. Schmerzen, rheum. Schmerzen in den Muskeln oder in den Gelenken. ♀. n.
Galanga, Schmerzen. ♀.
Galena, Kopf- Arm- und Magenschmerzen mit Schwindel. **MA.**
Garden. dum., Schmerzen, halbseitige mit Husten zum Erbrechen. **MA.**
Gelenkschmerzen. g. n., gut bei solchen, die nur in der Kälte waren. Lendenweh. ♄.
Geran. prat., Schmerzen, allg. rheum. chron.
Geum el., Schmerz abwärts vom Kreuz bis über die Knie. **12mal.**
Armschmerz. ♄.
Glin. dict., Gelenkschmerzen. ♄.
Gmel. as., Gelenkschmerzen. Kreuzschmerzen. g. n.
Goss. sem., Gelenkschmerzen. g. n.
Hodenschmerz. ♄.
Gourbuti, Schmerzen, ☿ ♀. **MA. 30.**
Schmerzen. ♀. n.
Grat., Gelenkgicht.
Grew. as. fr., Stichschmerzen, ♀.
Händegicht mit Geschwulst. Gelenkschmerz nach Erkältung. Gelenkschmerzen. ♀., mit und ohne Geschwulst. Nucl. cont. **R.** g. n.
Grisl. tom., Schmerz lindernd, bei blinden Hämorrhoiden.
Guja Chataie, bei Schmerzen aller Art appl. **ang.**
Guil. Bond., Kreuzschmerzen und Füßeschmerzen ♄. g.
Gicht- und Gelenkschmerzen.
Nierenschmerz, rechter Seite. ♄.
s. Smil. china.
Gultschin, Schmerz.
Gund. Zulm sem.
Gyps. Setseladschit, Gelenkschmerz. ♄.
Gyps. Zernich goudenti, Stiche im Knie. ♄.
Harm. Ruta, Gelenkschmerz Lendenweh. Schenkelschmerz. rheum. Schmerzen. allg. **4mal 60.**
Kreuzschmerz. g. n., gut mit Schenkel- und Fußschmerzen. **MA. 60.**

**

Haruntutia, Gelenkgicht, herumziehende. Zerschlagenheitsschmerz in den Füßen. Armschmerz. h.

Helleb. n., Kreuzschmerz. h.

Hemid. ind., Schulterschmerz.

Heracl. div., Schmerzen, ♀. Gelenkschmerzen. Hüftgelenkschmerz.

Hermod. am., Rheumatism., acuter. Gelenkschmerz. Schmerzen, allg. Nieren- Kreuz- und Hüftweh. Füßeschmerzen. h. g. n.

Hermod. dulc., Rheumatism., acuter. Nierenschmerz. Gelenkschmerz. R. sol. Kreuzschmerzen. g. n.

f. Phys. flex. rad.

Hibisc. Trion., Fußschmerzen, gichtische.

Hoya vir., Schmerzen.

Hyosc. n. sem., Kreuzschmerz mit Samenfluß.

f. Carbo an.

Hyper., Schulterschmerz. Schmerzen, herumziehende.

Hyssop., Schmerzen, fixe, katarrh.-rheum. g.

Jalap. conv., Kreuzschmerzen. h. g. n.

Jalap. mir. rad., Hüftweh. Gelenkschmerz mit Brennen und Stechen. Kniewehe u. Händeschmerzen. h.

Jalap. mir. sem., Fußschmerz mit Contractur des Fußes. Schenkel- und Fußschmerz, rheum. h.

Jaspis a. ust., Kreuzschmerz. Hinken, freiwilliges. 2tägig 15. Gelenkschmerz, g. n.

Jaspis n. u., Kreuzschmerz. MA. Gelenkschmerz, mit Contraktur, ♀.

Ilex aquifol., Gicht. ang.

Indig., Schmerz eines Fingers mit Knieweh. Kreuz- Hüft- und Knieschmerzen.

Indigof. Anil, Schmerzen, herumziehende. g. Stiche in den Gelenken, ♀. Kreuzschmerzen. g. n.

Inula Hel., Gelenkschmerzen. Schulterschmerzen. 4mal 28. Armschmerz: Er kann den Arm nicht aufheben. Gelenkgicht. g. n., gut mit Kopfgicht und Hartleibigkeit. MA. 60.

Jod. amygd. ol. sol., Kreuzschmerz, f. Merc. R., Armschmerz. MA.

Jod. h. f. Kali hydrojod.

Iod. Zinc., f. Zinc. iod.

Ipom. coer., Gicht- und Gelenkschmerz. Tohf.

Ipom. cusp., Schmerzen, allg. Schmerz, abwärts vom Kreuz.

Ipom. dasysp., Schulterschmerz, herumziehender. Kreuzschmerz. Gelenkschmerz. g. n.

Jugl. nuc. cort., Schmerzen, ♀. Füßeschmerzen, period. Fußschmerzen mit Fieber.

Jugl. nuc. rad. succ. insp. (Im Februar gesammelt.) Gicht rc. rc. ang.

Junip. bacc., Gicht. Gelenkgicht. Gelenkschmerzen. g. Schmerzen, fixe, der Schultern, Hüften, Knie und Knöcheln. Schmerzen, herumziehende. n.

Just. nas. fl., Kreuzschmerz.

Kali carb., Kreuzschmerz.

Kali hydrojod., Stechen in der Hüfte mit Hinken. Gelenkschmerz mit Brennen und Stechen. h. g.

Kali hydrochlor., Fußschmerzen, abwärts von den Knieen.

Kali hydroc., Schmerzen, rheum., mit Brennen im Kopfe und in den Händen. Gesichtsschmerz, nervöser. Rippen- und Lendenschmerz, acuter. Kreuz- und Hüftweh. Hüftweh, beiderseitiges. Hinken, freiwilliges. Schenkelschmerz bis über die Kniee.

Kali nitr., Rheumatism. ang.

Kali sals. fl., Gelenkschmerzen, ♀. Schulterschmerz. Achsel- und Schulterschmerz. Gesichtsschmerz mit Katarrh. Schmerzen, rheum., nur ohne Fieber. Kreuzschmerzen und Gelenkschmerzen. g. n. Schmerzen, allg. h.

Kali sulph., Fußschmerzen mit Husten. Fußgicht. Nierenschmerz. Knieschmerz. Hüftweh. g. n.

abw. Bellad., Gesichtsschmerz. Gichtischentzündliche Anschwellung der Gelenke.

Keikeila, Schulterschmerz. Armschmerz und Schenkelschmerz. h.

Kino gummi, Hüftgelenkschmerz. Nierenschmerz, period. mit Steinleiden. Kreuzschmerzen. h. g. n.

Kris, Schmerzen, allg., kriebelnde. Knieschmerz. h.

Lacca in gr., Lendenweh. h. g. Knieschmerz mit Steifheit und Knacken in den Knien. MA. Hüftweh. h. g. n.
Stiche in den Knochen und in den Knieen. h.

Lactucar., Armschmerz. rheum. mit Katarrh. Gelenkschmerzen. h. g. MA. 14. Gelenkgicht. MA. 14. n. Kreuzschmerz und Fußschmerz. h.

Lamin. sacch., Schmerzen, rheum. R. 4mal. Kreuzschmerzen. g. n. Knieschmerz. h.

Laur. bacc., Kreuzschmerz.

Laws. in., Knie- und Knöchelschmerz mit Ziehen in den Kniekehlen. MA. Wadenschmerz.

Led. pal. R., Kreuzschmerz. g. n. Gelenkschmerz. h.

Led. abw. Ars., Knieentzündungs-Geschwulst. ♀. MA.

Lent. sat., Gelenkschmerzen h. g. palliativ. MA. 30.

Leon. Royl., Schmerzen, halbseitige.

Lepid. sat. hb., Nierenschmerz mit Steinleiden. MA. 60. Knieschmerz mit Samenfluß. Schmerzen. ♀. g. n.

Lepid. sat. rad., Kreuzschmerz. h.

Lepid. sat. sem., Schmerzen, rheum. mit Katarrh. Kreuzschmerzen. h. g. n.

Lepid. Taramira ol., in starken Gaben eingegeben, Gelenkschmerz. h.

Lepor. sangu., Schmerzen, herumziehende. h. g.
Schulterschmerz. Schulter- und Kreuzschmerz. Gelenkgicht. Fußgicht. Schmerz und Geschwulst nach Schlangenbiß. Gelenkschmerzen und Kreuzschmerz. g. n., s. Krankheiten des weibl. Geschlechtes.

Leuc. ceph., Achsel- Arm- und Schulterschmerz. MA. Knieschmerz. h. g. n.

Lichen od., Schmerzen, allg. g. Kreuzschmerz. Knieschmerz. Kreuz- und Fußschmerzen mit Krämpfen in den Füßen. Schmerz lindernd, beim Tripper. Schulterschmerz, wie auch Gelenkschmerz. g. n., bei Kreuz- und Hüftweh wurden die Schmerzen herumziehend.

Lim. Laur., Rheumatism. Gelenkschmerzen, chron.

Lini sem., Achseln- Arme- und Schulternschmerzen. Rheumatism. g. n. Gesichtsschmerz. h.

Lippia nod., Kreuzschmerz. Knieschmerzen. h. g.

Liquir. rad., Nierenentzündung. ang.

Lithanthr., Halsweh, äußeres, rheum. h. g. Brustweh. Knieschmerz. Wundheitsschmerz. Gelenkschmerz. g. n.

Locust., Kreuzschmerz.

Lupin. a., Kreuz- Nieren- und Gelenkschmerz. Kopf- und allg. Schmerzen nebst Starrheit. h.

Lupul. Hum., Schmerzen, herumziehende, rheum., gichtische. Kniewehe. h. g. Kreuzschmerzen. g. n. Achsel- Lenden- Leisten- Füße- und Knieschmerzen.

Lyc. hb., Schmerz vom Fall. Kreuzschmerz. g. n. Knieschmerz. h.

Lyc. sem. R., Schmerzen, allg. mit Fieber, auch mit Kreuzschmerz und Speichelfluß. Hinken, freiwilliges. Füßezerschlagenheitsschmerz.

Macis mit Honig. Fußschmerz. g.

Magn. carb., Knie- Zehen- und Gelenkschmerzen. Handgicht. Fußgicht. Schmerzen, kriebelnde. Kreuzschmerzen. g. n.

Magnet. lap., Gicht. Tobf.

Major., Gesichtsschmerz. Schmerzen, allg. g. n.
Zerschlagenheitsschmerz. h.

Malvac. Karmekra, Gelenkschmerz, acuter. Hüft- und Knieschmerz.

Malva mont., Handgicht. Nierenschmerz.

Mang. carb., Gicht. Reißen, ziehendes, in den Gliedern. Schmerz lindernd, beim Tripper.

Mango, Genuß, übermäßiger: Schmerz auf dem Oberhaupte. h.

Mango nucl. sem., Fingerschmerz.

Manna cal., Schmerz, rheum., einseitiger. Fußschmerz, rheum. Schulterschmerz g. n. Kreuzschmerz. h.

Manna Hed. Alh., Kreuz- Hüft- und Fußschmerzen. ☿♀. Schmerzen, cum., period. mit Eingeschlafenheit des Gliedes.

Manna Tigal, Knieschmerz. Wadenschmerz. Nachts.

Mant. ov. mass., Schmerzen, allg. und halbseitige. Knieschmerz. Schulterschmerz. **g. n.** Fußschmerz. **h.**

Marant. faec., Wadenschmerz.

Marrub. a. **K.**, Gelenk- Hals- und Magenschmerz. Armschmerz. **h.**

Mastix. Gelenkschmerz. ♀. mit Tripper.

Meccan. bals., Kreuz- und Knieschmerz. Nierenschmerz und Füßeschmerz. **h.**

Meconops. rad., Schmerzen, allg. Gelenkschmerz. Kreuzschmerz. **g. n.**

Meidetschob, Nacken- Achsel- u. Schulterschmerz.

Meliae azed. cort., Rheumatismus, herumziehender.

Meliae azed. fol., Schulter- und Seitenschmerz, herumziehender. Lendenweh. Kreuz- und Fußschmerzen. Knieschmerz. **h. g.** Schmerz in den Unterfüßen. **2tägig. 15.** Gelenkschmerz mit Husten. Knochenschmerz. ♀.

Meliae semp. sem., Gelenkgicht. **MA. 60.** Handgicht. Knieweh. Kreuzschmerz. **g. n.** Gelenkschmerz. **Tobf.**

Melil. sem., Gesichts- und Zahnschmerz, rheum. Hüftkopfschmerz. **h.**

Melong. sem., Gelenkschmerz.

Menisd., gichtische Beschwerden. **ang.**

Menisp. gl., Schulterschmerz. **h. g.**

Menisp. gl. faec., Nacken, steif und schmerzhaft, rheum. von Erkältung. Gelenkschmerz. Füßeschmerz bei Katarrh.

Menisp. hirs., Nierenschmerz, rechter Seite. **h.**

Merc. d. **abw.** Iod. amygd. ol., Stichschmerz. ♀.

Merc. Reschkepur ind., Gelenkschmerz. ♀.

Merc. sol., s. Strych. pot.

Merc. subl. corr., Knieschmerz. **abw.** mit Jod. Gelenkschmerz. ♀.

Merc. v. mit Crot. t. in Verbindung. Gelenkschmerzen. ♀. **h. g.** 1/800 **MA.**

Methon. glor., Knöchelschmerz.

Mezer., Gesichtsschmerz. Kreuzschmerz. **g. n.** Knieschmerz. **h.** s. Sarsap.

Millefol., Armschmerz. **h. g.** Armgelenkschmerz. **h.** Arm- und Gesichtsschmerz mit Gesichtsmuskelnverzerrung.

Mimosa abst., Schmerzen, allg. **g. 12mal.** Kreuzschmerz.

Mimos. pud. sem., Gelenkschmerzen. Schmerzen. ♀.

Moring. Soh. rad., Gelenkschmerz. Hüftweh, herumziehendes. Kreuz- Knie- und Fußschmerzen.

Moring. Soh. sem., Gesichts- Schläfe- und Zahnschmerzen. Kreuzschmerz. **g. n.**

Morph., Rheumatism. Hüftweh. Lendenweh. Morph. acid., Gicht und Nevralgien. **ang.**

Mor. a. fr. **K.**, Starrheit der Schulter. Magen- Bauch- Hände- und Füßeschmerzen. **h.**

Mosch. nux, Gelenkschmerzen. **h. g. n.** s. Zingib.

Mulged. rap. fol., Fußschmerzen mit Fieber. Schenkelschmerz, durch einen allg. Ausschlag, bessernd.

Mulged. rap. rad. cort., Schmerzen, allg., vorübergehende. **h.**

Muriat. ac., Schmerz im rechten Schenkel, bei Afterjucken ꝛc.

Myrob. Beller., Gelenkschmerz, palliativ. Knieweh in der Früh, und Wadenschmerz. **h.**

Myrob. citr., Hüftweh, rheum., Nachts, in der Ruhe am schlimmsten. **12mal.**

Myrob. Embl. fol., Fußschmerzen, bei Hämorrhoiden. **h.**

Myrob. Embl. fr., Schmerz, allg. Armschmerz. Wadenkriebeln. **h.**

Myrob. n., Zerschlagenheitsgefühl, allg. Arm- und Brustschmerz. Kreuzschmerz. **g.**

Myrrh., Hand- und Gelenkgicht. **Tobf.**

Myrt. bacc., Gelenkschmerz. Hals- Brust- und Magenschmerz. **h.**

Narc. bulb., Gelenkschmerz. **h. g.**

Nard., Kreuzschmerzen. **h. g. MA.** Kreuz- und Fußschmerzen. Kreuz- Knie- und Fußschmerzen. Fußschmerzen ohne Kreuzschmerzen **g. n.** Es ist den Nieren schädlich sagt **Tobf.**

Natr. m., Kreuzschmerz.

Nep. salv. hb., Kreuzschmerz.

Nep. salv. rad., Lenden- und Nierenschmerz.

Ner. ant., Kreuzschmerz und Leistenschmerz. h. g.

s. Krankheiten des weibl. Geschlechtes.

Ner. odor. fol., Schmerzen, allg. zum Fieber. h.

Ner. odor. rad. mont., Schmerzen, rheum. mit Fieber.

Nigell. sem., Schmerzen, allg. Knieschmerz.

Nitric. ac. s. Sarsap. und Sulph.

Numul. Schadonedsch, Schmerz, allg. Fußschmerzen mit Samenfluß. MA. 30.

Schmerz lindernd bei Steinleiden.

Nycter., Kreuzschmerz. Nieren- und Fußschmerz.

Ocim. a., Gelenkgicht, ♀. h. g. MA. 30. Kreuzschmerz. Knieschmerz. Zerschlagenheitsschmerz der Füße. Schmerzen, rheum., herumziehende mit Geschwülsten.

Ocim. Basil. fol., Kreuzschmerz. Starrheit des Nackens mit allg. chron. Schmerzen.

Ocim. Basil. sem., Nierenschmerz.

Ocim. pil., Knöchelschmerz.

Ocim. sanct. rad., Händegicht mit Engbrüstigkeit und Husten. Schulterschmerz. g. n. gut mit Husten und Brustschmerz. Kreuzschmerz. n.

Olib. ind., Schmerzen, allg. h. g. Nabelgegend und Bauchschmerz, herumziehender. Leistenschmerz. g. Knieweh. Schmerz über dem Schambein. h.

Onosm. macr. fl., Gelenkschmerz, herumziehender. MA. 60.

Gelenkschmerz mit katarrh. Augentriefen, viel Harnen, Schulter- und Kreuzschmerz. Hüftweh. Füßeschmerzen.

Onosm. macr. rad., Kreuzschmerz. h. g. Schenkelschmerz bei Fieber. h.

Op. mur. ac., Armschmerz. h.

Op. nitric. ac., mit Magnesia, Fußschmerzen. h.

Op. pur., Schmerzen, herumziehende in der Leber- und Milzgegend mit Samenfluß. Gelenkschmerz, ♀.

Op. sulph. sod., Kreuzschmerz.

Opop., Zerschlagenheitsgefühl. Schmerz von äußerer Gewaltthätigkeit. Gelenkgicht. g. n. Füßeschmerzen. h.

Ovor. ol., Einreibungen bei Steifheit von Gicht. ang.

Ox. ac., Gelenkgicht. g. n.

Ox. amm., Schmerz tilgend, bei Tripper. Armschmerz, bei Husten. h.

Panic. pil., Fußschmerzen.

Par. brava, Arm- und Seitenschmerz. Brust- und Seitenschmerz.

Pavia, Händegicht. Knieschmerz. Schmerz beim Tripper. Gesichtsschmerz. h. Rheumatismus, äußerlich ang.

Pers. nucl., Nieren- und Leistenschmerz. MA.

Gelenkschmerz. h.

Petrol., Schmerzen allg. h. g. rheum. und ♀.

Petros. sem., Hüftweh. h. g. n.

Phall. esc. Schulterschmerz. h.

Phas. acon., Gelenkschmerzen, acute, mit Fieber.

Hüftkopfschmerz.

Phell. aqu., Reißen in den Gelenken. ang.

Phosph., Hüftgelenkschmerz. Fußschmerzen.

Phosph. tereb. spir., Gelenk- und Knieschmerz mit Fußgeschwulst.

Phys. flex. rad., Gelenkschmerz. Nacken- Schulter- Leisten- und Knieschmerz. Gelenkgicht. n.

Phys. flex. rad. abw. Hermod. d., Gelenkschmerz.

Phys. flex. sem., Knieschmerzen. g. Fußschmerzen. (4mal. 12.) g. n.

Phys. Kagnedsch, Fußgicht. Es ist den Nieren schädlich. Tohf.

Picrorrh. kurrooa, Gicht. Gelenkgicht. Schmerzen, fixe, rheum. mit Husten. Kreuzschmerz, per. mit Hypochondrie. Hüftweh, chron. Recidiv. h. g. bei acutem. MA. 14. Achsel- Schulter- und Knöchelschmerzen. Gelenkschmerzen, auch ♀. g. n. Schmerzen, allg. h. Schmerzen, herumziehende. n. Es ist den Nieren schädlich. Tohf.

Pip. a., Fußschmerzen. (Die Verreibung.) M.

Schmerz im Penis, bei Nachtripper. h.

Pip. long. stip., Hüftweh.
Piscin., Schmerzen, allg. mit Kopf-Schwergefühl und Magenweh. Kreuz- u. Knieschmerz.
Pistac. put., Kreuzschmerz mit Fieber. **4mal.**
Pis. sat., Zerschlagenheitsgefühl in den Füßen. Fußschmerzen mit Schweißlosigkeit der Füße.
Plant. maj., Kreuzschmerz. **h.**
Plat., Ziehen aus dem Kreuz in die Leiste. Schmerz von einer Quetschung.
Plumbag. Zeyl. rad., Gelenkschmerz, bei Fieber. **h. g.** bei acutem.
Plumb., Gliederschmerz. Kreuz- Schenkel- und Wadenschmerzen, einseitige.
Polanis. hb., Schenkelschmerzen, am meisten Nachts in der Ruhe. **h.**
Polanis. rad., Schmerzen, ♀. **MA. 30.**
Polyg. lin., Kreuz- und Füßeschmerzen. **4mal. 12.**
Nierenschmerzen mit Gries.
Wadenschmerzen mit Steinleiden.
Kreuz- und Gelenkschmerzen. **g. n.**
Kreuz- und Fußschmerzen. **4mal. n.**
Polyg. macr., Brustseiten- Kreuz- und Hüft-Schmerzen, herumziehende. Schmerzen, allg. Schulter- und Knieschmerz. Fußschmerzen. **h. g. n.**
Polyg. molle, Gelenkschmerz. Knieweh mit Tripper. Eingeschlafenheit des Arms. **h.**
Polyp., Armschmerz mit Husten. Es ist den Nieren schädlich; jedoch gut bei Gelenkgicht. **Tohl.**
Portul. sem., Achselgelenkschmerz. Schenkelschmerz. Schmerzen der Ferse beim Anstrengen oder Aufstützen ders. **MA.**
Prunella, Gelenkgicht.
Prun. sylv. **R.**, Nierenschmerz. Füßeschwäche, schmerzende. Armgelenke- und Händeschmerzen. **h.**
Psyll. sem., Brustschmerz bei Tripper. Arm- Kreuz- und Fußschmerzen, wie rheum. **h.**
Puls., Gicht mit Unverdaulichkeit. Schienbeinschmerz, beiderseits, Nachts in der Ruhe am ärgsten. Gesichtsschmerz. Lendenweh, palliativ.
Pyrethr., Gelenkschmerz. **h. g.** bei Gesichtsschmerz, nervösem, ein Stückchen im Munde gehalten, um Speichelfluß zu erregen. **ang.** Schenkelschmerz, vorübergehenden. **h.**
Querc. rob. gl., Schmerzen, herumziehende.
Ranunc. lan. fl., Füßeschmerzen.
Ran. lan. fol., Schmerzen, allg. auch halbseitige. ☿schmerzen. Schulterschmerz. Kreuzschmerz.
Ran. lan. rad., Schmerzen rheum. und gichtische mit Geschwulst und Contracturen. Schulter- Kreuz- Knie- und Knöchelschmerzen.
Ran. scell., Schmerzen, brennende.
Rapar. sem., Stirn- und Gesichtsschmerzen. **h.**
Raph. sat., Genuß im Uebermaß: Kreuzschmerz. **h.**
Raph. sat. sem., Armschmerz. Armgelenkschmerz. Schmerz aus der Leiste auf die Achsel sich erstreckenden. Knieschmerz.
Raph. sat. succ. mit Berb. lyc. Res Auflösung: Kreuz- und Knieschmerz.
Rhat., Kreuzstarrheit. **MA. 60.**
Rheum, Rheumatismus, acuter, nach Erkältung. Schmerzen, allg. mit Zittern.
Rheum. austr., Lendenweh.
Rhus Cor., Schmerz einer Nierenfistel.
Rhus Kakr., Fingergelenkschmerz. **h.**
Rhus Tox., Rheumatismus, acuter u. chron. Schmerz abwärts vom Kreuz mit unvollk. Lähmung. Hinken, freiwilliges. Gelenkschmerzen, ♀. mit Harnbrennen.
abw. mit Merc. v. Entzündungsgeschwülste der Gelenke. Hüftweh mit Hämorrhoidalbeschwerden.
Ricini fol., Hüftgelenkschmerz. Schmerzen, allg. mit Starrheit.
Ricini rad. cort., Kreuz- und Knieschmerz.
Rosar. r., anstatt Kaffee, werden die Rosenblätter wie Thee bei Gicht mit Magenleiden. **ang.**
Rosmar., Rheumatism.
Rotl. t., Schmerzen, herumziehende. Zerschlagenheitsgefühl. Schmerzen, allg. Hände- und Füßeschmerzen. Kreuzschmerz. **h. g. n.**
Schenkelschmerz. **h.**
Rub. Munj., Schulter- und Brustschmerz. **h. g.**

Arm- Achsel- und Seitenschmerz.
Schultern- u. Armschmerz, herumziehende.
Knochen- u. Knöchelschmerz. Gelenkschmerz.
Schulterschmerz, katarrh. rheum. **MA.**
Handgicht, s. Zingib.
Rum. ac., Nieren- und Milzschmerz. Gelenkgicht, einseitige.
Rum. Bidschbend, Gesichtsschmerz mit Schwindel und Weißfluß.
Sabad., Rheumatismus und Nevralgien.
Sabina, Rheumatismus, chron. Fußgicht. Hodenschmerz. **h.**
Sagap., Gelenkschmerzen. **g. n.**
Kreuzschmerz. **h.**
Sahansebed, Gelenkschmerz. Knieschmerz. **h.**
Salep, Füßeschmerzen.
Salv. off., Rheumatism. Nierenschmerz, linker Seite mit Steinleiden.
Santal. a., Händegicht. Kreuzschmerz.
Santon. sem., Knieschmerz. Knie- und Knöchelschmerz. Stechen, brennendes. Gelenkschmerzen. **g. n.**
Sapii ind. nuc. cort., Fußschmerzen.
Sap. ind. nuc. sem., Kopf- u. allg. Schmerzen, nach Fieber. Gelenkschmerz. Fußschmerzen. **h.**
Sarcoc., Zerschlagenheitsgefühl, bei Knochengeschwüren, **h.**
Sarsap., Rheumatism. Schmerz, nächtlicher in den Füßen.
abw. Cham., Gelenkschmerzen, ♀. durch Ausbruch der Lustseuche tilgend.
abw. Kali hydrojod., Gicht und Rheumatism.
abw. Mezer., Schmerzen, ♀ und ☿ ♀., sogar mit Knoten. **MA.**
abw. Nitric. ac., Schmerzen, ♀. **MA. 60.**
s. Smil. china.
Saxifr. Peschant, Schmerzen, allg. Knieweh, **h.**
Scamm., Schmerzen der Brust, des Magens und der Gedärme.
Knieschmerz, bei Hartleibigkeit. **h.**
Schekakel, Gesichts- und Zahnschmerz, Brust- Leber- und Milzschmerz. Entzündungsgeschwulst der Knie. Wadenschmerzen mit Ziehen in den Kniekehlen. **MA.**

Schmerz von äußerer Gewaltthätigkeit.
Gelenkschmerzen, auch ♀. **h. g. n.**
Kreuzschmerzen. **g. n.** Kopf- und Zahnschmerz. **h.**
Scorp., Nacken- Schulter- Armgelenk- Kreuz- und Knieschmerzen. **M.**
Gelenkschmerzen u. Kreuzschmerzen. **g. n.**
Hodenschmerz, bei ♀. **h.**
Sebest. fr. imm., Kopf- Hals- und Armschmerz, **h.**
Sec. c., Fußschmerzen. **h. g.** Fußschmerz mit Brennen und Jucken. **4mal 28.**
Kreuzschmerzen. **g. n.**
Sel., Schmerzen, rheum. Fußschmerzen mit Samenfluß. Gelenkschmerzen, (**I. K. MA.**) **h. g. n.**
Schmerzen, ♀. **g. n.** Waden- Knöchel- und Zeheschmerzen. **h.**
Senec. Jacquem., Gelenkgicht. Schmerzen, halbseitige. Kreuzschmerzen. **g. n.**
Senec. Mus., Achsel- Arm- Schulter- und Kreuzschmerzen. Schmerzen, ♀. Schmerzen, allg. **h. g. n.** gut mit Kopfweh.
Senega, Schmerzen, herumziehende.
Füßeschmerzen mit Brustschleimansammlung.
Sep. os, Kreuzschmerz. Schmerzen, allg. mit Fieber.
Sep. succ., Kreuz- und Wadenschmerz. Wadenschmerzen, vor und nach dem Tripper. **K. M.—2tägig.**
Serp. ex., Schmerzen, katarrh., rheum. mit Fieber. Schmerzen, allg. Kreuzschmerzen, auch ♀. **h. g.** Brustseite- und Gelenkschmerzen, ♀., auch mit Entzündungsgeschwülsten. Schmerzen, brennende in den Nieren, bei Steinleiden. Schmerzen, brennende, von unten herauf bis in die Hüfte, nach dem Biß eines Hundes. **M.**
Sialikand, Schmerzen ♀, durch Vergrößerung des Chankers lindernd.
Sid. fol., Kreuzschmerz.
Sid. sem., Kreuz- und Fußschmerzen. Hüftgelenkschmerzen. Kreuzschmerzen. **g. n.**
Schmerzen, allg. **h.**
Sil., Gelenkgicht. ♀. Kreuzschmerz. Fußschmerzen mit Bauchweh. Kniewehe. **g. n.**

Sinap. plac. **R.**, Hüftweh.
Sisymb. Irio, mit Fieber, allg. Schmerzen, oder auch nur Nierenschmerz. Kreuzschmerzen. **g. n.**
Smalt., Kopf- und Gelenkschmerzen. **h.**
Smil. china, Wadenschmerz, brennender, oder mit Tripper. **R**sol. **M.** Gelenkgicht. Schmerzen in Händen und Füßen, rheum., gichtische. Kreuzschmerzen. **g. n.** Kopf- Schulter- und Hodenschmerzen. **h.** Gelenkschmerzen. **n.**
Das wurmstichige Pulver derselb. Gesichtsschmerz.
abw. Guil. Bond., Schmerzen. ♀. **MA.**
abw. Sarsap., Schmerzen, allg. mit einem Knochengeschwür. **MA.**
Solan. Jacqu. fr., Gelenkschmerzen. **g. n.**
Sol. Jacqu. rad., Brennen, schmerzhaftes, innerlich. **h. g.** s. Brennen, inneres.
Sol. n., Schmerzen, allg. mit Fieber. Nieren- Kreuz- und Gelenkschmerz. **h.**
Sphaeranth. ind., Schmerzen, allg. mit Fieber. $1\frac{1}{2}$ stündige Gaben **8.** Gelenkschmerzen, auch ♀. **g. n.**
Spig. anth. **R.**, Kopf- Gesichts- Gelenk- und allg. Schmerzen, period. Schmerzen, halbseitige. Schmerz an der Wurzel des Penis. Schmerz in den Füßen, bei Fieber.
Spong. u., Nierenschmerz, auch Schenkelschmerz, am meisten Nachts in der Ruhe. **h.**
Squilla m., Rheumatism. Schmerzen durch Bewegung vermehrt, in der Ruhe gemindert.
Staph., Armknochenschmerz. Bauch- Kreuz- und Fußschmerzen mit Harnbeschwerden. Wadenschmerz. Schulterschmerz. **h. g. n.** Nierenschmerz, linker Seite, der sich auf die Schulter zog. **h.**
Stoech. ar., Gicht und Fußgicht. **Tohf.**
Stoech. Cashm., Kreuz- und Hüftweh. Fußschmerz. Zerschlagenheitsgefühl der Füße im Gehen.
Storax cal., Schmerz lindernd. **Tohf.**
Stront. n., Gesichtsschmerz. **h.**
Strychn., Nevralgie.
Strych. f. St. Ign., Rheumatismus, acuter. Schmerzen, rheum., herumziehende. Kreuzschmerzen **h. g.** Schmerzen, bei ♀. **h. g.** Knieschmerz. Knieentzündungsgeschwulst. Gelenkschmerzen. **g. n.** Schmerzen, allg., so wie auch Schenkelschmerz. **h.**
Strych. n. pot., Kreuzschmerz, wie auch allg. Schmerzen. **h.**
abw. Merc. sol., Schmerzen. ♀.
Strych. n. vom., Hüftkopfschmerz, nach Erkältung. **MA.** Gelenkschmerz. Schmerzen, nach Saufen geistiger Getränke.
Sulph. ac., Hüftweh.
Sulph. Auliasar **abw.** Nitric. ac., Knieschmerz. Kopfweh bei allg. Schmerzen. **h.**
Sulph. citr., Gelenkschmerz. Rheumatism.
Syc. Gagervel, Schmerzen, allg. **g.** Gelenkgicht. ♀. mit Contractur. Gelenkschmerzen, ♀. **n.** Zahnschmerzen und Hüftweh. **h.**
Tabaschir, Schulterschmerz. **h.**
Talc. a., Kreuzschmerzen. **g. n.** Gesichts- und allg. Schmerzen. **h.**
Talc. n., Schmerzen, herumziehende. Kreuzschmerzen. **g.** Fingerschmerz. **h.**
Tarax. fol., Rheumatism.
Tarax. rad., Armschmerz. Knieschmerz. Schmerz in den Knochen der Füße im Gehen.
Thuj. occ. **R.**, Armschmerz und Kreuzschmerz. **g. n.**
Thuj. or. sem., Stichschmerzen in den Gelenken, bei ♀. **MA. 60.**
Thym. Serp., Knochenschmerz mit innerem Fieber. Schmerz an den Innenseiten der Schenkel. **M.**
Tigrin., Schulterschmerz mit Zehrfieber. Wadenschmerz mit Gefühllosigkeit. Fußschmerzen. **h.**
Trianth. pent., Kreuzschmerzen. **h. g.** Die Verreibung.
Tribul. terr., Gesichtsschmerz. Schulterschmerz. Kreuzschmerzen. **h. g. n.**
Trichos. palm., Armschmerz mit Unvermögen den Arm aufzuheben. Schmerz lindernd bei Chankers.
Ultram., Nierenschmerz, linker Seite. **h.**

Umb. Butazeri, Schulter- und Seitenschmerz. Knieschmerz.
Urt. dioica, Rheumatism.
Urt. dioic. Cashm. fl., Schulter- und Seitenschmerz.
Urt. dioic. Cashm. rad. cort., Gelenkschmerz. Schmerzen, rheum. Der Pat. fühlte sich dabei erwärmt.
Uva ursi, Eichelschmerz, bei Steinleiden. Schmerz lindernd bei Shankers, auch bei Gebärmutterfluß. Knieschmerz, innerer Seite, bei einem Opiumesser. h.
Valer. sylv., Knieschmerz. Schmerzen, allg. mit Fieber von 2 Monaten.
Vanill. R., Schulterschmerz. Fußschmerz, im Gehen.
Veratr. a., Gicht. Kreuzschmerz.
Verbasci rad., Schulter- und Brustschmerz. Schulter- und Magenschmerz. Kreuzschmerzen. h. g. n.
Verben. Lah. hb., Brennen und Gelenkgicht, bei ♀. h. g. (Das Kraut war sammt den Stengeln zerschnitten und verrieben worden). 4mal 28. — MA. 30.
Verben. Lah. sem., Gelenkschmerz und Gelenkgicht. Hände- und Füßeschmerzen.
Vesicat. Application beim Hüftweh, unter die Wade des leidenden Fußes. Tohf.
Vesp. fav., Gelenkschmerz.
Vesp. mel, Schulterschmerz, Gelenkschmerz. Schmerzen, allg. h.
Villars. nymph., Hüftweh.
Vinc. min. fl., Fußschmerzen. h.
Vinc. min. fol., Schmerzen, allg. MA. 14. g. n.
Schmerzen allg. mit Fieber und Schlaflosigkeit. h.
Viol. od., Kopf- Schulter- und Armschmerz.
Violae od. conf., Nacken- Schulter- Brustschmerzen, rheum. mit Fieber.
Vit. neg., Schmerzen, herumziehende. Fußgicht. Wadenschmerz. g. Knieschmerzen h. g. n.
Kreuzschmerzen. g. n. Achselschmerz. h.
Vitri fel, Schmerz in den Muskeln. Entzündungsgeschwülste in den Gelenken.
Warburg's Fiebertropfen, Seitenschmerz. Schulterschmerzen. g. n.

Xanthox. cort., Schmerzen, allg. nebst Katarrh. h.
Xanthox. fr., Schmerzen, allg. h. g. mit Fieber. Gelenkgicht, chron. MA. Gelenkschmerz. Schmerzen in Achseln, Armen und Schultern. Schmerzen, ♀. n. Hand- und Fußgicht. n.
Zed. Zer., Gelenkgicht. Hüftweh. h.
Zedoaria mit Picrorrh. kurrooa und Pip. n. gemischt, werden bei der Gelenkgicht ang.
Zinc., Schmerzen in der Nabelgegend und in den Füßen, periodisch. chron. Leiden, zuweilen mit Fieber. Hinken, freiwilliges. Gelenkschmerzen. ♀. g. n.
Zinc. iod. amygd. d. ol. comp., Schmerzen, ♀. Hüftweh. g. Gelenkschmerzen. h.
Zinc. merc., Hüftweh. Schmerzen, allg. mit Fieber.
Zinc. sulph., Armschmerz. Arm- und Fußschmerzen. Knöchelschmerz beider Füße.
Zingib. a., Hüftweh.

Rp. Asae f., Nuc. moschat. aa Scr. j. Rubiae tinct. Scr.jj. Zingib. a., Sachari a. ā̄ā Unc. β. m. f. pulv. Sig. Morgens u. Abends zu Dr.β—j. mit ein wenig Wasser einzunehmen. Dies war zu einer Zeit mein Lieblingsmittel bei Gicht und Rheumatismus.

Zingib. rec., Kopf- und allg. Schmerzen.
Zingib. rec. mit rad. Colocynth. in Verbindung, bei Gelenkgicht MA. 60.
Zingib. rec. mit sem. Foenic. und Honig. Hüftweh.
Zyz. Juj., Schmerzen, allg. ♀., herumziehende.
Zyz. Juj. gummi. Gesichtsschmerz.
Zyz. vulg., Gelenkschmerz mit Fieber. Nieren- und Blasenschmerz.

Schnupfen, s. Katarrh.

Schwäche, allgemeine und örtliche mit und ohne Samenfluß, Vorsteherdrüsensaftabgang rc.

Acac. sem., Vorsteherdrüsensaftabgang. Samenfluß. g. n.

Acac. succ., Schwäche, allg. Samenfluß.
Agar. a., Samenfluß. h.
Ajonain, Samenfluß. h.
Ajuga D., Samenfluß. h. g. n.
Ajuga dec., Samenfluß. g. n.
Alth., Impotenz. g. n.
Anac. occ., Samenfluß. h. g. n.
Anac. or., Schwäche, allg., lähmungsartige.
Angel. sem., Samenfluß. h. g. MA. 30.
Araneum, Schwäche, allg. Samenfluß. h. g. n.
Areca cat. nux a., Impotenz, mit Samenfluß g. n.
Areca cat. nux n., Samenfluß.
Argent. fulm., Schwächegefühl, allg. nach Erkältung.
Armor., Schwäche, allg. mit Kreuzschmerz.
Arnica, Samenfluß mit Impotenz. g. n.
Ars. sod., Schwäche, allg. mit Appetitmangel.
Arum camp., Samenfluß. g. n.
Arum coloc., Schwäche und Schmerzen der Füße. h.
Asari rad., Impotenz mit Samenfluß, die indische. g. n. Die europäische. g. Schwäche zum Umfallen, im Gehen. Samenfluß. h.
Asplen. fol., Schwäche, allg.
Barler. longifol. sem., Aphrodisiacum. ang.
Bedelbisch, Samenfluß. h. g. Impotenz. n.
Behen a., Samenfluß. h.
Blum. aur. sem., Impotenz mit Hämorrhoiden.
Borax. ven., Impotenz. Lahor's Borax n.
Bov., Schwäche zum Umfallen, im Gehen. h.
But. fr. gummi, Schwäche der Füße, schmerzende mit Schlaflosigkeit, Samenfluß mit Tripper. Impotenz mit Samenfluß. g. n.
Calebr. opp., Impotenz g. n., gut mit Samenfluß.
Caloph. inoph., Samenfluß.
Calotr. gig. rad. cort., Impotenz h. g. n.
Calotr. gig. succ., Impotenz.
Campech. lign., Schwäche, allg.
Camph. amygd. d., Emulsion. Samenfluß.
Cantharid. Man räth spanische Fliegen, oder noch besser die Meloe telini Indiens (indem die noch mehr Kantharin enthalten) in Kuhmilch zu kochen, sie dann gerinnen zu lassen, und aus dem Geronnenen auf die gewöhnliche Art die Butter herauszuschlagen, die mit Gewürzen versetzt, eines der besten Aphrodisiacum sein soll. Ich glaube, daß die T. Cantharidum oder T. Meloë telini dasselbe als das Butterpräparat thut; obwohl ich in frühern Zeiten die eine und die andere mit Pfeffer, Zimmt, Ambra, Zucker und Tragantschleim als Trochisken gebraucht habe, so wollte ich sie doch jetzt, da ich mehrere bessere Mittel für diesen Zustand kennen gelernt und mitgetheilt habe, auch Niemandem beim Unvermögen anrathen.
Cascar., Samenfluß. g. n.
Cass. abs. sem., Impotenz.
Cass. al., Schwäche allg. und örtliche. Impotenz. Samen dünnflüssiger. MA. 60. Oft folgen jedoch Recidive, weshalb mit diesem Mittel einige Zeit hindurch in 2—3tägigen Zwischenräumen fortzufahren ist.
Cass. fist. pulpa, Samenfluß. Impotenz. g. n.
Cass. lign., Samenfluß. h.
Ceras. nucl., Impotenz mit Steinleiden. MA. 30.
Impotenz mit Samenfluß. n.
Cervi c. u. a., Schwäche der Füße, schmerzende.
Chelid. maj., Schwäche, allg. h. g.
Schwächegefühl in den Füßen.
Chidra sem., Impotenz.
Chin. cort., Samenfluß mit Kreuzschmerz. Schwäche, allg.
Cicer. ariet., geröstete, geschälte, sind ein Aphrodisiacum sagt Tolif.
Sie sind als ein Substitut des Kaffee's ang.
Cinnam., Impotenz. g. n. gut in Verbindung mit Smil. china. Schwächegefühl in den Füßen. h.
Coccul. men., Samenfluß. h.
Cocos nux, Samenfluß. h.
Coff. cr., Impotenz.

Coloc. rad., Abgang des Vorsteherdrüsensaftes, nach Tripper. MA.
Comp. Zerbabri, Impotenz. h. g. n.
Con., Samenfluß und Impotenz. g. n.
Conv. arg. sem., Samenfluß, dünnflüssiger. Samenfluß mit Impotenz. g. n.
Conv. arg. sem. mit Bat. fr. gummi, in Verbindung. Impotenz.
Corch. frut., Samenfluß mit Impotenz. g. n.
Cost. ar., Samenfluß. h. g. n.
Cost. n. Cashm., Samenentleerung, zu geschwinde. MA. Samenfluß mit Impotenz. n
Crat. Marm., Samenfluß. g. n.
Creos., Schwäche, allg.
Cucum. madr., Samenfluß. Schwäche, allg. h. Impotenz. n.
Cup. amm., Schwäche, allg. und örtliche, Samenfluß mit Impotenz.
Cuscut., Samenfluß. g. n.
Cyper. long., Schwäche, allg. von Säfteverlust. Samenfluß. g. n.
Daron., Schwäche mit Fieber, auch mit Vielharnen.
Datisc. cann. rad. cort., Schwäche, allg.
Delph. Ghafes succ., Samenfluß. h.
Delph. pauc., Samenfluß. h. g. Impotenz. g. n.
Dolich. faba, Impotenz. h. g. MA. 60. Impotenz mit Samenfluß. MA. 30. n.
Dschendalu, Impotenz. h. g. n.
Dulcam., Schwäche, allg. mit Einschlafen der Füße.
Eben., Samenfluß. h.
Embryopt. glut. fr., Samenfluß. h. g. Impotenz. M. 40.
Embryopt. gl. fr. sem., Impotenz. MA. 60.
Eryng. mar. rad., als Aphrodisiacum ang.
Eug. Jambol. cort. succ. 'K., Samenfluß, auch mit Harnzwang.
Euph. long., Schwäche, allg.
Euph. ten., Schwäche, allg.
Euphr., Schwäche, allg. Samenfluß. Samenabgang, zu geschwind.
Euryal. fer. fl., als Aphrodisiacum ang.
Evolv., Impotenz. h. g. Impotenz mit Samenfluß. n.
Fagon. ar., Samenfluß. g.
Fic. ind. fol., Impotenz. Samenfluß. g. n.
Foenic. rad., Samenentleerung, zu geschwinde. MA. 60.
Fung. ign., Samenfluß.
Gagerming, Schwäche, allg.
Gard. dum., Schwäche allg., auch der Füße.
Gent. rad., Impotenz. h. MA.. 30
Glacies, die Kälte örtlich auch innerlich angewandt, ist stärkend.
Goss. fulm., Samenfluß.
Goss. sem., Schwäche, allg. h.
Granat. ac. rad. cort., Impotenz. g. n.
Gund. Zulm sem. ang.
Gyps., Samenfluß. Impotenz. n.
Gyps. Setseladschit, Samenfluß.
Harm. Ruta, Schwäche der Füße.
Helict. is., Schwäche der Füße im Gehen. h.
Helleb. n., Impotenz. g. n.
Hossen Jussif, Schwäche, allg.
Hoya vir., Samenfluß. h. g. n.
Hyosc. sem., Samenfluß. g. n.
Jalap. mir. rad., Samenfluß. h.
Jatroph. curc., Schwäche, allg. h.
Ichytioc., Samenfluß. MA. g. n., gut 4mal 60.
Indigof. Anil, Impotenz. h. g. n.
Jod., Schwäche, allg. mit Magenleiden und Haareausfallen.
Irid. rad., Applicat. bei Impotenz ang.
Jugl. nuc. cort. 'K., Impotenz. h. g.
Jugl. nuc. ligni cort. 'K., Impotenz.
Junip. bacc., Samenfluß. h. g. Schwäche der Füße.
Kali bichr., Impotenz mit Katarrh rc. Impotenz mit Samenfluß. n.
Kali sals. foem., Samenfluß. g.
Keikeila, Impotenz mit Nebelsehen und Engbrüstigkeit.
Kris, Impotenz. MA. 30.), hat in sechs Fällen nur einmal fehlgeschlagen.
Lact. vir. extr., Samenfluß.
Lam. sacch., Samenfluß. g. n.
Led. pal., Samenfluß. g. n.
Lepid. sat. hb., Aphrodisiacum. Tohf. Samenfluß. g. n.

Lepor., Impotenz. g. n. Samenfluß. h.
Leuc. ceph., Samenfluß. g. n.
Locust., Impotenz mit und ohne Samenfluß. h.
Lyc. hb., Samenfluß. h.
Macis, als stärkend ang.
Magnet. lap., Schwäche, allg.
Malva mont., Samenfluß. g. n.
Mamira Caslun., Schwäche, allg. und Nebelsehen mit Schwindel.
Marrub. a. R., Samenfluß. h. g.
Samen dünnflüssiger. MA. 60.
Impotenz (?).
Mastix, Impotenz. h. g. n.
Meccan. bals., die Muskeln und die Gebärmutter stärkend. Tohf. Bei Lähmung des Penis ist die örtliche Application zu machen. Tohf.
Meloë telini, s. Canthar.
Menisp. gl., Samenfluß. MA. 30.
Menisp. gl. faec., Samenentleerung, zu geschwinde. Samenfluß. g. Impotenz. g. MA. 60.
Merc. d., Impotenz. h. g. n.
s. Myrob. n.
Methon. glor., Samenfluß. h. g. MA. 60.
Impotenz. g. MA. 60. Schwäche, allg. mit Samenfluß.
Mimosa abst., Impotenz. Samenfluß. h.
Mim. pud. sem., Samenerguß im Schlaf, bei wollüstigen Träumen. Impotenz und Samenfluß. g. n.
Mor. Soh. gummi, Samenabgang, zu geschwinder.
Mulged. rap., Samenfluß. g. n.
Myrob. Beller., Impotenz. g. n.
Myrob. Embl., Schwäche der Füße.
Myrob. n., Samenfluß. Schwäche und Eingeschlafenheit der Füße. h.
abw. Merc. d., Samenfluß. 4mal 28.
Mit Honig. Impotenz.
Nard., Impotenz.
Natr. m., Samenfluß. g. n.
Ner. odor. rad., von der weißblumigen, wird bei Impotenz örtlich appl. ang.
Nigell. sat. sem., Schwäche, allg. g. n.
Nitr. ac., Abgang des Saftes der Vorsteherdrüse. Samenfluß. g. n.

Numul. Schadenedsch, mit Honig, Impotenz. MA. ohne Honig. Impotenz mit Samenfluß. g. n.
Nycter., Samenfluß.
Ocim. a., Samenfluß mit Impotenz. MA.
Samenfluß. h. g. auch mit Nasenfluß.
Ol. anim., Impotenz. Samenfluß.
Olib. ind., Samenfluß. g. n.
Onosm. macr. fl., Schwäche, allg. Impotenz, g. n.
Op. pur., Samenfluß. h. vermehrend, g. n.
Opop., bei Samenfluß Recidiv. h.
Oryza r., Samenfluß. h.
Ox. ac., Schwäche mit Schweiß. Schwäche und Eingeschlafenheit der Füße. Samenfluß. Samenfluß mit Impotenz. n.
Ox. amm., Samenfluß. g. n.
Panic. pil., Samenfluß, dünner.
Persic. nucl., Impotenz, mit ♀.
Samenfluß. h.
Phall. escul., Samenfluß mit Impotenz. g. n.
Phosph., Schwäche allg. und örtliche mit Hitze, nach Pollutionen.
Samenerguß, zu geschwinden.
Samenfluß. h.
Phosph. ac., Samenfluß mit Impotenz. g. n.
Pip. a., Impotenz, gänzliche. R. 2tägig. 30.
Impotenz, wo nur gelinde Erektionen.
Verreibung. 2tägig.
s. Scorp. und vit. neg.
Pip. Betle fol., Samenfluß.
Pip. long. stip., Schwäche, allg. h. g.
Samenfluß. Impotenz. n.
Piscin., Impotenz. (Pastillen, worin verriebene Schädelknochen eines Fisches befindlich, waren mit der R. von der Fischgalle befeuchtet worden.) MA. 30.
Plat., Schwäche und Mattigkeit.
Plectr. ar., Samenfluß.
Podoph. Emodi fr., Samenfluß. g. n.
In acht Fällen zweimal fehlgeschlagen.
Polyg. lin., Schwäche, allg.
Portul. sem., Impotenz. h.
Prun. sylv. R., Schwäche der Füße, schmerzhafte.
Raph. succ. cum Berb. lyc. Ros, Samenfluß mit Hämorrhoiden.

Ricini fol., Schwäche mit Magenhüpfen.
Rosmar., Schwäche, allg.
Rub. Munj., Schwäche, allg.
Santal. a., Samenfluß. h.
Sapind. em., Schwäche, allg. mit Kreuzschmerz.
Schekakel, Samenfluß mit Impotenz. g. n.
Scorp., Samenfluß mit Impotenz. g. n. Schwäche, allg. h.
abw. Nard., Samenfluß mit öfterem Harnen.
abw. Pip. a., Impotenz. MA.
Sebest., Samenfluß.
Sec. c., Schwäche, abwärts vom Kreuz. Impotenz. h. Impotenz mit Samenfluß. n.
Senec. Jacquem., Impotenz.
Senega, Samenfluß. g.
Serp. ex. ammon. mur. comp., Schwäche allg. und örtliche.
Sialikand, Samenfluß.
Sidae fol., Impotenz. Samenfluß.
Sid. rad., Samenentleerung, zu geschwinde, mit Harnsystemleiden. Impotenz und Samenfluß. g. n.
Sid. sem., Samenfluß. g. n. Impotenz. h.
Sisymbr. Irio, Schwäche, nach Ruhr.
Sisymbr. Soph., Schwäche der Füße.
Smil. china, s. Cinnam.
Sol. Jacqu. fr., Samenfluß. h. g. n.
Sphaer. ind., Schwäche mit Schleimhusten. MA.
Spig. anth. R., Samenfluß. g. n.
Spong. u., Impotenz. h.
Stann., Samenfluß mit Impotenz, verschlimmernd (?)
Strychn., Samenfluß. g. n.
Trapa bisp., Samenfluß.
Umb. Butazeri, Impotenz, mit Samenfluß. n.
Urt. dioic. fl., Schwäche, allg.
Uva passa maj., Schwäche, allg. mit Appetitmangel, Ruhr 2c.
Vanill. R., Impotenz. g. n.
Verbasci fol., Samenentleerung, zu geschwinde, mit Katarrh. Samenfluß mit Engbrüstigkeit 2c. M. 30.
Verbasci rad., Schwäche der Füße.
Vesp. mel, Samenfluß. g. n.
Vinc. min. fol., Samenfluß. h. g. n.
Vit. neg. abw. Pip. a., Impotenz. MA.
Xanthox. ligni cort., Samenfluß. Impotenz. g. n.
Xanthox. sem., Schwäche der Füße.

Schwämmchen, s. Hals und Mundleiden.
Schwären, s. Geschwülste und Hautkrankheiten.
Schweiße und Hautausdünstungen, unterdrückte oder übermäßige, übelriechende 2c.

Acon. Nap. extr., Schweiß treibend.
Agar. a., Schweiß hektischer Personen.
Ajouain, Schweiß treibend.
Amm. mur., s. Serp. ex.
Anac. occ., Schweiß treibend.
Anac. or., Schweiß treibend, in der Nacht.
Anguis (Aspis naja) virus, Schweiß an den Füßen. h.
Ant. t., Schweiß und feinkörnigen Ausschlag. h.
Arnica, Schwitzen in der Nacht und Frösteln mit Katarrh, h.
Arsen., s. Kali hydriod.
Arum camp., Schweiß treibend.
Balausta, Achselschweiß, stinkender.
Bebeerine, Schweiß treibend.
Berb. lyc. Res, Schweiß treibend und hemmend.
Bov., Schwitzen der Hände und Füße. Schwitzen, anhaltendes, entkräftendes, mit Aussatz.
But. fr. gummi, Schwitzen des Kopfes, auch im Winter.
Cacal. Kl., viel Schwitzen, mit verborgener ♀.
Calam. ar., Kopfschwitzen. h.
Calotr. gig. rad. cort., als Schweiß und Harn treibend ang.
Campech. ligni extr., Schweiß Lungensüchtiger. ang.
Cariss. Car. fol., Schwitzen an einzelnen Theilen. h.
Cass. Tamal. fol., Schweiß treibend. Achselschweiß, stinkender.

Cass. Tora, schweißlose Hautstellen mit Brennen ꝛc.
Celastr. pan., Schweiß, stinkender.
Cepa, Schweiß treibend.
Chelid. maj., Schweiß treibend.
Chin. sulph., Schweiß treibend. Zuweilen kalter Schweiß.
Colch., viel Schwitzen.
Conv. arg., Gesichtsschwitzen. ♄.
Cost. n. Cashm., Schweiß treibend.
Croc. sat., Ausdünstung, übelriechende. Schweiß, stinkender.
Cucum. ac. Pinditnri, Schwitzfieber.
Cucurb. lag., Schweiß treibend. Tohf.
Cupr. sulph., viel Schwitzen mit Durst.
Cuscut. sem., Schwitzen an der Stirne mit Hitze.
Daron., Schwitzen, viel, mit innerer Hitze, so daß keine Bedeckung vertragen wird.
Dealsing's Fieberwurzel. Schweiß treibend.
Delph. Ghafes fl., Schweiß treibend. Tohf.
Diosma cr., als Schweiß treibend ang.
Embryopt. glut. sem., Schweiß, flüchtiger.
Euph. agrar. (aff. spec.), Schweiß, flüchtiger.
Euph. gummi, viel Schwitzen mit Schmerzen.
Euph. serr., den Schweiß in der Nacht ♄.
Fabar., Schweiß. ♄.
Fic. Car., viel Schwitzen.
Gard. dum., Schweiß-Unterdrückung mit Brennen. Schwitzen bei leichter Bedeckung mit Brennen.
Gossyp. sem., schweißlose Hautstellen. g. n.
Guil. Bond., Schwitzen mit Brennen in der Sonnenhitze.
Haruntutia, Schweiß und Hitze, innere. ♄.
Heliot. is., Schweiß treibend. Tohf.
Hyssop., Schweiß treibend.
Jatropha curc., Schweiß treibend.
Inula Hel., Schweiß treibend.
Kali hydrojod. ars., Schweiß treibend beim Aussatz.
Kali sulph., Schweißlosigkeit mit Stichen und Verschlimmerung in der Sonnenhitze.
Lacca in gr., viel Schwitzen. g. n.
Lacca in tab., Schweiß, übelriechender.
Laws. in., Schweißlose Stellen mit Aussatz. Bei partiellem Schwitzen ist die örtliche Application der Dämpfe des mit dem pulverisirten Kraute und heißen Wasser angemachten Absudes ang.
Lim. Laur., Schweiß mit Jucken und Ameisenkriebeln.
Lini sem., bei Schweißunterdrückung die Räucherungen damit. Tohf.
Lup. Hum. hb., Schwitzen zur Ohnmacht.
Magn. carb., Schweißlosigkeit einzelner Theile mit Brennen, Gefühllosigkeit ꝛc.
Melissa, Schweiß treibend.
Merc. v., Schweiß treibend.
Myrob. n., Schweiß, Nachts. ♄.
Ocim. a., Schweiß, flüchtigen. ♄.
Oleum. Einreibungen damit werden bei starker Hautausdünstung ang.
Onosm. macr. rad. viel Schwitzen mit gefühllosen Stellen.
Pareira br., Kopfschwitzen.
Persic. fol., Achselschweiß, stinkender. Die Application ang.
Petrol., Schweiß treibend, bei Aussatz.
Phosph., Schwitzen, öfteres. Schweiß, stinkender. Schweiß treibend.
Pip. n., Schweiß treibend.
Pip. Betle fol., Schwitzen, partielles, nach Schweißunterdrückung.
Plectr. arom., Schweiß und Schwindel. ♄.
Plumb. ac., Schweiß, hektischer. ang.
Pyrethr., Schweiß treibend. Tohf.
Ran. scell., Fußschweiß, starker.
Rhus Kakr., Schweiß, kalter, mit Fieber.
Rhus Tox., Schweiß treibend.
Rosmar., Schweiß treibend.
Rub. Munj., Stirnschwitzen. ♄.
Sabina, die Ausdünstung befördernd.
Salv. off., Schweiß, nächtlicher, schwächender.
Samb. n., Schweiß, starker.
Samb. n. cort. int. R., Schweiß, colliqu. mit Abzehrung. ang.
Sassafr. ist als ein gutes Schweiß treibendes Mittel ang.
Schekakel, Schweiß unterdrückend.

Senec. Jacquem., Schweiß treibend bei gefühllosen Hautstellen.

Sep. succ., Schwitzfieber.

Serp. ex., Schweiß treibend.

Serp. ex. cum ammon. mur. comp., Schweiß, starker.

Sida, Schweiß treibend.

Silic., viel Schwitzen mit Brenn- und Stichschmerzen. Fußschweiß, sauerriechender. Achselschweiß, stinkender. n.

Solan. Jacqu. fr., Schweiß treibend.

Stann., Schweiß, schwächender.

Stinc. mar., Schweiß treibend.

Thym. Serp., Schweiß und Wärme an den vorher kalten Füßen h.

Zinc., Schwitzen, leichtes.

Schwergehör, s. Gehörleiden.

Schwindel, mit und ohne Dunkelwerden vor den Augen.

Acac. cort., Verdunkelung des Gesichts, auch mit Brenngefühl im Körper.

Acac. succ., Schwindel. h. g. n., gut mit Brennen, nichts mit Magenhüpfen.

Acon. Nap. extr., Schwindel h. g. mit allg. Schmerzen 4mal 12.

Alth. rad., Schwindel h. g. n.

Ambra gr., Schwindel, heftiger, zum Umfallen mit Kreuzschmerz, auch mit Hartleibigkeit. MA — 2tägig. Schwindel mit Kopfweh. n.

Anac. or., Schwindel. h.

Anag. caer., Schwindel h. g. n.

Araneum, Schwindel mit Schläfeschmerz, auch mit Verdunkelung des Gesichtes. MA. Schwindel mit Ohrsausen, palliativ. Schwindel im Aufstehen. h.

Arg. nitric. f., Schwindel. g. n.

Arnic. R., Schwindel mit Kopfweh, mit Erbrechen, mit Schläfeschmerz, mit Ohrfluß. MA. Schwindel von einem Schlag. Verdunkelung des Gesichtes, schwindelige. n.

Arsen., Verdunkelung des Gesichtes. h. g. mit Kopfweh.

Baryta n., Schwindel und Verdunkelung des Gesichtes, palliativ.

Basella r., Verdunkelung des Gesichtes. Schwindel h. g. n.

Bass. latif. fr., Schwindel.

Bebeerine, Verdunkelung des Gesichtes. g.

Bellad. extr., Schwindel h. g. n.

Borac. ac., Schwindel. g. n.

Borax, Schwindel.

But. frond. gummi, Schwindel.

Calam. ar., Schwindel h. g., sogar ♀. MA.

Schwindel mit Gesichtsverdunkelung. n.

Calumb. rad., Schwindel. h.

Campech. ligni, Schwindel. h. g.

Camph., Schwindel. h. in großen Gaben.

Cannab. ind. Cashm. fl., Verdunkelung des Gesichtes mit Blutandrang zum Kopf.

Canthar., Verdunkelung des Gesichtes. h.

Carbo veg., Schwindel mit Schmerz in der Stirne, nebst chron. Katarrh. Schwindel mit Verdunkelung des Gesichtes. n.

Cardam. min., Schwindel. h.

Cariss. Car. fr., Schwindel mit Kopfweh.

Cartham. tinct. sem., Verdunklung des Gesichts. h.

Cass. fist. pulp., Schwindel. g. n. Verdunkelung des Gesichts. g. n.

Cass. fist. sem., Schwindel mit Katarrh. Verdunkelung des Gesichtes mit Katarrh n.

Cass. Tamal. fol., Verdunkelung des Gesichts. Schwindel. g. n.

Cass. Tora, Schwindel. h.

Celastr. pan., Schwindel mit Hypochondrie. Verdunkelung des Gesichts. h.

Cerelaeum, Schwindel mit Kopfweh.

Cervi c. ras., Schwindel. h.

Chelid. maj., Verdunkelung des Gesichts. Schwindel. g. n.

Cherayta, Verdunkelung des Gesichts. h.

Chinae cort., Schwindel mit Schwäche, auch mit Nachtsblindheit. Schwindel mit Verdunkelung des Gesichts. 4mal 12.

Chin. sulph., Verdunkelung des Gesichts.

Churrus, Verdunkelung des Gesichts, palliativ. Schwindel. h.

Cicuta, Schwindel mit Verdunkelung des Gesichts.

Cleom. pent., Schwindel. h.

Coccul. men., Schwindel. h. g. n. Gut mit Eckel zum Erbrechen.
Cocos nux, Verdunkelung des Gesichts. g. n.
Comp. Pokermul, Verdunkelung des Gesichts mit Kopfschmerz.
Conv. arg., Schwindel und Verdunkelung des Gesichts. h. g. n.
Cost. n. Cashm., Schwindel. g.
Creos. Schwindel. h.
Croc. sat., Schwindel mit Ohnmacht. Schwindel mit Verdunkelung des Gesichts. g. n.
Cucurb. citrull. sem., Verdunkelung des Gesichts.
Cup. amm., Schwindel und Verdunkelung des Gesichts. g. n.
Cycad. rev. fr. cort. R., Schwindel. h.
Cyc. rev. sem., Schwindel. g.
Cycl. eur., Verdunkelung des Gesichts.
Daron., Schwindel und Verdunkelung des Gesichts. g. n.
Datisc. cann. sem., Schwindel.
Dat. stram. sem., Schwindel. h. g. MA. 2tägige Gaben. n.
Dealsing's Fieberwurzel, Schwindel.
Dealsing's Torkiwurzel, Schwindel. h.
Delph. Ghafes fl., Schwindel. h. g. n. Verdunkelung des Gesichts. g. n.
Delph. Ghafes succ., Schwindel. h.
Digit. p., Verdunkelung des Gesichts.
Diorit., Schwindel. g.
Eben., Schwindel. M. 40.
Embryopt. glut. fol., Schwindel.
Embryopt. glut. sem., Verdunkelung des Gesichts mit Schwindel. n.
Eug. Jambol. fr., Schwindel mit u. ohne Verdunkelung des Gesichts.
Euph. gummi, Schwindel.
Fagon ar., Verdunkelung des Gesichts. h. g.
Ferr. I. R., Schwindel und Verdunkelung des Gesichts.
Fic. Car. sem., Schwindel beim Aufstehen.
Fic. ind. fol., Schwindel und Rausch. Nachmittags.
Foenic. sem., Verdunkelung des Gesichts mit Würmern.
Fung. ign., Verdunkelung des Gesichts. h.
Galena, Schwindel mit Kopfweh u. Fieber.
Glin. dict., Verdunkelung des Gesichts. h.
Gourbuti, Schwindel. h. g.
Granat. ac. rad. cort., Verdunkelung des Gesichts. h. g.
Grew. as. R., Schwindel.
Haruntutia, Schwindel. h. g. n. gut mit Verdunkelung des Gesichts.
Hermod. d., Schwindel mit Hitze, auch mit Fieber. Schwindel mit Verdunkelung des Gesichts. n.
Hoya vir., Verdunkelung des Gesichts. h. g. n.
Jalap. mir. sem., Schwindel und Verdunkelung des Gesichts. h.
Indigof. Anil, Schwindel.
Jod., Verdunkelung des Gesichts. h.
Ipecac., Schwindel mit Kopfweh und Erbrechen.
Junip. bacc., Schwindel und Verdunkelung des Gesichts. h. g. n.
Kali bichrom., Verdunkelung des Gesichts.
Kali hydroc., Schwindel g. n., gut mit Verdunkelung des Gesichts und Erbrechen.
Kali hydrojod., Verdunkelung d. Gesichtes. h.
Kali sals., Schwindel mit Kopfweh.
Keikeila, Verdunkelung des Gesichtes. h. g. Schwindel. 3mal gut, zum 4mal nichts.
Lactucar., Verdunkelung des Gesichtes beim Aufstehen.
Lawson. in., Schwindel und Fieber. h.
Leporin., Verdunkelung des Gesichtes.
Leuc. cephal., Schwindel. g. n.
Lithanthr.. Schwindel. g. n. gut mit Verdunkelung des Gesichtes.
Lupin. alb., Schwindel. h.
Lycob. hb., Schwindel. h. g. mit Verdunkelung des Gesichtes. 4mal 12. n.
Lycop. sem., Schwindel aus Kopfweh h. g. mit Verdunkelung des Gesichtes und Fieber.
Macis, Schwindel und Eckel. h.
Mango fruct. Im Uebermaße genossen, Schwindel und Gesichtsverdunkelung im Aufstehen. h.
Mango nucl., Gesichtsverdunkelung h.
Manna Hed. Alh., Schwindel und Verdunkelung des Gesichtes. h.

Marrub. alb. **R.**, Schwindel und Verdunkelung des Gesichtes.

Meccan. bals., Schwindel und Kopfweh. **12mal.** Schwindel mit Verdunkelung des Gesichtes. **n.**

Melil. sem., Schwindel mit Verdunkelung des Gesichtes. Schwindel mit Magenhüpfen. **g. n.**

Melissa, s. Krankheiten des weiblichen Geschlechtes.

Menth. pip. **R.**, Schwindel mit Nasenverstopfung.

Mercur. fulm., Schwindel. Verdunkelung des Gesichtes.

Mercur. subl. corr., Verdunkelung des Gesichtes mit Seiten- und Knieschmerz.

Methon. glor., Schwindel mit Brennen im Körper. Verdunkelung des Gesichtes. **h.**

Mimosa absterg., Schwindel.

Mimos. pudic. sem., Schwindel. **g. n.**

Moschata nux, Schwindel und Kopfweh, Nachmittags. **h.**

Myrobal. citrin., Schwindel. **h.**

Myrobal. nig., Schwindel. **g.**

Nerium antidys., Schwindel.

Nitric. acid., Schwindel. **h.**

Nymph. alb. sem., Schwindel mit Kopfweh.

Ocim. alb., Schwindel.

Ocim. sanct. rad., Verdunkelung des Gesichtes beim Aufstehen.

Ocim. sanct. sem., Schwindel **g. n.** gut mit Nachtfieber.

Onosm. macroceph. fl., Schwindel. **h. g.** Verdunkelung des Gesichtes.

Onosm. macroceph. rad., Schwindel. **h. g. n.** Verdunkelung des Gesichtes. **g. n.**

Op. pur., Schwindel wie Rausch.

Oxal. acid., Schwindel mit Schwitzen. Verdunkelung des Gesichtes.

Pareira brava, Verdunkelung des Gesichtes.

Pavia, Schwindel.

Petrol., Schwindel. **g. n.**

Phaseol. aconitifol., Schwindel. **h.**

Phosph., mit und ohne Honig. Schwindel. Verdunkelung des Gesichtes.

Physal. flex. sem., Schwindel.

Polygon. linifol., Schwindel wie Rausch. **h.**

Polygon. macrophyll., Verdunkelung des Gesichtes. **h. g.** Schwindel.

Polypod. vulg., Schwindel und Verdunkelung des Gesichtes. **h. g.**

Prunella vulg., Schwindel.

Psyllii sem., Schwindel. Verdunkelung des Gesichtes.

Querc. glans, Verdunkelung des Gesichtes.

Rapar. rad., Schwindel. **h.**

Raph. sat. sem., Schwindel.

Resin. pin., Schwindel und Verdunkelung des Gesichtes. **h.**

Rhatania, Verdunkelung des Gesichtes. **h.**

Rhus Kakrasingh., Schwindel. **h. g. n.**

Rotlera tinct., Schwindel. **h. g.**

Rumex Bidschbend, Schwindel. **g. n.**

Sago, Schwindel.

Sapii ind. fruct. cort., Schwindel und Verdunkelung des Gesichtes. **h.**

Sapii ind. fruct. sem., Vergehen des Gesichtes mit Kopfschmerz.

Scorpion., Vergehen des Gesichtes mit Flimmern vor den Augen. **h. g.**

Selen., Gesichtsverdunkelung **h.**

Senec. Musuca, Schwindel. **h. g.** Verdunkelung des Gesichtes.

Sep. os, Schwindel.

Serpent. exuv., Verdunkelung des Gesichtes. Schwindel. **g. n.**

Sialikand, Schwindel und Verdunkelung des Gesichtes. **MA.**

Sidae rad., Verdunkelung des Gesichtes.

Silic., Verdunkelung des Gesichtes. Schwindel. **g. n.** Gut, wo er mit Katarrh, nicht mit Jucken verbunden war.

Sisymbr. Irio, Schwindel. **h.**

Sisymbr. Soph., Schwindel mit halbseitigem Kopfweh.

Smilax china, Verdunkelung des Gesichtes. **h.**

Solan. Jacqu. fruct., Schwindel. **h.**

Sphaeranth. indic., Schwindel und Verdunkelung des Gesichtes.

Stenact. bellidioid., Schwindel und Fieber **h.**

Stinc. marin., Verdunkelung des Gesichtes.

Stoechas arab., Schwindel. **h. g.**

**

Strychn., Schwindel und Kopfweh auf übermäßiges Trinken.
Strychn. faba St. Ign., Schwindel mit Verdunkelung des Gesichtes, Nebel, Magenhüpfen und Fieber.
Strychn. nux vom., Schwindel und Verdunkelung des Gesichtes mit Stirnkopfweh.
Strychn. potat., Schwindel und Verdunkelung des Gesichtes. h. g.
Talc. alb., Ohnmachtsschwindel. h.
Talc. nig., Schwindel mit Gehörleiden.
Thuj. occ. R., Verdunkelung des Gesichtes.
Thym. vulg., Schwindel.
Trianth. pentandr. nig., Schwindel mit Kopfbrennen.
Tribul. terrestr., Schwindel und Kopfschmerz. MA.
Valer. sylv., Schwindel. Verdunkelung des Gesichtes. g. n.
Vanill. R., Verdunkelung des Gesichtes.
Veratr. alb., Schwindel.
Verbasci fol., Verdunkelung des Gesichtes.
Viola odor., Schwindel im Sitzen.
Viola tric., Schwindel.
Vitex neg., Schwindel. h. g. n. Verdunkelung des Gesichtes.
Xantoxyl. fruct., Schwindel und Verdunkelung des Gesichtes. h.
Zedoar. Zer., Schwindel.
Zinc. sulph., Verdunkelung des Gesichtes. h. g.

Scropheln, s. Drüsenleiden ꝛc.
Seekrankheit, s. Erbrechen ꝛc.
Seitenstechen, s. Lungenentzündungen ꝛc.
Selbstentleibungssucht, s. Geistesstörungen.
Siechthum, s. Kachexie.
Sodbrennen, s. Magenkrankheiten.
Sonnenhitze verschlimmert das Leiden, s. unter Hautkrankheiten; Krätze, tropische.
Speichelfluß.

Absynth., Speichelfluß. h. g. n., gut bei Speichelfluß, nächtlichem mit Unverdaulichkeit.
Acac. cort.
Acac. Farnes. Harnub Nepti. h. g. n.
Achyr. aspera sem., g.
Agaric. alb., g. n.
Alcanna, h. g. n.
Althaea, h. g. n.
Alum.
Ammoniac. gummi, h. g. n.
Anac. orient., h. g. n.
Antim. tart., Mercurialptyalismus.
Araneum.
Argem. mexic. sem., g. n.
Argent. fulm., Mercurialptyalismus.
Arsen., Speichelfluß im Schlafe mit großem Durste.
Arum. coloc., h.
Aterni, g. n.
Aurant. dulc. flav., Speichelfluß mit Nasenkatarrh.
Aurum nitro-muriat., g.
Basella rubra, h. g. n.
Bassiae latifol. fruct., Speichelfluß, Nachts. h.
Bellad. extr., g. n.
Bertholot., h.
Bolus armen., Speichelfluß ♀.
Calumb. rad., h.
Campech. lign., g. n.
Canthar., h. g.
Carbo veg.
Caryoph. arom.
Cassia Tam. fol., g.
Cassia Tora, h.
Celastr., h. g.
Chelidon. maj. R.
Chinin. sulph.
Cichor. rad., h.
Cinnam. flor. g.
Cleom. pentaph. hb., g. n.
Cleom. pentaph. sem.
Conii macul. extr., g.
Corchor. frutic., g. n.
Costus nig. Cashm., Speichelfluß mit und ohne Fieber. Speichelfluß, Nachts. g. MA. 14.
Creos., Speichelfluß, ♀.
Cucum. acutang. Pinditури.
Cucum. sat. sal. succ., h.
Cumini sem., h. g. n.

Cup. sulph., ħ. g. n.
Cycad. revol. sem., Speichelfluß, ♀.
Daphne Sunnerkat.
Dat. stram. flor. & rad., g. n.
Dealsing's Fieberwurzel, g. n.
Dealsing's Sersamwurzel. ħ. g. n. gut mit Fieber.
Dealsing's Torkiwurzel, ħ. g. MA. 14.
Delph. Ghafes flor.
Dulcam.
Elater.
Eleagn. angustifol.
Embryopt. glutinif., ħ.
Euphorb. agrar. (aff. spec.)
Euphorb. thymifol.
Fasciol. Asfar e tib, Speichelfluß mit Unverdaulichkeit. MA.
Fic. Caric. sem., ħ. g. MA.
Fic. glom., ħ. g. n.
Fumar., g. n.
Graphit.
Guiland. Bonducc., ħ. g.
Hermodact. amar.
Hyssop., Speichelfluß; nichts bei ♀.
Jalapae mirab. rad., g. n.
Jasp., ħ.
Indig. nitric. acid.
Ipom. caerul., ħ.
Ipom. cuspid. flor.
Jugl. reg. putam. succ. inspiss.
Kali bichromat.
Kali oxymur., Speichelfluß, ☿ ♀.
Kankolmirdsch, g. n.
Keikeila, ħ.
Lacca in gran., g. n.
Leonur. Royl.
Leporin., g. n.
Lichen odorif. ħ. g.
Lycopod. sem. H. ħ. g.
Macis, g. g. mit und ohne Honig.
Major., Speichelfluß. g. n.
Manna Tigal, ħ.
Marrub. alb., ☿ Salivation.
Meccan. bals., g. n.
Meliae azedarachtae fol. ħ.
Menisperm. glabr. facc.
Mercur. dulc. g. n.
Mercur. solub. Hahn.
Mercur. sublim. corros. ħ. g.
Mercur. viv., g. n.
Moring. Soh. gummi.
Mutella Antiguens., g.
Myrobal. Beller., ħ. g.
Myrobal. Embl., ħ. g. n.
Myrobal. nig., g. n.
Nelumb. spec. flor.
Nepeta Catar., ħ. g.
Nitric. acid.
Ocim. alb., ħ.
Ocim. sanct. rad., ħ.
Onosm. macroceph. flor., Speichelfluß mit Schleimhusten.
Opium pur., g. n.
Persic. nucl., Speichelfluß mit Katarrh.
Petrosel., g. n.
Phaseol. aconitifol.
Phaseol. radiat., ħ.
Picrorrhiza kurrooa, g. n.
Piper long.
Plantago maj.
Podophyll. Emodi fol.
Polanis., Speichelfluß, Nachts. ħ.
Prunella off. Cashm., Speichelfluß. g. n., gut mit Gelenkschmerzen.
Psyllii sem., g. n.
Pumic. lap., Speichelfluß, Nachts, saurer mit Brennen im Körper.
Pyrethr.
Quass., ħ.
Raphani sat. sem., Speichelfluß, auch im Schlaf.
Rheum australe, ħ. g.
Rumex Acetos., Speichelfluß m. Zahnschmerz.
Salic. aegypt. flor., ħ.
Sapii indici nuc. cort., Speichelfluß, Nachts.
Scheckakel.
Scorpion., Speichelfluß. ħ. g. n.
Selen., Speichelfluß. ħ. g. ♀.
Senega, Speichelfluß, auch salziger Geschmack.
Sepiae succ., ħ.
Serpent. exuv.
Silic., Speichelflüsse g. n., gut wo sie mit Augentriefen, Brennen, Stechen ꝛc. verbunden waren.
Smilax china, g. n.

Spong. usta, Speichelfluß. g. n. gut ♀.
Squilla mar., Speichelfluß mit Katarrh.
Strychnine, Speichelfluß und Mundschmerz. ḫ.
Strychn. nux vom., Speichelfluß mit Schwerhörigkeit, wie auch mit Magenleiden.
Tamarind. sem.
Tarax. ḫ
Turpeth., Speichelfluß im Schlaf. ḫ.
Umbellif. Butazeri, ḫ.
Verbasci fol.
Vespar. mel.
Vitex neg. ḫ. g.
Warburg's Fiebertropfen. ḫ. g.
Xanthoxyl., ḫ. g. n.
Zinc. sulph.
Zyzyph. Jujuba gummi, Speichelfluß, Nachts. MA. 14.

Sprach- und Stimmorganleiden.

Ambra gris., Stimme rauhe, heisere mit Schleimanhäufung.
Ammoniacal Dämpfe, frisch entwickelte aus Salmiak und Laugensalz sollen eine Stimmlosigkeit von drei Tagen, die in Folge einer Erkältung entstanden war, geheilt haben.
Amygd. dulc. ol., Sprachlosigkeit, nach einem Fall entstanden. ang.
Angel. sem., Sprachlosigkeit.
Antim. crud., Stimmverlust durch Erhitzung.
Argent. fulm., Sprachlähmung, acute; es war vorher Ambra gris. gegeben worden.
Asa foet., Stimmveränderung.
Bellad., Sprache durch die Nase.
Bovista, Sprache, heisere, leise, mit periodischem Halsabsceß.
Calcar., Stimmlosigkeit, auf häutige Bräune. X. ang.
Cannab. herba Trank. Stimme, heisere, leise. ḫ.
Caps., Heiserkeit von Stimmanstrengungen, bei Sängern, Predigern u. s. w. ang.
Celastr., bei Scropheln das Sprechen erleichternd.
Cera citr., Stottern. ḫ.
Cetacei ol., Sprechen durch die Nase mit chron. Katarrh.
Chidra sem., Stottern.
Cicuta, Stummheit. ang.
Cocos nux, Stimme rauh und heiser. ḫ.
Convolv. argent., Stimme heisere, leise nach einem Tripper.
Cuprum, Sprachverlust, ang.
Dealsing's Serfamwurzel, Taubstummheit.
Euphorb. agrar. (off. spec.), Stottern.
Euphras., öfteres Ansetzen im Reden. ang.
Gardn. dumet., Sprachunvermögen mit schwerem Gehör.
Granat. punic., die Stimme reinigend. Tohf.
Hyosc. nig. fol., Sprache und Stimme unreine, von Schleimanhäufung.
Hyosc. nig. sem., Sprachlähmung bei Cholera.
Indig. nitric. acid., Stottern. ḫ.
Kali sulph., Sprache, heisere.
Lichen. odorif., Sprache, heisere, leise.
Malva, Stimmrauhigkeit. Tohf.
Marrub. alb. R., Stottern.
Mastix, s. Staphisagria.
Melandr. triste, Stimmlosigkeit.
Melongenae sem., Stimmrauhigkeit. ḫ.
Olib. s. Staphisagr.
Petrol., Stottern mit eingeschlafenen gefühllosen Stellen.
Phosph., Stimmlosigkeit.
Pyrethr., Stottern. Tohf.
Scorpion, Stimmrauhigkeit. ḫ.
Sepiae ossa, die Stimme unterdrückend. Tohf.
Silic., Sprache, heisere, leise ♀. g. n.
Solan. Jacqu. fruct., Stimm- und Halsrauhigkeit. ḫ.
Staphisagr., Stottern. Tohf. Stimme unreine. Mit Mastix und Olibanum. ang.
Zingib. rec., Stimme, heisere, leise.

Starrheit der Glieder. s. Lähmungen.
Steinkrankheiten, als: Nierengries, Blasenstein 2c.

Anac. occid., Nierengries. g.
Argent. fulm., g. n.
Argent. nitric. fus., g. n.
Aristol. longa, g. n.
Armorac., g. n.
Arum campan., Nierengries.
Aur. nitr. salamm., s. Harnbeschwerden.
Bistorta, Nierengries. 4mal 28. MA. 60.
Bolus armen., s. Tripper.
Buteae frond. gummi, s. Kino gummi.
Buteae frond. sem. mit Nitrum. ang.
Canthar. ust., Nieren- und Blasensteine. Tobf.
Caps. sem., Nierenschmerz, mit und ohne Steinleiden.
Cardam. min., Blasensteinbeschwerden.
Caustic.
Ceras. capr. nucl., MA. 60. Vermuthlich ist es die in dem Kirschenkern enthaltene Blausäure, die nützlich gewesen ist; in wie weit andere Kerne, z. B. der Pfirsiche, Zwetschken, bitteren Mandeln u. dgl., die ebenfalls die Blausäure enthalten, bei diesen Leiden wirken, steht zu versuchen; so auch das Berlinerblau und mehrere andere Blausäure enthaltende Mittel s. Kali ferrocyan.
Chidra sem., g. n.
Colch. aut., s. Harnbeschwerden.
Concha fluv., MA. 60.
Costus nig. Cashm., Nierengries.
Crustac. Dschinge, Schmerz des männlichen Gliedes, nach dem Steinschnitte.
Cuscutae sem., Nierengries.
Daphne Sunnerkat, Blasenstein, mit weißem Saft im Harn.
Delph. pauciﬂ., Nierengries.
Diosma cren. mit Sodacarbonat beim Nierengries. ang.
Dolich. prur. faba ist eines der ersten und besten Mittel bei Steinleiden. M. MA. Es tilgt auch das Bettpissen, das vom Steinreize herrührt. In einem dringenden, hartnäckigen Falle halfen ¼ stündige Gaben 30, worauf das Steinchen abging. Vermuthlich tilgt dies Mittel auch die Anlage zur Steinerzeugung, und könnte in solchen Fällen, wo man entweder durch die Steinzermalmung in der Blase, oder aber vermittelst des Schnittes den Stein entfernen wollte, einige Zeit hindurch, wenn auch nur 2 oder 3tägig, zu 1 Gabe eingegeben werden, um die Wiedererzeugung des Steines zu verhüten, d. i. die Anlage dazu gründlich zu heilen.
Embryopt. glutinif., s. Harnbeschwerden. g. n.
Euphorb. ten., Kreuzschmerz bei Steinleiden.
Glin. dictamnoid., Blutabgang mit Steinbeschwerden.
Guiland. Bonduce., Sandabgang, gelbfarbiger mit Harnröthe. Nierenschmerz. h.
Gundel. Zulm sem., g. n.
Hyosc. nig., g. n.
Hyssop., Harn, milchweißfarbiger, nebst Häutchenabgang. h.
Jatropha curc., s. Harnbeschwerden.
Ichtyoc., s. Harnbeschwerden.
Indig., Nierenschmerz, linker Seite. h.
Iod., s. Harnbeschwerden.
Ipom. dasysp., g. n.
Kali ferrocyan., längere Zeit hindurch fortgegeben, bewirkte den Abgang einiger Blasensteine.
Kali sulph., Schmerz in den Nieren und der Nabelgegend bei Steinbeschwerden.
Kino gummi, Nierengries mit period. Nierenschmerz. M. 40.
Kris, Steinleiden. MA. 60.
Lact. sem., s. Harnbeschwerden.
Lactucar., Steinleiden.
Laws. in., s. Harnbeschwerden.
Lichen odorif., g. n.
Lycopod. herba, Nierengries mit Nierenschmerz, Harnzwang und Erbrechen.
Lycopod. sem., ang.
Manna Hed. Alh., g. n.
Meccan. balsam., Stein auflösend. Tobf.
Myrob. citr., s. Harnbeschwerden.
Myrt. bacc., g. n.
Ner. antidys., g. n.
Nigella sat., Fistulöses Geschwür im Mittelfleische auf den Steinschnitt. Nieren- und Blasensteine. Tobf. Vielleicht ist

das Nigellin, innerlich oder auch nur örtlich applicirt, vorzüglicher?

Numml. Schadenedsch, s. Harnbeschwerden.

Onosm. macroceph. fl. g. n.

Panic. pilos., Blasenstein. h.

Physal. flex. sem., M—4mal besserte und verschlimmerte auch Steinbeschwerden. g. 4mal. 120. 4mal. 12. n.

Podophylli Emodi fruct., Harnbeschwerden (von Stein?), mit Blutabgang im Gehen.

Senecill. Jacquem., g. n.

Strychn. nux vom., Steinchen, gelbfarbige. Gallensteine.

Sulph. Anliasar, s. Harnbeschwerden.

Tarax. rad., Gallen- Blasen- und Nierensteine; anhaltend 1—2 Monate fortgebraucht.

Trapa bispin., g. n.

Tribul. terrestr. Cashm., MA. 60.

Verbasci fol., g. n.

Viol. od., s. Harnbeschwerden.

Vitex neg., g. n. Das Decoct wird bei Steinbeschwerden zum Waschen der Geschlechtstheile gebraucht; vielleicht wäre es als Einspritzung oder als Klystir nützlicher?

Zincum., MA. 60.

Sterben, frühzeitiges, der Kinder, s. Krankheiten der Kinder.

Stiche von Thieren, s. Bisse und Stiche von Thieren.

Stirnhitze.

Elaterium.

Stöße, üble Folgen davon, s. Gewaltthätigkeiten, äußere.

Stuhlunregelmäßigkeiten, als Durchfall, Hartleibigkeit, Stuhlzwang, Stuhlverhaltung, Ruhr, Magenruhr rc.

Abrus prec. alb., Durchfall. h. g. Nicht Abr. pr. rubr.

Absynth., Ruhr. h. g. n.

Acac. Farnes. Harnup Nepti, Magenruhr. Durchfall. h. g. n.

Acac. arab. cort., Stuhl- und Harnzwang.

Acac. arab. fol., Durchfall mit und ohne Fieber 4mal 12.

Acac. arab. gummi, Ruhr. s. Copaiv. balsam.

Acac. arab. sem., Durchfall g. n. Hartleibigkeit. g. n.

Acac. ver. succ., Hartleibigkeit. h. g. Durchfall g.

Acanthac. Otengen, Stuhl- und Harnverhaltung.

Acon. ferox, Stuhlzwang. h. g. n.

Acon. Nap. extr., Stuhlzwang. h. g.

Acupunctura, Stuhlverhaltung, hartnäckige. ang.

Agaric. alb., Durchfall. h. g. Magenruhr.

Ajouain, Durchfall. h. g.

Ajuga Dealsingii, Durchfall. Hartleibigkeit. Stuhlzwang und Ruhr. h. g. n.

Allium sat., Hartleibigkeit.

Aloë succotr., Hartleibigkeit, habituelle. Stuhlzwang. h. g. s. Opium.

Alternanth. sessil., Ruhr. MA. 14. 12mal, stündliche Gaben n.

Althaeae fl., Hartleibigkeit. h. g. n.

Althaeae fol., Durchfall.

Althaeae rad., Hartleibigkeit. g. n.

Althaeae sem., Durchfall.

Alum. crud. Lah., Hartleibigkeit mit Kopfschmerz, chron. und Augenbrennen rc.

Amaranth. cruent. sem., Hartleibigkeit. g. n. Stuhlzwang. g. n.

Ambra gris., Durchfall. h. g. n., gut mit Geschwulst. Ruhr. h. g. n., gut mit Blutabgang nach dem Stuhl. Hartleibigkeit. g. n.

Ammoniaci gummi, Hartleibigkeit. g. n.

Anac. occid., Durchfall. h.

Anac. orient., Durchfall. g. n., gut mit Fieber, auch mit Betäubung, Durst, Erbrechen rc. Hartleibigkeit. g. n.

Anagallis caerul., Durchfall. h.

Anguin., Durchfall. h.

August. cort., Hartleibigkeit. h.

Anis. stell., Durchfall. h.

Antim. crud., Durchfall, abwechselnd mit Hartleibigkeit.

Antim. sulph. nigr., Stuhlzwang. h. g. n. Durchfall. h.

Antim. tart., Ruhr. h. g. n. Das Brechweinstein-Liniment ist bei hartnäckiger Verstopfung auf das Rückgrat eingerieben. ang.

Apii rad., Hartleibigkeit.

Araneum, Durchfall. h. g., sogar colliquativer mit Geschwulst.

Arec. cat. nux alba, Durchfall. h.

Arec. cat. nux nig. in starker Gabe. Stuhl- und Harnverhaltung. h.

Argem. mexic. sem., Stuhlzwang. h. g. n.

Argent. fulm., Durchfall mit Kollern im Magen. MA. Eiterabgang mit Harn und mit Stuhlgang. h.

Argent. nitric. fus. solut., Einspritzungen bei Ruhr ang.

Aristol. longa, Durchfall. h.

Aristol. rot., Durchfall. g. n.

Arsen., Hartleibigkeit. Ruhr. g. n.

Arsen. sodae, Hartleibigkeit. h. Ruhr. h.

Arum camp., Durchfall mit Erbrechen.

Asa foet., Durchfall. h. g.

Asari rad., Durchfall. h. g., mit Kolik 12 stünd. Gaben. n. Ruhr, 12mal. 36. Stuhlzwang. h. g. n.

Asphalt. Seladschit. Ruhr. h.

Asphalt. pers., Ruhr. h.

Aur. nitric. salammon., Durchfall. h.

Balausta, Ruhr. 4mal 12. Durchfall. h. g.

Baringt. acutang., Ruhr.

Baryta nitr., Durchfall. h.

Basella rubra, Hartleibigkeit. h. g. Ruhr. MA. g. n.

Bauhin. tom., Ruhr. ang.

Bdell., Durchfall. g. n. Ruhr. g. n.

Bebeerine, Durchfall. h. g.

Bedelbisch, Hartleibigkeit mit Aufblähung. Durchfall, mit oder ohne Kolik.

Behen alb., Durchfall. g. n. Hartleibigkeit. g. n.

Belemnit., Ruhr. h.

Bellad., Durchfall. h.

Benzoini ac., Durchfall. h.

Berber. lyc., Durchfall. h. Stuhlzwang. g. n.

Berber. lyc. Res, Ruhr. h. g. n.

Bertholot., Stuhl- und Harnzwang. h.

Bignon. ind. sem., Hartleibigkeit und Schneiden im Bauche. h.

Bismuthi magist., Durchfall mit Abzehrung. ang.

Bistorta, Durchfall. h. g.

Bolus armen., Durchfall. h.

Bombac. hept. gummi, Hartleibigkeit.

Borax, Hartleibigkeit. Durchfall, habitueller. MA.

Bovista, Hartleibigkeit. h. Stuhlzwang. h.

Buteae frond. gummi, Durchfälle, auch blutige. h. g., colliquative. 4mal des Tages. n. Ruhr. g. n.

Buteae frond. sem., Hartleibigkeit u. Kolik. h.

Cacal. Klein., Hartleibigkeit. h.

Calc. carb., Ruhr. h. g.

Calotrop. gig. sem., Hartleibigkeit. Durchfall. h. g.
Ruhr. g. n.

Camel. coag., Durchfall. h. stündlich, 8mal. Hartleibigkeit mit Bauchschmerz.

Campech. lign., Durchfall. h. g.

Camph., s. Op.

Cannab. ind., Blutabgang mit Harn und Stuhl.

Cannab. Cashm. rad. cort., Durchfall.

Cappar. spin. rad., Stuhlzwang. Ruhr. h. g. n.

Caps. sem., Durchfall. g. n. Stuhlzwang. h. g. n.

Carbo anim. (C. c. u.), Hartleibigkeit, habituelle. MA.

Cardam. maj., Durchfall. h.

Cariss. Carand. fol., Durchfall. h. g. Ruhr. 12mal.

Cariss. Carand. fruct., Durchfall. h. g. Hartleibigkeit. Ruhr. h. g. n.

Carniol. ust., Durchfall. h. g. Ruhr. h. g.

Cartham. tinct. sem., Durchfall. h. g.

Carvi sem., Durchfall mit Kolik.

Caryoph. arom., Durchfall. h. g.

Cascarilla, Hartleibigkeit. h. g. Ruhr. g. n.

Caseus ovin., mit Pillaw genossen, ist ein Kaschmir'sches Hausmittel gegen die Ruhr.

Cass. alata, Stuhlzwang. h. g. Hartleibigkeit.

Cass. fist. pulpa, Stuhlzwang, Hartleibigkeit. h.

Cass. fist. sem., Stuhlzwang. g.

Cass. lign., Hartleibigkeit. h. g. Durchfall. g. n. Ruhr. g. n.

Cass. Tamal. fol., Durchfall. Ruhr. g. n.

Catechu, Stuhlzwang. **4mal 12.—8mal.** Ruhr. g. n., gut mit Geschwulst.

Caustic., Hartleibigkeit.

Celastr., Ruhr. g. n. Hartleibigkeit. h.

Cera citr., Hartleibigkeit. h. s. Cinnab.

Cervi corn., s. Moschat. nux.

Cervi corn. ust. alb., Stuhlgänge, schleimig-eiterige. Ruhr. g. n.

Cetacei ol., Durchfälle. h. g., auch mit Fieber und nach der Cholera.

Cham. vulg., Durchfall.

Chaulmoogra odor., Stuhlzwang. h. g.

Chelidon. maj., Durchfall. h. g. Hartleibigkeit. Stuhlzwang. h. Ruhr. g.

Chenopod. alb. sem., Stuhl- und Harnzwang. h.

Chidra sem., Durchfall. h. g. n. Hartleibigkeit. g. n.

Chin. cort., Stuhlzwang. h. g. n. Ruhr. h. g. n.

Chinin. sulph., Durchfall. h. g. Schleimstühle. h.

Churrus, Hartleibigkeit. h.

Cichor. fl., Hartleibigkeit. h.

Cichor. sem., Ruhr, periodische. Hartleibigkeit. h. g. n

Cinnab., Zinnober 6 Drachmen, Wachs 4 Drachmen, mit einem Dochte zur Kerze gemacht, die, wenn sie angezündet, zu 1/3 unter dem Nabel verbrannt wird, Purgiren erregen soll.

s. Brechruhr, Cinnab.

Cinnam. cort., Durchfall. h.

Cinnam. fl., Hartleibigkeit mit Fieber. Stuhlzwang. g. n.

Citri Galgala sem., Ruhr. g. n.

Clemat. erecta, Stuhlzwang.

Clerodendr. infort., Durchfall. h. g. n. Ruhr. h.

Coccul., Durchfall. h. g. colliquativer: Mit Fieber. n. Hartleibigkeit. h.

Coffea arab., Durchfall.

Colchic autumn., Stuhl- und Harnzwang mit Steinbeschwerden.

Colocynth. pulpa, Hartleibigkeit. Ruhr. Stuhlzwang. Durchfall. g. n.

Compos. Pokermul, Hartleibigkeit. g. n., gut bei habitueller mit Kolik.

Compos. Zerbabri, Hartleibigkeit. h. g. n.

Concha fluv., Ruhr. g. Hartleibigkeit. h. g. n., bei Stuhlzwang. n.

Conii mac. extr., Hartleibigkeit. Durchfall. h.

Convolv. argent., Hartleibigkeit. h. g. n. Ruhr. h. g. n.

Copaiv. balsam., Durchfälle h. g. n., gut chronische.

Copaiv. balsam., mit Gummi arabicum schleim. Ruhr, mit und ohne Fieber. **4mal 12.** Stuhlzwang. g. n.

Corchor. fruticos., Hartleibigkeit. h. g. n.

Cordia angustifol., Hartleibigkeit mit Hämorrhoiden.

Coriandr. sat., Durchfall. Stuhlzwang. h.

Costus arab., Schleim- und Eiterstühle.

Costus nig. Cashm., Ruhr. g. n.

Crataeva Marmel., Schleimstühle. **MA. 14.** Durchfälle. g. n. Ruhr. g. n.

Creos., Hartleibigkeit. h.

Crot. tigl., Stuhlzwang. h. g. Durchfälle. g. n.

Crustac. Dschinge, Durchfall. h. Hartleibigkeit. h.

Cucum. acutang. Pinditури, Stuhlzwang. Hartleibigkeit. h. Durchfall. h. bei Ruhr, n.

Cucum. Madaraspat., Ruhr. h. g. Hartleibigkeit mit Fieber. Stuhlzwang. h. g. n. Durchfall. g. n.

Cucurb. Citrulli sem., Stuhlzwang und Fieber. h.

Cumini sem., Stuhlzwang.

Cupr. acet., Hartleibigkeit. h.

Cupr. ammon., Hartleibigkeit. Durchfall, habitueller.

Curcuma longa, Durchfall. g. n. Hartleibigkeit. g. n. Ruhr. g. n., Stuhlzwang. g. n.

Cuscuta monogyna, Durchfall. h.

Cycad. revol. fruct. cort., Durchfall. h.

Cycad. revol. fruct. sem., Hartleibigkeit. g. n.

Cupress. fol., Hartleibigkeit. h.
Cupress. nuc. sem., Ruhr. 4mal. 12.
Cydon. sem., Ruhr. Hartleibigkeit. Bei Stuhlzwang. g.
Cyper. long., Durchfall. h. g.
Cytis. scop. sem., Hartleibigkeit. g. n.
Dactyl. nucl., Stuhlzwang. 4mal. 12. g. stündlich, 12mal. und 4mal. 8. n.
Daphne Sunnerkat, Hartleibigkeit. Ruhr.
Daron., Hartleibigkeit. h. g. Stuhlzwang mit Geschwulst. 4mal 23. Durchfall. h. g. n.
Datisc. cannab. sem., Hartleibigkeit. g. n.
Datur. stram. fol., Durchfall. h.
Datur. stram. rad., Durchfall. g. n.
Daturae stram. mart., Durchfall.
Dealsing's Fieberwurzel. Durchfall. h. Stuhlzwang. h.
Dealsing's Fistelwurzel, Hartleibigkeit. h.
Dealsing's Kolikwurzel, Durchfall.
Dealsing's Sersamwurzel, Ruhr. Hartleibigkeit mit Hämorrhoiden.
Dealsing's Würmerwurzel, Durchfall. h. Ruhr. h.
Delph. Ghafes fl., Hartleibigkeit. h. g.
Delph. Ghafes succ., Hartleibigkeit mit Eckel. Durchfall. h.
Delph. paucifl., Durchfall. h. g. Hartleibigkeit.
Digital. purp., Durchfall bei Erwachsenen und bei Säuglingen.
Diorit., Hartleibigkeit, palliativ. Stuhlzwang. h. g. n.
Dioscor. sat., Stuhlzwang. g.
Diosma cren., bei Durchfall und Ruhr. ang.
Dolich. prur. faba, Durchfall. h.
Dolich. prur. siliquae succ., Stuhlzwang. h.
Drac. sangu., Hartleibigkeit mit Harnzwang.
Dudia, Hartleibigkeit. h. Durchfall. h.
Dulcam. T., Ruhr. Durchfall. g. n.
Eben., Ruhr. Durchfall. g.
Eleagn. angustifol., Hartleibigkeit.
Embel. Rib., Ruhr. g. n. Durchfall. h.
Embryopt. glutinif. fol., Durchfall. h.
Embryopt. glutinif. fruct., Stuhlzwang.
Eugen. Jambol. fruct., Stuhlzwang g. n.
Eugen. Jambol. cort. suc. T., Stuhlzwang. h. g. n.
Euphorb. agrar. (aff. spec.). Durchfall. h. g. Stuhlzwang mit und ohne Harnzwang. Ruhr. g. n.
Euphorb. gummi, Stuhlzwang.
Euphorb. longifol., Stuhlzwang mit Kollern. Ruhr. g. n. Durchfall. h.
Euphorb. serat., Ruhr. h. Durchfall. h.
Euphras., Hartleibigkeit. Ruhr. Stuhlzwang.
Evolv., Durchfall. h. g. 4mal 12.
Fabaria, Durchfall. h. g. Ruhr mit Harnzwang.
Fagon. arab., Durchfall.
Fasciol. Asfar e tib, Durchfall. h. g.
Ferr. sulph. ind., Durchfall. h.
Fic. Caric. sem., Hartleibigkeit. h. g.
Fritill. cirrh., Hartleibigkeit, habituelle; wie auch auf Purgiermittel entstandene.
Fumar., Durchfall. h.
Fung. ign., Ruhr.
Gagerming, Stuhlzwang, jedoch ohne Harnzwang.
Galanga, Durchfall mit Kollern. Stuhlzwang. h. g. n.
Galega purp., Magenfluß.
Galla, Ruhr. Durchfall. Hartleibigkeit mit Hämorrhoiden.
Galvanismus, Hartleibigkeit. ang.
Garden. dum., Durchfall. h. Stuhlzwang. h.
Gent. rad., Hartleibigkeit mit Unverdaulichkeit. Ruhr mit Fieber. Durchfall. h.
Geran. nodos., Durchfall. g. n., gut mit Zehrfieber; gut nach Schlangenbiß erfolgtem.
Geum. elat., Durchfall. h. g. Ruhr. h. g.
Glin. dictamnoid., Durchfall mit Erbrechen. Stuhlzwang h. g. Ruhr verschlimmernd?
Gmelia asiat., Durchfall. h. g.
Gossyp. sem., Stuhlzwang. h. g. Durchfall. g. n., Hartleibigkeit. g. n., bei Ruhr. n.
Gourbuti, Hartleibigkeit. h.
Granat. ac. rad. cort., Ruhr. g. n.
Gratiola, Ruhr. g. n.
Grew. asiat. cort., Ruhr.

Guiland. Bonduce., Durchfall. h. g. n. Hartleibigkeit. h. g. n. Stuhlzwang. h. g. n. Ruhr. h. g. n.
Gundel. Zulm. sem., Durchfall. h.
Guttae gummi, Durchfall. h. Ruhr. h. aus Stuhlzwang.
Gyps. Zernich goudenti, Hartleibigkeit. h.
Harmal. Rut., fl. & herba, Ruhr. Stuhlzwang. h. g. n.
Haruntutia, Durchfall mit Fieber.
Hedys. Deiterdane, Durchfall. h.
Helict. isora, Ruhr.
Helleb. foet., Durchfall und Erbrechen, in größern Gaben. h.
Hermodactyl. amar., Durchfall. h. g.
Hermodactyl. dulc., Durchfall. h. g. n.
Hibisc. Trion., Hartleibigkeit. Ruhr.
Holc. spicat., Hartleibigkeit. h.
Hollow. pill. sol., Hartleibigkeit. Stuhlzwang.
Hossen Jussif, Durchfall, 12mal. Ruhr. Hartleibigkeit. h. Nichts bei Stuhlzwang. 4mal 12.
Hyosc. nig. sem., Ruhr. g. n.
Hyssop., Durchfall. h. colliquativer. n.
Jalapa convolv., Hartleibigkeit. g. n.
Jalap. mirab. rad., Durchfall. g. n.
Jasp. nig., Durchfall mit Kollern. Blutstillend bei Ruhr.
Jatroph. curc. sem., Durchfall. h.
Ichtyocolla, Ruhr. Durchfall, colliquat.
Ilex aquifol., bei Erbrechen mit Laxiren. ang.
Indig., Durchfall. g. n., gut mit Geschwulst und Abzehrung.
Indig. nitric. ac., Hartleibigkeit.
Indigofera Anil, Hartleibigkeit. h.
Iod., Ruhr. h. Hartleibigkeit. g.
Ipecac., Ruhr. g. n.
Ipom. dasysp., Ruhr. g. n. Durchfall. h.
Ingl. nuc. cort. inter., soll Brechen und Laxiren h.
Iunip. bacc., Hartleibigkeit. Durchfall. h.
Iustic. nasut. fl., Durchfall. h. g. Hartleibigkeit. h. g. Ruhr. h. g.
Iustic. nasut. fol., Durchfall. h.
Kali carb., Hartleibigkeit.
Kali ferrocyan., Ruhr. h. Stuhlzwang h.
Kali hydrojod., Durchfall. h. g. 4mal. Hartleibigkeit. h.
Kali oxymur., schaumige, schleimige Stuhlgänge. h.
Kali salsola foem., Hartleibigkeit mit Kopfweh.
Kali salsola masc., Ruhr h., aus Durchfall.
Kali sulph., bei Ruhr das Blut stillend. Hartleibigkeit. g. n.
Kankolmirdsch, Durchfall. h. g.
Keikeila, Stuhlzwang. h. g. n. Ruhr. g. n.
Lacca in gran., Hartleibigkeit. h. g. Durchfall. g. n. Ruhr. g. n.
Lactuc. sat. sem., Ruhr. h. Hartleibigkeit. h.
Lamin. sacchar., Stuhlzwang. h. g. Hartleibigkeit mit Fieber.
Laur. bacc., Durchfall. h. stündlich. 12.
Lawson. inerm., Ruhr.
Led. palustre, Hartleibigkeit. g. Stuhlzwang. h.
Lentes sat., Stuhlzwang. h. Das Decoct der zerstoßenen Linsen ist abführend, die Schalen aber Hartleibigkeit h. **Tohf.**
Lepid. sat. herba, Durchfall. h. Stuhlzwang. h.
Lepid. sat. rad., Stuhlzwang. g.
Lepid. sat. sem., Schleim abführend,
Leporin., Hartleibigkeit. g. n. Ruhr. g. n.
Lichen Island., Hartleibigkeit. h.
Lichen odorif., Hartleibigkeit. Durchfall oder Erbrechen mit allgemeinen Schmerzen. Stuhl- und Harnverhaltung mit Steinbeschwerden.
Limon. Laur., Durchfall. Hartleibigkeit. g. n.
Lini sem., Hartleibigkeit. g. n., mit Honig, Hartleibigkeit. Stuhlzwang. h. g.
Lippia nodifl., Stuhl- und Harnverhaltung. Durchfall. h.
Liquirit. rad., Hartleibigkeit. h. Durchfall. h.
Luff. amar. sem., Durchfall.
Lupin. alb., Hartleibigkeit. g. n., gut mit Hämorrhoiden. Stuhlzwang. g. n.

Lupul Humul., Durchfall. g. n., gut mit Zehrfieber. Ruhr. g. n. Stuhlzwang. h.
Lycopod. herba, Hartleibigkeit. h. g. n.
Magnes. carb., Durchfall. h. g.
Malva Cashmir., Stuhlzwang mit Unverdaulichkeit.

In Kaschmir werden sie mit Butter zubereitet Patienten, die an der Ruhr leiden, zum Essen gegeben.

Malva mont., Durchfall. h. g. Ruhr.
Malvac. Karmekra, Durchfall. h.
Malvac. Todri nigr., Stuhlzwang. 4mal 28.
Mamira Chatai, Durchfall. h. g. Stuhlzwang.
Mangan. carb., Durchfall. Ruhr.
Manna Hed. Alh., Hartleibigkeit h. g., bei habitueller n. Stuhlzwang. h. g. n.
Manna Tigal, Stuhlzwang. h.
Manteos ovor. massula, Hartleibigkeit mit Bauchweh.
Marrub. alb., Stuhlzwang. h. g. n.
Mastix, Hartleibigkeit. Ruhr.
Meccan. balsam., Hartleibigkeit. h. g.
Meconops. Nepal., Hartleibigkeit.
Meidetschob, Durchfall. h.
Melandr. triste, Hartleibigkeit. Durchfall. Magenruhr.
Meliae azed. fol., Durchfall, chronischer; auch solcher, der auf einen zurückgetretenen Ausschlag erfolgt war. Hartleibigkeit. g. n.
Meliae semperv. sem., Schleim und Galle abführend. Tohf.
Melong. sem., Hartleibigkeit. h. g. n. Durchfall. h.
Menisperm. glabr., Durchfall. h. g.
Menisperm. hirs., Durchfall. h. g. Magenruhr.
Menth. pip. K., Ruhr. h. g. n.
Mesua ferr., Durchfall. h.
Methon. glor., Hartleibigkeit. Ruhr.
Mimos. pudic. sem., Hartleibigkeit mit Hämorrhoiden.
Mimos. pudic. siliqu., Stuhlzwang. h. g. n.
Moring. Sohangn. rad., Hartleibigkeit mit Magensäure.
Mori alb. fruct., Durchfall. h. g. Rother Bauchfluß. Stuhlzwang.
Mori alb. rad. cort., Ruhr. g. n., gut mit Fieber.
Moschat. nux, Ruhr. h. g. n.

Mit geraspeltem Hirschhorn in Verbindung Durchfall. h. g.

Mulged. rapunc. fol., Ruhr. g. n. Stuhlzwang. g. n.
Mulged. rapunc. rad. cort., Hartleibigkeit mit Hämorrhoiden.
Mumiai, s. Asphalt pers.
Mur. ac., Durchfall.
Mutella Antig., Hartleibigkeit.
Myrica sap., Hartleibigkeit. h.
Myrobal. Beller., Hartleibigkeit. g. n.
Myrobal. Embl., Durchfall. h. g.

Mit dem käsigen Theile von frisch geronnener Milch gemischt eingegeben, ist bei Ruhr ang.

Myrobal. nig., Durchfall mit Kolik, auch mit Kollern. Mit Honig gemischt, Stuhlzwang. Hartleibigkeit. Rothen Bauchfluß.
Myrrh. gummi, Stuhlzwang. h.
Myrt. bacc., Durchfall. Ruhr. g. n. Stuhlzwang. g. n.
Nardost., Stuhlzwang. Hartleibigkeit. h. g. n.
Natrum mur., Hartleibigkeit. h.
Nelumb. spec. fl., Hartleibigkeit mit Fieber. Durchfall. h. Stuhlzwang. h.
Nepet. salviaefol. rad., Hartleibigkeit.
Ner. antidys., Durchfall. h. g. Hartleibigkeit. h. g. n., gut mit Kolik.
Ner. odor. fol., Durchfall.
Niccol., Durchfall, habitueller.
Nigella sat., Durchfall. g. n.
Nitric. ac., Durchfall. g. n.
Nycterid., Ruhr. h.
Nymph. lot. fl., Hartleibigkeit mit Fieber. Durchfall. h. Stuhlzwang. h.
Nymph. lot. sem., Hartleibigkeit. Durchfall. h.
Ocim. alb., Hartleibigkeit. Stuhl- und Harnzwang. Ruhr. h. Durchfall mit Kolik. h.
Ocim. Basil. sem., Hartleibigkeit.

*

Ocim. sanct. rad., Durchfall am 5. Tage. h.

Ocim. sanct. sem., Hartleibigkeit.

Olib. ind., Ruhr. h. g. n., gut chronische. Durchfall. g. n.

Onosm. macroceph. fl., Durchfall. h. g. n. Stuhlzwang. h. g. n.

Onosm. macroceph. rad., Ruhr.

Op. pur., Hartleibigkeit. g. n., s. Plumbi acet.

Op. mur. ac., Ruhr.

Op. nitric. ac., Ruhr. g. Hartleibigkeit. g. n.

Op. sulph. sodae, Ruhr. **4mal 12.**, bei chronischer. **MA. 30.** n.

Op., mit Aloë succotr., Calomel, Ipecacuanha, Tartar. emet. und Menthae pip. **R.** gemischt, in Pillenform, stündlich 1 Stück eingegeben, beseitigte eine Stuhl- und Harnverhaltung von 24 Stunden. Nimmt man anstatt dem Brechweinstein und der Aloe den Kampfer, so hat man eine Composition, die ich in früheren Jahren bei Ruhren nicht selten mit gutem Erfolge gegeben habe, was jedoch mit dergleichen starken Gaben von sonderbaren Gemischen nur ein Wagniß ist, zu dem man seine Zuflucht erst dann nehmen kann, wenn man von nichts Besserem weiß.

Opopan., Stuhlzwang. **4mal.** g. Ruhr. **MA.** g., stündlich, **12mal.** n. Durchfall. h. g. n.

Oryza rubra, Hartleibigkeit. Durchfall. g.

Oxal. ac., Stuhlzwang. h. g. n.

Oxal. ammon., Hartleibigkeit mit Kolik. h.

Oxal. cornicul., Hartleibigkeit. Stuhlzwang. Durchfall. h.

Panic. pil., Durchfall, galliger. Hartleibigkeit h. und vermehrend.

Papav. alb. sem., Compositio.
Man nehme rothen Reis 2 Loth, süße Mandeln 1/2 Loth, weißen Mohnsamen 1/2 Loth, Zucker 3 Loth. Zerstoßen und gemischt pro dosi zu 1/8 eines Lothes eingenommen, ist ein Laborisches Mittel gegen Stuhlzwang, und heißt Dodi.

Papav. rhoead. fl., Hartleibigkeit. Ruhr. h. g. n. Stuhlzwang. h.

Papav. rhoead. sem., Durchfall, chronischer.

Pareira brava, Durchfall, Erbrechen und Durst. h.

Pavia, Durchfall. g. n. Hartleibigkeit. g. n.

Petrol., Durchfall. h.

Petrosel., Hartleibigkeit. g. n.

Phall. escul., Durchfall und Erbrechen. h.

Phaseol. aconitifol., Durchfall.

Phaseol. radiat., Galle abführend.

Phoenic. gummi, Durchfall.

Phosph., Ruhr. Durchfall, langwieriger.

Physal. flex. sem., Durchfall. h. g.

Physal. somnif. rad., Durchfall. h. g., bei habituellem. **12mal** des Tages n. Ruhr. Stuhlzwang. h. g. n.

Picrorrhiza kurrooa, Stuhlzwang. Durchfall h. g. mit Fieber.

Pip. alb., Hartleibigkeit. h.

Pip. Betle fol., Durchfall.

Pip. long. rad., Magenruhr. Ruhr. g. n.

Pip. nig. **R.** Stuhlzwang. h.

Piscin., Durchfall. g. n., gut periodischer.

Pistac. putam., Durchfall mit Fieber. Ruhr. g. n., gut mit Fieber.

Pis. sat., Ruhr. h. g. n. Stuhl- und Harnzwang. h. Durchfall. h.

Plantago maj., Ruhr. g. n., gut mit Fieber. Durchfall. h.

Plectranth. arom., Durchfall. g. n.

Plumbag. Zeyl. rad., Hartleibigkeit mit Hämorrhoiden.

Plumb., Stuhl, harter, knotiger. ang.

Plumb. acet., Ruhr, chronische. ang.

Plumb. acet. mit Opium, Stuhlverhaltung, hartnäckige, mit Trommelsucht. ang.

Podophyll. Emodi fol., Ruhr. g. n. Hartleibigkeit. g. n.

Podophylli Emodi fruct., Hartleibigkeit. h. g.

Polyanth. tuber., Hartleibigkeit. h. g., mit Hämorrhoiden. **MA. 30.** Durchfall. g. n.

Polygon. linifol., Durchfall. h. g. n.

Polygon. macrophyll., Durchfall. **12mal.** 4mal des Tages. n.

Polypod., Schleim und Schwarzgalle abführend. Tohf.
Polypod. Sekour, Durchfall.
Portul. olerac. sem., Durchfall. h. g.
Hartleibigkeit. g. n.
Prun. sylv. R., Hartleibigkeit. h. g.
Durchfall. g. n.
Psyll. sem., Durchfall mit Kollern. Ruhr.
Psyll. sem. tostum, Durchfall. Tohf.
Pulsat., Durchfall.
Pyrethr., Ruhr. Durchfall. h., nicht mit Abzehrung.
Quass. R., Ruhr. h. g. n.
Ranunc. bulb., Hartleibigkeit. Durchfall. h.
Ranunc. lanug. fol., Ruhr. Stuhlzwang.
Ranunc. lanug. rad., Stuhlzwang. Stuhl- und Harnverhaltung mit einem Blasenabsceß.
Raphani sem., Durchfall mit Erbrechen. 4mal 28.
Rheum (sinens.), Durchfall. h. g.
Ruhr. g. n., gut gerösteter. 8mal. 24.
Rhus Coriar., Durchfall, langwieriger.
Ruhr. g. n. Gallekrankheiten. Tohf.
Rhus Toxic., Durchfall. h. g.
Ricini fol., Schleimstühle.
Ricini ol. R., Durchfall. h. ang.
Ricini rad. cort., ist ein indisches Purgiermittel.
Rosar. rubr. sem., Stuhlzwang. g. n., gut mit Fieber.
Rosmarin., Stuhlzwang.
Rotlera tinct., Hartleibigkeit. g. n. Durchfall. h. Stuhlzwang. h.
Rubia Munj., Stuhlzwang. Nicht mit Harnzwang. Ruhr. h. g. n.
Ruku t., Durchfall. h. g. colliquativer. 12mal. n.
Rumex Bidschbend, Stuhlzwang.
Sabina, Durchfall. h.
Sagapen., Hartleibigkeit. h.
Sago, Durchfall, periodischer. Ruhr, nicht mit ♀.
Sahansebed, Ruhr, mit und ohne inneres Brennen. MA.
Durchfall. h. g. n. Stuhlzwang. h. g. n.
Salvad. ind. fol., Durchfall. h. ang.
Salv. off., Ruhr. MA.

Sandarac., Durchfall, langwieriger; nicht bei colliquativem. 4mal. Hartleibigkeit. h.
Santal. alb., Durchfall. h.
Sapindi emarg. fruct., Hartleibigkeit. g. n.
Sapindi ligni cort., Durchfall, auch mit Erbrechen. Hartleibigkeit. h
Sapii ind. nuc. cort., Stuhlzwang.
Sapii ind. sem., Durchfall. Stuhlzwang. h. g.
Ruhr. g. n.
Sarsaparilla, Durchfall. h. g. Ruhr. h. g. n.
Scammon., Hartleibigkeit. Stuhl- und Harnverhaltung. g. n.
Schekakel, Magenruhr. Durchfall. g. n.
Ruhr. g. n. Stuhlzwang. g. n.
Scorpion., Durchfall. Stuhlzwang. h. g.
Sebest., Durchfall. Die Gährung der Galle hemmend. Tohf.
Secale corn., Durchfall. g. n. Stuhlzwang. h.
Selen., Stuhlzwang. h. g. I. R. MA. 30.
Durchfall. g. I. Hartleibigkeit. h.
Senecio Musuca, Durchfall. h. Ruhr. h.
Seng e Basri, Durchfall. Stuhlzwang.
Sepiae os, Magenruhr.
Sepiae succ., Ruhr. h. g. chronische. Hartleibigkeit. g. n.
Serpent. exuv., Ruhr. Durchfall. g. n.
Sialikand, Hartleibigkeit. h.
Sid. rad., Durchfall, chronischer.
Sid. sem., Ruhr. h.
Silic., Ruhr. h.
Sisymbr. Soph., Hartleibigkeit. Durchfall. h.
Smalt., Hartleibigkeit. h.
Smilax china, Hartleibigkeit. g. n.
Solan. Jacqu. fruct., Ruhr. Durchfall. h. g. n.
Solan. Jacqu. rad. cort., Durchfall und Kolik. h.
Solan. nigr., Hartleibigkeit. Stuhlzwang. h.
Spigel. anthelm. R., Durchfälle. h. g., auch mit Wurmfieber. Stuhl- u. Harnzwang. 4mal. Ruhr. g. n., gut mit Fieber.
Spong. mar. usta, Hartleibigkeit mit Fieber.
Stann., Durchfall. h. Ruhr. h.
Staphisagr., Durchfälle. h. g.
Stinc. mar., Hartleibigkeit. h.

Stoechad. arab., Durchfall. h.
Stront., Durchfall mit Leibschneiden. ang. Stuhl, harter, knotiger. ang.
Strychn. faba St. Ign. Hartleibigkeit. Stuhlzwang. h.
Strychn. nux vom., Durchfälle. g. n.
Sulph., Durchfall. h.
Sycias Gagervel, Durchfall. g. n., gut mit Fieber. Hartleibigkeit. h. g. n.
Tabac., Stuhlverstopfung, hartnäckige.
Tabaschir, Durchfall. h. g.
Talc. alb., Durchfall. g. n., gut mit Abzehrung.
Talc. nigr., Durchfälle. Hartleibigkeit mit Aufblähung.
Tamarind., Durchfälle. h. g.
Tarax., Durchfall.
Terebinth. spir., Durchfall. h.
Thuj. occident. K., Ruhr. h.
Thuj. orient. sem., Stuhlzwang. h.
Tigrin., Stuhlzwang. h.
Trianth. pentandr. alb., Durchfall. h. g. Stuhlzwang. h. g.
Trianth. pentandr. nigr., Stuhlzwang. h. g. n. Hartleibigkeit. g. n.
Tuberis cibar. nig. conserva, Durchfall. g. n. Ruhr. g. n. Stuhlzwang. g. n.
Turpeth., Durchfall. Ruhr. 4mal 12. mit Ipom. coer., schleimige Stuhlentleerungen. h. ang.

Der innere weiße Theil dieser Wurzel beseitigte einen Stuhlzwang. 12mal. bei ♀, schleimige, eiterige Abgänge durch Harn und Stuhl. h. MA.

Umbellif. Butazeri, Stuhlzwang. h.
Urtic. dioic. fl., Hartleibigkeit. Durchfall. h.
Uva passa maj., Ruhr mit herumziehenden Geschwülsten, Appetitmangel und großer Schwäche. Einige Stücke gekäut.
Uva ursi, Durchfälle, g. mit Kolik. Hartleibigkeit. g. n. Ruhr. h.
Valer. sylv., Magenruhr. h. g. Durchfälle. g. n.
Vanill. K., Ruhr. 12mal. 36. 4mal. 28. n. Hartleibigkeit. g. n.
Verbasci rad., Durchfälle. h. g. Stuhlzwang. h. g. n.
Verben. off. Lahor. herba, Stuhlzwang. h. g. n.
Verben. off. Lahor. sem., Stuhlzwang. h. g. n. Ruhr. h.
Vinc. min. fl., Stuhlzwang. Hartleibigkeit. h.
Viol. odor., Hartleibigkeit. Stuhl, knotiger.
Viol. odor. rad., Durchfall. h.
Viol. tricol., Ruhr. g. n.
Vit. neg., Durchfall. h. g. Stuhl- und Harnverhaltung. Stuhlzwang. h. g. n. Ruhr. g. n.
Vitri fel, Durchfall. h. g., auch mit Erbrechen. Ruhr. h. g. n.
Warburg's Fiebertropfen. Ruhr.
Xanthoxyl. sem., Hartleibigkeit. h.
Zedoar. Zer., Durchfall. h. g. n. Ruhr, aus Stuhlzwang. h.
Zinc. iod. amygd., Stuhlzwang. Ruhr. 12mal. 4mal. 28.
Zinc. sulph., Durchfall. Ruhr. h.
Zingib. off., Hartleibigkeit.

Ingwer 4 Theile mit weißen Mohnsamen 1 Theil gemischt, nach den Umständen mehr oder weniger davon eingegeben, ist ein indisches Mittel gegen die Ruhr.

Zyzyph. Jujuba, Ruhr. Durchfälle. h. g. bei colliquativem. 12mal. n.
Zyzyph. vulg., Durchfälle. h. g. auch verschlimmernd (?)

Stumpfheit der Sinne, s. Vergeßlichkeit.
Syphilis, s. Venerische Krankheiten.
Taubheit, s. Gehör- und Ohrleiden.
Tollheit, s. Geisteszerrüttungen.
Träumereien, s. Schlaflosigkeit. 2c.
Tripper.

Abelmosch. moscat. sem.
Acon. ferox, auf Tripper, Pubis und Leistenschmerz.
Althaeae fl. s. Silic.
Althaeae fol., g. n., gut bei frischem ♀. Tripper. MA. Anomalien auf Gonorrhoe.

Anac. occident., Schmerz lindernd bei Tripper.
Angel. sem., Tripper, ♀. MA. 60.
Apii rad., g. n.
Argent. fulm. g. n. s. Hemidesm. ind.
Argent. nitric. fus., Injectionen von Gr. ¼ bis zu Dr. j. zur Unze Wasser, bei acutem und bei chronischem Tripper. ang.
Armorac. g. n.
Arum colocass. Tripper, ♀.
Arsen., g. n., gut abwechselnd mit Thuja R. Nachtripper.
Arsen. pot., Tripper mit Blutharnen.
s. Merc. sol.
Asari rad. MA. 60.
Benzoic. ac., Nachtripper.
Berber. lyc. Res, in Rettigsaft aufgelöset, bei Tripper. ang.
Bignon. ind. sem., Tripper. M. 30. Nachtripper mit Blutabgang.
Bolus armen., Tripper. h. g., gut per. monatliche Exacerbationen.
Buteae frond. gummi, g. n.
Cannab. ind. sem., Tripper g. n., gut bei acutem.
s. Canthar.
Canthar., Tripper mit innerm Brennen.
Eine Emulsion von Mandeln, Mohnsamen, Hanfsamen mit Kampher und Kanthariden, ꝛc. ang.
Cariss. Carand. fruct., Nachtripper. 4mal 28.
Cass. Tamal. fol., Tripper ♀.
Chinin. sulph., Tripper mit Harnbrennen. MA.
Coccul., Nachtripper. MA.
Colchic. autumn., brachte einen gestopften Tripper in Fluß, bei Chanker.
Corchor. frutic., g. n.
Cubebae, s. Sarsaparilla.
Cuscut. monogyn. sem., Nachtripper. MA. 60.
Datisc. cannab. rad. cort., Nachtripper. g. n.
Delph. paucifl. MA. 60.
Diosma cren. ang.
Embryopt. glutinif.
Euphorb. longifol. MA. 60.
Geran. nodos., Tripper mit Thränenfluß.
Geum elat. MA. 30.
Glin. dictamnoid., Tripper, blutender.
Guiland. Bonducc. s. Piper. nig.
Hemidesm. ind., abwechselnd Argent. fulm.
Hyssop. g. n.
Jasp. a. ust. R.
Ichtyocolla, Nachtripper mit Samenfluß.
Ipom. cuspid., g. n.
Jugl. nuc. putam. succ. insp., Tripper, ♀.
Kankolmirdsch.
Lacca in gran., Tripper, ♀.
Led. palustr, g. n.
Luff. amar. extr., Nachtripper. MA.
Majorana, g. n.
Mastix, g. n.
Mercur. sol. Hahn., abwechselnd mit Arsen. pot. Tripper, ♀.
Mimosa Sirissa, zu Scr. j. — ij. pro dosi mit Wasser bei Tripper einzugeben. ang.
Myrt. bacc., g. n.
Natrum. mur., g. n.
Ocim. sanct. sem.
Oxal. ac., g. n.
Oxal. ammon., g. n.
Oxal. cornic.
Pip. nig., g. n., gut R. in Verbindung mit Guiland. Bonducc.
Portul. olerac. sem., chron. Tripper in Fluß bringend.
Prosop. spicig. siliqua. M. 30.
Prunella vulg., MA. 30.
Rapa Brass., nach Tripper, Harnzwang, Magenbrennen ꝛc.
Rhus Coriaria mit Tragantschleim und Rosenwasser als Injection ist ein orientalisches Mittel. ang.
Ricini fol., MA. 14.
Sarsaparill. Decoct und Cubeb. Decoct, beide concentrirt, werden 3 Tage ruhig stehen gelassen, dann das Klare von beiden abgegossen, gemischt und bei gelindem Feuer zur syrupartigen Consistenz abgedampft, bei Tripper eingegeben. ang.
Schekakel, Tripper, blutiger, auch ♀.
Senega, Tripper, acuter. MA.
Sid. sem., Tripper, ♀.
Silic., abwechselnd mit Althaeae fl. MA. Tripper, ♀.

Sisymbr. Irio.
Strychn. nux vom., gestopften Tripper in Fluß bringend.
Talc. alb., **g. n.**
Taraxac., Nachtripper.
Thuja occident., **g. n.**
Tribul. terrestr., Tripper, acuter. **4mal 28.**
Uva Ursi, Tripper, frischer. **g. n.** Nachtripper.
Vanill., **g. n.**
Verbena off. Lahor, gutartiger Tripper. **MA. 14. 4mal. 12. n.** Bei ♀. **n.**
Vespar. fav., Tripper. ♀. **M. 30.**
Zanthoxyli fruct., Tripper mit Harnbrennen. **MA. 30.**
Zinc. chlorid. Injectionen, wenn keine Entzündung vorhanden ist. **ang.**

Eine gemeine Praxis im Oriente ist bei Trippern und Schleimflüssen aus den Geschlechtstheilen überhaupt, auf eine heiße Ziegel eine Hand voll Reisschalen zu thun, den Urin darauf zu lassen, und den warmen Dampf davon zu empfangen; nach 3- bis 4maliger Wiederholung soll in den meisten Fällen das Uebel gehoben sein. Dieses erinnert mich: au traitement de la Gonorrhoe par les courans d'eau tiède.

Trommelsucht, s. Blähungen.

Tropische Krankheiten, s. Hautkrankheiten.

Trübsinn, als: Weinen, Kummer 2c.

Antim. tart., hypochondrische Stimmung. **h.**
Argent. nitric. fus., Hypochondrie mit Nachtsfurcht. Hypochondrie vom Tschersrauchen.
Arsen. pot., Hypochondrie mit Engbrüstigkeit.
Arum camp., Hypochondrie mit Verdauungsleiden.
Asari rad., melancholisches Temperament. Verdrüßlichkeit. Kopfdummheit. Nervenüberempfindlichkeit.
Aurum, Lebensüberdruß. Hypochondrisches Temperament. Herz- und Muthmangel beim Reden. **I R**sol. **MA.** s. Nigella sat.
Calotrop. gig. sem. **R.**, Hypochondrie mit Vergeßlichkeit und Kopfeingenommenheit.
Cannab. ind. herba Trank. Lachen **h.** Furcht. **h.**
Capill. ven., Hypochondrie. Furcht. Beklemmung.
Carniol. ust., Hypochondrie.
Carpes. racem., Hypochondrie.
Celastr., Hypochondrie, Furcht mit garstigen Träumen.
Cera citr., Hypochondrie. **h. g.**
Cherayta, Hypochondrie.
Chin. cort., Hypochondrie.
Costus arab., Hypochondrie. **h.**
Creos., Mißmuth. Verdrießlichkeit.
Croc. sat., Lachen. **h.**
Daron., Hypochondrie u. Melancholie. **ang.**
Datisc. rad. cort., Verdrießlichkeit. **h.**
Diosma cren., Hypochondrie. **ang.**
Gent. rad., Hypochondrie auf Hanfkraut entstandene.
Haruntutia, Hypochondrie mit Kopfbrennen und Schlaflosigkeit. **MA.**
Heracl. diversifol., Hypochondrie mit Beklemmung. **h.**
Herniar. rad. D., Hypochondrie.
Kankolmirdsch, Hypochondrie.
Lacca in gran., Hypochondrie.
Lactuc. vir., Hypochondrie.
Laws. inerm., Furcht. **h.**
Lentes, Melancholie. **h. Tohf.**
Lupul. Humul., Hypochondrie mit Schlaflosigkeit.
Magnes. carb., Verdrießlichkeit. Fürchterliche Träume mit Körperschmerzen.
Marrub. alb., Hypochondrie.
Melongen. sem., Hypochondrie. **h.**
Mezereum., s. Geisteszerrüttung.
Moschus, Hypochondrie. **Tohf.**
Nardost., Hypochondrie. **Tohf.**
Nigella abwechselnd mit Aurum, Lebensüberdruß.
Picrorrhiza kurrooa, Hypochondrie mit Furcht. **MA.**
Platina, Geistesstörung von Schreck und Kummer.
Rheum, Hypochondrie.
Ros. rubr. fl., Hypochondrie.
Rosmarin., Hypochondrie.
Salic. aegypt. fl., Hypochondrie. **Tohf.**

Santal. alb., Hypochondrie.
Scammon., Kummer u. Betrübtsein. Tohf.
Schekakel, Hypochondrie.
Smilax china, Melancholie. Tohf.
Stann., Hypochondrie mit Bauchweh.
Staphisagr., Sehnsucht nach dem Tode.
Stoechas arab., Gehirnkrankheiten v. schwarzer Galle. Tohf.
Stront., Hypochondrie. Verdrießlichkeit mit Zorn.
Tamarind., Hypochondrie. Tohf.
Thuja occid., Hypochondrie. Betrübniß auf Todesfall.
Urtic. maj. fl., Irrereden. h.
Viol. odor., Schwermuth. Traurigkeit. Hypochondrische Stimmung mit Weinen. g. Hypochondrie von Hitze. Tohf.
Vitex neg., Weinen und Kummer, mit ihren Folgen.
Xanthoxyli pip. sem., Hypochondrie. Tohf.

Typhus, s. Fieber.
Ueberbein, s. Warzen, Auswüchse 2c.
Unfruchtbarkeit, s. Krankheiten des weiblichen Geschlechtes.
Ungeziefer, als: Läuse, Filzläuse 2c.

Ajuga decumb., Filzläuse.
Behen alb. & rubr., Läuse tödtend.
Conyza anthelm., und Schwefel weichen die Indier eine Nacht hindurch in Kuhurin ein, dann kochen sie das Ganze mit 4 Theilen bitteren Oeles bis zur gänzlichen Verdampfung des wässerigen Theiles. Einige Tropfen hievon auf die vom Ungeziefer behafteten Stellen eingerieben, soll augenblickliche Besserung hervorbringen.
Daron., Filzläuse. h.
Helleb. alb., Laussucht. ang.
Iod., Laussucht.
Lentes mit Eiweiß applicirt, soll Läuse vertreiben. Tohf.
Lepid. sat. sem., mit Honig applicirt, ist Läuse vertreibend. Tohf.
Mercurialis, Application.
Mulged. rapunc. applicirt, ist ein Läuse vertreibendes Mittel der Kaschmirianer.
Phosph., Application.
Staphisagria ist ein allgemein bekanntes Läuse tödtendes Mittel.
Vanill. K., Filzläuse. 4mal 28.
Vielleicht ist sie auch örtlich angewandt nützlich?

Unterlaufungen von äußerer Gewaltthätigkeit. s. Gewaltthätigkeiten, äußere.
Unverdaulichkeit, s. Magenkrankheiten.
Unvermögen, männliches. s. Schwäche.
Veitstanz. s. Krämpfe 2c.
Venerische Krankheiten. s. Lustseuche 2c.
Verbrennungen. s. Brandschäden.
Vergeßlichkeit, Stumpfheit der Sinne 2c.

Anac. orient. Tohf.
Asa foet., Tohf.
Asari rad., Kopfdummheit. s. Trübsinn.
Calotrop. gig., Gedächtnißschwäche. Vergeßlichkeit und Irrereden im Fieber. h.
Calotrop. gig. sem. K., Vergeßlichkeit mit Hypochondrie und Kopfeingenommenheit.
Capsic., Tohf.
Cinnam., Tohf.
Creos.
Cyper. long., Tohf.
Harmala Ruta.
Iod., Blödsinn und Starrsehen bei einem Erdefresser.
Myrobal. Embl., Tohf.
Myrobal. nig., Tohf.
Veratr. alb., Vergeßlichkeit mit Brustbrennen.
Zingib. off., Vergeßlichkeit. Tohf.

Vergiftungen von mineralischen und vegetabilischen Stoffen, und davon herrührende Beschwerden, als: Berauschungen, Betäubungen, Schmerzen 2c.

Abrus prec. sem., Gegengift ist der Coriander. Tohf.
Acon. ferox, Antidot ist Delph. panciff. Tohf.
Ajouain ist jenen Opiophagen ang., die das Opium lassen wollen. Tohf.

**

Alexipharm. rad. Pindet's heilte durch Erbrechen eine Opiumvergiftung.

Aloë. succotr., ist dem Hundsgeschlechte, den Wölfen ꝛc. giftig.

Antimonialia haben als Antidot, Tannin. ang.

Arsen., als Gegenmittel pflegt man anfangs die Magenpumpe, in Ermanglung derselben schnell wirkende Brechmittel aus Kupfer- oder Zinkpräparaten anzuwenden. Bei dergleichen Vergiftungsfällen können oft Getränke von Milch, Eiweiß, Seifen- oder Zuckerwasser benützt werden. Die kohlensaure Magnesie mit und ohne Mohnsaft zu 1 Drachme in kurzen Zwischenräumen mit Milch eingegeben, ist ein längst bekanntes Mittel. Erst in der neueren Zeit hat man im Eisenroste, Eisenoxydhydrat genannt, ein wichtiges Gegenmittel dieses schrecklichen, in der ganzen Welt bekannten Giftes entdeckt. s. Zinc. jod.

Bellad., ist ein Antidot des Zinkoxyds.

Camphora vorzüglich mit Oel erwärmt als Einreibung ist ein Antidot des Opiums.

Cantharides Vergiftung. Man räth eine Limonie, in 2 Theile geschnitten, auf die eine Hälfte Salz, auf die andere Zucker gestreut, und wenn sie zergangen sind, die Säfte ausgepreßt, gemischt einzugeben; es soll durch Blut- und Schleimabgang helfen.

Melongen. sem. tilgte Harnzwang von Kanthariden.

Auch Opium wird angerathen.

Carbo veg., wird gegen ätzendes Sublimat ang.

Churrus, Rauchen dess. verursachte Engbrüstigkeit, Magenbeben, Brennen im Magen und im Körper, die Gard. dumet. tilgte.

Clerodendr. infort., ist denjenigen angerathen, die sich des Opiumgenusses entwöhnen wollen.

Coccul. ist ein Antidot vieler Gifte. Tohf.

Coriander in Milch gekocht und versüßt, ist das Gegenmittel bei Beschwerden von der Crataeva Marmelos. Tohf.

Cupri acet., Antidot: Cocculus und Zucker.

Cuprum ammon., Antidotum Opii.

Daturae stram. Antidotum: Melongena mit Wasser abgerieben, eingegeben. ang. Warme Oeleinreibungen. ang.

Delph. Ghafes succ., beseitigte Kopfhitze, die von unmäßigem Opiumgenusse entstanden war. 4mal. 28.

Garden. dumet. wird als Antidot des Opiums ang.

Gentian. rad., beseitigte die Zufälle, die von einer zusammengesetzten Hanfkrautlatwerge, worin vermuthlich auch Stechapfelkerne enthalten, entstanden waren.

Gossyp. sem. sind eines der besten Opium-Antidote, vielleicht auch das Baumwollsamenöl, äußerlich eingerieben.

Sie werden auch denen ang., die sich vom Opiumgenusse entwöhnen wollen.

Gourbuti, ist bei Vergiftungen. ang. Opiophagen angerathen, die sich vom Genusse desselben entwöhnen wollen.

Hydrocyan. ac. Antidot. Ammoniak 10 bis 20 Tropfen mit Wasser gemischt eingegeben. ang.

Kali hydrojod., Arsenikſiechthum.

Luffa amara, Churrus Antidot.

Melong. sol. verursachte Halsentzündung mit Schlingbeschwerden, die Argent. fulm. tilgte. s. Canth. und Datura.

Mercur. subl. corr., s. Carbo veg. Eiweiß, Leim und Schwefelleber werden als Antidote ang.

Nitric. ac., verursachte Halsweh, das auf Buteae frond. gummi verging; vermuthlich weil es reichhaltig an Gerbsäure (Tannin) ist.

Opium. In den orientalischen Manuscripten gibt es eine Anzahl von Antidoten, die gegen den Mißbrauch eines unserer größten Heilmittel, das bei den Morgenländern so zu sagen durch üble Gewohnheit zu einer ihrer unentbehrlichsten täglichen Genußsubstanzen geworden ist, angewendet werden. Außer den in meinen Reiseerlebnissen bereits erwähnten Mitteln will ich kürzlich nur nachfolgende erwähnen:

Kalte Sturzbäder über den Kopf.

Spir. Cornu Cervi zu 1 Tropfen in die

äußeren Augwinkel getröpfelt, und über die Augwinkel eingerieben. Die Füße in warmem Wasser gehalten, und wenn Besinnung da ist, ein Brechmittel, vorzüglich Sem. Sinapis, **ang.**

Rettigsamen mit Ingwer und Essig eingegeben. **ang.**

Ricini rad. cort. mit Wasser eingegeben. **ang.**

s. Delph. Ghafes und Cupr. ammon.

Petrosel. ist ein tödtliches Gift den Papageien und vielen andern Vögeln; vielleicht bei eben denselben als Heilmittel angewandt, nützlich. So ist auch das

Phellandr. aquat. ein Gift für Pferde, das bei so mancher Krankheit derselben versucht werden könnte!

Serpent. exuv., Opiophagen, die den Gebrauch des Mohnsaftes lassen wollen. **MA. 60.**

Sinap. sem. als Brechmittel bei narkotischen Betäubungen. **ang.** s. Opium.

Smilac. chin. decoct., Opii antidotum **ang.**

Strychnin. Antidotum Tannin.

Strychn. faba St. Ign., Opii antidot.

Zinkjod. erwies sich bei Arsenikſiechthum so ausgezeichnet wirksam, daß ich die beste Hoffnung hege, es könne auch bei activen Vergiftungen dem Eisenoxydhydrat vorgezogen werden. In einem langwierigen Falle. **MA.**

Verhärtungen und Verstopfungen der Eingeweide.

-Aloë succotr., s. Myrrh.

Ambra gris.

Argent.

Bdellii gummi **K.**, herumziehende, schmerzende Obstructionen in den Eingeweiden **MA.**

Berb. lyc. Res, Verhärtungen und Geschwülste im Unterleibe.

Bezoard. min., Bauchobstruction, schmerzende. **MA.—12mal.**

Borax, s. Myrrh.

Buteae frond. gummi, Obstruction mit Unverdaulichkeit.

Camel. coagul., Bauch- und Milzobstructionen.

Camph. cannab. sem., Obstruction mit Unverdaulichkeit, Stuhlzwang &c.

Capill. Ven., Bauchhärte mit Obstruction.

Cass. fist.

Cass. lign., Verhärtungen in den Eingeweiden. **Tohf.**

Cass. Tamal. fol., Oberbauch- Unterbauch- und Milzobstructionen mit Hartleibigkeit.

Celastr., Bauchobstruction, schmerzende, mit Aufblähung.

Cichor. fol. rad. & sem., Bauchobstructionen.

Coccul., Obstruction mit Seitenschmerz.

Colocynth. rad., Bauchobstruction.

Corchor. fruticos. Bauchobstruction mit habituellem Durchfall. **Rsol. 3tägig 20.**

Creos. Bauchobstruction, herumziehende.

Cuscut. monogyn. sem.

Cycad. revol. sem., Bauchobstructionen mit Geschwülsten.

Daphne Sunnerkat.

Daron., Bauchhärte mit innerer Hitze. **MA.**

Datisc. cannab. sem., Bauchobstruction, herumziehende.

Elater., Bauch- und Milzobstruction.

Foenic. rad.

Fritill. cirrh., Bauchobstruction, herumziehende.

Gagerming, Bauchobstruction, herumziehende.

Gmel. asiat., Obstruction mit Unverdaulichkeit.

Grewia asiat.

Harmala Ruta.

Hermod. amar., Bauchobstruction mit Hartleibigkeit.

Hermod. dulc., Bauchobstruction mit Magenleiden. **MA.**

Ipom. dasysp., Bauchobstruction, herumziehende. Obstruction in der Nabelgegend.

Laws. inerm., deobtruens. **Tohf.**

Lichen odorif.

Lign. sanct., Bauchhärte. **H.**

Malva, Obstructionen. **Tohf.**

Manna calabr.

Meliae azed. cort., Obstructionen. Tohf.
Meliae semperv. sem.
Myrrh., mit Aloe, Borax und schwarzem Zucker zu Pillen gemacht, wird bei verschiedenen chronischen Abdominalleiden eingegeben und ist ein übliches Mittel der arabischen Aerzte.
Nardost., Obstructionen. h. g.
Olib. ind., Bauchobstructionen, schmerzende.
Origan. vulg.
Phas. radiat., Obstructionen. Tohf.
Polygon. Sekour, Bauchobstruction mit innerm Brennen.
Portul. olerac. sem., Bauchobstruction mit Fieber. MA.
Ranunc. lanug. fol. et rad., Bauchobstruction.
Ricini fol., Obstructionen. Tohf.
Rosar. rubr. fl., Obstructionen. Tohf.
Rubia Munj., Obstructionen. h. g.
Sagapen., Bauchobstruction mit Aufblähung.
Sep. succ., Bauchobstruction mit Aufblähung und Hartleibigkeit. MA.
Solan. Jacqu. fruct., Obstruction, ziehend schmerzende über dem Nabel. MA.
Sphaeranth. ind., Bauchobstruction. Tohf.
Storax liqu., Obstruction.
Sulph. Auliasar, Dickbauch, s. Krankheiten der Kinder und des weiblichen Geschlechtes.
Tabaschir, Obstruction.
Turpeth., Obstruction. Tohf.
Urtic. dioic. fl., Obstruction.
Vespar. nel, Obstruction in der Nabelgegend. MA.
Villars. nymph.
Vit. neg., Obstruction.

Verletzungen, äußere, und
Verrenkungen, s. Gewaltthätigkeiten, äußere.
Vorfälle, s. Brüche und Vorfälle.
Wadenhärte.

Mantis ovor. nidul.

Wahnsinn, s. Geisteszerrüttung.
Warzen, Auswüchse 2c., s. Hautkrankheiten.
Wasserkopf, s. Krankheiten der Kinder.
Wasserscheu, s. Bisse von Thieren.
Wassersucht, s. Geschwülste.
Wechselfieber.

Acac., s. Piper long.
Achyr. asp. sem., Tertiana, doppelte. Quotidiana. g. n.
Adansonia digitata Rinde, soll bei Wechselfiebern das schwefelsaure Chinin übertreffen. ang.
Allium sat., Quotidiana.
Alumen crud., s. Fic. relig.
Anac. orient., Quotidiana. 4mal.
August. cort., Tertiana. 8mal. 24.
Antim. tart., Quotidiana mit Hitze, ohne Frösteln.
Armorac., Tertiana.
Arsen. hydrocyan.
Arsen. pot.
Arsen. sodae, Tertiana. g. n.
Asari rad., Quartana. h. Quotidiana. g. n.
Aterni, Frostfieber, Nachts.
Auripigm. rubr., Frostfieber. h.
Balausta, Frostfieber. h. Tertiana.
Barringt. acutang., s. Piper. n.
Bistorta, Tertiana. Quartana. g. n.
Buteae frond. sem., s. Guil. Bonducc.
Calc. citrat., Tertiana.
Calumb. rad., Gallenfieber, unregelmäßiges.
Cetrar. island. (pro dosi gr. jj.) ang.
Chelid. maj., Tertiana. Quotidiana. g. n.
Chinae cort., Quotidiana, Nachtsanfälle.
Chinin. sulph., s. Ferr. hydroc.
Cichor. rad., Frostfieber mit Gesichtsgeschwulst. 12mal.
Cichor. sem., Frostfieber. Quartana. g. n.
Clerodendr. infort., Quotidiana. 4mal. 12.
Corchor. fruticos., Quotidianen. h. g.
Cotyl. lacin., Frostfieber mit allgemeinen Schmerzen.
Crot. tigl., Quotidianen. g. n.

Cumini sem., s. Pip. long.
Curc. Zedoar., Tertiana. 3mal. 12.
Cuscut. sem., alte Fieber. Tohf.
Cycad. revol. cort. R., Frostfieber. h.
Datisc. cannab. rad. cort., Quotidiana. 4mal.
Datur. stram. fol., s. Pip. n.
Dealsing's Torkiwurzel, Tertiana. h.
Dracon. sangu., Wechselfieber. h. g.
Euphorb. ten., Tertiana. h.
Evolv., Tertianen. h. g.
Ferr. hydrocyan., in Verbindung mit dem schwefelsauren Chinin wird bei Wechselfiebern. ang.
Fici relig. fol., mit Alaun bestreut, als Epikarpium aufgebunden, ist in Indien bei Wechselfiebern gebräuchlich.
Galanga, Frostfieber.
Garden. dumet., Nachmittagsfieber ohne Frost und ohne Durst.
Gmel. asiat., Quotidiana. h. g. Tertiana.
Guiland. Bonducc., Tertiana. 4mal. 12. Quotidiana. g. n.

Mit Buteae frond. sem. geschälten, gemischt, wird gegen Quartanen ang. auch nur der schwarze Pfeffer soll die Wirksamkeit dieser Nüsse gegen Wechselfieber erhöhen.

s. Pip. long.
Gultschin fol., Tertiana.
Gyps. Zernich goudenti, Quotidiana. Tertiana.
Haruntutia, Quotidiana.
Junip. bacc.
Led. palustre, Frostfieber in der Frühe. h.
Lini sem., Quotidianen und Quartanen. g. n.
Magnes. carb., Quotidiana.
Malvae. Todri n., Quotidiana, Nachmittagsexacerbation. h.
Marrub. alb.
Meliae azed.
Meliae semperv. sem., Quotidianen. g. MA.
Meliloti sem., Nachmittags Hals- und innerlich Brennen. MA.
Myrobal. citr., Quartana. 4mal. 24. Tertiana. h.
Nigell. sat. mit Oxymell, bei Quartana einzugeben. Tohf.
Ocim. sanct. fol., s. Piper. n.
Phyllerin. sulph., ist gegen Wechselfieber. ang.
Pip. Betle fol., s. Pip. n.
Pip. long., cum Acac. fol., Cumini sem., et Guiland. Bonducc. aa. part. aequal., werden zu erbsendicken Pillen gemacht, 3mal des Tages zu 1 Stück eingegeben, von indischen Aerzten gegen Wechselfieber aller Arten gebraucht.
Pip. nig., mit Pip. Betle. fol. und Daturae stram. fol. zu gleichen Theilen gemischt, Morgens und Abends bei Quartanen eingegeben, oder: Rp. Barrington acutang., Pip. nig., Ocimi sancti fol. āā. Scr. j. m. f. pulv. sig. Bei Quartanen 1/2 Stunde vor dem Anfall einzugeben, nöthigenfalls wird es auch repetirt. ang.
Polygon. linifol., Tertiana. Quotidiana. g. n.
Psyll. sem., Verlarvtes Wechselfieber; indem nämlich jeden Abend Rachenentzündung mit Schlingbeschwerden eintrat.
Rheum australe, Tertiana.
Rotlera tinctor., Quotidiana.
Rumex Bideshbend, Quotidiana. MA. 6.
Tertiana mit starkem Froste. 8mal. 32.
Salicine, ist als ein Substitut des schwefelsauren Chinins ang.
Santon. sem., Tertiana. g. n. Quartana. g. n.
Sarcocolla, Quartana. 8mal. 16.
Selen., Tertiana. h. g.
Sep. os, Tertiana mit Kopfweh.
Sep. succ., Quotidiana.
Serpent. exuv., als Epikarpium um die Handwurzel gelegt und angebunden, ist bei Wechselfiebern ang.
Sisymbr. Irio, Quotidiana. Tertiana.
Smilax china, Wechselfieber. h. Quartana.
Storax liqu., Tertiana.
Tarax. rad., Quotidiana. 4mal. 12.
Terebinth. spir., Quotidiana, nachsetzende.

Turpeth., **g. n.**
Urtic. dioic. fl. als erwärmend. (?)
Veratr. alb.
Verben. off. Labor., Quartana.
gut. **4mal. 28.** Bei andern Arten von Wechselfiebern ist sie unversucht geblieben.
Vit. neg. fol., Nachmittagsfieber. **h.** Tertiana. Quartana. **MA. 30.**
Zyzyph. Jujuba, Tertiana.

Weinen mit Kummer, s. Trübsinn rc.
Weißfluß, s. Krankheiten des weiblichen Geschlechtes.
Winterleiden.

Arnica, Fußgicht.
Curcul. orchiod., Kopfgicht.

Wunden, s. Gewaltthätigkeiten, äußere.
Würmererzeugung, sowohl in den Eingeweiden des thierischen Körpers, z. B. im Gehirne, in den Gedärmen, als auch unter der Haut im Zellgewebe (der Fadenwurm) rc.

Bebeerine, Wurmfieber.
Calebr. opp., Eingeweide-Würmer mit Flechten.
Cass. fist., s. Nigella.
Conyza anth., **ang.**
Corall. r., Eingeweidewürmer. **Tohf.**
Cotyl. lac.
Cucum. Madr., Springwürmer.
Cusc. Epithym., Bandwurm, Spulwürmer. **g. n.**
Dol. pr., ist ein gebräuchliches Wurmmittel.
Dulc., Springwürmer. **g. n.**
Elat., Erzeugung von Würmern im Bauche. **h. g. MA.**
Embel. Rib., Bandwurm. **Tohf.**
Equi lac, Bandwurm. **ang.**
Foenic. sem., Springwürmerkriebeln mit Magenbeben.
Granat. ac. rad. cort., wird zum Abtreiben des Bandwurmes in großen Gaben gebraucht.
Gultschin fol., trieb Spulwürmer ab.
Hollow. pill. sol., Springwürmerkriebeln. **h.**
Hyssop.
Jal. mir. rad., Eingeweidewürmer. **h.**
Jal. mir. sem., Eingeweidewürmer. **g.**
Jasm. fl., mit Honig eingegeben, treibt den Bandwurm ab. **Tohf.**
Ipom. caer., treibt die Bauchwürmer ab. **Tohf.**
Junip. bacc. (Dr. jjj. pro dosi), **Tohf.**
Lup. Hum.
Melandr. tr., Bandwürmer.
Meliae azed. fl. **MA.**
Meliae semp. cort. & sem., sind wurmwidrige Mittel. **Tohf.**
Melissa, Bandwurm.
Merc. sol., s. Serp. ex.
Mezer., Bandwurm.
Mori n. rad. cort., als wurmwidrig. **ang.**
Mulged. rap. fol.
Myrob. n., **g. n.**
Nard., Spulwürmer.
Nigell. sat. sem. mit Cassia fistula gekocht und applicirt, wird in drei Tagen auch den abgerissenen Haarwurm herausschaffen. **ang.**
Numul. Schadenedsch.
Ocim. a., Bandwurm.
Opop., Bandwurm. Spulwürmer. **n.**
Portul. oler. sem., Bandwurm. **Tohf.**
Raph. sat. sem., Mastdarmkriebeln von Würmern. **h. g.**
Rotl. t., Bandwurm.
Rutha gr., Springwürmer.
Sabad., **ang.**
Sagap., Bauchwürmer. **Tohf.**
Scorp., Haarwurm. Springwürmer mit Fieber und Mastdarmkriebeln.
S. Erzählung meiner Reiseerlebnisse, bei den Mitteln gegen den Haarwurm.
Serp. ex **abw.** Merc. sol., Harnwurmbeschwerden mit Aufblähung. **MA. 14.**
Sid. rad., ist als wurmwidrig **ang.**
Sil., Wurmfieber, skroph., Wurmbeseigen, chron.
Sol. Jacqu. fr.

Spig. anth., K., Wurmfieber. Spulwürmer und Springwürmer g. n.

Spong. m. u., Abgang der Springwürmer mit Kriebeln im Mastdarme.

Stann., Krämpfe von Wurmreiz.

Stront. n., Wurmleiden mit Hämorrhoiden.

Strych. n. vom., Springwürmer.

Sulph. fl., täglich zu 2 Drachmen eingegeben, so lange bis der Bandwurm aufgeregt wird, worauf sogleich eine frische Gabe gegeben, den Abgang desselben bewirken soll, ist eine europ. Praxis, und paßt, meinem Gutachten nach, nicht einmal für Pferde, viel weniger für Menschen, weil man den Wurm auf eine leichtere Weise herausschaffen kann, ohne der Gesundheit des Patienten zu schaden.

Ultram., Bandwürmer. Spulwürmer. Springwürmer. n.

Urt. dioic. sem. ang.

Uva ursi, g. n.

Vanill. K., Würmer. h.

Zähne- Zahnfleisch- und Backenknochenleiden.

Acac. sem., Zähne- und Gesichtsschmerzen, rheum.

Acac. succ., Zahnschmerz mit Backengeschwulst, rheum., scorbutisches.

Acanth. Otengen, Zähneschmerzen.

Achyr. asp., Zahnschmerz.

Agar. a., Zahnschmerz, cariös. g. n.

Ajuga Deals., Zahnfleischentzündung. h.

Ajuga dec., Zahnfleischentzündung. h. g. Backenknochenschmerz, so daß das Kauen unmöglich ist. h.

Altern. sess., Zahnweh. cariös., sogar mit Bluten der Zähne. h. g.

Alth. rad., mit Essig, bei Zahnweh zum Mundausspülen. ang.

Amaranth. cr. sem., Zahnschmerzen, rheum.

Ammon. gummi, Zahnfleischbluten.

Ammon. mur., s. Calx.

Areca cat., s. Piper Betle.

Argem. mex. sem., Stumpfheitsgefühl in den Zähnen und Zahnfleischbluten. h. g. Zahnschmerz, cariös. n.

Arg. fulm., Zahnweh, katarrh., rheum.

Armor., Zahnschmerz, cariös. 4mal. 12. Mundfäule. Zahnweh, einseitiges. h. rheum. n.

Arn. K., Zahnweh. h. Fistel vom Zahnausreißen. n.

Ars., s. Carbo v.

Ars. pot. nitr., Zahnschmerzen h.

Asa f., Caries der Zähne. Tohl.

Asphalt. pers., Zähnewackeln. h.

Aterni, Zahnfistel. Zahnabsceß, innern. h. Zahnschmerz. cariös. n.

Aur. n. mur., Zahnschmerzen mit Ohrsausen.

Bar. ac., Zahnfistel. Zahnabsceß, ver. Zahnschmerz mit Backengeschwulst. h.

Barringt. ac., Zahnfleischbluten, bei ♀. h.

Bass. lat., Zahnweh, einseitiges. h.

Bdell., Zahnschmerz, cariös. g. n.

Bell. extr., Zahnschmerzen mit Bauchweh. Zahnschmerz, rheum. von 5 Tagen. 12mal. s. Kali sulph.

Berb. lyc., Zahnschmerz, rheum. nervös.

Bism. mag., Zahnschmerzen.

Bol. arm., mit Honig, bei Zahnfleischleiden. ang.

Bor., Zahnschmerz, nervös.

But. fr. fl., Zahnfleischgeschwulst.

Calum. lap., Zahnfistel nach dem Zahnausreißen entstandene. M. 30. besserte, repet. vollendete die Heilung.

Calam. ar., Application beim Beinfraß. ang.

Calumbo, Stiche in den Zähnen. h.

Calx v., mit Salmiak, zu gleichen Theilen, jedes für sich gepulvert, gemischt, sogleich appl., soll bei verschiedenen Zahnleiden, dem flüchtigen Laugensalze, dessen unmittelbare örtliche Entwicklung nöthig ist, vorgezogen werden. ang.

Cannab. ind., s. Churrus.

Canth., Zahnschmerzen, rheum. h. g.

Vielleicht ist das Kantharin oder auch nur die dasselbe in reichlicherer Menge enthaltende Meloë telini Indiens eben so oder noch wirksamer?

Capp. spin., Zahnschmerzen, rheumat. Tohl.

Caps. sem., Zahnschmerz, cariös. h. g., auch mit Backgeschwulst.
4mal. 28. 12mal. n.
Carbo an., Lockerheit der Zähne. ang.
Carbo veg., Lockerheit der Zähne.
abw. Ars., Zahnschmerzen mit Bluten des Zahnfleisches.
Carniol. u., Zahnschmerzen. h. g. Zahnwackeln.
Carpes. rac., Zahnwackeln mit Ausfallen derselben.
Cass. fist. pulpa, Zahnschmerz, cariös.
12mal.
Catechu, Zahnfleisch, lockeres. ang.
Cedrela Toona, Zahnschmerz mit Wackeln der Zähne, auch mit Entzündungsgeschwülsten derselben und Zahnfleischbluten.
4mal. 28.
Zahnschmerz, cariös. n.
Das Decoct wird als Mundwasser. ang.
Celastr. pan., Zahnwackeln mit Ausfallen der Zähne.
Chel., s. Merc.
Chin. sulph., Zahnschmerz, rheum.
Churrus, Zahnschmerz, rheum.
Die Appl. bei cariös. (?)
Cichor. rad., Zahnweh. h.
Clem. er., Zahnschmerz mit Wackeln der Zähne. Zahnschmerz, cariöser. g.
MA. 30.
Cleom. p. hb., Zahnfleischleiden, scorb. Zahnfleischbluten. h. g., der Same. n.
Clerod. inf., Zahnschmerz, einseitiger, entzündlich rheum. mit Nasenbluten.
Zahnschmerz. h. rheum. g. n.
cariös. n.
Coc. nux, Zahnstumpfheit, wie von Saurem.
h.
Coff. ar., Zahnschmerz.
Commel. nud., Zahnwackeln und Bluten. h.
Con., Zahnfleischleiden, scorb. mit Wackeln und Ausfallen der Zähne. Zahn- und Kopfschmerzen, einseitige.
Conv. arg., Wackeln der Zähne. MA. 60.
Corall. r. u., gewaschen, appl., bei Zähnewackeln ang.
Cost. u. Cashm., Zahnschmerz, rheum.
Creos., Zahnschmerz, cariös. appl. ang.

Crot. t., Zahnschmerz, cariös. 4mal. 12.
12mal. n.
Crust. Mahi rubian, Zahnentzündung.
h.
Cupress. fol., Zahnfleisch stärkend. Tohf.
Cupress. nux, Zahnschmerzen entzündliche, mit Backengeschwulst. h. g. auch mit Fieber. rheum. g. n. Zahnschmerzen cariöse.
MA. 60. 4mal. 12. n.
Cup. amm., Zahnschmerz und Zahnfleischbluten. h.
Cup. sulph., Zahnschmerz und Wackeln der Zähne. h.
Curc. longa, Zahnschmerz, rheum. einseitiger. 12mal.
Cyn. Dub, Zahnschmerz, rheum. nervös.
Cyp. long., Zahnschmerz. Zahnfleischentzündung, scorb.
Daph. Sunnerkat, Zahnschmerz.
Dar., Zahnschmerzen beim Essen und Trinken. 4mal. 28. Zahnschmerz und Knoten am Zahnfleisch. h.
Datisc. cann. rad. cort., Zahnschmerzen, rheum. g. n., g. mit Wackeln der Zähne, auch mit Kreuzschmerz.
Datisc. cann. sem., Zahnschmerzen. h.
Dat. stram. fol., Zahnweh, cariös., ein Recidiv. h.
Deals. Sersamwurzel, Zahnweh, cariöses.
4mal. 12.
Delph. pauc., Zahnschmerz, rheum. 4mal. 28.
Zahnfistel, äußere. MA. 30.
Eben., Zahnschmerz. h.
Elat., Zahnschmerz. h.
Eleagn. ang., Zahnschmerzen.
Eug. Jambol. R., Zahnfleischentzündung.
h.
Euph. gummi, Ausfallen der Zähne. h.
Tohf.
Euph. long., Zahnabsceß, schmerzender.
Euphr., Zahnschmerzen. Abbröckeln der Zähne.
Evolv.
Fabaria, Zahnfistel.
Fagon. ar., Zahnschmerzen, rheum.
Fic. ind., Zahnschmerzen, nervöse.
Fici Car. sem., Mund- Zähne- und Zahnfleisch-Entzündungsschmerzen. h.

Gagerming, Zahnschmerzen.
Geran. nod., Zahnweh, mit ♀.
Geum. cl., Zahnschmerz. h. g. n.
Gossyp. sem., Zahnschmerz mit Zahnwackeln.
Graph., Zahnschmerz und Zahnfleischbluten. h.
Guil. Bond., Ausfallen der Zähne. Zahnfistel, ♀.
Gyps. Sotseladschit, Zahnschmerz mit Backengeschwulst. ¼stündige Gaben.
Haruntutia, Zahn- und Armschmerzen. h.
Herm. am., Zahnschmerzen. Tohf.
Hollow. pill, sol., Zahnfleischbluten.
Jal. mir. rad., bei Zahnfistel, äußerer. Palliativ.
Inula Hel., Zahnfleischfäule.
Iod., Mund- und Zahnfleischfäule. In Oel aufgelöſ't eingegeben.
S. Merc. und Zinc.
Ipom. cusp., Zahnfleischbluten. h.
Iugl. nux, Zahnfleischgeschwulst.
Iunip. bacc., Mund- und Zahnfleischfäule.
Kaliakand, Zahnwackeln und Schmerz derselben. h.
Kali bichrom., Schmerz der Vorderzähne. g.
Kali sulph. abw. Bell., Zahn- u. Backen-Entzündungsgeschwülste mit Schmerzen in den Augen und Schläfen. 3mal.
Lact. sat. sem., Zahnleiden.
Lacucar., Zahnschmerz, rheum.
Lamin. sacch., Zahnfleischschmerz mit Mundgeschwüren.
Led. pal. K., Zahnschmerz, cariöſ. h.
Lepid. sat. sem., Zahn- und Kopfschmerzen, rheum. h.
Lich. od., Zahnschmerzen, rheum. und cariöſe. 4mal. 12. — MA. 14.
Lupin. a., Zahnschmerz. h.
Lyc. hb., Zahnfleischbluten, ☿ ♀.
Lytharg., fein gepulvert mit Olivenöl bis zum Verbrennen und Eindicken gekocht, wird als Schmerzen linderndes Mittel in die hohlen Zähne applic. ang.
Magn. carb., Zahnschmerz, cariöser. Zahnfistel mit Zahnwackeln und Schmerz derselben.
K., Zahnwackeln. h.
Magnet. lap., Zahnfleischbluten mit Zahnfleischschmerzen. g.
Mang. carb., Zahnschmerzen, herumziehende. 4mal 12.
Zahnschmerzen, cariöſe. 12mal. MA. 14. n.
Manna cal., Zahnschmerz.
Manna Hed. Alh., Zahnschmerz, rheum. h.
Marrub. a., Scorbut.
Meliae semp. fol., beim schweren Durchbruch der Zähne das Pulver derselben eingeschnupft. ang.
Meliae semp. sem., Zahnfleisch stärkend, wenn sie als Zahnpulver gebraucht werden. Tohf.
Melil. sem., Zahnweh, rheum. mit Zungengeschwüren.
Meloë telini, ſ. Cantharides.
Menisp. gl. facc., Zahnschmerzen, h.
Merc. d. abw. Chelid., Zahnfleischbluten h. ſ. Myrobal.
Merc. subl. corr. abw. Iod., Zahnschmerz, cariöſen. h.
Merc. v., Zahnweh mit halbseitigem Kopfleiden, Geschwulst und Fieber. 1 Gabe.
Methon. glor., Zahnfleischbluten mit gelblichem Augenweiß ꝛc.
Mezer., Zahnschmerz, cariöſen. h.
Millefol. rad. appl., Zahnschmerz mit Zahnfleischleiden, rheum., in Kaschmir ang.
Mimosa abst., Zahnfistel, äußere. Zahnschmerz. h.
Mimos. pud. sem., Zahnweh, Recidiv, h. g.
Moring. Soh. gummi K. appl. mit Baumwolle bei cariöſem Zahnweh, öfters nach den Umständen repet. Das nachbleibende Stumpfheits-Gefühl des Zahnes tilgt Ox. ac.
Moring. Soh. sem., Schmerz der Zähne und Schläfe. Zahn- und Kreuzschmerz. n.
Mulged. rap. fol., Zahnfistel. Zahnabſceß, period. Zahnschmerz. h.

Mumiai, s. Asphalt. pers.

Mutella Antig., Zahnfistel, äußere.

Myrob. embl., Zahnschmerz und Rachengeschwüre, bei ♀. h.

Myrob. n. abw. Merc. d., Zahngestank, s. Serp. exuv.

Nard., Stumpfheitsgefühl in den Zähnen wie von Saurem. Zahnschmerz, cariöser, mit und ohne Backen-Geschwulst. 4mal. 12. 12mal. n.

Nitr., Scorbut. ang.

Nitric. ac., Cauterisation mit demselben bei cariösen Zahnschmerzen. ang.

Ocim a., Zahnweh, scorbut.

Olib. ind., Zahnwackeln.

Onosm. macr. fl., Zahnfleischbluten mit Magenleiden.

Onosm. macr. rad., Zahnschmerz mit Wackeln der Zähne ꝛc.

Op. pur., Zahnschmerzen mit Fieber. Zahnfleischbluten. h.

Opop., als Zahnpulver gebraucht verhütet den Knochenfraß der Zähne. ang.

Orig. heracl. (aff. spec.). Zahnfleischentzündung. h.

Ox. ac., Stumpfheitsgefühl in den Zähnen, wie von Saurem.

Petrol., Zahnwackeln, bei ♀.

Phosph. mell., Zahnfleischbluten.

Phosph. sodae. Zahn- und Kopfschmerz. h.

Phosph. tereb. ol., Zahnfleischbluten. h.

Picrorrh. kurrooa, Zahnfieber.

Pip. a., Zahnfleischbluten. h.

Pip. Betle fol. comp., (s. Mater. med.) als Zahnfleisch stärkend ang.

Pip. long., Zahnfleischbluten. g.

Polyg. macr., Zahnschmerzen. h. g. n. gut mit Zähnewackeln.

Polyp. Sekour, Zahnschmerz, rheum. h. g.

Portul. sem., Mundfäule.

Puls., Zahnschmerzen h. g.

Pum. lap. Zahnschmerzen mit Bluten und Jucken des Zahnfleisches.

Querc. cort., Zahnweh. Scorbut.

Ran. lan. rad., Zahnschmerz, rheum.

Rhus Cor., Zahnfleisch stärkend, als Zahnpulver ang.

Salix aegypt., Zahnfleischentzündung. ♀.

Salv. off., Zahnfleischabscesse.

Sandar., Scorbut.

Sapii ind. nuc. cort., Schmerz der Zähne und Schläfe.

Sarsap., s. Sil.

Saxifr. Peschant, Zahnschmerz, cariöser. 12mal.

Sebokakel, Zahnfistel, period. Zahn- Gesichts- und allg. Schmerzen, rheum.

Sec. corn., Scorbut.

Sedum crass., Zahnwackeln, mit ♀. Bei cariösen und rheum. Zahnschmerzen soll das Reiben der leidenden Stellen mit der Wurzel nützlich sein. Kaschmir'sches Mittel.

Senec. mus., Zahnknirschen.

Sep. succ., Zahnschmerzen. Bluten eines Zahnes.

Serp. ex., Zahnfleischentzündung, acute. Zahnschmerz. g. n.

Serp. ex. amm. mur. comp., Zahn- Lippen- und Zungenentzündung. h.

Serp. ex., abw. Myrob. n., Zähnewackeln und Bluten, mit ♀.

Sil. abw. Sars., Zahnschmerz. h.

Sisymbr. Soph., Zahnwackeln.

Sol. Jacqu. fruct., Zahnfleischentzündung. Zahnschmerz, cariösen. ½stündig 12. Zahnfleischbluten. h.

Sol. Jacqu. rad., Zahnwackeln.

Sol. tuber., Scorbut. ang.

Stann., Zahnschmerz, cariöser. Zahnschmerz mit Zahnfleischbluten. (Isol.)

Staph., Zahn- und Gesichtschmerz. Beinfraß der Zähne. Zahnfleisch, leichtblutendes. Mund- u. Zahnfleischfäule. Zahnfleisch, Auswüchse an demselben.

Strychn., Beinfraß. h. Zahn- und Kopfschmerz h.

Strych. f. St. Ign., Zahnschmerzen, rheum. h. g.

Zahnschmerz, cariöser. g. n.

Zahnwackeln. h.

Strych. n. vom., Zahnschmerzen. h.

Talc., Zahnfleischbluten.

Thym., Zahnschmerz, rheum.

Tigrin., Zahnfleischbluten. g. n.

Trianth. pent. n., Zahnschmerz und Wackeln der Zähne. h.

Umb. Butazeri, Zahnschmerz, cariös. g. Backenknochengeschwür. Zahnweh, rheum. 12mal. n.

Urt. dioic. fl., Zahnschmerz, katarrh.

Urt. dioic. rad. cort., Zahnschmerzen, katarrh. rheum.

Verbasc., Stumpfheitsgefühl in den Zähnen mit Katarrh.

Verben. off. Lab. hb., Zahnschmerz, cariös. g. rheum. n.

Vesp. mel., Zahnfleischbluten mit Flechten.

Viol. conf., Zahndurchbruch, schwerer, mit Durchfall 2c.

Vit. neg. fol., Zahnschmerz, cariöser, g. n.

Vit. neg. sem., Zahnschmerz mit Mundbläschen.

Xanthox. cort., Zahnschmerz, h.

Die feinen Aeste dienen zu Zahnbürsten und werden als das Zahnfleisch stärkend ang.

Zinc. iod., Zahnschmerzen, rheum. 12mal.

Zinc. sulph., Zahnweh. h.

Zyz. Juj., Zahnstumpfheit, wie vom Saueren. h.

Zäpfchenleiden, f. Hals= 2c. Leiden.

Zehrfieber, f. Abmagerung 2c.

Zittern.

Acac. sem.

Ambra gr., g. n.

Anac. or.

August. cort., Zittern der Füße mit Aufblähung und Gelenkgicht.

Argem. mex. sem., Händezittern. h.

Ars.

Calotr. gig., g. n.

Cocc., Kopfzittern.

Coff. ar.

Cypress. nux, Zittern der Hände, Zittern mit Lähmung. n.

Cuprum, Kopfzittern.

Daron., Zittern, allg. g. n. Zittern der Hände. h.

Filix m., g. n.

Gagerming. g.

Guil. Bond., Zittern der Hände.

Harm. Ruta.

Hermod., g. n.

Led. pal., h. g. n.

Lepor. sangvis, **Tohf.**

Mecc. bals., **Tohf.**

Melandr. tr.

Meliae azed. fol., Zittern, allg. **M.**

Nard.

Opopanax. **Tohf.**

Phall. escul., Zittern der Hände. h.

Phys. kagnedsch.

Plant. maj., Zittern der Hände mit Stechen in denselben.

Pyrethr., **Tohf.**

Rhus Tox., Zittern der Arme u. Finger.

Sabad.

Salv. off., Zittern der Hände mit Husten 2c. Zittern, allg. n.

Syc. Gagervel, Zittern mit Frösteln und Fieber. Zittern mit Brennen, allg. n.

Tabac., Zittern der Hände und Füße. Zittern, allg. n.

Thuja or. sem., Zittern der Füße mit Gefühllosigkeit, allgemeine.

Tig. in., Zittern. g., auch vermehrend.

Trichos. palm., Kopf= und allg. Zittern. Zittern mit Lähmung. n.

Valer. sylv., Zittern und Frösteln mit innerer Hitze.

Verbasc., Zittern der Hände.

Zuckungen, f. Zippern.

Zwergfellkrampf, f. Schluchzen.

Zwergfellschmerz.

Myrob. Beller., h.

Materia medica.

. . . . si quid novisti rectius istis,
Candidus imperti; si non, his utere mecum.

Horat. in Epistol.

. . . . . . Weißt du etwas, welches besser ist, als dieses,
So theile es mir aufrichtigen Herzens mit; wo nicht,
so mache mit mir gemeinschaftlich Gebrauch davon.

Horaz in seinen Episteln.

Abelmoschus moschatus (Hibiscus), dessen Samen werden in manchen Gegenden Arabiens als ein Parfum zum Kaffee genommen. Die Hakims glauben, daß sie herzstärkende Eigenschaften besitzen. Im Hindustan einheimisch, sollen sie in allen Bazaren verkauft werden: In Lahore bekam man sie jedoch vor einigen Jahren nicht, und ich mußte sie mir aus Kalkutta verschreiben. In Europa kann man sie nur in den botanischen Gärten oder in Glashäusern haben.

Abelmoschus moscat., sem. (I.)

Abrus precatorius, wächst zwar auch in der Ebene Indiens, er gedeiht jedoch besser im Gebirge wie auch in Persien, woraus sich vermuthen läßt, daß er auch in Europa, und zwar im Freien, wachsen würde. Die Samen davon werden in Indien als die kleinsten Gewichte, wie bei uns die Grane gebraucht. Es gibt deren eine weiße und eine rothe Gattung. Beide haben Schalen, sind ungemein hart, glänzend, rund und sehen aus wie kleine Erbsen. Die arabischen Aerzte schreiben ihnen besondere Heilkräfte zu, insonderheit den weißen, deren Kraft sie namentlich der des Arseniks gleich stellen. Sie werden als stimulirend, das Herz und die Nerven reizend angesehen. Die Hebammen in Lahore gebrauchen sie in Verbindung mit andern Mitteln als Mutterzäpfchen, um den Abortus zu bewirken. Die Engländer glauben an der Wurzel derselben, weil sie süß ist, ein vollkommenes Surrogat der Süßholzwurzel zu haben.

Abr. prec. rad. (I.)

Abr. prec. sem. (III.) ist gut bei **Brechruhr, Durchfällen, Brust- Arm- Achsel- und Schulterschmerzen.**

Anmerkung. Die eingeschlossene römische Zahl (I.), (II.), (III.), die bei jedem Mittel, das ich gebraucht habe, angegeben ist, bezeichnet die Klasse, zu welcher ich eines und das andere bei meinen Experimenten genommen habe.

Absinthium (Artemisia) wächst so wie in Europa auch in Kaschmir, und wird von dort nach Lahore gebracht, wo es die inländischen Aerzte gebrauchen, z. B. bei alten Fiebern, übermäßiger und verdorbener Galle, Leberschwäche ꝛc. Ich gebrauchte

Absinthii herba (I.) mit gutem Erfolg bei **nächtlichem Speichelflusse mit Unverdaulichkeit, Fieber, Schulterschmerz, Knoten und Krätze.**

Acacia arabica kommt überall in Ostindien vor, und ist einer der nützlichsten Bäume. Das Gummi davon ist das indische Gummi arabicum. Die Rinde des Baumes wird sowohl zur Gärberlohe als auch mit rohem Zucker und mit Wasser versetzt, zur Beförderung der Gährung in den zu geistigen Getränken, z. B. Branntwein u. dgl. zubereiteten Mischungen verwandt; außerdem gebrauchen die inländischen Aerzte auch noch Blätter, Rinde, Gummi und Samen von diesem Baum. Ich bediente mich zu meinen Experimenten der

Acac. arab. cort. (I.) und gummi (I.), wie auch der

Acac. arab. sem. (I.), und sah gute Wirkungen von den Samen, vornehmlich beim **Brennen und Stechen in der Haut.**

Acacia Cabulica heißt in Lahore eine Art von Acacien.

Acac. Cabul. fl. et fol. (I.)

Acacia Farnesiana ist einer der zierlichsten Acacienbäume Ostindiens. In Lahore zog ich ihn aus dem Samen, den ich aus Kalkutta bekommen hatte. Solchen mitgebrachten Samen habe ich nun auch hier in Wien an einigen Oertern, wie z. B. im botanischen Garten säen lassen, und die Folge wird zeigen, was daraus werden wird.

In der Ungewißheit über die Abstammung des Harnub Nepti war man versucht, dasselbe für eine verkümmerte Schotenfrucht dieser Acacie zu halten. Ainslie in seiner Materia indica Vol. I. p. 364 identificirt das Khirnoob nubti (Harnub Napti) mit der Ceratonia Siliqua Linne's, welcher Behauptung oder Vermuthung ich mit Bestimmtheit widersprechen kann. Harnub heißt wohl im Arabischen die Siliqua (Schote) und nabti oder nepti ist vielleicht ein entstelltes Nabadi (zum Pflanzenreich gehörig) oder bedeutet als etwaiges Derivativ von Nabad (Zucker) so viel als zuckerhältig. In letzterm Falle gelangte man wohl zu Siliqua dulcis, die jedoch ein von Harnub Nepti ganz verschiedenes Aussehen hat. Das einzige von mir aus Indien mitgebrachte Exemplar ist eine kleine Schote, beiläufig von der Länge 1 Zolls mit einem Durchmesser von $\frac{2}{3}$ Zoll, an dem einen Ende rund, während sie am andern in eine etwas engere warzenähnliche Form ausläuft. Sie ist trocken, überaus leicht, von schwammiger Textur, äußerlich braun, innerlich von röthlicher Farbe. Im Innern der trockenen markigen Substanz fanden sich vier Samenkerne, welche an Größe gewöhnliche Apfelkerne wenig übertrafen. Vielleicht gehört sie zu den Lagonichien.

Acac. Farn. Harnub Nepti (I.) bewies sich heilsam bei **Hornhautfleckchen, Gesichtsgeschwulst, Halsleiden, Halsdrüsenentzündung, Schmerz in der Brust, in der Nierengegend, wie auch in der Leiste.**

Acaciae verae succus, geht aus Arabien nach Indien, wo ihn die inländischen Aerzte noch gebrauchen. Aus der europäischen Praxis hat man ihn längst ausgeschlossen, vermuthlich, weil der speculative Geist gewissenloser Arzneikrämmer anstatt des echten ägyptischen Acaciensaftes ein Surrogat, den eingedickten Saft von der unreifen Schlehe, verkaufte, der natürlicherweise die Wirkungen, die man davon erwartete, nicht haben konnte, und so hieß es: „das Mittel hilft nicht!" Auf diese Art wurde er, wie viele andere Arzneimittel unverdienterweise aus der Liste weggestrichen. Ich habe zahlreiche Versuche damit gemacht, und die Wirksamkeit desselben in mehreren Krankheiten erprobt.

Acac. ver. succ. (II.) bewies sich heilsam, vorzüglich bei **Schwindel, mit dem Gefühle von innerem Brennen, ferner bei Hartleibigkeit, bei Durchfall, bei rheumatischen Entzündungsgeschwülsten, wie auch bei Geschwülsten weiblicher Geschlechtstheile ꝛc.**

Acanthacea Otengen. Otengen heißen die Hakims in Lahore einen Samen, den sie gebrauchen, und der vermuthlich der Same einer zum Acanthaceen Geschlechte gehörigen Pflanze ist.

Acanthac. Otengen (I.) bewies sich vorzüglich heilsam bei **Blutschwären.**

Acanthia, s. Cimiceum.

Acetosella, s. Oxalis Acetosella.

Achillea Millefolium, s. Millefolium.

Achyrantes aspera wird in Indien in den Gärten gezogen. Die Samen derselben werden von den Inländern gegen die Hundswuth und bei den Nachwehen von Schlangenbissen angewandt. Dem Absude der Wurzel schreibt man gelind zusammenziehende Eigenschaften zu. Ich gebrauchte nur die

Achyr. asp. sem. **(I.)** und sah davon gute Wirkungen, besonders bei **Seitenstechen und bei Fleckausschlägen.**

Aconitum dissectum. Don., kömmt ohnweit Kaschmir auf dem Himalaja vor, ist aber nicht officinell.

Aconitum ferox wächst ebenfalls auf den Alpen des Himalaja's. Die Wurzel davon ist officinell bei Engländern und Inländern. Man erzählt, daß sie im natürlichen Zustande von weißer Farbe sei, die man aber durch das Einweichen in den Urin von Kühen in eine kohlenschwarze umändert. Beim Zerbrechen ist diese Wurzel glänzend. Auf diese Art präparirt, soll sie aus dem Gebirge nach Hindustan verführt werden. Sie wird gegen den Aussatz, Fieber,

**

Cholera, Rheumatismen ꝛc. angewandt. Vermuthlich vergiften die Eingebornen auch die Thiere damit. Z. B. diene folgendes Ereigniß: Ich bekam in Lahore aus dem Lager der Engländer eine veget. Masse zum Analysiren, die man in einer Artilleriekaserne gefunden hatte. Ich fand darin unter andern auch die gröblich zerstoßene Wurzel vom Aconitum ferox album, die ich an der Farbe, an der Textur, hauptsächlich aber am Geschmack erkannte. Einige Minuten nach dem Kauen eines kleinen Stückchens davon empfindet man nämlich im Mund und Hals ein prickelndes Brennen, das ärger ist als das vom spanischen Pfeffer, welches gleich anfängt und bald vergeht, während das vom Akonit erst später anfängt und länger dauert.

Aconiti feroc. albi et nigri rad. (III.)

Aconitum heterophyllum kommt vom Himalaja. Die Wurzeln desselben sind in Indien officinell, werden zwar selten gebraucht, sollen aber als ein stärkendes, den Geschlechtstrieb beförderndes Mittel, so wie auch gegen Husten und andere Lungen- und Brustleiden angewandt werden.

Aconit. heteroph. rad. (II.)

Aconitum Napellus (II.), das Eisenhütlein, ist eine wohlbekannte offizinelle Gebirgspflanze Europa's, wird aber auch in den Gärten gezogen. Die orientalischen Aerzte kennen dieses große Heilmittel nicht. Ich gebrauchte

Aconit. Napell. extr. (III.), das ich aus Agra in Indien aus einer Apotheke verschrieben hatte. (Vermuthlich war es in London zubereitet worden.) Die Krankheiten, in denen es am meisten nützte, waren: **Leberschmerz und Stuhlzwang, wie auch Schwindel mit allgemeinen Schmerzen.**

Acorus calamus, s. Calamus aromaticus.

Adiantum capillus veneris, s. Capillus Veneris.

Adiantum Saxifraga, s. Saxifraga.

Adschvain, s. Ajouain.

Aerugo, s. Cuprum aceticum.

Agallochum, s. Aquilaria Agallocha.

Agaricus albus. Agaricus muscarius. Er wird jetzt nur selten in der europäischen Praxis angewandt, die orientalischen Aerzte gebrauchen ihn aber so wie früher; z. B. bei Leber- und Milzverhärtungen, Wechselfiebern, Fallsuchten, Galle- und Schleimanhäufungen, Harn- und Regelverhaltungen, Schmerzen von Skorpionenstichen ꝛc. Er soll dem Magen schädlich sein, zuweilen Kolik sogar den Schlagfluß herbeibringen können. Ich gab

Agaricus alb. (I.), und sah gute Wirkungen davon, vornehmlich beim **Durchfall.**

Agaricus chirurgorum (Agaricus Querci), s. Fungus igniarius.

Agrimonia eupatoria L. soll Dr. R. Seligmann's Pharmacologie zu Folge das Delphinium Ghafes sein. Es wird im Bazar Lahore's verkauft, indem es die dortigen Aerzte gebrauchen. Man bringt es aus Persien, wo es in den Gebirgen von Schiras wachsen soll. Es gibt blau- und roth-, bei uns in Europa auch eine gelbblumige. Die rothblüthige wird für die kräftigste angesehen, noch kräftiger soll aber der getrocknete Saft davon sein, den man ebenfalls im Bazar Lahores bekommt. Auch im Neval soll eine, der europäischen ziemlich gleich kommende Art dieser Pflanzen vorkommen; vermuthlich eine vierte Abart, die aber alle einen und denselben Linne'schen Namen haben, obwohl sie auch in ihren Wirkungen verschieden sein mögen. Sie enthalten alle, glaube ich, mehr oder weniger Gerbstoff und Gallussäure. (Vergl. Delphinium Ghafes) Ich gebrauchte die

Agrimon. eupat. flor. (I.), mit vorzüglichem Nutzen bei **Hartleibigkeit.**

Agrimon. eupat. succ. inspiss. (II.) habe ich ebenfalls versucht und die Wirkungen davon im medicinischen Theile dieses Werkes angegeben.

Ajouain. Ajwain (Levisticum). Ligusticum Ajouain wird in ganz Indien angebaut, vorzüglich von den Inländern stark gebraucht, sowohl bei flatulenter Kolik, als auch bei Harnverhaltungen, sogar von Steinleiden herrührenden ꝛc. ꝛc. Ich gebrauchte den Samen

Ajouain (I.) mit großem Nutzen bei **Durchfällen.**

Ajuga Dealsingii. Ob es die Ajuga reptans fruticosa oder eine andere war, konnte ich nicht wissen. Sie kam aus dem niederen Himalajagebirge, wo sie gegen viertägige Wechselfieber gebraucht wird. Ich versuchte die

Ajug. D. Herb. und sah gute Wirkungen davon, vorzüglich bei **Kopfweh, übermäßigem Niesen und Blutschwären.**

Ajuga decumbens aus den Gebirgen von Kaschmir ist nicht officinell. Ich versuchte die

Ajug. dec. Herb. und sah gute Wirkungen davon, vornehmlich bei **Flechten an den Lippen, Zahnfleischentzündungen** und **Koliken.**

Alcali causticum, s. Causticum.

Alcali minerale & Alcali vegetabile, s. Kali m. & v.

Alcali volatile, s. Ammonia.

Alcanna (Alkanna) vera orientalis, s. Lawsonia inermis.

Alcanna vulgaris ist die bekannte Wurzel der Anchusa tinctoria L. Vor Zeiten wurde sie innerlich als ein zusammenziehendes Mittel angewandt, jetzt gebraucht man sie aber so wie in Europa auch in Indien, nur als einen Färbestoff für Syrupe, Pomaden u. dgl. Eine der Hauptwirkungen der

Alcann. v. Rad. (I.) war die beim **Bluthusten.**

Alexipharmacum rad. Pindet's, war eine Wurzel aus dem Gebirge, die mir der Hofastrolog Pindet R. in Lahore als ein Gegengift anrekommandirend, mittheilte, von der ich aber nicht habe erfahren können, von welcher Pflanze sie herstammte.

Alhagi, s. Hedysarum alhagi.

Alisma Plantago, s. Plantago.

Alkekengi, s. Physalis Alkekengi.

Allium cepa, s. Cepa.

Allium sativum wirkt bei Manchem, der nicht daran gewöhnt ist, als ein reizendes, harntreibendes und den Lungenauswurf beförderndes Mittel, wird jedoch mehr in der Küche als in der Apotheke gebraucht, und das so in Asien wie in Europa. Ich versuchte

Allium sat. (I.) und habe so manche Eigenschaften desselben im medizinischen Theile dieses Werkes angegeben.

Aloë ist der eingedickte Saft verschiedener Aloepflanzen. Sie wird allenthalben in Indien wie in Europa stark gebraucht. Meine Experimente geschahen nur mit der

Aloë succotrina (II.), deren Eigenschaften im medizinischen Theile dieses Werkes bereits angegeben sind.

Aloëxylon Agallochum. Aquillaria Agallocha hat man vor Zeiten in Europa gegen Gicht und Rheumatismen eingegeben; auch bei Schwindel, Erbrechen, Cholera, Durchfall und Lähmungen soll man es nützlich befunden haben. Die Hakims gebrauchen es noch heutigen Tages zu ihren Madschun (Latwergen), die ein Gemisch von vielerlei Gewürzen, Edelsteinen u. s. w. sind. Die Resultate, die ich mit den Versuchen dieses wohlriechenden Holzes

Aloëxylon (I.) erzielte, sind bereits im medizinischen Theile dieses Buches vorgekommen.

Alpinia Galanga, s. Galanga.

Alternantera sessilis wächst in der Umgebung von Lahore. Die

Altern. sess. Herba (I.) bewies sich vorzüglich wirksam bei **cariösen Zahnschmerzen, sogar mit Zahnfleischbluten,** und die

Altern. sess. Rad. bei **Kopfschmerzen.**

Althaea rosea ist die in Indien und in Kaschmir angebaute Eibisch, welche auch ich gebrauchte. Vielleicht kann sie durch die Althaea offic., der sie ziemlich ähnlich aussieht, ersetzt werden. Eine Haupteigenschaft, die ich an jener, der indischen bemerkt habe, ist, daß die Blumen derselben sowohl bei einer Frau als auch bei einer Stute den Abortus bewirkten.

Althaeae flor. (I.) wirkten vorzüglich den **Durst** löschend.

Folia & radix Althaeae (I.)

Semina Althaeae (I.) waren besonders wirksam beim **Knieschmerz.**

Alumen crudum. Supersulphas Kali et Argillae ist bekanntlich in der Färberei ein wichtiges, unentbehrliches Mittel, folglich muß es in Asien, wo die Färberei so zu sagen zu Hause ist, in jedem Bazar zu bekommen sein. In Lahore hat man zwei Arten von Alaun, der röthliche Rockalaun, der auch am meisten da gebraucht wird, war derjenige, dessen ich mich sowohl zum inneren als auch zum äußeren Gebrauche bediente.

Alumen crud. (I.) Eigenschaften hab' ich hier keine besondere aufzuführen.

Amarantus cruentus ist einer von den Dutzend Amaranthen, deren Beschreibung im Bengal-Dispensatorium mitgetheilt worden ist, indem sie in Indien theils als Medizin, theils als Gemüse gebraucht werden. Ich versuchte

Amarant. cruent. sem. (I.) und habe bereits das damit erzielte Resultat im medicinischen Theile dieses Werkes mitgetheilt.

Amaranti semina, Jountscha genannt, sind im Bazar Lahore's zu bekommen, sie werden von den inländischen Aerzten gebraucht.

Amaranti Jountscha semina (I.) sind ebenfalls im medicinischen Theile dieser Schrift vorgekommen; sie waren vorzüglich nützlich bei **Kreuzschmerzen, sogar syphilit. Ursprungs.**

Amaranti semina, Soliara genannt, sind den vorhergehenden fast gleich an äußerem Ansehen. Sie sind ebenfalls officinell im Lande, und bei den dortigen Spccereikrämern zu haben.

Amaranti Soliara semina (I.) sind auch im medizinischen Theile dieses Werkes vorgekommen.

Ambra grisea wird jetzt in Europa selten oder gar nicht mehr als Medizin, sondern nur als Parfum seines Wohlgeruchs halber gebraucht. Die indischen Aerzte aber gebrauchen den grauen Amber stark zu ihren Latwergen, und so ist er ein wichtiger Handelsartikel im Pendschab. Ich selbst habe vielfältige Versuche damit angestellt und mehrere heilsame Eigenschaften darinnen gefunden. Z. B.

Ambra gris. (II.), war ausgezeichnet wirksam gegen **Schwindel zum Umfallen mit Kreuzschmerz und Hartleibigkeit,** wie auch bei **Wadenschmerz.**

Ammania vesicatoria hatte ich aus dem Himalaja, wo es gebraucht wird. Die Ameisen sollen diese Pflanze fliehen.

Amman. ves. (II.) vorzüglich nützlich gegen **Blutschwären.**

Ammiacum. Ammoniaci gummi wird sowohl von den europäischen, als auch von den orientalischen Aerzten innerlich und äußerlich angewandt.

Letztere gebrauchen es vorzüglich bei der Fallsucht, Harn- und Regelverhaltungen und bei harten Geschwülsten. Auf den Magen und die Leber soll es zuweilen schädlich einwirken, auch den Abortus verursachen.

Ammon. gummi (II.) war vorzüglich nützlich bei **Ohrentzündungen, Eckel u. Unverdaulichkeit mit Säureerzeugung.**

Ammoniae acetatum (Spiritus Mindereri) (I.)

Ammonium carbonicum (II.)

Ammonium causticum liquidum (III.) Diese drei Mittel sind den orientalischen Aerzten ziemlich unbekannt, besonders die beiden ersteren, von denen auch ich wenig Gebrauch gemacht habe.

Ammonium muriaticum wird auch in Indien wie in Europa theils zum Verzinnen der Kupfergeschirre ꝛc., theils zur Medizin innerlich und äußerlich gebraucht.

Ammon. mur. (I.) Eigenschaften sind im medicin. Theile unter den verschiedenen Krankheitsformen vorgekommen.

Ammonii succinati spiritus (Eau de luce) ist ein Gemisch von Ammoniak, Seife, Alkohol und Bernstein. Es wird größtentheils nur von Europäern und zwar äußerlich gebraucht; z. B. bei Kopfschmerz und Ohnmachten, wie auch als Aetzmittel bei Schlangenbissen.

Amomum Cardamomum, s. Cardamomum.

Amomum Zedoaria, s. Curcuma Zedoaria.

Amomum Zingiber, s. Zingiber.

Amydum, s. Amylum.

Amygdala amara ist ein allbekannter Artikel, den die arabischen Aerzte beim Rausch von geistigen Getränken, bei Obstructionen, Wechselfiebern, Schmerz von hohlen Zähnen, Blasensteine ꝛc. anwenden; auch meinen sie, daß die bitteren Mandeln den wilden Thieren ein tödtliches Gift seien.

Amygd. am. (I.)

Amygdala dulcis und das Mandelöl sind auch im Oriente wie in Europa allgemein bekannt und geschätzt; z. B. beim trockenen Husten. Die Hakims sagen, daß die süßen Mandeln den Samen vermehren.

Amygd. dulc. (I.)

Amygdalus Persica, s. Persica.

Amylum. Faecula amylacea. Aus dem Satzmehl von Weizen bereitete ich den in der Einleitung zum Medial-Systeme erwähnten Kraftmehlbrei, der zur Verfertigung der Pastillen erforderlich ist. Die Bereitung desselben geschieht auf die gewöhnliche Art. Man macht nämlich das Stärkmehl mit etwas Wasser an, erhitzt die Mischung über einem gelinden Feuer unter beständigem Umrühren so lange, bis eine Pappe daraus geworden ist, die man beim Gebrauch jederzeit frisch machen muß.

Amylum Marantae, s. Marantae faecula.

Anacardium occidentale ist in Ostindien wie in Westindien zu Hause, wird aber nur selten von den Europäern, nie aber von den Hakims gebraucht, weßhalb ich sie in Lahore nicht bekam, und aus Kalkuta verschreiben mußte. Die Frucht, ohngefähr 1 Zoll lang, nierenförmig, enthält in ihrem Gehäuse einen harzigen, schwarzen Saft, den ich anwendete, und der mir unter der Benennung

Anac. occ. (II.) gute Dienste leistete vorzüglich bei **Milzobstructionen** und **Nierengries.**

Anacardium orientale. Semecarpus Anacardium ist jetzt nur in der orientalischen Medizin officinell und wird in jedem Bazar verkauft. Die Hakims gebrauchen es bei Gedächtnißschwäche, Fallsucht, Starrsucht rc. Der Leber soll es schädlich sein und das Blut entzünden, Melancholie und Wahnsinn hervorbringen können. Der ätzende, schwarze Saft dieser Nuß wird äußerlich bei Flechten, rheum. Schmerzen, wie auch bei Verrenkungen angewandt; auch bezeichnet man damit Baumwollzeuge und bedient sich dazu des Kalkwassers, theils um die Farbe zu vervollkommnen, theils auch um das Zusammenrinnen derselben zu verhüten. Vielleicht ist es den in Indien befindlichen englischen Aerzten nicht unwillkommen zu hören, welchen Mißbrauch die Inländer, wenigstens die Pendschabiner mit diesem scharfen Safte treiben. Ich machte nämlich die Entdeckung, daß einige Gefangene im Dschail- (Gefängniß) Hospitale in Lahore sich mit der Application dieses Mittels Augenentzündungen und flechtenartige Hautkrankheiten im Gesicht und am Leibe verursachten und nach Belieben unterhielten, um wirklich krank zu sein, lieber im Krankenhaus zu faulenzen, als außerhalb desselben zu arbeiten. Diese Individuen waren aber auch nur der Ausbund von den schlechtesten Menschen, bei denen sodann freilich alle Experimente nichts helfen können. Uebrigens erzielte ich mit dem

Anac. or. (II.) so manche glückliche Cur, insonderheit bei **Betäubung, Mundgeschwüren, Lungen- und Lungenfellentzündungen, Schleimkrankheiten, u. bei Schmerz im Schenkelkopf, der sich in die Leiste erstreckt.**

Anacyclus Pyrethrum, s. Pyrethrum.

Anagallis caerulea, wächst so wie in Europa im Sommer in Kaschmir, im Winter aber im Pendschab. Sie ist aber weder hier noch dort officinell, obwohl sie wichtige Heilkräfte besitzt. Das Gauchheil wurde vor Zeiten in Europa gegen so mancherlei Krankheiten mit Erfolg gebraucht, z. B. gegen Fallsucht, Manie, Melancholie, Hysterie, Delirien mit Fieber, Gesichtschwäche, Leber- und Milzverhärtungen, Blutflüsse, Auszehrung, Wassersucht, Gicht, Blasensteine, Pest, giftigen Bissen von Schlangen und wüthenden Thieren, Geschwüre ꝛc. Ein solches Mittel soll jetzt nicht mehr gebraucht werden?! Nur sein Mißbrauch, theils die zu starken Gaben, theils auch die Unwirksamkeit eines alten verdorbenen Krautes, können die Ursache sein, daß auch diese Pflanze, so wie der größte Theil unserer früheren Heilmittel in Vergessenheit gerathen ist. Ich gebrauchte die Anagallis caerulea, die ich in Lahore in der kalten Jahreszeit frisch in der Nähe meines allgem. Krankenhauses hatte. Ich erzielte durch

Anagallis caer. (I.) vortreffliche Wirkungen bei **Lustseuche, Nasenbluten, Kreuz- und Hüftschmerzen.**

Anchusa italica, s. Buglossa.

Anchusa tinctoria, s. Alcanna.

Andropogon Iwaranchusa, gibt das wohlriechende ätherische Grasöl, das in Ostindien bei chron. Rheumatismen mit Erfolg eingerieben wird. Auch bei der Cholera morbus wäre dieses Mittel innerlich und äußerlich wohl versuchenswerth, indem es die Harn- und Hautabsonderung vermehrt ꝛc.

Anemone coronaria L., soll das Schakajik (arabisch) sein? das zum Haarschwärzen gebraucht wird. Schakajik heißen die Hakims in Lahore die Flores Papaveris rhoeados, die ebenfalls eine Ingredienz zu mancher Haarschwärze ist. (Vergl. Dr. R. Seligmann's Liber Fundamentorum Pharmacologiae etc. Anemone cor.)

Anemone narcissiflora, wächst so wie in Europa auch in der Umgebung von Kaschmir auf dem Himalaja, sie ist jedoch weder hier noch dort officinell.

Anemone Pulsatilla, s. Pulsatilla.

Anethum Foeniculum, s. Foeniculum.

Anethum graveolens, wächst so wie in Europa auch in Asien und Afrika. Die Hakims gebrauchen den Dillsamen gegen Blähungen und glauben, daß er die Milch der Säugenden vermehre.

Anethi grav. sem. (I.)

Anethum Sowa, s. Sowa.

Angelica, wächst nicht in Indien, ist deßhalb den Eingebornen unbekannt. Die

Angelicae semina (I.) die ich gebrauchte, waren aus einer Apotheke von Agra; vorzüglich nützlich waren sie bei **Bauchschmerzen und Samenfluß.**

Anguineum. Serpentis virus praeparatum, oder zubereitetes Schlangengift, der Schlangenstoff. Einmal bereitete ich ihn aus dem Virus von der Aspis Naja, zum andern Male aus dem der Aspidoclonion, die unter den Abbildungen vorkommt, und es scheint mir, daß diese beiden Virus in ihren Eigenschaften sich ziemlich gleich kamen. Die Art der Zubereitung des Mittels geschah auf folgende Weise. Der Ueberbringer dieser Schlangen faßte vermittelst einer Leinwand das kriechende Thier im Nacken, öffnete mit einem Stöckchen den Mund desselben gewaltsamerweise, worauf er mit dem eingestochenen Stäbchen das an den Vorderzähnen befindliche Giftbläschen dergestalt zu drücken wußte, daß sogleich ein Tropfen Flüssigkeit, die so hell und rein wie ein Kristall war, auf ein vermittelst einer Pincette angehaltenes Stückchen Zucker tröpfelte, welches augenblicklich verrieben in ein Gläschen zu 1 Drachme rektificirten Spiritus gethan, recht geschüttelt wurde. Das Fläschchen mit dieser Essenz verwahrte ich eingeschlossen in einer Büchse, und gab davon zu 1 Tropfen auf Zucker.

Anguineum (III.). Die Eigenschaften davon sind bereits im med. Theile erwähnt; vorzüglich wirksam war es bei **Kollern in den Gedärmen.**

Angustura ist den Lahor'schen Aerzten nicht bekannt. Ich hatte mir diese Rinde aus Kalkutta verschrieben, und gebrauchte

Angusturae cortex (I.), erhielt davon gute Wirkungen, vornehmlich bei **Knieschmerzen.**

Anisum stellatum. Illicium anisatum ist so wie in Europa auch in Asien, fast in jedem Bazar Indiens zu bekommen. Die Hakims gebrauchen ihn bei Blähungen ꝛc.

Anisum stell. (I.)

Anisum vulgare wird in Indien nicht angebaut; der Fenchel vertritt die Stelle davon in Lahore.

Anisum vulg. (I.)

Anthemis nobilis, s. Chamomilla.

Anthracokali ist ein Arzneimittel neuerer Zeit, ein Präparat durch Behandlung der Steinkohle mit ätzender Lauge gewonnen, dessen Wirkungen bei Flechten, Skropheln, Cholera ꝛc. gerühmt werden. Die Hauptwirkungen dieses Mittels sollen Hautjucken, Schweiß, vermehrte Stuhlausleerung, vermehrte Harnsecretion u. s. w. sein. Ich habe dieses Mittel noch nicht versucht, denke aber, daß es nach meinem System angewandt, ebenfalls nützlich sein kann.

Antimonialia kommen in Lahore im Handel zwei verschiedene Arten vor, die Naturprodukte sind. Das eine ist das

Antimonium sulphuratum nigrum, das die Inländer im feingepulverten Zustande vermittelst eines Stängelchens aus Zink oder Silber bei zugemachten Augen zwischen die Augendeckel appliciren, so daß theils die Augenwimpern geschwärzt erscheinen, theils auch den Augen eine kühlende, vor Augenentzündungen bewahrende Kraft mitgetheilt wird. Es wird vorzüglich denjenigen angerathen, die an periodischen Ophthalmien leiden. Anstatt des echten Surma bekommt man aber oft im Bazar Lahore's die Galena (schwefelsaures Blei), die von Einigen dem Antimonium vorgezogen wird. Ich gebrauchte das

Antim. sulph. nigr. (II.) und sah gute Wirkungen davon, vornehmlich bei **Koliken und Blutschwären.**

Antimonium sulphuratum rubrum ist das andere schwefelhältige Antimonium, das in Lahore unter dem Namen Surma hispahani verkauft wird. Es wird aus Persien eingeführt.

Antim. sulph. rubr. (II.)

Antimonium tartaricum. Tartarus emeticus ist den orientalischen Aerzten nur durch uns Europäer bekannt geworden; übrigens gebrauchen sie die Brechmittel nur höchst selten, z. B. bei Vergiftungen, und da geben sie dem Senf den Vorzug. Auch die Ipecacuanha kennen sie nur dem Namen nach. Ich erzielte bei der Anwendung von

Antim. tart. (III.) nebst anderen bereits angegebenen Wirkungen vorzüglich gute Resultate bei **Fieber mit Kopfweh, Durst, Mund- und Rachengeschwüren, Blutabgang mit Harn- und Stuhl; Schmerzen, rheumatischen und gichtischen mit und ohne Geschwülste.**

Apium graveolens wird in Indien angebaut. Die dortigen Aerzte gebrauchen den Samen davon bei üblem Mundgeruch, Blähungen, Harn- und Regelverhaltungen. Den Fallsüchtigen sollen sie aber schädlich sein.

Apii grav. sem. (I.).

Aqua fortis, s. Nitricum, acidum.

Aquilaria Agallocha, s. Aloëxylon.

Aquilegia Moorensteniana ist im Himalaja ohnweit Kaschmir zu finden. Sie ist weder officinell, noch von mir versucht worden.

Arabicum, gummi, wie es im Handel in Lahore vorkommt, ist ein Gemisch von verschiedenen Gummisorten, vornehmlich von der Acacia arabica, Feronia, Mango, Melia etc.

Aranea diadema hab' ich in Lahore nicht gesehen. In Ermangelung dieses kräftigen Heilstoffes, den man frisch haben muß, machte ich die Experimente mit dem präparirten Spinngewebe oder Spinnenstoff.

Araneum (I.) Ich verrieb nämlich reines Spinngewebe mit Zucker und Spiritus auf gewöhnliche Art und bekam davon vorzüglich gute Wirkungen bei **Schwindel mit Schläfeschmerz und Verdunkelung des Gesichtes, wie auch bei Durchfall.**

Arbutus uva ursi, s. Uva ursi.

Areca Catechu wird in Bengal angebaut. Die Nüsse derselben gleichen den Muskatnüssen, haben jedoch keinen so angenehmen Geruch, sind hart und besitzen einen zusammenziehenden Geschmack, enthalten Gerbstoff und Gallussäure. Sie machen in Indien, im Sind ꝛc. einen beträchtlichen Artikel des Handels aus. Es gibt zwei Gattungen derselben. Die eine umfaßt die natürlichen, von weißlicher Farbe; die andere hingegen die präparirten, von dunkler Farbe. Letztere wird mehr als ein medicinischer Artikel betrachtet, während die erstere so zu sagen von jedem Eingeborenen gekäut wird. Sie stärkt das Zahnfleisch und den Magen, verhindert dadurch den üblen Mundgeruch. Vergleiche bei Piper Betle die Beschreibung des indischen Käumittels. —

Areca Catechu, nux a. & n. (I.)

Argemone mexicana. Papaver spinosum ist ein im untern Theile Hindustans besonders in Bengal häufig wild wachsendes, stacheliges Mohngewächs, das ich in Lahore mittelst Samen aus Kalkutta pflanzte. In jedem Sommer in der Hitze trocknete das ganze Kraut ab, und kam zur kalten Jahreszeit wieder auf. Die Wurzel hievon, wie auch der gelbe Saft, der beim Einschnitte in die Stengel ausschwitzt, mögen auch wohl ihre Heilkräfte enthalten. Ich experimentirte größtentheils nur mit den

Argem. mex. sem. (I.), und fand, daß sie ein vortreffliches Mittel waren, vorzüglich bei **Zahnfleischbluten, wie auch bei Stumpfheitsgefühl in den Zähnen.**

Argentum fulminans bereitete ich mir nach Brugnatelli, indem ich zu einer noch heißen salpetersaueren Silberauflösung rectificirten Weingeist schüttete, und die entstandenen Kristalle ohne vorläufige Abwaschung in einem Papierchen in einer Büchse verschlossen hielt. Bei der Zubereitung dieses Knallsilbers muß die größte Vorsicht beobachtet werden, damit keine Explosion geschehe; es kann nur eine kleine Quantität davon zubereitet werden, die man mit Spiritus angefeuchtet nebst dem gepulverten Zucker vermittelst eines elfenbeinernen Löffelchens zusammengemischt verreiben muß. Dieses neue Heilmittel

Argent. fulm. (III.) leistete mir vortreffliche Dienste bei **Mund- Zungen- Gaumen- und Halsentzündungen, wie auch bei Wadenschmerz.**

Argentum metallicum wird von den Hakims als Silberblätter zum Bedecken der Latwergen, oder zum Versilbern der Pillen gebraucht.

Argent. met. (I)

Argentum nitricum fusum. Lapis infernalis kömmt dem Arg. fulm. ziemlich nahe und wird seit längerer Zeit auch innerlich von den europäischen Aerzten gegen Fallsucht, St. Veitstanz ꝛc. angewandt. Ich gebrauchte das

Argent. nitr. fus. (III.) mit Nutzen vornehmlich bei **Mundentzündung und Hypochondrie.**

Argentum vivum, s. Mercurius vivus.

Argilla, Arten davon gibt es verschiedene im Pendschab; sogar präparirte eßbare Erden, die man im Bazar verkauft, indem es viele Individuen weiblichen Geschlechtes gibt, größtentheils aber nur Schwangere, welche das Thonerdepräparat gleich einer Zuckerbäckerei mit großem Appetit verzehren.

Arisaema (arhizoma) gracile ist eine Knollenwurzel, deren Größe, wie ich selber gesehen, von der einer Wallnuß bis zur Dicke einer doppelten Faust varirt. Der Geschmack derselben ist ungemein scharf und so ätzend, daß Einem von meinen Dienstboten, der etwas von einer ganz frischen Wurzel in den Mund genommen hatte, auf der Zunge ein Brennen entstand, wobei die Zunge anschwoll, bald aber von selbst verging. Sie wachsen häufig im Himalaja, sogar am Wege, der aus dem Pendschab über Pimber nach Kaschmir führt, von unten angefangen bis auf den sogenannten Pirpendschal hinauf. Man hält diese Knollen für ein Heilmittel gegen Schlangenbisse, Engbrüstigkeit, Geschwüre, Verhärtungen ꝛc. Versuche damit hab' ich keine gemacht.

Aristolochia longa wird von den Hakims bei Zahnfleisch- und Gebärmutterleiden, als Geschwüren ꝛc. gebraucht. Auf den Kopf soll sie schädlich (?) wirken. Man bekommt sie in jedem Bazar.

Aristol. longa (I.)

Aristolochia rotunda soll viel mehr Heilkräfte haben, als die vorhergehende. Sie wird gebraucht bei verschiedenen Hautkrankheiten, sogar bei der Krätze, beim Aussatz ꝛc. Sie soll die Geschwüre trocknen, die Läuse vertreiben, die Eingeweidewürmer tilgen, die Frucht abtreiben, den Harn und die Regel befördern; sogar für ein Gegengift wird sie gehalten.

Aristol. rot. (I.)

Armeniacum malum wird gegen verdorbenes Geblüt angerathen, soll Blähungen und Faulfieber erzeugen.

Armoracia (Cochlearia). Raphanus rusticanus ist erst jetzt, seitdem die Engländer in Lahore sind, auch dahin verpflanzt worden; übrigens sind die englischen Aerzte der Meinung, daß die Wurzel von der Moringa (Hyperanthera) Suhunjuna ein gutes Substitut des Meerrettigs sei, woran ich zweifle.

Arnica montana ist den Hakims unbekannt, vermuthlich weil sie nur in Europa wächst. Ihr Nutzen bei Blähungen, Rheumatismen, schwarzem Staar, Fiebern, Ruhr, Uterusschwäche, Fallbeschwerden ꝛc. ꝛc. ist unseren europäischen Aerzten kein Geheimniß. Ich gebrauchte die Essenzen davon.

Arnicae mont. tinct. (I.) vorzüglich wirksam gegen **Schwindel.**

Arsenicum album. Acidum arsenicum ist überall als ein großes Heilmittel, mißbraucht als eines der schrecklichsten Gifte bekannt. In Lahore war der freie Verkauf desselben erlaubt; ob es nun für eine Arznei, zum Vertilgen der Ratten, oder als Bedürfniß denen, die sich daran gewöhnt haben bestimmt, wurde nicht gefragt, und so geschah auch in dem Lande manches Unheil damit, wiewohl die Opiatvergiftungen da häufiger vorkommen mögen.

Arsen. alb. (III.) nützte vorzüglich bei **Verdunkelung des Gesichtes mit Kopfschmerz. Milzobstruction mit Fieber und Mutterblutflüssen.**

Arsen. pot. (III.) ist ein bekanntes Arsenikpräparat, das vorzüglich heilsam war bei **Ausschlägen,** wie auch bei **Schmerzen, rheumatischen, gichtischen** und **syphilitischen.**

Arsen. pot. nitr. & Ars. sodae (III.) können dem Vorhergehenden nahe gestellt werden; letzteres war ausgezeichnet gut bei **Durst,** heftigem.

Arsenicum sulphuratum flavum & rubrum, s. Auripigmentum.

Artemisia Absinthium, s. Absinthium.

Artemisia Austriaca wird aus Kabul nach Lahore gebracht, soll aber auch im Hindustan wachsen.

Artem. austr. herba (I.)

Artemisia Contra, s. Santonica.

Artemisia leptophylla ist in Kaschmir zu Hause und wird dort, wie auch im Pendschab eingeführt, gebraucht, so auch die

Artemisia vulgaris (affinis species), wovon die Wurzel, nämlich

Artem. vulg. rad. (I.) vortreffliche Dienste leistete, vorzüglich bei Gicht und Rheumatismen, wenn sie auch syphilitischer Complication waren.

Arum campanulatum wird zur Winterszeit in Lahore bei den Grünzeugverkäufern gefunden. Man genießt es auf verschiedene Arten zubereitet, am meisten aber als Sauereingemachtes. Im rohen Zustande hat es eine eigene Schärfe, die eben die Heilkraft dieses Mittels ist, mit der ich bei so mancherlei Krankheiten glückliche Resultate erzielte. So z. B. war

Arum camp. (II.) überaus nützlich bei **Augenentzündungen, Erbrechen, Brechruhr, Blähungen, Schmerz in der Nabelgegend, Harnbrennen, hitzigen Fiebern, Blutschwären** **2c.**

Arum colocasia. Colocasia esculenta. Eine Art Knollen-Gewächs, die in den N. W. Provinzen Ostindiens, so wie auch in Bengal, in Aegypten, in Griechenland und Amerika angebaut wird. Die Knollen davon sind in Lahore zur Winterszeit ein Hauptnahrungsmittel der Einwohner, Auch hievon gibt es einige Abarten. Der Theil dieser Pflanze, den ich gebrauchte, war die Knollenwurzel, nämlich

Ari colocasiae rad. (I.), sie bewies sich heilsam, besonders beim **Bauchweh.**

Arum gracile, s. Arisaema.

Asa dulcis, s. Benzoës.

Asa foetida (Ferula) wird in Afghanistan, Beludschistan, Persien und im kleinen Thibet angebaut. Da sie in jenen kalten Hochebenen, wie auch in den Gebirgen fortkommt, so glaube ich, daß sie auch bei uns in Europa, sogar in kalten Gegenden gepflanzt werden könnte. Die Pflanze ist eine nützliche und höchst interessante, indem sie außer dem bekannten Stinkasant, der im Handel Ostindiens von bedeutender Wichtigkeit ist, auch noch eine Wurzel hat, die bei uns zwar nicht officinell, jedoch in Kaschmir, wie auch in ihrer Heimath in Thibet für heilsam gehalten wird, besonders mit Essig zubereitet, magenstärkend sein soll. Das Gummi wird ebenfalls für magenstärkend gehalten, es soll Verhärtungen zertheilen, den Harn und die Regel treiben. Meine Erfahrungen mit dem

Asae foet. gummi (II.) sind die, daß damit verschiedene Krankheiten beseitigt werden können, insonderheit aber **Lungenentzündungen und Durchfälle.**

Asarum europaeum wächst auch in Kaschmir, woher es nach Indien gebracht wird. Auch da sind Blätter und Wurzeln davon officinell. Erstere werden, wie früher auch in Europa, zu Schnupfmitteln gebraucht, während die Wurzel innerlich eingegeben wird, aber nicht als Brechmittel, wie man sie vor Zeiten bei uns anstatt der Ipecacuanha anwendete. Die Bemerkung, daß dieselbe mit der Zeit ihre Brechen erregende Eigenschaft verliere, dafür mehr auf den Unterleib, namentlich auf den Stuhl, wie auf den Urin wirke, halte ich nicht für unbegründet. Ich hatte nämlich zu meinen Experimenten von Europa auch diese Wurzel mitgenommen, und sie war bereits über zwei Jahre alt, als ich die aphrodisiastische Eigenschaft derselben bei mehreren Individuen wahrnahm. Nachdem ich sie verbraucht hatte, versuchte ich auch die Wurzel von Kaschmir, welche jedoch nicht dieselben Dienste als jene thun wollte, vermuthlich weil sie frisch war. Die Hakims gebrauchen sie unter andern bei Gehirnleiden und Verhärtungen. Man behauptet auch, daß sie der Harnblase schädlich sein könne.

Asari europ. rad. (I.) **Impotenz mit und ohne Samenfluß.**

Asari europ. Cashm (I.) **Nasenverstopfung und Durchfälle.**

Asclepias gigantea, s. Calotropis gigantea.

Asclepias Vincetoxicum, s. Vincetoxicum.

Asclepias volubilis, s. Hoya viridiflora.

Aselli jecinoris oleum hatte ich aus Bombay mitgenommen. Die Inländer kennen es nicht.

Aselli jecin. ol. (I.)

Asparagus Haliun soll der Same vom officinellen Spargel sein, den man in den N. W. Provinzen Ostindiens anbaut. Die Hakims gebrauchen diese Samen bei Magenschwäche, Leber- Milz- und Nierenverhärtungen; auch sollen sie den Harn treiben und die Geschlechtstheile reizen. Man sagt, die angebaute Pflanze sei kräftiger als die wild wachsende. Ich gebrauchte

Asparagi (Haliun) off. sem. (I.) mit dem besten Erfolge bei **Erbrechen.**

Asparagus racemosus, scheint ein Stengel zu sein, welchen die Hakims unter dem Namen Setaver gebrauchen. Bemerkenswerth aber ist, daß der Tamul'sche Name von der Zeylon'schen Pawonie Sitta- (-mootie) vayr dem Sittavair ziemlich gleich ist. Das Setaver oder Sittavair? kaufte ich von den Droguisten Indiens zu Stückchen, die der Länge nach vielspaltig, so dick als Federkiele, beinahe Finger lang, etwas spiralförmig gedreht, hornartiger hellgelber Farbe, süßlich schleimigen etwas zusammenziehenden Geschmackes waren.

Asparagus rac. (I.) bewährte sich vorzüglich wirksam bei **Nasenbluten, Mundgeschwüren, Husten, Brust- und Seitenschmerzen, Fieber** rc.

Asparagus sarmentosus wächst in Ostindien und ist dort in jedem Bazar zu bekommen, weil er officinell ist, er wird jedoch nur von den inländischen Aerzten gebraucht.

Asparagus sarm. (I.)

Asphaltum penjabinum ist ein officineller Artikel in Lahore, und kommt aus dem Gebirge. Die inländischen Aerzte gebrauchen ihn innerlich als ein Substitut des persischen Asphaltes (Mumiai) bei Schäden von äußerer Gewaltthätigkeit.

Asphalt. penj. (I.)

Asphaltum persicum. Mumiai persica ist gewiß ein specifisches Mittel bei Knochenbrüchen, und könnte mit Recht Osteocolla persica genannt werden. Es ist eine harte, schwarze und glänzende Masse, die keinen besondern Geruch oder Geschmack hat. Man bekommt unter diesem Namen in allen Bazaren Asiens nachgeahmte Mischungen, die jedoch die Eigenschaften der echten persischen nicht haben; selbst in Persien ist sie nicht leicht zu bekommen, indem die Regierung allein sich ihre Vertheilung vorbehalten hat. Der Herr Professor Dr. R. Seligmann hat eben hier in Wien als einen Beitrag zur Literatur der orientalischen Arzneimittellehre eine Broschüre herausgegeben, welche über drei höchst seltene persische Handschriften erläuternden Aufschluß gibt, und worin von dem verdienstvollen Herausgeber auch eine Beschreibung des in Rede stehenden Artikels in deutscher Uebersetzung mitgetheilt wird, die mit dem, was ich mir in Persien hierüber habe erzählen lassen, ganz übereinstimmt; weßhalb ich meinen geneigten Lesern, die nicht im Besitz der oberwähnten Broschüre sind, daraus folgenden Auszug mittheile: „Mum heißt im Persischen das Wachs. Jai oder ajin ist der Name eines Dorfes, das sich in Persien in der Nähe der Quelle, woher die Mumiai oder Mumajin stammt, befindet. Die Mumia wurde zur Zeit Feriduns aufgefunden und zwar auf folgende Weise: Als der König Feridun eines Tages auf die Jagd ging, schoß Einer aus seinem Gefolge eine Gazelle mit dem Pfeil, und da die Nacht heranuahete, fand er das Thier nicht; die Gazelle aber kroch in die Spalte eines Felsens, trank hier von dem Wasser einer daselbst befindlichen Quelle, und ihre Wunde heilte. Männer, welche bald darauf die geheilte Gazelle noch in ihrem Asyle entdeckten, brachten sie vor Feridun, indem sie ihre Wahrnehmung erzählten. Feridun fragte die Aerzte um die Ursache und befahl ihnen die Erforschung derselben; diese aber brachen der Gazelle einen Fuß, verbanden ihn, ließen sie von jenem Wasser trinken, und der Fuß wurde geheilt. Auf königlichen Befehl wurde nun der Ort vermittelst einer Thür verschlossen, so zwar, daß dem Wasser der freie Durchlauf gestattet, und nur die auf dem Wasser befindliche schaumartige Materie, das Erdpech, vermittelst einer Art von Sieb zurückgehalten wurde. So wird auch noch zu dieser Zeit das gesammelte Erzeugniß bis 100 Drachmen, jährlich dem Könige überbracht.“ Vielleicht könnte man auch in Europa irgendwo ein solches Erdpech finden, wenn man Untersuchungen anstellen wollte.

Asphalt. pers. Mumiai (I.)

Asplenium radiatum bekam ich aus dem Gebirge, wo es gebräuchlich sein soll. In Lahore kennt man es nicht.

Asplen. radiat. fol. (I.) wirkten vortrefflich bei **Brustschmerz.**

Astetat eine Wurzel, die man mir ebenfalls aus dem Gebirge brachte, wo sie officinell sein soll.

Astetat (I.)

Astragalus (versione Tragacanthoidis) **Drab** ist officinell in Kaschmir, wo es auf den Gebirgen wächst.

Astragalus Tragacantha, s. Tragacanthum.

Aterni, eine Wurzel aus einer Gebirgsgegend, wo sie auch officinell sein soll, unbekannt in Lahore.

Aterni (I.) ein gutes Mittel bei **Abscessen.**

Atis, s. Patis.

Atropa Belladonna, s. Belladonna.

Atropa Mandragora, s. Mandragora.

Aurantium amarum, Pomum, hat man in Lahore in der kalten Jahreszeit. Auch die dortigen Aerzte gebrauchen die Pomeranzenschalen.

Aurant. cort. et tinct. (I.)

Aurant. dulc. flavedo (I.)

Auripigmentum citrinum. Arsenicum sulphuratum flavum, und **Auripigmentum rubrum.** Arsenicum sulphuratum rubrum. Realgar sind im Oriente in allen Bazaren zu finden, indem Künstler und Aerzte davon Gebrauch machen.

Auripigment. citr. et rubr. (III.)

Aurum wird von den orientalischen Aerzten sowohl geschlagen als Goldblatt, als auch im verriebenen Zustande größtentheils in Latwergen mit Gewürzen und Edelsteinen versetzt, angewandt.

Aurum (I.)

Aurum nitrico-muriat. (III.)

Aurum nitrico-salammoniac. (III.)

Avellana, nux kommt in Indien in den Gebirgen vor.

Azadirachta Melia, s. Melia azedarachta.

Azadirachta sempervirens, s. Melia sempervirens.

Azurum, s. Smalta.

Baccae Alkekengi, s. Physalis Alkekengi.

Baccae Zelemicae, s. Gundelia Zulm.

Balaustia, s. Granatum, punica.

Balsamodendron fructus, s. Carpobalsamum.

Balsamodendron, gummi, s. Myrrha.

Balsamum Copaivae, s. Copaiva.

Balsamum de Mecca, s. Meccani balsamum.

Barosma crenulata, s. Diosma crenulata.

Barringtonia acutangula ist in den N. W. Provinzen Ostindiens, hauptsächlich in der Gegend von Saharenpur zu finden. Der officinelle Same wird von den indischen Aerzten gebraucht.

Barringt. acutang. sem. (I.)

Baryta. Terra ponderosa ist den orientalischen Aerzten nicht bekannt.

Baryta nitr. (I.) leistete gute Dienste bei **nebligem Sehen.**

Basella rubra wird in Indien, wie ich vernommen habe, angebaut, weil es von den Inländern genossen werden soll. In Lahore war es nur in einem öffentlichen Garten der Engländer angebaut. Es soll auch im Gebirge wachsen.

Basell. rubr. fol. (I.) bewährte ihre Heilkräfte bei **Schwergehör mit Ohrsausen, Rachengeschwüren, Seitenschmerz und Hartleibigkeit.**

Basilicum, s. Ocimum Basilicum.

Bassia latifolia ist der Name eines im Himalaja wachsenden Baumes, dessen Blumenblätter als zuckerhaltig einen süßen Geruch haben, und woraus die Gebirgsbewohner ein geistiges Getränk destilliren. Die Nüsse dieses Baumes geben ein Oel, das anstatt Butter genossen wird.

Bassiae latifol. fl. (I.) vorzüglich nützlich bei **Achselschmerzen.**

Batatas Convolvulus, s. Convolvulus Batatas.

Batis spinosa ist vermuthlich, was man in Lahore unter der Benennung Atis verkauft. Die Hakims gebrauchen es beim Husten. Es könnte aber auch die Wurzel vom Aconitum heterophyllum sein, die eben so aussieht und denselben Geschmack hat.

Bauhinia Vahlii ist ein Baum, der in den N. W. Provinzen Ostindiens am Fuße des Gebirges wächst. Er trägt eine große und breite Hülse, worin bunte Samenkerne liegen, die einen süßlichen zusammenziehenden Geschmack haben und von den Inländern genossen werden. Diese erwärmen nämlich die frischen Hülsen am Feuer, worauf sie sich öffnen. Die Kerne sollen stimulirende Eigenschaften besitzen.

Bauhinia variegata Knospen werden in Lahore mit dem Ziegenfleisch als Eingemachtes zubereitet, genossen. Man verkauft im Bazar Ladungen davon, und es ist gewiß eine delikate Speise.

Bdellium (Commiphorae Madagascarensis gummi). Dieses bekannte Gummiharz ist in Europa und Indien officinell.

Bdellium (II.) bewies sich vorzüglich nützlich bei **Schlaflosigkeit, Seitenschmerz und bei Leberleiden.**

Bebeerine ist ein in Europa officinelles Pflanzensalz, das in kleinen röthlichen Kristallen mir in Lahore von einem englischen Arzte zu Händen kam. Er gab es mir als ein neu erfundenes Substitut des schwefelsauren Chinins für Wechselfieber, und ich fand darinnen mehrere heilsame Eigengenschaften, z. B.

Bebeerine (II.) vorzüglich heilsam bei **Fieber** (hitzigem). **Verdunkelung des Gesichts.**

Beccabunga, s. Veronica Beccabunga.

Bedelbisch ist eine Wurzel, die ich aus dem Gebirge bekam, wo sie officinell sein soll. In Lahore kennt man sie nicht; vermuthlich ist sie die Wurzel vom Aconitum heterophyllum, der sie noch am ähnlichsten ist.

Bedelbisch (II.) leistete vorzüglich gute Wirkungen bei **Durchfällen mit und ohne Koliken, wie auch beim Samenfluß.**

Behen (Been) album et rubrum sind Wurzeln, die vermuthlich aus Arabien (vom Libanon?) in Indien eingeführt werden, da sie in der arabischen Praxis officinell sind. Die Hakims schreiben ihnen herzstärkende, das Zittern beseitigende, den Samen vermehrende und aphrodisiastische Eigenschaften zu. Obwohl die Wirkung der weißen verschieden sein muß von der der rothfarbigen Wurzel, die auch viel größer ist und anders schmeckt; so haben sich doch beide, nämlich:

Behen alb. et Beh. rubr. (I.) nützlich bewiesen, vorzüglich beim **Jucken.**

Belenia pracalsa, s. Hyosciamus pracalsus.

Belemnites sind in der arabischen Medizin officinell. Ich bekam aus dem Bazar Lahore's einen solchen Stein, der beinahe einen Finger lang, eben so dick als ein Finger war; die Farbe desselben war röthlich. Seine Bestandtheile sind nach der hier angestellten Analysation nichts anders als kohlensaurer Kalk.

Belemnites (I.)

Belladonna und Extractum Belladonnae verschrieb ich mir theils aus Kalkutta, theils aus Agra, aus dortigen Apotheken. Sie ist den arabischen und den indischen Aerzten nicht bekannt.

Belladonnae extr. (III.) that gute Dienste, vornehmlich bei **Lähmungen.**

Belladonnae herba (II.)

Benzoë, resina. Asa dulcis ist auch in Indien als ein officineller Artikel überall zu haben.

Benzoës, flor. vel tinctura (II.)

Berberis Lycium wächst im Himalaja. Officinell ist in Indien das gelbe Holz dieses Baumes und der eingedickte Saft desselben, oder Extract(?) das im Hindustan überall als Res oder Resout bekannt ist; es wird von den dortigen Aerzten nur äußerlich, hauptsächlich bei Ophthalmien, wie auch bei Entzündungsgeschwülsten gebraucht.

Berber. lyc. (lignum) (I.)

Berber. lyc. (succ. inspiss.) Res (II.) zeigte sich vorzüglich heilsam bei hitzigen **Fiebern.**

Berberis vulgaris fructus wird von Kabul nach Lahore gebracht, indem diese Früchte dort ebenfalls officinell sein sollen.

Berber. vulg. (fruct.) (I.)

Berthelotia lanceolata wird in Lahore von einigen inländischen Aerzten gebraucht. Sie wächst im Lande.

Beta bengalensis, s. Spinachia.

Betula Bhojpattra. Die Rinde dieses Baumes der in Kaschmir wächst, wird zu vielfältigen ökonomischen Zwecken angewandt. Man bedient sich derselben wie des Papieres zum Verbinden der Gläser, zum Einwickeln der Arzeneien; man kann auch darauf schreiben. In Kaschmir dient sie als eine undurchdringbare Substanz gegen Nässe, als Unterlage der über Gartenmauern, Häuser 2c. gegossenen Erddecken. So gebrauchen sie auch die Shawls-händler beim Verpacken ihrer Waare, die nach Indien, Persien oder nach Europa verschickt wird.

Bezoardicum animale wird von den Hakims als ein gutes Mittel gegen Vergiftungen gehalten; der gelbfarbige soll der beste sein. Ueber eine ausführliche Beschreibung desselben vergleiche Dr. R. Seligmann's Schriften.

Bezoard. an. et Bez. min. (I.)

Bignonia indica wächst in dem kälteren Klima des Himalaja üppiger als in der Hitze des Hindustans, wo sie in den botanischen Gärten gezogen wird; diesemnach wäre sie vielleicht auch in Europa aufzuziehen. In Lahore bekam ich aus dem Gebirge eine wahrhaft riesenartige Hülse, ein Produkt dieses Baumes, die nicht weniger als ½ Elle lang, 4 Zoll breit war. Als ich sie öffnete fand ich darinnen eine Mehrzahl weißer Samenkerne, die gegen das Licht gehalten durchsichtig schienen; die Dicke und die Steifheit derselben war die eines gewöhnlichen Schreibpapiers, im Durchmesser hatte eine jede 3 Zoll. In der Mitte derselben befand sich der Keim, der so groß als eine Linse war. Ich stellte mit diesem Samen bei meinen Patienten viele Versuche an. Ich zerschnitt ihn zuvörderst mit einem Scheerchen so fein als nur möglich, dann machte ich die Verreibung mit Zucker, und die Auflösung mit Spiritus auf die gewöhnliche Art.

Bignon. ind. sem. (I.) nützten vorzugsweise bei **Tripper,** wie auch bei **Blutabgang mit dem Harn.**

Bilis, s. Fel.

Bismuthum wird in der arabischen und indischen Medizin gar nicht gebraucht. Ich experimentirte mit dem bei uns officinellen

Bismuthum nitricum precipitatum (Magisterium Bismuthi) (II.)

Bistorta (Polygonum), ist in der europäischen Praxis jetzt ein minder wichtiges Mittel als in der arabischen Medizin. Man bekommt diese Wurzel bei den Droguisten Lahors zu kaufen. Sie wird da eingeführt, vermuthlich aus Persien.

Bistorta rad. (I.) war ausgezeichnet wirksam bei **Kollern, Durchfall und bei Nierengries.**

Bitumen judaicum, s. Asphaltum.

Bitumen liquidum, s. Petroleum.

Bixa orellana, s. Ruku tinctor.

Blumea auriculata, wächst in der Umgebung von Lahore.

Blum. aur. herba (I.)

Blum. aur. sem. (I.) waren sehr nützlich bei **syphilitischen Schmerzen.**

Boletus igniarius, s. Fungus igniarius.

Bolus armenius. Bolus armeniacus. Lapis armenius, ist jetzt nur noch bei den orientalischen Aerzten officinell; diese gebrauchen ihn zum Vertilgen der Schwarzgalle (Melancholie), wie auch bei der Fuchsräude ꝛc.

Bolus arm. (I.) erwies sich heilsam, vornehmlich bei **Mundgeschwüren, Aufblähungen und beim Tripper.**

Bombacis heptaphylli gummi & radices, sind bei den indischen Aerzten in Lahore officinell, deßhalb bekommt man sie auch bei den dortigen Droguisten.

Bombac. heptaphylli gummi et rad. (I.)

Bombax Gossypium, s. Gossypium.

Borax. Sub-boras sodae, ist so wie in Europa überall im Oriente officinell. Künstler und Aerzte gebrauchen ihn.

Bor. ven. (I.) ist ein ausgezeichnetes Mittel bei **Mundgeschwüren.**

Borrera ashneh, s. Lichen odoriferum.

Borussicum acidum, s. Hydrocyanicum acidum.

Bovista. (Lycoperdon). Crepitus lupi, wächst auch im Pendschab, im Sommer zur Regenzeit, er ist aber nicht officinell bei den dortigen Aerzten.

Bovist. (II.) bewies sich heilsam, vorzüglich bei **Augenliedkrätze, Brustschmerz, wie auch bei Abzehrung mit Durchfall bei Kindern.**

Brassica oleracea wird im Pendschab angebaut, die Hakims gebrauchen den Samen davon zum Abtreiben der Würmer.

Brassica Rapa, s. Rapa.

Bryonia ist kein officineller Artikel bei den Aerzten im Pendschab; weder Engländer noch Eingeborne gebrauchen sie. Ich hatte Bryonia dioica aus Europa zu meinen Experimenten und Curen.

Bryon. (faecula, rad. et tinct.) (II).

Buchu, s. Diosma crenata.

Buglossa Himalajana, s. Onosma.

Buglossa indica, s. Cacalia Kleinia.

Butea frondosa ist ein Baum Ostindiens, von dem ich im medizinischen Theile schon erwähnt habe.

Buteae frond. fl. (I.) vorzüglich nützlich bei **Schlaflosigkeit.**

Bnteae frond. gummi (II.) hemmte **Durchfälle, auch mit Blutabgang.**

Buteae frond. sem. (I.) tilgte **Fieber.**

Butomus (Sparganium ramosum?) soll eine Sumpfpflanze sein' während

Butomus umbellatus eine Gebirgspflanze vom Himalaja ist, in der

Gegend von Kaschmir wächst, die aber weder im Pendschab noch in Kaschmir von den Aerzten angewandt wird.

Cacalia Kleinia wird im Pendschab und im Hindustan überhaupt, sowohl von den Hakims als auch von den Hindus stark gebraucht. Außer den officinellen Blättern, die den Ochsenzungen an Form gleichen, gebrauchen sie auch das destillirte Wasser davon.

Cacaliae kl. fol. (I.) ist ein vortreffliches Mittel bei der **Lustseuche, bei syphilitischen Ausschlägen, wie auch beim Bauchweh.**

Cactus coccinellifera, s. Coccinella.

Cactus Tor, s. Euphorbia neriifolia.

Caesalpinia Bonduccella, s. Guilandina Bonduccella.

Caesalpinia Sappan, s. Campechianum lignum.

Calaminaris lapis ist in Lahore nicht officinell. Ich hatte einen aus Europa mit.

Calamin. lap. (I.)

Calamintha, ist im Pendschab officinell.

Calamus aromaticus. Acorus calamus, wird aus Kaschmir nach Lahore gebracht. Die Hakims gebrauchen ihn bei Blutflüssen, Geschwüren in den Eingeweiden, Harn- und Regelverhaltungen &c.

Calam. arom. (I.) ist ein vortreffliches Mittel gegen **Schwindel.**

Calcarea wird von den orientalischen Aerzten, so wie auch die Silicea unter mancherlei Formen angewandt, ohne zu wissen, was eigentlich die Bestandtheile des Mittels sind, weil sie mit chemischen Analysationen völlig unbekannt sind.

Calcarea carb. (I.) erwies sich heilsam bei **Ruhr, Kreuzschmerz und Harnröthe.**

Calculi cystici, s. Bezoardicum animale.

Calebrookia oppositifolia bekam ich vom Gebirge, wo die Wurzel davon officinell sein soll.

Calebr. oppos. rad. (I.) war nützlich beim **Seitenschmerz.**

Calendula officinalis ist so wie in Europa auch in Kaschmir zu finden. Man gebraucht es aber weder hier noch dort.

Calomel, s. Mercurius dulcis.

Calophyllum Inophyllum soll in jedem Theile Indiens vorkommen; im Pendschab konnte ich es jedoch nicht bekommen, so daß ich es mir aus Kalkutta verschreiben mußte. Aus dem Samen preßt man ein wohlriechendes Oel, das äußerlich bei Rheumatismen angewandt wird. Die Wurzeln geben ein Harz, das der Myrrhe ähnlich ist, jedoch die Eigenschaften des Takamahaka von Burbon haben soll.

Caloph. Inoph. sem. (I.)

Calotropis gigantea. Asclepias gigantea wächst überall in Ostindien, an manchen Orten so hoch, wie ein Baum. Außerhalb der Stadt Lahore sieht man zwischen den Ruinen der alten Stadt fast nichts anderes als Calotropis-Gesträuche und Harmala ruta. Die inländischen Aerzte gebrauchen von der Calotropis den milchartigen Saft, die Blätter, die Knospen und die Rinde der Wurzel. Zum Schießpulver nahmen wir in Lahore die Kohlen dieser Wurzeln.

Calotrop. gig. fol. (II.) thaten sehr gute Dienste bei **Halsentzündungen** und bei **Erbrechen.**

Calotrop. gig. rad. & sem. (II.) der Same beseitigte vornehmlich **Fieber** und **Durchfall.**

Calotrop. gig. succ. (III.) ist ein kräftiges Heilmittel, es muß aber frisch genommen, oder als Tinctur aufbewahrt werden.

Calumba, s. Columba.

Calx, s. Calcarea.

Cambogia gutta, s. Guttae gummi.

Camelinum coagulum ist ein Mittel, worauf die arabischen Aerzte einen besonderen Werth legen, vornehmlich wenn das Lab von einem arabischen Kameele herstammt.

Camel. coag. (I.) hatte sehr gute Wirkungen bei Bauch- und Milzobstructionen.

Campechianum lignum. Haematoxylon campechianum dient als Färbestoff auch in Lahore, deshalb bekommt man es im dortigen Bazar. Die persischen Aerzte gebrauchen es aber nicht. In Europa war früher das Extract officinell. —

Campech. lign. (I.) wirkte vortrefflich beim **Seitenschmerz, Schwindel** und **Durchfällen.**

Camphora ist auch im Oriente officinell. Die Hakims gebrauchen ihn gegen Sodbrennen 2c.

Camphora (II.)

Canella alba wird in Lahore selten gebraucht, ist jedoch im Bazar zu bekommen, man verwechselt ihn oft mit der Wintera aromatica.

Canella alba (II.)

Cannabis indica Cashmiriana wächst, wie schon gesagt, üppiger im kühlen Kaschmir, als im heißen Hindustan, demnach können auch die Kräfte der einen von der anderen verschieden sein.

Cannab. ind. Cashm. flor. (I.) waren im frischen Zustande sehr gut bei **herumziehenden Schmerzen, rheumatischen** oder **syphilitischen.**

Cannab. ind. Cashm. rad. cort. (I.)

Canabis ind. Lah. herba et semina (I.) Die Samen bewiesen sich hilfreich bei **Magensäure mit Unverdaulichkeit.**

Cantharides. Cantharis vesicatoria wird in Lahore mit der Meloë telini ersetzt, ist den dortigen Aerzten nur dem Namen nach bekannt, indem sie in der arabischen Medizin eine vielfältige, zum Theil schon erwähnte Anwendung hat; so gebraucht man sie z. B. gegen Krätze und Aussatz. Sie soll die Läuse vertreiben, auch der Harnblase schädlich sein rc.

Canthar. (II.) war vornehmlich nützlich bei **rheumatischen Zahnschmerzen, Speichelfluß, Halsweh** und **Blutharnen.**

Capillus Veneris kommt aus dem Himalaja nach Lahore, wo es officinell ist; die Hakims gebrauchen es unter anderen bei Gallkrankheiten.

Capparis aphylla wächst häufig im Pendschab, wird jedoch in der Medizin weniger als im Häuslichen gebraucht.

Capparis spinosa. Die Wurzel ist in der arabischen Medizin officinell und wird, wenn auch nicht einheimisch in Indien, doch bei den dortigen Arzneikrämern gefunden. Die Hakims gebrauchen sie gegen Magenschwäche, Milzverhärtungen rc.

Cappar. spin. rad. (I.) bewies sich nützlich, vornehmlich bei **Pusteln.**

Capsicum annuum. Piper indicum ist in Indien stark gebraucht, weniger in der Medizin, als in den Speisen, die voll davon sind. Es scheint aber auch in dem heißen Lande ein gesundes, den Magen stärkendes, Appetit erregendes Gewürz zu sein.

Capsici sem. (II.) wirkten vortrefflich bei **cariösen Zahnschmerzen mit und ohne Backengeschwulst, wie auch bei Koliken und Nierenschmerzen.**

Carbo animalis. Anstatt der gewöhnlichen Thierkohle gebrauchte ich schwarzgebranntes Hirschhorn, nämlich Cornu cervi ustum, nigrum.

Carbo an. (C. u. I.) war eines der besten Mittel bei **Koliken rc.**

Carbo fossilis, s. Lithanthrax.

Carbo vegetabilis. Die Holzkohle, die ich in der Medizin gebrauchte, war dieselbe, die wir auch zum Schießpulver nahmen, nämlich die von der erwähnten Calotropis gigantea.

Carbo veg. (I.), sie war ebenfalls ein gutes Mittel bei **Koliken.**

Cardamomum majus, so wie auch

Cardamom minus werden in Indien stark gebraucht, vornehmlich aber letztere. Da in Indien das Präsentgeben bei Besuchen sehr gebräuchlich ist, so bekommt man von Fakiren, von Droguisten rc. auch nur einige kleine Kardamomen, weil man sie eines guten Mundgeruchs halber zu käuen pflegt; so wie die Areca Katechu-Nüsse; übrigens werden sie auch gegen Blähungen, Steinbeschwerden rc. gebraucht.

Cardam. min. (I.) tilgte unter andern **Milzschmerzen.**

Carduus Fullonum, s. Dipsacus Fullonum.

Carica, s. Ficus Carica.

Carissa Carandas wächst in Lahore, so wie auch im ganzen Hindustan. Die sauern Früchte derselben benützt man zu Eingemachten; auch Gallerte wird daraus verfertigt.

Carissae Car. fol. (I.) bewiesen sich nützlich bei **syphilitischen Schmerzen. Mund- und Halsgeschwüren, Ohrenentzündung, Durchfall rc.**

Cariss. Car. fruct. (I.) war vorzüglich gut bei **Durchfällen, wie auch bei Kreuzschmerzen.**

Carniolus wird, so wie auch die übrigen Edelsteine von den Hakims als ein fein zerriebenes Präparat zu herzstärkenden Latwergen gebraucht; obwohl der Hauptbestandtheil desselben nur Kieselerde ist. Ich versuchte den gebrannten Carneol

Carniol. ust. (I.) und fand, daß er ein gutes Mittel sei, z. B. bei **rheumatischen Zahnschmerzen, Durchfall und Ruhr.**

Carota, (Daucus) wächst auch in Indien, jedoch nicht so gut wie in Europa; weßhalb man auch den aus England eingeführten, hermetisch verschlossenen gelben Rüben, ihrer Größe und Süßigkeit halber den Vorzug gibt. Uebrigens hat man die Mohrrübe in Lahore in der kalten Jahreszeit in solcher Menge, daß man auch das Vieh, dem sie sehr nützlich sein soll, damit füttert. Man sagt, daß die Pferde, denen man sie einen Monat hindurch gibt, das ganze Jahr frei von Krankheit bleiben.

Carot, sem. (I.)

Carpesium, eine besondere botanisch-unbestimmte Art, die man in Kaschmir Purgas heißt; sie wächst in den dortigen Gebirgen, ist aber nicht officinell.

Carpesium racemosum ist in Kaschmir bekannt, aber wenig gebraucht.

Carpes rac. rad. (I.)

Carpobalsamum ist officinell in der arabischen Praxis und wird von den Hakims angewandt bei Fallsucht, Magen- Leber- und Eingeweideleiden, als Kolik rc.; wie auch gegen Brüche.

Carpobals. (I.) war sehr nützlich bei Erbrechen.

Carthamus tinctorius ist officinell in Lahore.

Cartham. tinctor. sem. (I.) sind heilsam bei **Durchfällen rc.**

Carvi semina kommen aus Kaschmir nach Lahore, wo man sie den türkischen Kümmel nennt. In der Türkei aber heißen sie Kümmel der Giauren, nämlich der Europäer; vermuthlich stammt dieser Kümmel von Europa her. Die Hakims gebrauchen ihn als magenstärkend bei Verdauungsschwäche, Blähungen und Harnverhaltungen. Er soll wurmwidrige, das Schlangengift zerstörende Eigenschaften besitzen und wird auch bei Nevralgien angewandt.

Carvi sem. (I.)

Caryophyllus aromaticus wird von den Hakims als magen- und leberstärkend angesehen und soll einen angenehmen Mundgeruch geben.

Caryoph. arom. (I.) leistete gute Dienste bei **Durchfall und Kreuzschmerz.**

Cascarilla ist nicht officinell in Lahore. Ich verschrieb sie mir aus einer Apotheke von Agra.

Cascar. cort. (I.) that gute Dienste bei **Schleimanhäufungen im Halse, Hartleibigkeit und Gelenkschmerzen.**

Cascar. extr. (II.)

Cassiae absus sem. haben mehrere unrichtige Namen bekommen, als Fructus Tamaricis; Semen spinae, nigrum, orbiculare etc. (Vergl. Dr. R. Seligmann's Pharmacologia und Meninski's Lexicon). Dieser Same ist in der arabischen Medizin officinell, folglich in jedem Bazar zu bekommen. Die Hakims halten ihn für ein Hauptmittel bei katarrhalischen Ophthalmien, akuten und subakuten; wie auch bei Schleimflüssen aus den Geschlechtstheilen 2c.

Cass. abs. sem. (I.)

Cassia alata ist officinell in Lahore.

Cass. al. sem. (I.) nützte vornehmlich bei **Durst, Blähungen, Stuhlzwang, Schwären und verschiedenen Ausschlägen.**

Cassia Cinnamomum, s. Cassia lignea.

Cassia fistula Mark wird von den indischen Aerzten und Hakims stark gebraucht.

Cassiae fist. pulpa (I.) war ausgezeichnet wirksam bei **blutenden Hämorrhoiden, Harnzwang, Leistenschmerz und Hodengeschwülsten.**

Cass. fist. sem. (I.) bewies sich nützlich beim **Aussatz, Nasenblutklümpchen, Stuhlzwang, Kreuz- Knie- und Knöchelschmerz.**

Cassia lignea. Cassia Cinnamomum. Laurus cassia, ist officinell in Lahore.

Cass. lign. cort. (I.) ist vornehmlich heilsam bei **Hartleibigkeit, Schuppen &c.**

Cassiae Tamalae folia. Laurus cassiae folia, werden ebenfalls von den Aerzten in Lahore gebraucht.

Cass. Tamal. fol. (I.) vorzüglich anwendbar bei **wässerigen Geschwülsten und bei der Brechruhr.**

Cassia Tora ist officinell in Lahore, die Hakims gebrauchen sie z. B. bei Folgen äußerer Gewaltthätigkeiten, Gicht, Gelenkschmerz und Hüftweh.

Cassiae Tora sem. (I.)

Castoreum ist den arabischen Aerzten ebenfalls bekannt, jedoch wenig im Gebrauch, in Lahore im Bazar gar nicht zu finden.

Cataracteum bereitete ich mir aus einer frisch ausgeschnittenen opaken Kristallinse durch Verreibung mit 10 Gran Zucker, aufgelöst in 1 Drachme Spiritus. Ich bewahrte diese Essenz, wie die übrigen Präparate aus thierischen Stoffen in einer Büchse, gut verschlossen und geschützt vor dem Eindringen der Lichtstrahlen, und ließ sie zu 1 Tropfen pro dosi, auf einem Stückchen Zucker einnehmen.

Catechu. Terra Japonica ganz mit Unrecht genannt, da es keine Erde, sondern das Extract von der Acacia Catechu Ostindiens ist. Sie wird von den inländischen Aerzten sowohl innerlich als auch äußerlich stark gebraucht.

Catechu extr. (II.)

Causticum alcalinum. Sodae causticae liquor wird nur äußerlich von indischen Aerzten bei Hautkrankheiten &c. angewandt.

Causticum (III.)

Causticum lunare, s. Argentum nitricum fusum.

Cedrela Toona ist ein Baum, der in Bengal und im Himalaja wächst und den rothen Färbestoff Tun gibt, der im Bazar Lahore's so häufig vorkommt, indem er ein wichtiger Artikel der dortigen Färber ist. Man bringt ihn aus dem Gebirge in's Pendschab.

Cedrelae Toonae sem. (I.) vorzüglich nützlich beim **Kopfweh.**

Celastrus paniculatus, seine Samen sind officinell in der indischen Medizin, folglich in jedem Bazar zu finden.

Celastr. pan. sem. (I.) ausgezeichnet wirksam gegen **Speichelfluß, Schleimhusten, Abscesse innerer Organe, wie in der Leber, Milz &c., wie auch gegen Lähmungen.**

Cera citrina wird heut zu Tage, so wie in Europa auch in Asien, in der Medizin nur äußerlich in Salben oder Pflastern angewandt. Das zubereitete Wachs innerlich eingegeben, hat auch seine besonderen Eigenschaften; so z. B.

Cera citr. (I.) bewies sich ausgezeichnet heilsam bei **Hypochondrie.**

Cerasum. Die Frucht von Prunus Cerasus oder Cerasus caproniana wächst so wie in Europa auch in Kabul und Kaschmir. Wer könnte die großen Heilkräfte errathen, die im Keimchen ihres Kernes enthalten sind!? Vermuthlich ist es aber nur die Blausäure, die darin, so wie in den bittern Mandeln- Pflaumen- &c. Kernen befindlich ist, und welcher auch die besonderen Eigenschaften, die Steine im thierischen Körper aufzulösen — vielleicht auch die Wiedererzeugung derselben zu verhindern — zuzuschreiben sind. Versuche werden nun bald entscheiden, ob ich irre und in wie weit einer dieser Keime vor dem andern den Vorzug verdient; ob sie durch die chemischen Blausäure-Präparate ersetzt werden können, u. s. w.

Ceras. nucl. sem. (I.) ist eines der besten Mittel gegen **Steinbeschwerden.**

Cervi cornu, ist officinell in Lahore.

Cervi c. ras. (I.) zertheilt, wenn es bei Zeiten angewandt wird, **Entzündungsgeschwülste.**

Cervi c. ustum, album. (I.) ist ein gutes Mittel vornehmlich beim **Halsweh.**

Cervi c. ustum, nigrum, s. Carbo animalis.

Cetaceum. Sperma ceti ist nicht officinell in Lahore, folglich auch nicht zu bekommen.

Cetacei oleum, der Wallfischthran ist den indischen Aerzten ebenfalls unbekannt. Ich hatte einen aus Bombay, mit dem ich die im med. Theile angegebenen Erfahrungen gemacht habe.

Cetacei ol. (I.) nützte vornehmlich bei **Katarrh, Seitenstechen, Durchfällen und Fieber.**

Cetrasin, s. Lichen islandicum.

Chamaedrys (Teucrium) wird von den Hakims bei Obstructionen, Harn- und Regelverhaltungen, Gicht und Rheumatismen angewandt.

Chamomilla vulgaris ist wie bei uns, auch im Orient officinell. Sie wächst auch in Lahore. (Vgl. Cotula). Die Hakims gebrauchen die gemeinen Kamillen bei Gehirnleiden, Obstructionen, Entzündungs-Geschwülsten und Schmerzen. Der Milz sollen sie aber schädlich sein.

Chaulmoogra odorata (Tschaul mugra) Samen ist officinell im ganzen Hindustan, so auch in Lahore, wo das daraus gepreßte Oel jedoch nicht so wie in den untern Provinzen gegen Hautkrankheiten eingerieben gebräuchlich ist.

Chaulmoogra odor. sem. (I.) ist ein gutes Mittel bei **Nasen-**

verstopfung mit Aussatz, Stuhlzwang und Knötchenausschlag.

Chelidonium majus ist nicht officinell in Lahore. Ob Mamira, das die Orientalen bei Augenkrankheiten so hoch schätzen, die Wurzel von dieser sogenannten Herba Hirundinaria ist, wie es in Dr. R. Seligmann's Pharmacologie heißt, ist für jetzt schwer zu bestimmen. (Vgl. Glaucium citrinum und Vincetoxicum.)

Chelidon. maj. fol., Verreibung und Tinktur (I.) waren vorzüglich gut bei **Magenbrennen, innerm Brenngefühl, Schmerz in der Lebergegend, Durchfall und bei allgemeiner Schwäche.**

Chenopodium album wächst sowohl in Lahore als in Bengal und wird an einem und dem andern Orte von den Eingebornen genossen.

Chenop. alb. sem. (I.) war nützlich bei **Kopfweh, Schleimhusten mit Gerossel und bei Blähungen &c.**

Cherayta (Tscheraita) Agathotes. Gentiana Cherayta ist eine Gebirgspflanze, die nördlich von Ostindien, in Nepal &c. wächst. Das Kraut davon ist officinell sowohl bei den englischen als auch inländischen Aerzten Indiens. Die Wurzeln dieser Pflanze sollen der Haruntutia an Wirkungen gleich kommen.

Cherayta (I.)

Chidra semina, s. Terebinthus.

China nodosa, s. Smilax china.

Chinae cortex. Cortex peruvianus ist den Lahorischen Aerzten völlig unbekannt, deßhalb hält man sie nicht im Bazar, wohl aber kann man bei jedem englischen Arzte der dortigen Garnison ein Stückchen bekommen. Ich hatte sie früher aus Kalkutta und Agra bezogen.

Chinae cort. (I.) bewies sich heilsam vornehmlich bei **Kopfwehe, Mund- und Halsgeschwüren, Bauchschmerzen, Geschwülsten, sowohl entzündeten als auch wässerigen.**

Chininum sulphuricum. Quinae bisulphas, kennt man in Indien auch nur durch die Europäer.

Chinin. sulph. (II.) that besonders gute Wirkungen bei **Durchfällen, fixem Rheumatismus, Nesselausschlag &c.**

Chitraca, s. Plumbago rosea.

Chloras kalicus, s. Kali oxymuriaticum.

Chloroform, das beste Präparat, das wir in Lahore hatten, war das aus einer Apotheke von Kanpur verschriebene. Innerlich habe ich es wohl nie versucht.

Churrus (Tschers) ist im ganzen Ostindien officinell, er wird aber nirgends innerlich eingegeben; sondern nur aus der Wasserpfeife, mit Tabak gemischt, geraucht. Näheres hierüber ist im med. Theile gesagt worden.

Churrus (II.) bewies sich heilsam vornehmlich bei **Lungen- und Brustentzündungen, Schleimhusten, Harnbrennen, mit Zwang und Fieber.**

Cicer arietinum ist im Pendschab und Hindustan ein Nahrungsartikel für Menschen und Vieh, wird aber auch in der Medizin angewandt, z. B. bei Blähungen, Harn- und Regelverhaltungen rc. Sie soll den Geschlechtstrieb erhöhen und den Samen vermehren, sagen die arabischen Schriftsteller.

Cichoreum Intybus ist sowohl im Pendschab als auch in Kaschmir, wo es häufig wächst, officinell.

Cichorei sem. (I.) war nützlich, vornehmlich bei **Brust- und Brustseitenschmerz.**

Cicuta virosa ist den orientalischen Aerzten nicht bekannt. Vom Mißbrauch des Schierlings sollen Schwäche des Sehvermögens, Starrkrampf, zuweilen auch tödliche Folgen entstehen.

Circutae vir. fol. (II.)

Cicut. vir. extr. (III.)

Cimiceum. Acantheum ist der Wanzenstoff, den man am besten in flüssiger Gestalt, als Essenz zubereitet, gebrauchen kann.

Cinae, semen., s. Santonici sem.

Cinnabaris ist im ganzen Oriente officinell.

Cinnamomum wird von den arabischen, persischen und indischen Aerzten in verschiedenen Krankheiten angewandt, z. B. bei Magenschwäche, Leberverhärtungen, Herz- und Nervenleiden, Gebärmutterschmerzen. Bei Harn- und Regelverhaltungen, bei Schlangenbissen und Opiumvergiftungen soll der Zimmt ebenfalls nützlich sein.

Cinnam. cort. (I.) that gute Dienste bei **Knieweh.**

Cinnam. flor. (I.) nützte bei mehreren Krankheiten, vornehmlich beim **Speichelfluß und Kreuzschmerz.**

Cissampelos, s. Pareira brava.

Citraca, s. Plumbago rosea.

Citrullus, s. Cucurbita Citrullus.

Citrus Aurantium, s. Aurantium.

Citrus Galgala, ist eine zwei Faust dicke Citrone in Lahore, die man sauer einzumachen pflegt, wo sie sodann Galgala-Atschar heißt.

Citrus Galgala fr. et sem. (I.)

Citrus medica & citrus limonum sind in Lahore ebenfalls zu haben.

Clematis erecta. Flammula Jovis ist den orientalischen Aerzten unbekannt. Ich hatte sie aus Europa.

Clematis erecta (I.) war vorzüglich heilsam bei **cariösen Zahnschmerzen, wie auch bei Leberschmerz.**

Cleome pentaphylla ist zwar nicht officinell in Lahore, wächst aber im Pendschab, so wie auch im Hindustan.

Cleom. pent. herba (I.) nützte vornehmlich bei **scorbutischem Zahnfleischleiden, Zahnfleischbluten, Mund- Rachen- und Halsgeschwüren.**

Cleom. pent. sem. (I.) wirkten vortrefflich bei **blutenden Hämorrhoiden.**

Clerodendron infortunatum ist in Lahore in der arabisch-indischen Medizin officinell.

Clerod. infort. (I.)

Coagulum camelinum, s. Camelinum coagulum.

Coccinella. Coccionella. Die Kochenille ist ein allbekannter Färbestoff, der auch in Lahore officinell ist. Die dortigen arabisch-persischen Aerzte hüten sich aber vor dem innern Gebrauch derselben, weil es heißt, daß sie die Eigenschaft besitzen, die Fruchtbarkeit des menschlichen Geschlechtes zu tilgen.

Coccinella (I.)

Cocculus Menispermum. Cocculus indicus, ist auch in Lahore officinell.

Coccul. Menisp. (II.) hat sich auf vielfältige Versuche nützlich bewiesen, vornehmlich bei **Fiebern mit und ohne Husten, Schwindel mit Eckel zum Erbrechen, Seitenstechen, Blähungen, Kolik und Durchfällen, Beulen &c.**

Cocos nucifera, officinell auch in Lahore wie im ganzen Hindustan, woher sie auch kommt.

Coc. nuc. cort. ext. fibr. (I.) d. h. die äußere, faserige Schale der gemeinen Kokusnuß. Sie nützte vornehmlich bei **Halsentzündung.**

Cocos Sechellarum ist in Lahore officinell.

Coc. nux Sechell. (II.) stillte **Erbrechen.**

Coffea arabica ist erst seit Kurzem durch uns Europäer in Lahore bekannt geworden, jedoch nicht gebräuchlich in der dortigen Medizin.

Coff. ar. cr. (I.)

Colchicum autumnale ist den indischen Aerzten unbekannt, dafür haben sie die Hermodactyli, die unserer Zeitlose an Eigenschaften (?) nahe kommen sollen, jedoch ganz anders aussehen. Zu meinen Experimenten hatte ich ein Colchicum aus Agra verschrieben, wohin es vermuthlich aus England gebracht worden war.

Colchici aut. bulb. (II.) bewies sich heilsam, vornehmlich bei **Hämorrhoiden, Lustseuche und Rheumatismen.**

Colla piscium, s. Ichthyocolla.

Collodion war uns in Lahore nur dem Namen nach bekannt.

Colocynthis ist im ganzen Oriente officinell, und wird von den arabischen Aerzten gegen Leber- und Milzobstructionen, wie auch beim Mangel an gehöriger Reinigung angewandt.

Colocynth. pulp. (I.) war vornehmlich gut bei **Leistenschmerzen.**

Colocynth. sem. (I.)

Coluber, s. Serpens.

Columbo. Colombo. Calumbae radix ist nicht officinell in Lahore. Ich bediente mich einer aus Kalkutta verschriebenen.

Colomb. rad. (I.)

Commelina nudiflora ist nicht officinell in Lahore. Ich hatte eine Wurzel aus dem Gebirge unter dem Namen Kanduli bekommen, von der ich vermuthe, daß sie die Wurzel von der Commelina war.

Commel. nud. rad. (I.)

Composita Cynarea Dub., s. Cynaracea Dub.

Composita Dschengli sagh ist ein mir unbekanntes Küchenkraut, in Kaschmir officinell. Dschengli heißt „wild" und Sagh „Gemüse."

Composita (Cynaracea) **Pokermul** ist eine, sowohl in Lahore als auch in Kaschmir, officinelle Wurzel.

Comp. Pokermul (I.) bewährte sich nützlich, vorzüglich bei **Koliken und Harnbrennen.**

Composita Zerbabri, prope Bidens, ist officinell in Kaschmir.

Comp. Zerbabri (I.) war gut, besonders bei **Brust- und andern fixen Schmerzen sogar syphilitischen Ursprungs; gut auch bei Koliken.**

Concha fluviatilis ist officinell in Lahore.

Concha fluv. (I.)

Conium maculatum ist den orientalischen Aerzten nicht bekannt. Ich bediente mich eines vermuthlich aus England hingebrachten Extractes, das ich aus Kalkutta verschrieben hatte.

Conii mac. extr. (III.) bewies sich heilsam, vornehmlich bei **Schlaflosigkeit und Speichelfluß.**

Convolvulus argenteus ist in Lahore officinell.

Convolv. arg. sem. (I.) war ein gutes Mittel, insonderheit bei **unerlöschlichem Durst**.

Convolvulus Batatas. Batatas edulis, ist eine Art süßer Erdäpfel, ein allgemein beliebter Artikel im Pendschab wie auch im Hindustan.

Convolvulus Jalapa, s. Jalapa.

Convolvulus Nil, s. Ipomoea.

Convolvulus Scammonia, s. Scammonia.

Convolvulus Turpethum, s. Turpethum.

Conyza anthelminthica. Vernonia anthelmintica. Serratula anthelmintica ist officinell in Lahore.

Conyz. anthelm. sem. (I.)

Copaivae Balsamum ist bei den orientalischen Aerzten nicht im Gebrauch. Ich hatte ihn aus Agra.

Copaiv. bals. (II.) Er nützte vornehmlich beim **Schleimhusten, bei Koliken, bei chron. Durchfällen, wie auch bei herumziehenden Gelenkschmerzen.**

Copal, indicum ist ein Harz von der Vateria indica, und wird in England als Gummi Animae verkauft. (Vgl. Bengal. Dispensat.) In Lahore und in Bengal verkauft man es unter dem Namen des Bernsteins (Kahroba).

Copal, gummires. (ind.) (II.) bewies sich vornehmlich gut bei der **Cholera.**

Corallia rubra sind officinell in Lahore und werden von den Hakims angewandt, z. B. beim schwachen Sehvermögen (äußerlich); bei Blutspeien und Harnverhaltung geben sie sie auch innerlich ein.

Corall. rubr. (I.)

Corchorus fructicosus ist officinell in Lahore, und wächst im Lande.

Corchor. frut. herba (I.) war nützlich, vornehmlich beim täglichen **Wechselfieber.**

Cordia angustifolia wächst ebenfalls in Lahore und wird von den dortigen Aerzten gebraucht.

Cordiae ang. fol. et fruct. (I.)

Cordia Myxa, s. Sebestenia off.

Coriandrum sativum ist officinell in Lahore, und wird als ein zusammenziehendes, die Gelbsucht hervorbringendes Mittel angesehen.

Coriandr. sat. sem. (I.) wirkte als ein vortreffliches Mittel, vornehmlich beim **Stuhlzwang, Jucken und Gelenkschmerz.**

Cornu cervi, s. Cervi cornu.

**

Corydalis longipes kommt in der Umgebung von Kaschmir im Himalaja vor, ist aber nicht officinell.

Costus arabicus. Costus albus. Costis dulcis. Costus veterum wird nach Indien, vermuthlich aus Arabien eingeführt, ist aber nicht, wie irrthümlich in der Arzneimittellehre von Most p. 214 angegeben ist, die Canella alba, Costus amarus und Winterianus spurius, cortex. Diese sind vier verschiedene Artikel. Aus der europäischen Praxis ist die in Rede stehende arabische, süße Kostuswurzel längst so verbannt worden, daß man sie jetzt nicht einmal dem Namen nach recht kennt. Die arabischen Aerzte gebrauchen sie vornehmlich bei Schwäche der Nerven, des Magens und der Geschlechtstheile, wie auch gegen Eingeweidewürmer, bei Harn- und Regelverhaltungen; äußerlich wird sie bei Gesichtsflecken angewandt. Das Resultat meiner Experimente damit ist höchst befriedigend, indem

Cost. arab. rad. (I.) eines der vortrefflichsten Mittel, insonderheit bei **Blut- und Schleimhämorrhoiden, Fieber 2c.** war.

Costus indicus, amarus, niger Cashmirianus ist officinell in Kaschmir, Lahore und im ganzen Hindustan. Daß dieser Artikel ein Monopol der Kaschmir'schen Regierung ist, hab' ich schon früher angeführt.

Cost. n. Cashm. rad. (I.) that herrliche Wirkung, vornehmlich bei **Speichelflüssen.**

Cotula anthemoides (varietas tenuis) wächst in Kaschmir, wo sie für die gemeine Kamille gehalten, officinell ist.

Cotyledon laciniatum wächst bei Lahore, und ist dort officinell.

Cotyled. lac. herba (I.) war von guter Wirkung, vornehmlich bei **Halsgeschwüren, Blähungen, wie auch bei Fieber, anhaltendem, mit Frösteln und Schmerzen.**

Crameria triandra. s. Rathania.

Crataeva Marmelos. Aegle Marmelos kommt aus dem Gebirge nach Lahore, wo sie officinell ist.

Crat. Marmel. fruct. (I.) bewies sich heilsam, vornehmlich bei **Entzündungsgeschwülsten.**

Crataeva Tapia Baum, wächst auch in den Gärten von Lahore. Die Frucht davon ist, wie schon erwähnt worden, gegen die sogenannte Schlangenliebe (eigentlich Schlangensucht) angerathen.

Creosotum ist ein bekanntes empyreumatisches, das Fleisch vor der Fäulniß bewahrendes Oel, das nur die europäischen Aerzte, nicht aber die orientalischen kennen. Es kann innerlich und äußerlich angewandt werden.

Creosot. (III.) war eines der besten Mittel, vornehmlich gegen **Jucken.**

Crocus sativus ist, wie schon erwähnt worden, ebenfalls ein Monopol der Kaschmir'schen Regierung. Aus Kaschmir bringt man den Safran nach Lahore und nach Hindustan, Pischawer u. s. w. Die dortigen Aerzte gebrauchen ihn unter andern bei Leberverhärtung und Harnverhaltung; auf die Magennerven soll er aber, in zu großen Gaben gereicht, schädlich einwirken, Kopfweh, sogar Stumpfsinn hervorbringen.

Crocus sat. (II.) wirkte ausgezeichnet heilsam, vornehmlich beim **Kopfweh, Bluthusten und bei Magenschmerzen.**

Croton tiglium ist im ganzen Oriente, so wie in Europa bekannt und officinell. Das Crotonöl wird jedoch nur von den Europäern gebraucht, die arabischen und indischen Aerzte hingegen wissen auf verschiedene Arten diese Samen zu präpariren, um ihnen die (vorgeblich schädliche) Schärfe zu benehmen und geben sie dann auch in Verbindung mit Corrigenzien, als Gewürzen rc. ein.

Crot. tigl. ol. (III.)

Crot. tigl. sem. (II.) bewies sich nützlich, vornehmlich beim **Magenkrampf und beim Stuhlzwang.**

Cruenta Berthelotia. Orobanche cruenta wächst in der Umgegend von Kaschmir auf den Gebirgen, sie ist den Kaschmirern wohl bekannt, aber nicht officinell.

Crustacea. — Dschinge und Mahi rubian kommen von Bombay; erstere sehen aus wie Würmchen, die nicht größer als $1/8$ Zoll lang sind, während letztere $1/2$ Zoll Länge haben. Beide sind von röthlicher Farbe und sollen in Indien so wie in Lahore officinell sein.

Crustac. Dschinge (I.)

Crustac. Mahi rubian (I.)

Cubebae sind so wie in Europa auch in Asien, namentlich in Indien, Kaschmir, Lahore rc. officinell. Man gebraucht sie dort um die Geschlechtstheile zu stimuliren, den Harn zu treiben, Blasensteine aufzulösen rc.

Cucumis acutangulus gibt es in Lahore mehrere Gattungen, wozu auch die beiden folgenden gehören.

Cucum. acutang. Kalanori sem. (I.) beseitigte jedesmal das **Frösteln.**

Cucum. acutang. Pinditури sem. (I.) hatte dieselbe Eigenschaft wie die vorhergehende.

Cucumis agrestis, s. Elaterium.

Cucumis Colocynthis, s. Colocynthis.

Cucumis Madaraspatensis wächst auch im Pendschab, und wird nur in der Küche gebraucht. Man sagt, daß das damit gekochte Fleisch geschwinder weich werde.

Cucum. Madar. (I) that vortreffliche Dienste, vornehmlich bei der **Ruhr.**

Cucum. Melo, s. Melo.

Cucumis sativus salsus, tinctura. Geschälte, klein zerschnittene Gurken werden so wie gewöhnlich zum Salat gesalzen, nach einer kleinen Weile der Saft davon ausgedrückt, den man mit gleichen Theilen Alkohol gemischt, bis den folgenden Tag stehen läßt, dann die klare Essenz, vom Satze rein abgegossen, zum Gebrauche aufbewahrt.

Cucum. sat. sals. tinct. war eine nützliche Medizin, vornehmlich bei **Schulterschmerzen, rheumatischen.**

Cucumis utilissimus ist eine Gurkenart Indiens und Lahor's, die oft $1/2$ Elle lang ist, und so wie die gemeine Gurke gegessen wird.

Cucurbita Citrullus wird im Fünfströmenlande ebenfalls angebaut. Die besten sind in Amritsir.

Cucurb. Citrull. sem. (I.)

Cucurbita lagenaria wird in Lahore als Gemüse angebaut; so auch **Cucurbita Pepo,** wie die vorhergehende.

Cuminum Cyminum ist officinell in Lahore, und wird bei Blähungen, Milch- Harn- und Regelmangel angewandt.

Cumini sem. (I.) war ein gutes Mittel, vornehmlich bei **Brustschmerz.**

Cupressus sempervirens, Zapfen und Blätter sind officinell in Lahore; man bringt sie aus dem Gebirge.

Cupress. (nux) Strobul. (I.) war ein gutes Heilmittel, vornehmlich bei **Zahnschmerz, sowohl cariösem als auch entzündlich rheumatischem, mit und ohne Fieber und Backgeschwulst.**

Cuprum wird im rohen Zustande nirgends innerlich eingegeben.

Cupr. acet. (Aerugo) (III.)

Cupr. ammoniac. (III.) that gute Wirkung, vornehmlich bei **Schienbeinschmerz.**

Cupr. met. (I.) wirkte heilsam, vornehmlich bei **Flecken.**

Cupr. sulph. (vitriolum caeruleum) (III.) bewies sich heilsam, vorzüglich bei **heftigem Durst.**

Curculigo orchioides ist in Lahore und im Hindustan officinell.

Curcul. orch. rad. (I.)

Curcuma longa (Heldi) ist in Lahore, nebst dem spanischen Pfeffer Capsicum (Lalmirdsch), bei den Eingebornen das Hauptgewürz; ohne Heldi, Lalmirdsch, Butter und Salz schmeckt ihnen das Gekochte gar nicht, was es immer sein möge.

Curcuma longa (I.) hatte auch als Arzneimittel vortreffliche Wirkungen, insonderheit bei **Mund- und Halsentzündungen, Heiserkeit, Halsknoten, Kolik und Harnzwang.**

Curcuma Zedoaria. Amomum Zedoaria. Kaempferia rotunda ist ein ostindisches gewürzhaftes Arzneimittel, worüber man gar nicht einig ist, ob es zum Geschlechte der Curcuma, zur Kaempferia oder zum Amomum gehört. Man bekommt es in allen Bazaren Indiens, auch in Lahore.

Curcum. Zed. rad. (I.) war ein gutes Mittel, vornehmlich gegen **Leberschmerz.**

Curcuma Zerumbet, s. Zedoaria Zerumbet.

Cuscuta Epithymum vel reflexa Lahoriensis hat eine ausgedehnte Anwendung bei den arabisch-persischen Aerzten (den Hakims) in Indien. Sie gebrauchen nämlich dieses Mittel bei Magenschwäche, Leberverhärtung, Anhäufungen von Schleim und verdorbener Galle, Melancholie, Hypochondrie, Harnverhaltungen, alten Fiebern ꝛc. Es soll Durst erregend, vorzüglich bei verdorbenen Säften und im Greisenalter anzuwenden sein.

Cuscuta monogyna Cashmiriana. Davon sind nur die Samen in Lahore, Kaschmir ꝛc. officinell.

Cuscut. monog. sem. (I.) brachte gute Wirkung hervor, vorzüglich bei **blutenden Hämorrhoiden und Blähungen.**

Cyaneum Berolinense kennt man in Lahore gar nicht.

Cyan. Berol. (II.)

Cycas circinalis. Cycas revoluta ist die Sagopalme Ostindiens. Ich bekam aus Kalkutta die Frucht von diesem Baume, machte damit mehrere glückliche Experimente, so wie auch mit dem Sago, worüber am gehörigen Orte das Nöthige mitgetheilt werden soll.

Cycad. fruct. cort. et tinct. corticis (I.) bewies sich heilsam, vornehmlich bei **wässerigen Geschwülsten.**

Cycad. rev. sem. (I.) that vortreffliche Dienste, insonderheit bei **Kopfweh, Schwindel und Halsgeschwüren.**

Cyclamen europaeum. Cyclamen hederaefolium scheint früher bei den arabischen Aerzten im Gebrauche gewesen zu sein; jetzt gebrauchen es aber die Lahor'schen Aerzte nicht, und so hat man es auch nicht vorräthig; übrigens soll es ein wurmwidriges, abführendes Mittel sein.

Cyclam. europ. rad. (I.)

Cydonium malum ist in Lahore officinell; auch die Kerne davon werden stark gebraucht. Die Quittenäpfel wachsen in Kabul und Kaschmir, woher man sie herab nach Indien bringt.

Cydon. mal. et sem. (I.) sind wirksame Heilmittel, insonderheit nützlich beim **Stuhlzwang.**

Cynanchum wächst auf den Gebirgen von Kaschmir, ist aber nicht officinell.

Cynara scolymus wächst auch in Lahore in den Gärten der Engländer. Die Eingebornen kennen sie nicht.

Cynaracea Dub ist eine Gebirgspflanze von Kaschmir, wo sie officinell ist.

Cynar. Dub lign. et herba (I.)

Cyperus longus ist officinell in Lahore.

Cyper. long. rad. (I.) bewies sich heilsam, vornehmlich bei **Erbrechen und Durchfall.**

Cyperus rotundus ist ebenfalls officinell in Lahore, er wird oft mit Cyperus juncifolius verwechselt.

Cytisus scoparius wächst sowohl in Kaschmir als auch in Lahore; die Samen davon sind officinell.

Cytis. scop. sem. (I.)

Dactylus (von Phoenix Dactylifera), die Datteln bekommt man auch in Lahore, wenn sie auch nicht von der Güte als die aus Multan herbeigeführten sind, die auch noch den arabischen weit nachstehen, und das sowohl an Größe als an Süßigkeit. Die harten Kerne dieser beliebten Frucht tragen große Heilkräfte in sich, von denen bis jetzt Niemand eine Ahnung gehabt hat.

Dactyl. nucl. (II.) war ein gutes Heilmittel, vornehmlich beim **Rothlauf und Stuhlzwang.**

Daphne Mezereum, s. Mezereum.

Daphne, Sunnerkat genannt, wächst in den Gebirgen von Kaschmir. Wegen Mangel der Blüthen an den mir zugekommenen Exemplaren davon, war keine nähere Bestimmung möglich, als daß es verwandt ist mit Daphne gnidium und Daphne oleoides. Verschieden jedoch ist es von der Daphne cannabina, woraus man in Nepal das Papier nach chinesischer Art macht. (Vergleiche hierüber Bengal Dispensatory p. 531). Die Rinde vom Daphne gnidium wird beiläufig 1 Stunde, bevor man sie anwenden will, in Weinessig eingeweicht, dann applicirt, im Winter einmal, im Sommer aber zweimal des Tages erneuert. Dieses Mittel soll eine seröse Ausschwitzung ohne Reiz und Blasen hervorbringen, und ist vornehmlich bei chron. Rheumatismen, Lähmungen u. s. w. angerathen. In Frankreich und Rußland soll es auch gegen einige Augenkrankheiten gebraucht werden.

Daronica. Doronicum scorpioides Linn, ist in der arabischen und indischen Medizin officinell. Man gebraucht es gegen Herzklopfen, Schlangenbisse, Schmerz und Blähungen der Gebärmutter 2c.

Daron. rad. (I.) bewies sich heilsam, vornehmlich bei allgemeiner **Schwäche und Hartleibigkeit.**

Datisca cannabina wächst in Kaschmir. Die Wurzel der Rinde dient dort zum Färben (Pistaziengrün).

Datisc. cannab. rad. cort. (I.) bewies sich nützlich, vornehmlich bei **Entzündungsgeschwülsten und Knieschmerz.**

Datisc. cannab. sem. (I.)

Datura martis heiße ich die Verbindung von Daturin mit Eisen. Man erhält dieses Präparat, wenn man zu einem Aufguß der Stechapfelsamen eine Auflösung von Eisenvitriol schüttet, wobei ein Niederschlag entsteht, den man im getrockneten Zustande aufbewahrt.

Datura mart. (III.) nützte bei mehreren Krankheiten, vorzüglich aber bei **Kopfwehe und bei Migraine.**

Datura Strammonium wächst nicht in Lahore und Indien, dafür hat man aber die Datura fatuosa und alba, welche dieselben Wirkungen haben. Blätter, Samen und Wurzeln werden von den Inländern gebraucht.

Daturae flor. rec. (II.) bewiesen sich heilsam, vornehmlich bei **Nachtblindheit.**

Daturae fol. rec. (II.)

Daturae sem. (II.) waren vorzüglich heilsam, besonders bei **Schwindel und Krämpfen.**

Daucus Carota, s. Carota.

Dealsing ist der Name eines Hindu, eines Gebirgsbewohners, von dem ich in Lahore mehrere Gebirgspflanzen, Wurzeln und Samen zu meinen Experimenten erhielt. Diejenigen Arzeneimittel aber, von deren Eigenschaften ich mehreres erfahren habe, ohne jedoch ihre Namen ausfindig machen zu können, behielt ich einstweilen unter dem Namen des Ueberbringers bei, in der Hoffnung, bei meiner Rückkehr nach Indien aus der Gegend Dschowallah Mekki's, woher sie gebracht worden sind, noch Manches erfahren zu können. Dieses wäre gewiß wünschenswerth, da z. B. auch nur die folgende Wurzel ein vortreffliches Heilmittel war.

Dealsing's Fistelwurzel (I.) war ausgezeichnet heilsam, besonders bei **Koliken und Lustseuche.**

Dealsing's Haruntutiaart (I.) ist vermuthlich die Wurzel von Agathotes Cherayta, und bewies sich nützlich, insonderheit beim **Husten.**

Dealsing's Sersamwurzel (I.) d. h. die Wurzel gegen Nervenfieber soll die Flemmingia sein? sie leistete gute Dienste vorzüglich beim **Brust- und Magenschmerz, Aufblä-**

hung mit Unverdaulichkeit, wie auch beim Fieber mit Speichelfluß.

Dealsing's Torfwurzel, s. Indigofera linifolia.

Delphinium Ghafes, s. Agrimonia Eupatoria.

Delphinium pauciflorum? Killingea monocephala (nach Piddington's Index plant.) ist eine Wurzel, die beinahe 1 Zoll lang, eben so dick ist und von mehrern Seiten in Spitzen ausläuft, wodurch sie etwas der Wurzel von der Trapa ähnlich aussieht. Die ächte soll aus China herkommen, und innerlich so blau wie der Indigo aussehen. Sie steht in großem Ansehen bei den Inländern. Man hält sie für eines der besten Mittel gegen die Cholera, wie auch gegen verschiedene Gifte ꝛc. In Lahore bekommt man sie nicht in jedem Jahre, sie ist bei den sogenannten Sadu's (d. i. herumziehenden Arzneikrämern) wie auch in Kaschmir zu finden, wenn nicht bei den dortigen Droguisten, doch in den besten Häusern.

Delphin. paucifl. rad. (II.) war eine überaus wirksame Medizin, nützte insonderheit beim **Durchfall, bei Koliken und bei Samenfluß.**

Delphinium Staphisagria, s. Staphisagria.

Dictamnus albus wird von den arabischen Aerzten gegen Fallsucht, Wurmkrankheiten, wie auch bei Anomlaien der Menstruation angewandt; aus der europäischen Praxis hat man die Rinde von der Wurzel des Diptams längst beseitiget.

Digitalis purpurea ist ein großes Heilmittel, dessen Mißbrauch jedoch eben so großen Schaden als Nutzen herbeiführen kann. Den orientalischen Aerzten ist sie unbekannt. Ich hatte sie aus den Apotheken Ostindiens.

Digital. purp. fol. (II.) war ein herrlich wirkendes Mittel, insonderheit beim **Nasenbluten und Durchfall.**

Diorites oder Grünstein ist in Lahore im Bazar zu finden. Man verkauft ihn dort in kleinen erbsengroßen Stücken, und gebraucht ihn nur als grüne Farbe, z. B. wird damit an die Wand auf Kalk gemalt. Als Heilmittel hat er mir wesentliche Dienste geleistet und verdient um desto mehr Beachtung, da seine Bestandtheile nach hier angestellter Analysation dieselben sind, als die des sogenannten Seng e basri, mit dem ich in der Cholera-Epidemie in Lahore so glückliche Resultate erzielte.

Diorites (I.) war bei vielen Krankheiten ein vortreffliches Mittel, vorzüglich aber bei **Schwindel, Brustschmerz, Knieweh und beim Jucken.**

Dioscorea sativa ist eine Knollenwurzel, die man im Bazar Lahore's bei den Grünzeughändlern in der kalten Jahreszeit bekommen kann; obwohl sie nur als ein Küchengemüse betrachtet wird, so hat sie doch im rohen Zustande, so wie auch die Erdäpfel ꝛc., ihre eigenen Heilkräfte als Medizin.

Dioscor. sat. (I.)

Diosma crenata ist eine Art Raute, von der die in der europäischen Praxis officinellen Bukublätter, der sogenannte Hottentottenthee herrühren. Diese Folia buku sind den lahorischen Aerzten noch unbekannt.

Diospyros Embryopteris, s. Embriopteris glutinifera.

Diospyros melanoxylon, s. Ebenum.

Dipsacus fullonum. Virga pastoris ist nicht officinell in Lahore.

Dodi heißt im Pendschab eine Zusammensetzung von rothem Reis, geschälten süßen Mandeln, weißen Mohnsamen und Zucker, eine Mischung, die gar nicht übel schmeckt, und beim trockenen Husten gute Dienste thut.

Dolichos pruriens, Mucuna pruriens, Siliqua hirsuta, wächst zwar auch in Lahore, jedoch nicht so gut wie im Gebirge, woher ich sie jährlich kommen ließ. Die Bohnen davon sind bei den dortigen Aerzten officinell. In der europäischen Praxis gebraucht man die juckende Fasel, um durch den mechanischen? Reiz der feinen Härchen die Würmer abzutreiben.

Dolichos Faba (I.) bewies sich vorzüglich heilsam bei Harnzwang, Impotenz und Steinkrankheit.

Dolichos Succus oder Härchen (I.)

Doronicum scorpioides, s. Daronica.

Dracocephalum Royleanum wird in ganz Indien angebaut. Die Samen davon sind officinell und werden von den dortigen Aerzten allgemein gebraucht. Man verfertigt daraus ein schleimiges, einhüllendes und kühlendes Getränk.

Dracoceph. Royl. sem. (I.)

Draconis sanguis ist ein allgemein bekanntes rothes Harz von Calamus Drago, der im ostindischen Archipelagus zu Hause ist. In Europa wird das Drachenblut nicht als ein besonderer medicinischer Artikel, mehr nur zu Firnissen ꝛc. gebraucht. Die orientalischen Aerzte gebrauchen ihn bei frischen Wunden, Blut- und Bauchflüssen.

Dracon. sangu. (II.) war und bleibt eines der vorzüglichsten Heilmittel; es nützte insonderheit bei **Magenbrennen, Harnzwang und Wechselfieber.**

Dschendalu ist eine von den mir unbekannten Wurzeln aus dem Gebirge, und so auch das folgende

Dudia (I.) dieß war besonders nützlich bei **Harnzwang und syphilitischen Beulen.**

Dulcamara (Solanum), ist nicht officinell in der arabischen oder indischen Medizin. Ich gebrauchte die aus Europa mitgeführte.

Dulcam. stipit. (I.) nützten vornehmlich bei **Eckel und Erbrechen.**

Ebenum wird nur in der arabischen Medizin als Heilmittel angewandt, z. B. bei veralteten Geschwüren der Augen, wo man es fein zerrieben applicirt. Dieses Holz hat auch, so wie jedes Ding auf Erden seine besonderen Eigenschaften und könnte wohl auch als Medizin benutzt werden.

Ebenum lign. (I.) bewährte sich vollkommen nützlich; insonderheit beim **Bluthusten und Durchfall.**

Echinospermum glochidiatum Alph. DC. wächst häufig im Thale Kaschmirs, ist aber nicht officinell.

Echites antidysenterica, s. Nerium antidysentericum.

Elaterium. Extractum Elaterii ist den europäischen Aerzten als ein drastisches Purgiermittel wohl bekannt, in Lahore aber nicht zu bekommen. Ich hatte es von Agra, das vermuthlich ein Präparat aus England war.

Elaterium (II.) that vortreffliche Wirkungen und nützte insonderheit bei **Eingeweidewürmern.**

Eleagnus augustifolius wächst im Gebirge, wie auch im Thal von Kaschmir, es ist nicht officinell. Die reifen Beeren werden von den Gebirgsleuten gegessen.

Eleagn. ang. fol. et fruct. immat. (I.) bewährten sich als ein gutes Heilmittel, besonders beim **Jucken und beim Fieber.**

Electrum, s. Succinum.

Elemi gummi ist nicht officinell in Lahore.

Elettaria Cardamomum, s. Cardamomum.

Embelia Ribes ist officinell und wird in Lahore gebraucht, vornehmlich als ein wurmwidriges Mittel.

Embel. Ribes. sem. (I.)

Emblica officinalis, s. Myrobalanus Emblica.

Embryopteris glutinifera. Diospyros glutinosa. Diospyros Embryopteris wächst in der Umgegend von Lahore. Die Früchte, 1 bis 2 Zoll im Durchmesser, enthalten einen scharfen Saft, der stark tanninhaltig ist.

Embryopt. glut. fol. (I.) nützten vornehmlich bei **Koliken.**

Embryopt. glut. fr. (I.) waren von guter Wirkung, insonderheit bei **Mundgeschwüren, Kreuzschmerz, Impotenz und Samenfluß.**

Embryopt. glut. sem. (I.)

Enula Helenium, s. Inula Helenium.

Epidendron vel Epithymum Cuscuta. s. Cuscuta.

Ervum Lens, s. Lens.

Eugenia Jambolina wächst in Lahore. Die Früchte davon werden im Bazar verkauft und genossen.

Eugen-Jambol. cort. succ. tinct. (I.) war ein gutes Mittel, vornehmlich gegen **Kreuzschmerz.**

Eugen. Jambol. fruct. (I.) that gute Dienste, insonderheit bei **Schwindel, mit und ohne Vergehen des Gesichtes.**

Eugen. Jambol. nucl. (I.) nützte besonders bei **Kolik und Leistenbruch.**

Euphorbia agraria (affinis species), ist in Kaschmir officinell, und wächst auf den Gebirgen der dortigen Umgegend. Weil sie eine schwarze Wurzel hat, die armdick, ästig und knotig ist, heißt man sie die schwarze Euphorbia. Sie wird für die kräftigste von allen übrigen Euphorbiaceen gehalten, und ihre Ausgrabung muß mit Vorsicht geschehen.

Euphorb. agrar. (aff. spec.) rad. (II.) bewährte sich als ein gutes Mittel, vorzüglich bei **Kreuzschmerzen, Durchfall, Harn- und Stuhlzwang, Jucken und Fleckausschlag.**

Euphorbia Cashmiriana Tschok. Tschuk, ist ebenfalls in Kaschmir officinell. Die Wurzel, die man gebraucht, ist braunfarbig.

Euphorb. Cashm. Tschok. rad. (II.)

Euphorbia epithymoides, s. Euphorbia verrucosa.

Euphorbia helioscopia wächst in den Gärten von Kaschmir, wo die Samen davon officinell sind.

Euphorb. helioscop. sem. (II.)

Euphorbia longifolia. (Euphorb. lucid. aff.) hat eine gelbe Wurzel, die lang und glatt, oft nicht dicker als ein Finger ist. Ihrer Farbe wegen heißt man sie die gelbe Euphorbia. Sie ist die am meisten gesuchte und beliebte Euphorbia, die sowohl im Pendschab als auch in Kaschmir, zumal von den Wundärzten, äußerlich angewandt wird.

Euphorb. longifol. rad. (II.) bewies sich heilsam, insonderheit bei **Gesichtsmuskelnverzerrung, Beklemmungen und Fußschmerz.**

Euphorbia neriifolia. Euphorbia — Tor wächst in der Ebene in Lahore, aber auch in den Gebirgen; der Saft davon ist officinell bei den Inländern.

Euphorb. neriifol. succ. (II.)

Euphorbia tenuis ist eine wenig behaarte Spielart. Sie wächst bei Lahore, ist aber nicht officinell.

Euphorb. ten. herba (I.) war ein gutes Mittel, vornehmlich bei **großem Durst und Kreuzschmerzen.**

Euphorbia thymifolia wächst ebenfalls bei Lahore herum, ist nicht officinell und wird die große milchhaltige Pflanze genannt, weil sie einen milchartigen Saft hat und weil sie auch in die Höhe wächst, während die vorhergehende sich nur auf der Erde ausbreitet.

Euphorb. thymifol. herba (I.)

Euphorbia-Tor, s. Euphorbia neriifolia.

Euphorbia verrucosa? oder epithymoides? ist in Kaschmir bekannt, jedoch nicht officinell. Sie wächst auf den dortigen Gebirgen und man heißt sie die weiße Hirbi (oder weiße Euphorbia), weil die Wurzel davon weiß ist, die vortreffliche Dienste that.

Euphorb. rad. alb. (II.) vorzüglich bei **Schleimhusten, wässerigen Geschwülsten, Flechten.**

Euphorbium gummi ist officinell in Lahore, es wird jedoch nur äußerlich angewandt.

Euphorb. gummi (II.)

Euphrasia officinalis wächst in den Gebirgen, wie auch im Thale bei Kaschmir, so wie bei uns in Europa. Sie ist aber dort nicht officinell.

Euphras. off. (I.)

Euryale ferox wächst nicht in Lahore, wohl aber im Bengal, wo die mehlreichen Samen dieser Wasserpflanze den Eingebornen zur Nahrung dienen.

Evolvulus brachte man mir aus dem Gebirge, ob es Evolv. alsinoides Lin., ist nicht bestimmt.

Evolv. herb. (I.) bewies sich nützlich, vorzüglich bei **Impotenz, Durchfall und Wechselfieber.**

Exuviae, s. Serpentis exuviae.

Faba St. Ignatii, s. Strychnos faba Ignatii.

Fabaria, unter dieser Benennung gebrauchte ich eine knotige Wurzel, die beiläufig 2 Zoll lang, breiter an dem einen Ende als an dem andern war. Ich hielt sie für die Rosenwurz oder sogenannte fette Henne (Sedum telephinum). Die Araber heißen sie Ud e Selib (Holz vom Kreuz) und nach dem Altgriechischen (Junani) heißen sie die Hakims die Fabania oder Fabanija. Dieser Ausdruck ist ziemlich gleichbedeutend mit Fabaria. Dr. R. Seligmann gibt ihr aber in seiner Pharmacologie den Namen Poeonia, vermuthlich mit Unrecht. In dieser Pharmacologie heißt es auch: „Gallenus sagt, daß die Kräfte dieser Wurzel mit jedem Jahre zunehmen, ferner, daß sie die Absonderung der Milch vermehrt, die Regel treibt und Galle erzeugt, wogegen die Myrobalanen das Corrigens sind; wie auch daß die runde Wurzel die vorzüglichste sei.“ Die hiemit angestellten Versuche waren höchst befriedigend.

Fabaria (I.) nützte insonderheit bei **Brustschmerz, Harnzwang und Durchfällen.**

Fagonia arabica wächst häufig in der Umgebung von Lahore und ist officinell im Lande.

Fagon. ar. herb. (I.) war eines der ausgezeichnetsten Heilmittel, vornehmlich gegen **Vergehen des Gesichtes, gelbes Augweiß, Samenfluß und halbseitige Lähmung.**

Fagopyrum. Semina Polygoni Fagopyri werden im Gebirge des Fünfströmenlandes, so wie auch in Kaschmir angebaut, und dienen den Eingebornen, besonders den Hindus in ihren Fasttagen zur Nahrung. Als Medizin werden auch da die Buchweizen nicht gebraucht.

Fasciolaria Asfar etib gleicht dem Nagel von der großen Zehe. Vielleicht ist es die Decke von Turbo Cochlus, einer Meerschnecke, die sogenannte Meerbohne, Umbillicus marinus s. Veneris, weil diese vor Zeiten im Gebrauch gewesen sein soll? Da ich in diesem Mittel wichtige, ausgezeichnete Heilkräfte entdeckt habe, so habe ich sie auch abgebildet auf Tab. 8 dieses Werkes mitgetheilt. Sie ist in Lahore bei den Hakims officinell und man findet sie bei den dortigen Droguisten. Im hiesigen Naturalienkabinete konnte ich darüber nichts mehr erfahren, als daß es der Deckel von einer Schnecke, nämlich von der Fasciolaria sei. Im Liber Fundamentorum Pharmacologiae Auctore Abu Mansur Mowafik ben ali el herui, das hier in Wien vom rühmlichst bekannten Herrn Professor Dr. R. Seligmann, in lateinischer Sprache übersetzt worden ist, heißt es im ersten Theile p. 31. Ezfar ottif (asfar e tib nach gemeiner lahorischer Aussprache), Unguis odoratus, Strombus lentiginosus, L. Blatta byzantina, Ungula conchae (Serap. blattium byzantinum). Da sind also mehrere Namen, von denen gewiß auch einer der passende sein mag. Ferner heißt es in der erwähnten Uebersetzung: „Es gibt zwei Gattungen, eine persische und indische, und es ist eine bekannte Sache, daß dieser Artikel je größer er ist, desto mehr dem Nagel eines Fingers gleicht. Man bringt diese Muschel aus dem Ocean zu uns, findet sie auch im indischen Meere, an der Küste Arabiens (Yemen) und im persischen Meerbusen bei Bassora; die größere Menge jedoch wird auf der Insel Baheren, im persischen Meerbusen gefunden, und diese ist auch die beste. Ihre Eigenschaft ist Wärme und Trockenheit im zweiten Grade, und so eingreifend, daß, wenn 1 bis 1½ Drachmen davon mit Wein eingenommen werden, sie auch noch die Blasensteine auflöset, den Harn treibt und die Geschlechtstheile stärkt. Ich glaube, daß diese ausführlichere Beschreibung und Abzeichnung eines höchst interessanten Heilmittels insonderheit dem ärztlichen Publikum nicht unwillkommen sein mag.

Fasciol. Asfar e tib. (I.) war ein vorzügliches Heilmittel, besonders bei der **Fallsucht, Durchfall und Harnbrennen.**

Fel. vitri, s. Vitri fel.

Ferrum. Chalyps et Martialia sind auch in der arabischen und indischen Medizin officinell. Eisenbäder, natürliche, gibt es zwar keine in Indien, wohl aber Schwefelbäder im Gebirge des Fünfströmenlandes; auch von den künstlichen Eisenbädern wissen die dortigen Aerzte keinen Gebrauch zu machen. Das Eisen wird also nur auf verschiedene Arten präparirt eingegeben, und zwar immer in Verbindung mit Myrobalanen, Gewürzen ꝛc.

Ferrum (I.)

Ferrum carbonatum, s. Graphites.

Ferrum hydrocyanicum, s. Kali ferrocyanicum.

Ferrum sulphuricum. Sulphas ferri. Vitriolum viride. Indischer Eisen-Vitriol ist sowohl in Lahore als auch in Indien officinell, und wird sowohl innerlich als äußerlich angewandt.

Ferrum sulph. ind. (II.) war ein gutes Mittel, insonderheit bei **Aufblähung.**

Ficus Carica wird weder in Europa noch in Indien als ein besonderer medicinischer Artikel betrachtet, und es sind doch schon in den Samen von den Feigen eigene Heilkräfte enthalten. Die Feigen sind überall zu haben.

Fici Caricae sem. (I.) wirken ausgezeichnet heilsam, vorzüglich beim **Speichelfluß und bei der Hartleibigkeit.**

Ficus glomerata. Ficus racemosa wächst in den Gärten von Lahore, ist aber nicht officinell.

Fici glom. fruct. (I.)

Ficus indica wächst ebenfalls in Lahore, wie auch in Indien. Der milchartige Saft derselben wird bei verschiedenen Krankheiten sowohl innerlich als auch äußerlich angewandt.

Ficus ind. fol. (I.)

Ficus ind. succ. (II.)

Ficus religiosa wächst in Lahore, so wie auch in Indien, wird jedoch wenig als Medizin benutzt.

Filix mas. Nephrodium Filix mas wächst im Himalaja, wo es auch gebraucht werden soll. Die lahorischen Aerzte kennen es nicht.

Filic. mar. rad. (I.)

Fistularia Dealsingii, s. Dealsing's Fistelwurzel.

Flemmingia, s. Dealsing's Sersamwurzel.

Foeniculum Pannorium wächst in verschiedenen Gegenden Ostindiens, auch im Pendschab. Er gleicht unserem europäischen Fenchel (Foeniculum vulgare) und wird auch so wie dieser gebraucht; so z. B. geben ihn die arabischen und indischen Aerzte, um die Milch der Säugenden zu vermehren, den Harn und die Regel zu treiben, Blähungen zu tilgen ꝛc.

Foeniculi rad. (I.) war ein vortreffliches Mittel, insonderheit bei

nebeligem Sehen, Nasenbluten und Achseldrüsenentzündung.

Foeniculi sem. (I.)

Foenum graecum (Trigonella) wird im Pendschab angebaut. Das Kraut davon ist eine Lieblingsspeise der Eingeborenen; es wird gekocht mit Fleisch, Butter u. dgl. zubereitet genossen. Die Samen werden als Medizin gebraucht, und man glaubt, daß sie die Regel befördern.

Foenograeci sem. (I.) bewiesen sich wirksam, vornehmlich beim **Armschmerz.**

Fragaria vesca wächst häufig auf dem Himalaja.

Fritillaria cirrhosa wächst in der Umgegend von Kaschmir, ist wohl bekannt, aber nicht officinell.

Fritillar. cirrh. herb. (I.) leistete gute Dienste, vorzüglich bei **Kreuzschmerz.**

Fumaria parviflora. Fumaria officinalis wächst häufig in den Feldern im Fünfströmenlande, und soll auch im Gebirge vorkommen. Sie ist officinell in Lahore und wird stark gebraucht.

Fumar. herb. (I.) wirkte als ein vortreffliches Mittel, insonderheit bei **großem Durst und Appetitmangel.**

Fungus igniarius. Boletus igniarius ist in Kaschmir zu haben und officinell, wenigstens bei den dortigen Barbieren, die ihn als zusammenziehendes Mittel auf frische Wunden appliciren, so wie auch bei uns Europäern hie und da noch gebräuchlich ist.

Fungus ign. (I.)

Fungus Morilla, s. Phallus esculentus.

Gagerming ist eine Wurzel aus Kaschmir, die so aussieht, wie eine getrocknete kleine Birne. Ohngeachtet meiner Nachforschungen konnte ich sogar in Kaschmir nicht erfahren, was das Gagerming (Mäusegehirn in Kaschmir'scher Sprache) für eine Wurzel war, indem derjenige Mann, der mir einige solche Knollenwurzeln in Lahore gegeben hatte, eben abwesend war. Hoffentlich werde ich es aber gleich bei meiner Rückkehr erfahren, indem mehrere meiner Bekannten den Auftrag haben, es auszuforschen. Da selbst die Droguisten in Kaschmir diesen Artikel nicht kannten, so scheint er auch kein officineller zu sein. Ich habe zahlreiche glückliche Curen verschiedener Krankheiten damit gemacht.

Gagerming (I.) war ein vortreffliches Heilmittel, insonderheit bei **Arm- Schulter- und Knieschmerzen, Bluthusten, Zittern ꝛc.**

Galanga Ostindiens ist nach Einigen Kaempferia Galanga, nach Anderen Alpinia Galanga genannt. Die Inländer heißen sie aber Pan ke dscher, d. i. die Wurzel vom Piper Betle, und ich glaube auch, daß es diese ist; wenigstens hat sie den angenehmen, gewürzhaften Geruch der Blätter vom Wasserpfeffer. Sie wird gegen Blähungen und Schwäche der Geschlechtstheile 2c. gebraucht.

Galang. rad. (I.) bewährte sich als ein vortreffliches Mittel, vorzüglich bei der **Lustseuche.**

Galbanum officinale ist auch in Lahore officinell. Räucherungen damit sollen die Regel hervorbringen, auch die Frucht abtreiben; den Reptilien soll es zuwider sein.

Galban. gummi (II.)

Galega purpurea. Tephrosia purpurea ist officinell in Lahore und wächst in der dortigen Umgegend.

Galeg. purp. herba (I.)

Galena. Plumbum sulphuretum gibt es im Bazar Lahore's verschiedene Sorten, inländische und ausländische, die theils stückweise, theils gepulvert verkauft werden. Der einzige Gebrauch, den man davon macht, kommt dem des rohen Spießglanzes gleich, anstatt dessen es auch verkauft wird. Beide dienen nämlich im ganzen Oriente, Großen und Kleinen beiderlei Geschlechtes als Augenpulver. Vergl. den Artikel Antimonium. Ich machte auch hiemit meine Experimente, gab es innerlich ein und sah gute Wirkungen davon.

Galena (I.) bewies sich heilsam, vorzüglich bei **Gesichtsflecken, Jucken und Schwären.**

Galla. Gallae Turcicae. Gallae quercinae sind auch in Lahore officinell, man gebraucht sie sowohl innerlich als auch äußerlich.

Galla (I.)

Gardenia dumetorum. Randia dumetorum. Die Früchte davon, Brechnüsse genannt (jedoch nicht die Strychnos nux vomica), werden vom Gebirge nach Lahore gebracht, wo sie officinell sind.

Garden. dumet. sem. (II.) hatten gute Wirkungen, besonders bei **gelblichem Augweiß.**

Gentianae rubr. rad. ist officinell in Lahore. Woher man sie aber bezieht, das hab' ich nicht erfahren können; vermuthlich wird sie aus Persien nach Indien eingeführt?

Gent. rad. (I.)

Gentiana Cherayta, s. Cherayta.

Gentiana kurrooa, s. Picrorrhiza kurrooa.

Geranium nodosum wächst auf den Gebirgen Kaschmir's. Die Wurzel davon ist in Kaschmir officinell; mit derselben machte auch ich meine Experimente.

Geran. nod. rad. (I.) zeigte sich heilsam, vornehmlich bei **Mundgeschwüren und Aufblähung.**

Geum elatum, Wall. Geum humile, Walp., ist ebenfalls von den Gebirgen Kaschmirs. Auch von diesem ist in Kaschmir die Wurzel officinell. Sie war eines der ausgezeichnetsten meiner Mittel.

Gei elat. rad. (I.) bewährte sich heilsam, vorzüglich bei **Augenentzündungen, Nasenbluten, Halsweh, Halsknoten, Seitenstechen, Durchfall, Ruhr und bei Schwären.**

Glacies mariae, s. Talcum.

Glaucium citrinum. Glaucium phoeniceum, Crantz. Dieses ist ebenfalls eine jener Pflanzen, für deren Wurzel die orientalische Mamira gehalten wird. Das Glaucium ist nämlich eine Gebirgspflanze, die breite und runde Blätter, und eine Blume wie die des Feldmohns hat.

Glinus dictamnoides bekam ich aus dem Gebirge, wo diese Pflanze officinell sein soll.

Glin. dict. herb. (I.) hatte gute Wirkungen, insonderheit bei **Katarrh, Gelenkschmerzen und Stuhlzwang.**

Glycyrrhiza glabra, s. Liquiritia.

Gmelina asiatica. Ihre Wurzel ist officinell in Lahore.

Gmel. asiat. rad. (I.) that gute Dienste, vornehmlich bei **Durchfällen.**

Gossypium herbaceum wird im ganzen Pendschab angebaut. Weder in der Baumwolle, noch in ihrem Samen wird Jemand medizinische Heilkräfte vermuthen. Ich versuchte den Samen und kam damit zu den überraschendsten Resultaten.

Gossyp. sem. (I.) war ein vortreffliches Mittel, besonders bei **Schleim- und Bluthämorrhoiden, Fieber und Stuhlzwang.**

Gossypium fulminans, Schießbaumwolle, wird auch noch innerlich unversucht geblieben sein? Sobald ich in Lahore aus den englischen Zeitungen das Recept davon bekommen hatte, präparirte ich mir dieselbe auch gleich, und versuchte sie bei einigen Patienten. Mehrere Eigenschaften davon sind bereits im med. Theile dieses Werkes angeführt.

Gossyp. fulm. (II.)

Gourbuti bekam ich aus dem Gebirge, wo es officinell sein soll. In Lahore kannte man es nicht. Es waren federkieldicke Aeste, die mit einer baumwollartigen Rinde überzogen sind; es kann zu den Artemisien, aber auch zu den Malvaceen gezählt werden.

Gourbuti stip. (I.) nützten, vorzüglich beim **Schwindel.**

Granatum (Punica) Frucht. Malum punicum wird von Kabul nach

**

Lahore gebracht. Die Schalen der unreifen Granatäpfel werden im Oriente zum Färben gebraucht. Die Hakims geben den Saft von den reifen Granatäpfeln bei Magen- und Leberschwäche, hitzigem Fieber rc. ein.

Granat. ac. rad. cort. (I.) bewies sich heilsam, besonders bei **Vergehen des Gesichtes, Schlaflosigkeit und Jucken.**

Granat. fl. (Balausta) (I.) war auch ein gutes Heilmittel, es nützte vorzüglich bei **Brust- und Brustseitenschmerz, Schmerz im Schenkelkopf, wie auch bei Durchfällen.**

Graphites. Ferrum carbonatum ist kein officinelles Mittel in der arabischen oder indischen Medicin.

Graphit. (I.) leistete gute Dienste, vornehmlich bei **Mundgeschwüren.**

Gratiola officinalis ist den lahorischen Aerzten unbekannt. Ich hatte die Tinktur aus Europa.

Grat. off. tinct. (II.)

Grewia asiatica. Die Frucht wird in Lahore zu Anfang des Sommers im Bazar verkauft; man pflegt sie gesalzen zu essen. Mit der Essenz von diesen Früchten stellte ich viele Versuche an, und hatte das Vergnügen, mehrere wichtige Eigenschaften darinnen zu entdecken.

Grew. as. fr. tinct. (I.) bewies sich heilsam, vorzüglich bei **Husten, innerem Brenngefühl mit Jucken und Stechen, syphilitischem Gelenkschmerz und Gelenkgicht.**

Grislea tomentosa. Lythrum fruticosum. Die Blumenblätter davon sind officinell in Lahore, indem man sie theils zum Färben, theils zur Arznei gebraucht.

Guajaci resina ist den lahorischen Aerzten ein unbekannter Artikel. Ich erhielt ihn aus der Apotheke von Agra.

Guaj. res. (II.)

Guia Chatai ist bei den bucharischen Aerzten als eine schwarze, pechartige Substanz bekannt, die aus China oder Scythea kommt. Ich bekam ein solches Exemplar zu Gesicht, das wie ein Pflaster auf zwei Blättern von einer Handbreite, einem eben so langen Stückchen Leinwand aufgestrichen, so dick wie ein Messerrücken und spröde war. Die Außenseite der Leinwand war roth gefärbt und trug den chinesischen Stempel; auf der Innenseite, welche weiß war, befand sich das nicht über das ganze Viereck, sondern nur in die Runde etwa 3 Zoll im Durchmesser aufgetragene Pflaster, welches keinen Geruch hatte. Im Handel soll diese Substanz selten vorkommen, ausgenommen in China. Man bedient sich derselben zur Linderung von Schmerzen, zu welchem Zwecke dieses Pflaster applicirt wird. Ein solches Exemplar kann zu mehreren Heilungen dienen, und soll gegen alle Arten von rheumatischen und gichtischen Schmerzen nützen. Man applicirt es nämlich so nahe als möglich auf die schmerzende Stelle, so z. B. beim Kopfwehe auf die Stirne, in die Schläfe; bei hohlen Zähnen kann man selbst in den Zahn ein Bruchstückchen davon appliciren. Es soll nur eine leichte vorübergehende Röthe an der Stelle, wo es applicirt worden ist, hervorbringen. Die Bestandtheile dieses antirheumatischen Pflasters sollen nichts anders sein (nach der Meinung eines bucharischen Arztes), als sehr fein gepulverte Silberglätte, mit süßem Oel ohne Zusatz von Wasser, über dem Feuer unter beständigem Umrühren, bis zum Verbrennen und Verdicken der Masse gekocht.

Guilandina Bonduccella. Caesalpinia Bonduccella. Die Nüsse davon sind in Ostindien officinell, bei den Engländern und bei den Eingebornen. Man gebraucht sie vorzüglich gegen Wechselfieber. Nach Lahore bringt man sie aus dem Gebirge. Auch hiemit stellte ich viele Versuche an, und fand daß sie in mehrern Krankheiten ein vortreffliches Heilmittel sind, so z. B.

Guiland. Bond. (I.) nützte insonderheit bei **Speichelfluß, Rachengeschwüren, Leberschmerz, Ausschlägen und Geschwülsten, wässerigen als auch syphilitischen** &c.

Gultschin bekam ich aus dem Gebirge. Es war ein langes und breites Blatt von einem Baume.

Gultschin (I.)

Gummi Ammoniacum, s. Ammoniacum.

Gummi arabicum, s. Arabicum, gummi.

Gummi guttae, s. Gutti, gummi.

Gummi Tragacanthae, s. Tragacanthae, gummi.

Gundelia Zulm, s. Zelemicae, baccae.

Gutti gummi ist officinell in Lahore, so wie auch in Europa.

Gutti gummi (II.)

Gypsum Setseladschit. Unter dem Namen Setseladschit bekommt man bei den Sadu's (herumziehenden Arzneikrämern) in Lahore einen feinen Gyps, der in manchen Krankheiten gute Dienste that, so z. B.

Gyps. Setseladschit (I.) nützte vorzüglich bei **Augentriefen und Kolik.**

Gypsum; Zernich goudenti genannt, ist ein gemeiner Gyps, den man aus dem Gebirge nach Lahore bringt, wo er officinell ist.

Gypsum Zernich goud. (I.)

Haematoxylon Campechianum, s. Campechianum lignum.

Halicacabum, s. Physalis Alkekengi.

Harmala Ruta. Ruta sylvestris ist in Lahore das den Bengi's (Parias) geweihte Kraut; deswegen wird ein Hindu oder Sikh sich hüten es auch nur anzurühren, um sich nicht unrein dadurch zu machen. Die Samen davon werden allgemein zum Einräuchern Verwundeter gebraucht, und zwar aus dem Grunde, um dadurch allen schädlichen Geruch, den Jemand mitbringt z. B. eine Frauensperson, die ihre Regel hat, abzuwehren. Die Hakims gebrauchen sie (jedoch nicht bei Sihken und Hindus) gegen Gesichtsschwäche und Harnverhaltungen.

Harmalae Rutae fl. et herba (I.) war ein gutes Mittel insonderheit bei **Koliken.**

Haruntutia ist eine officinelle Wurzel in Lahore, die man bei den dortigen Droguisten wie auch bei den Sadu's bekommt. Sie wird nur äußerlich gegen veraltete Ophthalmien als Augenpulver versetzt mit Mamira ꝛc. gebraucht. Vermuthlich kömmt sie aus dem Gebirge. Es ist eine gelbliche, knotige und zackige Wurzel, die nicht dicker ist als ein Federkiel.

Haruntutia (I.) leistete gute Dienste, insonderheit bei **Schlaflosigkeit, Schwindel mit Vergehen des Gesichts, Brustschmerz und Kolik.**

Haruntutia Art Dealsing's, s. Dealsing's Haruntutiaart.

Hedychium spicatum wächst im Himalaja. Die Wurzel davon wird nur als Pferdemedizin gebraucht.

Hedysarum Alhagi, Alhagi maurorum wächst in der Umgegend von Lahore, und ist officinell.

Hedys. Alhagi herba (I.)

Hedysarum Deiterdane. Deiterdane ist ein officineller Same in Lahore, vermuthlich von einem Hedysarum herkommend. Man bringt ihn aus dem Gebirge. Er sieht aus wie der Hanfsamen und ist weißlich.

Hedysar. Deiterdane (I.)

Helicteris isora ist officinell in Lahore, es ist eine schraubenförmige Hülse.

Helict. isora (I.)

Heliotropium europaeum wächst in Kaschmir, es ist aber nicht officinell.

Helleborus albus, s. Veratrum album.

Helleborus niger ist den arabischen Aerzten aus den Büchern wohl bekannt, in Lahore aber weder gebraucht noch zu bekommen, so daß ich ihn aus Agra und Kalkutta verschreiben mußte.

Helleb. nig. (II.)

Hemidesmus indicus. Periploca indica. Asclepias Pseudosarsa wächst in Ostindien; die Wurzel davon ist bei den dortigen englischen Aerzten stark im Gebrauch. In Lahore kennt man sie nicht, und ich mußte sie ebenfalls aus Kalkutta verschreiben.

Hemidesm. ind. (I.) ist unstreitig ein höchst wirksamer Artikel; er nützte vorzüglich bei **juckenden, syphilitischen Ausschlägen, bei leerem Aufstoßen, wie auch bei Aufblähung.**

Hepar sulphuris, s. Kali sulphuricum.

Heptaphyllum, s. Tormentilla.

Heracleum diversifolium ist in Kaschmir officinell und es wächst auf den dortigen Gebirgen.

Heracl. diversifol. rad. (I.) war ein vortreffliches Mittel besonders gegen **Lustseuche.**

Herba Salsola Kali, s. Kali Salsola, herba.

Hermodactylus amarus vel spurius wächst in Kaschmir, ist aber nicht, wie man irrig glaubt, Bulbus Colchici autumnalis oder Tuber Cyclaminis. Hermodactylus soll im Frühjahre blühen, ist also keine Zeitlose. Er ist officinell in Kaschmir und Lahore. Der Bulbus von dieser Art Hermodactylus wird nur äußerlich und zwar zum Einreiben bei der Gelenkgicht gebraucht, während die Wurzel des süßen Hermodaktylus innerlich eingegeben wird.

Hermod. amar. (I.) bewährte sich heilsam, vornehmlich bei **Erbrechen, Kolik und Durchfall.**

Hermodactylus dulcis wird für die Radix ireos tuberosae gehalten und eingegeben. Beide Hermodaktyl-Arten werden in Lahore und in der arabischen Medizin überhaupt stark gebraucht. In Indien wird diese süße Wurzel eingeführt, vermuthlich bringt man sie aus Arabien.

Hermod. dulc. (I.) war ein vortreffliches Heilmittel bei vielen Leiden, vorzüglich nützlich bei **Magenschmerz, wie auch bei Hitze oder Fieber mit Schwindel.**

Herniaria Dealsingii. Ob es die Herniaria glabra Lin. (?) Ich bekam sie aus dem Gebirge, wo sie vermuthlich officinell ist.

Herniar. Deals. rad. (I.)

Hibiscus Abelmoschus, s. Abelmoschus moschatus.

Hibiscus Trionium wächst in Kaschmir, ist bekannt, aber nicht officinell.

Hibisc. Trion. Herba (I.) war ein gutes Mittel gegen **Jucken.**

Hirundinaria, s. Chelidonium und Vincetoxicum.

Holarrhena antidysenterica und Holarrhena pubescens geben einen dem Hafer etwas ähnlichen Samen, der in Lahore und in Indien überhaupt officinell ist.

Holarrh. antidys. sem. (I.) war ein gutes Mittel, insonderheit beim **Kopfweh.**

Holcus spicatus wird im Pendschab angebaut und dient dem Menschen und Vieh zur Nahrung.

Holcus spic. sem. (I.)

Holloway's Pillen mit seiner Salbe werden in allen Krankheiten angerathen. Gesundheit für Alle! heißt es bei diesen, und sie sind seit einigen Jahren in Indien stark im Gebrauch, indem sie ein gutes aber drastisches Purgirmittel sind. Der Analysation zu Folge enthalten sie keinen Mercur, wie man irrig glaubt; es scheint vielmehr ein Gemisch von Aloe, Myrrha und Safran mit Crotonöl zu sein. Ich habe sie, wie schon früher erwähnt, sowohl als Pillen, so wie sie sind, als auch im präparirten Zustande angewandt, und gebe hier nur die nach meinem Systeme zubereitete Pille an.

Holloway pill. (I.) war bei vielen Krankheiten nützlich, besonders beim **Hodenjucken**.

Hordeum vulgare wird auch im Pendschab angebaut. Das Gerstenwasser kennt man auch dort als ein kühlendes Getränk. Bier wird in Lahore keines gebraut, weil auch der Hopfen fehlt.

Horminum, s. Malvacea Todri.

Hossen Jussif heißt man in Lahore einen Samen, der officinell ist, Es sind die kleinsten Samen, die man sich nur denken kann. Ihrer Feinheit und weißlichen Farbe halber könnte man sie mit unreifem Mohnsamen vergleichen. —

Hossen Jussif (I.) war nützlich, besonders bei **Fiebern.**

Hoya viridiflora. Asclepias volubilis ist in Lahore officinell.

Hoyae viridifl. herb. (I.) war vorzüglich heilsam bei **Rachen- und Halsgeschwüren.**

Humulus Lupulus, s. Lupulus, Humulus.

Hydrargyrum, s. Mercurius.

Hydrocyanicum, acidum, s. Borussicum. Dieser Stoff ist den orientalischen Aerzten ganz unbekannt. In wie weit die Blausäure bei Steinkrankheiten nützlich ist, ob sie nicht im reinen Zustande bessere Wirkungen hat, als im Kirschlorbeer, in den Kernen von bitteren Mandeln, Kirschen, Pfirsichen und Pflaumen, wie auch in Verbindung mit Laugensalzen &c.; ob sie ferner nicht vortheilhafter in mäßigen kleinen Gaben, als in den zu starken, die Nerven verstümmelnden Ueberdosen wirkt: dieses wird man nun bald, wie ich hoffe, ermitteln und bekannt machen.

Hydrocyan. acid. (III.)

Hyosciamus niger wächst im Himalaja, wie auch in Kaschmir. Officinell sind die Samen davon.

Hyosciami n. fol. (II.) leistete gute Dienste, insonderheit bei

Brust- und Lungenentzündungen, Brennen an den Sohlen, Krämpfen ꝛc.

Hyosciami n. sem. (II.)

Hyosciamus pracalsus wächst in Lahore, ist aber nicht officinell.

Hyperanthera Moringa, s. Moringa Sohunjuna.

Hypericum perforatum wächst in Kaschmir, ist aber nicht officinell. In der arabischen Medizin wird es jedoch gegen Eingeweidewürmer, Hämorrhoidalleiden, Vorfälle des Uterus und des Mastdarmes angerathen.

Hyssopus officinalis ist officinell im Pendschab, so wie auch in Indien, wohin man ihn aus Syrien bringen soll. Die Hakims gebrauchen ihn bei Zahnschmerz, Husten, Verhärtungen der Leber und der Milz, Gebärmutter- und Harnblaseleiden ꝛc.

Hyssop. off. (I.) war von ausgezeichneter Wirksamkeit, vornehmlich bei **Kopfwehe, Schläfeschmerz mit Augenleiden, Schmerzen, fixen, katarrhalischen und rheumatischen.**

Ichthyocolla ist nicht officinell bei den lahorischen Aerzten, und ich mußte mir den Fischleim aus einer Apotheke Agra's verschreiben.

Ichthyocolla (I.)

Ignatia amara, s. Strychnos fava St. Ignatii.

Igniarius fungus, s. Fungus igniarius.

Illicium anisatum, s. Anisum stellatum.

Indigofera Anil wird im Pendschab, hauptsächlich in der Gegend von Multan angebaut, jedoch nur für die Erzeugung des blauen Farbestoffes. In der Medizin ist das Indigokraut nicht officinell.

Indigoferae Anil herb. (I.) war besonders nützlich gegen **Leberentzündungen und herumziehende Schmerzen.**

Indigofera linifolia wächst im niederen Gebirge. Die Wurzeln davon sind da, wo sie auch wachsen, officinell; vornehmlich gegen hitzige Ausschläge. Diese ist Dealsing's Torfiwurzel.

Indigof. linifol. rad. (I.) bewies sich heilsam, vorzüglich bei **Speichelfluß und Brustschmerz.**

Indigum. Pigmentum indicum ist ein Artikel, der in Lahore, wie überhaupt in Indien, zu Hause ist. In der Medizin wird der Indigo jedoch fast gar nicht angewandt, höchstens bei einem Panaritium und auch da nur äußerlich, obwohl er seine eigenen Heilkräfte wie jedes andere Mittel hat.

Indigum (II.) hatte seine ausgezeichnete Wirksamkeit, insonderheit beim **Brustschmerz.**

Inula Helenium ist nicht officinell bei den lahorischen Aerzten, obwohl es in den arabischen Arzneibüchern gegen Brustschleimanhäufungen und gegen Verhärtungen angerathen wird. Ich mußte es aus Agra verschreiben, woher ich vermuthlich eine europäische Alantwurzel bekam.

Inula Helen. (I.)

Inula Royleana. (Inulae Helenii affin.) wächst auf den Gebirgen Kaschmirs, ist aber nicht officinell und wird für giftig gehalten.

Iodium ist den orientalischen Aerzten ganz unbekannt. In Indien bekommt man es in den Apotheken von Agra, Kalkutta, Kanpur, Bombay ꝛc. Ich gebrauchte dieses Mittel größtentheils aufgelöst in Mandelöl, tropfenweis auf Zucker, nie aber in Verbindung mit Kraftmehl, mit dem es bekanntermaßen als Reagens eine blaue Farbe constituirt.

Iod. amygd. (II.) war ein vortreffliches Mittel, vorzüglich bei der **Lustseuche,** wo ich es entweder mit der Tinktur vom schwarzen Pfeffer in Verbindung eingab, oder abwechselnd mit dem Zinksulphat einnehmen ließ. (Vergl. Zincum jodatum.)

Ipecacuanha ist den arabischen Aerzten dem Namen nach wohl bekannt, Gebrauch machen sie jedoch keinen davon, deshalb ist sie auch nicht officinell, in Lahore nicht zu haben, wohl aber in den englischen Apotheken Ostindiens, so wie auch bei jedem Surgeon oder Doktor.

Ipecacuanh. rad. (II.) nützte vorzüglich bei **Kopfschmerz mit Schwindel, Eckel und Erbrechen.**

Ipomoea coerulea. Pharbitis caerulea, davon sind die Samen officinell, sowohl in Indien, als auch in Lahore. Die Engländer und die Eingebornen gebrauchen sie stark, aber nur als Purgiermittel.

Ipom. coerul. (I.) bewies sich nützlich, vornehmlich bei **Aufblähung.**

Ipomoea cuspidata hatte ich durch einen aus Kalkutta erhaltenen Samen in Lahore angepflanzt, diese Kriechpflanze diente mehr zur Zierde und sie wird als medizinischer Artikel nicht gebraucht.

Ipom. cuspid. fol. (I.) war überaus gut bei **Seitenschmerz.**

Ipomoea dasysperma ist mir in Lahore nicht vorgekommen, wohl aber in den Gärten Ostindiens. Die Samen davon sollen gegen die Hundswuth ein kräftiges Mittel sein, weßhalb sie auch indisch Kuta ke bidsch, d. i. Hundssamen heißen.

Ipom. dasysp. (I.) bewies sich als ein gutes Heilmittel beim **Nasenbluten und bei der Nachtsblindheit.**

Jacea, s. Viola tricolor.

Jalapa convolvulus. Die Jalapawurzel ist auch in Lahore officinell, überall wird sie aber nur als ein Purgiermittel gebraucht, und sie hat verschiedene Heilkräfte.

Jalap. rad. (I.) zeigte sich heilsam, vornehmlich bei **Kopfschmerz.**

Jalapa mirabilis wird wegen der Zierde in den Gärten Lahore's angebaut. Wurzeln und Samen sind officinell. Der Wurzel werden große Heilkräfte zugeschrieben.

Jalap. mir. rad. (I.) bewies sich als ein vortreffliches Mittel gegen **Brennen und Stechen in der Haut mit Gelenkschmerz.**

Jalap. mir. sem. (I.)

Jasminum officinale wird ebenfalls in den Gärten Lahore's angebaut, zwar mehr des Wohlgeruches der Blumen wegen, als zu medizinischen Zwecken. Das Oel derselben wird äußerlich gebraucht.

Jasmin. flor. (I.)

Jaspis albidus ustus ist officinell bei den lahorischen Aerzten, so auch **Jaspis nigrellus ustus.** Einer wie der andere von diesen Steinen wird in Latwergen mit Gewürz eingegeben, so wie auch die übrigen Edelsteine.

Jaspis. nigr. ust. (I.) bewies sich vorzüglich nützlich bei **Magenhüpfen, Mund- und Halsgeschwüren.**

Jatropha curcas wird aus dem Gebirge nach Lahore gebracht. Die Hakims machen selten Gebrauch davon.

Jatropha curcas (II.)

Juglans regia wächst ebenfalls nur in Kaschmir, Kabul und im Himalaja, von wo man die Nüsse und die Baumrinde nach Lahore bringt. Erstere dienen zum Genusse, letztere aber als Dendaseh (zahnreinigendes, zahnfleischstärkendes, die Lippen roth machendes Mittel). Der im Monate Februar aus der Wurzel des Wallnußbaumes gesammelte Saft soll bei chronischen Zahnschmerzen, Gicht, Stein und bei vielen harten für unheilbar angesehenen Krankheiten ein herrliches Mittel sein.

Jugl. reg. ligni cort. tinct. (I.) war ein gutes Mittel, vornehmlich bei **Impotenz.**

Jugl. reg. nux soll, wie die Hakims sagen, als eine schwer zu verdauende Frucht dem Magen und den Eingeweiden schädlich sein und Kopfweh hervorbringen können.

Jujuba, s. Zyzyphus Jujuba.

Juniperi baccae sind in Lahore officinell.

Junip. bacc. (I.) zeigten sich ausgezeichnet heilsam, vornehmlich bei **Gicht, Gelenkgicht, Gelenkschmerz und Samenfluß.**

Juniperus Sabina, s. Sabina.

Justicia nasuta. Hievon sind die Blätter officinell, man bringt sie aus dem Gebirge nach Lahore. Die Kohle dieser Wurzel dient dort als Schießpulver-Ingredienz.

Justic. nas. fl. (I.) war ein vortreffliches Mittel, insonderheit bei **Hornhautfleck, Ohrentzündung, Kolik, Durchfall, Hartleibigkeit und Ruhr.**

Kaempferia Galanga, s. Galanga.

Kaempferia rotunda, s. Curcuma Zedoaria.

Kaliakand ist eine mir noch unbekannte Wurzel aus dem Gebirge, wo sie officinell sein soll.

Kali bichromatum ist in Lahore officinell; man bekommt es bei den dortigen Droguisten.

Kali ferrocyanicum. Ferridcyankalium. Das rothe Blutlaugensalz ist den lahorischen Aerzten unbekannt; ich erhielt es aus der Apotheke von Agra.

Kali ferrocyanic. (II.) that gute Dienste, insonderheit bei **großem Durste und Fieber.**

Kali hydrocyanicum. Das blausaure Kali verschrieb ich mir, wie das vorhergehende.

Kali hydrocyan. (II.) Es bewies sich als eines der besten Mittel, vorzüglich bei **Rausch, Erbrechen und Hüftweh.**

Kali hydrojodicum, unbekannt in Lahore, konnte, wie die beiden vorhergehenden, aus Apotheken bezogen werden.

Kali hydrojod. (II.) war ein gutes Mittel, vornehmlich bei **Durchfällen, wie auch bei Gelenkschmerzen mit Brennen und Stechen.**

Kali minerali. Soda carbonica ist in Lahore officinell. Die Soda wird im Lande erzeugt.

Kali minerale und Sal. acali min. (I.) nützlich, vornehmlich bei **Halsgeschwüren.**

Kali nitricum. Nitras potassae ist ebenfalls officinell in Lahore, wo es auch erzeugt wird.

Kali nitr. (I.)

Kali oxymuriaticum. Chloras Kalicus ist den lahorischen Aerzten unbekannt. Ich verfertigte es selbst.

Kali oxym. (II.)

Kali salsola. Herba salsola Kali (sueda spec.), wächst in der Umgebung von Lahore, wo sie auch officinell ist. Man unterscheidet 2 Gattungen, eine männliche und eine weibliche, weßhalb auch ich die, wenn auch nicht ganz botanische Benennung, masculinum et foemininum beibehalten habe.

Kali sals. (I.) Die sogenannte weibliche nützte vornehmlich bei

Augenflecken, Erbrechen, Harnbrennen und Samenfluß.

Kali sulphuricum. Hepar sulphuricum ist den lahorischen Aerzten ein unbekanntes Präparat.

Kali sulph. (II.) erwies sich heilsam, vorzüglich bei **Schläfeschmerzen und Schwären.**

Kali vegetabile, s. Kali carbonicum.

Kankolmirdsch ist ein officineller Samen in Lahore. Mirdsch bedeutet Pfeffer. Kankol heißt im Gebirge der Eleagnus, dessen Samen er jedoch nicht sein soll. Die Körner sind so dick wie kleine Erbsen; woher und von welchem Gewächs sie stammen, hab' ich nicht erfahren können.

Kankolmirdsch (I.) war ein gutes Mittel, insonderheit bei **Hornhautverdunkelung, wie auch bei Durchfällen.**

Keikeila ist eine officinelle, mir noch unbekannte Art von einer Baumrinde in Lahore.

Keikeila (I.) war ein gutes Heilmittel, vorzüglich bei **Gesichtsvergehen** (Verdunkelung) **und bei Unverdaulichkeit.**

Kekoura, s. Momordica dioica.

Kerendschue pahari. Verbesina? war eine Hülse aus dem Gebirge, die sich in einer stacheligen, etwas länglichen und breiten Kapsel befand; sie soll im Gebirge gebraucht werden.

Kerendschue pah. sem. (I.)

Kino gummi hatte ich aus der Apotheke von Agra, vermuthlich war es nicht das seltene afrikanische, sondern nur das indische oder sogenannte Bengal Kino (Kino palas), das auch in Lahore officinell ist, im Lande selbst erzeugt wird. Vergl. Buteae frondos gummi.

Kino gummi (II.) erwies sich nützlich, vornehmlich bei **Augentriefen.**

Kirkat ist ein weißliches Pulver, officinell in Lahore, soll aus dem Gebirge kommen. Man gebraucht es vornehmlich bei Mundgeschwüren der Säuglinge. Nach hiesiger Analysation ist es nur ein Gummi.

Knantia, vielleicht verwandt mit Knantia montana und sylvatica, wird in Kaschmir als Gemüse genossen.

Kris ist einer von den interessantesten Artikeln meiner zahlreichen Sammlung. Es ist nämlich eine Wurzel von Kaschmir, die dort theils als eine Ingredienz zum Färben gebraucht wird, theils auch als Medizin. Da es mir unmöglich war während meines Aufenthaltes in Kaschmir zu erfahren, von was für einer Pflanze die in Rede stehende Wurzel stammt, so will ich hier einstweilen eine Beschreibung derselben mittheilen, bis ich später im Stande sein werde, wenn auch nur im hiesigen pharmaceutischen Journale den bota-

*

nischen Namen davon bekannt zu geben. Die Wurzel, die ich als ein Exemplar aus Kaschmir mitgebracht habe, ist ein Wurzelstock, 4 Zoll lang, etwas dicker als ein Finger, faserig, knotig mit Auswüchsen versehen, hat 2 Rinden, von denen die obere wie eine Epidermis nur dünn und hellbraun, während die eigentliche Rinde, die auch nicht dick, von dunkelbrauner Farbe ist. Der innere Theil der Wurzel ist ganz weiß und sehr hart. Geruch hat sie keinen besonders starken, jedoch angenehmen. Der Geschmack ist bitterlich, etwas gewürzhaft, nach einer Weile gelinde brennend auf der Zungenspitze. Die Blume davon soll blaufarbig sein.

Kris (I.) war eine ausgezeichnet wirksame Wurzel, insonderheit bei **Impotenzen.**

Kundschi ke sag, s. Malva.

Lacca in granis ist officinell in Lahore; sie ist ein Erzeugniß im Lande, und wird gegen Leberobstruction, Wassersucht, Geschwüre ꝛc. angewandt.

Lacca in gr. (II.) bewies sich sehr wirksam, vornehmlich bei **Seitenstechen, Lendenweh, Hartleibigkeit und Geschwülsten.**

Lactuca sativa wird in Lahore angebaut. Die Samen davon sind officinell und werden stark gebraucht, vornehmlich bei großem Durst, Magenhitze. Die Geschlechtslust, namentlich den Samen sollen sie aber vermindern.

Lactuc. sat. sem. (I.) war ein gutes Mittel, vorzüglich beim **Harnzwang.**

Lactucarium, der eigentliche Opium ähnliche Stoff vom Lattich, ist nicht officinell in Lahore. Als ich dem Rendschit-Sing und seinen Aerzten davon erzählte, erregte die neue Mittheilung besonderes Interesse. Man glaubte nämlich ein kühlendes, Opium ähnliches Mittel kennen gelernt zu haben, und es wurden mehrere Versuche damit angestellt, die aber natürlicherweise der unsinnigen Erwartung nicht entsprachen.

Lactucar. (II) leistete vortreffliche Wirkungen, besonders bei **Nasenbluten und Gelenkschmerz.**

Lagonichii species, s. Acacia Farnesiana Harnub nepti.

Laminari saccharina ist ebenfalls ein höchst interessanter Artikel in medizinischer Hinsicht. Die Engländer kennen dieses Blatt nur unter dem indischen Namen Giler ke pater (Blätter gegen den Kropf). Erst hier in Wien hat man ihm den wissenschaftlichen Namen, unter dem ich es angeführt habe, gegeben. Es ist in Lahore und Kaschmir officinell, kommt aus dem Thibet; die Eingebornen sagen, es wachse dort in einem Salzsee. Glaubwürdigerer englischer Aerzte Meinung zu Folge soll es zwar aus Thibet kommen, jedoch nur im kaspischen Meere wachsen. Dieser Ansicht glaube auch ich um desto mehr beistimmen zu können, da ich im offenen Ocean unweit des Vorgebirges der guten Hoffnung auf dem Meere dergleichen langblätterige Gewächse, wie auch andere verschiedenartige Pflanzen herumschwimmend in Menge gesehen habe. Unser Kapitän behauptete, daß der Geruch derselben schädlich sei, und wollte Niemandem erlauben in seinem Kabinete solche Dinge aufgehängt zu haben. Die in Rede stehenden Laminariablätter sind mehrere Ellen lang, zwei bis drei Finger breit und sehen aus wie eingesalzen. Sie sind stark jodinhaltig, weßhalb sie auch, wie das Jod, vorzüglich auf das Schilddrüsensystem, namentlich auf die Schilddrüsengeschwulst (den Kropf) wirken. Die Resultate meiner Versuche damit sind höchst überraschend gewesen.

Lamin. sacch. (I.) waren sehr wirksam, vornehmlich bei **Augenbutter, Mundwinkelgeschwüren, Unverdaulichkeit, Appetitmangel, Magendrücken, Magenhüpf, Stuhlzwang und Fieber.**

Lapis armenius, s. Bolus armenius.

Lapis bezoardicus, s. Bezoardicus lapis.

Lapis causticus alcalinus, s. Causticum.

Lapis infernalis, s. Argentum nitricum fusum.

Lapis lazuli, s. Ultramarine.

Lapis magnes, s. Magnetes, lapis.

Laurus Cassia, s. Cassia lignea.

Laurus nobili wächst weder im Pendschab, noch im Himalaja, so viel ich weiß. Die Beeren davon sind aber in Indien wie auch im Pendschab officinell. Woher man sie bringt, aus Europa oder Kleinasien, kann ich jetzt nicht mit Bestimmtheit sagen.

Lawsonia inermis. Lawsonia spinosa Lin. wächst im Pendschab. Die Blätter sind dort der officinelle Artikel. Sie werden theils als Färbestoff, wie schon erwähnt worden, theils auch als Arzneimittel angewandt; man gebraucht sie bei Mundgeschwüren, Entzündungsgeschwülsten 2c. Die Wurzel radix alcannae orientalis wird fast gar nicht gebraucht, so viel ich weiß, und sie muß wohl auch ihre eigenen Heilkräfte haben.

Lawson. in. fol. (I.)

Ledum palustre. Rosmarinus sylvestris. Der Porsch ist ein bekanntes narkotisches Mittel, der besonders in England zur Verfälschung des Bieres genommen wird.

Ledum pal. (II.) bewies sich als Heilmittel, besonders wirksam bei **Magenhüpfen, Hartleibigkeit und Jucken.**

Lens Die Frucht von Ervum lens wird auch im Fünfströmenlande angebaut. Diese allgemein bekannte Hülsenfrucht dient dort wie in Europa zur Nahrung, weßhalb sie auch nur in der Küche, nicht in der Apotheke zu finden ist. Schon die lateinische Benennung lens (träge) ist für die Linse eine recht passende und deutet auf ihre Wirkung. Mehrere alte Schriftsteller, wie auch Tohfet, schreiben ihr besondere Eigenschaften zu; so z. B. wurde das Linsendecoct zum Reinigen der Geschwüre, die nach Menschenblattern entstanden waren, angewandt. Ich stellte mehrere Versuche damit an, und erhielt die im med. Theile dieses Werkes mitgetheilten Erfahrungen.

Lent. sat. (I.) bewiesen sich heilsam, insonderheit bei **Gelenkschmerzen.**

Leonorus Roylcanus wächst als Unkraut in der Stadt (Kaschmir oder) Sirinager; Niemand gebraucht es als Medizin.

Leon. Royl. fol. (I.)

Leontodon Taraxacum, s. Taraxacum.

Lepidium sativum wächst auch im Pendschab, wo die Samen officinell sind.

Lepid. sat. herb. (I.) war ein gutes Heilmittel, insonderheit bei **Husten und Engbrüstigkeit.**

Lepid. sat. rad. (I.) erwies sich heilsam, vorzüglich bei **nebligem Sehen mit syphilitischem Jucken und Schmerzen; wie auch bei Rachengeschwüren und Stuhlzwang.**

Leporineum, ist der Hasenstoff vom

Lepus timidus. Der Hase ist in ganz Indien, wie auch im Fünfströmenlande zu finden; nur ist er dort nicht so groß wie in Europa. Es ist sonderbar, daß in Kaschmir kein Hase ist. Die arabischen Schriftsteller schreiben den verschiedenen Theilen dieses Thieres besondere Heilkräfte zu, so z. B. gebrauchten sie das Lab, die Galle, das Blut, die Haare, das Fell, die Zähne und sogar den Koth desselben. Das Coagulum leporis soll bei der Fallsucht, Blutflüssen, Blutspeien, Regelunordnungen, Schlangenbissen *rc.* heilsam sein. Die Hakims bewahren das Hasenblut auf Baumwolle getrocknet auf, wovon sie bei der Engbrüstigkeit die wässerige Auflösung eingeben. Ich begnügte mich bei meinen Experimenten mit dem frischen Hasenblute, womit ich entweder den Teig der Pastillen anmachte, oder ich gebrauchte das sogenannte Leporineum, das auf die Art bereitet wurde, daß ich frisches Hasenblut mit gleichen Theilen höchst rektificirten Weingeist's recht durch einander schüttelte, stehen ließ, bis es klar geworden und die helle Flüssigkeit zum Gebrauche aufbewahrte. Sowohl diese, als auch das Blut in den Pastillen hatten ihre gewissen medizinischen Heilkräfte, die ich bereits im med. Theile dieser Schrift mitgetheilt habe.

Leporineum (II.) und Lepor. sangu (I.) erwiesen sich nützlich, besonders bei **Bluthusten, Leisten- wie auch bei andern herumziehenden Schmerzen.**

Leucas cephalotes ist in Lahore officinell; es wächst im Pendschab, wie auch in Indien.

Leuc. cephal. herb. (I.) nützte vorzüglich bei **Erbrechen.**

Levisticum, s. Ligusticum.

Lichen Islandicus ist nicht officinell in Lahore. Ich hatte das meinige aus einer Apotheke Indiens.

Lichen Island. (I.)

Lichen odorifer. Borrera asneh, Royle, ist officinell in Indien wie auch in Lahore. Mit diesem Mittel stellte ich ebenfalls zahlreiche höchst befriedigende Versuche an, indem es auch von den dortigen Aerzten stark gebraucht wird. Die Hakims benützen es bei Magenschwäche, Erbrechen, Leber- und Gebärmutterschmerzen, Gebärmutterverhärtungen, Mangel an gehöriger Reinigung, Blasensteinen und bei nächtlichen Samenergießungen.

Lichen odorif. (I.) bewies sich vorzüglich heilsam bei **Zahnschmerzen sowohl rheumatischen als auch cariösen, ferner bei Speichelfluß, Halsgeschwüren, Erbrechen und auch bei allgemeinen Schmerzen.**

Lignum Aloë, s. Aloëxylon.

Lignum Campechianum, s. Campechianum, lignum.

Lignum Ebenum, s. Ebenum, lignum.

Lignum sanctum ist nicht officinell in Lahore, weßhalb ich es mir aus einer Apotheke Indiens verschreiben mußte.

Lign. sanct. (I.)

Lignum Santalum, s. Santalum, lignum.

Ligusticum Ajwain, s. Ajowain.

Limonia Laureola ist auf den Gebirgen bei Kaschmir herum zu bekommen, und es ist officinell sowohl in Lahore als auch in Kaschmir.

Limonia Laur. (I.) erwies sich heilsam, insonderheit bei **Flecken in der Hornhaut.**

Lingua cervina, s. Scolopendrium.

Linum usitatissimum wird auch im Fünfströmenlande angebaut. Die Samen davon sind dort eben so wie in Europa officinell. Die Hakims gebrauchen sie bei Entzündungen und Geschwülsten, sowohl innern als äußern.

Lini sem. (I.) wirkten vortrefflich, insbesondere bei **Nasenbluten, Blutspeien, Bluthusten, Stuhlzwang 2c.**

Lippia nodiflora wächst in Lahore, vorzüglich in sandigem Boden am Rawifluß; man kennt es allgemein, gebraucht wird es aber wenig.

Lippiae nodifl. herb. (I.) that gute Dienste, vorzüglich bei **Knieschmerzen.**

Liquiritia wächst weder im Pendschab, noch in Kaschmir, wohl aber im Afghanistan, wie auch im Thibet, woher man es nach Kaschmir, vielleicht auch weiter herab nach Lahore und Indien bringt. Sowohl die Süßholzwurzel, als auch der Süßholzsaft sind in Lahore officinell und werden dort, so wie auch in unserem Europa, stark gebraucht.

Liquirit. rad. (I.)

Liquirit. succ. (II.)

Lithanthrax. Carbo fossilis war vor 12 Jahren in Lahore nur dem Namen nach bekannt, und es war die erste Steinkohle, die ich eines Tages im Derbar dem Minister auf Verlangen zeigte. Es war eine englische Steinkohle vom Dampfschiff, die ich mir eigens zu meinen Experimenten mitgenommen hatte, womit ich auch so manche erfreuliche Resultate erhielt, die ich bereits im med. Theile dieses Werkes mitgetheilt habe. Das durch trockene Destillation aus der Braun- oder Steinkohle destillirte brenzliche (kreosothaltige) Oel ist ein bekanntes Mittel gegen Gicht, Lähmung, Weißfluß rc.

Lithanthrax (I.) war ein höchst wirksames Mittel, vorzüglich anwendbar bei **Mund- Zungen- Gaumen- und Rachengeschwüren, Bräune mit Halsgeschwulst, Halsweh, äußerem, rheumatischem, wie auch beim Magenkrampf rc.**

Lithargyrum. Plumbum oxydatum citrinum ist in Lahore officinell. (Vergl. Guja.)

Lixiva caustica, s. Causticum.

Locusta migratoria ist im Pendschab als ein höchst unangenehmer, schädlicher, herumwandernder Gast gar oft zu sehen; auch da wird die Heuschrecke von einigen Muselmännern gegessen, jedoch nicht so allgemein als bei den Arabern zu Bagdad, Bassora rc., wo sie nämlich in den Bazaren verkauft, als Delicatesse genossen wird. Im Uebrigen hat die Heuschrecke auch nichts Unreines an sich, indem ihre Nahrung blos in Vegetabilien besteht. Ich entfernte den Kopf, die Flügel und die Füße derselben, den zerstoßenen Rest that ich zu gleichen Theilen höchst rectificirten Spiritus, recht zusammengeschüttelt filtrirte ich es, und gebrauchte das Klare, das ich in einem wohl verstopften Gläschen in einer Büchse vor dem Eindringen der Lichtstrahlen gesichert aufbewahrte. Ich hielt es unter der Benennung des Heuschreckstoffes, nämlich:

Locusteum (I.), es erwies sich heilsam, insonderheit bei **großem Durste.**

Lotus, s. Nymphaea.

Luffa amara. Cucumis indicus. Momordica charantia ist ein Gemüse, das man im Pendschab besonders mit Fleisch zubereitet genießt. Es sieht aus wie eine große und längliche Limonie die voller Auswüchse ist, sie hat einen überaus bitteren Geschmack, den man ihr aber durch Einweichung in Wasser größtentheils entzieht; vielleicht würde das Kalkwasser diesem Zwecke noch besser entsprechen? Uebrigens bildet es eine Lieblingsspeise derjenigen, die das Bitterliche gerne essen.

Luffae amar. extr. (II.)

Luffae amar. fruct. (I.)

Luffae amar. sem. (I.) thaten vortreffliche Dienste, insonderheit bei der **Brechruhr.**

Lupinus albus. Phaseolus albus ist eine Art Bohne, die im Pendschab als Medizin officinell ist. Die Hakims gebrauchen sie z. B. gegen Hitze, Aussatz &c.

Lupin. alb. (I.)

Lupulus, Humulus. Vitis septentrionalis. Der Hopfen ist sowohl im Pendschab, als auch in Kaschmir, Kabul &c. unbekannt, er würde aber wohl in den gebirgigen Gegenden, wie auch in dem fruchtbaren Thale von Kaschmir fortkommen, so wie er auch in einigen Gegenden der englischen Besitzungen, z. B. in Dheyrah Doon angebaut ist. Mussuri im Gebirge ist der einzige Ort, wo in den N. W. Provinzen Ostindiens ein Bier gebraut wird, das passabel ist, das aber nicht ein Jeder bekommen kann. Wegen der Unmäßigkeit im Trinken und der Excesse, welche die englischen Soldaten treiben, war zur Zeit meiner Anwesenheit in Mussuri der Verkauf des Bieres verboten und man bekam keine Bouteille ohne Erlaubnißschein. In Ostindien wird das englische Bier, das von England in Bouteillen hingebracht wird, stark getrunken. In Lahore kostete die Bouteille guten Bieres über 1 Gulden Münze.

Lupul. Humul. fr. (I.) war ein wirksames Mittel, insonderheit bei **Appetitmangel, Magenhüpfen und Kniewehe.**

Lycium, s. Berberis lycium.

Lycoctonum, Luparia, Canicida, Aconitum Ponticum Bot. soll den Wölfen, überhaupt dem Hundsgeschlechte, ein tödtliches Gift sein. Vielleicht ist eben dies das wahre Heilmittel der Wasserscheu? Es wäre wohl versuchenswerth, sowohl innerlich als auch endermatisch.

Lycoperdon tuber, s. Tuber cibarium.

Lycopodium ist, weder in Kaschmir, noch in Lahore bekannt.

Lyc. herb. (I.) nützte insonderheit bei **Kopfweh mit Schwindel, auch nur bei Schwindel, Husten und Blutharnen.**

Lyc. sem. et tinctura (I.) waren von guter Wirkung, vornehmlich bei **Schwindel mit Vergehen des Gesichtes, Speichelfluß, Fieber und allgemeinen Schmerzen.**

Lythrum fruticosum, s. Grislea tomentosa.

Macis ist allgemein bekannt, officinell auch in Lahore. Die Hakims gebrauchen die Muskatblüthe bei üblem Mundgeruch, Magen- und Leberschwäche, Blähungen rc.

Macis (I.) war ausgezeichnet heilsam, besonders bei **Speichelfluß und Fußschmerz.**

Magnesia carbonica ist zwar nicht officinell in Lahore, kommt jedoch unter dem Namen Pabud bei Dschogi Fakirs rc. vor, die es in kleinen Gaben unter die Patienten vertheilen. Es soll ohnweit Dschemu im Gebirge ein Ort, Seidguria genannt, sein, woher sie es beziehen. Nach hiesiger Analysation ist das dortige Pabud nichts anderes, als die kohlensaure Magnesia mit sehr wenig Eisen-Oxyd Gehalt. (Vergl. Pabud).

Magnesia carb. (I.) nützte insonderheit bei **Kopfweh, nebligem Sehen, Augentriefen, Durchfall und Harnzwang.**

Magnetes, lapis ist officinell in Lahore.

Magnet. lap. (I.) that gute Dienste, vorzüglich bei **Zahnfleischschmerz und Zahnfleischbluten.**

Majorana. Origanum Majorana ist ein allgemein bekanntes Küchengewürz, auch in Lahore in den Gärten zu haben, das früher als Niesemittel, wie auch zu Bädern, Bähungen u. s. w. gebraucht wurde.

Majorana (I.) erwies sich heilsam, besonders bei **Koliken.**

Malum persicum, s. Persica.

Malvacea Karmekra. Karmekra heißt ein Same, der in Lahore officinell ist, vermuthlich von einer Malvacea aus dem Gebirge herstammt.

Malv. Karmekra (I.)

Malvacea Todri. Todri's sind in Lahore drei Arten verschiedenfarbiger Samen officinell. Todri album ist nach der Behauptung der dortigen Droguisten der Same von der Polyanthes tuberosa. Nach der Angabe des Bengal Dispensatoriums ist Towdri im Allgemeinen der Same von der Malva salvatica. Dr. R. Seligmann's Mittheilungen zu Folge ist Tuderisch (vermuthlich der arabische Name von dem Todri) der Same vom Horminum (Sclarea H.), welcher, wie derselbe in seiner Uebersetzung meint, in drei verschiedenfarbigen Arten vorkommt, nämlich in einer weißen, rothen und gelben. Die eben daselbst angeführten Eigenschaften davon stimmen mit den in Indien bekannten überein; sie sind nämlich den männlichen Samen vermehrende, die Geschlechtstheile zum Beischlaf reizende, wie auch fett machende. Ich gebrauchte unter der Benennung Malvacea Todri nur die schwärzlicheren oder braunen Samen.

Malv. Todri n. (I.) war ein überaus wirksames Mittel, vornehmlich beim **Harnbrennen.**

Malvae montanae folia sind nur im Gebirge, wo sie auch wachsen, officinell.

Malv. mont. fol. (I.) nützten besonders bei **Durchfällen.**

Malv. mont. sem., werden von den Hakims bei Husten und Blasengeschwüren gebraucht.

Mamira Cashmiriana. Mamiran, s. Chelidonium majus und Glaucium.

Mamira(n), die sogen. **Chatai** wird für die beste Gattung gehalten; diese ist auch officinell in Lahore, jedoch selten ächt zu bekommen. Die verschiedenen Arten von Mamira werden nur äußerlich bei Augenleiden angewandt, wobei sie in der arabischen und auch in der indischen Medizin einen großen Ruf erhalten haben.

Mamira Chat. (I.) erwies sich als ein kräftiges Heilmittel, zumal bei **Kopfschmerz und Durchfall.**

Mandragora (Atropa) wird heut zu Tage weder in Europa noch in Asien, wohl aber in Indien noch zuweilen gebraucht, und muß allerdings ein sehr wirksames Heilmittel sein, das Schlaf und Betäubung hervorbringt. Die persische Benennung derselben heißt Merdum (Menschen), Siah (schwarz) oder Giah (Pflanze)? also wäre das entweder schwarze Menschen oder der Menschen Pflanze.

Manganesium. Manganum wird in Lahore, so viel ich weiß, nur von den Glasfabrikanten gebraucht. Sie beziehen es aus dem Gebirge, namentlich von Dschemu.

Mangifera indica gibt die berühmte Mangofrucht, die im Pendschab so wie auch im ganzen Ostindien zu Hause ist. Aus dem Gebirge wie auch von Multan bekamen wir in Lahore noch zur spätesten Jahreszeit (im Herbste) die besten, faustdicken Mango's, die eine wahrhaft süße und balsamische, allgemein beliebte Frucht ist. Ich gebrauchte davon zu meinen Experimenten nur den Keim.

Mangif. ind. nucl. (I.)

Manna gibt es in Lahore nur zwei officinelle Sorten, nämlich: Manna Shirkescht und manna Turuntschebin; beide werden aus Persien eingeführt. Ich verschrieb mir aus einer Apotheke von Agra die Manna calabrina zu meinen Kuren und Experimenten. Die arabischen Aerzte gebrauchen die Manna bei Husten, Brust- und Lungenleiden überhaupt, wie auch beim Erbrechen, bei Koliken, Gebärmutterleiden, Harnverhaltungen, hitzigen Fiebern 2c.

Manna cal. (I.) war ausgezeichnet wirksam, vorzüglich bei **Lungen- und Brustentzündungen, wie auch bei Geschwülsten.**

Manna Hedysari Alhagi ist das sogenannte Turundschebin. Es kommt im Handel ziemlich unrein aussehend, in Körnern mit Blättern und Stengeln vom Hedysarum gemischt vor, und hat auch einen bittern Geschmack.

Manna Hedysari Alhagi (I.) bewies sich heilsam, insonderheit bei **Hartleibigkeit.**

Manna persica. Manna Shirkescht kommt aus Kabul nach Lahore, in schönen reinen und großen Körnern, die einen süßen Geschmack haben; demohngeachtet ist es nicht die Manna calabrina, wie Manche so irrig meinen, indem letztere in fingerlangen Stengelchen vorkommt, übrigens ebenfalls einen süßen jedoch eigenen Geschmack hat.

Manna Tigal heiße ich, was in Lahore unter der Benennung Schoker tigal verkauft wird und dort officinell ist. Im Bengal Dispensatorium steht es p. 454 unter dem Artikel Calotropis procera. „Eine Art von Manna, genannt Shukr- (Zucker) ul-ashur, wird auf diesem oder auf einigen damit nahe verwandten Gattungen von Gesträuchen, und zwar durch den Stich eines Insekts, das Gultigul heißt erzeugt. (Royle, Illustr. p. 275.)" Dieses Insektennest ist von weißer Farbe, ziemlich hart, auswendig rauh, innerlich glatt, unauflösbar im Wasser, und hat einen erdigen Geschmack. Man bekommt es in Lahore bei den herumziehenden Droguisten, Sadu's genannt, zu kaufen, die es vermuthlich wie die übrigen Artikel von Drogen aus dem Hindustan, namentlich aus Bombay bringen. (Vgl. Tab. 8, Fig. 7, 8.)

Manna Tigal (I.) erwies sich heilsam, vorzüglich bei **Schwären.**

Mantis ist gleichfalls ein nicht minder interessanter Artikel als der vorhergehende, nämlich eine Art Heuschrecke, die, wie die oben beschriebene Tigal ihr Nest in die Gesträuche baut. Exemplare davon sind ebenfalls auf Tab. 8, Fig. 2, 3 mitgetheilt. Jedoch ist hier zu bemerken, daß die Nester der Mantis in Lahore, als ein wenig gesuchter Artikel bei den dortigen Droguisten nicht gehalten werden, indem sie ohnehin im Lande auf den Gesträuchen zu finden sind; ferner, daß die mitgetheilte Abzeichnung desselben eine naturgetreue ist, während ich die dabei befindliche Heuschrecke nur nach einer im hiesigen Naturalienkabinete befindlichen Abbildung kopiren ließ. Ich glaubte mir dieses, obwohl mir die fragliche Heuschrecke in Indien nie zu Gesichte kam, dennoch aus dem Grunde erlauben zu dürfen, weil das dorther mitgebrachte Nest, dem, der in der genannten Abbildung gezeichneten Heuschrecke beigefügten Neste ganz gleich aussieht.

Mantis ovorum massula. Mantis nidulus. (I.) war ein kräftiges Heilmittel, insbesondere bei der **tropischen Krätze.**

Marantae faecula ist ein stark gebräuchlicher Artikel in Lahore so wie in Indien, wo er auch bereitet wird. Es ist nämlich das Satzmehl aus den Knollen verschiedener Maranten und Scitamineen. Sowohl die Eingebornen als auch die Engländer gebrauchen es als einen höchst nahrhaften

Artikel, nicht aber in kleinen Gaben als Medizin, obwohl ihm auch dann seine Wirkungen nicht abzusprechen sind, wie ich aus Erfahrung weiß.

Marantae faec. (I.)

Marrubium album. Marrubium vulgare wächst in Kaschmir, ist jedoch nicht officinell. Ich gebrauchte in Lahore eine aus Frankreich verschriebene Tinktur, bevor ich noch wußte, daß der weiße Andorn auch in Kaschmir wächst.

Marub. albi tinct. (I.) erwies sich heilsam, vorzüglich bei **Halsentzündungen und Samenfluß.**

Martialia, s. Ferrum.

Mastix ist ein allgemein bekanntes, auch in Lahore officinelles Harz vom Mastixbaume. Die Hakims schreiben ihm Magen- und Leberanschwellungen zertheilende, diese Organe stärkende Eigenschaften zu, und gebrauchen ihn auch gegen feuchten Husten 2c. Eine gemeine Praxis im Oriente ist, den Mastix zu kauen, indem man glaubt, daß er die Zähne reinige und das Zahnfleisch stärke.

Mastic. res. (II.)

Meccani balsamum ist officinell in Lahore; er wird aber selten ächt im Handel verkauft.

Mecc. bals. (II.) bewies sich nützlich, besonders gegen **Hartleibigkeit.**

Meconopsis, s. Stylophorum Nepalense.

Meidetschob. Meideseg ist eine in Lahore officinelle Rinde, die aber nur äußerlich angewandt wird.

Meidetschob. (I.)

Melandrium triste wächst in den Gebirgen von Kaschmir; es ist aber kein officineller Artikel.

Melia Azedarachta. Azadarachta indica wächst im Pendschab, so wie auch in Indien überhaupt. In Lahore sind von diesem Baume Blätter, Rinde, Frucht und auch das Harz officinell.

Meliae azed. fol. (I.) erwiesen sich nützlich, besonders bei **Tag- oder Nachtblindheit, Knieschmerz, wie auch bei Geschwülsten.**

Melia sempervirens. Melia Bekain ist ebenfalls im Pendschab heimisch. Blätter und Frucht werden auch von diesem Baume gebraucht. (Vergl. den Artikel Moringa Sohangna.)

Meliae semp. fol. (I.) erwiesen sich heilsam, vorzüglich bei **Kolik.**

Meliae semp. fr. sem. (I.)

Melissae calaminthae semina werden im Pendschab eingeführt, woher? aus Arabien oder Persien? Die dortigen Aerzte gebrauchen sie.

Melilotus officinalis; davon sind in Lahore die Samen officinell, die auch ich gebrauchte. Woher sie hingebracht werden, konnte ich nicht erfahren. —

Melilot. sem. (I.)

Melissa officinalis ist officinell auch in Lahore; sie kommt von Kabul oder Kaschmir, und wird als Magen- Leber- und Herz stärkend bei Herzklopfen, Aengstlichkeit, hypochondrischer Stimmung gebraucht. Sie soll erheitern, die Verdauung befördern, die Sehkraft schärfen, den Schleim abtreiben und Obstructionen auflösen.

Melissae herba. (I.)

Melo (Cucumis) wächst im Pendschab. Die Samen davon sind officinell und werden nebst anderen Sämereien in Emulsion als kühlend, die Harnabsonderung befördernd gebraucht.

Melon. sem. (I.)

Meloë Telini. Mylabris cichorii ist ein in Ostindien, wie auch im Pendschab einheimischer Käfer, der mehr Kantharin enthält, als die Kanthariden selbst, weßwegen er auch als blasenziehendes Mittel, vorzüglich im frischen Zustande, oder auch nur als concentrirte Tinctur die Canthärides vollkommen ersetzt. Die Inländer glauben damit die Hundswuth heilen zu können; als blasenziehendes Mittel wenden sie dieselbe nie an, indem sie keine Freunde von blasenziehenden Mitteln sind, desto mehr aber vom Glüheisen.

Melongena (Solanum) wird in Indien, im Pendschab, Kaschmir, Kabul rc., so wie auch in manchen Gegenden, vornehmlich in heißeren Ländern Europa's, als ein Küchengemüse angebaut. Die Hakims schreiben den Tolläpfeln schwer zu verdauende, Verstopfungen hervorbringende Eigenschaften zu.

Melongen. sem. (I.) erwiesen sich heilsam, insonderheit bei **Kopfweh und Leistenschmerz.**

Menispermum Cocculus, s. Cocculus Menispermum.

Menispermum cordifolium. Menispermum glabrum. Davon sind die Stängel und das Satzmehl officinell in Lahore. Letzteres heißt Set gilou und ist vermuthlich, was in Bengal Palo heißt. (Vergl. im Bengal Dispensatorium p. 199 die weitläufige Beschreibung nebst der Bereitungsart desselben).

Menispermi glabri caulis (I.) waren ein gutes Heilmittel, insonderheit beim **Nasenbluten, Durchfall, Harnbluten, Schulterschmerz, Aussatz rc.**

Menispermi faecula (I.) erwies sich höchst wirksam, vornehmlich bei **Impotenz, Samenfluß, zu geschwindem Samenerguß, Fieber rc.**

Menispermum hirsutum wächst im Pendschab und ist officinell.

Menispermi hirs. herb. (I.) nützte vornehmlich bei **Magenschmerz und Durchfall.**

Mentha piperita hat man weder im Pendschab, noch in Ostindien und Kaschmir. Man gebraucht aber stark in ganz Ostindien die von England eingeführte Pipermentessenz.

Menthae pip. tinct. (I.)

Mentha sylvestris (affin. spec.), **Vena.** Ob dieses nicht die Mentha Royleana oder Mentha viridis des Bengal Dispensatoriums? indem sie im Gebirge, namentlich in Kaschmir wächst, dort auch officinell sein soll.

Mercurial-Praeparate sind in Indien nur zwei dort verfertigte officinell, die aber auch im Pendschab eingeführt werden. Eines heißt Dartschigneh, das andere Reschkepur.

Mercurius-Dartschigneh (III.) gleicht dem corrosiven Sublimat, und wird in Lahore seltener gebraucht, als der

Mercurius-Reschkepur (II.), den man mit dem Mercurius dulcis oder Calomel vergleichen kann. Dieser wird stark, besonders bei syphilitischen Krankheiten angewandt; auch ich bediente mich desselben und fand, daß er abwechselnd (Morgens und Abends) mit Jodmandelöl bei **frischer und bei veralteter Lustseuche** sehr nützlich war; abwechselnd mit Curcuma longa oder mit Ebenum erwies er sich nur bei **chronischer Syphilis** heilsam.

Mercurius fulminans hatte ich mir selbst nach der Howard'schen Vorschrift zubereitet, und gab

Mercur. fulm. (III.)

Mercur. praecip. ruber (III.)

Mercur. solubilis (II.)

Mercur. subl. corr. (III.) und sah vom ätzenden Sublimat gute Wirkungen, insonderheit bei **Speichelfluß und bei Lungenentzündung.**

Mercur. viv. (I.) nützte vorzüglich bei **Mund- Rachen- und Halsgeschwüren, wie auch bei Hodengeschwülsten.** Quecksilber in Verbindung mit Croton tiglium beseitigte **syphilitische Gelenkschmerzen.**

Mesua ferrea, davon sind die Blüthen officinell in Lahore, vermuthlich werden sie aus dem Gebirge hingebracht. Man bekommt sie bei den dortigen Droguisten. —

Mesuae ferr. fl. (I.)

Methonica gloriosa wächst im dortigen Gebirge, woher ich die Wurzeln derselben die dort gebraucht werden sollen, bekam. Diese länglichen Wurzelknollen, von denen manche nicht dicker waren als ein Finger, blieben mehrere Monate hindurch weich, wie im frischen Zustande, und zeigten sich jederzeit überaus kräftig wirkend. Vermuthlich sind sie auch gegen die Brechruhr ein heilsames Mittel?!

Methon. glor. rad. (I.) war von vorzüglicher Wirksamkeit, besonders beim **Nasenbluten, Durst, Brustschmerz, Erbrechen, Samenfluß, Impotenz, wie auch bei allgemeiner Schwäche.**

Mezerei (Daphne) cortex ist nicht officinell in Lahore. Ich hatte sie aus der Apotheke von Agra verschrieben.

Mezer. Daphne, cort. (II.)

Millefolium, Achillea (affinis species), wächst in Kaschmir. Ich hatte eine Tinktur aus Frankreich zum Gebrauche.

Millefol. tinct. (I.) war nützlich, insonderheit bei **nebligem Sehen, wie auch bei Armschmerz.**

Mimosa abstergens, ihre Blätter sind officinell in Lahore.

Mimosae abst. fol. (I.) erwiesen sich nützlich, insonderheit bei **allgemeinen Schmerzen.**

Mimosa Catechu, s. Catechu.

Mimosae pudicae semina bekam ich aus dem Gebirge, wo sie gebraucht werden sollen.

Mimosae pud. sem. (I.) waren ein höchst wirksames Mittel, vorzüglich gegen **rheumatisches Zahnweh, Heiserkeit und Magenhüpfen.**

Mimos. pud. siliqua (I.)

Mimosa sensitiva Lahoriensis, s. Sensitiva, Mimosa.

Mimosa Sirissa ist officinell in Lahore. Man bringt sie aus Pischawer und Kabul. Die Hakims gebrauchen sie bei Harnbeschwerden, Tripper u. dgl.

Mimosa Sirissa (I.)

Mimusops Kanki, davon ist in Lahore der Same officinell.

Mimusops Kanki (I.)

Mindereri, Spiritus, s. Ammoniae, acetatum.

Mirabilis Jalapa, s. Jalapa mirabilis.

Momordica Charantia, s. Luffa amara.

Momordica dioica. Momordica Kekoura. Ihre Frucht ist in Lahore zu finden. Im Hindustan soll die Wurzel davon bei fließenden Hämorrhoiden und davon herrührenden Beschwerden gebraucht werden.

Momord. dioic. fr. (I.)

Momord. Elaterium, s. Elaterium.

Morilla, Fungus, s. Phallus Esculentus.

Moringa Sohangna (Sohunjuna.) Hyperanthera Moringa wächst im ganzen Ostindien, wie auch im Fünfströmenlande. Hier muß darauf aufmerksam gemacht werden, daß wahrscheinlich durch die Linne'sche Benennung Guilandina Moringa eine Verwechselung dieses Baumes mit der Guilandina Bonduccella veranlaßt worden ist. Im Zusammenhange mit diesem Irrthum hat man der Moringa Sohangna, deren Früchte bekanntlich in fußlangen, eßbaren Hülsen mit weißen mandelähnlichen Kernen bestehen (wie einerseits die Materia indica Ainslie's und das Bengal Dispensatory ꝛc. nachweisen, andererseits im ganzen Hindustan, wie auch im bot. Garten Kalkutta's jedes Auge sehen kann), eine Art Nüsse anhängen wollen. Diesen fabelhaften Nüssen haben die Engländer, welche doch am meisten Gelegenheit hätten, sich hierüber Gewißheit zu verschaffen, den Namen von der Melia sempervirens, welcher bei den Arabern bekanntlich Hab-el-Ban lautet, mitgetheilt, woraus der englische Name Ben nuts entstanden ist, den die deutschen Schriftsteller mit der Behennuß, die Franzosen mit noix de ben, pois queniques, chicot etc. bezeichnet haben. Den Baum selbst heißen die Engländer „the smooth bonduc tree“. Die Frucht der Melia (Hab el Ban) ist keine Nuß, wohl aber einer Kirsche von gelblicher Farbe ähnlich, nur mit dem Unterschiede, daß sie in ihrem Kerne nicht nur einen Keim, sondern mehrere kleine, schwarzschalige und längliche Keimchen enthält. So bleibt uns nichts anderes übrig, als einzig und allein bei der Guilandina Bonduccella (nicht Moringa) eine Nuß zu suchen, die jedoch auf keinen Fall Ban oder Ben heißen kann. Eine im genannten Dispensatorium befindliche Stelle gesteht eine ähnliche Verwirrung selbst ein und lautet p. 244—245: „There is much confusion in the names of the different Melia and Azadarachta. Melia (sempervirens) Bukayun seeds are called Hub-ool-Ban, and are considered emetic, laxative and anthelmintic“, d. h. im Deutschen: „Es ist viel Confusion in den Namen der verschiedenen Melien und Azedarachten. Der Same von der immergrünen Melia Bekain heißt Hab el Ban und wird für brechenerregend, purgirend und würmerabtreibend gehalten“. Diese Confusion ist nun dadurch noch vermehrt worden, daß man der Frucht von der Melia, der Azedarachta, der Moringa Sohangna und der Guilandina Bonduccella einen und denselben Namen gegeben hat, welcher nur im Arabischen für die Melia allein der passende ist, und zwar, weil das Wort Hab, woraus man in den verschiedenen Uebersetzungen eine Nuß gemacht hat, in jener Sprache nichts anderes als eine Pille, einen Kern oder Samen bedeutet. Die Nuß heißt Dschous, wornach also die Behennuß, wenn wirklich eine solche existirte, im Arabischen Dschous-el-Ban heißen und der Melia angehören müßte. Wenn nun die im Hindustan wohnenden englischen Männer der Wissenschaft sich solche Irrthümer zu Schulden kommen lassen; so ist es kein Wunder, daß die wegen ihrer Entfernung auf Treu und Glauben nachschreibenden Deutschen und Franzosen jene irrthümlichen Benennungen sammt der fabelhaften Frucht in ihre medizinischen, botanischen und encyclopädischen Werke aufnahmen.

Die Hakims gebrauchen die Frucht von der Moringa (Sohunjuna) gegen Leber- und Milzleiden, Gelenkschmerz, Starrkrampf, Nervenschwäche, Lähmungen, Pusteln, Flecken, Aussatz 2c. Die Engländer glauben, die Wurzel derselben besitze die Eigenschaften des Meerrettigs.

Moring. Soh. rad. (I.) bewies sich heilsam, vorzüglich bei **Halsgeschwüren.**

Morrisonica pillula ist jetzt in Ostindien durch die Holloway'sche Pille verdrängt worden. Die Bestandtheile der Morrison'schen Pillen sollen folgende sein.

Nr. 1. bestehen aus gleichen Theilen Aloe und Weinsteinrahm, und sind mit Gummischleim zur Masse verfertigt.

Nr. 2. enthalten Gummigutt 2 Drachmen, Aloe 3 Drachmen, Coloquinten 1 Drachme, Weinsteinrahm 4 Drachmen und werden mit Syrup angemacht.

Morphium, s. Opium.

Morum ist die Frucht von Morus. Morus alba wächst in Lahore. Morus nigra wächst in Kabul und Kaschmir. Auch den Maulbeerfrüchten schreiben die arabischen Aerzte mehrere Heilkräfte zu; so gebrauchen sie die Hakims bei Halsentzündungen, Magenschwäche, Melancholie 2c.

Mori alb. fruct. alb. (I.) erwies sich heilsam, vorzüglich bei **Durchfällen.**

Mori alb. fruct. nig. (I.) war nützlich, insonderheit beim **Seitenstechen.**

Moschata, nux. Nux myristica ist, glaube ich, in der ganzen Welt zu haben. Die Hakims gebrauchen die Muskatnuß gegen Augen- Magen- und Milzleiden, Harnverhaltungen, wie auch gegen flechtenartige Ausschläge 2c.

Moschat. nux (I.) war ein überaus nützliches Heilmittel, insonderheit bei **Kopfschmerz, innerer Hitze mit Brennen und** (mit Hirschhorn) **bei Durchfall.**

Moschus moschiferus ist officinell in Lahore. Man hat jedoch nicht die beste, die chinesische Bisamgattung, sondern den gemeinen Moschus aus dem Gebirge, dessen Geruch schon von dem der chinesischen verschieden ist, wie auch die Form und Gestalt des Beutels. Ich gebrauchte immer nur meinen guten aus dem Pendschab.

Moschus mosch. tinct. (II.) erwies sich heilsam, vornehmlich beim **Kopfschmerz.**

Mucuna pruriens, s. Dolichos pruriens.

Mulgedium rapunculoides (varietas), ist in Kaschmir officinell, und wächst auch dort in den Gebirgen.

Mulged. cort. et fol. (I.) waren nützlich, insonderheit bei **Schwären**.

Mumiai persica, s. Asphaltum persicum.

Muriaticum, acidum, s. Natri muriatici, acidum.

Murineum ist der Mäusestoff, der aus dem Blute der Mäuse verfertigt werden kann. Vor Zeiten war der Mäusekoth officinell und hatte den Namen album nigrum. Der Hundskoth hieß album graecum, was schon mehr bekannt sein dürfte.

Mutella Antiguensis Lin. Mutella ist der Gattungsname; eine ihrer Abarten soll die gegenwärtige (M. occidentalis) sein. Es ist nämlich ein sehr schönes scharlach-sammtfarbiges Insekt, beiläufig von der Größe einer Erbse, nur ein wenig flach, das zur Sommerszeit nach einem Regen auf sandigem Boden herumkriechend, so wie im Pendschab, auch im Hindustan zu sehen ist. Flügel hat das Insekt keine. In Lahore ist diese Mutella officinell und man kann sie im getrockneten Zustande bei den dortigen Droguisten haben.

Mutella Antig. (I.) war ein äußerst kräftiges Heilmittel, besonders gut beim **Speichelfluß**.

Mylabris cichorei, s. Meloë Telini.

Myrica sapida heißt ein Baum, der im Himalaja wächst, und von dem eine gewürzhafte Rinde stammt, die in Lahore wie auch im Hindustan officinell ist.

Myric. sap. cort. (I.)

Myristica moschata, s. Moschata, nux.

Myristicae Arillus, s. Macis.

Myrobalanus Bellerica ist officinell in Lahore und wird stark gebraucht, so wie auch die vier nachfolgenden Myrobalanen. Die Hakims geben sie bei Magen- und Eingeweidekrankheiten überhaupt ein.

Myrobal. Beller. (I.) war vornehmlich nützlich bei **Speichelfluß und Schlaflosigkeit mit Schleimhusten.**

Myrobalanus Chebula.

Myrobalanus citrina.

Myrobal. citr. (I.) erwies sich heilsam, insonderheit bei **Kopfleiden.**

Myrobalanus Emblica. Phyllantus emblica wird von den Hakims als magenstärkend, die Verdauung befördernd, Hämorrhoiden heilend, die Haare stärkend, schwärzend und den Haarwuchs stimulirend gehalten. Ein solches kräftiges, in vielen Krankheiten anwendbares und einfaches Heilmittel soll man in der europäischen Praxis als unnütz betrachtet, nur den orientalischen Aerzten zum Gebrauche überlassen?

Myrobal. Embl. fruct. (I.) war gewiß eines meiner besten Heilmittel, vorzüglich bei **nebligem Sehen, Magenschmerz, Aufblähung, Durchfall, Mastdarmvorfall, fistulösen Geschwüren 2c.**

Myrobalanus nigra ist auch nicht minder wichtig als der vorhergehende Artikel.

Myrobal. nig. (I.) bewies sich nützlich, insonderheit bei **Schwindel, Kopfweh, Milzverhärtung, Kreuzschmerz wie auch bei Hämorrhoiden,** wo es abwechselnd mit Jod, nützlich war.

Myrrha ist ein allgemein bekanntes Gummiharz, das man auch in Europa gebraucht. Die arabischen Aerzte halten die Myrrhe für Schleimtrocknend, Lungengeschwüre und veralteten Husten heilend, Leberobstructionen eröffnend, Würmer tödtend, die Regel befördernd, und die Frucht abtreibend.

Myrrha (II.)

Myrtus communis; davon sind in Lahore die Blätter und Früchte officinell. Die Blätter werden z. B. bei Gehirnkrankheiten überhaupt, Fallsucht 2c., wie auch bei Blähungen, Magen- und Leberkrankheiten angewandt. Die Früchte gebraucht man unter Andern beim Durchfall, bei Blutflüßen mit Brennen, vornehmlich in den untern Theilen, als in der Harnröhre oder in der Gebärmutter, wie auch bei Eiterungen 2c.

Myrt. bacc. (I.) nützten besonders bei **Augentriefen, wie auch bei Brustschmerz und Husten mit Engbrüstigkeit.**

Myrt. fol. (I.)

Narcissus tazetta, davon ist die Wurzel officinell in Lahore und Kaschmir. Man bringt sie auch aus Kaschmir nach Lahore.

Narciss. rad. (I.) war ein gutes Heilmittel, vorzüglich bei **Gelenkschmerz.**

Nardostachys Jatamansi. Valeriana Jatamansi ist eine in Lahore officinelle Wurzel, die von den Hakims wie auch von den indischen Aerzten stark gebraucht wird, und das mit vollem Rechte, indem auch ich mich durch mehrjährige Erfahrung von ihren heilsamen Wirkungen hinlänglich überzeugt habe. Sie wächst in den Alpen des nördlichen Himalaja's, hat einen starken nicht widerlichen Geruch, welcher dem unseres Baldrians etwas nahe kommt; kann dem ungeachtet nicht mit der radix valerianae sylvestris ersetzt werden.

Nardost. Jat. (I.) bewies sich höchst heilkräftig bei **cariösen Zahnschmerzen mit und ohne Backgeschwülste, wie auch bei Erbrechen, Brust- und Kreuzschmerzen, Obstructionen 2c.**

Nasturtium aquaticum, s. Sisymbrium Nasturtium.

Natrum muriaticum. Davon gibt es in Lahore, wie auch überall verschiedene Arten. Ich gebrauchte das gewöhnliche krystallinische Kochsalz, welches im Lande in einer Reihe von Gebirgen befindlich ist. Außer diesem hatte ich auch noch mit dem Salze aus dem Dschail (Gefängniß) einige Versuche gemacht. Dieses unterschied sich vom erstern durch seinen bittern Geschmack. Es kam in großen Klumpen vor, die sich leicht zerbröckeln ließen, indem sie aus kleinen Krystallen bestanden.

Natrum. mur. (I.)

Nelumbium speciosum kömmt in Lahore und Kaschmir vor. Die Blumen derselben sind die den Götzendienern geheiligten Lotus, die von den Hindus zu ihren religiösen Gebräuchen angewandt, worauf sie in Kaschmir in den Fluß geworfen werden, so daß man in jenem paradiesischen Thale an den Vormittagen viele solcher Blumen den Fluß hinab schwimmen sehen kann. Die Wurzeln derselben werden dort wie auch in Lahore als ein Gemüse genossen. Die Samen derselben sind sowohl in Kaschmir als auch im Pendschab als officinell zu haben.

Nelumb. spec. fl. (I.) bewies sich im frischen Zustande zubereitet höchst heilkräftig, vornehmlich bei der **Lustseuche**, und das in allen Formen, frischen und alten.

Nepeta Cataria ist ein aromatisches Kraut, das bei Unverdaulichkeit mit Blähungen, vorzüglich hyster. Personen gebraucht wird. Bei Katzen soll die Katzenmünze aphrodisiastisch wirken. Nepeta pannonica aff. wächst in Kaschmir, wo sie, so wie auch in Lahore officinell ist.

Nepeta (Cat. oder besser pannon. aff.) (I.) war nützlich, insonderheit beim **Speichelfluß**.

Nepeta salviaefolia wächst ebenfalls in Kaschmir, wird aber weniger gebraucht als die vorhergehende, und das nur in Kaschmir.

Nepet. salviaefol. herb. et rad. (I.) Diese Wurzel nützte vorzüglich bei **Magenschmerz wie auch beim Jucken.**

Nephrodium Filix mas, s. Filix mas.

Nerium antidysentericum. Wrightea antidysenterica. Echites antidysenterica ist ein Strauch, der in einigen Gegenden Indiens 2c. vorkommen soll. Der Same davon ist officinell auch in Lahore; er sieht fast dem Hafer ähnlich aus, und ist, wie ich aus Erfahrung weiß, eines der wichtigsten Heilmittel, das gewiß die Beachtung der europäischen Aerzte verdient.

Nerii ant. sem. (I.) bewies sich ungemein heilkräftig, insbesondere beim **Schleimhusten, Erbrechen und Koliken mit Durchfall oder auch mit Hartleibigkeit und Aufblähung, Afterschmerz, Kreuzschmerz, Leistenschmerz 2c.**

Nerium odorum wird im Hindustan und im Pendschab in den Gärten als eine Zierpflanze gehalten. Officinell sind davon Blätter, Blumen und Wurzeln; jedoch sollen die Wurzeln von der im Gebirge wachsenden Pflanze giftiger sein, als die in den Gärten Indiens wachsenden; und es heißt, daß sich die Weiber im Gebirge damit vergiften, wenn sie die Eifersucht plagt, weshalb es auch dort als Sprichwort gelten soll, daß zankende Weiber einander zurufen: Geh und friß die Wurzel von der Kenehr.

Nerii odor. rad. (II.) war ein gut wirkendes Heilmittel, vorzüglich bei der **Engbrüstigkeit.**

Nerium Oleander ist nicht officinell in Lahore. Er soll den meisten Thieren, besonders dem Esel ein tödtliches Gift sein. Ich hatte die Tinctur von den Blättern desselben aus Europa mitgenommen.

Ner. Oleand. tinct. (II.)

Nicotiana. s. Tabacum.

Nigella sativa wird in ganz Ostindien angebaut. Die Samen davon sind officinell im Hindustan wie auch in Lahore. Man glaubt, daß sie die Milch der Säugenden vermehren.

Nigell. sat. sem. (I.)

Nitricum, acidum, Salpetersäure ist auch in Lahore officinell; sowohl die Silberarbeiter als auch die Hakims gebrauchen sie. Man destillirt sie ganz einfach in einem irdenen Gefäß aus einem Gemische von Eisenvitriol, Salpeter mit und ohne Alaun.

Nitric. ac. (III.) nützte vornehmlich bei **Hodenentzündungsgeschwulst.**

Nitro-mur. ac. und Nitro-sal. amm. ac. (III.)

Nitrum, s. Kali nitricum.

Nummulite-Nummuline-Schadenedsch sind im Pendschab officinell. Es sind nämlich linsenförmige Steinchen, deren es größere und kleinere gibt. Die Bestandtheile davon sind nach hier angestellter Analysation, kohlensaurer Kalk mit Spuren von Eisenoxyd. Die Hakims gebrauchen sie vornehmlich bei Augenkrankheiten, wie auch bei Geschwüren.

Numul. Schadenedsch (I.) wirkte vorzüglich gut beim **Husten.**

Nux Cocus, s. Cocos nux.

Nux moschatus, s. Moschata nux.

Nux potatorum, s. Strychnos nux potatorum.

Nux vomica, s. Strychnos nux vomica.

Nycterineum, der Fledermausstoff, abgeleitet von Nycteris oder Nycterin (Vespertilio). Dieses unerhörte Präparat bewährte sich als ein heilsames Mittel bei meinen Experimenten, weshalb ich es auch für diejenigen Männer beibehalten habe, die, so wie ich nach dem Sprichworte: „Versucht

Alles und behaltet das Beste!" handeln. Diesen sonderbaren Heilstoff bereitete ich auf zweierlei Arten; entweder mischte ich das Blut von den Fledermäusen mit gleichen Theilen höchst rectificirten Weingeistes, wovon ich die Essenz aufbewahrte; oder aber ich ließ die ganze Fledermaus, so wie sie war, mit süßem Oel auskochen, und mischte dieses Oel mit gleichen Theilen Alkohol, wovon die geistige Essenz zum Gebrauche aufgehoben, in einer Büchse vor dem Eindringen der Lichtstrahlen geschützt, bewahrt wurde.

Nycterineum (I.) war ein nützlicher Heilstoff, vorzüglich bei **Fiebern.**

Nymphea alba kömmt ebenfalls in Kaschmir und Lahore vor. Die Blumen, die Samen, der Syrup und das destillirte Wasser davon sind in Lahore officinell.

Nymph. alb. sem. (I.) erwiesen sich heilsam, insbesondere bei **Kopfweh, syphilitischen Mundgeschwüren, wie auch bei der Brechruhr.**

Ocimum album wächst in Kaschmir, wo es, so wie auch in Lahore, officinell ist.

Ocimi albi herb. (I.) war ein gutes Heilmittel, vornehmlich bei **syphilitischer Gelenkgicht, Samen- und Nasenfluß mit und ohne Impotenz.**

Ocimum Basilicum wächst in den Gärten von Lahore, wie auch in Kaschmir. Die Blätter desselben sollen dem Magen schädlich und schwer zu verdauen sein. Die Samen desselben sind officinell.

Ocimi Basil. herb. (I.) nützte vornehmlich bei **Koliken.**

Ocimi Basil. sem. (I.) waren ein gutes Mittel, insonderheit bei **Magenschmerzen.**

Ocimum pilosum ist in Lahore officinell; es wächst in der dortigen Umgebung.

Ocimi pil. herb. (I.) war nützlich bei solchen **Fleckausschlägen,** die öfters verschwanden und wieder erschienen.

Ocimum sanctum wird in Lahore von den Hindus als eine heilige Pflanze betrachtet, mit großer Sorgfalt gezogen. Der Same davon ist officinell.

Ocimi sancti radix oder semina (I.). Diese Wurzel bewährte sich insbesondere nützlich bei **Ohrschmerz mit Ohrenfluß, wie auch bei Engbrüstigkeit mit Schleimhusten.**

Oleander, Nerium, s. Nerium Oleander.

Oleum animale Dippelii (aethereum) ist ein bekanntes, sehr erhitzendes empyreumatisches Oel, welches das Nerven- und Blutsystem aufregt, den Schweiß und Harn befördert, weshalb es auch in der Brechruhr versuchenswerth ist. Man lobt es gegen das nervöse Hüftweh. Es muß vor Licht und Luft gut aufbewahrt werden.

Ol. an. Dipp. (II.)

Olibanum indicum ist officinell in Lahore. Es soll ein Produkt der Boswellia thurifera sein, und wird gegen Blutflüsse angerathen.

Olib. ind. (II.) bewährte sich als hülfreich, insonderheit bei **Schlingbeschwerden**, **Koliken**, **Leisten- und allgemeinen Schmerzen.**

Onosma macrocephala. Bracheatum Royle ist in Kaschmir officinell und wächst häufig auf den Alpen des Himalaja, namentlich auf dem Hindukusch am Wege, der von Pimber nach Kaschmir führt. Es ist eine wirksame Pflanze. Ich habe sowohl mit dem Blumenstock als auch mit der Wurzel derselben mehrjährige interessante Experimente bei so mancherlei Krankheiten gemacht, deren Resultate bereits mitgetheilt worden sind.

Onosm. macr. fl. (I.) bewährte sich als vorzüglich empfehlungswerth bei **Schwindel, katarrhalischem Niesen, herumziehenden Gelenkschmerzen und Jucken.**

Onosm. macr. rad. (I.) war ausgezeichnet nützlich bei **Kreuzschmerz und bei der tropischen Krätze.**

Opium purum ist so wie in Europa auch in Indien eines der wichtigsten Heilmittel, zugleich aber auch das Befriedigungsmittel eines Bedürfnisses denen, die sich an den täglichen Genuß desselben gewöhnt haben.

Opii puri Verreibung oder Tinktur (II.) war nützlich, besonders beim **Harnzwang.**

Morphium oder Morphia (III.) ist den orientalischen Aerzten nur durch uns Europäer etwas bekannt geworden. Das reine Morphium, wie auch die Morphium-Salze, essigsaures, salzsaures oder schwefelsaures Morphin sind höchst kräftige Präparate, die nie in zu großen Gaben eingegeben werden sollen.

Opii nitric. acid. comp. (II.) that vortreffliche Dienste bei der **Ruhr.**

Opii sulph. sod. comp. (II.)

Opopanax. Der eingedickte Panaxsaft ist auch in Lahore officinell. Die Hakims gebrauchen ihn bei kalten Gebärmutterleiden, Blähungskoliken, Krämpfen, Ausflüssen, Verhärtungen 2c.

Opopan. (II.) erwies sich als ein höchst wirksames Heilmittel, nützlich insonderheit bei **Appetitmangel, Schmerzen in der Nabelgegend, Stuhlzwang, Ruhr 2c.**

Orchis conopicae (affinis species) wächst auf den Gebirgen von Kaschmir, ist jedoch nicht officinell.

Orchis mascula, s. Salep.

Origanum heracleticum (affinis species) ist officinell in Kaschmir, und wächst auch da auf den Gebirgen.

Origan. heracl. herb. (I.)

Origanum Majorana, s. Majorana.

Origanum vulgare ist jetzt überall, glaube ich, obsolet geworden. Die getrockneten Blätter anstatt Thee getrunken sollen höchst angenehm sein; sie werden als magenstärkend und bluttreibend angerathen.

Orobanche cruenta, s. Cruenta Bertelotia, was jedoch eine unrichtige Benennung sein soll.

Oryza rubra wird im Pendschab wie auch in Kaschmir angebaut, und dient den Eingebornen zur Nahrung.

Oryza rubr. (I.) bewährte sich auch als Heilmittel, insonderheit beim **Durchfall.**

Os Sepiae, s. Sepiae os.

Oxalas ammoniae ist ein bekanntes chemisches Präparat, von dem aber die orientalischen Aerzte nichts wissen.

Oxalas ammon. (II.) zeigte sich nützlich, vorzüglich beim **Mastdarmvorfall.**

Oxalicum, acidum. Sal acetosellae ist den lahorischen Aerzten ebenfalls unbekannt. Ich machte es mir selbst.

Oxal. ac. (III.) bewies sich hilfreich, insonderheit beim **Nasenbluten mit Verdunkelung des Gesichtes.**

Oxalis corniculata wächst in Kaschmir und wird auch zur Medizin gebraucht.

Oxal. corn. fol. (I.)

Oxyria elatior wächst in Kaschmir und wird zur magenstärkenden, gewürzhaften Mischung Tschatni gebraucht.

Pabud. Unter dieser Benennung findet man in Indien verschiedene weiße Erdarten, welche die Hindu's zu ihren religiösen Gebräuchen anwenden. Das ächte Pabud ist die Magnesia. Eine geringere Sorte, die in Kaschmir existirt und aus Amernat im Gebirge hingebracht wird, besteht hiesiger Analysation zu Folge aus kohlensaurer Kalkerde, Bittererde und Spuren von Eisenoxyd.

Papaver album. Papaver somniferum. Die Mohnköpfe, Mohnsamen und der Mohnsaft sind in Lahore officinell.

Papav. capita et sem. (I.)

Papaver Rhoeas wächst auch in Indien und Lahore, theils in den Gärten, theils als Unkraut, wie auch bei uns, auf den Feldern. Der sogenannte Feldmohn wird jedoch weder hier noch dort gehörig angewandt, vermuthlich weil man seine heilsamen Wirkungen nicht gehörig kennt.

**

Papav. rhoead. fl. (I.)

Papaver spinosum, s. Argemone mexicana.

Pareira brava. Cissampelos. Die Wurzel dieser bekannten amerikanischen Pflanze wurde erst vor Kurzem für antisyphilitisch gehalten. In Lahore ist sie unbekannt. Ich erhielt sie aus einer Apotheke Agra's, und sah gute Wirkungen von

Pareira br. (I.) vorzüglich bei **Seitenschmerz und Brechruhr.**

Pastinaca Opopanax, s. Opopanax.

Pastinaca Secacul ist das Schekakel missri (ägyptisch), oder nach Ainslie's Materia indica, Sium sisarum (die Zuckerwurzel), weil misri auch Zucker heißen kann. Sie ist in Lahore officinell, wird stark gebraucht, und das mit vollem Rechte.

Pastin. Schekakel rad. (I.) bewies sich äußerst wirksam, vornehmlich bei **Katarrh, Schnupfen, Seitenschmerz, blutigem oder syphilitischem Tripper, Fieber** &c.

Patüz (Atüs?) s. Batis spinosa.

Pedicularis labellata ist in Kaschmir officinell; sie wächst auch dort im Gebirge.

Pedicularis — Pendschmul (Quinque radicum) ist ebenfalls nur in Kaschmir officinell, wo sie auch in den Gebirgen zu Hause ist.

Pedicul. Pendschmul rad. (I.)

Peganum Harmala, s. Harmala Ruta.

Periploca indica, s. Hemidesmus indicus.

Persica. Malum Persicum. Pfirsiche hat man in Lahore zwei Gattungen. Die Pfirsichkerne sollen, so wie auch die Blausäure, Nesselausschlag hervorbringen.

Persic. nucl. (I.)

Petroleum ist nicht allgemein bekannt und wenig gebraucht von den lahorischen Aerzten. Man bekömmt es jenseits des Indus hinter dem sogenannten Berge Takt e Keisar in der Gegend von Banu und Tank, wie auch im Bazar Dhera Ismail Khan's. Es ist ein hell röthliches Steinöl, von guter Beschaffenheit; sowohl dieses, als auch ein englisches aus Bombay mitgebrachtes diente mir zu meinen Kuren und Experimenten.

Petroleum (II.) that herrliche Wirkungen, insonderheit bei **Augentriefen; allgemeinen, sowohl rheumatischen als auch syphilitischen Schmerzen. Jucken und Starrheit der Glieder.**

Petroselinum wird jetzt auch in Lahore angebaut; den Eingebornen ist es noch wenig bekannt.

Petrosel. herb. (I.) war ein gutes Heilmittel, vorzüglich beim **Brustschmerz.**

Petrosel. sem. (I.)

Phallus esculentus. Morilla (Fungus) ist im Bazar Lahore's zu bekommen. Man bringt die Morcheln aus dem Gebirge, und sie werden auch da, wie bei uns, nicht als Medizin, sondern als Küchenartikel mit Fleisch zubereitet, genossen. Die dortige aus Hozara herkommende ist eine bedeutend größere Art, als diejenige, die hier in Wien ist.

Phall. escul. (I.)

Pharbitis coerulea, s. Ipomoea coerulea.

Phaseolus aconitifolius wird im Pendschab angebaut. Diese Hülsenfrucht, wie auch die beiden nachfolgenden, dienen den Inländern als Nahrung; keine dieser drei Arten wird innerlich als Medizin gebraucht. Nach Royle sollen die Wurzeln des Phaseolus aconitifolius und die des Phaseolus radiatus narcotische Eigenschaften haben.

Phaseol. acon. fr. (I.)

Phaseolus Mungo und

Phaseolus radiatus sind, wie oben erwähnt, mehr als Nahrungsstoff der Indier, weniger als Medizin zu betrachten. Die Erfahrung hat mich indessen gelehrt, daß jede Frucht, jedes Grünzeug, Gemüse und was es immer sein mag, gehörig zubereitet eingenommen, auch als Medizin dienen kann.

Phaseol. radiat. fr. (I.) bewährte sich als ein gutes Heilmittel, vornehmlich beim **Appetitmangel.**

Phoenicea gummi ist das, was man in Lahore bei den Droguisten unter der Benennung Hokmtschil bekommt. Man sagt, es käme von Multan, und sei der eingedickte Saft von einer Art Dattelbaum; es ist officinell in Lahore und wird sogar, wenn es in Milch aufgelöset, mehrere Tage hindurch eingenommen wird, als ein Mittel gegen Zehrfieber und bei Schwäche der Zeugungskräfte angerathen.

Phoenic. gummi (II.)

Phoenix dactylifera Frucht, s. Dactylus.

Phosphorus ist den orientalischen Aerzten unbekannt. Auch der Phosphor ist ein großes Heilmittel, wie man auch in Europa weiß. Es gehört aber große Vorsicht dazu, und man kann ihn nur im aufgelösten Zustande in sehr kleinen Gaben vortheilhaft eingeben, z. B. in Aether oder Mandelöl aufgelöset; gelind wirkende Mittel sind auch folgende beide Phosphorpräparate.

Phosphas (sodae) natricus (II.) und

Phosph. ac. (II.) die Phosphorsäure bewies sich heilsam, insonderheit bei der **Lungenentzündung.**

Phyllanthus Emblica, s. Myrobalanus Emblica.

Physalis Alkekengi, ihre Beeren (Halicacabum) sind das sogenannte Kagnedsch der Hakims. Die Engländer heißen aber auch die Physalis flexuosa (somnifera), kaknuj; vielleicht weil sie zu demselben Geschlechte der Physalis gehört oder weil man sie unten in Bengal so heißt? die Judenkirschen sind längst aus der europäischen Medizin als unnütz verkannt bei Seite gesetzt worden. Die orientalischen Aerzte gebrauchen sie unter andern als harntreibend und bei Geschwüren der Harnblase. Auch purgirende Eigenschaften sollen sie haben, und werden mehr zu Pferdekuren gebraucht.

Physal. Alkek. fr. (I.) bewährten sich als vorzüglich heilsam, insonderheit bei **Kopfschwären, wie auch bei halbseitiger Lähmung.**

Physalis flexuosa. Physalis somnifera wächst im Pendschab, z. B. findet man sie zwischen den Ruinen der alten Stadt Lahore. So viel ich weiß, wird aber kein Theil dieser Pflanze gebraucht. Man findet in Lahore officinell und stark gebraucht eine Wurzel, die man dort Asgend Naghori heißt. Da nun im Bengal Dispensatorium dieser Physalis (mit Recht oder Unrecht?) die indischen Namen Usgund (Asgend) und auch Kaknuj gegeben worden sind, so habe ich einstweilen die naghorische Asgendwurzel (die ganz anders aussieht als die Wurzel der bei Lahore wachsenden Physalis somnifera), unter dem Namen Physal. flex. rad. beibehalten. In Lahore versteht man unter Kagnetsch auch nur die Judenkirschen. Was ich unter der Benennung Physal. flex. sem. gebraucht habe, war auch nicht der Same von der lahorischen Physalis, sondern ein bei den dortigen Droguisten unter dem Namen Tohm e Penir oder Penir ke bidsch bekannter Samen, den man aus Multan nach Lahore bringt. Die Pflanze kann wohl eine Physalis sein, ob es aber die flexuosa? Sie wächst jenseits des Indus am Fuße des Gebirges; Piddington hat ihr den Namen Peniru gegeben. Penir heißt man im Persischen und im Indischen den Käs, und dieser Same hat den Namen des Käses, weil man damit die Milch coaguliren und Käse machen kann. Ich befürchte, daß auch hier mit den drei Namen dieser Pflanze, nämlich: Asgend, Kaknedsch und Peniru eine Confusion, gleich der bei der Melia angegebenen, statt findet, und hoffe in einem baldigen Nachtrag den rechten Aufschluß mittheilen zu können. Das Labkraut oder Bettstroh (Gallium verum L.), das vor Zeiten in Europa officinell war, hat gelbe Blumen und scheint mit dem Peniru gemeinschaftliche Eigenschaften zu haben.

Physal. (flex.?) rad. (I.) war ein äußerst wirksames Heilmittel, vorzüglich bei **habituellen Durchfällen und bei Fiebern.**

Physal. (flex?) sem. (I.) bewährte sich ebenfalls als höchst nützlich, insonderheit bei **Mundentzündungen, Erbrechen, Durchfall und Knieschmerz.**

Physalis kagnedsch, s. Physalis. Alkengi.

Picrorrhiza kurrooa ist die Wurzel von einer im Gebirge, wie auch in der Umgebung von Kaschmir wachsenden Pflanze. Sie ist im ganzen Hindustan, im Pendschab, in Kaschmir ꝛc. officinell, wird jedoch in Lahore mehr nur als ein Vieharzneimittel betrachtet. Sie hat ausgezeichnete Eigenschaften, weshalb ich einen starken Gebrauch davon machte.

Picrorrh. kurr. (I.) nützte bei vielen Krankheiten, vorzüglich aber bei **acutem Hüftweh, Durchfällen mit Fieber, Geschwülsten, wie auch bei der tropischen Krätze.**

Pimberi gummi heißt man ein in Lahore officinelles Gummi, weil es von Pimber (am Paß der geraden Straße, die von Lahore nach Kaschmir führt) herkömmt. Es sieht aus, wie das Gummi arabikum, und wird auch anstatt desselben gebraucht. Die Indier heißen es auch Gunt folehl.

Pimberi gummi (I.)

Pinus indica. Der Himalajafichte schreibt man verschiedene und zwar wichtige Heilkräfte zu. Sie soll gegen Nervenerschlaffung, Apoplexie, halbseitige Lähmung und auch gegen Wassersucht wirksam sein.

Pinus pinea. Die Frucht davon bringt man aus Kabul nach Lahore.

Piper album und Piper nigrum kommen von einer und derselben Pflanze, unterscheiden sich jedoch wesentlich darin, daß der weiße Pfeffer milder als der schwarze, weil ihm die Fruchthülle (Pericarpium) abgenommen ist. Einigen Schriftstellern zu Folge geschieht dieß, indem man den gewöhnlichen schwarzen Pfeffer in Wasser einweicht, bis die Körner anschwellen, worauf die Samenkapseln abgeschält werden. Andere hingegen meinen, daß der schwarze im Mark, das ihn umgibt, bis zur Reife gelassen werde, während die zum weißen Pfeffer bestimmten Körner nicht völlig bis zur Reife im Marke bleiben und dann noch geschält werden. Wie dem nun immer ist, so bleibt der weiße Pfeffer doch ein gutes Heilmittel, das seine eigenen Wirkungen hat, die beim schwarzen Pfeffer nicht zu finden sind.

Piper album (I.) bewies sich heilsam, vorzüglich bei **kriebelnden Schmerzen, wie auch bei Schwären.**

Piper. albi tinct. (I.) war vorzüglich nützlich bei der **Impotenz.**

Piper Betel (Betle), seine Blätter werden aus dem Hindustan nach Lahore gebracht, wo sie im Bazar jederzeit feucht erhalten, frisch zu haben sind. Man gebraucht sie vorzüglich zum berühmten Käumittel (Masticatorium) Ostindiens. Dieses besteht nämlich aus einem Betelblatt, worin einige Stückchen von der Arekapalmnuß nebst einigen Granen angemachten Kalks eingewickelt werden, die man auf einmal als einen Bissen in den Mund nimmt und käut. Die Mischung dieser drei Artikel bringt eine dunkelbraune Farbe hervor, die den innern und den äußern Theil des Mundes, als Lippen,

Zunge, Zahnfleisch rc. roth färbt. Man behauptet, daß hiedurch sowohl das Zahnfleisch als auch der Magen gestärkt und die Verdauung erleichtert werde; und doch gebrauchen es auch viele solche, die eine gute Verdauung mit einem gesunden Zahnfleisch haben, und durch den Mißbrauch desselben sich mehr Schaden als Nutzen zuführen können. Die Wurzel vom Piper Betle soll die indische Galanga sein. (Vgl. Galanga).

Pip. Betel fol. (I.)

Piper Cubeba, s. Cubeba.

Piper Indicum, s. Capsicum annuum.

Piper longum ist allgemein bekannt. Seine guten Eigenschaften kennt man aber nicht, weshalb er so wenig gebraucht wird. Die Hakims legen ihm stimulirende aphrodisiastische Eigenschaften bei.

Pip. longi fruct. (I.) bewährte sich nützlich bei **Katarrhen, Schnupfen, Zahnfleischbluten und Schleimhusten.**

Pip. longi rad. (I.) wie auch die (Stipites) Stengel oder Fasern der Wurzel, die in Lahore Tschivek heißen, und die sich vornehmlich wirksam zeigten bei **Mundgeschwüren, Erbrechen, wie auch bei allgemeiner Schwäche.**

Piper nigrum, s. Piper album et Piper nigrum.

Piscineum ist der Fischstoff. Dieses neue Heilmittel verdient gewiß auch die Aufmerksamkeit, vorzüglich des ärztlichen Publikums, indem ich in solchem einfachen Mittel die wichtigsten Heilkräfte entdeckt habe, die schwerlich eine andere Arznei ersetzen wird. Ich bereitete dieses Präparat aus gleichen Theilen frischer Fischgalle und Alkohol, wovon ich die Essenz in einem Gläschen, das ich in einer Büchse oder Schachtel verschlossen hielt, vor dem Eindringen der Lichtstrahlen gesichert, aufbewahrte, dennoch öfters frisch zubereitete. Meistentheils nahm ich dazu die Galle des sogenannten Rou (Rohita), der im Rawifluß der größte, wie auch in Lahore der beliebteste Fisch ist.

Piscineum (I.) bewährte sich als allgemein heilsam, vornehmlich bei **Kopfschwergefühl, Durst, Erbrechen, Koliken, Geschwülsten und bei Wassersuchten.**

Pistacia Lentiscus, s. Mastix.

Pistacia vera. Die Pistazien bringt man aus Kabul nach Lahore. Es ist die äußere, grüne Schale derselben (Putamina), die nebst der Frucht davon officinell ist.

Pistac. putam. (I.) sind ein höchst wirksames Heilmittel, vorzüglich bei hitzigem **Fieber.**

Pisum sativum, majus ist eine eigene Art von großer Saat-Erbse, die man aus dem Gebirge nach Lahore bringt, wo man sie Tschoral heißt.

Sie wird mehr als Nahrungsstoff, weniger als Medizin betrachtet, und enthält dabei höchst interessante, noch ganz unbekannte Heilkräfte, z. B.

Pisum sat. Tschoral (I.) bewies sich als ein kräftiges Mittel gegen beginnenden **Staar, sowohl grauen als schwarzen, wie auch bei Magenhüpfen.**

Pix nigra liquida ist in Lahore officinell. Es kömmt vom Pinus sylvestris Linn. Die Bestandtheile desselben sind Kreosot, brenzliches Oel und Holzsäure.

Pix. n. liqu. (II.)

Plantago Ispaghula, s. Psyllii semina.

Plantago major (latifolia) wächst im Thale Kaschmir's; auch in Lahore kann sie angepflanzt, in der kalten Jahreszeit erhalten werden. Von dieser sind nur die Samen in Lahore und Kaschmir officinell. Ich gebrauchte auch die Blätter derselben.

Plantag. maj. fol. et sem. (I.)

Platanus orientalis wächst in Kabul, Kaschmir ꝛc. Das frische Blatt vom Platanenbaume, zerstoßen auf das Auge applicirt, soll den Thränenfluß hemmen. Die Rinde dieses Baumes mit Essig gekocht, empfiehlt man gegen Zahnschmerzen.

Platina ist den lahorischen Aerzten unbekannt. Ich hatte dieses edle Metall mit Milchzucker verrieben, von Europa mit mir, zum Gebrauche mitgenommen.

Plectranthus aromaticus wird in den Gärten Hindustans wie auch in Lahore gezogen.

Plectranth. arom. fol. (I.) war ein nützliches Heilmittel, insbesondere bei **katarrhalischen Thränen- und Nasenfluß, mit und ohne Fieber; wie auch bei Mundgeschwüren.**

Plectranthus rugosus wächst in Kaschmir, wo man es auch gebraucht.

Plumbago rosea und Plumbago Zeylanica, die Wurzeln davon sind in Lahore officinell und man bekömmt sie fast immer gemischt. Sie sollen ein gutes und wohlfeiles, blasenziehendes Mittel abgeben; hiezu werden sie aber im Pendschab nicht gebraucht, sondern nur im Hindustan.

Plumbag. Zeyl. rad. (II.) erwiesen sich als ein nützliches Heilmittel, vorzüglich beim **Appetitmangel, wie auch bei Gelenkschmerzen.**

Plumbum aceticum crystallisatum. Sacharum saturni ist ein den lahorischen Aerzten unbekanntes Präparat.

Plumb. acet. (III.)

Plumbum metallicum wird nirgends im rohen Zustande innerlich eingegeben, und es hat auch so seine eigenen Heilkräfte, wie jedes andere Metall.

Plumb. met. (I.)

Plumbum sulphuretum, s. Galena.

Poa laxa (affinis species). Diese Grasart kömmt in Kaschmir vor, wo sie auch officinell ist.

Podophyllum Emodi wächst in den Gebirgen Kaschmirs, und ist dort officinell. Ich gebrauchte von dieser Pflanze Blätter und Frucht.

Podoph. fol. et fruct. (I.) Beide waren gute Heilmittel. Die Frucht bewies sich vorzüglich wirksam gegen **Hartleibigkeit.**

Polanisia (icosandria?) wächst in der Umgegend von Lahore, grünt im Winter und hat einen starken, nicht unangenehmen gewürzhaften Geruch. Ich stellte sowohl mit der Pflanze als auch mit der Wurzel davon zahlreiche Versuche an, und fand gute Eigenschaften darin.

Polanis. herba et rad. (I.) Die Wurzel bewies sich höchst wirksam gegen **Thränenfisteln.**

Polyanthes tuberosa wächst im Pendschab und im Gebirge. Die Samen davon sollen, wie die Eingebornen glauben, die unter der Benennung Todri album vorkommenden sein (?), die man auch für die Samen der Malva sylvestris hält, wie das Todri nigrum.

Polyanth. tub. sem. (I.) nützten vorzüglich beim **Aufstoßen von Säure, Harnbrennen, wie auch bei Hartleibigkeit von Hämorrhoiden.**

Polygala Senega, s. Senega.

Polygonum aviculare ist in Kaschmir officinell, und es wächst auch dort in den Gebirgen.

Polygon. avic. rad. (I.) bewies sich nützlich, insonderheit beim **Nasenbluten, wie auch beim Harnbrennen.**

Polygonum Bistorta, s. Bistorta.

Polygonum linifolium. Polygonum aviculare (affinis species) wächst in der Umgebung von Lahore, ist allgemein bekannt, jedoch wenig gebraucht.

Pylygon. linifol. herba (I.)

Polygonum macrophyllum wächst auf den Gebirgen von Kaschmir, wo die Wurzeln desselben auch officinell sind.

Polyg. macroph. rad. (I.) war eines der kräftigsten und nützlichsten Heilmittel Kaschmirs; insonderheit bei **Augenverdunklung** (Vergehen des Gesichts), **Zahnschmerz mit Zähnewackeln, nicht minder beim Auswurf, Brust-**

und Brustseitenschmerz, wie auch beim Magenbrennen.

Polygonum-Matrindsch guri (P. amphibium vel barbatum?) wächst in Kaschmir und soll mehr nur für die Pferde sein, weßhalb es guri heißt.

Polygonum molle wächst ebenfalls auf den Gebirgen von Kaschmir. Die Wurzeln davon sind dort officinell, und diese gebrauchte auch ich.

Polygon. molle rad. (I.)

Polypodium Filix mas, s. Filix mas.

Polypodium Sekour wächst im niedern Gebirge Pendschabs unweit Dschowallah Mekti. Die Wurzel davon ist eine Knolle von weißer Farbe, die auch officinell sein soll. Ich erhielt sie zerschnitten, in der Form von Birnstücken.

Polypod. Sekour rad. (I.) war ein gutes Mittel, vorzüglich bei **rheumatischen Zahnschmerzen, Halsentzündungen und Koliken.**

Polypodium vulgare ist officinell in Lahore; vermuthlich bezieht man es aus den dortigen Gebirgen. Die Hakims gebrauchen es, um die vorgebliche schwarze Galle abzuführen, wie auch gegen Blähungskolik; es soll aber der Leber schädlich sein.

Polypod. vulg. rad. (I.) that gute Dienste beim **Schwindel mit Vergehen des Gesichts, wie auch beim Schleimhusten.**

Portlandia hexandra glaubt man, sei der wirksame Theil von den Warburg'schen Fiebertropfen. (Vgl. Warburg's Fiebertropfen.)

Portulacca oleracea wird auch im Fünfströmenlande angebaut. Die Hakims gebrauchen es bei Magenentzündungen, wie auch bei Geschwüren der Eingeweide ꝛc.

Portul. sem. (I.) bewies sich heilkräftig beim **Appetitmangel, Durchfall ꝛc.**

Potassa carbonica, s. Kali carbonicum.

Potentilla Tormentilla, s. Tormentilla.

Prosopis spicigera wächst in Lahore, wird aber nicht als Medizin gebraucht. Ich machte einige Versuche mit der Hülse dieses Baumes, Siliqua radish genannt, deren Resultate bereits mitgetheilt sind.

Prosop. spic. siliqua (I.)

Prunella vulgaris wächst in Kaschmir, so wie auch in Europa, und ist dort officinell, bei uns in Europa aber nicht mehr.

Prunellae vulg. flor. (I.) bewiesen sich nützlich, insonderheit bei **Erbrechen, wie auch bei Koliken.**

Prunum von Prunus domestica. Getrocknete Pflaumen bringt man von Kabul nach Lahore. Das Gummi davon wird als ein die Blasensteine und den Nierengries auflösendes Mittel gebraucht; vermuthlich enthält es ebenfalls die Blausäure. (Vgl. Hydrocyanicum acidum.)

Prunus Armeniaca Früchte sind officinell in Lahore; man bezieht sie getrocknet aus Kabul.

Prunus Cerasus, s. Cerasum.

Prunus sylvestris hat man nicht in Lahore. Ich gebrauchte eine Essenz davon, die ich aus Frankreich bekommen hatte.

Prun. sylv. tinct. (I.) erwies sich besonders heilkräftig bei **Hartleibigkeit.**

Prussicum, acidum, s. Hydrocyanicum acidum.

Psyllium (Plantago) ersetzt man in Indien mit Plantago Ispaghula, die ihrer Samen wegen in der kalten Jahreszeit angebaut werden. Die Samen sind officinell, und gleichen denen vom Flohsamen, sowohl dem Ansehen nach, wie auch in ihren Eigenschaften (?)

Psyllii vel Ispaghulae sem. (I.) bewiesen sich heilsam, besonders bei **Rachenentzündung, Kollern und bei der Hirsenflechte.**

Pulicaria arabica. Pulicaris wächst in den Gebirgen von Kaschmir, wird nicht gebraucht, und ist dem vorhergehenden gleich zu stellen.

Pulli. Unter dieser Benennung bekommt man bei den Droguisten Kaschmirs ein weißliches Pulver, das aus Thibet kommen soll. Die Kaschmirer gebrauchen es zum Thee, um die Farbe desselben zu erhöhen. Nach hier angestellter Analysation ist es nichts anderes, als kohlensaures Natrum, mit etwas Gummi (?)

Pulsatilla (Anemone). Anemone pratensis. Ist weder officinell in Lahore und Kaschmir, noch habe ich sie irgendwo außer in Europa wachsen gesehen.

Pulsat. tinct. (II.) erwies sich heilsam, besonders bei **Zahnschmerz.**

Pumex. Pumicis, lapis. Der Bimsstein ist nicht officinell in Lahore, wiewohl er in der arabischen Medizin angenommen ist, zum Wegnehmen der Haare vom Kopf und vom Körper angerathen wird; auch die Granulation der Geschwüre soll er befördern.

Pumic. lap. (I.)

Punica Granatum, s. Granatum.

Pyrethrum (Anacyclus) wächst in den Gebirgen von Kaschmir. Vielleicht ist das, bei den lithographirten Pflanzen befindliche Exemplar, eine neue noch unbekannte Art?! — die Bertramwurzel heilt Speichelflüsse, weil sie specifisch auf die Speicheldrüsen wirkt und Speichelfluß hervorbringt.

Pyrethri rad. (I.) leistete gute Dienste, insonderheit bei **Gelenkschmerzen.**

Pyrola umbellata. Chimophila umbellata wächst nicht in Indien oder Kaschmir, und ist den dortigen Aerzten unbekannt. Diesem doldenförmigen Wintergrün schreiben unsere europäisch-medizinischen Schriftsteller große Heilkräfte zu; es soll z. B. Harn treibende, Schleim lösende rc. Kräfte haben, bei Wassersucht, Gicht, Harn- und Blasensystemleiden, chronischem Lungenkatarrh, Wechselfiebern, Skropheln rc. nützlich sein. Es ist zu wünschen, daß man damit auch in kleinern Gaben, nach meinem Systeme zubereitet, Versuche anstelle.

Quassia (amara) ist den lahorischen Aerzten ebenfalls unbekannt. Sie soll bei der Brechruhr genützt haben! —

Quercus (Robur). Die Eichel wird auch noch zuweilen von den Hakims gebraucht; woher man sie nach Lahore brachte, konnte ich nicht erfahren.

Quercus Suber, s. Suber.

Rana esculenta. Die grünbunten, eßbaren Wasserfrösche sollen den an Goldaderbeschwerden Leidenden nützlich sein. Vor Zeiten war ja der Froschlaich (Sperma ranarum) als reinigend und kühlend officinell; versuchenswerth ist wohl der aus gleichen Theilen Sperma ranarum und Spiritus vini zubereitete Froschstoff.

Raneum (I.)

Ranunculus bulbosus et R. sceleratus hatte ich als Tinktur von Europa nach Indien mitgenommen; beide waren scharfe und wirksame Artikel. Der Genuß des giftigen Hahnenfußes soll Lachkrampf hervorbringen.

Ranunc. bulb. (II.) nützte insonderheit bei der **Migraine.**

Ranunc. sceler. (II.)

Ranunculus lanuginosus wächst so wie bei uns in Europa, auch im Thale von Kaschmir. Ich gebrauchte die Blätter und die Wurzeln davon im frischen Zustande.

Ranunc. lan. fol. et rad. (II.)

Rapa (Brassica) wird auch im Fünfströmenlande angebaut. Die Rübe ist zwar kein medizinischer Artikel, sie kann demungeachtet, so wie auch der Same davon, als Heilmittel dienen. Ich machte einige Versuche mit der eigentlichen Wurzel der Rübe, und zwar mit dem untern Theil davon, den man gewöhnlich abschneidet und wegwirft.

Rapar. rad. et sem. (I.)

Raphanus (Rhaphanus) sativus wird ebenfalls in Lahore angebaut. Die Samen des Rettiges sind dort officinell und werden von den Hakims gebraucht. Ich machte mehrere Versuche damit und fand zu meinem Vergnügen viele gute Heilkräfte darin.

Raphani sem. (I.) erwiesen sich heilsam beim **Kriebeln im Mastdarm von Würmern; ferner bei Jucken, Schuppen und Schwären.**

Raphanus rusticanus, s. Armoracia.

Ratanhia. Ratanha von Krameria triandria die Wurzel, ist unsern europäischen Aerzten als ein höchst wirksamer Artikel wohl bekannt; die orientalischen Aerzte wissen noch nichts davon. Ich bekam sie aus der Apotheke von Agra.

Ratanh. rad. (I.)

Resina alba. Das Fichtenharz ist auch in Lahore officinell; man bekommt es vom Himalaja.

Resina alba (II.)

Rheum australe Don. wächst im Himalaja wild; in der Umgebung von Kaschmir ist es sehr häufig. Man hält es für eine der besten Rhabarbersorten, und das aus manchen Gründen nicht ganz mit Unrecht. Einerseits kann man es dort jederzeit frisch und wohlfeil haben und außerdem hat es ja auch seine eigenen Heilkräfte, die man schwerlich bei andern Rhabarbergattungen finden wird. Dem äußern Ansehen nach scheint es wohl nicht besonders schön zu sein.

Rhei austr. rad. (I.) bewährte sich als ein gutes Heilmittel, insonderheit beim **Speichelfluß, wie auch bei fließenden Hämorrhoiden.**

Rheum palmatum wird gegen Leberverhärtungen, Herzklopfen und Schlangenbisse gebraucht.

Rheum-Riwend Chatai wird in Lahore für das beste und kostbarste Rhabarber gehalten; es soll aus der chinesischen Tartarei kommen.

Rheum sinense, Riwend tschini genannt, wird in Lahore höher geschätzt, als das von Kaschmir kommende Rhabarber; weßhalb es auch mehr gebraucht wird, besonders als Purgiermittel.

Rheum-Riwend tschini (I.) zeigte sich vorzüglich nützlich bei **sub-acuter Ophthalmie mit Augentriefen, wie auch beim Durchfall und bei feinkörnigen Ausschlägen.**

Rhododendron campanulatum ist R. anthopogon Don. oder R aromaticum Wall. Die Blätter hievon sind sowohl in Kaschmir (wo sie auf den Gebirgen vorkommen), als auch in Lahore gebräuchlich. Man gebraucht sie als Niesemittel zu Schnupfpulvern.

Rhodod. camp. fol. (I.)

Rhus Coriaria. Die Früchte vom Sumach werden aus Kabul nach Lahore gebracht. Die Hakims machen starken Gebrauch davon. Meinen Erfahrungen zu Folge sind sie ein kräftiges und wichtiges Heilmittel.

Rhois cor. fruct. (I.) waren vorzüglich nützlich beim **Blutspeien und Bluthusten.**

Rhus Kakrasinghea. Diese Pflanze, die man im niedern Gebirge, wie auch am Fuße des Himalaja's, vornehmlich in den N. W. Provinzen Ostindiens bei Doon etc. findet, hat hornartige Auswüchse, die vermuthlich vom Ablegen der Eier einer Insektenart entstehen, und sie sollen seit alten Zeiten her ein in der Materia medica der Hindu's vorkommender Artikel sein, und werden auch jetzt noch von den lahorischen Aerzten gebraucht.

Rhus kakrasingh. (I.) bewies sich ausgezeichnet wirksam beim **hitzigen Fieber.**

Rhus Toxicocendron von Rhus radicans Lin., ist ein bekanntes, scharfes Betäubungsmittel, dem keine Insekten in die Nähe kommen. In Europa hat sich der Giftsumach durch seine besondern Heilkräfte bei den hartnäckigsten Krankheiten, als Lähmungen, Gicht ꝛc. berühmt gemacht. Die orientalischen Aerzte kennen ihn noch nicht. Ich hatte die Essenz davon aus Europa mitgenommen.

Rhoïs toxic. tinct (II.) war ausgezeichnet heilsam, insonderheit beim **Bluthusten oder Blutspeien, Durchfall und Rheumatismus.**

Ricinus communis wächst in Lahore, und man gebraucht davon die Blätter, den Samen und die Rinde von der Wurzel, wie auch das Oel aus den Samen.

Ricini comm. fol. (I.) waren ein gutes Heilmittel bei **Mund- und Halsgeschwüren.**

Ricini comm. rad. cort. (I.) erwies sich nützlich bei **Koliken** der Menschen und des Viehes.

Rosa canina. Rosa sylvestris inodorata ist nicht officinell in Lahore; die wilde Rose wächst häufig auf dem hohen Himalaja am Wege, der von Pimber nach Kaschmir führt. Die Wurzel dieses Strauches war vor Zeiten ein Mittel gegen die Wasserscheu, die Blumen wurden bei Augenkrankheiten gebraucht. Die Samen und das Mark (Pulpa) der Frucht wurden bei Durchfällen, Ruhr, verschiedenen Ausflüssen, wie auch bei Wassersuchten, Steinkrankheiten ꝛc. angewandt, und sie müssen wohl auch ihre Heilkräfte haben.

Rosmarinus officinalis ist den lahorischen Aerzten unbekannt. Ich hatte eine Essenz von Rosmarin aus Paris, womit ich einige Versuche machte und mehrere bereits angegebene Eigenschaften entdeckte.

Rorismar. tinct. (I.)

Rosmarinus sylvestris, s. Ledum palustre.

Rotlera tinctoria. Unter dem Namen Kamilch oder Kamud kommt ein rothes Pulver aus dem Gebirge nach Lahore, welches zum Färben dient. Es soll der Staub von der Hülsenfrucht eines im Gebirge wachsenden Baumes sein. Bei meinen Experimenten entdeckte ich auch in diesem Farbenstoff höchst interessante Heilkräfte.

Rotlera tinctoria (I.) bewährte sich besonders wirksam gegen **Schwindel, Brustschmerz, Appetitmangel und Fieber.**

Rubia Munjista oder Manjista. Rubia cordifolia wird im Pendschab anstatt der Rubia tinctorum off. (gewöhnliche Färberröthe, dem Krapp) gebraucht, und ich glaube, daß zwischen der Wurzel des einen und des andern, nämlich der aus der Türkei nach Europa kommenden, und der indischen kein wesentlicher Unterschied ist. In Indien wird sie, so wie auch in einigen Gegenden Europa's angebaut. In Lahore bildet dieser Färbestoff ebenfalls einen bedeutenden Handelsartikel, den man aus den Gebirgen von Banu-Tank hinbringt. Auf den Gebirgen von Kaschmir wächst die Färberröthe wild, und ich zweifle, ob man sie auch nur kennt. Die aus Banu und Tank frisch nach Lahore gebrachte Wurzel wirkte als ein vortreffliches Heilmittel.

Rubiae Munj. rad. (I.) war sehr gut, insonderheit bei **katarrhalischem Niesen, Erbrechen, Kollern mit Unverdaulichkeit, Obstructionen, Brust- und Schulterschmerzen, wie auch bei hitzigen Fiebern.**

Rubus Idaeus wächst nicht in Indien; im Himalaja wächst wohl eine ihr ähnliche Art, der man den Namen R. concolor gegeben hat.

Rubus vulgaris. R. fructicos. wächst auch in Kaschmir.

Ruku tinctorium ist ein bekannter braunrother Teig, der aus den Früchten des Orleanbaumes (Bixa orellana) erhalten wird. Der Orlean wird in Ostindien bereitet, und ist auch in Lahore zu haben, wo man ihn ebenfalls nur als einen Färbestoff, nicht als Medizin gebraucht. Er hat jedoch, wie ich aus eigner Erfahrung weiß, seine eigenthümlichen und wichtigen Heilkräfte.

Ruku tinctor. (II.) war ausgezeichnet wirksam, vorzüglich bei **Katarrhen und bei Durchfällen.**

Rumex Acetosella. Oxalis. Acetosa vulgaris. Der Sauerklee kommt so wie in Europa auch im Thale Kaschmirs vor. (Vgl. Rumex obtusifolius).

Rumex Bidschbend. Unter dem Namen Bidschbend bekommt man bei den Droguisten Lahor's einen Samen, der allem Anscheine nach von einer Ampferart hergenommen wird; ob er vom Rumex crispus oder obtusifolius, oder von einer andern Art? konnte ich nicht erfahren.

Rumic. Bidschbend sem. (I.) sind allerdings ein wirksames Heilmittel, und waren insonderheit gut beim **Harnzwang.**

Rumex obtusifolius wächst ebenfalls in Kaschmir, und wird von den Einwohnern genossen. Die Wurzel davon ist die sogenannte Grindwurzel (Radix lapathi acuti), die vor Zeiten als blutreinigend bei chronischen Hautkrankheiten gebraucht wurde, jetzt aber weder in Indien noch in Europa angewandt wird; obwohl ihr wirksamer Bestandtheil, das Lapathin, seine eigenen Heilkräfte haben muß! — Aus den Auskochungen der getrockneten Wurzeln der verschiedenen Ampferarten kann man vermittelst eines Zusatzes von Alaun eine schöne rothe Farbe erhalten, die für die Maler besonders brauchbar sein soll, und die nicht viel kosten wird.

Ruta albiflora wächst auf dem hohen Himalaja, sie ist aber nicht officinell in Indien.

Ruta angustifolia, die man in den Gärten Indiens zieht, ist officinell.

Ruta sylvestris, s. Harmala ruta.

Sabadilla, der Same vom Veratrum Sabadilla ist officinell in Lahore.

Sabadillae sem. (II.) bewiesen sich heilsam, vorzüglich beim **Magenbrennen.**

Sabina von Juniperus Sabina, ist nicht officinell in Lahore. Ich bediente mich einer aus Paris verschriebenen Essenz von Sadebaumblättern.

Sabinae tinct. (I.) war ein gutes Mittel, vorzüglich bei **Fiebern.**

Saccharum saturni, s. Plumbum aceticum crystallisatum.

Sagapenum ist ein wohl bekanntes orientalisches Gummiharz, das auch in Lahore officinell ist.

Sagapen. (II.)

Sago farinaria. Sagu ist ebenfalls eine allgemein bekannte körnige und nahrhafte Substanz, die vornehmlich schwachen Kindern und Reconvalescenten gegeben wird. Man verfertigt sie in Ostindien aus den Sagopalmen (Cycas circinalis etc.) Ich versuchte dieses Satzmehl im rohen Zustande verrieben und gehörig zubereitet als Medizin einzugeben. Die Körner sind sehr hart und lassen sich nur mit Mühe verreiben; dafür hat man aber auch ein wirksames Präparat, dessen Eigenschaften schon im med. Theile angeführt sind.

Sago (I.)

Sahansebed heißt man in Lahore eine eisenoxydhältige Thonerde, die im Handel bei den dortigen Droguisten in kleinen Stücken vorkommt, und die von den Hakims als ein medizinischer Artikel gebraucht wird. Ich versuchte das Sahansebed ebenfalls und fand

Sahansebed (I.) sehr nützlich, insonderheit bei **nebligem Sehen, katarrhalischem Niesen und bei der Ruhr.**

Sal alcali, minerale & vegetabile, s. Kali.

Sal ammoniacum, s. Ammonium muriaticum.

Sal culinare, s. Natrum muriaticum.

Sal volatile, s. Ammonium carbonicum.

Salep. Die Wurzelknollen von Orchis morio, die im Handel in Lahore vorkommen, sind sowohl der Größe als auch der Form nach so verschieden, daß sie doch unmöglich alle von der Orchis morio oder O. mascula herkommen können; zum Geschlechte der Orchis gehören sie wohl alle. So bekam ich z. B. von einem herumziehenden Droguisten Lahore's, die man dort Sadu's nennt, eine solche Salepwurzel, die mehr die Gestalt einer Feige als die der gewöhnlichen in Europa gebräuchlichen Salep hatte. Die aus Kaschmir hergebrachten, welche auch im Hindustan für die besten gehalten werden, gleichen den in Europa officinellen. Jede Art muß auch ihre eigenen Wirkungen haben.

Salep (I.) war ein gutes Heilmittel, insbesondere bei **alten Fiebern** **rc.**

Salix aegyptiaca wird in Lahore gezogen, bloß um daraus das erwähnte und berühmte destillirte Wasser, Arkh e Bedemusck genannt, zu erzeugen, das als ein kühlendes, belebendes und herzstärkendes Mittel, besonders zur heißen Jahreszeit stark gebraucht wird.

Salsola Kali herba, s. Kali Salsola herba.

Salvadora indica kommt in Lahore, wie auch im Hindustan vor. Die jungen Zweige hievon dienen, wie schon erwähnt, den Mahomedanern zu Zahnbürsten, woher auch der Name Zahnbürstenbaum (tooth brush tree) entstanden ist. Die sennesähnlichen Blätter (Rasuna) sollen purgirende Eigenschaften haben.

Salvia glutinosa wächst auf den Gebirgen von Kaschmir; sie ist aber nicht officinell.

Salvia Moorcroftiana wächst häufig im Thal von Kaschmir. Von dieser ist der Same in Kaschmir und im Pendschab officinell.

Salvia officinalis wächst weder in Indien noch in Kaschmir. Ich hatte eine Salbei aus Europa, von der ich in Lahore Gebrauch machte.

Salviae off. fol. (I.) waren heilsam, vorzüglich bei **Mundgeschwüren, wie auch bei Schwämmchen.**

Sambucus nigra ist den lahorischen Aerzten unbekannt. S. adnata wächst im Himalaja und S. Ebulus kommt in Kaschmir vor. Die Wurzeln desselben sollen purgirende Eigenschaften haben. Der (schwarze) Hollunder enthält in seinen verschiedenen Theilen auch seine besonderen Eigenschaften; so z. B. haben die frischen Blumen purgirende und auflösende Wirkungen, während die getrockneten Blumen mehr nur auf die Haut und auf das mit derselben in naher Verbindung stehende Harnsystem wirken; folglich bei katarrhalischen rheumatischen Leiden, als Schnupfen, Halsweh, hitzigen Ausschlägen, als Masern rc. angewandt werden. Die Samen sollen purgiren. Die

Blätter und die äußere Rinde sollen jedoch am kräftigsten wirken, in starken Gaben Brechen und Laxiren erregen; die innere Rinde hingegen in kleinen Gaben als ein auflösendes Mittel bei Obstructionen, Wassersuchten und vielen andern chronischen Leiden nützlich sein; während sie in größeren Gaben als ein herrliches harntreibendes Mittel anempfohlen wird. Vielleicht bei der Brechruhr nützlich? Ein eigener Schwamm, das sogenannte Judasohr, wächst zuweilen am Stamm dieses Baumes; man hat ihn vor Zeiten als ein zusammenziehendes Mittel gebraucht. Die Rinde der Wurzel muß ja auch ihre besonderen Eigenschaften haben?! — Da wäre also für Solche, die Zeit, Gelegenheit und guten Willen zum Experimentiren haben, ein wohlfeiles und einfaches sehr passendes Mittel, das in Europa fast überall zu haben ist.

Sandalum, s. Santalum.

Sandaraca. Das bekannte Wachholderharz ist auch in Lahore officinell. und wird zum Firniß ꝛc. gebraucht.

Sanguis draconis, s. Draconis sanguis.

Santalum album et S. rubrum sind officinell in Lahore und werden stark gebraucht.

Santal. alb. et rubr. (I.)

Santonici semen. Semen Cinae. Semen contra ist nicht officinell in Lahore. Ich gebrauchte eine Essenz davon aus Frankreich.

Santon. sem. tinct. (I.) that gute Wirkungen, vornehmlich bei **Kehlkopfentzündung.**

Sapindus emarginatus gibt Nüsse, die in Indien und im Pendschab in den Bazaren verkauft werden. Sie werden vorzüglich zum Waschen der Seidenzeuge gebraucht. Mit Wasser geben sie einen solchen Schaum wie die Seife. Die harten, in diesen Nüssen befindlichen, schwarzen Kerne, die so aussehen wie kleine Kugeln, sollen zerstoßen, mit Wasser angemacht, dem Fallsüchtigen während des Anfalles in den Mund gethan, augenblickliche Besserung hervorbringen. Mit diesen Nüssen hab ich auch manches glückliche Resultat erzielt. Man rühmt sie bei der Bleichsucht.

Sapindi emarg. nuc. (I.) bewährten sich vorzüglich hülfreich bei **Lungen- und Brustenzündungen,** wie auch beim **Harnzwang.**

Sapium indicum ist nicht officinell in Lahore. Ich bekam einige Nüsse von dieser Pflanze aus dem bot. Garten von Kalkutta, welche die Größe von Muskatnüssen hatten, und mit Keimen versehen waren. Sie sollen den Fischen ein Gift sein.

Sapii ind. nucl. sem. (I.) waren ein vorzügliches Heilmittel gegen **Kopfschmerz.**

Sarcocolla ist officinell in Lahore. Die Hakims gebrauchen sie mei-

**

stentheils nur äußerlich. Innerlich eingegeben soll dieses Gummiharz schleimausleerend wirken.

Sarcocolla (II.)

Sarsaparilla ist auch in Lahore officinell. Es ist die Wurzel der Smilax Sarsaparilla.

Sarsap. (I.) that vortreffliche Dienste bei **Durchfällen**, wie auch bei **Harnzwang** und **Harnbrennen.** Abwechselnd mit Mezereum tilgte es sowohl **syphilitische** als auch **mercurialsyphilitische Schmerzen.** Extract. S. Hulse's enthält vermuthlich auch Seidelbast; in kleinen Gaben war es nützlich gegen **Mundgeschwüre.**

Sassafras ist den lahorischen Aerzten unbekannt. Dieses Holz soll eins der besten schweißtreibenden Mittel sein.

Satyrium, s. Salep.

Saxifraga-Kolt. Kolt ist ein Same von einer im Gebirge wachsenden Pflanze, die, nach Piddington's Index Plantarum, Saxifraga heißt. Das Bengal Dispensatorium heißt aber Fagopyrum, Kooltoo oder Kultu.

Saxifraga - Peschant. (Adiantum? ligulata? Wall.) Peschant ist eine Wurzel aus den Gebirgen Kaschmirs, die den dortigen Leuten wohl bekannt ist.

Saxifragae-Peschant rad. (I.) war ein vortreffliches Mittel, besonders beim **Schnupfen.**

Scammonium ist das bekannte Gummiharz von Convolvulus Scammonia; es ist auch in Lahore officinell, kommt jedoch selten unverfälscht bis dahin.

Scammon. (II.), bewies sich heilsam, insonderheit beim **Harnzwang.**

Schekakel, s. Pastinaca Secacul.

Scilla, s. Squilla.

Scincus. Lacerta Scincus L. weniger richtig Stincus, er ist heut zu Tage nur noch bei den orientalischen Aerzten officinell. Man rühmt ihn gegen den Aussatz.

Scincus (I.)

Scolopendra Lagura vel Scolopendria ist auch in Lahore zu finden; dem ohngeachtet habe ich den Asselstoff Scolopendrinum wenig angewandt. Er muß aber auch seine eigenen Heilkräfte haben. Man bereitet ihn auf dieselbe Art wie die übrigen animalischen Stoffe, indem man nämlich das frische Insect zerrieben mit gleichen Theilen von höchst rektificirtem Spiritus mischt und die klare Essenz davon in einem wohlverstopften Gläschen im Dunkeln aufbewahrt.

Scorpion vel Scorpius. In Labore findet man meistens nur eine kleine Art von Scorpionen, deren Stiche nicht gar so gefährlich sind, als die der großen und schwarzen, die im Gebirge und in Pischawer häufig sind. Das Gift derselben befindet sich oberhalb des Stachels im letzten Gliede des Schwanzes. 1 Gran des trocknen Giftes kann mit 10 Gran Zucker verrieben zu 1 Drachme Spiritus gemischt werden, und heißt Scorpionenstoff.

Scorpionenm (III.) bewährte sich als ein gutes Heilmittel, insonderheit bei **Vergehen des Gesichtes mit Flimmern vor den Augen, Schleimhusten, Harnzwang und verschiedenartigen Fiebern.**

Sebestena officinalis. Cordia Myxa. Die Frucht dieses ostindischen Baumes war vor Zeiten auch in Europa officinell; sie wird jetzt nur noch von den arabischen, persischen und indischen Aerzten gebraucht.

Sebest. fruct. (I.) war ein nützliches Heilmittel, insonderheit beim **Brennen und Stechen** in einzelnen Theilen.

Secale cornutum kennen die orientalischen Aerzte nicht.

Secale corn. (II.) bewies sich als ein gutes Mittel, vorzüglich beim **Bluthusten, Kolik und Fußschmerz.**

Sedum acre. Sedum minimum, wächst in Kaschmir, wo es auch bekannt ist; jedoch wenig angewandt wird.

Sedum azureum Royle, wächst ebenfalls in Kaschmir, und man kennt es wohl, gebraucht es aber nicht.

Sedum crassipes Wall., wächst auf den Gebirgen von Kaschmir; die Wurzel davon ist dort officinell.

Sedum crass. (I.)

Sedum telephium, s. Fabaria.

Selenium. Selen ist ein bekannter, dem Schwefel ähnlicher Artikel, den die orientalischen Aerzte aber nicht kennen.

Selenium (I.) nützte vornehmlich bei **Schnupfen, Mund- und Halsgeschwüren mit Schlingbeschwerden,** wie auch bei **Seitenstechen, Durchfall, Stuhlzwang und bei Tertianfieber.**

Semecarpus Anacardium, s. Anacardium orientale.

Semen contra, s. Santonici semen.

Senecillis Jacquemontiana wächst auf den Gebirgen von Kaschmir. Die Wurzel ist officinell in der Gegend, wo sie wächst; sie gleicht an Geruch und an Gestalt dem Baldrian.

Senecill. Jacquem. rad. (I.)

Senecio musuca, Hamill. S. Jacoboea, Donn. wächst auf den Gebirgen von Kaschmir. Das Kraut derselben ist dort officinell.

Senec. mus. herba (I.) war ein gutes Mittel, besonders bei **Schwindel, Schnupfen, Blutspeien und Bluthusten.**

Senega. Polygala Senega ist den lahorischen Aerzten unbekannt. Ich gebrauchte eine aus der Apotheke von Agra bezogene Senegawurzel.

Seneg. rad. (I.) erwies sich heilsam, insbesondere beim **Samenfluß.**

Seng e Basri. Unter dieser Benennung bekommt man bei den Droguisten Lahore's eine erdige Composition von aschgrauer Farbe, in Form eines fingerdicken hohlen Stängelchens. Ueber die Derivation des Wortes Seng e basri sind die Hakims selbst noch uneinig. Seng oder Sengh heißt nämlich im Persischen der Stein. Bassr heißt im Arabischen das Gesicht, und da dieser Artikel bloß als ein äußerliches Mittel bei Augenkrankheiten angewandt wird, so ist man der Meinung, daß Seng e basri der Gesichtsstein sei; vermuthlich wie auch bei uns der Augenstein (Lapis divinus) gebräuchlich war. Bassri leitet man aber auch von Bassora (einer arabischen Stadt) her, wodurch sodann die Benennung „Stein von Bassora" entsteht, welche um so richtiger scheint, da er aus dem Hindustan in Lahore eingeführt wird. Wie dem nun immer sein mag, ob man ihn im Hindustan oder in Arabien verfertigt, denn Naturprodukt ist er nicht; so bleibt er jedenfalls ein höchst interessanter und wichtiger Artikel, jedoch nicht als Augenmittel, sondern als Heilmittel in der epidemischen Cholera, wie ich in Lahore an mehreren Patienten Gelegenheit hatte zu erfahren. Diese glückliche Erfahrung veranlaßte auch, daß ich ein Stück davon mitbrachte, um es hier analysiren zu lassen, was bereits auch geschehen ist. Die Analysirung dieses, so wie auch mehrerer anderer indischer Produkte geschah hier im chemischen Laboratorium im Theresianum unter der Aufsicht des Herrn Professors der Chemie, Dr. Jos. Redtenbacher; wofür ich meinen Dank öffentlich bekannt gebe. Demnach weiß ich jetzt zu sagen, daß die Bestandtheile des Seng e basri eben dieselben sind, wie die, die man auch beim Grünstein (Diorites) gefunden hat, nämlich: Bittererde, Thonerde, Kieselerde und Eisenoxyd. Es wäre also leicht möglich, daß ersterer aus letzterem bereitet wird. In Ainslie's Materia indica 1. Bd. p. 573 ist Seng e basri (Sungbusrie) als Zink angegeben. Der Herr Professor Redtenbacher meinte aber, es wäre wohl möglich, daß bei der Composition auch Zink gewesen, der aber im Feuer so verflüchtiget worden, daß keine Spur davon übrig geblieben sei.

Senna. Die Sennesblätter werden auch in Lahore als Purgirmittel stark gebraucht.

Sennae fol. (I.)

Sensitiva, Mimosa. Hedysarum gyrans wird in Lahore in den Gärten gezogen, ist aber nicht als eine medizinische Pflanze betrachtet.

Sensit. mim. herba (I.)

Sepia officinalis. Vom Dintenfisch ist der Knochen bei den Hakims officinell. Den getrockneten schwarzen Saft desselben hatte ich aus Smyrna, wo man diese Fische im Bazar verkaufte, mitgenommen.

Sepiae os (I.) zeigte sich als ein heilsames Mittel, insonderheit beim **Kopfweh.**

Sepiae succ. (II.) that gute Dienste, vorzüglich beim **Blutspeien** oder **Bluthusten**; wie auch beim **Seitenstechen,** bei der **Ruhr, Wadenschmerz** und auch bei **chronischen Hautkrankheiten.**

Serpens. Die Schlangen sind in Indien zu Haus, und ich habe bereits in diesem Werke darüber Manches mitgetheilt. Die abgeworfenen Schlangenhäute Exuviae, Spolium serpentis, Suber etc. genannt, waren früher als Armband (Epicarpium) bei Wechselfiebern gebraucht. Mit einem Decocte von Schlangenhäuten will man auch eine Taubheit geheilt haben. Im übrigen werden diese Häute weder in Indien noch in Europa als ein besonderes Heilmittel betrachtet. Durch eine vieljährige Erfahrung belehrt, glaube ich berechtiget zu sein, den abgeworfenen Schlangenhäuten nicht nur das verdiente Lob zu reden, sondern ihnen auch noch in unserm großen Arzneivorrathe einen der erstern Plätze anzuweisen. Zu meinen Experimenten bediente ich mich einer frisch abgeworfenen Haut von der auf Tab. 8 mitgetheilten Ringschlange (Aspidoclonion), von der ich mit einem Scheerchen soviel als nöthig war in möglichst kleinen Stückchen abgeschnitten, mit Zucker verrieb, dann mit Spiritus die Auflösung machte. In wie fern die Häute von andern Schlangenarten mit der angegebenen in Wirksamkeit gleich stehen; so wie auch, ob die alten, dem Regen, Wind und Sonnenscheine ausgesetzten Schlangenhäute, die man in Indien auf den Feldern so häufig antrifft zum medizinischen Gebrauche nützlich sind, steht zu versuchen.

Serpent. exuv. (I.) bewährte sich als ein vorzügliches Heilmittel, insonderheit bei **Zahnfisteln, Schleimkatarrhen, Blutspeien, Bluthusten, Mund- und Rachengeschwüren, Halsweh, Mund- und Halsdürre, Brustseitenschmerz, Kreuzschmerz, syphilitischen Abscessen, syphilitischen Gelenkschmerzen, flechtenartigen Ausschlägen, tropischer Krätze, Fieber** **rc.**, abwechselnd mit Arseniatum potassae, bei **syphilitischen Hautkrankheiten** (Lues exanthematica).

Serpentis virus, s. Anguineum.

Serpillum, s, Thymus Serpyllum,

Serratula anthelmintica, s. Conyza anthelmintica.

Sesamum orientale. Sesamen wird in Indien deßhalb angebaut, weil man aus den Samen desselben ein süßes Oel preßt, das dem Olivenöl gleich kommt, zum innern und äußeren Gebrauch, wie auch zum Verbrennen dienen kann.

Sialikand. Unter dieser Benennung bekam ich in Lahore eine getrocknete, weiße Frucht aus dem Gebirge.

Sialikand fr. (I.)

Sida acuta, Sida lanceolata wächst im Pendschab, ist jedoch nicht officinell.

Sidae rad. (I.) war ein gutes Mittel, vorzüglich beim **Nasenbluten, Husten** **ꝛc.**

Sidae sem. (I.)

Siegesbeckia orientalis wächst auf den Gebirgen von Kaschmir, ist aber nicht officinell.

Silicea, Silicia (terra) ist bekanntermaßen ein Hauptbestandtheil von vielen Edelsteinen, in denen die sogenannte Kieselsäure mit verschiedenen Metallen, die im oxydirten Zustande vorhanden sind, woher auch die verschiedenen Farben kommen, sich befindet. Die Kieselerde wird also in den Edelsteinen von den orientalischen Aerzten stark gebraucht. Ich bereitete mir diesen Heilstoff aus dem gewöhnlichen Feuerstein, und habe viele gute Eigenschaften darin gefunden. Er soll dem Gehirn zuträglich sein und die Sehkraft vermehren.

Silicea (I.) zeigte sich sehr nützlich, besonders bei **Thränenfisteln, Lippengeschwüren, Blutspeien und Bluthusten, Eiterungen aller Arten, Flecken mit Brenn- und Stichschmerzen ꝛc. ꝛc.**

Siliqua hirsuta, s. Dolichos pruriens.

Siliqua radish, s. Prosopis spicigera.

Simaruba amara, die Rinde von diesem Baume, die in Europa officinell ist, scheint den morgenländischen Aerzten unbekannt zu sein.

Sinapis alba wird nicht angebaut in Lahore, und die Afghanen sagen, daß der weiße Senf (der vermuthlich im Afghanistan vorkommt) ein gutes Arzneimittel für Pferde sei. Man räth 4 Loth weißen Senf, eben so viel Gerstenmehl, ½ Loth schwarzen Pfeffer, gepulvert, mit Wasser zu einem Bissen angemacht, dem Pferde Morgens und Abends einzugeben, womit verschiedene Hautkrankheiten, als Jucken, Krätze ꝛc. geheilt werden sollen. Von diesem Mittel bekommen die Pferde, sagt man, weiche Haare und werden fett und stark! —

Sinapis nigra. Sinapis ramosa wird im Pendschab angebaut. Man preßt daraus ein bitteres Oel, welches das gewöhnliche Lampenöl ist, das auch zum äußern Gebrauch in der Medizin angewandt wird. Das ätherische Oel vom Senf mit gleichen Theilen Alkohol verdünnt und eingerieben, soll ein vortreffliches, Hautröthe hervorbringendes Mittel sein, das augenblicklich wirkt, sogar Blasen zieht, wenn man mit dem Einreiben einige Minuten fortfährt. Ob dieses Mittel innerlich oder auch nur äußerlich bei der Brechruhr nicht anzuwenden sei?

Sinap. n. plac. tinct. (I.)

Sisymbrium Irio wird in den Gärten in Lahore wegen des Samens angebaut, der officinell ist, von den Hakims stark gebraucht wird.

Sisymbr. Irionis sem. (I.) zeigte sich vorzüglich heilsam bei **Blutspeien, Bluthusten,** wie auch bei **Magenschmerzen.**

Sisymbrium nasturtium. Nasturtium aquaticum. Die Wasserkresse ist auch in Lahore zu haben. Die Samen davon sind officinell. Die Hakims gebrauchen sie bei Schleimkrankheiten, Blähungen, Obstruktionen der Leber und der Milz.

Sisymbr. Nasturt. sem. (I.)

Sisymbrium Sophia. Sophia chirurgorum wächst im Thale von Kaschmir. Das Kraut derselben ward früher bei hysterischen Krankheiten, Mutterblutflüssen, wie auch bei Wunden gebraucht. Der Same davon soll Eingeweidewürmer vernichten.

Sisymbr. Soph. sem. (I.)

Sium Sisarum, s. Pastinaca S(ch)ekakul.

Smaltum. Azurum ist als ein blauer Färbestoff in Europa wohl bekannt; nirgends wird er aber als Medizin angewandt, und er hat seine eigenen Heilkräfte, wie im med. Theile schon bemerkt worden ist.

Smalta (I.)

Smilax china. Chinae nodosae radix ist ein großes Mittel im Oriente, wie auch das aus der wurmstichigen Wurzel erhaltene Pulver. In Europa macht man jetzt nur selten Gebrauch von dieser knotigen Wurzel.

Smilac. chin. rad. (I.) bewährte sich als vorzüglich hilfreich bei **Blutharnen und bei Wadenschmerz.** Das Wurmstich-Pulver dieser Wurzel (I.) war ausgezeichnet wirksam bei **Kopfschmerzen, Ohrschmerzen und Brustschmerzen.**

Smilax Sarsaparilla, s. Sarsaparilla.

Smirnion. Smirnium olusatrum wächst auf den Gebirgen von Kaschmir, ist aber nicht officinell.

Soda, s. Kali minerale.

Solanum Dulcamara, s. Dulcamara.

Solanum Jacquini wächst häufig wild bei Lahore herum. Die Früchte davon sind officinell.

Sol. Jacqu. fr. (II.)

Sol. Jacqu. rad. (II.) nützte bei **schmerzhaftem, innerem Brenngefühle.**

Solanum Melongena, s. Melongena.

Solanum nigrum. Solanum furiosum ist so wie in Europa auch in Lahore bekannt und officinell.

Sol. nigri fol., fruct., rad. (II.)

Solanum tuberosum wächst so wie in Europa auch in Indien, in der Ebene wie in den Gebirgen, auch in Kaschmir. Dieses nützliche Gewächs enthält in seinen verschiedenen Theilen auch mannigfaltige Eigenschaften. Die Blätter selbst sind stark alkalinisch. Die Erdäpfel aber besitzen ein scharfes, narcotisches Prinzip, welches durch das Kochen zersetzt wird. Aus den Kartoffeln erhält man durch das Auswaschen mit kaltem Wasser eine feine Stärke, aus der man Zucker, Spiritus u. dgl. bereiten kann.

Solidago virga aurea, s. Virga aurea.

Sowa (Anethum), ist der indische Dille, er wird dort angebaut. Der Same desselben ist in Indien und Lahore officinell.

Sowae sem. (I.)

Specularis lapis, s. Talcum.

Sperma ceti, s. Cetaceum.

Sphaeranthus indicus wächst im Pendschab. Blumen und Blätter sind officinell.

Sphaeranth. ind. fl. (I.)

Spigelia anthelmia ist den lahorischen Aerzten unbekannt. Ich bediente mich theils des Krautes, das ich aus Europa mitgenommen hatte, theils einer in Frankreich zubereiteten Essenz derselben.

Spigel. anthelm. herba (I.)

Spigel. anthelm. tinct. (II.) erwies sich hilfreich, insbesondere bei **Kopfschwergefühl, Schläfeschmerz mit Augentriefen, Schnupfen und Katarrh, Durchfall mit und ohne Wurmfieber.**

Spinacia. Spinacia tetandra. Der Spinat wird in der kalten Jahreszeit auch in Lahore angebaut. Er soll bei Leberentzündungen und Gelbsucht nützlich sein. Auch dieses Gemüse hat in kleinen zubereiteten Gaben seine eigenen Heilkräfte, von denen ich im med. Theile die mir vorgekommenen angegeben habe.

Spinac. herba (I.)

Spiritus salis ammoniaci, s. Ammonium causticum liquidum.

Spolium serpentis, s. Serpentis exuviae.

Spongia marina usta ist kein officineller Artikel der indischen Aerzte; indessen ist der Bade- oder Meerschwamm auch in Lahore zu haben.

Spongia m. usta (I.) nützte vornehmlich beim **Fieber.**

Squilla oder besser Scilla ist den lahorischen Aerzten ebenfalls unbekannt. Ich hatte eine Meerzwiebel aus Kalkutta zum Gebrauche.

Squilla m. (II.) war ein nützliches Heilmittel, besonders bei **Nasengeschwulst.**

Stalagmites Cambogia, s. Gutti gummi.

Stalactites, lapis ist officinell in Lahore.

Stalact. (I.)

Stannum ist ebenfalls in Lahore zu bekommen. Zinnpräparate werden äußerlich bei Thränenflüssen und Augengeschwüren angerathen.

Stannum muriat. (III.)

Staphisagria (Delphinium). Hievon sind die Samen officinell.

Staphisagr. sem. (I.) waren vorzüglich heilsam bei **Kopfschmerzen, Halsentzündungen, Heiserkeit und Durchfall.**

Stenactis bellidioides, gibt es auf den Gebirgen von Kaschmir zwei Arten, die eine heißt mada (weibliche), die andere norr (männliche). Die Wurzel von der männlichen ist officinell.

Stenact. bellid m. rad. (I.) erwies sich nützlich, insonderheit beim **Kollern.**

Sterculia Tragacantha, s. Tragacanthum.

Stincus, s. Scincus.

Stoechas (Arabica). Lavandula Stoechas wird in der arabischen Medizin angewandt bei Zahnweh, verdorbener Galle, Magenschwäche, Verstopfungen, Fallsucht, Hautkrankheiten &c.

Stoechad. herba (I.) bewährte sich nützlich, vorzüglich bei **Schwindel, Augentriefen mit nebligem Sehen und schwarzem Staar.**

Stoechas Cashmiriana wächst in Kaschmir, wo es auch officinell ist.

Storax, s. Styrax.

Stramonia, s. Datura Stramonium.

Strontium ist den lahorischen Aerzten unbekannt. Ich gebrauchte

Stront. nitr. (II.) und sah gute Wirkungen davon, insonderheit beim **Husten.**

Strychninum ist den lahorischen Aerzten noch unbekannt.

Strychn. (III.)

Strychnos Faba St. Ignatii ist in Lahore officinell. Man bekommt sie bei den Sadu's, die sie aus dem Hindustan hinbringen.

Strychn. f. St. Ign. (II.) war eines der besten und vorzüglichsten Heilmittel, besonders bei **rheumatischen Zahnschmerzen, Mundgeschwüren, Leberentzündungen, Leber- und Kreuzschmerz, syphilitischen Schmerzen, Flecken mit Brennen und Stechen, Pest** **rc.**

Strychnos nux potatorum ist in Lahore officinell. Die dortigen Wäscher gebrauchen diese Nüsse zum Klären des Wassers; im Hindustan gebraucht man sie zu demselben Zweck. Obwohl diese Nüßchen, die nicht größer als unsere großen Erbsen, etwas platt und hart sind, zum Geschlechte der Strychnos gehören, so haben sie doch keine scharfe, so zu sagen giftige strychninartige Eigenschaften in sich.

Strychn. nux pot. (I.) bewies sich heilsam, vorzüglich bei **Schwindel und Vergehen des Gesichtes, wie auch bei Leistenbrüchen** **rc.**

Strychnos nux vomica ist so wie bei uns in Europa, auch in Lahore bekannt und officinell. Die Hakims geben sie jedoch nur im präparirten Zustande, in der Asche gebraten rc. ein.

Strychn. nux vom. (II.) zeigte sich sehr wirksam, insonderheit bei **Stirnkopfschmerz, Gesichtsflecken, Leberschmerz, Fieber mit Frieseln und Geschwülsten.**

Stylophorum Nepalense ist vermuthlich nach hier gegebener Benennung Meconopsis (Vergl. Royle's Illustr.) Es wächst auf den Gebirgen von Kaschmir, wo die Wurzel davon officinell ist.

Styloph. Nep. rad. (I.) erwies sich heilsam bei **nebligem Sehen.**

Styrax calamita, Storax ist officinell in Lahore, so auch

Styrax liquida (II.) Das wohlriechende, weiche Styraxgummi war ein gutes Heilmittel, vorzüglich bei **Ohrschmerzen.**

Suber (Suberis), s. Serpentis exuviae.

Suber (Quercus). Auch noch der Kork hat, wenn er als Medizin zubereitet ist, seine Eigenschaften und kann als Arzneimittel benutzt werden. Der wirksame Bestandtheil desselben ist unstreitig das Suberin, welches, wenn es im reinen Zustande sich befindet, auch viel kräftiger wirken würde.

Suber lign. (I.)

Succinum. Electrum ist officinell in Lahore. Die Hakims geben ihn bei heftigen Blutflüssen, wie auch beim Herzklopfen rc.

Succinum (II.)

Sulphur. In Lahore gibt es mehrere Arten von Schwefel, die theils eingeführt, theils aus dem Gebirge, wie auch von Multan rc. hingebracht werden. Auliasar ist der reinste und beste Schwefel. Es sind große Schwefelkrystalle, die natürlich vorkommen, und die zum innern Gebrauche andern Schwefelgattungen vorgezogen werden.

Sulph. Auliasar (I.) war ein nützliches Heilmittel, insbesondere bei der **tropischen Krätze.**

Sulph. citrin. (I.) hatte gute Eigenschaften gegen **Magenbrennen.**

Sulphuricum, acidum. In Lahore hatten wir zwei Arten von Schwefelsäure, eine englische und eine lahorische. Die erstere hat man erst seit einigen Jahren, seitdem nämlich mit den Engländern auch Sodawasserfabrikanten hingekommen sind, die sich dieselbe aus Indien, wo sie im Großen fabricirt wird, verschreiben. Bevor noch die Engländer da waren, hatten wir in der Stadt Lahore einen mit Blei ausgefütterten Kasten, in welchem wir uns die Schwefelsäure verfertigten. Da wir keine Platinaretorten zum Destilliren und Concentriren dieser Säure hatten und sie auch nicht bekommen konnten, die in Lahore verfertigten gläsernen Retorten leicht zerbrachen, so kam uns das Pfund wasserhelle höchst concentrirte Schwefelsäure über 1 Gulden C. M., und die Färber, wie auch die Shawlfabrikanten aus Kaschmir und Amritsir, welche diese Säure zur Auflösung des Indigo's brauchen, waren froh, daß sie selbe auch um zwei Gulden (das Pfund) haben konnten. Jetzt bekommen sie die englische um den vierten Theil des Preises.

Sulph. acid. (III.) war ein heilsames Mittel, besonders beim **Augentriefen.**

Swertia petiolata wächst auf den Gebirgen von Kaschmir. Die Wurzel dieser Pflanze ist in Kaschmir officinell.

Swert. pet. rad. (I.)

Sycias-Gagervel. Unter der Benennung Gagervel bekommt man bei den Droguisten Lahors eine schwarzfarbige, rauhe und dünne Samenkapsel(?), die von der Größe einer kleinen Wallnuß ist, dünne lange Stengel und einen bittern Geschmack hat. Man sagt, es sei ein Gewächs aus dem Sumpfe von Kanowan (im Pendschab); vermuthlich ist es eine Art Sycias?

Sycias-Gagervel (I.) bewies sich nützlich, insonderheit bei **Fieber und bei allgemeinen Schmerzen.**

Symplocos crataegoides, hievon ist die Rinde in Lahore officinell.

Symploc. crat. cort. (I.)

Tabacum (Nicotiana) wird im ganzen Pendschab angebaut, und auch stark geraucht. Nur den Sikhen ist der Tabak verboten.

Tabaschir ist ein hochgeschätzter officineller Artikel in Indien, wie auch im Pendschab. Es ist nämlich eine kieselerdige Verhärtung, die man in den Gliedern des weiblichen Bambusrohres findet. Es ist bläulich weiß, hart und anklebend an die Zunge, hat einen gelind zusammenziehenden, erdigen

*

und kühlenden Geschmack; in der Glühhitze schmilzt es zu einem durchsichtigen Glas. Die Bestandtheile desselben sind Kieselsäure 70, Potasche 30, per Cent.

Tabaschir (I.) bewährte sich als ein gutes Heilmittel, vornehmlich bei **Durchfällen.**

Tacamahaca ist ein bekanntes Harz, das auch aus den Wurzeln des in Ostindien überall (?) wachsenden Calophyllum inophyllum, dessen Blüthen und Früchte durch acht Monate im Jahre zu sehen sind, bereitet wird.

Tacamahaca (II.)

Talcum, unser europäisches ist wesentlich verschieden vom Abrak Indiens, was eigentlich Lapis specularis ist. Da jedoch das Bengal Dispensatorium Ubruk unter Talc angeführt hat, so hab' ich es auch unter der obwohl unrichtigen Benennung beibehalten. Es ist der zweiaxige Glimmer Ostindiens. Die Bestandtheile desselben sind gleiche Theile Kieselerde und Magnesie mit beiläufig 6 pro Cent Kalk. Es gibt weiß- und schwarzfarbige; beide lassen sich in fein durchsichtige Blätter zertheilen und stimmen so ziemlich in ihren Eigenschaften überein. Auffallend ist ihre Wirkung auf das Gehörorgan.

Talc. alb. (I.) war überaus heilsam bei **Ohrschmerzen mit Ohrenfluß, Schwergehör und Ohrsausen; wie auch bei Aufblähung, Leberkrankheiten und Fieber.**

Talc. nigr. (I.) bewährte sich ebenfalls nützlich bei **Ohrschmerzen mit Ohrenfluß, Schwergehör und Ohrensausen, wie auch bei Aufblähung und Kreuzschmerz.**

Tamarindi. Die Früchte vom Tamarindus indica L. werden auch von den lahorischen Aerzten stark gebraucht, bei innerer Hitze, auch bei sogenannter Schwarzgalle (Melancholie) angewandt.

Tamarindi (I.) bewiesen sich nützlich, vornehmlich bei **Durchfällen.**

Tanacetum vulgare, ist officinell in Kaschmir, wo es auch wächst.

Taraxacum (Leontodon) ist ebenfalls officinell in Kaschmir; wächst im dortigen Thale, die Blätter werden als Gemüse genossen. Die Herleitung des Namens Taraxacum kommt von den Durchfällen und der Unruhe im Leib, die der Löwenzahn in großen Gaben eingegeben verursachen kann.

Taraxaci rad. (I.) war ein gutes Heilmittel, insbesondere bei **gelblichem Augweis, nebligem Sehen,** wie auch bei **Schwären.**

Tartarus emeticus, s. Antimonium tartaricum.

Taxus baccata wächst in Kaschmir, und wird wenig zu med. Gebrauche benutzt.

Tephrosia purpurea, s. Galega purpurea.

Terebinthus (Pistacia) wächst im indischen Kaukasus, woher man auch den Terpentin nach Lahor bringt. Die Samen von diesem Baume kommen aus Cabul nach Lahore und sind der unter der Benennung Habbet-el-Chidra bereits im Med. Theile vorgekommene Artikel.

Terminalia Bellerica, s. Myrobalani.

Terra Traiberiana soll aus Aegypten herstammen und wird gegen syphilitische Krankheiten gerühmt. Sie kommt in braunen, blättrigen Stücken vor und besteht nach hier angestellter Analisation aus: Kalkerde, Kieselerde, Bittererde, Thonerde und Eisenoxyd mit organischer Substanz.

Teucrium Chamaedrys, s. Chamaedrys.

Thapsus Verbascum, s. Verbascum.

Thea. Der Thee, sowohl der schwarze als auch der grüne, sind in Lahore bekannt und gern getrunken. Man bezieht beide Gattungen aus dem Hindustan von den Engländern. In Kaschmir hat man nur den thibetanischen Thee, dem man dort den Vorzug gibt, und er wird stark gebraucht. Er besitzt wenig Arom und Geruch und wird ausgekocht. Er kommt in Kuchenform und ist schwarz. Die Engländer in Hindustan haben seit einigen Jahren angefangen, sowohl im N. W. Theile Ostindiens bei Dhera in der Ebene am Fusse des Gebirges, als auch im Gebirge selbst in Almorah den Thee anzubauen. Sie haben dazu Chineser als Arbeiter, und der Thee steht dem chinesischen wenig nach. Der grüne und der schwarze Thee ist bekanntermaßen von einer und derselben Pflanze; der Unterschied der Farbe kommt bloß von der Zubereitung derselben. Für den einen wie für den andern werden die frisch abgepflückten grünen Blätter über gelindem Feuer erwärmt, auf Matten gerollt, in die Sonne gestellt und die Operationen des Rollens und des Erwärmens theils über dem Feuer theils in der Sonne einigemale wiederholt. Der schwarze Thee wird an einem Tag gemacht, während der grüne Thee 3 Tage braucht. Um auch bei diesem die Operation zu beschleunigen, sagte man mir, nehmen die Chinesen einen sehr kleinen Theil von Blausäure dazu; diese Adulteration hieß es, wäre von der ostindischen Compagnie in Indien untersagt worden. Man will den grünen Thee ohne Zusatz von sogenanntem Gifte, natürlich haben, wenn auch mehr Zeit und Mühe verwendet werden soll. Schaden könnte indessen niemals eine so geringe Quantität von Blausäure. Wie viel Blausäure enthaltende Stoffe genießt der Mensch nicht fast tagtäglich, und sie bekommen ihm gut, weil er nicht weiß, daß er Blausäure genossen hat.

Thuja occidentalis ist den lahorischen Aerzten unbekannt. Ich gebrauchte eine Essenz, die ich aus Europa hatte.

Thujae occid. tinct. (I.) war ein gutes Heilmittel, vornehmlich beim **Seitenstechen**, wie auch bei **Schwären.**

Thuja orientalis, davon bekam ich den Samen aus dem bot. Garten von Saharenpur, wie auch von Kalkutta, womit ich einige Experimente machte, die höchst befriedigend waren.

Thujae or. sem. (I.)

Thymelaea, s. Daphne Gnidium L.

Thymus Serpyllum wächst im Himalaja und wird von den Hakims bei Gesichtsschwäche, Magen- und Leberleiden, Harn- und Regelverhaltungen angewandt.

Thymus vulgaris wächst in Kaschmir, wo es officinell ist.

Thymus v. (I.) that gute Dienste, vorzüglich bei **Katarrhen, Drüsenentzündungen**, wie auch bei der **Brechruhr.**

Tigrineum ist der Tigerstoff, oder das im Schnurbarte dieses blutdürstigen Thieres enthaltene und zubereitete Gift, von dem in der Erzählung meiner Reiseerlebnisse schon erwähnt worden ist. Die Zubereitung desselben geschah auf folgende Art. Ich zerschnitt nämlich mit einem Scheerchen vorsichtig eines von solchen borstenähnlichen Haaren in möglichst kleine Theilchen, was eine mühsame Arbeit ist, indem die Haare hart sind. Zu einem Gran solcher kleinen Stückchen nahm ich 10 Grane Zucker, mit dem sie auf das feinste verrieben in einer Drachme rectificirten Spiritus aufgelöst, wohl verstopft an einem dunkeln Orte (in einer Büchse oder Schachtel) aufbewahrt wurde. Die Dosis davon war zu 1 Tropfen auf einem Stückchen Zucker.

Tigrineum (III.) bewährte sich als ein höchst wirksames Heilmittel vorzüglich bei **Blähungen und Koliken mit Durchfall.**

Todri album, s. Polyanthes tuberosa.

Todri nigrum, s. Malvacea-Todri.

Tormentilla (erecta). Heptaphyllum, Septifolium. Die Tormentillwurzel ist officinell in Lahore; woher man sie hinbringt, weiß ich nicht.

Torment. rad. (I.) bewies sich heilsam, besonders bei **Kopfweh,** wie auch bei **Schienbeinschmerz.**

Toxicodendron, s. Rhus Toxicodendron.

Tragacanthum. Das allgemein bekannte Tragacanthgummi kommt von verschiedenen Astragalus-Arten, wie auch vom Cochlospermum gossipium. Die Hakims gebrauchen dieses Gummi gegen Husten und Brustleiden überhaupt, wie auch bei Blasengeschwüren, und glauben daß man davon fett werde, und meinen, es sei der Harnblase schädlich.

Trapa bispinosa, Tribulus aquaticus, wächst in Kaschmir in Menge. Die Wassernüsse sind ein Hauptnahrungs-Artikel in Kaschmir, von dem die dortige Regierung ein hübsches Einkommen hat. Auch in Lahore werden die

Wassernüsse stark genossen. Man verkauft sie gekocht im Bazar. Ein Brei von den Nüssen der Trapa natans, vielleicht auch von denen der T. bispinosa soll harte, schmerzlose Geschwülste zertheilen.

Trianthemum pentandrium wächst häufig in der Umgegend von Lahore; es gibt ein schwarz- und ein weißstengeliges, die ich demzufolge nach der Benennung der Inländer T. album & T. nigrum genannt, beibehalten habe.

Trianth. pent. alb. herba (I.) bewies sich vornehmlich gut bei **Kreuzschmerz, Durchfall und Stuhlzwang.**

Trianth. pent. nigr. herba (I.) zeigte sich vorzüglich wirksam bei **juckend-brennend-nässendem Ausschlage.**

Trianth. pent. nigr. rad. (I.) bewährte sich heilsam, insbesondere beim **Kopfschmerz mit Jucken.**

Tribulus terrestris, wächst in Lahore und in Kaschmir. Er ist hie und da officinell.

Tribul. terr. fol. (I.) waren ausgezeichnet wirksam bei **Mund- und Halsentzündungen,** wie auch bei **Milzschmerz.**

Trigonella foenum graecum, s. Foenum graecum.

Tuber cibarinum. Lycoperdon tuber. Lin., hat man in Indien nur hermeticalisch verschlossene, in Europa zubereitete, und das ist eine schwarze Art, mit der ich einige Experimente machte, natürlicherweise auch einige Eigenschaften entdeckte.

Tuberis cibarii conserva (I.) war ein gutes Heilmittel beim **Jucken.**

Turpethum convolvulus, davon ist die Wurzel officinell in Lahore. Die Hakims gebrauchen sie, um den dicken Schleim abzuführen, bei Lähmung, Gicht, Aussatz rc.

Turpethi rad. album, interior pars (II.) war ein vorzüglich gutes Heilmittel gegen **Kopfschmerzen.**

Tutia ist officinell in Lahore.

Tutia (II.)

Ultramarin ist in Lahore bekannt, sogar die Bereitung desselben aus dem lapis lazuli, der aus dem Turkistan hingebracht wird. Dieser kostbare blaue Farbestoff wird aber nur in der Malerei gebraucht; während der Lapis lazuli, dessen wirksamer Theil wohl nur dieser Farbestoff sein mag, von den Hakims bei verschiedenen wichtigen Krankheiten angewandt wird, so z. B. bei Krankheiten, deren Ursache in Schleim oder Schwarzgalle bestehen, wie auch beim Aussatz, Augenliedkrätze mit Ausfallen der Wimpern rc.

Ultramarin. artef. (III.) bewährte sich vorzüglich heilsam bei **bösartigen Geschwüren.**

Umbellifera-Butazeri ist vielleicht eine Neogaza oder Endressia? Buta oder Buti heißt im Indischen eine Pflanze, Zeri oder Sghir ist klein; also bedeutet Buta zeri eine kleine Pflanze. Sie ist officinell in Kaschmir und wächst auf den dortigen Gebirgen.

Umbell. Butazeri rad. (I.) bewährte sich als ein höchst wirksames Heilmittel, vorzüglich bei **cariösen Zahnschmerzen**, wie auch beim **Knochenfraß** oder **Knochengeschwüren**, vornehmlich der **Zähne.**

Urtica dioica wächst in Kaschmir häufig, sogar in der Stadt. Die Samen von der Brennessel werden von den Hakims als Galle- und Schleim tilgend und den Geschlechtstrieb reizend, betrachtet.

Urticae dioic. rad. cort. (I.)

Urticae dioic. sem. (I.)

Uva passa, wie auch die U. passula werden von Cabul nach Lahore und Hindustan gebracht, und werden stark gebraucht. Als medicinischen Artikel gebraucht man gewöhnlich die sogenannten Monaka, das sind die großen getrockneten Weinbeeren oder Zibeben.

Uva ursi (Arbutus) ist nicht officinell in Lahore. Ich hatte die Blätter von der Bärentraube aus einer Apotheke Ostindiens; vermuthlich waren sie aus Europa hingebracht worden. Sie waren ein überaus nützliches Heilmittel.

Uvae ursi fol. (I.) bewährten sich als heilsam, vorzüglich bei **Kopfschmerzen, Magenobstruction, Lebergegendschmerz, Durchfällen mit Bauchweh, Eichelentzündung, Schmerzen an den Geschlechtstheilen rc.**

Vaccineum oder zubereiteter Kuhpockenstoff. Ich verfertigte dieses Heilmittel durch Verreibung der frischen Lymphe mit Zucker (1 Theil zu 10 Theilen), die ich in Spiritus (6mal so viel als das Ganze) aufgelöst, wohl verstopft, vorm Eindringen der Lichtstrahlen in einer Schachtel oder Büchse gesichert an einem temperirten Orte aufbewahrte, öfters frisch verfertigte, und tropfenweis auf Zucker eingab.

Vaccineum (III.), seine Eigenschaften sind bereits im med. Theile vorgekommen.

Valeriana Jatamansi, s. Nardostachys.

Valeriana sylvestris wächst nicht im Himalaja, und ich hatte mir die Wurzel derselben aus Kalkutta verschrieben.

Valer. sylv. rad. (I.) war ein gutes Mittel, vornehmlich beim **Brustschmerz** und bei der **Magenruhr.**

Vallisneria spiralis findet man in den Sümpfen Indiens 2 Gattungen; die eine heißen die Inwohner eine männliche, die andere hingegen eine weibliche Art, und gebrauchen sie zum Reinigen des Zuckers; insonderheit die Hindus in Bengal, die keine Thierkohlen zur Zuckerraffinirung nehmen können, weil dieß gegen ihre Religionsgebräuche ist. Deshalb gibt es ja auch solche Indier, die mit der europäischen Zuckerfabrikation und Raffinirung bekannt sind, und gleichwohl dem schönsten Zucker, den schmutzigsten und unreinsten Gurr (Rohzucker), der noch keinem Europäer in Händen war, vorziehen.

Vanilla aromatica ist den Hakims von Lahore und Kaschmir noch unbekannt. Ich gebrauchte eine Essenz davon, die ich aus Europa hatte.

Vanill. arom. tinct. (I.)

Venae herba, s. Mentha sylvestris aff. spec.

Veratrum album, Helleborus albus ist den Hakims aus den Büchern wohlbekannt, wird aber, da er in Indien nicht zu haben ist, auch nicht gebraucht.

Veratri albi rad. (II.)

Veratrum Sabadilla, s. Sabadilla.

Verbascum (Thapsus) wächst in Lahore, wie auch in Kaschmir, wird aber hier und dort, glaub' ich, wenig gebraucht.

Verbasci fol. (I.)

Verbasci Cashmir. rad. (I.) war ein sehr nützliches Heilmittel, insbesondere bei **Kopfschmerzen, Schwergehör, Halsgeschwüren, Schulterschmerzen, Schmerzen in der Nabelgegend,** wie auch bei **Durchfällen.**

Verbena officinalis wächst so wie in Europa auch in Lahore, Kaschmir 2c.; sie wird aber heut zu Tage bei uns gar nicht mehr, und dort nur selten angewandt. Vor Zeiten war doch das Eisenkraut eines der besten Heilmittel, was wohl auch die Ursache gewesen sein mag, daß man es sogar als symbolisches Kriegs- oder Friedenszeichen, wie auch als Schmuck für Altäre, wo geopfert wurde, ferner als Amulet 2c. gebrauchte. Man gab das Kraut bei Gelbsucht, Ruhr, Gicht, Wechselfieber, Blasensteinen, veraltetem Husten, Halsleiden, Geschwüren, Ophthalmien wie auch bei Wunden ein. Die zerstoßene Wurzel als Amulet am Halse getragen, soll ein altes Kopfweh geheilt haben, was manchem aufgeklärten Arzte unserer Zeit — ein Wunder — etwas unbegreifliches sein wird. Wenn ich dazu noch sage, daß ich mehrere höchst interessante Eigenschaften, von denen oben gar keine Erwähnung geschehen ist, in dieser Pflanze gefunden habe; so ist es nur die Wahrheit, von der man sich jeden Tag überzeugen kann. Ich gebrauchte nämlich in Lahore von dem dort wachsenden Eisenkraute theils die Blätter, die ich sammt den Stengeln klein zerschnitten aufbewahrte, theils auch das Kraut mit den Samen. Die Wurzeln desselben hab' ich nie versucht. Von beiden genannten sah ich gute Wirkungen bei der Lustseuche in allen Formen, so daß Verbena wohl nur eine Veneris vena genannt werden könnte. Daß unsere Vorfahren keine antisyphilitische Eigenschaften in ihrem beliebten Eisenkraute entdeckt haben, mag wohl nur dem Umstande zuzuschreiben sein, daß diese garstige Krankheit in Europa erst seit Kurzem einheimisch geworden ist.

Verbenae Lah. herba (I.) bewährte sich als eines der besten Heilmittel, vorzüglich bei **cariösen Zahnschmerzen, Nasenentzündung, Lustseuche**, wie auch bei **syphilitischem Brennen mit Gelenkgicht.**

Verben. Lah. sem. (I.) waren ein gutes Mittel, insbesondere bei **Brustschmerzen** und bei der **Lustseuche.**

Verbesina? Kerendschue, s. Kerendschue pahari.

Vernonia anthelmintica, s. Conyza anthelmintica.

Veronica Beccabunga wächst in Kaschmir, wo sie auch officinell ist. In Europa gebraucht man den Ehrenpreis, dem man früher große heilende Eigenschaften beilegte, jetzt nicht mehr.

Vesparum favus ist das Wespennest. Man findet es auch in Lahore. Niemand gebraucht es aber. Bei meinen vielfältigen Versuchen fand ich darin große Heilkräfte; so wie auch im Wespenhonige.

Vesp. fav. (I.) bewährte sich vorzüglich heilsam bei **syphilitischen Halsgeschwüren**, wie auch bei **syphilitischem Jucken.**

Vesp. mel (I.) nützte besonders bei **Fieber mit innerm Brenngefühl.**

Villarsia nymphoides wächst häufig im Sumpfe Kaschmirs, und wird als Futter den Kühen gegeben, denen es die Milch vermehren soll.

Villars. nymph. fol. rec. (I.) thaten gute Dienste bei **Kopfschmerzen.**

Vinca minor wird in Lahore in den Gärten gezogen.

Vinc. min. fol. (I.) erwiesen sich heilsam beim **Seitenstechen.**

Vincetoxicum (Asclepias), Hirundinaria, (Vgl. Chelidonium), ist in Kaschmir officinell; ob es das Vincetoxicum vulgare Schult., oder das schwarzblüthige, Mönch (Vincetox. nigrum) ist, war aus den mitgebrachten Exemplaren nicht zu bestimmen.

Viola odorata wächst auf den Gebirgen von Kaschmir, wo man die Blätter sammt den Blumen theils getrocknet aufbewahrt, theils auch mit Zucker zerstoßen als Conserve zubereitet gebraucht und nach Lahore verschickt.

Viol. odor. fol. cum. fl. sicc. (I.) waren ein gutes Mittel gegen **Schnupfen**, wie auch bei **Schwermuth und Traurigkeit (hypochondrischer) mit Weinen.**

Viol. odor. confect. (I.) bewies sich heilsam gegen **Jucken.**

Viola tricolor, Jacca, das Freisamkraut ist den lahorischen und kaschmirischen Aerzten unbekannt. Ich gebrauchte eine in Europa verfertigte Essenz von dieser Pflanze.

Viol. tric. tinct. (I.) war ein nützliches Heilmittel, insonderheit bei **Fieber und innerer Hitze.**

Viscum album. Die Mistel kommt in Kaschmir an den Wallnuß- und andern Bäumen häufig vor, und sie soll am meisten auf der östlichen Seite des Thales zu finden sein. Die Hakims gebrauchen sie bei Milzverhärtungen, wie auch bei Wunden, Geschwülsten und Geschwüren im Innern des Ohres 2c.

Vitex negundo wächst in Lahore und ist dort officinell.

Vitic. neg. fol. (I.) bewiesen sich heilsam bei **Nasengeschwüren, Speichelfluß, Seitenstechen, Durchfall, Wadenschmerz und bei gastrisch-nervösem Fieber.**

Vitri fel ist officinell in Lahore.

Vitri fel (I.) that gute Wirkungen bei **Durchfällen, sogar mit Erbrechen.**

Vitriolum album, s. Zincum sulphuricum.

Vitriolum martis, s. Ferrum sulphuricum.

Warburgi tinctura antifebrile. Warburg's Fiebertropfen haben sich auch in Ostindien einen Ruf erworben. Dem Bengal Dispensatorium zu Folge ist der wirksame Arzeneistoff derselben die Portlandia hexandra (Coutarea speciosa, Aublet's, Guiand.). Der hier in Wien angestellten Analysation zu Folge sollen jedoch die Bestandtheile derselben ein vielfältiges Gemisch sein, nämlich: in jedem Fläschchen 6 Gran schwefelsaures Chinin, ein wenig Kampher mit etwas Massa pillularum Ruffii, oder Elyxirium longae vitae, d. i. Myrrhen, Aloe und Safran in Spiritus aufgelöst.

Ich gebrauchte diese Fiebertropfen in kleinen Gaben, indem ich nämlich die Pastillen mit der unverdünnten Essenz anfeuchtete, und hatte guten Erfolg davon, unter andern beim **Speichelfluß, wie auch beim Jucken und Brennen in der Haut.**

Wrightia antidysenterica, s. Nerium antidysentericum.

Xanthoxylum hostile, X. piperitum ist ein Baum, der im Himalaja, so auch in den Gebirgen von Kaschmir wächst. Die feinen Aeste dieses Baumes sind gesuchte, beliebte Zahnbürsten; die dicken dagegen, welche dem Holze der stacheligen Hagebutte gleich aussehen, dienen den Fakiren als Stöcke, mit denen sie sich das betäubende Hanfkraut zerreiben. Sie sparen dabei den Pfeffer, den man gewöhnlich zum Hanfkraute nimmt, wie in der Erzählung meiner Reiseerlebnisse schon erwähnt worden ist, indem nämlich jeder Theil dieses Baumes einen pfefferartigen Geschmack hat, der besonders denjenigen angerathen wird, die an katarrhalischen Verschleimungen leiden; übrigens sind von diesem Baume nur die Samen officinell.

Xanthoxyli fr. sem. (I.) nützten vorzüglich beim **Bluthарnen, wie auch beim Fieber mit allgemeinen Schmerzen.**

Xanthox. lign. cort. (I.) bewies sich heilsam, besonders beim **Schnupfen.**

Xylobalsamum ist officinell bei den Hakims in Lahore.

Zedoaria Curcuma, s. Curcuma Zedoaria.

Zedoaria longa, s. Curcuma longa.

Zedoaria Zerumbet ist officinell in Lahore.

Zedoar. Zerumb. (I.)

Zelemicae baccae sind officinell in Lahore und werden von den Hakims als ein stimulirendes, den Samen vermehrendes Mittel betrachtet.

Zelem. baccae (I.)

Zincum ist im Bazar Lahore's wohl zu bekommen, wird jedoch von den dortigen Aerzten im rohen Zustande nicht eingegeben.

Zinc. (I.) bewies sich nützlich, insbesondere bei der **Fallsucht und beim Fieber.**

Zinci joduretum oder **Zincum iodatum.** Der Jodzink ist als ein ätzendes Gift bekannt, als inneres Heilmittel jedoch kaum versucht worden. Mir scheint es, daß man durch einen kleinen Zusatz von Mandelöl, 1 Tropfen auf 1 Gran gerechnet, die corrosive Eigenschaft desselben, wenn es übrigens auch nöthig sein sollte, mildern kann. Dieser Ansicht zu Folge gebrauchte ich mehrentheils das

Zincum iodatum amygdalatum (III.) Die guten Wirkungen, die dieses Mittel hatte, zeigten sich insbesondere bei **Hüftweh, Ruhr, Fieber und beim Arsenikſiechthum** (oder bei langwieriger Arsenikvergiftung).

Zincum sulphuricum. Zincicus sulphas cum aqua ist den lahorischen Aerzten unbekannt.

Zinc. sulph. (II.) bewährte sich als ein gutes Heilmittel, sowohl beim **Vergehen des Gesichts, als auch bei der Fallsucht.** Abwechselnd mit Jodmandelöl, nützte es bei der **Lustseuche.**

Zingiber officinarum ist auch in Indien in seiner Heimath officinell. Die Hakims gebrauchen den Ingwer bei Magenschwäche, Bauchflüssen, Schwäche der Geschlechtstheile; auf den Kopf soll er aber schädliche Wirkungen hervorbringen können.

Zingib. off. rad. (I.) war vorzüglich heilsam bei **Migraine und bei schmerzender Fußgeschwulst.**

Zingiber recens. Der frische Jugwer wird zur kalten Jahreszeit in Lahore im Bazar fuhrenweise verkauft, und so ist er auch bei jedem Grünzeughändler zu bekommen, indem er ein beliebter gewürzhafter Artikel ist, den man fast zu allen Fleischspeisen gebraucht. Wegen seinen Fasern kann man ihn nicht, so wie den aus China als Conserve nach Indien gebrachten und allgemein geschätzten Jugwer benützen.

Zingib. rec. rad. (I.)

Zizyphus, davon gibt es in Lahore mehrere Arten, theils wild wachsende, theils in Gärten gezogene Bäume, die zur kalten Jahreszeit die säuerlich süßen Früchte geben, von denen einige über 1 Zoll Länge mit $^2/_3$ im Durchmesser haben. Sie sind eine Delicatesse insonderheit für die Inländer.

Zizyph. Jujub. fr. (I.) bewies sich heilsam, insbesondere bei **Durchfällen.**

Zizyph. Jujub. gummi (II.) bewährte sich nützlich bei **Koliken, wie auch bei Jucken, Brennen und Stechen in der Haut.**

Zizyph. vulg. fr. (I.) war ein gutes Mittel, vorzüglich bei **Rachen- und Halsgeschwüren, wie auch bei Durchfällen.**

Medizinisches Wörterbuch.

Vorbericht.

Da mich erst während der Beschäftigung mit der Ausarbeitung dieses Werkes der Gedanke an die Nothwendigkeit eines Wörterbuches befiel, welches, nebst dem technisch Lateinischen, Deutschen, Französischen und Englischen, auch in den orientalischen Sprachen eine Uebersetzung beinahe aller von mir gebrauchten Arzeneimittel enthalte, um zugleich den englischen Aerzten in Indien, besonders denjenigen, die sich in den dortigen Nordwestprovinzen befinden die Kenntnißnahme derselben zu erleichtern: so wird es Jedermann begreiflich finden, daß ich diesem Zwecke, insonderheit was Vollständigkeit und wissenschaftliche Genauigkeit betrifft, nicht im höchsten Maße entsprechen konnte, um so mehr, da ich beim Mangel an orientalischen Hülfsbüchern bezüglich der botanischen und medizinischen Terminologie jener Sprachen nur auf das Bengal Dispensatorium, Ainslie's Materia indica, Ibn Beithar, Meninski und Richardson's Wörterbücher angewiesen war. Indem ich also für die angedeutete etwaige Unvollständigkeit des unter solchen Schwierigkeiten abgefaßten und diesem Werke beigefügten Wörterbuches schon von vorne herein die billige Nachsicht der Leser in Anspruch nehme, erlaube ich mir zugleich darauf aufmerksam zu machen, daß ich (dieß zur Verständigung für Philologen, welche der orientalischen Sprachen kundig sind), was die medizinische oder botanische Terminologie im Indischen und Kaschmirischen betrifft, mich nicht völlig an die Correctheit der Schriftsprache hielt, sondern dieselbe bloß aus dem Munde des gemeinen Volkes, vorzüglich des Lahorischen schöpfte. — Auch ist zu bemerken, daß die lahorisch-indische Sprache von der dortigen persischen ganz verschieden, von der Hindustanischen in Vielem abweichend ist. Nicht minder sind die in den drei vorletzten Columnen (in den türkischen, persischen und arabischen Wort-Reihen) mit gesperrten Buchstaben gedruckten Wörter solche, welche die Hakims für griechische (junani) halten; wo aber dergleichen auch in der letzten Columne vorkommen, sind sie kaschmirische. Im Uebrigen sind die medicinisch-technischen Ausdrücke in der türkischen, persischen und arabischen Sprache öfters gleichlautende, weil nämlich die arabische Medizin und Schrift auch von den Türken und Persern angenommen ist. Die Indier allein haben eine von dieser verschiedenen Schrift und so auch ein eigenes Heilsystem. In Lahore gibt es jedoch mancherlei Dinge, die im dortigen Persischen und Lahorisch-indischen eine und dieselbe pendschabische Benennung haben. Schließlich muß noch bemerkt werden, daß pahari (ind.) oder Kuhi (pers.), Gebirgsprodukte; dschengli, borri, deschti oder sahrai wild wachsende Pflanzen, baghi aber Gartengewächse bedeuten.

Lateinisch.	*Deutsch.*	*Französisch.*	*Englisch.*
Abdomen	Bauch	ventre	belly
Abelmosch.mosc.sem.	Bisamkörner	grains de musc	musk-mallow seeds
Abies	Tanne	sapin	fir
Abortus	Fehlgeburt	avortement	miscarriage
Abrus precatorius	Paternostererbse	liane à réglisse	indian liquorice
Abscessus, Apostema	Eitergeschwür	abcès, apostème	abscess
Absinthium	Wermuth	absinthe	worm-wood
Acacia vera	Schotendorn	acacia	egyptian thorn
Acaciae succus	Acaciensaft	suc d'acacie	acacia-juice
Accessus, Paroxymus	Krankheitsanfall	accès de fièvre	paroxism
Acetum	Essig	vinaigre	vinegar
Acidum	Säure	acide	acidity
Achyrantes aspera	Spreublume scharfe	cadélari	rough achirantes
Aconitum dissectum	Sturmhut feinblättrig.	aconit	wolf'sbane
Aconitum ferox	Sturmhut, wilder	aconit	monkshood
Aconitum heterophyll.	Sturmhut fremdblättr.	aconit	monkshood
Aconitum Napellus	Sturmhut, Wolfswurz	aconit napel	common aconit
Acor ventriculi	Magensäure	aigreur dans l'estom.	stomach-acidity
Acupunctura	Nadelpunktirung	acuponcture	acupuncture
Acutus morbus	Krankheit, hitzige	maladie aiguë	acute disease
Adamas	Diamant	diamant	diamond
Adeps	Fett	graisse	fat
Adstringentia remed.	Mittel, zusammenzieh.	astringents	astringent remedies
Aeger	Kranke, Patient	malade	patient
Agaricus	Blätterschwamm	agaric	agarick
Agrimonia	Odermennig	souheirette, aigrem.	agrimony
Ajouain Levisticum	Liebstöckl-Adschvain	sison	seed of bishops-weed
Ajuga decumbens	(Wechselfieberkraut)	—	—
Album	Weiss	blanc	white
Alembicus	Destillirkolben	alambic	alembick
Alcanna	Alkannawurzel	orcanette tinctoriale	dyer's-bugloss
Alchymia	Goldmacherei	alchimie	alchymy
Allium Porrum	Schnittlauch	échalotte	porret
Allium sativum	Knoblauch	ail	garlic
Aloë perforata	Aloespflanze	aloès	aloes plant
Aloë succus	Aloë	suc d'aloès	aloes
Aloëxylon	Aloëholz	bois d'aloès	aloes wood
Alopecia	Fuchsräude	alopécie	alopecia
Alternanthera sessilis	Altern. sitzende	alternante	—
Althaea	Eibisch	guimauve	marsh-mallow
Alumen	Alaun	alun	alum
Amarantus cruentus	Amarant, blutrother	amaranthe	coxskomb-flower

Türkisch.	*Arabisch.*	*Persisch.*	*Indisch & Cashmirisch.*
karn, karyn	batu, dschof	schikem	ët
muschk tokhmi	babbet-el-muschk	babb e muschk	kala kasturi
tscham agladschy	schah	senubar	tschil ke dracht, dear
tschodschuk duschurmek	mosket-el-olat	betscheh richten	noksan
khoros guezi	ain-el-dik	tscheschem e choros	rottien
dumbele, tschiban	itla, dummel	dumbul	berah porah
pelin (pelin oti)	kuschut rumi?	afsentin	Nagduna, tetwain
jaban erigin, sant?	karas, send? senit?	moghil	kiker
akakia	akakia	akakia	akakia
istima tutmasi	dour	nobed	vari
turschi, sirke	chall, khall	sirkeh	sirke
eschki	hamud, hamed	tursch	katta
harvajun	halim	oputkendeh	lal tschirtschira
bisch	khanek el nimr	bisch	dschokser (mehin pater vala)
bisch	bisch	agelghia	bischnag
bisch	bisch	bisch e kesem	bedelbisch? dschokser nerr-mada
bisch	bisch	bisch e kesem	bedelbisch? kariput?
eschki jurekdeh	hamud el mideh	turschi e del	kata fil kledscheh
igne sokmak	faal el ibrah	suzen zehden	sui marne
chastalyk schelid	meredd hadd	bimari tès	zorvala mandegi
elmas	elmas	elmas	bireh
semislik, jagh	dehenn, schahem	ferrbeh	tscherbi
kabizat	kabizat	kabizat	schikembend vala
chasta, kefsis	mris, meridd	bimar	manda
garikon	gharikun	gharikun	garikun
koyun oti	ghafit	ghafes	gafes
amus	kemun meluki	nancha	dschoanni
—	—	—	tab ke butti
ak, beas	abiet, abiez	sefeid	tschita
embik	el lambik, korkah	karambik, enbyk	karembik
havaidschuwa	schenkar	dschub dschu	rotendschiod
kimia	alkymyah	kimiai	kimia
arpadschik soghani	kurras	gendehneh	kras
sarmysak	sum, tum, thum	sir	lessen
—	—	hoargendel	gikwar
sari saber	sabrah	mussebir	musseber
ūd agbadschi	ūd, kalumbak	ūd ekimari, ūd e hindi, ūd e sumudri	ager
satsch deukelmessi	dau e saleb	ilet richten e mu	valtscher
—	—	pankra siah	kali pankra
khatem	hubeis el bakara	chatmi	kheira
schab	schebb, schibbeh	zadsch bilur	patkeri
kadife tschitschegi	arus dar pardeh?	tadsch e choros	gul e kalga

*

Lateinisch.	*Deutsch.*	*Französisch.*	*Englisch.*
Amarant. gangeticus	Amarant vom Ganges	amaranthe légume	the herb goldiloks
Amarant. sanguineus	Tausendschön, Amar.	blette impérissable	amaranthe
Amarum	Bitter	amer	bitter
Amaurosis	Staar, schwarzer	goutte-sereine	blindness, nervous
Ambra grisea	Ambra, graue	ambregris	amber gris
Ambustio, Ustio	Brandschaden	brûlure	a burn or scald
Amenorrhoea	Reinigung mon. mang.	manque de menstr.	deficiency of menses
Ammania vesicatoria	Amm. blasenzich.	—	—
Ammoniacum	Ammoniakgummi	gummi ammoniaque	gum-ammoniac
Ammonium caust. liq.	Salmiakgeist, ätzend.	dissol. d'amm. caust.	liquor of amm. caust.
Ammonium muriat.	Salmiak	sel ammoniac	sal-ammoniac
Amphisbaena	Doppelkriecher	serpent amphisbéne	amphisbaena
Ampula vitrea	Glassflasche	bouteille, ampoule	bottle
Amuletum	Anhängel	amulette	amulet
Amygdalae	Mandeln	amandes	almonds
Amylum, Faecula	Satzmehl	amidon	starch
Anacardium occid.	Elephantenlaus	anacardie	cashew-nut
Anacardium orientale	Acajou, ächter	noix de marais	marking-nut
Anagallis	Gauchheil	mouron	pimpernel
Anasarca	Haut-Wassersucht	anasarque	anasarca
Anatomia	Zergliederungskunst	anatomie	anatomy
Andropogon muric.	Bartgras	barbon	(fragrant smell.-root)
Anemone (narcissifl.)	Klapperrose	anémone	anemone
Anethum graveolens	Dill	aneth	dille
Angelica	Engelkraut	angélique	angelica
Angina	Halsentzündung	esquinancie	sore-throat
Anguineum	(Schlangenstoff)	—	—
Animal	Thier, thierisch	animal, brute	animal, deer
Anisi vulg. sem.	Anissamen	grains d'anis	aniso seeds
Anisum stellatum	Sternanis	anis étoilé	star-anise
Anodyna remedia	M., schmerzstillende	anodins, calmants	anodynes
Antimonium sulph.	Schwefelspiessglanz	sulfur d'antimoine	sulphuret of antimony
Antimonium tartaric.	Brechweinstein	tartre émétique	emetic tartar
Antitoxicum, antidot.	Gegengift	contre-poison	antidote
Anus, culus, podex	After, Gesäss, Hintere	anus, cul, derrière	anus, breech, fundam.
Aphrodisiaca remedia	Geschlechtstrieb r. M.	aphrodisiaques	aphrodisiacs
Aphthae	Schwämmchen	aphte	aphthae, trusch
Apium graveolens	Sellerie	céleri, ache	celery
Apoplexia	Schlagfluss	apoplexie	apoplexy
Apothecar. Pharma c	Apotheker	pharmacien	apothecary
Appetitus	Esslust	appétit	appetite
Aqua	Wasser	eau	water
Aquilegia Moorcroft.	Wiesenraute	colombin ancolie	columbine herb
Arabicum gummi	Gummi arabicum	gomme arabique	gum arabic
Araneum	Spinnengewebe	toile d'araignée	spider's web

Türkisch.	Arabisch.	Persisch.	Indisch & Caschmir.
amarithon	amarithon	—	lal-sag
jarbus? solmaz tschit.?	—	siwul	tschorai, genhar
adschi	morr	telch	koura
giözde kara perde	ma el asuoad	ab e siah	kala pani
ambar	amber asebkar, anbar	scha bui	amber
janek jeri	hork, tahrik	sochtegi	serge, dschelge
ailyk (eksiklik) kusur	kulet (laps) el heis	kalilet (babs) el ade	lou e kammer bend
—	—	—	daderbuti, datmari
tschadir uschug	uscheg	simk bilschirin	uschak
nischadir ruhi	roh el neschader	ark e nouschadir	nouschader ke arek
nischadir	armina, neschader	nouschadir	nouschader
—	-	sab dumuvala	mar dumuha
bulbule, kabalak	bakbuka, kezas	bottel siah	bottel ke schische
taviz, hamaïl, nuska	hamayl	tavīs	tavis
badem	lous, louzah	badam	badamen ke gerri
abgun	leblab el kambh, gara	neschasteh	gihunkahir?
anakardia	anakardia	ketschu badam	bidscheli badam
dschedoar hindi	belader	belaweh, pilara	engnatsch
bahersak oti	katil elalak	anagalis	tschaneni, magunes baghi
istiska, syskalyk	istiska tabli	istiska tabli	voĕrem sare srir
ilmi teschrih	ilm el teschrih	ilm eteschrih	—
—	—	khas	ischir
gelindschik tseitsch.	schakschekyk	numan?	gul sitel kubi
darah oti	schibet	schibet	soya, sowa
benzer? melayik oti	melekayeh	sumbul khatayé	—
boghaz kyssil massi	chonak, chünnak	gelu pochteh	gal (pir) suzesch
—	—	ilatsch as zeher emar	sab vala dowa
haiwan	behima, dabeh	haivan	dschanaver
anason	anissun	badian rumi	razianeh rumi
badian khatayé	badian khatayé	badian khatayé	anaspul
aghre dindiridschi	muskinat el wodscha	dova teskinet e dert	aram dene schei
demirbozan, rastyk	asmat, kohl	surma (surh)-siah	kala (lal) surma
tartar kusdurudschu	dova el keih	istifrag nemegi	ulti ke lun
panzehir	dut essemm	fadzeher, teriak	fadzeher
göt deligi, beuzuk	ayn ettiz, makat	kun	tschotter, pitschari
mubehyat	mubehyat, muschteh.	kuvetba	dova e kuvet
aghz bochar?	buhamrun?	pochtegi dehen	dschusch e ma
kereviz, aurasalin.	kerefs, besleh?	krefs, melaah?	asmud (a. involucr.)
damla	noktah	sakta	sakta
edschadschy, speciar	attar, beya dawa	abtar, dovafrusch	pezari
ischtiha, ischtah	kabyl	guruschnegi	pok, buk
su	ma, moyéh	āb	pauni, dschell
—	—	—	karipotri
samgh arabi	semkh sendry	simk (arabi)-moghil	gunt e kiker
eurumdschek agbi	dam el aukebut	kelashaneh	mekri ke dschaleh

Lateinisch.	Deutsch.	Französisch.	Englisch.
Arbor	Baum	arbre	tree
Ardor	Hitze, brennende	chaleur brûlante	a burning heat
Areca catechu nux	Arecapalm-Nuss	noix de betèl	betel nut
Arena	Sand	sable	sand
Argemone mexicana	Stachelmohn	—	yellow thistle, prickly
Argentum	Silber	argent	silver
Argent. nitric. fus.	Höllenstein	pierre caustique	lunar-caustic
Argilla	Thon (Alaun)- erde	argile	clay
Arisaema gracile	Aris. schmächtig.	—	—
Aristoloch. longa	Lange Osterluzei	aristoloche	longwot. birthwort
Aristoloch. rot.	Runde Osterluzei	aristoloche	birthwort
Armeniacum malum	Aprikose	abricot	apricock
Armoracia	Meerrettig	raifort	horse-radish
Arnica montana	Wohlverlei, Fallkraut	arnica	wolfs (leop.)-bane
Aromatica (remedia)	Gewürze, Würzmittel	épiceries	aromatics
Ars	Kunst, Wissenschaft	art, science	art, skill, science
Arsenicum	Rattengift, Arsenik	arsenic	arsenic, rats-bane
Artemisia (Abrot.)	Stabwurz, Beifuss	armoise	artemisia, mugwort
Artemisia austriaca	Art. österreich.	—	southernwood, ind.?
Artemisia leptoph.	Art. schmalblättr.	—	—
Artem. vulg. aff. spec.	Art. gemein. ähnl.	—	—
Arthritis, dolor artic.	Gicht, Gelenkgicht	arthrite, goutte	arthritis, gout
Arum campanulatum	(Eine essbare Wurzel)	racine alimentaire	esculent root
Arum colocassia	(Eine essbare Wurzel)	racine alimentaire	esculent root
Asa foetida	Stinkender Asand	assa foetida	asa foetida
Asarum	Haselwurz	asaret, cabaret	asarabacca
Ascites	Bauchwassersucht	ascite	dropsy of the belly
Aselli Jecoris oleum	Leberthran	huile hépatique Cab.	cod-oil
Asparagus officinalis	Spargel	asperge	common asparagus
Asparag. racemosus?	Zeelands Pavonia?	asperge	asparagus
Asparagus sarment.	Rankender Spargel	asperge	lin. leav. Asparagus
Asphaltum	Judenpech, Erdharz	bitume	bitumen, rock-oil
Asphyxia	Scheintod	asphyxie	asphyxia
Aspidoclonion semif.	Ringschlange	pongur?	—
Aspis Naja	Brillenotter	cobra-capella	cobra di capello
Asplenium	Milzfarn, Milzkraut	doradille	spleenwort
Asthma	Engbrüstigkeit	asthme	asthma
Astragalus	Wirbelkraut	astragal	astragalus
Astrologia	Sterndeutung	astrologie	astrology
Atramentum	Schwärze, Dinte	teinture noire, encre	tint, ink
Atrophia	Darr-(Schwind)-sucht	atrophie	atrophy
Attenuantia remed.	Verdünnende Mittel	atténuants	attenuant remedies
Aurantium pomum	Orange, Pomeranze	orange	orange
uripigmentum	Opperment	orpiment	orpiment

Türkisch.	*Arabisch.*	*Persisch.*	*Indisch & Caschmir.*
aghadsch	sedschreh	daracht	dracht
janik issidsekaklik	harr harek	suzesch	sern, germi
supari	fufel, fawfal	supari (kati)	supari (tschikni, telie)
kum, tasch	raml, hessat	sengh e rizeh	reg
argamone	argamone	shial kanta	berband
gümüsch	foddu, foza, fedhdat	nokra, sim	tschendi, rupa
dschehennem taschi	hadschar dscehennem	sengh e dschehennem	kanschtek
baltschik, kil	tin mogresa, tini-machtum	gel sefeid	gazni mitti, tschitti mitti
jilan betschage oti	luf? dekabatirun?	katu schena	sapemak, surengendo
uzun zerawend	mosmakar	zerawend tauil	—
juvarlak zerawend	zeraw. mudavretsch	zeraw. mudawretsch	—
mischmisch, kajsy	zerdalu	zerdalu	mischmisch?
hyren	fidschl?	—	—
—	khancka zeib	—	—
baharlar	behar, ottareh	mosaleh	boschbu mosaleh
ustalyk, marifet, ilm	sanaah, hekmet, elm	ustakari, hekmet	karigeri
sytschan oti	turab el chalik	semm el far	senkich
kafhs oti, miskoti	dakn escheyk?	bui maderan	—
kaisum? kysum?	sandschasef	birindscb assēf kuhi	gundmar
—	afsantyn	afsentin keschmiri	tatuvan mada
misk	üd el heia	nagduna	mowa, dagitschau (pahari)
nikris (podogra)	wodseba el muluk	dert e mufasel	dschurien ke pir, gent
—	—	ovel? suzen?	zeminkand
—	arbi, adseu el fil	ketschalu	ghoyan
scheitan boku	endschudan, heltid	engozeh	hing
asaron, kedi oti	asarun	muschk bala	nitermala, most
istiska (zekki)	istiska (zekki)	istiska (zekki)	dscheloder
balyk jaghy	—	—	—
kusch konmas	Veramia	martschobeh (haliun?)	nakdun?
—	—	—	setaver, sutavari?
—	—	musseli sefeid	sutamuli
chaschil? Schisehgan	hemar, kafer el Jud	zift rumi, kyr	seladsch., mosti sengh
damla boghulmak	habs el nefes	bend schudeni enefs	—
—	—	—	sengtschur, pungar?
saghye jylan	—	—	afeieh, fenieh
—	skulufenderjun	senidaru?	tschapabuti (a. radiat.)
tenk nefeslik	dyk el nefs, haschyan	zik eneffes	sab ouka
—	—	—	gagerkundu, drab
jyldyza bakma	ilm ün nüdschüm	munedschum-kari	munedschumat
murekep?	medad, hebr	ruschneggi, merkeb	siai
verem, ariklik	dokk	dekk	sil
mulettifat	mulettifat	mulettifat	—
turundsch	utrudsch	narindsch	narindsch
zernikh	zernek	zernieb zerd	bartal

Lateinisch.	*Deutsch.*	*Französisch.*	*Englisch.*
Auripigm. foliatum	Blätterig. Operment	orpiment feuillu	leafy orpiment
Auripigm. rubrum	Rother Arsenik	arsénic rouge	realgar
Auris	Ohr	oreille	ear
Aurora	Morgenröthe	aurore	aurora
Aurum	Gold	or	gold
Avellana nux	Haselnuss	noisette, aveline	hazel-nut, filbert
Bacca	Beere	baie, grain	berry
Balaustia	Granatblüthe	balauste	balaustine-flowers
Balbutio	Stottern, Stammeln	bégaiement	stuttering
Balneum	Bad	bain	bath
Balsamum	Balsam	baume	balm
Balsamum de Meccha	Meccabalsam	baume de la mecque	balsam of Mecca
Bambusa arundinac.	Bambusrohr	bambou	bamboo
Barba	Bart	barbe	beard
Bardana	Klettenkraut	bardane	burdock
Barleria longifolia	Barlerie, langblättrige	barrière	longleav. barleria
Barrington. acutang.	Barringt. spitzeckige	—	—
Basella rubra	Basella, rothe	baselle rouge	red basella
Bassia latifolia	Bassilie, breitblättrige	—	broad leaved bassia
Batatas convolvulus	(Erdäpfel, süsse Art)	—	sweet patatoes
Batis spinosa?	Batis dornige	—	—
Bauhinia tomentosa	Bauhinie, filzige	bauhinie	flower of the mountain ebony
Bauhinia variegata	bauhinie	bauhinie	—
Bdellium gummi	Bdellium	bdellium	bdellium
Behen (Been) album	Behen, weisser	behen blanc	white rhapontic
Behen (Been) rubrum	Behen, rother	behen rouge	red behen
Belemnites	Wurfstein, Pfeilstein	pierres de lynx	arrow-stone
Belladonna	Tollkirsche	belladone	nightshade, deadly
Benzoës	Benzoëgummi	benjoin	benzoin
Berberis lycium	Kreuzdorn?	lycion	lycium
Berb. lyc. extract.	Kreuzdorn? extr.	—	—
Berberis vulgaris	Berberitze	vinettier	common barberry
Berthelot. lanceol.	Berth. lanzetförm.	—	—
Beta vulgaris	Rübe, rothe	betterave	red beet
Betonica officinalis	Zehrkraut	betoine	wood betony
Bezoardic. animale	Bezoardstein, thier.	bezoard animal	bezoar-stone anim.
Bezoardic. minerale	Giftstein	bezoard mineral	bezoar-stone miner.
Bistorta	Schlangenwurz	bistorte	great bistorte
Blepharoptosis	Augenliedlähmung	paral. de la paupière	palsy of the eye-lid
Blumea auriculata	Blumea auric.	—	—
Bolus armenius	Bolus, armenischer	bole d'armenie	bole-armenic
Bombacis hept. gumm	Baumw. B. 7blättr. g.	—	gum of the semultree
Bombac. heptaph. rad.	Baumw. B. 7blätt. W.	—	—
Bombac. pentandr. g.	Baumw. B. gummi	—	gum of the cotton tree

Türkisch.	*Arabisch.*	*Persisch.*	*Indisch & Caschmir.*
japrakli hartal	varki hartal	varki hartal	tanki hartal
körmezi sitschan oti	monsel	zernich surh	mantschel, lal sumbul
kulak	idu, ezn	gusch	kan
sabah agharmassi	sahar, sehĕr	terki	veda fedscher
altyn	deheb, zeheb	tilla	suna
fundnk	benduk	finduck	—
jemisch, temer	habb, hebbeh	habb	dane
enar tschitschegui	dschel e nar	gul e nar	—
pelteklemek	ledghah, temtem?	loknet e zeban	tetranneh
hamam	hamam	abzen	ghassel
pelesenk jaghy	belesan	belesan	belsen
chiabeh pelesenghi	belsen el mekki scherif	roghan e belesan	—
hind kamyschi	kassab, jaramia?	bambu, bans	bans
sakal	dakn, layah	risch	dari
dulavrat (oti)	lussyk	—	—
—	—	—	talmakana
—	deriah semer	semunderpel	semunderphel
—	—	—	huibuti, mirtschbuti?
—	—	—	mua, muva
—	—	—	schekerkand
—	—	—	patīs
—	—	—	usmadugha (sanscr.)
—	—	ketschnar	ketschnal
mukul	mokl, aflatun?	mokell arzek	gugul
ak bamen	bamen abiet	bamen sefeid, mogas	tschitta bamen
körmezi bamen	bamen ahmor	guscht e adem	lal bameu
—	—	—	—
—	aneb el salep	ruba tarbuk	sagangur
asilbent	loban	loban	luban
arh e sofer	arh el sobakein	dartschob	darheld
hozus hindi	lufiun, bokiun	hozus, res	res, resont, hozis
argis	amberbaris?	zerischk, zarschak?	kurbul
—	—	—	rischembutti
pandschar	selk, bondschar	tscheghender	leblebu
betonika	kestere, bettonyla	—	—
jadetsch	hadschar ettīs	fad zeher haivani	badezeher haiveni
zeher mura madeni	zeher mura madeni	zeher mura madeni	fadzeher kani
insibar, kurt pendsch.	indschebar	indschebar	—
—	istircha el dschefen	susti ve pain schuden epalek	—
—	—	asgend lahori	kukurtschelli
ermeni toprak	tyn (torab) - ermeni	gil ermeni	geru, geri, hurmtschi
—	—	schekufe fufel	mutscheres
—	—	musli sefeid	tschitta muslie
—	—	simul sefeid	hatian ke gund

**

Lateinisch.	*Deutsch.*	*Französisch.*	*Englisch.*
Borax	Borax	borate alcal. de soude	borax
Borborygmus	Knurren im Leibe	borborisme	borborygm
Bovista	Bovist	vesse-de-loup	puff-ball
Brassia oleracea	Gartenkohl	chou	cabbage
Bryonia alba	Zaunrübe, Gichtrübe	bryone	bryony
Bubo	Leistenbeule	bubon	bubo, boil
Buteae frondos. flores	Buteablum., belaubte	—	—
Buteae frondos. folia	Buteablätter belaubte	—	—
Buteae frond. gummi	Buteaharz belaubte	—	—
Buteae frond. semina	Buteasamen belaubte	—	—
Butomus umbellatus	Binsenblume	butome a ombelle	—
Butyri serum	Buttermilch	babeurre	buttermilch
Butyrum	Butter	beurre	butter
Butyrum recens	Butter, frische unges.	beurre frais	fresh butter
Cacalia Kleinia	Pestwurz, canarische	cacalie	hart's-ear
Cachexia	Kachexie	cachexie	cachexy
Cacochymia	Säfte, verdorbene	cacochymie	cacochymy
Cactus (indicus) Tor	Melonendistel	melocacte?	the melon-thistle?
Cadaver	Leichnam	cadavre	cadaver
Caecus	Blinde	aveugle	blind
Calaminaris lapis	Galmeistein	calamine	calamine
Calamus aromaticus	Kalmus	roseau aromatique	root of sweet flag
Calcinatio	Verkalkung	calcination	calcination
Calculus renalis	Nierengries	gravelle	gravel
Calculus vesicalis	Blasenstein	pierre dans la vessie	stone in the Bladder
Calebrookea oppos.	(Dealsing's Wurzel)	—	—
Calendula	Ringelblume	souci fleur	marigold
Caligo	Sehverdunkelung	obscurciss. de la vue	visual obscuration
Calombae radix	Colombawurzel	colomba racine	columba-root
Calophyllum inoph.	Grosses Schönblatt	calophylle	—
Calor	Hitze, Wärme	chaleur	heat
Calotropis gigant.	Riesen-Calotropis	calotropis gigantea	gigant. swallowwort
Calviti(um)es	Kahlheit, Glatze	chauveté, calvitie	baldness
Calx	Kalk	chaux	lime
Camelinum coagulum	Lab vom Kameel	présure de chameau	rennet of camel
Campechianum ligu.	Kampescheholz	bois de campêche	logwood
Camphora	Kampfer	camphre	camphor
Cancer fluviatilis	Flusskrebs	écrevisse	water crab.
Canella alba	Zimmt, weisser	cannelle blanche	white cinnamon
Canis	Hund	chien	dog
Cannabis herba	Hanfkraut	chanvre	hemp
Cannabis resina	Hanfharz	résine de chanvre	churrus (hemp resine)
Cannabis semen	Hanfsame	chenevis	hemp seed
Cantharides	Spanische Fliege	cantharide	spanish-fly
Capillus Veneris	Frauenhaar	capillaire	maiden-hair

Türkisch.	*Arabisch.*	*Persisch.*	*Indisch & Caschmir.*
tengiar	burak	tenkar	sohaga
karn gurnldemesi	schamatta fil batu?	avas e schikem	kurkur e schikem
birnevi mantar	—	—	kumb
karnnb, lahana	lahana, melfuf	keremb, karnubrumi	gobi (Blumenkohl)
semis kabak	balik elschar	kerm deschti	hezaredschtshan?
khiardschik	demmel?	—	vedder
—	—	gul kisser	palas- (kessu) ke pol
—	—	berg chindi	plas, tschitschara
—	semgh d'bak	kamerkas	tschunie ke gunt
—	—	—	palas papra
—	—	—	briktschi
pejnir suju	dogh, modschebben	lessi	lessi rellki
saï jaghy	semmen, samn	roghan e zerd	keo, ghi
tere jaghy	zébdeh, zubd	messkeh	mekken
sighirdilli	lisan el- (zäor) tor	gouzeban, kakalia	kazeban
gelindschik	bulkaia	zof dschigeri	boz
—	chilt el fased	—	—
—	—	—	tor
ölü, dschenaze	lesch, meyt	murdéh	murdeh
kior? kör	aamä	korr, nazer bend	nabineh
kalimia	kalimia	—	—
azak eggiri	igir wodsch	vortsch	butsch, vau
—	—	kuschtegi	kuschte kam
beumbrek taschi	hessaht el kilve	rēgh e gurdeh	rohr
schaschdan taschi	bakset el mabuli	sengh e mosaneh	patri
—	—	—	teich ke butti
ayni sefa tschitschek	adsriun	gul aschrefi	hamischbahar
nazar karanlik	zelam el nadder	tariki tschehschem	honeri akienke
—	—	—	columba ke dscher
—	—	—	sultana tschampa
sydschaklyk	hararet	atesch	germi
ushir, ag	aschar, ag	ak, ag	madar
das-baschly, dazlek	adschlah, akraa	richtegi mu eserr	—
kiredsch, kils	ahak, nurat	uureh	tchune
dewe anfahi	anfaha el schutur	penirmaieh schutur	penirmaieh el ut
kanbydsch	—	—	—
kiafur	kafur	muschk kafur	kepur
jengetsch	serettan, sirtan	sertan	—
beas dartschini	—	—	—
kiöpek, it	kelp	sek	kuta
kenewir, kendir	hascheisch, kannab	bengh	suka
—	—	tschers	tschers
kendir tokmi	bezer el kenab	tobm ebengh, schaden.	sukka ke bidsch
kodoz bödschegi	zerarih	megges bra dagh	mekkien daghvala
baldirikara, keschper	kusberet el byr	persiauschan	schahr el dschin, dschoutir

Lateinisch.	*Deutsch.*	*Französisch.*	*Englisch.*
Capparis	Kapperstrauch	caprier	capper-bush
Capra	Ziege	chèvre	goat
Capsella	Hirtentasche	bourse à pasteur	shepherd's purse
Capsicum	Spanischer Pfeffer	poivre d'inde	cayenne pepper
Caput	Kopf	tête	head
Carbo animalis	Thierkohle	charbon animal	animal charcoal
Carbo vegetabilis	Holzkohle	charbon de bois	vegetable charcoal
Carbunculus, anthrax	Kohlenbeule	éscarboncle	carbuncle
Carcinoma	Krebsgeschwür	carcinome	carcinoma
Cardamomum majus	Paradies Ingwer	grand cardamome	cardam. seeds, great.
Cardamomum minus	Cardamome, kleinere	petit cardamome	cardam. seeds less.
Cardiaca remedia	Herzstärkende Mittel	cordiaux	cordials
Cardialgia	Magenkrampf	cardialgie	cardialgy
Carduus marianus	Mariendistel	chardon notre Dame	st. mary's-thistle
Caries	Beinfrass	carie	caries
Caries dentium	Zahnfäule	carie des dents	caries of the teeth
Carissa Carandas	(Ein immergr. Baum)	—	—
Carminativa remedia	Blähung. vertr. Mittel	carminatifs	carminatives
Carniolus	Karneol	cornaline	carneol
Caro	Fleisch	viande, chair	flesh, meat
Carota (Daucus)	Rübe, Möhre, (gelbe)	carotte	carrot
Carpesium	Kragenblume	carpesie	—
Carpesium racemos.	Carpes. traubiges	—	—
Carpobalsamum	Meccabals. B. Früchte	grains de baume	fruits of protium
Cartham. tinctorius	Saffran, deutscher	carthame	safflower
Carvi semina	Kümmel	carvi, cumin	caraway seeds
Caryophyll. aromatic.	Gewürznelke	clou de girofle	clove
Cascarilla	Cascarille	cascarille	cascarilla bark
Caseus	Käse	fromage	cheese
Cassiae absus semina	Kassie, ägyptische	casse d'égypte	egypt. cassia
Cassia alata	Kassie, geflügelte	—	ringworm shrub
Cassia fistularis	Röhrenkassie	casse purgative	purging cassia
Cassiae fist., pulpa	Purgirkassien Mark	pulpe de casse purg.	pulp of the purg. cass.
Cassia lignea	Mutterzimmet	casse en bois	cassia-lignea
Cassiae Tamalae folia	Tamalkassien Blätter	casse tamala	tamal-cassia leaf
Cassia tora	Kassie, viereckig fr.	—	oval-leaved cassie
Castoreum	Bibergeil	castoréum	castoreum
Catalepsis	Starrsucht	catalepsie	catalepsy
Cataplasma	Breiumschlag	cataplasme	poultice
Cataracta	Linsenstaar	cataracte	cataract
Catarrhus, coryza	Katarrh, Schnupfen	catarrhe, rhume	catarrh, cold, rhume
Catechu	Katechu	cachou	catechu
Cauterium	Brennmittel	cautère	cautery
Cedrela Toona	Tunbaum	—	toon tree
Celastrus paniculatus	celasterstaude	céIastre	heart pea
Centaurium minus	Tausendguldenkraut	petite centaurée	centaury

Türkisch.	*Arabisch.*	*Persisch.*	*Indisch & Caschmir.*
kebere	kabbar, kebireh	kiber	krir
ketschi	anzi, mazah, dschedi	bos	bakra
tschoban tschantase ot	anbub el rain	—	kralenmundu
kyrmyzi biběr	fulful el ahmor	filfil e surh	lal mirtsch
basch	ras	ser	sir
haivan kiömürü	fahm haiveni	zoghal haivani	dschanaver ke koyla
kiömürü	fahm	zoghal	koyla
jumurdschak tschoban	dschemreh	schelfuttah	gedodane?
schiripendsche	sertan	khergeng	kekre
kakule buzurk	kakuleh kebar	ilatschi kalan	hĕl, vera ilatschien
kakule kutschuk	kakuleh zeghar	ilatschi chord	hĕl, tschoti ilatschien
jurek anamai	mokawyati del	mukavi eddel	kledsche ke dova
jurek aghrisi	wodscha el kalb	suzesch eddel	kledsche ke pir
schelket bumarek	schük del hamir?	kortobeh?	—
tschuruk-kömük	kru el addem	kru lostochan	ghemir
tschuruk-disch	sinn mekruh?	dend(an) kerm chorde	konandra
—	—	kekrounda	kerounda
sandschi eza	mofeshyat	rafa e riah	badi ke dowa
(h)akyk (taschy)	hadschar el yemen	sengh e yemen	—
et	lahm, laham	guscht	mas
hawadsch	dschezer, gazer	zerdèkh	ghazer
—	—	—	purgas
—	—	—	hokmendas
—	habet el belsan	tohm belsan	—
kartam, asfur	masfer, aasfureh	kossumba, kurtum	kussum, kadschira
freng kimionn	kemun, kerawjia	zira rumi, z. siah	kali ziri
kurn karenfil	karunfel	mikhak	longh
amber kabulu	—	—	—
pejnir	dschubn, dscheben	penir	penir
hoschmak, kischmez.	habb elsudan	tschagsu, hoschcham	tsaghsu, tscheschum
—	—	herrmeh, povar	halvan, dadrinu
chyar schember	chyar schembeh	flus	ameltas, gulcker
—	mags chiarschembeh	mags e flus	—
naat, selicha	selykhah sadetsch h.	tadsch pat	keikeila
—	sadetsch elhind	sadetsch hindi	temalpater
mughas	häbb-el-kulkul	cnardane deschti	grotschen, tschakunda
kunduz haiasi	hossiet kelp-el-ma	dschund ebedester	luder ke haia
sakta	sakta	sakta	—
lapa	laska, lezkat	lĕb	lupri, lĕb
giöz dumani	nezul e meh	ab e seicid	motie-bind
enme, nazile, nevazil	nezul, raschah	zukam, rizesch	zukam, rizesch
keat hindi	kat ablez	kat sefeit	tschitta kat
jaki, dagh	kei, kyat	kei, dagh	dagh
—	—	—	tuhn
—	—	—	malkengni
kantarion	kantarijun	kandaridschun	—

Lateinisch.	*Deutsch.*	*Französisch.*	*Englisch.*
Cepa	Zwiebel	oignon	ouion
Cephalalgia, Cap. dol.	Kopfschmerz	mal de tête	head-ache
Cephalica remedia	Kopf-Arzneien	(remèdes) céphaliques	cephalics
Cephalitis	Gehirnentzündung	frénésie	frensy
Cera	Wachs	cire	(bee's) wax
Cerasum	Kirsche	cerise	cherry
Cerebrum	Gehirn	cerveau, cervelle	brain
Cerefolium	Kerbel	cerfeuil	chervil
Cerelaeum (ol. cerae)	Wachsöl	huile de cire	wax-oil
Cerevisia	Bier	bière	beer
Cerussa	Bleiweiss	carbonate de plomb	white lead
Cervi, cornu	Hirschhorn, Geweih	corne de cerf	hart's-horn
Cetaceum (spermac.)	Wallrath	blanc de baleine	spermaceti
Chalybs	Stahl	acier	steel
Chamaedris (teucr.)	Gamanderlein	germandrée	germander
Chamaepitys	Erdweihrauch	ivette	ground pine
Chamomilla	Kamille	camomille	camomile
Chaulmoogra odorata	(Mandelkernähnlich)	—	—
Chelidonium	Schellkraut	chelidoine	celandine
Chenopodium album	Gänsefuss, weisser	patte d'oie blanche	white goosefoot
Cherayta (gentiana)	Wurmsaamenkraut	plante des s. de vers	worm-seed plant
Chinae cortex	Chinarinda	quinquina	china
Chirurgus	Wundarzt	chirurgien	surgeon
Chlorosis	Bleichsucht	chlorose	green sickness
Cholagoga remedia	Galle reinigende Mitt.	cholagogue	cholagogue
Cholera morbus	Brechruhr, Cholera	coléra morbus	cholera-morbus
Chronicus	Langwierig	chronique	chronical
Chrysanthem. indic.	Goldblume	chrysanthème	chrysanthenon
Cibus, alimentum	Speise, Nahrung	aliment, nourriture	food, nourishment
Cicatrisantia remed.	Mittel, vernarbende	remèdes cicatrisantes	cicatrisant remedies
Cicer arietinum	Zwerg (Zieser)-erbse	pois chiche	chick-peas
Cichorium Intybus	Cichorie, Wegwarte	chicorée	succory
Cicuta, Conium mac.	Gefleckte Schierling	ciguë	spotted hemlock
Cimex	Wanze, Wandlaus	punaise	bug
Cinis	Asche	cendre	ashes
Cinnabaris	Zinnober	cinabre	cinnabar
Cinnamomum	Zimmet	canelle	cinnamon
Cinnamomi flores	Zimmtblüthe	fleur de canelle	cinnamon-flower
Citrinum, flavum	Gelb	jaune	yellow
Citrus-Galgala	Galgal-Citrone	—	—
Citrus medica, Limon.	Citrone, Limonie	citron, limon	citron, limon
Clematis erecta	Waldrebe, aufrechte	clématite droite	—
Cleome pentaphylla	Cleome, fünfblätterig.	cléome	five leaved-cleome
Cleome viscosa	Cleome, klebrige	cléome	viscid-cleome
Clerodendr. infortun.	Lusbaum, unglückl.	clérod. infortuné	—
Clysma, Lavamentum	Klystier	clystère, lavement	clyster

Türkisch.	*Arabisch.*	*Persisch.*	*Indisch & Caschmir.*
soghan	bassal, basl	pias	piadsch, genndeh
basch agrysy	vodscha-el ras, sudā	dert e serr	sirr ke pir, sirr ke dert
mukavi damagh	mukawyat-damagh	mukavi edamagh	—
karabitus	karabitus	karabitus	—
balmomu	kir, schama el assel	mum	mum, mün
kerasia, kiras	kerasija, karas	kiras, alubalu	alubalu
beïn(i)	mokh, dimag	maghs	maghs
doragh oti	kerafes	kusber	—
balmum jaghi	dehen el schama	roghan e mum	mum ke têl
buzah, piwa	byrah	schrab e dschou	birra scharab
istibedsch	asfidatsch, baruk	kaschkeri	suffidah
gejikbujuuzu	karu el-ayel	schah e gevohzen	barausing ke karu
balyk jaghy	—	—	—
tschelik	fulad, istham	folāt	folāt, ispāt
kizadschik mahmud	balut el ards	khemadrijus	renami daru
jer tschigdami	kemafitus	khamabitis	—
papadia tschitschegi	babunedsch	babuneh	babunch ke pol
—	—	—	tschaul mugra
kirlangitsch oti	selydanyum	mammyreh	mammira
—	khatef	dschousagh	bathua, konab ?
—	kasseb el zerireh	tscheraita	tscheraytah
kinna-kinna	kinna	kinna	kinna
dscherrah (baschi)	dscherah, hadscham	dalak, dscherah	nai, hadscham
ak sarelek	—	pus	pos, pus
mushilati safra	mushilati safra	mushilati safra	—
kara sarylyk	heizeh	heizeh	daki
eski, kadim, muzmin	muzmineh	musmineh, kouna	purana
—	vort el fedschar	gul e rana	gul e daudi
ekmegi? jemek, taam	ekkel, taam	nan, chorak	kane, pal
kabuklanmagi	modmilati karuh	hosch kunindeh dova	krin hooschaneke daru
hums, nohud	hims	nohud e siah	tschole, tschenna
hindiba	schikoryah, hendeb	kasni	kasni, saz e hand
baldiran	—	—	—
tachta biti	bakk(ah)	chatmel	chatmel
kül	remad	chakister	soa
zendschefir	sindschafr	schingrif	zingarof
dartschin, tartschin	dar-sini, kirfeh	dar-tschini	dal-tschini
—	—	gul e dar-tschini	—
sare, sary	asfar, safra	zerd	pileh, besanti
—	—	—	galgal
ilimun	lymun, leimun	lemun	nimbu
bagh söjüd kurdu	—	—	—
—	—	—	hindauli, hulhul
—	—	—	harhar
—	—	—	pendeka, piringi
ihtigan, hokna	haknab	destur	pitschkari

Lateinisch.	*Deutsch.*	*Französisch.*	*Englisch.*
Coagulum	Lab	présure	rennet
Coccionella	Cochenille	cochenille	cochineal insect
Coculus menisperm.	Fischkörner	coque de levant	jagged-moon seed
Cocos Sechellarum	Cocusnuss Mald.	noix de coc. de mald.	sea-cocoa-nut
Cocos nucifera	Cocusnuss, indische	coco	cocoa, cocoa-nut
Coeruleus	Himmelblau	bleu céleste, azuré	sky-blue, azure
Coffea	Kaffee	café	coffee
Coitus	Beischlaf	concubinage	the act of coition
Colchicum autumnale	Herbstzeitlose	colchique, tue-chien	meadow-saffron
Colica, Tormina	Kolik, Bauchweh	colique	colick, gripes
Collyrium siccum	Augenpulver	—	—
Colocynthis	Coloquinte	coloquinte	bitter-apple
Columba	Taube	colombe, pigeon	pigeon
Commelina nudiflora	commeline, nacktbl.	—	—
Composita-Pokermul	(Composite)	—	—
Composita-Zerbabri	(Composite)	—	—
Concha fluviatilis	Flussmuschelschale	coquillage de rivière	muscle-shell of riv.
Confort. Tonica	Stärkungsmittel	confort. toniques	tonics
Conserva	Kräuterzucker	conserve	conserve
Consolida	Beinwell, Schwarzw.	consoude	comfrey
Constipatio alvi	Leibesverstopfung	constipation	costiveness
Contractura	Gelenkverbiegung	contracture	contracture
Contr. muscul. faciei	Gesichtsmuskelverz.	contr. du muscle du v.	contr. of the v. musc.
Contundere	Zerstossen	piler, concasser	to pound, to bruise
Contusio	Quetschung	contusion	a bruise
Convolvulus argent.	Windglöckchen	liseron	—
Convulsio	Zuckung	convulsion	convulsion
Conyza anthelmintic.	Wurmtreib. Vernonie	—	purple flea bane
Copaive balsamum	Copaiva balsam	baume de copahu	capavi balsam
Cor	Herz	coeur	heart
Corallium	Korallen	corail	coral
Corchorus fructicosus	Judenpappel	cor-kore	—
Cordia angustifolia	Cordie schmalblättr.	—	—
Coriandrum sativum	Koriander	coriandre	coriander
Corneae ulcus	Hornhautgeschwür	ulcère de la cornée	cornea ulcer
Cornu	Horn	Corne	horn
Cortex	Rinde, Schale	Ecorce	bark, rind, peel
Corydalis longipes	Halmpflanze	corydale	—
Costus arabicus	Kostwurz, arab.	costus arab.	—
Costus indicus	Kostwurz, ind.	costus ind.	putchek root
Cotula anthemoides	Kamille, unächte	cotule	—
Cotyledon laciniatum	Nabelkraut, spitzblät.	—	cut-leaved navel wort
Crapula	Rausch, Trunkenheit	ivrognerie, crapule	drunkenness
Crataeva Marmelos	Kratewa, dornige	cratève épineux	bengal quince
Crataeva Tapia	Knoblauch-birnbaum	tapin, tapier	garlic-pear tree
Cremor lactis	Milchrahm, Sahne	créme du lait	cream of milk

Türkisch.	*Arabisch.*	*Persisch.*	*Indisch & Caschmir.*
peynir mayase	anifdscheh? anfahah	penirmajeh	penirmaje, chustah
tschitschek boiasi	kirmis, dut-kermes	kirmes, dudeh	kermezi feringhi
baluk semmi	merge mahi	mahi zehredsch	heuber, nitermala
narjil deriahi	narjil deriahi	mags ekeschkul	deriaka nargil
hind dschevizi	dschous el hind	hindustan nardschili	kopra, badnutsch
gög, guek	semovi, ladschoverd	asmani	asmani
kahwe	bun. kavi	kahveh	kafe
sikisch, bile jatmaklik	(mu)dschamea	mudschema	nal sone, mudschema
machmur tschitch.	hafir el muhr, akbat	—	—
saudschi, kar(y)n agh.	vodschael bat., maghs	petsches, dert eschik.	sul, mror, kulendsch
tutya	kohĕl	surma	surma
abudschaher karbuzi	alhandal, el hinzel	hindivane telk	indraun, abudschehil
giöwerdschin	hamam(a)	kabuter	keputer, purewa
—	—	—	kanduli
—	—	—	pokermul
—	—	—	zerbabri
midja	sedef (e nahr)	sedef (deriahi)	sipi
kuvetlendiren	mukawyat, tekwyat	mukavi, dowa ekuwet	kuvetvala schei
retschel? tatle	morrebbah	hamiret	hamiri
kara kafes	—	—	—
kabz, kabiz(l)ik	kabis, kobd el batn	kabs eschikem	kabes, dschara bend
aza tutulmasi	teschenudsch	keschideh schuden	kitschidsana
lakwa	lakwa	katsch schuden eru	lakva
deimek, ufatmak	sah(k)na, sak it	kuften, saiden	kutke, piske
ten ezilmesi	mokesir	zedegi, zerb chordeni	sett legne
—	—	sumundersok	semundersok
sinir tschekelmesi	teschen. ikhtiladsch	teschenudsch	saia
—	—	babtschi	baktschi, vagudshi
peleseng-jaghi	belsem ettakibet	—	—
jurek	kalb	del	del
merdschan	bessed, murdschan	bech merdschan	gulien, bosi
—	—	—	bötpelli
—	—	—	gund(n)i
gelgelan, kischnisch	gusberah, kübet	geschnis, kischnis	dunya, tenien
jara göz thiruadschig	kora karniet el ain	zahm ekida	—
bujnuz	karn	scha	singi
kabuk	kischr, koschr	pust	tschile
—	aschkun (C. clav.)	—	atenil
kust arabi	kostu arabi, koscht	katbunani	kut rumi
kust hindi	kust teleh	kust (siah) ekeschmiri	kut keschmiri
—	—	—	babuneh, tulbobel
zuhre gubeghui	adsan el kasis (C. um.)	zahm heyat	zahm heiat
sarkhoschluk, bekrilik	sikran, muskyr	schrabi, mest	mest, schrabui
belot hindi	schel	seferdschel hindi	bil, bilwa
—	—	bern	berna, birmi tschaul
kajmak	zubde rayb	mlai	mlai

Lateinisch.	*Deutsch.*	*Französisch.*	*Englisch.*
Cremor tartari	Weinstein, gereinigt.	crème de tartre	cream of tartar
Creta alba	Kreide	craie	chalk
Cribrum	Sieb	crible	sieve
Crinis, Capillus	Haar	cheveu	hair
Crocus sativus	Safran	safran	saffron
Croton tiglium	Purgir-Croton	croton	purg. seeds of croton
Cruenta (Orobanche)	Ervenwürger	herbe à taurea	great tooth-wort
Crusta	Kruste	croûte	crust
Crustacea-Dschinge	Seegarnelle	crévette	shrimp, sea-locust
Crustacea-Malli rub.	Seegarnelle	crévette	shrimp
Crystallus	Krystall	cristal	crystal
Cubebae	Cubeben	cubèbes	cubebs
Cucumis acutangulus	Gurke, scharfeckige	—	—
Cucumis asininum	Springgurke	concombre sauvage	squirting-gourd
Cucumis Hardvickii	Gurke, Hardvick's	—	hill-colocynth
Cucumis Madaraspat.	Gurke von Madras	concombre de Madras	cucumber of Madras
Cucumis sativus	Gurke, gemeine	concombre	cucumber
Cucumis utilissimus	Gurke (½ Ell. lange)	—	—
Cucurbita Citrullus	Wassermelone	citrouille, melon d'eau	citrul, water-melon
Cucurbita lagenaria	Pfebenkürbis	courge, potiron	bottle-gourd
Cucurbita Pepo	Pfebe, Kürbis	courge, calebasse	pumpkin
Cucurbitul. impouere	Schröpfen	scarification	cupping
Cuminum Cyminum	Römischer Kümmel	cumin	cumin
Cupressus semperv.	Cypresse	cyprès	evergreen cypress
Cuprum	Kupfer	cuivre	copper
Cuprum aceticum	Grünspan	vert-de-gris	verdigris
Cuprum oxydhydrat.	Bremergrün	—	—
Cuprum sulphuric.	Kupfervitriol	sulphate de cuivre	blue vitriol
Curatio	Cur, Behandlung	cure, traitement	cure, attendance
Curculigo orchioid.	Ragwurz, Russellilie	—	orchislike curculigo
Curcuma longa	Gelbwurz	curcuma, souchet	turmeric
Curcuma zedoaria	Zittwerwurz, runde	Kaemféric rondé	round zedoary
Cuscuta, Epithymum	Flachsseide	cuscute	dodder, flax-weed
Cyclamen europaeum	Erdscheibe, Saubrod	cyclamen	sowbread
Cydonium malum	Quittenapfel	coigne	quince
Cydoniorum semina	Quittenäpfelsamen	semences de coigne	quince seeds
Cynanchum	Hundswürg. (c. erect.)	cynanque	—
Cynara scolymus	Artischocke, gemeine	artichaut	artichoke
Cynaracea-Dub	(Distelgewächs)	—	—
Cyperus juncifolius	Cypergras, binsenblät.		rush-leaved cyperus
Cyperus longus	Cypergras, langes	souchet long	english galangale
Cyperus rotundus	Cypergras, rundes	souchet rond	a kind of grass
Cytisus scoparius	Pfriemenkraut	genêt commun	common broom
Cytisi scopar. sem.	Pfriemenkrautsamen	semences de genêt	broom seeds
Dactylus (fructus)	Dattel	datte	date
Daphne-Sunnerkat	(Seidelbastart)	(daphnoidée)	(daphne)

Türkisch.	*Arabisch.*	*Persisch.*	*Indisch & Caschmir.*
krem tartir	kremur tartyr	—	—
tebeschir	tin abiaz	gil sefeid	keria mitti
kalbur, elek	monkhol, gherbal	garbül	tschaneni
kyll. sadsch (Kopfh.)	scha(i)r	mu	val, bal
zafrau	zafuran	zafran	kisser
habb e slatin	habb-el-muluk	bed indschir chatai	dend, dschemal gotta
asadeladas (O. caryo.)	—	—	ternguglu
kabuk	kyschr	krin	krün (krin)
—	arbyan	mahi rubian chord	dschinge, dschinga
—	—	mahi rubian (rumian?)	—
billor, mudeber	bellur, mudeber	billur, kalemi	bilur, kalemi
kababeh	kebabeh	kebab tschini	serde tschini
—	—	—	turai (kalan. pinditori)
adschi chiar	kiza el humar	—	—
—	—	dschengli kireh	pahari indrayan
—	—	send	katschri, tschiber
chyar	khyar, kiza	badreng	khira
—	kiza el tauil	chiari (badreng) dras	kekri
karbuz	batich	hindivaneh	tarbuz(eh), gilera
kabak	kara	kedu	ghya
tatli kabak	kara helue, dubba	kedu scherin	mitta kedu, pitha
hadschamat	hadschamet	hadschamet	singi laune
kimion, kimun	kemmun	zira sefeid	tschitta zirà
selv aghadschi, serv	sedscher el heiyat	seru	suru
bakyr	nahas, enhas	mis	tamba
dschengiar	sendschar	zengar	zengara
—	—	sengh erassek	—
giök taschi	zedsch asrak	nileh tutia	nile (tutya)-thotha
tabiblik, hast. bakma	mudavat, tedbir	maledscheh	daru dene, maledsche
—	—	musli siah	—
zers d	aruh el sifr, korkum	zerdetschob	heldi
—	—	—	mitta heldia, ban heldi
kuskuta, epithim.	flendsche, aftimum	aftimun, kuschud	akas, kukelpot
jer samonu	artanisa	esberdschun	hadha dschuri
aiwa	seferdschel	behi	bi
aivah tschegerdeggi	habbet el seferdschel	tohm ebehi	bidane
—	chanek el kilab. (c. er.)	—	gendvangnu
enginar	dschinah el nasr	kanghir	hatitschok
—	—	—	dub (agrost. linear.?
toparlak	sad kufi	sad kufi	nagher mota
toparlak uzuneh	s d kufi	sod ekufi	mutran
toparlak mudaver	—	—	mutran, mota
katür türnagi	kythys, pilu, jali	—	piltschi
—	summut el turfeh	gazmazedsch	mangni, gazmazu
hurma	themer, khadschur	hurma	tschoara
—	—	—	sunnerkat

*

Lateinisch.	*Deutsch.*	*Französisch.*	*Englisch.*
Datisca cannabina	Streich (Stärk)-kraut	d. cannabine	d. cannabina
Datura Stramonium	Stechapfel	pomme epineuse	prickly apple
Dealsingii radix	D. Fieberwurzel	—	—
Dealsingii radix	D. Fistelwurzel	—	—
Dealsingii radix	D. Sersamwurzel	—	—
Dealsingii radix	D. Torkiwurzel	—	—
Debilitas	Schwäche	faiblesse	weakness
Decoctum	Abkochung	decoction	decoction
Delirium febrile	Irrereden, fieberhaftes	délire fébrile	delirium
Delphinium paucifl.?	Rittersporn, wenigbl.	pied d'alouette	lark-spur
Dens	Zahn	dent	tooth
Dentifricius	Zähnereibungsmittel	dentifrice	dentifrice
Dentifricius pulvis	Zahnpulver	poudre pour les dents	tooth-powder
Deobstruentia rem.	Mittel, eröffnende	desobtructifs	deobtruenst
Destillatio	Destillation	distillation	distillation
Diabetes	Harnruhr	diabétès	diabetes
Diaphoretica remedia	Schweisstreib. Mittel	diaphorétiques	diaphoretics
Diarrhoea	Durchfall	diarrhée	diarrhoea, flux
Dictamnus albus	Diptam, weisser	dictame blanc	white dittany
Digitalis purpurea	Rother Fingerhut	digitale	foxgloves
Digitus	Finger	doigt	finger
Diorites	Grünstein, Diorit.	diorite	diorite
Dioscorea sativa	(Knollenwurzel)	—	—
Dipsacus fullonum	Kardendistel	chardon à carder	fuller's thistle
Discutientia remedia	Mittel, zertheilende	résolutifs	resolvent remedy's
Diuretica remedia	Mittel, harntreibende	diurétiques	diuretics
Dolichos pruriens	Fasele (juckende)	dolic, dolique	cowhage
Dolor	Schmerz	douleur, mal	ache
Doronicum scorpioid.	Schwindelkr. (scorp.)	doronic, doronique	leopard-bane
Dorsum	Rücken	dos	back, ridge
Dracocephal. Royl.	Drachenkopf, R.	dracocéphale R.	dracocephal. R.
Draconis sanguis	Drachenblut	sang de dragon	dragon's blood
Dracunculus	Fadenwurm	dragonneau(x)	guinea-worm
Dulcamara (Solanum)	Bittersüss	morelle grimpante	woody-nightshade
Dulcis	Süss	doux	sweet
Dysenteria	Ruhr	dysenterie	bloody flux
Dyspepsia	Verdauung, schlechte	dyspepsie	dyspepsy
Dysuria (Urin. ardor)	Harnzwang	dysurie	dysury
Ebenum (lignum)	Ebenholz	ébène	(indian) ebony
Echinosperm. glochid.	Samenkraut (borstig.)	échinosperme	—
Elaterium (Momord.)	Eselsgurkensaft	suc du concombr. sauv.	elaterium
Eleagnus angustifol.	Oleaster	chalef a f. étroites	olivaster
Electricitas	Electricität	électricité	electricity
Electuarium	Lat(t)werge	électuaire	electuary
Elemi gummi	Oelbaumharz	resine élémi	elemy

Türkisch.	*Arabisch.*	*Persisch.*	*Indisch & Caschmir.*
—	—	akelbir, akelbildsch	voftangel, zeher-gerdan
tatura, tatula	dschewzi matil	dschous(masel), masil	tatura
—	—	—	dscher bra tab
—	—	—	dscher bra nasur
—	—	—	dscher bra sersam
—	—	—	dscher bra torki
kuvetsizlik	zof, dayfah	bikuveti, zaifi	nazori, mandegi
kainaïsch	mathbukh	dschuschanda	pekake buti ke pani
saïklama(klik)	hozeyani mthr. kherf	sersam	bakbak, bochar esir
sarai tschitschegui?	dschedawar khatai	dschedoar chatai	nirb(e)si
disch	senn	dend	dār
disch pakladidschi	mosfak	mosfak	darter
disch tozi	snun	dova hoschk edendan	misy (metalppt)
—	mufetihat	—	—
embyk t. gnetscherma	istiktar, takthyr	keschideni ark	ark kitschne
dolab (perk ar) illeti	diabetus, nufas	sinselt elboul	pischab bot dschari
tersizduridschi	muderret el idrar	dovahi arak,muarykat	persina ke dova
jürek sürmesi	ishal, insihal el batn	dscheriau	dest
mangir (guerid) oti	baklet el ghazel	mish eya	—
parmadschik oti	zehir el keschatibin	—	—
parmak	sabei, asba	enguscht	ungli
jeschil taschi	hadschar akhdar	seng esebs	heri pater
—	—	—	rotalu
—	asa el rai	geschte	bersijan edaru, duns.?
mohalilat	mohalilat	mohalilat	muhelel
sidik akdidschi	muderat el boul	mudereat eboul	pischab dschari lenev.
—	kalkal	cowitsch, kiwantsch	dschendschule pah.
aghry, syzy	(w)odscha, elm	derd	pir
derunedsch akrebi	derun(e)dsch, durunk	daraonedsch	darunedsch, atus
arka, syrt	dahr	kemer	puscht
—	—	tohm melenga	balenga
kardasch kani	dem el achwein	chun esiawuschan	reng bartel
—	arh e medineh	rischte	naruc
giredschiva	—	—	—
t(h)atli	helu	schirin	mitha
kan (ishali) surmesi	ishal (teshyl) eddem	dest ezeher	lou ke dest pitschesch
hazem, gutschligui	kesur (suï) el hezm	tokel emideh	bihasmi
sidik (zori) tutulmasi	harek (usr) elboul	ichtibas eboul	pischab ke suzesch
abanos	abnus, ebanuss	abnus, sadsch	kondu
—	—	—	nilekren
eschek khyari suï	aufadia, owmada	—	—
bir nevi zeitun aghad.	—	sindschet?	kaukol, gaugu
khasseti kiahrubaie	—	—	bidschli
madschun	madschun	madschun	madschun
sambk eleni	—	—	—

Lateinisch.	*Deutsch.*	*Französisch.*	*Englisch.*
Elephantiasis	Elephantenaussatz	éléphantiasis	elephantiasis
Elyxirium vitae	Lebensbalsam	baume de vie	balm of life
Embelia Ribes	Emb. Johannisbeer.	embéli groseilles	emb. currants
Embrocatio	Bähungsmittel	embrocation	embrocation
Embryopteris gluten.	Schleimapfel, indisch.	poire à trois feuilles	polyandr. date-plumb
Emenagoga	Mittel, blutreibende	hémagogues	emenagogues
Emollientia remedia	Mittel, erweichende	émollients	emollients
Emplastrum	Pflaster	emplâtre	plaster
Emulsio	Samenmilch	émulsion	emulsion
Epidemia, contagium	Volkskrankh. Seuche	épidemie	epidemic-disease
Epidermis	Oberhaut	épiderme	scarf-skin
Epilepsia	Fallsucht	épilepsie	epilepsy
Epiphora	Thränenfluss	épiphore	catarrh lacrymal
Epistaxis	Nasenbluten	saignement de nez	bleeding at the nose
Equisetum arvense	Kannenkraut	prèle des champs	horse-tail
Eryngium	Mannstreu	panicaut, érynge	eryngo
Erysipelas	Rothlauf	érysipèle	erysipelas
Eugenia Jambolina	Jambusenbaumart	giambo	malabar-plum
Eugenia Jambos	Jambusenbaum	giambo	malabar-plum
Euphorbia	Wolfsmilch	euphorbe	burning-thorny-plant
Euphorb. agr. aff. sp.	Wolfsmilch-Art	—	—
Euphorb. helioscop.	Sonnenwirbel	tithymale	—
Euphorb. longifol.	Euphorb. langblättr.	—	—
Euphorb. neriifol.	Oleand.bl.Wolfsmilch	euphorb. a feuille d'ol.	oleander-leav. spurge
Euphorb. tenuis	Euphorb. schmächtige	—	—
Euphorb. thymifol.	Thymianbl. Wolfsm.	euph. a feuille de thym.	thym. leaved spurge
Euphorb. verrucosa	Euphorb. warzige	—	—
Euphorb. gummi	Euphorbiumharz	gomme-res.d'euphorb.	gumm.-res. of euph.
Euphrasia officinalis	Augentrost	euphraise	eyebright
Euryale ferox	(Wasserpflanze)	—	—
Evolvulus	Windling	(liseron) evolvule	bindweed
Exanthemata (chron.)	Ausschläge	éruptions	eruptions
Exanthem. congen.	Ausschläge angeb.	congen. éruptions	congen. eruptions
Expectorans	Brustreinigungsmitt.	expectorant	pectoral remedy
Extractum	Dickauszug	extrait	extract
Faba	Bohne	fève	bean
Fabaria? Favanija?	Rosenwurz?	fève épaisse?	orphine root?
Faeces, alvi dejectio	Stuhlgang. Koth	selle, excremens	stool, excrement
Factitius	Künstlich gemacht	artificiel préparé	artificial prepared
Fagonia arabica	Fagonie	fagone	fagonia
Fagopyrum escul.	Buchweizen	blé sarasin	buck-wheat
Farina	Mehl	farine	meal, flour
Fasciol.-Asfar e tib	(Ein Schneckendeck.)	—	—
Favus	Honigwabe, Wachsk.	cellule de miel, alvéole	honey-cell
Febris acuta	Hitziges Fieber	fièvre chaude	acute fever
Febris biliosa	Gallenfieber	fièvre bilieuse	bilious-fever

Türkisch.	*Arabisch.*	*Persisch.*	*Indisch & Caschmir.*
fil marazi	da el fil	fil epa	dau e fil
—	el iksir	iksir, ab echeiat	—
—	—		babereng
iladschlu su ile sulam.	nathyl	nathul, tukür	tukur
—	—	botindi	panichich gab
—	hidrar el (tems)-heis	hidrar elheis	—
jumuschadidschi	muletef, mulciiu	dova nerm kunindeh	—
merhem	merhem	merhem	melem, plaster
bezurat suzuntusu	mustahlib	schireh	schire
bulaschidschi maras	i'lleh saryeh, a'udeh	mousem, siraïet	mousem
derinun dhisch juzu	beschere	pust e bala	tschilke
sara. tutarik	nokta, meskut	sera	mirgie
—	demah, medammaa	aschk etscheschem	akien ke pani
kan akmasi	roaf. raf	chun ebini	nak ke lou
—	anabib	—	vorgas
eringhi, deve elmasi	—	—	—
jilandschyk (illeti)	humret	surk bad	—
.	—	—	dschameno
—	—	—	gulab dschamun
farfiun, neblut oti	schibrim, firfiun	farfiun	naraschi, tidhara
—	akil nafsihu?	—	hirbi siah
—	schebrem	—	katschnu
—	farbiun?	—	hirbi zerd
tewr	varki zokhum	zokhum	tohor, ketol, sinhud
—	jatua?	—	dodek mehin patervala
—	—	—	dudhi, veda dodek
—	—	—	hirbi sefeid
sembgh farbiun	efarfiun	farfiun	saynd ke dut
euphradschia	—	—	—
—	—	—	makhana
söjüd kurdu	—	—	roulbutti
tuslu balgham	mras el dschild	fesad echun	lou fessed
—	—	—	burnami
balgham seukidschi	dafi e balgham	mulejen ebalgam	
mostachradsch	ossaret	maktuf	—
pakla	bakla, ful	lubia	rova
favanija	üd e selib	üd eselib	—
amel (karnen), bok	nedschaset, khara	amel, dest	dschara, meile
—	—	sachteh	ameli
—	-	—	tamaha
—	—	—	deron, trumba
un	tahin	art, meideh	atta
—	a(t)sfar (etib)-el thib	nachun e perian	nachu deo
aru kulbesi	—	—	—
kisdermak, (is)sytma	humma, tab, sukneh	teb	germ bochar
safra sitmasi	humma merarieh	teb safravi	safra ke bochar

Lateinisch.	*Deutsch.*	*Französisch.*	*Englisch.*
Febris hectica	Zehrfieber	fièvre étique	hectical fever
Febris intermittens	Wechselfieber	fièvre intermittente	ague, intermit. fever
(Febr. int.) tertiana	Fieber, dreitägiges	fièvre tierce	tertian ague
(Febr. int.) quartana	Fieber, viertägiges	fièvre quarte	quartan
(Febr. int.) quotidian.	Fieber, tägliches	fièvre quotidienne	quotidian
Febris nervosa	Nervenfieber	fièvre nerveuse	nervous fever
Febris pituitosa	Schleimfieber	fièvre pituiteuse	pituitous fever
Fel. Bilis	Galle	bile	bile
Ferrum	Eisen	fer	iron
Ferrum sulphuricum	Vitriol, grüner	couperose	green vitriol
Ficus carica	Feige, gemeine	figue	fig
Ficus glomerata	Feigenb., wilder	capri-figuier	red wooded-figtree
Ficus indica	Bananenbaum	bananier	great banyan-tree
Ficus religiosa	Feigenb., heiliger	figuier des pagodes	poplar leav.-figtree
Filix mas	Farnkraut, männl.	fougère male	male fern
Fistula (ani) recti	Mastdarmfistel	fist. d'intest. rect.	fistula of the rectum
Fistula lacrymalis	Thränenfistel	fistule lacrymale	lachrymal fistula
Flatulentia	Blähsucht, Aufbläh.	flatuosité	flatulency
Flatus	Farz	pet	fart
Flemingia	(Gebirgspflanze, ind.)	flemingie	flemingia
Flos	Blume	fleur	flower
Foeniculum	Fenchel	fenouil	fennel
Foenum graecum	Heu, griech., Bocksh.	fenu-grec	fenugreek
Foetor	Gestank	puanteur	stink, stench
Folium	Blatt	feuille	leaf
Fontanella	Geschwür, künstliches	fonticule	fontanel
Formica	Ameise	fourmi	ant, pismire
Fractura	Bruch	fracture	fracture
Fragaria vesca	Erdbeere	fraise	strawberry
Fragrantia	Wohlgeruch	parfum	fragrancy
Frigus, Horripilatio	Kälte, Frost, Schauder	froid, frisson	cold, shivering
Fritillaria cirrhosa	Kaiserkrone, Kibitzbl.	couronne impériale	chequer, fritillary
Frons	Stirne	front	forehead
Fructus	Frucht	fruit, graine	fruit
Fumaria	Erdrauch	fumeterre	fumitory
Fumigatio	Räucherung	fumigation	fumigation
Fungus igniarius	Feuerschwamm	agaric, amadou	agaric of the oak
Furunculus	Blutschwär	clou, furoncle	boil, furuncle
Galanga	Galgant	galanga	root of the betel pl.
Galbanum	Mutterharz	galbanum	galbanum
Galega purpurea	Geissraute, rothe	barbe de chèvre	purple-galega
Galena	Bleiglanz	sulphure de plomb	lead-glance
Galla	Gallapfel	noix de galles	galls
Gardenia dumetorum	Hecken-Gardenie	gardène	bushy gardenie
Gargarisma	Gurgelwasser	gargarisme	gargle
Gentiana amara	Bitterwurz	gentiane	gentian, fellwort

Türkisch.	*Arabisch.*	*Persisch.*	*Indisch & Cashmirisch.*
verem, humai-(dik) zik	sill, kora-rieh	teb edek	pertschaun, saie
sütma	berdieh, berudah	teb elerzeh	teb palenal
bir gunach. gelen s.	telti	teb deireh	teie
sitmai rib, murbi	rubah	teb erubah	—
hergunki isitma	jomieh, jumi	teb eruzineh	teb ruzmara
huma mukelfah	schatergub	teb eredieh	teb emohareka
balgham sitmasi	humma balghami	teb balgami	—
adschilik, öd, safra	safra, mrara, meraret	safra, zaleh	pit
demir, demur	hadīd	ahen	loa
zadschi kybrys	zadsch (kibris)-ahdar	tutia sebs, kahi	kahi, hirakasiz
indschir	tin	indschir	indschir
—	—	guler, kaschir	adamber?
—	thaab	—	bōr
—	—	pippel	pippel
jaban baldirikara	kili daru	pati scholer	kundschi ketor
benzuk-nassuri	nassur el makat	pegendri	pegendripora
ghiöz-nassuri	garb	nassur etschehschem	nassur-(d'ak) akienke
jel		nefek	afra
osuruk	bad e galizeh	goz	pat
—	—	—	seisam ke butti
tschitseek	zahr, vort	gul	poll, ful
razianeh	razianedsch, schumra	badian	sonf
boi	schemlit, hulbet	helbeh	metri, mitri ke sag
fena (aghir)-koku	netn, bukhar	gendeh bui	burimusck
japrak	vark, uarek	bergh	pāt
jaky, nohud jakysy	—	dagh enohut	—
karyndscha	namleh, nemlah	murtscheh	kire
kirikmisch	mutkasser, maksur	schekestegi	tutge
tschilek	—	—	ingredsch
guzelkoku	raïhaï taïbi	hoschbu	musck haia
soukluk, titremek	bard, berdieh	serd, lerzeh	pale, tenda
—	—	—	schüdkat
aln, alyn, ann	dschebhe, dschebin	pischani	pischani, maten
jemisch	thamr, semmer	pel, fel, meiva	meiva
schaterreh	schateredsch	schatra	papra
tutunlemek	bachur	bachur	tutsu
mentari, kaw	sufan	—	bulgar dschengli
tschiban	demmalah	dumul	pora
ka(w)lindschan	assel ettambul	chulindsch. bech epan	pan ke dscher
kasni, kunch	barzud, kunch	kasni, birzad, bazerd	biredscha
—	sedab utteis	serpenkha	pedmor
kib. kurschum madeni	kohl, asmati	surmeh siah	kali (schia)-surme
asfah, afsat	afs, afis	mazu	madschufel
—	dschous el consul	meinfel	rara
gargara	gharghara	gargara	gargara
tschint. pekhanbied	dschentiana	dschuntiana	pekanbēd

**

Lateinisch.	*Deutsch.*	*Französisch.*	*Englisch.*
Genu	Knie	genou	knee
Genus	Geschlecht	genre	genus
Geranium nodosum	Storchschnabelkraut	bec de grue	geranium
Geum(clatum) humile	Märzwurz	geum	geum
Geum urbanum	Benediktenkraut	benoite	common avens
Gingiva	Zahnfleisch	gencive	gums
Glacies	Eis	glace	ice
Glinus dictamnoides	Glinus	glinole	glinus
Globus hystericus	Kugelaufsteigen,hyst.	globe hysterique	globe hysterick
Gluten, colla	Leim, Kleber	colle, glue	lime, glue
Gmelina asiatica	Gmeline	pyrénacée de l'inde	asiatic gmelina
Gonorrhoea	Tripper	chaude pisse	clap, gonorrhoea
Gossypium	Baumwolle	coton	cotton
Graminis, radix	Graswurzel	racine de herbage	grass root
Graminis species	(Grasart)	—	—
Granatum punica	Granatapfel	grenade	pomegranate
Graphites, Plumbago	Reissblei	plombagine	plumbagin
Gratiola officinalis	Gnadenkraut	gratiole	hedge-hyssop
Graviditas	Schwangerschaft	grossesse	pregnancy
Gravis	Schwer	pésant	heavy
Grewia asiatica	Grewie	greuvier	grewia
Grislea tomentosa	Grisle	grislé	grislea
Guajaci gummi	Harz v.Franzosenholz	résine du gaïac	guajac resin
Guilandina Bonducc.	Zweistachl.Guilandin.	guénic, bonduc	grey bonduc nut
Gummi	Gummi	gomme	gum
Gummi guttae	Gummigutte	gomme gutte	gamboge
Gustus	Geschmack	gout	taste
Gutta	Tropfen	goutte	drop
Gypsum	Gyps	gypse, platre	plaster of paris
Haemat., mict. cruent.	Blutharnen	pissement de sang	blood-urinar.-disharge
Haemoptysis	Bluthusten,Blutspeien	hémoptysie	spitting of blood
Haemorrhoïdes	Güldne Ader	hémorrhoïdes	hemorrhoids
Harmala Ruta (Peg.)	Raute, wilde	rue sauvage	wild (syrian)-rue
Hedera terrestris	Gundermann	lierre terrestre	ground-ivy
Hedychium spicatum	Hedichium	hedychion	spike-flow. hedych.
Hedysarum Alhagi	Kamelsdorn, Süssklee	fève de loup	camelsthorn
Helicteres Isora	Schraubenb.(samenk.)	hélictère	screw-tree capsule
Heliotropium europ.	Sonnenwende	héliotrope	heliotrope
Helleborus niger	Niesewurz, schwarze	ellébore noir	black hellebore
Hemeralopia	Nachtblindheit	héméralopie	nocturnal blindness
Hemicrania	Kopfweh, halbseitig.	migraine	hemicrany
Hemidesmus indicus	Hemidesmus	periploque del' inde	indian periploca
Hemiplegia	Lähmung, halbseitige	hémiplégie	hemiplegy
Hepatica remedia	Mittel für Leberleiden	remédes hépatiques	hepaticks

Türkisch.	Arabisch.	Persisch.	Indisch & Caschmir.
diz	rokbeh	zanu	zode
dschins, nevi	kysm	schekel, kesm	dschins, kesm, reng
eter ot	ibrat el rai	—	rohil, kawaschud
—	—	—	gnnglu dschengli. gogdschimul
karamfil kökü	haschischet mubarek.	—	—
disch eti	lahm el isnan	gnscht edendan	mosura
buz, don	dscheled	jakh	dschemd
—	—	—	porpereng
rahm topi	korat el rahm	bad (gulch)-erahm	bad egule
tutkal. tschirisch	ghira, lezak	sirisch (kemegheri)	siresch, levi
—	—	=	bidara
belsoklughy	barak el boul	suzak, korra	suzak, korra
pambuk, neschuk	kepa, kupas, kotn	pehmbeh	rui, katn, peva
eirik kökü	asseli sil	bech eghas	kasil
—	—	—	nebadkas. poë
nar, enar	roman, rumman	enar (naspal, rinde u.)	anar (naspal, cort.im.)
kurschun kalem	kalem erresaz	kalem ersaz	—
surur zufa	chaschchasch zabdi	—	—
sebistan, hebl	göbeh, hameleh	schikemdar, hamel	umeidvar
aghir, sakyl	takel, sakl	sengin, vozendar	para
—	—	—	falsa, felue
—	—	gul etara	d'haweke pol
pegamber agat.simbk	—	—	—
—	—	kerendschue	kateledschi, mitschka
sinegh	samag, sem(a)gh	singh	gund
gottagamba	ossara rewend	rub riwend	—
lezzet, dat	—	lehzet, mehzeh	soat
damla	koter, nokta, demah	katra	topka, bunt
kaimak taschi	hadschar dschebsin	seng epelita, seng edscherah	dut pater, zernich goudenti, set seladschit
kan ischemek	boul el dem	pischab echun	lou muterne
kan-(atmak) kusmak	nefs eddem	chun as dehen	lou settne
majasyl	bevasir, bassur	movasir	movesien
uzurlik	harmel, isfind	ispend, sepend	hurmul
jer sarmoschick	—	—	
—	—	dschengli adrak	ketschur, katschri
dehveh samani	schowk el byza	badawert	dschowasa
—	—	—	mrorpelli
ay? gun tschitschegi	ikrar	—	tschirgas
kara tschioblemeh	kharbak asvod	chorbok siah	nirkundi, kali tutki
gedsche de giöz fersizl.	ascha	schebkori	honoratta
jare basch aghrisi	schakikah	dert enimser	ada sir ke pir
—			anantamel
jari damla	faledsch	falidsch	adreng
kara dschiger kuvefv.	mokawyat el kibd	kuvet dadeni edschiger	kuvet dene[illegible] dschig

Lateinisch.	*Deutsch.*	*Französisch.*	*Englisch.*
Heracleum diversifol.	Heraklea	héraclée	—
Herba, Planta	Kraut, Pflanze	herbe, plante	herb, plant
Hermodactylus	Hermodattel	hermodate	hermodactyl
Hernia	Darmbruch	hernie	hernia
Herniariae radix	Bruchkraut	herniaire	rupture-wort
Herpes, Impetigo	Flechte, Zittermaal	lichen, dartre	ringworm, tetter
Hibiscus Trionum	Eibisch, strauchart.?	guimauve royale?	hibiscus bladder
Hirudo medicinalis	Blutigel	sangsue	leech
Holarrhenae pubesc. et antidysenter. sem.	Seidenpflanzsamen	semences d'apocin	—
Holcus sorghum	Mohrhirse	holcus sorgo, mil	dary? millet
Hordeum	Gerste	orge	barley
Hossen Jussif	(Joseph's Thränen?)	—	—
Hoya viridiflora	Schwalbenwurz, rank.	roseau des sables	twining swallow-wort
Humectatio	Anfeuchtung	humectation	moistening
Humorum corruptio	Verdorbenh. der Säfte	corrupt des humeurs	corruption of humours
Hydrocele	Wasserbruch	hydrocèle	scrotal dropsy
Hydrophobia	Wasserscheu	hydrophobie	canine madness
Hydrops	Wassersucht	hydropisie	dropsy
Hyoscyamus niger	Bilsenkraut	jusquiame	henbane
Hypericum perforat.	Johanniskraut	mille-pertius	St. Johnswort
Hypochondriasis	Hypochondrie	hypoc(h)ondrie	hypochondriacism
Hypnotica remedia	Mittel, einschläfernde	remède hypnotique	hypnotics
Hyssopus officinalis	Isop	hysope	hyssop
Hysteria	Mutterbeschwerde	hysterie	hysteric affections
Hystrix	Stachelschwein	porc-epic	porcupine
Jalapae convolv., rad.	Jalappenwurzel	jalap	jalap
Jalapa mirabilis	Jalappe, falsche	belle de nuit	jal. plant, wenderoth
Jasminum	Jasmin	jasmin	jasmin(e)
Jaspis	Jaspis(stein)	jaspe	jasper(stone)
Jatropha curcas	Brechnuss, schwarze	pignon d'inde	angol. leav.-physicnut
Ichthyocolla	Fischleim	colle de poisson	isinglass
Icterus	Gelbsucht	jaunisse, ictère	jaundice
Jejunus	nüchtern	à jeun	fasting
Ileus, Tormentum	Darmgicht	miséréré	iliac passion
Impatiens insignis	Springkräuter	impatientes	touch-menot
Imperatoria (Ostrut.)	Meisterwurzel	imperatoire	masterwort
Impotentia, Atecnia	Unvermögen (männl.)	impuissance	impotency
Incisio	Einschnitt	incision	incision
Incubus, Asthma noct.	Alp-(männchen)	cauchemar	nightmare
Indigofera Anil	Indigpflanze	indigotier	indigo-plant
Indigofera linifolia	Indigopflanze	indigotier	indigo-plant
Indigum	Indig	indigo, bleu d'inde	indigo
Infusio	Aufguss	infusion	infusion
Intestina	Eingeweide	intestins, boyaux	intestines
Inula Helenium	Alant	inule	elecampane

Türkisch.	*Arabisch.*	*Persisch.*	*Indisch & Caschmir.*
—	—	zuik padscha	dscherri
ot, oti, nebat	haschich, neb(a)t	ghahi, sebszeh	batti
surindschan	lab el daher	surundschan	irkemund, neau?
debelik, sakatlyk	fetetsch	bad efetek	nal uterge
debeligue oti	—	—	nal ke butti
demregi	akeleh, kuba, hezaza	kreven, tschembel	dadri
—	—	—	kengesch, Botvangen
sülük	alkah	zalu	dschok
—	—	—	inderdscho (telch) telk
dare	dochn	arzen	dschovari, tschena
arpa	schayr	dscho	dschou
—	—	hossen jussif	kermli ke bidsch
—	ufkar	—	nektschikni
eslatmak, nemletmek	natül	natül, ter kerdeh	leien, gili ke kam
bozulmusch fazlad	fazlad el bedra	achlat egalizeh	lou (moade) charab
taschakta su olan	haben el beyddan	ab der hossich	petalu ke pani
kuduzlik, sunefreti	kleb el kelb	seg divanegi	haleka
istiska	istiska, haben	istiska	dscheloder
van oti, benguilik	seikeran, schukeran	bendsch, bengh erumi	horaseni adschvain
sari kantarion	hifarikun	iferieun	—
kara-sewda, marak il.	merak, mekhru	souda, bafghan	souda, bafgan
uiku getiridschi	musebetat, munevvim	chab miarend	nindervala dova
zufa	zufa jabes	zufa	zufa
rahm illeti	ikhtinah urrha(h)m	nefk erahem	—
kirpi	—	charpusch	—
tschalapa	jalapa	dschalaba	dschulab
gedsche sefa tschitsch.	—	gulabasi	gulabbasi
jasmin	yasmyn, jasimin	motie	motiapol
jeschim, yasb	geschb	jaschab	akik
—	dand berrie	bagh birindi	rotendschot (pahari)
baluk tutkali	—	siresch mahi	—
sary(k)lyk, yrkan	jerakan, rykan	irkan, yrkan	pernei, pilika mers
atsch karnina	saym	naschta	enhar, naschte
baghyrsak aghrysy	kulendsch	—	mror, sul
—	—	—	trolu
kralkökü	dsaveri berri	assylbend deschti	zuik padscha?
sustendam	noksan-(zof)-el ba.	namerdi	nakuveti
kessik	schak	buriden	tschirdène
aghir bassan	kabus	abdelschine	hotiara
tshivid oti	hascheisch el katem	voesmeh	rengh, karo
tschivid oti	bascheisch el katem	voesmeh	torki (pahari)
tschivid	katem	nil	nīl
islatmaklik	neka	chesanda	noku
baghersaklar	emaa, mosarün, escha	anderun	rude
andis, alaniun	elanijun, rasen	zendschebil schami	—

Lateinisch.	*Deutsch.*	*Französisch.*	*Englisch.*
Inula Royleana	(Alantgeschlecht)	inule	inula
Ipecacuanha	Brechwurzel	ipécacuana	ipecacuanha
Ipomoea coerulea	Trichterwinde, blaue	ipomée	blue plarbitis
Ipomoea dasysperma	Trichterwinde	ipomée	ipomoea
Iridis radix	Veilchenwurzel	iris de florence	root of the blue orris
Ischias	Hüftweh	sciatique	hip-gout
Ischuria	Harnverhaltung	rétention d'urine	isc(h)ury
Judaicus, lapis	Judenstein	pierre judaïque	judaick stone
Jugland. reg. nux	Wallnuss	noix	walnut
Juniperi baccae	Wacholderbeeren	baie(graine)de genièv.	juniper berry
Justicia nasuta	Justize,schnabelförm,	justicie, carmentine	white flowered-justicia
Kali bichromatum	Kali, dopp.chromsaur.	bichromate de potasse	bichromate of potash
Kali salsola	Kali, (Salz)kraut	soude	glasswort
Knautia	Knautie	knautie	knautia
Labium, Labrum	Lippe	lèvre	lip
Lac	Milch	lait	milk
Lac coagulatum	Milch, geronnene	lait caillé	coagulated milk
Lacca in granis	Gummilack	résine-lacque	lac
Lacca in tabulis	Lack in Täfelchen	tablette-lacque	tablet-lac
Lachryma	Thräne	larme	tear
Lactuca sativa	Lattich	laitue	garden-lettuce
Lagoecia cuminoides	Kümmel, wilder	lagoécie	lagoecia
Laminaria saccharina	Kropfblat	feuille de goitre	goitre (crop)-leaf
Lamium purpureum	Nessel, todte	lamière pourprée	hedge-nettle
Lancetta	Lanzette	lancette	lancet
Lapathum acutum	Grindwurzel	racine d'oseille	sorrel root
Lapis preciosus	Edelstein	bijou	precious stone
Larynx	Schlund, Speiseröhre	gosier, gorge	gullet
Lauri baccae	Lorbeeren, gemeine	baies de laurier	bay-berry
Lawsonia inermis	Gehenna,Alkan, dorn.	hennch épineux	egyptian privet
Lazuli lapis	Lasurstein	pierre d'azur	azure-stone
Ledum palustre	Porsch	ledon, ledier	ledum
Lenitiva	gelind abführ. Mittel	lenitifs	gentle purgatives
Lens (ervum)	Linse	lentille	lentil
Lentigo	Sommersprossen	rousseurs	freckles
Leonurus Royleanus	Löwenschwanz	agripaume	mother-wort
Lepidium sativum	Gartenkresse	cresson	garden-cresse
Lepra maculosa alba	Räude, weisse	lèpre blanche	white leprosy
Lepra maculosa nigra	Räude, schwarze	lèpre noire	black leprosy
Lepra tuberculosa	Aussatz, knotige	lèpre	leprosy
Lepus timidus	Hase	lièvre	hare
Lethargia	Schlummersucht	léthargie	lethargy
Leucas cephalotes	Phlomis	phlomide	—
Leucoma	Hornhautfleck	tache sur la cornée	speck on the cornea
Lichen odoriferus	Moos, wohlriechendes	mousse odoriferante	fragrant moss
Lichen tropicus	Flechte, tropische	dartre tropique	prickly heat

Türkisch.	Arabisch.	Persisch.	Indisch & Caschmir.
—	—	—	zahel nül kuhi
ipakuana keuki	arh el deheh	—	—
—	hab el nil	iskepetscha	kala daneh
—		—	kuta ke bidsch
menefsche (sus.)-kökü	ascl assawan asmäni	bech ebenefsche, irsa	menefsche ke dscher
bad dhamari aghrisi	(w)odscha arch el nisa	arch enisa	ringelwar
sidik tutkunlugu	ichtibas el boul	iktibas eboul	pischab bend
ben israil zeituni	hadschar el jud	seng ejud	—
dschewiz	dschous	gerdegan	akrot, tscharmags
ardidsch tochumu	ghareb, abhal	serwi kuhi, abhal	heübér
—	—	bansa, behenker	arus
—	—	—	kahi surh
—	uschnan	schnan, lani, lana	sadschi butti
—	—	—	vopelhakke sag
dodak, dudagh	schefeh	leb	höd
süd	lebenn, halib	schīr	dut
joghurt	lebn mudschemma	dschugrat	de(h)i
damla lenkoë	lak, lekk	lak, rengi lak	lak
tachta lenkoë	—	—	tscheprek lak
ghiöz jaschy	dem	eschk	aschk
marul, marol	chas, khass	kahu	kahu
—	kurdemana	kerawjai dschebeli	keruwa
—	—	—	giler ke patter
—	lamium	kargas., karrisi ahm.	—
neschter	nischtar, ryscheh	neschter	neschter
—	humas	—	—
schewahird	dschuher	dschowar	dschowahir
boghaz	halk	halk, gelu	gal
defne	habb el ghar, zafni	habb el ghar	—
kyna	henna. arkan	henna	meindi, mayndie
ladsch(i)verd	hadschar el ladschuv.	sengh ladschverd	—
—	sedscher el laden	—	—
mulejinat	(mu)lejenat	linet veren iladsch	nerm dschulab
merdschimek	adess	ades	mesr
tschighit	—	nemesch	til
—	ferasian el kalb	—	treperi
tere	hurf, rischad	taratezek	halim, halio
bers	bers barass	dach sefeid	polveri, tschita dag
behak	behak	dach siah	tschangneu, kala dag
miskin, dschüzamlyk	mukalat, dau el aset	dschuzam	vedda dok
tauschan	arneb (erneb) el berri	chargusch	sëa, sussa?
uiusmaklik, bichudluk	sebad, num thekyl	kyl, (dert e) subat	bihuschi
—	sisalius	maldodeh	tschatra
ak duscheme	—	nokta tef. etschehsch	akkien ke pora
eyi kokan josun	eschneh	tschartschabila	uschna, budibuda
—	—	—	pit

Lateinisch.	Deutsch.	Französisch.	Englisch.
Lien, splen	Milz	rate	spleen, milt
Lienteria	Magenruhr	lienterie	lientery
Ligatura, Fascia	Unterbinden, Binde	ligature, bandage	ligature, bandage
Lignum	Holz	bois	wood
Lignum sanctum	Heiligen (Franz.)-holz	gayac, bois saint	guajack
Lilium	Lilie	lis	lily
Limatura	Feilspähne	limaille	filings
Limonia Laureola	Limonien-Lorbeerkr.	limonia lauréole	musk-plant? lime laur.?
Linaria vulgaris	Nebelkraut	linaire commun	toad-flax
Lingua	Zunge	langue	tongue
Linimentum	eine ölige Salbe	liniment	liniment
Lini usitat. sem.	Leinsamen	grains de lin	linseed
Lipothymia	Ohnmacht	évanouissement	fainting fit
Lippia nodiflora	Lippia	lippi	—
Liquiritiae radix	Süssholz	réglisse	liquorice root
Liquiritiae succus	Lakritzensaft	jus de réglisse	spanish licorice
Lithanthrax	Steinkohle	houille	pit (sea)-coal
Lithargyrum	Silber (Blei)-glätte	litharge	litharge
Lithiasis	Steinkrankheit	pierre, gravelle	stone, gravel
Lithontriptica	SteinauflösendeMittel	lithontriptiques	stone dissolv. medicin.
Locusta migratoria	Heuschrecke, wand.	sauterelle	wandering locuste
Lotio	Waschen	lotion	washing
Lotus	Lotus	lotus, lotos	lote
Lues occulta	Lustseuche, verborg.	verole caché	occult. vener. disease
Lues ven., syphilis	Lustseuche	maladie vénérienne	venereal disease
Luffa amara	Luffa, bittere?	luffe amère	hairy momordica
Luffa pentandra	Luffa?	luffe	momordica
Lumbago	Lendenweh	douleur des lombes	lumbago
Lumbricus terrestris	Erdwurm	ver de terre	earth-worm
Lupinus albus	Bohne, weisse	haricot blanc, lupin	egyptian lupin
Lupulus (humulus)	Hopfen, Weidenwolf	houblon	hops
Lutum	Kitt, Klebwerk	lut, cément	lute, chymist's loam
Luxatio	Verrenkung	luxation (entorse)	luxation, dislocation
Lycoctonum	Wolfstodt, Giftwurz	tue-lup	—
Lycopodium clavatum	Wolfsfuss, Bärlapp	lycopode	lycopodium, club-moss
Macer veterum	Rinde, ind. Olivenw.?	simarouba de l'Inde?	ind. simaruba?
Macis	Muscatblüthe	macis	mace
Macula	Flecken (am Körper)	taches	spots, stains
Macula facici	Gesichtsflecken	taches au visage	facial spots
Magnes, magn. lapis	Magnetstein	pierre d'aimant	loadstone
Magnesia	Magnesie, Bittererde	magnésie	magnesia
Magnetismus animal.	Magnetismus, d. thier.	mesmérisme	animal magnetism
Majorana (Origanum)	Majoran	marjolaine	sweet marjoram
Malva	Malve, Pappel	mauve	mallow
Malvacea-Karmekra	Malvenartig K.	malvacée K.	malvacea K.
Malvacea-Todri n.	Malvenartig T.	malvacée T.	malvacea T.

Türkisch.	*Arabisch.*	*Persisch.*	*Indisch & Caschmir.*
dhalak	tyhal	supors, tchal	telli, lūb
jurek surmessi	sengreni	sengreni	atisar
sarghi	heftat, lefafeh	bend	bend
odun •	hateb	tschob	lekri
pegamber agatschi	—	—	—
zanbak, susen	zembak, susen	suzen, irsa(wurzel)	irsa (Lilii azur. rad.)
telasch, ejenti	borradah, hifafeh	b(o)radeh	tschun
—	—	—	tschou patri
—	—	—	san sakra
dil	el sen, lessan	zeban	dschib, zeban
jumschag melhem	telat, zemad	telat, zemad	malidenvala tēl
ketān (kirbas)-tokum	bizr el kettan, bazrak?	tohm altschi	alsi ke bidsch
bajylma, bajghynlyk	ghaschi	bihuschi	bihuschi
—	—	bekuneh	bokenbutti, tschamiara
miam kökü	ark (assel el)-suss	beeh melleh? ark esuz	mitti lekrie
miyan bale	rebb (el) suss	rob esuz	muletti
tasch(maden)-kiömüri	—	zogal kani	pater ke kola
murdasenk, murtek	mordesenk, morsenk	murdarseng	murdeseng
tasch illeti	wodscha el hesat	sengh bimari	patri ke dok
—	mufatitat el hesat	—	—
tschekirge	dscheradeh	melach, malak	mekri, tiddi
jakamaklik	ghusl	schuschten	ghasl, tona, schnan
handakuki misrii	nuphar	nilofer	nilofer, handekuk
—	w. el freng khaffy	madeh ve nerr	medīn ve nerr
frenk zameti	wodscha el freng	nar efarsi, ateschek	germi, bad, bad efreng
—	—	kereleh	kerèle
—	—	—	ghiaturi
bel-(aghrisi) zaify	vodscha el varak	dert epalu	huk
soghuldschan	charatin, keratin	soludschan ezemin	kein chewa
bakla kipti	hermess, turmus	bakla misrie, turmus	termes
hymel a azigh	—	—	—
tyn, tschamur	lakumeh	gell hekmet	mitti ke gara
bertilme	fekk, inkhila	ostochan berschudeni	motsch
kurd boghan	chanek (katl)-ezeïb	kurki merk	—
—	miskiet	—	—
—	talisfer	talisfer	atatalisfer
besbase	talzeffer	besbazeh	dschawottri, rampottri
—	—	schrak, dag	treperi, tschepaki, timn
—	kalef	kolf	tschai
myknatys, dem. kapan	hadschr el mignatis	seng ahen rubah	tschemek patter
guverdschileh kaimag.	—	—	pabud asli
—	—	manter	dscharu
andschuk?	merzandschusch	merzenkusch	murva, merua, madsch.
ebem giömedschi	khubazi, khabbeyzeh	nankulag, penirek	sontschel
—	—	—	karmekra
—	luderidsch?	todri siah	kala todri

Lateinisch.	Deutsch.	Französisch.	Englisch.
Mamma	Brust (weibl.)	sein, téton	breast
Mandragora (Atropa)	Alraun, Wolfskirsche	mandragore	mandrake (plant)
Manganum	Braunstein	manganèse	(black oxide of) mang.
Mangiferae ind. fruct.	Mangofrucht	mangue	mango
Mania, Insania	Raserei, Wuth	rage, furie	mania madness, rage
Manna calabrina	Manna, kalabrische	manne	manna
Manna Hedys. Alh.	Manna v. Camelsdorn	manne	manna
Manna persica	Manna, persische	manne	manna
Manus	Hand	main	hand
Marantae faecula	Pfeilwurz-Satzmehl	pivot	arrow-root
Marcasita, Bismuth.	Wismuth (Metall)	bismuth	bismuth
Margarita, Perla	Perle	perle	pearl
Marrubium vulgare	Andorn, weisser	marrube blanc	white horehund
Mastix	Mastix	mastic	mastich
Matricaria vulg.	Mutterkraut	matricaire	mother-wort
Maturus	Reif, zeitig	mûr(e)	ripe, mature
Meccani balsamum	Meccabalsam	baume de la mecque	bal(sa)m of mecca
Medicamentum	Arzneimittel	médicament	remedy
Medicina, Ars medica	Heilkunde	médecine	medicine, art of phys.
Medicus	Arzt	médecin	physician, doctor
Mel	Honig	miel	honey
Melanagoga	Schwarzgalle, abf. M.	mélanagogues	melanagogues
Melancholia	Schwermuth, Trübsinn	mélancolie, tristesse	melancholy
Melandrium triste	—	—	—
Melia Azedarachta	Zedrach, grossblättr.	Azédarac	margosa tree
Melia sempervirens	Melie, immergrüne	Melia toujours vert	evergreen Melia
Meliae semperv. sem.	M. immergr. Samen	semences de M. touj. v.	evergreen M. seeds
Melilotus officinalis	Melilotenkl. (Honigk.)	mélilot	melilot
Meliss. calaminth. sem.	Bergmünze, Samen	sem. de mélisse calam.	spotted calamint seeds
Melissa officinalis	Bienenkraut, Melisse	mélisse	balsamint
Melo (cucumis)	Zuckermelone	melon sucré	sugar-melon
Meloë cichorii	Telinikäfer	mouche telini?	telini fly
Melongena (solan,)	Eierapfel	aubergine	egg-plant-apple
Menisperm. cordifol.	Mondsame, herzblätt.	ménisperme	heart leav.-moon seed
Menisperm. hirsutum	Mondsame, rauher	—	—
Menstruatio, Menses	Reinigung, monatlich.	menstrues	menses
Mentha piperita	Pfeffermünze	menthe poivrée	peppermint
Mentha viridis	Münze, grüne.	baume vert	spearmint
Mercurius dulcis	Quecksilber, versüsst.	mercure doux	calomel
Mercur. praecipit.	Quecksilber. rothes	précipité rouge	red precipitate
Mercur. sublimatus	Sublimat, ätzendes	mercure subl. corros.	bichloride of mercury
Mercurius vivus	Quecksilber	mercure, vif-argent	mercury
Mespilum	Mispel	nèfle	medlar
Mesua ferrea	—	—	—
Methonica gloriosa	Prachtlilie	lis de ceylan	glorious methonica

Türkisch.	*Arabisch.*	*Persisch.*	*Indisch & Caschmir.*
meme	bizz, bezaz	pistan	mama
lufah, abduselam	dschebru, astrang, tuffah el dschunn	merdung(h)ia	lakmani, yebrudsch
—	—	—	ingni
—	—	amb	amb
diwanelik, delilik	me(d)schnun, dschahel	soudai, divanegi	divane, mest
kudret halvasi	menn helu	manna frenghi	—
—	—	turundschebin	turundschebin
—	—	schirkescht	schirkescht
El	yd, yed	dest	had
—	—	ararut	ararut
—	markezah	markaschische	markaschische
indschi	lulu, dorr	morvarit	motie
ferazion	firasijun	—	—
sakis	mestekah	misteki rumi	rumi mastekie
veratika (oti)	akuan	—	—
jetischmisch	tayib, isteua	ressid, pochteh	pakge
chiabeh pelisengi	roghan e belsan	belesen	belsen
ezah, iladsch	dova, dauah	iladsch	daru
tybabet	hekmet el tyb, tobb	m(o)aledscheh	hakimgeri
hekim (baschi)	tabyb, hakym	hakim	siana, dakter
bal	assel el nehl	andschebin, schcht	mekki ke schcht
—	mushilati souda	—	—
kara sevda	malichunia	souda	meraki
—	—	—	mohond
—	—	azadaracht	nim
—	bān	bekain, buckajin	bekain, trek
—	habb el bān	habb el bān	trek de terkone
pirah ottu	iklil el melek	gia (kysir) zerir	asperak
—	frendschemuschk	frendschemuschk	—
oghul (kovan) oti	baklet el faristum	badrendschbuyeh	meka sebza (dek.)
kavun	fadschur, kauun	kabuzeh	karbuze
—	—	—	guri, telini (beng.)
badlidschan	badindschan	beden (patli)-dschan	betaun
—	—	gilou	gilou, girdsch
—	—	fridmuli, fridbutti	dier-hier, dusera tiga
aibaschi, haiz	el h(e)izat, el tems	eladet, ras eschar	kamerie
biberi nane	—	—	mirdsch pudina
muscki tira mus.?	nana, habak, mantah	nana sebs, pudina sebs	pudina berri
tatli sulimani	zibak musaid helu	—	reschkepur
körmezi surur	—	—	—
sulumen, sulimani	zibak musaidi ekkial	—	dartschigne
(d)schiwa	z(e)ybak	simab	para
muschmula	zurur	esdef	—
—	—	narmusk	nagkiser, nagkes(h)ur
—	—	—	norengli (pahari)

*

Lateinisch.	*Deutsch.*	*Französisch.*	*Englisch.*
Mezereum (Daphne)	Kellerhals, Seidelbast	mézéreon, garou	mezereon
Millefolium	Schafgarbe	mille-feuilles	common yarrow
Mimosa abstergens	Sinnpflanze, reinig.	sensitive	sensitive plant
Mimosa pudica	Sinnpflanze, gemeine	sensitive	humble plant
Mimosa sirissa	Sinnpflanze, pappgeb.	sensitive	sensitive plant
Mimusops kauki (sem.)	Spitzenblume (Samen)	mimusope (semences)	—
Minerale	Mineralisch	minéral	mineral
Minium	Mennige, roth. Bleiox.	minium, vermillon	red (oxide of) lead
Mirabilis Jalappa	Jalappe, Wunderding	belle-de-nuit	marvel of peru
Momordica dioica	Balsamapfel, getrenn.	momordique	dioicus momordica
Monophthalmus	Einäugig	borgne	one-eyed
Morbilli	Masern	morbilles, rougeole	measles
Morbus	Krankheit	maladie	disease
Moringa sohangnina	Moringabaum	arbre moringa	moorunghy
Morsus	Biss	morsure	a bite, morsure
Mortalis	Tödtlich	mortel	deadly
Mortarium	Mörser	mortier	mortar
Morus	Maulbeerbaum	mûrier	mulberry-tree
Moschata nux	Muscatnuss	(noix) muscade	nutmeg
Moschus	Moschus, Bisam	musc	musk
Mucilago	Schleim (als Arznei)	mucilage, viscosité	mucilage, viscosity
Mulgedium rapuncul.	—	—	—
Muriaticum acidum	Kochsalzsäure	acide muriatique	muriatic acid
Musca	Fliege	mouche	fly
Mutella Antiguensis	Insect, scharlachr.	Ins. rouge d'écarlate	a scarl.-velv. insect
Myrica sapida	Rinde, gewürzhafte	une écorce aromatiq.	an aromatic bark
Myrobalani	Myrobalanen	noix de Bengale	myrobalons
Myrobalanus Belliric.	Myrobal., bellerische	(myrob.) belleric	belleric myrobalon
Myrobalanus Cheb.	Myrob., Kab. schwarz.	(myrob.) chébule	chebulic myrobalon
Myrobalanus citrina	Myrobalanen, gelbe	(myrob.) citr. kebule?	yellow myrobalon
Myrobalanus Embl.	Fru. v. baumart. Phyll.	myrobalan emblic	emblic myrobalon
Myrobalani nigri	Myrobal. kleine, schw.	myrobalan noir, petit	black myrob., lesser
myrobalan. electuar.	Myrobal. Latwerge	elect. des nois de beng.	myrobal. electuary
Myrrha	Myrrhe	myrrhe	myrrh
Myrtus communis	Myrthe	myrte	myrtle
Naevus maternus	Muttermal	envie	mother's mark, mole
Narcissus	Narcisse	narcisse	narcissus
Narcotica remedia	Mittel, betäubende	narcotiques	narcotics
Nardostach. Jatam.	Spiekenarde	nard indien	spikenard, indian
Nasturcium aquatic.	Wasserkresse	cresson d'eau	water-cresses
Nasus	Nase	nez	nose
Natrum muriaticum	Kochsalz, gemeines	sel, muriate de soude	common salt
Nausea, Nauseosis	Eckel, Seekrankheit	nausée, mal de mer	nausea
Nelumbium specios.	Nelumbo, prächtige	spécieux nélumbo	peltated water-lily

Türkisch.	*Arabisch.*	*Persisch.*	*Indisch & Caschmir.*
mazriun	mazriun	mazerijun	—
kandil tschitschegui	zu elfi evrak	hozar dane	peilgas
—	—	—	schekai
—	—	ledschalu	ladschventi (pahari)
—	chunsi?, asileh?	serisch	ata kahi
—	—	—	kirni, k(sh)irni
maden	madenn, madenny	maden	kan
suluen	isrendsch	sendur	sendur
getsche sefa (tschit.)	—	—	gulabbás
—	—	—	kekoura
bir giözlu	auer, akhonak	jek tschehschemvala	kana
kizamik	hasra, homrah	surktscheh	—
kefsislik, hastalik	wodscha, maradd	mers, bimari	dok, kesr, mandegi
—	—	—	sohangna
—	edd, id	geziden	tschak (dend)-marne
eulumlu	katel	kuschindeh	marne ke zor
havang	hevun	hevun, karel	hamam deste
dut, tut	—	tut (shatut, schw. M.)	tut
hindustan dschewisi	dschowzi (bua)-tayeb	dschous etüb	dschafel
misk	muschk e nafa	muschk	kasturi
apeschkanlek	loab	lēs	lēs
—	—	—	melūn
dus tizabi	tizab el milh	tizab enemmek	lun ke tizab
sinek	zubab, debban	megges	mekki
—	—	birboti	tschitschbehoti
—	ūd el berk	dar schisehgan	kaifel, kenobari
helile	ihliledsch	hehlelidschat	—
bellikotileh	beleledsch	beleleh	beherah
kabileh helileï	heleledsch kabuli	hellileh kalan	hara
saru helile	ihliledsch asfer	hellileh zerd	herrle, harria
amule	amladsch	amleh	amle
kara atileh, kutschuk	hehlēlidsch asvotsghir	helleleh chord	zingi, zengi har
trifel	trifel	trifel	trifel
mur safi	morr mekki	bol	hira
mersin	ās, murd	berg e murd (M.blatt) habb el ās (Myrthsam.)	vilaeti mendi
ben (blauemal, jama)	benek	—	dschemandra
nergis	nerdschis, zembak	nargis, susen. (irsa, w.)	—
—	mochederr., menauem.	—	—
sumbul, nardyn	sumbul (el tīb utteib)	sumbul hindi	tschar
su terezi	hurf (Kresse-Samen)	harf	haraf
burn, burun	anif, monkhar	bini	nak
dus, tuz	milh, melh, meleh	nemek etam	lūn
jurek bulanmasi	ghisiani nefs	gasian	dell katscha
ambedsch	ambedsch	koul (koul dodeh, sam.)	padam, pampos (Wurzel) pe, nadru

Lateinisch.	*Deutsch.*	*Französisch.*	*Englisch.*
Nepeta Cataria	Katzenmünze	cataire, herbe au chat	catmint
Nepeta salviaefolia	Katzenm. (Salbeibl.)	herbe au chat	catmint
Nephralgia	Nierenschmerz	néphralgie	nephritical pains
Nerium (Echites, Wrightia) antidys.	Ruhrstillender Oleander (Samen)	épilobe à feuilles étroites? conessie?	oval-leaved rosebay
Nerium odorum	Oleander, wohlriech.	laurier-rose odorant	sweet-scent. oleand.
Nerium Oleander	Lorbeerrose	laurier-rose, oléandre	rhododaph., rosebay
Nigella sativa	Schwarzkümmel	nielle	fennel-flower
niger	Schwarz	noir	black
Nitricum acidum	Scheidewasser	acide nitrique	nitric acid
Nitrum, Kali nitric.	Salpeter	nitrate de potasse	saltpetre
Nodus	Knoten	noeud, nodus	node
Nox	Nacht	nuit	night
Nucleus	Kern	amande, pepin	kernel
Numulite, numuline	—	—	—
Nyctalopia	Tagblindheit	nyctalopie	nyctalopy
Nycteris, Vespert.	Fledermaus	chauve-souris	bat, rear-mouse
Nymphaea alba	Wasserlilie, Seerose	nenuphar, lis d'étang	Egyptian water-lily
Oblivium, Amnesia	Vergesslichkeit	l'action d'oublier	forgetfulness
Obstructio	Verstopf. (eines Org.)	obstruction	obstruency
Ocimum-album	Basilienkraut, weiss.	—	white basil, Ind. thè
Ocimum basilicum	Basilienkraut, indisch.	basilic commun	sweet basil
Ocimum pilosum	Basilienkraut, haarig.	basilic pelu	pilous basil
Ocimum sanctum	Basilienkraut, heilig.	basilic saint	purple-stalked basil
Oculus	Auge	oeil	eye
Odontalgia	Zahnweh, Zahnschm.	mal de dents	tooth-ache
Oedema	Wassergeschwulst	oedème, enflure	oedema, watery tum.
Olea aether. destill.	Oele, ätherisch. flücht.	huiles essentielles	volatile oils
Olea expressa	Oele, fette (ausgepr.)	huiles grasses (fixes)	fat (fixed) oils
Oleum olivarum	Olivenöl	huile d'olives	olive-oil
Olfactus	Geruch	odeur	smell
Olfactus privatus	Mangel an Geruch	privation d'odeur	defect of smelling
Olibanum	Weihrauch	incense	oliban
Onania	Selbstbefleckung	onanisme	onanism
Onosma macroceph.	Ochsenzunge, grossk.	—	—
Operatio	Operation	opération	operation
Ophthalmia	Augenentzündung	inflammat. des yeux	ophthalmy
Opium	Mohnsaft	opium	opium
Opopanax	Panaxgummi	gomme-resine opop.	hercules all heal
Orchis, conopicae aff.	—	—	—
Orchitis, Testitis	Hodenentzündung	inflammat. des testic.	inflamm.(swelled)test.
Origan. heracl. aff. sp.	Winter- Majoran-Art	origan héracléot.	—
Origanum vulgare	Wohlgemuth Dosten	Origan vulgaire	marjoram
Oryza rubra	Reiss, rother	riz (ris) rouge	red rice

Türkisch.	*Arabisch.*	*Persisch.*	*Indisch & Caschmir.*
kedi oti	baklet el odus	gurbeh chorek	bililotten, brarigas
kedi oti	baklet el odus	gurbeh chorek	bililotten, madah
beumbreg agrisi	wodscha el kilwe	dert e gurdeh	pir (dert)-e kemer
kusch dilli	lissan el assafir	ahir, andurarun	inderdschiou scherin
—	difli	—	kenēr, keneir
schirdschun, zak.	dscheb.? summ el him.	defli, difli	khar zahra, kenvar?
tschiorek ottu	habbet el souda, schun.	siah-daneh	kellwondschi
kara	asuot, souda	siah	kala
tizab sui	borak? tizab	tizab	schure ke tizab
giöwerdschile	abkir	schureh	schure, badschi?
besur, ghudet	besur, bizur	tokmeh, ghodud	gedûd
gedscheh	lel	schebb	rad
tschekirdek	nawi	chastah	gerri
gunduzde ghiöz fersizl.	dedanedsch	schahdenedsch	—
—	dschar? khafesch	ruskori	—
jaraka, jarasa	hafasch, teyr el leyl	schebperek	tschamtschid
alufer, nunafer	nufer, nylufar	nilofer	kanvel, kanikapur
unududschuluk	nessyan	faramuschi	poldschana
tutlesi, kabyzlyk	sudet, inkibaz	selabet, kabz	sachti, kabz
—	badrutsch abiez	sefeid tulsi	tschitte tulsi, gendehsui
fesligan, aukimon	schasiferem	riban baghi	neasbu, kali tulsi
maru	baderudsch, tabak	tulsi (rihan) dschengli	uageud babri
—	asaba el feteyat	afrandsch misk	tulsi
ghiöz	ain, ayn	tschehschem	ak
disch aghrisi	(w)odscha essenan	derd edendan	senun ke pir
schisch, kabardscik	vorrem, auram	amas, pandehigi	suzesch, badi
tachdir jaghlar	otter	atter	atter
—	dhun	roghan	tel
zeit(in) jaghi	dhun el zeit	roghan ezeitun	kou ke tēl
koku	schameh, rihah	bui	sungu
—	chaschem	bu ke nedaret	hoschbu bend
giunluk, guinluk	lobau, elban	kandur	kundir zakhi
—	itlam	muscht zenni	scheitan kari
—	unuma	—	vera asched, kazeban K.
kesmak	faal, amel bel yed	buriden, destekari	tschir dēne
ghiöz aghrisi	ramed, vodscha el ayn	dert(surchi)-e tschehs.	akien (anguen)-kepir
afiun	afyun	afiun, schireh kaschh.	afim, pim, amel
schefkek	dschawschir	gauschir	gouschir
—	—	—	nerr madeh
thaschak aghrisi	wodscha el(k)hosiet	dert e chosieh	petalu ke pir
saleb oti?	nebad esaleb?	satyrion?	neasbui dschengli
kekisi	baklet el gezal, zatar	—	—
körmezi pirindsch	(a)ruz (orz)-ahmor	birindsch esurh	lal (sette)-tschawul

Lateinisch.	*Deutsch.*	*Französisch.*	*Englisch.*
Os (genit. oris)	Mund, Maul	bouche	mouth
Os (genit. ossis)	Knochen, Bein	os	bone
Oscitatio, Hiatus	Gähnen	bâillement	yawning
Otalgia, otitis	Ohrenschmerz,O.Ent.	mal d'oreille	ear-ache
Otorrhoea	Ohrenfluss	écoulement d'oreille	fluxion from the ear
Ovum	Ei	oeuf	egg
Oxalis Acetosella	Sauerklee	petite oseille	woodsorrel
Oxalis corniculata	Sauerampfer, dreibl.	oseille à trois feuilles	three-leaved sorrel
Oxyria elatior	(Säuerling)	—	—
Oxysaccharum	Essigsyrup	vinaigre syrup	syrup of vinegar
Ozaena	Nasengeschwür,stink.	ozène	ozaena
Paeonia offic.	Pfingstrose	pione	peony
Palatum	Gaumen	palais	palate
Palma	Handfläche	palme	palm of the hand
Palpebra	Augenlied	paupiére	eye-lid
Palpitatio cordis	Herzklopfen	palpitation de coeur	palpitation of the heart
Panaritium,Paronych.	Nagelgeschwür	panaris	whitlow
Pandanus odoratiss.	Pandanus, wohlriech.	pandan odoriférante	sweet-scented pandan.
Panis	Brod	pain	bread
Pannus oculi	Fell im Auge	ongle a l'oeil	web in the eye
Papaver Rhoeas	Feldmohn	coquelicot	corn (red) poppy
Papaver somniferum	Mohn	pavots	(white) poppy
Paralysis	Lähmung	paralysie	palsy
Paralyticum	Gelähmt	paralytique	paralitic
Pareira brava	Griesswurzel	vigne sauvage	cissampelos pareira
Parietaria	Mauerkraut	pariétaire	parietary
Partus	Entbindung	accouchement	delivery, childbirth
(Partus) post part. aff.	Niederkunftsbeschw.	—	—
Pastillu(m)s,Trochisc.	Kügelchen, Pastille	dragée en sucre	pastil
Pastinaca Secacul	Möhre aus der Wüste	panais checacul	parsnip of the desert
Pavia	—	—	—
Pavo	Pfau	pâon	peacock
Pectus	Brust	poitrine	chest
Pedicularis labellata	Läusekraut	pédiculaire	louse-wort
Pedicul.-Pendschmul	Läusekraut	pédiculaire	louse-wort
Pediculus	Laus	pou	louse
Pedicul. ingu. adhaer.	Filzlaus	morpion	crab-louse
Pediluvium	Fussbad	pédiluve	foot-bad
Pelecanus	Pelikan	pélican	pelican
Pellis, cutis	Haut, Fell	peau, cuir	skin, cuticle
Penis,Membrum virile	Glied, männliches	membre génital	man's yard
Pernio	Frostbeule	engelure	chilblain
Persicum, Malum	Pfirsiche	péche	peach
Perspiratio foetida	Ausdünst., übelriech.	transpiration fétide	offensive transpr.
Pes	Fuss	pied	foot

Türkisch.	*Arabisch.*	*Persisch.*	*Indisch & Caschmir.*
agh(y)z	tem, fum	dehhenn	mu
kemik	ad(d)m	ostochan	hedi
esneme	esneisch	obassi	obasi
kulag aghresi	wodscha el iden	dert egusch	kan-(pir)-ke dok
—	korra el iden	korra egusch	kan vague
jumurta	beizeh	tohem	andá
kuzu kulaghi	hummaz	hummas	s o l l
—	—	—	amrul, k a t i b u t t i
—	—	—	t s c h o h a h a k
sirkely schurub	gulendschebin	iskendschebin	skendschebil
kru enfah	karh(at) el khischum	sulag ekam ve bini	nak ke nasur
schakaik	schakaik	gulal, f a w a n i j a	gulal
damagh, damak	sakf el fumm	kam, halk	kam
aja(si)	keff	keff	—
giöz kapaghy	dschefen, hedeb	palek	—
jurek kup kup etmek	khefk el kalb	dell miterket	terkne e kledsche
dolama, jaremdsch	maryk, dehhas, dahus	tschendri, daches	tschendri
—	keder	gul e (kivra)-kavondi	keora
ekmek, etmek	khobz, aysch	nan	rotti
ghiöz deridsthik	sebbel	sebbel	perde
jaban kaschkhaschi	kaschkhaschi berri	mamisa	gul e hozara
kaschhasch	chaschchasch	koknar	pust
aza-damla, zeminlik	nezel behred, falidsch	istircha, sust schuden caza	falidsch
kenturum	mafiudsch, mokhela	maslul	tschole
hind amasi	—	—	—
japiskan	horryk el melsa	—	—
doghurlik	tolad	zaiden	dschemane
—	—	—	sutekva
schekerli dane	kurs	kurs	misri ke-(guli) dane
pastinai	dschezeri saradschi	schekakel misri	schekakel
—	—	dschou mukadem	van akrot, h a n e d u m
tawus (kuschu)	tauuss	tauus	mohr
giöks	sider	sineh	tschatti
bit otu	—	khoros ibighui?	k a s t u r i
bit otu	ellobna (P. tuberosa)	—	p e n d s c h m u i
kehle, bit	kammel	sipisch	dschue
am (kasik)-biti	—	—	—
aiaklari suie koimak	hammam eredschlēn	paschu	paschu
kaschikdschi kusch(u)	rakhmah, ghyheb	—	pein
deri, meschin	dschild	pust	tschemrak
sik, erkegen aleti	er, kazib, zeker	kir	dendi
naser, thavuk ghiözi	—	—	—
scheftali	choch, khukh	scheftalu	aru
fena kokan ter	arak muntin	bettbui bagel	bagelgend
aiak	ridschl	pa	per

**

Lateinisch.	*Deutsch.*	*Französisch.*	*Englisch.*
Pestilentia	Pest	peste	plague
Petroleum	Steinöl	pétrole	rock-oil, petrol
Petroselinum	Petersilie	persil	parsley
Peucedanum	Pestfenchel	peucédane	hogs-fennel
Phagedaena	Geschwüre, fress.	phagèdéne	phagedena
Phallus esculentus	Morchel	morille	morel
Phaseol. aconitifolius	(Schminkbohnenart)	—	—
Phaseol. Mungo	(Schminkbohnenart)	—	—
Phaseol. radiatus	(Schminkbohnenart)	—	—
Phlegmagoga	Schleimabführmittel	phlegmagogue	phlegmagogue
Phoen. dactyl. gummi	Palmbaum gummi	gomme de dattier	gum of a date-palm
Physalis flex. rad.	Schluttewurz., biegs.	physal. flex., racine	fl. wintercherry root
Physalis flex. sem.	Schlute, biegs., Sam.	physal. flex., semenc.	fl. wintercherry seeds
Phy. Kagnedsch(Alk.)	Judenkirschen	alkékenge, coqueret	cornel-berry
Picrorrh. kurrooa	—	—	—
Pigment. Color, Tinct.	Färbestoff, Farbe	couleur	pigment
Pilula	Pille	pilule	pill
Pimberi gummi	Pimpergummi	—	—
Pimenta (Myrtus)	Nengewürz	poivre de la jamaïque	allspice
Pimpinella Saxifraga	Steinbibernelle	boucage	barnet-saxifrage
Pinus indica	Himalaja-Fichte	—	—
Pinus pinea	Fichte	pin	pine
Piper album	Pfeffer, weisser	poivre blanc	white pepper
Piper Betel	Wasserpfeffer, Betel	betel	betle
Piper longum	Pfeffer, langer	poivre long	long pepper
Piper. longi rad.	Pfefferwurz, lange	—	—
Piper nigrum	Pfeffer, schwarze	poivre noir	black pepper
Piscis	Fisch	poisson	fish
Pistaciae nucleus	Pimpernuss	pistache	pistachio nut
Pisum sativum	Saat-Erbse	grand pois	large pea
Pituita, Phlegma	Schleim	pituite, flègme	phlegm, slime
Pix	Theer, Pech	goudron, poix	tar, pitch
Placenta	Nachgeburt	secondines	afterbirth
Plant. Ispaghula	Flohsamen(art)	plantain pulic., sem.	spogel seed
Plantago major	Wegerich, grosse	plantain	great plantain
Platanus orientalis	Ahornbaum	platane	plane-tree
Plectranth. aromatic.	Plectranthus	plectranthe	sweet scent. coleus
Plectranth. rugosus	Plectranthus	plectranthe	—
Plumbago Zeylanica	Bleiwurz, Zeylanische	cétérac	ceylone leadwort
Plumbum	Blei	plomb	lead
Plumbum aceticum	Bleizucker	sucre de saturne	sugar of lead
Pneumonia	Lungenentzündung	pneumonia	inflamm. of the lungs
Poa laxa (aff. sp.)	Graskrautart	poa, paturin	—
Podophyllum Emodi	Entenfuss, Fussblatt	podophylle	—
Polanisia	—	—	—
Polyanthes. tuber.	Tuberose, gemeine	polyanthé tubéreuse	tuber. polyanthes

Türkisch.	*Arabisch.*	*Persisch.*	*Indisch & Caschmir.*
jumurdschak, weba	taun, wobbeh	taunn misri	gedodane
neft jaghi	neft, kir	dehen neft	mattie ke tēl
ma(g)danos	bakdones, maghdunes	krefs, adschmud	peterselie
andrasiun	andrasiun	andrasiun	mortschel
aschendiridschi	ekkiul	akeleh	akele
bir nevi manthar	fetr? mushrum?	gutschi	kanekatschu
—	—	—	mōt
—	—	—	mung
—	—	—	ma, masch
balgham seukidschi	mushilati balgam	balgham defa kunind.	balgam ke dschiulab
hurma aghadsch. sam.	semgh el nakhlah	hokmtschül	tschohara ke gunt
—	—	—	asgend nagouri(radix)
—	habb el ârus	thokm epenir	peniru ke bidsch
irener tschitschegi	kakendsch	pesperdeh	kagnedsch
—	—	—	kour
boja	sabgh, laun	reng, chezab	reng
habb	hább	hább	guli
—	—	gunt epimber	gunt folēl
—	—	—	sitel tschini
kaschik azen	—	—	—
hind sinobari	sinobar el hindi	diwdar	deodar
fystyk aghatschi	sinobar	tschilgozeh	tschīl, jar
beas-(fulful) biber	felfel abied	filfil sefeid	tschitta mirdsch
tembul	aban, tumbul	pan	pan
uzun-(fulful) biber	dar (mag)-felfeli	filfil dras	pipel, magan
uzun biberen kökü	ark el magan	pipela mula	tschivek
kara biber	felfel asvot	filfil essiah	kala mirdsch
balyk	semek, asmak	mahi	matsch(l)i
scham fustuk	fistak	pista	piste
—	kirsina?	mattar	tschoral (pahari)
balgham	belgham	balgham	balgham
katran	zift, katran, kir, kafr	katran	kir
meschimeh	meschimeh	meschimeh	—
pire oti, karindsch.	ispagul, asfiusch	isef gul	schikem para
sinerli japrak	adsan elanaz	barteng, kan. (same)	barteng (s.) beragul
tschyuar	dulb	dschinar	tschinar
—	—	deldschan	patertschur
—	—	—	sulai
(alsiin?) altun oti	schitaradsch	schiterreh	tschitermul
kurschum	resaz asued, ersass	surb	sika
kurschum tusu	resas heluc	surb scherin	mitta sika
sadlidschan	sadlidschan	dē dscheneb	tschatti ke dok
—	—	—	nabedgas
—	—	—	van vangen
—	—	gendulek	bauguni
—	—	—	gul schebbu

Lateinisch.	*Deutsch.*	*Französisch.*	*Englisch.*
Polygon. aviculare	(Pflanze, vieleckige)	(polygone)	(polygony)
Polygon. linifolium	(Pflanze, vieleckige)	(polygone)	(polygony)
Polygon. macroph.	(Pflanze, vieleckige)	(polygone)	(polygony)
Polyg.-matrindsch	(Pflanze, vieleckige)	(polygone)	(polygony)
Polygonum molle	(Pflanze, vieleckige)	(polygone)	(polygony)
Polypod. Sekour	(Tüpfelfarnart)	(polypode)	(polypody)
Polypod. vulg.	Engelsüss, Süssfarn	polypode	polypody
Polypus	Polyp	polype	polypus
Pomum	Apfel	pomme	apple
Populus alba	Pappel, weisse	peuplier blanc	white poplar-tree
Porcus	Schwein	cochon	pig
Portulaca	Portulak	pourpier	purslain
Potio, Potus	Trank, Getränk	boisson	potion
Prolapsus	Vorfall	chute	prolapsus
Prosop. spicigera	(Baum, ostind.)	prosopis	siliqua of the radish
Prunella vulg.	Halskraut	sanicle	self-heal
Prunum	Pflaume	prune	plum
Prunus sylv.	Schlehendorn	prunellier	sloe-tree
Prurigo	Jucken	démangeaison	itching
Psorâ, scabies	Krätze	gale, rogne	itch
Pulegium	Poley	pouliot	pennyroyal
Pulicaria arabica	Flöhkraut	pulicaire	puliol
Pulmo	Lunge	poumon	ung
Pulpa	Mark	pulpe	pulp
Puls (gen. pultis)	Brei	bouillie	pap, panade
Pulsatilla	Küchenschelle	pulsatille	anemone pulsat.
Pulsus	Puls	pouls	pulse
Pulvis	Arzneipulver	poudre	powder
Pumex (lap.)	Bimsstein	pierre-ponce	pumice-stone
Pupilla	Pupille	pupille, prunelle	pupille
Purgamentum	Abführungsmittel	purgatif, laxatif	purgative
Pus	Eiter	pus, sanie	matter, pus
Putamen	Aeussere Fr.-Schale	l'extérieur écorce	the ext. shell of a nut
Pyrethri radix	Zahnwurzel	pyrethre	pellitory of spain
Pyrola umbellata	Wintergrün	pyrole	winter-green
Pyrus	Birne	poire	pear
Quercus (Robur)	Eiche	chêne	oak
Quercus, glans	Eichel, Ecker	gland (fruit du chêne)	acorn
Radix	Wurzel	racine	root
Rana esculenta	Frosch, grünbunter	grenouille	french frog
Ranunculus	Hahnenfuss, Ranunk.	renoncule	crow-foot
Rapa (brassica)	Rübe, weisse	navet	turnip
Raphanus sativus	Rettig	raifort	radish
Raucedo	Heiserkeit	raucité	hoarseness
Recidivus morbus	Recidiv, Rückfall	récidive	relapse (in disease)

Türkisch.	*Arabisch.*	*Persisch.*	*Indisch & Caschmir.*
—	—	—	drob
—	—	endrani	endrani
—	—	—	matrindsch mehīn, metschren
—	—	—	matrindsch gurri
—	—	rivasch, müd	tschokelchru
—	—	—	sekour
besfaidsch	azras el kelb	bespaitsch	khunkali, linger
—	bovasir	mokeh ebini	sulul
elma	teffah, tufa	sēb, tuffa	seo, sē
hawak	sedscheret el bak	dirachti pescheh	sefidar?
domuz	khenzir, chenzir	khuk, chuk	sūr
semisotu	baklet el (hom.) mub.	ardschilem (kherefeh)	horfe
itschki, scherbet	scherbet	nuschideni, scherbet	pina, scherbet
—	—	chrusch	nikelne
—	—	—	dschend ke draht
aïu kulaghi ot	—	ostochodus keschm.	kalaveter
erik	odschas, idrick?	alutscheh	alubokara
dhagh bebegui agats.	—	—	—
g(u)idschischme	hakkah, haves?	karisch	chork
ujuz, gidschik	dscharab	dschereb	pimnien ke chork
jarpuz, budenk	pudendsch, habak	—	
—	—	—	katmel, tschargas
ak dschiger	rych, feuad	schusch	pipre
euz, lub(u)b	schahem, schahmet	mags	mags
bulamasch, lapa	lapa	lapa	laba, levi
gelindschik tschitsch.	numane	—	—
nabz, namz	mafsal	nafs	ark
suhuf, toz	sufuf	sufuf	puri
pomza taschy	hadschar afrudsch	sengh ckaisur	—
ghiöz bebegui	hadak(at)el aïn	merdumeketschehsch.	roten (sanscritt)
ishal ididschi	mushil, monkyeh	tenkhie	dschulab
irin	ke(y)h, sadyd	tschirk, pák	rim, pak
—	—	pust ebirun	bar ke tschile
odulkahar	üd el kara	akerkarha	akerkara, zoënil
sarmaschik?	baklet el baredeh	leblab	—
armud	edschas, neggass	emrud, naspati	endschasa
mesche-palut	dschift-balud	scha-balud	sha balut, sandiyan
palamud	belud, petit	balud	sita-supari
kiök	risch, assel	bech	dscher
bagha, kurbagha	divda, dufdeh	ghowk	mendak, meiduk
düjün tschitschegi	kebikedsch	—	kakuugki? sitel
schalgham	schaldscham, luft	schalgam	gunglu
turb	füdschl	turb	muli
avazi tutkun	abah	sengini avas	balk bend
sutschu tekrarlama	endeksi, aksi, tekerur	tekrar mandegi	pér manda hodschane

Lateinisch.	*Deutsch.*	*Französisch.*	*Englisch.*
Reconvalescentia	Genesung	guérison, convalesc.	convalescence
Rectum	Mastdarm	boyau culier	rectum
Refrigerantia	Kühlmittel	réfrigérants	refrigeratives
Refrigeratio	Erkältung	refroidissement	cold caught
Ren	Niere	rein, rognon	kidney
Resina pini	Fichtenharz	resine, galipot	resin
Rheum	Rhabarber	rhubarbe	rhubarbe
Rheum australe	Rhabarb. (himalaj.)	rhubarbe	rhubarb
Rheum palmat.	Rhabarb. (chines.)	rhubarbe	rhubarb
Rheumatismus	Rheumatismus	rhumatisme	rheumatism
Rhodendron. campan.	Rosenlorbeer	rhododendron	bearded rhodod.
Rhus Coriaria	Sumach, Gerberbaum	sumac(h)	elm-leaved sumach
Rhus Kakrasinghea	Sumachart	—	—
Rhus Toxicodend.	Giftsumach	sumac vénéneux	poison oach
Ricinus communis	Wunderbaum	ricin	castor-oil plant
Risus	Lachen	rire	laughter
Rob	Saft, eingedickter	rob	rob
Rosa glandulif.	Rose, drüsentragend.	rose glandulifère	rose glandulifere
Rosa rubra	Rose, rothe	rose rouge	red rose
Rosmarin. off.	Rosmarin	rosmarin	rosemary
Rottlera tinctoria	Rottlera, färbende	Rottlera colorifique	colorifick Rottlera
Rubia tinctorum	Färberröthe, Grapp	garance	madder
Rubrum	Roth	rouge	red
Rubus Idaeus	Himbeere	framboise	raspberry
Rubus vulgaris	Brombeere	murrier des haies	blackberry
Ructus	(Auf)-rülpsen	eructation	eructation , belch
Ruku tinctoria	Orlean	roucou	anotto
Rumex acetosa	Sauerampfer	oseille	sorrel
Rumex-Bidschbend	Sauerampferart	oseille	sorrel
Rumex obtusifol.	Ampfer, breitblättr.	oseille a large feuille	broad-leav. dock
Ruscus aculeatus	Mausdorn(busch)	houx frelon	butcher's broom
Ruta angustifol.	Raute, schmalblättr.	rue a feuille étroite	small-leaved rue
Ruta graveol.	Gartenraute	rue	rue
Sabadilla	Läusesamen mexic.	cévadille	ind. caust. barley s.
Sabina	Sadebaum	savinier	barren savin
Saburra	Magenunreinigkeit	saburre	filth of the stomach
Saccharum	Zucker	sucre	sugar
Saccharum impurum	Rohzucker	sucre brut	raw-sugar
Sagapenum	Sagapengummi	gomme sagapenum	sagapenum
Sago farinaria	Sagu	sago	sago
Salep radix	Schleimwurzel	salep	salep
Saliva	Speichel	salive	saliva
Salix	Weide(nbaum)	saule	willow
Salix aegyptiaca	Weide, ägyptische	saule égyptien	egyptian willow

Türkisch.	*Arabisch.*	*Persisch.*	*Indisch & Caschmir.*
saghalma	schifa ifakat	tschag schudeni	hatscha hone
doghru baghersak	miaï mustakim	makat	tundri
soghudidschi	muberedat	dowaha serd, mubered	tenda daru
sok almak, sovuklik	tebryd, teberrud	serd germ schuden	tenda legne
böbrek	kelanah	kilue	gurde
tschamsakizi	ilk, ratinedsch	ral, lal moaberi	dammar
rawend	rewend	reywend	rivend
rawend	rewend	reywend keschmiri	pombetschalen nerr
rawend	rewend	reywend tschini	rivend tschini
jel rihi	rich	dert badi	badi ke pir
bir nevi gul defnesi	—	berg e keschmiri	tazektschin
tenhük, titrik	sumak, tamtam	sumach	tantri
—	—	—	kakrasingi
zehirli summak	sumak semmije	—	—
khyrva	chirwa, arund, kharva	bēd indschir	arindi
gulmak	ithakna	chandeh	hasneh
rub	rib, robb	rub	rub
—	—	gul e sindschit?	sad berg, seoti
körmezi gül	wort (nerd)-ahmar	gul esurh	gulab ke pol
biberje	iklil el dschebal	hasalben aksīr	—
—	—	kamileh	kamūd
kök boia	runas, fuet. fu(n)ah	rodeng	me(n)dschit(he), pahargas
körmezi	ahmor	surh	lal
aghadsch tschile(gi)	—	—	—
böjürtlen jemischi	ullejbek?	—	tschaudsch
guejirisch	—	dekhar	aruk
turabat humra	turabet humra	—	peori
kuzu kulaghi	humas, hammayddah	turschek	katetenarеketsch
bir nevi kuzu kulaghi	hammaydah	kesem as turschek	bidschbend
kuschkommas disch.	—	—	obudschi
jaban mersini	assi berri	—	—
—	—	—	—
sedef	sudab, humas?	habak horasani	saturi
papas oti	—	—	—
kara arditschi	abhal	—	—
—	afunet el mideh	achlad e mideh	kledsche nasaf
scheker, nebad	schegger, sukkar, kand	scheker, nebad	misri, tschini
kham scheker	sukker kham	gur	gur
safir	seg afiun	segbinedsch	gendel
—	—	sagodaneh	sabudane
salip	hossiet el talep	salep misri	salep misri
saijar, aghyz suju	bezak, ryk, tefl	āb e dehan	badi
soghut, söjüd	gharab, chilaf, atha	bēd, safsaf	bēd
—	chilaf belki, ruuf	bēd e muschk	muschke bēd

Lateinisch.	*Deutsch.*	*Französisch.*	*Englisch.*
Salvadora indica	Zahnbürstenbaum	arbre brosse à dents	tooth-brush tree
Salvia glutinosa	Salbei, klebrige	sauge glutineuse	glutinous sage
Salvia Moorcroftiana	Moorcroft's Salbei	sauge moorcroft's	Moorcroft's sage
Salv. Moorcr. semina	Moocr. Salbei Samen	semences de sauge M.	seeds of Moorcr. sage
Salvia officinalis	Salbei	sauge	sage
Sambucus nigra	Hollunder, schwarze	sureau	elder
Sandaraca	Wachholderharz	sandaraque	sandarac
Sanguis	Blut	sang	blood
Sanitas	Gesundheit	santé	health
Santalum album	Sandalholz, weiss	santale	sandalwood
Santalum rubrum	Sandalholz, roth	santale rouge	red sanders wood
Santonici semina	Wurmkrautsamen	semencine	worm seed
Sappan caesalpinia	Sapan-Blauholz	campêche sappan	sapan wood
Sapindi emarg. fr.	Seifenbaumnuss	noix savonier	soap berry
Sapium indicum	Fischgift	piscidia érythrine?	fish-poison
Sapo domesticus	Seife, gemeine	savon	soap
Sarcocolla	Gummiharz, orient.	sarcocolle	sarcocolla
Sarsaparilla	Sassaparilla	salsepareille	sarsaparilla
Satureja	Pfefferkraut	sarriette	pepper-wort
Saxifraga-Peschant	—	—	—
Scammonium	Scammonium	scammonée	scammony
Scarificatio	Ritzen der Haut	scarification	scarification
Scarlatina febris	Scharlachfieber	fièvre scarlatine	scarlet (purple)-fever
Scincus, stincus	Stink, Landkrokodill	scinque des pharmac.	skink
Scirrhus	Verhärtg., krebshafte	tumeur carcinomat.	scirrhous tumour
Scissurae, Rhagad.	Hautschrunden.	crévasse	chap, chink
Scolopendra	Assel	cloporte	centipede, wood-lousé
Scorbutus, Stomacace	Scharbock, Mundfäule	scorbut	scurvy
Scorpius	Scorpion	scorpion	scorpion
Scrophula	Scrophelkrankheiten	écrouelles	kings evil
Sebesten	Cordie, schwarze	sébeste	smooth-leav. myxa
Secale cornutum	Mutterkorn	seigle ergoté	spurred rye
Sedativa remedia	Mittel, beruhigende	sedatifs, calmants	sedatives
Sedum acre	Mauerpfeffer	vermiculaire	stone-crop
Sedum azureum	—	—	—
Sedum crassipes	—	—	—
Semen	Same	semence, grain	seed
Sempervivum	Immergrün	pervenche	ever-green
Senecillis Jacquem.	Aschenkrautart	cinéraire	—
Senecio musuca, Jac.?	Kreuzkrautart	sénécioïde	ragwort, groundsel
Sennae folia	Sennesblätter	séné	sena
Sepiae os	Tintenfischknochen	os de sèche	cuttle-fish shell
Sericum	Seide	soie	silk
Serpens, Anguis	Schlange	serpent	snake
Serpent. exuvia	Balg einer Schlange	la peau d'un serpent	cast skin of a serpent
Serum lactis	Molken	petit-lait	whey

Türkisch.	*Arabisch.*	*Persisch.*	*Indisch & Caschmir.*
kemazerius	kemazerius	misfak	ovan? jal
—	—	—	matscherhak
—	—	—	schorli
—	—	tohm ekenotshi	schorli ke bidsch
adatschia, disch oti	schefakas, quoisi	salbia	—
mûlver	belesem, akt(h)a	—	—
arditsch sakisi	senderus	sundrus	sundrus
kan	demm	chun	lou
saghlyk	afi, cheir	tschagh, dorust	razi bazi
agh sandal	ûd essandal abiez	sandal sefeid	tschanden
körmezi sandal	sandel ahmor	sandal surh	lal tschenden
(k)horasani	(k)horesene(t)	—	—
bokkom	bakkam	bakm	vakam
—	dschowz el ret	bundek chind, ritha	retle
—	—	—	—
sabun	sabun	sabun	sabun
anzerut	anzerut	guscht cheiar	mas chore(h)
saparind	oschbeh mograbie	öschbeh	mokoë, sarsa
ipar, sater	—	—	—
—	—	—	peschant
maahmudia, uskamun.	sakmunia	mahmudeh	mehmudie
Jarma	tebze	schateb	patsch
kizil hastalik	hameira	ispermeh	kain
sakankur	uskankur	rek mahi	rek matschli
akile	dorani, seretan	seretan	seretan ke pora
jari(li)k, tschatlak	tes hakuk	pareschuden epust	tschir
tesbih bödschegi	bu-meliah, zergh-myi	kung	—
iskorbit illeti	tenfykh, sayd el fumm	kula, mupochtegi	—
chimeh, akreb	akreb, akrab	geschdum	atua, bitschua
ur, siradsche (illeti)	hauslah, khunazir	chenazir	kanziren
sefistan	mokses, sepistan	sebestan, segpistan	le(h)sura
tschavdar mahmuzlu	—	—	—
jumuschadidschi ilad.	tesekenat, muleien	tahsif (nerm)-kunind.	aramvala schei
—	—	—	peilkatsch
—	—	—	suretschen
—	—	—	agenschir
tochm, dane	bezr, habb	tohm, daneh	dane, bidsch
ak asma oti	hei el alem	—	—
—	—	—	hatermul
killudsche oti	scheikh urrebi	airigarun (s. vulg.)	mongolu kuhi
senameki	senai mekki	sena mekhi	sernā
murekeb-balyk gemigi	zubet el bahr	kef ederiah	semunderdschak
abreschum, ipek	abrischem, haryr	abrischem	reschem, pat
jylan	hayyeh, ha(i)jeh	mār	sab, kire
jylan derisi	dschild el hajat	pust emar	sab ke tschile
peinir sui (sudu)	meh dschiben	ab epeinir	penir ke pani

Lateinisch.	*Deutsch.*	*Französisch.*	*Englisch.*
Sesamum orient.	Sesam, orient.	sésame d'orient	oriental sesamum
Sevum	Talg	suif	tallow, suet
Sida ac. (lanc. Maur.?)	Sida	sida	sida
Siegesbeckia orient.	Siegesbeckia	siegesbeckia	Siegesbeckia
Silica, silex	Kiesel, Feuerstein	caillou	flint, pebble
Sinapis alba	Senf, weisser	moutarde blanche	white mustard
Sinapis nigra	Senf, schwarzer	moutarde noir	black mustard
Singultus	Schluchzen	sanglot, hoquet	hiccup, hiccough
Sisymbrium Irio	Heideurettig	irion, raifort sauvage	london rocked
Sisymbrium Sophia	Besenkraut, grosses	sisymbre Sophia	herb Sophia
Sitis	Durst	soif	thirst
Smilax china	Chinawurzel	(e)squine	china root
Smirnium olusatr.	Smirnenkraut	maceron commun	comm. Alexanders
Soda	Laugensalz, mineral.	carbonate de soude	natron
Solanum nigrum	Nachtschatten, schw.	morelle à fruits noirs	blackberry-solanum
Solanum Jacquini	Jacqu. Nachtschatten	morelle de Jacquin	Jacquin's nightshade
Solanum lycopers.	Paradies (Liebes)-apf.	pomme d'am., tomate	paradise-(love) apple
Solanum tuberos.	Erdapfel	pomme de terre	potato
Somnus, Quies	Schlaf, Ruhe	sommeil, repos	sleep, rest, repose
Spasmus	Krampf	spasme	spasm
Spermatorrhoea	Samenfluss	écoulement spermat.	spermatic-flux
Sphaeranthus indicus	Kugelblume, indische	sphéranthe d'inde	indian sphaeranth
Spigelia anthelmintia	Spigelie, wurmtreib.	spigélie, anthelmint.	worm-grass (s. maryl.)
Spinacia olerac.	Spinat	épinard	spinage
Spiritus vini rectif.	Branntwein, rectif.	ésprit de vin rectif.	alcohol
Splenitis	Milzkrankheit	splénétique	spleen-sick
Spongia	Schwamm	éponge	sponge
Squilla, scilla	Meerzwiebel	scille, squille	sea onion, squill
Stalactites	Tropfstein	stalactites	stalactite
Stannum	Zinn	étain	tin
Staphisagria	Läusesamen, Stephk.	staphisaigre	stavesacre
Stenactis bellidioid.	—	—	—
Sterilitas	Unfruchtbarkeit	stérilité	barrenness
Sternumentum	Niesen	éternuement	sneezing
Sternutatorium	Niesemittel	sternutatoire	sternutatory
Stimulantia remedia	Reizmittel	stimulantes	stimulants
Stoechas Arabica	Stoechas, arabischer	st(o)echas arabique	arabic stoechas
Stomachica remedia	Magenmittel	stomachiques	stomachics
Struma, Bronchocele	Kropf	goitre	king's evil, wen
Strychn. F. Ignatii	Ignazbohne	fève de St. Ignace	St. Ignatius bean
Strychn Nux potator.	Nuss zur Reinigung	noix à purifier (l'eau)	clearing nut
Strychn. Nux vom.	Krähenaugen	noix vomique	poison nut
Stylophor. Nepalense	—	—	—
Styrax, Storax	Storaxgummi	styrax	storax

Türkisch.	Arabisch.	Persisch.	Indisch & Cashmirisch.
tschorek otu	simsim, semsem	kundschit	til
itsch jaghy	schahm	pih	tscherbi
—	—	—	kengi butti
—	—	—	tschirkatsch-ma't-scherdar
tschakmak taschi	hassouch	sengh etufeng	pater bundukvala
hardal	hardel	serschef	seru
kara hardal	dschirschir	auri, sependan	asur
(h)yutsch	foak	hoktscheh	hirki
—	—	hub ekalan	chakschi
—	—	—	sedlatschitsch
susuzluk	hararet, attesch	tischnegi	pias, tre
tschobtschini	kasb sinic	tschob tschini	tschoptschini
bir nevi iri maghdan.	—	zehermura	mortschel
kalia tuzu	killi, mith ul kali	skar	sadschi
tilki-(turbac) uzumi	aneb el saleb	kadsch madsch	giderdagh,mokō,pilek butti
—	badindschan berrie	kendiari	kantakari, mamoli
french patlidschani	tomattein	badindschan rumi	betaun rumi
jer elmasy	—	alu	alu
ujku, ujuku	noum, naass, rahat	chab, aram	ninder, son
sinir tschekelmesi	teschenudsch	keschiden eazah	kitschische
motelim	suret enzal	dscherian emenni	dat, taut
—	dukhu	—	mundiebutti
—	—	—	—
ispanak	esbandsch, sermek	isfanak	palek
arak tekrar	arak chals	schrab duatescheh	schrab duatesche
dalak tutliesi	tahal	supors	leb
sfunger, süng(ui)er	isfendsch	aber murdeh	muabadal?
ada soanu, anzel	iskil, basal el far	pias edeschti	dschengli pias
—	—	—	nemek nelli
kalaj	rezas abied, kazdyr.	arzis, kalai	kalei
mervek	zebib el dschebel	mavizek	mavizedsch
—	—	—	telvaien
haselsezlik	aher, aker, akym	hamelbend	sen
ansyrma	éts	atsa, otas	nitsche
anserdedsche	nuschuk, sohud	nesoar	atus
—	mudorrat	—	—
karabasch ottu	hafes el roa	ostochodus	ostochodus
mideii kavvetlendur.	mukawyat e mide(h)	dovai-(hazm) emideh	hazmvala schei
ur(i), bogh. damghuli	silat, dschedret	giler	giler
—	—	fafita	papita
—	—	keschkepel	nirmeli
karga bukeng	kauek el kölb	azeraki	kutschle(h)
—	—	—	magunes kuhi
kara bachur(mariami)	asterak, miat	mosti sengh (stor. sp.)	seladschit (stor. spec.)

*

Lateinisch.	*Deutsch.*	*Französisch.*	*Englisch.*
Styrax liquida	Storax, flüssiger	storax liquide	fluid storax
Suber (Quercus)	Korkbaum	liége	korktree
Subsultus tendinum	Flechsenspringen	sautillem. des tendons	twitching of the tend.
Succinum	Börnstein	succin, ambre jaune	amber
Succus	Saft	suc, jus	juice
Succus lactosus	Saft, milchartiger	suc lacteux	milky juice
Sudor, Ephidrosis	Schweiss	sueur, transpiration	sweat
Sulphur	Schwefel	soufre	brimstone
Sulphuricum acid.	Schwefelsäure	acide sulphurique	sulphuric acid
Suppositorium	(Stuhl)-Zäpfchen	suppositoire	suppository
Suppurantia	Mittel, zeitigende	suppuratifs	suppuratives
Surditas	Taubheit	surdité	deafness
Swertia petiol.	Tarant (Enzianart)	Swertia (Gentianée)	Swertia
Symplocos cratägoid.	Symplocos	symploque	symplocos
Syrupus, Sorbettum	Zuckersaft, Scherbet	sirop	sirop
Tabacum	Tabak	tabac	tobacco
Tabaschir	Tabaschir	tabachir	sugar of bamboo
Tacamahaca	Tacamahacaharz	tacamaque	tacamahaca resin
Talcum	Talk	talc	talc, talk
Tamarindus	Tamarinde	tamarin	tamarind
Tanacetum vulg.	Rainfar(r)n, gem.	tanaisie	tansy
Tarantula	Tarantel	tarentule	tarantula
Taraxacum	Löwenzahn	dent-de-lion, pissenlit	dandelion
Taxus baccata	Eibenbaum	if	yew (tree)
Temperamentum	Gemüthsstimmung	tempérament	temper
Terebinthina	Terpentin	térébenthine	turpentine
Terebinthi semina	Terpentinbaum Sam.	semenc. de térébinthe	turpentine-tree seeds
Terra	Erde	terre	earth
Testis	Hode	testicule	testicle
Testudo	Schildkröte	tortue	tortoise
Tetanus	Starrkrampf	tétanos	tetany
Thea	Thee	thé	tea
Theriaca Andromach.	Andromac. Gegengift	Andromach. thériac	theriac Andromach.
Thuja	Lebensbaum	thuya, arbre de vie	tree of life
Thymus Serpyllum	Feldkümmel	serpolet	wild thyme
Tilia europaea	Linde	tillier	lime-tree
Tinea capitis	Kopfgrind	teigne	scaldhead
Tinnitus aurium	Ohrenklingen	tintement d'oreille	tingling of the ears
Tormentilla	Ruhrwurz	tormentille	tormentil
Torpor	Gefühllosigkeit	engourdissement	numbness, torpor
Tragacanthi gummi	Tragacanth gummi	gomme adragant	traganth
Trapa	Stachel(Wasser)-Nuss	macre, saligote	water-nut
Tremor	Zittern	tremblement	trembling
Trianthem. pentandr.	Dreiblumenart	trianthème	trianthema
Tribulus terrestris	Burzel (Teufels)-dorn	herse, tribule	tribulus

Türkisch.	*Arabisch.*	*Persisch.*	*Indisch & Caschmir.*
—	sil arrus, mia'i lebni	mia sailch	miasaile
mantar agatschi	sedad,sedschrete gatta	—	dett ke dracht
sitschrama sinir	ichtiladsch (asabet)	periden, terpiden	parkna, terkne
kahruba, kehribar	kareb	káreba	kepur
su	osare(t)	res	res
sude benzer su	osaret lebni	ab schir rengi	dut moafek pani
ter	arrak	hidrar	persina
küükurt	kibryt, kebryt	gugert	genndek
kükürt tizabi	ma el kibrid	arrak egugert	gendek ke tizab
schaf	hámel, ferzedsche	schaf	fetile(h)
	munzidschat	—	—
saghyrlyk	damem	toaresch	dora
—	—	—	mumrani
—	—	loder	lodhra
schurub, siruh	schirop	schireh kand	misri ke scherbet
tutun, dokhan	tutun	tumbaku	tomaku
tabaschir	tabaschir	tabaschir	bansludschen
agatsch kavunu s.	—	—	
tilk, talk	kobub (kevkeb)-el arz	telk	abrak
demir hindi	amlich, tamar hindy	temir hindi	imli
dargaran	—	—	peilmundi
—	retila	—	hadschura
jaban hindibasi	hindibai berri	hindiba dschengli	patekel, meidan-hand
bursuk	—	—	pustül
kef, mizadsch	tabiet, mezadsch	tabiet	muzadsch
tirmentinna	but(to)m. tyrmentina	gendeh feruzeh	duna, bazerd
tirmentin agh. tokmi	habbet el chizra	chindschek	habt ekudra
toprak	tin	gel, chak	mitti
taschag	haiah. beyd	hossieh	petalu
kaplun, tozbagha	zilfi, bakheh	sengh puscht	katschu(wa)
tschekilmesi	kazaz, terrmodet	rastmanden esrir	sidi réne
tschaj	(t)schay	tscha	tscha
teriak faruk	treak faruk	treak faruk	—
—	sedscher el heiat	—	—
geiigen (nemam)-oti	basha,zatar(el hamyr)	zater, khalender, a.	—
oflamur, ohlamur	oglamur	—	—
kiel(lik) (illeti)	kara(ah), safati	badchoreh	gendsch
kulak tschinlemesi	tervin, tinin el izen	avas kanndá	schá-schá
jedi japrak oti	ark el indschbar	indschebar	indschebar
uiuschmaklik	khedr	chadder	sondschana, bihess
kitre	samagh el katad	kasira, ketira	ketira
bir nevi sukestanesi	—	singara	singhara, singhara
titreme	rascha	lerze	kamna
—	sedab	itsid	biskepra, (T.decand.)
gül kastanesi	koteb el humar, achlat	char chasek	gokru, kamerkas

Lateinisch.	*Deutsch.*	*Französisch.*	*Englisch.*
Trichiasis	Augenwimpern Umst.	renversement des cils	dist. of the eye-lash
Trifolium fibrinum	Fieberklee	menianthe	buck-bean
Triticum sativum	Weizen	froment, blé	wheat
Tuber cibarium	Trüffel	truffe	truffle
Tumor cysticus	Balggeschwulst	tumeur cystique	cystick tumour
Turpethum convolv.	Turbith, Wirbelwurz	turbith	turbith (root)
Turunda	Wieke	tente	tent
Tussilago Farfara	Huflattich	tussillage	colt's-foot
Tussis	Husten	toux	cough
Tussis pituitosa	Schleimhusten	toux pituiteuse	pituitous cough
Tussis sicca	Husten, trockner	toux sèche	dry cough
Tutia	Tutia, graue	tutie	tutty
Tympanites	Wind-(Tromm.)sucht	tympanite	wind-dropsy
Ulcus	Geschwür	ulcère	ulcer, sore
Ulcus endemium	Geschwür, einheim.	ulcère endémique	endemical ulcer
Ulcus fistulosum	Hohlgeschwür	ulcère fistuleux	fistulous ulcer
Ulcus inveteratum	Geschwür, chronisch.	ulcère chronique	chronical ulcer
Ulcus phagedaenic.	Geschwür, fressend.	ulcère phagédén.	phagedenic ulcer
Ulcus syphiliticum	Geschwür, vener.	chancre, ulc. vénér.	syphilitic ulcer
Ulmus campestris	Ulme	orme	elm
Ultramarinum	Ultramarin	outre(-)mer	ultramarine
Umbellif. Butazeri	(Pflanze, kleine)	(petite plante)	(small sized plant)
Umbilicus	Nabel	nombril	navel
Umbil. rectract.	Nabelkrampf	spasme ombilic	navel-spasm
Unguentum	Salbe	onguent	oientment
Unguis	Nagel (an Fingern)	ongle	nail
Ungula oculi, Pteryg.	Augenfell	ongle à l'oeil	film, web inthe eye
Urina	Harn	urine	urine
Urinae stillic.	Harntröpfeln	dégouttement d'urine	urine stillicide
Urtica	(Brenn)essel	ortie	nettle
Urticaria vulgaris	Nesselsucht	éssera, fièvre ortiée	nettle-rash
Uterus	Gebärmutter	matrice	matrice, womb
Uva passa	Rosine, grosse	raisin sec grand	great raisin
Uva passula	Rosine, kleine	raisin sec petit	lesser raisin
Uva Vitis viniferae	Wein-(traube)beere	(grappe de) raisin	grape
Uva ursi	Bärentraube	busserole	bearberry
Vagina	Mutterscheide	vagine	vagina, womb-pipe
Valeriana	Baldrian	valériane	valerian
Valisneria spiralis	V., schneckenförmige	valisnérie en spirale	spiral Valisneria
Vanilla	Vanille	vanille	vanilla
Vaporiuum(Balneum)	Dampfbad	bain de vapeurs	vapour (steam)-bath
Variola	Menschenblatter	petite-vérole	small-pox
Vena	Blutader	veine	vein
Venaesectio	Aderlass	saignée	bleeding
Venenum, Toxicum	Gift	poison	poison
Verbascum	Wollkraut	bouillon-blanc	mullein

Türkisch.	*Arabisch.*	*Persisch.*	*Indisch & Caschmir.*
kiprik giöz itschinde	schar munkalib	perval	perval
trifil, su jundschesi	fasset el ma	—	—
ary bughdaj	henta, hinteh	gendum	dane, kanek, gihun
dommus elmasi	—	—	—
jumru kabardschik	sela	godud, guda	resouli
turbud	turbud, turbid	turbud	tirvi, niswut (sanscr.)
fitil	fetileh	fitileh	plita
farfara	—	—	dudidsch
eksürük(i)	so(u)al	zulfeh	keng, kansi
balghamlu eksürüki	soal balgamii	zulfeh balgami	kengar
kuru eksürük	soal jabis	zulfeh hoschk	suki keng
tutia	tutya	tutia	tutia
istiskai jabis	istiskai ribii	nefk eschikem	afra
jara, tschiban	karu, karhat	kru	pora
jerlu tschiban	habbet el muttevatin	kru emulkie	makan ke pora
matielu tschibani	(karhaï)-nasur(i)je	nasur	nasur
jilenmisch jara	karhaï musmineh	kru ekouneh	purana pora
aschendiridschi	khora ekkiale	akeleh keruh	pora akle
freng sameti	kru el freng	zachm atescheg	bad ke zachm
kuz (kara)-agatsch	sedscheret el bak	—	—
ladschvert	ladschvert	ladschvert	ladschvert
—	—	—	budschet, butazeri
guebek, giöbek	surre, sorrah	naf	tuni
giöbek aghrisi	wodscha el sorrah	dert enaf	tern
melhem, jagh	merhem	merhem	merhem
tyrnak	dafr, zufr, defer	dufer	nachune(h)
—	—	perdeh tschehschm	ak ke nachune
sidik, boul	boul, schakh	pischab	karura, muter
damlajan sidik	boul mutekathir	sinselet eboul	pischab ke topka
ysyrghan	endschureh barryk	kindschi, guzneh	atungen, soi
—	essera	schera	tschepaki
rah(a)m	rehm, beit el olet	betschedan	zedane
kuru uzum beujuki	mavizedsch	mavizedsch	monaka
kuru uzum kutschuki	mevadsch	bidana	kischmisch
uzum	aneb	enggur	dagh, gora (unreif)
aye uzumi	aneb el dabbah	enggur echirs	ritsch ke dagh?
—	ferzedsch, kus, danat	kus	kus
kedi otu	fu, sumbul sahrai	fu, sumbul deschti	bililotten
—	—	—	siwar, sivaru
vanilia	—	—	—
kapludschasi	inkebab, foar	temrich	bochar ke kam
dschidri, tschitschek	dschidri, haspe	tschitscheg, avleh	mata, namgum
damar	uruk, ark	ark, rek	när
kau alma	fast, fessad, mebzak	fast, chun keschiden	fast, lou kitschne
zeh(i)r	merg, sem(u)m	zeher	hira
sir kuirne	a(d)san el dub(b)	gusch e khyrs	bulerkonu

Lateinisch.	*Deutsch.*	*Französisch.*	*Englisch.*
Verbena	Eisenkraut	vervé(i)ne	vervain
Vermis intestinalis	Eingeweidewurm	ver intestinale	intestinal worm
Verm. Ascaris lumbr.	Spul (Pallisad.)-wurm	lumbric, strongle	long round worm
Verm. Ascaris vermic.	Spring (After)-wurm	ascaride	ascaris
Verm. Taenia	Bandwurm	ver solitaire	tape-worm
Veronica Beccabung.	Ehrenpreis	véronique	waterpimpernel
Verruca	Warze	verrue	wart
Vertigo	Schwindel, Drehkr.	vertige	giddiness
Vesica urinaria	Harnblase	vessie	urin-bladder
Vesicatoria remed.	M., blasenziehende	vésicatoire	vesicatory
Vesparum favus	Wespenwabe	rayon des guépes	wasp-comb
Vesper(a)	Abend	soir	evening
Veterinarius	Thierarzt	vétérinaire	veterinarian (farrier)
Vigilantia	Schlaflosigkeit	insomnie	restlessness
Vigor, Robur	Kraft, Stärke	force, vigueur	strenght, force
Villarsia nymphoid.	-	—	fringed back-bean
Vinca minor	Jungfernkrone, kl.	petit pucelage	lesser periwincle
Vincetoxicum	Schwalbenwurz	éclair, ficaire	swallow-wort
Vinum	Wein	vin	wine
Viola odorata	Veilchen	violette	sweet violet
Viola tricolor	Stiefmütterchen	pensée	pansy, heart's ease
Vipera	Viper	vipère	viper
Virga aurea	Goldruthe	verge d'or	golden-rod
Viridis	Grün	vert	green
Viscum (album)	Mistel	gui, guy	misseltoe
Visus dimid., Myopia	Kurzsichtigkeit	myope (vue faible)	myopy (dim-sighted)
Visus dupl., Diplopia	Doppelsichtigkeit	diplopie (vue double)	diplopy (double sigh.)
Visus muscarum	Mückenschen	myod. (vis. de mouch.)	myod. (fly's in sight)
Vita	Leben	vie	life
Vitex Negundo	Negundo-Müllen	vitex negundo	5-leav. chaste tree
Vitri fel	Glasgalle	sel de verre	sandever
Vomitus	Erbrechen	vomissement	vomiting
Vulnus	Wunde	blessure	wound
Vulpes	Fuchs	renard	fox
Xanthoxylum hostile	Zahnwehbaum	xanthoxylon	xanthoxylum
Xanthoxyli semina	Zahnwehb. Samenk.	semences de xanthox.	seeds of xanthoxyl.
Xeraphium remed.	Streupulwer	poudre	powder
Xylobalsamum	Zweige v. Balsamb.	bois d'arbre du baume	xylobalsam
Zedoaria Zerumb.	Zittwerwurz, längl.	zédoaire longue	long zedoary
Zelemicae baccae	—	—	—
Zincum	Zink	zinc	zinc
Zincum sulphuricum	Zinkvitriol	sulfure de zinc	sulfat of zinc
Zingiber officinalis	Ingwer	gingembre	ginger
Zingiber recens	Ingwer, frischer	gingembre frais	fresh ginger
Zyzyphus Jujuba et Oenoplia	Brustbeeren	jújubes	jujubes

Türkisch.	Arabisch.	Persisch.	Indisch & Caschmir.
guverdschin otu	ikmnbaran	baristaryun	sedgheiat, hamek
soludschan	dud (plur. didan)	kerm eschikem	kire fil pēt
—	—	mulab	mulab
kardschaghaz	—	siung	siung
—	habb el kara	kedudaneh	kedudane
virunike, su terezi	veronika	veronika	nagbabri
sigil	salil	solul	moke
basch dönmesi	tauschi, douran	gerdiden esser	sir pouue
kawuk, dawul, mesane	mabuli, beyt el boul	schaschdan	mosane
pehliwan jakisi	mokerehat	avleh keschideni	dova dagh, plaster
jaban ary (arussi)-evi	beit el zenbur	chaneh ezenbur	
akscham	messa	scham, vakt egrub	scham(namas)kevacht
bitar	b(e)yttar	nalbend	nalbend
uikusüzlik	sahar	bidari, bichabi	onindra
kudret, kuwwet	kuwweti bedenije	kuwet	zor
—	—	—	korru
ak asma oti	—	—	rotendschiot
asklebias(Cinanch. v.)	zid essemmum	—	gendvangun
hammer	hammer, khamr, mēh	scharab enguri	engur ke schrab
irfijun, menekschc	benefsedsch	menefscheh	menefsche
herdschaji menekschc	—	—	—
engerek jilany	afa(a)h, hen(d)sch	—	krundi
altin otu	—	—	—
jeschil	achdar	sebs	hēri(reng), taze
burdsch, luzak	dibk	—	burtsch
basari zaif	zof e basser	nakuveti tschehschm	akienke bikuveti
tschatal giörmek	havel, houl	havel	penga
sinek giözen enindeh	techeiolat	gobari tschehschm	akienke gobar
öm(ü)r	cheïa, eischi	zondegani	dschunde, razi
bir nevi adschi	ursud, filfili beri (S.)	pendsch enguscht	sembalu, vonua
—	mrart el chezas	nemek eschischeh	katschlun
kusmak, istifra	kay	istifragh, kai etmek	daki, ulti
jara, dscherh	dschurch	zahm	pati
tilki	saleb, taleb	rubah	lumbri
—	faghara	daracht eschikafteh	timr, tēzbal
—	—	kebaba schikafteh	kebaba chande(h)
sufuf, toz	sufuf	zrur, sufuf	tura, puri
ūd el belsan	ūd el belsan	ud elbelsan	ūd el belsan
dschedvar	zurumbad	zerumbad	ketschur
—	habbet el zelm	habbet ezulm	habt ezulm
tutia madeni	ruc, roh	dschest	dschest
beas sadsch	—	—	—
zindschefil, ssi ot	zendsch(efil)	zendschebyl	sund
nem zindschefili	zendsck e roteb	zendschebil terr	adrak
enab, unnab	enab, aunab	enab, bēr	enab, bēr

**

Verzeichniß der deutsch und lateinischen Wörter.

Abend	vesper
Abkochung	decoctum
Abführungsmittel	purgamentum
Abzehrung	atrophia
Acaciensaft	acaciae succus
Acajou, ächter	anacardium orientale
Aderlaß	venaesectio
After	anus
Afterwurm	vermis ascaris verm.
Ahornbaum	platanus orientalis
Alant	inula helenium
Alaun	alumen
Alaunerde	argilla
Alkanna, dornige	lawsonia inermis
Alkannawurzel	alcanna
Aloe	aloë succus
Aloeholz	aloëxylon
Aloespflanze	aloë perforata
Alpmännchen	incubus
Alraun	mandragora
Amarant	amarantus
Ambra, graue	ambra grisea
Ameise	formica
Ammoniakgummi	ammoniacum
Ampfer	rumex
Andorn	marrubium
Anfeuchtung	humectatio
Anhängel	amuletum
Anis	anisum
Apfel	pomum
Aphodillilie	narcissus
Apotheker	apothecarius
Aprikose	armeniacum malum
Arekapalmnuß	areca catechu, nux
Arsenik	arsenicum
Arsenik, rother	auripigmentum rubr.
Artischoke, gemeine	cynara scolimus
Arzenei	medicamentum
Arzeneipulver	pulvis

Arzt	medicus
Asand	asa foetida
Asche	cinis
Aschenkraut	senecillis
Assel	scolopendra
Aufblähung	flatulentia
Aufguß	infusio
Auge	oculus
Augenentzündung	ophthalmia
Augenfell	ungula oculi
Augenlied	palpebra
Augenliedlähmung	blepharoptosis
Augenpulver	collyrium siccum
Augentrost	euphrasia
Augenwimper, innere	trichiasis
Aussatz	lepra
Ausschlag	exanthema
Bad	balneum
Bähungsmittel	embrocatio
Bärentraube	uva ursi
Bärlapp	lycopodium
Baldrian	valeriana
Balggeschwulst	tumor cysticus
Balsam	balsamum
Balsamapfel, getrennt.	momordica dioica
Balsambaumzweige	xylobalsamum
Bambusrohr	bambusa arundinacea
Band	ligatura
Bananenbaum	ficus indica
Bandwurm	vermis taenia
Bart	barba
Bartgras	andropogon
Bartschwärze	pigment. ad barbam
Basilienkraut	ocimum
Bauch	abdomen
Bauchgrimmen	colica
Bauchwassersucht	ascites
Bauchweh	colica
Baum	arbor

Baumwolle	gossypium
Beere	bacca
Behandlung	curatio
Behen	behen
Beifuß	artemisia
Bein	os
Beinfraß	caries
Beinwell	consolida
Beischlaf	coitus
Benedictenkraut	geum urbanum
Berberitze	berberis
Bergmünze, Samen	melissae calam. sem.
Beruhigende Mittel	sedativa remedia
Besenkraut, großes	sisymbrium sophia
Besuch, ärztlicher	visita medica
Betäubende Mittel	narcotica remedia
Bibergeil	castoreum
Bienenkraut	melissa
Bier	cerevisia
Bilsenkraut	hyoscyamus
Bimsstein	pumicis lapis
Binde	ligatura
Binsenblume	butomus
Birne	pyrus
Bisam	moschus
Bisamkörner	abelmoschi m. sem.
Biß	morsus
Bitter	amarum
Bittererde	magnesia
Bittersüß	dulcamara
Bitterwurz	gentiana amara
Blähsucht	flatulentia
Blähungen vertr. M.	carminativa remed.
Blätterschwamm	agaricus
Blasenstein	calculus vesicalis
Blasenziehende Mittel	vesicatoria remed.
Blatt	folium
Blei	plumbum
Bleichsucht	chlorosis
Bleiglanz	galena
Bleiglätte	lithargyrum
Bleioxyd, rothes	minium
Bleiweis	cerussa
Bleiwurzel	plumbago
Bleizucker	plumbum aceticum
Blinde	caecus
Blödsichtig	visus dimidiatus
Blut	sanguis
Blutharnen	haematuria
Bluthusten	haemoptysis
Blume	flos
(Blut)ader	vena
Blutigel	hirudo
Blutschwär	furunculus
Bluttreibende Mittel	emenagoga
Bockshorn	foenum graecum
Bohne	faba
Bohne, weiße	lupinus albus
Börnstein	succinum
Borstiges Samenkraut	echinospermum
Brandschaden	ambustio
Branntwein, rectific.	spiritus rectificatus
Braunstein	manganum
Brechnuß, schwarze	jatropha curcas
Brechruhr	cholera morbus
Brechweinstein	antimonium tartar.
Brechwurzel	ipecacuanha
Brei	puls
Breiumschlag	cataplasma
Bremergrün	cuprum oxydhydrat.
Brennessel	urtica
Brennmittel	cauterium
Brillenotter	aspris naja
Brod	panis
Brombeere	rubus vulgaris
Bruch (Darm-)	hernia
Bruch (Knochen-)	fractura
Bruchkraut	herniaria
Brust	pectus
Brustbeeren	zyzyphus
Brustmittel	expectorans
Brust, weibliche	mamma
Buchweizen	fagopyrum
Burzeldorn	tribulus terrestris
Butter	butyrum
Buttermilch	butyri serum
Cardamome	cardamomum
Celasterstaude	celastrus
Chanker	ulcus syphiliticum
Chinawurzel	smilax china
Cholera	cholera morbus
Citrone	citrus medica
Chromsaures Kali	kali chromatum
Cichorie	cichoreum
Cochenille	coccionella
Cocusnuß	cocos nux

Coloquinte	colocynthis
Cordiefrüchte	sebesten
Cubeben	cubebae
Cur	curatio
Cypergras	cyperus
Cypresse	cupressus
Dampfbad	vaporinum
Darmbruch	hernia
Darmgicht	ileus
Darrsucht	atrophia
Dattel	dactylus
Dattelpalmgummi	phoen. dact. gummi
Destillirhelm	alembicus
Diamant	adamas
Dickauszug	extractum
Dill	anethum
Dinte	atramentum
Diorit	diorites
Diptam	dictamnus
Distelgewächs	cynaracea
Doppelkriecher	amphisbaena
Doppelsichtigkeit	visus duplex
Drachenblut	draconis sanguis
Drachenkopf	dracocephalum
Drehkrankheit	vertigo
Durchfall	diarrhoea
Durst	sitis
Ebenholz	ebenum
Eckel	nausea
Ecker	quercus, glans
Edelstein	lapis preciosus
Ehrenpreis	veronica
Ei	ovum
Eibenbaum	taxus baccata
Eibisch	althaea
Eiche	quercus (robur)
Eichel	quercus, glans
Eier(Melanzan)apfel	melongena
Einäugig	monophthalmus
Eingeweide	intestina
Eingeweidewurm	vermis intestinalis
Einschläfernde Mittel	hypnotica remedia
Einschnitt	incisio
Eis	glacies
Eisen	ferrum
Eisenkraut	verbena
Eiter	pus
Eitergeschwür	abscessus
Elephantenfuß	elephantiasis
Elephantenlaus	anacard. occid.
Engbrüstigkeit	asthma
Engelkraut	angelica
Engelsüß	polypodium vulg.
Entbindung	partus
Entenfuß	podophyllum
Erbrechen	vomitus
Erbse (Kicher-Erbse)	cicer
Erbse (Saat-Erbse)	pisum sativum
Erdapfel	solanum tuberosum
Erde	terra
Erdbeere	fragaria
Erdharz	asphaltum
Erdrauch	fumaria
Erdscheibe	cyclamen europaeum
Erdweihrauch	chamaepitys
Erdwurm	lumbricus terrestris
Erkältung	refrigeratio
Eröffnende Mittel	deobstruentia remed.
Erweichende Mittel	emollientia remedia
Erwenwürger	cruenta (orobanche)
Eselsgurkensaft	elaterium
Eßlust	appetitus
Essig	acetum
Essigsyrup	oxysaccharum
Euphorbiumharz	euphorbii gummi
Fadenwurm	dracunculus
Fagonie	fagonia
Fallkraut	arnica
Fallsucht	epilepsia
Fantasiren	delirium febr.
Farbe	pigmentum
Färberröthe	rubia tinctorum
Farnkraut	filix
Farz	flatus
Fasele, juckende	dolichos pruriens
Fehlgeburt	abortus
Feige, gemeine	ficus carica
Feige, heilige	ficus religiosa
Feige, ostindische	ficus indica
Feige, wilde	ficus glomerata
Feilspäne	limatura
Feldkümmel	thymus serpyllum
Feldmohn	papaver rhoeas
Fell	cutis
Fell im Auge	pannus oculi
Fenchel	foeniculum

Fett	adeps
Feuerschwamm	fungus igniarius
Feuerstein	silica
Fichte	pinus
Fichtenharz	resina pini
Fieber, hitziges	febris acuta
Fieberklee	trifolium fibrinum
Filzlaus	pediculus ingu. adh.
Finger	digitus
Fingerhut	digitalis
Fisch	piscis
Fischgift	sapium indicum
Fischkörner	cocculus menisperm.
Fischleim	ichthyocolla
Flachs	linum
Flachsseide	cuscuta
Flechsenspringen	subsultus tendin.
Flechte	herpes
Flechte, tropische	lichen tropicus
Flecken	macula
Fledermaus	nycteris
Fleisch	caro
Fliege	musca
Fliege, spanische	cantharides
Flöhkraut	pulicaria
Flohsamenart	plantago ispagh.
Flußkrebs	cancer fluviat.
Flußmuschelschale	concha fluviat.
Franzosenholz	lignum sanctum
Franzosenholzharz	guajaci gummi
Frauenhaar	capillus veneris
Frosch	rana
Frost	frigus
Frostbeule	pernio
Frucht	fructus
Fruchtschale, äußere	putamen
Fuchs	vulpes
Fuchsräude	alopecia
Fuß	pes
Fußbad	pediluvium
Fußblatt	podophyllum
Gähnen	oscitatio
Galgant	galanga
Gallapfel	galla
Galle	fel
Gallenfieber	febris biliosa
Galle, reinigende M.	cholagoga remed.
Galmeistein	calaminaris lapis
Gamanderlein	chamaedrys
Gänsefuß	chenopodium
Gärberbaum	rhus coriaria
Gartenkohl	brassia
Gartenkresse	lepidium sativum
Gartenraute	ruta graveolens
Gauchheil	anagallis
Gaumen	palatum
Gebärmutter	uterus
Geblüt, verdorbenes	humor corruptum
Gefühllosigkeit	torpor
Gegengift	antitoxicum
Gegengift Androm.	theriaca androm.
Gehenna	lawsonia inermis
Gehirn	cerebrum
Gehirnentzündung	cephalitis
Gelähmt	paralyticum
Gelb	citrinum
Gelbsucht	icterus
Gelbwurz	curcuma longa
Gelenkgicht	arthritis
Gelenkverbiegung	contractura
Gelind abführende M.	lenitiva
Gemüthsstimmung	temperamentum
Genesung	reconvalescentia
Geruch, Riechen	olfactus
Geruchsmangel	olfactus privatus
Gesäß	podex
Geschlecht	genus
Geschlechtstrieb r. M.	aphrodisiaca remed.
Geschmack	gustus
Geschwulst, wässrige	oedema
Geschwür	ulcus
Geschwür, fressendes	phagedaena
Geschwür, künstliches	fontanella
Gesichtsflecken	macula faciei
Gesichtsmuskeln-Verzerrung	contractura musculorum faciei (tortura)
Gesichtsverdunkelung	caligo
Gestank	foetor
Gesundheit	sanitas
Getränk	potio
Geweih	cervi cornu
Gewürze	aromatica
Gewürznelke	caryophillus aromat.
Gicht	arthritis
Gift	venenum
Gichtrübe	bryonia

Giftsumach	rhus toxicodendron
Giftwurz	lycoctonum
Glasflasche	ampula vitrea
Glasgalle	vitri fel
Glatze	calvitium
Glied, männliches	penis
Gnadenkraut	gratiola
Gold	aurum
Goldblume	chrysanthemum
Goldmacherei	alchymia
Goldruthe	virga aurea
Granatapfel	granatum punica
Granatblüthe	balaustia
Grapp	rubia tinctorum
Graskraut	poa
Graswurzel	graminis radix
Grewie	grewia
Grieswurzel	pareira brava
Grind	tinea
Grindwurzel	lapathum acutum
Grün	viridis
Grünspan	cuprum aceticum
Grünstein	diorites
Gülden-Ader	haemorrhoides
Gummi arabicum	arabicum gummi
Gummilack	lacca
Gundermann	hedera terrestris
Gurgelwasser	gargarisma
Gurke	cucumis
Haar	crinis
Hahnenfuß	ranunculus
Halmpflanze	corydalis
Halsentzündung	angina
Halskraut	prunella
Hand	manus
Handfläche	palma
Hanfharz	cannabis resina
Hanfkraut	cannabis herba
Hanfsame	cannabis semen
Harn	urina
Harnblase	vesica urinaria
Harnbrennen	urinae ardor
Harnruhr	diabetes
Harntreibende Mittel	diuretica remedia
Harntröpfeln	urinae stillicidium
Harnverhaltung	ischuria
Harnzwang	dysuria
Hase	lepus timidus
Haselnuß	avellana nux
Haselwurz	asarum
Haut	cutis
Hautschrunden	scissurae
Hautwassersucht	anasarca
Heidenrettig	sisymbrium Irio
Heiligenholz	lignum sanctum
Heilkunde	medicina
Heiserkeit	raucedo
Herbzeitlose	colchicum autumnale
Hermodattel	hermodactylus
Herz	cor
Herzklopfen	palpitatio cordis
Herzstärkende Mittel	cardiaca remedia
Heu, griechisches	foenum graecum
Heuschrecke	locusta
Himmelblau	coeruleus
Hintere	anus (podex)
Hirschhorn	cervi cornu
Hirse (Mohrhirse)	holcus sorghum
Hitze	ardor
Hode	testis
Hodenentzündung	orchitis
Hohlgeschwür	ulcus fistulosum
Höllenstein	argent. nitric. fus.
Hollunder	sambucus
Holz	lignum
Holzkohle	carbo vegetabilis
Honig	mel
Honigklee	melilotus
Honigwabe	favus
Hopfen	lupulus (humulus)
Horn	cornu
Hornhautfleck	leucoma
Hornhautgeschwür	corneae ulcus
Huflattich	tussilago farfara
Hüftweh	ischias
Hund	canis
Hundswürger	cynanchum
Husten	tussis
Hypochondrie	hypochondriasis
Hyster. Kugelaufsteig.	globus hystericus
Igelknospe	butomus
Ignazbohne	strychnos faba ignat.
Immergrün	sempervivum
Indig	indigum
Indigpflanze	indigofera anil
Ingwer	zingiber

Insekt, scharlachfarb.	mutella antiguensis
Irrereden, fieberhaft.	delirium febrile
Isop	hyssopus
Jalappa	jalappa
Johanniskraut	hypericum
Jucken	prurigo
Judenkirschen	physalis alkekengi
Judenpappel	corchorus
Judenpech	asphaltum
Judenstein	judaicus lapis
Jungfernkrone	vinca minor
Kaffee	coffea
Kahlheit	calvitium
Kaiserkrone	fritillaria
Kalk	calx
Kalmus	calamus aromaticus
Kälte	frigus
Kamellab	camelinum coagulum
Kamelsdorn	hedysarum alhagi
Kamille	chamomilla
Kampechenholz	campechianum lign.
Kampfer	camphora
Kannenkraut	equisetum
Käs	caseus
Kapperstrauch	capparis
Kardendistel	dipsacus fullonum
Kassie, geflügelte	cassia alata
Kassie in Röhren	cassia fistularis
Kassie viereckig fr.	cassia tora
Katarrh	catarrhus
Katechu	catechu
Katzenmünze	nepeta cataria
Kellerhals	mezereum
Kellerwurm	scolopendra
Kerbel	cerefolium
Kern	nucleus
Kibitzblume	fritillaria
Kiesel	silica
Kirsche	cerasum
Kitt und Klebwerk	lutum
Klapperrose	anemone
Klettenkraut	bardana
Klystier	clysma
Knie	genu
Knoblauch	allium sativum
Knoche	os
Knoten	nodus
Knöterich	polygounm aviculare
Knurren im Leibe	borborygmus
Kochsalz, gemeines	natrum muriaticum
Kochsalzsäure	muriaticum acidum
Kohl	brassia
Kohle	carbo
Kohlenbeule	carbunculus
Kolik	colica
Kopf	caput
Kopfarzeneien	cephalica
Kopfgrind	tinea capitis
Kopfschmerz	cephalalgia
Kopfweh, halbseitig.	hemicrania
Korallen	corallia
Koriander	coriandrum
Korkbaum	suber (quercus)
Koth	faeces
Kraft	vigor
Kragenblume	carpesium
Krähenaugen	strychnos nux vom.
Krampf	spasmus
Kranke, Patient	aeger
Krankheit	morbus
Krankheit, hitzige	acutus morbus
Krankheitsanfall	accessus
Krätze	psora
Kraut	herba
Kräuterzucker	conserva
Krebsgeschwür	carcinoma
Krebshafte Verhärt.	scirrhus
Kreide	creta
Kresse	lepidium
Kreuzkraut	senecio
Kropf	struma
Kropfblatt	laminaria saccharina
Kruste	crusta
Krystall	crystallus
Kügelchen	pastillum
Küchenschelle	pulsatilla
Kugelblume	sphaeranthus
Kühlmittel	refrigerantia
Kümmel	carvi semina
Kümmel, römischer	cuminum
Kümmel, Schwarz-	nigella sativa
Kümmel, wilder	lagoecia
Kunst	ars
Künstlich gemacht	factitius
Kupfer	cuprum
Kupfervitriol	cuprum sulphuricum

Kürbis	cucurbita
Kurzsichtigkeit	visus dimidiatus
Lab	coagulum
Lachen	risus
Lack	lacca
Lähmung	paralysis
Lähmung, halbseitige	hemiplegia
Lakritzensaft	liquiritiae succus
Langwierig	chronicus
Lanzette	lancetta
Lattich	lactuca
Latwerge	electuarium
Laugensalz, mineral.	soda
Laus	pediculus
Läusekraut	pedicularis
Läusesamen	staphisagria
Läusesamen, mex.	sabadilla
Lazurstein	lazuli lapis
Leben	vita
Lebensbalsam	elixirium vitae
Lebensbaum	thuja
Leberleiden, Mittel	hepatica
Leberthran	aselli jecoris oleum
Leibesverstopfung	constipatio alvi
Leer	jejunus
Leichnam	cadaver
Leim	gluten
Leinsamen	lini semina
Leistenbeule	bubo
Lendenweh	lumbago
Liebesapfel	solanum lycopersicon
Liebstöckel-Adschw.	ajowain-levist.
Lilie	lilium
Limonie	citrus medica
Limonien-Lorbeerkr.	limonia laureola
Linde	tilia
Linse	lens
Linsenstaar	cataracta
Lippe	labium
Lorbeeren	lauri baccae
Lorbeerrose	nerium oleander
Löwenschwanz	leonurus
Löwenzahn	taraxacum
Lunge	pulmo
Lungenentzündung	pneumonia
Lungensucht	atrophia
Lusbaum	clerodendron
Lustseuche	lues

Magenkrampf	cardialgia
Magenmittel	stomachica
Magenruhr	lienteria
Magensäure	acor ventriculi
Magenunreinigkeiten	saburra
Magnetstein	magnes lapis
Malve	malva
Mandeln	amygdalae
Mannstreu	eryngium
Mangofrucht	mangif. ind. fruct.
Mariendistel	carduus marian.
Mark	pulpa
Märzwurz	geum
Masern	morbilli
Mastdarm	rectum
Mastdarmfistel	fistula recti
Maulbeerbaum	morus
Mauerkraut	parietaria
Mauerpfeffer	sedum acre
Maul	os
Mausdornbusch	ruscus aculeatus
Meccabalsam	balsamum de meccha
Meccabalsambaum Fr.	carpobalsamum
Meerrettig	armoracea
Meerzwiebel	squilla
Mehl	farina
Meisterwurzel	imperatoria
Melangenapfel	melongena
Melilotenklee	melilotus
Melisse	melissa
Melongen-Nachschatt.	melongena solanum
Melonendistel	cactus ind. tor
Mennige	minium
Menschenblatter	variola
Milch	lac
Milch, geronnene	lac coagulatum
Milchrahm	cremor lactis
Milz	lien
Milzkrankheit	splenitis
Milzkraut	asplenium
Milzsucht	hypochondriasis
Mispel	mespilum
Mistel	viscum album
Mohn	papaver
Mohnsaft	opium
Möhre	carota
Möhre aus der Wüste	pastinaca secacul
Mohrhirse	holcus sorghum

Molken	serum lactis
Mondsame	menispermum
Monatl. Reinigung	menstruatio
Moos, wohlriechend.	lichen odoriferus
Morchel	phallus esculentus
Morgenröthe	aurora
Mörser	mortarium
Mückensehen	visus muscarum
Mund	os
Mundfäule	scorbutus (stomacac.)
Mundfäule der Kinder	aphthae
Münze, grüne	mentha viridis
Münze, salbeiblättr.	nepeta salviaefolia
Muskatblüthe	macis
Muskatnuß	moschata nux
Muschelschale	concha
Mutterbeschwerde	hysteria
Mutterharz	galbanum
Mutterkorn	secale cornutum
Mutterkraut	matricaria
Muttermal	naevus maternus
Mutterscheide	vagina
Mutterzimmt	cassia lignea
Myrobalanen	myrobolani
Myrrhe	myrrha
Myrthe	myrtus
Nabel	umbilicus
Nabelkrampf	umbilicus retractus
Nabelkraut	cotyledon
Nachgeburt	placenta
Nacht	nox
Nachtblindheit	hemeralopia
Nachtschatten, schwarz.	solanum nigrum
Nadelstechen	acupunctura
Nagel am Finger	unguis
Nagelgeschwür	panaritium
Nahrung	cibus
Nase	nasus
Nasenbluten	epistaxis
Nasengeschwür, stink.	ozoena
Nebelkraut	linaria
Negundomüllen	vitex negundo
Nelumbo, prächtige	nelumbium specios.
Nervenfieber	febris nervosa
Nesselsucht	urticaria
Nessel, todte	lamium purpureum
Neugewürz	pimenta
Niere	ren
Nierengries	calculus renalis
Nierenschmerz	nephralgia
Niesemittel	sternutatorium
Niesen	sternumentum
Nieswurz	helleborus
Nüchtern	jejune
Oberhaut	epidermis
Obst	fructus
Ochsenzunge	onosma
Odermennig	agrimonia
Oelbaumharz	elemi gummi
Oele	olea
Ohnmacht	lipothymia
Ohr	auris
Ohrenentzündung	otitis
Ohrenklingen	tinitus aurium
Ohrenfluß	otorrhoea
Ohrenschmerz	otalgia
Oleander, wohlriech.	nerium odorum
Oleaster	elaeagnus
Olivenöl	oleum olivarum
Olivenwurz, indische	macer veterum
Operment	auripigmentum
Orange	aurantium pomum
Orlean	ruku tinctoria
Osterluzei	aristolochea
Palisadenwurm	vermis ascaris lumbr.
Panaxgummi	opopanax
Pappel	populus
Paradiesapfel	solanum lycopersic.
Paradiesingwer	cardamomum majus
Pastille	pastillum
Paternostererbse	abrus precatorius
Pech	pix
Pelikan	pelecanus
Perle	margarita
Pest	pestilentia
Pestfenchel	peucedanum
Pestwurz	cacalia kleinia
Petersilie	petroselinum
Pfau	pavo
Pfeffer	piper
Pfefferkraut	satureja
Pfeffermünze	mentha piperita
Pfeffer, spanischer	capsicum
Pfeilstein	belemnites
Pfeilwurzsatzmehl	marantae faecula
Pfirsche	persicum malum

Pflanze	herba
Pflanze, vieleckige	polygonum
Pflaster	emplastrum
Pflaume	prunum
Pfriemenkraut	cytisus scoparius
Phebe	cucurbita
Phlomis	leucas
Pimpernüsse	pistaciae nuclei
Poley	pulegium
Polyp	polypus
Pomeranze	aurantium pomum
Porsch	ledum palustre
Portulak	portulaca
Puls	pulsus
Pulver	pulvis
Pupille	pupilla
Purgier-Croton	croton tiglium
Purgir-Kassie	cassia fistularis
Quecksilber	mercurius
Quetschung	contusio
Quittenapfel	cydonium malum
Rainfarn	tanacetum
Raserei	mania
Rattengift	arsenicum
Räucherung	fumigatio
Rausch	crapula
Raute, wilde	harmala ruta
Recidiv	recidivus morbus
Reif	maturus
Reinigung, monatl.	menstruatio
Reinigung, m. mang.	amenorrhoea
Reis	oryza
Reißblei	graphites
Reizmittel	stimulantia
Rettig	raphanus
Rhabarber	rheum
Rheumatismus	rheumatismus
Riesen-Calotropis	calotropis gigantea
Rinde	cortex
Ringelblume	calendula
Ringschlange	aspidoclonion
Rittersporn	delphinium
Ritze der Haut	scarificatio
Röhrenkassie	cassia fistularis
Rohzucker	saccharum impurum
Rose	rosa
Rosenlorbeer	rhododendron
Roth	rubrum
Rosenwurz	fabaria
Rosinen	uva passa
Rosmarin	rosmarinus
Rothlauf	erysipelas
Rübe, gelbe	carota
Rübe, rothe	beta vulgaris
Rübe, weiße	rapo brassica
Rücken	dorsum
Rückfall	recidivus morbus
Ruhr	dysenteria
Ruhrstill. Ol.-Same	nerii antidys. sem.
Ruhrwurz	tormentilla
Rülpsen	ructus
Russellilie	curculigo
Saat-Erbse	pisum sativum
Sadebaum	sabina
Saft	succus
Saft, eingedickter	rob
Säfte, verdorbene	cacochymia
Safran	crocus sativus
Safran, deutscher	carthamus tinctor.
Sahne	cremor lactis
Salbe	unguentum
Salbe, ölige	linimentum
Salbei	salvia
Salmiak	ammonium muriat.
Salmiakgeist, ätzend.	ammon. liqu. caust.
Salpeter	nitrum
Salzkraut, Kalihält.	kali salsola
Same	semen
Samenfluß	spermatorrhoea
Samenmilch	emulsio
Sand	arena
Sandelholz	sandalum
Sapan (blau)-holz	sapan caesalpinia
Sassaparilla	sarsaparilla
Satzmehl	amylum
Sauerampfer	rumex acetosa
Sauerklee	oxalis
Säuerling	oxyria
Säure	acidum
Scammonium	scammonium
Schafgarbe	millefolium
Schale	cortex
Scharbock	scurbutus
Scharlachfieber	scarlatina febris
Schauder	frigus (rigor)
Scheidewasser	nitricum acidum

Scheintod	asphyxia
Schellkraut	chelidonium
Scherbet	syrupus
Schildkröte	testudo
Schierling	cicuta
Schlaf	somnus
Schlaflosigkeit	vigilantia
Schlagfluß	apoplexia
Schlange	serpens
Schlangenstoff	anguineum
Schlangenwurz	bistorta
Schlehendorn	prunus sylvestris
Schleim	pituita
Schleimabführend. M.	phlegmagoga
Schleimapfel, indisch.	embryopt. glutenif.
Schleimfieber	febris pituitosa
Schleimhusten	tussis pituitosa
Schleimwurzel	salep
Schluchzen	singultus
Schlummersucht	lethargia
Schlund	larynx
Schluttewurz	physalis
Schmerz	dolor
Schmerzstillende M.	anodyna
Schnittlauch	allium porrum
Schnupfen	(catarrhus) coryza
Schönblatt	calophyllum inoph.
Schotendorn	acacia
Schraubenbaumkaps.	helicteris isora
Schröpfen	cucurbitulas imponere
Schwäche	debilitas
Schwalbenwurz	vincetoxicum
Schwalbenwurz, rank.	hoya viridiflora
Schwamm	spongia
Schwämmchen	aphthae
Schwangerschaft	graviditas
Schwarz	niger
Schwärze	atramentum
Schwarzgalle abf. M.	melanagoga
Schwarzkümmel	nigella
Schwarzwurz	consolida
Schwefel	sulphur
Schwefelsäure	sulphuricum acid.
Schwefelspießglanz	antimonium sulph.
Schwein	porcus
Schweiß	sudor
Schwer	gravis
Schwermuth	melancholia
Schwindel	vertigo
Schwindelkraut	doronicum
Schwindsucht	atrophia
Scorpion	scorpius
Scrophelkrankheit	scrophula
Seegarnelle	crustacea
Seekrankheit	nausea
Seerose	nymphea
Seide	sericum
Seidelbast	mezereum
Seidelbastart	daphne-sunerkat
Seife, gemeine	sapo domesticus
Seifenbaumnuß	sapind. emarg. fruct.
Selbstbefleckung	onania
Sellerie	apium graveolens
Senf	sinapis
Sennesblätter	sennae folia
Sesam	sesamum
Seuche	epidemia
Sieb	cribrum
Silber	argentum
Silberglätte	lithargyrum
Sinnpflanze	mimosa
Smirnenkraut	smirnium olusatrum
Sonnenwende	heliotropium
Sonnenwirbel	euphorb. helioscop.
Sommersprossen	lentigo
Spargel	asparagus
Speichel	saliva
Speise	cibus
Speiseröhre	larynx
Spikenarde	nardostachys
Spinat	spinacia
Spinnengewebe	araneum
Spitzenblume	mimusops
Springgurke	cucum. asininum
Springwurm	vermis ascaris
Spreublume	achyranthes
Spulwurm	verm. ascar. lumbr.
Staar, grauer	cataracta
Staar, schwarzer	amaurosis
Stabwurz	artemisia
Stachelmohn	argemone mexicana
Stachelnuß	trapa
Stachelschwein	hystrix
Stahl	chalybs
Stammeln	balbutio
Stärke	vigor

*

Stärkende Mittel	confortativa
Stärkkraut	datisca cannabina
Starrkrampf	tetanus
Starrsucht	catalepsis
Stechapfel	datura (stramon.)
Steinauflösende Mitt.	lithontriptica
Steinbibernelle	pimpinella saxifr.
Steinkohle	lithanthrax
Steinkrankheit	lithiasis
Steinöl	petroleum
Stephanskörner	staphisagria
Sternanis	anisum stellatum
Sterndeuterei	astrologia
Stiefmütterchen	viola tricolor
Stink, Scink	scincus
Stirne	frons
Storaxgummi	styrax
Storchschnabelkraut	geranium
Stottern	balbutio
Streichkraut	datisca cannabina
Streupulver	xeraphium
Stuhlgang	faeces
Stuhlzäpfchen	suppositorium
Sturmhut	aconitum
Sucht, fallende	epilepsia
Sumach	rhus coriaria
Süßholz	liquiritiae radix
Süßigkeit	dulcedo
Süßfarn	polypodium vulg.
Süßklee	hedysarum
Tagblindheit	nyctalopia
Talg	sevum
Talk	talcum
Tamarinde	tamarindus
Tanne	abies
Taube	columba
Taubheit	surditas
Tausendguldenkraut	centaurium minus
Telinikäfer	meloë cichorii.
Terpentin	terebinthina
Teufelsdorn	tribulus terrestris
Theer	pix liquida
Thier	animal
Thierarzt	veterinarius
Thierkohle	carbo animalis
Thonerde	argilla
Thran	aselli jecoris oleum
Thräne	lachryma
Thränenfistel	fistula lachrymal.
Thränenfluß	epiphora
Tintenfisch	sepia
Tödtlich	mortalis
Tollheit	mania
Tollkirsche	belladonna
Trank	potio
Trichterwinde	ipomoea
Tripper	gonorrhoea
Trommelsucht	tympanites
Tropfen	gutta
Tropfstein	stalactites
Trübsinn	melancholia
Trüffel	tuber cibarium
Trunkenheit	crapula
Tuberose, gemeine	polyanthes tuber.
Tunbaum	cedrela (toona) tuna
Tüpfelfarn	polypodium
Umschlag	cataplasma
Unfruchtbarkeit	sterilitas
Unvermögen, männl.	impotentia virile
Veilchen	viola odorata
Veilchenwurzel	iridis radix
Verdauung, schlechte	dyspepsia
Verdunkelung d. Sehe	caligo
Verdünnende Mittel	attenuantia
Vergeßlichkeit	oblivium
Verkalkung	calcinatio
Verletzung, äußere	violentia externa
Vernarbende Mittel	cicatrisantia
Verrenkung	luxatio
Verstopfung	obstructio
Viper	vipera
Vitriol, grüner	ferrum sulphuricum
Volkskrankheit	epidemia
Vorfall	prolapsus
Wachholderbeeren	juniperi baccae
Wachholderharz	sandaraca
Wachs	cera
Wachskuchen	favus
Wachsöl	cerelaeum
Waldrebe, aufrechte	clematis erecta
Wallfischthran	aselli jecoris oleum
Wallnuß	jugl. reg. nux
Wallrath	cetaceum
Wandlaus	cimex
Wärme	calor
Warze	verruca

Waschen	lotio
Wasser	aqua
Wasserbruch	hydrocele
Wasserkresse	nasturtium
Wasserlilie	nymphea
Wassermelone	cucurbita citrullus
Wassernuß	trapa
Wasserscheu	hydrophobia
Wassersucht	hydrops
Wechselfieber	febris intermittens
Wechselfieberkraut	ajuga decumbens
Wegerich, große	plantago major
Wegwarte	cichoreum
Weidenbaum	salix
Weidenwolf	lupulus (humulus)
Weihrauch	olibanum
Wein	vinum
Weingeist	spiritus vini
Weinstein, gereinigter	cremor tartari
Weintraube	uva vit. vinif.
Weiß	album
Weizen	triticum sativum
Wermuth	absinthium
Wespenwaben	vesparum favus
Wieke	turunda
Wiesenraute	aquilegia
Winde, aufrechte	evolvulus
Windglöckchen	convolvulus
Windling	evolvulus
Windsucht	tympanites
Wintergrün	pyrola
Wintermajoranart	origanum heracleot.
Wirbelkraut	astragalus
Wirbelwurzel	turpethum conv.
Wissenschaft	ars
Wismuthmetall	marcasita
Wohlgemuthdosten	origanum vulgare
Wohlgeruch	fragrantia
Wohlgeruchwurz	andropogon muric.
Wohlverlei	arnica
Wolfsfuß	lycopodium
Wolfskirsche	mandragora
Wolfsmilch	euphorbia
Wolfstod	lycoctonum
Wollkraut	verbascum
Wundarzt	chirurgus
Wunde	vulnus
Wunderbaum	ricinus communis
Wunderding	mirabilis jalap.
Wurfstein	belemnites
Wurm am Finger	panaritium
Wurmkrautsamen	santonici semen
Wurmsamenkraut	cherayta (tscheraita)
Wurmtreib. Spigelie	spigelia anthelm.
Wurmtreib. Wernonie	conyza anthelm.
Wurzel	radix
Würzmittel	aromatica
Zahn	dens
Zahnbürstenbaum	salvadora indica
Zähnereibungsmittel	dentifricium
Zahnfäule	caries dentium
Zahnfleisch	gingiva
Zahnpulver	dentifricius pulv.
Zahnweh	odontalgia
Zahnwehbaum	xanthoxylum
Zahnwurzel	pyrethrum
Zäpfchen	suppositorium
Zaunrübe	bryonia
Zehrfieber	febris hectica
Zehrkraut	betonica
Zeitig	maturus
Zeitigende Mittel	suppurantia
Zergliederungskunst	anatomia
Zerstoßen	contundere
Zertheilende Mittel	discutientia remed.
Ziege	capra
Zimmt	cinnamomum
Zimmt, weißer	canella alba
Zimmtblüthe	cinnamomi flores
Zinnober	cinnabaris
Zinkvitriol	zincum sulphuricum
Zinn	stannum
Zitronenkraut	melissa
Zittermaal	herpes
Zittern	tremor
Zittwerwurz, runde	curcuma zedoaria
Zwergerbsen	cicer arietinum
Zwiebel	cepa
Zucker	saccharum
Zuckermelone	melo cucumis
Zuckersaft	syrupus
Zuckung	convulsio
Zunge	lingua
Zusammenzieh. Mittel	adstringentia

Vorliegende Krankheitsliste ist vom 7. Baderon 1903 (22. August 1846); sie zeigt das maximum von der im allgemeinen Krankenhause in Lahor von mir, einem Hakim und drei Dscherah's an einem Tage expedirten Kranken und Krankenabgeordneten. Hieraus läßt sich ein beiläufiger Begriff von den im Pendschab vorkommenden Krankheitsformen machen. Außer den wöchentlichen speciellen Krankheitsberichten, sowohl von den im allgemeinen Krankenhause als auch im Dschail-(Gefängniß)-Hospitale befindlichen Patienten, mußten wir täglich auch einen auf diese Art verfertigten, in persischer Sprache abgefaßten Bericht dem Derbar überschicken.

Namen der Krankheiten:

Geschlechter.	Wahnsinn	Fallsucht	Nabelbruch	Nierengries	Wassersucht	Gebärmutterleiden	Aussatz, knotiger	After- und Mastdarmleiden	Milzkrankheiten	Lustseuche u. Tripper	Magenkrankheiten	Leberkrankheiten	Samenflüsse und Impotenzen	Fieber	Harnbeschwerden	Brust- und Lungenleiden	Gicht und Rheumatismen	Augenkrankheiten	Mund- Rachen- und Halsleiden	Beinbrüche, Contusionen, Wunden rc.	Unterleibskrankheit.	Drüsen- Eiter- rc. Geschwülste	Hautkrankheiten, chronische	Summe
männliche	1	—	—	1	1	—	2	3	—	2	2	5	7	2	9	6	2	1	9	12	20	25	42	151
weibliche	—	1	—	—	—	1	—	—	1	1	4	2	—	1	—	—	8	7	1	—	2	3	3	36
Kinder	—	—	1	—	—	—	—	—	2	—	—	—	—	5	—	4	—	3	2	1	5	4	5	32
Summe	1	1	1	1	1	1	2	3	3	3	6	7	7	8	9	10	10	11	12	13	27	32	50	219

Erklärung der Tafeln.

Bevor ich jedoch zur Auslegung der folgenden Tafeln übergehe, will ich des bessern Verständnisses halber, eine kurze Beschreibung besonderer Gebräuche der Bewohner Ostindiens, vorausschicken, und so auch die Etymologie des Wortes Sing.

Sing bedeutet ein tapferer Krieger, ein Held, wie ja die Sihk's oder Kaltsa's (engl. Seik's Khalsa's), überhaupt eine kriegerische Nation war. Die Sihk's sind reformirte Hindus; eigentlich ist das Fünfstromland (Pendschab) ihr Vaterland, sie haben sich jedoch westlich über den Indus nach Pischawer (Pischauor), nördlich ins Gebirg nach Kaschmir ꝛc. und östlich diesseits des Setledsch (Flusses) sutlej nach Hindustan verbreitet. Ihr Religionsbuch heißt Grandsaheb, und ist mit einer dieser Nation eignen Schrift, den sogenannten Gurmekibuchstaben geschrieben; übrigens haben sie noch Manches mit den Hindus gemein, so z. B. das Verbrennen der Todten, und das Verehren des Ochsengeschlechtes, weshalb sie auch von den Engländern das Schlachten dieser ihnen geheiligten Thiere als eine Sünde betrachten. Die Sihk's und mehrere Kasten von Hindus sind Fleischesser, und sie genießen sogar das den Mahomedanern und Juden verbotene Schweinefleisch. Nur der Tabak ist ersteren verboten. Sie tragen lange Kopfhaare, die sie sorgfältig pflegen, öfters mit frisch geronnener Milch einreiben, dann waschen, kämmen, und mitten auf dem Kopfe zusammenlegen; darüber binden sie ihre Destars (Art von Turban), die lange und schmale Leinwandstücke sind, deren es sehr feine an beiden Enden mit Goldborduren verzierte gibt. Der Kopfputz von ihnen sieht mit den eingewickelten Haaren helmartig aus. Wohlhabendere binden darüber auch noch ein farbiges Seidentüchelchen, das ebenfalls mit Gold bordirt ist, wie auf den ersten 4 Tafeln zu sehen ist. Die Hindus hingegen tragen kürzere Haare, die sie unter ihren einfachen Kopfbinden hervorragen lassen, wie auf Tafel 4 bei Radscha Dinanat zu sehen ist. Außerdem kennt man die Hindu's und ihre verschiedenen Kasten auch an den mannigfaltigen Zeichen, welche sie sich mit weißer oder rother Farbe auf die Stirne, über die Nasenwurzel und andern Theile des Körpers machen, wie auf Tafel 3, 4 beim Maharadscha Gulab-Sing, Radscha Tetscha-Sing und Radscha Dinanat über der Nasenwurzel recht deutlich zu sehen ist. Das Tatowiren geschieht alltäglich Morgens nach dem Bade, während des ceremoniellen Gebetes.

Die hier mitgetheilten Portraits sind treue Copien guter von indischen Künstlern angefertigten Originale. Der Heiligenschein, der über den Köpfen Rendschit-Sings und Dhelib-Sings zu sehen ist, deutet bei den Indiern die Königswürde an.

Tafel 1. Maharadscha (König) Rend-chit-Sing (engl. Maharajh Runjeet Sing), s. p. 70, 105. Maharadscha Karrck-Sing (engl. Maharajh Kurruck Sing), s. p. 113. Kour (Kronprinz) Nonchal-Sing (engl. No Nihal), s. p. 113. Maharadscha Schir-Sing (engl. Shere Sing), s. p. 116, 119, 150.

Tafel 2. Rani (Königin) Tschenda (engl. Ranee Chunda), s. p. 122. Damit nicht leicht eine Verwechselung zwischen dieser und der Rani oder Maharani Tschendkour stattfinde, ist zu bemerken, daß erstere die noch lebende Dhelib-Sing's Mutter ist; während die letztere die gekrönte Königin, die Gemalin Karrek-Sing's, Nonehal-Sing's Mutter war, die von ihren Sklavinnen erschlagen worden ist, s. p. 116.

Da ich, obwohl in Staatsdiensten, diese letztere nie zu Gesichte bekam, viel weniger irgend ein Maler, so war es mir auch unmöglich, zu einem Portraite von ihr zu gelangen; weshalb ich gleichsam als Entschädigung das Portrait der Rani Tschenda, die sich, wie erwähnt, eine Zeit lang öffentlich gezeigt hatte, mitgebe.

Maharadscha Dhelib-Sing (engl. Maharajh Dulleep Sing, s. p. 119. Serdar (Edelmann, Befehlshaber), Dschowahar-Sing (engl. Serdar Jowahar-Sing), s. p. 122. Radscha Prinz), Lal-Sing (engl. Rajah Lall Sing, s. p. 123, 127, 134.

Tafel 3. Maharadscha Gulab-Sing (engl. Maharajh Goolab Sing), s. p. 117, 132, 178. Radscha Dhyan-Sing (engl. Rajah Dehan Sing), s. p. 106, 119, 120. Radscha Sutschet Sing (engl. Rajah Suchet Sing), s. p. 60, 122. Radscha Hire-Sing (engl. Rajah Heera Sing.) s. p. 117, 119, 120.

Tafel 4. Radscha Tetscha-Sing (engl. Rajah Teja Sing), s. p. 128, 134. Radscha Dinanat (engl. Rajah Deena Nauth), s. p. 109. Fakir (eine Art religiöser Schwärmer) Nureddin (engl. Faqueer Nooreddin), s. p. 64, 148. Serdar Dost Mahmed (engl. Serdar Dost Mahmed), s. p. 73, 74, 136.

Dieser Regent von Cabul gehört eigentlich nicht hieher. Ich habe ihn nur deshalb beigegeben, weil er in der indisch-englischen Geschichte in soweit vorkommt, als er, wiewohl von den Engländern aus der Gefangenschaft entlassen und freundschaftlichst behandelt, dennoch im letzten Kriege der Sikh's gegen die Engländer die Partei der erstern ergriff, mit einem Hilfsheere von Afghanen am Kriege Theil nahm, und sogar einen seiner Söhne in die Schlacht bei Gudscherat abgeschickt hatte, während er sich ebenfalls im Pendschab befand, und nach der verlornen Schlacht entflohen war.

Tab. 5 zeigt einen Hakim, d. i. muhamedanischen Arzt aus Lahor. Zu seinen Füßen befinden sich ein Tagebüchlein, zwei Rezepte, ein paar Granatäpfel, ein längliches Dintenfaß, Kalemdan genannt, worinnen eine Rohrfeder steckt, wie auch ein Scheerchen und Federmesserchen zu sehen sind. Seitwärts liegt ein Kästchen mit einigen Schachteln, worinnen Latwerge und Pillen enthalten sind. Hinter dem Patienten sieht man eine zur Diagnose der Krankheit dienliche Urinflasche, s. p. 14, 156.

Tab. 6 stellt einen Atar (Attar) vor. Dieser Name stammt vom ater oder otter, d. i. wohlriechenden Oele her, und bezeichnet die dortigen Apotheker und Spezereikrämer, die auch die ätherischen Oele destilliren. Der hier Abgezeichnete sitzt außerhalb seiner Bude im Bazar (Markte) vor einem Schranke, worin sich einige der gesuchtesten Artikel befinden. Vor ihm steht ein Knabe, welchem er einen Syrup abwägt, und hinter dessen Rücken ein ziemlich einfacher Destillirapparat nebst Kühlgefäß zu sehen ist. Merkwürdig scheint, daß sämmtliche Medikamenten-Behälter gar nicht signirt sind, wahrscheinlich um die Leute über ihre Kunst ja im Dunkeln zu lassen.

Tab. 7 ist der Fakir Haridas, s. p. 20, 137, 180.

Tab. 8 zeigt 1. die Schlange Sengtschur (Aspidoclonion semifasciatum), s. p. 145.

2, 3. die Heuschrecke Mantis, mit ihrem Eierstocke, s. p. 460.

4, 5. die äußere und innere Seite der Muschel einer Fasciolaria, s. p. 437.

6. ein Blasenstein, s. p. 77.

7, 8. das Aeußere und Innere der sogen. Manna el tigal, s. p. 460.

9, 10. die beiden galvanoelektrischen Ringe, die mit M H bezeichneten sind die letztern hier in Wien verfertigten, bei welchen der in der Mitte des Silbers befindliche Zink oben wie auch von beiden Seiten mit dem Silber in Berührung steht. Bei den früheren, lahorischen, war das nicht der Fall. Da stand der Zinkreif oben unbedeckt, mit der Luft in direkter Berührung; ob nicht etwa die Art eine vorzüglichere, ja nothwendig sei, kann nur mit der Zeit durch Versuche entschieden werden, s. p. 152.

Mit Ausnahme der Schlange, die auf ⅓ verkleinert dargestellt ist, sind die übrigen Gegenstände dieser Tafel in ihrer natürlichen Größe lithographirt worden.

Tab. 9 bis 38 enthalten Zeichnungen von Pflanzen, welche, mit wenigen Ausnahmen, auf dem Gebirge in der Gegend von Kaschmir wachsen, weshalb ich sie die Flora medica Cashmiriana nenne. Die Ausnahmen beziehen sich auf den kleinen Theil derjenigen Pflanzen, die ich in der Fläche Indiens, namentlich in der Umgegend von Lahor gesammelt habe. Sämmtlich sind sie in alphabetischer Ordnung dargestellt; über das Nähere derselben ist, in der diesem Werke mitgegebenen Materia medica, der Aufschluß zu finden. S. p. 179.

Auf den beiden folgenden Blättern sind zwei Fac simile zu sehen:

Fac simile, das erste mit 3 Siegeln, stellt mein letztes unter Dhelib-Sing's Regierung vom Minister Dschovahar-Sing mir eingehändigtes Anstellungsdekret, Badele genannt, dar. Die Merkwürdigkeit daran ist, daß der Inhalt desselben Persisch abgefaßt ist, während des Ministers eigenhändige Signatur (Oberschrift) nebst der Umschrift zweier Staatssiegel aus Gurmekibuchstaben bestehen. Das dritte Siegel ist ebenfalls Persisch. Auf der Rückseite desselben ist noch ein Gurmekisiegel nebst den Signaturen von 14 Copisten. s. p. 124.

Fac simile, das zweite, des mir vom Maharadscha Gulab-Sing in Kaschmir ausgestellten Privilegiums für Runkelrübenzucker-Erzeugung und Verkauf, s. p. 177.

Auffallend ist, daß auch hier der Inhalt mit arabischen Buchstaben in persischer Sprache abgefaßt, während des Königs eigenhändige Signatur, die oben aufsteht, eine eigenthümliche Frakturschrift der dortigen Gebirgs-Radscha's ist. Die oben erwähnte Gurmekischrift der Sikh's ist in der hiesigen Staatsdruckerei, wo an fünfhundert verschiedene inländische und 104 ausländische Schriftarten existiren, auch zu finden. Die andere hingegen ist in den hiesigen alphabetischen Tafeln nicht enthalten, weshalb Nachforschungen darüber wichtig sind, die ich mir vorgenommen habe selbsten auszuführen; im Falle diese Züge nicht Monogramme der dortigen Gebirgs-Radscha's, sondern gewöhnliche Schriftarten sind, so werden sie bald auch hier zu finden sein.

Die **Landkarte** zeigt auf einer Seite meine Reiseroute. Es sind nämlich die von mir besuchten Gegenden und Hauptstädte dreier Welttheile, zu Wasser und zu Land, mit einer Linie bezeichnet.

Anderseits habe ich noch besonders die 35 Stationen in der Wüste, von Buchara bis nach Orskaia an die russische Grenze regelmäßig angemerkt. Die eine, vom Lithographen nicht angezeigte, oder übersehene Station ist am jenseitigen Ufer des Flusses Sir doriah. S. p. 84.

Die **Ansicht der Citadelle von Lahor** ist von der nördlichen Seite abgenommen. Die Festung nimmt die nördliche Ecke an der westlichen Seite der Stadt ein und ist von dieser durch einen verfallenen Graben getrennt. Die Stadt selbst bildet ein unregelmäßiges langes Viereck, ist von doppelten Ringmauern, halbmondförmigen Thürmen, Batterien und einem tiefen Graben umgeben; sie hatte zwölf Stadtthore, deren einige aber jetzt von den Engländern gesperrt sind, sie bietet übrigens keinen besonders schönen Anblick dar, weshalb ich auch unterlassen habe, ihr ganzes Bild zu geben. Hier muß noch bemerkt werden, daß die Lithographie das orientalische Farbencolorit, Miniaturen und sonstige Verzierungen naturgetreu zu geben, leider! nicht im Stande war. Diese Gebäude sind über 200 Jahre alt und stehen noch immer gut erhalten da. Es sind Werke muhamedanischer Könige, die zu der Zeit in Ostindien herrschten.

**

Nr. 1 und 2 zeigen die Eingänge zum sogenannten Mesthi-Derwaze das eines von den zwölf Stadtthören ist. Unterhalb dieser beiden Nummern sind einige Häuser der Stadt zu sehen.

„ 3 ist eine Fahne über einem indischen Bethause (Termsale).

„ 4 ist das östliche Festungsthor. Wenn man zu demselben hineingeht, hat man

„ 5 in einem großen viereckigen Hofe, zur rechten Hand, den Krönungsplatz, Tacht (Thron) genannt, hinter welchem die kühlen Appartements, Chabga (Ort zum schlafen), sich befinden. Zur Linken waren vormals Magazine für Kriegsmunition, Büchsenschiftereien, Kanonengießerei 2c., und hinter denselben befanden sich die königlichen Stallungen.

„ 6 dieser Theil der Festung heißt Somunburdsch, vielleicht von Somum (heißer Wind), und Burdsch (Thurm), zusammengesetzt; weil auch hier die untern Appartements als ein kühler Ort in den heissen Sommertagen zur Mittagszeit, insonderheit dem weiblichen Geschlechte — dem königlichen Harem — als Aufenthaltsörter dienten.

„ 7 ist das zweite Thor der Festung, durch das man in den königlichen Garten (Hazuribagh), gelangte.

„ 8 der so oft erwähnte Hazuribagh ist eigentlich nur ein Blumengarten. In seiner Mitte wurde auf Rendschit-Sings Verlangen ein niedliches Lusthäuschen oder Barasterie aus weißem Marmor erbaut. Daselbst haben öfters die allgemeinen Versammlungen, nämlich die Derbars stattgefunden. In diesen Garten führen außer dem Festungsthore noch zwei andere große Eingänge, der eine ist südlich gegen die Stadt, der andere nördlich gegen den Exerzierplatz Pret gelegen. Von diesem letztern in kleiner Entfernung sieht man unter

„ 9 das verhängnißvolle Thor, auf dessen Innenseite eine Mauer stand, die man über den Kronprinzen Nonehal-Sing und den Mia Udam-Sing (Maharadscha Gulab-Sings ältesten Sohn), herabgestürzt hat, s. p. 114.

„ 10 zeigt den Eingang in den Hof der königlichen Moschee. Um dahin zu gelangen steigt man von der westlichen Seite des Hazuribaghs mehrere große Stiegen hinauf.

„ 11 zeigt das dritte und äußere Thor, das vom Exerzierplatz in den Garten führt. Unter dem Thurme derselben Nummer ist der Platz, wo die königliche Familie, namentlich die Leichname Rendschit-Sings, Karrek-Sings und Nonehal-Sings (Vater, Sohn und Enkel), nebst ihren anhänglichen Weibern verbrannt worden sind. An derselben Stelle befindet sich nun ein großartiges Semat oder Denkmal, in dessen Mitte (zwischen Nr. 10 und 11), ein kuppelförmiges Gebäude zu sehen ist, worinnen der Grandsaheb (das Religionsbuch der Sihk's) immerfort gelesen wird, s. p. 115, 128.

„ 12 bezeichnet den großen Hof der königlichen Moschee, in dessen vier Ecken die vier hohen Thürme (Minarets) stehen. Im Hintergrunde desselben ist

„ 13 die königliche Moschee selbst, Badschahi-Mesdschit genannt. Diese war in frühern Zeiten das Bethaus der in der Festung wohnenden muhamedanischen Herrscher. Die Sihk's hatten aber ein Arsenal daraus gemacht. Unter

„ 14 fließt ein Arm des Rawi, der sich weiter hinab in denselben Fluß ergießt. Rechts von dieser Nummer ist nichts Anderes zu sehen, als eine hohe Mauer, hinter welcher sich eine Artillerie-Kaserne befand, die ihren Eingang im Innern der Stadt hatte.

Schlußwort!

Indem ich dieß mein Werk der Oeffentlichkeit übergebe, sehe ich den höchsten meiner vieljährigen Wünsche erfüllt. Welches Schicksal demselben auf seiner Wanderung bevorsteht; ob es irgend eine und was für eine Zukunft haben wird, diese Voraussicht ist meinen Augen wie durch einen Schleier verhängt. Wenn ich bei seiner Aussendung in die Welt den innigen Wunsch hege, daß es wenigstens theilweise einer günstigen Aufnahme gewürdigt werden möge, so wird Jedermann natürlich finden, daß, was bei der Liebe zu physischen Kindern erklärlich, ja nothwendig ist, als gleiches Recht in der Beziehung zu geistigen Erzeugungen eingeräumt werden müsse. Wenn mir nun allerdings das Schicksal einer geistigen Geburt, welcher eine 35jährige Vorbereitung vorausging, nicht gleichgültig sein kann, so liegt wohl diesem Gefühle kein Trachten nach Ehre, nicht der geringste Durst nach schmeichelhafter öffentlicher Anerkennung zum Grunde (die kurze Spanne Zeit, die meinem Leben zugemessen ist, schützt mich gegen jeden Anstrich von Eitelkeit), wohl aber der Wunsch, daß die Mühen und Bestrebungen meines Lebens eine nicht ganz fruchtlose Aussaat, sondern Samenkörnchen zu einer wenn auch noch so bescheidenen Ernte für meine Mitmenschen sein mögen. Stoße sich Niemand daran, daß mein Werk den Namen eines neuen Heilsystemes an der Stirne trägt, und nenne es Niemand eine Anmaßung, daß eine Methode, welche aus zwei bereits bestehenden Systemen durch praktische Auswahl zusammengesetzt ist, das Prädikat der Neuheit für sich in Anspruch nehme. Heilsysteme sind keine philosophischen Systeme; sie lassen sich daher auch nicht mit logischer Consequenz aus irgend einem obersten Grundsatz (Prinzipe) ableiten, sondern fußen einzig und allein auf der Erfahrung. Diese nun ist am besten geeignet die fast mit Eifersucht gehüteten Scheidewände zwischen zwei, fälschlicher Weise für unvereinbar gehaltenen Heilmethoden aufzuheben, und eine Einheit hervorzubringen. Und wenn wir die Sache beim Lichte besehen, und vor das Tribunale der Vernunft ziehen, so werden wir gar bald finden, daß es nicht Zweck der Medizin sei, dieses oder enes Mittel anzuwenden, sondern zu **heilen**, gleichviel, ob mit der Dose von dem Gewicht eines Pfundes oder eines Zehntheils von einem Gran. Wenn nun diese Methode nicht im geringsten Widerspruche mit der Erfahrung, bezüglich der zwei bestehenden Heilsysteme ein eklektisches Verfahren anempfiehlt, so begeht sie keinen Raub an den scheinbaren verjährten Rechten derselben, sondern unterwirft dieselben mit vollster Befugniß ihrer eigenen rechtmäßigen Oberherrschaft. Sind denn Homöopathie und Allopathie nicht Töchter der Erfahrung, und ist der Zweck beider nicht die Gesundheit der Menschen? Verfährt also die Erfahrung wohl tyrannisch, wenn sie bei Verfolgung eines anerkannten Zweckes ihre Mittel ohne Rücksicht auf irgend eine durch Vorurtheil gezogene Schranke bloß nach der Zweckmäßigkeit wählt? In der Vermittlung der Gegensätze liegt der Fortschritt, hierin die objective Berechtigung meines Systemes. In subjectiver Hinsicht erlaube ich mir als moralischen Bestimmungsgrund zu dessen öffentlicher Aufstellung die Absicht der Wohlthätigkeit anzuführen. Sollte es nämlich nicht möglich sein, daß unter den Hunderten neuer, bisher in der europäischen Praxis unbekannter Mittel, wenigstens zehn seien, wodurch tausend und abermals tausend Leidenden Rettung oder Linderung von ihren Schmerzen zu Theil werde? Und wenn ich in der bescheidensten Voraussetzung auch nur von einem einzigen Mittel eine solche gemeinnützige Heilkraft zu hoffen wagte: wäre es nicht sogar dann meine heiligste Pflicht gewesen, mit der Bekanntmachung meiner Erfahrung nicht zu zögern? — Leider ist es heut zu Tage eine häufige Wahrnehmung, daß, während einerseits viele Unberufene sich an die Oberfläche der öffentlichen Meinung drängen, andererseits eine tadelnswerthe Bescheidenheit, Furchtsamkeit oder gar Gemächlichkeit manches Gemeinnützige nicht aus den engen Wänden der Geschäftsstube heraustreten lassen. Der Mensch gehört der Menschheit an und in der unverdrossensten Bethätigung dieser Wahrheit besteht seine Tugend, sein Christenthum. So viel zur Rechtfertigung meines vielleicht Manchem zu gewagt dünkenden Unternehmens; ein guter Wille mag dieß Wagniß entschuldigen.

Bevor ich aber die Feder aus der Hand lege, kann ich nicht umhin auf die öffentlichen Institute in dem Lande der sogenannten indischen Wilden aufmerksam zu machen, nämlich auf die den dortigen Krankenhäusern von der Regierung beigegebene auf Staatskosten und Veranstaltungen herbeigeschaften Medikamenten-Vorräthe (europäische Aerzte, Hakims, Atars, Dscherahs, Munschis d. i. Schreibers, Krankenwärter ꝛc.). Ich erwähne sie nicht etwa, ob ihres innern Zustandes, denn es ist klar, daß dieser als im engsten Zusammenhang mit dem Grade indischer Kultur überhaupt, wie vorzüglich der dortigen Medizin, sich keiner besonderen Vollendung erfreut. Ich habe in ihnen nicht die Einzelnheiten der Anstalt an und für sich, z. B. die Apotheke u. s. w., sondern das öffentliche Institut vor Augen, wohin tagtäglich vom frühesten Morgen bis zum spätesten Abende Kranke oder Abgeordnete derselben aus allen Gegenden zusammen strömten, um unentgeldlich, Reichen und Armen, die Gesundheit nach Hause zu tragen. Die Regierung hielt es für ihre Pflicht wohl zu thun, das Volk im Lande gesund zu erhalten. Wer könnte solchen wohlthätigen Einrichtungen seine Bewunderung versagen? Ich habe sie hier nur angedeutet, bei der Art der Verbreitung meiner Heilmittel aber zum Muster genommen, wie aus nachfolgender Ankündigung klar werden soll.

Die meisten, der in diesem Werke vorkommenden Arzneimittel sind in Europa zu bekommen, und können auf die angegebene Art in jeder Apotheke, wo Gewissenhaftigkeit Statt findet, auch zubereitet werden.

Die verschiedenen Sorten von rohen Arzeneien, die ich als Probestücke aus Ostindien mitgebracht habe, hab' ich, nebst dem praktischen Unterrichte der Bereitungsart derselben, zum allgemeinen Besten der in der hiesigen Taborstraße befindlichen Apotheke zu den barmherzigen Brüdern übergeben, damit jeder Arzt, der sich von der Wirksamkeit derselben zu überzeugen wünscht, die daraus zubereiteten Pastillen, so lange sie dauern werden, auch unentgeldlich bekommen könne.

Diese wohlthätige Anstalt zu den barmherzigen Brüdern scheint zur Verbreitung des Medial-Systems vorzüglich geeignet zu sein, indem sie mit den unten benannten 28 Zweiganstalten desselben Ordens, die sich in der k. k. Monarchie befinden, in Verbindung steht. Jede derselben soll das Exemplar meines Werkes unmittelbar von mir, die zubereiteten Arzeneimittel aber aus der Hauptanstalt erhalten, so, daß das ärztliche Publikum hier und dort in den Stand gesetzt sein möge, nach Wunsch mit den arabischen oder indischen Mitteln Versuche zu machen, um darüber das rechte Urtheil zu geben. Findet man, wie ich hoffe, daß eines und das andere von den neuen Mitteln eine solche Wirkung hat, die durch kein zweites ersetzt werden kann, so können solche durch die Spezereihändler aus Arabien, Indien, Kaschmir u. s. w. leicht bezogen werden. Ich selbst würde mir ein Vergnügen daraus machen, während meinem dortigen Aufenthalte in dieser Beziehung dienlich sein zu können. Die kaschmir'schen Pflanzen, glaub' ich, könnten am leichtesten durch die dortigen mit Paris in Verbindung stehenden Shawlhändler bezogen werden.

Der Verfasser.

Namen der Krankenhäuser des Ordens der barmherzigen Brüder, in den kaiserl. königl. Kronländern.

Agram in Kroatien.
Brünn in Mähren.
Eisenstadt in Ungarn.
Erlau in Ungarn.
Feldsberg in Unter-Oesterreich.
Fünfkirchen in Ungarn.
Görz im Küstenlande.
Gratz in Steiermark.
Großwardein in Ungarn.
Kukus in Böhmen.
Lettowitz in Mähren.
Linz in Ober-Oesterreich.
Neustadt an der Mettau in Böhmen.
Ofen in Ungarn.
Papa in Ungarn.
Prag in Böhmen.
Preßburg in Ungarn.
Preßburg in Ungarn im Reconv. Hause.
Proßnitz in Mähren.
Skallitz in Ungarn.
Szathmar in Ungarn.
Temeswar im Banat.
Teschen im k. k. Schlesien.
Waitzen in Ungarn.
Waralla in Ungarn.
Wien auf der Landstraße.
Wien in der Leopoldstadt.
Wisowitz in Mähren.
Zebrzidowitz in Ost-Galizien.

Druckfehler,

um deren gefällige Verbesserung vor dem Gebrauche des Buches ersucht wird.

Seite,	Spalte,	Zeile				
1	—	6	soll heißen	dieselbe	statt	dasselbe
2	—	2	—	leidenden	„	lei enden
3	—	13	—	تحفة خانى	„	تحفة حانى
—	—	14	—	تحفة المومنين	„	تحفة لومنين
—	—	35	—	mit	„	mi
10	—	5	—	147	„	1847
11	—	6	—	böten	„	böchen
14	—	2	—	benefsche	„	benofshe
—	—	—	—	scherbet	„	sherbet
—	—	3	—	skendschebil	„	skenjebil
21	—	6	—	begleitet	„	hegleitet
32	—	16 *	—	Dictionaire	„	Ditionaire
34	—	13	—	Kedvan	„	Keſtrean
34*	—	10	—	das	„	daß
36	—	32, 35, 37	—	Damedschane	„	Damegane
38	—	2	—	Tigrineum	„	Tigrino
40	—	9	—	Madſchun	„	majun
64	—	29	—	Cantharidin	„	Cantharine
66	—	29	—	saccharinu	„	sucharina
69	—	4	—	Gefaht	„	Gefährte
—	—	24	—	daß	„	da
71	—	5	—	Maharadſcha	„	Mahardſcha
—	—	9	—	geerbten	„	geraubten
72	—	34	—	archäologiſchen	„	archeologiſchen
75	—	11	—	Almaram	„	Altmaram
78	—	40	—	Hakim	„	Hakeem
81	—	17	—	Cerelaeum	„	cerelaeum
107	—	3	—	Dulcamarae	„	Dulcamara
112	—	10	—	Rendſchit	„	Nendſchit
140	—	9	—	Hülſen	„	Hilſen
151	—	21	—	ich	„	ch
164	—	8	—	materia	„	materla
—	—	19	—	der Polizei	„	Polizei wegen
—	—	33	—	Quittenapfel	„	Quitenapfel
166	—	32	—	Irionis	„	iridis
170	—	30	—	ſplendides	„	plendides
173	—	27	—	Maharadſcha	„	Maharſcha
174	—	24	—	bat	„	bath
180	—	35	—	Haridas nicht,	„	Haridas
181	—	12	—	einer	„	ciner
195	—	16	—	Grewia	„	Graewia
198	—	12	—	Lebensfaden	„	Lebenspfaden
209	—	43	—	☿	„	♀ (verwechselt.)
210	1	26	—	Plumb	„	Pinmb
211	—	24	—	Harnub	„	Harnup
—	2	9	—	Hisp.	„	Isp.
214	—	47	—	Jod	„	J d
218	—	1	—	Zyzyphus	„	Zyzuphus
220	2	17	—	Galvanismus	„	Galvanismu
221	1	39	—	soll	„	ſon
222	—	19	—	Harnub	„	Harnup
223	2	24	—	Kolik	„	Kolit
224	1	48	—	Liquir.	„	iquir
226	—	43	—	Alcanna	„	Alcana
232	—	19	—	—	„	—
—	2	24	—	Harnub	„	Harnup
234	—	12	—	erecta	„	recta

Seite,	Spalte,	Zeile				
236	1	47	soll heißen	Alcanna	statt	Alcana
245	1	36	—	Alcanna	„	Alcana
254	2	43	—	Harnub	„	Harnup
—	—	49	—	Achyr.	„	Acnyr.
270	1	1	—	Merc.	„	Mec.
273	1	19	—	Datisca	„	Dati c
276	1	29	—	Picrorrh.	„	Pierorrh.
280	1	20	—	Cucurbitulas	„	Cocurbitulas
282	1	37	—	Stein	„	Stern
284	0	33	—	einheimische	„	einheimsche
287	2	11	—	er	„	r
288	1	4	—	ſ	„	f
309	1	17	—	hydrojod	„	hydriod
314	2	18	—	er	„	r
324	1	29	—	er	„	r
358	2	26	—	Petrol.	„	Petrol.
372	2	22	—	Betel	„	Betle
381	2	8	—	—	„	—
428	—	25	—	cariöſem	„	rariöſem
515	4	1	—	pet	„	et
—	—	23	—	schedid	„	schelid
—	3	25	—	ferrbeh	„	ferrbeh
518	1	44	—	Auripigmentum	„	uripigmentum
523	3	34	—	nureh	„	uureh
524	1	8	—	Carbunculus	„	Carbunculns
525	3	40	—	sefeid	„	seieid
527	1	9	—	balmum	„	halmam
532	4	14	—	deobstruents	„	deobstruenst
—	1	42	—	Elaeagnus	„	Eleagnus
543	4	1	—	zahernül	„	zabel nül
547	3	21	—	scheht	„	scheht
—	—	31	—	karbuzeh	„	kabuzeh
549	1	21	—	japeschkaulek	„	apeschkaulek
551	2	14	—	dschar? kafesch	„	dedanedsch
—	3	14	—	ruskori	„	schadenedsch
—	2	15	—	dedanedsch	„	dschar? kafesch
—	3	—	—	schadenedsch	„	ruskori
—	4	38	—	kepür	„	kepir
—	1, 2, 3	41	—	? ? ?	„	saleb oti, nebadesaleb, satyrion
556	4	23	—	lung	„	ung
560	2	4	—	Moorer.	„	Mooer.
—	—	38	—	Immergrünn	„	Immergrün
562	3	21	—	écoulement	„	éoulement
566	4	15	—	endemical ulcer	„	endemical
—	—	16	—	fistulous ulcer	„	fistulous
—	—	17	—	chronical ulcer	„	chronical
—	—	18	—	phagedenic ulcer	„	phagedenic
—	—	19	—	syphilitic ulcer	„	syphilitic
—	1	27	—	Uugula oculi,	„	Uugula, oculi

(In einigen Exemplaren, in denen sich diese Fehler vorfinden werden.)

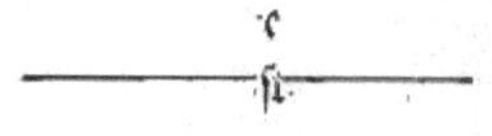

Tafel I.

Maharadscha Rendschit Sing.

Maharadscha Karrek Sing.

Kour Nonehal Sing.

Maharadscha Schir Sing.

Rani Tschenda.

Maharadscha Dhelib_Sing.

Serdar Dschowahar_Sing.

Radscha Lal_Sing.

Maharadscha Gulab_Sing.

Radscha Dhyan. Sing

Radscha Sutschet_Sing.

Radscha Hire_Sing.

Radscha Tetscha – Sing.

Radscha Dinanat.

Fakir Nureddin.

Serdär Dost – Mahmed.

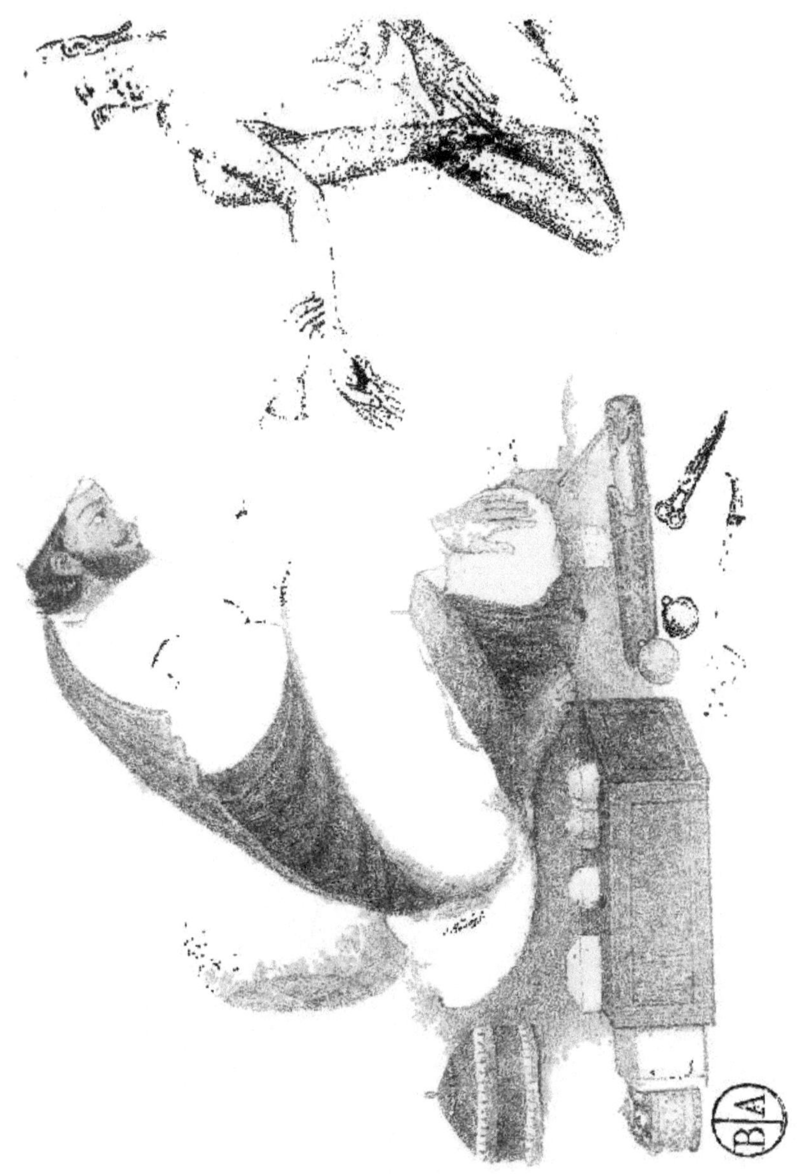

Tab. 7

Haridas.

Tab. 8.

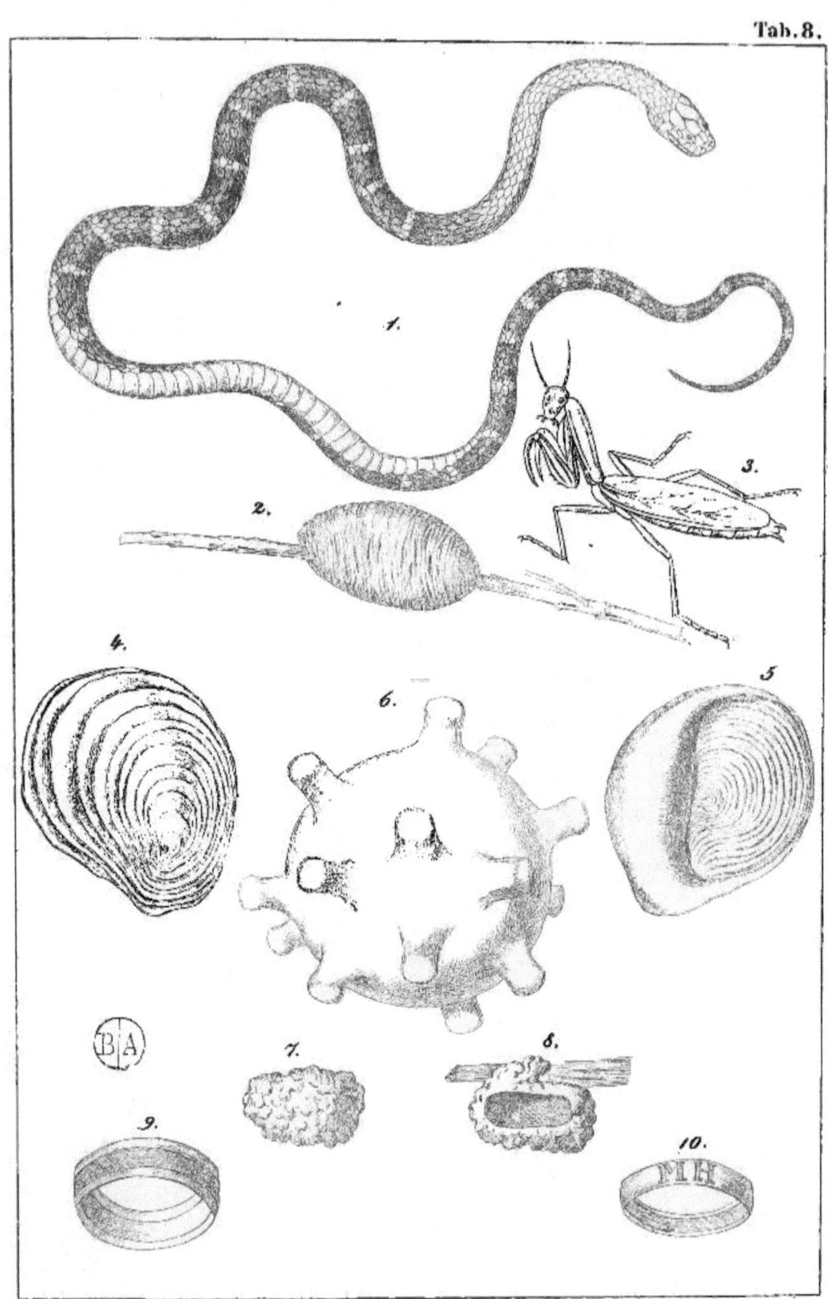

Tab. 9.
Aconitum heterophyllum.
Ajuga decumbens.
Alternanthera sessilis.
Anagallis phoenicea

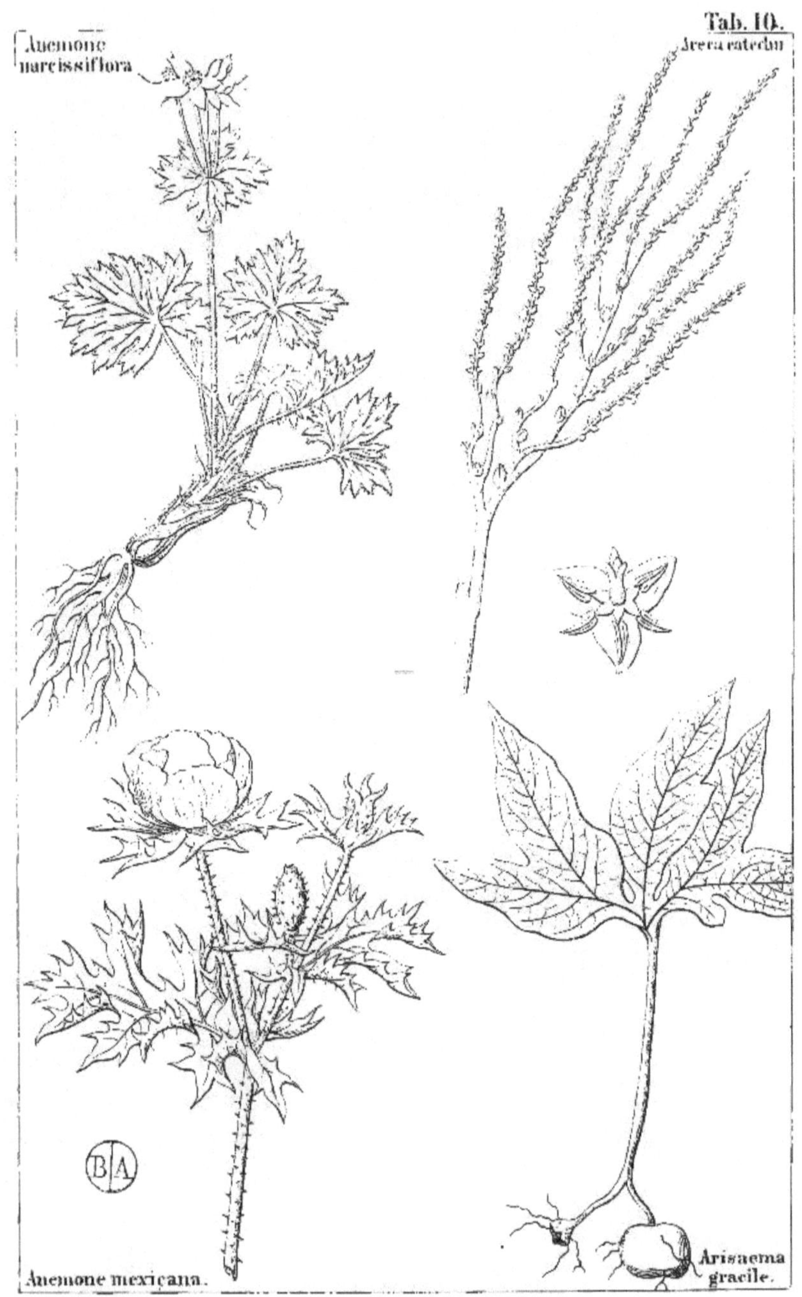
Tab. 10.
Anemone narcissiflora
Areca catechu
Anemone mexicana.
Arisaema gracile.
B A

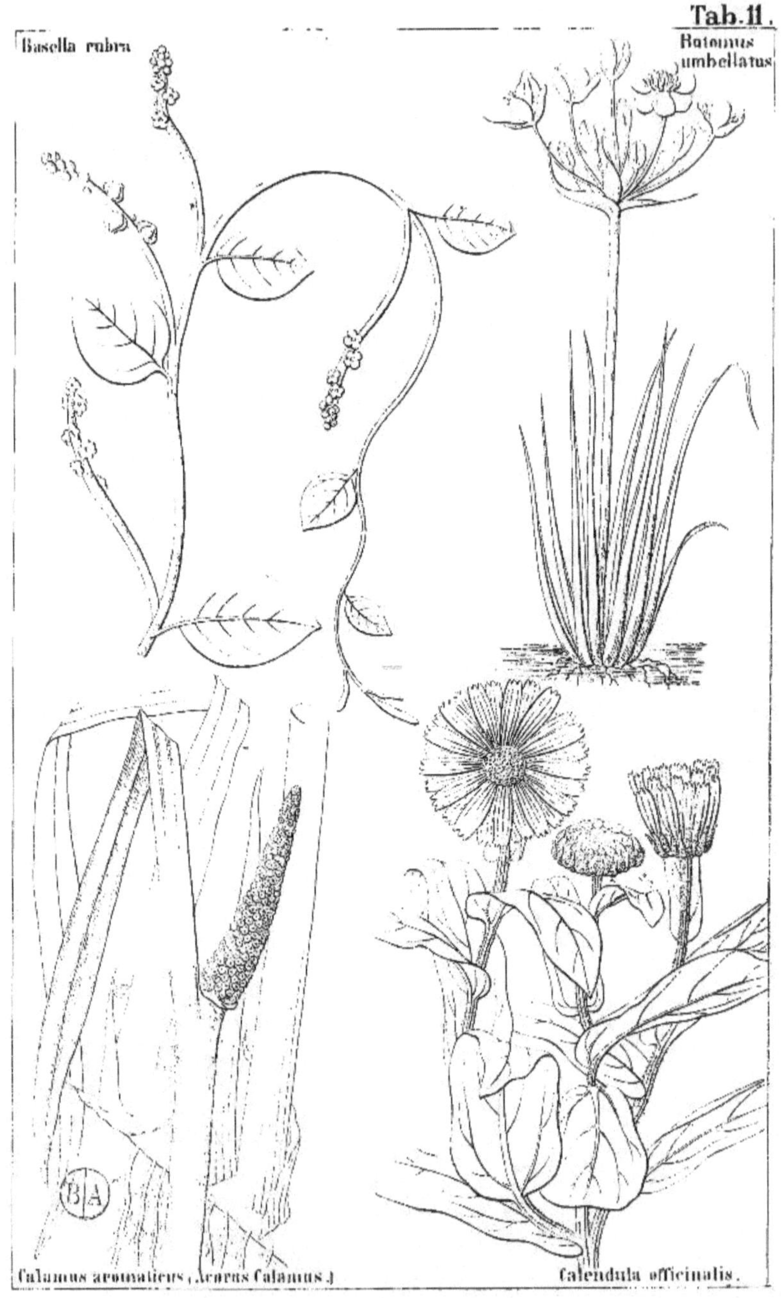
Tab. 11.
Basella rubra
Butomus umbellatus
Calamus aromaticus (Acorus Calamus.)
Calendula officinalis.
B A

Tab. 12.
Carissa Carandas.
Cleome pentaphylla
Corchorus fruticosus.
Cotula anthemoides.
B A

Tab. 13.
Curcuma longa.
Datisca cannabina.
Dolichos pruriens.
Eleagnus angustifolius.

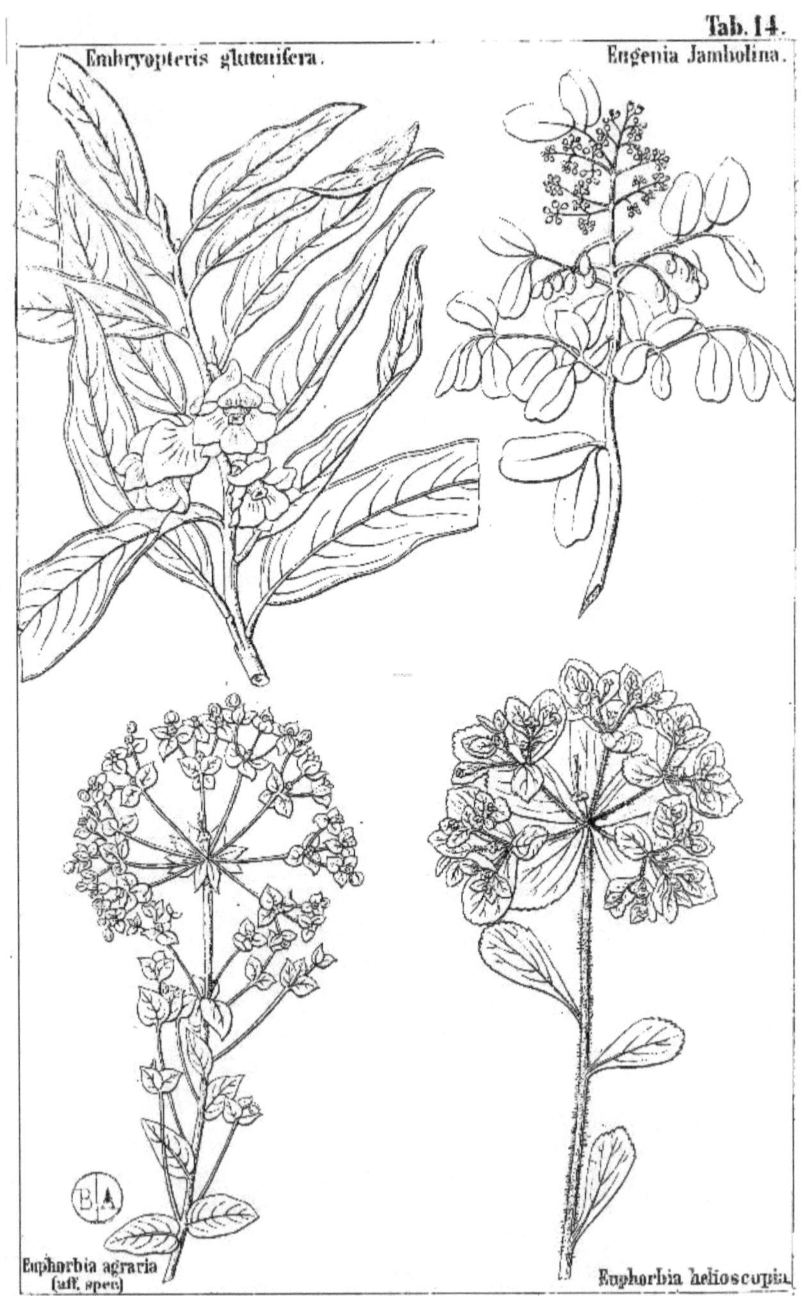
Tab. 14.
Embryopteris glutenifera.
Eugenia Jambolina.
Euphorbia agraria
(aff. spec)
Euphorbia helioscopia.

Tab. 15.
Euphorbia longifolia
Euphorbia tenuis.
Euphorbia verrucosa
Euryale ferox.
B A

Tab. 16.
Fagonia arabica.
Galega purpurea
Geranium nodosum
Geum elatum

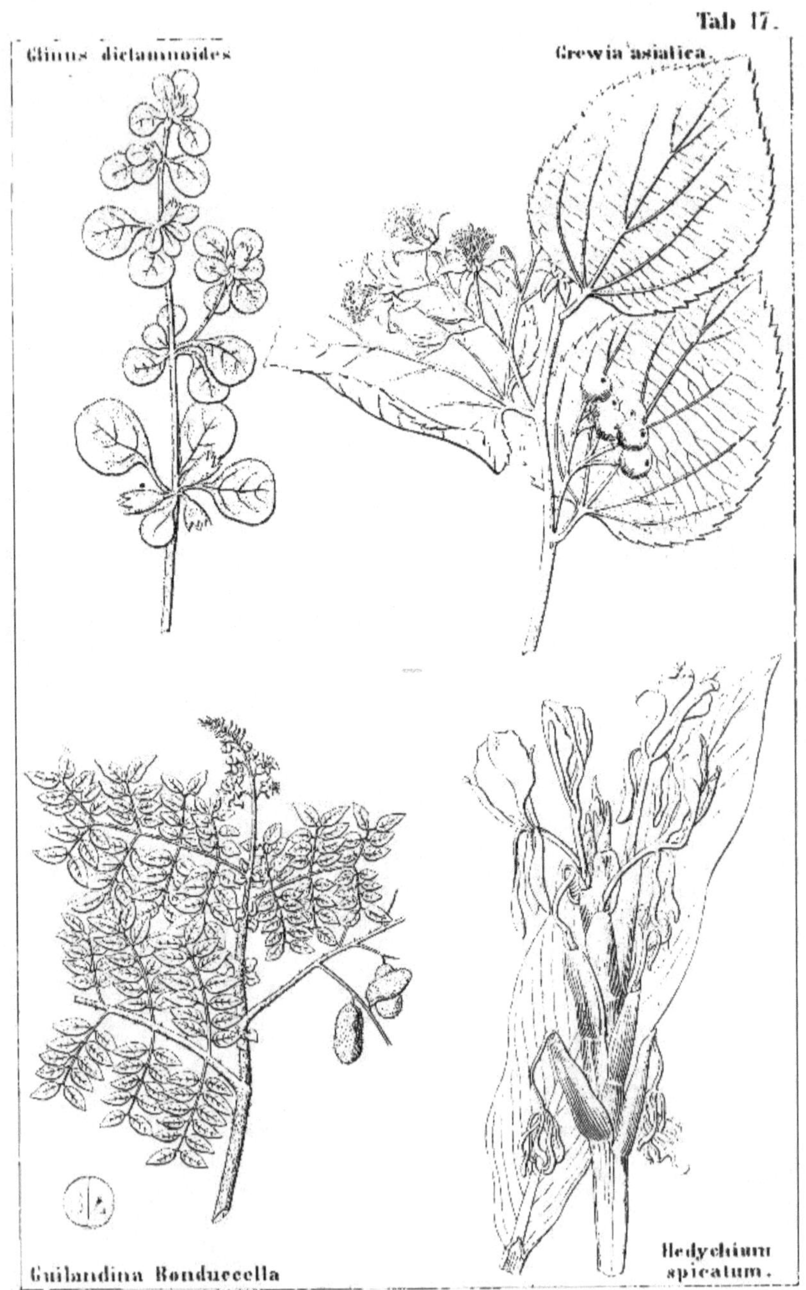
Tab 17.
Glinus dictamnoides
Grewia asiatica.
Guilandina Bonducella
Hedychium
spicatum.

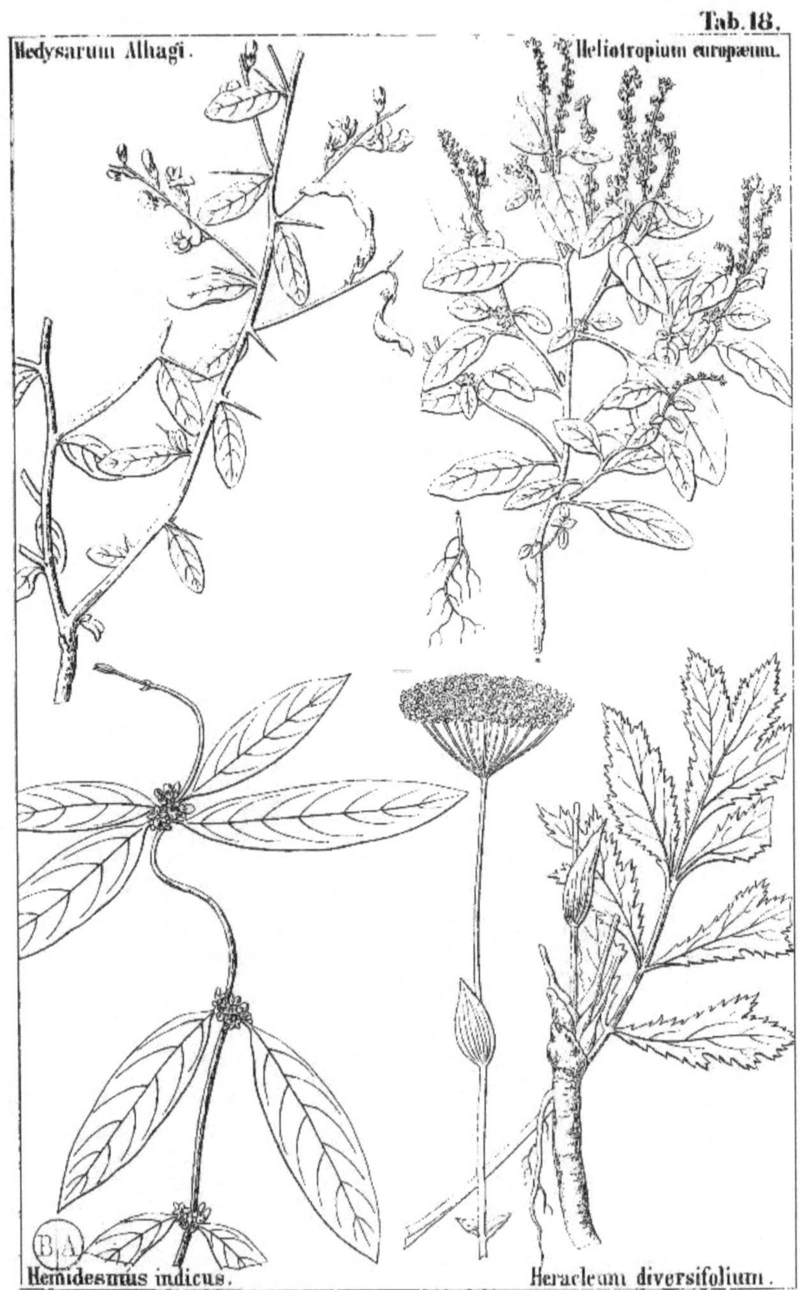
Tab. 18.
Hedysarum Alhagi.
Heliotropium europæum.
Hemidesmus indicus.
Heracleum diversifolium.

Tab.19.

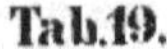

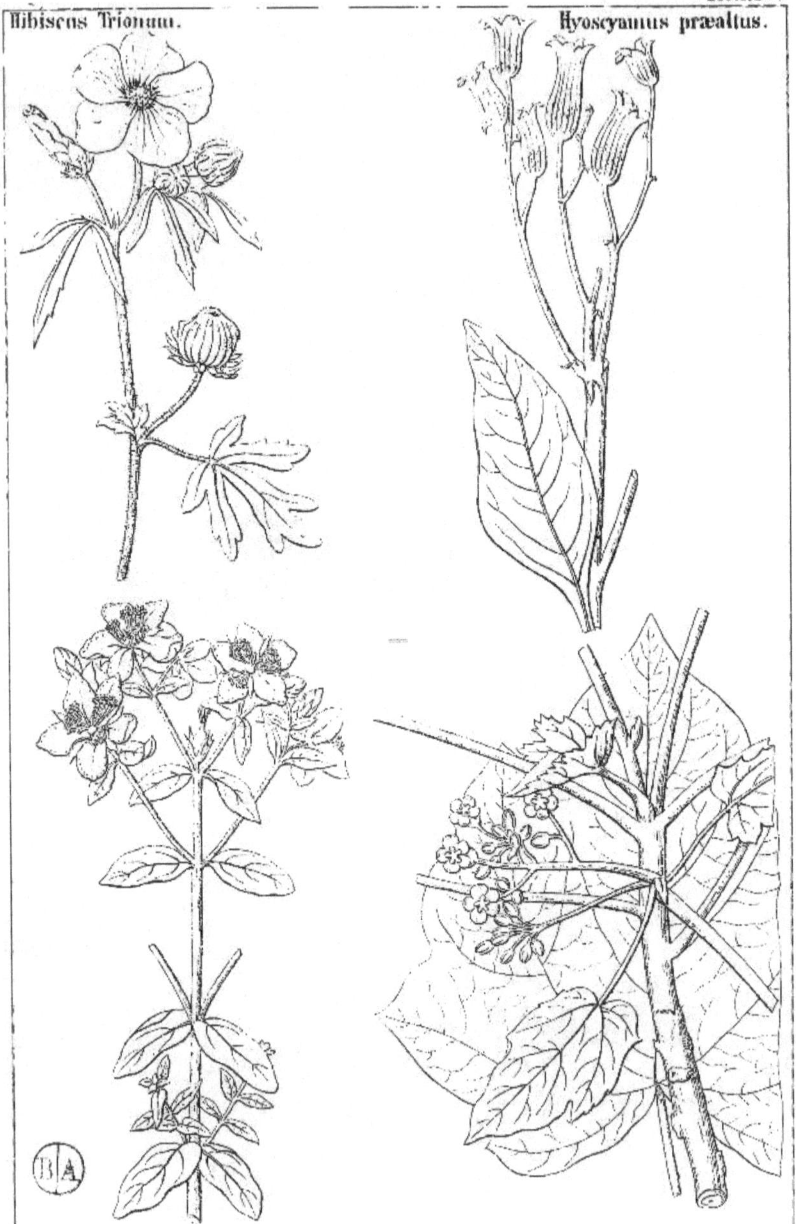
Hibiscus Trionum.
Hyoscyamus prææltus.
Hypericum perforatum.
Jatropha Curcas.

Tab. 20.
Impatiens insignis
Indigofera Anil.
Ipomoea coerulea.
Ipomoea cuspida.
B|A

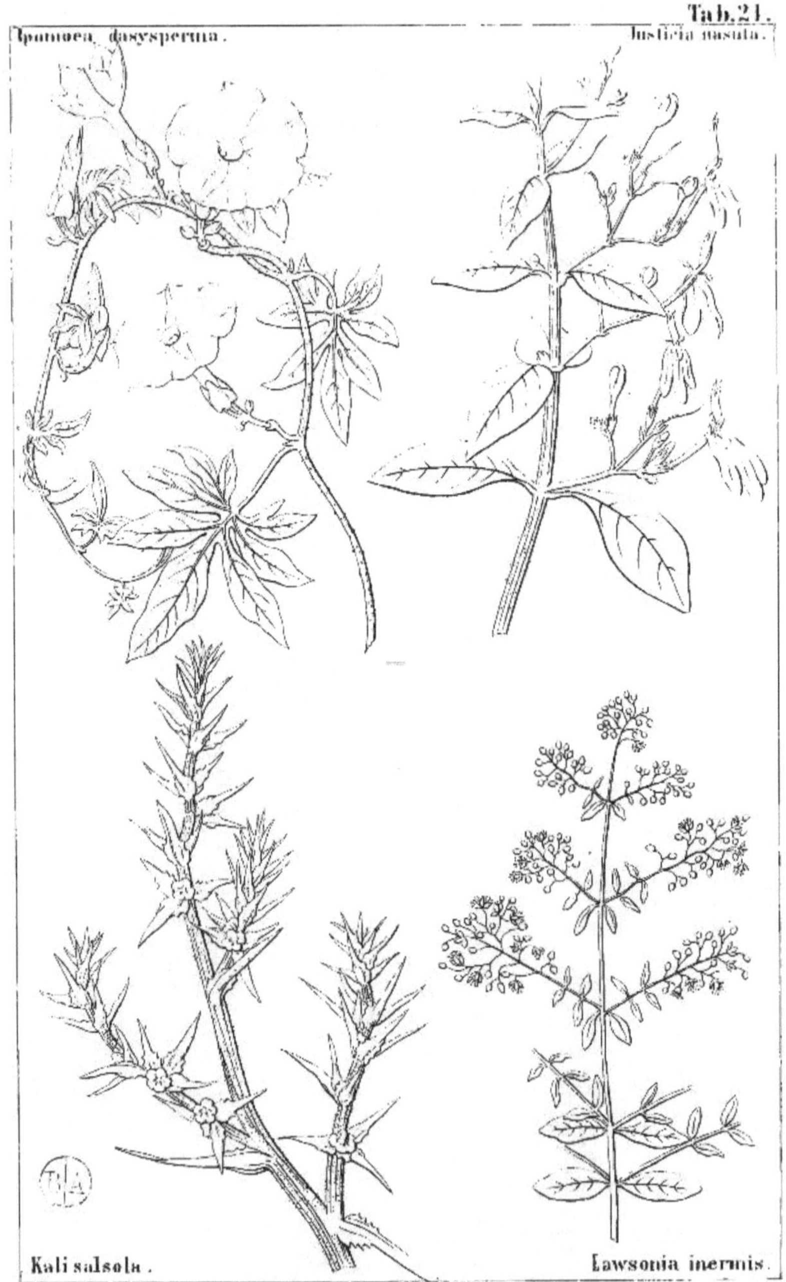
Tab.24.
Ipomoea dasysperma.
Justicia nasuta.
Kali salsola.
Lawsonia inermis.

Tab.22.
Leonurus Royleanus.
Leucas cephalotes.
Limonia Laureola.
Lippia nodiflora.

Tab 23.
Meconopsis nepalensis.
Melandrium triste.
BA
Melia azedarachta
Melia sempervirens

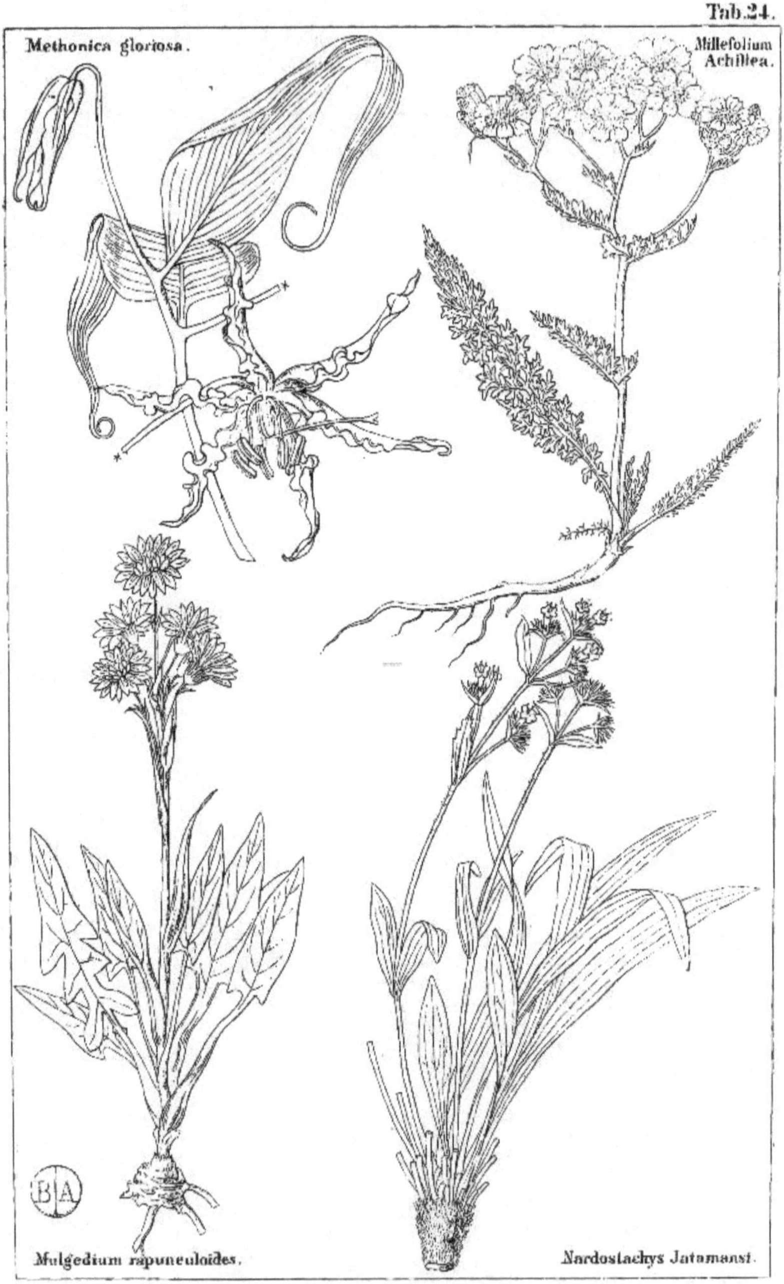

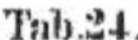

Tab.24.
Methonica gloriosa.
Millefolium
Achillea.
Mulgedium rapunculoides.
Nardostachys Jatamansi.

Tab.25.
Nelumbium speciosum.
Nepeta Cataria.
Nepeta salviaefolia.
Nerium odorum.

Tab. 26.

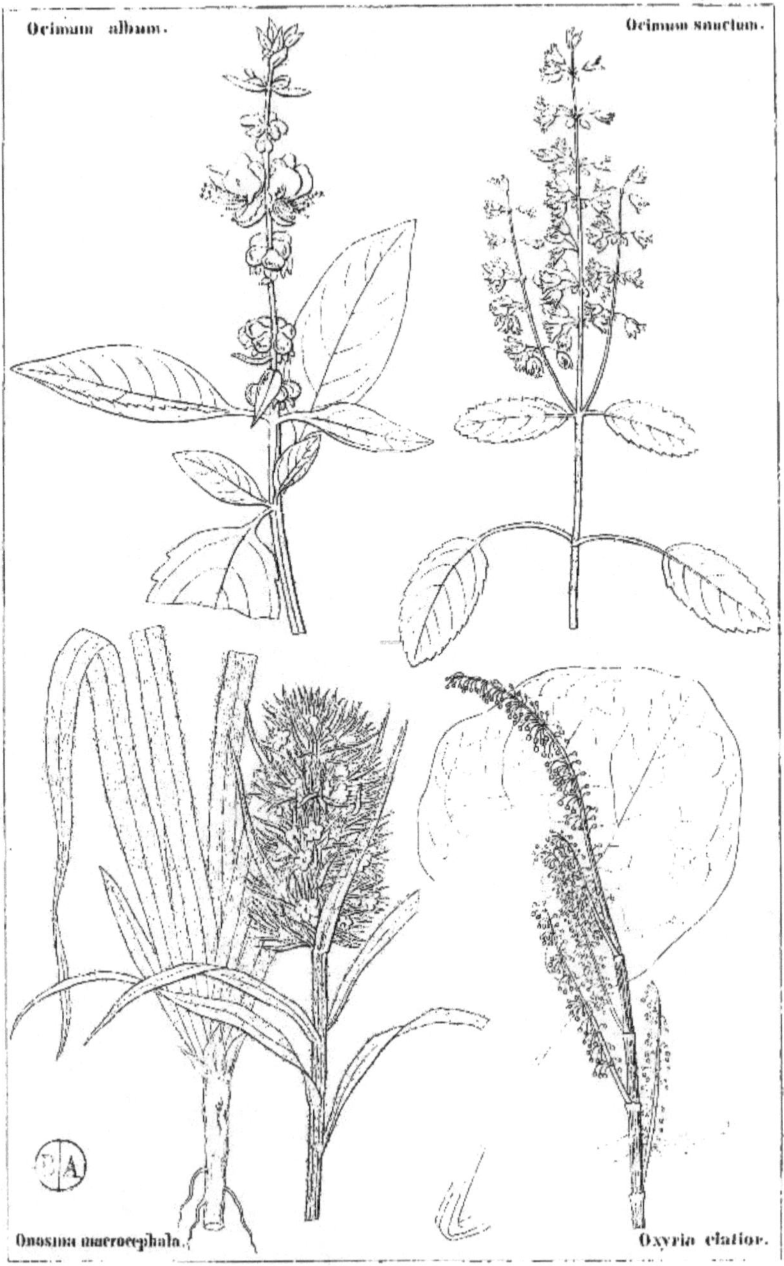

Ocimum album.

Ocimum sanctum.

Onosma macrocephala.

Oxyria elatior.

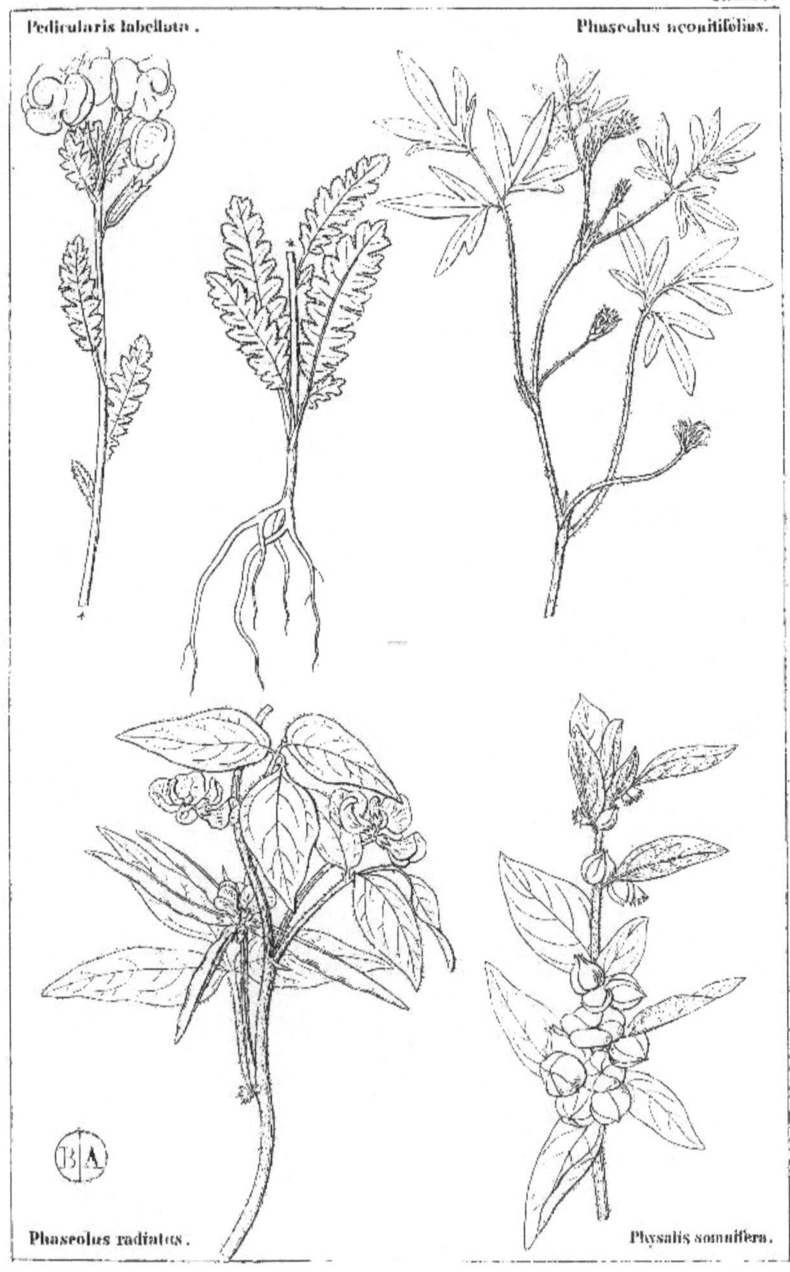
Pedicularis labellata.
Phaseolus aconitifolius.
Phaseolus radiatus.
Physalis somnifera.

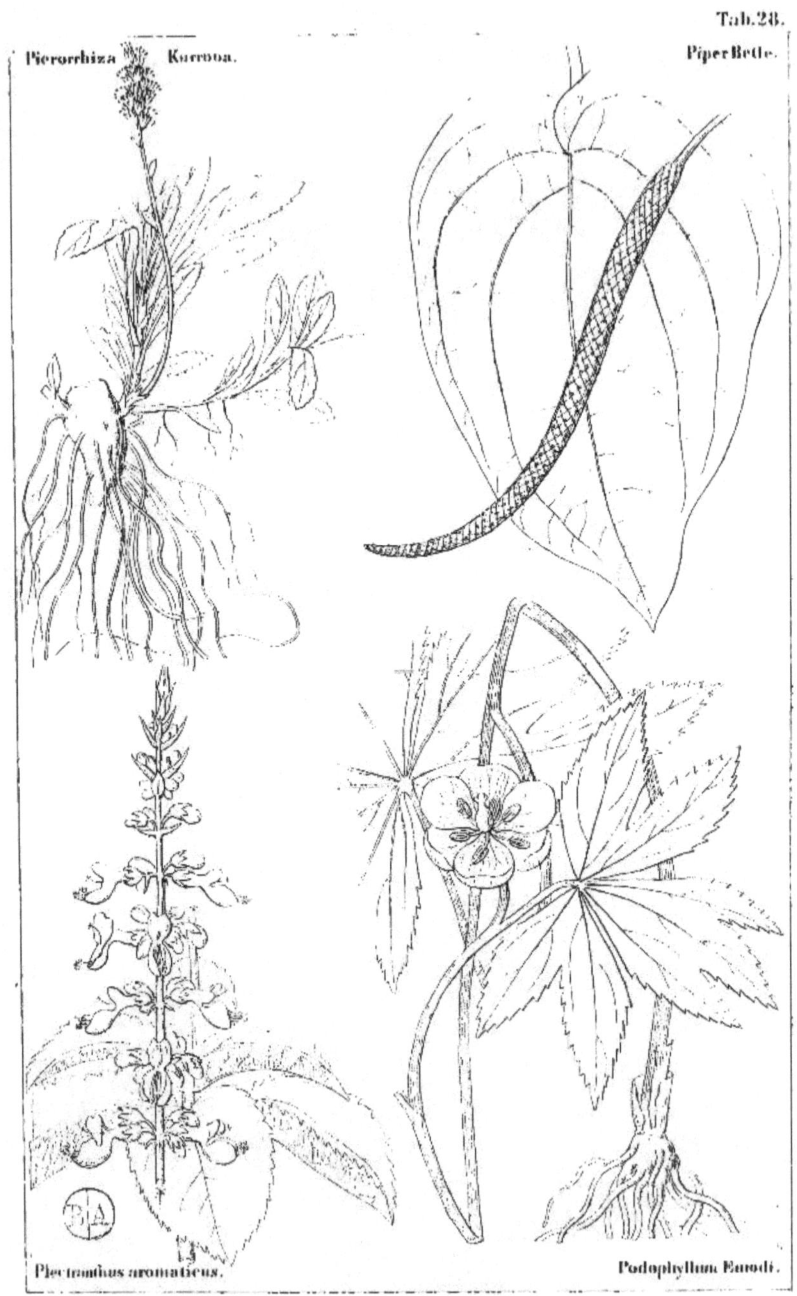
Tab. 28.
Picrorrhiza Kurroa.
Piper Betle.
Plectranthus aromaticus.
Podophyllum Emodi.

Tab. 29.
Polyanthes tuberosa.
Polygonum aviculare.
Polygonum macrophyllum.
Polygonum molle.

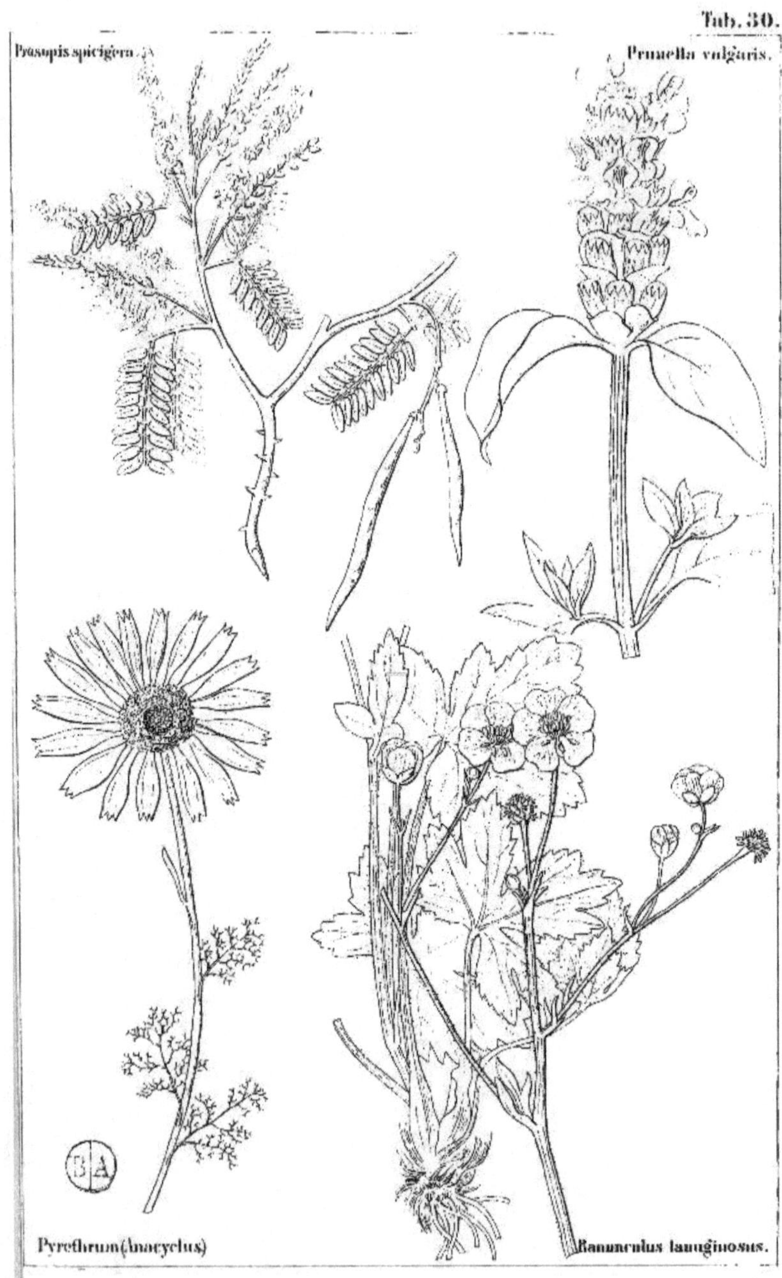
Tab. 30.
Prosopis spicigera.
Prunella vulgaris.
Pyrethrum (Anacyclus)
Ranunculus lanuginosus.

Tab.31.
Rheum australe.
Rhododendron Anthopogon.
Rhus coriaria.
Rubia Munjista.

Tab. 32.

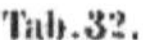

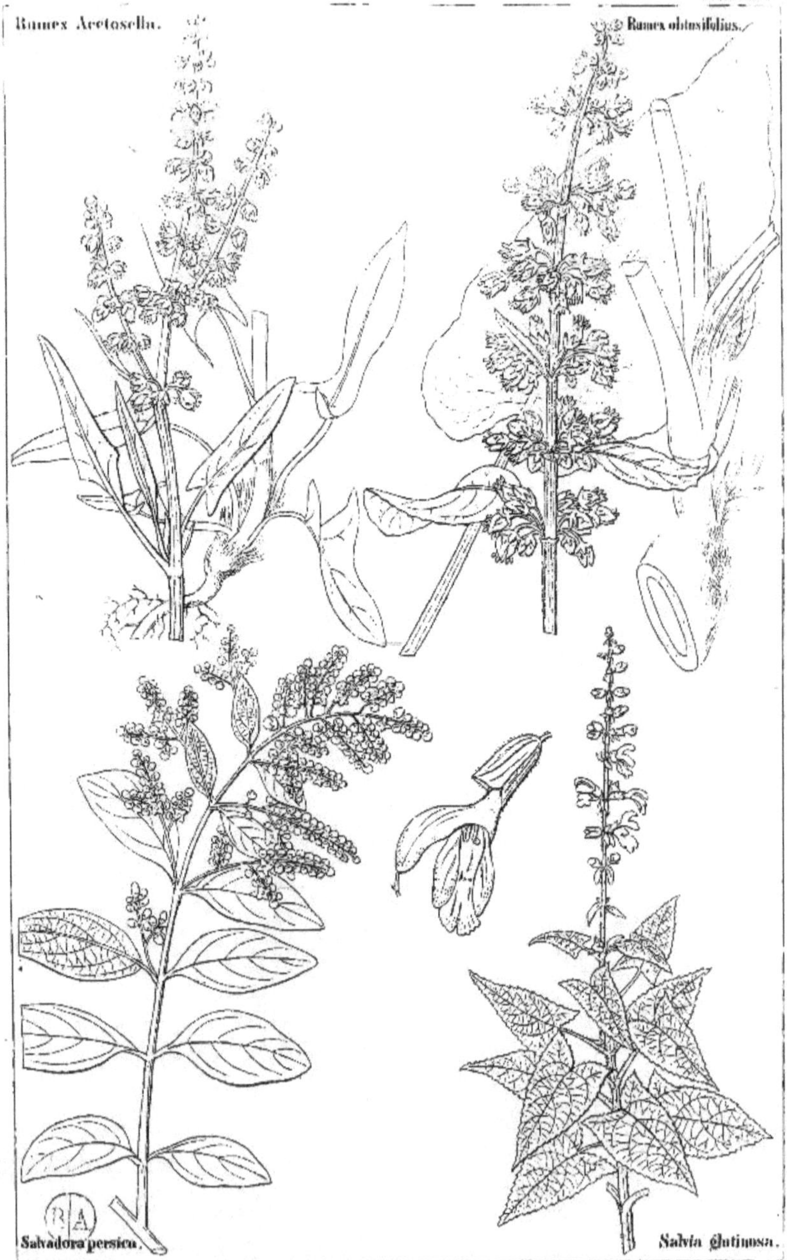
Rumex Acetosella.
Rumex obtusifolius.
Salvadora persica.
Salvia glutinosa.

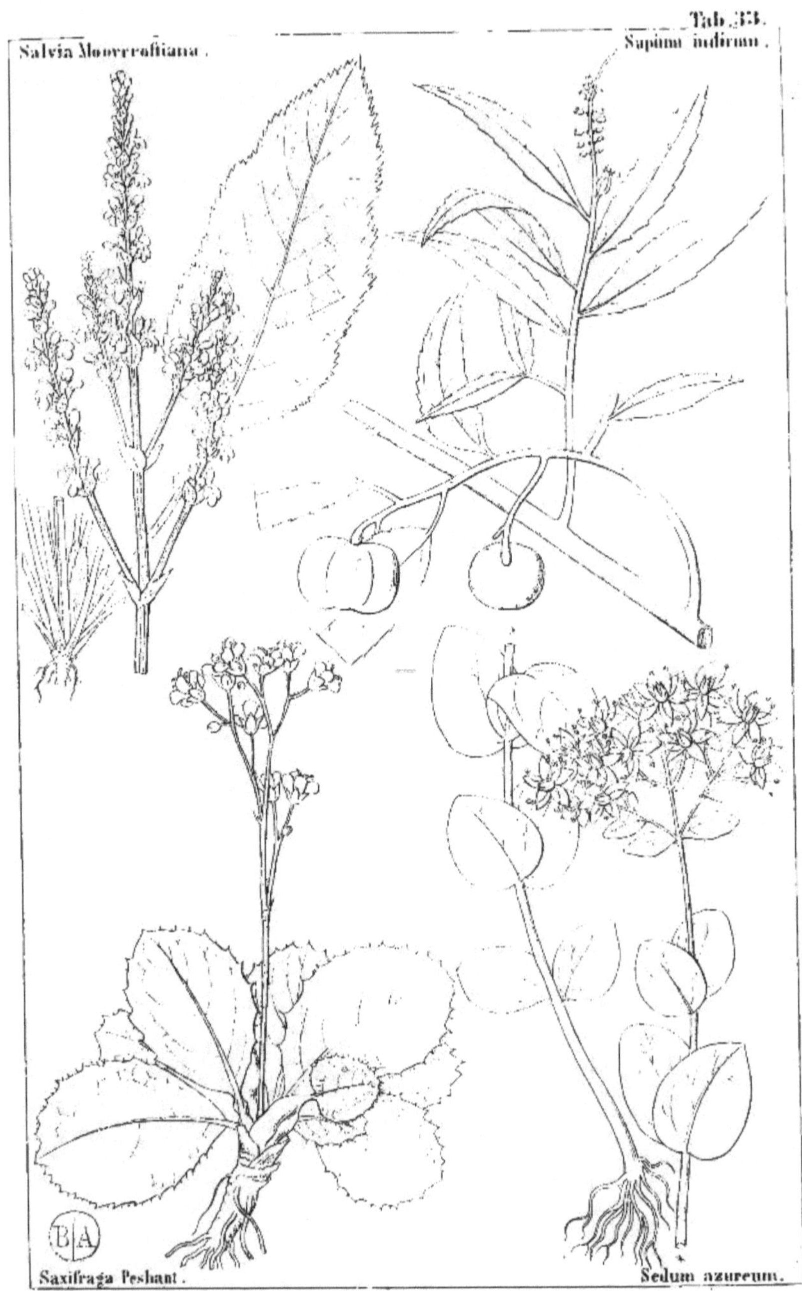
Tab. 33.
Salvia Moorcroftiana.
Sapium indicum.
Saxifraga Peshant.
Sedum azureum.

Tab. 34.
Sedum crassipes
Senecillis Jaquemontiana
Senecio musuca.
Siegesbekia
orientalis.

Tab. 35.

Sisymbrium Irio
Sisymbrium Sophia.
Sphæranthus indicus.
Stenactis bellidioides.

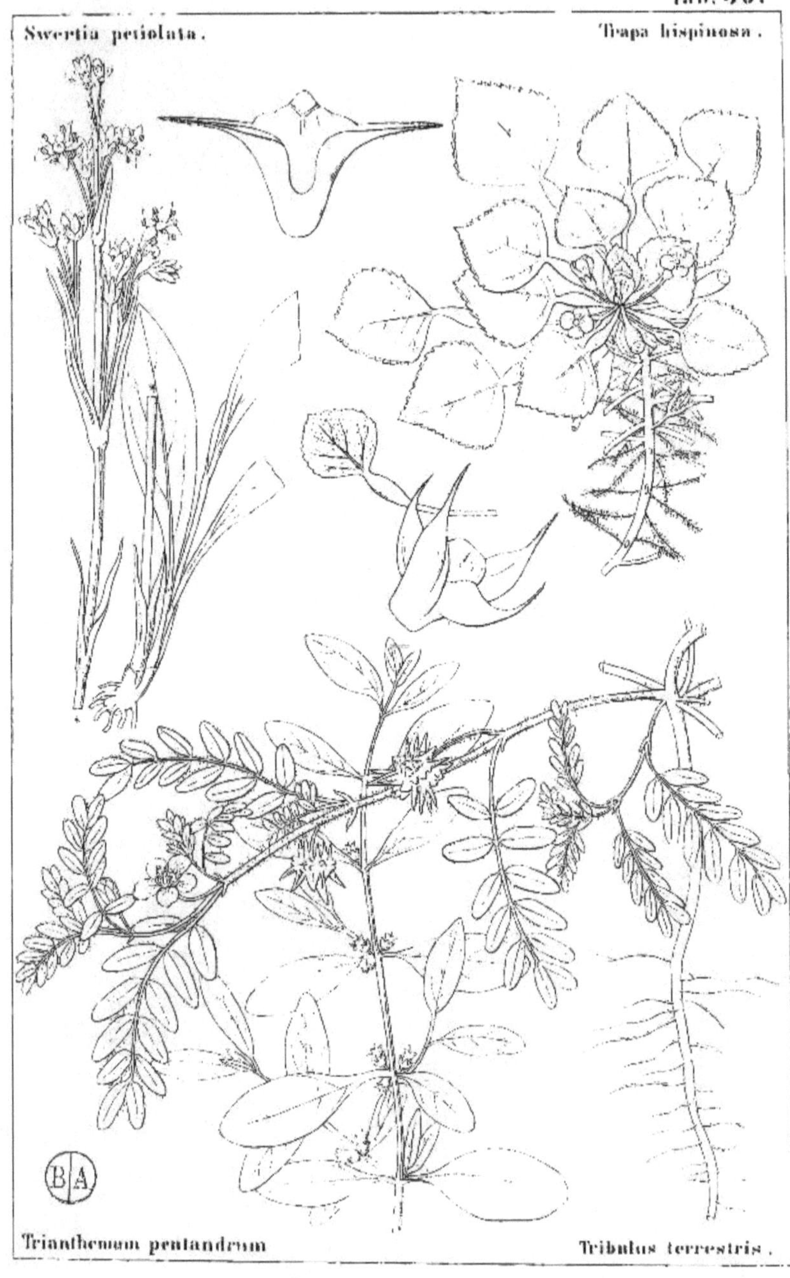
Tab. 36.
Swertia petiolata.
Trapa hispinosa.
Trianthemum pentandrum
Tribulus terrestris.

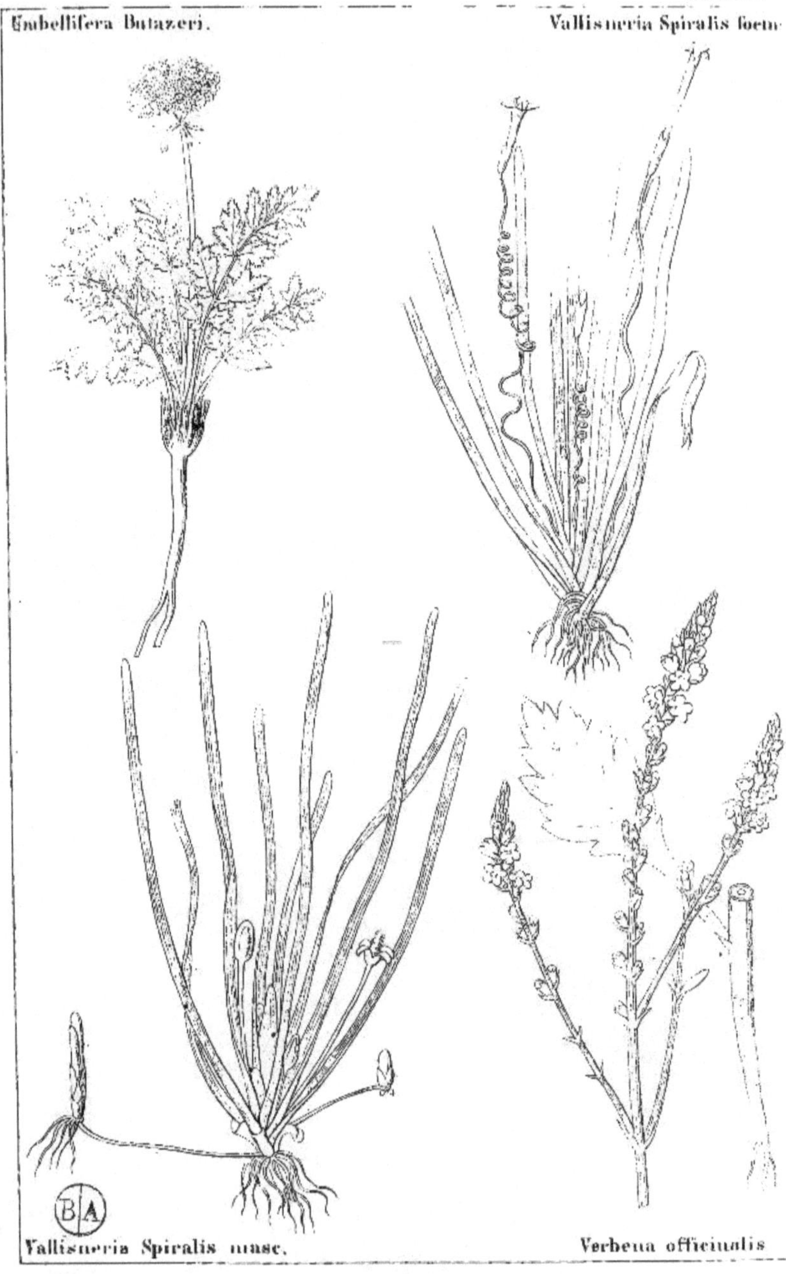
Tab. 37.
Umbellifera Butazeri.
Vallisneria Spiralis foem.
Vallisneria Spiralis masc.
Verbena officinalis
B A

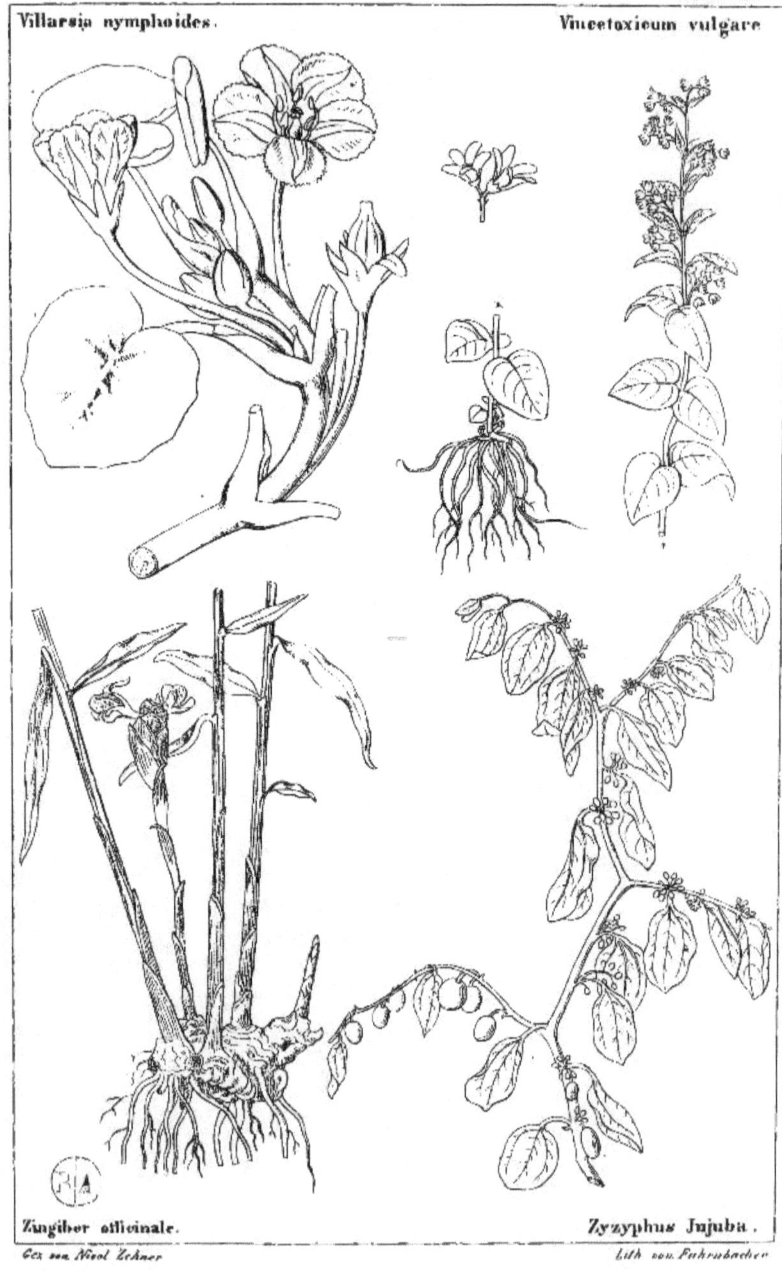
Tab. 38.
Villarsia nymphoides.
Vincetoxicum vulgare
Zingiber officinale.
Zyzyphus Jujuba.
Gez. von Nicol Zehner
Lith. von Fahrnbacher

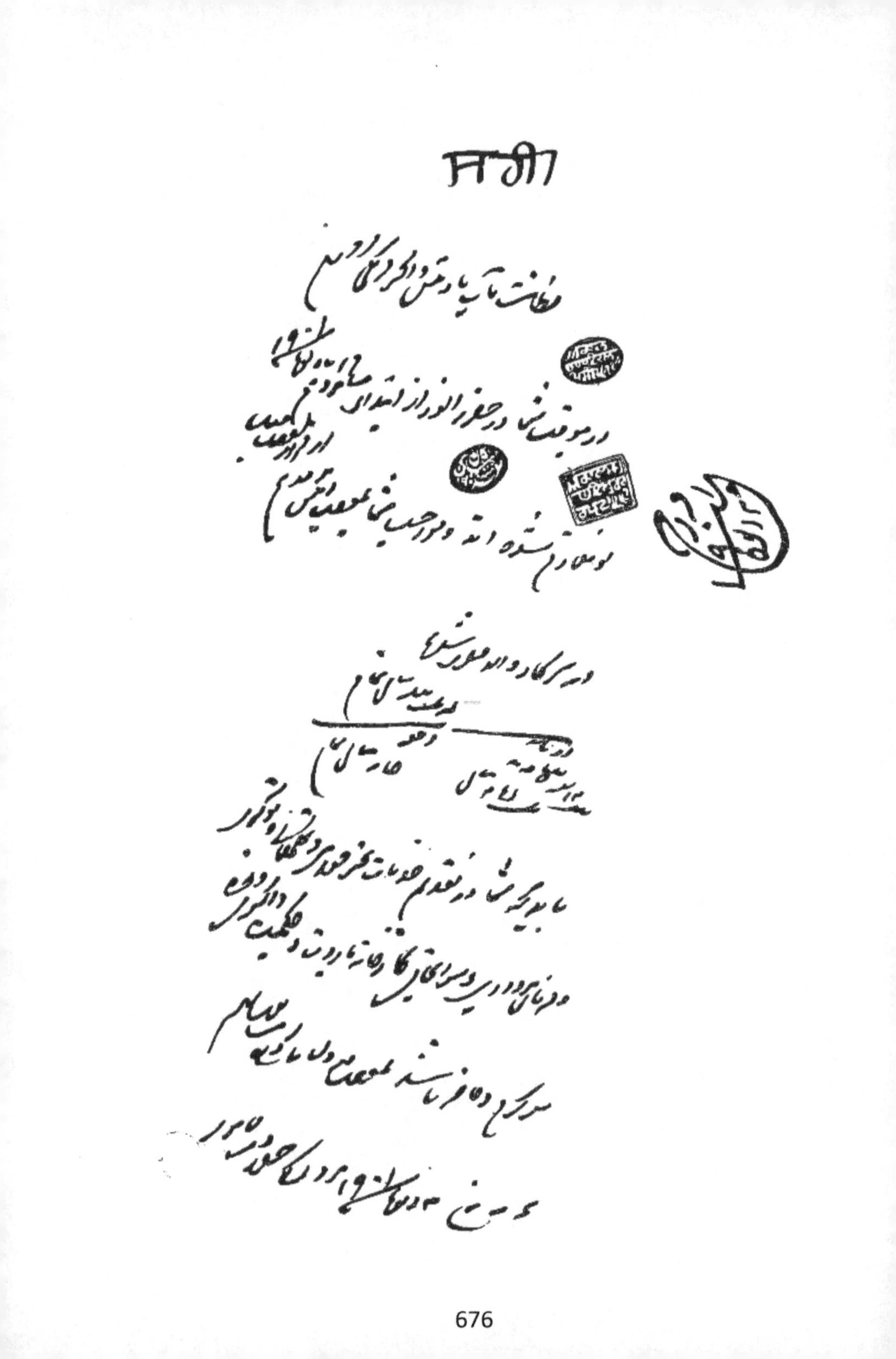

ਸਤਿ

[illegible]

در موقع ... شما در حضور انور از ابتدای ... [illegible]

[illegible]

[illegible]

[illegible]

و اگر کارخانه‌ها چنین حقی ندارند باید مسدود باشند

در شما

و یک کارخانه نبات تیار کنند می‌باید

کارگران را همراه ارزند و دور ریزند

و مده کارخانه نمار کنند مزد خود

مزد زحمت سازند و محصول کارگران بدهند

در باب باکسد است

محرره سلخ ۲۵ ماه دسون ۱۹۰۶

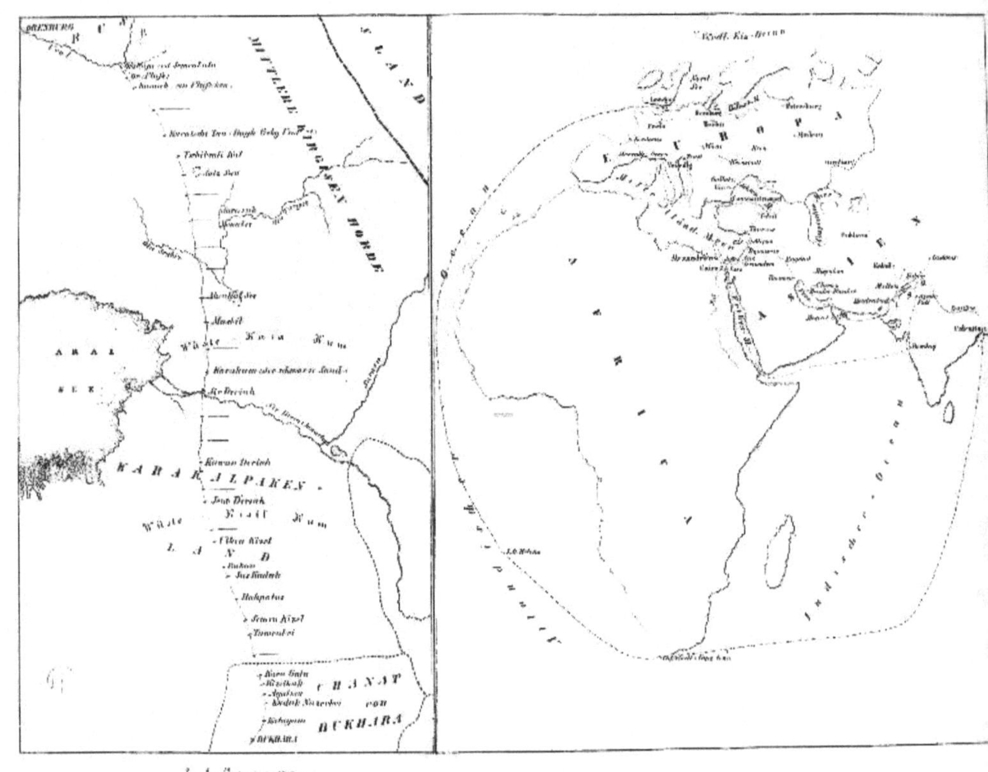
ORENBURG
MITTLERE KIRGISEN HORDE
ARAL SEE
KARAKALPAKEN
Wüste Kara Kum
Wüste Kisil Kum
CHANAT von BUKHARA
BUKHARA
EUROPA
AFRICA
ASIEN
Indisches Ocean

CITADELLE DER STADT LAHORE.

Zeitfracht Medien GmbH
Ferdinand-Jühlke-Straße 7
99095 Erfurt, Deutschland
produktsicherheit@kolibri360.de